萧山新闻志

萧山新闻志编纂委员会　编

方志出版社
Publishing House of Local Records

图书在版编目(CIP)数据

萧山新闻志 / 萧山新闻志编纂委员会编． ——北京：方志出版社，2020.5

ISBN 978-7-5144-4219-9

Ⅰ.①萧… Ⅱ.①萧… Ⅲ.①新闻事业史-萧山区-1922-2018 Ⅳ.①G219.275.54

中国版本图书馆CIP数据核字(2020)第096438号

萧山新闻志

编　　者：萧山新闻志编纂委员会

责任编辑：朱　姝

出 版 者：方志出版社

地址　北京市朝阳区潘家园东里9号(国家方志馆4层)

邮编　100021

网址　http://www.fzph.org

发　　行：方志出版社图书经销中心

电话(010)67110500

经　　销：各地新华书店

印　　刷：杭州艺文报刊印务有限公司

开　　本：787×1092　1/16

印　　张：59.75

字　　数：1169千字

插　　页：16

版　　次：2020年5月第1版　　2020年5月第1次印刷

印　　数：0001~2000册

ISBN 978-7-5144-4219-9　　定　价：280.00元

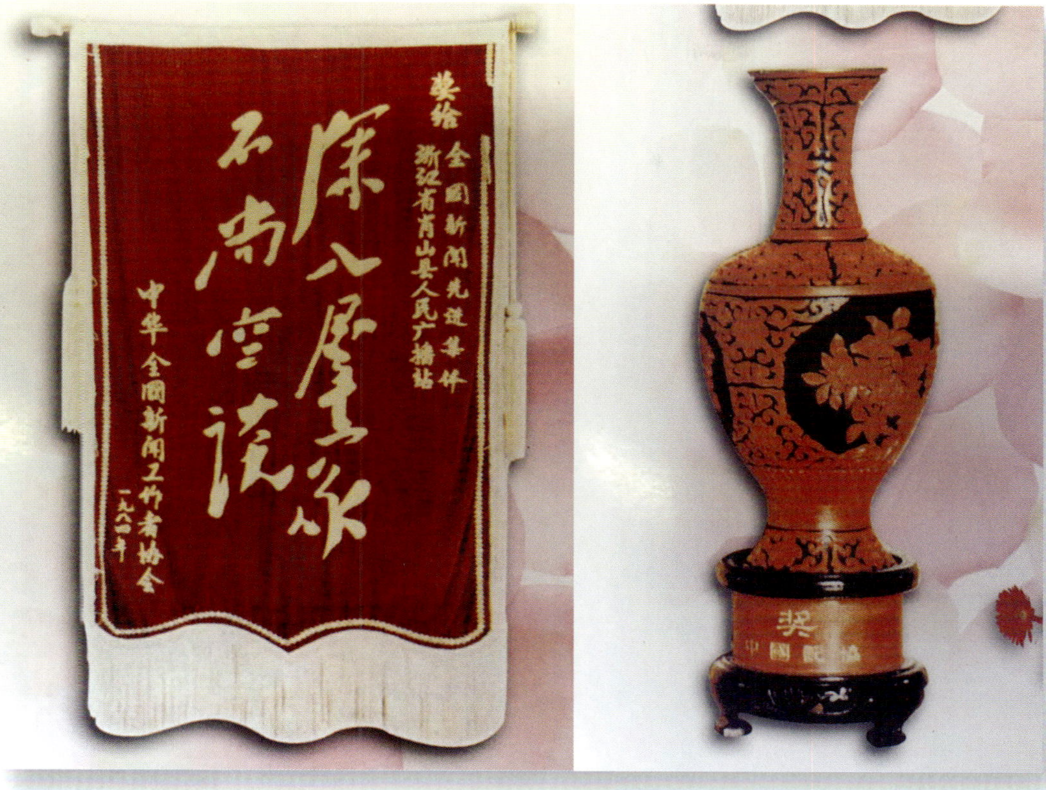

■ 1984 年 11 月 30 日，萧山县人民广播站被中华全国新闻工作者协会授予“全国新闻先进单位”，颁发锦旗一面和景泰蓝奖杯一只。

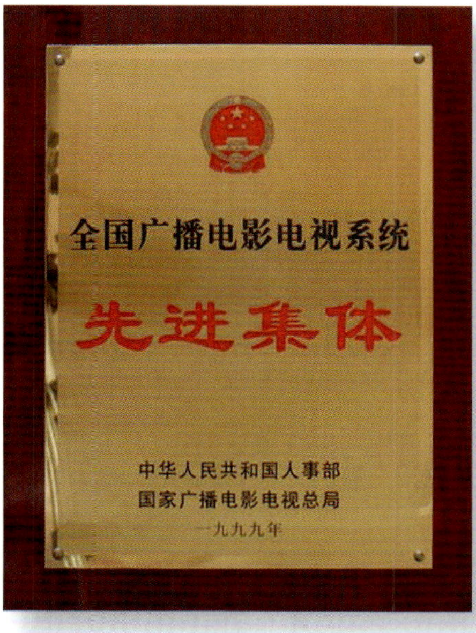

■ 1999 年，萧山市广播电视局被评为“全国广播电影电视系统先进集体”。

■ 2000 年 2 月 3 日，萧山市广播电视局被授予“全国广播电影电视系统先进集体”。

■ 2003年11月，萧山市广播电视局（萧山广播电视台）被国家广播电影电视总局评为“2003年度广播节目技术质量奖一等奖”。

■ 1999年10月，萧山市被浙江省广播电视厅评为“浙江省广播电视先进县（市）”。

■ 2002年1月，萧山广播电视台被国家广播电影电视总局评为“2001年度全国广播电视技术维护先进台（站）”。

■时任中华新闻工作者协会主席邵华泽题词

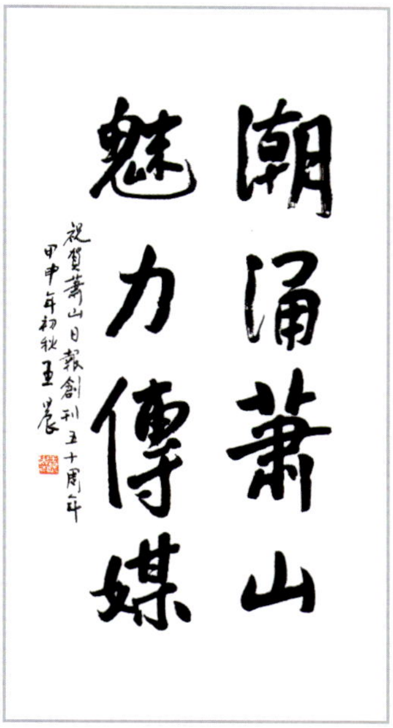

■时任人民日报社社长王晨题词

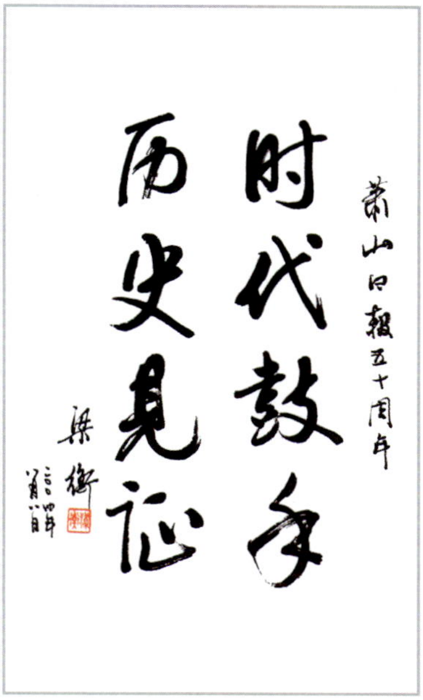

■时任人民日报社副总编辑梁衡题词

■时任省委副书记梁平波题词

■时任省委常委、宣传部部长陈敏尔题词

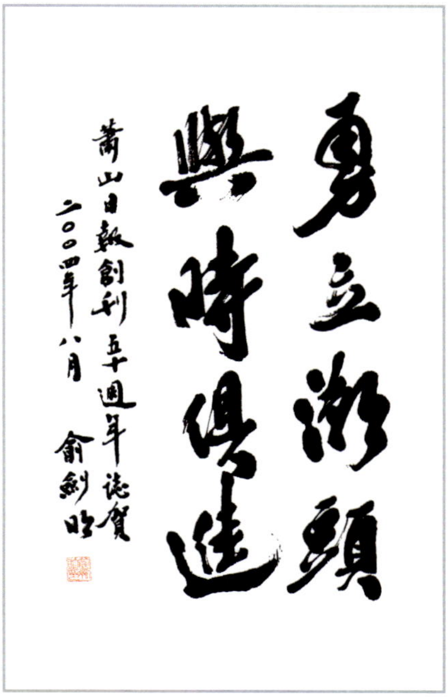

■时任省新闻出版局局长俞剑明题词

（摘自《〈萧山日报〉创刊五十周年纪念金刊》百版珍藏本1版、2版）

■ 2001 年，城河街 88 号萧山日报社办公大楼（2019 年摄）

■ 1983 年，报社设在体育路 31 号二楼办公点（1983 年摄）

■ 1988 年，报社设在剧院招待所办公点（1988 年摄）

■ 1988 年，报社设在体育路小学办公点（1988 年摄）

■ 1991 年，报社设在人民路 144 号办公点（1991 年摄）

■ 1991 年，报社设在贸易大楼办公点（2001 年摄）

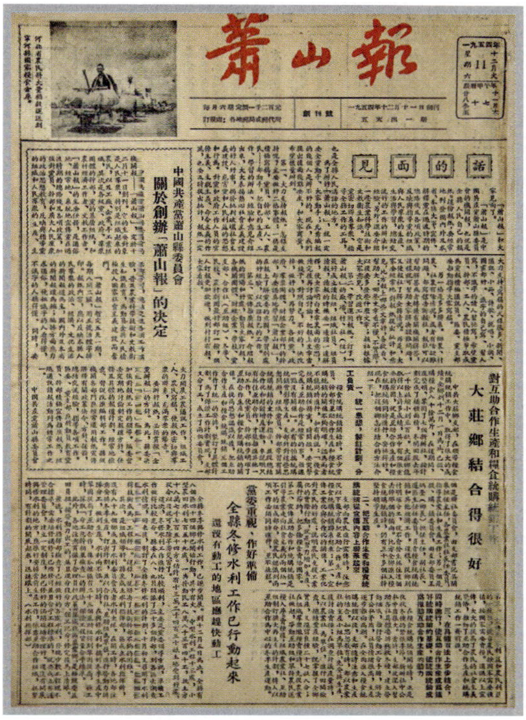
萧山報

中國共產黨蕭山縣委員會關於創辦「蕭山報」的決定

見面的話

■萧山报 1954 年 12 月 11 日创刊号

蕭山日报
XIAOSHAN RIBAO

人人學习總路綫 个个宣傳總路綫

把总路綫的紅旗插遍全国

省委認真討論貫徹總路綫

■萧山报 1958 年 6 月 1 日更名为萧山日报

萧山农科報
XIAOSHAN NONGKEBAO

让农村开遍科技花

要继续抓好早稻早发

我县出现一万多戸专业戸、重点戸

■萧山农科报 1983 年 6 月 1 日创刊号

萧山经济報
XIAOSHAN JINGJI BAO

努力办好报纸 振兴萧山经济

方兴未艾的我市外经外贸事业

“三江”牌电视机跻身国内市场

■萧山经济报 1988 年 7 月 1 日创刊号

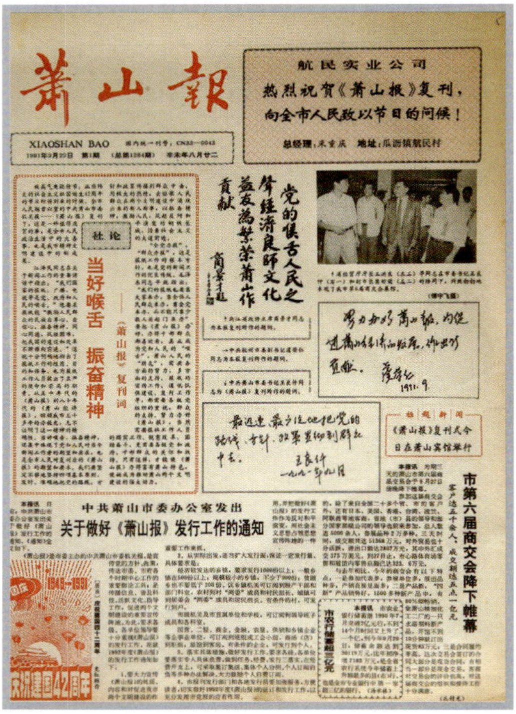
萧山報

XIAOSHAN BAO

航民实业公司

热烈祝贺《萧山报》复刊，向全市人民致以节日的问候！

社论

当好喉舌 振奋精神

——《萧山报》复刊词

中共萧山市委办公室发出

关于做好《萧山报》发行工作的通知

市第六届商交会降下帷幕

■萧山报 1991 年 9 月 29 日复刊号

萧山日報

XIAOSHAN RIBAO

浙江万龙企业集团公司

热烈祝贺萧山日报复刊

祝愿全市人民新年快乐

办好《萧山日报》 推进萧山经济和社会发展

国家级开发区的后起之秀

萧山经济技术开发区阔步前进

我市工农业生产再攀高峰

■萧山日报 1995 年 1 月 1 日复刊号

萧山日報

XIAOSHAN RIBAO

热烈祝贺

萧山日报对开大报试刊成功

浙江移动通信萧山分公司

中共中央委员、人民日报社社长、中国记协主席

邵华泽为萧山日报题词

发挥党报喉舌作用 担当历史发展重任

纪念改革开放二十周年座谈会

我市举行纪念改革开放二十周年座谈会

市人大昨就产品质量开展执法检查

伟大的丰碑 辉煌的岁月

热烈祝贺 金城路东伸工程、萧山歌剧院、萧山市会议中心、萧山市检察院办公业务楼、萧山汽车客运西站 奠基开工

■萧山日报1998 年 12月18 日对开大报试刊号

萧山日報

XIAOSHAN DAILY

2009年9月21日 星期一

萧山经济，走出最困难的时期

桃北新村农户挂红旗迎国庆

约谈制度让医保"猫腻"难藏身

李雅梅当选"杭州十大平民英雄"

我们的社会需要一种感动

■萧山日报 2009 年 9 月 21 日改版瘦报型

萧山日报通讯
萧山日报通讯
萧山报通讯
萧报传媒
萧报传媒周刊

■萧山报通讯、萧山日报通讯
■萧报传媒周刊和萧报传媒

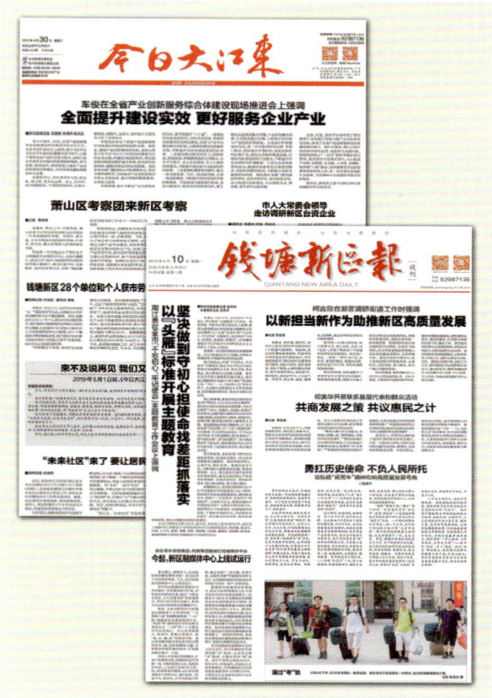
今日大江东
车俊在全省产业创新服务综合体建设现场推进会上强调
全面提升建设实效 更好服务企业产业
萧山区考察团来新区考察
钱塘新区报
以新担当新作为助推新区高质量发展
共商发展之策 共议惠民之计
勇扛历史使命 不负人民所托

■今日大江东和钱江新区报

天堂硅谷
Silicon Valley in Hangzhou
市领导检查动漫节筹备工作
我区召开经济工作大会暨建设数字经济最强区动员会
打造营商环境最优区 建设数字经济最强区
第十五届中国国际动漫节今日开幕
擘画最美的"数字愿景"
区人大常委会举行第二十一次会议
企业开办全流程"一件事" 滨江一日内可办结

■天堂硅谷报

■少年学报 2019 年 1 月 9 日创刊号

■ 2006 年 6 月，萧山日报记者采访时任全国记协主席、人民日报原社长邵华泽（左）（2006 年摄）

■ 2008 年，萧山日报“寻访天南地北萧山人”记者在东北采访（2008 年摄）

■ 2010 年，萧山日报社开展“热线进社区”活动（2010 年摄）

■ 1992 年，萧山日报记者采访鲁冠球（中）（1992 年摄）

■ 1996 年，萧山日报摄影记者高空拍摄（1996 年摄）

■ 2011 年 4 月，萧山日报采编人员分批到南京大学金陵学院进行全媒体集中培训（2011 年摄）

■ 2012 年 3 月，萧山日报举办通讯员新闻业务培训班（2012 年摄）

■ 2014 年 9 月 1 日，萧山日报全媒体中央控制室正式启用（2014 年摄）

■ 1961 年 2 月 1 日，报纸停刊时员工合影（1961 年摄）

■ 1997 年，报社员工合影（1997 年摄）

■ 2012 年 11 月 3 日，庆祝第 13 个记者节，萧山日报社员工集体合影照（2012 年摄）

萧山日报 XIAOSHAN DAILY

2004年9月1日 星期三

创刊五十周年

50 纪念金刊

05

肩负使命 共谱华章

□萧山日报社长、总编辑 孙焕林

纸、笔、镜头、键盘在我们手中流转，在厚厚的岁月记事簿中，我们与读者朋友们共同书写了一座城市的编年，从1954到2004。

因为扎根萧山，我们从母亲身上吮吸到了不竭的甘甜乳汁；因为始终在萧山人民关爱的目光中成长，我们才能够如此根深叶茂。五十年耕耘，我们对这块养育自己的土地一往情深。五十年情怀，我们和这块土地上的人们休戚与共。我们选择了以新闻的方式回馈母亲的厚爱，成就自己的理想。

选择新闻，就是选择讴歌。在这里，我们一次次吹响了振奋人心的号角，传递着一个又一个胜利的喜讯。我们曾经记录下香港、澳门回归的脚步；我们曾经记录下共和国50周岁生日、中国共产党80周年的辉煌；我们曾经记录下抗击"非典"取得伟大胜利的消息；我们曾经记录下"神舟"飞天一圆千年梦想的激动和欢呼……。在每一件大事、喜事的注脚中，都有我们的忠实留言。

选择新闻，就是选择见证。在这里，我们去打着城市行进的鼓点，见证了萧山从贫穷走向富裕的历史。我们上传萧然儿女建设家乡、工业冲千亿的火热画面，我们下载干群同心鏖战狂涛、搏击天灾的感人背影，我们亲历"1918"大会战，我们目睹高楼大厦拔地而起……，我们从一天天平凡的努力中体会到作为党的新闻工作者的荣幸，更为自己能参与报道这样一个史诗般的时代而无比自豪。

选择新闻，就是选择良知。在这里，我们追寻着那些闪光的足迹，留存了浩然正气的底片。我们难忘英雄张叶良的奋勇追凶；我们为困难群众呼号，使他们74次上访终于有了结果；我们为失学儿童奔走，终于让上百名贫困生圆了入学梦……，我们坚信，要写出一篇有影响的重大报道，关键在于对家乡和人民有一腔真情。

我们行走在这块土地上，脚步轻盈，充满喜悦，因为我们行走的力量源自于凝聚。万涓春水，汇流成河，我们与这块土地上的人们鱼水情深。我们一起弘扬萧山精神，我们一起推动萧山发展，我们一起打造"三力"萧山。你们关爱的目光，凝聚成一股强大的动力，成为我们战胜一切困难的依靠和飞得更高的基石。

我们行走在这块土地上，脚步铿锵，充满闯劲，因为我们行走的力量源自于创新。我们深知，创新是一个民族进步的源泉和不竭动力，创新同样是萧山日报不断发展、不断壮大、不断前进的内在动因。作为一份区域报纸，我们将在"立足本土特色，做强做大新闻，办精办活副刊，突出服务功能，努力走向市场"的创新理念下，精心策划、精心构思、精心雕琢，锻造报纸品牌，拓展创新空间，为传播新闻而竭尽智慧。

我们行走在这块土地上，脚步坚定，充满自信，因为我们行走的力量源自于理想。我们深知，真实决定新闻的生命，深刻决定新闻的高度，可读决定新闻的传播。所以我们倡导这样一种新闻表达：捕捉思想的表情，捕捉历史的细节，捕捉时代的缩影。我们必须为理想而奋斗，在彰显真知中展示才学，张扬个性，倾注所有的热情，付出艰苦的努力，与时代同行，与社会共进。

让《萧山日报》成为一面向前奔跑的旗帜。

让读者见证我们的不懈努力。

在未来的征程中，让我们与您共同谱写新的华章，从今天再到下一个五十年。

■ 2004年9月1日，报纸创刊50周年合影版面照片

■ 2003年12月31日，萧山日报举办加盟杭州日报报业集团仪式（2003年摄）

■ 1995年1月1日，萧山日报社在萧山宾馆举办萧山日报复刊仪式（1995年摄）

■ 2004 年 5 月，举办萧山日报读者服务日大型活动（2004 年摄）

■ 2004 年 4 月，报社社长孙焕林向小记者团代表授旗（2004 年摄）

■ 2006 年 10 月，萧山区委领导和杭报集团一行参观新建的《萧山日报》阅报栏（2006 年摄）

■ 2013 年 12 月 28 日，萧滨每日送公司投递员向报刊零售点送报（2013 年摄）

■ 2013 年 5 月 20 日，杭州日报萧山分社正式挂牌（2013 年摄）

■ 1996 年 7 月，浙江省记协县市报工委在萧山举行成立大会（1996 年摄）

■ 2016 年 9 月，浙江省记协县市报工委组织县市报代表赴成都商报考察学习（2016 年摄）

■ 2013 年 3 月，萧山区记协为企业报好新闻一等奖获得者颁奖（2013 年摄）

■ 2014 年 6 月，萧山区记协举办首届企业报刊、网站主编论坛（2014 年摄）

■ 2018 年 5 月，萧山区记协举办企业报刊采编工作评析会（2018 年摄）

■ 2019 年，萧山部分企业报样刊（2019 年摄）

■ 20 世纪 80 年代萧山县广播电视局（台）用房（1982 年摄）

■萧山广电融媒体中心（2019 年摄）

■萧山广播电视中心（1998 年摄）

■ 2005 年，萧山广播电视台全体中层以上领导合影（2005 年摄）

■ 1988 年 7 月 1 日，萧山电视台开播（1988 年摄）

■ 1992 年元旦，萧山人民广播电台正式开播（1992 年摄）

■ 1994 年 12 月，萧山有线电视台开播（1994 年摄）

■ 1999 年，萧山广播电视台与北京广播学院联合举行萧山大专班开学典礼（1999 年摄）

■ 20 世纪 50 年代，萧山有线广播站机房

■ 20 世纪 60 年代，萧山县广播站机房

■ 20 世纪 70 年代，萧山县广播站机房

■ 20 世纪 80 年代，萧山县广播站播音机房

■ 20 世纪 90 年代，萧山县广播站播音机房

■ 20世纪80年代，萧山广播站记者采访音乐教育家桑送青（左）（1982年摄）

■ 1998年，萧山电视台记者采访浙江传化集团董事长徐冠巨（中）（1998年摄）

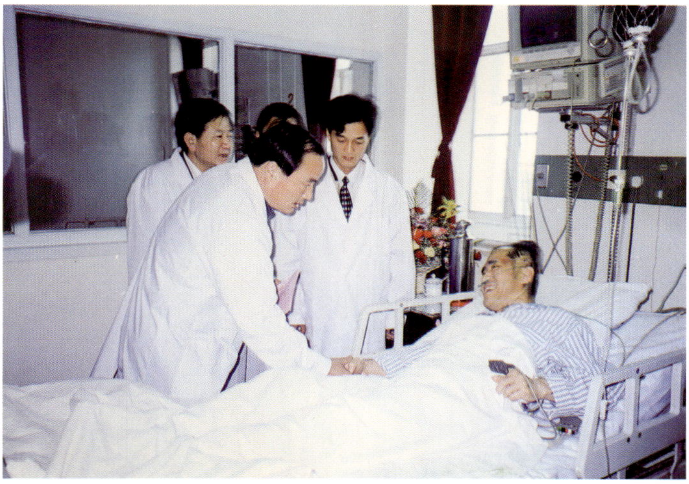

■ 1999年6月，萧山广播电视台记者随市委慰问组赴京采访萧山籍中国驻南斯拉夫大使馆武官任宝凯（右）（1999年摄）

■ 2000年，萧山电视台记者采访万向集团创始人、民营企业家鲁冠球（中）（2000年摄）

■ 2001年4月，萧山广播电视台记者采访萧山籍名人、第一届中国摄影家协会主席高帆（中）（2001年摄）

■ 2007年6月，萧山电视台和义桥广播站采访解放军老兵金毛纪（左二）（2007年摄）

■电视《萧山新闻》直播

■1999 年 11 月，越剧名家傅全香（左）与萧山广播电视台播音员一起直播（1999 年摄）

■电台广播直播

■电视节目“政情民意直通车”

■2014 年 4 月，莲花落表演艺术家翁仁康（左）与萧山广播电视台工作人员探讨播出业务（2014 年摄）

■2000 年 10 月，中央电视台、浙江电视台、萧山电视台联合现场直播钱塘江大潮（2000 年摄）

■ 2002 年 9 月，局领导孙焕林（中）、裘超（右）、赵岳松（左）审看电视节目（2002 年摄）

■ 1992 年，萧山人民广播电台直播萧山火车新客站开通仪式（1992 年摄）

■ 1998 年，萧山电视台记者跟随公安人员拍摄追捕现场（1998 年摄）

■ 2009 年，萧山广播电视台《今日萧山》栏目在围垦采访渔民（2009 年摄）

■ 2011 年 6 月，萧山广播电视台和义桥广播站在抗灾救灾第一线采访（2011 年摄）

■ 2002 年 7 月，在美国举办萧山电视节目周（2002 年摄）

■ 1997 年 10 月 8 日，萧山广播电视台综艺节目《欢乐今宵》首播（1997 年摄）

■萧山广播电视台创办的《萧山视听》杂志（2011 年摄）

■位于西山的电视发射塔（1999 年摄）

■ 1996 年，萧山有线电视台施工人员在城区架设广播电视光缆（1996 年摄）

■ 1988 年初建成的西山电视发射塔（1988 年摄）

■萧山第一代线务员（1970 年摄）

■ 1967 年，农村人民公社社员在生产队集中收听有线广播（1967 年摄）

■广播电视中心电视播出机房（2010 年摄）

■广播调音台（2012 年摄）

■电视转播车（2006 年摄）

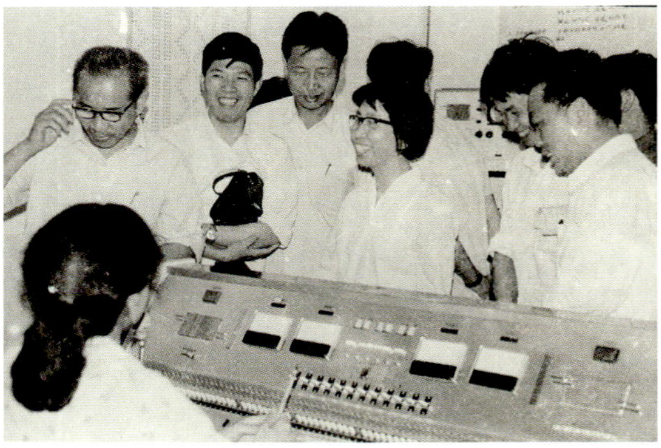

■ 1984 年，全国各地广播站到萧山学习参观广播站建设情况（1984 年摄）

■ 20 世纪 70 年代开盘式录音机（1978 年摄）

■ 20 世纪 80 年代分体式摄像机（1985 年摄）

■ 20 世纪 60 年代，围垦工地上的高音喇叭（1965 年摄）

■ 20 世纪 60 年代初，偏僻山乡装上有线广播（1967 年摄）

■ 1980 年，许贤乡富春村广播线务员倪梦根进行广播线路维护（1980 年摄）

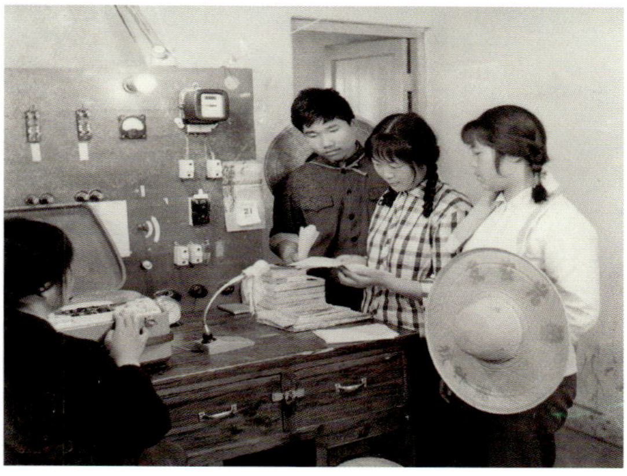

■ 1968 年，下乡知青在乡广播站录制节目（1968 年摄）

■ 2000 年 8 月，靖江广电中心建成投用（2000 年摄）

■ 20 世纪 80 年代，云石乡电视差转台（1982 年摄）

■ 2012 年，三镇合一之前的瓜沥镇有线广播播出机房（2012 年摄）

■ 20 世纪 90 年代，宁围镇电视播出机房（1997 年摄）

■ 2011 年 3 月 30 日，举行萧山区新闻工作者协会成立大会（2011 年摄）

■ 2011 年 3 月 30 日，萧山区领导为新成立的萧山区新闻工作者协会授牌（2011 年摄）

■一届区记协名誉主席、主席、副主席、常务理事、秘书处合影（2015 年摄）

■二届区记协名誉主席、主席、副主席、常务理事、秘书处合影（2019 年摄）

■ 2012 年，区记协评比表彰萧山区首届“十佳新闻宣传工作者”（2012 年摄）

■ 2011 年 11 月，萧山区记协组织参加杭州市新闻界第三届运动会（2011 年摄）

■ 2014 年 3 月，萧山区记协在萧山大江东建立记者林（2014 年摄）

■ 2014 年 7 月，萧山区记协举办广播站、网站播音员、主持人培训班（2014 年摄）

■ 2015 年 10 月，萧山区记协举办“坚守责任，弘扬正气”主题报告会（2015 年摄）

■ 2016 年，萧山区记协运动会（2016 年摄）

■ 2018 年 9 月，萧山区记协举办新媒体业务培训班（2018 年摄）

■《萧山新闻志》编纂委员会合影（2019 年摄）

■《萧山新闻志》编纂委员会审定样稿（2019 年摄）

萧山媒体标志及 LOGO

■萧山日报报标

■萧山电视台台标

■萧山广播电视台台标

■萧山网 Logo

■湘湖网 Logo

■萧然在线 Logo

■萧山发布 Logo

■“智慧萧山”手机门户 Logo

■“无线萧山”Logo

■萧山手机报 Logo

■萧山日报官方微博 Logo

■萧山广播电视台官方微博 Logo

■萧山日报官方微信 Logo

■萧山广播电视台官方微信 Logo

■手机萧山网 Logo

■萧山手机台 Logo

萧山新闻志编纂委员会

主　任　　赵文虎

副主任　　尹哲军　　孙焕林　　沈志刚　　陆伟岗

委　员　　陈　蓉　　陈　默　　金　烽　　沈国强

何邦阳　　李家连

萧山新闻志编纂委员会办公室

主　任　　李乍虹

成　员　　丁雪梅　　朱琳锃　　徐　凌　　朱亚艺

《萧山新闻志》编辑部

主　编　　孙焕林

副主编　　李家连

编　辑　　朱琳锃　　陆丽萍　　陈　勇　　周建军

何可人　　吴新红　　沈国强　　黄坚毅

陶韶华　　何邦阳　　余观祥

参与部分编(章)文稿编纂以及图片收集与制作的相关人员

宣舒平　　陈　默　　李凌峰　　夏　杰　　赵玉福

周少伟　　傅宇飞　　傅展学　　范方斌　　张利明

校　对　　李家连　　孟庆全　　叶小萍

序 一

盛世修志，惠泽千秋。萧山志苑，再添新军，可喜可贺！

萧山地处浙江省北部，钱塘江南岸，与杭州市主城区隔江相望。钱江潮涌不息，湘湖水光潋滟。跨湖桥遗址出土的独木舟，被誉为“中华第一舟”，书写了萧山八千年文明史。

萧山历史文化积淀深厚，人杰地灵，名人辈出。从民国开始，一大批名人志士，受先进思潮影响，致力于新闻事业，传播先进思想。中华人民共和国成立后，萧山的新闻事业更是欣欣向荣，萧山新闻界不忘初心、牢记使命，发扬“勇立潮头，奔竞不息”的萧山精神，书写了萧山新闻事业新篇章。

萧山的新闻媒体始于中华民国时期。萧山的新闻事业，在新民主主义革命、抗日战争、解放战争和现代化建设中都发挥了重要作用。特别是改革开放以来，萧山的报纸、广播、电视以及新媒体得以全面、持续、快速发展，走在了全市全省乃至全国前列，为萧山的经济社会发展做出了巨大贡献。

《萧山新闻志》，是一座新闻的宝库，文化的宝库，思想的宝库，历史的宝库。它全面详细地记录了起始于民国11年(1922年)，一直到2018年的近百年间，萧山的新闻事业从诞生、发展到走向繁荣的曲折路程。萧山的新闻媒体以及历代萧山新闻人，利用报纸、广播、电视等传统媒体，网络媒体、移动媒体、户外媒体等新兴媒体，通过文字、图片、视频、影像等形式，真实地记录了萧山变迁变革的过程，客观地反映了萧山的社会状况，对萧山的经济社会发展起到了积极的推动作用。

我们相信，《萧山新闻志》作为全国区县级第一部新闻志，以其丰富的内容、翔实的资料、独特的视角、客观的叙述，具有重大的史料研究、查阅参考、收藏使用等价值，一定能够发挥好“存史、资政、教化、育人”的作用。

中共杭州市萧山区委常委、宣传部部长 赵文虎

2020年5月

序　二

在2020年11月8日第21个记者节到来之际，全国区县级第一部新闻志——《萧山新闻志》面世，我和我的编纂团队为此感到无比自豪。

我从部队转业回到地方后，组织上先后安排我在萧山市委宣传部、市文化广播电视局、萧山日报社任职，成为一名真正意义上的新闻人。二十多年的地方工作经历，使我对新闻工作有了一种不了的情结，也切身体味到新闻人的艰辛和职业担当，我挚爱新闻工作，更热爱我们新闻人。工作期间，我曾主持编写《萧山广播电视志》《萧山日报志》，但总觉得这两本志书还不能完全记录萧山整个新闻界的全貌，及萧山的新闻事件。恰逢退休后，我主持了区新闻工作者协会的工作，有了一个全面接触萧山新闻界的平台，于是萌发了编纂《萧山新闻志》的念想，通过这本志书把萧山新闻界半个多世纪走过的历程，把历代萧山新闻人的不懈努力，把通过媒体人记录的萧山发展风貌翔实地记录下来。所幸的是，我的这一想法得到了区委领导和区委宣传部的大力支持，赵文虎部长亲任《萧山新闻志》编纂委员会主任一职，于是就有了这部《萧山新闻志》的问世。

萧山之有新闻媒体，起始于民国11年（1922年），已有近百年时间。随着时代的变迁，社会的前进，萧山新闻事业历经了从诞生、发展到走向繁荣的曲折路程。中华人民共和国成立后，特别是改革开放以来，经济社会的全面发展，现代科技的日新月异，推动了萧山新闻事业全面、持续、快速发展。萧山新闻的制作手段实现了从"铅与火"到"光与电"的历史性转变，萧山新闻的传播形式出现了以报纸、广播、电视为代表的传统媒体，以网络媒体、移动媒体和户外媒体为代表的新兴媒体等多种媒体竞相繁荣的大好局面，成为萧山实力强大的文化产业的重要组成部分，并成为全国区县级媒体的排头兵。

这部志书不同之处在于，除了传统媒体的报纸和广播电视外，另有三大创新亮点：一是收录了新媒体。以网络媒体、移动媒体和户外媒体为代表的新媒体，独立成为一编写入志书，从中可以看到新媒体对萧山社会发展起到的促进作用。二是收录了镇街场文化广播站。将其列为"广播电视编"的一块重要内容，主要记录了广播电视对镇街场社会发展起到的宣传功能和发挥的作用。三是收录了具有全省内部刊号的企业报刊。将其列为“报纸编”的一块重要内容，主要记录了企业报刊在企业发展中起到的宣传功能和发挥的作用。这三块内容是萧山新闻事业的重要组成部分，收录之后，使这部志书更加全面、翔实，内容更加厚重、丰满，基本做到了真实、客观、全面反映了萧山新闻事业繁荣发展的历史。

求真务实，去伪存真，让这部志书真正具有历史价值。《萧山新闻志》的编辑同仁们付出了艰苦的努力。从2016年11月召开《萧山新闻志》编纂委员会第一次会议开始编纂工作，到编纂成书，历经近四年时间。他们认真负责、精益求精，力求把工作做到最好，使志书质量更高。当我看完志书全稿后，既为萧山的新闻事业日益发展而感到欣慰，更为全体新闻从业人员的奋斗精神而感到激动。正是这种求实精神和认真态度，保证了这部志书的基本品质。也希望此书能给全体新闻从业人员带去些许帮助，在未来的工作中发挥一定的积极作用。但我们深知，志书肯定有许多不足之处，望读者批评指正，我们深表谢意。

用笔尖记录时代，用镜头见证发展。记者是光荣的，记者是神圣的。历史因你而真实，现实因你而精彩。在此成书之际，也是第21个记者节来临之际，谨向所有关心、支持、帮助《萧山新闻志》编纂工作的领导、专家及全体新闻界同仁和本书编纂人员致以诚挚的感谢和深深的敬意。

杭州市萧山区新闻工作者协会主席　孙焕林

2020年5月

凡　例

一、指导思想：本志以马克思列宁主义、毛泽东思想、邓小平理论、“三个代表”重要思想、科学发展观、习近平新时代中国特色社会主义思想为指导，坚持辩证唯物主义和历史唯物主义立场、观点、方法，坚持党的四项基本原则和实事求是的思想路线，取裁史料，力求全面、系统地记述萧山新闻事业的历史和现状。

二、编纂原则：本志系新闻专志，按详近略远、立足当代的原则进行编纂。

三、目的意义：编修本志旨在为新闻机构、新闻从业人员和新闻工作业余爱好者提供相关实用与研究资料，为萧山区新闻事业的发展提供历史借鉴。

四、本志上限追溯至萧山新闻事业的发端，下限止于2018年年底。萧山日报社、萧山广播电视台主要领导调整，以及人物、文献选录顺延至2019年12月。

五、本志采用述、记、志、传、图、表、录等志书常用体裁，以志体为主。具体编写分编、章、节、目四个层次。除引文和特殊情况使用繁体字外，均采用规范的简化汉字。

六、本志中，民国沿用民国纪年并括注公元纪年。1949年10月1日中华人民共和国成立以后，一律用公元纪年。

七、本志中，1949年10月1日中华人民共和国成立前的数据，以历史记载和调查研究的结果为依据。中华人民共和国成立后，以相关权威部门所提供的统计数据为准。

八、本志中，凡历史上的各类名称，均以当时习惯记载，不冠以褒贬语，不以今称代替。人名一律直书其名。各种名称首次出现一律用全称，再次出现时若使用简称，则在首次使用全称时括注简称名。

九、本志的资料采自历史典籍、专著、档案、报刊、方志、宗谱、调查采访记录，以及当事人、知情人的口述等。

萧山简况

萧山，钱塘江南岸一颗璀璨的明珠，是中国大陆综合实力最强的区(县市)之一，是浙江省首个GDP冲上千亿元的区(县市)。先后荣获“全国十大财神县(市)”“全国明星县(市)”“中国最令人向往的地方十强”等称号，被誉为“中国最有吸引力城市”“中国海外最有吸引力城市”“中国最具海外影响力区(城市)”。

萧山经济发达。坚持以第一产业为基础，第二产业为主导，第三产业为增长点，形成了先进制造业和现代服务业“双轮驱动”的发展模式，拥有亚洲制造业示范基地、中国汽车零部件产业基地等美誉。萧山位置优越。拥有浙江省唯一的空港——萧山国际机场，杭州铁路枢纽的重要组成部分——杭州南站；是上海、杭州、宁波三市往来的中途站，也是华东地区的交通枢纽之一。沪杭甬等高速公路穿境而过，距上海港、宁波港仅为180公里、150公里。萧山文化悠久。拥有8000年的跨湖桥文化，将浙江文明史上推了1000年，被称为“浙江文明之源头”。萧山是越王勾践卧薪尝胆之处，是浙东唐诗文脉之源，也是大诗人贺知章、演义作家蔡东藩、民族英雄葛云飞、画坛巨擘任伯年等历代名人的故乡。萧山民生富饶。2018年，萧山城镇居民人均可支配收入65465元、农民人均可支配收入37770元，其中，农民人均可支配收入绝对值居浙江省第一。萧山相继被评为全国文化、体育、科技先进县(市、区)，国家卫生城市，首批国家级旅游度假区、国家级生态区、国家级临空经济示范区。

萧山是2016年G20杭州峰会的主会场所在地，也是2022年杭州亚运会的重要承办地。近年来，萧山立足“拥江发展”，不断优化“一心两翼”战略布局，持续构建以中心城区为核心，东部国家级临空经济示范区、南部浦阳江生态经济区为两翼的城市发展格局，强化对钱塘江沿线重要节点的规划设计，加快与主城区一体化融合步伐，激发城市内生动力。

新时代，新征程。当前的萧山，“后峰会、前亚运”、浙江“大湾区大花园大通道大都市区”建设、杭州“拥江发展”三大战略机遇扑面而来。百万萧山人民在区委、区政府的坚强领导下，秉承“奔竞不息、勇立潮头”的萧山精神，深度融入大杭州，主动接轨长三角，高质量打好“一二八”(“一”即一个总牵引，就是以亚运筹备为总牵引，办好一个会，提升一座城，实现城市创新蝶变；“二”即实施创新强区和环境立区两大战略；“八”即推进拥江发展行动、创新发展行动、美丽萧山行动、民生福祉行动、文化兴盛行动、改革攻坚行动、平安萧山行动和强基固本行动共八大行动)组合拳，加快实现赶超跨越，继续当好全省全市发展排头兵。

目 录

第二编 广播电视

第三编 通讯(新闻)社、报道组、记者站

第四编 新媒体

第五编 新闻管理 新闻团体

第六编 队伍建设

第七编 人物

第八编 萧山媒体报道的萧山重要新闻事件

第九编 文献选录

补 记

总　述

萧山的新闻事业，是“奔竞不息，勇立潮头”萧山精神的一项重要内容，它见证并且记录着萧山文明发展史，并对萧山发展起着重要的、积极的推动作用。特别是改革开放以来，萧山的报纸、广播、电视和新兴媒体得到全面、持续和快速发展，成为萧山文化产业的重要组成部分，在全国同级媒体处于领先地位。

萧山的新闻事业比较发达，现在传统媒体有报纸、广播、电视、通讯（报刊）社、报道组等，新兴媒体有网络媒体、移动媒体、户外媒体等。

一

萧山报纸始于中华民国时期。据报道，最早的报纸是创办于民国元年（1912年）的《萧山公报》。据上海《民国日报》民国元年（1912年）9月24日报道：“《萧山公报》由童冠华等发起，数月以来惨淡经营，业已略有端倪，闻原拟招股1万元，现已缴到7000多元，暂借城中贾姚祠为事务所，聘定王子焕为正编辑，金受听为副编辑，准于10月1日出版。”但有无出版过，今无法考证。

1921年，中国共产党在上海和嘉兴南湖的红船上诞生。在这前后，浙江各地共产党员和进步人士，办了十几家宣传革命和马克思主义的报刊，影响较大的有嘉兴的《新塍半月刊》《少年新塍》，杭州萧山的《责任》，绍兴的《觉悟》，宁波的《火曜》。《责任》创刊于中国早期农民运动的圣地萧山。民国8年至9年（1919—1920年），浙江诸暨次坞人20岁的俞秀松就读于浙江省立第一师范学校，在曾在“浙一师”教过书的名师李叔同、朱自清、沈钧儒、鲁迅、俞平伯等人影响下，接受新文化思潮后，成为杭州“五四运动”的领导人，并在校内创办旨在破坏束缚、建设自由社会的《浙江新潮》周刊。1919年5月12日，他和同学宣中华等发动杭州14所中等以上学校，约3000名学生，汇集在湖滨公园，举行反帝大会，声援北京、上海学生。这是杭州第一次大规模的反帝反封建示威游行。发生在“浙一师”的风潮过去后，一些思想进步学生先后毕业，走向社会。其中宣中华、徐白民等受沈玄庐的邀请于民国10年（1921年）4月到萧山衙前农村小学任教，并从事农民运动，发动萧山、绍兴、上虞82个村的农民，建立农民协会，并于同年11月24日成立衙前农民协会联合会。这是中国共产党领导的第一次有组织有纲领的农民运动。但是，很快被当地地主阶级勾结反动政府镇压下去。这些青年学生经过这场斗争锻炼得成熟起来，他们接受中国共产党一大、二大提出的纲领，加入共产党或青年团，组织“任社”，依然留在萧山进行农村调查，研究农村革命问题；创办《责任》，宣传农民，组织农民。

民国16年（1927年）2月，国民革命军北伐到达萧山，民主开始抬头，“言论自由”萌芽，这对萧山报纸的兴起和发展是一个极为有利的时期。从这个时期开始，萧山县除了国民党的党政官办报纸外，大量的民办报纸纷纷涌现。后来，由于国民党政治腐败，社会经济日趋衰落，民生凋敝；后期，历经八年抗日战争，国民政府又相继发起内战，许多人民群众的生命和大量财产毁灭于硝烟战火之中，民不聊生。所以，出现的民办报纸都在艰难的岁月中挣扎，不断被扼杀在新闻事业的摇篮中。民国时期创办的县报，除国民党的党政官办报纸出版时间较长外，其余民办报纸出版时间最长的是一年，短的只有几个月甚至几天。报纸发行量最多的每期1000多份，最少的只有200多份。据估算，中华民国时期，萧山共办县报16种，累计报纸发行524万多份。

此外，据记载，绍兴《越铎日报》于民国12年（1923年）9月12日报道："萧山学界巨子汤、王、陈、孔四君，拟发起组织《永兴报》（萧山古称永兴），每日出版一大张，以合义和印刷所代印。内分社论、国内外新闻、本地消息及小说、诗歌等数门。现在筹备一切，定中秋日出版云，此亦系新闻界之好消息。"

另据记载，民国18年（1929年）项士元在《浙江新闻史》中介绍，萧山在1927年办过《萧然日报》；1982年1月20日，浙江新闻工作者协会编办的《新闻业务参考资料》刊载詹文元《浙江报刊史初探》一文中（21页）"民国十四年……萧山县有《萧然日报》……"

《永兴报》和《萧然日报》这2张报纸，有无出版过，今无法考证。

抗战时期，萧山县城沦陷。汪伪政府于1944年出版《萧山公报》，有编辑等3人。四开四版，铅印。该报以宣传日本侵略军和汉奸为宗旨，颠倒黑白，遭到群众反对，靠硬性摊派推销到沦陷区各单位、乡、保等，发行近1000份。该报因乏人支持，出版三四期而停刊。

民国34年（1945年）秋，抗日战争刚刚取得胜利，以蒋介石为首的国民党统治集团，利用其手中掌握的权力，抢先在收复区扩展新闻阵地。9月，国民党政府行政院颁布《管理收复区报纸通讯社杂志电影广播事业暂行办法》。不久，"收复区全国性事业委员会"又拟订《广播事业接收三原则》。根据这些法令，原沦陷区的日伪报馆、电台、通讯社等各类新闻机构，全成了国民党的囊中之物。

在萧山，民国35年（1946年）《新生日报》停刊后，国民党萧山县党部要办《湘湖日报》，三民主义青年团萧山分团筹备处要办《政治周刊》。后由原《新生日报》编辑庞渔光出面调解，双方合办《萧山日报》，于民国36年（1947年）元旦创刊。始出4开单面2版，后改出8开2版，日报。以本县新闻为主，宣扬所谓"戡乱"等内战言论，刊登县政府《县政公报》。副刊有《湘湖》《风月无边》《萧山妇女》。发行1000份左右。该报出版至民国38年（1949年）5月，萧山解放后，由军管会接管，出版十来期后停刊。

二

1949年5月3日，杭州解放。5月9日，中共浙江省委机关报《浙江日报》创刊；新华通讯社浙江分社成立并开始发稿。5月26日，浙江新华广播电台（浙江人民广播电台前身）开始播音。宣告社会主义新闻事业在浙江的兴起。

随着全省各地陆续解放，浙江党政领导根据中央指示精神，把发展新闻事业的重点放在建设以党报为主体的报刊上。在完成接管和处置旧有报刊的同时，汇集革命战争中培养的和地下党组织拥有的新闻人才，积极创办各级党报。为了解决当时新闻干部紧缺问题，中共浙江省委责成浙江日报社开办杭州新闻学校，培训了270多名学员，充实各报社。到1956年社会主义改造基本完成时，全省共创办《浙南日报》《甬江日报》《金华大众》《杭州日报》等10家地市级党委机关报，《临海报》《萧山报》《慈溪报》等26家县级党报。

中华人民共和国成立后，萧山的新闻事业进入崭新的历史阶段。20世纪50年代至60年代，报纸、广播成为萧山县委、县政府的新闻宣传、舆论引导和思想教育的重要工具，发挥了联系群众的桥梁和纽带作用，得到了广大人民群众的大力支持。1954年12月11日至1961年2月1日，中共萧山县委创办的《萧山报》《萧山日报》每期发行量从1400多份上升到5万多份。在6年零1个多月时间里，《萧山报》《萧山日报》累计总发行量达2028.5万多份。1961年2月2日，因国民经济困难，萧山县委决定《萧山日报》休刊。直到改革开放后的1983年6月1日，萧山县人民政府主办，县科学技术委员会主管的《萧山农科报》创刊，这是《萧山日报》休刊22年后，萧山县公开出版发行的第一张报纸。

萧山的广播电视事业是从收音站开始发展到有线广播的。中华人民共和国成立初期，百废待举，萧山没有收音机。为了帮助干部群众及时了解国内外大事，1950年7月，萧山县文化馆根据中共萧山县委指示，开始开展收音工作，每天晚上组织干部、群众坐在一台收音机旁收听浙江人民广播电台节目。是年9月，萧山县收音站正式建立，首先在湘湖师范学校成立有10人参加的收音小组，接着，在其他单位和居民区相继发展收音小组。1951年，在城区有10个收音小组。1952年4月，发展到8个收音站、48个收音小组，有12个兼职收音员。到1952年上半年，全县10个区先后建立收音站。1951年、1952年两年，收音站先后组织农民、工人、学生和干部等收听各类讲座和广播大会303次，13.26万余人次参加收听。1955年4月，县收音站工作划归萧山有线广播站。以后，随着有线广播的发展和收音机的增多，收音站相继取消。

1955年3月29日，萧山县有线广播站创建。此后，有线广播逐步成为全县农村广播的主要形式,分为事业建设和广播宣传两大部分。事业建设为宣传提供物质条件,为宣传服务;广播宣传是依赖机房设备、广播网络和喇叭而发挥作用。建站后,以主要力量架设广播专线,发展喇叭,扩大服务范围。随着线路延伸和喇叭的发展,1959年先后建立12个大公社广播站和1个镇广播站。以后,随着公社规模多次调整,公社广播站在撤建中发展。1971年,全县有60个公社、镇广播站,实现社社建站,架设广播专线8000多公里,喇叭发展到12万多只,个个生产队通广播。建成以县站为中心、公社站为基础、普及村村队队、连接千家万户、专线传输的全县有线广播网。1972年,广播线路总长达9658公里,喇叭发展到13万多只。

三

十年"文化大革命"时期,萧山县没有公开出版发行的地方报纸,萧山的广播宣传遭受到严重干扰。1967年3月20日下午3时,萧山县部分群众组织非法抢占萧山广播站,并宣布萧山广播站被"造反派"夺权。9月,萧山广播站实行军事管制。1968年3月20日,萧山广播站更名为萧山人民广播站,站成立"革命委员会",由站党支部、站革委会具体负责广播宣传,站党支部书记、站革委会主任参加研究报道计划和审稿等。1969年4月3日,浙江省革命委员会在"关于建设农村广播网"决定中,规定县广播站要以转播中央人民广播电台的广播为主,同时转播省台的广播。各县自办节目要少而精,而且要经过县革命委员会审查批准。县站自办节目也常常被县里的批斗会、派性会实况挤掉。在宣传报道中,唯心主义泛滥,形而上学猖獗,假话、空话、大话、套话连篇累牍,破坏了党的优良传统,严重损害了广播在群众中的声誉。1976年10月,粉碎"江青反革命集团"。1978年4月,萧山人民广播站革命委员会撤销,恢复站长制。此后,萧山的广播宣传联系该县实际,既紧跟县委中心工作,以宣传为重点办好广播节目,又照顾全面,增强思想性,体现党性和群众性,得到了广大听众的好评。

十年"文化大革命"期间,萧山虽然没有正式刊号的地方报纸,但出现过两种没有刊号的报纸:一是《东方红》,由"萧山县革命造反联合总部"编办,1967年2月创刊至同年8月20日终刊,出版17期。二是《红色造反战报》,由"萧山县革命造反联合指挥部"编办,1967年2月27日创刊至1969年1月29日停刊,出版102期。这两种报纸均为4开4版,内容主要是宣传各自的观点,铅印,不定期,每期发行1000份至2000份。

四

1978年12月,中共十一届三中全会召开,全会作出改革开放战略决策。在中共十一届三中全会精神鼓舞下,萧山作为全国首批14个沿海开放城市,政治和经济形势生机勃勃，日新月异。萧山新闻界紧跟时代步伐，紧紧围绕县委、县政府中心工作，强化新闻宣传，加强舆论引导，丰富服务内容，为萧山经济社会发展做出积极贡献，也推动了萧山的新闻事业走向繁荣。

广播事业升级达标。萧山广播事业发展一直得到党和政府的重视。从1979年开始，全县有线广播围绕“达标、保标、升级”的要求，建设高质量广播网路。至1986年，全县有线广播四个单项技术质量指标（县站内主要设备技术质量、县站至乡镇站信号线技术质量、网路传输质量和乡镇站应达到的质量指标）全面达到国家广播电视部规定的丙级标准，成为浙江省第一个达标县。此后，有线广播网路逐年升级，信号干线由单线传输改为双线运输，线材由普通的铁丝升级为铝线、铝包钢线。广播喇叭由压电喇叭换为舌簧喇叭或动圈喇叭。至1987年年底，全县拥有广播喇叭22.87万余只。至1995年年底，全市入户喇叭上升到23.2万余只。1979—1983年，县广播站认真贯彻落实“坚持自己走路”的方针，进一步改进广播节目，突出宣传经济建设，对社会主义现代化建设事业和城乡经济体制改革的发展，起到了有效促进作用。1984年11月，萧山县人民广播站被授予全国新闻战线先进集体称号，站长方介兴代表县站出席全国新闻工作者表彰大会，中华全国新闻工作者协会奖给萧山人民广播站写有“深入群众，不尚空谈”题词的锦旗一面和景泰蓝奖杯一只。1994年，萧山县文化广播电视局被评为全省广播电视系统先进集体。1991年年初，抓住萧山人民广播站改建为萧山人民广播电台的契机，萧山人民广播电台积极筹建无线调频广播。1992年元旦，萧山人民广播电台采用104.8兆赫频率播出立体声节目。1993年元旦，调频广播开始每天连续16小时播出，并提出“集新闻、信息、服务、娱乐为一体；融时政台、经济台、文艺台为一炉”的办台方针，全市掀起调频广播热。1993年7月，萧山市委宣传部召开表彰会，表彰奖励萧山人民广播电台的改革成果。浙江省和杭州市广播电视部门对此给予充分肯定。20世纪90年代后期，随着经济发展和农村有线电视的兴起，萧山有线广播事业得到质的提高。1996年年初，楼塔镇成为全市第一个“广播、电视双入户”镇，萧山市委宣传部、市广播电视局联合在楼塔镇召开全市农村广播电视“双入户”现场会，推广楼塔镇的经验和做法，加快“双入户”步伐。1998年8月，全市32个镇、乡（场）有线电视实现大联网，市电台至各镇、乡（场）有线广播讯号全部改由光缆传输。至2000年年底，全市入户喇叭增加到23.8万余只，入户率达85.49%。2006年，萧山区启动“广播发展年”工作，经过两年建设，截至2007年年底，全区广播喇叭总量达到26万只，入户率达91%，通响率达98%，在全省率先实现有线广播“户户响”。

电视事业快速崛起。1962年，萧山县广播站购买到由省广播电台分配的一台14英寸黑白电视机。这是萧山县最早的电视机。此后，有少数单位陆续购买电视机。1966年开始，受“文化大革命”冲击，全县电视事业停止发展。中共十一届三中全会后，随着国民经济的发展，人民收入增加，电视机从城镇到农村，从集体到个人逐步增多。1979年11月，萧山境内第一座电视转播台在杭州齿轮箱厂建成，发射功率10瓦。1979—1980年，农村生产大队一般购买大屏幕（60英寸）可供数百人观看的投影电视机，全县先后购买投影电视机160多台；部分县级机关、团体、企事业单位和少数公社机关、大队购买19英寸以上的彩色电视机。1983年1月，萧山县广播电视大楼建成，大楼共5层，建筑面积1390平方米，总投资25万元。是月，萧山县第一座由农民投资兴建的电视转播台在大桥公社众利大队建成使用，发射功率1瓦。是年5月1日，萧山电视转播台建成并投入使用，发射功率50瓦，转播中央电视台节目。至1986年年底，全县拥有各种电视机73650多台（彩电6300多台），平均每百户有电视机23台。1987年6月，萧山电视台建立，7月1日试播。1988年1月1日，萧山广播电视发射中心在西山建成，有技术用房500余平方米，发射铁塔高64米。1989年年初，萧山共用天线电视接收系统在西山顶建成，转播8个电视频道。1992年12月16日，萧山有线电视台（筹）试转有线电视节目，转播中央电视台等11个频道和自办节目1个频道。1994年4月，萧山有线电视台试播自办节目。是年12月25日，萧山有线电视台成立并正式开播。1995年9月，萧山有线电视台与杭州电视台光缆信号开通，实现双向传输。1998年，萧山市政府把全市有线电视光缆联网列入10件大事，进一步加快联网工程。至2000年年底，萧山市实现基本普及有线电视的目标。至2002年年底，全部完成有线电视“村村通”建设任务，有线电视总入户数（注册用户数）30.2万户，有线电视网络覆盖率达到100%。至2017年年底，萧山广播电视台全面完成全年各项规划指标。

地方党报不断壮大。从1962年到1982年的20年时间，萧山本地没有公开出版发行的报纸。中共十一届三中全会以后，农村改革先行一步，全县广大农民迫切需要一张既能反映萧山农村改革新面貌，又能传播农业科技知识、指导农业生产的地方报纸。根据萧山县第七届人民代表大会第三次会议中提出的改革科技工作的要求，1983年5月4日，萧山县政府发文决定筹办《萧山农科报》。该报由县人民政府主办，萧山县科学技术委员会主管，于1983年6月1日创刊，4开4版，铅印，每月出版3期（逢1日、11日、21日出版），国内统一刊号为CN33-0043。1984年12月，每期发行量达10.1万份。1985年，稳定在9万份左右。该报历时5年整，共出版发行138期。该报被编入《当代中国报纸大全》。1987年12月31日，萧山撤县设市。1988年1月14日，萧山市政府向浙江省新闻出版局提出申请，要求变更《萧山农科报》为《萧山经济报》。经省新闻出版局批准，1988年3月18日，萧山市政府正式发文《关于〈萧山农科报〉变更为〈萧山经济报〉的通知》,《萧山经济报》改由萧山市政府主办,成为政府机关报,仍沿用《萧山农科报》的国内统一刊号,周报,4开4版。1990年12月12日,中共萧山市委员会决定《萧山报》作为党委机关报复刊。1991年3月26日,国家新闻出版署批复:"同意《萧山经济报》更名为《萧山报》,该报为周二报,4开4版,由中共浙江省萧山市委主办。"《萧山报》仍沿用原《萧山农科报》《萧山经济报》的国内统一刊号。1991年9月24日,《萧山经济报》出版发行161期后终刊,复刊后的第一期《萧山报》于1991年9月26日与读者见面。1991年为周一报,1992年为周二报,1993年为周三报,1994年为周四报。1994年,经国家新闻出版署研究决定,批准同意《萧山报》自1995年1月起,更名为《萧山日报》,刊期由周四刊改为周六刊。1996年,《萧山日报》由周六刊改为周七刊,成为名副其实的日报。是年,被评为"萧山'八五'时期精神文明建设十大成就之一"。1997年,被浙江省新闻出版局评为浙江省十家优秀报纸之一。1997年8月起,《萧山日报》从4开4版向4开8版过渡,1998年1月,正式出版4开8版。1999年1月起,《萧山日报》由4开8版改为对开6版大报,2000年7月1日扩为对开8版,并且天天彩印,成为全省县市党报中首家对开8版天天彩印的日报。2001年3月25日,萧山撤市设区,融入大杭州,《萧山日报》版面作出新的调整。2002年,《萧山日报》增设社会新闻版。2003年,中共中央决定对全国报刊进行治理整顿,9月底,国家新闻出版总署发文同意保留《萧山日报》,成为国家准予保留的全国39家县(市、区)报之一。2004年1月,《萧山日报》加盟杭州日报报业集团。除了"坚持三个不变",即始终坚持党报性质不变、坚持服务于萧山区委区政府中心工作不变、坚持服务于萧山读者和受众不变的定位外,向市场化的区域报转型发展迈出了坚实步伐,报业实力不断增强。至2010年年底,萧山日报社完成"十一五"规划各项指标,广告收入首次突破五千万元,利润首次破千万元,报社总收入首次突破1亿元。2011年以来,萧山日报社实施全媒体战略部署,推进转型升级,实现从传统媒体向全媒体转型、从传统报业向现代文化传媒企业转型,打造全国一流的县市区域传媒集群。至2017年年底,萧山日报社顺利完成全年各项规划指标。

专业(行业、企业)报团体报方兴未艾。受改革开放大潮的影响,加之经济快速发展,萧山一些县级部门、企事业单位、社会团体以及在萧国营大中型企业纷纷兴起办报热潮,创办的报纸品种数量逐步增多。县级部门、单位及团体创办的报刊有:由萧山县卫生防疫站主编的《萧山卫生》于1982年7月创刊,1985年2月起改为月报,3月起由萧山县爱国卫生委员会、县卫生防疫站、县计划生育委员会合编,1985年5月改名为《萧山卫生报》。由萧山县工人文化宫主办的《活动月报》于1983年5月创刊,1986年5月起改名为《萧山文化宫报》。由萧山县供销合作社联合社主办的《信息技术服务》于1934年3月26日创刊,1985年起发行范围扩大到27个省市的200多个县市,该报被编入《当代中国报纸大全》。中国工商银行萧山支行于1985年4月编办《萧山储蓄》报。中国农业银行萧山支行于1985年7月1日编办《农村储蓄》月刊。萧山县委报道组于1986年7月1日编办《萧山新闻摄影》月刊。萧山青少年宫于1986年9月编办《春华》双月刊。萧山旅游协会于1986年10月24日编办《萧山旅游》双月刊。企业创办报刊的有:杭州齿轮箱厂于1979年10月14日编办《杭齿工人》,1985年7月1日复刊易名《今日杭齿报》。杭州柴油机厂于1984年5月15日编办《杭柴工人》。杭州瓷厂于1984年9月20日编办《杭瓷工人》。杭州第二棉纺织厂于1985年9月编办《杭二棉报》。萧山麻纺织厂于1985年9月15日编办《萧麻工人报》。杭州万向节厂于1986年5月编办《杭万工人报》。杭州钱江啤酒厂于1986年8月1日编办《钱啤工人》。浙江建筑材料厂于1986年10月28日编办《建材之声》。萧山农信联社于1988年8月15日创办《萧山合作金融》,后随单位名称改变相继更名为《萧山信用合作》《萧山农村合作银行》,现名《萧山农商银行》,由萧山农商银行主办。浙江传化集团有限公司于1993年9月创办《传化简讯》,1997年改名为《今日传化》。浙江恒逸集团控股有限公司于1995年1月创办《恒逸简报》,2001年12月更名为《恒逸报》。开元旅业集团有限公司所属萧山宾馆、杭州之江度假村、阳光休闲山庄于1998年4月分别创办《萧山宾馆报》《杭州之江度假村报》《阳光休闲山庄报》,2002年9月开元旅业集团将所属三报合一,易名为《开元旅业报》。亚太机电集团有限公司于1998年创办《亚太集团报》。圣奥集团有限公司于1999年12月3日创办《圣奥人》,2001年4月1日改名为《圣奥报》。杭州东方文化园旅业集团于2000年5月创办《东方文化园》报。富丽达集团控股有限公司于2002年1月创办《富丽达纺织》,2004年1月更名为《富丽达报》。德意控股集团有限公司于2002年10月18日创办《德意人》报。浙江萧山医院于2003年1月创办《萧山妇幼报》,11月更名为《萧山医院报》。浙江荣盛控股集团有限公司于2003年10月创办《荣盛报》。浙江正凯集团有限公司于2004年10月创办《申达报》,2006年更名为《正凯报》。至2004年年底,经浙江省新闻出版局审批核准的萧山企业报共有41家,另有10余家企业报未办理核准程序也在出版之中。此后,三元控股集团有限公司创办《三元报》,圣山集团创办《圣山报》。

新媒体迅猛发展。20世纪90年代初,随着互联网在中国迅速崛起,电脑逐步普及,以互联网为介质的新兴媒体不断涌现。1997年10月,中国电信萧山分公司借助自身资源、渠道和技术优势,正式开通"萧山信息之窗"(后更名为"萧然在线")网站,这是萧山出现最早的网站,也是浙江省内最早的县域级门户网站,随后会同萧山市对外经贸委员会一起到各乡镇宣传企业上网,截至1999年8月,为600家企业建立独立网站。到2017年，萧然在线从线上到线下，从PC端到移动互联网，形成网站、微博、微信订阅号等矩阵式新媒体平台。萧然在线网友联谊会已经举办了十八届，萧山电信微信粉丝量为158768人，最高峰值单条浏览量为1367869次。以互联网为介质的新媒体的出现，及时发布新闻信息，迅速进军广告市场，让传统媒体报纸、广播、电视感受到生存危机，认识到发展新媒体的重要性，积极探索“传统媒体+互联网”发展之路，并不断做大做强新媒体。1999年9月29日，萧山日报电子版正式开通，成为全省地、县两级报社中的首家。2001年，萧山日报接入宽带网，更新电脑设备。2003年6月12日，省政府新闻办公室发函同意萧山日报电子版更名为萧山网，自此，萧山日报电子版向成为综合性网站迈出实质性的一步。2003年12月22日，萧山日报社成立网络部。2004年6月，组建萧山网并进行市场化运作，成立杭州萧山网络传媒有限公司。2005年9月，萧山日报社开始筹建萧山日报阅报栏。此后，又推出萧山日报手机报、城市电视、官方微博、微信、无线萧山App等新媒体。至2017年年底，已经形成以纸质媒体、网络媒体、移动媒体、户外媒体、数字电视媒体“五大媒体”为主体，以萧山日报、萧山网（手机萧山网）、萧山手机报、无线萧山App、官方微博、微信公众号、城市电视、户外阅报栏、萧山发布（政务微博、微信App）“九大端口”为发布平台的全媒体集群，以纸媒经营为基础型产业、新媒体经营为创新型产业，以及教育培训、房产电商、资本管理、会展文创、发行配送、养老护理、旅游等多元经营为成长型产业的“三位一体”传媒产业体系。1999年10月1日，萧山市广播电视台组织、策划，与江西省南昌电台、陕西省延安电台、江苏省无锡江南之声电台、湖北省宜昌电台同时播出国庆广播大联播节目《飞越时空，辉煌五十年》，并在互联网上同步传送。1999年11月28日，建成萧山广播电视信息网。2005年4月，萧山广播电视台开通第三媒体——萧山广电网，实现广播电视节目的网上传播。2009年1月，萧山广播电视台创办湘湖网。2013年3月，萧山广播电视台成立新媒体中心，统筹发展广电新媒体。至2017年年底，萧山广播电视台全面建成包括“智慧萧山”手机门户、萧山手机台、湘湖网、政务微信矩阵、广电微信、广电微博、“湘湖会”网络公益联盟、“终于等到你”相亲交友平台等在内的新媒体集群。萧山各镇街（场）通过与萧山日报社、萧山广播电视台、中国电信萧山分公司及其下属新媒体合作，纷纷建起网站，开通微博、微信，并利用这些新媒体平台，报道工作动态、宣传相关政策、推介先进典型、传递新闻信息，为推进改革开放，促进当地经济发展和社会和谐稳定发挥了重要作用。企业报刊积极拥抱新媒体，发展新媒体，有的企业报刊在保留纸媒的基础上推出电子版，有的推出微信版，有的推出手机版。至2017年年底，萧山的所有媒体基本实现转型。

五

进入21世纪，特别是2010年以来，萧山的媒体融合发展步伐进一步加快。作为萧山两大主流媒体的萧山日报社和萧山广播电视台，分别提出全媒体发展战略，实行采编流程和议程设置再造，打造具有纸媒和广播电视媒体特色的全媒体采编发布模式，实现向融媒体生产、全媒体发布、用户精准传播的转型升级，提升媒体的新闻舆论传播力、引导力、影响力、公信力。

媒体联动扩大影响力。1999年12月，萧山市广播电视台参与发起成立"浙江省县（市）电视新闻协作网"，加强与全省县级台的联动。2010年7月23日，由萧山、嵊州、奉化、嘉善、缙云、瑞安、武义7家广播电视台联合举办的"唱游浙江"大型电视综艺活动在嵊州市举行，为县（市、区）级台探索联办大型节目开辟新路径。2016年10月7日，萧山广播电视台携手38家全国知名新媒体，推出"圆梦湘湖"全球、全景、全天候直播活动，向全球展示湘湖景区迷人景色和"三生融合"美丽萧山。是日，通过互联网和各种移动终端观看直播活动的全球用户超过1000万人。萧山广播电视台多次与中央电视台、浙江电视台一起直播"钱江潮"。萧山日报与重庆两家媒体联手进行全媒体直播报道。2012年6月14日19时35分，"重燃生命的希望——渝萧两地空运救治小烨琳造血干细胞暨移植手术"大型全媒体直播，在萧山国际机场接机大厅正式开机。这是萧山日报全媒体启动以来首次推出的两地同步直播，参与直播采编人员30多人。同时，萧山日报官微和萧山手机报滚动播报手术前期准备至结束的全过程。次日，萧山日报、多媒体数字报以双整版详细报道全媒体直播和小烨琳移植手术完成的经过，城市电视户外大屏播放直播是日的网络视频。

媒体融合提升传播力。2014年9月1日，萧山日报社全媒体中央控制室正式启用，内设萧山日报、萧山网、无线萧山、城市电视、萧山手机报（湘湖手机报）、萧山发布（政务微博）、萧山日报官方微博、萧山日报微信公众号、户外阅报栏电子屏共9大端口、20个专用席位。中控室承担着中心枢纽、信息聚合、指挥协调三大功能，所有信息资源都经过中控室整合，并根据各媒体特性进行差异化编辑，按照发布顺序规定的各个层级，第一时间发布给各个媒体平台，实现新闻信息一次采集、多种生成、多元传播，构建起矩阵式、滚动式、全天候发布机制。萧山日报全媒体先后组织地铁2号线开通、G20杭州峰会、萧山区两会、区委全会、贵州从江行、"行走母亲河"——浦阳江生态带全媒体大型采访活动等。2017年，萧山广播电视台打造新闻生产新中枢，实现由"一次生产、一次利用、单一发布"向"一次采集、多层次生成、多平台传播"的转变，做到新媒体首发、传统媒体跟进、全媒体互动，广播上线、电视播出、平面刊登、网上互动、微博微信发布、手机实时浏览“六位一体”融合传播。2010年6月，萧山广播电视台派遣记者与义工“上岛”一起赶赴青海玉树地震灾区，同时整合广播、电视、网络三大平台资源，直击萧山爱心人士向藏族地震孤儿送温暖的方方面面，让萧山人民和玉树同胞面对面“零距离”。萧山广播电视台全媒体全力做好首届萧山人大会的新闻宣传、广播直播、电视录播、手机客户端移动直播工作，联合诸暨台、浦江台开展“治水再出发——浦阳江全域广播新闻行动”大型跨地区采访活动等。

六

中华人民共和国成立以来，特别是改革开放40多年来，随着萧山新闻事业的不断发展壮大，萧山新闻界切实加强组织建设、作风建设、队伍建设，持之以恒抓好新闻队伍业务能力建设以及名编辑、名记者、名主持人、名品“四名工程”建设，坚持新闻理想，坚守职业道德，弘扬主旋律，打好主动仗，鞭笞假丑恶，传播正能量，取得显著成效，得到各级组织的认可和新闻主管部门的肯定，受到受众、用户的欢迎。

集体荣誉级别高。1984年，萧山人民广播站被评为“全国新闻先进集体”。《萧山经济报》被评为1991年度全国优秀经济报刊。1996年，临浦镇广播电视站被评为杭州市首届“十佳”镇乡广播电视站。1999年，萧山市广播电视局被授予全国广播电影电视系统先进集体称号。1999年，萧山市荣获浙江省广播电视先进县（市）称号。《萧山日报》被省新闻出版局评为1997年度浙江省十家优秀报纸之一。2000年，《今日传化》被评为全国大中型企业杂志类一等奖。2004年，《今日杭齿报》被评为全国优秀企业报。2008年，萧山网荣获省“十佳”文明示范单位称号。2009年，萧山广播电视台创办的湘湖网（广电网）荣获浙江广电系统十佳网站。2011年，《恒逸报》《富丽达报》被评为全国纺织优秀企业报。2013年，萧山日报荣获中国报业经营创新奖。萧山日报荣获2015—2016金长城传媒奖“中国十大地市区域报”称号。2017年，萧山人民广播电台入围中国年度融合创新影响力区县广播五强。“萧山日报社综合发展文化产业”入选“2009年度中国报业十大事件”，萧山人民广播电台1995年系列报道《大路歌》入选《中国新闻年鉴》，萧山人民广播电台1995年12月广播对话《发得快与找老外》入选全国高等教育自学考试新闻本科教材《新闻评论学》。

优秀人才影响大。《萧山日报》编辑许雪光、孔子贤被评为1959年度杭州市文教战线和浙江省文教方面社会主义建设先进工作者。2001年12月，萧山日报总编辑洪佳士通过新闻系列“高级编辑”职称评定，成为全省县市报中第一位获得正高级职称的采编人员。2002年10月，洪佳士获浙江省首届飘萍新闻奖（人物）提名奖。2008年10月，萧山广播电视台播音员郑健获得“‘辉煌三十年’全国县（市、区）级优秀播音员”称号，这是浙江省唯一获得这一称号的县(市、区)广播电台播音员。2012年，萧山日报社社长、总编宣舒平荣获第二届中国地市报子报子刊系列十佳总编辑称号。2012年，萧山广播电视台台长来宏明荣获“全国广播电影电视系统先进工作者”称号。杭州风盛新传媒广告有限公司总经理、浙江风盛传媒有限公司副总经理夏杰被评为“2012中国户外媒体领军人物”。萧山网董事长金烽获2013—2014中国报业融合发展十大创新人物提名奖。

获奖作品档次高。1990年，萧山人民广播站选送的《鲁冠球和农村青年谈理想和事业的成功》获全国首届对农村广播专题节目一等奖。1994年，萧山人民广播电台选送的短消息《农民家庭请律师》获中国广播奖二等奖。2000年9月15日，中央电视台、浙江电视台、萧山电视台联合现场直播“钱江潮”节目获中国新闻奖一等奖，中国电视奖一等奖。2003年，萧山广播电视台创作的广播剧《跨国传奇》获浙江省“五个一”工程奖，填补萧山省级“五个一”工程奖的空白。2005年，萧山广播电视台的广播戏曲节目《回娘家》获得浙江省节目技术质量一等奖；《萧然春潮——2005春节联欢晚会》获得浙江省电视文艺“牡丹奖”一等奖。萧山日报作品《颈椎病的非医学因素》获第二十届中国新闻奖二等奖，2010年12月6日，杭州市记协、杭报集团联合举办《颈椎病的非医学因素》作品专题研讨会。萧山日报策划编辑出版的《萧山城市手册》(上、下)及电子书项目获2014年度全国报刊广告“金推手”奖经典案例奖。2016年，萧山日报爱情微电影《情定金马》，在首届中国报业短视频微电影大赛中获“优秀微电影”奖。

大事记

中华民国

民国11年(1922年)

11月27日　由徐自民主编的《责任》在萧山创刊,这是萧山早期宣传共产主义的报刊。

民国16年(1927年)

夏　《民治日报》创刊,为萧山第一份民办报纸。

11月　《萧山公报》创刊,是中华人民共和国成立前萧山出版时间最长的民办报纸。

民国17年(1928年)

7月　浙东通讯社创建。

民国18年(1929年)

年初　《萧声报》创办。

1月　国仑通讯社萧山分社创办。

8月　国民党萧山县党部第一份官办报纸《萧山日报》创刊。

12月　国民党萧山县党部报纸《萧山日报》改名为《萧山民国日报》,是中华人民共和国成立前萧山出版时间最长的官办报纸。

民国22年(1933年)

3月　月初,《萧山民报》创刊。

6月1日　《萧山新闻》创刊。

上半年　《浙东公报》创刊,是一份受官僚资本贴补的民办报纸。

8月　萧山新闻通讯社创办。

10月10日　《萧山县商报》创刊。

是年　民声通讯社有报道见报。

民国24年(1935年)

是年　国民新闻社萧山分社有稿件见报。

民国25年(1936年)

4月11日　萧山民国通讯社在《萧山民国日报》刊登招聘特约通讯员启事。

6月　《萧山时报》创刊。

民国26年(1937年)

4月　《萧山商报》创刊。

12月　亚细亚通讯社由杭州迁入萧山县发稿。

民国27年(1938年)

4月　萧山县第一届抗日自卫委员会在河上店筹组萧山日报社。7月,《萧山日报》出版,为抗日战争时期创办的官办报纸。至民国31年(1942年)4月,日军流窜河上店前夕停刊。

民国35年(1946年)

1月　《正义报》创刊。

2月26日　《新生日报》创刊。

8月　青光通讯社创建。11月5日,与萧然通讯社合并易名。下年又分开,8月后迁往杭州。

10月　三青团萧山分团筹备处创建萧然通讯社。11月5日,与青光通讯社合并易名。下年又分开。

11月5日　青光通讯社和萧然通讯社合并建立萧青通讯社。下年又分离,各自恢复原通讯社。

民国36年(1947年)

1月1日　国民党萧山县党部与三民主义青年团萧山分团筹备处合办的《萧山日报》创刊。民国38年(1949年)5月萧山解放后,该报由军管会接管。

是月　民锋通讯社成立。下年9月,在河上店设立萧南分社。

3月12日　大地通讯社建立并开始发稿。

4月　古越新闻社向省申请登记成立。

5月　远东通讯社呈请登记后成立。

10月10日　《萧山新闻》创刊，是中华人民共和国成立前萧山最后一份民办报纸。

中华人民共和国

1949年

5月　萧山解放。5月16日，中国共产党萧山县委员会正式宣告成立，下设秘书处、组织部、宣传部和民运部四个部门。

1950年

9月　萧山县收音站建立。

1951年

4月18日　萧山县收音站在城厢镇集中14架收音机，组织3600多人收听广播，发动群众捐献飞机、大炮款，支援抗美援朝。

春　临浦镇购买1台扩音机，安装3只高音喇叭、30只小喇叭进行有线广播活动。

1954年

11月　萧山县第一个镇、乡级广播站——临浦镇广播站建成播音。

12月11日　《萧山报》创刊。社址在横何家弄3号。报纸由浙江日报印刷厂印刷，萧山邮电局发行。萧山县委决定，周群任《萧山报》主编。

是月　富阳、临安、萧山、杭县4个县相继建成农村有线广播站。

是年冬　商安定任萧山有线广播站负责人。

1955年

3月29日　萧山有线广播站正式播音，每天晚间播出1小时30分钟。

11月19日　县委成立由张希本（县委副书记）、丁守安（县委常委）、马保山（宣传部副部长)、李健生(组织部副部长)、周群5人组成的党报工作委员会,加强《萧山报》领导工作。

1956年

1月1日　是日起,《萧山报》由五日刊改为三日刊,版面文字由竖排改为横排。

2月19日　《萧山报》以《社会主义农村的美好远景》为题,用3个整版图解《1956—1967年萧山县农业发展纲要草案》。

4月1日　是日起,《萧山报》由三日刊改为隔日刊。

6月7日　中共萧山县第一次代表大会于6月2日开幕,6月5日闭幕。《萧山报》进行报道并刊发评论《为贯彻实现党代表大会决议而奋斗》。

7月　萧山县委决定,陈时贵任《萧山报》主编,

是月　方重光任萧山有线广播站副站长。

是月　萧山有线广播站第一个转播站在瓜沥镇建成。

8月9日　《人民日报》以《办好县报要做好农民通讯员的工作》为题,介绍《萧山报》开展工农通讯员工作的经验。

1957年

4月　县委机关办公室作出部分调整,县委决定萧山报社社址迁至北药桥(人民大道49号)县委机关内。

是月　萧山有线广播站开办《新闻节目》,每天播出1组。

是年　是年上半年,萧山有线广播站改称萧山广播站。

是年　县委文教部并入宣传部。

1958年

1月1日　是日起,《萧山报》扩为4开4版,三日刊。4月11日起,改为隔日刊。

2月　萧山县委决定,陈望云任《萧山报》主编。

3月27日　为配合农业"大跃进",萧山报社迁至临浦区浦南乡横一农业生产合作社(横山佴村)。一周后因交通不便,不能保证报纸及时印刷而搬回原址办公。

4月14日　萧山广播站实行早、中、晚3次播音。

4月15日　《萧山报》改由萧山印刷厂承印。

是月　诸忠麟任萧山广播站负责人。

5月27日　县委作出《关于〈萧山报〉从6月1日起改出萧山日报的决定》。6月1

日起，《萧山报》更名为《萧山日报》，改为4开4版日报。

7月12日　县委发出通知，要求到7月底前，做到一户一报（以5人为一户计算），干部一人三报，教师一人二报，乡以上各个机关单位至少订四报（《人民日报》《浙江日报》《宁波大众》《萧山日报》）。

8月14日　县委发出《关于建立报纸通讯网和加强通讯报道工作的通知》，要求报社加强对报纸通讯工作的具体指导。

9月29日　全县农村实现人民公社化，《萧山日报》发表社论《人民公社万岁》。

10月　孔吾德任萧山广播站副站长。

1959年

1月　萧山县第一个人民公社广播站——临浦人民公社广播站建立。是年，全县12个人民公社和城厢镇均建立广播站。

4月　参加县文教社会主义建设积极分子大会的党报通讯员于4月2日向全县通讯员提出倡议，要求通讯、读报、发行工作来一个更大跃进。

7月16日　《萧山日报》根据上级指示改为三日刊，每月出10期。8月1日起，根据上级指示，经县委决定，《萧山日报》由原来的4开4版三日刊改为8开2版周六刊（一星期6张，星期日无报）。

10月1日　萧山广播站第一次实况广播萧山县暨城厢镇数万群众在人民体育场举行大会并游行，庆祝中华人民共和国成立十周年。

11月　《杭州日报》在萧山县建立记者站。至1961年6月撤销。

12月11日　纪念《萧山日报》创刊五周年，《萧山日报》发表县委第一书记牛树桢《更好地发挥党报的作用》一文。

是月　县委决定，萧山印刷厂划归萧山日报社，称“萧山日报印刷厂”。

是年　《萧山日报》编辑许雪光、孔子贤被评为1959年度杭州市文教战线和浙江省文教方面社会主义建设先进工作者。

1960年

3月1日　经杭州市委批准，《萧山日报》由原来的8开2版恢复为4开4版（周一仍为8开2版）。

5月　萧山县委决定，周仁水任《萧山日报》主编。

9月1日　县委决定，《萧山日报》恢复为8开2版日报。

是年　是年年初，浙江人民广播电台聘请萧山县广播站编辑部为省台集体记者，向省人民广播电台发稿。1966年起,受“文化大革命”冲击,集体记者停止活动。

1961年

2月2日　因国民经济困难,萧山县委决定《萧山日报》休刊。

3月　浙江日报社建立萧山县委通讯站。至1965年8月,县委通讯站撤销。

7月　萧山12个人民公社广播站撤销。

1962年

夏　萧山广播站购买到由浙江人民广播电台分配的全县第一台14英寸黑白电视机。

1963年

5月3日　浙江人民广播电台(当时兼行政管理职能)向全省发出《萧山广播站建立业余线务员的调查报告》,介绍推广萧山站建立业余线务员队伍的经验。

5月21日　萧山县人民委员会发文批转县广播站制定的《萧山县广播装置和管理暂行规定》。

1964年

3月29—31日　萧山广播站第一次召开通讯员代表会议,与会代表44人。是时,全县有通讯员700余人。

是年　是年上半年,长山、新街两个人民公社建立广播站。此后,公社广播站逐步重建。

是年　是年下半年,萧山广播站新建200平方米楼房1幢。

1965年

10月9日　萧山广播站开办《时事政策讲座》节目。

1966年

5月5日　浙江广播网专题介绍中共萧山县委运用有线广播举办《时事政策讲座》节目的经验和做法。

是年　全县737个生产大队队队通广播,广播线路总长4492公里,广播喇叭3万余只。

1967年

9月　萧山广播站实行军事管制。

1968年

3月20日　萧山广播站更名为萧山人民广播站，成立站“革命委员会”。孔吾德任萧山人民广播站党支部书记、革委会主任。

是年　全县58个公社有39个建立广播站。

是年　县革命委员会建立，原宣传部部分工作由县革命委员会政治工作组宣传办公室办理。

1969年

2月　全县58个公社合并为27个，公社广播站随之合并为27个。

是月　萧山县建立县革委会报道组。

6月23日　萧山人民广播站迁址市心南路，新址为两层楼房，面积800平方米。

7月　是月起，全县公社、镇广播站陆续配备编辑各1名，并开始自办新闻节目。

1970年

3月　萧山人民广播站地下播出机房竣工。机房内设有播控室、录音室和1台15千瓦发电机组。

是年　萧山人民广播站仿制成功全省第一套载波机。

是年　萧山人民广播站在河上公社庾青大队建成广播战备机房。

1971年

是年　全县行政区划调整，设6个区、55个公社、3个镇。除已有28个公社、镇广播站和两个围垦广播站外，又新建28个公社广播站和瓜沥镇广播站、新围垦种广播站。是年年底，全县共有公社、镇级广播站60个，职工171人。

1972年

7月21日　中共萧山县委批转县革命委员会政工组《关于进一步加强公社广播站领导的报告》，公社广播站被列为县属集体事业单位。

1973年

9月15日　萧山人民广播站制定《萧山县有线广播网络技术标准》，并在全县范围内开展网路整顿。

9月24日　在天津召开的全国广播工作会议上，萧山县介绍抓好公社、镇广播站建设的经验。

1974年

11月20日　中共萧山县委书记在全省广播工作会议上介绍加强党的领导，努力办好广播的经验。

1977年

1月1—4日　萧山连降大雪，广播网路遭到严重破坏，压断广播信号线线杆300余根，公社以下广播杆、线有90%左右被大雪压断，全县17万余只喇叭有16万余只不响。

4月14日　义蓬、瓜沥两区有15个公社73个生产大队遭受飙风、冰雹袭击，县至公社广播线路中有84根水泥杆折断，公社以下广播线路断杆、断线更多。

是月　重设县委宣传部。

1978年

4月　萧山人民广播站革命委员会撤销，恢复站长制。孔吾德任萧山人民广播站党支部书记、站长。

1979年

11月　萧山境内第一座电视转播台在杭州齿轮箱厂建成，发射功率10瓦。

是年　城山、河庄、长沙、戴村4个公社广播站被评为杭州市广播系统先进集体。

1980年

10月　浙江人民广播电台恢复并重建集体记者，仍聘请萧山人民广播站编辑部为省台集体记者。后随着省台采编力量的加强，集体记者被取消。

11月10日　全省有线广播技术业务讲座在萧山举办，参加培训的技术人员共160人。

1981年

3月26日　萧山县广播事业局成立。萧山县委决定,孔吾德任县广播事业局党支部书记、局长兼萧山人民广播站站长。

1982年

1月1日　萧山人民广播站研制成功的有线广播多功能多通道装置在全县范围内投入使用。

4月　萧山人民广播站开办《今日新闻》节目,时长5分钟。

5月20—26日　国家广播事业局在萧山召开"有线广播多功能多通道装置"鉴定会议,通过鉴定文件。萧山县在全国率先使用的"多功能多通道装置",能使一对广播专线同时传输4套节目,发挥7个功能。该装置荣获1982年国家广播事业局技术改进三等奖,萧山县年度优秀科学技术成果一等奖。

1983年

1月　萧山县广播电视大楼建成,共5层,建筑面积1390平方米,总投资25万元。

是月　萧山县第一座由农民投资兴建的电视转播台在大桥公社众利大队建成使用,发射功率1瓦。

5月1日　萧山电视转播台建成并投入使用,发射功率50瓦,转播中央电视台节目。

6月1日　由县人民政府主办,县科学技术委员会主管的《萧山农科报》创刊,这是《萧山日报》自1961年休刊22年后,萧山县公开出版发行的第一张报纸。萧山县委副书记虞荣仁在创刊号上发表《让农村开遍科技花——祝贺萧山农科报创刊》一文。《萧山农科报》为旬报,4开4版,刊号CN33-0043,由萧山印刷厂承印。社址城厢镇体育路31号。萧山县委决定,许雪光任《萧山农科报》主编。

9月　浙江省广播电视厅授予萧山县广播事业局"网络传输达到省厅规定指标""信号线质量达到省厅规定指标"2份合格证书。

1984年

1月17—18日　萧山普降大雪,广播网路遭到严重破坏,3000多根广播线杆被折断。

2月　原县文教局的文化部分与县广播事业局合并,成立萧山县文化广播电视局。萧山县委决定,杨许尧任县文化广播电视局党委书记、局长。

是月　萧山县评出1983年农科工作十件大事，创办《萧山农科报》榜上有名。

3月　萧山县委决定，方介兴任萧山人民广播站党支部书记、站长。

5月22日　《萧山农科报》召开创刊一周年庆祝会暨优秀通讯员、发行员表彰会议。6月1日，萧山县委书记费根楠在《萧山农科报》上撰文《新的起点，新的希望——祝贺萧山农科报创刊一周年》。

是月　公社广播站更名为乡广播站。

8月　是月起，由于《萧山农科报》发行量增加，承印单位改为杭州日报印刷厂。

11月30日　首次全国新闻工作者表彰大会在北京召开。萧山人民广播站被评为"全国新闻先进集体"，获中华全国新闻工作者协会授予的锦旗1面和景泰蓝奖杯1只。

是年　螺山乡广播站被评为省广播电视系统先进集体；袁江乡广播站线务员姚雪荣被评为省广播电视系统先进工作者。

1985年

1月1日　萧山县评出1984年科技工作十件大事，"《萧山农科报》发行量突破十万大关"列于其中。

是月　杭州前进齿轮箱有限公司创办《今日杭齿》，系萧山首份全民所有制性质企业报。

3月10日　由萧山和江苏省如东、上海市嘉定3个县广播站(台)联合发起的"长江三角洲广播新闻协作区"正式成立。

3月21日　全国人大常委会委员长彭真到萧山视察，并为红山农场题词，鼓励红山农场再接再厉为实现四化而奋斗。《萧山农科报》发表彭真题词手迹。

5月9日　省政府办公厅下发批准省广电厅《关于乡广播站体制问题的报告》，决定从5月1日起，乡镇广播站为县集体事业单位，乡镇广播站工作人员享受县属集体正式职工待遇。至是年年底，全县67个乡镇广播站的编辑、播音值机员和机线人员187人，列入县属大集体编制正式职工，有7人招为县属集体合同制长期工。

是年　是年年底，《萧山农科报》被编入《当代中国报纸大全》。

1986年

3月　萧山县文化广播电视局撤销，设萧山县广播电视局和萧山县文化局。两局合署办公，实行一套班子领导。萧山县委决定，沈枝根任县文化、广播电视局党委书记、局长。

4—6月　乡镇广播电视站187名职工正式列为县属大集体编制。

5月　萧山人民广播站首开广告栏目。是年广告收入2.1万元。

9月16—18日　浙沪地区科技报联络会第五次会议在萧山县召开，由《萧山农科报》社承办。

11月1日　县委、县政府作出组织十万大军围涂5万亩的决策，《萧山农科报》进行报道并发表评论。

是年　萧山人民广播站主要设备技术质量、县站至乡镇广播信号线技术质量、网络传输技术质量和乡镇广播站应达到的技术质量4个单项指标，达到广播电影电视部规定的丙级标准，成为浙江省首个达标县。

是年　县政府投入160多万元开始建设西山广播电视发射中心。

1987年

2月　乡镇广播站改称乡镇广播电视站。

6月　萧山电视台建立。7月1日试播。萧山县委决定，汪柏遂任萧山电视台党支部书记、台长。

是年　萧山广播电视系统首批23人取得各类专业技术职务任职资格。

1988年

1月1日　萧山广播电视发射中心在西山建成投入使用，技术用房500余平方米，发射铁塔高64米。

是月　萧山撤县设市。中共萧山县委宣传部随之更名为中共萧山市委宣传部。

3月　萧山市委决定，李伟兵任萧山人民广播站党支部书记、站长。

4月　萧山市第一个乡镇级卫星地面接收站在岩山乡建成。

5月　方介兴任《萧山农科报》负责人。

7月1日　由萧山市人民政府主办的《萧山经济报》创刊，4开4版，周报。《萧山农科报》同时停刊。萧山市市长马友梓在创刊号上发文《努力办好报纸，振兴萧山经济——祝贺萧山经济报创刊》。

7月1日　萧山电视台正式开播。

是月　萧山市委决定，方介兴任《萧山经济报》主编。

8月15日　经萧山市委宣传部批准，由萧山农信联社创办的《萧山合作金融》创刊，这是全省农村信用联社第一张报纸。

9月　在海盐县召开的浙沪地区科技报联络会第九次会议上，《萧山经济报》被推选为副理事长兼秘书长单位。

10月12日　萧山市市级机关党工委通知：同意成立萧山经济报社机关党支部，韩惠民任书记。

12月　萧山市委决定，汪耀铨任萧山人民广播站党支部书记、站长。

是年　萧山市委报道组、萧山人民广播站、萧山经济报联合举办“萧山市首届好新闻评选”，并编印《萧山市首届好新闻》专集。

是年　各乡镇广播电视站广播播出系统质量指标基本达到国家广播电影电视部部颁乙级标准。

1989年

2月4日　《萧山经济报》和萧山人民广播站联合评出萧山1988年度十大新闻，“《萧山经济报》创刊”被列为十大新闻之五。

4月29日　副省长许行贯考察萧山市乡镇企业总公司对《萧山经济报》作出肯定。

7月1日　《萧山经济报》创刊一周年，一版刊登市委副书记赵永前题词：“坚持党的基本路线，当好党、政府和人民的喉舌，为稳定大局、振兴萧山作出更大贡献。”市政协主席費黑题词：“实事求是，扶正祛邪。”

9月　浙江省科技报研究会正式成立，《萧山经济报》为成员单位之一。

是月　乡镇广播电视站首批26人取得助理编辑（助理记者）任职资格。

10月　云石乡尖山下村成为萧山市第一个有线电视村，转播电视频道7个，自播录像片频道1个，开通用户300多户。

是月　萧山市委宣传部、萧山电视台联合发起评选萧山10年改革10件大事。

是年　是年年初，萧山共用天线电视接收系统在西山顶建成，转播8个电视频道。

是年　萧山人民广播站获浙江省县级广播台（站）新闻节目抽查评比第一名。

1990年

5月　萧山人民广播站获杭州市广播电视系统“红旗广播站”称号。

7月　萧山市第一个镇、乡有线电视前端——瓜沥镇有线电视前端建成。

11月15日　根据国家新闻出版署的规定，《萧山经济报》启用国家统一印制的记者证。

是年　萧山人民广播站选送的《鲁冠球和农村青年谈理想和事业的成功》获全国首届对农村广播专题节目一等奖。

1991年

3月26日　国家新闻出版署批复：同意《萧山经济报》更名为《萧山报》。

5月　萧山市有线电视管理服务站、萧山市有线电视工程技术服务部同时成立。

7月1日　萧山人民广播站更名为萧山人民广播电台。是日，调频广播开始试播，发射功率1000瓦，频率104.8兆赫。萧山市委决定，孔吾德任萧山人民广播电台台长。

8月26日　萧山市委任命洪佳士为《萧山报》总编辑兼萧山市委宣传部部务会议成员。

9月29日　《萧山报》复刊仪式在萧山宾馆举行。浙江省委宣传部常务副部长马守良讲话，新华社浙江分社社长刘振贵、浙江日报总编辑江坪、浙江省新闻工作者协会常务副主席杜加星、杭州日报副总编杜赵产等出席。《萧山报》创刊号一版刊登省政协主席商景才、杭州市委副书记虞荣仁以及萧山市委书记王良仟的题词。报头"萧山报"三字由《江南》杂志主编冯增荣题写。《萧山报》为4开4版周报，由杭州日报印刷厂印刷，萧山市报刊发行站发行。社址设在市科委内，另在体育路小学和萧山贸易大楼租用办公室作编辑部，报社共14人。

10月　萧山市委决定，汪耀铨任萧山人民广播电台党支部书记、副台长。

10—12月　萧山报社首次向社会公开招考采编人员。12月1日起，4名新招收的采编人员陆续走上岗位。

11月2日　《萧山报》发表江泽民总书记10月25日视察航民实业公司的题词。

12月21日　为维护报社合法权益，《萧山报》聘任市司法局局长王天保、市律师事务所律师朱国庆、戴文良为常年法律顾问。

1992年

1月1日　萧山人民广播电台调频广播正式开播。

是日　是日起，《萧山报》由周一刊改为周二刊，逢周三、周六出版，由萧山市报刊发行站发行。

是月　萧山报社被批准吸收为中国县市报研究会会员单位。

2月19日　萧山报社社址从体育路31号市科委内迁至人民路114号。

4月17日　萧山报社首次实行部室分设，成立总编室、新闻部、专栏部。

5月14—17日　由中国社会科学院新闻研究所等单位发起的全国第二届受众研究学术讨论会在萧山召开。中国公共关系学会会长、《经济日报》原总编辑安岗讲话；20世纪50年代《萧山报》记者、中国社会科学院新闻研究所研究员陈崇山，《萧山报》总编辑洪信士出席会议。

是月　全市行政区划变动,镇、乡(场)广播电视站调整为32个,实行“条块结合、以块为主”的管理方式。

6月1—8日　在全国经济报刊研究会上,《萧山经济报》被评为1991年度全国优秀经济报刊。

是月　萧山市委决定,赵岳松任萧山电视台党支部书记、台长。

9月　《萧山报》先后成立广告部和萧山报新闻实业公司。18日,新闻实业公司服务部激光照排室4名青年工人赴山东潍坊华光计算机公司接受激光照排技术培训,为《萧山报》自办印刷奠定基础。

10月17日　《萧山报》刊登启事:招考秘书1名,美术编辑1名,文字记者6名。12月4日,招考工作结束,正式录用8名工作人员。

是月　《萧山有线电视总体规划》经萧山市人民政府批准正式实施。

11月　萧山人民广播电台首次招聘7名调频广播业余主持人。

12月16日　萧山有线电视台(筹)试转播有线电视节目,转播中央电视台等11个频道和自办节目1个频道。

12月26日　《萧山报》自行照排的首张《萧山报通讯》问世,月刊。

1993年

1月1日　萧山人民广播电台调频广播实行每天16小时连续播音。

是日　是日起,《萧山报》由周二刊改出周三刊。

2月1日　是日起,《萧山报》实行晚上、星期天和节假日记者值班制度。聘请朱宏才(文汇报主任记者)、王永平(中国商报记者)、金敏华(深圳商报记者)、汪中国(广州道明公司中心工作人员),为萧山报驻上海、北京、深圳、广州特约记者。

2月27日　是日起,《萧山报》由杭州日报印刷厂承印改为《萧山报》激光照排室照排、市文联印刷厂承印,并首次实行编校质量考核制度。

7月16日　萧山市委宣传部专门召开表彰大会,表彰萧山人民广播电台“在广播处于低谷时,发扬艰苦奋斗的创业精神,解放思想,转变观念,勇于改革创新,为振兴萧山广播事业作出了很大贡献”。后,《中国广播电视学刊》专文介绍萧山人民广播电台的改革经验。

8月　杭州大学中文系黄保才作为《萧山报》复刊后首位大学毕业生分配到报社工作。

9月13日　隶属《萧山报》新闻实业公司的萧山今日广告公司成立。

是月　浙江传化集团有限公司创办《传化简讯》。

10月14日　浙江省报纸副刊研究会成立。该研究会由《浙江日报》会同《宁波日报》等10家地(市)报、《萧山报》等7家县(市)报共同发起。

是年　下半年,市广电局与市人事局组织电台电视台公开向全省招聘新闻人才。

是年　全国报刊博览会在京开幕。《萧山报》被省新闻出版局推荐参展。

是年　由萧山电视台采制,反映萧山经济技术开发区面貌的电视专题片《天堂里的宝地,投资者的乐园》在新加坡电视台播出。这是萧山首部海外播出电视片。

1994年

1月1日　是日起,《萧山报》由周三刊改出周四刊,全面实行岗位责任制及考核奖励办法。

1月6日　杭州市县(市)党报工作会议在《萧山报》召开。杭州市委常委、宣传部部长熊恩生到会讲话。杭州市7家县级党报总编出席会议。

2月10日　《萧山报》建立审读制度,聘请4位审读员。

3月28日　萧山广播电视中心奠基动工。

4月1日　《萧山报》购入萧山文联印刷厂,创办萧山报印刷厂。

是月　萧山有线电视台试播自办节目。

11月　萧山人民广播电台调频广播播出频率改为107.9兆赫。

12月8日　是日起,《萧山报》实行内部机构改革,采编全面分开。

12月13日　《萧山报》首次接收新华社电讯稿,成为新华社浙江分社第一家电讯用户。

是日　省编制委员会和省人事厅、财政厅、广电厅联合发文确认,乡镇广播电视站为全民所有制事业单位,实行"条块结合、以块为主"的管理体制。

12月14日　《萧山日报》试刊号出版。

是日　萧山市第一条有线电视光缆干线——市有线电视台至城南办事处5.2公里光缆信号开通。

12月25日　萧山有线电视台成立并正式开播。萧山市委决定,陆伟岗任萧山有线电视台党支部书记、台长。

是年　萧山电视台在浙江省县级电视台中率先实现Betacam采编播设备系统配套。

是年　萧山电视台在浙江省县(市)级电视台新闻节目抽查评比中获"十佳"称号。

是年　萧山电视台与杭州电视台联合拍摄四集电视连续剧《命运不是梦》。

1995年

1月1日　经国家新闻出版署批准《萧山日报》复刊,4开4版,周六报。浙江省委常委、宣传部长梁平波题词:“贺萧山日报复刊:铁肩担道义,妙手著文章。”萧山市委书记杨仲彦在头版发表《办好〈萧山日报〉,推进萧山经济和社会发展》一文,市人大常委会主任赵永前、市政协主席陈福根分别题词祝贺。《萧山日报》报头字出自北宋苏轼的手迹(集字而成)。《萧山日报》改由萧山市邮电局发行。

1月2日　萧山报印刷厂更名为萧山日报印刷厂。

1月7日　《萧山日报周末版》与读者见面,4开4版,套红印刷,赠阅。

是月　萧山市委决定,洪佳士任萧山日报社总编辑。

是月　浙江恒逸集团控股有限公司创办《恒逸简报》。

2月14日　《萧山日报》开始不定期出版彩色报纸。

3月29日　萧山人民广播电台举行纪念萧山人民广播事业创建40周年庆祝大会,是日晚在萧山体育馆举办“金喇叭”大型文艺晚会。

4月　浙江省广播电视厅在萧山召开“全省首届县级广播电台新闻节目改革研讨会”,专题研讨萧山人民广播电台新闻改革的经验。

7月10日　萧山市见义勇为基金会授予萧山日报员工夏杰等7人见义勇为奖,表彰他们在火车上勇斗歹徒制止犯罪的英勇行为。7月20日,中华全国新闻工作者协会主办的《中华新闻信息报》头版头条刊文《当见义勇为的宣传者,做见义勇为的实践者——萧山日报记者勇斗歹徒受表彰》,报道了这一事件。

9月15日　萧山有线电视台与杭州有线电视台光缆信号开通,开始实行双向传输。

9月20日　经杭州市编委批准,萧山日报社从副科级升为正科级。报社领导班子同时进行调整,洪佳士任总编辑。

11月28日　全市第一个有线电视联网镇——宁围镇有线电视光缆信号开通。

是月　镇、乡广播电视站43名工作人员招聘为全民事业人员。

12月　萧山人民广播电台的广播对话《发得快与找老外》入选全国高等教育自学考试新闻本科教材《新闻评论学》。

是年　萧山电视台在浙江省县(市)级电视台新闻节目抽查评比中再次获得“十佳”称号。萧山人民广播电台系列报道《大路歌》入选《中国新闻年鉴》。

1996年

1月7日　国家广播电影电视部考察组考察萧山广播电视事业发展情况。

3月3日　是日起,《萧山日报》由周六刊改为周七刊,成为名副其实的日报。

3月13日　萧山日报社成立新闻研究室。

是月　楼塔镇建成全市第一个有线广播、有线电视共缆传输的双入户镇。14日,萧山市委宣传部在楼塔镇召开现场会,推广楼塔镇的经验和做法。

4月25日　市委宣传部、萧山日报社等联合举办的萧山市"八五"时期经济建设、精神文明建设十大成就评选活动揭晓。以《萧山日报》复刊和萧山有线电视台建立为标志的新闻事业发展,被列为萧山市"八五"时期精神文明建设十大成就之一。

5月　杭州市行政区划变动,萧山市西兴、长河、浦沿3个镇划入西湖区管辖。是年12月,经国务院批准设立杭州市滨江区,管辖范围为西兴、长河、浦沿3个镇的区域。三镇广播电视站随之更名为西兴镇广播电视站、长河镇广播电视站和浦沿镇广播电视站。

6月18—20日　全国首届百强县(市)广播电视局局长会议暨广播电台台长联谊会在萧山举行。

7月18日　杭州市记协举行第三届会员代表大会,萧山日报总编辑洪佳士当选为杭州市记协副主席。

是月　萧山市委决定,孙焕林任萧山广播电视局书记、局长。

8月30日　国际泳坛名将、18周岁的萧山姑娘单莺载誉回乡省亲,市委副书记赵纪来在萧山宾馆设宴为单莺庆功,《萧山日报》奖励单莺1万元。

9—12月　《萧山日报》每周出版总量增加4版,逐步向每日8版过渡。

9月29日　为庆祝《萧山日报》(《萧山报》)复刊五周年,报社编印出版从1983年到1995年的《萧山日报历年获奖作品集》(含《萧山农科报》《萧山经济报》《萧山报》)。

10月　萧山人民广播电台在全国县级广播台(站)中首家建起数字音频工作站自动播出系统。

12月28日　广电与文化分离,分别成立萧山市广播电视局与萧山市文化局。

是年　临浦镇广播电视站被评为杭州市首届"十佳"镇乡广播电视站。

是年　萧山电视台在浙江省县(市)级电视台新闻节目抽查评比中连续第三次获"十佳"称号。

1997年

1月1日　是日起,《萧山日报》从4开4版扩为4开8版(双休日仍为4开4版)。是全省县(市)报中首家出版4开8版的日报。是年起,《萧山日报》从邮局发行改为由杭州日报萧山发行站发行。

4月18日　萧山广播电视中心投入使用。中心占地面积2.5公顷,主楼高12层,建筑面积1.68万平方米。

5月　萧山市广播电视局、萧山人民广播电台、萧山电视台、萧山有线电视台合并为萧山市广播电视局、萧山市广播电视台,保留"萧山人民广播电台""萧山电视台""萧山有线电视台"呼号。萧山市委决定,孙焕林任萧山广播电视局(台)书记、局(台)长。

是月　是月起,《萧山日报》设立特派记者岗位。

5月30日—6月2日　全国县(市)日报总编辑会议在萧山召开,萧山日报社承办,来自浙江、江苏、湖南、湖北等省的27家县(市)日报负责人参加会议。

7月1日　《萧山日报》扩为12个版,用5个版报道香港回归祖国。

7月9—17日　萧山遭遇历史罕见的"七九"洪灾,《萧山日报》共编发23个抗洪抢险、抗灾救灾专版(其中5个摄影版)。

8月15日　萧山市广播电视台电视自动播出系统正式启用,投资近200万元。

9月13日　《萧山日报》在新华社浙江分社帮助下,在全省县(市)报中首家成功采用荧屏图像捕捉软件截取电视新闻图片。

10月　萧山电信正式开通"萧山信息之窗"网站,成为浙江省最早的县域级门户网站。

是年　《萧山日报》被省新闻出版局评为1997年度全省十家优秀报纸之一。

是年　萧山市广播电视台与中央电视台、浙江省电视剧制作中心合作摄制完成电视剧《亭亭咸青花》(上、下集),并在中央电视台播出。

1998年

3月　萧山市广播电视台首台电视文艺晚会《辉煌十年》在美国SCO-LA电视网播出。

4月　开元旅业集团下属单位创办《萧山宾馆报》《杭州之江度假村报》《阳光休闲山庄报》。

5月25日　省新闻出版局和省记协举行表彰会,表彰1996—1997年度浙江省报业先进经营管理(生产)工作者。《萧山日报》副总编张有理榜上有名。

是月　萧山市委决定,孙焕林任萧山广播电视台台长。

7月21日　浙江省记协县市党报工作委员会在萧山成立,经协商推荐,萧山日报社为浙江省县市党报工作委员会主任、秘书长单位。全省21家具有国内统一刊号的县市党报参加会议,30多家具有省内统一刊号的县市党报列席会议。

是月　《萧山日报》与印刷厂全体职工签订劳动合同。

是月　萧山广播电视台首部电视报告剧《罪恶的枪声》在西湖明珠电视台、萧山电视台播出。

是月　萧山广播电视台4讯道模拟分量电视转播车改造成功。

8月　萧山市实现全市32个镇、乡(场)有线广播电视光缆大联网。

10月15日　中宣部出版局副局长宋镇铃一行在省新闻出版局副局长尚碎岳等有关领导陪同下考察《萧山日报》。

是月　《萧山日报》实行写稿、编审、签发、组版电脑化,编辑部试行采编无纸化运作。

是月　《恒逸简报》更名为《恒逸人》。

12月18日　经省新闻出版局批准,《萧山日报》试出16个版对开大报,其中4个彩色版。全国记协主席邵华泽为改出大报题词——“更上一层楼”。浙江省记协主席江坪,新华社浙江分社副社长吴克强,杭州市委宣传部副部长史定张,杭州日报总编辑、杭州市记协主席舒士越等领导,全省各县市党报负责人,出席《萧山日报》改出对开大报座谈会。

是年　萧山市完成与杭州市有线电视信号的双向传输工程。

是年　亚太机电集团有限公司创办《亚太集团报》。

1999年

1月　《萧山日报》正式出版对开大报。3月起,每周出40版,周一至周四各出6版;周五出8版,其中两个彩印版;周六、周日各出4版。

是月　萧山广播电视台600平方米演播厅投入使用。萧山广播电视台举办萧山市首届广播歌手大奖赛。

是月　萧山日报社实行中层干部竞争上岗,一般干部双向选择。经竞岗演说、民主评议、组织考评等程序,8人走上中层干部岗位。

2月4日　萧山广播电视台首次举办电视春节文艺晚会。

4月　萧山有线电视台呼号取消,节目停播。

是月　萧山市广播电视局首次开展最佳记者（编辑）和最佳播音员（节目主持人）评选活动。

6月　萧山市广播电视局投资近100万元，购置2套非线性编辑系统设备，其中1套具有三维动画制作功能。

7月22日　《萧山日报》投资10万余元建立的新华社传真照片和电讯稿地面卫星接收站投入使用。

8月　萧山信息之窗网站更名为"萧然在线"。

9月29日　《萧山日报》复刊八周年暨萧山日报电子版正式开通，成为全省地、县两级中首家拥有每日更新电子版的报社。杭州市委常委、萧山市委书记史久武发来贺电："贺萧山日报复刊八周年，贺电子版正式开通运行，愿'日报'为萧山继续多做事、做好事，真正成为百万萧山人民'爱之物'。"

是月　萧山市广播电视局（台）与北京广播学院成人教育学院合作，开办北京广播学院成人教育学院萧山大专班，通过考试招收学员35人。

10月1日　萧山广播电视台与南昌电台、延安电台、无锡江南之声电台、宜昌电台组织策划并同时播出国庆广播大联播节目《飞越时空，辉煌五十年》，并在互联网上同步传送。

10月16—20日　中华全国新闻工作者协会召开的全国报纸扩版减版研讨会在萧山举行。中国记协副主席栗国安、浙江省记协主席江坪出席，全国30家新闻单位代表参加会议。

11月28日　萧山广播电视信息网建成。

是月　萧山市广播电视局出台《关于专业技术人员聘任的规定》，改革专业技术人员聘任办法。

是月　经市人事局批准，萧山日报社与全体在编人员签订《萧山市事业单位聘用合同书》。萧山市广播电视局（台）实行全员聘任制，142名干部职工签订聘用合同。

12月　《萧山日报考核办法（实施稿）》实施。《萧山日报》编委会成立。

12月3日　圣奥集团有限公司创办《圣奥人》。

12月27日　浙江省"二十一世纪报业展望"信息交流会在萧山召开。中国报业协会书记处常务书记连福寅、上海文汇新民联合报业集团总经理顾行伟、省新闻出版局副局长尚碎岳、省报业协会会长孟玉兔等出席并讲话。《萧山日报》总编辑洪佳士作典型发言。

是月　萧山市广播电视台与余杭、海宁台联合发起成立"浙江省杭嘉湖绍县（市）电视新闻协作网"。

是年　萧山市广播电视台的广播、电视《萧山新闻》在浙江省县(市)级广播、电视新闻节目抽查评比中获“双十佳”称号。采制的电视专题片《党旗在这里高扬——传化集团抓党建启示》获杭州市精神文明建设“五个一工程奖”。

是年　萧山市荣获浙江省广播电视先进县(市)称号;萧山市广播电视局被授予全国广播电影电视系统先进集体称号、萧山市市级机关“最佳领导班子”称号。

是年　《萧山日报》印刷厂厂长杨敏生被评为浙江省报业经营管理先进工作者。

2000年

1月　《萧山日报》在《中国记者》上刊登启事,第一次面向全国招聘地市级以上报社中具有中级以上职称的编辑记者,最后从40余位应聘者中确定马鞍山日报社的孙道荣为首位招聘人员。

2月　《萧山日报》印刷厂厂长杨敏生带领7名工人到上海高斯公司学习先进技术。《萧山日报》出资近300万元从上海高斯公司购进“787”彩色轮转机1台。5月4日,试印第一张彩色《萧山日报》。

3月1日　萧山市广播电视局改革调频广播业余节目主持人制度,实行专职聘任制。经考试,首批聘任6名调频广播节目主持人正式上岗。

3月9日　《萧山日报》聘用首批20名特约通讯员。

4月13日　省新闻摄影工作委员会成立。萧山日报社总编辑洪佳士担任委员会副主任。

4月13—14日　萧山广播电视台发起的“江浙沪经济强县(市)广播电视新闻协作网成立大会暨首届年会”在萧山召开。

5月8日　萧山广播电视台推出第二档电视新闻节目《新闻十分》。

是月　中共中央总书记江泽民视察萧山。江泽民在传化集团和大地网架视察时,《萧山日报》记者傅宇飞拍下一组珍贵镜头。

是月　杭州东方文化园旅业集团创办《东方文化园报》。

7月1日　《萧山日报》扩为对开彩印8版,是全省50余家县(市)党报中第一家对开8版、天天彩印的日报。8月3日,杭州市委常委、萧山市委书记史久武专门作出批示予以肯定。

是月　萧然在线最大一天浏览量达到7429人次,在省内地级市和县级市网站排名中名列前十位。

8月31日　萧山市委决定,建立中共萧山日报社党组。盛小龙任党组书记。

是日　萧山广播电视台采制的电视专题片《冯耀忠的微雕艺术》(英文版)在中央

电视台第四套节目中播出。之后,《冯耀忠的微雕艺术》(中文版)通过浙江卫视送到美国纽约、夏威夷和英国伦敦播出。

9月15日　中央电视台、浙江电视台、海宁电视台、萧山电视台联合进行“钱江潮”现场直播。该联合直播节目获中国新闻奖一等奖、中国电视奖一等奖。

10月12日　《萧山日报》首个记者站——萧山商业城记者站挂牌成立。

11月8日　庆祝新中国首个记者节,萧山市评出首届十佳新闻工作者。

12月28日　萧山广播电视台与浙江卫视联合直播萧山机场通航仪式。

是年　浙江省报协研究决定成立浙江省报协县市报委员会,萧山日报社为主任单位。

是年　《今日传化》被评为全国大中型企业杂志类一等奖。这是萧山企业杂志获得的第一个全国性荣誉。

是年　是年年底,全市有镇、乡(场)广播电视站32个,村广播室640个,有线广播喇叭23.8万余只,有线电视用户16.5万余户,光缆主干线290公里,光纤总长4021公里。

2001年

1月1日　萧山日报新闻大楼奠基典礼在金城路南侧举行。

是月　萧山广播电视台会同公安、工商部门,拆除个人违法安装的小型卫星地面接收设施112台,并通过杭州市验收检查。

2月2日　国务院批复同意撤销县级萧山市,设立杭州市萧山区。萧山市委宣传部随之更名为萧山区委宣传部。

2月17日　《萧山日报》召开复刊十周年庆祝大会,省记协、报协,杭州市委宣传部,新闻出版局,杭州日报报业集团和全省各县(市)党报有关负责人出席大会。杭州市委常委、萧山区委书记王建满,区委副书记周先木讲话。报社同时编印出版《萧山日报获奖作品集(第二辑)(1996—2000年)》。

是月　萧山广播电视台下属广电音像市场稽查队与区文化市场稽查队合署办公,音像管理业务由文化部门负责。

5月　萧山广播电视台与中央电视台《金土地》栏目建立合作关系,成为其在浙江的两家基层协作台之一。

6月4日　省新闻出版局局长俞剑明考察萧山日报社,对《萧山日报》办报质量及近年来取得的成绩表示肯定。

是月　区政府主办,萧山广播电视台承办“全球通”杯第二届世界女子乒乓球俱乐部锦标赛。

7月25日　萧山日报社与萧山经济技术开发区管委会签订大楼转让协议，以2850万元购入位于城河街88号的经济技术开发区管委会大楼。

8月6日　为配合全区“加快新一轮发展”大讨论、深化“工学江阴”活动，区委宣传部从萧山日报、萧山电视台选派骨干记者组成采访组赴江阴、昆山采访，后两家媒体推出一组来自江阴、昆山的专题报道。

是月　萧山行政区划调整，镇乡广播电视站由32个调整为27个，头蓬、前进、城东、裘江、石岩、来苏、欢潭、许贤、云石广电站撤销并入相应镇街。

9月　《萧山日报》2002年发行工作采取“两条腿走路”的方式，由杭州日报发行站负责城厢、北干、蜀山、新塘4个街道的报纸征订工作，由区邮政局负责22个镇的报纸征订发行工作。

10月　萧然在线被评为浙江省知名网站。

11月18日　萧山日报社新大楼经过装修正式启用。同时，对原有方正采编系统及网络进行升级，采用先进的“文韬”采编系统，接入宽带网，更新电脑设备，实现无纸化办公。

12月　《萧山日报》总编辑洪佳士通过高级编辑职称评定，成为全省县市报中第一位获得正高级职称的采编人员。

是年　萧山广播电视台的广播、电视《萧山新闻》再次被评为全省广播、电视新闻节目“双十佳”称号。

是年　萧山广播电视台选派10位新闻从业人员和技术骨干，参加北京广播学院的专业知识培训，组织7名职工参加北京广播学院远程教育本科班学习。

是年　萧然在线萧山房产中介网上线，开辟萧然影院视频观看平台，对第二届世界女子乒乓球俱乐部锦标赛进行网上直播。

2002年

1月　富丽达集团控股有限公司创办《富丽达纺织》。

3月25日　萧山日报社广告实行目标管理，出台《关于广告经营实行目标考核管理的决定》《关于广告经营管理若干问题的规定》。

3月28日　萧山日报社“全省地县级党报首个创办网络版”项目获“浙江省报业创新奖”；韩卓君被评为“2000—2001年度浙江省报业先进经营管理（生产）工作者”。

7月7日　《萧山日报》编委宣舒平被萧山区委组织部指派到中共中央主办的《求是》杂志社挂职锻炼，历时半年。

是月　萧山电视台制作长达5个半小时的电视专题片，赴美国SCO-LA电视网举办萧山电视展播活动。

8月10日　萧山广播电视台推出电视舆论监督类新闻专题节目《社会聚焦》。

9月23日　萧山区政府与中央电视台联合主办"潮涌萧山"大型演唱会，主要承办单位萧山广播电视局（台）在萧山体育场现场直播150分钟的演唱会。

是月　萧山人民广播电台与省交通之声联合策划介绍萧山钱江观潮节、时长1小时节目《潮涌萧山》，并在北京经济电台、重庆经济电台等14家省级媒体播出。

是月　开元旅业集团所属《萧山宾馆报》《杭州之江度假村报》《阳光休闲山庄报》三报合一，易名为《开元旅业报》。

是月　萧然在线上线网上交流平台——北干听风论坛。至2017年底，注册用户数达769468人，总发帖量717196个。

10月18日　德意控股集团有限公司创办《德意人报》。

是月　萧山日报总编辑洪佳士获浙江省首届邵飘萍新闻奖（人物）提名奖。

11月　《萧山市广播电视志》出版。

12月　《萧山日报规章制度集》编印下发，分六大部分35项制度，从2003年1月1日起执行。

是年　萧山广播电视台的广播、电视《萧山新闻》在浙江省县（市）级广播、电视新闻节目抽查评比中连续第三次获"双十佳"称号。

是年　是年年底，萧山通过大力实施"村村响"工程，实现农村有线广播网络全覆盖，彻底消灭20户以上通电自然村接收盲点。

是年　《今日传化》荣获中国企业内部报刊优秀成果一等奖。

2003年

1月　浙江萧山医院创办《萧山妇幼报》。11月，更名为《萧山医院报》。

3月　萧山区委明确报社实行社长负责制，并对报社主要领导作出调整：孙焕林任萧山日报社党组成员、书记、社长；缪锦渭任萧山日报社党组成员、副书记、总编辑。

是月　萧山区委决定，裘超任萧山广播电视局（台）党委书记、局长、台长。

4月1日　萧山日报社、萧山广播电台接到"参与长三角"报道任务后，立即指派记者奔赴江苏采访18家重点企业，并推出系列报道。

5月18日　杭州市委副书记、萧山区委书记王建满到萧山广播电视局（台）指导工作，要求全区广播电视工作者精心策划，积极做好非典防治宣传工作。

5—6月　萧山广播电视局（台）在全局（台）开展征集金点子活动，共征集金点子

210余个。

5月　是月下旬,《萧山日报》通过《钱江晚报》《南方周末》和萧山日报电子版刊发招聘广告,面向全国招聘优秀采编人员。7月中下旬,从160多名应聘者中选定24人到报社参加笔试和面试。经过外调,最终确定录用7名优秀人员。

6月12日　省政府新闻办公室发函同意萧山日报电子版更名为萧山网。

是月　中共中央办公厅、国务院办公厅下发《关于进一步治理党政部门报刊散滥和利用职权发行、减轻基层和农民负担的通知》。萧山日报社主动向上争取保留《萧山日报》。7月27日,国家新闻出版总署报刊司报刊处领导专程到萧山就保留《萧山日报》问题开展专题调研。8月28日,杭州日报总编辑赵晴带队,到萧山调研萧山日报社加盟杭州日报报业集团事宜。9月底,国家新闻出版总署发文,在全国停办677家报刊的背景下,《萧山日报》成为保留的39家县市区报之一。

9月　萧山区广播电视局(台)专题部被浙江省人事厅、浙江省广播电视局评为省广电系统先进集体。

10月　第六次中国广播电视史志研讨会在萧山举行。

是月　萧山区实现有线电视村村通,80%以上镇街场有线电视实现自动化播出。镇街场有有线广播240331户,有线电视用户207510户。

是月　萧山区广播电视局开展"我最喜爱的萧山广播电视节目和播音员(主持人)"评选活动。

是月　浙江荣盛控股集团有限公司创办《荣盛报》。

11月2日　《萧山日报》在新世纪广场举行"读者服务日"大型活动。萧山电视台专门制作专题片《走近萧山日报》。

11月7—10日　第六届全国电视外宣"彩桥奖"颁奖仪式在萧山举行。

11月16日　萧山区广电艺术团成立。

12月3日　萧山区委宣传部提出由萧然在线现场直播总政歌舞团"山水所前"大型演唱会。萧山电信第一次完全使用自有设备和人员进行网络视频直播。

12月22日　《萧山日报》全新试改版。报纸定位:办一张全国领先的区域性服务类报纸;口号理念:因为本土,所以亲近;报纸规模:从每周48个版扩为56个版。同日,萧山日报社调整内设机构,设立党政办、总编办、经管办、新闻采访中心、新闻编辑中心、专刊部、网络部、广告部。

12月25日　萧山区委任命孙焕林兼任萧山日报社总编辑。萧山日报原总编缪锦渭调任区劳动与社会保障局党委书记。

12月31日　萧山日报加盟杭州日报报业集团仪式在萧山举行。杭州市委副书记、区委书记王建满，市委常委、宣传部部长于跃敏，区领导陈如昉、王珠瑛、汪柏遂，杭报集团领导李建国、赵晴、秦晓春和省市新闻出版部门领导等出席。自此，萧山日报主管单位由萧山区委改为杭州日报报业集团（以下简称杭报集团），报社资产由萧山区委拥有改为杭报集团拥有。

是年　萧山广播电视局（台）创作的广播剧《跨国传奇》获浙江省“五个一工程奖”，填补萧山省级“五个一工程奖”空白。

是年　萧山广播电视局（台）投入400万元更新改造广播电视采编播设备。投资600万元，建设面积达6500平方米的综合服务楼正式启用，局属对外窗口服务单位全部搬入大楼。投入1000多万元实施有线广播电视网络“空改地”工程，至年底，新建小区全部实现暗网管线。

是年　萧然在线被萧山区第十四届全民运动会暨首届文化艺术节组委会指定为唯一官方报道网站，共发布新闻图片2000余张、文字报道700余条。

2004年

1月1日　萧山日报正式加盟杭州日报报业集团，报名、服务对象、服务宗旨、发行范围、国内统一刊号等不变。是日，萧山日报正式改版，对开八版，周五出16版，《生活周刊》创刊，每周出56版。

3月　杭州市委宣传部任命孙焕林为萧山日报社社长、总编辑。

3—12月　萧山广播电视局（台）完成区本级和27个镇街场有线电视网络资产评估，共计1.2591亿元，由杭州数字电视公司以51%的比例出资收购，与萧山广播电视局（台）合资成立杭州萧山有线网络传输有限公司。

4—9月　萧山日报创刊五十周年大庆系列活动被萧山区《政府工作报告》列入区政府工作。9月1日，萧山区委和杭州日报报业集团举行《萧山日报》创刊五十周年庆祝大会，《萧山日报志》由方志出版社出版。

4—11月　萧山广播电视局（台）先后开展“十大服务能手”和“首席记者（编辑）”“首席播音员（主持人）”等评选活动。

5月18日　萧山日报社成立印刷厂改制工作领导小组，在宣传部、国资局、体改办指导下，7月8日，通过竞标印刷厂转让给原厂长杨敏生。

5月30日　萧山日报徽标征集工作结束，共收到来自全国各地应征徽标140余件。经专家论证、报社党组研究决定，李健设计的作品入选。经报杭州日报报业集团批准，8月2日起正式启用。

是月　萧然在线被萧山区信息化建设领导小组办公室评为萧山区知名网站。

6月14日　萧山日报社组建热线新闻部，8名热线记者纳入该部管理。

是月　萧山网进行市场化运作。萧山日报社与杭州沈氏化纤有限公司、杭州萧山广联信息网络有限公司合作发起成立杭州萧山网络传媒有限公司。10月18日，杭州萧山网络传媒有限公司注册成立，作为萧山网的开办机构。

7—10月　萧山广播电视局（台）在全国范围内招聘新闻采编播和计算机网管等专业人才，与录取的10名员工签订聘用合同，实行年薪制。

8月1日　经杭报集团批准，萧山日报徽标正式启用。徽标以萧山日报英文首写字母X、D为创作素材，X、D相互交融。

8—10月　萧山广播电视局（台）对《社会聚焦》《今日萧山》《金色大地》《欢乐今宵》等节目推行制片人制度，在全局（台）实行公开竞争上岗。

10月27—31日　第25届世界杯男女乒乓球赛在萧山区临浦镇体育馆举行，该比赛由国际乒联、中国乒协、萧山区人民政府主办，萧山区广电局、临浦镇人民政府承办。萧山网首次以网站专题形式进行现场直播报道。

是月　浙江正凯集团有限公司创办《申达报》。

是年　萧山日报广告经营突破2000万元大关。

是年　萧山日报社第一次独立承办报纸收订工作，在报纸提价25%的情况下，2005年首次越过4万份大关，比上年增加近一万份。

是年　萧山广播电视局（台）投资800万元，对电视摄录编播设备进行全面数字化改造，使电视硬件设施处在全省县（市、区）同行领先位置。

是年　《今日杭齿报》被中国企业报协会授予"全国优秀企业报"称号。

是年　经浙江省新闻出版局审核批准的萧山企业报共有41家，另有10余家企业报未办理核准程序也在出版之中。

2005年

1月1日　《萧山日报》每周版面从原来的56版扩为64版。

1月18日　杭州萧山网络传媒有限公司成立暨萧山网正式开通典礼举行。杭州市委常委、区委书记王金财按下开通按钮。杭州日报报业集团党委书记、社长李建国，区委副书记、区长陈如昉，浙江省政府新闻办公室副主任黄明辉，杭州日报报业集团总编辑赵晴，浙江在线总编辑陈建华，区委副书记朱华，区委常委、宣传部部长汪柏遂，区人大常委会副主任许申敏，副区长张爱莲，区政协副主席周红英出席。

是月　萧山日报开展"报纸质量年"活动。5月出台《萧山日报质量年活动文件汇编》。11月评选表彰优秀记者、编辑。12月将部分优秀等级稿汇编成册。

2月22—26日　萧山网第一次以新闻媒体身份参与报道萧山区两会。

2月24日　市委常委、宣传部部长张鸿建在区领导朱华、汪柏遂等陪同下，考察萧山网。

3月4日　萧山区文化广电新闻出版局成立。

3月27日　萧山广播电视台举行萧山广播电视事业创建50周年座谈会。28日，举行庆祝大会。并举办“我与萧山广电”征文、“广电之友”先进人物评比和萧山广电艺术团走进镇(街)文艺演出活动;编印萧山广电发展史画册;拍摄制作萧山广电发展电视专题片《岁月如歌》和音乐电视《萧山广电之歌》等。

4月1日　是日起，萧山日报全面实行编辑电脑排版制度，彻底告别版样纸，实行无纸化操作。

4月18日　萧山广播电视台正式挂牌，标志着萧山广播电视从原来局、台合一体制中分离出来，成为单独建台的广播电视机构。

是月　萧山广播电视台开办第三媒体——萧山广电网，实现广播电视节目网上传播。

5月　是月下旬，萧山日报组建特约通讯员队伍，确定首批43名特约通讯员。

9月　萧山日报社开始筹建萧山日报阅报栏。

是月　萧山广播电视台建成西山发射远程遥控检测系统，对广播电视信号发射实现远程监测和控制。

10月29日　萧山日报成功举办首届读者节暨“书香萧山”大型书市活动。此后，每年记者节前后坚持举办读者节，成为报社品牌活动。

是月　是月中旬，萧山日报首本形象手册出炉，包括报社简介、理念、特色、新闻、版面、栏目、发行、广告、机构、服务、活动等十余项内容。

11月8日　萧山网视听节目开通，成功举办首期“网络对话节目”。市委常委、区委书记王金财率区有关领导和相关部门、镇街负责人到萧山网新闻会客厅，就湘湖的保护与开发，与市民和网友进行网上对话交流。王金财评价《对话节目》创新了萧山新闻宣传工作形式。

是月　萧山网镇街频道开通，“三级网站”战略启动。

12月　“萧山日报建设阅报栏报告”送呈区委、区政府主要领导。区委副书记、区长郑荣胜，区委副书记朱华分别在报告上批示:请宣传部牵头协调相关部门，把这件好事办实，请相关部门给予大力支持。区委宣传部召集萧山日报社、区城管执法局、区建设局、区供电局等部门领导进行专题研究。区委常委、宣传部部长汪柏遂要求，按照区委、区政府领导批示，由区委宣传部牵头、协调，由萧山日报组织实施，把阅报栏建设成为萧山一道城市风景线。

12月30日　萧山广播电视台举办“广电之夜”新年音乐会。

是年　《今日传化》被授予“全国企业内刊特等奖”。

2006年

1月12日　区休博办授权萧山网筹建萧山休博办官方网站。4月，省委常委、杭州市委书记王国平开通休博会官方网站。

1月24日　萧山日报社获得杭报集团“突出贡献奖”，并被确定为集团重点扶持的五家支柱单位之一。

2月5日　杭州市委常委、区委书记王金财，区委副书记朱华，区委常委、宣传部部长汪柏遂等领导考察城区30座萧山日报阅报栏试点样板，要求加快建设进度。

3月1日　是日起，萧山日报在全省县市区域报中率先实行双面彩印，自成一叠。

3月14日　萧山区建设社会主义新农村大型主题采访活动启动仪式在衙前镇凤凰村举办。是日，萧山日报启动“五十名记者下农村”活动，开展“2006百村行”新农村系列报道。

3月28日　贯彻杭报集团“走出去”战略，萧山日报全权代理河南《三门峡日报》广告经营权签约仪式在三门峡市举行。萧山日报全资公司三门峡三山文化传媒有限公司开业。

4月　萧山广播电视台(广播、电视、网络)与浙江卫视、杭州电视台联合直播“一湖三园”开通暨世界休闲博览会开幕式。

是月　萧山广播电视台启动“广播发展年”工作。全年共投入资金2800万元，扶持镇街和行政村大力推进有线广播线路改造更新建设工程。

5月10日　萧山日报成立特约评报员队伍。

是月　中央人民广播电台台长杨波专程到萧山调研农村有线广播工作，认为萧山区的经验和做法值得在全国推广。

6月2日　萧山城区210座萧山日报阅报栏全面建设完成，副区长朱党其召集区委宣传部、区城管执法局、区建设局、萧山日报社等单位负责人进行检查验收。

6月13日　萧山日报荣获全省县市区域报“经营管理先进集体”称号，萧山网被评为2005年度全省县市(区)优秀网站。

6月18日　萧山日报社控股的杭州风盛新传媒广告有限公司正式成立。专门从事萧山日报阅报栏的建设投融资、维护管理，以及户外广告业务承揽发布工作。

是月　萧山日报举办的休博会系列报道“八大古都文化使者湘湖论道”获杭州休

闲博览会宣传推广奖。

8月18日　萧山网从萧山日报大楼迁出，入驻萧山国际创业中心，独立媒体运作。

是月　杭州日报萧山发行站划归萧山日报管理，实现了真正意义上的自办发行。

是月　萧山广播电视台广播对农节目《农村大世界》在浙江省广电局对农节目抽查评比中获一等奖。省广电局编发《视听评议》专门评析《农村大世界》栏目，介绍萧山广播电视台坚持常年为农服务、办好对农栏目的做法。

9月　三元集团创办《三元报》，圣山集团创办《圣山报》。

是月　萧山网演播室启用，是浙江省县市新闻网站中第一个专业访谈节目演播室。

11月2日　萧山日报首次评选“十佳新闻工作者”。

12月28日　萧山广播电视台设计策划并承办萧山区“十五”时期十大工业企业家、十大优秀企业家颁奖典礼。

是月　萧山区委决定，来宏明任萧山广播电视台党组副书记、台长。

是年　萧山广播电视台投资近100万元，对广播播出机房播出系统更新改造。投资近900万元添置拥有8个数字讯道的大型数字电视转播车。投入200万元添置国内先进的数字广播直播车。投入150万元购置LED大屏显示系统。

是年　萧山广播电视台获全省广播影视系统“先进集体”称号；获全省广播电视安全播出评比“先进集体”称号；获全省广播电视技术维护评比“先进台”称号。萧山广播电视台电视专栏部获全省广播电视系统“青年文明号”称号。

是年　萧山日报推出形象识别系统，包括品牌定位、读者定位、区域定位和形象宣传词。

2007年

1月1日　萧山日报全新改版，推出民生新闻版及五大周刊，进一步打响“亲近”品牌。实施数字报业工程，推出萧山日报多媒体数字报。

是月　萧山日报推出“总编辑下基层”活动。

是月24—30日　萧山日报策划组织宁夏“萧山南都希望小学”学生到萧山“走亲”活动。

是月　萧山区委决定，陈水源任萧山广播电视台党组书记。

3月22日　萧山网被评为全国县市区域报新闻网站“十佳网站”之首。省委外宣办以《新闻立网　服务强网》为题，向全省推广萧山网经验。

是月　“广播发展年”列入区政府2007年为民办十件实事之一。是年年底，全部完成农村有线广播网络改造,按标准建设493个村级广播室。27个镇街场广播喇叭总量达到255531只,入户率达到91%,通响率达到98%,在"村村通"基础上,在全省率先基本实现有线广播"户户响"。镇街场到村的广播线路,由980杆公里提高到2269杆公里。

4月6日　杭州日报萧山记者站从萧山区委报道组中独立出来,正式挂牌成立,办公地址设在萧山区工人路1117号。

4月9日　萧山日报推出"50名记者进百村""见习村主任"等新农村建设宣传活动。6月,"50名记者百村行"活动获得杭报集团2006年度新闻大奖。9月6日起,萧山日报实施"总编辑下基层"制度,是"记者下基层"活动的延伸和升级。

5月13日　萧山区委宣传部发文《关于进一步推进农村阅报栏建设工作的意见》,计划在农村新建100座萧山日报阅报栏列为2007年全区思想宣传工作十件大事之一。

5月21日　萧山日报党总支宣布成立,下设4个党支部,党员49人,孙焕林等5人当选为党总支委员会成员。

5月22日　萧山日报社领导体制调整,成立社务委员会,实行社委会领导下的社长负责制。社委会成员为:社长、总编孙焕林,副社长、副总编宣舒平,副社长张剑秋,副总编王平、金烽。

6月23日—7月7日　萧山广播电视台举办"首届萧山电视观众节",庆祝建台20周年。

是月　萧山日报社成立风和会展公司,拓展产业新领域。8月取得萧山剧院的经营权。

7月1日　萧山电视台推出首档电视民生新闻栏目《热线188》。

7月10日　萧山日报社实施数字报业工程,萧山日报多媒体数字报正式亮相。

是月　杭州市委宣传部决定,宣舒平任萧山日报社总编辑。

9月23日　全国区域创新发展论坛在萧开幕。萧山广播电视台广播、电视、网络三大媒体现场直播开幕式。

9月25—30日　萧山网组织承办首次"全国网络媒体萧山行",20家国家、省市新闻网站记者齐聚萧山,对萧山进行全方位、多视角、深度性报道。

11月　萧山日报社首次推出首席记者制。

是月　萧山广播电视台与中国电影集团、北京一江春水影视文化传播有限公司联合摄制完成萧山首部数字高清电影《你要什么》。

12月29日　萧山广播电视台策划并承办萧山"十大闪光人物""十大华彩事件"

“十大和美之地”评选活动揭晓颁奖典礼。

是月　萧山网实施“大萧山网”战略。26个镇街频道全部升级为镇街网，区人民法院、区残联、区总工会等10个部门网站进入“大萧山网”构架。12月底，萧山网被评为浙江省十佳文明办网示范单位。

是年　萧山日报社荣获2007年度萧山唯一的省广告信用最高等级AAA广告信用单位。

是年　《今日杭齿报》获中国工业报社“中国工业优秀报刊”。

2008年

1月1日　萧山广播电视台新台标正式启用。台标整体犹如“钱江之星”，寓意萧山广电奥立改革前沿，记录时代风云。

1月　《萧山日报管理制度》（以下简称《管理制度》）编印成书。《管理制度》涵盖报纸出版，报业发展，多元经营和队伍建设等各个方面。

是月　萧山日报《建立阅报栏，延伸产业链》和《萧山日报全权代理三门峡日报广告，尝试跨地域经营》荣获浙江省报业首次自主创新优秀项目。

3月10日　杭报集团宣布萧山日报领导班子调整的决定，宣舒平主持报社工作。

4月11日　萧山日报改革开放30周年纪念活动正式启动，包括“寻访天南地北萧山人大型采访活动”、“三十年激情创业”系列报道、“走百村　看巨变——2008萧山日报记者百村行”等系列活动。省市新闻出版局专门刊发长篇阅评，予以充分肯定。是月30日，萧山日报策划的改革开放30周年大型特刊《品牌萧山》正式出版。

4月17日　萧山日报全方位启动动漫节报道，推出《精心筹备迎盛会，齐心协力办动漫》专栏，4月28日—5月3日动漫节期间，重点聚焦十大活动。

5月　杭报集团对萧山日报党总支委员会作出调整，宣舒平任党总支书记。

5月12日　萧山广播电视台记者第一时间与赴汶川救灾的萧山金利浦消防队连线通话，报道他们抗震救灾的感人事迹。萧山日报倾力做好四川汶川大地震抗震救灾报道，截至5月8日，共刊发《抗震救灾　众志成城》专版近80个，相关报道近700篇。

5月17日　萧山广播电视台第二届电视观众节策划“情系灾区”大型慈善捐赠活动，社会各界认捐总额超过1000万元。

是月　是月中旬，萧山日报与团区委、区青年商会联办的《新萧商》杂志正式创刊。

6—12月　萧山广播电视台参与承办纪念改革开放30周年歌咏会、“三十年激情创业·我们一起走过”十大新闻事件评选揭晓典礼等大型纪念活动。

8月6—25日　萧山日报推出大型特刊《奥运天天报》和“奥运狂欢夜”活动，首次派出摄影记者驻京报道。

9月　萧山广播电视台投入248万元建设媒体资产管理系统。后由北京捷成世纪科技发展有限公司中标，对全台近4000小时的视频历史资料先后分两次（2009年9月、2011年年底）进行数字化编目保存，编目总投入近100万元。

是月　萧山日报阅报栏获首届中国报业党报阅报栏协作网大会“创新奖”。

11月15日　杭州地铁湘湖站工地发生重大塌方事故，萧山广播电视台第一时间派记者采访，并中断萧山电台日常节目，连线插播湘湖地铁工地事故消息。萧山日报启动重大突发事件报道应急机制，推出“‘11·15’杭州地铁一号线湘湖段塌方特别报道”，截至19日，刊发专版7个、报道近100篇，文字近10万字，图片30多幅。

12月19日　杭州萧山日报传媒有限公司成立。杭州日报报业集团党委决定，提名宣舒平任杭州萧山日报传媒有限公司董事长、总经理。

12月22日　萧山日报2009年改版实施。每周本土新闻版从28版增加到31版，形成四大板块，即时政经济板块、社会民生板块、副刊板块和周刊、专版、广告板块等。

12月27日　中国人民大学·中国少年报社少年新闻学院杭州分院、中国小作家协会杭州培训中心在萧山日报社揭牌。

是年　杭州风盛新传媒广告有限公司在萧山建设萧山日报阅报栏450座，其中城区300座、镇街场150座。

2009年

1月　萧山广电网改称湘湖网。

是月　萧山网、湘湖网、萧然在线被评为萧山区首届十佳优秀网站。

3月12日　参加全区领导干部读书会的领导干部赴余杭区学习考察，萧山广播电视台广播直播车跟随采访，完成首次跨区广播移动直播任务。

是月　杭州市委宣传部决定，宣舒平任萧山日报社社长。

4月19日　萧山日报社首届运动会开幕，7月5日谢幕，近千人次参加17个项目比赛。

5月9日　杭州市委副书记叶明批示，市文创办转发萧山日报社经营萧山剧院的经验。

5月11日　萧山日报隆重举行“与祖国同行”——庆祝新中国成立60周年大型主题报道启动仪式暨“新闻直通车·追寻60年坐标上的萧山故事”启程、《萧山60个新农村建设样板》特刊首发仪式。推出《吾国吾家·60年萧山记忆》大型特刊等一系列主题报道和策划活动，受到省新闻出版局充分肯定和市委常委、宣传部部长翁卫军批示表扬。萧山日报策划的系列报道《寻访天南地北萧山人》获杭报集团新闻大奖。

7月　湘湖网主创的网络剧《我为天使狂》正式开拍。

是月　萧山日报社组建手机媒体部，试开通萧山手机报。8月10日，萧山日报社和中国移动萧山分公司联合打造的萧山手机报正式开通，这是全省县（市、区）中首份手机报。萧山手机报被评为萧山区宣传思想工作“创新奖”一等奖。

8月21日　萧山日报《新闻直通车》栏目研讨会举行。省记协、浙大、市文广新局、杭报集团及各报（网）有关领导和专家，审读员、评报员、读者代表参加研讨会。

是月　杭州日报萧山记者站迁至萧山区通惠北路宁税社区（萧山国税办公用房）。

是月　萧山网16个村网开通，“三级网站”成型。

9月17日　萧山日报风盛传媒公司与阅报栏生产厂家签订合作协议，独家代理阅报栏的全国销售。

9月21日　是日起，萧山日报正式实施新一轮改版，报型改为720瘦报，版面扩为88个版，增设2个“e动”版，构建起纸媒与网媒（网络）、纸媒与流媒（手机报）之间互动、联动、融合的新闻版面。改版后的报纸受到上级部门和广大读者的好评。

9月26日　萧山人民广播电台FM107.9与浙江之声FM88、AM810并机直播庆祝中华人民共和国成立60周年大型活动《精彩浙江——直播萧山》。萧山广播电视台主持人小米与浙江之声主持人飞扬主持直播节目，区委副书记、区长盛阅春和区委常委、宣传部部长裘超在直播室接受访谈。

9月28日　萧山日报首度与镇街合作创办首份镇级新闻月刊《临浦月刊》，每月一期，每期4版，随《萧山日报》一起发行。

是月　萧山网荣获“浙江省县市区域报最佳新闻网站”称号。

12月16日　萧山日报社举行创刊55周年庆祝大会。国家、省、市有关部门领导及区四套班子领导出席。同时举行“信核数据”中国县市区域报高层峰会，全国各县市区域报领导参加。

是年　《萧山广播电视台重大突发事件新闻报道工作预案》出台并实施。

2010年

1月1日　杭州萧山国际机场，500份《萧山日报》搭乘厦门航空班机正式飞上蓝天，乘坐厦门航空飞机出港的旅客可看到当日的《萧山日报》，成为全国首家报纸上蓝天的县市区域报。

是月　萧山日报确定2010年为战略转型年，从单一纸媒向全媒体转型，传统报业向现代文化传媒企业转型,制订全媒体发展方案。

是月　萧山广播电视台第一本电视新闻报道集《巨变中的记忆》由中国广播电视出版社出版。

是月　《三元报》《正凯报》推出电子版。《开元旅业报》推出网络版数字报。

2月　"萧山日报社综合发展文化产业"入选"2009年度中国报业十大事件"。

3月1日　萧山广播电视台慈善公益栏目《爱心满天》增设手语主持环节,实现双语播出。

是月　国家广播电影电视总局为萧山网颁发"信息网络传播视听节目许可证",这是全国县级网站中首家。

4月　萧山手机报加入上海《解放日报》世博报道联盟,联合打造手机报世博报道合作圈。

是月　是月下旬始,区委宣传部与萧山广播电视台联合推出"镇街部门领导干部进广播讲堂"活动。全区106位镇街和部门主要负责人先后走进萧山人民广播电台直播室,与听众和网友互动,这是萧山历史上规模最大的广播直播活动。

5月12日　萧山日报荣获"中国地方都市类报纸最具影响力十强",为全国唯一县市区域报。

5月15日　萧山日报首届艺术节开幕,萧报艺术团同时成立。

6月6日　由萧山广播电视台承担采访、拍摄、编辑和记者出镜等主创任务的新闻栏目《潮起萧山》在杭州电视台综合频道与观众见面。

6月10日　萧山日报官方微博正式上线。微博名"萧山日报"。

是月　萧山广播电视台派记者与义工"上岛"赶赴青海玉树地震灾区,同时整合广播、电视、网络平台资源,直击萧山爱心人士向灾区孤儿送温暖的全过程。

是月　是月月底,萧山日报推出"阳光兄弟"连续报道"同学抱我进考场"引起各大媒体关注。受到省市新闻出版部门报刊专题审读通报表扬,市委常委、宣传部部长翁卫军给予充分肯定。7月6日,央视新闻频道《24小时》栏目播出发生在萧山区第四职高学生翁建光和李阳等同学间兄弟情深的故事。

7月9日　萧山广播电视台完成省委书记赵洪祝调研大江东规划建设广播移动直播任务。

7月13日　中央电视台和萧山广播电视台联合采制的新闻人物专题片《好媳妇韦小琴》分别在中央电视台《新闻联播》和《身边的感动》栏目播出,中国网络电视台、人民网、新浪网、搜狐网、腾讯网等各大网络媒体进行转载。

9月　萧山广播电视台、湘湖网、临浦镇联合摄制数字电影《西施》,在千年古镇、西施故里临浦正式开机。

10月　萧山区委决定，钱忠苗任萧山广播电视台党组书记。

是月　萧山广播电视台文化生活时尚杂志——《萧山视听》(后改名《湘湖视听》)创刊号全新亮相。

是月　萧山日报副刊作品《颈椎病的非医学因素》获得第二十届中国新闻奖二等奖，为萧山日报历年来获得的最高奖级。12月6日，杭州市记协、杭报集团联合举办研讨会，对《夜航船》栏目和《颈椎病的非医学因素》作品进行专题研讨。

11月14日　萧山日报获评“2009—2010中国品牌媒体百强·地市党报品牌10强”，为全国唯一县市区域报。

是年　是年年底，萧山广播电视台媒体资产管理系统投入使用。

是年　萧山日报社顺利完成“十一五”规划指标，广告收入首次突破五千万元，利润首次破千万元，报社总收入首次突破1亿元。萧山日报被评为浙江省报业经营管理优秀单位。

是年　萧山日报成立萧滨每日送发行公司、旺财商贸有限公司并成功运作。

是年　萧山广播电视台先后获得电视剧制作资格和全国同级广播电视台中的首张网络视频许可证。

是年　萧山广播电视台播出部荣获全国广播电视技术维护先进台站(集体)评比二等奖，是全国唯一一家上榜的县区级电视台。

是年　区委办、区政府办出台政策，明确镇、街道文化广播站长享受正科级待遇。

是年　在第二届中国地方与行业优秀网站评选中，萧然在线被评为“最受网民喜爱的社区网站”。

是年　萧山日报社确定萧报精神“在钱潮浪尖上奔跑，在传媒梦想中超越”。

2011年

1月15日　“阳光中国·2010传媒发展年会”在京召开。萧山日报荣获“年度管理创新媒体”，为全国首家跻身“阳光传媒”的县市区域报。

1月26日　萧山日报举行“杜绝虚假报道，增强社会责任感”和“走基层、转作风、改文风”专项教育活动动员会暨“记者新春基层行·2011访百村”活动启动仪式。

是月　由中国电影评论学会主办，萧山广播电视台、区文创办、湘湖网承办的首届全国大众网络剧奖在萧山揭幕。萧山广播电视台、湘湖网拍摄的《我为天使狂》荣获最佳大众网络剧奖等多个奖项。

是月　《恒逸报》推出数字报。2月停出纸质版，启用手机版。

2月16日　省广播电影电视局局长张宝贵调研萧山广播电视台，对萧山广播电视台坚持“新闻立台、文化强台、绿色视听”取得的成绩给予充分肯定。

2月17日　国新办网络宣传局网络规划处副处长满斌，新华网战略研发部刘君，中国广播网总编室主编吴菁一行调研萧山网，肯定其“三级办网”发展形态。

3月30日　萧山区新闻工作者协会成立。

3—4月　萧山日报全媒体战略部署实施。报社组织136人分批在南京大学参加全媒体培训。萧山日报直播车正式启用，能完成室内外各种复杂地形直播任务。

4月25日　萧山日报主办“红旗飘飘·开天辟地”纪念中国共产党建党90周年十大主题宣传报道活动启动，活动持续至10月。5月23日，浙江省新闻出版局《报刊审读与管理》第21期刊发《传承红色精神，点燃红色激情》专题审读文章，给予充分肯定。

是月　萧山广播电视台官方微博注册上线。微博名“萧山广播电视台”。

是月　萧山广播电视台联合长三角地区13家县市广播电视台推出大型电视综艺活动“唱游长三角”。

5月16日　萧山日报社首次启动大型全媒体报道——“开天辟地90年”主题报道。派出“星火燎原”大型多媒体报道采访组6个，分别深入北京、上海、福建、广东、陕西、贵州、湖北等地进行全方位报道。7月1日，推出90个版大型纪念特刊，萧山网推出“90周年星火燎原”视频特辑，萧山手机报推出特刊，LED城市电视、户外阅报栏24小时滚动播出红色新闻。

是月　是月月底，萧山日报报社大楼进入改造期，为期6个月改造完成。

是月　湘湖网摄制出品的电影《西施》报送国家广电总局电影局审查，在央视电影频道播出。

6月28日　萧山日报党总支书记、社长、总编宣舒平荣获“杭州市优秀共产党员”荣誉称号，为杭报集团第一位获此殊荣的中共党员。

6月29日　萧山日报城市电视正式开播。该城市电视是萧山日报全媒体发展的重要阵地，打造魅力城市的新型媒体，实现汇宇酒店、北干钱柜、恒隆广场等8块LED的同城同播。

8月　萧山广播电视台开展《萧山组歌》音乐电视摄制、展播活动。

9月　萧山广播电视台再度与中央电视台联手直播钱江潮。

11月11日　萧山日报全媒体直播车亮相萧山日报读者节。该车具有卫星和3G直播功能，能完成室内外以及各种复杂地形直播任务。

12月28日　“舞动萧然”萧山区首届镇街舞蹈大赛总决赛在萧山广电中心600平方米演播厅举行。该次大赛共有200多支队伍、近5000余人参加。

是年　萧山日报实现总收入1.7亿元，利润突破1700万元，分别比上年同期增长36%和45%，两项指标稳居全国县市区域报第一。

是年　《恒逸报》《富丽达报》被中国纺织企业报刊专业委员会评为“全国纺织优秀企业报”。

是年　萧山日报发行量首次突破6万份，达到63000多份，比上年增加三分之一多。其中，宁围镇每户家庭订阅一份萧山日报，实现报纸家庭全覆盖。

2012年

1月4日　是日起，萧山日报再次改版，每周版数由上年92版增加到96版。报头增加萧山日报全媒体（XBM）标识图案，标志着集萧山日报、萧山网、萧山手机报、城市电视、户外阅报栏、萧山日报官微于一体的全媒体运营模式全新亮相。

1月12日　萧山日报荣获“金长城传媒奖·2011中国十大地市党报”称号。

2月1日　萧山日报移动采编试运行，萧山日报每位员工随时随地做一个全媒体记者。

2月8日　杭州市委常委、区委书记俞志宏走进萧山网演播室，围绕“文明幸福新萧山”主题与广大网民对话。

2月14日　浙江省新闻出版局《报刊审读与管理》（2012年度第9期）对萧山日报开展“走转改”活动，设立《总编辑走基层》《见习村主任日志》《2012百村行》等专栏给予充分肯定。次日，省委宣传部副部长鲍洪俊批示肯定。萧山日报“百村行”获浙江省新闻战线“走转改”活动专题评选优秀栏目奖。

3月　萧山广播电视台启动周播娱乐真人秀节目《闪亮我舞台》新主题季活动“我的麦克风”，吸引来自全国各地的200余位主持新秀参加。

是月　萧山网推出免费生活资讯月刊——《湘湖社区》杂志。

是月　《万丰报》等17家企业报刊被吸收为萧山区新闻工作者协会会员。

4月17日　萧山日报与瓜沥镇合办《今日瓜沥》月报举行首发式。

4月　杭州风盛新传媒广告有限公司开元城市生活广场150平方米高清LED大屏开建，8月建成投入使用，为萧山精度最高的户外大屏。

5月9日　浙江省委宣传部副部长、外宣办主任吕建楚调研萧山网，肯定萧山网三级办网的垂直性发展模式。省委宣传部内刊发表《萧山网“三级办网”模式初显成效》一文，推荐萧山网模式。

5月22日　萧山日报启动“提升新闻影响力和媒体品牌价值”工程，7月1日起施行《萧山日报社关于进一步提升新闻影响力和媒体品牌价值的实施方案》。

是月　萧山广播电视台推出大型户外综艺电视节目“唱游中国——伴着课本游山水”。

是月　湘湖网拍摄的电影《梦寻》被省委宣传部列为2012年文化精品工程扶持项目，获国内外公开发行许可证，在中央电视台电影频道播出，并在全国电影院线放映。

6月14日　“重燃生命的希望——渝萧两地空运救治小烨琳造血干细胞暨移植手术”大型全媒体直播，在萧山国际机场接机大厅正式开机。这是萧山日报社全媒体首次进行两地同步直播，参与采编人员30多人。

7月　湘湖网开拍电影《母亲的放弃》，并受邀参加北京大学生电影节西安分会场开幕式首映。

8月6日　萧山日报社和浙江电信萧山分公司联合打造的《湘湖手机报》正式上线，由《湘湖晨报》《湘湖晚报》《湘湖周末》组成，分早晚报发送，面向全区40万个电信手机用户。

8月15日　由区委、区政府主办，萧山网联合区纪委、区委宣传部等部门共同打造的萧山网络问政平台上线。

是日　区纠风办与萧山广播电视台联办的大型民情热线类节目《政情民意直通车》开播一周年特别节目暨“网络问政”活动启动仪式在萧山广电中心600平方米演播厅举行。10位区人大代表围绕区政府2012年十件实事，直面询问10个相关部门领导。

是月　萧山日报“全媒体改造工程”获得第三届(2010—2011)浙江报业创新项目奖二等奖。

9月20日　萧山日报荣获“2011—2012中国最具品牌创新力地市区域报”称号。

9月25日　萧山区纪委、区监察局、萧山日报社联办的“萧然清风”萧山廉政手机报上线。

是月　萧山广播电视台联合中央电视台、浙江卫视、杭州电视台推出国庆特别节目《2012直播钱江潮》，这是第三次直播钱江大潮。

是月　萧山网经营收入首次突破1000万元，全年完成经营收入1160万元。

是月　杭州日报报业集团将杭州风盛新传媒广告有限公司所有人员、资产合并成立浙江风盛传媒有限公司，由萧山日报传媒有限公司控股、杭州日报传媒有限公司和都市快报控股有限公司参股。

11月　区记协评选表彰萧山区首届“十佳”新闻宣传工作者。至2018年，共评选出2011年度、2012/2013年度、2014/2015年度、2016/2017年度四届“十佳”。

12月8日　萧山日报社长、总编宣舒平荣获第二届中国地市报子报子刊系列十佳总编辑称号。

12月20日　由中国报业协会主办、省报协协办的中国县(市)报改革发展现场经验交流会在萧山举行。萧山日报发展模式被中国报协、省报协选为样板向全国各县(市)报推介。

是年　萧山广播电视台台长来宏明荣获“全国广播电影电视系统先进工作者”称号。

是年　区记协组织开展萧山区企业报年度好新闻评选活动。截至2019年,共开展8次企业报好新闻评选活动。

是年　全区各镇街文化广播站自办广播新闻和广播专题节目达到4968组,每个站每周播出3组以上,临浦镇等站每周达到6组。

是年　萧然在线设有16个栏目,60余万个注册用户,115万余次日均网页点击,600余家会员客户。

2013年

1月1日　瓜沥火灾。萧山日报旗下的萧山手机报、湘湖手机、萧报官微分别以特刊、快讯、现场连线等形式,发布最新、最权威的消息,成为区委、区政府对外发布该事件的新闻平台。

1月11日　萧山日报社与区级相关职能部门合办的首份报纸《萧山法制》(半月刊)正式出刊。是年年底,报社合作专版、周报和月刊达40多份。

1月13日　萧山日报荣获“金长城传媒奖·2012中国最具影响力地市区域报”。

2月5日　萧山广播电视台举办“在文明幸福大道上”2013年萧山区春节联欢晚会。

3月　萧山广播电视台成立新媒体中心,统筹发展广电新媒体。

4月11日　在中国报协第四届四次理事大会暨纪念中国报协成立25周年庆典上,萧山日报荣获“中国报业经营管理奖”。

是月　萧山广播电视台微信公众号注册上线,微信名“萧山广播电视台”。

是月　杭州日报报业集团党委决定,王柏华任萧山日报社副社长(主持工作),杭州萧山日报传媒有限公司副董事长(主持工作),提名王柏华任杭州萧山日报传媒有限公司总经理。杭州市委宣传部决定,王平任萧山日报社总编辑。

5月20日　杭州日报萧山记者站正式挂牌升格为萧山分社。9月,办公地址迁至萧山区城厢街道文化路266号。

5月22—24日　在浙江省报协信息技术委员会第八届年会上,萧山日报全媒体建设项目荣获“浙江省新闻信息技术进步二等奖”。

5月25日　萧山广播电视台、区公安分局交警大队、区道路运输管理处共同组建的第三届萧山区路况信息服务队成立，由出租车驾驶员和社会各界热心人士组成的115名路况信息员正式上岗。

是月　湘湖网拍摄的电影喜剧片《离婚进行时》，被央视电影频道收购电视版权。

7月　萧山日报成立房产电商公司——杭州风茂房产代理有限公司。

是月　萧山日报微信公众号正式上线。定位深度、原创、好看，目标人群是本地18~45周岁受众。

8月5日　《今日传化》告别纸质媒体，开辟微信公众号“传化集团”。

8月18日　萧山广播电视台负责制片、叁益控股集团旗下杭州嘉环文化创意有限公司投资的电影《花咒》开机。这是萧山区首部将目标锁定院线的商业电影。

是月　湘湖网携手中央电视台十套《探索·发现》栏目拍摄的纪录片《三探跨湖桥》，在央视《探索·发现》栏目播出。

是月　萧山手机报成立4周年，有效订户达到20万人。

9月3日　瓜沥、党山、坎山三镇合并成立新的瓜沥镇。瓜沥、党山、坎山三镇文化广播站同时合并成为新的瓜沥镇文化广播站。

10月21日　《萧山日报》全新改版。设封面导读版、使用680黄金报型，分AB叠，每周108个版。市委常委、宣传部部长翁卫军，市委常委、区委书记俞东来分别批示给予肯定。

10月25日　萧山日报成立杭州萧报教育咨询有限公司。

10月31日　中宣部调研组调研萧山网，对萧山网三级办网模式和网络问政运作方法给予肯定。

是月　湘湖网改版升级，并经上级有关部门授权，增加“萧山网络电视台”。

11月8日　萧山日报举行读者节开幕式，首次评选首位终身读者、首批十大忠诚读者。萧山日报瓜沥、临浦记者站挂牌成立。萧山日报社和瓜沥镇联合打造的《瓜沥手机报》上线。

12月18日　萧山日报纪念改革开放35周年大型特刊《萧山十大最美篇章》（上、中、下）出版。

是月　由萧山日报和萧山网研发的掌上新媒“无线萧山”安卓系统和苹果系统正式上线后，报社成立“无线萧山”工作室专项负责“无线萧山”运营维护。

是月　手机湘湖网和PAD湘湖网正式上线。

是年　浙江风盛传媒有限公司被国家新闻出版广电总局报刊司授予“全国阅报

栏(屏)示范单位”称号。

2014年

1月　由萧山日报信息技术部自行开发的萧山日报官网交付使用,设有萧报介绍、集团邀请、社务、采编、经营、党建、纪检、工团、社长总编信箱等多个栏目。

是月　萧山广播电视台创办的萧山手机台正式上线,这是萧山第一个手机电视产品。

3月29日　传化手机报正式上线。这是萧山日报旗下首份企业类分众手机报。

4月12日　由萧山广播电视台和浙江卫视联合采制、以传化公路港为代表的萧山物流在逆势中创新发展的新闻,在中央电视台《新闻联播》头条播出。

4月28日　萧山广播电视台和区教育局联合打造萧山教育频道(96频道)正式开播。

是月　萧山广播电视台主编、全面反映萧山广播电视台建设现代传媒综合体的《现代传媒综合体的创新与实践》一书由中国广播电视出版社正式出版。

5月11日　萧山广播电视台配合中央电视台采访报道萧山在提高亩产效益上下功夫,引领经济实现速度与质量双轮驱动的新闻,在央视《新闻联播》头条播出。

5月24日　萧山日报成立萧山市民摄影联合会。

是月　萧山广播电视台推出首档方言类民生新闻节目《阿通哥说新闻》,特邀莲花落演员俞德其、方剑林、孟志明等担纲主持。

是月　萧山广播电视台推出新闻评论节目《新闻麻辣烫》,以主持人脱口秀的形式,评述每天发生在全国各地的热点新闻、热门事件。

是月　杭州市委宣传部决定,王柏华任萧山日报社社长。

6月29日　萧山人民广播电台《1079帮忙团》栏目现场直播为需要换肾的民工子女孔某慈善义卖活动,共募集爱心款128746.3元人民币、2000元港币、1000韩元。

是月　是月月底,萧山日报围绕构建融媒体运作体系进行机构改革,重新设置全媒体管理中心、全媒体采集中心、全媒体发布中心、全媒体技术中心、全媒体经营中心。萧山日报传媒有限公司设立数据与用户服务中心、市场与活动策划中心等部门。7月1日,全媒体融媒体架构正式运行。

7月11日　萧山日报创刊60周年之“一座城市与一张报纸的60个故事”大型全媒体采访报道正式启动,历时两个月。报道得到市委常委、宣传部部长翁卫军和市委常委、区委书记俞东来的批示肯定。

是月　萧山日报社成立纪检监察室。

是月　萧山广播电视台举办“我是小主播”特训营，9位优秀选手签约成为萧山广播电视台少儿节目小主播。

是月　萧山日报社手机媒体部撤销，所有采编业务划到新设立的全媒体发布中心，建立报纸、网络、手机报、微博、微信、无线萧山App等全媒体集群平台，设立微博和微信发布专员。

8月25日　萧山日报官微首次滚动直播区委全会。

是月　由萧山日报发起、萧山企业家冯根法捐资建造的贵州从江秧里村“萧山希望小学”竣工。萧山日报“温暖贵州行”见证新校舍落成，同时为学校建一个图书吧。萧山日报全媒体对全程活动进行跟进报道。

9月1日　萧山日报社全媒体中央控制室正式启用，内设9大端口、20个专用席位，实现新闻信息一次采集、多种生成、多元传播，构建起矩阵式、滚动式、全天候发布机制。

9月28日　萧山日报社承办“我们再出发”——中国县市（区域）报十年发展研讨会议，全国近50家县市区域报负责人与业内专家学者共商媒体融合之计。

9月30日　萧山日报策划编辑出版的《萧山城市手册》（上、下）正式发行，电子书同步上线。该项目获2014年度全国报刊广告“金推手”奖经典案例奖。

是月　萧山网董事长金烽获“全国地方新媒体十大领军人物”称号，被聘为中国地市网盟专家顾问。11月，萧山网董事长金烽获中国城市网盟“十大年度个人奖”。

10月19日　萧山日报承办2014·首届中国（杭州）报商大会暨中国报商联盟成立大会，百余家报社共同发布《西湖宣言》。

11月20—23日　萧山日报、萧山网协办第五届世界太极拳健康大会，被国家体育总局武术运动管理中心授予“特别贡献奖”。

是月　萧山日报成立萧报读者俱乐部。

12月18日　杭报集团传媒经营性资产整体借壳上市项目完成。萧报传媒公司、萧山网、萧滨每日送公司作为全资子公司，成为上市公司控股子公司。

是年　萧山网络电视台完成26个镇街（场）和543个行政村（社区）视频网站建设，成为萧山首个实现区、镇、村三级全覆盖的网站。

是年　萧山广播电视台完善节目评议制度，形成节目月评、季度评优、专家讲评“三评机制”。

是年　萧山广播电视台联合浙江卫视记者调查采访推出《萧山企业互保链现状调查》系列报道，受到时任省委副书记、省长李强的肯定和表扬。

是年　萧山日报获全国“品牌媒体百强”称号。

2015年

1月　萧山日报启动纪念抗战胜利70周年寻访活动，开设《萧山记忆》专栏，参与筹建的萧山抗战纪念馆于9月21日开馆。相关报道获省《报刊审读与管理》专题阅评。

是月　萧山日报正式创办分众报《老爸老妈》、区域报《今日大江东》。与湘湖（闻堰）合办《湘湖故事》创刊，每月4版。“萧报公益”微信公众号上线。萧山网开通大江东官网。萧山日报社关停杭州风盛、萧报国旅和风和会展3家公司。

4月　浙江风盛传媒有限公司被亚洲户外媒体峰会评为“中国区域十大公交媒体”，在中国百强户外媒体排名第64位。

是月　由萧山区人民政府重点打造，萧山广播电视台负责运营的城市公共服务无线应用平台——“智慧萧山”手机门户在20多个App市场正式上线。

5月14日　由中国报协、浙江省报协主办，萧山日报社承办的媒体融合与跨界发展高峰论坛在萧山开幕。

5月24日　萧山日报策划推出“行走母亲河”——浦阳江生态带全媒体大型系列采访活动正式启动，活动持续一周，行进150公里，为萧山日报首次策划推出的行进式、多角度、横跨金绍杭三个区域的全媒体采访活动。报道获省《报刊审读与管理》专题阅评。

6月17日　浙江省新闻出版广电局党组书记、局长寿剑刚一行6人到萧山广播电视台调研。

是月　杭州日报报业集团决定，提名王丽芳任杭州萧山日报传媒有限公司总经理。

8月　萧山广播电视台开展“圆梦学子”大型助学活动，82名寒门学子获得助学金，实现求学梦想。该次活动的新闻在中央电视台《新闻联播》播出。

9月　萧山网获2015全国地方网络媒体“十大县级最具影响力品牌”。

10月9日　萧山日报制作发布的微秀作品《湘湖，我为你骄傲》阅读量达40万人次以上，获杭州市委常委、宣传部部长翁卫军批示肯定及杭报集团总编辑嘉奖。

是月　《正凯报》停出纸质版，启用微信公众号。

12月22日　由萧山广播电视台出品的纪录片《揭秘荣字1644部队》在中央电视台科教频道《探索·发现》栏目播出。

12月24日　地处钱江世纪城的萧山文创大厦开工建设，除明确萧山日报系传媒企业入驻外，计划引进杭州品牌文化传媒企业，全力打造媒体融合发展的杭州传媒谷。

是月　萧山日报社运作的今日大江东数字报系统上线，大江东小记者团成立。

2016年

1月10日　萧山日报举办“迎两会”《萧山·这五年》首发仪式暨“萧山区首届少儿跨年晚会”颁奖仪式。《萧山·这五年》电子书同步上线。

是月　杭州市委宣传部决定，王平任萧山日报社社长。

2月14日　萧山日报全媒体报道萧山区“办好G20，当好东道主，走在最前列”誓师大会，全面启动G20专题报道，先后策划推出四大专题报道、10多个专栏，推出G20专版200多个。市委常委、宣传部部长翁卫军批示3次，市委常委、区委书记俞东来批示1次，萧山区委常委、宣传部部长赵文虎批示1次。“G20　遇上萧山”系列报道荣获省G20好新闻奖、2016年度杭州市重大主题报道优秀新闻作品一等奖，“G20倒计时”系列策划荣获杭州市重大主题报道优秀策划创新奖。

是月　萧山广播电视台官方微信粉丝突破20万人大关，达到201218人。

3月　《萧山日报》从周七刊改为周六刊，周六周日合刊出版《假日特刊》；法定节假日不出报，主要通过“两微一端”（微博、微信、客户端）推送最及时、最新鲜的新闻和资讯。

是月　由德意控股集团有限公司创办的“德意人”公众号运营。

是月　萧山区新闻工作者协会举行换届，选举产生二届理事会。新吸收企业报会员7家，《中球冠报》等5家企业退出协会。

4月1日　萧山日报创作的首部公益微电影《思念深深》上线两周，点击量超13万次。

4月16日　萧山日报荣获2015金长城传媒奖“中国十大地市区域报”称号。

4—6月　萧山广播电视台承办第二届“曹灿杯”全国青少年朗诵大赛杭州赛区比赛，来自全省500多名选手参加海选。

5月14日　萧山日报原创微信《今天萧山马路上，这位姑娘的一个举动太让人暖心了！》被《人民日报》等权威媒体转载，总阅读量超1000万次，获集团总编辑嘉奖。

5月20日　萧山网手机门户网站——手机萧山网上线。

是月　在中国（杭州）传媒创新合作项目交流大会上，萧山网络问政平台项目被评为“2016中国传媒最具投资创新TOP100”。

6月　萧山广播电视台联合湘管委策划的大型纪录片《湘湖》正式开拍。

是月　浙江风盛传媒股份有限公司在全国中小企业股份转让系统（以下简称新三板）挂牌。

7月　萧山广播电视台推出“手机广播”。

8—9月　萧山广播电视台派出6名精兵强将配合央视做好G20的新闻宣传，受到央视表彰。

8月30日—9月6日　萧山日报官方微信公众号平均每日推送G20相关内容5条。9月2日《10国领导人陆续抵达，萧山机场停了好多总统专机！明天还有一波》，阅读量创新高，达到35万次以上，点赞数超过3000次。

9月12日　萧山区委宣传部、区外宣办主办，萧山广播电视台新媒体中心（“智慧萧山”、湘湖网）承办的“全国新媒体看萧山”大型采风行活动在杭州国际博览中心正式启程。

是月　《萧山新闻志》编纂工作正式启动，由萧山区记协负责组织实施。

10月7日　萧山广播电视台携手38家全国知名新媒体，由萧山广播电视台、“智慧萧山”、湘湖网精心策划推出“圆梦湘湖”全球、全景、全天候直播活动。

10月22—24日　中国报业小记者联盟成立大会暨“我眼中的G20”全国小记者采访活动在杭州国际博览中心举行，萧山日报承办。会上成立中国报业小记者联盟，萧山日报社任首届理事长单位。

11月10—11日　2016中国传媒融合发展年会暨第三届中国报业新媒体大会发布《中国报业新媒体影响力排行榜》，萧山日报位居县市级党报二十强榜单第一名。

是月　由萧山区旅游局主办，萧山广播电视台新媒体中心（“智慧萧山”、湘湖网）承办的“全国新媒体游萧山”大型采风行活动举行。

是月　国家新闻出版广电总局下发文件，同意杭州市萧山广播电视台“信息网络传播视听节目许可证”增项，面向手机等手持终端开展移动互联网视听节目服务，萧山广播电视台成为全国首批取得移动互联网视听节目许可证的区县台。

是月　瓜沥镇与浙江广播电视集团签署战略合作协议，被确定为浙江电视台新闻频道青年基层实践基地。

12月　萧山广播电视台新媒体中心（杭州萧山九天传媒有限公司）被认定为国家高新技术企业，萧山区重点扶持的高新技术企业。

是月　浙江风盛传媒股份有限公司中标杭州地铁1号线全线广告媒体，至此，地铁1号、2号、4号线三条线广告全部由浙江风盛传媒独家经营。

是年　萧山日报获2015—2016金长城传媒奖“中国十大地市区域报”称号。

是年　萧山日报组建成立“临浦新闻中心”，新增分众报《湘湖故事》《萧山工人》和大江东《投开之窗》等。

是年　萧山日报爱情微电影《情定金马》荣获首届中国报业短视频微电影大赛

"优秀微电影"奖。萧山日报摄影作品《延时湘湖》入围"第二季美丽浙江——微力无穷微电影(视频)大赛"。

2017年

1月7—9日　在第12届中国传媒大会上,萧山日报获"金长城传媒奖·2016中国十大地市区域报"荣誉称号。

1月19日　第七届跨湖桥文化节十项主体活动之一——"童星璀璨夜·花儿迎春来"2017萧山少儿迎春晚会在萧山广电中心举行。这是萧山广播电视台主办的首届少儿春晚。

1月28日　临江人民广播站正式开播。

是月　《萧山日报》启动党员订报工作取得明显成效,2017年发行量突破7万份。

是月　萧山日报与萧山区委统战部、区青年商会合作的《新萧商》杂志(复刊)登上蓝天,成为第一本在杭州萧山国际机场登上长龙航空航班的非航空类杂志。

是月　萧山日报与宁围镇合作的《宁围半月刊》正式创刊。

是月　《亚太集团报》推出微信、网站电子版。

3月18日　萧山广播电视台《萧山戏迷》频道开播。

4月　萧山日报与萧山团区委合作出版《萧然青年》杂志。

是月　浙江风盛传媒股份有限公司中标福州地铁语音广告经营权,实现跨省经营户外媒体。

6月9日　萧山日报和钱江世纪城管委会联手打造的《钱江世纪城报》创刊。

是月　在第七届中国互联网品牌大会上,萧山网获"2016—2017年度全国新媒体100强","2016—2017年度中国新闻网站最具公信力50强"称号。

8月　萧山广播电视台联合区委宣传部、区文化广电新闻出版局、区教育局推出萧山区首届诗词大会,全区中小学师生以及社会人士3000多人参与。

是月　萧山广播电视台拍摄完成两部公益微电影《钳赴后继》《凤凰山下》。

9月　萧山日报承办中国编辑学会报纸编辑专业委员会成立大会。

10月28日　萧山广播电视台"1079帮忙团"公益联盟成立。

11月18日　首届萧山人大会在杭州国际博览中心开幕。萧山日报、萧山广播电视台及其新媒体全力做好全媒体报道。

12月22日　萧报传媒与滨江(高新)区委宣传部正式签订合作协议,全面承接《天堂硅谷》报采编工作。

是月　萧山广播电视台官方微博粉丝总数达到410918人。"智慧萧山"App下载量已突破20万次，注册用户超过10万人。

是年　FM1079萧山人民广播电台入围2017声动中国年度融合创新影响力区县广播TOF20(排名第5)，栏目《城市零距离》入围2017声动中国年度融合创新全国区县广播栏目20佳。

是年　是年年底，萧山日报官方微博粉丝总数502168人，微信公众号订阅粉丝数15万人。萧山日报官方微信公众号、官方微博稳定在浙江地区纸媒微信排行榜、微博势力榜前十。萧山日报社“无线萧山”App用户数10万人以上。

2018年

1月　杭州日报报业集团决定，提名张剑秋任杭州萧山日报传媒有限公司董事长，主持萧山日报社工作。

4月　萧山网湘湖社区工作室被杭州市委宣传部评为2017年度杭州市社会舆情信息工作业绩突出单位。

6月　萧山日报旗下的萧山手机报短信版下线，微信版正式上线，并同步在喜马拉雅App上发布音频。

11月　“全国新媒萧山行”大型采风活动走进萧山，由区委宣传部、区委外宣办主办，区网络文化协会、“智慧萧山”手机门户、湘湖网承办。

12月24日　是日晚，萧山区改革开放40年最具影响力事件揭晓典礼在萧山广播电视台600平方米演播厅举行，由萧山广播电视台承办。促富大会开启萧山改革开放大幕、撤县设市和撤市设区、萧山乡镇企业基本完成转制、萧山工业冲千亿元、萧山经济技术开发区设立、鲁冠球成为中国民营企业家杰出典范、杭州萧山国际机场建成、圆梦湘湖全面完成、G20杭州峰会成功举办、萧山进入“亚运时间”共十件大事，被推选为萧山区改革开放40年最具影响力事件。萧山日报、萧山广播电视台及其新媒体进行重点报道。

第一编 报纸

概　述

中华民国时期萧山的报纸

根据文献资料记载，萧山开始有报刊，出现在20世纪20年代的民国时期。民国11年（1922年）11月27日，由徐白民主编的《责任》在萧山创刊，这是萧山早期宣传共产主义的报刊。民国18年，萧山第一份报纸——民国萧山县政府党部报纸《萧山日报》面世，周刊，从8月创刊到12月，《萧山日报》改名为《萧山民国日报》，4开4版，铅印，这是中华人民共和国成立前，萧山县出版时间最长、在萧山及周边地区颇有影响的官办报纸，社址设在仓桥国民党萧山县党部内。民国21年3月20日起，版面变更：第一版广告；第二版国内外紧要电讯；第三版本县新闻；第四版副刊。先后推出《一览亭》《窑烟》《湘湖》等专刊，稿件内容以反抗日本侵略东三省为主，具有进步影响，对调动全县人民掀起抗日救国热潮起到了积极作用。民国26年11月30日，侵华日军的飞机轰炸城厢镇，报社印刷所全被炸毁，报纸被迫停刊。此后，报社迁至义桥，出油印版10余天。同年12月23日，杭州被日军占领，时局趋紧，次日，《萧山民国日报》停刊。

民国26年12月23日，杭州沦陷。下年3月底，萧山县政府迁至河上店。4月，萧山县第一届抗日自卫委员会成立。该会即在河上店筹组萧山日报社，7月，作为全县的抗日报纸《萧山日报》出版，8开2版，日报，其经费由抗日自卫委员会拨给。民国28年6月，报社整顿改组，报纸由日出8开2版改为日出4开4版；并与《战时萧山》半月刊合并，在绍兴镜清寺51号设立《萧山日报》绍兴办事处，组稿、发行在萧山，编稿、印刷在绍兴（铅印），报纸和稿子由专人去江桥接送，由临浦至绍兴内河轮船带送。1940年1月21日，日军偷渡钱塘江。次日，县城沦陷，《萧山日报》休刊。同年5月，在河上店复印（油印版），日出8开2版，发行300余份，赠阅，由国民党县党部主办。油印版《萧山日报》出版至民国31年4月，日本侵略军流窜河上店前夕停刊。

中华民国时期，萧山出现中国共产党与各种进步组织报刊。早期宣传共产主义报刊《责任》就是典型代表。《责任》于民国11年11月27日创刊，周刊，4开8版。编辑部设在萧山坎山，发行部设在杭州皮市巷3号。由宣中华、唐公宪、徐白民、王贯三等人编辑，徐白民任主编。《责任》涉及的内容甚广，着重研究农民问题和教育问题。从事农村调查，反映农民的贫困生活，也经常就全国政局发表议论。《责任》现存1期至15期，第15期的出版日期为民国12年（1923年）3月19日。

中华民国时期，萧山还出现过不少具有进步倾向的民办报刊。比较典型的报刊有《民治日报》《萧山公报》《萧声报》《萧山民报》《萧山新闻》《浙东公报》《萧山县商报》《萧山时报》《萧山商报》《正义报》等十多种。其中，《民治日报》是萧山有报纸之始，也是萧山第一份民办报纸。《萧山公报》是萧山继《民治日报》之后的第二张民办报纸，报纸采用文言文，以广告和时事新闻为主，副刊以骈体文小品、艳情诗词、长篇传奇小说等趣味性文章为主。《浙东公报》是一份民办而受官僚资本贴补的报纸，得到“萧山引盐公所”（盐税承保商组合名称）的部分津贴，系资助性质。《萧山县商报》由萧山县商会出面申请登记，办报经费由胜源铜锡店、骆信昌山货行、合义和印刷所等老板、经理共10人筹集。《萧山新闻》创刊于民国36年10月10日，是中华人民共和国成立前萧山创办的最后一份报纸。

中华人民共和国成立后萧山的报纸

中华人民共和国成立后，根据形势发展需要，中共萧山县委、县政府高度重视新闻宣传工作，把办报纸作为宣传中国共产党的路线、方针、政策，加强舆论引导、开展思想教育和普及农业科技、卫生知识的重要工具。1954年12月，中共萧山县委作出关于“创办县委机关报——《萧山报》”的决定，经过紧张筹备，《萧山报》于12月11日创刊，从三日刊到隔日刊，至1958年5月30日，共出版382期。根据县委决定，1958年6月1日起，《萧山报》改出《萧山日报》，出版至1967年2月1日，2月2日停刊，共出版《萧山日报》901期。县委在改出《萧山日报》决定中，强调要做好报纸发行工作，要求农业社各生产小队，工厂各车间、生产小组，各机关科室，学校，商店都订阅《萧山日报》；农村干部、机关干部、工厂干部人人都订阅《萧山日报》。在该种情况下，《萧山日报》的发行最低稳定在5000份以上，最高达到5万多份。“文化大革命”时期，“造反派”办过《东方红》和《红色造反战报》两种没有刊号的报纸，主要宣传各自观点。

改革开放后，为满足经济社会发展和农村改革需要，中共萧山县委、县人民政府决定创办《萧山农科报》，将其作为推进科技改革，向农民普及农科知识、促进科学种田的一项重要举措。《萧山农科报》于1983年6月1日正式创刊，坚持群众办报的方针，面向农村，面向广大干部、社员，面向专业户、重点户，力求地方化、大众化、通俗化。办报任务是，宣传党对发展农业生产，搞好农业科技的方针、政策；介绍传播农业生产和经营管理以及医疗卫生、计划生育等方面的科学知识；总结交流和推广发展农、工、副各业生产的先进经验和现代技术，以提高农业经营效果，促进农村商品生产的发展。

1988年1月14日，萧山市政府向省新闻出版管理部门申请将《萧山农科报》变更为《萧山经济报》，并作为政府机关报，获得批准。1990年12月12日，中共萧山市委决定党委机关报《萧山报》复刊，并将《萧山经济报》更名为《萧山报》，1991年3月26日获得国家新闻出版署批复同意。《萧山报》历经4年的发展，从周一刊、周二刊、周三刊到周四刊，1995年起更名为《萧山日报》，后经多次改版，实现从黑白印刷到彩色印刷的日报。并在2003年全国报刊整顿中，成为被准予保留下来的全国39家县市报之一，于2004年1月加盟杭州日报报业集团，成为一家县市区域报。加盟杭报集团后，萧山日报经过多次改版扩版，始终坚持地方党报特色不变、服务于区委、区政府中心工作不变、服务萧山人民不变"三个不变"的定位，走出一条"权威立报、服务稳报、融合活报、转型强报"的新路子，真正成为全国一流的县市区域报。

2003年6月12日，浙江省人民政府新闻办公室发函同意《萧山日报》电子版更名为萧山网，标志着萧山日报拥抱互联网迈出了实质性一步。历经近十年发展，2012年1月4日起，萧山日报社开启全媒体运作模式，《萧山日报》每周版数由上年的92版增加到96版，报头增加萧山日报全媒体（XBM）标识图案，至此，报社集《萧山日报》、萧山网、萧山手机报、城市电视、户外阅报栏、萧山日报官微于一体的全媒体运营模式正式全新亮相，标志着萧山日报社由传统媒体迈向全媒体、传统报业迈向现代传媒的转型进入一个新阶段。2017年，萧山日报社出台"三年行动计划"，全力打造杭报集团铁军排头兵、创新先行者、改革试验田，通过打造政经信息平台、民生服务平台、公益活动平台、文化生活平台"四大平台"，实现精准化传播、精细化服务，形成以萧山区为主阵地，以大江东区域和滨江区域为"两翼"的"一心两翼"全媒体传播新格局。

受改革开放利好政策的影响，萧山各行各业快速发展，乡镇企业蓬勃兴起。萧山有些县级部门和国有企业、乡镇企业纷纷开始创办报纸。部门和行业先后办起的报纸有《萧山卫生报》《萧山文化报》《萧山文化宫报》《信息技术服务》《萧山储蓄》《萧山旅游》等；国有企业和乡镇企业办起的报纸有《今日杭齿报》《杭瓷工人》《杭二棉报》《萧麻工人报》《杭万工人报》《今日传化》《恒逸报》《开元旅业报》《亚太机电报》等。这些县级部门和国有企业、乡镇企业办报发挥了重要作用，一是扩大对外影响力，展示单位的新形象；二是宣传行业政策、行业知识和科学技术，传递行业信息，推动生产经营和产（商）品销售；三是宣传行业、部门、单位的工作目标、重要决策部署和具体措施，以及内部涌现出来的先进典型等，鼓舞员工士气，促进部门和企业自身健康发展。之后，一批行业报、企业报因各种原因，有的不断发展，有的自行停办。进入21世纪，特别是2010年以后，部分发展的企业报积极顺应互联网时代传媒变革新趋势，拥抱新媒体、发展新媒体，许多企业报推出了数字报以及微信、微博，实现了媒体传播格局的多样化。

第一章　中华人民共和国成立前萧山的报纸

第一节　官方报纸

一、民国县政府报纸等

《萧山日报》(1929)

民国18年(1929年),国民党萧山县党部呈报浙江省党部批准,原拟每周发行《萧山县党务周刊》。筹备就绪时,因县党部宣传部负责人陈功懋调离,由王德川接办,改周刊为《萧山日报》,于1929年8月创刊。社长高明(又名高济生),副社长1人,编辑、记者、经理、营业员等6人。报纸系4开4版,铅印,发行500份左右。社址设在仓桥国民党萧山县党部内。

《萧山民国日报》(1929—1937)

民国18年12月,《萧山日报》改名为《萧山民国日报》,这是中华人民共和国成立前,萧山县出版时间最长的官办报纸,社址设在仓桥国民党萧山县党部内。

《萧山民国日报》为4开4版,铅印。第一版、第四版和中缝刊登广告及副刊《湘湖》,第二版、第三版为国内外时事和该县新闻。民国21年3月20日起,版面变更为:第一版广告;第二版国内外紧要电讯;第三版该县新闻;第四版副刊,先后推出《一览亭》《窑烟》《湘湖》等专刊。稿件内容以反抗日本侵略东三省为主。从民国23年元旦起,扩充篇幅为对开4版大报,增辟《法律常识》《民众医药》《民众文艺》等专栏。报价相应由原来每份1分,每月3角,提高到每份1分4厘,每月4角。同年8月30日出版的164号存报表明,是年又恢复4开4版,报价也相应降低。从民国25年4月21日起,扩充为4开6版;民国26年1月起,又恢复为4开4版。民国20年3月以后,《萧山民国日报》报头先后用过蔡元培、于右任手迹。民国25年4月,报社社址迁入县农会即江寺隔壁。报纸原由萧山合义和印刷所承印,民国22年始由报社自办印刷所印刷。

民国26年11月30日,侵华日机轰炸城厢镇,报社印刷所全被炸毁,报纸被迫停刊。此后,报社迁至义桥,出油印版10余天。是年12月23日,杭州被日军占领,时局趋紧,次日,《萧山民国日报》停刊。

历任社长为王德川、许涛、严录野、陈乐欢、杨介一、柴绍武、丁鹤、来镜人等。有编辑、记者、营业员等10人左右。报纸发行量500份至900份。

《萧山日报》(1938—1942)

该报为抗日战争时期创办的官办县报。创刊前,即民国26年(1937年)12月23日杭州沦陷,萧山县政府于下年3月底迁至河上店。4月,萧山县第一届抗日自卫委员会成立。该会即在河上店筹组萧山日报社,7月,《萧山日报》出版。社长由沈信真兼任。同年12月,沈调镇海,即由程子香任社长,另有副社长1人,编辑、记者、营业员等6人。经费由抗日自卫委员会拨给。

《萧山日报》为8开2版,日报。9月,报社随县政府迁回县城。因迁移社址,筹备印刷需要时间,这段时间每日仅发行号外,于10月1日正常出版。迁回县城后,社址先后设在城区东门外车家埭和东门藕湖浜等地。民国28年6月,报社整顿改组,社长由县抗日自卫委员会教育组副主任钏伟铎兼任,人员增至10人,报纸由日出8开2版改为日出4开4版;并与《战时萧山》半月刊合并,在绍兴镜清寺51号设立《萧山日报》绍兴办事处,组稿、发行在萧山,编稿、印刷在绍兴(铅印),报纸和稿子由专人去江桥接送,由临浦至绍兴内河轮船带送。《战时萧山》半月刊从第五期起以萧山日报社名义发行。民国29年1月21日,日军偷渡钱塘江。次日,县城沦陷,《萧山日报》休刊。同年5月,在河上店复印(油印版),日出8开2版,发行300余份,赠阅,不设社长,有编辑、刻印等4人。油印版《萧山日报》出版至民国31年4月,日本侵略军流窜河上店前夕停刊。

《萧山日报》(1947—1949)

民国35年《新生日报》停刊后,国民党萧山县党部要办《湘湖日报》,三民主义青年团萧山分团筹备处要办《政治周刊》。后由原《新生日报》编辑庞渔光出面调解,双方合办《萧山日报》,于民国36年元旦创刊。该报在新闻登记时的政治关系填明:国民党萧山县党部和三民主义青年团萧山分团筹备处。由庞渔光任社长,韩耀邦为副社长。另有编辑、记者、缮写、营业员等5人。社址开始设在城区米市街,3月中旬迁入江寺,后迁至水亭址12号。

《萧山日报》始出4开单面2版,后改出8开2版,日报。以该县新闻为主,宣扬所谓"戡乱"等内战言论,刊登县政府《县政公报》。副刊有《湘湖》《风月无边》《萧山妇女》。前期广告约占一半,后期广告费上涨至每行40字,每天每行7万元,广告有所减少。民国37年9月,在河上、闻堰、义盛分别设立"萧南""萧西""萧东"三个办事处,兜揽广告等业务;因未见成效,下年3月撤销。后期报价零售涨至每份2万元,每月30万元,外加邮费。发行1000份左右。该报出版至民国38年5月,萧山解放后,由军管会接管，出版十余期后停刊。

二、萧山早期进步组织报刊

《责任》(1922—约1923)

民国11年(1922年)11月27日创刊，周刊，4开8版。编辑部设在萧山坎山，发行部设在杭州皮市巷3号。由宣中华、唐公宪、徐白民、王贯三等人编辑，徐白民主编。

民国8年至民国9年发生在浙江省立第一师范学校的学潮过去后，宣中华、唐公宪、王贯三、徐白民等人受沈定一(玄庐)的邀请，于民国10年4月到沈的家乡萧山衙前农村小学校和坎山继志小学任教师，并和沈定一一起从事农民运动。以"任社"名义，创办出版《责任》。

《责任》涉及内容甚广，着重研究农民问题和教育问题。从事农村调查，反映农民的贫困生活。《责任》也经常就全国政局发表议论。在第9期上，宣中华发表《杀宣统》一文，引起北洋政府的恐慌，急函浙江省长，饬令取缔该刊，传讯主编。主编徐白民被拘押一个月后被迫离开萧山。

经常为《责任》撰稿的有沈定一、刘大白、经亨颐、宣中华、唐公宪、钱义璋、王贯三等，译稿都出自金佛庄之手。《责任》现存1期至15期，第15期的出版日期为民国12年3月19日。

第二节 民办报纸

《民治日报》(1927)

创刊于民国16年夏。是萧山有报纸之始，也是萧山第一份民办报纸。发行人丁克治(又名丁阿汀)。有编辑、记者、营业员等6人。因丁克治与当时浙江军事厅长周凤岐曾是同事，所以办报时得到周凤岐的经济资助。报纸以老5号铅字排印，创刊号曾出对开4版大报，后出4开4版日报，发行约500份。版面以广告和地方黄色新闻为主，并有副刊。社址在城区大弄口。因报社内部意见分歧，出版仅10余日即休刊。停顿数月，经改组，另聘总编辑，于10月下旬继续出版。该报出版约3个月后停刊。

《萧山公报》(1927—1928)

是萧山继《民治日报》之后的第二份民办报纸。民国16年11月创刊，由韩天啸(又名韩百溪)创办，为中华人民共和国成立前出版时间最长的民办报纸。韩自任社长兼总编辑，另有副社长1人，编辑、记者等3人。社址设在城区西河路郁家弄社长家中，报纸发行业务也由社长家人帮做。该报为4开4版日报，以4号及老5号字铅字排印,由杭州宏文印刷所代印,发行500份左右。报纸采用文言文,以广告和时事新闻为主,副刊以骈体文小品、艳情诗词、长篇传奇小说等趣味性文章为主。因经费不足,后期时出时停。到民国17年年底,因财力不支而停刊。

《萧声报》(1928)

民国17年(1928年)年初,由蔡燕飞等组织创办。汤冷秋任总编辑。另有编辑、记者、营业员等5人。报纸为8开2版,3日刊。内容以宣扬色情为主。仅出版3期即停刊。

《萧山民报》(1933)

民国22年2月25日呈请登记,同年3月初创刊,为民办报纸。发行人余新民。有编辑、记者、营业员等5人。报纸由杭州新民印刷所承印,该所同时承印《杭州报》,故《萧山民报》之国内新闻电讯版,用《杭州报》印过铅板翻印。社址在城区车里王14号。4开2版,铅印日报。版面安排:第一版广告;第二版国内时事和本县新闻及副刊《松风》。发行400多份,每份报价1分,每月大洋3角。后因经费入不敷出,两个多月后停刊。

《萧山新闻》(1933)

民国22年5月7日呈请登记,6月1日创刊。社址在城区车里王14号。由翟伟民创办的一张民办报纸。有编辑、记者、营业员等4人。先后由杭州立本、新民两家印刷所承印。发行400多份,报价每月3角。4开4版,铅印日报。平均每天有两版广告;第二版国内时事(以别报用过的铅字版移用);第三版县内新闻,每天有《萧光》副刊。约至是年9月,因报费拖欠多,经费支绌而停刊。

《浙东公报》(1933)

创刊于民国22年上半年。是一份民办而受官僚资本贴补的报纸。社址设在东旸桥下街。发行人徐钟豪(又名徐介仙),总编辑蔡尔文。另有编辑、记者、营业员等4人。因徐钟豪当时兼任商办盐警所(引盐公所设置的缉私盐机构)的教练员,所以《浙东公报》得到"萧山引盐公所"(盐税承保商组合名称)的部分津贴,系资助性质,不负责经营任务。报纸在杭州印刷,4开4版,铅印。先3日刊,后出日报。第一版、第四版为广告和副刊《银光》《民间文艺》;第二版国内新闻;第三版本县新闻。每份报价1分,每月大洋3角,发行300余份。出版半年左右,因津贴终止而停刊。

《萧山县商报》(1933—1934)

《萧山县商报》创刊于民国22年10月10日。由萧山县商会出面申请登记,国民党中央宣传部和国民政府内政部分别发给登记证。办报经费由胜源铜锡店、骆信昌山货行、合义和印刷所等老板、经理共10人,每人出资50元,共筹集500元。社长章达庵。另有副社长、编辑、记者、营业员等6人左右。社址设在萧山县商会内。报纸由萧山合义和印刷所承印,4开4版,铅印日报。报价每份1分,每月3角。发行1000份左右,主要对象为全县各商户。版面安排:第一版、第四版和中缝为广告,其中半版副刊《儿童周刊》《花坞》等;第二版国内外时事;第三版省内新闻和《商情》专栏。该报在当时的民办报纸中,虽然经营情况比较好,终因500元资金补贴完后,多数老板拒不筹款津贴,拖欠的印刷费无力偿还,于民国23年(1934年)秋季停刊,出版仅10个月。

《萧山时报》(1936)

民国25年6月创刊。社长来祖余,编辑、记者、营业员3人。社址在城区市心桥上街26号。报纸由杭州新民印刷所承印,4开4版,铅印日报。版面安排:第一版、第四版广告;第二版、第三版国内时事和地方新闻,以及综合性文艺副刊《山阴道》。时事电讯和本省新闻由《杭州报》铅印翻印。报纸经费全靠广告和报费两项收入。报纸发行三四百份。终因入不敷出,无力维持,出版4个月后停刊。

《萧山商报》(1937)

民国26年4月创刊。发行人陈润生。有编辑、记者、营业员等4人。社址在城区米市街17号。4开4版,铅印日报。报价1分,每月3角,发行500多份。报纸版面安排:第一版、第四版广告和副刊《西山》;第三版、第四版国内外时事和本县新闻,辟有《商情》专栏。因人事变动和亏蚀过多,出版3个月后停刊。

《正义报》(1946—1947)

民国35年1月18日创刊,是抗日战争胜利后萧山县最早的民办报纸。创办人傅剑雄。有社长、编辑、记者、总务等5人。社址在城区东门外车家埭。报纸为8开2版,5日刊,始由杭州东南日报社铅印,后回萧山石印。报纸除揭露汉奸罪行外,还宣传"二五"减租。报价每份50元,发行400多份。因经费入不敷出,不能按期出版,时出时停,后变成不定期的报纸,有时只出8开版单面。先后出版一年左右,因经费困难而停刊。

《新生日报》(1946)

民国35年2月26日创刊。社址在城区水亭址12号。发行人王响泠。有编辑、记者、营业员等4人。开始在杭州铅印,6月6日起改由萧山出石印版。8开2版,隔日刊,每份报价50元。报纸版面主要内容有地方新闻、广告和副刊《子午线》,还开辟了由萧山县政府秘书室编写的《县政公报》专栏。每期发行200多份。至是年年底,因经费收不起,经费支绌,印刷费积欠3个月交不出而停刊。

《萧山新闻》(1947—1948)

创刊于民国36年10月10日,是中华人民共和国成立前萧山创办的最后一份报纸。发行人韩蔚林。有主编、编辑5人左右。社址设在东旸桥下街。报纸由绍兴民国日报社铅印，日出4开4版（星期天为8开版）。以刊登地方新闻为主，有国内外时事电讯版，副刊《田野畈》，一版广告。长行广告52个字，每行1万元，两行起登。报价每份800元。报纸发行虽有500份左右，由于无固定订户，亏蚀过多，依靠副社长曹舜的关系从银行贷款解决经费。后因报费和广告收入不敷支出，经济拮据，仅出版3个月就停刊。

中华民国时期（1922—1949）萧山地区报刊一览表

表1-1

报刊名称	创刊日期	负责人	社址	刊期	备注
责任	民国11年（1922年）11月27日	徐白民	萧山坎山	周	约1923年停刊
民治日报	民国16年（1927年）6月21日	丁克治	萧山大弄口	日	
萧山公报	民国16年（1927年）11月	韩天啸	萧山西河路郁家弄	日	
萧声报	民国17年（1928年）初	蔡燕飞 汤冷秋	萧山城内	3日	仅出3期
萧山日报	民国18年（1929年）8月23日	高　明	萧山仓桥县党部内	日	民国18年12月改《萧山民国日报》
萧山民国日报	民国18年（1929年）12月	王德川 许　焘	萧山仓桥县党部内	日	民国26年12月24日停刊
萧山新闻	民国22年（1933年）6月1日	翟伟民	萧山车里王14号	日	民国22年9月停刊
萧山民报	民国22年（1933年）3月	余新民	萧山车里王14号	日	
浙东公报	民国22年（1933年）初	徐介仙	萧山东旸桥下街	3日	
萧山县商报	民国22年（1933年）10月	章达庵	萧山县商会	日	
萧山时报	民国25年（1936年）6月	来祖余	萧山市心桥上街26号	日	

续表1-1

报刊名称	创刊日期	负责人	社址	刊期	备注
萧山商报	民国26年(1937年)4月	陈润生	城区米市街17号	日	出版3个月后停刊
萧山日报	民国27年(1938年)7月	沈信真 程子香	萧山河上店	日	民国31年4月停刊
正义报	民国35年(1946年)1月18日	傅剑雄	萧山东门外车家埭	5日	后为不定期刊
新生日报	民国35年(1946年)2月26日	王响泠	水亭址12号	双日	民国35年底停刊
萧山日报	民国36年(1947年)1月1日	庞裕光 韩耀邦	萧山米市街	双日	1949年5月停刊
萧山新闻	民国36年(1947年)10月10日	韩蔚林 曹　舜	萧山东旸桥下街	日	

第二章 中华人民共和国成立后的萧山地方党报和区域报

第一节 状况

一、发展历程

《萧山日报》从1954年创办至2018年年末，共有65年的历史，主要分为四个阶段：解放初期（20世纪50年代）的《萧山报》和《萧山日报》；改革开放初期（20世纪80年代）的《萧山农科报》和《萧山经济报》；全面深化改革时期（20世纪90年代初至2003年）的《萧山报》和《萧山日报》；加入杭州日报报业集团后（2004—2018年）的《萧山日报》。

报纸的版面顺应时代与形势的要求不断变化，报型由八开改为四开、对开；版面由二版扩为四版、六版、八版、十二版、二十版、二十四版。报纸由单色到套色，2000年7月1日起出彩报。

出版周期由旬报缩短为周报、五日报、三日报、两日报，至1996年起正式改出日报，2016年改周七报为周六报。

1999年9月29日开设萧山日报电子版，成为全省地县两级新闻媒体中，首家拥有每日更新的电子版报纸。2007年7月10日，萧山日报多媒体数字报正式上线，实现萧山日报的无界限发行和无障碍阅读，《萧山日报》的受众面更为广泛。

2003年12月31日，《萧山日报》正式加盟杭州日报报业集团。《萧山日报》开始由地方党报向市场化的区域主流报纸转型，虽然开启新的征程，翻开新的一页，谱写着新的篇章，但“始终坚持三个不变”的定位，即始终坚持党报性质不变，始终坚持服务于萧山区委、区政府中心工作不变，始终坚持服务于萧山读者和受众不变。

二、事业建设

《萧山报》创刊于1954年，正值我国第一个五年建设计划的初期，当时萧山的经济和社会发展事业刚开始起步，《萧山报》的办报条件艰苦，办公用房简陋。

中共十一届三中全会后，随着经济的发展和人民生活水平的不断提高，办报条件得到逐步改善，由创刊时的八开二版五日刊的《萧山报》，发展为对开全彩、天天彩印的《萧山日报》。2013年每周版面达到108个（不含月刊、增刊），2016年调整为对开全彩、周六刊，每周88版。截至2017年年末，萧山日报社已经形成以纸质媒体、网络媒体、移动媒体、户外媒体、数字电视媒体共"五大传媒"为主体，《萧山日报》、萧山网（手机萧山网）、萧山手机报、无线萧山App、官方微博、微信公众号、城市电视、户外阅报栏、"萧山发布"（政务微博、微信）共"九大端口"为发布平台的全媒体集群和以纸媒经营为基础型产业，以新媒体经营为创新型产业，以教育培训、房产电商、资本管理、会展文创、发行配送、养老护理等多元经营为成长型产业的"三位一体"传媒产业体系。

报社办公用房，由最先借用的20余平方米一间办公室，发展为报社自己拥有建筑面积6800平方米的一座多层大楼；采编人员的装备从笔和本子发展到电脑、数码相机、智能手机、新闻卫星直播车、视频直播设备等，采编实现无纸化。

1.报社办公用房

《萧山报》《萧山日报》作为萧山最主要的新闻单位之一，其办公条件随着萧山经济和社会各项事业的发展而逐步改善。

1954年《萧山报》筹备阶段，报社办公室只是县委原两层红砖房底层西边的一间办公室。到报纸创刊时，搬至城厢镇何家弄3号（现为直石板弄33号）办公，那里原是一户楼房住家的一间底屋。1957年4月，随县委迁至北药桥县委新办公楼（现为人民路49号）。1958年3月27日，县委为便于报社工作人员深入农村，更迅速地报道农业生产情况，报社一度搬至浦南乡横一村。由于交通不便，通讯员投送稿件困难，农村没有印报设备，要送萧山或杭州印刷，不能保证报纸的及时印刷与投递，一周后，又搬回原址办公。

1959年县级机关办公用房作出调整，报社搬至县委红砖房底层办公，计办公室两间，至1961年2月停刊。

1983年《萧山农科报》创刊，当时该报由县科委主管，报社办公室设在体育路县科委办公楼内。

1988年《萧山经济报》创刊，该报由县人民政府主办，报纸版面有所扩充，联系工作的人员与范围不断扩大，工作人员随之增加，原科委办公楼容纳不了，先向萧山剧院租用顶层办公室两间，后工作开展仍有困难，又向体育路小学租用四间房子作办公室。但由于一个报社分作三处办公，不仅内部联系工作不便，也给来访来电群众带来不少麻烦和困难。

1991年《萧山报》复刊时，为较好地解决萧山报的办公楼，市委通过行政事务管理局，调拨人民路144号一座临街一层半办公楼作为报社办公楼。

1995年元旦起,《萧山日报》复刊。为进一步解决报社办公用房困难,从1997年起市政府将该办公楼三层全部调拨给萧山日报社使用。1999年起《萧山日报》改刊为对开大报,随着报纸事业的发展,到2000年年末,萧山日报社发展为年广告收入850万元,印刷厂营业额1168万元,日发行量达3万份的规模。由于事业的发展,人员的增加,又带来办公用房与设备的不敷应用,阻碍了事业的继续发展。经过市委、市政府批准,报社于2001年斥资2980万元,向萧山经济技术开发区管委会购入位于城河街88号办公大楼1座。该办公楼占地面积1600平方米,建筑面积6800平方米。

经过装修、粉饰,更新部分设备后,于2001年11月18日正式搬入新大楼。

2005年10月29日,设在报社大楼底层的读者服务中心、广告接待中心建成启用。

2006年,报社安排专门资金,对报社大楼进行装修,重新配备采访和办公用具,出台《办公场所管理规定》,营造舒适的工作氛围。

2008年,原萧山日报印刷厂从报社三楼迁出后,对三楼进行装修,使采访中心热线工作室和发行中心的办公条件得到改善。

2011年5月底,对报社大楼进行改造。报社大楼装修改造工程经过6个多月,于12月2日通过竣工验收。该工程的完工,使萧山日报社大楼面貌焕然一新,外形更加美观,设施更加齐全,功能更加完善,使用更加安全。员工办公环境明显改善,为萧山日报社"十二五"发展创造良好的物质条件。投资300万元,搭建全媒体采编平台,为全媒体建设打下技术设施基础。

2014年9月1日,经过半年时间的筹备,全媒体中央控制室正式启用。全媒体中央控制室位于大楼六楼东面,面积95平方米,内设萧山日报、萧山网、无线萧山、城市电视、萧山手机报(湘湖手机报)、萧山发布(政务微博)、萧山日报官方微博、萧山日报微信公众号、户外阅报栏电子屏共9大端口、24个专用席位。所有信息资源通过中控室整合,并根据各媒体特性进行差异化编辑,按照发布顺序规定的各个层级进行信息发布。

2015年12月24日,地处萧山钱江世纪城启动区块的萧山文创大厦开工建设,除明确萧山日报系传媒企业入驻外,还计划引进杭州品牌文化传媒企业,并将成为创业型新文创传媒企业的孵化平台,全力打造媒体融合发展的杭州传媒谷。2018年年底,萧山文创大厦进入装修阶段。

2.采编设备

20世纪50年代《萧山报》与《萧山日报》创办时期,物质条件很差。萧山境内,能通火车、汽车、轮船的乡镇很少,报社没有自行车,记者外出采访,除通车船者外,都靠步行。早出晚归,十分辛苦,写稿编稿,只能靠晚上。同时,记者外出采访,只有一支笔、一个本子，就凭口问、笔录、心记，回报社再整理成文。

初期的报纸，几乎不见图片，原因是报社没有照相机等采访设备。当有特殊需要时，才向人民法院借用一架6×6照相机。

报社当时最先进的设备是墨尔司收发报机。中央重要文件与人民日报重要社论，篇幅一般均较长，工作人员长时间收录，容易疲劳出错。

进入90年代，《萧山报》与《萧山日报》先后复刊，报社条件逐步改善。

1996年，报社为每位采访记者配备采访用录音机1架。

1997年5月26日，报社为专职摄影记者配备专业照相机，为每位采访人员配备1架普通相机。

1997年下半年，报社给全体采编人员在办公室各配备1台电脑的基础上，又以“报社出大头，个人出小头”的办法，为每位采编人员各配备家用电脑1台，以实现“全天候”使用电脑。

1998年10月24日，报社安装“方正”新闻采编系统，建立内部局域网。2000年1月，报社同意网络部购置笔记本网卡、IBM166计算机升级配件和光盘刻录机。

2002年1月，报社同意广告部添置传真机1台，MO磁盘若干张。

2002年6月，为加快电子智能化进程，适应媒体竞争需要，决定为每位采编人员配备笔记本电脑。

2002年9月至11月，总编办公会议决定对报社采编系统进行升级，具体为：一是采编文韬系统由50用户升为75用户；一是采编软件升级。

2003年，报社给全体采编人员各配备数码采访机一架，5年折旧。非采编人员，配备到部办公室。

2004年，报社给全体采编人员各配备数码相机一架，5年折旧。非采编人员，配备到部办公室。

2005年，广告部苹果电脑全部更换成PC机。对责任编辑的排版电脑进行更新，安装飞腾4.1集成排版软件，并对原有的排版软件进行升级。

2008年，萧山日报社进行网络改造。网络主干由百兆超五类电缆升级为千兆光纤，更新升级网络交换机。

2011年，萧山日报社大楼重新装修。全新机房，重新部署网络设备、服务器、存储、交换机、防火墙、行为管理等硬件设备，使用北大方正全媒体软件1.0。

2011年，编辑、记者及相关工作人员使用超过五年的笔记本电脑全部更新。

2011年，萧山日报社新闻卫星直播车总投入约200万元。经过专业化改装的直播车配备多台索尼摄像机、切换台、卫星直播、笔记本电脑等设备。

2012年1月，给每一位员工配备iPhone手机，作为萧山日报全媒体移动采编工具之一，并配套相应的考核办法。部分编辑记者及相关工作人员使用超过五年的笔记本电脑全部更新。

2013年，升级更新黑马校对多机版软件30用户。

2014年，萧山日报社六楼设立中控室，投入10余万元。设立席位24个，每个席位配备电脑。中控室投入电视机2台、投影机3台等设备。

2016年，萧山日报社投入10万元采购视频直播设备。

2017年，萧山日报社下属大江东公司进行网络改造。

3.电子版与新闻网站

《萧山日报》的电子版工作起始于1997年，至1999年3月建立较为完善的局域网，同时开始着手因特网网站的筹建。

1999年5月8日，中宣部要求党报加快上网步伐，报社经向有关领导请示，积极落实，选调专门人员采取有力措施，推进上网工作。经过精心准备，于1999年9月28日开通萧山日报电子版，域名为xsdaily.com.cn和xsdaily.com 。截至是月，该报网站是浙江省所有党报中的第二家(第一家为浙江日报)每日按时更新新闻内容的网站，是除浙江日报以外，首家较为规范的党报新闻网站。该网站一经开出，各方反映热烈。9月29日，杭州市委常委、萧山市委书记史久武专门题写贺词；第二日，杭州市新闻出版局发来贺电；是日，浙江日报电子版为该报电子版提供了首页链接。与此同时，杭州日报有关人员也到该报作专题考察；嘉兴日报总编率有关技术人员到该报考察上网组织、经费、技术等情况；省内各兄弟县市党报，接连派员前去考察学习。全国核心期刊《中国记者》《新闻实践》、杭州市记协刊物《新闻纵横》，相继发表关于萧山日报建立网站的有关情况的专题文章。

为便于管理和维护，提高浏览速度，萧山日报电子版的发布服务器由萧山电信局托管。

萧山日报电子版的新闻内容局限于该报的见报内容，并且设立专门机构负责电子版工作，同时严格稿件管理审查制度，以确保作为党报组成部分的萧山日报电子版同样具有新闻的权威性和准确性。

2001年1月21日，省人民政府新闻办公室批复杭州市新闻办《关于萧山日报电子版上国际互联网的请示》，经省委宣传部批复同意。

附：

省政府新闻办"关于萧山日报电子版上国际互联网"的批复

一、同意《萧山日报》以自有版面内容为基础制成网页，通过"浙江在线"网站进入国际互联网开展网络新闻宣传。请你办按照有关政策、法规，认真指导其做好网上新闻宣传工作。

二、网络新闻宣传要坚持正确的舆论导向，要严格遵守党的新闻宣传纪律，严格执行国家《互联网站从事登载新闻业务管理暂行规定》和保密规定。不得转发国外及港、澳、台媒体发布的新闻；不得制作和编发国家明文禁止的有害信息；未经批准不得到海外注册，不得链接境外站点。对重大突发性事件的网上新闻宣传，必须严格执行请示报告制度。

三、萧山日报社要重视网络新闻宣传工作的队伍和制度建设，建立健全网络新闻编发审核、把关制度和工作人员岗位责任制等必要的内部管理制度，保证网络新闻工作健康有序地进行。

四、《萧山日报》网页开通后，要在首页显著位置标明批准机关和批准文号，与"中国浙江"网站等省级重点新闻宣传网站和中央外宣办中国国际互联网络新闻中心网站进行链接。要支持全省新闻数据库的建设工作，将每天发布的网页内容同时发送至"中国浙江"网站入库。

五、每年底，要认真总结年度网络新闻宣传工作情况，并填写基本情况登记表（内容同国务院新闻办公室制发的申请表），以书面形式上报省人民政府新闻办公室。

自1999年9月开通以后，萧山日报电子版每天更新新闻100多条，并配合萧山日报制作大量的专题，日访问量达到5000次左右，有了较大的社会影响。从2001年1月起，《萧山日报》直接将网站建在浙江省最大的网站"浙江在线"平台上，充分利用"浙江在线"强大的技术和信息资源，使网站运行更加安全、经济、顺畅，点击率也大大提高。2002年12月，省委外宣办对萧山日报电子版进行年检，被评为基本合格。

根据萧山经济和社会各项事业发展的情况，报社认为有必要将萧山日报电子版升级为综合性新闻网页，并要求更名为萧山网。2003年6月12日，省人民政府新闻办公室同意萧山日报电子版更名为萧山网。

2004年6月，萧山网进行市场化运作。萧山日报社与杭州沈氏化纤有限公司、杭州萧山广联信息网络有限公司合作发起成立杭州萧山网络传媒有限公司。公司注册资金300万元，萧山日报出资153万元。8月3日，杭州萧山网络传媒有限公司（筹）召开第一次股东大会。大会通过公司章程，选举公司董事和监事，任命总经理。萧山日报社长、总编孙焕林任董事长，网络部主任楼忠兵任总经理。10月27—31日，萧山网首次对在萧山举办的世界杯乒乓球赛进行现场直播，每天吸引上万名网民点击浏览。

2005年1月18日，萧山区第四媒体——萧山网正式开通，同时宣告杭州萧山网络传媒有限公司成立。萧山网是萧山区唯一一家具有新闻发布权的综合性门户网站，由萧山区委宣传部、萧山日报社、萧山广播电视局、杭州沈氏化纤有限公司联合打造。公司按照市场机制运作，以资本为纽带，实行独立核算、自主经营、自负盈亏。

4.报社印刷厂

20世纪50年代中期，《萧山报》与《萧山日报》初创时期，萧山当地仅一家私营印刷小厂，报纸的印刷问题无法解决。后经与浙江日报印刷厂协商，同意由该厂承印。

《萧山报》起初是五日刊。当时商定：每次出报，第三日须将全部稿件送印刷厂，经印刷厂发排与初校，第四日由责编带去时事新闻类稿件并终校，然后签字付印。有时大雪封渡，冰冻断路，舟车不通，责编只能肩扛报纸，徒步返萧山。

1958年4月15日起，改出《萧山日报》，必须在当地解决印刷问题。为解决萧山日报的及时印刷问题，经县委、县政府批准，将经公私合营后的萧山印刷厂，改办为萧山日报印刷厂。印刷及时问题虽可解决，印刷质量却难以符合要求。当时是铅字手植，差错率较高；铅字未必完备，所缺之字，难以去杭州浇制，必须临时刻制，字体较为杂乱。《萧山报》与《萧山日报》的印刷质量相对低下。

1983年《萧山农科报》创刊时，其印刷问题又被提到议事日程。经与萧山印刷厂协商，暂由该厂承印。由于《萧山农科报》发行量大，而萧山印刷厂设备陈旧，印刷速度慢，无法及时交报，从1984年起，改由杭州日报印刷厂承印。

此后，《萧山经济报》创刊，《萧山报》复刊，报纸均由杭州日报印刷厂承印。

1993年起，《萧山报》改出周三报。报社编辑难以三天两头跑杭州日报印刷厂，请萧山文联印刷厂承印。

1994年3月21日，市委常委会作出要创造条件将萧山报办成萧山日报的指示。为保证扩版的报纸正常出版，报社经请示有关领导同意，将萧山报承印单位——萧山文联印刷厂买入为萧山报所属企业，独立核算，自负盈亏。

当时的有关经费包括购买文联印刷厂的经费有转让费、职工遗留问题经费、归还市文联投资款，承印《萧山日报》必须添置的印刷设备，以及出版发行费用，三项共需投资176.5万元。为此，5月15日，报社向市政府提出自筹、拨款、贷款“三结合”的解决办法。

萧山日报社接管萧山文联印刷厂时，印刷厂有固定资产原值30万元，印刷厂靠自我积累发展，至2003年年底，固定资产原值达334万元。

除印刷厂自我积累发展外，萧山日报社为发展需要，自行购买彩色报纸轮转印刷机等设备供印刷厂使用,总投入达310余万元。

萧山日报印刷厂以承印萧山日报为主业,同时承接社会业务,其中大宗为书籍和刊物印刷。年产值逐年递增,1994年为17万元,之后的1998年即为760万元,1999年为1030万元,2000年为1168万元,2001年为1300万元,2002年为1300万元。

2003年,印刷厂承印国内10余家出版社的书籍256种计86万余册,承印刊物29种计152万册。浙江省内主要文学、文化刊物《江南》《西湖》《浙江文化月刊》《浙江作家》《杭州作家》等均在该厂印刷。另外,印刷厂还承印省内机关、学校、企事业单位的内部报纸85种,是年实现产值1275万元。印刷厂的厂房、仓库及办公用房,分别向驻萧某部队和萧山日报社租用。

至2003年年底,印刷厂有不同类型的职工58人。

萧山日报加盟杭州日报后,萧山日报印刷厂仍为萧山所属的集体企业。主要印报及出片设备归属萧山日报所有,印刷厂自有的5台印刷设备,其中1台轮转印刷机已属报废状态,闲置6年不运转,而另外3台01机虽在运转,但属于新闻出版总署明令在2003年必须淘汰的设备。印刷厂设备落后、数量少,且又是无主管单位的集体所有制企业,无投资主体,造成企业"造血功能"日益弱化。同时,印刷厂的业务也有了很大的不确定性。因此,必须通过改制来形成体制创新的先发优势,不断开拓市场,做大做强企业,取得二次创业的新胜利。

为了适应新形势,促使企业真正走向市场,赢得新一轮发展主动权,2004年4月,萧山日报印刷厂启动改制工作,区政府、区委宣传部和杭报集团领导十分重视该项工作。区领导在批示中要求"注意稳定和规范操作"。5月25日和6月22日,区委常委、宣传部部长汪柏遂先后两次主持召开由有关部门领导参加的协调会,对印刷厂改制提出具体意见,要求改制工作一定要遵循"公开、公平、公正"原则,规范操作,做细做好。杭报集团领导也多次指示,要认真开展好改制工作,特别是要做好平稳过渡,保持职工队伍的稳定。区政府办公室、区体改办、区劳动和社会保障局、区财政局、区人事局领导,多次到报社指导改制工作,为改制工作的顺利实施提供可靠的保证。

企业改制是一项政策性极强、具体操作要求很高的工作。改制的成功与否,是直接关系到企业的生存和发展,关系到萧山日报能否正常出版的大问题。为此,报社成立改制工作领导小组,社长、总编孙焕林担任组长,形成"一把手"亲自负责,切实抓好各项改制工作的局面。为做好职工的思想工作,使广大职工真正认识到改制的重要性,认识到通过改制,明晰产权,有利于进一步增强企业活力,有利于提高企业的市场竞争力,从而促进企业快速、健康发展,报社领导与10多位职工代表进行谈话交流,听取他们对改制工作的建议和意见。7月4日,专门召开全体职工大会,对改制方案进行审议。为了解决职工的后顾之忧,报社确定两个重要的前置条件,一是为确保报纸印刷正常有序进行,印刷厂的受让者3年内不得转让该厂资产;二是新组建的企业,对现有职工原则上全部留用,并签订不少于2年的劳动合同。行之有效的思想工作,配以实实在在的措施,使印刷厂的改制工作得到全体职工的热情支持。为盘清家底,报社邀请资产评估机构对印刷厂资产进行评估,并经国资部门核准;按照有关规定程序,对印刷厂产权采取公开竞拍方式进行转让,明确2人(含)以上竞拍的,以有底价的竞拍方式进行,只有1人竞拍的,按起价公开协议转让。对于竞拍条件、转让政策等实行张榜公布,接受监督;对于关系到职工切身利益的经济补偿金和补偿工龄问题,报社坚持按劳动法和区政府有关文件执行,对职工补偿工龄进行公示,一次补偿到位。

2004年7月8日,在萧山区财政、体改、公证等部门的指导、监督下,印刷厂净资产以170万元价格公开协议转让给原萧山日报印刷厂负责人杨敏生。

为了保证报社固定资产的完整、安全及合理使用,根据杭报集团有关规定,报社制定《萧山日报固定资产管理规定》《萧山日报摄影设备管理规定》。使用年限在一年以上,单位价值在2000元以上的资产均纳入固定资产范围,建立固定资产审批制度,并做好固定资产的购建、登记、调拨、维修、处置、盘查等内容。2013年年末,杭州日报报业集团筹备上市,萧山日报作为集团二级单位,固定资产也按照采编、经营分离的模式进行分离。原杭州萧山日报传媒有限公司的管理人员、经营人员的办公电讯设备均为萧山日报资产。2013年12月,经过盘点,根据人员的实际使用情况,由杭州萧山日报传媒有限公司向萧山日报社购买,转让金额为固定资产净值。资产转入杭州萧山日报传媒有限公司后,纳入杭州萧山日报传媒有限公司管理,并按规定计提折旧。转让资产主要为办公用电脑、打印机,不涉及房屋、汽车。

三、体制机制改革

报社建立后,随着体制与事业的发展和工作的需要,内部机构不断调整,各种规章制度逐步制定和完善,尤其是2004年从地方党报到杭州日报报业集团下属的一家子报,调整主管单位、主办单位,彻底告别财政补助,走向市场,按照现代传媒和市场化、企业化运作的要求,建设学习型创新型媒体、诚信媒体和廉洁媒体。科学化、规范化的管理为新闻宣传业务部门更好地集中精力办好报纸、为产业经营部门更好地按照市场规律发展,提供机制、体制的保障。

1.机构设置

(1)1954—2003年地方党报时期

1954年12月11日,中共萧山县委机关报《萧山报》创刊。创办时,设编辑部。共有记者、编辑为3人,采编合一。随着报纸的扩版和改版,陆续充实、调整编辑和记者的力量,先后调入6人任记者编辑。仍实行采编合一,只分版面。

1958年6月1日,《萧山报》改出《萧山日报》。共有编辑、记者12人。编(辑)通(联)合一,一专多能,只设编辑部。后因国家遭遇严重困难,1961年2月2日停刊。

1983年6月1日《萧山农科报》创刊。设编辑部。创办之初,编辑3人,后为4人。编辑从组稿、采访、编稿、划版到签大样可谓"一手落"。当时按版面分工,各版按编好的稿子归类后分版。

1988年7月1日,《萧山农科报》更名为《萧山经济报》,报社人员为10人,内设编辑部和服务部两个部门。报社从萧山科委剥离,成为具有法人资格的事业单位。

1988年10月12日,中共萧山市级机关委员会通知,同意建立萧山经济报社机关党支部。

1991年9月29日,《萧山报》正式复刊。应报社宣传、行政、后勤等各项工作的需要,报社研究后报经萧山市编制委员会批复同意,内设机构定为"一室三部",采编合一,即总编办公室、新闻部、专栏部、广告服务部。总编办公室,负责处理日常编务、行政事务、财务、后勤等工作,设副主任一名;新闻部,负责报纸的第一版、第二版,组编新闻,做好群众通联工作,设主任一名;专栏部,负责报纸的第三版、第四版,组编专栏、广告,处理读者来信来访,设副主任一名;广告服务部,负责报纸广告工作,做好服务部的经营管理,抓好预算外收入。

1991年《萧山报》复刊时,报社为副科级单位;1995年9月25日,经杭州市编制委员会审核批准,报社升格为正科级单位。2001年3月撤市设区后,报社升格为正处级单位。

1992年12月起报社调整为总编办公室、新闻部、专栏部、轻纺部、新闻实业公司、广告部(后三个部为报业经营部门)。

1993年12月起,设立总编办公室、新闻部、专栏部、广告部,采编合一。

1994年12月8日起,采编分离,设立总编办公室、新闻部、记者部、副刊部、夜编部、广告部、发行部(发行部为兼设,不设专职人员)。

1995年6月1日起,采编合一,设立总编办公室、要闻部、综合新闻部、副刊部、出版部、广告部,后又撤销出版部增设夜编部和新闻研究室。8月31日,增设摄影美术部,负责采编各版所需的新闻(艺术)照片和版面的美术设计。增设发行部,以加强发行力量,方便对外联系。

1999年1月22日起,采编分离,设立总编办、新闻部、记者部、副刊部、夜编部、广告部、发行部、新闻研究室。12月7日,报社成立编辑委员会,编委会由总编、副总编、编委组成，编制为6人。

2000年8月31日，中共萧山市委决定建立中共萧山日报社党组。

2001年9月，记者部又分为党群政法部、经济部。

2002年6月，为适应新闻报道的需要，决定成立社会新闻部。其时，各部室调整后的机构分设为办公室、新闻部、党群部、经济部、社会新闻部、副刊部、夜编部、发行部。

2003年12月，版面作出较大调整，出版量增加，采编人员增多，报业发展更加迅猛，原有机构设置随之调整，尽量实现扁平型管理。报社党组、编委会为报社领导机构，下设3个办公室（党政办公室、总编办公室、经营管理办公室）、两个中心（新闻采访中心、新闻编辑中心）、3个部（专刊部、广告部、网络部），采编分离。

从1991年到2003年的十多年间，报社内部采编机构分别按"采编合一"和"采编分离"的模式进行多次调整。

（2）2004—2017年区域报时期

2004年1月之后，萧山日报加盟杭报集团，其行政级别保留原先的正处级。

2004年6月14日，为加快新闻改革步伐，创新用人机制，提高办报质量，报社设立热线新闻部。新闻热线由新闻采访中心移交热线新闻部。实行采编分离。

2007年是报社作风建设年，实施一系列机构改革，使报社从体制上与现代报业接轨，从机制上同杭报集团接轨，全面融入集团。报社领导机构从党组领导下的社长负责制改为社委会领导下的社长负责制，党组织关系进入杭报集团，报社成立社委会，改选编委会，编委会在社委会的领导下，负责新闻报道、出版等业务工作。完成机构调整后，报社制定一系列制度，先后出台社委会议事规则、党总支职责、编委会议事办法等制度，改选党总支，设立四个支部。根据集团管理提升年的要求，继承前几年报社制度建设的成果，形成萧山日报管理制度汇编。

2008年12月19日，杭州萧山日报传媒有限公司正式成立，是萧山日报落实深化文化体制改革的正确选择，是推动报社改革、创新经营体制，提升报社市场竞争力，做强做大文化产业的一次积极探索，也是传媒业从传媒事业、传媒行业向传媒产业发展的一次有益尝试。传媒公司成立后，报社和公司实行办报与经营分离运作，真正实现新闻采编和各项经营活动的有机分离，2009年2月6日，传媒公司正式挂牌。

为顺应体制变化，以更合理的机制应对日趋激烈的报业竞争，报社对内设机构作出调整，调整后报社的内设机构为办公室、总编办、经管办、时政经济部、社会民生部、周刊副刊部、信息技术部。实行采编合一。新成立的传媒公司下设总经理办公室、品牌运行部、报纸广告部、报纸发行部和投资发展部等部门，有三家控股公司——萧山网络传媒有限公司、杭州风盛新传媒广告有限公司、杭州风和会展有限公司，一家全资公司——三门峡三山文化传媒有限公司。

2009年8月3日,报社召开实现跨越式发展动员会,吹响“打造中国最好的县市区域报”的集结号。从报纸产业向内容产业转变,从传统媒体独立作战向全媒体整合运营转变。9月21日,报社新一轮改版实施。增设视觉中心。

2009—2013年,报社新成立控股公司杭州萧报国际旅行社有限公司、全资公司杭州萧滨每日送发行有限公司,控股公司浙江风盛传媒有限公司,全资公司杭州风茂房地产代理有限公司、杭州萧山萧报教育咨询有限公司。

2014年,恰逢《萧山日报》创刊60周年。7月1日,围绕构建全媒体、融媒体运作体系的新机构开始运转,标志着萧山日报向着全媒体转型迈出关键的一步。该次调整中,对原先按新闻板块设立的部门进行调整,取消时政经济部、社会民生部、副刊部、视觉中心、广告部,建立以报纸、网络、手机报、微博、微信、无线App等全媒体集群为平台,按生产流程设置的全媒体管理中心、全媒体采集中心、全媒体发布中心、全媒体技术中心和全媒体经营中心。全部记者纳入全媒体采集中心,报纸、手机报、官微、微信、无线萧山等发布平台及版面编辑、新媒体编辑纳入全媒体发布中心,同时,在萧山日报传媒公司机构中设立更加符合传媒产业发展趋势和市场化要求的“用户数据与客服中心”“市场与活动策划中心”等部门。

从内容融合、渠道整合、功能聚合的维度来看,随着萧山日报机构架设调整完成,打破了原先各大新闻部门“各自为战”的局面,理念、流程、人才、信息源等资源实现共享,也最大限度地弥补了各自的不足。新成立的全媒体采集中心与全媒体发布中心各司其职,形成“一次采集多次发布”的新传播格局。是年9月,全媒体中央控制室建成启用,内设9大端口、20个专用席位。

2014年12月18日,杭报集团传媒经营性资产整体借壳上市项目完成。萧报传媒公司、萧山网、萧滨每日送公司三家作为杭报集团全资子公司,进入上市体系,成为上市公司控股子公司。

为顺应新的传播形态,2016年年底,报社全面启动新一轮报社机构改革。严格遵循深度融合、效益效率、合理配置、强化平台、淡化身份、孵化创新六大原则,制定出台《萧山日报社、杭州萧山日报传媒有限公司机构改革和定员定岗方案》,在坚持各部门内部采编和经营岗位分开设置、兼顾上市公司法人治理规范运作的大前提下,以全媒体新闻中心(政务形象运营中心)为改革试点,积极探索内容生产、内部管理和媒体经营深度融合的运营新体制。根据传媒发展新趋势和市场环境新变化,设置重点课题战略研究和产业项目培育孵化职能部门——传媒研究所(传媒研究发展中心)和事业发展部(项目拓展孵化中心),拓展非报产业项目,布局传媒产业新格局。经过自上而下、自下而上多次讨论，12月下旬，机构改革率先实施。报社单独设置部门2个、社司融合部门8个：社委会办公室，编辑出版委员会办公室，党群工作部（纪检监察审计室），财务部，全媒体新闻中心，新媒体事业中心，品牌运营中心，传媒研究所，全媒体技术中心，事业发展部；萧报传媒单独设置部门1个、社司融合部门8个、全资或参股公司5个：经营管理委员会办公室，监察审计室，资产运营投资中心，政务形象运营中心，新媒体运营中心，全媒体经营中心，传媒研究发展中心，传媒技术研发中心，项目发展孵化中心，杭州萧山网络传媒有限公司、杭州萧山日报资本管理有限公司、杭州今日大江东传媒有限公司、浙江风盛传媒有限公司、杭州萧滨每日送发行有限公司；华媒公司下属、萧报传媒管理的公司2个：杭州萧山萧报教育咨询有限公司、杭州风茂房地产代理有限公司。报社与萧报传媒融合的8个部门向以利润增长为目标导向和责权利相统一的"企业化生产经营融合单元体"进行转型，实行"一个机构、两块牌子"运营模式、部门负责人"一岗双责"管理机制和"双目标"考核体系，促使管理部门转变职能，增强自我生存、自我发展能力。

2017年年底，报社对现有机构进行优化，新设立城市文化中心，负责民生公益板块、副刊板块以及《老爸老妈》的策采编发；全媒体新闻中心、政务形象运营中心实行"合署办公"，总编办与传媒研究所实行合并设立。

2. 干部任用和人事制度

1954年12月11日，《萧山报》创刊，县委调周群（时任县委秘书）任报社主编。1955年11月19日，县委成立由张希本（县委副书记）、丁守安（县委常委）、马保山（宣传部副部长）、李健生（组织部副部长）、周群5人组成的党报工作委员会，加强《萧山报》的领导工作。1956年7月，县委决定报社主编由陈时贵担任。

1958年2月，县委决定陈望云任《萧山报》主编。

1983年6月1日，《萧山农科报》创刊，报社主编为许雪光，副主编诸九思。

1988年7月1日，由萧山市人民政府主办的《萧山经济报》创刊，主编方介兴，副主编韩惠民。《萧山农科报》同时停刊。10月12日，韩惠民任萧山经济报机关党支部书记。

1991年3月26日，国家新闻出版署批复："同意《萧山经济报》更名为《萧山报》。"8月26日，市委任命洪佳士为《萧山报》总编辑兼萧山市委宣传部部务会议成员。9月29日，《萧山报》复刊，《萧山报》报社共14人。10—12月，萧山报社首次向社会公开招考采编人员。从12月1日起，宣舒平、董建中、郑海龙、华燕4名新招收的采编人员陆续走上岗位。12月21日，为维护合法权益，萧山报聘任市司法局局长王天保、市律师事务所律师朱国庆、戴文良为常年法律顾问。

1992年4月17日，报社首次实行部室分设，卫钧任新闻部主任，孙伊田任总编室副主任，楼渭球任专栏部副主任。10月17日，萧山报刊登启事：招考秘书1名，美术编辑1名，文字记者6名。12月4日，招考工作结束，正式录用8名工作人员。11月3日，中共萧山市委组织部任命方介兴、韩惠民为萧山报副总编辑。

1993年，报社聘请朱宏才（文汇报主任记者）、王永平（中国商报记者）、金敏华（深圳商报记者）、汪中国（广州道明公司中心工作人员），为萧山报驻上海、北京、深圳、广州特约记者。8月，杭州大学中文系黄保才作为《萧山报》复刊后的首位大学毕业生分配到报社工作。

1994年2月10日起，报社建立审读制度，聘请杨洪秀、钱彬等4人为审读员。

1995年9月20日，经杭州市编委批准，萧山日报社从原定的副科级升为正科级。报社领导班子同时进行调整，由洪佳士任总编辑，李凌峰、张有理任副总编辑。

1997年3月，萧山日报首次实行采编人员双向选择上岗。5月，为加强深度报道，报社设立特派记者岗位，首次特派记者由金烽、王立加担任。6月，报社与萧山日报印刷厂厂长杨敏生签订1996年度印刷厂资产承包经营合同，明确印刷厂内部机构设置，并任命中层干部。

1999年1月，报社对人事制度实施重大改革，实行中层干部竞争上岗，一般干部双向选择。经竞岗演说、民主评议、组织考评等程序，8人走上中层干部岗位。11月，为进一步深化人事制度改革，建立人员能进能出的用人机制，经市人事局批准，报社与全体在编人员签订《萧山市事业单位聘用合同书》。12月3日，萧山日报编委会成立。编委会由总编、副总编、编委会成员（编委）组成，编制为6人。首届编委会成员为洪佳士、李凌峰、张有理、宣舒平。

2000年，报社在《中国记者》上刊登启事，第一次面向全国招聘地市级以上报社中具有中级以上职称的编辑记者。经过几次筛选和外调，最后在40余名应聘者中确定马鞍山日报社的孙道荣为首位招聘人员。7月，报社副总编辑李凌峰调任市文化局副局长（市体委副主任）。8月，通过竞争上岗，上官高峰被聘为萧山日报副总编辑。8月31日，市委决定，建立中共萧山日报社党组，盛小龙任书记。

2001年2月5日，萧山日报召开支部大会，选举产生萧山日报新一届党组成员，盛小龙任书记。8月22日，报社党组发出《关于〈萧山日报竞争上岗、双向选择实施办法〉的通知》，要求各部室贯彻执行。11月8日，中共萧山区委决定，任命上官高峰为萧山日报社党组成员。

2002年6月24日，区委宣传部任命张剑秋为萧山日报社编委会成员。

2003年3月，区委明确，报社实行社长负责制，并对报社主要领导作出调整：孙焕林任萧山日报社党组成员、书记、社长;缪锦渭任萧山日报社党组成员、副书记、总编辑。萧山日报社党组书记盛小龙任建设局正局级调研员,萧山日报总编辑洪佳士任萧山日报正局级调研员。5月31日,区委任命宣舒平为萧山日报社党组成员、副总编;萧山日报社党组成员、副总编张有理任萧山日报社副局级调研员。6月,区委宣传部任命王平、金烽为萧山日报社编委会成员。5月下旬,萧山日报社通过《钱江晚报》《南方周末》和萧山日报电子版刊发招聘广告,面向全国招聘优秀采编人员。7月中下旬,录用7名优秀人员。12月13日,报社举行中层干部述职评议。经评议,14人走上新的工作岗位。是月,区委宣传部任命潘亚青为萧山日报社编委。12月25日,区委任命孙焕林兼任萧山日报社总编辑,区委任命王平、张剑秋为萧山日报党组成员、副总编。萧山日报总编缪锦渭调任区劳动与社会保障局党委书记,萧山日报社党组成员、副总编上官高峰调任益农镇党委副书记。

2004年1月,萧山日报加盟杭报集团,成为杭报集团下属的一张子报。2004年3月,经杭州市委宣传部批准,杭州市委宣传部任命孙焕林为萧山日报社社长、总编辑,杭报集团任命宣舒平、王平、张剑秋为萧山日报社副总编辑,洪佳士为萧山日报社调研员,张有理为萧山日报社助理调研员。5月,萧山日报见习记者招聘工作全面展开,对38名报考人员进行初选、笔试、面试和体检,最后录用8名。该次招聘的见习记者不占编制,主要凭发表的稿件获得稿酬,是一批真正市场化运作的采编人员。

2005年,报社对中层干部实行述职评议,对缺职岗位实行竞争上岗,为报社的持续发展形成人才梯队。报社采用“专家讲座、外送轮训、新闻实习、自我学习、业务交流”等形式开展培训,选派数批骨干前往集团跟班实践、参加密苏里比新闻培训班。从4月1日起,实施编辑电脑排版制度,使编辑岗位职能从原来流程中的一道工序,变成要生产出终端产品。

2006年1月,杭报集团任命金烽为报社副总编辑。

2007年5月22日,萧山日报成立社务委员会,杭报集团任命宣舒平、张剑秋为社委会副社长,社委会成员为:社长、总编孙焕林,副社长、副总编宣舒平,副社长张剑秋,副总编王平、金烽。7月,经过竞聘演讲、面试、组织考察、公示、集团党委会讨论、报请杭州市委宣传部批准等组织程序后,宣舒平被任命为报社总编辑。11月,萧山日报建立业务阶梯制度,为骨干采编人员提供更广阔的成长空间,设立首席记者岗位,同年聘任两位优秀记者为首批首席记者。2008年年底,首席制扩大到编辑,聘用首席编辑2人,首席记者3人。后又扩大到评论员、新媒体编辑。至2017年年底,萧山日报首编首记等达19人。

2008年3月10日,杭报集团宣布萧山日报社班子调整决定,张剑秋任集团经营管理办公室副主任，孙焕林任报社调研员，宣舒平主持报社工作。11月，杭报集团任命王柏华为报社副总编辑。是年，按照《中华人民共和国劳动合同法》（以下简称《劳动合同法》）的要求，梳理用工情况，与员工签订新的劳动合同。

2009年年初，在传媒公司全体人员中公开招标周刊和工作室负责人，有5名优秀员工走上新的主编或工作室负责人岗位。公开竞聘萧山网总监。6月底，公开竞聘传媒公司品牌运营部副主任和报纸广告部副主任2个职位。9月，成立视觉中心，公开竞选图片总监、版式总监，招聘2名摄影记者，选聘3名特约摄影通讯员。

2010年5月，杭报集团任命董建中为报社副总编辑。是年，为适应全媒体、多元化发展的需要，报社和传媒公司公开招聘10名新员工，规范报社和传媒公司用工管理。是年，制定出台《萧山日报中层干部选拔任用规定》等制度，努力形成有利于优秀人才脱颖而出的选人用人机制，将在德、能、勤、绩、廉方面表现突出的人才提拔到中层干部岗位上来，为业务好、技术好、作风好、口碑好的优秀年轻骨干提供更多更好的成长机会。

2013年4月，经杭报集团党委决定，对萧山日报社班子进行调整，王柏华任萧山日报社副社长（主持工作）、王平任萧山日报社总编辑、宣舒平任萧山日报调研员。杭州萧山日报传媒有限公司召开董事会，根据杭报集团党字（2013）30号文件的提名候选人，同意王柏华任杭州萧山日报传媒有限公司董事会董事、副董事长（主持工作）、总经理。班子调整后，重新整理修订《萧山日报社务委员会议事规则》，进一步明确社委会各项职责，完善规范议事程序和规则，以充分发挥集体决策作用，发挥领导班子的整体效能。是年，根据需要及时调整编委会组成人员，确定4名编委跟随值班总编轮流值班。积极探索市场化薪酬考核机制，对下属公司（实体）新任总（副）经理实行与行政职位脱钩，其薪酬待遇与公司（实体）效益关联。

2014年5月27日，报社召开全体中层以上干部会议，宣布杭报集团党委有关人事决定：王柏华任萧山日报社长；总编辑王平的一年试用期满，予以按期转正；总经理王柏华的一年试用期满，予以按期转正；提名王丽芳为杭州萧山日报传媒有限公司副总经理。

2015年6月24日，报社召开全体中层干部会议，宣布有关人事任免，经集团党委研究决定，陈蓉任萧山日报副总编辑，提名王丽芳任杭州萧山日报传媒有限公司总经理。是年，萧山日报实施智库计划，重点培养拔尖人才、复合型人才，建设具有萧报特色的人才梯队。经过个人报名、部门推荐、社委会讨论确定第一批入库人员共32名。报社进一步完善中层干部选拔、任用、退出机制，优化首席、主管、智库评聘机制，试行员工招聘新办法等。

2015年1月，萧山日报召开全体中层以上干部会议，宣布杭州市委宣传部和杭报集团党委关于领导干部调整的决定：提议王柏华任浙江华媒控股股份有限公司副总经理；王平任萧山日报社社长。3月，萧山日报民主推荐杭州萧山日报传媒有限公司副总经理，经过资格审查，共有18人进入民主测评、民主推荐环节，全体员工对候选人进行现场测评和推荐。张五一任杭州萧山日报传媒有限公司副总经理。年底，报社启动新一轮人事制度改革，创新推出中层干部竞聘上岗、下属公司总经理选聘、报社（萧报传媒）全员定员定岗、双向选择和首席主管的选聘工作。制定出台《中层干部选任工作实施方案》《员工岗位双向选择实施方案》，完善从严管理干部队伍制度体系，优化人力资源配置，稳步推进转型升级和融合发展。

新一轮改革中，现有中层干部全员“下岗”、重新选聘，并实行3年任期制，任期满后重新进行选拔任用。取消专职编委岗位，取消中层干部选拔任用的年龄等条件限制，取消中层干部到龄退出规定，取消50周岁以下的现任中层干部退出中层岗位后享受原规定的经济待遇，以打破中层干部“终身制”。下属公司总经理、副总经理与中层职级脱钩，实行年薪制。适当增加专业技术职级的首席、主管等职数。26位员工走上中层岗位，其中有20名在德、能、勤、绩、廉等方面表现较好的中层干部继续留任，6名业绩突出、群众公认的新人走上中层干部岗位，9名原中层干部退出中层岗位。调整行业周刊的组合，增设有发展前景的新平台，设置平台运营总监岗位，组建精干高效团队，强化“互联网+”和“媒体+”思维，实现整合推广、整合营销。淡化“事业编制”“报社聘”“公司聘”等概念，严格控制员工核定总量，实行因事设岗、因岗配人，定员定岗。对管理、融合（内容与运营融合）、下属公司（萧报传媒聘用人员）三大序列不同岗位分类设立岗位职级，共设98类岗位，其中，管理序列7级27类，融合序列6级53类，下属公司5级18类。按照“严格规范、公平公正、公开透明、人岗相适、人尽其才、人尽其用”和组织意图、部门意见和个人意愿有机统一的原则，让每一位员工根据自己的工作经历、特长、意愿，填写《员工岗位双向选择表》，选报一个工作岗位作为自己的志愿。各部门（公司）根据员工核定数和员工志愿、工作表现等，进行选择。为尽可能减少改革引起的震动，报社在双向选择中还作出“不实行末位淘汰制、不将富余人员推向社会”的规定，对个别被部门“刷下来”的员工作出妥善安置。

2017年年底，制定《萧山日报社（萧报传媒）中层干部年度考核办法》，以“实干、实绩、实效”为考核评价导向，建立新的考核办法，采取百分制，分报社（萧报传媒）班子成员测评、中层干部互评、全体员工测评三个层面进行。

3. 收入分配制度

报社通过不断完善分配制度，以考核为杠杆调动员工的积极性和主动性，提高员工的工作业务水平。

20世纪50年代采取年度总结与评比考核,评出先进工作者和积极分子。是时,报社属于文教战线,参加系统总结评比。1959年12月,报社两位编辑同时被评为该年度杭州市文教战线和浙江省文教方面社会主义建设先进工作者。

20世纪80年代改革开放后,1987年7月萧山农科报社开始实行岗位责任制。《萧山经济报》期间仍沿用原《萧山农科报》的考核制度。

《萧山报》复刊后,为加强科学管理,充分发挥报社全体工作人员的积极性,提高办报水平,报社建立岗位责任制。1993年首次实行编校质量考核制度。1994年年初,制定《萧山日报社岗位责任制及考核办法(试行)》并下发,内容分为三大部分:各类人员的岗位职责,奖罚办法,考核办法。

1995年1月,《萧山报》更名为《萧山日报》后,报社加大改革力度,建立并完善各项规章制度,根据报社实际情况,对考核办法不断进行修改和完善,使报社全体人员工作任务明确,积极性更高。

1996年,为适应日报运作,在征求全体人员对《萧山日报社管理体制改革实施意见》和《萧山日报社岗位责任制及考核办法》意见的基础上,经总编办公会议研究决定,修改施行新的考核办法。下发新考核办法,自是年1月1日起执行。

1996年9月28日,为进一步提高萧山日报的稿件采写和版面编排质量,增加信息量,强化版面准确性,努力减少各类差错,进一步完善考核及内部管理制度,总编办公会议决定颁发《关于对有关考核标准作适当调整的通知》,自是年11月10日起施行。

1997年4月18日,在上年实施办法的基础上,根据历次总编办公会议作出的关于考核办法调整的补充规定及《关于对考核标准作适当调整的通知》《关于对三个部门的编辑记者岗位进行双向选择的意见》的有关条款等,结合1997年度报社的实际情况,修订并下发岗位责任制及考核办法,自1997年3月1日起执行。

1998年6月20日,萧山日报作出《关于对本报获奖作品进行奖励的若干规定》。9月10日,对原奖励办法作出部分调整,并附《获奖作品奖励标准》。6月29日,总编办公会议对上年实施的考核办法,根据一年来的运行情况,又作出一次修订后下发,自是年7月1日起施行。

1999年12月1日起,《萧山日报考核办法(实施稿)》开始实施。

2001年8月,总编办公会议对原有施行的报社岗位责任制和考核办法再次进行修订,自是年9月10日起实行。新修订的办法有九项内容:(一)基本内容;(二)基本方法;(三)德勤考核标准;(四)工作实绩考核标准;(五)差错考核标准;(六)其他内容的奖扣办法;(七)考核分结算方法;(八)奖金发放办法;(九)其他。

2004年萧山日报社加盟杭州日报报业集团后，参照《杭州日报采编考核三个方案》《杭州日报公务车管理改革方案》等考核制度，结合萧山日报实际，于3月20日修订考核办法(试行)，经杭州日报报业集团批准，试行三个月。是年6月，修订后正式实施。考核办法包括考德、考勤、考绩三个方面，其中考德、考勤内容按2001年9月1日起实行的考核办法。2004年6月起实行的考核办法只规定考绩内容。考绩按不同岗位设定三个体系的考核办法：采编岗位实行绩效挂钩考核办法；非采编岗位实行分类考核办法；行政职级实行系数考核办法。

该次修改，按照集团有关规定，参照都市快报和上级报社的成功经验，按不同岗位设定考核办法，重点突出绩效挂钩，一是建立奖惩分明、公平合理的评价机制，充分发挥考核的杠杆作用；二是量化对部主任的考核；三是适当拉开差距，加大对好稿和重点稿的奖励幅度。通过考核这根指挥棒，引导编辑记者写好稿、写重点稿、抓新闻性。在试行三个月后，5月，对考核制度进一步补充。大多数采编人员认为该考核办法公平合理，充分调动了大家的积极性、主动性和创造性。

2005年，报社对原有的考核办法进行大幅度修改调整，一是以“满负荷工作任务”作为所有采编人员的考核起点，大幅提升质量考核分，加大差错考核力度，实行优质优酬。并以考核实绩评选年度和月度先进：最放心记者(差错最少的)，好稿优胜记者(好稿最多的)，考核优胜记者(考核分最高的)，综合优胜编辑(综合得分最高的)，在报社内部营造了一种你追我赶的学习氛围。二是对用工方式进行整合，取消以往各种复杂的用工性质，分为在编和聘用两类人员。聘用人员全部实行年薪制，并制定专门的绩效评估考核体系。对组建的萧山网络传媒有限公司，全面推行企业用工和分配制度。三是定量定岗定编，完善考核制度，费用包干到部。在报社内部适度放权，做到大统小放，有分有合。对各部门的工作量进行全面核定，在工作量确定的情况下，定岗定编。采编人员实行定额管理，对考核制度进行修改完善，建立重业绩重贡献，向优秀人员和一线岗位倾斜的分配机制。聘用人员试行工资包干到部，由各部门根据自身实际制定考核办法，安排工作，搞活内部分配，调动和发挥员工的主动性、积极性、创造性。

2006年，报社对原有的考核办法进行修改和调整，从注重考核数量逐步向注重考核质量倾斜。对用工方式进行整合，出台聘用人员考核办法，对聘用人员全部实行年薪制。对新组建的几家公司，也全面推行企业用工和分配制度。

2008年，全面引入现代企业管理方式，规范报社用工管理，经杭报集团批准，4月，建立起淡化身份、行政级别，以岗位为主，与单位效益、岗位职责、实际贡献紧密联系，与行政级别、专业技术职务脱钩，严格考核，有升有降的薪酬分配体系。

2010年,初步建立与全媒体发展相适应的配套评优机制,出台手机报考核方案。此后,报社根据实际情况,对分配制度和相关考核办法进行不断地调整和完善,采编考核向全媒体、融媒体、新媒体倾斜,如制定了全媒体采编增量考核办法、iPhone移动采编考核方案等。

2015年,为适应媒体融合的大趋势和转型升级的新形势,进一步完善薪酬体系的分配结构和考核方式,充分调动员工的工作积极性、主动性和创造性,对报社(传媒公司)员工的薪酬体系进行调整。《薪酬体系改革实施方案》自7月1日正式实施。该次改革主要内容,是缩小固定平均发放的薪酬,加大浮动考核发放的薪酬,加大部门考核自主权;固定平均发放的薪酬,如基本工作、福利等只占薪酬的30%,福利参照杭报集团的发放标准。同时,制定出台各部门考核细则,对萧山日报质量、差错、移动采编的考核办法进行修订。

2017年2月,薪酬制度改革启动,经过3个多月的调研、讨论、论证和反复修改,5月中旬形成薪酬制度改革实施方案,以"绩效为主、效益优先,统一身份、以岗定薪,兼顾普惠、适当倾斜,目标激励、部门扩权,守住底线、积极稳妥"为五大原则,方案报集团党委讨论同意于7月1日起试行。初步建立起以定岗定员定薪为主体,效益和发展为导向,与单位效益、岗位职责、工作业绩、实际贡献紧密挂钩的薪酬考核和分配体系。改变奖金总盘子"一刀切"现象,每月(年度)奖金实行上下浮动,与经济效益紧密挂钩。创新中层干部的薪酬考核办法,中层干部、下属公司负责人的考核与原有薪酬体系脱钩,建立与贡献、业绩、岗位、任期相匹配的绩效考核机制,进一步扩大部门(公司)对本部门员工奖金的自主考核、分配权,由部门(公司)制定具体绩效考核细则,赋予部门(公司)在核定岗位和员工总数的基础上拥有对部门(公司)人员工作岗位的调整权,以激活"细胞",责权对等,增强活力。将舆论导向、廉政建设和平安报社建设纳入薪酬考核体系,发生重大出版(发布)安全责任事故、违纪违法案件、安全生产责任事故实施"一票否决制"。同时,还推出项目合伙人制度,制定出台《关于鼓励支持员工内部项目合伙的试行办法》等制度,出台《员工提供有效信息和资源奖励实施办法》。

4.财务管理

财务是报社日常工作的重要部分。20世纪50年代的《萧山报》和《萧山日报》系党报,是县委宣传部所属的一个部门。报社的财务工作由专人负责,主编直接领导。由于报社编制有限,只有1名财务兼后勤。工作按照财务纪律和报社财务制度执行,预算和决算,按月和按年度呈报上级主管部门审核。

20世纪80年代报社经费均属财政差额拨款性质,发行费抵充各种费用,广告收入微乎其微。

20世纪90年代《萧山报》复刊后，报社不断发展，编制不断增加，报社内部机构的设置不断完善，财务和后勤工作日益繁重。该两项工作先由总编办公室领导与管理，后由党政办公室管辖，财务工作有会计和出纳各1人。

2005年，根据企业化管理的要求，报社各项管理工作，以成本控制、利润核算为核心，完善各项责任制考核。鉴于现有的政策，报社会计制度由预算报表改为企业报表还不成熟，2005年报社仍实行预算报表，同时，积极创造条件，编制企业报表，正确反映利润。报社对各项经营收入加强监管，由萧山网根据报社实际情况，开发广告、发行、财务三个软件，确保不发生漏收少收，随时掌握财务动态。

2007年，随着广告核算在财务上的精细化管理需求，报社从北大方正购买广告软件，用于统计广告和收款平账。

2008年12月，萧山日报传媒公司成立，采编与经营逐步分开。传媒公司的账务按照企业报表体系编制。

2009年，报社认真做好财务核算、分析和内部审计工作，抓好成本管理。编制报社收支预算，加强对下属公司的考核目标和收支预算工作。根据集团关于固定资产管理的文件要求，落实专人对固定资产的购置、使用、报废进行管理。

2011年，报社及传媒公司努力探索和积极创新管理模式，按照集团有关要求，积极推行完善法人治理的各项举措。一是第一次对下属各公司实施预算管理制度，加强对成本的控制。二是第一次对各经营单位开展专项审计，分为年度、半年度审计，离职审计，专项审计，提升公司运作的规范性。

2013年，报社认真落实集团关于降本增效的各项部署，及时出台《萧山日报、萧山日报传媒公司关于加强成本控制的若干意见》，与各公司签订成本控制目标责任书，严格控制各项成本支出。

2013年6月，财务工作从党政办公室剥离，单独成立财务结算中心。2013年下半年，杭报集团筹备上市，采编、经营完全分离，所有经营均转入传媒公司运营。

2014年1月，华媒控股借壳上市，财务分成上市和非上市两个部门。萧报传媒及下属公司的账务严格按照企业会计准则执行，报社及其他非上市公司按照事业单位会计制度和小企业会计制度执行。所有公司接受会计师事务所和税务师事务所审计，每个年度至少一次；同时接受杭报集团和华媒审计部门的监督。

2017年，机构改革，财务结算中心改为财务部（资产运营投资中心），财务部为非上市系列部门，资产运营投资中心为上市系列部门。部门人员共10人。

5.采编管理

报社制定科学的采编出版流程和严格的纪律制度，并辅以强有力的管理手段，保证这些流程和制度的贯彻落实。

(1)强化职业道德

报社一直致力于建设一支具有较高政治业务素质的编辑记者队伍，以完成党委政府各个时期中心工作的宣传报道，在萧山的三个文明建设中发挥应有的宣传舆论作用。一是禁止有偿新闻。报社要求全体编辑记者及其他工作人员认真学习和贯彻执行《中国新闻工作者职业道德准则》《关于禁止有偿新闻的若干规定》《新闻工作者接受社会监督制度》等。结合报社实际，1997年3月10日，报社作出《关于加强编辑记者职业道德的决定》，下发给报社全体人员学习与执行，作为全体人员的工作准则。1998年5月15日，报社就进一步加强禁止有偿新闻工作作出决定，并以《关于进一步加强禁止有偿新闻工作的决定》下发报社全体人员遵守执行。要求各部室每两个月对照检查一次，发现问题及时整改。对违反纪律的工作人员给予扣罚奖金处罚，对情节严重的将予以纪律处分并调离本工作岗位。2014年，报社以"作风建设年"为抓手，重抓打击新闻敲诈和虚假新闻，全体记者编辑签订《新闻道德自律公约》。设立党员示范岗、开展岗位风险点专项排查防控工作、进行安全出版自查与检查等成为每年的常规工作，以此增强采编人员打造"廉洁媒体"的底线意识。二是接受社会监督。1998年7月和1999年1月，报社开展征求社会各界意见活动，对存在的问题重点整改。并向社会公布报社禁止有偿新闻的举报电话。1998年8月，报社印发中华全国新闻工作者协会《新闻工作者接受社会监督制度》。1996年6月27日，正式开通"读者专线"。2002年7月1日，社会新闻部推出"新闻热线"，向社会有奖征集新闻报料，同时倾听读者呼声，接受社会监督，帮助读者与有关部门沟通。2002年10月1日，为便于广大读者熟记，新闻热线电话号码改为"82654321"，同时开通新闻热线移动电话"13758111111"。三是坚持"三贴近"和"走转改"。为了改进党报宣传报道的舆论工作，2003年上级宣传部门下发文件再次重申，要求从"三贴近"(贴近实际、贴近生活、贴近群众)入手改进和加强宣传工作。作为基层媒体，《萧山日报》自复刊以来，年年改版扩版的出发点，都是为了坚持"三贴近"，落实"三贴近"，深入"三贴近"。如2003年第四季度《萧山日报》全新改版正是落实"三贴近"原则，进一步改进和加强新闻宣传工作的体现。2011年8月起，新闻战线开展"走基层、转作风、改文风"活动，其重要意义在于培养一支讲政治的新闻采编队伍。报社在"百村行"活动的基础上推出升级版"见习村主任"，10名记者深入农村，除了挖掘报道农村鲜活的新闻外，还带活动进村，为村民解决实实在在的困难和问题。之后，范围扩大到社区。《百村行》《见习村(社区)主任》《我在老家过大年》《见工一日》等栏目作为报社"走转改"的重要载体，一直持续至2018年。

(2)规范新闻报道

一是统一会议报道和领导活动报道规格问题。按照中央和省、市关于进一步改进会议和领导同志活动新闻报道的要求,结合萧山实际,出台新闻报道的审稿制度,以进一步规范新闻报道。如1998年12月出台的新闻报道审稿制度中规定,重要的会议(如党代会、人代会、政协会、市委全会、政府全会、全市性经济类会议以及市委、市政府组织的重要会议等)必须全力搞好报道工作,必要时,加配新闻照片和评论文章。民主党派、群众团体的全会(如工会、共青团、妇女代表大会及全会)只作一般性报道,不配照片;其他部门性的工作会议,一般不报道或不以会议报道形式出现。如2015年为贯彻中央和省、市关于切实改进会议和领导同志活动新闻报道精神,提高新闻宣传的质量,及时准确地传达党和政府的声音,达到更好的宣传效果,报社对书记、区长会议活动报道作部分改进。如领导讲话的重点,主要工作目标等内容,以线框加重处理。稿件内容做大、做强、做活,让领导满意;稿件形式要活泼、亮眼,让读者喜欢。对主要领导的重要活动会议报道,领导讲话字数尽量控制在1000字以内。

二是关于提请市(区)领导和有关部门领导审稿问题。加强外审稿,是坚持正确的舆论导向,杜绝差错、提高报纸质量的可靠保证之一。如党代会、人代会、政府会议、政协全会主消息及配发的评论,领导的重要讲话及讲话精神,领导的署名文章及专访、影响较大的突发性事件、重要问题的报道等,必须经有关市(区)领导或由市(区)领导委托的人员审定并签字。为了使新闻采写更加明确具体,报社制定《新闻采写规范》作为报社的规章制度,予以施行。明确外审和内审稿件的具体流程。

三是规范新华社新闻稿件的选用。1994年12月14日,报社成功刊出新华社电讯稿,成为浙江省第一家通过新华社浙江分社接收新华社国内国际新闻电讯稿的县(市)报社。为了确保增加报纸的信息量,报社采取了一系列内部管理措施。自1997年上半年起,由原先采取编排人员轮换制,改为相对稳定的夜编制。对电讯稿的编发也有明确规定,如党和国家领导人的重要活动、重要讲话、党和国家的重要会议等,在头版头条进行详细报道;在头版刊出标题新闻,在国内国际新闻版刊出详细报道;在国内国际新闻版刊出标题新闻等。

(3)严格把关防错

作为党和人民的喉舌,萧山日报坚持团结稳定、鼓劲、正面宣传为主的方针,坚持党性原则,坚持为人民服务。及时学习、准确掌握中央的方针、政策和国家的法律、法规,以及萧山区实际执行的法规政策,不宣传与之相悖的内容。一是及时通报报道口径和宣传纪律。报社要求各采编部门加强信息交流，主动通报情况。凡得到上级的报道口径和宣传纪律方面的新指示，应立即向值班总编汇报传达，防止因传达延时而造成重大差错。二是严格执行审稿制度。如对司法部门正在审理的案件，不得在法庭一审判决前作定性、定罪报道。对公开审理的案件的报道，应与司法程序一致。对案件的报道要以法院裁定为依据。对公、检、法部门提供的稿件，由公、检、法负责人审稿，并加盖公章，否则不予刊登。2013年，制订《萧山日报社关于舆论监督报道的管理规定》，明确舆论监督报道的采写、编辑以及审核的流程。三是认真执行保密规定。根据《新闻出版保密规定》，属于国家秘密事项，不得公开报道。如对带有保密性的统计数字，尚未出台的政策、未公开发表的领导讲话，重大的经济和科技情况等，不得见报。2017年，报社制订《萧山日报涉密新闻宣传口径保密管理规定》，明确涉密口径的收发、传递、保存等。四是严格把关防错。全体采编人员要把好政治关、事实关和文字关。1994年2月10日起，报社建立审读制度。1996年10月4日，报社下发《萧山日报社采编人员把关防错条例》，作为报社的重要规章制度之一，人人学习，贯彻执行，确保不出重大差错，尽力把一般差错消灭在萌芽状态。2005年，报社制订《萧山日报差错扣分、扣点办法》。2009年，召开审读员、评报员专题会议，加强内部审读和把关防错工作，对各类见报差错及时在内网上进行公布。2014年，为提高办报质量，开门办报，开展为期一个月的“啄木鸟行动”，邀请读者找差错。2015年，将相关新媒体纳入差错考核范围。2016年，按照杭报集团要求，坚持新老媒体“一个标准、一把尺子、一条底线”原则，在加强报纸审读与管理的基础上，加强对新媒体的审读与管理，制定出台《萧山日报新媒体差错扣罚办法》《关于进一步加强新媒体发布管理工作的通知》等相关制度。2017年，对新媒体差错扣罚办法进行修订，不定期进行自查自纠，减少新媒体差错数量。五是评好稿提质量。为了进一步提高稿件质量，1995年7月起，报社首次实行月评好稿制度。2002年12月改版后，报社实施“天天评报，日日评稿”制度。2004年2月1日起，实行每日评好稿制度和分类评好稿制度，对策划进行嘉奖的制度。2005年，制订《萧山日报好稿评选办法》。2006年4月起，推出每周评报制度，每个采编人员轮流担当主评人，对一周的报纸进行点评，总结得失。10月，又根据半年来的运作情况，对评报工作进行调整。2014年，改革评报机制，在萧山日报官网设立“评报园地”“业务交流”两大板块，搭建学习交流平台，增强采编人员的政治意识、大局意识、责任意识和阵地意识。

(4)规范采编出版流程

为保证报纸按质按量按时编辑排版和印刷发行，报纸的编辑出版应有科学严密的流程。《萧山农科报》创办之初，编辑人数较少，因此从组稿、采访、编稿、出版样到签发大样“一手落”。后期开始采编分版面负责。《萧山经济报》时期，实行“责任编辑制”，负责某版的采编(当时是编辑兼记者)，确定并编好该版的篇目、文字后送主编审稿，后由责任编辑画版、送排。该版注明责任编辑字样。《萧山报》复刊后，编辑与记者相对分开，组编由责任编辑负责，由部主任审稿。改刊《萧山日报》后，随着采编人员增加，工作职能细化，采编出版的流程也随之具体和完善。2000年7月1日萧山日报扩为对开八版、天天彩印，报社制订并完善采编出版流程的规定，进一步明确采编流程各岗位的工作职责，加强采编流程各环节的管理，提高采编流程相关人员的工作责任心，减少发稿程序，提高发稿效率，加强把关防错，确保按质按量按时出报。2003年12月，对采编流程作出全面的调整与规定，制订《采编出版流程管理规定》(以下简称《规定》)。《规定》分为采写稿件程序、发稿组稿签发程序、定稿组版程序和审版审片程序四个部分。此后，报社根据实际情况进行修订，如2005年修订《萧山日报出版流程监控办法》，2011年初步建立全媒体采编流程，2013年进一步完善采编流程，2014年根据机构改革的要求对采编流程进行再造，对各媒体重新定位，对重大主题报道、突发新闻的全媒体发布顺序进行规定，对原有制度进行梳理修订，第一阶段制定出台《全媒体采编发布流程及发布规定》《全媒体采集人员岗位职责》《萧山日报关于改进重大突发性报道的补充意见》《萧山日报全媒体中央控制室管理规定》等7项制度。

(5)创新采编机制

一是完善策划机制。2004年，报社从制度上、考核上对策划机制进行完善，在深层次上解决县级报纸如何开展策划的问题。在体制上“举行三个会议，实行两次谈版”。一篇重要报道在《萧山日报》上见报，在策划流程上必须经过三道关：每周一次的编前会，由总编和采编主任们谈，对新闻价值的初步确认；每天上午的采前会，由值班总编和采访部门谈，这是新闻价值的再次确认；每天晚上的谈版会，由值班总编和编辑谈，这是新闻价值的最终确定。

二是通过质量年活动全面提高报纸影响力，实现新闻转型。报社编委会将2005年确定为萧山日报质量年，5月1日下发《萧山日报质量年活动文件汇编》的“黄皮书”，涉及质量年活动的有11个文件，其中包括《萧山日报质量年活动方案》《全员采编质量控制办法》《加强新闻策划的实施意见》《萧山日报2005年业务培训计划》《萧山日报2005年调研工作安排》《建立特约通讯员队伍意见》等6个文件，明确质量年活动的主要内容和实施步骤，还包括《萧山日报考核办法》《萧山日报编务会议制度》等5项制度，明确保证质量年活动长期、有效开展的基本制度。2006年质量深化年、2007年质量提升年、2008年质量创优年，到2009年质量成效年，由《萧山日报关于推进2009年度新闻宣传和内容产品创新的实施意见》等12则重要文件，组成《质量成效年活动文件汇编》。

三是改进编务会议等制度。2006年在保持原有的每天编前会、谈版会的同时，结合品牌年建设，组织系列学术研讨活动。6月，开展萧山日报头版品牌栏目《今日视点》的研讨会；8月，召开新农村报道研讨会。2007年举办“今日”系列专题栏目研讨会和记者个人新闻作品研讨会，2014年改版一周年研讨会，2017年首次为新记者召开“见工一日”研讨会。

自1991年《萧山报》复刊以来，报社历届领导针对报社工作实际，开展建章立制，并作为基础建设的一项重要工作。通过20多年的实践，不断梳理和完善各项规章制度，保证报社各项事业健康有序地发展。

1995年6月30日，报社发出《关于执行〈萧山日报社管理体制改革实施意见〉的通知》，自7月1日起实施。

2002年12月，《萧山日报规章制度集》由总编办公室编印下发，内含六大部分，共35项制度，要求从2003年1月1日起执行。

2007年12月，《萧山日报管理制度》编印成册，共298页，分为工作职责、行政管理制度、编务管理制度、经营管理制度、网络管理制度和附录共六个部分，收录报社制度共63则。这些制度涵盖报纸出版、报业发展、多元经营和队伍建设等各个方面，是报社领导机构、工作机构、经营机构以及各个岗位的行为规范和操作规范。这是对近年管理制度的一次大修订。

2011年，制定报社“十二五”规划，明确萧山日报未来五年的奋斗目标。建立完善报纸出版、社会监督、采编工作、员工管理、责任追究、财务审计、廉洁从业、规范经营等一系列规章制度。

2013年，对近五年萧山日报及传媒公司出台的采编、管理、经营等各方面的文件进行系统梳理，对不适应的制度进行修订和完善，对落后的制度作出淘汰和更改处理。2013年制度汇编中，废除制度28则，修改制度25则，新增制度4则，内容涉及行政管理、财务管理、编务管理、经营管理、信息网络管理等方面，进一步增强操作性和针对性，为报社发展提供有效机制保障。

2017年，先后制定（修订）出台《中层干部选拔任用和管理监督条例》《请假休假和加班规定》《进一步加强窗口部门管理规定》《关于外派人员薪酬待遇的规定》《中层干部年度考核办法（试行）》《关于调整完善体制机制的若干意见》等一系列管理制度，并对新一轮体制机制改革文件资料进行整理，形成280页，包含52则管理制度、文件资料的《不忘初心　踏浪前行——新一轮体制机制改革文件资料汇编》。

四、宣传报道

《萧山日报》(《萧山报》)作为中共萧山县(市、区)委的机关报,以及加盟杭州日报报业集团成为县市区域报,报社宣传报道的主要任务没有变,即宣传贯彻中国共产党的路线、方针、政策,反映群众的生活,动员、组织群众,为党和政府的中心工作服务。报社始终坚持作为党的喉舌的办报方针,坚持"以科学的理论武装人,以正确的舆论引导人,以高尚的精神塑造人,以优秀的作品鼓舞人",紧密结合县(市、区)委各个时期的中心工作和重大部署,开展具体宣传报道。

1.《萧山报》初创时期的宣传报道

《萧山报》初创于1954年12月11日,时值贯彻党的过渡时期总路线,执行国家第一个五年计划,实行对农业、手工业、资本主义工商业进行社会主义改造的时期。萧山作为一个农业县,开展农业合作化运动、贯彻《农业发展纲要(草案)》和发展农业生产是党的中心工作。根据这条主线,《萧山报》宣传党的农业合作化运动的方针、政策,介绍各地创办农业合作社的经验,表扬办社的先进典型和人物;报道发展农业生产的典型和经验;报道党的农村经济工作政策,大力宣传党的农业发展纲要、各地开展农业合作化运动的具体活动,以及各部门支援发展农业生产的经验和好人好事,讲解与农民和其他人民群众经济生活直接有关的政策和问题,如粮油统购统销、棉布定量供应、农民的粮食上缴和购销实行"三定"(定产、定人、定量)政策等;介绍农村党团组织情况,解答党团组织建设、思想建设问题,刊登党课教材,为农村党、团员提供学习资料等。

《萧山报》作为县委机关报,主要对象是农村人民群众,具有鲜明的党性和群众性,报纸宣传主要有四大特点。

一是突出中心,照顾全面。发展农业合作化运动和农业生产是报纸宣传的中心。围绕中心,进行工交、财贸、党群、政法、文教、卫生、时事和科学知识等方面的宣传。1955年10月18日和21日,先后刊登主席毛泽东关于《农业合作化问题的报告》和中共七届六次扩大会议关于《农业合作化问题的决议》,连续报道广大农民通过学习,受到鼓舞,认清组织起来走社会主义道路的光明前途而纷纷要求入社方面的消息。从报纸版面的安排比例计算,农业生产和合作化的宣传占总版面的40%,时事政治和党团生活报道各占18%,其他经济工作占5%,文教卫生占9%,政法及其他工作占10%。

二是面向农村,有的放矢。1955年8月,正当农业增产节约运动全面开展的时候,有些干部和群众看到早稻已经丰收,晚稻生长也好,认为"丰收笃定",产生自满麻痹思想。报纸报道长安乡通过田间检查,发现虫害严重、草多、追肥不及时等情况,并配发评论《自满麻痹是增产节约的大敌》,引起重视。1955年11月,县委召开中心农业社社长会议,重要内容就是农业社制订规划,挖掘生产潜力,搞好农业生产。报纸及时配合宣传,报道周来兴农业社制订生产规划的经验,并配发《远景规划具体订,社会主义更加近》的文章。1956年春天,报纸针对有些农业社出现讲排场等铺张浪费现象,编发《勤俭节约,把社办好》的社论,并报道勤俭节约办社的典型。1957年春耕时,报纸接连介绍大同乡第一高级社水稻丰产和西蜀乡蜀山社春花田种连作稻的经验。这些报道刊登后,起到了很好的作用,许多农业社组织干部群众学习,修订生产规划,掀起开展劳动竞赛的热潮。

《萧山报》密切联系实际进行宣传的经验,《浙江日报》于1956年6月9日做了介绍。

三是改进文风,通俗易懂。报纸内容群众化,文字口语化,形式多样化。内容群众化表现在,报道内容一般做到让事实说话,以群众教育群众。1956年《1956年到1967年全国农业发展纲要》公布后,接连发表20个农民和干部谈体会的文章,充分运用群众熟悉的农谚、故事做比喻。文字口语化,在报道中见不到文言句或深奥的词句,不用长句子和倒装句,做到文字浅显易懂,文章短小精悍,平均每篇新闻二三百字,通讯四五百字,言论五百字左右。形式多样化,除一般新闻报道所有的形式外,报纸上还常见问答、对话、讨论、仿章回小说写法、民间故事的写法、民间曲艺形式写法、书信形式、读者发表议论、对比、看图画讲道理等10种新闻报道形式。

四是报纸成为群众讲话的地方。编辑部平均每月收到群众来信100多件,报社把群众来信当作宝贵的资料,基本上做到封封有着落,件件有交代。根据群众来信,及时研究每个时期群众的思想动向,以及来信提供有普遍意义的问题,编写内部资料供县委、县政府和有关部门做参考。不宜公开刊用和无普遍意义的来信,转请有关部门处理,对一些重要来信,派记者去实地了解处理。处理群众来信的一个重要方面,是尽量选择有重要内容和普遍意义的来信,在报纸上刊登。《萧山报》经常用《当前问题》《想到就说》《读报人来信》《照照镜子》《读者呼声》等专栏发表群众来信。在报纸上公开发表的来信有表彰先进,批评错误、缺点,群众意见和合理化建议等。在合作化运动中,贫农社员迫切需要国家经济上给予支持。1956年,报纸发表群众来信要求发放贷款后,县农业银行召开会议,教育职工迅速发放贷款,10天中就发放了160个合作社的贫农合作基金。实践表明,发表群众来信对增强党报的战斗力,促进生产、工作和改善领导作风起到积极作用。

2.20世纪50年代后期和60年代初期《萧山日报》的宣传报道

1958年后,党的中心工作开始贯彻毛泽东提出的"鼓足干劲,力争上游,多快好省地建设社会主义”总路线，掀起了工农业生产的“大跃进”和人民公社化高潮。县委决定从1958年6月1日起，《萧山报》改刊为《萧山日报》。改刊后的办报方针仍沿袭《萧山报》创刊时县委所作的决定，但由于大办钢铁、大办地方工业的新情况，报纸加大对地方工业、财贸战线，以及各行各业“大跃进”、大炼钢铁、大办公共食堂、大办人民公社，以及对社会主义和共产主义社会美好前景的宣传。同时，由于贯彻中共八届二中全会提出的阶级斗争的观念，以及1959年后中国共产党又开展了“反右倾”斗争，报纸紧跟形势，加大阶级斗争教育和各条战线开展阶级斗争的有关宣传报道。具体内容大致有六个方面。

(1)宣传中共中央的决策，报道党的各类重要会议

报纸改为日报的第一天头版，就全文转载了《人民日报》社论《把总路线的红旗插遍全国》，宣传贯彻中共八届二中全会通过的社会主义建设总路线。嗣后以《总路线学习问答》专栏，11期讲解总路线的内容。进入8月后，改为《学习问答》专栏，继续进行宣传。人民公社化运动开始后，报纸于1958年9月2日全文刊登《红旗》杂志社论《迎接人民公社化的高潮》，9月11日头版全文刊登《中共中央关于在农村建立人民公社问题的决议》。接着报纸开辟《人民公社通俗讲话》专栏，连载中央关于大办人民公社的指示和有关政策。根据中共八届二中全会提出的有关进行阶级教育的指示，报纸又以大量篇幅转载中央和上级党委有关开展社会主义、共产主义思想教育方面的文件和指示。1958年8月29日头版，全文刊登中共中央《关于今冬明春在农村中普遍开展社会主义和共产主义教育运动的指示》。10月19日头版和第二版全文刊登《中共浙江省委关于普遍开展社会主义和共产主义教育运动的指示》。11月9日又全文刊登中共宁波地委(当时萧山属宁波地委管辖)《大张旗鼓开展社会主义和共产主义教育——地委发布贯彻执行中央省委关于开展社会主义和共产主义教育运动指示的指示》。同年11月下旬至12月上旬，中共八届六中全会召开后，报纸于12月20日用4个版面的篇幅，全文刊登全会通过的《关于人民公社若干问题的决议》。1959年8月，中共中央召开八届八中全会，决定开展“反右倾”运动，8月27日报纸头版全文刊登中共八届八中全会公报。其后报纸以《宣传讲话》专栏进行宣传，延续至下年1月，刊登《鼓干劲、反右倾》等有关报道。

(2)宣传“大跃进”、人民公社、社会主义建设总路线

1957年以后的几年中，中国共产党开始探索全面建设社会主义之路，中共中央提出农业“以粮为纲”、工业“以钢为纲”的指导思想，号召广大人民群众高举“大跃进、人民公社、总路线”“三面红旗”，投入大规模的社会主义建设事业。贯彻“三面红旗”成为当时压倒一切的中心工作。《萧山日报》紧跟形势，在县委的统一部署下，用大量的

篇幅刊登有关“三面红旗”的文章和通讯报道。1958年3月1日，报纸在《鼓足革命干劲，支援农业大跃进》的通栏标题下，全文转载《人民日报》社论《鼓足干劲，力争上游》。3日又转载《人民日报》社论《全民大动员的号令响了！》。5月1日报纸发表社论《多快好省，鼓足干劲，力争上游》。并连续报道各地开展“大跃进”的消息。7月以后，县委接连发出开展生产“大跃进”和大办钢铁的指示。《萧山日报》按照县委指示，大力开展宣传。如全民大办钢铁运动，9月16日以宣传提纲的形式，用两个版面刊登《动员起来！为完成和超额完成钢铁任务而奋斗》的宣传讲话。其后有两个多月时间，连续报道各地用土高炉炼铁炼钢的有关报道。9月19日，又整版刊登《人民公社无限好，高举红旗迎高潮》的宣传提纲。10月下旬，全县实现人民公社化，报纸便大力宣传人民公社优越性，举办为期约一个月的《共产主义讲话》专栏，后又改为《人民公社通俗讲话》专栏，系统、全面地介绍和讲解人民公社的一些基本政策。特别是从1959年9月开始，针对社会上对人民公社制度产生怀疑情绪的形势，报纸从9月10日刊登《发挥公社无比威力，掀起多种经营高潮》起，到下年年初，几乎每隔两三天就在头版刊登《讲话》相关内容。其间还刊登有关大办公共食堂、幼儿园等文章。由于当时党在具体工作上犯了急躁冒进的“左”的错误，“共产风”、“浮夸风”、说假话、讲大话的现象较为普遍，报纸上也不时出现一些不实事求是的文章报道。如《赤手空拳也要拿到钢铁》《人有更大的胆，地有更高的产》等。当时报纸还多以“社论”形式发表这些言论。如1959年1月20日，为配合县委工业会议，发表《争取工业生产更大更好更全面跃进》；4月5日为配合县委“誓夺千斤棉广播大会”，发表《鼓足干劲实现亩产籽棉千斤》的社论；4月7日又发表《轰轰烈烈，力争早稻亩产双千斤》的社论等。

(3)及时传达县委的各项指示

为适应“大跃进”形势的需要，该阶段县委就经济建设发出许多文件指示，这些文件和指示有一大部分直接通过《萧山日报》发出，大量地刊登县委文件和指示成为这一阶段报纸的主要任务之一。如1958年8月7日，县委下发的《大造滚珠轴承，大力改进农具》的文件；8月9日《县委关于迅速动员全党全民开展一个以抗旱保苗为中心的田间培育管理运动》的文件；8月9日下发的《全民大搞土农药，大制土化肥》的文件；同年11月16日县委关于《大力开展多种经营，大抓当前收益》的文件；11月28日下达的《中共萧山县委关于组织冬季生产大检查的通知》；12月16日下发了县委钢铁指挥部《关于大造土机床，加速机械化的工作意见》。这些文件和指示均直接在报纸头版发表。这种情况在1959年尤为突出，如5月22日县委《关于要求各地进一步开展超包产超计划运动，向市委检查团献礼的通知》；26日《关于加强领导，育好连作晚稻秧的通知》；6月12日头版县委《关于开展每户百斤粮运动的紧急指示》；22日头版《县委关于突击积足连作晚稻基肥的通知》;30日头版《县委关于开展夏收夏种大检查的通知》。在7月份又发出了6个文件,8月份发出5个文件,9月份发出6个文件。在以后虽然直接以文件形式发表大为减少,但报社仍以社论、评论等形式传达县委的指示。其间,县委主要领导人多次以个人署名,发表指导性文章。

(4)宣传劳动竞赛

1958年11月2日,报纸刊登河上公社向稻区各公社提出的《及时完成秋收冬种》的竞赛倡议书,并配发评论。之后,相继报道浦阳江所前、长河、城东等公社响应倡议,开展竞赛的消息并经常刊登各公社收种进度表,进一步推动竞赛。该年全县秋收冬种比上一年同期的收种期缩短3天。1959年1月25日,报道戴村公社向全县农村倡议开展积肥竞赛后,接连报道20多个公社和管理区响应倡议,开展家肥出门、山肥上山、水肥上岸的积肥竞赛活动。1959年8月12日,报道河上公社晚稻耘田、施肥、治虫等培育管理的好经验。接着先后报道长河、城南、临浦、进化、戴村、坎山等公社纷纷开展"晚稻培育学河上"和找单位进行对口竞赛活动的消息。又报道城东公社干部、社员在竞赛的鼓舞下,克服松劲思想,鼓足干劲,全社出勤1.6万余人,使积肥、治虫、耘田三头并进。同时还报道了各地你追我赶,大搞竞赛推动晚稻培育既快又好等综合消息。

(5)宣传典型与学习先进相结合

1959年2月20日,刊登中共萧山县委关于开展学习杨月芳、朱柏山等先进人物的决定。同时,发表3篇通讯,分别介绍了3人的先进事迹,并配发号召学习先进的社论。接着,报道10位县农业社会主义建设积极分子事迹和学习3位先进人物的座谈会纪要,各地学习先进人物的动态和6篇学习先进人物的体会文章,从而促进学先进、比先进、赶先进活动的深入开展。报纸抓住典型作连续性的系列报道。1959年,临浦公社所前大队山里王生产队和三泉王生产队全年粮食获高产,同年11月25日,中共萧山县委发出号召,向山里王生产队党支部学习领导生产的经验。全县稻区农村热烈响应县委号召,广泛开展学习山里王、三泉王两个生产队(以下简称"双王")的粮食高产经验。报纸以"双王"为典型推出连续性的系列报道,并配发通讯,介绍山里王生产队干部、社员夺取粮食高产的经验。

1960年上半年,为落实包工、包产、包成本的"三包"生产责任制,推动备耕生产、扩种早稻和田间管理等生产环节,报纸再度发表报道"双王"经验的通讯、消息和评论共27篇。在连续报道"双王"经验的同时,配合报道各地学"双王"经验的动态。通过连续的系列报道,"双王"典型在全县稻区树立,对促进当时农业生产发展起到一定的鼓动作用。

(6)宣传生产建设与传播农业科技知识相结合

大量的农业科技知识寓于新闻、通讯、评论等生产报道中。在一篇《技术革新的“火车头”》的通讯中,介绍了高温浸种、温汤催芽,使稻种出芽快等农业科技知识。1960年6月5日,发表《络麻定苗要坚持合理密植》的评论,充分肯定科学的合理密植对促进高产的作用。1960年7月,在一篇《灌水抗旱,确保粮棉麻丰收》的评论中,又对灌水抗旱的科学道理作了通俗的说明。报纸根据各个生产季节,在《学科学》《农业技术推广站》《农业八字宪法讲话》等专栏中,专门介绍农业科技知识,为广大社员掌握和使用农业生产新技术发挥了很大的作用。

3.《萧山农科报》的宣传报道

《萧山农科报》的任务是宣传贯彻中国共产党的农业科技方针、政策;介绍传播农业生产和经营管理以及医疗卫生、计划生育等方面的科学知识;总结交流和推广发展农、工、副各业生产的先进经验和现代技术,以提高农业经营效益,促进农业商品生产的发展。为此,报纸的宣传重点是应用为主的农科知识,开辟《十天农事》《十天病虫防治》《“两户”谈经验》《良种介绍》《气象实绩》《卫生服务台》《卫生知识》《花木园地》《乡镇工业》《信息天地》等20余个专栏。

与此同时,《萧山农科报》也注意报道一些带有指导性的政治、经济等各个领域的重要政策和通讯报道等。其创刊号头版就报道改革开放后,全县农村涌现出了一万多户专业户、重点户的通讯。第8期全文转载了中共中央办公厅、国务院办公厅转发的国家科委党组《关于当前农村科技工作体制改革的若干意见》。1984年中共中央1号文件下达后,农科报以《进一步完善联产承包责任制,进一步发展商品生产,搞活经济》为题,向读者简明扼要地介绍了中央1号文件的要点。嗣后,又就全县各地贯彻1号文件的动态作了连续报道,如第34期头版发表了《农业承包责任制的新发展——湘湖大队土地向种田能手集中》,并加了短评《鼓励土地逐步向种田能手集中》。1985年中央1号文件下达后,报纸又连续报道县委贯彻中央1号文件的活动,并就关于农村第二步改革问题开辟专栏,宣传中国共产党的农村改革政策。

《萧山农科报》创刊一周年时,县委书记费根楠要求报纸在继续宣传农业科技的同时拓宽宣传面,加强党的农村经济政策的宣传,对县委一些重要部署要适当报道,对乡镇企业、各种经济联合体、家庭工业等也要适当地宣传,大力宣传和支持改革者,鼓舞广大人民群众满怀信心地去实现新的奋斗目标。为此,报纸加大了对县委、县政府重要活动及工作部署的宣传报道。如1984年6月召开中共萧山县第七次代表大会,8月召开全县第二次经济工作会议,1986年4月召开县八届三次人代会和县政协六届三次会议,1987年4月召开中共萧山县第八次代表大会和县九届一次人代会,县政协七届一次会议等都作了宣传报道。其间,又为全面贯彻县委提出的"决不放松粮食生产,积极发展多种经营"的方针和"进一步调整农业产业结构,深化农村改革"等指示,组织专题研究文章和有关通讯报道。1985年11月29日,副总理田纪云到萧山县召开农村工作座谈会,提出"我们任何时候都不能忽视农业,乡镇干部要模范执行党的政策"。为此,12月21日,县委、县政府召开全县专业户代表大会,提出"调整农业产业结构,全面开发农业资源,大力发展商品经济"的方针。报纸紧密围绕这一指导方针,组织了系列报道。是年11月,县委根据中央关于制定国民经济第七个五年计划的建议和萧山县实际,提出"发展乡镇企业是振兴农村经济的必由之路"的正确方向,农科报加大有关乡镇企业的报道,如1986年2月第98期至第99期专门开辟《浦南乡乡村企业专版》。

随着改革的深入,报纸不断增加农村、农业深化改革方面的文章和报道。如1987年6月21日第148期,推出《深化农村改革,强化村级经济》专栏。同年8月21日,第154期刊登县委、县政府作出的《扶持集体经济薄弱村发展的规定》。10月1日第158期,配合县委召开的第二次重点企业建设研讨会的报道,刊登县委、县政府对重点企业深化系统配套改革的部署。

《萧山农科报》注意宣传改革开放中涌现出来的新人新事、先进人物和先进事迹。如第36期头版刊登县委、县人民政府关于向勇于改革、办好企业的鲁冠球学习的决定,并配发长篇通讯《勇于改革的企业家鲁冠球》。1985年1月第61期,开辟《县优秀厂长、办厂能人表彰大会专刊》,宣传一批在改革开放中涌现出来的模范人物。经常报道一些专业户、重点户的先进事迹,为广大农民走致富之路提供经验。同时开始对物质文明和精神文明一起抓的先进事迹进行宣传,如对全县第一个富裕村、文明村——航民村,作系列报道,为全县农村树立深化改革的榜样。

《萧山农科报》作为一张以宣传农业科技知识为主的专业报,自始至终以传播农业、农村应用科技知识为己任,成为广大农民实行科学种田的老师和顾问,受到广大农民兄弟的极大欢迎,报纸发行量最多时达到10万份,为萧山的农业发展做出了贡献。

4.《萧山经济报》的宣传报道

《萧山经济报》是以报道经济为中心的综合性报纸。其主要任务是宣传中国共产党以经济建设为中心的各项方针政策,传播经济信息,推广介绍典型经验,宣传经济建设中的新人新事新风尚等,为萧山的经济发展发挥舆论推动作用。

(1)及时报道中央和地方的方针政策和重要活动

头版要闻版,一般均以报道中央最新方针政策和市委、市政府贯彻落实中央方针政策的会议及其他重要活动为主。如1989年5月6日头版发表《市委办、市府办联合发出通知,认真学习〈人民日报〉重要社论,坚决反对动乱,自觉维护安定团结》,并配以评论《居安思危,闻乱则忧》。6月3日头版发表市委书记王良仟在机关党员干部大会上的讲话《学习党中央、国务院决策精神,联系萧山实际落实贯彻措施》。6月17日头版,刊登市委常委扩大会议消息《认真学习邓小平讲话,团结起来统一认识,为稳定大局做出贡献》。中共十三届四中全会召开后,报纸除及时报道四中全会精神外,对全市各地贯彻四中全会精神作出系列报道。

1989年11月,市委根据上级指示,在全市农村开展党的基本路线教育。11月11日报纸头版报道市委有关开展基本路线教育活动的具体要求和任务,以及各地开展这一活动的消息。1990年3月,中共萧山市第九次代表大会召开,4月,市政协第八届第一次会议和市第十届人民代表大会第一次会议召开,报纸均作出具体报道,并就会议提出的"贯彻'一个中心,两个基本点'的基本路线,认真贯彻执行党的十三届五中全会关于进一步治理整顿和深化改革的决定",连续配发有关报道。

1991年1月初,市委召开九届三次全会扩大会议,提出了"统一认识,振奋精神,狠抓当年,为全面完成'八五'任务,提前实现小康而奋斗"的任务,报纸除报道会议情况外,连续几期报道各地贯彻会议精神的消息。2月4日,市政协召开"科技兴市"座谈会,全市就"科技兴市"展开讨论。2月14日报纸在"科技兴市,发展经济,振兴萧山"的通栏标题下,刊登《我市技术贸易活动生机勃勃》《专利花开遍萧山》等6篇报道。以后又连续发表了多篇有关科技兴市的文章和报道。5月25日头版在"科技兴市是我市经济建设长期战略方针"的通栏标题下,报道市委、市政府召开的全市科技工作会议,并发表社论《实施"科技兴市"战略,推进我市经济建设》。6月8日头版又开辟《科技兴市》专栏,刊登一组有关文章和报道。

1991年2月底,市委召开区、乡、镇、场干部会议,作出《关于命名〈最佳乡、镇、场〉优秀干部的决定》,提出加强区、乡(镇)、场干部思想作风建设的任务。报纸于3月2日具体报道会议情况及市委的工作意见,并刊登3个最佳乡(镇)场给全市乡、镇、场和全体干部的倡议书,接着又报道红山农场等先进单位事迹,并就市委、市政府命名的全市"最佳企业""标兵企业""优秀企业家"的事迹,作出系列报道。是年6月,配合市委开展机关干部思想作风建设活动,报纸于6月15日至"七一"期间,除刊登有关活动外,又发表一组干部思想作风建设的讲话和文章。

(2)重点报道经济建设和改革的情况

对经济建设和改革的报道,主要包括经济体制改革、经济建设和改革的成就等,该方面的内容占报纸总容量的60%以上。

经济体制改革报道,主要反映各地实行改革的经验和改革问题的探讨。如1989

年4月29日，发表市委、市政府关于在全市开展“万向节现象”的讨论的通知，嗣后，报纸开辟《万向节现象纵横谈》专栏，连续刊登有关深化企业改革的讨论性文章。报纸还就完善企业以分配为重点的承包责任制、当时市场疲软的原因、农村产业结构的调整等问题，或发表短评，或以消息报道等形式，探讨深化改革的问题。

经济建设成就的报道，主要是反映改革开放所取得的重大成绩。1988年9月21日，开辟《想十年话改革》专栏，连续报道萧山市十年改革取得的巨大成就。其中《八大变化鼓人心》《十年改革十件大事》栏目，系列报道萧山十年改革以来在两个文明建设上的重大成就。1989年9月，为配合中华人民共和国成立40周年，开辟《蒸蒸日上新萧山》专栏，同时发起“中华人民共和国成立四十周年(1949～1989)征文活动”，从各个方面介绍萧山的建设成就。9月30日头版，以《喜看萧山这40年》的通栏标题，较全面地介绍萧山解放40年来的巨大变化。征文活动以读者的亲身经历，反映改革开放以来萧山的新面貌。这以后报纸还以整版形式对部分乡镇进行集中介绍。如1989年12月30日刊登《热烈庆贺大桥乡工农业总产值超亿元》，全面介绍大桥乡各业的发展成就。1990年1月6日头版整版介绍赭山镇改革以来所取得的成就。同年8月4日二版整版介绍楼塔镇的经济起飞。10月后又开辟《红旗村、标兵村》专栏，先后刊登航民村、红山农场等经济快速发展的业绩。1991年1月19日头版，以《我市七五成就令人瞩目》为通栏，较全面地介绍全市经济发展的形势。另外还就每年举行的“商交会”作专版报道。

报纸还注意报道各地经济信息，以《经济新闻》《新产品介绍》《工作研究》等栏目，介绍萧山的经济动态。如1989年11月18日头版，刊登《萧山萝卜干生产波动原因及对策》，1990年1月20日刊登《今年铁器农具产销合同已落实》等。

(3)积极报道其他各方面工作情况

计划生育工作一直是各级党委的一项重要工作，经济报也为此专门开辟专栏，经常性地报道有关信息。1989年4月1日头版，刊登《专家学者讨论我市人口发展对策，呼吁全社会齐抓共管控制人口增长》。4月15日头版，全文刊登市委副书记赵永前在全市计划生育工作会议上的讲话。以后凡全市性的计划生育会议，报纸均作出重要新闻报道；凡各镇乡的计划生育重要情况，也作适当的报道。

报纸开辟《社会新闻》《法制园地》《理论与实践》《文化生活》《精神文明》《风流人物》等栏目，宣传好人好事。通过通讯、专访等形式，报道改革中涌现出来的劳动模范、办企业能人，有突出贡献的模范人物等，促进全市精神文明建设的健康发展。

5.复刊后的《萧山报》和《萧山日报》的宣传报道

1991年9月《萧山报》复刊，1995年元旦《萧山日报》复刊。作为萧山市(区)委的机关报，始终坚持党报性质，晚报风格，面向群众，立足服务，通过生动活泼的宣传，努力为全市（区）人民提供健康活泼、积极向上的精神食粮，当好合格的喉舌，发挥党报应有的组织、激励、鼓舞、推动作用。

1991年以来的10多年间，中共萧山市（区）委遵照中共中央的路线方针，以邓小平理论和“三个代表”重要思想为指导，确立社会主义市场经济，进一步深化改革，进一步扩大对外开放，完善农业第二轮承包责任制，转换企业经营机制，加强经济技术开发区和各工业园区的建设，加快城市基础设施建设和城乡一体化建设的步伐，注重人口控制、环境保护和土地的有效使用。改革政府各职能机构，提高办事效率。加强政治文明和精神文明建设，使萧山各项事业取得有史以来最大的成就。《萧山报》和《萧山日报》紧密围绕市（区）委的各项中心工作，为全市（区）的“三个文明”建设发挥正确的舆论导向作用。

（1）宣传和贯彻中共中央的路线方针政策和重大政治活动

在这10多年间，召开了中国共产党第十四、十五和十六次全国代表大会，先后开展贯彻邓小平视察南方重要谈话、“三讲”教育、“双思”教育和“三个代表”重要思想教育等重大政治活动。报纸按照市（区）委的部署，在头版及时报道中共中央和国家的重大活动。

1992年贯彻邓小平视察南方重要谈话精神，报纸于4月至5月连续一个半月，组织了“解放思想大讨论活动”，发表了13篇特约评论员文章，同时报道了各种有关典型。中共十四大召开后，报纸及时地开辟《学习贯彻十四大精神笔谈》专栏。

1995年根据中央要求，市委开展“坚持新时期共产党员标准讨论活动”，报纸在头版开辟《党员风采》专栏，报道全市各级先进党员的事迹，促进和推动全市新时期党员标准问题的讨论。

1997年2月19日21时零8分，邓小平同志逝世，《萧山日报》以最快的速度，在次日早晨7时50分，将刊有中共中央、全国人大常委会、国务院、全国政协、中央军委《告全党全军全国各族人民书》的报纸送到城区读者手中，先于其他所有报纸6个多小时。是年7月1日香港回归祖国，报纸编辑部通宵达旦，由原来的8个版增加到12个版，并于是日早晨6时，将刊有中华民族百年盛事的重大新闻的《萧山日报》送到了读者手中。

1997年9月中共十五大召开，《萧山日报》全面及时地投入中共十五大的宣传。根据市委部署，报社在大会召开前夕即拟定了宣传报道意见，从指导思想、报道重点、具体选题等方面进行周密的规划，推出《喜迎十五大，回眸看变化》系列报道，宣传改革开放以来，特别是中共十四大以来萧山全市各方面的成就。在大会召开期间，共推出

22个专版，刊登75篇新华社稿件及23幅图片，迅速及时向全市人民传达大会进展情况及中央的最新精神。中共十五大召开后，报纸又推出《认真学习准确领会全面贯彻十五大精神》专栏，反映全市各地各部门学习贯彻落实中共十五大精神的情况，收到良好的宣传效果。

2000年全党开展学习中共中央总书记江泽民关于“致富思源，富而思进”的重要讲话后，市委迅速在全市开展“双思”教育活动。报社立即贯彻市委、市政府的指示精神，对“双思”教育予以高度重视，组织力量，安排版面，运用通讯评论、图片等多种形式，宣传各行各业开展活动的情况，刊出报道、文章140余篇。

2001年开展江泽民总书记“三个代表”重要思想教育活动，报社贯彻区委、区政府的指示精神，专门安排党群部负责采访，及时报道各级党组织认真学习贯彻“三个代表”重要思想，为实现“三个代表”重要思想所采取的有力措施和取得的积极进展等消息。及时报道广大党员干部结合实际，学习贯彻“三个代表”重要思想的深刻体会和经验。是年“七一”是中国共产党建党80周年，在此前后，报纸大力宣传建党80年来的丰功伟绩，建国50多年来的巨大变化，改革开放20年的辉煌成就，唱响共产党好、社会主义好、改革开放好的主旋律。江泽民“七一”讲话发表后，报纸积极、全面、深入地宣传讲话的重大意义、党的80年历史经验、“三个代表”重要思想的科学内涵。着重报道区委“七一”讲话宣讲团在各镇、街道开展宣传活动的情况，及时反映各地干部群众通过学习和辅导，加深对“七一”讲话的领会和理解的深切感受，发表各类报道百余篇。纪念建党80周年的各类文章报道仅7月份就达64篇，营造良好的舆论氛围。

2002年中共十六大召开，在大会召开前，报纸在头版开设专栏，推出一系列评论员文章，在副刊上开展大讨论。自8月起，又在头版开辟《贯彻区委全会精神，迎接十六大召开》专栏，全方位介绍各镇各部门以实际行动迎接中共十六大召开的情况。在中共十六大召开期间，报纸保证版面，充分利用好新华社电讯稿和照片，集中宣传。中共十六大一结束，报纸立即在头版开辟《贯彻十六大，发展兴萧山》专栏，报道全区各地学习中共十六大精神及百名机关干部下基层为老百姓办实事解难题的情况，并以“八兴萧山”为主题，刊发系列文章。这些报道得到省市新闻审读员的多次表扬，市新闻出版局以专文形式对萧山日报报道经验予以总结推广。

2003年发生“非典”，报社迅速行动，在宣传形式上打破常规，打破界限，1版至4版全部改为防“非典”专版，集中记者、编辑力量，全力以赴报道防“非典”工作。每天开专题会议商讨下一步报道方案，统一安排版面。针对万一出现“非典”病例的可能，准备报道预案，做到防患于未然。报道方式上，以正面宣传为主，全方位、多层次进行反映。同时开展科普宣传，进一步加大卫生常识的传播。在宣传口径上严肃纪律，统一发稿程序，做到有组织、有计划、有步骤地进行宣传报道。“非典”时期，《萧山日报》发表记者撰写的防“非典”稿件853篇，其中专版32个、评论员文章18篇，为抓好“非典”防治工作做出贡献。

是年，根据区委提出的掀起学习贯彻“三个代表”重要思想新高潮的号召，报纸于8月25日头版，开辟《兴起新高潮，推进新发展》专访栏目，发表如《重抓理论武装，大兴学习之风》《全面建设小康，创建文明城区》等综合性报道，把学习“三个代表”重要思想与萧山的各项事业联系起来，深化对“三个代表”重要思想的学习和理解。

(2)及时报道中央主要领导人视察萧山活动

《萧山报》复刊后的10多年间，中央主要领导人曾多次到萧山视察或考察工作，报社或提前了解信息，或事后尽快采访，使中央主要领导人到萧山视察或考察的消息及时得到报道。

1991年10月25日，中共中央总书记江泽民考察航民村，当时《萧山报》作为周报，于11月2日头版作了报道，刊出中共中央总书记江泽民的重要讲话原文，并配发“江泽民1991年10月25日于萧山市航民实业公司”的亲笔题词。

1992年1月25日，全国人大常委会委员长万里视察航民村，作为三日刊的《萧山报》在2月1日头版作了报道，并配发三幅照片。

是年5月6日，国务院总理李鹏到钱江外商台商投资区市北区块考察，作为三日刊的《萧山报》于9日作了报道，并配发了新闻照片。

1993年11月23日，中共中央政治局常委、书记处书记的胡锦涛到萧山考察，报纸于11月30日头版刊出了胡锦涛考察红山农场的消息和照片，以及11月25日胡锦涛邀请市委书记杨仲彦和鲁冠球、朱重庆参加在杭州举行的乡镇企业工作座谈会的报道。

1995年5月15日，中共中央总书记江泽民视察万向集团，报社事后得知情况，迅速作详细采访，于5月24日头版发表报道，并配发了江泽民与鲁冠球交谈的照片，和“江泽民一九九五年五月十五日于万向集团”的亲笔题词。

1995年6月2日，中共中央政治局常委、全国人大常委会委员长乔石视察红山农场，报社事后得知情况作了补充采访，于6月8日头版作了报道，并配发了采自电视荧屏的照片。

1995年11月29日，前国家主席杨尚昆考察航民村，报纸于12月4日头版发表报道，配发“杨尚昆九五年十一月廿九日参观萧山航民村”的亲笔题词。

2000年2月23日，中共中央政治局常委、全国政协主席李瑞环到萧山视察，报纸于25日头版，发表新华社2月24日的电讯。

2000年5月11日，中共中央总书记江泽民第三次到萧山考察，报社摄影记者设法赶到现场拍摄。报纸于5月16日头版发表新华社15日电讯，并配发该报记者拍摄的江泽民在大地网架、传化集团，以及与时任市委书记史久武握手的彩色照片。

2000年9月17日，中共中央政治局委员、国务院副总理吴邦国视察传化集团，报纸于9月21日头版发表报道，并配发彩色照片。

2000年12月7—13日，中共中央政治局常委、国务院总理朱镕基到江苏、浙江考察工作，其中于12日专程到萧山宁围镇中心信用社考察，报纸于14日头版发表新华社电讯稿，并配发朱镕基在信用社视察的照片。

(3)宣传报道市(区)委政府的重大决策和重大活动

对市(区)委和人大、政府、政协召开的重要会议，做到全面、认真地宣传报道。特别是各届党代会、人代会和政协会议，一般均在会前召开编务会议，做好宣传报道计划，具体任务落实到人。如2003年的区十三届人大一次会议和政协十一届一次会议，在召开前制定《两会报道详细实施方案》，包括会前报道、会中报道和会后报道及贯彻两会精神报道。报道不仅有明确的内容规定，而且作出具体的时间规定，使报道工作万无一失。该次两会报道，由于策划得当，报道角度新、内容实、形式活，受到大会秘书处的表扬。两会期间，记者以敏锐的眼光，抓住代表、委员们关注的热点、焦点问题进行报道。如《加大失地农民保护力度》《湘湖保护时不我待》《工业冲上千亿意味着什么》《今年GDP增长16%的论证》《19个“创新”的启示》《今年委员提案爱“串行”》等报道，既反映代表、委员的心声，又表达对政府工作的希望。在内容上与以往相比，报道代表、委员的分量加重，内容增多。如开设的《代表委员论坛》《议案提案集锦》《两会内外》等，都以大量的篇幅报道代表、委员们积极参政议政和建言献策的新风采。报道重点突出，内容翔实，组织到位。同时开设《两会特稿》《两会聚焦》《会场即景》《萧然新语》等7个栏目，不仅受到代表、委员们的欢迎，也引起了广大读者的关注。

报纸头版作为重要新闻版面，除刊登全国性的重要新闻外，集中报道市(区)委的重要活动或配合市(区)委的重要工作步骤刊登有关专栏。以1997年为例，1月，根据市委指示，开辟《展望1997年》专栏，连续刊登各镇党委书记访谈录，既通报了各镇已取得的成就，又对各镇的进步发展起到鞭策鼓舞作用。2月至4月，为贯彻市委关于进一步加快外向型经济的发展策略，报纸在头版开辟了《走开放型外向型经济之路》专栏，刊登了一组外向型企业的专题报道。为贯彻市委大力加强社会主义精神文明建设和民主法制建设的指示，报纸又开辟《文明之光》专栏，连续发表18篇文明单位的纪实通讯。4月12日，在“做文明市民，树文明新风，创文明城镇”的通栏标题下，详尽报道全市精神文明建设工作会议情况，并配发评论员文章。为贯彻市委有关加快发展工业的指示，于4月至5月间开辟《全力把我市工业搞上去》专栏，连续刊登10余家重点骨干企业的通讯报道。5月，为配合全市大规模城市基础设施建设，报纸开辟《让城市风貌亮丽起来》专栏，专门刊登一组有关治理城市环境污染的文章，一个月共刊发16篇有关报道和评论员文章，引起了全社会的重视，促使了老城区的环境整治，使城区河水变得清澈。

1999年，为迎接新世纪，配合萧山解放50周年、纪念中华人民共和国成立50周年等重大节庆活动，报纸推出《迎接21世纪的挑战》《'99百村行》《五十年巨变》等专栏。其中《迎接21世纪的挑战》专栏，针对市委书记史久武在市委十一届四次全会（扩大）会议上提出的“全体党员、干部和人民群众凝聚力量，振奋精神，坚定信心，迎难而上，把充满生机和活力的萧山带入21世纪”这一口号，着重围绕全市经济建设、社会发展和党的建设中的重要问题，进行剖析和展望，旨在配合市委中心工作，通过全面深入的调查研究，为推进全市的各项工作营造良好的舆论氛围。如私营企业打破家属制系列报道，得到了省新闻出版局审读员的称赞。“大社会办大教育”，则采他山之石，将温州、台州等地经验，介绍给萧山的教育系统。关于水泥行业的报道，在14家大小水泥厂中引起震动，报道分析现状、原因后，指出出路只有一条，即大家联合起来，不搞内耗，降低成本，打统一的品牌，迎接新的市场挑战。该报道受到市领导及市经委的重视。

2000年年初，市委、市政府提出“工学江阴、农学南海、城建学中山”的要求，报社为配合这一中心工作，于2月初派出六路记者，分别赴萧山市的周边，如绍兴的柯桥、马鞍、钱清、夏履，诸暨的店口、湄池等地采访，共刊发12篇对比性报道。之后又派出三路记者赴江阴、南海、中山采访，刊出三组共18篇连续报道，为推动“工学江阴、农学南海、城建学中山”活动发挥舆论宣传推动作用。

2001年3月25日，萧山撤市设区，报纸于当天在头版刊登了有关报道。紧接着于26日头版刊出了《萧山举行撤市设区仪式》的长篇报道，同时刊出了中共杭州市委常委、萧山区委书记史久武在挂牌仪式上的讲话——《努力开创萧山现代化建设新局面》，并配发两张现场照片。28日头版发表了杭州市委书记王国平在接受杭州市新闻单位采访时的讲话——《加快构筑大都市，再造发展新优势》。这是萧山继1988年撤县设市后的又一次重大转折。同年8月，区委召开第十一届九次全会，提出在萧山“创大都市强区，建现代化萧山”的发展方向，以及2002年工业“冲千亿元”的目标，并决定在全区开展“加快新一轮发展大讨论”活动。报社积极配合区委的宣传安排，报道好各地组织“大讨论”活动的情况，总结先进经验，发现好的典型，为全区“工业冲千亿”呐喊鼓劲。报社开设“镇街党委书记谈新形势、新设想”，职能部门谈“创大都市强区，建现代化萧山”设想，分管工业副镇长谈工业再上新台阶，萧山十大企业家、十名镇长（主任）谈落实“十五”计划的工作思路等专版，报纸成了“大讨论”活动的论坛和园地。及时报道各地开展“大讨论”动态；刊发系列评论；集中版面宣传“大讨论”中涌现出来的好经验、好做法。在组织开展工业经济专门报道的同时，派出采访小组赴江阴、昆山，对两地经验进行采访，开设《萧山冠军录》《跳出萧山看江阴》《经济综述》等栏目，配合“大讨论”的深入开展。从8月初到9月底共刊发消息135篇，通讯89篇，评论7篇，图片41幅，同时在新闻版刊出专版5个。杭州市委副书记、萧山区委书记王建满对8月20日的《群英会上鼓干劲——瓜沥镇大讨论座谈会侧记》一文作出批示：“这篇报道好！应多报道一些企业为实现今年目标和明年‘冲千亿’踊跃作贡献的消息。”

2003年年初，为迎接区第十二次党代会召开，在会前开设“回顾五年历程”系列报道，就全区自1998年以来各项事业的发展作了系统的综述。会后开辟《贯彻十六大，发展兴萧山》和《深入贯彻区党代会精神》栏目，系列报道百强企业谈发展等。

2003年3月，省委书记习近平在省委工作会议上作题为《积极参与长江三角洲地区合作与交流，进一步提高我省对内对外开放水平》的讲话后，区委、区政府提出，萧山要居安思危，进一步解放思想，加大对内对外开放力度，增强加快发展的使命感，推动经济进一步高速发展。4月1日，报社接到有关开展该方面宣传报道的任务后，立即召开会议，决定推出《开放、发展、强区》栏目，落实记者采访18家重点企业，指派专门记者奔赴江苏采访。3日，报纸第一篇综述性文章《参与长三角，谋求大发展》见报，4日《传化的“跨国之恋”》见报。杭州市委副书记、萧山区委书记王建满就此专门作出批示：“报社和广电的同志行动迅速，值得充分肯定，反映了区委区府的中心工作和工作重点，望再接再厉。”该栏目报道突破常规，以图配文的形式，让企业说话，让外商说话，让事实说话，让成就说话，让市民说话。报道体裁多样，有深度，有观点，较好地发挥了舆论先导作用。同时，报纸还配发一系列评论员文章，开设专版，并邀请有关部门专家撰写理论文章，对接轨长江三角洲地区进行理论探索。

（4）宣传和报道经济建设的重大成就

经济建设报道抓好重点，突出亮点。如1993年组织为时1个月的“来自重点工程的报道”，发表反映各级重点工程建设情况的消息和通讯30多篇。1993年萧山机场开始筹建后，报纸对机场建设的每一进展均作跟踪式报道。1995年7月在头版开设了《强市战略企业行》专栏，历时一个半月，对全市1.5万家企业强中之强的16家企业作了系列报道，基本反映出了当时全市工业发展水平。是年下半年，为配合全面开展工业企业转换经营机制工作，8月28日起，在头版头条开设了《加快经营机制转换，增强企业发展活力》专栏，陆续报道万向集团、钱江啤酒集团、杭州瓷厂、富丽达公司、化工总厂等10余家成功转换经营机制的典型，为尽快构筑企业新的运行机制，加快萧山经济的发展起到推动作用。1997年，根据市人代会工作报告中有关促进工业经济快速健康发展的要求，对走开放型外向型之路，占领国际市场的企业作重点报道。

1998年是萧山撤县设市10周年，报纸于1998年元旦用通栏标题“艰苦创业十周年，昂首迈向新纪元”，刊出一组共10篇回顾萧山十年来成就的纪实报道。接着又以《迈向21世纪——萧山撤县设市十周年》专栏，连续6天刊发萧山10年发展历程的纪实报道。是年，又是中国共产党十一届三中全会召开20周年，报纸于7月份起在头版开辟《喜看萧山巨变》专栏，以此纪念改革开放20周年。该专栏共刊发各类报道和纪实文章20余篇，全方位、多角度地展示了萧山20年来取得的巨大成就。同时又开展一次“改革开放20周年”征文活动，从理论的角度，评述了改革开放20年来的成就。

2000年结合“双思教育”活动，对全市高新技术产业的发展、企业上市培育、招商引资工程、新区建设、环境治理、南部地区基础设施建设等十大工程进行跟踪报道。开辟《贯彻五中全会精神，加快十大工程建设》栏目，以消息、通讯、现场见闻、言论、图片等形式，较全面地反映了世纪之交全市经济发展的大好形势。

2001年5月，区委、区政府提出了全年主要经济指标“双过半”的要求后，报社积极开展“双过半”报道，在头版推出《扭住发展不放松，力争实现 “双过半”》栏目，刊登各类典型事迹，推出一系列评论员文章。5月、6月，共推出典型报道17篇，评论员文章11篇，工业报道43篇，营造良好的发展氛围，得到了区领导的肯定。

2002年3月26日，区政府召开“1918”道路建设两年大会战动员大会，报社于4月份开始在头版开设了贯穿全年的《全力打好1918大会战》专栏，指派专门记者负责该线有关新闻的采访，以动态追踪现场采访、重点报道等多种方式，宣传区委、区政府在道路建设方面所作出的努力及取得的成绩。

2003年2月，在头版推出《加快发展，再创新高》栏目，系列报道各地建设工业园区，发展工业经济的业绩。是年下半年，全区大型活动不断，报纸充分利用这些活动，做好萧山经济快速发展的文章。如9月的钱江观潮节，刊出《萧山，一方宝地》专版，系统而又简明地介绍了全区的工业、外向型经济、农业、第三产业等现状和前景。同期，全国发达县域经济研讨会在萧山召开，为做好该会议的报道，报社精心组织和安排，既有会前、会中、会后的消息报道，又配发了3篇评论员文章，同时组织特别专版，扩大萧山对外影响。是年9月，为萧山经济技术开发区建区10周年，自15日起作了“萧山经济技术开发区建区十周年系列报道”，连续3天刊出了《钱塘十年磨剑》《花儿为什么这样红》《一岁“江东”续写十年辉煌》。18日头版，对开发区建区十周年的庆典活动作出系列报道，并开设两个专版，全面介绍开发区十年发展之路和开发区的基本情况，为加大萧山招商引资力度出力。

国庆期间在头版推出《喜看家乡巨变》专栏，连续发表8篇报道，作者以自己的亲身感受，写出发生在身边的巨大变化。是年下半年，为配合区委提出的实现城乡一体化的目标，在头版开辟《强素质，促发展，促进城乡一体化》栏目，以专访形式，刊登部分镇长、街道办主任谈城乡一体化建设的新设想，并配发8篇评论员文章，为推进萧山城乡一体化建设工作营造良好的舆论氛围。

(5)农业和农村工作宣传报道

农业、农村和农民这“三农”问题一直是《萧山报》和《萧山日报》所关注的热点。其主要的宣传和报道内容为农村改革政策的实施和改革所取得的成就，同时也及时反映农村和农民的新气象和新风貌。

《萧山报》复刊后的首要任务就是宣传贯彻中共十三届八中全会精神，加强对农业的报道。1991年12月28日，报社专门作出《加强农业和农村工作的报道意见》，其要点有5个方面：稳定和完善党在农村的基本政策，继续深化农村改革方面的报道；发展和健全农业社会化服务体系方面的报道；壮大集体经济实力，促进共同富裕方面的报道；增加投入，加强农业基础建设方面的报道；实施科教兴农战略，把农业发展转移到依靠科技进步和提高劳动者素质的轨道上来的报道。

1993年，中央农村工作会议后，报纸加大以农业为基础的报道。在第二版以较大的版面，报道农村改革，发展多种经营，以农民劳动积累投工为主的小型水利建设典型和搞好开发性生产等方面的典型。对是年进行的萧山市第一次机械化围垦，作跟踪式的系列报道。

1994年，面对农村中出现耕地抛荒现象较为严重的情况，报纸加大宣传力度，就巩固和加强农业基础地位，抓好粮、棉、油生产和“菜篮子”工程，确保种植面积；调整农村产业结构，发展优质、高产、高效农业的经验等方面，作了专版宣传报道。出现了一大批来自农业第一线，来自基层，来自群众，反映农民群众生产、生活和农村各方面情况的文章、照片。是年9月20日的《萧山报通讯》，专门发了一篇《加强农业和农村工作的报道意见》，提出三个方面要求。1995年3月，《萧山日报通讯》又一次刊出《加强农业和农村工作宣传报道的意见》，提出4点要求：一是宣传中央农村工作会议精神的贯彻落实；二是结合春耕生产实际，加强对农业和农村工作的宣传；三是报道各部门、各行各业齐心协力，步调一致支持农业和农村工作，形成强大合力的典型事例；四是大力宣传农村工作、春耕生产中的新人新事，重点宣传新型农民的全局观念、爱国思想和奉献精神。为促进农村先富带后富，传播经济发展比较好的村的经验，是年报纸还开辟了“红旗村、标兵村系列报道”，使红旗村和标兵村的先进经验得到了较为广泛的传播。

1996年6月，市委为加快转变农业增长方式，决定实行以人口田、责任田分离为主要形式的较为完善的农业大田生产责任制（以下简称“两田制”）。对这场涉及实行了十几年的联产承包责任制的深化改革，报社成立专门的报道队伍，派记者深入农村了解干部群众对“两田制”的反映，多次到农业部门了解此项工作的思路，并和市领导前往各地调查。在“两田制”开展前一个月，报纸针对“搞两田制是不是否定家庭联产承包责任制”等问题先后发表了《势在必行的选择》《抓住农业改革的新机遇》《活田是为了稳田》等言论和新闻述评，为动员农民积极投身“两田制”营造了良好的舆论氛围。同时还在报上介绍了《不折不扣走规模经营的路子》《“两田制”带动了村庄建设》《摘掉了贫困帽子》等成功经验。8月中旬，为配合市委、市政府召开的完善大田生产责任制工作会议，报纸又及时发表题为《上下一心打好完善农业大田生产责任制攻坚战》的社论和小言论《破除“队界”观念，健全村民小组》，还刊出了《关于完善农业大田生产责任制若干政策》等文章，对统一基层干部和广大农民的思想起到积极作用。该项工作得到市委领导的充分肯定。1997年春节，市委书记吴健在看望报社采编人员时，称赞报社对全市30余万农户实行“两田制”的报道有力度，搞得好。由国家新闻出版署主办的《新闻出版报》也在1997年4月10日二版，介绍《萧山日报》有关“两田制”报道的情况。

1999年，报社推出《’99百村行》专栏报道。该组报道带着市委的19个课题，深入农村、深入基层、深入群众、深入实际，精心写好全市有代表性的100个村，真实反映全市农村改革开放以来所发生的巨大变化。在全市所有乡镇中每个乡镇大致选择3个村，这3个村既有经济最好的，又有经济虽然不是很好，却有自己特色的村，如益农镇转塘头村——霉干菜村，头蓬镇春雷村——萝卜干村，城南东庄周村——炒货村，所前杜家村——杨梅村，欢潭兰头角村——边界村，楼塔岩下村——绸机村，义盛新庙前村和云石佛山村——烈士家乡村，南阳龙虎村——赶潮人的村，河庄蜀山村——商周文化遗址村等。由于介绍的是萧山市各有特色的村，不仅受到该村该镇群众的喜爱，还引起了全市群众的关注。整组报道图文并茂，生动地反映了20年来萧山农村的巨变。

2001年，根据农村经济向高效益发展的形势，积极做好“发展效益农业，推进科技进步”的文章，开设了《关注三农》栏目，连续推出《示范园区增效益》《发展效益农业，增加农民收入》《杨梅节富了一方土地》《黄山雪龙身价高》《红红火火辣椒地》等一组反映萧山农村增收增资的报道，获得好评。

2002年，报纸开辟《巨变在身边——沿江行》和《可爱的家乡——萧山边界行》两个特色专栏。其中"沿江行"从进化镇兰头角村开始,途经浦阳、临浦、义桥、闻堰等10个镇(场),进行了为期7天的采访,展示了钱江南岸勤劳勇敢的萧山人民意气风发,奔向钱塘江时代的风采。10月下旬至下年3月,开辟的《萧山边界行》专栏,将萧山与周边县市毗邻的30多个行政村的风土人情、工农业生产、乡村巨变介绍给读者,使读者更深切地感受到萧山农村改革开放以来的深刻变化。

2003年,又推出《三农系列报道》栏目,刊出10多个行政村有关农村改革深层次问题探讨性的报道。是年,推出《农家故事》特色专栏,专门采编各有专长的农民或具有特色的农村的事例,因采写的都是百姓生活中的小事,使读者倍感亲切。

对农业、农村、农民问题的报道,一直是《萧山日报》关注的重点之一。但一般均散见于第二版综合新闻中。以2003年11月为例,全月刊登于第二版中涉及"三农"的报道或言论共24篇,再加上是月召开的第五届萧山农展会,又有特别报道。全月有关"三农"的报道约占本地新闻的1/10。

(6)三项基本国策的宣传报道

计划生育、土地管理、环境保护这三项基本国策是保持国民经济可持续发展的根本,是《萧山报》和《萧山日报》一直关注的重大课题。报社在采编安排上将这三项国策的宣传报道列为经常性的工作。

1991年10月,《萧山报》复刊不久就在头版发表《像抓经济那样抓计生工作——市政府与各区局签订1992年计生责任书》的报道。以后在《社会纵横》专版开辟《计生线上》专栏,经常性地宣传报道有关政策和计生工作的先进事迹、人物。至2000年,计划生育的宣传报道列入《法苑经纬》专版,开辟《人口与计生》专栏,该专栏一直延续至2003年。计划生育工作有时作为新闻,还列入《综合新闻》或《社会新闻》专版。如2001年3月12日的综合新闻版,刊出《宣传国策,综合服务,科学管理——浦阳营造计生工作新格局》,同月20日刊出《党山全面实施出生缺陷干预工程》。2002年12月7日的社会新闻专版,刊出《城厢街道计生协会善举多》,同月16日刊出的《婚检拖了,问题来了》等。随着社会的发展,计生工作不仅是人口管理,还提倡优生优育,因此计生工作也经常在《健康园》专版发表有关知识性的文章,如2001年3月7日《健康园》,即发表《女性职业与生殖健康》等。经常性的计划生育宣传报道,为萧山计生工作一直处于全国先进行列发挥一定的作用。

土地管理也是报纸关注的重点,有关消息报道主要在头版或综合新闻版刊出,如1998年10月5日头版报道的《市土管部门加强土地规划管理》。每年的6月25日为"全国土地日",报纸抓住这个节日扩大宣传。如1999年的6月22日头版,发表市土管局局长就第十二个土地宣传月答记者问——《坚决依法行政,合理使用土地》,同月24

日头版报道《市土地开发整理现场会召开》,25日头版,发表市人大常委会主任施松青讲话——《加强土地管理,促进经济可持续发展》,26日头版报道《土地管理法咨询活动昨举行》。随着土地管理逐步实现规范化,报纸就利用公告广告专版,刊登有关土地管理的最新法规。有关这些公告经常在广告专版发表,使人民群众及时了解政府有关土地管理的政策法规,督促萧山土地的合理开发使用,为经济建设服务。

环境保护工作,在《萧山报》和《萧山日报》复刊初,一般以专版形式刊登有关法规,监督有关部门遵守执行。之后,报纸加大有关环保工作的报道,并有意识地组织相关的专栏。如1999年5月为配合市政府开展的洁美家园活动,开辟《洁美家园系列报道》专栏,先后刊出22篇有关整治环境的报道。2000年,萧山市委、市政府全面开展"创建文明城市环境综合整治活动",报纸于7月2日起做跟踪采访,每天在《综合新闻版》作动态报道。如2001年4月,为配合农业农村现代化教育,报纸开辟《整治社会风气,整治居住环境》专栏,先后刊出《瓜沥镇"双整治"纪事——人人都是环境投资者》《青山碧水伴农家——云石乡"双整治"活动纪事》等。对具有全局性的整治环境活动,一般在头版刊出有关报道,对局部性的环境性治理活动,则在其他栏目刊出。随着人们环境保护意识的提高和对环境保护工作的规范化,2002年以来,环境保护工作列入综合新闻版或专版刊出。如是年12月10日综合版刊出报道《全区电镀行业会议共商治污对策》,12月31日专版《一片丹心映碧水——写在南片水厂通水之际》等。

"三大国策"的宣传报道,为全市(区)经济建设的快速发展,在舆论氛围上起到保驾护航的作用。

(7)精神文明建设方面的宣传报道

精神文明建设的宣传报道是报纸的重点,报社在部署安排工作中每月均有具体要求。市(区)委在这十多年间,推出了一系列精神文明建设的具体活动,如1993年的"争做文明萧山人,树立萧山新形象",1995年的创建国家级卫生城市的活动,1996年的"做文明市民、树文明新风、创文明城市"活动,1998年的"社会主义道德年建设活动",以及2000年开展的"贯彻《公民道德建设实施纲要》,以德治区活动","第二个道德建设年活动"等,报纸努力配合市(区)委的这些活动,充分发挥"以高尚的精神塑造人"的作用。

在"做文明市民、树文明新风、创文明城市"活动中,报纸从三个方面入手进行宣传报道。一是宣传各级领导统一思想,转变观念,坚持两手抓,把精神文明建设放到重要议事日程上来的先进典型;二是宣传各地抓精神文明重在建设、贵在落实的典型;三是宣传在创建活动中涌现出来的新人新事新风尚,大力宣传体现社会主义新道德的先进人物先进事例。对群众关心的热点和典型,进行反复深入地宣传报道。在坚持正面宣传为主的方针下，对一些不利、不义，违反社会公德的行为，有选择地进行曝光。对在活动中各行各业推出的“承诺服务制”，进行积极的引导，促进该项工作健康发展。同时配合有关部门，对与群众生活密切相关的机关行政事业单位、窗口服务行业，进行明察暗访，表扬群众热情称赞的部门和单位，对群众意见较大的予以适当的曝光。

在“社会主义道德建设年”活动中，报纸着重从四个方面开展宣传报道。一是突出主题，如社会公德方面的爱护公共财物，维护公共秩序，热爱公益事业；职业道德方面的诚实敬业，诚信无欺，诚恳服务；家庭美德方面的夫妻互敬，老少互爱，邻里互助等。二是宣传各地各部门广泛动员，周密部署，领导带头，推动整个活动卓有成效地开展的典型。三是宣传各地各部门，以党员干部和青少年为重点对象，进行培训，掌握道德常识，实行道德规范，提高道德素养等活动。宣传报道各地各部门联系实际，对正反道德现象、正反道德事例和道德责任道德荣辱等方面开展大讨论。四是宣传典型事例，特别是宣传从小事做起，从自身做起，从本职工作做起，群众公认的、有良好社会效益的典型。同时也揭露些后进，道德低劣的言行，为社会创造以讲道德为荣，以争做道德高尚的人为荣，以不讲道德为耻的舆论氛围。2001年，区委贯彻中共中央、国务院下达的《公民道德建设实施纲要》，全面开展道德建设实践活动。报社根据区委部署，制订宣传报道计划，深入宣传公民道德建设的重要性、指导思想、方针原则和主要内容，宣传“爱国守法，明礼诚信，敬业奉献”的基本道德规范，组织版面宣传在创建文明百村、文明社区、文明窗口、文明单位中涌现出来的、体现新时期道德要求的新事物、新典型。积极宣传开展“警德”“税德”教育情况；积极宣传以“双整治”为主要内容的农业农村现代化教育开展情况等。加强对社会普遍关注的道德热点问题进行正确引导。发挥报纸的舆论监督作用，批评背离社会主义道德要求的错误言行和丑恶现象。对具有重大典型的人和事，以群众参与的形式展开讨论。

2002年，进一步广泛深入地贯彻落实《公民道德建设实施纲要》，按照区委要求，配合“第二个道德建设年活动”，在宣传报道上做了三件事。一是与“雷锋日”活动、“三八”妇女节、义务植树等活动相结合，做好青年志愿者为民服务，创建“千里文明大通道”、农贸市场执法检查的相关报道；二是与在领导干部中开展的“从政道德”主题教育、在行业单位中开展的“诚实立身、信誉兴业”主题教育、在青少年中开展的以“实践‘五爱’要求，争做‘四有’新人”主题教育活动结合起来，做好职业道德建设的深度报道；三是与全区创建文明镇（村），整治和规范市场经济秩序，加强城市管理，推进“四五”普法教育，整治劳务市场等结合起来，积极开展报道。同时配合做好城区社区工作的宣传报道，宣传团员青年、妇女建功立业的先进典型事迹，掀起一个全面宣传精神文明建设的热潮。

2003年，为配合贯彻《精神文明建设纲要》，推出了《争做文明使者》专栏，报道一些普通教师、居委会主任、派出所所长、普通村民的文明事迹。“五一”节前后又推出《美丽人生》专栏，介绍了业绩显著的10名劳动模范的事迹。开辟的《十杰青年》栏目，则介绍了被全市群众评选出来的10位在普通岗位上做出杰出业绩的10名青年。同时报纸还利用副刊介绍一些对事业执着，并做出了一定业绩的人物。这些人物为人们树立了楷模，弘扬了正气，特别是对青少年，在目前改革开放的关键时刻如何树立正确的人生观，起到了积极的引导作用。

是年，开展“钱江时代萧山人”主题教育活动的宣传报道。宣传“钱塘时代特征”大讨论活动。开辟专栏宣传广大干部群众通过重温邓小平视察南方重要谈话，学习江泽民“七一”讲话，充分认识杭州市实施经济中心南移沿江跨江发展的重大战略意义，再次掀起解放思想热潮的教育活动的情况。同时利用《理论与实践》版面，对“钱塘江时代”的内涵和萧山如何应对等较深层次的问题开展理论研讨。与此同时，大力宣传“萧山精神”大提炼活动。发表系列评论员文章，全面系统地阐述提炼“萧山精神”的主要思路以及科学内涵，开辟《大家谈》栏目和举办征文活动，使社会各界人士参与“萧山精神”的提炼活动，使“萧山精神”在全社会引起更强烈的共鸣，促进“萧山精神”的发扬光大。

2001年是中国共产党成立80周年，是年7月1日，江泽民发表重要讲话，报纸全文刊登，并在理论版面配发一组学习讲话的文章。报社策划“峥嵘历程，辉煌巨变”纪念建党80周年专题报道。在历时一个半月时间中，报纸先后推出《萧然英烈》《走近老区》《光辉岁月》《时代先锋》《党的建设》系列报道，共刊出各类文章和图片60多篇（幅），深切缅怀在萧然大地上抛头颅洒热血的革命烈士，热情讴歌新时期各条战线的优秀基层党组织、优秀共产党员的先进事迹。

2003年，围绕争创“全国文明城市和省级文明城区”的“双争创”活动，积极宣传“双争创”的重要意义、目标任务、创建要求，大力弘扬时代精神和先进的道德风尚，宣传报道争创活动中的先进典型和做法。加大对不文明现象的批评和监督力度，通过明察暗访、监督整改、树立典型、推广经验等做法，促进文明创建活动。

为加强革命传统教育、爱国主义教育，在重大节庆时间，报纸运用“征文”“知识竞赛”“特刊”等形式，开展有关宣传活动。每年的“七一”建党节、国庆节，一般均开辟专栏。如1995年为纪念抗日战争胜利50周年，报社从是年7月中旬开始到9月上旬，开展了一次较大规模的“纪念抗战胜利50周年”征文活动，共发表文章50余篇，起到很好的爱国主义教育作用。1999年5月5日，是萧山解放50周年纪念日，报纸在此前后在头版开辟了《难忘岁月》栏目，以记者专访形式，采访在解放萧山中立下汗马功劳的一些老同志，请他们回忆解放萧山时的“难忘岁月”。5月5日，当天报纸又专门发表社论——《峥嵘历程，辉煌巨变》。是年10月1日是中华人民共和国成立50周年，报纸在节日前后，发表一组全市以及各镇乡各部门开展庆祝活动的报道，同时举办“国庆50周年征文”活动，开辟《奋勇跨越五十年》专栏，以记者专访形式，采编反映萧山50年巨变的系列报道，歌颂祖国，歌颂萧山在党的领导下所取得的伟大成就。同时，报纸连载纪实文学《开国大典六小时》，让人们重温新中国诞生的辉煌时刻，激发群众对祖国的热爱。

2003年，在头版开辟《争创省级文明城区》和《争创全国文明城市、省级文明城市》专栏。该栏目贯穿全年，均以记者专访形式，系统地报道全区性和各地各部门争创活动。同时配合推出“文化村”创建工作先进典型系列，把全区首批64个文化村介绍给读者。另外开辟《文明与我同行》专栏，也以记者专访形式，反映全区在精神文明建设方面的成就。是年，配合区委“保持共产党员先进性”活动，开辟《发展兴萧山，党员做表率》专栏，报道一组优秀党员的先进事迹，为在群众中树立党的形象，起到积极的舆论宣传作用。

(8)教科文卫事业的宣传报道

在教育报道方面，除报道全市性的重大教育战线的消息外，《萧山报》复刊初，在《社会纵横》专版开设《校园风景线》栏目，主要报道学校教育事业的发展情况。1995年《萧山日报》复刊后，开辟《教育园地》专版，一度又改为《教育与科技》专版，仍以《校园风景线》为主要栏目。至1998年恢复《教育园地》专版，设有《教育探讨》《教育论坛》《校园风景线》《教坛人物》《校园动态》《教育实践》《家教园地》《教育热线》等10多个栏目，宣传报道全市各地教育成果、教育战线的动态，以及教学本身的一些业务性知识等。其中以《校园风景线》为主要专栏，以反映一所学校的特色为主。《教育热线》专栏，则注意到近年教育改革中的一些新现象，对如何使教育事业适应新形势的发展作出有益的探讨。《教育人物》专栏，比较系统地介绍全市(区)教育战线上的先进教师，激励广大教职员工更好地教书育人。2000年，在《教育园地》专版进行一次“开展师德教育，塑造教师形象”征文活动，刊出《老师应该学做“医生”》《做一个会微笑的老师》《个性:现代教师的必备素质》《教师莫忘语言美》等20余篇由教师撰写的文章，对提高教师素质起到了启发和推动作用。随着新闻内容的大量增多，《教育园地》专版有所减少，但对教育事业上的重大成就和新闻尽量安排在综合新闻版刊出。同时新开辟《花季·雨季》专版，专门编发一些中小学生的习作，对提高学生的素质和写作水平起到了一定的作用，受到社会各界关注。

在科学技术报道方面,《萧山报》复刊初期,根据市委提出的科技兴市战略,曾开设过《科技兴农》专版,但基本内容传承《萧山农科报》和《萧山经济报》关注农业科技的做法,其主要内容为实用性、先进性的农业生产技术的传播,其主要栏目有《经验交流》《农事指南》《实用农技》《病虫测报》《科学养殖》《专家指导》《农业新科技》《田间杂谈》等。这些栏目并不固定,有增有删。

随着萧山工业经济的飞跃发展,科技栏目也注意到其他各个领域,《萧山报》复刊后,曾举办过《科学园地》《科技苑》等专版。这些专版不仅有农业方面的科技,也有其他领域的科技知识,如1995年2月3日的《科技园地》专版,就有《科学之路》《科技妇女》《新技术》《科学新成果》《新品种》《科技动态》等栏目。其他还有《科学与生活》《科技之路》《21世纪展望》《高新技术》《科普天地》等栏目,为普及科学知识发挥了一定的作用,受到广大读者的欢迎。报纸还在其他版面刊登一些涉及全市(区)性的科技方面的消息,以及党和政府有关政策。复刊初,根据市委、市政府有关加快工业技术改造步伐,大力调整产业结构的部署,报纸十分注重工业企业的技术改造等重大活动的报道,如1992年1月15日头版,报道市政府召开科技工作会议的情况。科技知识的宣传报道,除以"农业科技"专版以外,自《萧山日报》复刊以来,大部分散见于第二版的综合新闻和市场纵横等多种专版,如2003年10月刊登在综合新闻版的科技性报道和文章就有27篇。

在文化事业报道方面,报纸除宣传报道文化事业方面的成就和重要消息外,主要通过报纸的副刊,传播健康向上的文化知识。由于报社一贯坚持"党报性质,晚报风格",副刊为报纸不可或缺的重要版面。复刊后曾一度沿用《萧山经济报》的《湘湖》副刊名称,开辟《社会报告》《萧山景》《人生百味》《西山艺苑》等。其主要内容贯彻了一条"萧山人写萧山事"的原则,无论文学作品、随笔、掌故、诗作、照片、书画等,大多不离叙说萧山这个主题。报纸还有意识地以萧山为题材,开展一些征文活动,如1997年的"爱我萧山"散文大奖赛,历时两个多月,收到来稿100余篇,发表35篇,作者不仅有萧山人,也有外地人。由于副刊文风活泼,又充满着浓厚的乡土味,不仅深受读者喜爱,也是广大业余作者发表习作的园地,受到许多写作爱好者的关注。

随着报纸容量的增大,副刊栏目不断增多更新,至2003年,主要有《湘湖周末》《梦笔桥》《天下游》《文化娱乐》等十余个专版。其中尤以《湘湖周末》《梦笔桥》和《文化娱乐》等版面引人关注。2003年湘湖周末版,开辟有《大特写》《调查》《天下游》《湘湖画刊》等专版。是年12月下旬,报纸版面作出重大调整,《湘湖周末》改为《生活周刊》,其主要版面有《周刊要闻》《健康在线》《保健沙龙》《旅游频道》《美食街》《时尚风》《楼市宝典》《车行天下》《现代家居》等,更贴近老百姓的日常生活。其他副刊版面也增大容量，成为报纸传播健康向上的文化知识，用“优秀作品鼓舞人”的重要阵地。

在卫生工作宣传报道方面，报纸充分考虑到党和政府关注的重点以及读者的需求，及时报道创建卫生城市、卫生镇村，各地的卫生督查，食品卫生状况等。如1995年在创建国家级卫生城市活动中，报纸配合市委、市政府，开辟《创建国家卫生城市》专栏。该栏目在“全民动员、人人参与，为创建国家卫生城市而努力”的通栏标题下，共刊出13篇访谈录。报道全市创建国家卫生城市动员大会，并配发《创建卫生城市，造福全市人民》的评论员文章，还开展一次“环境保护知识竞赛”。在此前后，全市各镇乡都陆续开展创建卫生乡镇活动，报纸均作出宣传报道，提高全民讲文明讲卫生的素质。

报纸专门开辟旨在提高人民健康的专版，《萧山报》复刊初开辟《健康之友》专栏。1995年《萧山日报》复刊后，改在《家庭》专版上开设《卫生知识》专栏。1998年，专门开设《卫生与健康》专版，其栏目有《健康大观园》《健康随笔》《养生茶座》《医卫百科》《门诊室》《健康顾问》《专家门诊》《医生解疑》等十余个。如是年1月5日的《卫生与健康》专版，刊有《肝炎病人的自我康复》《适度紧张有益健康》《白糖、奶油不可过食》等保健文章。1999年后，《卫生与健康》改为《健康园》专版，更贴近群众。主要栏目有《心理广角》《生活科学》《时令保健》《育儿天地》《医卫信息》《病例介绍》《门诊室》《专家医师介绍》等医药和自我保健方面的文章，深受读者欢迎。

(9)商贸业的宣传报道

商贸业直接关系到人民日常生活，特别是市场与消费，既是卖方的焦点，也为买方所关心。报纸既宣传报道市场的供销状况，也十分关注人民群众的购买力、菜篮子状况。具体报道内容涉及商业流通领域的体制改革，市场的基本建设，增加供应网点，方便群众，以及为工农业提供产前产后服务等方面的情况。对群众普遍关心的“菜篮子”和打击假冒伪劣产品，既作动态报道，也对一些非法现象进行曝光。1992年，中央作出发展第三产业的决定，根据上级部署，报纸为在发展第三产业中发挥“组织、鼓舞、推动”作用，加强对发展第三产业典型事例的宣传，抓住“敢闯、敢冒、敢试”的先进典型，进行舆论引导，推动第三产业的发展。在贯彻邓小平视察南方重要谈话精神中，着重宣传报道从传统计划经济向市场经济过渡，转换经营机制方面的先进事例。1994年前后就抓好经济宏观调控，抑制通货膨胀等问题做好舆论引导工作，特别关注菜篮子、米袋子，保障人民生活必需品的供应方面的报道，开展《百姓工程巡礼》征文活动。

《萧山日报》复刊后，针对商业流通领域已完全进入市场经济的实际，报纸开辟《市场纵横》专版。该版的主要栏目有《热点聚焦》《产经走势》《市场走笔》《投资理财》

《市场信息》《政策通报》《教你一招》《提个醒》等。同时在《综合新闻》版，也经常对一些假冒伪劣产品，服务窗口人员的素质低下现象进行曝光。从1999年起，根据市场需要，报纸增加《股市》《房地产》等专版。其中《股市》的主要栏目有《行情分析》《后市研究》《个股推荐》等，为股民所关注。对商业流通的宣传报道，报纸十分注意广告的作用，凡有新的大型商场开业，或一个专业市场开业，均以十分注目的版面进行广告宣传。报纸也充分利用广告版面，做足、做好这一行业的正确引导和宣传工作。2003年2月8日，对这一版面做出改进，并以《楼市宝典》专版，采用大型彩色版面，为房地产业提供市场最新信息，推动和引导房地产业符合规律地发展。

(10)突发事件的宣传报道

及时追踪报道突发新闻可以使读者能在最短时限内了解到引人关注的事件，以发挥报纸的快速、准确地宣传报道新闻的作用。《萧山日报》复刊后，报社对突发新闻十分关注，专门制定和落实了值班制度，开通新闻热线，一旦了解或捕捉到突发新闻线索，即快速赶赴现场采访，连夜编发，争取在最短时间内发表。

1997年7月8日深夜至17日，萧山遭受洪水袭击。8日深夜，报社连夜派记者奔赴抗洪第一线采访，编辑部通宵达旦地编排，紧急编发了8篇抗洪抢险的报道，并于9日早上将载有发生在凌晨的抗洪抢险消息的报纸送到读者手中。在以后的9天时间里，报社采编人员以战斗的姿态，不辞艰辛，夜以继日地工作，共编发了23个抗洪抢险、抗洪救灾专版(其中5个摄影专版)，加上其他版面编发的抗洪救灾报道，总计发表了193篇文章、87幅照片，及时传达了市委市政府各项重要指示精神，全面深入反映了全市干部群众、军民抗洪抢险、抗灾救灾的生动场面。17日报纸还发表了凝聚集体智慧、长达1.3万字的《鏖战洪涛》，这是《萧山日报》历史上篇幅最长、感人至深的长篇通讯之一。

2002年12月2日晚，北干街道塘湾村一美容店发生抢劫杀人案，区公安分局指挥中心快速反应，综合调度，仅用半小时抓获涉嫌抢劫杀人主犯。报社迅速派记者赶赴现场跟踪采访，并于12月4日刊出《出动上百警力，全力围追堵截——抢劫杀人案半小时告破》。

2004年1月4日晚上7时，民警张叶良等在追捕犯罪嫌疑人时，罪犯拔刀行凶，张叶良奋不顾身地与之展开激烈搏斗，不幸身中数刀，但仍捂着伤口追赶，终因流血过多而献身。事件发生后报社立即出动记者赶赴现场采访，并连夜编发，于次日将张叶良的英勇事迹在头版发表。

(11)其他方面的宣传报道

《萧山日报》复刊后，开辟国内国际新闻专版，摘编新华社电讯稿和其他地方报纸值得关注的消息，尽量使读者一报在手，就能基本了解国际国内大事要事。1999年1月由四开八版扩为对开六版后，新华社的电讯稿刊用量大幅度增加，使读者及时地了解更多的国际国内重大新闻。

体育消息和动态，为体育爱好者所关注。《萧山日报》自复刊后，报纸即开辟《体育新闻》专版，主要介绍本地及国内国际重大体育赛事。该栏目开辟以来，受到广大体育爱好者的喜爱。

《湘湖周末》版是《萧山日报》的主要副刊，该版面体现“萧山人写，写萧山事，写给萧山人看”的办报宗旨，不猎奇、不跟风、不哗众取宠，努力挖掘本地新闻和老百姓关心的身边事，发表较深层次反映萧山各类新闻人物、新气象、新观念的好文章。头版为大特写，以刊发本地人、本地事为主，挖掘本地的典型人物的典型事例，激发读者的荣誉感、认同感、亲近感；《天下游》专版，重点是突出服务性，向读者推介黄金旅游线路，提供实用的旅游服务信息，介绍旅游知识，同时结合本地的旅游资源，开发身边的景点，做足“纸上游”的文章。《湘湖画刊》分为摄影和美术两个部分，摄影版的定位是艺术性、鉴赏性为主，兼顾重大节日或重大事件时的图片新闻报道；书画版则致力于对萧山书画名家优秀作品的介绍，并注重对业余作者的培养。

《湘湖周末》还努力挖掘萧山各时代的典型人物，引起人们对往事的怀念，从而达到感情上的共鸣。为普及萧山积淀深厚的历史文化和乡土地理知识，版面又开设《萧然寻踪》栏目，凡是萧山的文化遗址、地理特征均纳入视线。同时还约请“老萧山”写萧山的旧闻轶事。对萧山的文物古迹进行深入调查，写出《救救萧山名人故居》《金山考古发现四个全省第一》等大特写。

在副刊中开设的《社会万象》和《调查》专版，是《萧山日报》的特色版面。《社会万象》既是社会新闻，又是干预社会的评述；既是新闻，又具有浓厚的副刊色彩。该版面不回避人们生活中出现的各种问题，并认真地加以剖析，对症下药，寻求解决的良方，既表现了对社会严肃的批判态度，也呼唤了社会良知和正义。该版面刊登的一些文章，往往从一件小事入手，敏锐地捕捉社会经济生活中悄然出现的新景象、新事物，解析正确的人生观，体现引导读者正确处理日常发生的矛盾。因此《社会万象》专版也可以说是体现“以正确的舆论引导人，以高尚的精神塑造人”的一个版面。

《调查》版面获得2000年度全国副刊作品大赛报纸副刊版面的银奖。《调查》关注的焦点是百姓的生活，触及的是各个层面上的人们在生活中所遇到的困惑、难点、观念等问题。所以该特色版面十分具有贴近性、服务性、指导性，受到广大读者的关注。如《第二次握手，咋就这么难——关注老年人再婚现象》《21世纪，我们怎样当家长》等调查，都很具人性色彩。又如《中介——让我试着走近你》《我消费，我维权》等话题又突出服务性。又如《工作着是美丽的》《共筑法律援助之路》《改革开放给我们带来了什么》等调查，起到了引导读者进行有益的健康阅读的功能。2001年年底，报社就《调查》版面进行一次广泛的受众调查，读者满意率达到94%，成为读者的一个必读栏目。

《湘湖周末》等副刊，为宣传萧山的先进文化，为宣传萧山人民的精神风貌，发挥了很大的作用。

《萧山报》和《萧山日报》始终坚持正确的政治方向，坚持以正面宣传为主的方针，围绕市(区)委、市(区)政府的中心工作，通过典型引路，开展及时有力的宣传工作，为萧山各项事业的发展，击鼓擂阵，鸣锣开道，发挥党报应有的组织、激励、鼓舞、推动作用。

6. 区域主流媒体《萧山日报》的宣传报道

2003年年底，《萧山日报》加盟杭报集团后，新闻宣传报道在更好地执行中央"三贴近"要求，更好地为萧山区委、区政府中心工作服务，更好地为萧山三个文明建设服务，更好地为萧山老百姓服务的基础上，为适应报纸从机关党报向县市区域报的转型，更加突出萧山特色，努力向区域化、专业化、市场化、社区化方向发展，立足萧山本土，做强做大新闻，办精办活副刊，突出服务功能，拓展广告资源，与时俱进，紧跟报业发展步伐，为萧山人民提供更好的全方位的新闻服务，为加快萧山经济和社会各项事业的发展创造良好的舆论宣传氛围。

2005—2009年，萧山日报连续5年开展"质量年""质量深化年""质量提升年""质量创优年""质量成效年"主题活动。2010年，按照杭报集团提出的"重大主题报道、时政报道大众化操作，经济新闻、民生新闻平台化操作，娱乐新闻主流化操作"的要求，积极探索多媒体宣传联动机制，强化创新意识，加大新闻策划力度，积极创新报道理念、报道手段、报道内容和报道形式，形成以萧山日报为主体，以萧山网、萧山手机报、新萧商杂志为依托，多业态、多形式、多产品的新闻、资讯和信息服务发布机制。2012年，以全媒体实施年为抓手，以全媒体平台建设为手段，着力打造全媒体新闻影响力、舆论引导力和社会服务力。

(1)分众板块设置

2004年，萧山日报分四大板块：新闻板块、副刊板块、周刊板块和广告板块，创办8个版的《生活周刊》，1月16日首推《生活周刊(春节特刊)》。新闻板块包括要闻、镇街、社区传真、社会新闻、今日企业、钱江两岸、国内国际新闻、文体新闻；副刊板块包括万家灯火、梦笔桥、法苑经纬、花季雨季、特写、调查、市场、观点、读者；周刊板块包括健康在线、保健沙龙、娱乐休闲、楼市宝典、旅游频道、现代家居、车行天下；广告专版包括房产市场、财富资讯、人才广场、钱江问潮、时尚风、美食街等。之后，各板块具体版面根据改版需要不断进行调整，如2005年推出四大周刊《生活周刊》《教育周刊》《健康周刊》《家装·车市周刊》，2009年在四大周刊的基础上又增加《房产周刊》，2013年改版增加摄影板块，包括你拍我拍、视觉影像。截至2017年年底，新闻板块包括要闻、镇街、经济、天下、民生、都市、萧暖暖、深读等；副刊板块为纯副刊版面，包括湘湖周末、梦笔桥、文化悦读等，摄影板块保留你拍我拍；周刊（专刊）板块包括教育新闻、汽车、家居、房产、财经周刊、生活休闲、新媒+美食、小记者、萧伢儿等，广告板块包括分类广告、硬广等，不管板块如何调整，新闻版面一直占版面数的一半以上。除了以上板块外，政务专版、月刊（季刊）成为重要的板块之一。

2008年，萧山日报社充分发挥新闻媒体的资源优势，与部门、镇街创刊或合作承办分众报、区域报、杂志等，拓展报业新领域。是年5月18日，萧山日报社承办的《新萧商》杂志正式创刊（共青团萧山区委、萧山区青年商会联合主办）。刊物以“创富、责任、共赢”为理念，突出“新时代、新青年、新萧商”的特色，采用国际流行大16开本，铜版纸彩印，设计封面人物、特别策划、视点、人物、商道、创富、讲述、品位、前沿、投资、时尚等近20个主要栏目。2009年9月28日，萧山日报社首度与镇街合作创办首份镇级新闻月刊《临浦月刊》，每月一期，每期4版。同月，面向全区中小学生的《萧山日报·花季雨季》（半月刊）创刊，每期12版。2011年11月11日，推出面向全省的首份《和谐劳动》杂志。2012年4月17日，萧山日报社与瓜沥镇合作创办的《今日瓜沥》月刊正式发行，每月一期，每期4版。截至2012年，萧山日报社开办《临浦月刊》《今日瓜沥》《渔浦义桥》（季刊）《魅力义蓬》《勤诚党湾》等专刊专版，萧山日报社以分众报为主体，打造下沉式新闻宣传服务平台。2013年年初，萧山日报社与部门合办的《萧山法制》（月刊）面世，2017年改版更名为《萧山平安·法制》。2015年1月6日，由萧山日报社和杭州大江东产业集聚区合作，正式创办区域报《今日大江东》，每周发行两期，每周二、周五出刊，每期4版；1月8日，创办针对中老年人的《老爸老妈》周刊，由报社主办，区老龄委、萧山区老龄事业服务发展促进会（筹）协办，每周四出版；同年8月，与湘湖管委会合作创办《湘湖故事》月刊。2016年3月起萧山日报周六出版《假日特刊》，4月与萧山区总工会合作创办《萧山工人》月刊。2017年年初，与宁围街道合作正式创刊《宁围半月刊》，6月9日和钱江世纪城管委会联手打造的《钱江世纪城报》创刊；9月底，与萧山区委统战部、青年商会合作的《新萧商》杂志复刊“上蓝天”，成为第一本登上长龙航空航班的非航空类杂志。12月22日，与滨江（高新）区委宣传部正式签订合作协议，全面承接《天堂硅谷》报采编工作。

(2)宣传中共中央的路线方针政策和重大政治活动

萧山日报加盟杭报集团15年来,召开了中共第十七次、第十八次、第十九次全国代表大会,中华人民共和国成立60周年、纪念中国共产党建党95周年、纪念汶川特大地震一周年、G20杭州峰会、中华人民共和国成立70周年等重要活动,萧山日报在头版及重要版面大篇幅做好重要会议、重要活动的宣传报道及有关精神的贯彻落实,利用各媒体发布渠道,扩大舆论的影响力。

中共十七大于2007年10月15—21日召开,萧山日报以大量的版面予以全面报道,在大篇幅刊登会议消息的同时,特别关注萧山各界群众的动态,以文字或图片作出快速反应,把上下两头有机紧密结合,形成万众关注、全民同庆、上下共学的氛围,起到了很好的宣传效果。中共十七大期间,萧山日报每天除1版都有会议消息外,还开设"党的十七大新闻专版"14个,开设了《十七大特稿》《十七大新华时评》《现场传真》《代表特写》《十七大连线》《五年成就》等栏目。萧山日报抓好萧山人民反响的特别报道以及贯彻落实的宣传报道。15日2版《红领巾喜迎十七大　我看家乡新变化》,拉开"序幕";16日以近一个版面快速反映区委理论学习中心组、各界干部群众收看中共十七大开幕式的消息;17日1版的《关注十七大豪情绘华章》和22日《关注十七大迈向新征程》的多幅照片则多角度地反映社会各界通过绘画、唱歌、网络收视、党史专柜等共庆中共十七大的场景。22日以后的后续报道不断,如全区领导干部会议全面贯彻落实中共十七大精神,推动萧山又好又快发展等。

2009年是中华人民共和国成立60周年,萧山日报全力做好中华人民共和国成立60周年大阅兵报道,大力报道中央重大庆典活动和国家、省市区60年辉煌成就,大力宣传全区各界群众各项纪念活动。转载好中央的重要文章和社论及杭州市6篇理论文章。是年,按照中宣部通知精神,做好纪念汶川特大地震一周年的报道工作和"5·12"防灾减灾日的宣传报道。5月12日第1版至第7版用整整7个版面,分别以"'5·12'汶川大地震周年祭""中国之痛""大爱无疆""那人那事""萧山记忆""从头再来""走出北川"为题做纪念报道,策划独特,图片突出,组合得当,文字简练,让市民和读者受到一次深刻的教育。

2010年,全国两会期间,实行萧山日报、萧山手机报、萧山网三大媒体联动,及时对两会开闭幕式、焦点、热点及民生新闻等进行重点报道,对《政府工作报告》《新选举法的五大看点》等新闻进行详尽解读,对本地全国政协委员、传化集团董事长徐冠巨,全国人大代表、万向集团董事局主席鲁冠球参政议政、建言献策及时跟进报道。仅萧山日报就刊发两会新闻70多篇,照片近20幅。

2011年3月3—14日,全国两会在京举行。萧山日报在头版和《天下》版集中做好报道，突出五个重点，即重点抓好两会重大新闻及开闭幕会的报道，重点抓好审议、讨论政府工作报告的报道，重点抓好审议讨论“十二五”规划纲要的报道，重点抓好浙江省代表团的报道，重点抓好本地全国人大代表、政协委员参政议政的报道，共刊发两会新闻40多篇，充分发挥主流媒体的舆论主阵地作用。

2013年的全国两会是中共十八大以后召开的一次盛会。3月2—18日，萧山日报共推出两会图文报道100多篇，“聚焦全国两会”专版21个。在头版重点抓好两会开闭幕会、选举结果、国务院机构改革等重大信息报道。开辟“聚焦全国两会”专版，设立今日聚焦、两会短新闻、两会花絮、两会时评等栏目，推出《全球视野下的两会期待》《职能转变：新一轮机构改革“大幕”开启》《文化改革首人考核　指挥棒“棒”指何方》《李克强总理回答中外记者提问》等重点报道，聚焦政府工作报告、国务院机构改革、经济发展、城市化进程、民生问题等老百姓关心、关注、关切的热点话题。

中共十八届三中全会于2013年11月9—12日召开。从11月13日起，萧山日报认真做好中共十八届三中全会精神的宣传报道。以《改革再出发》为题，用图表的形式报道会议成果；全文转发新华社通稿《中国共产党第十八届中央委员会第三次全体会议公报》《中共中央关于全面深化改革若干重大问题的决定》《绘制全面深化改革的路线图——从党的十八届三中全会看中国发展新走向》《让改革旗帜高高飘扬——〈中共中央关于全面深化改革若干重大问题的决定〉诞生记》等重点报道，以及人民日报社论《让改革旗帜在中国道路上飘扬》。开辟《学习贯彻十八届三中全会精神》专栏，对区委召开常委（扩大）会议，区人大常委会理论中心组，区政协党组，区委组织部、宣传部等专题传达，以及全区上下学习贯彻中共十八届三中全会精神，进行重点报道。至11月22日，推出中共十八届三中全会专题报道专版7个、全区学习贯彻情况报道10篇。充分发挥主流媒体舆论主阵地作用，为全区干部群众深入学习贯彻中共十八届三中全会精神提供全面系统的学习资料。

2015年11月16日深夜，从土耳其安塔利亚传来消息，杭州计划在2016年承办G20峰会。全球一项重量级的国际会议第一次在中国举办，对于杭州来说，不仅是“首次”的荣耀，更是一份沉甸甸的责任。围绕“喜迎峰会，展示风采”的主题，萧山日报在11月17日推出6个整版，为这一重大喜讯造势祝贺。11月18日，萧山日报又分别推出《萧山新貌》《萧山步伐》《萧山力度》《萧山精神》4个全新专栏，报道萧山全区、各镇街各平台、经济界企业界以及市民们为迎接G20峰会的“新动作”。11月19日，“G20峰会倒计时系列报道”推出第一个新闻专版《大峰会，大城市，大国民》，以全新的视角和深刻的思想，向市民呼吁：做“最幸福”城市中“国际范”的市民，大城市要有气质，大国民要有气度，我们还需努力。11月19日、11月24日、12月3日，报纸推出3个整版的

“峰会倒计时”，总计刊发相关专栏报道15篇左右，评论1篇。

萧山日报在2016年7月1日当天推出8个版面的特别报道，隆重纪念中国共产党建党95周年。封面导读以红色的党旗为主背景，主旨鲜明地亮出该次特别报道的主题——党旗在新征程上高高飘扬；封二版“我们的峥嵘岁月”，回首中国共产党95载风雨兼程，展望中华民族伟大复兴的美好梦想；1版新开栏目《“两学一做”在基层》，首篇报道就宏观呈现全区“两学一做”学习教育的整体开展情况，突出各地各部门的特色项目；2版“我为党旗添光彩”，集中推出省市区先进基层党组织的典型事迹，致敬身边榜样，汇聚前行力量；3版列举四个基层党组织践行“两学一做”的先进经验，引导全区基层党员“动起来”、基层党建“活起来”；4版“我做党报推荐人”，号召党员读党报学党章强党性，助力党员学在先、走在前，冲一线、当先锋；5版“我们的萧山记忆”，再现中国共产党领导的最早的农民运动——衙前农民运动的光辉历史，并以新老党员的所思所想反映萧山的红色传承；6版“我们的心里话”，集中呈现老一辈共产党人的铮铮誓言和萧山各行各业党员的心语心声，展示共产党员对党的深切热爱和无限赤忱之心。

中共十九大于2017年10月18日在北京召开。萧山日报自8月底组建50多人的策划报道团队，精心策划制订全媒体报道方案。自9月5日起，围绕“喜迎十九大”“党的十九大”“萧山这五年”等主线，开设三大专栏《八八战略萧山实践》《那年那事我们的记忆——习总书记萧山足迹》《勇立潮头、奔竞萧山人》，追寻领袖足迹、报道实践样本、鼓舞萧山干劲；推出三大专题“致敬，萧山这5年”“勇立潮头行”“萧山好故事”，致敬五年成就、六问未来发展、讲述身边故事；新媒体以专题、视频、H5等报道形式抢占第一时间、点亮市民热情。仅报纸就出版70多个整版，为中共十九大的召开营造热烈的舆论氛围。会后，在头版开辟《新时代新征程 学习贯彻十九大精神》专栏，在二版推出“学习贯彻十九大精神”系列报道，做好中共十九大精神进企业、进农村、进机关、进校园、进社区、进军营“六进”报道和专版，推动中共十九大精神在萧山落地生根、开花结果。

(3)围绕区委、区政府中心工作开展的重大主题报道

报社唱响主旋律、打好主动仗，围绕区委、区政府中心工作，加强新闻策划，做好重大主题报道。

做好各届党代会、人代会和政协会议的宣传报道，在完成“规定动作”的基础上，创新“自选动作”，转换视角，做透视点，扩大视野，多站在百姓的位置来看变化、谈发展，让老百姓充分了解区党代会和区两会。2006年，对区第十三次党代会和区委十二届八次会议的报道，在符合规范的基础上进行新闻创新。萧山第十三次党代会于12月19—21日胜利召开，20日1版、2版以整版重点报道党代会开幕的消息，尤其在报眼

上放弃广告，简明扼要地刊登出今后5年工作的指导思想。5版“党代会专版”，主题为“今天，我们站在面向未来的新起点上”，全文分4大板块《回望四年，我们见证辉煌》《展望五年，率先实现全面小康社会》《十件民生事》《党建工程》，通过设置18个小标题长文“变”短，化整为零，适应读者的阅读习惯，增强可看性。21日、22日同样确保党代会重点报道，其中闭幕式还作了对新当选区委书记的专访，题目是《牢记使命继往开来，凝心聚力争创一流》。萧山网除推出专题外，首次实现网络直播。该次区党代会，萧山网共发布快讯23条，新闻稿子共400余条，还在湘湖论坛开帖引起网友的热议，一天跟帖50余条。2008年2月18—21日区两会召开，围绕政府工作重点、百姓关心的民生问题、社会焦点等，报社策划一系列专题报道，如“两会·民生”“两会·对话”“两会·聚焦”等，该期间共推出19个新闻专版，6个专题版，萧山网转播两会实况。区人大常委会首次向萧山日报发来贺信表示感谢。2009年区两会期间共刊发有关两会新闻文字稿140多篇、图片94幅、新闻专版19个，部门、镇街祝贺两会专版16个，区政协主席发来感谢信。2010年1月18—23日，区两会期间，萧山日报、萧山手机报、萧山网、《新萧商》杂志四家媒体联动，强势做好会前、会中、会后报道。除刊发重要新闻和评论外，每天推出两个要闻版、两个两会专版。萧山手机报播发两会动态短讯30多条。萧山网开设《两会进行时》《两会网视》《两会网友议事厅》等专栏，图文视频相结合，对人大开幕式和政协大会发言进行直播。《新萧商》提前策划“经济界代表委员看两会”《两会特刊》，受到代表委员一致好评。萧山日报20名小记者首次采访两会并聆听区长作《政府工作报告》，推出3个整版的小记者采访图文报道。区政协主席发来感谢信，区人大常委会办公室发来贺信，对萧山日报认真做好区政协十二届四次会议、区十四届人大四次会议报道给予充分肯定。2011年区两会期间，社会民生部通过《两会·民间连线》栏目，利用热线、萧报QQ群等平台向社会征集民间议案提案，让关注区两会的市民积极参与“两会”热点问题讨论。2017年区两会期间，以萧山日报为中心，充分利用旗下萧山网、手机萧山网、萧山日报微信公众号、萧山日报官方微博、无线萧山App、萧山手机报、户外阅报栏等媒体平台，全方位、多视角、立体式地报道传递区两会最新信息。为期7天的区两会报道，推出专版52个，首次推出手机端视频现场直播。

围绕年度区委、区政府中心工作，对重点工作、重点项目、重要活动提前策划，开设专栏、专版，刊发消息、通讯、深度报道、系列报道、评论等，集中做好新闻宣传报道。

2005年，抓好保持共产党员先进性教育活动报道，开辟专栏，配备专职记者，确保宣传力度。在湘湖拆迁报道中，萧山日报以典型推进湘湖拆迁工作，从7月26日起连续发表一组5篇评论员文章，为湘湖拆迁工作的推进营造良好的舆论氛围。

2006年，萧山13个镇入围全省百强，并成为全省入围最多的一个县(市)区，萧山日报从7月7日到9日，在头版重要位置推出系列深度报道，《我区13个镇入围全省百强》《惊人一跃，宁围跃上“浙江第一镇”》《三连冠背后的“萧山现象”》《益农：从东伯利亚到省百强》《强镇：萧山发展的重要元素》5篇连续报道和《强镇经济竞风流》《强大者更强，后发者变强》2篇评论，从不同角度切入，抓住新闻点，形成强烈的报道声势。是年，为期半年的休博会在萧山举行，萧山日报除了做好大量动态报道真实记录休博会的台前幕后，还从政治、经济、文化、旅游、商贸等多方面进行深度报道，推出16个休博专版。休博会官方网站“落户”萧山网，其中网站页面有3屏，19个相关栏目。据不完全统计，截至休博会闭幕，萧山休博官方网站累计发布的新闻达5200多条。

2007年，萧山日报推出打造“五优之区”、实现“双超”目标、推进新农村建设、东片污染“摘帽”、“树新形象，创新业绩”、为党旗增辉、实施最清洁城乡工程、防台抗台、“破解五大难题，办好六件实事”“主攻三平台，勇当排头兵”“贯彻十七大精神，科学发展在萧山”等近30项重大主题报道。这些报道，时间短的持续半个月，长的持续一年或一年以上，为区委、区政府中心工作的开展营造良好的舆论氛围。萧山日报与杭州日报一起，推出《品质萧山》系列报道，共5篇，围绕5个主题，从不同侧面反映出萧山在打造“五优之区”发展过程中的新思路、新举措和新变化。8月初，“杭州市百万市民清洁杭城大行动”启动，配合市委的部署，萧山区实施“最清洁城乡”工程。在该项覆盖城乡的清洁大行动中，萧山日报在着重抓好面上宣传的同时，进一步加强对点上的报道。在活动开展之初，用两个版的篇幅，对实施“最清洁城乡”工程的意义、举措和目标，详细进行分解，对前期将要开展的“五大重点问题大整治”活动内容予以详尽的报道。在活动开展过程中，以专栏的形式集中刊发稿件130余篇，反映各地各部门好的经验和做法。同时，对于城乡存在的卫生死角，以图片专版的形式加大曝光力度，积极开展舆论监督，力促环境的改善。10月29日《治污：铁的决心铁的手腕铁的纪律》、10月30日《王厂长“下岗”王书记“上岗”》、10月31日《摘掉一顶“黑帽”，换来一片蓝天》，连续三个头版头条报道东片环境整治的新闻。

2008年，萧山区委十三届三次全会提出“全区生产总值冲千亿、人均生产总值超万(美)元”的奋斗目标，萧山日报紧密结合全区落实这一目标的发展实践，在头版陆续推出“高举旗帜创五优，创业创新强五力”“加强反腐倡廉，打造廉洁萧山”“破解要素制约，谋求更大发展”“树新形象 创新业绩 打造品质萧山 建设五优之区”四大栏目，全年累计发表文章300多篇。2008年是改革开放30周年，“30年激情创业”——萧山区纪念改革开放30周年系列活动4月11日启动后，萧山日报迅速推出《1978—2008：三十年激情创业》等重头文章，“三十年激情创业·十大新闻事件”评选、“走百

村 看巨变——2008萧山日报记者百村行”行动、“三十年激情创业·萧山故事”征集等活动相继展开。先后安排10路记者采访团，北上、南下、西进，赴北京、黑龙江、武汉、重庆、成都、上海、香港、广州、珠海等地，倾听和记录天南地北的萧山人讲述他们的创业故事，集中展示他们抓住机遇、开拓创新的创业情怀。以全新的视角报道改革开放给萧山人民带来的实惠和幸福。省新闻出版局2008年第103期《报刊审读与管理》专门刊发长篇专题阅评文章称，《萧山日报》纪念改革开放30周年报道，不仅动手早，而且做到了既有广度，又有深度，从而扩大了社会影响力，发挥了很好的引导作用。

2009年，贯穿全年的“学习实践科学发展观活动”“庆祝新中国成立60周年”“品牌镇街品牌文化品牌萧山建设活动”“建设三级美德档案体系”等重大主题报道，取得较好效果。如开辟《科学发展观在萧山》和《发挥党建优势 促进企业发展》栏目，报道全区各级各部门采取的务实举措和取得的成效，报道一批企业抓党建促发展的典型和基层组织建设典型。从6月份开始，区委常委走进萧山网新闻会客厅，与网友开展“共商科学发展”系列对话活动。萧山日报及时跟进，在头版和二版分别推出重点报道及“对话实录”，先后刊发9位区领导与网友对话的图文新闻40多篇。2009年是中华人民共和国成立60周年，重点做好“萧山60年”系列成就报道，5月13日至9月底，推出“新闻直通车追寻60年坐标上的萧山故事”专栏，发表新闻20篇。“我和共和国的故事”通过民间记忆折射国家发展，从7月15日《我的1949：萧山解放记忆》到9月20日《我的2009：大学生创业也精彩》共刊发7篇深度报道。“跨越60年——听爷爷奶奶讲故事”刊发小记者稿件两个专版，把宣传报道和爱国主义教育结合起来。“新中国成立60周年·我身边的变化”系列报道共刊发图文作品28件。9月28日出版《吾国吾家·60年萧山记忆》大型特刊，厚度达到276页，全面展示100多个机关部门和品牌企业60年大事和辉煌业绩。开辟《走进技工60》和《萧山金融60年》等专栏，宣传一批典型，大力营造庆祝中华人民共和国成立60周年的浓厚氛围。5月23日，杭州市委常委、宣传部部长翁卫军专门作出批示：萧山日报启动新中国60周年主题报道行动快，起步早，主题鲜明，值得充分肯定和表扬。

2010年，萧山日报连续发表3篇系列评论，并推出《科学发展在萧山》栏目，对全区学习成果和涌现出来的先进典型进行综合报道。为创建全国文明城市助力，报道创建行为，曝光不良现象，倡导文明行为，3—9月共推出图文报道200多篇，系列专题报道5个，专版15个。5月18—24日，萧山日报采取图文报道、深度解读、系列评论等形式，抓好萧山区举行领导干部读书会，到全国社会管理创新试点城市之一的江苏省南通市考察取经，以及全区贯彻落实读书会精神的报道，共刊发图文报道、深度解读文章和评论近20篇，为萧山区加强和创新社会管理推进社会和谐发展营造良好的舆论氛围。2010年是“十一五”收官之年，自11月15日开始推出“回眸十一五”强区篇和富民篇系列报道，回眸五年来萧山经济社会发展取得的重大成就和积累的成功经验，关注五年来萧山重大决策，反映老百姓对过去五年巨大变化的切身感受，并对建设富裕和谐现代化萧山各项措施落实成效进行解读与解答，以此激发全区人民以更加昂扬的斗志积极投入“十二五”建设，再创新的辉煌。同时在《经济》《镇街》版推出全区各部门、镇街、各行各业的成就报道，如反映城建工作的“城市让生活更美好”系列报道等，还利用专版、图表等形式展示各部门、镇街、企事业单位等五年来取得的辉煌成就。至12月20日，推出图文报道50多篇。

2011年，是中国共产党建党90周年，4月25日由萧山日报主办的“红旗飘飘·开天辟地”纪念建党90周年十大主题活动在衙前镇启动。启动仪式之后，萧山日报于4月至10月之间全面推开十大主题宣传报道，即开天辟地之——红色记忆、红歌嘹亮、火红岁月、党员楷模、红色传递、星火燎原、成果巡礼、党建风采、红色影像、红色经典。5月16日，萧山日报启动开天辟地90年之“星火燎原”大型多媒体联动报道，在一个多月时间里陆续外派六路记者，按照上海—嘉兴、广州—武汉、延安—瓦窑堡—洛川、北京—西柏坡、福建古田—江西瑞金、贵州遵义共6条线路进行采访报道，为读者描绘一幅视角独特、脉络清晰的建党90周年红色地图。7月1日，萧山日报推出90个版的“开天辟地90年——热烈祝贺中国共产党成立90周年”大型特刊。各个板块配以全区各级政府及其部门执政为民、科学发展、创先争优的生动实践，以理论与实践的生动印证，展示萧山在中国共产党的正确领导下，取得的丰硕发展成果。

2012年区两会后，策划推出2012年十件实事系列报道，为“建设文明幸福新萧山”营造良好的舆论氛围。《6万农户供水　一户一表要改造》《今年老小区改造　800余户居民受惠》《加强检测　让市民的“菜篮子”拎得放心》《农家书屋　“图书大餐”送到村民家门口》等十件实事系列报道解读，从百姓愿景、实事解读、新闻链接三个方面入手，从老百姓、部门、政府工作报告不同角度对实事工程进行剖析，报道更为全面客观。6月4日，强势推出“学习上城区管理经验，提升城市发展水平”系列报道，对萧山组团跨江学习上城区城市管理经验，学观念、学胆识、学思路，弥补城市工作“短板”的情况，以及相关部门、镇街贯彻落实举措进行全方位报道，为提升萧山城市发展水平助力。6月4日，萧山日报头版以《学观念学胆识学思路　萧山欲补城市工作“短板”》为题报道考察消息，配发取经图片，同时还配发“本报评论员”文章《为何学、学什么、如何学》，强调这次学习目的、意义和作用，重点明确“学观念、学胆识、学思路，这是必须拿过来为我所用的精髓所在”。6月4—6日，萧山日报2版连续推出《智能管控平台　为城市管理保驾护航》《“上城模式”：构建“333+X”社区大服务体系》《四级网格化管理:为居民织就“贴身衣”》3篇系列报道,明确萧山区向上城区“学什么”的问题。7—15日,萧山日报开辟“学习上城区管理经验,提升城市发展水平”专栏,推出《区城管局:跨江学习拓展了城市管理新思路》《区民政局:全面提升社区发展质量和水平》《区交警大队:提升交通秩序管理智能化》《城厢:学习先进理念　打造高端品质街道》《北干:要创全国和谐社区建设示范街道》《蜀山:学上城“真经”建休闲新城》等报道,对相关部门、镇街贯彻落实学习考察精神,对照上城找不足,采取措施补“短板”,立足当前抓落实等情况进行报道,突出“如何学”这个重点。10月中旬,萧山日报派出三批报道小组对江阴、武进两地的先进做法进行深入采访,联合推出“学先进话发展”的系列报道,从城市化水平、产业转型以及政府推动力三个方面着手,每篇以8000字的超大力度,展现先进地区的好理念、好经验、好做法,助力建设文明幸福新萧山新一轮大发展。7月,围绕萧山区委、区政府在全区企业中开展的“双重双送、合力发展”百日活动,采取动态报道、开辟专栏、开设专版等多种形式,认真打好这个主题报道“组合拳”,为企业提供准确及时的政策解读、产业导向、结构调整等信息资讯服务,以及可供学习借鉴的成功样本。7月10日—9月20日,共刊登图文报道120篇,专版4个。从9月中旬开始,为认真落实市委、区委要求,萧山日报组织两路记者分赴新疆阿克苏和萧山本地采访,集中推出“援疆医生欧阳栋”主题报道及相关后续报道。

2013年被列为萧山区“政务环境优化年”,根据区委、区政府的部署,从2月18日开始,在头版开辟《新年开新局　助推开门红》专栏,重点聚焦经济发展环境,强势报道各部门、镇街和企业的新举措新成效,到4月3日,共推出《手头订单多　临江企业开足马力生产》《靖江外贸企业订单排长队》等报道23篇。打好加强干部队伍建设报道“组合拳”。从6月28日开始,开辟《打造有激情、过得硬、打胜仗干部队伍》专栏,以《再创萧山发展新辉煌　共谱中国梦的萧山篇章》为题,对全区干部队伍建设会议进行重点报道。同时,以《我区完善机制加强干部队伍建设》为题,报道区委“若干意见”的重点内容。连续刊发《激情投入　固中国梦萧山篇章之基石》《实干兴区　奏中国梦萧山篇章之强音》《再立新功　创中国梦萧山篇章之伟业》三篇系列评论,大力宣传加强干部队伍建设的紧迫性。7月上旬,萧山区先后组织党政代表团赴滨江、余杭、桐庐三个区县学习考察,萧山日报选派多名文字和摄影记者跟随采访。该次学习考察的重点是,学滨江、余杭、桐庐三个区县创新之长,走萧山转型之路。7月2日,萧山日报推出动态报道《萧山党政代表团赴滨江学习考察　学滨江创新之长　走萧山转型之路》和深度分析报道《创新驱动　高新区(滨江)走向“智慧E谷”》,介绍赴滨江学习考察成果,重点分析高新区(滨江)着眼“高”“新”、择优培育潜力企业和服务创新、为企业寻找更合适的“鞋子”两个方面的经验。7月4日,萧山日报推出动态报道《借他山之“玉” 琢发展利器》和深度分析报道《“五城一基地”带动 翻开“产业余杭、创新强区”新篇章》《描绘生态建设新画卷 秀美桐庐走向绿色发展》，既报道赴余杭、桐庐学习考察情况，又对余杭区在“大杭州”建设中，以“打造产业余杭，建设创新强区”为目标，谋划布局“五城一基地”六大主平台，经济一路高歌猛进，快速发展；桐庐县整治“三江两岸”、打造黄金水道，建设美丽乡村、实现生态富民等经验进行重点分析和总结。同时以《有激情 过得硬 打胜仗》为题，连续推出“全区领导干部学习考察座谈交流会”专版4个，对61个区级部门和镇街“一把手”的交流发言进行集中编发。萧山区委十四届五次全体（扩大）会议提出，萧山要大力推进新型城市化。9月，在封二深读版推出“新型城市化”大型策划报道，首篇《“新型城市化”路在何方 我有话说》，抛砖引玉，以集合近20天的市民意见，六问萧山新型城市化路向何方；第二篇《“新型城市化”问计探路 专家把脉》，权威解读，记者赶赴杭州，采访省市两位专家，请专家对萧山的新型城市化提见解、给思路，形成权威意见；第三篇《“新型城市化”全新破题 探路出发》，起承转合，以高屋建瓴的视角，全面介绍萧山新型城市化的原因、核心内容、底气何在；第四篇《“新型城市化”适得其势 蓝图待展》，展望未来，采访区委政研室、发改局、住建局、环保局，分别就新型城市化纲领的拟定、项目的确定、开展城市建设的主要内容，谈未来新型城市化的规划和目标；第五篇《新型城市化 萧山在路上 城市梦始发》，回顾历史，主要介绍2013年以来萧山在新型城市化上的新动作新举措以及带来的效果等。中国梦是2013年舆论的主旋律，萧山日报策划“百姓梦 我的多彩人生”系列报道，以10岁为一个档，寻找一个特色有趣、有代表性的小人物的故事，报道从10月1日推出，共推出8篇人物典型报道，如《耄耋老人王也农：健康快乐颐养天年梦》《画家姚志中：想把萧山美景尽收笔下》，系列报道还通过发挥余热、心系公益梦的退休老人戴成花，爱在萧山、扎根萧山梦的赫哲族周森兴，勤练武术、心怀“英雄梦”的冯川等数个人物，以小角度切入，反映社会的大变化。

2014年年初召开的全区深化“三改一拆”暨“无违建”创建工作动员大会提出，全面开展“无违建”创建工作，抓紧制订具体的创建方案，倒排工作计划，分层次、分阶段扎实推进，到2016年创建成为“无违建区”。围绕这一中心工作，萧山日报采用开辟《三改一拆》专栏、专版等形式，从城区到镇村全面关注，从文字到图片突出重点，到3月底，共刊发图文报道近100篇，专版3个。开设固定栏目《全力推进五水共治》，精心宣传报道萧山区科学治水、依法治水、铁腕治水、全民治水，全面打响“五水共治”攻坚战的决策部署和先进典型，为“五水共治”工作开展营造良好的舆论环境。6月，集中进行典型报道，在头版重要位置以图文配合的形式刊发《白鹿塘直河：百年古河摘“臭名”》《30条垃圾河大“变脸”》等7个典型报道，全面展示完成整治的河道情况，是对“五水共治”活动的阶段性总结。2月7日，全区召开“大干2014”誓师大会，正式吹响新一年工作的集结号。围绕“大干2014”誓师大会，萧报采取集中报道会议精神、强化评论营造声势、开辟专栏推介典型、推出特刊展示特色等方式，擂响“大干2014”报道战鼓。开辟《大干2014之开好新局》专栏，认真抓好各类典型报道，先后推出瓜沥立下“军令状”、经济技术开发区转变招商引资模式、益农加速化纤科技城建设等报道；2月17日起，推出《大干2014·萧山誓师》特刊，舆论开导，营造氛围，助力发展，特刊中特意开设《大干2014之开好新局》专栏，强势报道镇街、部门贯彻会议精神的新动向；至2月20日，共推出图文报道120多篇、特刊2期、专版17个。4月9日开始，开辟《大干2014·首季新亮点》专栏，到28日共推出11篇报道，对全区经济平衡发展、招商引资、项目推进、转型升级、出口贸易等全面情况，以及具有地方发展特色的个体典型进行报道，充分展示了2014年一季度萧山快干、大干、实干取得的成效和亮点。2014年根据中央统一部署，按照省委、市委要求，萧山区于2月20日召开党的群众路线教育实践活动动员会，标志着为期8个月的萧山区党的群众路线教育实践活动全面展开。萧山日报紧紧围绕该次教育实践活动，运用消息、通讯、评论、栏目等宣传形式，切实抓好动态报道、明确具体要求，强化新闻评论、提高思想认识，抓好典型宣传、突出萧山特色，至3月7日，推出消息、通讯、评论30多篇，为扎实开展好党的群众路线教育实践活动大造声势，营造良好舆论环境。3—5月，区委常委会的班子成员陆续走进萧山网，围绕如何加强党性修养、改进工作作风、解决人民群众反映强烈的问题等内容，开展以“我们的群众观”为主题的在线访谈。自3月20日开始首期对话以来，共有11位区委常委走进萧山网直播间，与网友进行互动。为密切配合萧山网在线访谈活动，萧报认真做好区委常委“我们的群众观”在线访谈系列报道，至5月13日，在《深读》版陆续推出11位领导对话要点系列专题报道，突出访谈要点，配发一幅在线访谈图片。

面对错综复杂的经济形势和“五水共治”“三改一拆”等省市区重点工作，2015年，萧山日报通过前期精心策划，推出“敢于担当走在前”系列报道，进一步助推萧山重点工作取得实效。该次“敢于担当走在前”系列报道以镇街为切入点，报道镇街如何破解难题、推动发展。系列报道由目前萧山的重点工作“五水共治”“环境整治”和“转型升级”三个部分组成。通过前期细致摸底，每篇报道选取4个镇街为主要报道对象。7月7日起，萧山日报推出“城市建设管理转型升级看萧山”系列报道。这一新栏目关注萧山近一年来已经破解或正在破解的几个城市管理热点，再次吹响城市建设管理转型升级的集结号。栏目第一篇《育才路夜市落幕一年》，关注驻守老城区11年的育才路夜市，回顾在清退过程中各相关部门工作人员敢于担当的身影，又通过老百姓眼中的前后对比来反映出他们不辞辛劳后的现实成果；第二篇《众志成城　关停义桥矿山》，关注义桥区域矿山开采带来的扬尘污染、噪音污染、交通安全等问题，着重报道了工作人员铁腕推进这块“疮疤”的全面关停；第三篇《最大“无证无照”市场，顺利腾退关闭》，则是聚焦正在紧锣密鼓地进行关停的南门市场，彰显萧山区敢于向热点难点“开刀”的决心和士气，对这一专项整治行动起到一定推进作用。围绕“聚焦生态文明主线，努力建设‘三生融合’美丽萧山”的发展思路，7月30日—8月21日，策划推出《“三生融合”萧山进行时系列述评》，在《深读》版共计发稿10篇。

2016年，紧扣G20杭州峰会这一圆心，突出主会场和东道主亮点，萧山日报加强策划组织，创新报道形式、报道方法和报道内容：抓准时间节点推出三大主题特刊，抓主打栏目推出G20日志，抓常规报道推出G20时间，抓新媒互动引爆阅读新鲜点，四大组合拳讲好萧山故事，凸显萧山元素，生动反映了全区上下抢抓G20重大机遇，努力推进三生融合美丽萧山建设的新气象、新风貌，为G20的成功举办营造良好的舆论氛围，多次获得上级主管部门领导的批示和肯定。从2016年2月至9月，历时8个月，围绕G20的《我们的故事》《我们准备好了》《萧山欢迎您》《我们这一天》四个特刊共计130多个专版，“两微一端”发布消息500余条，仅8月29日—9月6日萧山日报官方微信阅读量近百万次，萧山网依托“手机萧山网”对G20峰会进行手机端的直播，在积极传递G20的中国声音的同时充分挖掘G20的萧山元素。杭州萧山国际机场公路被誉为“省门第一路”，经过两年多的大手笔改建，2016年5月3日，杭州萧山机场公路复通。作为萧山交通史上的一件大事，萧山日报专门制定详细的宣传报道方案，调遣精兵强将，在机场路开通前后，利用官微和重点版面，浓墨重彩地推出“机场公路通车”的组合报道。5月1日，机场路开通前夕，萧报全媒体记者驾车开上机场路高架，全程体验，并以视频形式在萧山日报官方微信发布《“萧山版”通行指南》，实证从市心路互通到“踏海巡天”收费站仅需9分钟，并详细解释通城高架路的限行时段和通行要求、机场公路的收费听证方案等。5月3日，萧山日报用3个版面展开重点报道，如记者航拍的机场公路高架主线夜景，记者驾车探路的情况，以及机场公路高架封闭施工前后的变化及重新开通的重要意义等。5月4日，萧报《深度》版整版解读机场公路对萧山、杭州乃至浙江的重要意义。二版开辟《省门第一路，我们是建设者》专版，以三个典型，以小见大，反映萧山干部群众同心建设机场公路的昂扬斗志和精神风貌。10月1日，湘湖三期正式开园，这意味着湘湖国家级旅游度假区整体开园。萧山日报在试开园当天推出《湘湖故事》特刊，用4个整版解读湘湖开发建设的全过程，探访三期新景点和景区配套管理，描绘未来湘湖金融服务产业新蓝图。推出《圆梦湘湖还看今朝》《区域价值提升　湘湖产城融合爆发巨大能量》等一批深度报道，全面营造“最美湘湖”的氛围。是日，萧山日报除了头版头条、专版、专栏的新闻报道外，分别以“圆梦湘湖”“最美湘湖”“我的湘湖”为主题，作了全景式报道。并以消息、图片、短评、新闻链接等形式，全面演绎主题，既加深读者印象，也提高了报道的深度与内涵。

2017年3月开始，萧山日报开展“最多跑一次”相关图文报道，如3月24日头版见报的独立主图《“最多跑一次”落地》、4月13日《“最多跑一次”改革　跑出萧山“加速度”》，5月23日推出《把对人民的承诺真正记在心上——“最多跑一次”特刊》，精心选取在该项工作上取得突出成绩的6个部门（区办事服务中心、区市监局、区住建局、区卫计局、区公安分局、公积金萧山分中心），共8个专版，展现萧山在推进“最多跑一次”改革中的率先作为和成绩。3月27日，正式启动“剿劣攻坚战　我们在行动”萧山日报全媒体报道，利用典型报道、深度报道、主题评论、现场报道、互动报道等多种形式，实现报网媒融合互动：是日推出8个版的“剿灭劣Ⅴ类水　萧山总攻图”特别报道，七大剿水“总攻图”首次与读者见面；开设《剿劣攻坚战　我们在行动》《剿劣攻坚战　我们在一线》《剿劣攻坚战　我们去巡河》三大特色栏目，全年共推出报道110余篇，图片报道40多幅；开设《随手拍　曝光劣Ⅴ类》栏目，借助市民的力量，共计16次对一些水质差、环境差，又不及时加以整治的河道予以曝光。3月17日，全区“民情双访”工作会议召开，专题动员部署“民情双访”工作。随后，萧山区组织开展以“周三访谈夜”和“周二走访日”为主要内容的“民情双访”工作。4月5日，萧报特推出《民情日记》专栏，重点反映“民情双访”工作中用脚步丈量民情、用真情听取民意、用实招破解民忧的典型，与大家一起分享他们的工作情况和心得体会。全年刊发稿件94篇。

（4）宣传和报道经济新亮点

紧紧围绕区委、区政府经济工作重点，除了在《要闻》《镇街》等版面强化经济报道外，2009年9月21日改版时新设立《经济》版，打造与萧山经济强区地位相适应的经济新闻板块，反映萧山经济新亮点，为萧山经济发展鼓与呼。

2008年在北京举行的中国制造业论坛上，萧山获得“中国制造业十佳投资城市奖”，再次引起国内制造业界的关注。从1月18日开始，每周推出一篇重头稿，先后以《中国制造业十佳投资城市，萧山何以胜出？》《“产业集聚”造就“超级航母”》《小品牌变身“巨无霸”的背后》《培育“经济森林”的沃土》为题，对萧山入选“中国制造业十佳投资城市”进行解读，对萧山工业总产值在5年间实现从1000亿元到3000亿元的大跨越进行深度报道。创业创新是2008年萧山经济社会发展的主旋律。萧山国际创业中心经过两年的孵化，共孕育出近10家高新技术企业，萧山日报以《这里能产生下一个马云吗？》《“海归”为何游向萧山？》《发展高新产业，萧山寻找新“蓝海”》为题，推出“走进萧山国际创业中心”系列报道。5月中下旬，推出4篇系列报道，对萧山经济技术开发区建区15年的发展实践进行分析与展望。2008年的国际经济形势给萧山民企带来严峻挑战，怎样认识这场危机、应对这场危机，是萧山民企必须解答的问题。经过认真策划，萧山日报从11月上旬起，策划“2008全球金融风暴下的萧山民企”系列报道，先后推出《胜达：反弹琵琶，低成本扩张》《华欣如何做到跳跃式发展》《杰牌：构筑产业联盟，实现抱团发展》《紫香集团：先行一步让“凤凰”迎风展翅》《东南网架：始终如一，做精主业》《按需生产，做制造业的“高级定制”商》等大型经济报道，总结该类企业在危机中找机遇、化危为机的做法，很有启示性。

2009年，在做深做透“一副三组团五大新城”“拓市场，扩投资，促消费，保增长”、大江东开发、全区经济转型升级等方面加大报道力度，通过典型引路，重点引导，为推进萧山经济社会发展提供强大的舆论支持。为帮助企业度过经济“寒冬”，保持萧山经济平稳持续较快发展，自2月20日先后发表《三弘集团：党员民主听证会促发展》《华东钢业：转型升级党员立新功》等系列报道共8篇，从不同角度报道萧山非公企业发挥党建作用、应对金融危机挑战的鲜活经验和典型做法，在社会上引起较好反响。从7月开始，以大江东新城开发建设全面启动和经济企稳回升为契机，利用专栏、专版、消息、图片、系列评论等形式，深入宣传市委常委会第75次会议、萧山区召开江东新城开发建设誓师大会等会议精神和市委、市政府、区委、区政府作出的决策部署，全面解读大江东开发建设战略的新思路、新要求和新任务。推出《又好又快建设大江东新城》《大江东，托起萧山科学发展新跨越的希望》等4篇会议主题评论，《统一思想行动　树立五种意识》《突出重点工作　实现五大突破》《凝聚萧山力量　强化五个保障》共3篇系列评论。刊发《空港新城征迁安置工作进展顺利》《大江东摆战场》《前进工业园区打响“百日攻坚战”》等一系列图文报道。开辟《快乐消费　品质生活　聚焦首届萧山购物节》专栏，采用系列动态报道、深度报道、专版等形式，刊发了大量的图文报道，做好首届购物节和消费券发放、社会各界认购消费券的宣传报道工作。认真做好“工业兴区”报道。一是抓好如交通道路“12881”工程、铁路“四线二枢纽”工程等重点工程、重点项目的报道。二是精心打造《拓市场　扩投资　促消费　保增长》专栏，围绕“主攻工业、决战工业、稳定工业”目标进行大力宣传。三是报道力推企业转型升级和为企业“送措施、送服务、送人才、减负担、破瓶颈”等具体行动、大项目推进行动等新闻。

2009年9月21日改版以后，以新设立的《经济》版为平台，倾力打造与萧山经济强区地位相适应的经济新闻板块，及时宣传报道全区各镇街深入实施“工业兴区”战略的行动和举措，大力宣传工业企业转型升级、结构调整的经验成效，着力做大萧山名企、萧商、大江东、三平台等经济新闻，积极挖掘工业企业开拓市场、提升竞争力的先进典型，做足做优百姓关注的投资、理财、时尚消费等资讯，先后刊发一批比较典型的重点经济报道和深度报道。2009年下半年起，萧山区的经济出现企稳向好发展趋势，从11月下旬起，开辟《关注转型升级》专栏，剖析七大行业转型经验；开设《转型升级看镇街》专栏，以《内外销“两条腿” 临浦走出一片天》开篇，截至12月底刊发典型报道近10篇。

从2010年1月4日起推出“2009萧山精彩”系列报道，先后刊发《金融危机下，萧山经济化危为机的精彩答卷》《魅力新萧山 城乡齐步走》等报道，对2009年主要经济工作进行全面回顾。3月上旬开始，推出“转型升级话萧山”系列报道，为“转型升级、抓紧实干、全面提升萧山经济社会发展水平”营造良好的舆论氛围。3月9日头版首先推出《创新：城市之魂》《转型升级弯道超车》两篇走读江阴系列报道，接着推出《大平台，为嬗变插翅腾飞》《转型升级，与城市化相得益彰》两篇走读张家港系列报道。3月16—18日在头版重要位置先后刊发领导赴江阴、张家港学习考察的图文报道7篇。3月18—19日，在经济版推出连续整版报道。之后又推出“转型升级话萧山”系列述评文章，强化舆论，营造声势。8月18日推出“转型升级话萧山之传统产业蜕变”系列报道，截至8月31日推出7篇报道。萧山日报推出“转型升级话萧山之转型篇”“转型升级话萧山之升级篇”“转型升级话萧山之双过半”“转型升级话萧山之传统产业转型升级”等，先后刊发典型报道近百篇，为引领萧山经济发展，加快转型步伐起到很好的推动作用。萧山手机报、萧山网进行同步报道。8月9日，省新闻出版局《报刊审读与管理》刊登对萧山日报“转型升级话萧山”的专题审读，充分肯定萧山日报的做法及取得的成果。

2010年，紧紧围绕区委、区政府经济工作的重点，除了在《要闻》版、《镇街》版强化经济报道外，开辟《经济》版和《浦阳江生态经济区》专版，搭建新的宣传平台，做精做深做透大江东、五大新城、三组团、浦阳江生态经济区等重要区块的经济报道，为萧山经济发展营造良好的舆论环境。全年推出四大经济报道：一是工业兴区报道。重点推出萧仑“试水”核电领域、萧山京城“揽金”87亿元签约项目22个、万向集团与美国公司签下3亿美元合作项目、萧山工业经济“一路快跑”等一大批重头报道。二是大江东、五大新城、三组团报道。抓好省市区领导调研视察报道，贯彻落实省市重大决策和领导讲话精神的报道，抓好引进大项目、推动大发展的报道，比如沈阳新松“机器人”项目落户临江新城、广汽与吉奥正式“联姻”等报道。三是浦阳江生态经济区建设报道。2010年3月19日，杭州市正式批复浦阳江生态经济区发展规划，3月19日、20日两天刊发11篇图文报道，3个整版，报道动员大会精神、生态区概况和发展方向、区委、区政府举措和八镇党委书记的新思路等。从5月起，定期推出《浦阳江生态经济区》专版，以动态消息、图片新闻及镇、街党(工)委书记访谈录等形式，重点推介发展思路、进展情况以及取得的阶段性成果,进一步扩大浦阳江生态经济区的影响力。四是挖掘上海世博会"萧山元素"系列报道。2月底启动世博会报道,3月21日刊登《万向完成世博新能源汽车配套生产》,4月下旬开始加大报道力度,并特派3名记者采访世博会开幕式及"浙江周""杭州日"等活动,充分挖掘世博新闻的"萧山元素":本地企业及员工建设、服务世博的报道、世博会期间的新闻、在家门口迎世博的报道,先后推出《世博会浙江馆,美女坝钱江潮起潮落》《萧山花边,亮相上海世博浙江周》《意大利人对萧山玻璃竖起大拇指》等重头报道,推出《世博会,萧山和你一起律动》《世博会"环沪护城河"萧山环保在行动》等专版。到10月底,共刊发世博新闻300多篇、服务专版20多个。萧山手机报加入上海《解放日报》世博报道联盟,为手机媒体受众及时提供贴心实用的新闻和资讯。市文广新局《报刊审读通报》充分肯定萧山日报上海世博会报道"鲜、特、活"。

2010年,在经济报道上进行大胆尝试,运用"宣传组合拳"的报道技法,实现经济新闻与民生报道的有效融合。2010年1月推出"杭二棉"搬迁系列报道,1月5日头版刊发消息《杭二棉搬家6亿天价补偿》、3版《杭二棉:一部传奇剧的谢幕》《杭二棉家属房俏起来》,1月17日2版推出《杭二棉搬迁,带来什么》,4篇报道从民生角度进行深度解读,反映城市化发展、企业健康发展、经济快速发展带来的新变化;1月6日,《e动》版以通栏大标题报道市民的呼声:《杭二棉要搬,主席像能否留下来?》,民众的呼声很快得到区文物部门肯定的回答,1月7日刊发《民众请放心 毛主席像将原址保护》。

2010年9月起,我国再出重拳加强对楼市监管,抑制房价过快增长。对此,萧山日报加大楼市调控报道力度,宣传国家房产新政,宣传萧山落实举措,宣传调控效果和社会反响情况。共刊发楼市调控报道50多篇。对备受市民关注的"菜篮子""米袋子"等物价问题,萧山日报采用多宣传国家政策、多宣传地方举措、多向市民做提醒宣传、多宣传物价维稳或回落成交的办法,加大宣传引导力度,对市民进行合理疏导,增强实用性和指导性,起到释疑解惑的作用。12月4日,市委常委、宣传部部长翁卫军在集团《采编通报》刊发的《萧山日报坚持"四多"做好物价报道》上批示:"很好,值得表扬!"

2012年首季落幕,萧山区各项经济数据相继出炉。在萧山发展"爬坡越坎"的关键时期,面对较为严峻的经济形势,报社精心策划,推出"首季经济新亮点"系列报道。该组报道抛开以往的常规做法,寻找不同领域的发展亮点,推出"五个一"的报道。即选取一项区委区政府的重点工作——项目推进年;选取一个发展优势平台——临江工业园区;选取一个发展势头最好的镇街——衙前镇;选取一个发展迅猛的行业——整车以及零部件行业;选取一个重点产业——萧山工业经济运行的整体形势。4月9日头版头条推出开篇之作《创新发展思路 推出多项举措 我区政府投资重大项目建设顺利推进》。报道推出后，赢得了社会各界的好评，市委常委、区委书记俞志宏对此进行批示，区经信局领导还特别与萧山日报联系，要求继续推出相关的经济报道，为萧山经济发展鼓与呼。

为积极响应省委、省政府大力实施“浙商回归”工程，萧山区委、区政府把吸引浙商来萧创业创新作为招商引资工作的“重头戏”。2013年萧山日报推出“浙商之春”系列报道展示浙商风采，一是宣传区委、区政府的招商引资政策。首篇《一方热土 浙商回归助力家乡发展》报道萧山区招商引资优惠政策。二是报道浙商回乡创业、做大做强企业的事迹。如杭州乐荣电线电器有限公司由祖籍萧山的台商袁永栋于1996年回乡创办，并从大陆最大的生产基地逐渐转变成为集团全球总公司的智囊中心，实现袁永栋回乡创业、做大做强企业，回馈父老的梦想。三是报道企业创新发展的成果。2003年凯尔达电焊机公司从温州乐清迁至萧山，经过十年的创业，组建凯尔达集团，成为引领电焊机行业的龙头企业、国家级高新技术企业。至3月5日，共推出10篇报道，宣传浙商回乡创业、支持家乡建设的事迹，报道萧山区招商引资工作取得的重要成果。

为了进一步助推萧山区招商引资工作顺利开展，在全区上下营造抓招商、谋发展的浓厚氛围，从2015年2月27日起，全面推出《招商引资攻坚战》栏目。第一篇《吹响集结号 开发区招商引资再出发》，打响《招商引资攻坚战》栏目的第一炮。记者们陆续深入一线，先后采访湘湖新城、萧山科技城、钱江世纪城等重点平台以及北干街道、瓜沥镇、临浦镇等部分镇街。同时，对北干、蜀山、汇林三家科创园以及长龙航空、中国重汽杭发公司、浙江申通瑞盛快递有限公司、杭州恩斯克万达四家重点企业进行了采访。相关报道分别在A1版和A4版陆续刊发。

作为今后经济增长主动力之一，“一带一路”发展倡议日益明晰，也是中国经济进一步主动融入全球的体现。2017年5月16日，萧山日报推出系列报道《“一带一路”看萧山 从钱江走向世界》，共刊发《布局“一带一路” 萧山足迹遍及20多个国家和地区》《空港园区：在“一带一路”上翩翩起舞》《筑梦“一带一路” 杭萧钢构长袖善舞“多点开花”》《传化智联 为“一带一路”配备智慧物流平台》4篇稿件。

（5）做深“三农”和社区新闻报道，做好“走转改”

“三农”和社区报道一直是萧山日报的重头戏。报社不断深入“走转改”，创新“三农”报道，做好《百村行》《见习村主任》《农家故事》等专栏报道，开设《社区传真》《市井》《街坊》等版面，使“三农”和社区报道得到进一步深化。

创新“三农”报道。从不同侧面不同角度反映“三农”问题，实现报道政府及部门工作向报道农民需求的中心转移。如萧山区根据中央一号文件精神出台多项强农惠农政策，2009年2月6日萧山日报以《让农民“腰包”鼓起来》为题在头版突出报道，介绍萧山区为保持农业稳定发展、农民持续增收，将在“政策扶持、内部挖潜、外部拓展”三个方面做文章。报道受到省新闻出版局的表扬。2011年11月23日“今日观察”栏目的《今年冬种生产“新”字打头》，在区内各地冬种生产正开展的时间段，刊登该篇报道，将各种冬种政策和具体办法以及应该重视的事情等及时告诉全区农民，对于做好冬种起到重要的推动作用。2012年8月20日头版头条新闻《37张标准图　萧山农民看图生产》，既宣传区委、区政府的惠农好政策，又反映职能部门转变作风、改进工作、服务“三农”的新面貌，让人们看到萧山农业科学发展的又一面。

挖掘“三农”的新变化、新面貌、新鲜事。2009年7月，推出《楼塔农民时兴讨种荒田》《和事佬协会试点工作在衙前推行》《临浦大学生村官有本事》等报道。2010年8月23日，在《镇街》版推出《村名故事》栏目，两个多月报道10余个村名故事，可读性强，又弘扬村名文化。2011年11月30日，头版头条《90位萧山农民喜获电大文凭》，反映区委、区政府实施“一村一名大学生”项目的成果；2012年4月26日4版《经济》版头条新闻《我区农村电子商务迎来“春天”》，传递农村电子商务信息，展现出新农村建设的新变化。2013年3月11日，萧报打通6版7版推出《萧山新农村》专版，标题为《我区深入推进新农村建设　统筹城乡一体化发展　在新农村建设中舒展幸福画卷》，图文并茂，展现萧山区新农村的幸福生活。7月2日《要闻》版头条新闻《超四成农民被查出患有“富贵病”》，在报道实现农民合作医疗保险的好消息的同时，向读者传递超四成农民患有“富贵病”的信息，令人震惊，提醒及时，为萧山农民的健康敲响了警钟。

打造品牌栏目。以《农家故事》《百村行》《总编走基层》《见习村主任》等栏目为抓手，深入基层，践行“走转改”，记者编辑住农家房、吃农家饭、聊农家话、写农家事，全方位报道萧山农村的巨大变化和新农村建设中的典型经验、典型事迹、典型人物。

农家故事。从2003年5月1日开设至2018年的《农家故事》是萧山日报的拳头产品和品牌栏目，读者最喜爱的栏目之一，2004年被评为杭报集团十佳优秀栏目。《农家故事》将触角伸向基层小人物，伸向普普通通的农民家庭，介绍农村生产和生活的趣事。在这一栏目中，或是浦阳江上的守桥人，或是弃工从农的围垦大户，或是农业龙头企业的老总，记者用千百文字，通过他们各自的故事，勾勒处于变革之中的新农民形象，印证了城乡差距随着经济的发展日益缩小。虽写的都是农民，反映的却是农家百业。2013年8月22日，《农家故事》刊发《高其浩：草根发明家带动大伙一起致富》，将义蓬街道长红村村民高其浩在农业生产中不断探索，从事农机具发明等情况，向广大读者作了生动介绍，内容很有意义，既宣传科学技术在农业生产中的作用，又宣传普通农民也能当发明家。

百村行、见习村主任。自1999年以来，报社“百村行”一直持续至2018年。2006年3月14日，在衙前镇举办由萧山日报策划的萧山区建设社会主义新农村大型主题采访活动启动仪式，同日，报社“50名记者萧山百村行”启动。记者分批赴农村采访，头版开设《百村行》专栏，截至是年12月12日，专栏刊登整整100篇报道。8月12日，杭州市委常委、萧山区委书记王金财作出批示：“百村行”活动，围绕大局，主题鲜明，挖掘了基层经验，有效地推动了富裕和谐新农村建设，值得肯定，应予表扬。是年8月中旬，萧山日报开展一次主题为“百名小记者采访新农村”的活动，随后出了两个专版，刊登了15篇文章、16幅照片，这是百村行活动的延伸和补充。小记者们从特有的视角出发，思考、观察、记录农村的变化，令人耳目一新。2007年，在萧山网新农村专题开设《百村行》专栏。2008年4月11日，在“三十年激情创业”——萧山区纪念改革开放30周年系列活动启动仪式上，启动“走百村 看巨变——2008年萧山日报记者百村行”活动。2013年11月，又推出《百村行》子栏目《百村行之萧山边界行》，记者们深入萧山各镇街与区外交界的村落，用朴实的视角去审视这些村由于地处交界处的特殊文化、经济现象。《百村行》栏目及其子栏目，成为“三农”报道的重要平台。从题材上看，大致可分为五类：第一，经济发展类的，如报道新湾镇建华村的《建华村：水上走出致富路》。第二，生活富裕类的，如首站写了《浙江“首富村”到底有多富？》。第三，文体活动类的，如《沿江村：农民健身成时尚》。第四，村容村貌类的，如《涂川：村庄面貌七个月换个样》。第五，民主管理类的，如《沈村村民：村里的大事我们当家作主》。上述五大类基本涵盖百村行的报道内容，而且也与社会主义新农村的“生产发展、生活宽裕、乡风文明、村容整治、管理民主”总体要求相一致。10多年中，《百村行》栏目从关注农村报道，关注农业生产到关注农民生活，不停转换报道视角，倾向于用社会、生活与民生的视角，报道农村的新面貌、新风尚。

2011年，按照上级部署和要求，以开展“杜绝虚假报道，增强社会责任，加强新闻职业道德建设”专项教育活动和“走基层、转作风、改文风”活动为契机，1月26日，举行“杜绝虚假报道 增强社会责任感”专项教育活动动员会暨“记者新春基层行·2011访百村”活动启动仪式。3月10日上午，萧山日报社“见习村主任”现场会议在义蓬街道后埠头村举行。现场会上，来自萧山日报、萧山网、萧山手机报的10名骨干记者分别受聘10个行政村担任“见习村主任”。他们深入基层，深入群众，深入实际，以自己的亲身体验，真实报道萧山农村的变化和基层干部群众建设美丽家园的热情与期望。在头版保留“百村行” 栏目，在二版新开《见习村主任日志》栏目，引导记者编辑到村里去，写新农村建设的变化，写基层干部的酸甜苦辣，写农户的家长里短。2014年，见习村主任范围从村扩大到社区，人数从10人增加到40人。《见习村主任日志》在选题上要求写身边人、身边事，以小见大，体现小角度大主题特色；在形式上追求平实，以群众喜闻乐见的形式，增加报道的吸引力。如以第一人称写的《我在骆家舍村当夜巡员》《我当起了酿“土烧”的小徒弟》《我探访所前村民的山林果园》《我在施家吃了顿开心年夜饭》等文章，很受读者喜爱。

《百村行》《见习村（社区）主任》栏目成为萧山日报的品牌栏目，并获得2006年浙江省服务“三农”报道优秀栏目提名奖、萧山区宣传思想工作“创新奖”二等奖、2012年度浙江省新闻战线“走转改”优秀栏目、2013年杭报集团最佳版面（栏目）。《见习村（社区）主任》栏目被评为2012年度杭报集团最佳栏目、2014年度中国城市党报名专栏等。

总编走基层。2007年10月18日起，在头版推出为期一个多月的《总编下基层，服务到镇街》栏目，深入开展新闻服务，集中报道各镇街在经济发展和社会各项事业建设中的新亮点和新经验。2011年9月22日，萧山日报“总编走基层”启动仪式在益农镇举行，总编走进益农镇三围村田间地头采访农民，“热线进社区”“农资进农家”“服务进镇街”同时举行。《总编跑田头》《我和总编谈谈心》《秋夜再访青山村》《宁围，风景这边独好》《种文化，信源村里一片和气》等报道受到基层干部群众的关注与好评。

2012年2月14日，省新闻出版局《报刊审读与管理》2012年第9期对萧山日报开展“走基层、转作风、改文风”活动，设立《总编走基层》《见习村主任日志》《2012百村行》等专栏给予充分肯定，认为“萧山日报的经验值得借鉴”。2月15日，省委宣传部副部长鲍洪俊在该期《报刊审读与管理》批示肯定。

做好社区新闻，讲好老百姓的故事。2004年1月1日，萧山日报推出全省纸媒首个《社区传真》版。每周一期，走进百姓生活，反映社情民生，提供生活资讯，讲述百姓故事。突出服务功能，内容与《社会新闻》《万家灯火》错位。栏目设置：社区巡礼、社区名片、家长里短、社区短波、帮忙社、百姓故事等。《社区传真》开设以来，成为广大社区工作者及社区居民的贴心朋友，2004年城厢街道还特地为该版举行一次答谢会，并向报社赠送“情系社区，服务居民”的锦旗。之后，《社区传真》停办，但是报社自2007年把每月的15日定为新闻热线进社区日，让记者到社区去，到单元楼户去，听民喜，报民忧。

随着城市化的不断推进，新兴社区不断增多，人们逐渐从“单位人”变成“社区人”，社区新闻、社区资讯、社区活动越来越受到关注。2013年10月《市井》版应运而生。《市井》版将目光锁定全区168个社区，着重报道社区“小人物”和居民们的“微生活”，专注做最贴近百姓、最贴心、最具黏性的社区新闻，讲述老百姓自己的故事。版面设置《我爱我家》《心灵花园》《凡人面孔》《老娘舅》《转角遇到爱》《社区黑板报》《生活达人》《留言板》《跟我学说萧山话》等系列子栏目。通过这些栏目，将社区居民遇到的新鲜事、有趣事、感人事、烦恼事、困惑事等，用讲故事的方式呈现在读者面前。《平凡社工的美丽故事》，讴歌社区工作者默默无闻，淡泊名利，无私奉献的精神。《8本册子 364位老人的健康档案》，介绍退休医生为社区老人免费测量血压，记录十年来每一次测量血压数值的事迹。《点赞微笑保安》《"跑腿大姐"施阿琴大事小情都操心》，赞扬普通市民助人为乐的精神。《包子铺哪都有 为何这家这么火?》，通过包子铺门口清早排长队的情景，述说一群年轻人诚信、本分经营的故事。《9年后 一家七口在这里扎根》，讲述安徽汉子老吴九年前孤身闯萧山，如今一家人在萧山安家落户的故事。《"厨星高照" 崇化社区寻找民间厨王》，反映社区多彩的生活。《16年 独腿男子天天运沙土 培养出两个大学生》，宣传身残志坚的励志精神。《老小区的烦心事》系列报道，记者深入城区老旧小区，探访居民生活状况，倾听居民心声，并开通两路热线电话，接听读者的倾诉与建议。一个月内连续刊发7篇老小区的烦心故事，引起社会强烈反响。2016年5月12日，市井版刊登《"美丽阳台"征集令发布》的报道，邀请爱种花的读者来稿，通过图片与文字展现他们的"美丽阳台"，无线萧山App同步发布消息。为使活动更具吸引力和影响力，无线萧山工作室联络两家赞助单位提供奖品。经过10多天的征集，吸引近50位市民报名参赛，不少市民发来的图片质量上乘，文字也充满情感。6月10日，市井版以整版报道展示获奖的十佳"美丽阳台"和"组委会特别奖"。通过图文并茂的故事，结合记者补充采访的内容，展现他们的养花经历与心情。

2017年改版更名为《街坊》。为进一步弘扬传统美德，助力萧山区精神文明建设，自2017年3月1日起，推出《发现身边最美》栏目，鼓励记者编辑以"贴近实际、贴近生活、贴近群众"的工作作风，沉入一线。通过主动挖掘、市民报料等方式，寻找、发现并宣传身边的最美人物，展现他们身上的"最美因子"，用典型的力量激励和带动全社会做好人、扬正气、促和谐。全年发表稿件近50篇。其中《八旬独居老人家中起火 社工及时救下他》，得到了市委常委、区委书记盛阅春的批示肯定。

(6)做细社会民生新闻，做好服务和互动

社会民生问题是群众普遍关心的问题，上连党心，下关民情，意义深远。为萧山老百姓提供有效的新闻服务是萧山日报新闻转型的重点，也是办一张亲近的报纸的要旨。萧山日报以民生、民情、人文关怀为出发点，在服务性新闻报道、公益报道、舆论监督报道等方面都有新的突破。

做好服务性报道，彰显社会责任

萧山日报在民生板块开设《今日话题》《今日帮办》《新闻直通车》《"12345"民生面对面》《法律百事通》《微言说法》等栏目，搭建沟通政府与读者的良好平台，帮助群众解决现实问题,体现社会民生新闻的宣传导向和主流价值。省新闻出版局《报刊审读与管理》对萧山日报《新闻直通车》栏目进行专题述评,称赞“是特色鲜明、宗旨明确、社会效益好的栏目”。

解决读书、住房、看病、就业、社会保障等事关群众生活“八大难”,是萧山区委、区政府为民办实事的集中体现,也是群众普遍关心的热点、难点问题。2004年6月15日至7月4日,萧山日报在一版连续刊登《一年了,八大难解决得怎么样?》系列报道,《读书环境越来越好了》《房子住得比以前宽敞了》《看病比以前方便了》《更多的人找到了活干》《建起一张社会保障安全网》《问渠哪得清如许?》《特殊群体得到更多关爱》《困难群体生活比以前好了》8篇报道,对萧山区委、区政府一年来“办好十件实事、解决群众生活‘八大难’”工作进行回顾。配发评论员文章《让发展成果惠及百姓》。7月20日,杭州市委常委(扩大)会议专题研究部署解决“七大难”。是月23日萧山日报在及时做好相关报道的同时,专门配发萧山日报评论员文章《擂响新一轮民生工程的战鼓》,还推出《解读“369”民生工程》,为读者诠释构建三大体系、解决六大热点问题、九方面政策措施的“369”民生工程内涵。从是月27日开始,萧山日报在二版以六个半版的篇幅,分别推出《让就业的大门敞开些再敞开些!》《让百姓有灯可点有饭可烧有电视可看》《让百姓看得起病买得起药住得起院》《让平安天天与百姓相伴相随》《让百姓出行顺畅些再顺畅些!》《让孩子有书读读好书好读书》共六篇“解六难特别报道”,在读者中引起强烈的共鸣。

关于民工子弟就学难问题,不仅萧山有,全国经济发展较快的地区都有。随着区域经济的发展,到经济发达地区工作的外来人员日趋增多,民工子女就学这一问题也随之突出。萧山日报抓住这一重大新闻报道题材,做好关注民生、体现媒体亲民意识的文章。2004年2月11日刊发的《走进民工子弟学校》,反映了学校开学前后的一个存在多年的问题:外地民工子女能否在当地就学?引起了社会广泛关注。2月17日刊发《民工子弟就学难今秋有望解决》,对萧山区级领导和教育管理部门开始重视并着手研究、制定政策措施,对公办学校接受容纳民工子女就学、置换调整解决民工子弟学校校舍问题、鼓励民办、划片招生等规范管理方案进行详细报道。2月21日的《社会各界牵挂民工子弟学校》,对众多外来务工人员、民工子弟学校教师和当地群众的关注,以及为解决这一问题献计献策进行报道。同时,萧山日报还刊发有关镇街免掉外来民工子女借读费的报道,取得了较好的社会效果。

萧山日报在做好加强和改进未成年人思想道德建设报道中,注重典型引路,坚持事先策划,整个关注未成年人思想道德教育报道跨度长、力度大、声势猛、内容实,高潮迭起。2004年9月16日至11月8日,累计刊发各类报道41篇,其中,评论员文章6

篇，典型报道7篇，专版3个，形成人人关注未成年人成长的舆论氛围。同时，积极参与加强和改进未成年人思想道德建设工作，结合萧山日报报庆50周年活动，动员社会各界开展向民工子弟学校捐书活动，累计捐书6600余册，并帮助友谊民工子弟学校建起了全区第一所民工子弟图书室。萧山日报将小记者团活动经常化、制度化，开设《感悟萧山发展》栏目，让学生们通过自己所见所闻萧山发展，来实现思想道德观念上的进步，并带动大批学生改进思想道德观念。

2005年首创“高考亲历记”，记者报名参加真刀实枪的高考，每天发一篇日记，与其他新闻形式配合，向考生提供更贴近的报道。

热线新闻版的《今日帮办》于2007年12月26日、28日以及2018年1月4日刊登《富丽花园住户生活不“富丽”》《城区“失管房”急需有“娘家”》《城区“失管房”能走自管路吗?》等报道，反映城区一些房屋失管、群众生活不便的难题。接着，萧山日报引导相关部门、社区、读者共同为“失管房”的管理出谋划策，刊发一系列的相关报道。在该组报道的推动下，通过相关职能部门与市民的互动，对这些“失管房”实行各部门协管的模式最终出台试行，取得较好的效果。

2008年2月，萧山日报刊登一组为温州男子陈某寻亲的报道。报道推出后，在萧山医院、四川成都电视台、温州晚报、苍南一镇政府之间形成互动。最后，这个患有智障男子终于回到了亲人的怀抱，当地政府也答应替他解决低保问题。该组报道很好地实现报、网、电视、市民之间的互动。是年4—6月，《今日帮办》推出《因尿血，17岁少女可能要切除膀胱》的9篇系列报道。河南少女郭某平的病情经萧山日报报道后，得到了区一医院、长庚医院的关注，郭某平入住长庚医院，区一医院则派专家给她会诊，区总工会、区卫生局伸出援手，在萧山的许多河南民工为她募捐，河南《东方金报》也参与互动。最后，郭某平转入区一医院治疗，并得到浙医一院、二院的专家会诊。中科院院士、心血管外科专家、教授汪忠镐也抽空为她会诊。6月下旬，郭某平出院，区一医院派车送他们一家回家。

是年7月1日开始，杭州市区有5条公交线路通到萧山。7月2日的萧山日报用4个版面予以突出报道，接着又在民生新闻版上发了多篇后续报道，特别是从7月7日开始，连续5天推出《公交一体化，给老百姓带来了什么》系列报道，从5个角度深入分析公交一体化加温“同城”效应，给老百姓带来的便利。报道得到各界的好评。

2009年，在积极探索建立党政、市民、媒体“三位一体”以民主促民生工作机制上，推出一系列重大民生报道：花季少女成了“黑户口”的系列报道，马路遮阳篷问题的系列报道，一座抗险老闸的系列报道，战高温、送清凉的系列报道，“杭齿隧道安全问题”系列报道，关注公共自行车系列报道等。6月9日推出的“杭齿隧道安全问题”的系列报道，引起了人大代表和政协委员的关注，引起了区委领导的高度重视。6月11日，区委主要领导对该组系列报道作出批示。6月15日，由政府办牵头，召集发改、财政、建设、经发等部门和城厢街道负责人，召开“杭齿隧道修缮工作”协调会，杭齿隧道整改工作在10月中旬正式启动，年底前正式投入使用。11月2日推出首篇报道《萧山要不要推行公共自行车？请市民说说》，立即在市民中引起反响。11月17日萧山区召开公共自行车专题会议敲定将参照“杭州模式”通过3年至5年的时间，建成公共自行车交通系统。11月24日，推出组合报道，报道民意调查结果、“杭州模式”、网上声音并配发湘湖时评。11月26日，推出《推行公共自行车系统，市民各有话说》。12月9日，《全区3000市民为公共自行车出点子》。该次系列报道坚持宣传区委、区政府的主张和充分反映市民心声相结合，充分发挥传统媒体与网络等新兴媒体融合的优势，引导党政部门、媒体、市民充分互动。

2009年是浙江省试行新课改高考第一年。6月3日离高考还有4天，萧山日报民生服务版刊发《汽车教练孙师傅愿为高考生免费开专车》的新闻，6月4日制作《高考服务手册》专版，提供与高考相关的全方位最新资讯。6月23日在头版和6版分别报道《我省2009年新高考第一批分数线揭晓》《下午2点，本报开通特别专线助你填报志愿》。6月24日又推出一个“服务专线”专版，详细报道填报志愿注意问题。其间，共刊发包括新华社通稿在内的新闻稿20多篇。

2010年，加大社会民生新闻策划力度，突出做好公众关注度高的公共社会民生新闻和为弱势群体排忧解难的新闻，体现社会民生新闻的宣传导向和主流价值。一是继续做好公共自行车新闻报道。从9月介入，对首批投放1000辆公共自行车、上路一周租用率、“满月”使用情况，以及记者现场体验见闻、百姓声音、部门说法等进行跟踪报道。二是关注“城市拥堵”报道。10月27日—11月29日，推出“七嘴八舌话缓堵”“破解城区拥堵”两组系列报道，先后派出多路记者进行现场体验和回访，连续推出7个专版，并通过介绍上海、苏州、香港、东京、巴黎等城市的缓堵经验，为萧山决策者及有关部门缓解城区交通压力、解决拥堵问题提供参考。在区委、区政府的高度重视下，经过交警部门的努力，“城市拥堵”问题得到有效化解。此外还发表《聚焦萧企“民工荒”》《关注3·15》《每周质量调查》《杭二棉搬家》《萧中自主招生》《百姓身边的商贸行业调查》《美德力量》等一大批公众关注度高的公共社会民生新闻。

2011年，萧山日报抓住时机，推出“致敬烈日下劳动者”和“高温下的民生经济”两组策划报道，用体验和调查的形式做好高温报道。6月13日，新栏目《“12345”民生面对面》正式亮相，该栏目是与区长公开电话受理中心联合开设服务性栏目，把热线打造成第二条区长热线，既在政府和百姓之间架起了一座沟通桥梁，同时又扩大了萧山日报的影响力和公信力。与浙江法君律师事务所联办《法律百事通》栏目,并以该栏目为依托,每半个月在镇街举行一次公益法律咨询活动。8月18日,萧山日报《法律百事通》栏目、区新农村建设法律顾问团共同举办"法律服务直通车"公益法律咨询活动,询问最多的是劳务关系的纠纷,占到总数的20%。11月16日,甘肃省正宁县一校车发生严重撞车事故后,在社会上引起强烈反响。针对市民关心的校车安全问题,萧山日报采取内外报道兼顾、正反典型结合的办法,先后推出有关校车安全图文报道12篇,以及公安部门集中整治超速、超员、超载和疲劳驾驶等突出违法行为的大量报道,让市民及时了解到相关情况,起到引导、警示和安抚民心的作用。

2012年1月6日推出春运专版《千难万难,只为一张回家的票》,为读者提供服务手册。1月8日是春运启动第一天,萧山日报派出三路记者分别去做体验式报道,如实反映民工兄弟买票难的无奈、买到票的喜悦、回家的复杂心情等,还配发4则记者在火车杭州南站、汽车总站、机场等的现场体验手记,1月9日又刊登春运专版《春运首日,我们踏上回家路》。春节过后,为了帮助解决企业招工难、民工求职难,萧山日报在及时进行市场调查的基础上,刊登大量相关报道,积极为企业招工和民工求职搭建桥梁,排忧解难,同时延伸媒体服务功能,推出"热线进社区""新春送岗位""法律服务直通车""法律百事通"咨询会等服务活动,受到企业和求职者的欢迎。11月24日,杭州地铁一号线开通试运营。11月11—27日,萧山日报共推出地铁报道170多篇、专版29个,其中《第一站,出发!——杭州地铁一号线开通试运营特刊》24个版。2014年11月24日杭州地铁2号线东南段开通试运营,启动"心驰朝阳·梦跃钱江"地铁2号线东南段开通试运营特别报道,25日,推出重点报道2篇和"地铁开通特别报道"专版4个。

每年3月是植树的最佳时期,2013年萧山日报另辟蹊径,围绕呼吁保护生态环境、转变植树活动报道角度和保护古树木做文章,特别是开辟《保护古树　添绿萧山》专栏,把"保护古树名木,建设生态家园"作为重中之重。3月6—25日,共推出植树添绿报道35篇,其中保护古树名木报道13篇,取得很好的宣传效果。从12月5日开始,推出"关注广场舞噪音扰民"系列报道,先后在《民生新闻》版推出《一边要健身娱乐　一边要安静休息　两难　城区三处广场舞最"火"地点音量调查》《公安部门:有处罚权但处罚难　对广场舞扰民没罚过款》《这支广场舞队伍　为何投诉者寥寥　市政部门建议:规范广场舞队伍　将"腾出"三大公园供市民分流锻炼》《一次特殊的圆桌会议》等报道,对广场文体活动的现状、扰民投诉情况以及有关部门寻求解决办法,进行真实反映、客观报道,引起了读者的关注。

随着"3·15"的到来,消费中的陷阱和投诉又成为热点话题。2015年3月4日起,萧山日报以一篇《"阳光厨房"都有啥　市民组团看"直播"》报道全面启动"3·15"系列报道。该次报道分别开辟《携手共治、畅享消费》和《“3·15”追踪台》两大栏目，在报道中不仅融合记者的亲身体验，反映有关部门的工作，同时也积极和读者互动，回应他们的诉求，采用报纸和新媒体相结合的方式连续不断地推进报道，受到读者的一致好评。3月15日当天，推出一整版的“3·15”特别报道，图文并茂，既有详尽的数字，又有经典案例回顾，为消费者全面揭开2014年萧山区消费投诉的情况。

3月24日，萧山日报与区司法局共同推出新栏目《微言说法》。栏目以对当前的热点问题以及市民在日常生活中碰到的难事烦事愁事为每期话题，周二定期推出，邀请专业律师团队为市民支招。见报的同时，话题在区司法局政务微信公众号“萧山司法”同步推出。只要在微信上关注“萧山司法”，点击《我要参与》栏目，就可以查看本期话题，发表评论。

2017年5月11日，一段母亲脚踩亲生女儿的视频被曝光后，引发全国网友一片震惊和愤怒。为了还原真相，并帮助该对母女改变生活现状，萧山日报于5月24日、5月25日、6月1日三次刊发报道，交代事情发生始末，并向社会呼吁为这对母女提供帮助。

做好公益报道，弘扬正能量

2006年，报社大力加强民生新闻、互动新闻报道创新。4月，萧山连续发生两起河南青年勇救落水妇女的事件，萧山日报策划吸引多方共同参与的系列报道，引起区委宣传部、区见义勇为基金会、市见义勇为基金会的高度重视，受到老百姓的关注，企业界争相奖励见义勇为的青年。中国新闻出版报采访萧山日报策划报道的经验体会，河南平顶山晚报派记者参与报道。对2006年政府工作报告中的十件实事落实情况，报社策划推出局长书记做客新闻热线，萧山网视频现场直播活动，区建设局、教育局、环保局等部门先后走进新闻热线，解决或解答读者的疑问和难题，受到好评。

2008年3月25日启动的《儿子的世界没有疼痛　妈妈的内心满是伤痛》的系列报道，一直持续到年底，月月都有新进展。宁围8周岁小孩胡某毅患有先天性无痛症的情况，引起了更大范围的关注，胡某毅先后赴北京多家医院接受治疗。10月上旬，央视《走近科学》栏目到萧山用3天时间为胡某毅拍摄专题报道。对类似的救助报道，萧山日报利用媒体的优势，发挥“引擎”功能，凝聚社会多方面的力量，让医院、政府部门、热心读者一起来演绎爱心曲。

2009年，策划桑果节，为农民沈彬文圆梦。《新闻直通车》栏目得知进化镇太平桥村桑果种植大户沈彬文梦想办一个草根狂欢节打响桑果的名气，决心为他圆梦。报社领导将其作为“新闻直通车”的重大活动之一，精心策划，并连续刊发消息广为宣传。经过一个多月的努力，“五一”小长假举办该次活动。2012年4月下旬开始到5月中旬，在20多天的时间里，连续策划第三届“草根”桑果节、帮果农的樱桃找销路两场专题活动,积极探索媒体宣传与活动策划、与新媒体和网友互动、组织采摘之旅等“多位一体”的联动模式,为果农排忧解难,取得较好效果。

2010年,关注弱势群体报道。一是“阳光兄弟”报道。6月8日起,连续报道萧山区第四职高学生李阳等一群90后,3年来一直默默无闻地帮助着患有先天性脆骨症的同班同学翁某光,抱着翁某光进教室、进考场,李阳表示还要“抱着我的好兄弟上大学”。通过萧山日报宣传,“阳光兄弟”的感人故事在社会上引起强烈反响,最终帮助“阳光兄弟”圆了大学梦。新华社、中央电视台及门户网站等国内许多媒体均进行跟踪报道。二是浙黔两地“救心行动”报道。当得知来自贵州遵义县的7名先心病患儿计划在萧山接受免费手术的消息后,萧山日报先后用5个半版,跟踪报道7名患儿在萧山第一人民医院接受手术及康复情况,在社会上引起良好反响。三是“爷爷妈妈”报道。在临浦镇山阴街社区租住着一对特殊的爷孙俩。“爷爷妈妈”韩某成是义桥镇义桥村人,孙女韩某丹是10多年前从公厕里捡回的一个弃婴。2009年12月,经过报道后,得到政府和社会的大力资助。2010年7月,“爷爷妈妈”突发中风,偏瘫在床,失去语言表达能力。萧山日报连续推出4个专版、图文报道25篇,义桥镇为“爷爷妈妈”结清了所有住院费用,并将其接回敬老院,安排专人护理,孙女韩某丹继续留在临浦读书,由好心的邻居照料。

2011年“拯救小烨琳”系列报道。两个月时间筹集善款27万元,并为小烨琳找到初步匹配的造血干细胞。2012年6月14日,萧山日报“重燃生命的希望——渝萧两地空运救治小烨琳造血干细胞暨移植手术”大型全媒体直播在萧山国际机场接机大厅正式开机,这是萧报全媒体自是年1月4日启航以来推出的首次两地同步直播的一次突破性尝试,也是报社各媒体和各部门通力合作的一次全媒体“实战练兵”。

2012年是雷锋同志牺牲50周年,萧山区全面开展“弘扬雷锋精神,建设文明幸福家园”系列主题活动,萧山日报及时制订全媒体“学雷锋”活动报道策划方案,全面报道普通市民及各行业中的好人好事,重点挖掘“尊老爱幼、敬业奉献、助人为乐、见义勇为、诚实守信”五大类文明行为。2013年是毛泽东“向雷锋同志学习”题词发表50周年,从3月2日开始,在2版开设《我身边的雷锋故事》专栏,报道大年三十拾金不昧的大妈冯幼丽、上门为敬老院老人理发20年的周素琴等9个典型;在3月6日的头版刊发《学雷锋日免费补轮胎,阿宝坚持了28年》,报道了60周岁的老汽修工姚关宝在自己的汽修店,累计免费修理400多只轮胎的故事。3版推出《春风扑面爱满萧然 学雷锋我们在行动》专版报道,除了报道区文明办、机关各部门开展的广场活动、劝导活动外,推出特定人物专访《参加过雷锋追悼会的老兵周柏康义务帮忙扫厕所10年》以及《公益志愿者蒋红英一年免费理发2000多人次》《“美德标兵”孔吉富领着“小雷锋”为孤寡老人们送慰问》等学雷锋日特色活动报道。8月5日，萧山日报刊登的文章《生前，她摆9年“爱心茶摊”服务大众　身后，丈夫子女致力将爱心延续下去》，引起《杭州日报》、浙江经视、萧山电视台等媒体记者的关注，相继跟进报道。10日，中央电视台记者到“爱心茶摊”，走进摆摊老人的家里，通过镜头将这种爱心宣传出去，让更多的人学习和传承这种无私奉献的精神。

2013年12月，萧山日报与区城管局联合发起“暖冬行动之关爱环卫工人”活动，得到有关单位和商家的大力支持，短短半个月就为环卫工人提供休息点178个。

报社积极打造公益品牌活动，开设公益专版，做好公益宣传。“因为本土　所以亲近”，这是萧山日报的办报方针，萧山日报不仅是120万名萧山人的家乡报，也是80多万名新萧山人的报纸。2005年年初，报社多方联系，开出免费春节回家班车，派记者与民工一起回家，受到民工的一致欢迎，多家省内外媒体转载。1月11日，推出开篇之作《“助民工回家”专线今起开通》，主题定为“伸出温暖的手——让回家的路不再遥远”，公布了特别专线“82654321”。随后连续刊发《“爱心班车”25日温馨出发》《今天报名领车票》《我领到回家车票了》《记者带上车票敲开民工的门》等文章，统一用“助民工回家”为栏目，配以图片或漫画，增强视觉冲击力。历时半个多月，助民工系列报道画上圆满句号。从开通回家专线到送民工回家，共刊发文章12篇，全景式地记录民工在某个时段的回家历程。2005年，第一趟“爱心班车”载着安徽、河南的100名外来务工者顺利回家；2006年1月23日，第二趟“爱心班车”再次出发，开往安徽阜阳和江西九江；2007年，从民工兄弟“不相信”到“期盼”，“爱心班车”第三次发车。2016年春运期间，由于超强寒潮来袭，“爱心班车”遇到何时发车的难题。面对民工兄弟们的期盼，萧山日报和萧山长运公司经过多次协商，寒潮影响一过“爱心班车”继续发车。2017年1月24日，由萧山区总工会、萧山日报社发出的爱心班车载着30多位民工兄弟，安全抵达安徽省阜阳汽车北站。从2005年至2017年的13年间，除了2008年因为大雪封城未能成行，萧山日报“爱心班车”发车11次，送1300多名外来务工者安全回家过年。每年报社派出记者全程“护送”，用镜头和文字记录下春运回家路上的所见所闻。2008年1月30日《中华新闻报》刊文肯定萧山日报连续多年为外来务工者开通爱心班车、爱心年夜饭等。2017年，杭州市委常委、宣传部部长对萧山日报“爱心班车”活动批示肯定。

2006年第一次推出“爱心年夜饭”，邀请在萧外来务工人员一起吃年夜饭；2007年，因为风雪阻挡了许多外来务工者回家的路，萧山日报爱心年夜饭从10桌扩到30桌；2008年在“爱心年夜饭”的基础上又增加一台“山寨春晚”，2009年1月23日活动当晚，萧山网对晚会进行视频直播。“爱心年夜饭”一直延续至2018年。

1995年萧山日报刊发倡议书《每人省下5角钱，为宁夏隆德、海原两县建设两所“萧山希望小学”》。倡议迅速得到萧山读者的积极响应，最终如愿以偿在宁夏建起两所希望小学。为了把读者的这份爱心传递下去，2007年年初，邀请10名宁夏“萧山南都希望小学”学生做客萧山，精心安排一周的行程，让他们出趟远门、看看西湖、长长见识的愿望逐个实现。这10名宁夏儿童在萧山做客时，读者争相把他们接到家中，做吃的、买穿的、送红包，当成自己的孩子关怀备至。萧山日报每天推出“让爱延续”系列报道，打动了许多读者的心。

自2013年起萧山日报每年派出采访团队深入贵州省黔东南苗族侗族自治州从江县，为当地的贫困山村送温暖、送知识、送医疗。温暖从江行，成为报社的公益品牌活动。2013年暖衣进寨，乐善好施的萧山人定向结对50名从江县的贫困学生，更有热心萧山人士捐资近30万元为秧里村重建校舍。2014年8月，修建一新的秧里村小学教学楼正式落成，命名为“萧山希望小学”，萧山日报记者两赴从江，见证学校的落成。2015年冬天萧山日报记者爱心支教，2016年一支由萧山日报、萧山福音医院、烨公益的代表组成的志愿者先锋队，再次踏上从江公益之旅，为大山里的贫困学生送医疗、送知识。2017年8月23日，萧山日报联合区青少年宫，把深受萧山孩子们喜爱的“快乐大篷车”活动送进大山深处。

2015年是纪念抗战胜利70周年，年初萧山日报推出《抗战胜利70周年之萧山记忆》栏目。9个月中，萧山日报为萧山抗战纪念馆奔走宣传，报道老兵、遗迹、史实，栏目以平均一周2篇的频率刊登。至萧山抗战纪念馆建馆成功，刊登报道60余篇，并配合“萧报公益”微信公众号的推广，引起了强烈的反响。9月3日阅兵式当天，萧山日报新媒体实时跟进发布阅兵式相关情况。9月4日，报纸推出10个整版(其中“纪念抗战胜利70周年·盛世阅兵”6个版，“纪念抗战胜利70周年·萧山记忆”4个版)的专题报道，在认真做好新华社通稿的同时，深入挖掘本土抗战史料并大力宣传，体现了“胜利日”报道的深度、厚度和广度。

2017年，萧山日报联合区民政局、团区委、区慈善总会发起了“我为英雄种片林”的公益活动，萧山日报融媒体报道了活动的始末。活动历时一年多，170多户家庭和单位组织参与，收到捐款近22万元，2018年3月31日在萧山北干山烈士陵园种下246棵海棠花，缅怀246位萧山英烈。

做好舆论监督报道，化解热点问题

2010年7月8日3个民工家庭的3名14~15周岁男孩在浦阳江洗澡时溺水身亡。萧山日报周密策划“寻找‘黑水塘’，建立暑期安全保障”报道。7月16—17日，8名记者兵分三路回访调查，寻找“黑水塘”；7月19日以通栏标题《平静水面下，隐藏着夏日杀手》,整版刊登3篇文章和4幅图片,并开通热线,请市民参与互动,举报“黑水塘”;7月20日刊发《萧山黑水塘不完全名单》,7月28日萧山日报推出《瓜沥立决立行,让孩子远离夏日杀手》专版,至此,“黑水塘”的整治变成为镇街和部门的实际行动,避免溺水事件的再次发生。

2013年萧山创建省文明区之际,推出“创建省文明区　聚焦窗口行业”系列报道,针对行业从业人员对办事市民不文明行为的发声以及市民对窗口单位的吐槽,记者进行体验,连续3天刊发大篇幅报道,第一篇针对出租车行业不文明行为,第二天报道发生在医院医护人员和患者身上的不文明现象,第三篇是关于萧山汽车总站的报道。该组报道起到很好的监督作用。

3月初在民生新闻头版推出《火患曝光台》,该栏目是萧山日报与区消防大队联合主办,对企业、个人的违规行为进行曝光,督促其整改。栏目坚持以事实为依据,对企业存在的消防隐患进行解读,普及消防安全知识。同时,鼓励市民主动参与消防安全监督,接受市民投诉,对举报者予以奖励。栏目推出后得到区委常委、常务副区长的批示肯定。省市消防部门指出“栏目有针对性,社会影响力广,充分发挥了媒体的监督功能,值得借鉴和推广”。

为助力萧山“清三河”(垃圾河、黑河、臭河)治理取得预期效果,实现“河畅、水清、岸净、景美”的目标,萧山日报社采取设立举报热线征集线索、加大曝光力度、推介正面典型与宣传整改经验相结合的办法,推出专版专题报道,打出“清三河”报道组合拳,取得较好效果。以《梦里水乡今何在　“五水共治”总动员》为题推出专版报道。通过记者的实地调查走访,推出《这条河病了》《浮萍、死鱼和生活垃圾　“垃圾河”真让人反胃》等文章,先后对16处“问题河道”进行公开曝光。有市民@萧山日报反映,“萧报这次‘清三河’报道,正面引导和舆论监督有力,值得点赞”。

2015年自5月初开始,《曝光台》栏目陆续见报。围绕区委、区政府中心工作和群众关注的民生问题,坚持问题导向,坚持客观公正,针对“五水共治”、“三改一拆”、大气整治、交通治堵、垃圾处置、食品安全等重点工作开展舆论监督,同时监督市民生活当中的不文明现象,曝光违法行为,评说热点难题,反映百姓心声,推广先进经验。

(7)突发事件及自然灾害的宣传报道

面对台风、寒潮、地震等自然灾害以及突发重大事件,萧山日报切实担当起媒体职责,迅速反应,组建报道小组,落实人员,抓好筹划,第一时间客观报道,有效稳定市民情绪,为区委、区政府排忧解难。

2004年抗击台风“云娜”,8月12—15日,萧山日报累计刊发各类报道60篇,仅13日一天,就刊发各类抗台报道50篇。市委副书记、萧山区委书记王建满对萧山日报的抗台报道非常满意，报社签发2004(3号)嘉奖令，对参与抗台报道的报社员工实行嘉奖。

2005年抗击“麦莎”台风特别报道，8月6日、7日两天内共集中出版5个抗台版，从5日得知“麦莎”来袭到8日“麦莎”离开，发表129篇报道，全方位记录萧山人民的抗台经历。萧山网及时推出《第一现场》《现场连线》《镇街动态》《视频新闻》《防台知识》等专栏，并进行滚动发布。

2008年，相继发生南方雪灾、“5·12”汶川特大地震、“11·15”杭州地铁湘湖段塌方事故。萧山日报快速反应，全力以赴，用媒体特有的方式为抗灾凝聚力量。2008年1月下旬至2月上旬，萧山区出现了罕见的低温、雨雪冰冻恶劣天气，面对灾情，萧山日报紧急启动“重大突发性事件报道应急预案”，不惜版面在第一时间进行强势报道。从1月14日开始，连续在头版头条、《今日视点》专栏，并增设专版全方位报道各方齐心协力抗雪防冻以及区领导访贫问寒行动。在灾情最严重的几天里，对版面作出大调整，除头版外，全部让路给抗雪防冻报道，以“雪袭年关”为题策划推出系列专版，在第一次大雪来临至2月2日的6天时间里，共刊发120余篇报道。5月12日四川汶川特大地震发生后，从5月13日到7月2日，持续不断地推出“抗震救灾　众志成城”专版和全区捐款爱心榜等104个专版，其容量之大刷新了萧山日报专题报道之最，为抗震救灾提供了强大的精神动力。其间，萧山日报立足本土，及时报道一批在全省、全国有影响的新闻事件，比如，杭州道远集团的裘德道夫妇向灾区捐款1000万元；万向集团向灾区捐款1000万元，并每年支出1000万元，定向资助灾区千名孤儿、千名残疾儿童、千名特困生、千名孤寡老人；萧山民办消防队11勇士自发赴川救援；志愿者邹铮千里送大爱；抗震防疫七壮士；萧山众多企业加班加点为灾区生产帐篷、援建过渡安置房等。省新闻出版局2008年第48期《报刊审读与管理》专门对该次抗震救灾报道作专题评价：“萧山日报和省、市报纸一样，把抗震救灾当作这一时期的头等大事，并且在报道中做到既有大局观念，又具地方特色，发挥了很好的舆论引导作用。”2008年11月15日下午3时20分左右，杭州地铁一号线萧山湘湖站段发生施工塌方事故，导致风情大道75米路面坍塌，并下陷15米，正在施工的民工和正在路面行驶的11辆车陷入深坑。从事故发生到11月19日凌晨，萧山日报除头版做重头报道外，推出“‘11·15’杭州地铁一号线湘湖段塌方特别报道”专版7个，发表消息、通讯、服务信息等100多篇，近10万字，有选择性地发表图片30多幅，用新闻媒体特有的方式，捕捉闪光典型，疏导公众情绪，为全力施救凝聚力量。

2009年密切关注甲型H1N1流感的趋势，采取编发新华社重点稿件与报道本地新闻相结合的办法，及时做好疫情、防控、接种等宣传，并推出多个“预防流感”专版，既让读者拥有知情权，又介绍了不同季节的预防方法，消除市民的恐慌心理，为萧山做好甲型H1N1流感的预防和接种工作营造了良好的舆论氛围。11月上旬起，我国出现大面积雨雪降温天气，持续时间长，导致萧山出现“气荒”问题。通过全方位报道灾害天气以及可能产生的影响，为区委、区政府做好用电用气等应急准备提供详尽的信息，也让读者了解到真实情况。同时，及时宣传区委、区政府解决“气荒”的重要举措和供气政策，大力宣传企业为居民让气的奉献精神，既为区委、区政府排忧解难，又稳定了市民的情绪，受到了区委、区政府和市民的好评。

2010年玉树地震、舟曲泥石流和西南旱情报道。萧山日报、萧山手机报、萧山网再次进行联动报道，第一时间发出最权威的声音，宣传中央抗震救灾部署，玉树、舟曲灾情和西南旱情信息，第一时间传递全国及萧山支援灾区的行动和举措，以及全国各地参与救援、踊跃捐款的典型。萧山日报共刊发有关玉树、舟曲灾情和西南旱情、救援和捐献爱心的图文报道100多篇。4月14日青海省玉树地震发生后，萧山日报、萧山手机报、萧山网联动报道，截至4月24日共刊发有关玉树灾情、救援和捐款献爱心的图文报道60多篇，专版8个。萧山网策划“网友点烛为玉树祈福”“玉树不哭——萧山人在行动”等专题活动和报道。萧山手机报专门制作特刊。5月14日，萧山日报小记者团发起“我们在一起”全区中小学生为玉树赈灾义演晚会，共募集善款76172.1万元，全部委托区慈善总会捐赠给玉树当地的小学，从4月25日起刊发相关报道30多篇。汶川大地震灾后援建报道。5月，派出两名记者赶赴萧山对口援建的青川县竹园镇，采访报道萧山在全省率先完成19大类的援建任务，推出三个典型，真实反映了援建人员在灾区的工作和生活。12月15日萧山遭遇暴雪低温的侵袭，提前精心策划，连续在15—17日三天，推出抗雪防冰冻文字报道25篇、图片新闻14幅，专版4个。

2013年1月1日瓜沥突发火灾，萧山日报作出迅速反应，大篇幅推出一大批有影响有深度的报道，全方位宣传三位英雄的感人事迹以及背后故事。1月2—5日，萧山日报分别以“致敬”“追思”“缅怀”“送别”为主题，强势推出专版报道。4天内连续推出4篇评论员文章《致敬，最美的英雄！》《“人民卫士”无愧萧山骄傲》《英雄，请你们永远留下来》《大美英雄大爱萧山》，以“萧报观点”密集发声，真情流露，激发了市民对英雄的追思之情、缅怀之情；弘扬正气，唱响了社会呼唤英雄、需要英雄的主旋律。萧山日报共刊发21个专版、100余篇报道，5篇评论，近50幅图片。萧山网播发视频新闻15条，专题2组，专题点击量达10万次，现场直播1场、点击量达3万次。萧山手机报刊发4个特刊，发布官微近100条，现场微直播1场。从2013年1月2日晚上开始，受北方冷空气影响，浙江全省出现雨雪和大风降温天气。3—7日，萧山日报从传递雨雪信息、报道防雪举措、提供抗冻服务三个方面，共刊发图文报道60多篇，专版5个。自我国发现首例H7N9禽流感病例后，萧山日报高度关注H7N9禽流感信息，重点做好浙江疫情通报和为本地市民、羽绒企业搞好信息服务的报道，4月2—10日，共刊发相关报道20篇、专版1个。先后及时编发新华社通稿《浙江省发现2例人感染H7N9禽流感病例》《浙江新增1例人感染H7N9禽流感病例》《湖州市一例人感染H7N9禽流感患者死亡》等报道，同时报道萧山多管齐下严控H7N9疫情的信息、医疗部门的应对举措以及羽绒企业的防范工作。4月10日，以《面对禽流感我们该如何防范?》为题，提醒市民不必要"谈禽色变"，只要平时养成勤洗手勤锻炼的习惯，H7N9是可防可控的。4月20日，四川省雅安市芦山县发生7.0级地震后，《萧山日报》及时推出"关注雅安地震"专题报道，4月21—26日，共刊发专题报道89篇、专版9个。

2016年1月20日夜至24日，全省出现历史上罕见的寒潮，还有暴雪、冰雪以及严重冰冻等极端天气情况，该次极端天气为萧山25年来最低气温。1月20日，萧山日报正式启动"'抵御寒潮 抗击冰雪'全媒体特别报道"。1月20—26日，萧山日报共刊发10.5个版面的"'抵御寒潮 抗击冰雪'全媒体特别报道"，加上其他版面的稿件，总计刊发抗雪防冻报道111篇，其中文字稿件55篇，图片稿件56幅。萧山日报全媒体根据报纸、微信、微博、无线萧山App、手机报等各媒体端口的不同属性，开启滚动直播、及时信息发布和深度分析等不同报道方式。萧山日报新媒体总计120小时滚动直播，共刊发300条信息、300幅图片，获得了60万次以上的阅读量。

（8）大型活动和体育赛事的宣传报道

大型活动报道

随着人民生活水平的不断提高，各种节日、纪念日和一些地方性的重要节庆、大型会展活动越来越多，成为新闻报道的"富矿"。萧山日报在活动前做好组织策划，甚至成为一些大型活动的承办者，在活动中则做好全方位的宣传报道，为人民群众提供实用信息，不断扩大这些大型活动的影响。

"八大古都文化使者湘湖论道"。2006年3月20日起，萧山日报联合北京、西安等八大古都的媒体，寻访古都文化使者，推出声势浩大的宣传报道。从4月19日1版刊登《古都文化使者今日抵萧山》起，到24日1版的《文化使者惜别萧山》，连续6天，用5个版(其中4个整版)进行报道。尤其是21日，除在1版配图刊登消息《文化使者聚湘湖谈古论今说文化》外，2、3通版登载15位文化使者的发言主要内容。22日和23日的3版又各以整版篇幅进行报道。4月22日休博会开幕当天，休博大型特刊《魅力萧山》与读者见面，由"魅力萧山""实力萧山""活力萧山"三大板块、88个版面组成。"八大古都文化使者湘湖论道"成为休博会的重要项目和杭报集团的主打活动之一，荣获市政府颁发的休博会宣传推广奖。

2007年,萧山区节庆活动多,比如第九届杨梅节和中国国际(萧山)第十四届钱江观潮节,一些全国性的活动如全国蹦床锦标赛、全国区域创新发展论坛等,萧山区首届“和谐萧山·十大闪光人物”“激越萧山·十大华彩事件”“品质萧山·十大和美之地”评选活动及颁奖典礼等先后举行。对这些反映萧山品质生活、扩大萧山对外影响的活动,报社实行报纸、萧山网、阅报栏互动,想方设法把这些报道做精彩,不断扩大这些大型活动的影响,积极参与文化名区建设。如萧山杜家杨梅节,《萧山日报》从6月10日1版《杨梅节是老百姓的节日》开篇,到6月25日1版头条《第九届萧山杜家杨梅节落幕》,在为期半个多月时间里,关于杨梅的新闻天天见报, 编发50多篇文字新闻、图片新闻和7个专版。

首次移师萧山的第四届中国国际动漫节于2008年4月28日至5月3日在休博园隆重举行。作为东道主媒体,制订详细的报道方案,分节前、节中和节后三个阶段进行。重点聚焦动漫节开幕式、动漫产业博览会、动漫节高峰论坛、“美猴奖”原创动漫大赛、动漫节人才交流日、动漫节杭州峰会、信息发布会、国际少儿漫画大赛、COSPLAY超级盛典和动漫嘉年华共十大活动。为突出互动性和大众参与性,萧山日报通过征集民间动漫高手、热线互动、小记者活动等,引导市民关注动漫节、参与动漫节,为文化大餐增色,为娱乐盛会添彩。是年6月,萧山日报承办第十届杨梅节中的10项大型活动。在举办期间,萧山日报举全社之力,集中新闻和经营等资源优势,采取新闻、活动、广告、演出、网络“五位一体”的运作方式进行宣传,取得了良好的成效,为报社今后承办更多的区级大型活动积累了实战经验。

2009年,围绕区委、区政府提出打造“华东会客厅”的目标,认真抓好萧山的节会报道,全面宣传报道了第5届中国国际动漫节、中国企业500强发布暨中国大企业高峰会(9月5日)、第三届全国药店博览会(9月6日)、第二届网货交易会(9月11日)、首届萧山旅游节暨2009中国国际(萧山)钱江观潮节(9月15日—10月15日)、戴村茶文化节、第11届杜家杨梅节、钱江世纪城商务文化节、2009中国杭州(闻堰)第三届三江美食节、第15届中国羽博会暨首届萧山国际羽绒节等。在会前大力营造声势,及时报道区委、区政府召开的各项筹备会、领导检查等新闻,刊发与节会有关的预发消息,向读者传递相关信息。在会中全面报道盛况,做好会议开闭幕式和亮点新闻报道。在会后及时宣传取得的成果。节会报道力度之大、记者参与人数之多、发稿数量和版面之多,均是历年来少有的,多次受到区委、区政府的表扬。

2010年,对第二届萧山购物节、第二届钱江世纪城商务文化节、第十二届萧山杜家杨梅节、沙地文化节、第六届中国国际动漫节、中国浙江(国际)餐博会、三江美食节、第十六届羽博会等40多项节庆活动进行报道。从5月至10月中旬,先后对沙地文化节开幕式、成立沙地文化研究会、围垦人物寻访活动、沙地行活动、追寻围垦记忆等12项系列活动进行跟踪报道。从8月18日至10月8日，共刊登《费根楠：组织萧山全民围垦第一人》《虞荣仁：15万人心中有同一个目标》等12篇围垦人物专访。

第四届萧山国际旅游节暨2013中国国际（萧山）钱江观潮节于9月17日至10月7日举行，萧山日报开辟《美丽萧山游》专栏专版，既宣传报道主体特色活动，让市民及时了解信息，又推出旅游宝典，教市民“玩转”萧山，还与市民分享精彩瞬间，真正让市民和读者参与其中，乐在其中，收到很好的宣传效果。8月29日，萧山日报头版推出主消息《旅游观潮节9月17日至10月7日举行》，2版头条亮点报道《旅游节十二项主体活动 让你“玩转”萧山》。连续推出《第四届萧山国际旅游节将于九月十七日开幕 》《第四届萧山国际旅游节暨2013中国国际（萧山）钱江观潮节特惠活动一览》《活力旅游节　六大亮点全解析》共3个旅游宝典专版，共刊发旅游节观潮节报道53篇，专版5个。

2017年11月18日，首届萧山人大会开幕。萧山日报全媒体矩阵集中亮相，围绕活动重点、嘉宾代表、恳谈会等内容，以现场见闻、访谈、图片、视频、图文直播、H5、互动游戏等形式，讲述乡贤故事，抒发思乡之情，全方位展示萧山人大会的盛况。11月18—20日的《萧山日报》共在头版重要位置刊登系列报道5篇，另开辟14个专版，分别呈现乡贤访谈、乡贤参观、乡贤回乡等重要内容。通版《游子归故乡　乡贤话萧山》《我是萧山人　我有话要说》《我是萧山人　我为家乡点赞》的嘉宾访谈系列版面，选取34位各具特色的嘉宾代表，反映不同的行业人群共同的思乡情怀；《回家真好》《乡音 乡情 乡贤》的回家真好系列版面，以图片形式展现了嘉宾喜看家乡新变化的点滴细节，三天共刊发图片60余张；《乡情切切　游子归来》《乡音未改　乡愁尽抒》《乡贤毕至　心系发展》《“临浦　我回来了”》等版面，呈现各镇街为乡贤们准备的特色活动，以及乡贤回到老家的喜悦之情。新媒体通过秀米编辑器推出图文直播，通过驻会记者视角，以特写、见闻、花絮等方式，为读者呈现开幕式丰富多彩的一面。会议第二天，新媒体推出满载着游子深情告白的短视频，获得点赞好评。萧山日报微信公众号方言栏目专门设计一个“萧报新媒邀你参加萧山方言大测试”的小游戏，推出一期题为《萧山人，你还会说萧山话吗？》的微信，吸引身处各地的萧山人参与到该游戏中来。同时，推出“我为家乡送祝福”的H5，吸引了不少市民的参与。

重大体育赛事报道

萧山日报引用全新体制，实现社会效益和经济效益的双丰收。2004年雅典奥运会期间，萧山日报策划推出《奥运特刊》。截至8月30日，共出版21期的彩色对开四版《奥运特刊》，第一版为奥运要闻，第二版为中国军团，第三版为国际纵队，第四版为赛场内外。赢得广大读者的一致好评。奥运会开幕前一个月，报社编委会就开始筹划《奥运特刊》的增刊工作，抽调采编人员负责奥运特刊编辑工作，并出台《奥运特刊》招标方案，明确广告以企业公益广告为主，为提高文章的可读性，报社还专门出资购买中新社的稿件。在2004年世界杯乒乓球比赛期间，报社策划的世乒赛专版也得到了社会的广泛好评。

2005年7月29日晚，为期3天的亚洲挑战杯男子排球赛在萧山区临浦镇开赛，同时，萧山日报也启动了紧张、激情的新闻报道。7月30日至8月1日，萧山日报先后发表亚洲挑战杯男子排球赛方面的报道20余篇，大小图片10余幅。篇幅之多，密度之高，在同类媒体中领先。

以萧山人支持奥运、参与奥运为主线，浓墨重彩报道北京奥运会。对北京奥运会的报道，是2008年各级媒体的重大主题报道之一。从4月22日到5月1日，每天推出萧报员工楼忠兵“我的奥运路”博客，对17名骑手“迎奥运、北京行”骑行10天，穿越7省、市，行程1700公里的情况进行全程追踪。区领导沈奔新、谭勤奋等在读了“我的奥运路”博客后，给17名骑手发去贺信。在17名骑手抵达长城、天安门等重要节点时，派出采访小分队，采用消息、图片、访谈及编制示意图等形式，进行详细报道。7月8日试刊8个版的《奥运天天报》特刊，随报赠阅。7月9日起至8月初，每周一至周五在第5版推出“奥运天天报”专版，设置奥运故事、奥运连线、今日奥运竞猜等。在奥运会举行期间，从8月6日至25日，每天推出16个版的《奥运天天报》，随《萧山日报》正报一起发行。派出摄影记者驻北京报道，安排文字记者通过QQ连线等形式，报道萧山籍大学生志愿者眼中的奥运会，让读者尽情分享奥运快乐。杭州市文化广电新闻出版局在《报刊审读通报》中赞扬萧山日报的奥运报道有“两个突出”：一是突出报道萧山人参与奥运、期盼奥运、支持奥运的热情；二是突出报道萧山人弘扬奥运精神，又好又快建设萧山的实际行动。

做好奥运会报道是2008年一项重大主题报道活动。年初，开始策划报道方案。2月，萧山日报与湘湖管委会、萧山区文广新局联合主办萧山首届城山庙会——民间奥运会，通过热线报名，吸引许许多多市民的热情参与。7月7日，萧山日报联合湘管委、城厢街道等单位举办“圣火耀湘湖”活动，以火炬接力、点燃8000年文明之火、健身毅行、自行车骑行等形式，为奥运加油。

2010年世界杯期间，从6月8日起每天1个整版，开辟《激情好望角》专版，开设《聚焦赛事》《我看世界杯》《快拍世界杯》《我猜我猜我猜猜猜》等栏目，用独特的视角，专题报道南非世界杯足球赛事。至7月3日，共刊发专版25个，图文报道170多篇。亚运会、亚残运会期间，对开闭幕式、中国军团及刘翔等重要赛事、亮点新闻和人物新闻进行重点报道，共刊发报道20多篇。

2012年伦敦奥运会期间，萧山日报推出《伦敦时刻》奥运特刊17期，呈现出内容丰富、形式新颖、图文并茂、雅俗共赏四大特色，受到读者的欢迎。

2015年9月16日，亚奥理事会在土库曼斯坦阿什哈巴德举行第34届代表大会，在会上投票选出杭州为2022年第19届亚运会举办城市。作为杭州的重要组成部分，届时，亚运会的多场赛事计划在萧山举办。萧山日报精心策划推出《搏在湘湖2022》申亚成功特别报道，全程展现2022年亚运会的“萧山元素”。该次特别报道分成先锋、契机、热望、启航四个板块。其中，在先锋板块，从经济、交通、文化等方面深入挖掘，充分展示萧山参与举办亚运会的底气、资本和经验；在契机板块，着重报道亚运会给萧山经济社会发展带来的千载良机，并对萧山如何学习借鉴广州天河办亚运的成功经验、开幕式会不会运用萧山文化元素，以及奥体中心所在地钱江世纪城将如何发展蜕变等进行猜想；在热望板块，突出的是萧山如何加快转型迎接亚运，通过采访环保、旅游、地铁、医院等部门、单位以及开元旅业、东南网架等企业，反映出萧山各行各业对亚运的期盼、为服务保障亚运将开展的举措；在启航板块，侧重亚运是全民盛宴这个主题，以70多岁见证时代变迁的老人、看着“熊猫盼盼”长大的中青年一代，以及未来有望承担亚运会志愿者主力的青少年一代的视角，来体现亚运对我们每个普通市民生活的影响。9月17日，《搏在湘湖2022》申亚成功特别报道以四个版推出后，反响热烈，赢得了许多读者的好评。

(9)其他内容的宣传报道

守好副刊阵地

新闻是攻，副刊是守，副刊不仅是纸媒发展中最能留住读者的阵地之一，更对提升本地文化建设发挥着重要作用。萧山日报一直坚守着副刊这块阵地。围绕萧山历史文化、地方特色，打好本土牌，深入挖掘本土的文史、文物、人物，宣传本地风土人情和名胜古迹，给萧山市民提供风味浓郁的地方文化大餐。

2004年以湘湖命名的版面有9个，包括湘湖·万家灯火、湘湖·梦笔桥、湘湖·法苑经纬、湘湖·花季雨季、湘湖·特写、湘湖·调查、湘湖·市场、湘湖·观点、湘湖·读者，周一至周日出版。2006年12月30日，时隔8年，报社再次推出《湘湖周刊》，成为六大周刊之一，每周六出版，每周4版，包括以“人物”“倾诉”为主打的头版、《梦笔桥》《湘湖市井》《文化娱乐》，2009年调整至周五出版，截至9月18日共出版127期。2011年报社将分散在周一至周五出版的《倾诉》《梦笔桥》《湘湖市井》版又统一调整到周六出版。2013年改版后，保留每周3个版面，涉及5个副刊板块《倾诉》《萧山地理》《梦笔桥》《湘里坊》《墨韵》，出版时间从双休日调整为周一至周三。截至2017年年底改版，副刊再次调整到周六出版，以《湘湖周末》的形式统一出版，每周3个版，《人物·城记》《梦笔桥》《文化·悦读》。

经过多次改版，副刊分分合合，一些版面内容整合到新闻、周专刊，如市场、法苑经纬；一些版面陆续取消，如读者、特写、调查、万家灯火；“观点”调整为“行知”，《花季雨季》扩为12个版的半月刊。《梦笔桥》是唯一的纯文学副刊，也是保留至今没有更名的版面。它的定位以纯文学的形式，关注时代变化，关注真实生活，关注情感世界，注重格调和品位，坚持雅俗共赏，倡导健康愉快的阅读，并不定期开展征文活动。《夜航船》是其中固定的品牌栏目，荣获全国报纸副刊年赛专栏一等奖，此外还有《萧然文坛》《城南旧事》《民间语文》《萧山作家》《湘湖诗会》《文坛新秀》等栏目。2010年，发表在《夜航船》专栏的杂文《颈椎病的非医学因素》（作者：孙道荣）获第20届中国新闻奖二等奖，成为报社历年来新闻奖的最高奖项。作品讲述了“作者”因颈椎不适，前往一位老郎中处问诊，得知了致病的非医学因素：低头多了，颈椎弯了；看近的多了，颈椎变形了；哈腰多了，颈椎曲了；点头多了，颈椎下垂了……而治颈椎顽疾，必先正情怀，壮元气，扩胸襟，无他，六字耳：挺胸，抬头，望远。文章言浅意丰，理深趣浓。这一年萧山日报集结出版了《夜航船》一书，举办《夜航船》栏目研讨会。

《倾诉》是副刊的一个特色版面（栏目），一直保留到2017年。创刊初称作《倾听》，曾荣获2003年度全国报纸副刊年赛专栏一等奖，后调整为《倾诉》，多次被评为全国报纸副刊年赛二等奖。倡导人文情怀，以主流、积极、阳光的心态，正视每一个平凡个体独特的情感和生命体验，一直是《倾诉》版的主旨和原则。如2009年6—8月推出了“远去的风景”系列报道，图文并茂地记录了老街、老宅、老行当等承载的个人记忆，记录历史展望未来。寻找与新闻恰当的结合点，注入新闻的元素，从9月4日起推出了“新中国成立60周年，我身边的变化”系列报道，从百姓日常生活中的小事说起，反映生活的巨大变化，引起读者共鸣。2010年年初推出“城市记忆”系列报道，征集大操场、城河、小东门、电影院、市心桥、绣衣坊、米市街等熟悉地方留下的印象深刻的故事，记录美好、记录城市日新月异的变化。2012年10月推出栏目《小人物列传》，以口述体写作为主打的深度情感类版面。通过个体的情感或故事倾诉，传递人文关怀。从第一篇《我在国外挑花边》，到2017年12月27日《硅藻泥王子的中国梦》，共刊发200期。2013年10月推出“萧山百岁老人脸谱”系列，第五篇《徐阿小：要学会跟生活和解》（2013年11月3日），徐阿小老人一生的故事告诉人们，学会跟生活和解是老人长寿的原因之一，也是生活的大智慧。这组报道也成为文明幸福新萧山的一个有力佐证。

2013年11月11日副刊推出《萧山地理》版面，不定期出版，定位是全面呈现萧山的人文地理、历史记忆，通过对萧山风土民俗、山川河流、人物掌故的观察与抒写，力争将其打造成一册萧山日报的人文“活页”,市民的人文手册。截至2017年12月13日《欢潭才子田家宾与凤凰古城》,共出版52期。

除了人文气息浓厚的副刊版面,萧山日报副刊也有直面市井百态、接地气的板块,如《万家灯火》《湘湖市井》(后改名为《湘里坊》)等,内容和形式更具贴近性和亲切感,更适应日益发展变化的社会生活,也更能满足读者日益增长的精神文化需求。开设有《老底子》《葛浪滩头》《萧山民谣》《诗画苑》(漫画专栏)等栏目。《葛浪滩头》《老底子》曾在全国报纸副刊作品年赛中获奖。

加强图片报道

随着时代的发展,新闻界专家提出“图文并茂,两翼齐飞”的理念,引起传统媒体的重视并进行大胆尝试。萧山日报社经过多年的探索和实践,于2009年9月成立视觉中心,配套制定出台《关于加强和改进图片报道工作的方案》,加大图片新闻宣传力度,提升图片新闻的质量和档次。

2012年,进一步改进图片报道,全面提升感染力。加强头版主图策划,聚焦国内区内重大新闻,突出区委区政府重点工作和重大民生工程;《视觉·影像》版关注社会民生,突出人文关怀;“你拍我拍”凝聚拍客队伍,活跃版面。如2013年1月2日3版《彩虹向英雄致敬》,定格消防员奋力灭火的画面。经过近14个小时扑救,瓜沥大火终于控制住了,消防官兵却成了一个个“黑人”,还有3名消防官兵为此献出生命。为防止死灰复燃,水枪仍不断喷射。夕阳之下,水光作用形成了一道道美丽彩虹,构建起通往天堂的大桥,这也是在向英雄致敬。作品荣获2013年度浙江新闻奖二等奖、省摄影年赛金奖。2013年4月5日的萧报头版“今日视点”《最美女交警,做好事不留名》,报道配发的8张照片放在头版最显著位置,记录女交警发现莫大爷后询问、安置、联系家人的全过程,不但有详细的报道,更用镜头还原当时的场景,让读者身临其境,见证最美女交警。在第53个世界气象日到来时,3月24日的萧山日报头版刊登组照《气象日,看萧山“表情”》,由30张1英寸左右的彩色照片组成,拍摄的是是年2月22日至3月23日萧山的天空,从这些图片呈现的天空颜色看,蓝天居多,向人们宣传“监视天气,保护生命和财产”的主题。该报道用组照宣传环保主题,形式独特,构思新颖。是年12月3日《视觉·影像》版“老街的老手艺”,呈现给读者:40多年的西湖牌缝纫机、30多年前出厂的老车床、挑织花边、纯手工刻印……用图片记录时代印痕、凸显本土特色、见证历史发展。

2013年9月改版重点之一是打造主图+导读形式的封面版,易读悦读。主图是当日报纸上最有冲击力的图片,是吸引读者注意力的关键因素。2013年9月21日改版后,头版主图《“的哥英语”扒饭时抢着学》《夜跑》《入秋防“禽”》《首次电缆CT》《谁是咱们的领头雁》等成为当日版面的亮点。11月22日封面大图《大爱留人间》配合《绝症少年捐遗体　弥留之际终遂愿》文字报道，给人强烈的视觉冲击力，对激发人们向善起到了推进作用。截至2017年年底改版取消封面导读，周一至周五每天一张主图（组图）、图表、漫画甚至整版大图铺底。

做好行业宣传报道

报社根据行业发展及报业实际情况，对周刊、专版等版面内容进行合理调整。2004年，《生活周刊》内容涵盖健康、娱乐、楼市、旅游、家居汽车等。2005年增加《教育周刊》《健康周刊》《家装·车市周刊》，2007年取消《健康周刊》增加《大城区周刊》。截至2017年年底，专周刊涵盖教育、财经、家居、汽车、房产、生活休闲、美食等。

周刊、专刊板块按照行业划分，重点结合相关行业和单位的重要时间节点以及开展的特色活动，组织特色专版，充分反映相关行业和单位的工作，展示其取得的成就。为避免版面内容专业性过强，可读性较差，广告味过重，各周刊通过加大本地新闻的采写策划力度、增加稿件的权威性来增强新闻性和服务性，突出实用性和指导性，并通过提供信息资讯、组织特色活动，拉近与读者的距离，加强与读者的互动，做权威的行业报道。

2007年，萧山区计划按照“着眼于完善城市综合功能，积极构筑区域网络化大城区”的任务要求，以“新城优化功能，组团加快崛起，沿江重点开发，区域协调发展”的主攻方向加快大城区建设。报社开设《大城区周刊》，包括要闻、调查、视野、巡礼等版面，全面报道大城区建设相关内容。创办首日，周刊头版刊发市委常委、区委书记王金财专访报道《萧山，昂首迈入大城区时代》，从决策层面上更深地了解推进大城区建设意义。

《财经周刊》根据国家宏观政策的调整，结合萧山经济发展现状与行业特点，不断跟踪报道最新变化与动向。同时，紧紧围绕区委、区政府中心工作，尤其是经济领域的重要工作，采访政府权威部门及相关专家，相继发表《春风化雨润无声——“双重双送”金融百日服务活动回眸》《汇率波动幅度扩大意味着什么》《我区十大财经新闻评选》等较有影响力的报道。深入挖掘银行业服务萧山企业深度报道，重点策划四大项目，在区级职能部门和相关行业产生重要影响。《证券市场》保证头条位置刊登纯新闻稿，该版的头条新闻都是从众多财经新闻中反复挑选出来，结合区政府关注的重点及萧山经济发展特点，精心编排，2013年1月11日《新三板有望大扩容　最快本月挂牌》一稿得到区委副书记、区长李玲的批示肯定。通过对发生在一周内的财经资讯进行采集与汇总，加大《投资理财》的信息量，方便读者阅读。让读者看完《财经周刊》，就尽知一周财经大事、新鲜事。

五、经营管理

党报是党和人民的喉舌，是一种重要的大众媒体，肩负着重要的历史使命。办报纸，是一项社会文化事业。同时，报纸要生存与发展，必须在竞争中获取生机，在市场经济中开辟新路。因此，提高办报水平，加强经营管理，扩大发行量，增加广告量，开拓多元产业，是报业发展的重要内容。

改革开放以前，党报基本上无经营管理可言，萧山日报的经营管理是在萧山日报复刊以后开始的。随着报业发展，报社的经营理念不断调整，形成广告客户、目标读者、报业经济互动共赢的发展态势。报纸经营从大锅饭式的统一管理到个人承包再到目标管理责任制的统一管理，从授权经营、二级承包到细分行业、多种经营模式再到"一行业一公司模式"，呈螺旋式上升的发展趋势。2008年12月19日，杭州萧山日报传媒有限公司成立，报社和公司实行办报与经营分离运作，真正实现新闻采编和各项经营活动的有机分离，使新闻宣传业务部门更好地集中精力办好报纸，产业经营部门更好地按照市场规律发展。

萧山日报（萧报传媒）报业经营以行业划分为落脚点，依托事业部及"一行业一公司模式"分散经营，平台化运营，立体化营销，做深做透经营服务；产业经营以公司化运作为基础，以项目化为依托，以利润考核为辅，鼓励员工创业持股，做大做强产业经营。

1.广告经营

(1)广告发展概况

报纸广告是报纸生命延续的重要条件和改善报社设备的财力基础。《萧山日报》的广告经营，是伴随着报纸的发展及其影响的日益扩大而发展起来的。《萧山日报》60多年的历程，其广告大致分为以下阶段。

1954年12月至1961年2月，为广告经营萌芽阶段。当时很多人不知广告如何刊登，有事不敢找报社，所以广告极少，偶尔有一些如萧山剧院演出节目预告等广告。1958年6月1日起，《萧山报》改为《萧山日报》，报纸初次刊登《广告刊例》，公布广告价目，群众知道广告是怎么回事，有事才来找报社，广告有所增加。

1983年6月至1992年8月，为广告经营起步阶段。1983年6月1日《萧山农科报》创刊号刊登一则广告——萧山县农机公司、萧山县种子公司、萧山县农业企业联合供销公司三家企业联合刊登的祝贺广告。之后，一些零星广告陆陆续续见诸报纸，但商业广告极少。1991年《萧山报》复刊，当时因报纸影响力小，广告量少，连《萧山经济报》在内，全年广告量仅为13万元。

1992年9月至1997年12月，为广告经营发展阶段。进入20世纪90年代，萧山经济和社会各项事业得到迅猛发展。县市报的地位和作用日趋明显，萧山日报的报纸质量进一步提高，版面不断扩张，广告经营机制不断创新，报社事业逐年兴旺。1992年9月，《萧山报》引进广告承包经营机制。1994年9月1日起实行公开招标承包。1996年1月1日起《萧山日报》广告实行风险抵押承包。经过广告从业人员合力开拓，广告经营额每年有较大幅度增长。从1992年的40多万元增长到1997年的437万元，6年时间增长了近9倍。

1998年1月至2003年12月，广告经营步入规范、健康、快速发展阶段。广告经营机制从传统的承包责任制逐步过渡为目标责任制，2002年1月1日起正式实行目标责任制。这一阶段，无论是广告数量，还是广告的设计、创意、质量都有新的突破，而且广告门类多样，构成日趋合理。广告经营额连续几年在全省县市报中位居前三名。萧山融入杭州大都市，给报纸广告带来了新的发展机遇。2001年广告经营额首次突破1300万元大关，2002年突破1500万元大关。2003年尽管遭遇了“非典”和百年一遇的高温，广告经营额仍然不减。这一阶段，每年均有广告作品荣获省、杭州市报纸广告优秀作品奖。

2004年至2017年，经营管理进一步规范，加快向现代化企业管理转型，完善经济目标责任制，广告经营业绩持续上涨。由于受宏观调控、地方经济、行业经济的影响以及互联网、新媒体、自媒体的冲击，报纸广告增长的压力逐年增加。面对严峻的形势和不利因素，报社积极创新广告经营模式，不断挖掘潜力，培育新的广告源，稳住经营大盘，实现平稳发展。2007年实行“二级承包”和周刊运作模式。2009年报纸广告由杭州萧山日报传媒有限公司全权代理，细分为十大行业，分别实行风险承包、目标管理、部门经营等不同经营模式。2013年开始探索“一行业一公司”经营模式。2004年报纸广告收入突破2000万元大关；2010年报纸广告收入首次突破5000万元大关，同比增长17.5%，报纸广告收入跃居全国县市区域报首位；2013年报纸广告收入突破6000万元；2016年报纸广告收入达到6400万元。

（2）广告管理制度

报纸刊登广告，是一项特殊的中介业务。为规范广告经营，不让虚假广告欺骗群众并损害报社信誉，自《萧山报》复刊以来，报社曾制定过有关报纸广告经营与管理的若干制度。

1995年3月10日，报社制订《关于广告审核的若干规定（试行）》，规定广告审核的准则，明确广告审核的程序和职责，包括特殊广告的审核，对广告产生的差错也明确了扣罚的标准。

1999年11月5日，报社制定《萧山日报报纸广告发排、印刷管理制度》，从2000年1月1日起执行，明确报纸发排的流程和时间，对发排、印刷过程中产生的差错明确了扣罚的标准。

2001年后，报社对广告经营的规章制度，作出多次修订、补充，从2003年1月1日起实施的有五项规章制度，分别是广告经营管理制度、广告审核登记管理制度、广告代理业务管理制度、广告费用结算规定、广告定额发票管理制度。如报社工作人员承揽广告须与客户签订广告发布合同，索取相关证明并按广告法律法规进行严格审查。由专人担任广告审查员，负责广告发布前的审查，严格遵守《中华人民共和国广告法》(以下简称《广告法》)《广告管理条例》等法律法规。

2007年，为适应报业市场的新形势，报社对《萧山日报广告经营管理规定》进行修订，明确对报社广告实行授权经营与两级承包相结合的管理机制，广告中心为唯一授权经营单位，并列出了两级承包的9条管理规定。同步实施《萧山日报版面广告编排流程管理规定》《萧山日报医疗广告发布审查管理规定》等。

2007—2013年，报社陆续制定或修订经营管理相关规定，如《萧山日报加强经营人员行风建设的若干规定》《萧山日报关于报纸栏目冠名、有奖征文的管理规定》《萧山日报(传媒公司)合同管理规定》等，新修订的广告经营管理规定，明确萧山日报报纸广告由杭州萧山日报传媒有限公司全权代理，在代理权内，按公开、公平、公正的原则，采取公开招标、招聘、指定等多种方式，将广告经营权授权给公司内部符合条件的人员经营，可采取承包、目标管理、部门经营等多种经营方式。2017年新一轮机构改革中，报社修订出台《2017萧山日报(萧报传媒)融合部门经营考核办法》。

(3)广告经营形式

从1991年《萧山报》复刊起，报社努力探索报业经营新路子。1992年8月起，报社建立广告承包责任制。9月，在报社之下建立自负盈亏的萧山新闻实业公司，对公司下属的两个经营部，分别实行不同形式的承包责任制，并签订承包合同。承包责任制的推行，不仅为报社创造一定的经济效益，也为报社拓宽经营路子提供经验。

1992年，报社通过内部招标，确定承包人与承包额后，承包人的积极性很高，开拓户外广告业务，成立“今日广告公司”(隶属于新闻实业公司)，广告收入呈较大幅度增长。报社考虑到报纸的发展与经费需求的增加，组织各部室参与广告工作，提出具体的实施意见，并于1994年全面推开。

经过几年实践，广告承包制度进一步完善，广告收入有了明显提高。到1999年，广告收益达758万元，名列全省县市报前列。2001年广告收益突破1300万元。

从2002年1月1日起，报社对广告管理模式实行重大转变，由承包经营制转变为目标管理制。广告部制订新的考核办法，对本部门人员首次实行绩效挂钩分值量化考核。

2005年，在宏观调控效果初显、报业竞争日趋激烈、全国报纸广告大幅下降的大环境下，报社根据企业化管理的要求，致力于建立以成本控制、利润为核心的管理体制，努力拓展、挖掘经营资源，一方面采用风险承包模式的主体硬广告经营，另一方面实行行业承包制，使2005年报纸广告业绩继续发展，实现逆流而上。

2007年年初，报社确定对广告中心实行授权经营、二级承包模式，将教育、财经、企业、生活、汽车、家装、合作专版等行业从广告中分离出来，通过以周刊为载体、采编合一的方式开展经营活动，通过活动抓重点行业，通过策划推动广告持续增长。

2008年，报社对广告中心继续完善授权经营、二级承包模式。广告中心对报社经营目标负总责，从广告中心分离出来的教育、财经、生活、汽车、家装等行业，通过以周刊为载体、采编合一、二轮承包的方式开展经营活动，对广告中心和报社负责。通过实施这种责权利分明的经营机制，变一人负责为多人负责，有效地分担广告中心经营任务重的风险，充分调动多方面的积极性。五大周刊等经济实体逐步成为培养懂经营、会办报复合人才的平台。

2009年，根据“细分行业，分散经营，多种模式，统分结合”的原则，将报纸广告整合、细分成房产、财经、汽车家居、教育、旅游休闲、医疗、商业、工业企业、机关事业单位形象、分类广告共十大行业区块。根据行业情况分别实行不同的经营模式，扩大广告源，化解经营风险。以活动为载体，以项目为纽带，实行项目负责制，各周刊、工作室实施全媒体整合营销，取得社会效益和经济效益的双丰收。

2010年，进一步优化和完善成功运行一年的广告经营机制，适当调整部分行业的划分标准和考核办法。整合本报拥有的“两报一刊一网一栏”等各种资源，在品牌运营委员会的统筹协调下，加大各媒体和经营口之间的资源利用和互动力度，提高市场竞争能力，降低经营成本。继续推行项目负责制下的活动策划、新闻宣传、广告经营、媒体联动“四位一体”运作模式，各经营口坚持以活动为载体，以项目为纽带，共举办大大小小的活动200多项。

2011年在经济形势不乐观的情况下，报社策划和实施上百项大中小型活动，以活动提升影响力，以活动提高效益。下半年，开展秋季房交会，是历年来规模最大、参展商最多、人气最旺、效果最好的一届房交会。上半年组织实施的汽车家装展，打破了汽车行业广告不进县区的惯例，扩大了报纸在汽车行业的影响力。举办大型广场啤酒节活动等重点广告策划活动，拉动广告实现高位增长，保持了主业经营的领先地位。

2014年,作为最基层的县市报,报社开始感受到报纸的冬天来了。由于经济下行趋势明显,本土经济形势严峻,传统纸媒的竞争力不足,加上一些行业本身受业内的政策影响较大,经营压力倍增。在2013年的基础上创新了广告经营方式,采用了周刊广告、公司代理的模式。公司代理广告业务的模式,推动了报纸主业广告与多元产业的良好链接,促进了广告外延扩张,也较好地实现了多元的有效开拓和风险控制。房产广告由风茂房产公司代理,教育广告由萧报教育公司代理。风茂公司代理房产周刊广告,与其公司业务包括房产电商、一手房的代理与策划等业务进行了较好的融合。

2015年后,纸媒式微的困境依旧,整体经济形势不佳,客户对纸媒的主动投放量减少,萧报传媒"有节用节、无节造节",按照"季季都有大型主题活动"的自我要求,精心策划,每一季度都推出大型主题活动,提升萧报系品牌影响力,取得良好的经济和社会效益。

(4)广告策划

早期发布的第一则广告

1955年1月1日《萧山报》第一则商业广告为:国营萧山百货商店庆祝元旦经营项目:绸布呢绒、各色毛线、文具纸张、五金电料、毛巾袜子、肥皂火柴、棉毛卫生衫裤等批发零售广告。

1983年6月1日《萧山农科报》创刊,第一则广告为:萧山县农业机械公司、萧山县种子公司、萧山县农机企业联合供销公司三家企业联合刊登的祝贺广告。

1988年7月1日《萧山经济报》创刊,第一则广告为:萧山市乡镇企业总公司等企事业单位祝贺广告。

1991年9月29日《萧山报》复刊,第一则广告为:航民村祝贺广告。

1995年1月1日《萧山日报》复刊,第一则广告为:浙江万龙企业集团公司祝贺广告。

第一则套红广告为:1983年6月1日第4版,萧山县农机公司、萧山县种子公司、萧山县农机企业联合供销公司三家企业联合刊登的祝贺萧山农科报创刊广告。

第一则彩色广告为:1995年1月1日第4版,萧山宾馆开业七周年。

第一则对开广告为:1992年7月8日5~8版,萧山市金融机构存款超30亿元。

第一批电子版广告单位为:2002年5月1日起,萧山剧院、开元房产、绿都房产、二轻大厦、原野汽配五金市场、世纪名家家居广场共6家单位为萧山日报电子版首批友情链接单位和首页广告客户。

广告策划活动

1998年起,《萧山日报》广告经营思路和经营方式有了新的突破,逐步摆脱"广告靠拉、发行靠压”的局面，以策划为先导，向策划要广告，向策划要效益，取得经济效益与社会效益双丰收。2005年策划各类项目、活动50多项，2010年200多项，2011年达到300多项。

一是以新颖活动为载体，拓展广告市场。

1998年，开展“走进大市场，了解你我他——元旦报纸大赠阅活动”。报社组织4支小分队先后奔赴杭州化妆品市场、四季青服装市场、家具市场、绍兴轻纺城、诸暨五金批发市场、珍珠市场等20多个专业市场，向读者赠送《萧山日报》，这是报社首次以市场运作方式策划的一次大型推介活动。

1998—2003年，《萧山日报》陆续推出首届店面装饰佳作大赛，全国女排联赛预测竞赛，“投资理财去哪里？”“品尝佳肴去哪里？”“休闲娱乐去哪里？”“寻医问药去哪里？”“公交车线路图”，“三名工程”——萧山名牌产品展示、名店装饰大赛、市心广场名店大观，“我们与读者心连心联谊”，“天天看广告，月月抽大奖”，家装设计展，“聚焦滨江，关注南岸”看房团活动等数十项策划活动。这些创意独特的广告策划活动，不仅扩大了报社的影响，同时也赢得了一大批广告客户。

2004年以来活动的形式更加多样化，月月有大活动，周周有小活动，有力地拓展报纸广告的深度和广度，活动与报纸广告的关系日益紧密。2006年6月，举办萧山首届大型房交会暨装饰装修家居展览会，实现成交额1.8亿元，客流量达到6万余人次。该次房交会开创了萧山多个第一。同年10月28日成功举行第二届房交会暨金秋品牌汽车鉴赏会，吸引8.5万人次参与，房产成交3.3亿元，汽车成交6500万元。此后，房交会、媒体车展每年都举行，成为报社重要的经营活动。除了房交会、媒体车展外，还有家居博览会、春秋季婚博会、健康老年博览会、风雅钱塘艺术节、啤酒文化节、时尚发型秀、房地产高端发展论坛、商务文化节等，这些活动连续多年举办，产生了一定的品牌效应，既有力地支撑起版面，又为报社创造了可观的收入。

各类评比、大赛。持续举办爸妈达人秀（2015年首届）、至美女性评选、萧山网络歌手大赛、萧山年历宝宝大赛、萧山少儿主持人大赛等。2006年的十大餐饮名店评选、2007年举办的十佳楼盘评比、十佳家装公司的评比，2008年先后策划的萧山品质商贸评选、萧山十景评选、萧山市民最喜爱的十大放心药店评选，2012年的最具社会责任感企业评选、经济型酒店和最值得期待的休闲娱乐场所评选。

二是以重大节庆为契机，开发广告资源。利用复刊5周年，创刊3000期，创刊50周年、55周年，改革开放30周年，每年新春佳节、观潮节、经博会、展销会、杨梅节、美食节及迎接新千年、工业成功冲千亿元等各种时机，开辟专刊、专版、获奖证书专栏，在取得良好社会效益的同时，也取得了一定的经济效益。

2004年之后报社几乎每年都会推出至少一个大型特刊。2004年《创刊五十周年纪念金刊》,2008年社会主义新农村建设大型特刊《热土》、改革开放三十周年大型特刊《品牌萧山》,2009年献给纪念中华人民共和国成立60周年大型特刊《吾国吾家60年萧山记忆》《萧山日报创刊五十五周年纪念金刊》《萧山60个新农村样本》特刊,2010年特刊《5年萧山精彩》,2011年中国共产党建党90周年特刊《开天辟地90年》一叠90个版,2012年迎接中共十八大的特刊《十年跨越萧山骄傲》,2013年特刊《萧山十大最美篇章》,2014年特刊《萧山城市手册》,2015年推出“十二五”特刊《萧山这五年》,2016年特刊《城市手册——蝶变萧山》,2017年特刊《2017萧山城市手册》。

此外还有,2005年先后两次推出大型《楼盘特辑》《品质楼盘特刊》,还利用每周《楼市宝典》开展有利于开发商与消费者互动的营销活动。2006年4月22日休博会开幕当天推出《魅力萧山》特刊,闻堰镇三江美食节进行专题报道,所前镇杨梅节推出《杨梅节特刊》。2008年8月的萧山日报《奥运天天报》特刊,吸引20多家企业参加总冠名和《金牌榜》《奥运赛事》等栏目的冠名权的竞拍。首次以公开竞标形式进行广告招商。为读者做好奥运会报道,为商家提供展示平台,从而进一步扩大萧山日报的品牌影响力,实现社会效益与经济效益的双赢。2010年出版迎世博会大型特刊《实力萧山》,72版的《百家诚信企业联盟“3·15”特刊》。同年3月15日,以“维权·诚信·服务”为主题的系列活动举行,活动现场由萧山日报、萧山网、萧山手机报联合发起的萧山区首届百家诚信企业联盟正式成立,萧报义工社成立,萧报新闻直通车现场维权。横跨采编和经营两大部门,纵揽萧山日报、萧山网和萧山手机报三大媒体,是一次资源融合的有益尝试。2012年《第一站,出发!——杭州地铁一号线开通试运行特刊》。2016年承接由政府部门出版的《G20中国·萧山画册》《中国·大江东》两本画册的编辑、制作。

三是以市场热点为导向,创办广告周刊。广告周刊及杂志的创办,构建进一步发展的平台,为广告创造一个新的增长点。

1998年4月3日报社推出全新《商海大观》广告专页,以后又成功推出《市区楼盘全景图》;2000年4月28日《萧山楼书》出版;2002年7月24日《房产信息网》开办;2002年7月27日《假日车市》亮相;2003年2月14日改名为《车行天下》;2003年2月8日《楼市宝典》创刊;2003年5月8日《时尚装潢》创刊,2003年12月26日改名为《现代家居》;2003年12月26日《生活周刊》创办,对开8版彩色,每周五出版。下年1月16日首推《生活周刊(春节特刊)》。

2005年推出四大周刊《生活周刊》《教育周刊》《健康周刊》《家装·车市周刊》,并与有关部门联手,每半个月或每月推出就业保障、人才广场、关注交通、卫生在线、财富资讯、警方在线、今日企业等专刊。2008年,萧山日报充分发挥新闻媒体的资源优势,与部门、镇街创刊或合作承办分众报、区域报、杂志等,拓展报业新领域。是年5月18日,萧山日报承办的《新萧商》杂志正式创刊(共青团萧山区委、萧山区青年商会联合主办)。2009年在四大周刊的基础上又增加《房产周刊》,9月28日萧山日报首度与镇街合作创办首份镇级新闻月刊《临浦月刊》,每月一期,每期4版。同月,面向全区中小学生的《萧山日报·花季雨季》(半月刊)创刊,每期12版。2010年创办《住在南岸》杂志。2011年11月11日推出面向全省的首份《和谐劳动》杂志。2012年4月17日,萧山日报与瓜沥镇合作创办的《今日瓜沥》月刊正式发行,每月一期,每期4版。截至2012年,萧山日报开办《临浦月刊》《今日瓜沥》《渔浦义桥》(季刊)《魅力义蓬》《勤诚党湾》等专刊专版,萧山日报以分众报为主体,打造下沉式新闻宣传服务平台。2013年初萧山日报与部门合办的《萧山法制》(月刊)面世,2017年改版更名为《萧山平安·法制》。2015年1月6日,由萧山日报和杭州大江东产业集聚区合作,正式创办区域报《今日大江东》,每周发行两期,每周二、周五出刊,每期4个版;1月8日,创办针对中老年人的《老爸老妈》周刊,由报社主办,区老龄委、萧山区老龄事业服务发展促进会(筹)协办,每周四出版;同年8月,与湘湖管委会合作创办《湘湖故事》月刊。2016年3月起萧山日报周六出版《假日特刊》,4月与萧山区总工会合作创办《萧山工人》月刊。2017年年初,与宁围街道合作正式创刊《宁围半月刊》,6月9日和钱江世纪城管委会联手打造的《钱江世纪城报》创刊;9月底,与萧山区委统战部、青年商会合作的《新萧商》杂志复刊"上蓝天",成为第一本登上长龙航空航班的非航空类杂志。

2. 多元经营

多元经营发展概况。随着经济的快速发展与社会的全面进步,传统媒体取得长足的进步,多元化发展也取得了较多成果。报社的多元发展可分为两大阶段。

2005年以前,为报社多元经营的初始阶段。20世纪90年代传统媒体业处于高速发展期,这个时期报社的多元化主要是为了赚取巨额利润找到资金投向,成功的并不多。1992年9月14日,报社为更好地贯彻邓小平视察南方重要谈话精神,进一步加快报社改革开放,努力增强报社的经济实力,促进报业发展,跟上全国报业大发展的步伐,学习各地报社办经济实体的经验,决定成立"萧山市新闻实业公司"。1992年9月21日公司成立,主要业务是广告拓展,还曾负责过《萧山报》的照排工作。1995年年末,公司歇业。2004年1月1日,报社正式加盟杭州日报报业集团,提出是年报社口号"开展二次创业,重抓办报质量、加快报业发展,力争全国领先",报社将广告、印刷、发行、萧山网建设作为四大经营重点。

2005年以后,为报社多元经营的发展阶段,也是多元经营的重要阶段。以2010年为界可分为两个阶段。

2005—2010年，为多元产业快速拓展阶段。

2005年以后，萧山日报积极探索“以报立业、多元强业”的新路子，大力发展多元产业。2005年1月，萧山网正式开通，杭州萧山网络传媒有限公司成立。萧山网成为报社第一家股份制公司。2006年6月18日，由萧山日报社控股的杭州风盛新传媒广告有限公司正式成立。公司注册资金300万元，专门从事萧山日报阅报栏的建设投资、融资、维护及换报、管理，以及市场化运作的户外广告业务承揽发布工作。2007年6月，成立杭州风和会展公司，是年8月竞拍获得萧山剧院5年4个月的经营权。

2009年报业经营机制不断优化，多元产业拓展实现新突破。2月28日，由报社主办的中国少年新闻学院杭州分院、中国小作家协会杭州培训中心正式开学。6月19日，香港宝芝林中国大陆总部基地落户萧山日报，联手投资文化产业、药业和健康饮品以及相关产业。8月10日萧山手机报正式开通，这是全省县市区域报中首份手机报，也是萧山第五媒体。8月31日，杭州萧报国际旅行社有限公司和浙江海内外商务旅游有限公司萧山分公司正式对外试营业。杭州萧报国际旅行社有限公司由杭州萧山日报传媒有限公司控股。9月17日，杭州风盛新传媒广告有限公司取得阅报栏全国销售的独家代理，将阅报栏广告经营领域延伸到了产品销售领域。11月1日起，杭州萧山日报传媒有限公司设立一级部室——萧山日报培训中心。2010年成立杭州萧滨每日送发行有限公司、旺财商贸有限公司。是年，萧山日报多元产业收入占比首次超过50%。全年实现营业总收入12426万元，其中报纸广告收入5206万元，多元产业收入6308万元，多元产业收入占总收入的50.76%。

2011—2017年，多元产业更优化、多元发展更规范。

2011年6月萧山日报城市电视正式开播。2012年8月15日，杭州风盛新传媒有限公司被集团升格为浙江风盛传媒公司，从集团三级公司提升为集团二级公司；杭州风和会展有限公司因萧山剧院租期到限，经营业务发生重大转变。2012年萧山日报收入达到1.7亿元。作为县级报，在经营规模上超过绝大多数地市级报，这个现象引起传媒界关注。2013年10月15日《中国新闻出版报》刊文《萧山日报社：县级报社如何赚到1.7亿元》，介绍报社经营管理工作经验，肯定萧山日报“以报立业、多元强业”的发展战略，以及不断创新的体制机制和运营模式。

2013年7月，成立房产电商公司——杭州风茂房地产代理有限公司。2013年10月，成立杭州萧山萧报教育咨询有限公司。2014年萧山日报艺术品交流展示基地分别在湘湖国际美术馆、翰庐雅集、紫新汇文化艺术馆揭牌。萧山手机报推出5个分众手机报。

2014年，根据多元产业的发展趋势和实际经营情况，萧报传媒对多元产业进行优化调整：萧报国旅收缩战线，与生活周刊、无线萧山App团队整合，转向生活休闲类广告的挖掘及相关产业的深度开发。旺财商贸根据杭报集团的发展战略要求，进行关停。与此同时，加快平台建设谋划产业布局：数据库雏形已初步建成；创办首份萧山老年报《老爸老妈》；创办《今日大江东》区域报，并承担《今日大江东》报的全面采编经营等工作，为萧山日报社乃至集团在大江东区域产业拓展奠定基础；无线萧山改版升级全新上线。

2016年2月注册成立杭州萧山日报资本管理有限公司，为报社第一家实现员工持股的公司。2017年1月正式运作杭州今日大江东传媒有限公司。

经过10多年的发展，多元化经营已经成为报业发展的必经之路。萧山日报多元产业从2005年占总营收的4%提升至2016年的73%。截至2017年年底，萧山日报社(萧报传媒)产业经营涉足网络媒体、户外媒体、培训、金融、养老、会展、物流配送等领域。

多元经营管理制度。2007年根据《中华人民共和国公司法》(以下简称《公司法》)、杭报集团公司《关于规范集团公司对子公司管理的若干意见》，按照建立现代企业制度的要求，以产权为纽带，规范对下属公司的管理，充分发挥萧山日报社的整体优势，制订《萧山日报规范下属公司管理的规定》。2007—2013年，报社修订下属公司管理规定，制订《杭州萧山日报传媒有限公司各经营单位资源互用内部结算办法》。2009年为完善经营激励机制，制订《杭州萧山日报传媒公司经营管理之星评选实施办法》《杭州萧山日报传媒有限公司经营之星(公司、部门)评选实施办法》，在传媒公司首次设立“经营之星”和“经营管理之星”奖，分季度和年度进行评选。“经营之星”评选对象是各子公司、周刊、工作室和报纸发行部，奖项分为管理水平最佳公司(部门)、发展潜力最大公司(部门)、经营业绩最好公司(部门)。“经营管理之星”评选对象是公司发展中涌现出的业绩显著、贡献突出的经营管理人才、市场营销人才、财务管理人才、技能人才。

2013年，为加强成本控制，报社认真落实集团关于降本增效的各项部署，及时出台《萧山日报、萧山日报传媒公司关于加强成本控制的若干意见》，与各公司签订成本控制目标责任书，严格控制各项成本支出。报社还创新管理方式，推动管理精细化，推出并完善如成本控制、年度目标考核、预决算管理、审计等制度，出台《萧山日报审计工作制度》《萧山日报财务预算管理制度》等。积极探索市场化薪酬考核机制，5月报社制订《下属(管理)公司总经理选聘工作实施方案》，对下属公司(实体)新任总(副)经理实行与行政职位脱钩，其薪酬待遇与公司(实体)效益关联。2017年在新一轮机构改革中，报社制订《关于鼓励支持员工内部项目合伙的试行办法》《员工提供有效信息和资源奖励实施办法》等。

多元产业发展平台及运作模式。2005年以来，为实现从“报业经营”到“经营报业”的跨越，萧山日报社在做强主业的同时，积极探索“以报立业 多元强业”的新路子，通过大力发展以文化创意为主的多元化产业来实现品牌机制。先后在互联网媒体、跨区域扩张、户外媒体、旅游、会展、物流配送、电商、教育、金融、养老等方面进行拓展，走出一条由单一媒体向全媒体、报业主营向多元产业发展的转型升级发展之路。

2005年，报社在经营工作中坚持“内涵提升、外延扩张”的发展方略，在壮大主业的同时，探索和发展新的创收路子，延伸报业产业链，开展多种增值服务，实现报业经营利润的较大增长。在多元经营上，明确“依托版面精办一网、背靠主业发展三产”。“依托版面精办一网”即努力支持和办好萧山网。萧山网迅速扩大影响，成为萧山真正意义上的第四媒体，全年实现销售收入150万元。“背靠主业发展三产”，即发挥报社的优势，寻求新的合作良机。

2006年，大力推进经营管理转型，完善经济目标责任制，加快企业化管理进程，提高盈利水平。一是萧山网全年创收比上年增长50%，被评为全省县市报优秀新闻网站。二是阅报栏建设进展顺利，对阅报栏进行拍卖，对内进行竞标。11月，对萧山的60座候车亭广告位进行竞拍，取得三年的经营权。三是通过竞拍取得三门峡日报年广告收入420万元的经营权，成功举办三门峡市首届房交会等活动。

2007年，多元化经营在巩固成效的同时，积极探索，创办会展公司，竞拍剧院经营权，延伸产业链，打造新的增长点，提升报社的可持续发展能力。省委外宣办的内部刊物《新闻阅评》，多次对萧山网的工作给予肯定，并向全省新闻网站推广。阅报栏的建设和经营取得突破性进展，一个以城区为主、覆盖城乡、布局合理、疏密得当的阅报栏网络已经形成。三山传媒公司在2006年站稳脚跟的基础上，2007年广告经营工作取得新进展。10月下旬，采用市场化运作的手段，推出两场《藏谜》演出，取得成功，实现良好的社会效益和经济效益，培育了萧山高端文化市场。

2008年，不断完善责权利分明的经营机制，继续发挥主业经营的中流砥柱作用，注重发挥多元经营的支撑作用，全年实现营业总收入7567万元，比2007年同期增长20%。其中，报纸主业收入4917万元，同比增长14%；多元经营收入2650万元，同比增长9%。为了加快产业拓展，12月19日杭州萧山日报传媒有限公司正式成立。传媒公司成立后，报社和公司实行办报与经营分离运作，真正实现新闻采编和各项经营活动的有机分离。一是风和会展公司拓展高端演出市场，共推出中外10多家知名剧团的20多场演出，《暗恋桃花源》在萧山剧院演出取得很大成功，是经典话剧与萧山演出市场的首次碰撞，取得社会效益和经济效益的双丰收。二是试水期刊市场。由萧山日报与共青团萧山区委、萧山区青年商会联合主办的《新萧商》杂志正式创刊。三是延伸阅报栏市场。在城区主要路段新增阅报栏23座，新设置农村阅报栏10座，完成全年计划的110%。四是进军会展市场。策划并承办萧山第十届杨梅节的10项大型活动，举全社之力采取新闻、活动、广告、演出、网络“五位一体”的运作方式，取得圆满成功。五是两大培训机构中国少年新闻学院杭州分院、中国少年作家协会杭州培训中心于12月27日揭牌，下年2月28日开学。

2009年，充分挖掘萧山网、风盛公司、风和公司、培训中心4家多元经济实体的内部潜力，降低运行成本，提高发展的质量和效益。一是建设“大萧山网”。根据市场需求增设理财、汽车、购物、企业等经营性频道；建起9个政府部门频道；新办60多个新农村网。二是做大演出业务。风和会展采取多条腿走路的办法，探索多种经营模式，与赞助企业票房分成来提高企业的参与热情；与演出商合作以场地以及宣传、人力资源等形式参股降低演出风险；与城区幼儿园合作“以销定产”引进大批优秀的儿童剧目。同时加强内部管理，盘活剧院闲置场地，增加经营收入。三是多种形式办学。两大培训机构开设“新闻培训班”和“小作家培训班”，推出“精彩暑假”系列活动和“暑期培训班”。4个“精彩暑假夏令营”活动报名人数超过260人。在抓好原有经营性实体的基础上，还进一步培植新的经济增长点。一是顺利完成风盛公司部分股权的收购工作，萧山日报拥有风盛公司100%股权；独家代理河南许昌通达科技传媒有限公司阅报栏的全国销售，并与几家报社达成阅报栏广告经营合作项目。二是整合培训中心资源。从2009年11月1日起，萧山日报对相关教育及培训项目进行大整合，设立杭州萧山日报传媒公司一级部室萧山日报培训中心，下辖《教育周刊》编辑部、《花季雨季》编辑部、小记者团、中国少年新闻学院杭州分院、中国小作家协会杭州培训中心5个部门，为打响培训中心品牌奠定了坚实基础。三是与中国移动萧山分公司强强合作打造的第五媒体——萧山手机报，于8月10日正式开通，成为宣传萧山、推介萧山的新媒体、新平台。四是成立萧报旅游公司，进军旅游市场。五是打造总部基地。2009年6月，萧报传媒与香港宝芝林(国际)控股集团正式签约，香港宝芝林中国大陆总部基地正式落户萧山日报。与香港宝芝林联手重点投资文化产业、药业和健康饮品。

2010年，产业拓展进一步突破。成立萧滨每日送发行公司、旺财商贸有限公司并成功运作，4个项目荣获浙江省报业第二届自主创新奖。萧山网承办“第二届全国网络媒体萧山行”等活动，有力地提升萧山网的影响力和公信力。12月上旬手机报征订发行数量突破10万大关。启动了LED城市电视工程，完成100座阅报栏LED改造工程。会展公司成功组织实施刘谦魔术表演、中央芭蕾舞团的《红色娘子军》、新春戏剧周、西班牙舞剧《卡门》及法国索邦交响合唱团新年音乐会等大型演出活动。培训中心《花季雨季》成功改版，夏令营等游学活动广受欢迎。萧报国旅接待游客突破3000人次，成功申请火车票代售点，12月9日代售点试运营。旺财超市按照打造"农副产品精品超市"的目标，在原有工人路店的基础上，11月中旬江寺店开张营业，转变经营模式，发展团购客户，增加自采商品数量，进一步提升在萧山的影响力。

2011年，报社及传媒公司把提升经营效益作为经营工作的重中之重。通过加强成本核算、实施预算管理、经济目标管理等手段，努力提升经营效益。报业经营稳步提高，多元经营高速发展，经营总额在全国县市区域报中绝对领先；利润总额首次居全国县市区域报首位。集新闻、咨询、广告为一体的城市电视项目进展顺利，是年年底拥有8块大型电视屏，初步形成覆盖全城区的大屏网络，开展"家有大厨"等活动，取得良好的社会和经济效益。城区阅报栏进行改造升级，提升档次，促进广告量的快速增长。大型三面翻广告牌投入建设，提高了户外媒体的市场份额。会展公司承接了大量大型会展演出项目，经济效益成倍增长。旅游公司拓展旅游票务市场、培训中心新增出国出境夏令营、萧滨发行公司做大DM广告、萧山网开拓电子商务等多元经营项目取得明显成效。

2012年，受国际经济大气候和国内客观经济环境的影响，全国整个报纸行业的广告经营形势十分严峻。本着"有所为，有所不为"的原则，重点抓好多元主营核心业务，重点扶持萧山网、风盛公司、手机报、城市电视。

2013年，找准发展方向，优化多元产业。通过深入调研，重点帮助各公司(实体)理清创新思路，重新明确发展定位，找准发展方向。如明确杭州风和会展公司"由原来以演出为主向以会展为主转型、做行业引领者"的定位后，避免了与普通广告公司和会展公司的同质化竞争。仅11个月时间，风和会展共承揽了21场会展、演出项目，超额完成营业额及利润考核指标，实现了转型。明确萧滨公司"在做好报纸投递主营业务的同时，将工作重心向轻物流配送业务和DM广告转型"的定位后，轻物流配送业务和DM广告快速增长，全年经营收入和利润实现"双增长"。2013年成立杭州风茂房地产代理有限公司和杭州萧报教育咨询有限公司，为萧山日报发展多元产业，探索"一周刊一公司"的模式，增添生力军。

2014年，互联网对纸媒广告业的冲击前所未有，面对纸媒广告效应的"式微"，萧报传媒旗下各经营口加快媒体融合，并通过全媒体平台精准定位营销，推动经营活动的效益不断提升。在2013年的基础上，进一步探索广告经营公司代理制，即"一周刊一公司"经营模式，取得实效。以萧报教育公司为例，其全媒体平台包括：萧山日报正报上每周一推出的教育周刊，发行量7万份的《花季雨季》报，以小记者团为依托的萧报乐学网，以初三及以上学生家长为对象的“PAT家长会”微信订阅号，以0~6周岁儿童家长为对象的“萧伢儿”微信订阅号，以小学二年级到初中二年级学生及家长为对象的“萧报小记者”微信服务号，以及8个QQ群等多个网络、移动客户端平台。通过多媒体平台传递实用的教育信息，加强与家长、与小记者的沟通，开展相关的经营活动。这些多媒体平台的搭建，更符合现代人获取信息方式，有助于品牌的整体推广，也有助于精准营销的开展。暑假，萧报教育公司通过这些平台开展夏令营学生的招募，取得较好的效果，参与人员创历史新高。风盛公司积极开拓新的广告领域，获得了地铁2号线的广告经营权。多元产业受到市场大环境和行业政策的影响，发展并不均衡。根据多元产业的发展趋势和当前的实际经营情况，对多元产业进行优化调整：萧报国际收缩的战线，与生活周刊、无线萧山App团队进行整合，重点转向生活休闲类广告的挖掘及相关产业的深度开发。旺财商贸根据集团的发展战略要求，进行了关停，“萧品惠”电商平台交由商业工作室运营。是年，报社加快平台建设谋划产业布局。数据库雏形初步建成，收集发行、广告、手机报用户等相关信息20万余条。

2015年，萧报传媒创建三大新平台，以期在媒体变局中，逐渐弥补报纸广告的下滑。一是一周两期的《今日大江东》、“今日大江东”微信公众号，编辑部充分发挥自身采编优势，有效整合团队资源，全力配合萧报传媒各项工作在大江东落地，加快大江东这一市场的深度开发。二是《老爸老妈》周刊1月8日正式出刊，从办报受到全区老年人及老龄委等相关主管部门的高度认可后，推出“慢游俱乐部”“花友会”“爸妈系列课堂”“老博会”等活动，还代为管理萧山区老年呼叫服务中心，筹建萧山区养老协会。三是无线萧山工作室从为各经营口服务开始，配合协调制作手绘地图、配合至美女性评选、直播，以及车展、房交会、老博会的信息发布工作等，还增加“买车票”“社区”“垃圾分类”等实用功能，承揽萧山城管、萧山环保的微信微博代理维护工作，探索创业模式。萧山网在萧山舆情信息服务、萧山智能信息平台等平台的市场拓展都取得了不错的成绩。此外，还联合区妇联，推出首个萧山女电商（微商）展销平台。之后，萧山网联合杭州甘盛贸易有限公司共同打造运营“我要酒网”，从事贵州茅台酒品的定制服务。“我要酒网”与贵州茅台股份有限公司成为战略合作伙伴，该平台于12月下旬上线试运营。

2016年，萧报传媒进一步细分经营行业，进行公司化运作，“一行业一周刊一公司”的集纳优势得到加强。萧山网先后与浙江大学学生促进会合作开展暑期夏令营，举办“G20主场，看萧山之变——第八届全国网络媒体萧山行活动”、国际武术文化湘湖论坛等一系列活动，进一步扩大本土号召力。是年，教育公司组织小记者团活动超400场，参与规模达2万人次，参与主办第五届“星星杯”少年数学邀请赛、第二届少儿跨年晚会选拔,成功举办第三届“相伴考试季”系列活动,如期出版2016高考手册;萧伢儿俱乐部从无到有,成为新的营收增长点。新注册成立“杭州萧山日报资本管理有限公司”,布局金融产业。风盛传媒成为杭州地铁唯一广告运营商,并在新三板挂牌,实现资本化运作。萧报传媒职业技能培训中心与区健康协会签订职业技能培训合作协议,成为全区唯一指定培训基地,开展催乳师、育婴师、健康管理、老人护理等培训班。产业发展伸缩有度。适时关停杭州萧报国际旅行社有限公司、杭州风和会展有限公司两家发展受限的公司,向教育等优势项目进行倾斜,集中精力发展有资源有优势的项目。

2017年,发挥党媒优势,创新经营机制和运营模式,“一心两翼”格局初步形成。一是实现和滨江、大江东等江南板块区一级政府的全面合作,牢牢守住钱塘江南岸媒体经营主阵地。今东传媒公司化运营第一年完成营收超300万元。与滨江(高新)区委宣传部达成合作协议,运营《天堂硅谷》报,布局滨江传媒中心。二是立足会展产业,做好补位增量文章。积极加入集团会展联盟,做好补位与增量的文章,承办第二届中国(杭州)传媒创新合作项目交流大会、中国编辑学会报纸编辑专业委员会成立大会、萧山人大会等主要活动。三是多元产业经营,着力打造支柱产业。教育板块在重点打造教育培训基地项目的基础上,着力稳固小记者团、萧伢儿、《教育周刊》及《花季雨季》等载体。萧山网继续巩固以部门、镇街、村网为核心的三级网,培育发展新项目,强化活动策划能力和执行能力,全年实现营收1650余万元。萧报资本公司积极推进国企混改,引进战略投资者取得成功,公司运行一年,实现营收近200万元。

萧山日报社的多元化产业转型符合产业融合的大趋势,从广告经营中最熟悉的行业入手,选择与广告主业高度关联的项目,稳健地在多元产业上打开局面。如何培育出能够替代报业的主导性产业和长期有效地实现向互联网转型,依然是一项艰巨的任务。

多元产业跨区域合作经营。2006年,萧山日报社认真贯彻杭报集团“走出去”战略,于3月10日以竞拍的形式获得三门峡日报社三年的广告经营权。《三门峡日报》是三门峡市委机关报,创刊于1985年5月1日。报社获得《三门峡日报》广告经营权后,利用半个月时间进行大量的筹建工作,并迅速成立“三门峡三山文化传媒有限公司”,实现报业的产业拓展。全权代理《三门峡日报》广告经营权,标志着报社跨地区发展迈出历史性一步。

2006年3月28日,萧山日报全权代理河南《三门峡日报》及其周刊《西部晨风》广告经营权签约仪式在三门峡市举行,萧山日报在三门峡市全资成立的三门峡三山文化传媒有限公司同期开业,在当地引起了较大的反响。

从1992年开始到2017年年底,萧山日报社以及萧山日报传媒公司先后创办10家公司。

（1）萧山市新闻实业公司

1992年9月21日，经市财贸办公室批复同意，萧山新闻实业公司成立，隶属报社管理。企业性质为市属大集体，独立核算，自负盈亏。经营范围包括广告、激光照排、轻纺、五交化、电子器材、纸张、工艺美术和经济信息咨询。

公司在财务上执行集体所有制财务管理制度，独立核算，自负盈亏。配备会计和出纳。报社对公司实行目标责任制承包管理制度。超额完成可奖励，完不成任务亦应受罚。对公司领导的奖罚，由报社决定；企业内部实行按劳分配、多劳多得的分配制度，具体由公司自行决定，接受报社监督。

新闻实业公司为拓展广告业务，于1993年9月13日建立“今日广告公司”，到1995年末，萧山新闻实业公司歇业。具体过程如下：1993年2月6日起，《萧山报》由报社激光照排室照排，市文联印刷厂承印。同年9月，报社以激光照排室为基础，成立萧山新闻实业公司电脑部。10月25日起，萧山报由新闻实业公司电脑部照排，文联印刷厂承印。1994年9月3日起，新闻实业公司电脑部与文联印刷厂合作，萧山报由文联印刷厂照排承印。1996年，报社购入文联印刷厂，并更名为萧山日报（萧山报）印刷厂，萧山日报即由该厂印刷。此后，新闻实业公司不再申领营业执照，自然消失。

（2）杭州萧山网络传媒有限公司（萧山网）

2005年1月成立，是浙江省文化体制改革试点单位，由萧山区委宣传部、萧山日报社、萧山广电局和一家民营企业联合出资300万元组建。走的是“独立办网，公司化运作，企业化管理，滚动式发展”的路径。至2017年年底，共有员工70人。2016年实现营收1700万元，净利润330万元。连续10年，年均增长10%以上。萧山网依托“三网合一，三级办网，平台传播，打造垂直性大萧山网”，走出一条独特的发展路子。中宣部、国新办、省委宣传部等相继考察萧山网，省外宣办发专报肯定萧山网“垂直式三级办网”模式，推广“萧网模式”。荣获浙江省文化传播创新十佳网站、中国地市网盟、中国城市网盟、中国互联网盟十大优秀网站等称号。

（3）杭州风盛新传媒有限公司（浙江风盛传媒股份有限公司）

2006年6月18日，由萧山日报社控股的杭州风盛新传媒广告有限公司正式成立。公司注册资金300万元，专门从事萧山日报阅报栏的建设投资、融资、维护及换报、管理，以及市场化运作的户外广告业务承揽发布工作。2009年9月17日，杭州风盛新传媒广告有限公司与阅报栏生产厂家河南许昌通达科技媒体制作有限公司签订合作协议，独家代理该公司阅报栏的全国销售，标志着风盛公司将阅报栏广告经营领域延伸到了产品销售领域。2012年9月，杭州日报报业集团将杭州风盛新传媒广告有限公司所有人员、资产合并成立浙江风盛传媒有限公司，新成立的浙江风盛传媒有限公司由萧山日报传媒有限公司控股，杭州日报传媒有限公司、都市快报控股有限公司参股。萧山日报作为风盛传媒最大的股东，持股34%。2016年7月28日，浙江风盛传媒有限公司正式挂牌新三板，萧山日报持有公司21.896%股权，仍是最大的股东。风盛传媒是整个大杭州最具竞争力的户外传媒企业，实现了杭州地铁媒体全覆盖、大杭州范围社区道路阅报栏媒体全覆盖、城市主干道大型户外媒体区域化布局。风盛传媒拥有杭州地铁全线语音及导向广告，杭州地铁2号、4号线全媒体广告，地铁1号线LCD智汇互动广告屏等资源。新型阅报栏项目已发展成800余座阅报栏的覆盖网，包括杭州市区、萧山区、富阳区、余杭区等。拥有杭州CBD核心区的钱江新城所有公交站台广告资源。拥有城市核心区黄金价值户外媒体，其中800平方米的大笨屏（BIG PAD）面积在华东地区首屈一指，荣获中国报业协会2010年度户外媒体创新奖（经营类），2011年中国报业户外媒体创新奖。

（4）杭州风和会展公司

2007年6月，成立杭州风和会展公司，是年8月竞拍获得萧山剧院5年4个月的经营权。2012年杭州风和会展有限公司因萧山剧院租期到限，经营业务发生重大转变。2016年关停。

（5）杭州萧报国际旅行社有限公司

2009年8月31日，杭州萧报国际旅行社有限公司（筹）和浙江海内外商务旅游有限公司萧山分公司正式对外试营业。杭州萧报国际旅行社有限公司由杭州萧山日报传媒有限公司控股。2010年，新增火车票代售项目并运营。萧报国旅荣获“中国传媒优秀旅行社（2012—2013）”称号。2014年，根据多元产业的发展趋势和实际经营情况，萧报国际收缩战线，与生活周刊、无线萧山App团队整合，转向生活休闲类广告的挖掘及相关产业的深度开发。2016年关停。

（6）杭州萧滨每日送发行有限公司

2010年成立，2016年由全资公司改为参股公司。至2017年年底，共有员工200人。2016年营收1000万元，公司依托几家主流媒体，巩固传统报刊投递业务，拓展直投广告业务、物流配送业务。

（7）杭州萧山萧报教育咨询有限公司

2013年10月正式成立公司，下属一报一刊一网一团一学院一俱乐部。一报：《萧山日报·花季雨季》；一刊：《萧山日报·教育周刊》；一网：萧报乐学网；一团：萧山日报小记者团；一学院：中国少年新闻学院杭州分院；一俱乐部：萧山日报萧伢儿俱乐部。2016年度营业收入1100多万元，净利润260多万元。

(8)杭州萧山日报资本管理有限公司

2016年2月注册成立,注册资金为500万元。至2017年年底,共有旗下员工7名。第一家实现员工持股的公司。主要从事资产管理、私募股权投资、私募证券基金管理、代客户办理银行贷款手续、金融市场调研及数据分析服务等。该公司是萧山日报从事多年的财经广告积淀而成,也是萧山日报项目化运作的有效体现。公司创立之初,持股比例为:管理层和骨干员工持股25%,萧报传媒持股75%,到2017年1月,为进一步促进公司业务发展,引进民间资本500万元,至此,管理层和骨干员工持股12.5%,萧报传媒持股37.5%,投资公司50%。

(9)杭州风茂房地产代理有限公司

2013年7月成立,主要运作项目为房产电商。开展三类服务:一是一手房电商代理服务与整体开盘套餐服务;二是二手房居间代理服务;三是房地产全案营销策划服务。至2017年年底,共有员工8人。2016年度营业收入200多万元。

(10)杭州今日大江东传媒有限公司

2017年1月正式运作,是年年底,共有员工16人,是杭州萧报传媒有限公司全资的一家全方位传媒机构。公司主要从事广告设计发布、教育培训咨询、企业形象策划等文化创意产业。今东传媒围绕全面整合政府、企业、媒体、市场等优势资源,拓展创意文化产业和城市服务领域,全力打造"大江东第一传媒矩阵"的经营战略。立足于今日大江东报,形成以"今日大江东"和"大江东发布"为龙头、8个部门(街道)代维号为网格的新媒体矩阵,拓展大江东小记者团这一独立品牌,并全力构建教育培训新市场。

六、报纸发行

1954年12月11日《萧山报》创刊时,报纸由浙江日报印刷厂承印,萧山县邮电局发行。1958年4月15日起,改由萧山印刷厂承印。1958年6月1日起,《萧山报》改名为《萧山日报》。直至1961年2月休刊。该期间,发行渠道均为萧山县邮电局,年均发行量2万~3万份。

1983年6月1日《萧山农科报》创刊时,报纸由萧山印刷厂承印,萧山邮电局发行。1984年8月起,因报纸发行量增加,改由杭州日报印刷厂承印。发行渠道为萧山县邮电局。年最高发行量突破10万份,年均发行量3万~5万份。

1988年7月1日《萧山经济报》创刊时,仍由杭州日报印刷厂承印,萧山邮电局发行。年均发行量3万份。

1991年9月29日《萧山报》复刊,1995年起复名为《萧山日报》。自复刊至2017年末,从报纸每年出版期数、发行数量、发行方式等,分为四个阶段。

四开周报阶段(1991—1994)

1991年9月29日复刊后的《萧山报》,为周一刊,四开四版,逢周六出版,每份报价0.08元(出四开八版为0.16元),由杭州日报印刷厂印刷,委托萧山报刊发行站发行,期发行量1.2万份左右。基本属于公费订阅。

1992年1月1日起改出周二刊,四开四版,逢周三、周六出版,每份报价0.10元,期发行量增至1.24万份左右。基本属于公费订阅。

1993年1月1日起改出周三刊,四开四版,逢周二、周四、周六出版,每份报价0.15元,期发行量1.3万份左右。基本属于公费订阅。是年2月27日起,《萧山报》从杭州日报印刷厂承印改由本报激光照排室照排,市文联印刷厂承印,并首次实行编校质量考核制度。

1994年1月1日起改出周四刊,四开四版,逢周一、周三、周四、周六出版,每份报价0.15元,期发行量增至1.42万份,自费订阅开始增多。

四开日报阶段(1995—1998)

1995年1月1日起,《萧山报》改刊为《萧山日报》,周六刊,四开四版,除星期日外,每周出版六期,每份报价0.15元。期发行量增至1.72万份。城区自费订户逐年递增。由萧山邮电局发行。

1996年,《萧山日报》1—2月每周出版六期,四开四版。3月3日起改出周七刊日报,每份报价从5月1日起调整为0.20元。发行委托单位由萧山报刊发行站改为萧山邮电局,期发行量为1.72万份。

1997年1月1日起《萧山日报》扩为四开八版(双休日仍为四开四版),每份报价调整为0.25元,发行委托单位由萧山邮电局改为杭报萧山发行站。期发行量为1.73万份。

1998年,《萧山日报》保持每周七期,四开八版。12月18日起试刊对开大报,每份报价0.25元。期发行量突破2万份,增至2.17万份。

对开日报阶段(1999—2003)

1999年1月1日起,《萧山日报》正式出版对开大报,周一至周四为六版,周五为八版,双休日为四版。每份报价0.25元,期发行量2.96万份。

2000年7月1日起,《萧山日报》扩为对开八版,天天彩印,每份报价调整为0.40元。期发行量为2.93万份。

2001年,《萧山日报》版面、报价保持不变,发行量突破3万份,增至3.08万份。

2002年,《萧山日报》版面、报价保持不变。发行委托单位一分为二:城区包括4个街道办事处所辖范围,仍由杭报萧山发行站代理;农村即所有镇、场,包括开发区,由萧山区邮政局代理发行。期发行量为3.08万份。其中,城区1.11万份、农村1.97万份。

2003年，《萧山日报》版面、报价保持不变，发行委托单位仍由杭报萧山发行站和萧山区邮政局分别代理。期发行量为3.36万份。其中城区收订1.21万份，农村收订2.15万份。

2004年1月1日起《萧山日报》版面扩增，由原来的每周48个版增至56个版（周末为16个版），报价仍为每份0.40元。发行委托单位合二为一，即农村原由邮政局代发改回到杭报萧山发行站独家代理。在报刊治理整顿和上级规定征订时间推后近两个月的情况下，发行工作仍取得好成绩，期发行量为3.27万份，其中城区收订1.32万份、农村收订1.95万份。

自办发行阶段（2005—2017）

2005年度的发行工作是萧山日报第一次自行独立承办报纸收订工作。《萧山日报》从原来56版扩为64版，全年定价从144元提高到180元。78名人员组成的订报员队伍，129个征订网点遍布全区。发行量首次越过4万大关，达到4.21万份，跃居全省区域报纸首位。其中，27个镇街场实现征订数2.77万份，系统和社区等1.44万份。

2006年《萧山日报》每周出版68版，成功实现三张报纸双面彩印并合成一叠，报价不变，印刷时间从近6个小时缩短到1个多小时，印刷质量得到大幅提升。发行量保持在4.2万份。

2006年度发行工作开启四报合一（萧山日报、杭州日报、都市快报、每日商报）捆绑式发行模式。同年8月，杭州日报萧山发行站划归萧山日报管理，实现真正意义上的自办发行。2007年《萧山日报》版面、价格不变，实施新的版式，发行量4.3万份，圆满完成2007年度四报发行任务。

2008年《萧山日报》每周出版80版，全年定价从180元提高到210元，面对提价、数字报纸推出、都市类报纸冲击等挑战，萧山日报发行量保持在4.3万份。2008年全球金融危机，2009年度萧山日报依然超额完成杭报集团下达的4.3万份征订指标。

2009年9月21日实施新一轮改版，改为720报型，从80个版扩为88个版，2010年发行量达4.6万份。2010年1月1日，《萧山日报》搭乘厦门航空班机正式飞上蓝天，成为全国首家报纸上蓝天的县市区域报。

2011年《萧山日报》每周出版92版，全年定价从210元提高到240元，发行量首次突破6万份，达到6.3万份，有效市场增加近4000分，并在宁围镇实现家庭全覆盖。

2012年1月4日起，《萧山日报》每周出版96版，发行量超6.4万份。2013年萧山日报征订数保持在6.4万份。同年10月21日《萧山日报》全新改版，680报型、AB叠共108个版。2014年度《萧山日报》全年定价从240元提高到288元，总征订数保持在6.1万份。

受市场大环境因素影响，机关事业单位对报刊费的控制，征订工作遇到新的困难，2015年度萧山日报征订数下滑到5.6万份。

2016年3月起《萧山日报》从周七报调整为周六报，周六周日合刊出版《假日特刊》，每周出版88个版，征订数保持在5.6万份。

2017年，《萧山日报》每周出版84版，周六出版《老爸老妈》。发行价格从全年288元提高到380元，征订数下滑到3.9万份。

《萧山日报》从2018年1月1日起全面改版，不包括月刊、分众报，每周出版60个版，报价不变。在区相关领导的重视和集团领导的指挥下，首次启动党员订阅《萧山日报》工作，报纸发行创历史新高，发行量突破7万份（不含月刊、分众报），实现了党员家庭全覆盖。

1.党报期间的发行工作

（1）20世纪50年代发行工作

1954年12月11日《萧山报》创刊时，编辑部在《见面的话》中指出，要宣传推广报纸，介绍报纸的用场和好处，动员大家订报。各机关团体、财经企业、学校、党支部、合作社（互助组）、冬学、民校、农村剧团，最好都订一份。个人订报更加欢迎。做到村村有报，大家看报。

作为县委机关报，《萧山报》《萧山日报》的组织征订工作一直得到党委和政府的重视。

1958年5月27日，县委《关于〈萧山报〉从6月1日起改出〈萧山日报〉的决定》指出：《萧山报》改为日报后，宣传部门必须订出扩大发行份数、建立健全的读报组织的计划。各地党组织，必须动员教育群众；并积极支持与协助邮电局做好报纸的发行工作，要求巩固老订户，发展新订户，一定做到农业社各生产小队，工厂各车间、生产小组，各机关科室、学校、商店都订《萧山日报》；农村基层干部、下放干部、机关干部、工厂干部人人都订《萧山日报》。在订报后，必须加强读报，使之推动工农业生产。报社印刷厂在一般情况下要保证日报的出版时间，不得无故误期。邮局要大力组织收订。积极改进投递，要求当天一定送到读者手里。报社、印刷厂、邮电局三个部门应加强协作，努力办好党报。

1958年6月26日，县委批转萧山日报《关于报刊发行、读报工作的报告》，要求各地贯彻执行。县委在批语中指出：萧山日报是县委机关报，是加强群众政治思想工作的有力武器，因而必须迅速扩大发行面，推行户户订报，再来一个发行高潮。要求发行至2万份，力争2.5万份。

（2）20世纪80年代发行工作

1983年6月1日创办的《萧山农科报》,在普及农科知识,促进种植养殖业的发展,促进开发性生产和提供科技信息等方面起到了一定的作用,受到“两户”(专业户、重点户)和广大农民、基层干部的好评。大家反映《萧山农科报》内容实惠,看了用得上,是看不见的农业老师。有的称赞《萧山农科报》是农科知识的宣传员,科学务农的辅导员,商品生产的技术员。

县委书记费根楠在县委工作会议上提出:“要进一步办好《萧山农科报》,扩大发行量。”萧山农科报社根据这个要求,1984年2月29日,萧山县科学技术委员会发出《关于请协助做好〈萧山农科报〉发行工作,致各区、社(乡)、农(林)垦场负责同志的函》,明确表示:一方面在选题计划、宣传内容、文字编写以及版面设计方面总结经验、改进提高;另一方面,争取各级组织的协助,扩大发行量。最大的问题是发行量不平衡。订得多的公社,已普及到农户的60%以上,订得少的公社,只有十几份。县委上年提出,要求至少30%的农户订上《农科报》。现在,与这个要求还有较大距离,希望各区、社、场负责同志协助做好以下三件事:第一,在广泛深入宣传、贯彻、落实中央1号文件中,结合宣传《萧山农科报》的办报宗旨和对促进农村商品生产发展中的作用。发动广大承包户踊跃订阅特别是动员基层干部、“两户”和科技示范户带头订阅,争取在春耕大忙前,各公社至少有20%至30%的农户订阅《萧山农科报》。第二,开辟多种订阅投递渠道,使订户及时收到看到《萧山农科报》,以真正发挥报纸的作用。应当动员各部门、大队生产队和广大农民积极订阅,有条件的社队也可以从贴农金中支出一部分。在做好订阅工作的同时,还应当动员各种社会力量,做好投递工作。第三,随着中央1号文件的贯彻落实,特别是农村大力发展商品生产,农民会提出不少新问题需要我们去解决。请各级领导同志能经常为《萧山农科报》提供情况、提供典型、撰写稿件,使报纸的宣传有更强的针对性、指导性。

1984年10月30日,《萧山农科报》公布《1985年直接发行的改进意见》,继续实行由县邮电局发行和本报直接发行的两条渠道同时发行的办法。提出的指导意见是:临近萧杭公路、离县城较近的和原直接发行的乡(镇),以直接发行为宜;远离县城的乡,以邮局发行较为方便。根据一年多来试行直接发行的实践,对1985年的直接发行工作,提出以下改进意见:第一,明确双方责任。本报保证在出版日上午上班时交报;直接发行乡的责任者(单位)保证在出版日上午到报社取报,并在两天内把报纸送到订户。在特殊情况(如雨雪冰冻等)下不超过第三天。第二,用好投递费。本报发给直接发行乡每份报纸6厘的投送费,分季度直接发给发行乡的责任者(单位),由责任者按送报劳动的多少合理分配到人。第三,实行奖惩制度。奖励分两类:一是发行奖。根据1984年、1985年两年发行量的多少,两年平均发行量占总农户的百分比的前五名为一等奖，6~10名为二等奖，11~15名为三等奖，具备下列条件之一者为四等奖，即1984年发行量不到30%，1985年订数在30%以上；1984年订数在30%以上，1985年有增加的；1985年新直接发行的乡，发行量达到30%的。二是投送奖。通过建立考核制度，定期检查和抽查，按照有否专人负责及时取报、及时投送到户等条件，年终评比出一、二等奖各3名，三等奖4名。发行奖两年联系起来评，奖发给责任单位；投递奖分年度评，奖发给责任者（投递员）。不及时投送到户的投送员，给予适当惩罚。从出版日第4天开始，每迟送到户一天，每张报纸扣除投送费2厘（如1日出版的报纸，4日到户扣2厘），5日到户扣4厘，6日到6日以后送到户的，本报就不再发给投送费。报纸何日送到户的标准，由本报组织对口互查或随时抽查确定。一个乡（镇）每次至少查不同组10个以上农户的平均数为依据。第四，订立发行合同。

中共萧山县委宣传部与萧山县人民政府办公室于1987年10月17日联合发出《关于切实做好1988年度〈萧山农科报〉发行工作的通知》（以下简称《通知》）。《通知》要求各地要切实做好1988年度《萧山农科报》的发行工作：第一，要大力宣传《萧山农科报》的性质、内容和对促进萧山县经济建设的作用。要通过宣传，扩大影响，扩大订阅面。第二，要抓巩固、抓平衡，稳步增加发行量。1988年保持在6.8万份的基础上，抓好地区间的平衡，使之普遍有30%以上的农户订阅《萧山农科报》。原来发行偏少的区、乡（镇），要积极增加发行量；乡镇企业、农场、其他行业以及集镇居民中，也要积极做好发行工作。第三，要进一步搞好邮局发行与报社直接发行这两条渠道的发行办法。邮局要充分发挥专业部门的作用，收订好、投递好，不得拒订。要把报纸发行列入业务考核内容；对于原来同报社挂钩直接发行的乡（镇），要继续巩固。并可适当新发展些乡（镇）；县、区、乡（镇）各部门以及各村民委员会，也要扩大发行。第四，要加强领导，落实经费，及早动手做好订阅工作。各地要把订阅《萧山农科报》作为一项智力投资和文明建设的内容来抓。经费来源，除积极增加自费订阅外，有条件的乡（镇）村也可以在贴农金中适当安排。

1988年10月17日，市委宣传部与市人民政府办公室联合发出《关于做好〈萧山经济报〉发行工作的通知》。通知明确，第一，要大力宣传《萧山经济报》的性质、内容和对促进我市两个文明建设的作用。1989年《萧山经济报》改出周报，将进一步增强时效，增加信息量，改革版面，摘登一周电视节目，以适应各条战线、各个方面的多种需要。第二，要抓稳定，抓平衡，保持一定的发行量。1989年经济报的发行重点是抓好地区间的平衡，原来发行偏少的区、乡（镇），要积极增加发行量；在工交、财贸、文教、卫生、农垦场以及其他行业、城镇居民中，要努力做好发行工作。第三，扩大订阅范围。经济报的发行对象是国营、二轻、乡镇企业、商业、金融、农场等系统的经济实体，广大干部、职工、农民以及城镇居民都可订阅。要求市级机关、区、乡(镇)机关集体订阅,发行到各科室,工厂企业到班组,重点骨干乡、村企业可到每个职工,农村到村两委成员及村民小组,商店可到柜组,其他各个方面努力达到每个单位都有《萧山经济报》。第四,进一步做好1989年度《萧山经济报》的发行工作。报纸自办发行,是发行工作中的一项改革。经济报从明年开始,全部自办发行,各有关方面要予以配合支持,保证报纸及时送到读者手中,以充分发挥《萧山经济报》应有的作用。

(3)20世纪90年代复刊后的党报发行工作

从1991年复刊至2003年年底加盟杭州日报报业集团前,作为萧山市委机关报,萧山日报一直是党报发行工作的重要内容。

1991年9月29日,中共萧山市委办公室发出《关于做好〈萧山报〉发行工作的通知》指出:《萧山报》是市委主办的中共萧山市委机关报,是宣传党的方针、政策,传达市委市府各个时期中心工作的重要舆论工具;是传播信息、普及科技、活跃文化、指导工作,促进两个文明建设的重要宣传阵地。为此,要求各级、各单位领导要十分重视《萧山报》的发行工作。第一,要大力宣传《萧山报》的性质内容和对促进萧山市两个文明建设的作用,并把做好《萧山报》的发行工作作为反对和平演变,用社会主义思想占领思想宣传阵地的一件重要工作来抓。第二,从实际出发,适当扩大发行面,保证一定发行量。具体要求是:经济较发达的乡镇,要求发行1000份以上;一般乡镇在500份以上;规模较小的乡镇,不少于300份;贫困乡也不要低于200份。区乡镇机关可订阅到脱产干部和部门科室,农村到村"两委"成员和村民组长。城镇可到居委会"两委"成员和居民组长。有条件的村,可发行到户。市级机关及市直属单位和学校,可订阅到领导班子成员和各科室。国营、二轻、商业、金融、农垦、供销和乡镇企业等企事业单位,可订阅到班组或工会小组,商场(店)到柜组,旅馆到客房。有条件的企业,可发行到个人。第三,落实具体措施,做好发行工作。各级、各单位要落实专人具体负责,做到任务、经费、发行三落实。在经费开支上,可采取集订集支、集体个人分担、个人订阅自负等多种办法解决,大力鼓励个人自费订阅。第四,市报刊发行部门和各地发行员要加强服务,方便读者,切实做好1992年度《萧山报》的征订和发行工作,以充分发挥市党报的应有作用。

1994年9月18日,中共萧山市委办公室发出《关于做好1995年度〈萧山报〉征订工作的通知》(以下简称《通知》)。《通知》指出:《萧山报》是中共萧山市委的机关报,从1995年1月1日起将由现在的周四报,改刊为周六报,并将每日刊新华社传送的国内国际电讯稿。第一,各级党委、政府要积极宣传《萧山报》的性质、内容和对促进我市两个文明建设的作用,切实做好《萧山报》的征订工作。第二,努力扩大《萧山报》的发行面,保证一定的征订量。各镇乡及城厢、瓜沥、临浦镇所属各办事处、市级机关各部门可订阅到脱产干部和部门科室;城镇可订阅到居委会成员和居民小组长。被评为市红旗村、标兵村、文明村的要积极带头做好征订工作。市级机关及市直属单位和学校,可订阅到领导班子成员和各科室。国营、二轻、商业、金融、农垦、供销和乡镇企业等企事业单位,可订阅到班组和工会小组,商场(店)到柜组,旅馆到客房。第三,各级、各部门要认真落实《萧山报》的订阅工作,努力做到任务、经费、发行三落实。同时,要大力鼓励个人自费订阅。第四,市报刊发行部门和各地发行员,要改善服务,方便读者,切实做好1995年度《萧山报》的征订和投递工作,以充分发挥萧山市党报的应有作用。

1996年9月27日,中共萧山市委办公室发出《关于切实做好1997年度〈萧山日报〉发行工作的通知》。第一,各级党组织要积极宣传《萧山日报》的性质、地位和作用,重视党报对促进萧山市两个文明建设的积极作用,切实做好《萧山日报》的征订发行工作。第二,各地、各部门、各单位,要把搞好《萧山日报》的发行工作作为一项政治任务来完成,努力扩大发行面。各镇乡、市级机关各部门、市直属各单位,要把《萧山日报》订阅到科室、班组,市级标兵村、红旗村、文明单位和特级、一级、二级企业,都要积极带头做好征订工作。第三,要努力把《萧山日报》订阅到各级党组织的党小组和城镇的居民小组,农村的村民小组,旅游业的餐厅、客房,车站,码头,医院的病房,市场的摊位,学校的班级以及各种专业户、示范户、个私企业。要大力鼓励个人自费订阅《萧山日报》。

《萧山日报》1997年委托杭州日报萧山发行站发行,零售价每份0.25元,月价7.50元,全年订费90元,订阅报纸可到城厢镇人民路185号报刊发行站及萧山市信用联社设在各镇、乡、各地的杭州日报特约收订点办理。

2002年9月28日,杭州市萧山区财政局给区级机关会计结算中心发出《关于订阅2003年度党报党刊经费报销问题的函》。

根据《区委办公室、区委宣传部关于认真做好2003年度党报党刊发行工作的通知》精神和区领导意见,就2003年报刊经费报销有关规定补充如下:第一,党报党刊主要是指"四报二刊",即《人民日报》《求是》《浙江日报》《今日浙江》《杭州日报》和《萧山日报》。第二,党报党刊2003年计划由过去的单位公费订阅为主,改为单位公费订阅和个人自费订阅(私订公助)相结合的办法。各单位应按区下达的征订指标数,在2002年实际征订数的基础上,按照稳中有升的原则组织订阅。第三,各单位必须首先完成"四报二刊"征订任务,订阅费用按实际征订数在单位公用经费中报支。"私订公助"必须严格按文件规定公助范围、公助报刊种类、公助比率办理,由单位财务领导严格控制批准报销。区级机关核算中心要严格审核。第四,各单位应本着"合理、必须、节俭"的原则,在完成党报党刊征订任务后,以不突破上年实际报刊征订费用为前提,征订好其他报刊,节减公用经费。不得利用报刊开支渠道变相搞福利,如有违反,经查实,将按有关规定严肃处理。

(4)20世纪90年代的党报发行体制及征订营销活动

1991年《萧山报》复刊后的前5年,发行体制主要是报社与发行委托单位——萧山市报刊发行站签订书面协议,发行征订、报款回收、投递服务由萧山市报刊发行站负责,报社主要配合做好发行宣传工作,发行站每年确保完成发行量1.5万份。

为增加《萧山报》1994年度的发行量,从1993年第四季度起,报社开始在采编人员中实行发行竞标承包制,中标者从9月起到第二年的2月,脱产半年,全力配合发行征订、投诉处理和报款催收等工作,待遇不变,并根据中标者报纸收订完成情况,酌情进行奖励或处罚。该办法连续实行4年,直到发行1998年度《萧山日报》起,报社开始实行任命制,从采编人员中指派一人负责,为期仍为半年,并享受部副主任待遇。

具体发行体制为:第一,1991年至1993年,主要依托发行合同,由萧山市报刊发行站全权负责。第二,1994年起,通过报社内部人员竞标,确定发行承包人,为期半年,并根据完成情况实行奖罚措施。第三,1998年开始,发行承包人由原来的公开竞标制改为任命制,发行期间,承包人享受部副主任待遇,奖罚措施继续实行。第四,2002年开始,报社与发行委托单位正式签订由过去的约束性承包合同调整为具有法律效力的发行承销协议。第五,2002年3月份起,常设萧山日报发行部,配备副主任1名,负责全年有关发行工作。

2001年以来,报社采取市场化运作方式,注重实施营销策略,对城区进行密集发行,在扩大自费订户上取得明显成效。

具体征订营销活动措施有:第一,领导重视,层层落实。每年征订开始前,区委办公室专门下发《关于做好党报党刊征订工作的通知》,要求各镇党委、各街道党工委、区级机关各部门、区直属各单位党组织,切实加强对党报党刊征订工作的领导,认真部署,抓好落实。同时由区委宣传部专门召开党报党刊发行工作会议,分解落实党报党刊征订发行任务。区委有关领导到会作重要讲话。各镇、街道、场党委按照区委办和区党报党刊发行工作会议精神,及时下发文件、通知,主要领导过问,宣传委员抓落实,确保《萧山日报》发行任务的按时完成。第二,积极配合,统一协调。无论是杭报萧山发行站,还是萧山邮政局,都能积极配合做好发行工作。报社推出上门订报、电话预订和网上订阅等便民措施,发行部门做到随叫随到,上门服务,使订户满意。还通过在中国银行、工商银行、浦发银行等城区各储蓄所设立就近订报点,方便市民订阅。农村投递员抓大不放小，主攻零星散户，扩大订阅范围。2003年度《萧山日报》个人订户大幅度增长，个人自费订阅率达到总发行量的55%。第三，注重策划，营造声势。每年开订前，有针对性地对市场营销方案进行重点策划，不仅在自己的报纸上打广告，而且还在电视、广播等萧山其他媒体上打广告，营造声势，扩大影响。同时，开展便民活动，通过新闻报道形式加强自我宣传。如2003年11月初，报社与十几家职能部门联手，在闹市区举行《萧山日报》读者服务日大型活动，开展现场订报，接受读者投诉，深受市民欢迎。第四，组织营销，注重特色。2001年以来，一是改进征订方式，变一年一度的征订为全年征订。二是破季破月或跨年度征订，做到今天订明天看。三是确定目标市场实施密集发行，主攻自费订户。如2002年10月初，报社与各街道联手，推出《萧山日报》进社区活动，组织社区订报员挨家挨户上门订阅，征求意见，加强联络，拉近报社与市民的距离。四是加强社会联动，拓展自费市场。2001年以来，连续推出萧山日报读者联谊卡赠送活动，做到"一报一卡"。报社选择区内10多家规模上档次、社会信誉好的商家、宾馆，作为萧山日报读者联谊卡成员单位，为读者提供商品打折优惠和每月开奖奖品。报社每月按时在报上公布读者联谊卡优惠单和中奖号码。报社还与杭州大家艺术进修学校合作，开展订一份《萧山日报》，培训费用全免的'冬令合家欢学习券发送"以及与萧山移动公司合作的赠报券活动等。第五，取人之长，为我所用。2002年8月初，由报社分管发行的副总编带队，对省内发行工作做得比较好的七家县市报社进行实地调研，并进行综合分析后，在巩固公费市场的同时，拓展自费市场，开发零售业务，扩大《萧山日报》的市场影响力。为此，报社积极与邮政、书摊零售商联系，在城乡推出零售业务，并出资制作了一批"萧山日报零售点"的铜牌，张挂在城乡各地的报亭上。自此，萧山日报的零售面遍布城乡100多个书摊报亭，期销售量近500份。同年9年上旬，为实施党报私订公助，由分管党报发行的区委宣传部副部长带队到实行私订公助的部分县市调研取经，回来后会同报社、统计、发行等部门商讨制订多种方案，在2003年度党报党刊发行中实施私订公助办法，取得一定成效。第六，早出早投，强化服务。2003年年底，为了做到早投，报社领导经过多次研究协调，决定提早截稿时间，并与负责《萧山日报》印刷和发行的两家单位协商，既确保《萧山日报》凌晨4点印毕出厂，又经过发行站及时分发，尽早投报。2004年8月1日起，萧山日报开通直递专车，确保各镇、街道、场机关开门见报。

2. 区域报的发行工作

萧山日报加盟杭报集团并进行区域化报纸崭新定位后，发行工作成为探索市场化运作的一个重头戏，报社上下视发行为"生命线工作"，牢固确立读者是报纸终端资源，发行是检验报纸是否真正走向市场的一把尺子的经营理念。2005年萧山日报成立发行中心,发行中心设部主任岗位,萧山日报开始自办发行。2008年杭州萧山日报传媒有限公司成立,发行中心更名为发行部,2010年发行工作归属经管办,2014年纳入数据与用户服务中心,2017年纳入项目中心。报纸发行工作成为报社上下全力以赴的一项重要工作,发行部门全面落实报纸的发行工作,包括报纸征订及投递质量监管等,扩大萧山日报市场份额,开拓有效发行市场。

(1)独立承办报纸收订工作

2005年度是报社第一次自行独立承办报纸收订工作。萧山日报党组、编委会紧紧依靠报社全体人员,提出了“报价180元,必保4万份”的奋斗目标和“重抓征订,稳农攻城,构建网络,市场运作,最终达到进入千家万户的目标”的工作部署。征订工作主要面向27个镇街场、上千家企业和行政村,12大系统163家单位,城区56个社区和数十家骨干企业、宾馆饭店。129个征订网点遍布全区,甚至把触角伸向滨江区和杭州主城区。在短短几天时间里,采取招聘与推荐相结合的办法,组建起一支由78名人员组成的订报员队伍。

镇、街道和机关各部门,把萧山日报依然当成“自己的报纸”,全力以赴支持征订工作的开展。全区27个镇街场目标市场中,共实现征订数27658份,系统和社区等,也创造了历史新高,达到14389份。2004年,日发行量达到42047份,比上一年增长24%,跃居全省县区域报纸首位。2005年,报纸零售量比上一年增加90%。发行成功实施全面提速,开通“萧山日报直递专车”,确保镇、街道机关早晨8时能看到当天报纸。

萧山日报面对市场压力,征订工作根据上级有关规定、要求,摒弃“打折、送实物”的传统模式,创新思路,在“存量靠巩固,增量靠市场”上做深做透文章,多层面、全方位陆续展开了“形象提升战、网络构建战、连环促销战、六路征订战、目标阵地战、补缺攻坚战”共六大营销战役。开展进超市、上广场、到社区“读者服务日”活动,利用镇街全运会、文化艺术节、观潮节、汽车展等契机,进行10余次现场征订;在各个阶段向各社区村,老订户等发出了数万封公开信和征订函;利用新闻与征订互动,先后刊发了30多则征订动态,营造了浓郁的促销氛围;出台了一系列订报员激励政策,组织发动社区订报员“敲门订报”;采取包销与经销并举新模式,使零售量比上年增加90%;报社工作人员充分利用自己的人脉关系,在骨干企业中开辟大户资源,创下了集订分送新纪录。

2006年度的征订工作围绕“稳固镇街、夯实城区、细分市场、主攻‘有效’”的工作重点来推进。各镇街场党政主要领导、宣传委员积极做好宣传工作,亲自到各企业、行政村开展征订工作,同时还动员重点骨干企业出资为教师、退休干部等订报,有效地稳定了本报在基层的发行数量。

(2)"四报合一"捆绑式发行

2006年3月1日,杭报集团所属浙江盛元印务有限公司投资2400万元新建的新街印务点正式启用。萧山日报的制版、印刷时间从原先的近6个小时缩短到1个多小时。采用新设备印刷后,原先分开印刷、分散不成叠的三张报纸变成三大张自动成一叠;以前是正面彩色、背面黑白,如今各个版均可印成彩色。印刷质量的提升和印刷时间的缩短,满足了广大读者更高的阅读需求。

2006年,萧山日报接管杭州日报萧山发行站,"四报合一"(《杭州日报》《都市快报》《每日商报》《萧山日报》)捆绑式发行。同年7月底,报社成立杭州日报发行站接管小组。8月初,在报社领导主持下,报社经管办和接管小组具体操作顺利接管发行站。

2010年9月26日,杭州萧滨每日送发行有限公司举行成立庆典仪式。杭州萧滨每日送发行有限公司是杭州日报报业集团整合内部资源,由杭州萧山日报传媒有限公司、浙江新时代发行有限公司共同出资组建而成。公司注册资金双方各占50%。公司成立后,对原萧山发行站、滨江发行站进行整合。同时,依托杭报集团及萧山日报强大的品牌影响力和广泛的社会美誉度、依托发行公司完善的发行网络配送团队,全力打造集报刊发行、物流配送、电子商务、品牌连锁、广告发布等为一体,多元化、全媒体的现代化企业。新公司成立后,以发行为中心,以杭网商城、广告为两翼,不断发展壮大新型传媒事业,为集团打造现代传媒企业做出积极的贡献。

具体的征订、投递及营销工作有以下五个方面。

第一,领导重视,抓好落实。2008年10月23日举行的全区党报党刊发行工作会议上,区委副书记朱华指出,萧山日报是土生土长的萧山本地报,是宣传萧山的主要媒体和重要窗口。各镇街和各级部门都要关心、关注萧山日报,大力支持萧山日报的征订工作。萧山邮政部门和萧山日报发行部门要深入镇街,服务镇街,主动做好报纸征订的衔接工作,努力提高党报党刊的投递时效。区委常委、宣传部部长裘超在会上要求,各镇街各部门要充分认识到萧山日报对萧山经济社会发展所发挥的重要作用,大力支持萧山日报的征订工作,共同协作使这张报纸办得更出色。

第二,全面配合,赢得主动。报社党组、编委会十分重视发行工作,通过领导带头、骨干参与,及早介入赢得主动。2006年9月3日举行的2007年度报刊大收订暨投递工作会议上,社长、总编辑孙焕林要求实现"三个提高",即提高征订数量,提高队伍素质,提高投递质量。征订工作全面铺开后,报社领导到各镇街落实发行指标。同时走访"四报"征订大户,征求对征订工作的意见和建议。骨干采编力量一边采访一边征订。为方便订户,组织征订人员服务上门,挨家挨户征订,真正让萧山日报走进家庭。

第三,及早介入,开拓市场。2008年度的报刊征订工作,从9月份起就开展市场调研，走访征订大户，主动上门做好新开张酒店、饭馆的征订工作，鼓励萧山日报小记者订阅萧山日报，增加有效发行量。2009年度萧山日报的征订，呈现出镇街征订数量创新高、有效发行有新进展、发行密度有新突破三大特点，萧山日报在镇街的发行超过了60%，有1000余名小记者成为萧山日报的忠实读者。

2013年度的报纸征订工作中，萧山部分行业、不少企业经营形势不容乐观，订报经费趋紧。面对这些不利因素，萧山日报从2012年8月开始就把大收订工作紧紧抓在手上，做到一个阶段一部署一督办，有问题及时解决。经管办和发行公司人员组成收订督办专班跑镇街三遍以上，实现了29个镇街场全部或超额完成征订任务。2014年度报纸征订工作受宏观经济环境的影响，加之《萧山日报》价格从全年240元提高到280元，对整体特别是大客户的征订工作造成一定压力。社委会精心制订工作方案，及早动手，安排部署发行工作。是年度报纸发行量6.1万份。

第四，创新营销，稳固发行。在确保数量的同时创新手段，除了往年的征订方式外，2014年10月31日"萧山日报读者之家"手机微信订报平台正式上线，开通在线支付等方式，使广大读者能够更为便捷地订阅萧山日报。在抓好自办发行、协商落实好征订数量外，加大与邮政部门合作力度。2013年通过邮政零售包销的萧山日报达到1000份。在征订结算方式上，大胆创新，由原来的统一结算变为分步结算，为优先订报扫平道路。2013年衙前镇凤凰村600余户家庭每户订阅一份《萧山日报》，实现报纸家庭全覆盖。同时，通过萧山日报读者节活动以及部分镇街道的全民运动会、庙会、艺术节等大型活动，设立现场征订点，开展现场订阅，扩大影响。2008年10月13日萧山日报第三届读者节在萧山大剧院广场举行，以品质萧山——幸福产业联盟大汇展暨"四报一刊"广场服务活动为重头戏，《杭州日报》《都市快报》《每日商报》《风景名胜》同萧山日报联袂开展服务、咨询、形象展示、现场征订等活动。

2011年度萧山日报发行量首次突破6万份，比上年增加三分之一多。其中，宁围镇每户家庭订阅一份《萧山日报》，实现报纸家庭全覆盖。2012年1月1日《萧山日报》新一年发行数量超6.4万份，完成既定工作任务。联系征订《都市快报》1.2万多份，比上年增加7000多份。2015年度全面完成集团四报的征订任务，《萧山日报》发行量5.6万份。2017年，在区相关领导的高度重视和集团领导的指挥下，首次启动党员订阅《萧山日报》工作，2018年度《萧山日报》发行创历史新高，发行量突破7万份，实现党员家庭全覆盖。

第五，规范管理，重视投递。2007年报社发行工作实现杭州日报发行站归萧山日报管理的转型，取得了"四报"征订数量新的突破，新年发行投诉前所未有的下降。

为规范报纸征订投递管理，萧山日报专门制定《萧山日报报纸发行管理规定》，明确职责、目标、任务和要求。每年8月，报社下达新一年征订指标，并根据集团三报发行部门的征订计划做好征订指标分解工作。对发行部门、萧滨发行公司实行目标责任考核。萧滨发行公司制定量化考核指标，全面督查、考核投递员的各项业务工作。为确保报纸投递时效性，规定机关“开门见报”，城区读者上午12时前见报，农村读者当天见报。

投递工作是报纸出版发行的最后一道工序，报刊发行质量被越来越多的订户所关注，报社将服务订户作为工作的第一要素。一是向社会公布投诉电话“83523999”。工作人员受理投诉时做到微笑服务，耐心解答，认真记录，及时反馈，有效地控制投诉率的上升。2005年10月29日，萧报举办首届读者节暨“书香萧山”大型书市活动，设在报社大楼底层的读者服务中心揭牌，原本分散在报社大楼各个楼层的新闻热线、广告接待、发行投诉这三个服务窗口，搬到读者服务中心，为读者朋友提供“一站式”“一条龙”规范化的服务。二是不定期举行投递员代表座谈会，评选优秀投递员。三是设立“报刊投递质量月”，通过出台投递质量奖惩办法、成立投递质量监督机构、投递质量咨询、服务下乡、质量暗访、上门征询订户意见等手段，提升投递质量。2008年，报社发行中心把4月20日至5月20日定为“报刊投递质量月”，以“绷紧质量之弦，满意读者为目的”为活动主旨，在全体投递员中进一步落实“迅速、准确、安全、方便”的质量目标和“辛苦我一人，方便千万家”的服务目标。活动实行全员参与、人人有责，分自查、抽查、整改、总结评比等阶段。2016年4月中旬至7月上旬，《萧山日报》数据与用户服务中心和萧滨公司联合开展为期两个多月的报纸投递质量走访活动，听取读者意见建议，了解报纸发行投递情况，为做好第二年报纸发行工作打下扎实基础。

七、媒体融合与转型

萧山日报自2010年开始打造全媒体，探索新媒体发展路径，试图在传统媒体与新兴媒体的整合与融合中实现采编、经营、管理全面转型，找到适合萧山日报特色的发展之路。

1.媒体融合与转型的基本情况

自2004年加盟杭州日报报业集团以来，萧山日报社就加快了传统媒体改革和新媒体建设步伐。2004年11月11日，萧山区第四媒体萧山网试运行；2005年1月18日，萧山网正式开通，打破单一纸媒格局；2006年在萧山城乡建立阅报栏，占领萧山区户外传媒市场；2007年，实施数字报业工程，推出萧山日报多媒体数字报；2009年8月10日，和萧山移动联合打造的第五媒体——萧山手机报正式开通，同年6月开通萧山日报微博;2010年,萧山网获国家广电总局视频许可证。

2010年3月,报社开展全媒体调研活动。在3月29日召开的萧山日报全媒体攻关组会议上形成共识:充分利用高新技术,做强新媒体,发展新平台,打造全媒体。并于下半年开始全媒体试点工作,制定全媒体发展方案。2010年,被确定为报社战略转型年,即从单一纸媒向全媒体、传统报业向现代文化传媒企业的战略转型。

2011年3月10日,萧山日报召开实施全媒体战略动员大会,标志着萧山日报全面启动全媒体建设工程。《萧山日报"十二五"规划》明确提出,要按照建媒体、强媒体、融媒体、全媒体的四步走战略,扎扎实实抓好全媒体建设。同年,城市电视正式开播,萧山日报拥有了传统平面媒体萧山日报、网络媒体萧山网、移动媒体手机报、户外媒体阅报栏和城市电视LED大屏,初步形成了多种媒体的发布平台。

2011年12月,萧山日报制定《萧山日报全媒体运营方案及制度(试行稿)》。萧山日报全媒体第一阶段自2012年1月开始试运行,并被确定为全媒体转型实施年。全面实施《萧山日报社关于进一步提升新闻影响力和媒体品牌价值的实施方案》,努力打造全国县市区域最好的现代传媒企业。同年8月6日,萧山日报旗下又一份电子刊物——湘湖手机报正式开通。2013年,成功推出掌上新媒——"无线萧山"。

2014年,围绕媒体融合发展,通过机构改革、流程再造、制度重置、队伍转型,初步实现一次采集、多种生成、多元传播的立体发布机制,标志着萧山日报向着全媒体转型迈出了关键的一步,吸引了全国同行的关注。

2015年1月1日,萧山日报试行《2015年萧山日报社关于深入推进媒体融合发展的实施意见》,是《萧山日报》在传统媒体和新兴媒体在内容、渠道、平台、经营、管理等方面的深度融合的一次新探索。

2016年,出台《萧山日报媒体融合实施办法》,启动新一轮组织机构和人事制度改革,围绕"深度融合、效益优先、合理配置、强化平台、淡化身份、孵化创新",大力度地推进内容生产与媒体运营的深度融合。以全媒体新闻中心为改革试点,积极探索内容生产、内部管理和媒体运营深度融合的新体制。

2.媒体融合与转型的六个发展阶段

(1)2010年:开展全媒体试点工作

2010年是"十一五"的收官之年、"十二五"的谋划之年。2010年年初,报社提出了全媒体发展战略。3月开始进行全媒体集中调研活动,报社领导及中层干部考察学习烟台日报、杭州日报网、宁波网、苏州网、青岛新闻网等。3月29日,报社召开全媒体攻关组会议,形成共识:全媒体时代的浪潮席卷而来,形势逼人,不进则退,必须以全媒体的视角重新审视传统报业,充分利用高新技术,做强新媒体,发展新平台,打造全媒体，构建起具有萧报特色的报刊、网络、手机、户外等多媒体互相融合、共同发展的新格局。会议还就全媒体总体方案、分类方案、实施步骤的制定、做强现有媒体调研、户外媒体和其他媒体的拓展、全媒体关键问题的讨论等进行了部署。4月27日，报社领导带队赴南京大学金陵学院考察学习全媒体整体实验室运作情况。

6月17日，集团党委书记、社长李建国带领全媒体课题组到萧山日报，就全媒体条件下如何提高媒体的传播力进行座谈。萧山日报社社长、总编辑宣舒平汇报全媒体调研活动及全媒体方案，对建媒体、强媒体、融媒体、全媒体进行说明。

7月19日，萧山日报半年度工作会议上，萧山日报社长、总编辑、萧报传媒董事长、总经理宣舒平部署下半年十大工作任务。第一大任务就是开展好全媒体试点工作，重点做好三个方面，一是技术平台建设；二是采编融合，报纸、网络、手机报、户外媒体、城市电视LED5个不同形态的媒体，建立统一的内容发布平台；三是全媒体经营试点。

(2)2011年：全面启动全媒体建设工程

从国内报业发展大趋势看，报业实施全媒体已势在必行；从县市区域报的实情看，发展全媒体的时机已经成熟；从报社长远发展的战略角度看，打造成中国最好的县市区域现代传媒企业的时机已经成熟。2011年7月1日，萧山日报全媒体建设工程全面实施。

3月10日，萧山日报社实施全媒体战略动员大会暨与南京大学金陵学院战略合作签约仪式举行。杭报集团总编辑赵晴作讲话，萧山日报社社长、总编辑宣舒平作动员报告，南京大学金陵学院副院长邵进讲话。会上，公布实施全媒体战略的方法。《萧山日报“十二五”规划》明确提出，要按照建媒体、强媒体、融媒体、全媒体的四步走战略，扎扎实实抓好全媒体建设。到“十二五”末，全面构建起全媒体采编、全媒体经营和全媒体管理的新格局。建媒体是实施全媒体的基础、强媒体是实施全媒体的关键、融媒体是实施全媒体的手段、全媒体是最终的结果。该次会议标志着萧山日报实施转型升级，即从传统媒体向全媒体转型、从传统报业向现代文化传媒企业转型正式拉开了序幕，标志着萧山日报从“打造中国最好的县市区域报”转向“打造中国最好的县市区域现代传媒企业”拉开了序幕，标志着萧山日报实施“十二五”规划目标的第一个重大举措拉开了序幕。

4月起，萧山日报采编、经营和管理各岗位以及萧山网、手机报、城市电视等相关人员共136名学员，分4批到南京大学金陵学院参加一个月的全媒体集中培训，培训内容包括“策划创意与微博实战策略”“纸媒视频素养实训”“全能记者拍片入门培训”“摄像器材培训”“多媒体稿件编辑制作和移动应用”“视觉设计与图片处理”“融合时代的媒体转型模式作业完成及后期处理”等课程。该次培训中,14名优秀学员受到表彰。通过培训,一是更新了理念,二是学习了知识,三是学习了技能。全体人员充分认识到全媒体时代已经到来,作为全国县市区域报的领头羊,要打造中国最好的县市区域现代传媒,必须在全媒体建设上先行一步。9月6日,萧山日报20位记者编辑参加由杭报集团组织的2011新媒体培训。12月6日起,采编人员参加为期三天的专门培训,学习新的全媒体新闻采集平台。

努力建媒体、强媒体。在原有新媒体平台的基础上,6月29日,萧山日报城市电视正式开播。城市电视以户外LED电子屏幕为主要媒介,获得6块电子屏的经营权和代理权;开播初期,除了转播央视新闻外,还播出自制的本地新闻栏目《新闻连连看》和咨询、广告等。在新浪网上,开通以萧山日报官方微博为主,下属各媒体、各公司官方微博为辅的微博群。做强萧山网,采取投资100万元改造设备设施、招聘多名人才、调整领导班子等一系列措施,促进了萧山网以40%以上的速度快速发展;做强手机移动媒体,加强与移动公司的战略合作,采取有效措施,促进萧山手机报用户数以20倍的速度快速增长。

搭建全媒体采编平台。对报社大楼进行改造,投资200万元,配置先进的全媒体采编设备,包括全媒体采集系统平台、萧山日报采编系统平台、萧山网网站内容管理系统、方正飞腾排版系统等。投资200万元,新添全媒体卫星直播车,该车具有卫星和3G直播功能,能完成室内外以及各种复杂地形直播任务,是全国县市区域报第一辆高性能的全媒体直播车。11月11日,萧山日报全媒体直播车亮相萧山日报读者节。完成全媒体采编平台、直播车的专业培训和操作培训,各媒体均在新的采编平台上实施全媒体运作。

实施全媒体采编和经营试点。5月16日,启动纪念中国共产党建党90周年“星火燎原”大型多媒体联动报道,6路多媒体采访小组分赴北京、上海、福建、广东、陕西、贵州、湖北等地采访,对党的光辉历史及重大事件进行全方位报道。每到一地,报道小组就及时发回动态消息,第一时间在萧山日报官方微博、萧山网、手机报、户外阅报栏发布报道。自5月17日起推出《一大会址纪念馆感受赤子之心》《南湖水面遍吹红色礼赞》《中共三大有萧山人身影　徐梅坤:中共第一位工人党员》等报道。7月1日,推出90个版的“开天辟地90年——热烈祝贺中国共产党成立90周年”大型纪念特刊,萧山网推出“90周年星火燎原”视频特辑,萧山手机报推出特刊,LED城市电视、户外阅报栏24小时滚动播出红色新闻。这是全媒体采编第一次成功的实践之后,积极开展全媒体经营试点工作,对汽车家装和医疗保健两个行业实行跨媒体的全媒体经营试点,开展萧山日报、萧山网、萧山手机报、城市电视四大媒体大拜年活动。同时,以经营项目为载体，整合多种媒介，新媒体、跨媒体经营合作全面启动。

探索全媒体管理体系。2011年12月，制订《萧山日报全媒体运营方案及制度（试行稿）》，包括《萧山日报全媒体第一阶段试运营方案》《萧山日报全媒体采编增量考核办法》《萧山日报全媒体业务流程图》《萧山日报全媒体报道管理框架》《萧山日报全媒体标识图案及报头设计》《萧山日报iPhone移动采编实施方案》《萧山日报全媒体卫星新闻直播车使用管理规定》《萧山日报全媒体特别报道组（XBM）管理办法》《萧山日报官方微博管理规定》《萧山日报全媒体图片流程管理规定》《萧山日报全媒体广告流程管理规定》共11则文件，初步建立全媒体采编流程、全媒体运作方式、全媒体考核办法等为主的全媒体管理制度，为第二年全面推行全媒体采编、经营工作和管理奠定基础。

（3）2012—2013年：全媒体转型实施年

为顺应媒体格局变革和传播技术发展趋势，不断推进新闻创新探索与实践，促进新闻创新与报业经营“两翼齐飞”，推动萧山日报健康发展，经社委会研究，从2012年开始，实施“提升新闻影响力和媒体品牌价值”工程，努力打造全国县市区域最好的现代传媒企业。2012年也被确定为全媒体转型实施年，全面实施《萧山日报社关于进一步提升新闻影响力和媒体品牌价值的实施方案》，扎实推进全媒体工作。

自2012年1月起，萧山日报全媒体第一阶段试运营方案正式实施。1月4日起，萧山日报再次改版，报头增加萧山日报全媒体标识图案（标识由XBM组成，似推开的大门，意喻萧山日报的全媒体开放），标志着集萧山日报、萧山网、萧山手机报、城市电视、户外阅报栏、萧山日报官微于一体的全媒体运营模式正式全新亮相。萧山日报对各媒体进行了功能定位：萧山日报重点以综合性文字和图片报道为主，增强报网融合；萧山网重点以即时新闻和视频、音频、图片内容为主；萧山手机报重点以国内外及本地事件性、娱乐性、服务性等内容为主；萧山日报官方微博突出即时发布特色，以国内外及本地突发即时新闻、图片和短小精悍评论为主；萧山日报城市电视以本地及外地视频、图片新闻、咨询和广告服务内容为主；萧山日报阅报栏电子显示屏以一句话新闻和广告服务内容为主。各家媒体实行差异化的报道策略。

报社大楼改造投入使用后，报社进一步改善软硬件环境。安装更新全媒体采编系统，开发了全媒体连接应用程序、稿件传输程序、相关媒体新闻关联程序等软件技术，以及全媒体管理平台应用技术软件。同时，为员工配置移动采编设备。1月底，作为萧山日报全媒体移动采编工具之一的iPhone全部配备到位，每一位员工随时随地做一名全媒体记者，并配套有相应的考核办法。报社一线采访人员，每月原创稿发稿量不少于10篇（幅、条），报社中层干部、编辑及其他员工不少于5篇（幅、条）。报社还对采编经营人员进行采编平台操作、移动采编、摄影技术、PS技术等的业务培训，使其基本掌握全媒体使用方法。

加强全媒体聚合融合功能，成立萧山日报全媒体报道策划小组，简称XBM，由报社采访部门、视觉中心、信息技术部、萧山网等相关部门和人员共同组成。对重大时政新闻、社会民生新闻、突发事件等进行全媒体报道，着力打造全媒体新闻影响力、舆论引导力和社会服务力。一般情况下，选题由值班总编、值班主任、编辑和记者共同协商，从当天或近期本地重要新闻和突发新闻中进行选题。是年，推出了聚焦区两会、全媒体记者走进消防大队体验应急自救、民工"爱心班车"、小烨琳骨髓移植手术、读者节等全媒体报道或全媒体直播报道，读者用手机扫描萧山日报上的活动二维码，即可看到精彩纷呈的全媒体报道。

2012年6月14日19时35分，萧山日报"重燃生命的希望——渝萧两地空运救治小烨琳造血干细胞暨移植手术"大型全媒体直播在萧山国际机场接机大厅正式开机。这是萧山日报全媒体自2012年1月4日启航以来推出的首次两地同步直播，也是全媒体报道形式的一次突破性尝试。直播由社长、总编辑宣舒平出任总指挥，副总编辑董建中担任执行总指挥，报社和各新媒体相关部室主任组成统筹协调组，派出30余名记者编辑和技术保障等人员参与其中，通过萧山日报、多媒体数字报、萧山网、萧山手机报、城市电视和萧报官微进行全方位、多角度的即时直播和滚动播报。19点35分，全媒体直播开始；20点10分，视频直播完成；22点30分，移植手术结束，官微直播告一段落。

直播当天，除了萧山网视频同步直播外，萧报官微和手机报滚动播报手术前期准备至结束的全过程。是日晚上，新华社播发《重庆狱警爱心捐献"生命种子"拯救浙江六龄童》的消息，报道了这场千里空运造血干细胞急救小烨琳的"爱心大接力"。次日，萧山日报、多媒体数字报又以双整版形式详细报道了该次全媒体直播和小烨琳移植手术顺利完成的经过，城市电视也在全城户外大屏播放直播当天的网络视频。

萧山日报通过项目负责制和品牌运营委员会，让传统媒体、网络媒体、移动媒体等全媒体合作在重点项目运行上实现"一条龙"服务，使报社资源统分结合，充分利用。为迎接中共十八大，萧山日报策划出版采编经营高度融合的特刊《十年跨越·萧山骄傲》。11月8日，300页的《十年跨越·萧山骄傲》正式出版，以"历程、见证、启示、使命、放歌、聚焦、骄傲、跨越"八大板块，聚焦萧山的昨天、今天和明天的发展轨迹，挖掘萧山各行各业亮点，展示萧山名人、名品、名企、名镇等风采，描绘萧山经济和社会各项事业的美好蓝图。社长、总编辑挂帅，副总编辑操刀，采编、广告等部门负责人全程参与，组建编撰和招商工作组，确保特刊取得良好的社会效益和经济效益，获得杭报集团金点子奖。

2013年，萧山日报全力打造"1+N"现代传播体系，即在确保"一报"即萧山日报传统媒体的主流地位基础上，做强萧山网、萧山手机报、无线萧山、城市电视、萧山日报官方网站、萧山日报官方微博、萧山日报微信公众号、各周刊子网、公司（实体）子网等新媒体，进一步形成新媒体阵列，多媒体发布成为常态，使萧报现代传媒集群的传播力得到有效提升。

由萧山日报和萧山网自主研发的萧山城市掌上新媒“无线萧山”安卓系统和苹果系统分别于12月1日、16日上线。这是萧山日报继纸媒、网媒、手机报、杂志等之后推出的又一个新媒体终端平台，截至2017年年底下载用户已突破8万人次。“无线萧山”是一个集新闻资讯与生活服务于一体的城市掌上新媒，由新闻资讯、生活服务、社区社交和政务政情四大平台、近20个板块组成，为萧山市民量身定制，内容实用、有用、可用，注重用户体验和互动。它的推出，标志着萧山日报在手机终端媒体建设和新媒体建设上取得了又一个新的突破。“无线萧山”以打造“城市掌上新媒，尽享智慧生活”为宗旨，是萧山日报社构建“1+N”现代传播体系，实施新媒体战略布局的一大举措。手机媒体积极探索分众化办报，形成“三报并存”新格局。萧山手机报、湘湖手机报、廉政手机报的扩面工作进一步推进。分众化手机报取得实质性进展。第一份镇街手机报——《瓜沥手机报》正式推出，与部门、系统合作的分众手机报也有较大发展。萧山网在打造垂直性区域网战略目标，优化部门网、镇街网、村网三网合一，打造大萧山网的基础上，继续优化“萧山网络问政平台”，并与萧山日报、手机报形成良性互动。

纸媒与新媒体加快融合步伐，强化全媒体联动，进一步扩大全媒体的影响力。无论是重大采访报道还是各项重大活动，紧紧依靠本报全媒体传播平台，大力推行全媒体新闻宣传和营销模式，联合作战，强化联动互动。

2013年1月1日，瓜沥突发火灾，萧山日报作出迅速反应，成立全媒体特别报道小组，实施全媒体报道战略，值班总编金烽全程指挥该次报道，充分发挥本地主流媒体的权威优势，积极引导舆论，打破常规，立体式、全景式报道三位火灾英雄的先进事迹，大篇幅推出一大批有影响有深度的报道，全方位宣传三位英雄的感人事迹以及背后故事，营造了浓厚的舆论氛围，得到了市民、专家、领导的高度评价。1月5日，区委常委、宣传部部长叶建宏作出批示肯定。萧山日报共刊发21个专版、100余篇报道，5篇评论，近50幅图片。萧山网播发视频新闻15条，专题2组，专题点击量达10万次，现场直播1场、点击量达3万次。萧山手机报刊发4个特刊，发布官微近100条，现场微直播1场。萧山网、萧山手机报、萧山日报官微及时、客观滚动播报和报道来自现场一线的最新消息，第一时间向全国各大媒体提供最新消息，成为萧山区委、区政府对外发布的新闻平台。新华社、人民网、浙江在线、杭州网等国内、省内媒体纷纷转载萧山网、萧山日报官微发布的消息。据统计，萧山日报官微在事故发生的半天时间内发布近百条现场报道,转载近千次。

受经济不景气的影响,商业类广告投放大幅“缩水”,相关部门充分利用报社全媒体平台,创新营销方式,全媒体联动开展各类活动。如萧山人最信赖的消费品牌评比活动、恒隆广场风筝节、首届“移动嘉年华”和首届“电信手机节”等,突破以往工作室和媒体的界限,工作室之间通力合作,各媒体融合报道,4个活动共创收90万元。还有萧山日报读者节、南岸置业节等,全媒体直播车开到现场,萧山网现场直播,手机报、阅报栏、城市电视、杂志等媒体同步跟进,充分展示全媒体传播、全媒体营销的能力,进一步提升全媒体核心竞争力。

(4)2014年:媒体融合大突破

2014年,萧山日报创刊60周年。7月1日,经过周密设计和精心准备,筹备多时的萧山日报机构调整正式完成。围绕媒体融合发展,通过机构改革、流程再造、制度重置、队伍转型,初步实现一次采集、多种生成、多元传播的立体发布机制,标志着萧山日报向着全媒体转型迈出关键一步,吸引了全国同行的关注。

该次调整中,对原先按新闻版块设立的部门进行调整,取消时政经济部、社会民生部、副刊部、视觉中心、广告部,建立以报纸、网络、手机报、微博、微信、无线App等全媒体集群为平台,按生产流程设置“全媒体管理中心”“全媒体采集中心”“全媒体发布中心”“全媒体技术中心”和“全媒体经营中心”。全部记者纳入全媒体采集中心,报纸、手机报、官微、微信、无线萧山等发布平台及版面编辑、新媒体编辑纳入全媒体发布中心,信息由中心统筹发布,人员由中心统筹调配,目的是实现纸媒与新媒发布的无缝对接。同时,在萧山日报传媒公司机构中设立更加符合传媒产业发展趋势和市场化要求的“用户数据与客服中心”“市场与活动策划中心”等部门。为使全媒体经营运行更加规范和顺畅,报社专门制订《全媒体经营运行机制和操作流程》,规定全媒体经营的范围、原则,确定全媒体经营的领导机制及具体实施办法,并推出激励机制。用制度来规范全媒体经营,促进资源整合,实现效益最大化。

体制上,弥补了原先各媒体各自为政、画地为牢的弊端,把所有媒体在物理区间上赶进一个笼子,为各媒体间产生化学反应——融合,提供平台。管理上,扁平化融合全媒体五大中心。全媒体采集中心、全媒体发布中心、全媒体经营中心、全媒体技术中心最终通过全媒体管理中心,实现全媒体重大新闻活动的策划组织实施,以及经营活动的新闻协调和媒体合作。采编上,实现立体式、矩阵式、滚动式发布。从以报纸为核心到以全媒体集群为平台,机构的调整要求以产品为主线,实现采编流程的再造。经营上,助推市场内生力、竞争力增长。经营性周刊从过去“内容供应+版面营销”的经营模式逐渐转向“报纸+网络+微信号+QQ群+免费杂志+会员俱乐部”的多平台模式,既实现了行业新闻的全媒体发布,更实现了本产业全媒体运行。

同年9月1日,全媒体中央控制室建成启用。中控室内设萧山日报、萧山网、无线萧山、城市电视、萧山手机报(湘湖手机报)、萧山发布(政务微博)、萧山日报官方微博、萧山日报微信公众号、户外阅报栏电子屏共9大端口,20个专用席位。

采编人员承担的工作发生了新的变化。记者的工作从单一劳动到多工种劳动,从以往只提供报纸稿件转变为提供"图片+一句话新闻+140字左右简讯+报纸内容+草根视频"的多形态内容;编辑的工作从单一报纸内容产品到融媒体内容产品发布,全媒体中央控制室内,从首席内容官(采集中心值班主任)、信息集成专员(全媒体首席编辑)、信息专员(各媒体编辑)、首席运营官(发布中心值班主任)到值班总编(值班编委),都有各自全新的岗位职位。

全媒体作战与单媒体作战产生的社会影响大不一样。通过全媒体中央控制室这个"中央厨房",整合各媒体资源,推出一系列有影响的全媒体报道。如"萧山区两会全媒体报道""《萧山日报》创刊60周年之'一张报纸与一座城市的六十个故事'大型全媒体报道""地铁2号线东南段开通试运营全媒体报道""地铁4号线开通试运营全媒体报道""临浦小伙王佳宇用10秒钟救了一车人的命"等,其中"'心驰朝阳·梦跃钱江'地铁2号线东南段开通试运营全媒体报道"荣获浙江省新闻工作者协会举办的浙江省媒体融合报道大赛三等奖。

2014年11月24日,地铁2号线东南段开通试运营。《萧山日报》制订全媒体报道方案,以视频直播、官方微博直播、专题报道、滚动报道等方式,对地铁2号线的开通试运营进行了全景式、差异化报道,台前幕后、线上线下有序联动。是日早晨,10多名记者和4名市民记者组成的一线报道小组奔赴地铁一线,体验换乘,采访读者,不断发回一线消息和独家最新消息,把地铁开通的那些故事、公交换乘那些信息带给受众。九大发布平台的编辑(专员)坚守全媒体中央控制室,根据媒体特性对地铁2号线开通的文字、图片、视频等进行差异化编辑,按照发布顺序规定的各个层级,第一时间向各媒体平台发布最新消息:7:43,萧山日报官方微博滚动播报第一条图文消息;8:05,"无线萧山"开始编发《杭州地铁2号线东南段开通试运营》;9:00,萧山网视频直播开通试运营实况,电子阅报栏滚动播报地铁开通消息;10:50,萧山手机报推出地铁特刊,萧山日报微信公众号推送3条专题。与此同时,"萧山发布"、城市电视等进行了即时播报。25日,《萧山日报》推出重点报道2篇和"地铁开通特别报道"专版4个……地铁2号线全媒体报道以关注面广、报道形式多样、报道质量优、发布平台全等特点,在与本地媒体的竞争中获得绝对优势,得到用户的关注和点赞,取得了良好的影响力和传播力。萧山日报官方微博24日发布34条微博、72张图片,是杭州各媒体官方微博中发布最多的一家，截至25日上午10时点击量达23万次。

是年，根据报社自身全媒体融媒体的战略性发展要求，对数字报和无线萧山进行改版升级。改版升级后的数字报增加数字报会员功能、检索功能、语音朗读以及分享功能等。随后，围绕定位、运营模式、板块设置、页面风格等核心问题，在保留原有特色的基础上，结合新闻采编、广告经营及用户体验等，12月1日对“无线萧山”进行改版升级，组建无线萧山运营团队。创办萧品惠、金喔喔、这里、鲜食会、萧报旅行惠等一批网站、微信公众号和QQ群，通过有针对性的线上线下活动，进一步提高用户的黏合度。“无线萧山”项目获浙江省新闻信息技术进步奖二等奖。萧山日报荣获2014年度浙江省县市区域报“最佳媒体影响力奖”。

（5）2015年：媒体融合深化年

2015年1月1日，《2015年萧山日报社关于深入推进媒体融合发展的实施意见》（以下简称《实施意见》）试行，《实施意见》分七章二十八条，从“目标任务”“推进纸媒创新，突出融合元素”“做强新媒体，实现终端融合渠道融合”“推动全媒体经营的深度融合”“探索管理创新，构建媒体融合机制保障”“加强人才培养，加快队伍转型”“加大媒体融合的技术和装备投入”共七个方面，详细分解深入推进媒体融合发展的难点与重点。它是《萧山日报》在传统媒体和新兴媒体在内容、渠道、平台、经营、管理等方面的深度融合的一次新探索。

在新一轮报纸改版中，按照“融合、整合、微调”原则进行改版微调。推出每周一期的《萧报公益》专版，开设“萧报公益”微信公众号，宣传报道萧山有关公益事件，融合线上线下，策划一系列有意义的公益活动。《微言说法》栏目同步推出政务微信号“萧山司法”，将报纸与微信紧密结合，极大地丰富和延伸了版面内容。

全媒体工程软硬件设施得到提升。进一步完善中控室硬件设施和软件系统，1月，启用两台全媒体中央控制室展示屏，立体化呈现萧山日报全媒体发展成果；完成全媒体采集系统手机投稿系统的重新设置和安装；进一步完善萧山日报客户管理系统的各类数据；今日大江东数字报系统上线使用；新建大江东官网；新开设一批微信公众号，代维一批部门政务微信微博。

2月，由浙江省委宣传部主办的《宣传半月刊》刊登《取消传统采访部门　探索全媒体新路径》一文，介绍萧山日报探索全媒体发展的新路径。萧山日报全媒体建设被列为杭报集团对标学习先进典型。

在重大主题报道上，进一步创新媒体深度融合。推出区两会、喜迎G20峰会、杭州获亚运主办权、湘湖成功创建国家AAAAA级旅游景区等全媒体报道。5月首次策划推出行进式、多角度、横跨金（华）绍（兴）杭（州）三个区域的全媒体大型系列采访活动

"行走母亲河"，获省《报刊审读与管理》专题阅评。5月14日，由中国报协、浙江省报协主办，萧山日报社承办的媒体融合与跨界发展高峰论坛在萧山开幕。

2015年5月24—30日，萧山日报策划实施"行走母亲河"浦阳江生态带全媒体大型采访活动，历时7天，行程500多公里，采用"江上行""沿江走""空中拍"立体式采访方式，行江堤、观水质、查污源、进村庄、看企业、住农家、访百姓，探秘浦阳江沿线各地铁腕治水的"他山之石"，暗访工业污水截污纳管和农村生活污水处理情况，展示浦阳江两岸的经济发展和秀丽多姿的山水景色。整个活动参与报道的记者编辑达50余人，萧山日报全媒体矩阵根据各媒体特性，分别实施全程连续报道、即时发布、视频直播、滚动播报。《萧山日报》连续7天推出整版特别报道，共刊发63篇图文新闻报道，深度解析治水经验；萧山网推出专题页面，全程跟踪行走活动；萧山日报官方微博时刻传递前方采访实况，发布信息57条、图片(微视频)200多张(个)；萧山日报官方微信、无线萧山App、萧山手机报每天推送专题。各大媒体平台活动期间，还实现两场视频直播，第一时间将现场情况传递给读者、受众。该次大型采访活动是萧山日报首次推出的行进式、多角度、横跨金绍杭三个区域的全媒体大型系列报道和公益活动，时间跨度大、参与报道人员多，是萧山日报全媒体融合的一次大练兵。报道得到省有关部门的专题阅评："体现了媒体践行'走转改'，深入一线抓'活鱼'的采访作风，也展示了全媒体报道的效果，是对媒体融合环境下如何做好主题报道的一次成功探索。"

确保全媒体中央控制室有效运作、促进各媒体深入融合，离不开机制体制的转变、制度的保障，其关键是与员工切身利益直接相关的考核及评优体系的完善。2015年，萧山日报社对过去以报纸版面为核心的采编考核进行调整，建立更加体现激励媒体融合的考核机制。进一步完善《萧山日报质量考核办法》，重点向融合绩效考核倾斜，增加全媒体好新闻、最佳微信、年度好新闻等奖项；完善采编流程，将相关新媒体纳入差错考核范围；修订《萧山日报iPhone移动采编考核方案》，进一步倡导全员参与报社融媒体工作。制定出台《萧山日报社关于深入推进媒体融合发展的细化方案》。

萧山日报社全媒体矩阵的媒体定位更加清晰，发布顺序更为有序。随着全媒体融合的深入，传统纸媒的读者数量保持稳定，新媒体用户大幅度增加，萧山网始终是本地的主流门户网站，日均点击量居本土所有网站之首，萧山日报官方微博粉丝达21万人，萧报投资理财俱乐部微信突破5万人，萧山日报微信公众号3.2万人，无线萧山App下载量3.3万次；萧山手机报、政务微博萧山发布的用户不断增加。在综合影响力上，官微、微博的实力不断提升，各大权威榜单上有不同程度的提升，如由刺猬公社出品的全国各地区纸媒公号一周排行榜中，萧山日报微信公众号在浙江地区纸媒公号中跻身前十排第九。10月新浪微博媒体势力榜中，萧山日报微博列浙江省媒体势力榜第五。微秀作品《湘湖，我为你自豪》阅读量40万次以上，获市委常委、宣传部部长翁卫军批示肯定及杭报集团总编辑嘉奖。

（6）2016—2017年："1+X"融媒体模式显成效

2016年，以服务用户为出发点，积极培育新媒体平台。萧山网搭建移动新媒体平台——手机萧山网，萧报教育建立CRM数据平台，大江东舆情监控平台启动。以提升新媒内容品质为目标，创新全媒体融合报道，全年策划推出"抵御寒潮 抗击冰雪"、机场公路通车、G20时间等一批全媒体报道。加强微信直播力度，在寒潮服务报道和区两会报道中，通过微信滚动直播，实现即时、立体的有效传播；5月3日"视频播报+民生服务+典型挖掘"报道"省门第一路"杭州萧山机场公路的全新通车；注重热点话题引导，5月14日原创微信《今天萧山马路上，这位姑娘的一个举动太让人暖心了！》推送后被人民日报等权威媒体转载，总阅读量超1000万次，获杭报集团总编辑嘉奖；加强线上活动策划，推出"萧山首届少儿跨年晚会最具人气节目评选""新年梦想我来画""春日花花随手拍""喜迎G20，我为家乡点赞""十一朋友圈摄影大赛""幸好有你相伴，说说你和萧山日报的故事"等活动，粉丝活跃度大大提升，新媒影响力进一步提升。

全媒体经营中心成立新媒体事业部，有效整合无线萧山App、微信代维、视频工作室、手机报四大平台的业务资源。以优质内容实现差异化竞争，达到口碑效应；视频工作室以"萧咖秀"微信公众号为平台，拍摄制作短视频、微电影，拓展营收渠道。以此为基础，新媒体事业部积极探索"1+X"融媒体整合营销，为各经营口提供新媒体产品内容和解决方案，实现"1+1>2" 的效果。在传统报纸广告的基础上做"加法"，通过视频、微信公众号等组合宣传的方式，最大化满足客户的推广需求。其中，视频工作室与生活周刊合作，为金马国际酒店20周年庆拍摄制作的爱情微电影《情定金马》，被多家网站、本地论坛广泛转载，点击量超50万人次。5月26—28日，承办2016年中国（杭州）传媒创新合作项目交流大会，300多名来自全国传媒业、电商业、创投业"大咖"齐聚萧山，共谋传媒创新合作大计。

是年，出台《萧山日报媒体融合实施办法》，重新修订《萧山日报质量考核办法》，制订《新媒体增量考核实施办法（试行稿）》，在考核上进一步向新媒体倾斜。进一步加强对新媒体的审读与管理，坚持新老媒体"一个标准、一把尺子、一条底线"原则，制订出台《萧山日报新媒体差错扣罚办法》《关于进一步加强新媒体发布管理工作的通知》等相关制度。

2016年，萧山日报官方微博粉丝37万人，在浙江地区纸媒微博势力榜中排名前十；萧山日报微信公众号粉丝12.9万人，在浙江地区纸媒微信排行榜和杭州地区媒体微信排行榜均位列第六；无线萧山客户端下载量6万次；微信矩阵粉丝45万人。11月

10—11日,2016中国传媒融合发展年会暨第三届中国报业新媒体大会上发布《中国报业新媒体影响力排行榜》,萧山日报位居县市级党报二十强榜单第一名。《手机萧山网》获中国地市网盟十佳客户端。萧山网微信获中国互联网盟优秀微信。爱情微电影《情定金马》,在首届中国报业短视频微电影大赛中获“优秀微电影”奖。摄影作品《延时湘湖》入围“第二季美丽浙江——微力无穷微电影(视频)大赛”。

2016年年底,萧山日报启动新一轮组织机构和人事制度改革,围绕“深度融合、效益优先、合理配置、强化平台、淡化身份、孵化创新”,大力度地推进内容生产与媒体运营的深度融合。以全媒体新闻中心为改革试点,积极探索内容生产、内部管理和媒体运营深度融合的新体制。强化“互联网+”和“媒体+”思维,实现整合推广、整合营销。

2017年,萧山日报紧扣媒体融合,新媒体打造萧山本土权威舆论场。对“两微一端”及手机报进行改版,推出“萧山方言秀”和《火星街坊》视频栏目,首个部门合作栏目“蜀城记”,做精“新媒+”“潘潘的厨房”等报媒互动版面及美食栏目。萧山网实现由PC端向移动端转型,在手机萧山网的基础上新推手机镇街网、新闻早班车、即时滚动播报;以萧山网络问政平台、舆情信息平台为阵地进一步加强新闻的社会化平台服务。

以视频及图文报道为主全力做好中共十九大宣传报道;区两会期间重点抓市民关注的民生问题及图说两会;教师节策划H5“让我的老师上头条”活动,引发网友热烈互动。3月27日,全面启动“剿劣攻坚战 我们在行动”全媒体报道,为萧山区剿灭劣V类水宣传造势:萧山日报推出8个整版主题报道、萧山网在首页推出“剿劣攻坚战 我们在行动”专题,萧山日报官方微博、微信公众号、无线萧山App同步推出相关报道,开设《曝光台》栏目开展舆情监督。3月30日,省新闻出版广电局编发的《报刊审读与管理》第17期刊发文章高度评价该次报道。11月18—19日,首届萧山人大会期间,萧山日报通过网页专题、微信、微博、H5、视频、直播、互动游戏等进行全媒体报道,引发热爱家乡的情感,报道获得市委常委、区委书记盛阅春的批示肯定。

2017年,全年与60余家单位签订微信代维业务。结合代维号实际开发实用功能,11月20日,新媒体开发的萧山区市场监管局“企业档案查询预约系统”上线;以临浦新闻中心为试点打造镇级全媒融合“样板”;年中“萧山新腾飞——我为家乡点赞”特别策划宣传和年终“十九大报纸特刊+城市手册+新媒体视频”的全媒体营销圆满收官。5月23—25日,执行承办2017中国(杭州)传媒创新合作项目交流大会暨2017传媒创新TOP 100颁奖典礼。

截至2017年年底,萧报官方微博粉丝近60万人,在浙江地区纸媒微博势力榜中排名前十;萧报微信公众号粉丝数达13万人,在浙江地区纸媒微信排行榜和杭州地区媒体微信排行榜列前十;无线萧山下载量6.3万次。手机萧山网荣获2017全国地市网络媒体手机客户端综合实力十强品牌，萧山网微信公众号被评为2017全国地市网络媒体微信公众号三十强品牌等。

第二节　解放初期的地方党报《萧山报》

1953年，我国开始实行第一个五年计划，中国进入有计划的经济建设时期。在党的领导下，必须发动和依靠群众的智慧和创造力，充分发挥群众的积极性和创造性，而新闻事业则相应担负起宣传群众、动员群众、指导群众的历史使命。

在贯彻中国共产党的过渡时期总路线的形势下，中国共产党萧山县委员会于1954年12月作出关于“创办县委机关报——《萧山报》”的决定（以下简称《决定》）。是年12月11日，中华人民共和国成立后第一张《萧山报》面世。这是浙江省第二张公开发行的县级党报（第一张是《临海报》，创刊于1954年5月），该报为中国共产党萧山县委员会的机关报。按《决定》要求，该报的主要任务是“通俗地、经常地、系统地宣传党在过渡时期的总路线及各项政策，加强对党员、干部和广大人民群众的政治思想教育，反映与指导党的组织和人民群众的生产、生活与学习，总结交流各项工作经验，普及农业科学技术和文教卫生知识教育，为动员全县人民积极投入国家社会主义建设而奋斗”。

《萧山报》创办初期为五日刊，八开二版，后改为三日刊、隔日刊。1958年元旦，扩版为四开四版，三日刊；4月11日，改为隔日刊；5月2—20日，因宣传需要曾出版八开日报。至1958年5月30日，共出版382期。

《萧山报》创刊时，调县委秘书周群任报社主编，3个高中以上（其中1人大学新闻系毕业）文化程度的党员、团员任编辑。中共萧山县委于1955年11月19日作出决定：由张希本（县委副书记）、丁守安、马保山、李健生、周群五人组成党报工作委员会，负责报纸的领导工作。以后，随着报纸的扩版和改版，陆续充实、调整编辑和记者力量。1956年改刊前后，调入2人任编辑；1957年扩版前，又增调干部4人充实编辑力量。1956年7月，陈时贵任主编。1958年2月起，由陈望云负责（9月起任主编）。

报社设在县委内。开始在城厢镇横何家弄3号（现直石板弄）；1957年4月，随县委一起迁至北药桥县委新办公楼。1958年3月27日，报社编辑部移至县委书记蹲点的临浦区浦南乡横一农业生产合作社（横山傅村）办公；后因稿件送杭州付印不方便，4月7日迁回县城原址办公。

报纸用五号字体铅印。开始由杭州《浙江日报》印刷厂承印；1958年4月15日起，由萧山印刷厂承印。八开二版，每份报价人民币2分；1958年元旦起，改为四开四版，每份报价3分。创刊时，每期报纸发行量为1439份，以后，逐步增加。1958年4月14日和5月15日，中国共产党萧山县委和县委宣传部分别发出《关于加强报刊发行工作的通知》后，报纸发行量增加较快。1958年3月为4728份，4月增加到6905份。

报纸初创时期，编辑部经验不足，没有认识到发展工农通讯员的重要性，对主动来稿来信的积极分子也很少联系，每天来稿来信只有八九件。1955年6月，全省县报工作会议后，贯彻“全党办报”“群众办报”的方针，吸引广大工农群众参加报纸工作。编辑部专门安排人员负责群众工作，修订《通讯员条例》和各种制度，加强通联工作，编印通讯员刊物，积极发展通讯员。一年多时间，报纸通讯员由创刊初期的160多名增加到700多名，其中有农民通讯员400多名。报社收到的稿件平均每天30篇左右，许多稿件反映的问题新鲜、重要，提出的意见和批评诚恳、尖锐，语言纯朴、生动，大量地刊用群众来稿来信的结果，使报纸增加了群众声音和生活气息，更好地反映了群众关心的问题。1956年8月9日的《人民日报》以《办县报要做好农民通讯员的工作》为题，介绍《萧山报》开展工农通讯员工作的经验。

《萧山报》创刊号第一版，刊登《中国共产党萧山县委员会关于创办〈萧山报〉的决定》，其中明确了办报方针政策与任务：“《萧山报》的主要对象是人民群众，特别是组织起来的农民，以及工厂企业、手工业工人；其次，是各级党、政府和群众团体的干部，党的基层组织和农村经济工作者与文教工作者。它的主要任务是，通俗地、经常地、系统地宣传党在过渡时期的总路线及各项政策，加强对党员、干部和广大人民群众的政治思想教育，反映与指导党的组织和人民群众的生产、生活与学习，总结交流各项工作经验，普及农业科学技术和卫生知识，为动员全县人民积极投入国家社会主义建设而奋斗。报纸内容，应以反映本县人民群众的政治、经济、文化生活的新闻报道为主，国内外的新闻报道为辅。编排方面应力求通俗，使初识字的人看得懂，不识字的人读时听得懂。同时，要大力开展工农通讯工作，组织工人、农民写稿，贯彻‘全党办报’的方针，使报纸密切联系群众，充满群众的声音。”

八开二版时，版面安排是：一版重要新闻，二版农业、工业、财贸、文卫、政法。开辟有《最近国内外大事》《时事综述》《萧山各地》《党的生活》《农村俱乐部》《农业技术常识》《读报人来信》和《卫生常识》等专栏。

四开四版时，版面安排是：第一版，主要是国内外重要时事和本县重要新闻；第二版，工农业生产和财贸；第三版，党群、政法、教育、卫生和副刊《农村俱乐部》等；第四版，国内外时事。

主要宣传内容，以新闻、通讯、经验介绍、问答、评论、故事和照片等形式，宣传农业合作化运动和发展农业生产。这是当时党在农村工作的中心，关系着农业社会主义改造和广大农民的生活问题，读者比较关心。

第三节　20世纪50年代末的地方党报《萧山日报》

随着社会主义经济建设“大跃进”热潮的兴起，为适应形势的需要，根据县委决定，1958年6月1日起，《萧山报》改出《萧山日报》。改为日报后的办报方针和对象，承接《萧山报》。鉴于当时的形势，宣传总路线、人民公社和工农业生产新高潮，成为报纸宣传报道的中心内容。

改刊后，由于印刷等条件的关系，6月、7月两个月，出版单日四开四版，双日八开两版。从8月1日起转入正常出版，改为四开四版，日报。1959年7月16日至7月30日，曾改为四开四版，三日刊；同年8月1日，又改为八开版，每周出六期；1960年3月1日，恢复为四开四版日报（星期一出八开两版）；9月1日，改为八开两版日报。

1959年至1961年，国家遭遇连续三年的国民经济困难，纸张极端匮乏。为了贯彻中共中央调整、巩固、充实、提高的“八字方针”，《萧山日报》出版至1961年2月1日，2日停刊。共出版《萧山日报》901期（不含增刊号和号外版4期）。

改出《萧山日报》后，编辑、记者增至12人；以后，增加到13人（不含调去杭州大学新闻系读书2人）。先后任主编的有：陈望云、周仁水（1959年12月至1960年4月系副主编）。编辑许雪光、孔子贤均被评为1959年度杭州市文教战线和省文教方面社会主义建设先进工作者。

第一版、第二版、第三版，每版都有一名编辑负责编稿和安排版面；第四版时事版，编排和报纸校对由两名编辑负责。全县划分为南、东、中三片（每片两个区范围），每片派记者一名负责文字报道和摄影报道。通联工作、来稿登记和发稿费等有专人负责，下乡记者和编辑都兼搞通联和约稿等工作。编辑部一般每星期召开一次例会，学习政治、业务，讨论工作，由主编传达县委有关文件和意图，三片记者分别汇报农村情况，以明确报道思想，研究制订宣传报道计划和一周报纸版面安排的具体打算。编辑把编好稿件（包括照片），划好版样，在报纸出版前两天送交主编审稿，重要稿件送县委或有关部门审阅。

报社设在县委内。开始报纸在萧山印刷厂用五号字体铅印；1958年8月起，因报纸发行量增至数万份，萧山印刷厂限于条件，无力按时完成印报任务，改由《杭州日报》印刷厂承印。1959年12月，为有利于报纸按时出版和以厂养报，县委决定，将萧山印刷厂划归萧山日报社领导管理，报纸仍回萧山印刷厂印刷（报纸发行量已降至1万多份），直至停刊。

中共萧山县委在改出《萧山日报》决定中,强调报纸的发行,要求农业社各生产小队、工厂各车间、生产小组、各机关科室、学校、商店都订《萧山日报》;农村干部、机关干部、工厂干部人人都订《萧山日报》。县委又于1958年7月12日和9月28日先后发出通知,要求各地党组织加强对中央、省、地、县四级党报的发行工作和读报工作的领导。是年10月23日,县委在红旗人民公社(即今义蓬)友谊大队召开报刊工作现场会,要求各单位搞好读报和订报工作。《萧山日报》发行量1958年7月为10266份,9月上升到31809份(当时各报在萧发行量为:人民日报521份,浙江日报4115份,宁波大众5688份,其他报纸16432份);以后,《萧山日报》发行量继续上升到5万多份。从1959年下半年开始,报纸发行量下降;1960年,出现国民经济困难,报纸发行量继续下降,是年6月,发行量为8861份,7月为7249份;后期,稳定在5000多份。1959年7月16日起,四开四版每份报价由3分人民币降至2分;以后,改出八开两版,每份为1分。

四开四版的版面安排:第一版要闻版。宣传农业为主的中心工作,重要政治、经济新闻,国内外重大事件。第二版工农版。报道工业生产和农、牧、林、副、渔及财贸等。第三版政治版。报道党群、文教、卫生、政法等,辟有《党的生活》《学科学》专栏和《俱乐部》《湘湖》副刊。第四版时事版。报道国际和国内时事。

八开两版的版面安排:第一版是重要新闻,人民公社和工农业生产。第二版是财贸、文教、卫生、党群、政法、科学和副刊,有不定期的《天下大事》《一周时事》专栏。

报道内容是,宣传总路线、人民公社和工农业生产新高潮。这是《萧山日报》对农村宣传的中心。为宣传好这一中心,开辟各种专栏。围绕中心,宣传财贸、文教、卫生等各条战线出现的新形势;宣传党的经济政策;宣传党、团、民兵等各方面的组织建设和思想建设,表扬优秀党员、团员等先进分子,批评各种错误倾向。《俱乐部》《湘湖》文艺副刊,主要宣传毛泽东主席关于文艺为工农兵服务的方针,联系萧山县实际,刊登农民群众喜欢的演唱材料、诗歌、民间故事、笑话、漫画、剪纸等。国际时事,主要宣传社会主义国家欣欣向荣,繁荣富强;揭露美帝国主义的侵略本质和野心。国内时事,主要宣传祖国社会主义建设的伟大成就、经验和重要政治新闻,以及我国的外交政策。

报纸的宣传方法和作用,一是宣传劳动竞赛,充分发挥报纸的组织作用。1958年11月2日,刊登河上人民公社向稻区各公社提出的"及时完成秋收冬种"的竞赛倡议书,并配发评论。相继报道了浦阳江、所前、长河、城东等公社积极响应倡议,开展竞赛的消息,经常刊登各公社收种进度表,进一步推动竞赛活动的深入开展。1959年1月25日,报道戴村公社向全县农村倡议开展积肥竞赛的消息后,接连报道20多个公社和管理区积极响应倡议,开展家肥出门、山肥下山、水肥上岸的积肥竞赛活动。

1959年8月12日，报道河上公社晚稻耘田、施肥、治虫等培育管理的好经验。接着，先后报道长河、城南、临浦、进化、戴村、坎山等公社纷纷开展晚稻培育学河上和找对象进行对口竞赛活动的消息。报道城东公社干部、社员在竞赛的鼓舞下，克服松劲思想，鼓起干劲，全社（大公社）出勤16000余人，使积肥、治虫、耘田三头并进。

二是宣传典型与学习先进相结合。1959年2月20日，刊登中共萧山县委关于开展学习杨月芳、朱柏山等先进人物的决定，同时发表3篇通讯，分别介绍3人的先进事迹，并配发号召学习先进的社论。接着，报道10位县农业社会主义建设积极分子学习3个先进人物的座谈会纪要；又先后报道各地学习先进人物的动态和6篇学习体会文章。使宣传典型与学习先进互相衔接穿插，促进学先进、比先进、赶先进活动的深入开展。

三是抓住典型作连续性的系列报道。1959年，临浦公社所前大队山里王生产队和三泉王生产队全年粮食获高产，"双王"成为全县粮食高产的典型。同年11月25日，中共萧山县委发出号召，向山里王生产队党支部学习领导生产的经验。全县稻区农村积极响应县委号召，广泛开展学习山里王、三泉王两个生产队的粮食高产经验。为了从典型引路到全面开花，把"双王"的典型作连续性的系列报道。下年1月28日，报道"双王"全年粮食高产的经验，并配发一篇通讯，介绍山里王生产队党支部书记王松根带领干部、社员夺取粮食高产的经验。

四是宣传生产与传播农业科学知识相结合。大量的农业科学知识寓于新闻、通讯、评论等生产报道中。在一篇《技术革命的"火车头"》的通讯中，介绍高温浸种、温汤催芽，使稻谷出芽快等农业科学知识。1960年6月5日，一篇《络麻定苗要坚持合理密植》的评论中写道："合理密植肯定能增产。因为合理密植能够最大限度地利用空间（日光能）和土壤营养；农作物的产量同单位面积上作物的有效株数有直接关系，合理密植就是为保证单位面积上有最多的有效植物株数。"根据各个生产季节，在《学科学》《农业技术推广》《农业八字宪法讲话》等专栏中，介绍农业科学知识，指导读者和农民群众学习运用。

从1962年到1982年的二十年间，萧山本地没有公开出版发行的报纸。但十年"文化大革命"期间，出现过两种没有刊号的报纸《东方红》和《红色造反战报》，两报均系四开四版，铅印，不定期，每期发行1000~2000份。

第四节 改革开放初期的地方党报《萧山农科报》

中共十一届三中全会以后，随着农村改革热潮的掀起，全县广大农民迫切希望有一张既能反映萧山农村改革新面貌，又能传播农业科技知识，指导农业生产的地方报纸。根据萧山县第七届人民代表大会第三次会议提出改革科技工作的要求，经中共萧山县委员会、县人民政府研究决定，萧山县人民政府于1983年5月4日发文决定筹办《萧山农科报》。

1983年6月1日，县政府召开萧山农科报社成立大会，县级直属机关有关负责人、农业科技人员和通讯员代表等三百多人出席会议。是日，《萧山农科报》创刊，四开四版，铅印，每月出版三期(逢1日、11日、21日出版)。

《萧山农科报》是当时萧山县唯一经浙江省新闻出版局批准正式出版发行的报纸，使用国内统一刊号CN33-0043。该报由萧山县人民政府主办，萧山县科学技术委员会主管。报社主编许雪光(1984年5月起任主编，任主编前为负责人)，配编辑、记者2人，行政财务等工作1人；以后，又陆续增配编辑2人。1984年11月，诸九思任副主编。社址在城厢镇体育路31号。开始，由萧山印刷厂承印；8月起，报纸发行量增加，由《杭州日报》印刷厂承印。6月、7月两个月，每期发行2万份，免费赠阅。8月起，改为订阅，每份人民币2分(1985年调整为3分)，发行量增至3万份。9月起，读者除向邮局订阅外，部分公社配备报纸兼职投递员，到报社直接订阅和取报，由报社付给每份报纸五厘作为投递员的报酬。1984年12月，每期发行量达10.1万份；1985年稳定在9万份左右。截至1986年年底，该报共出版130期。1984年至1986年统计，年均收到通讯员来稿、来信5000多件。

明确《萧山农科报》的办报方针和任务。中共萧山县委副书记、副县长虞荣仁在创刊号发表《让农村开遍科技花》的文章中写道："办好《萧山农科报》，要坚持群众办报的方针，面向农村，面向广大干部、社员，面向专业户、重点户，力求地方化、大众化、通俗化。""《萧山农科报》的任务就是宣传党对发展农业生产，搞好农业科技的方针、政策；介绍传播农业生产和经营管理以及医疗卫生、计划生育等方面的科学知识；总结交流和推广发展农、工、副各业生产的先进经验和现代技术，以提高农业经营效果，促进农村商品生产的发展。"

根据办报方针和任务，报纸宣传以应用为主的农科知识。版面安排：第一版，宣传重要的农业、乡镇工业科学技术知识；第二版，种植方面的农科知识；第三版，养殖业和加工业的科学技术知识；第四版，以卫生、计划生育和生活指导为主的科学知识。各版先后开辟的专栏有《十天农事》《十天病虫防治》《“两户”谈经验》《良种介绍》《卫生服务台》《卫生知识》《花木园地》《乡镇工业》和《信息天地》等20多个。

农民把《萧山农科报》当作搞好生产的老师和顾问。1984年，备耕生产时，浦沿乡青年许大伟正在为不懂早稻种谷孵芽的技术而发愁时，3月21日出版的《萧山农科报》，介绍了早稻种谷催芽的五种方法。他认真学习，选择地坑催芽法，照着报纸说法去做，结果种谷发芽率达到95%以上。1985年春，桃源乡彭家桥村需要1万株杉树苗，因采办不到，他们写信给《萧山农科报》。2月1日，报纸刊登这一需求信息后，就有两个单位派人上门去联系供应杉树苗。

1985年12月，《萧山农科报》被编入《当代中国报纸大全》。

1988年1月1日，萧山撤县设市。《萧山农科报》版面作出新的安排：第一版为要闻版，包括重要农业技术措施；第二版为农技版，包括种养业和农机水利等技术及技术信息；第三版为经济版，包括工业、财贸、金融、供销、加工、交通、基建、技术市场等；第四版为文明·生活版，包括文化、生活、教育、卫生、环保、精神文明、政策、政法、乡土风物、民政福利、计划生育等。

《萧山农科报》编排具有实用性、专业性、通俗性的特色，文章短小精悍（千字以内），是广大农民搞好生产生活的良师益友，发行量逐年递增，从创办时的2万份，增至1985年的9万份，最高时一度突破10万份。

文字口语化，浅显易读，用稿量大，每年发稿量均在1000篇以上。由于版面少，重要的、适时的、全面的、系统的农业科技知识文章，采用连载或讲座的形式刊登，如“农业基础知识讲座”（17讲）、“土壤肥料基本知识”（20讲）、“花灌木品种介绍”（连载）、“充分利用我县农业资源”（10讲）、“专利法讲座”（5讲）、“农村保险知识问答”（连载10期）、“萧山农业名特产介绍”“家用电器常识”“葡萄丰产栽培技术”等，连载主要设置在第二版。化整为零，截长为短，这也是《萧山农科报》的特色之一，符合广大农村读者的阅读习惯。

1988年6月11日，《萧山农科报》第一版刊登《敬告读者》：“为了集中精力办好《萧山经济报》，本报6月21日这期合并到7月1日刊出，共出8版。特此敬告读者和本报发行员。”至此，《萧山农科报》停刊，历时五年整，共出版发行183期。

第五节　20世纪80年代末的地方党报《萧山经济报》

1988年1月1日，萧山撤县设市。设市建制，有利于加快经济建设，加快“农村工业化，城乡一体化”的实现，有利于增强农业后盾，以城镇为依托，促进农村商品经济的更快发展。为了更好地贯彻党的"一个中心，两个基本点"的路线，建设一个贸、工、农相结合的现代化的社会主义新萧山，经萧山市委市政府研究决定，萧山市人民政府于1988年1月14日向浙江省新闻出版局提出变更《萧山农科报》为《萧山经济报》的申请。经省新闻出版局批准，1988年3月18日，萧山市人民政府正式发文《关于〈萧山农科报〉变更为〈萧山经济报〉的通知》，《萧山经济报》改由萧山市人民政府主办，仍沿用《萧山农科报》的国内统一刊号。报社负责人为法人代表。

1988年7月1日，《萧山经济报》第一期面世。《萧山经济报》创刊号的头版头条刊载萧山市市长马友梓的创刊词《努力办好报纸，振兴萧山经济》，指出："当前我国的经济体制改革已经进入到一个决定性的阶段，我市的经济发展也面临着新的形势和考验。在这样的关键时刻创刊的《萧山经济报》，要以大力推进经济体制改革为己任，通过宣传党的以经济建设为中心的路线方针和政策，提高全市人民的改革觉悟，增强全市人民的改革意识，热情地传播我市经济建设中的新成就新经验，发挥新闻舆论的鼓励、激励、鞭策作用，促进萧山经济的健康发展。"

改刊后的《萧山经济报》的任务是：忠实地向全市人民宣传党的以经济建设为中心的基本路线；及时反映萧山市各条战线，深化改革，建设新萧山中所取得的新成就；传递经济信息，促进横向联系；反映两个文明建设中涌现出来的新人新事新风尚，以及人民群众的呼声和要求，促进萧山经济建设的发展。

版面安排，第一版为要闻版，刊登本市各界经济生活的重要新闻与报道；第二版为工业版，刊载本市工业生产的信息与报道；第三版为农业版，刊登本市农村状况、农业生产的报道以及文摘、简讯等；第四版为文教卫生与广告版，除了刊载文教、卫生的知识与信息外，兼及文化娱乐和企业单位广告等。

《萧山经济报》是一张面向萧山各界的综合性报纸，刊登经济新闻，提供经济信息，推广介绍典型经验，宣扬改革开放中的新人新事新风尚，刊载文艺、百科知识和每周电视节目，内容多样，兼顾各方。设有《经济透视》《农业新闻集锦》《致富篇》《今日谈》《本报专访》《信息天地》《本旬农事一览》《萧山风情》《村头闲话》《问事台》等专栏。第四版自1990年4月14日起开设《文化与生活》副刊专版，每月一期；自1990年5月12日起开设《湘湖》文学副刊专版，每月一期；自1991年7月6日起出《增刊》，不定期，视情况而定。《增刊》为四开二版，头版为新闻、消息，第二版为广告。《增刊》随当日正刊赠阅。

《萧山经济报》最初的18期为旬报，四开四版；从1989年元旦起改为周报，逢周六出版，仍为四开四版。1991年9月24日《萧山经济报》编辑部在当日报纸头版发表《敬告读者》，宣布《萧山经济报》终刊，改刊为《萧山报》。《萧山经济报》至1991年9月28日停刊,历时三年多,共出版发行161期(1988年出18期,1989年出52期,1990年出52期,1991年出39期)。

创办三年来,报纸发行量3万份至5万份不等。

第六节　20世纪90年代复刊的地方党报《萧山报》

通过连续创办《萧山农科报》《萧山经济报》两张报纸,为党报《萧山报》的复刊作了准备,奠定了基础,提供了一定的物质条件。

20世纪90年代初,萧山的经济建设迅猛发展,工农业生产总值居全国县市前列。为了深入推进改革开放,更好地宣传贯彻党的路线方针和政策,传达市委、市政府各个时期的中心任务,及时反映广大干部群众的愿望和要求,进一步为社会主义两个文明建设服务,中共萧山市委书记办公会议研究决定,拟将《萧山经济报》改为《萧山报》,《萧山报》作为中共萧山市委机关报复刊,于1990年12月12日把《关于要求〈萧山经济报〉改名为〈萧山报〉的报告》呈送浙江省新闻出版局。浙江省新闻出版局以"浙新出版报刊[1990]10号文件"上报国家新闻出版署。1991年3月26日,国家新闻出版署批复"同意《萧山经济报》更名为《萧山报》,该报为周二报,四开四版,由中共浙江省萧山市委主办"。《萧山报》既是《萧山经济报》的更名,也是中华人民共和国成立后于1954年创刊的《萧山报》的复刊。刊号仍沿用原《萧山农科报》《萧山经济报》的国内统一刊号。

1991年8月26日,中共萧山市委下发文件,决定《萧山经济报》从是年10月1日起更名为《萧山报》,并任命洪佳士为《萧山报》总编。

复刊后的《萧山报》第1期(总第1284期)于1991年9月29日正式与读者见面。复刊仪式同日在萧山宾馆举行。省、市领导和新华社、浙江日报、杭州日报等媒体负责人参加复刊仪式,并发表贺词。复刊号套红印刷,头版头条以社论名义刊载复刊词《当好喉舌,振奋精神》,复刊词指出报纸工作的性质、目的和任务,提出"当好喉舌,振奋精神,是复刊后《萧山报》总体要求",即"坚定不移地坚持四项基本原则,及时、准确地把党的路线、方针和政策传播到群众中去,用极大的热情,去讴歌人民群众在两个文明建设中涌现出来的新人新事,以振奋精神,激励人民,筑起反对和平演变的钢铁长城,沿着社会主义的大道前进"。强调"全党办报,群众办报,这是报纸工作的根本方针,也是党的新闻工作的优良传统"。头版刊载浙江省政协主席商景才、浙江省经贸厅厅长王洪良、中共杭州市委副书记虞荣仁、中共萧山市委书记王良仟等领导为复刊所作的题词。

复刊后的《萧山报》虽然仍然沿袭20世纪50年代的报名，但版式与内容焕然一新，更加关注新闻性、时代性和可读性，报社规模扩大，机构设置更加健全，设有总编办公室、新闻部、专栏部、广告服务部。

《萧山报》1991年复刊时，为四开四版，周刊；1992年1月1日起为四开四版，周二刊（逢周三、六出版）。复刊后的《萧山报》以“党报性质，晚报风格，宣传政策，贴近群众”为其办报方针，以“面向农村，面向基层，面向初中文化程度的读者”为其受众定位。《萧山报》以“萧山人写，写萧山事，写给萧山人看”为办报宗旨，版面安排与栏目设置均以此宗旨为依据。第一版为要闻版，反映市委、市政府中心工作和萧山重要新闻；第二版为综合新闻版，报道萧山经济建设、社会新闻，是反映群众呼声的主阵地；第三版和第四版为专版与副刊版，设有《农业科技》《企业与主人》《教育园地》《市场与消费》《理论与实践》《社会万象》《法制与道德》《文化娱乐》《夕阳红》《视野》共10个专版和一个文学性副刊《湘湖副刊》（主要安排在第4版）。

1993年1月1日，《萧山报》由周二报改刊为周三报，每周二、周四、周六出版。是年12月7日起改出周四刊，每周一、周三、周四、周六出版。报纸为四开四版，全年共出版157期，报纸设有《要闻》《综合新闻》《法制与道德》《社会纵横》《文化娱乐》《文学笔会》《文摘》等版面；各版面设有《国内外要闻》《广角镜》《群言堂》《经济透视》《城乡短波》《社会新闻》《新事撷英》《西山听雨》《萧然一景》《健康之友》《影视天地》《购物指南》等栏目。

副刊版三年中变化较为频繁。1991年9月29日，《萧山报》复刊，《湘湖副刊》第1期在复刊当日第4版与读者见面。该版当天推出5个栏目:《社会报告》《情系萧然》《凡人踪迹》《影视天地》《国庆特稿》。1991 年萧山报为周报，湘湖副刊基本上隔周出。

1992年改为周二报，《湘湖副刊》每周一版，设置栏目有20多个，内容丰富，有小小说、散文、游记、社会报告、幽默小品等等。其中栏目名称有《社会报告》《西山艺苑》《书海拾趣》《笑一笑》《文坛漫步》《爱的珠玑》《人生百味》《影视天地》《湘湖论谭》《萧山一景》《情系萧然》《凡人记趣》《萧然旧闻》《散文诗》《异域撷英》《同题作文》《城乡瞭望》《旅游指南》《萧然古迹》等。

1993年改为周三报后，副刊由原来的1个增加为5个。湘湖副刊分为《湘湖副刊·文学笔会》《文学笔会·人生》《文学笔会·旅游》《文学笔会·书海散叶》《湘湖副刊·社会纵横》《湘湖副刊·娱乐版》（后改为文化娱乐）；《湘湖副刊·农村俱乐部》（共出7期）；《法制与道德》《理论与实践》《家庭生活》《月末特稿》《读者服务》则比较稳定。

1994年改为周四报，副刊共有13个版面，每期至少有2个副刊版面，报纸8版时有3个至5个副刊版面。《法制与道德》《理论与实践》《家庭生活》《文化娱乐》《影视专版》

《社会纵横》《文学笔会·人生》《文学笔会·旅游》《文学笔会·书海散叶》《文学笔会》继续保留，但是取消“湘湖副刊”的字样。《读者服务》改名为《读者之友》；新出经济副刊，后改为“经济专版”；新出科技副刊，后改为“科技专版”。

《萧山报》版面编排总的特色：一是“萧山人写，写萧山事，写给萧山人看”，体现鲜明的本土地域特色，这是《萧山报》的办报宗旨，是稿件取舍、版面编排的依据。二是“党报性质，晚报风格，宣传政策，贴近群众”，以采编本地广大群众所关注的热点新闻为重点，萧山大部分是农村，版面和栏目设置注重反映农村、农业、农民的需求，突出为农民群众和农村基层干部服务，即使副刊也有农村俱乐部式的反映农村生活的小故事、曲艺等。三是精写精编，使有限的版面作尽可能的扩容增量。《社会纵横》和《湘湖》是《萧山报》的两个一直深受读者欢迎的主要栏目。前者，形式上由新闻性向文学性倾斜，强调有情节、有故事，较多编发城乡家庭生活内容的文章；后者，形式上由文学性向新闻性倾斜，化纯文学为“新闻文学”，其思路为力求适应不同层次读者群的需求与口味。

《萧山报》历经三年余，出版发行490期（自总第1284期至总第1758期，1994年12月14日至12月31日的《萧山报》，为改版《萧山日报》前的试刊，共出15期，刊期即总第1759期至总第1773期）。发行量从1991年9月复刊时的1.1万份，至1994年改刊时1.7万份。

《萧山报》复刊时委托杭州日报印刷厂承印。1993年2月27日起，改由萧山报社激光照排室照排、萧山市文联印刷厂承印。1994年4月1日，报社购入萧山市文联印刷厂，更名为萧山报印刷厂，此后均自行印刷。

1993年10月，经浙江省新闻出版局审定，《萧山报》等三家县市报代表浙江省县市报参加在北京举行的首届报刊博览会。

第七节　20世纪90年代更名的地方党报《萧山日报》

1994年年初，萧山市委、市政府提出尽快将萧山市建设成为现代化的中等城市。建设现代化中等城市的基本要求是两个文明建设同步发展。作为精神文明建设与社会文化的重要组成部分的新闻事业，应该加快发展步伐，将《萧山报》改刊为《萧山日报》正是适应这经济发展的客观要求。

1994年8月15日，中共萧山市委把《关于要求将〈萧山报〉改刊为〈萧山日报〉的请示》上报浙江省新闻出版局。同年12月29日，浙江省新闻出版局作出《关于同意〈萧山报〉更名为〈萧山日报〉的批复》，转达国家新闻出版署文件精神，“同意《萧山报》从

1995年1月起，更名为《萧山日报》，刊期由周四刊改为周六刊，其他登记项目不变”。

1995年元旦，《萧山日报》复刊号（总第1774期）面世。复刊号为四开八版，头版刊载浙江省委常委、宣传部部长梁平波的复刊贺词“铁肩担道义，妙手著文章”。头版头条刊载中共萧山市委书记杨仲彦的文章《办好〈萧山日报〉，推进萧山经济和社会发展》。文章指出“党报的首要任务，就是要大力宣传党的路线、方针、政策，善于使党的政策变为群众的自觉行动”。“《萧山日报》要以真实反映群众心声为己任，积极大胆地报道广大人民群众关心的重点、热点、难点问题，帮助党委、政府改进工作，同时又要把党委、政府为解决这些重点、热点、难点问题所做的工作，实事求是地告诉群众，充分发挥报纸作为党委、政府联系群众的‘桥梁’和‘纽带’的作用，使群众认识自己的根本利益、长远利益，从而关心改革、支持改革、参与改革，推进萧山的经济和社会发展。”“报纸要讲求宣传效果，既要有鲜明的政治性，又要有很强的可读性。”头版刊有萧山市人大常委会主任、市长、政协主席的题词。

1996年，《萧山日报》由周六报改出周七报，成为名副其实的日报，是年即被评为“萧山‘八五’时期精神文明建设十大成就之一”。1997年，《萧山日报》被浙江省新闻出版局评为浙江省十家优秀报纸之一。

《萧山日报》1995年复刊后，经历四个阶段。第一阶段，1995—1998年，从四开四版，扩为四开八版；第二阶段，1999年元旦起，扩为对开六版的大报；第三阶段，2000年7月1日起，扩为对开八版，天天彩印。第四阶段，2003年年底全新改版，最多一天版面达16版。

复刊后的《萧山日报》，不断扩版与改版，其动因：一是党和政府工作的需要，二是市场（读者）的需求，三是报纸本身广告等因素的促使。要实现扩版与改版必须具备一定的条件，即丰厚的物质（经济）条件、更高的采编能力、更强的技术力量、更佳的广告效益和更畅通的发行渠道，尤其是报社领导必须具有更高层次的统筹和管理能力。

《萧山日报》复刊初为四开四版，至1996年改为四开八版。改为八版后的版面设置较四版有很大调整。调整后的头版、二版不变，仍为要闻版和综合新闻版，副刊版重新安排：周一为《旅游》《教育》（隔周出版）；周二为《夕阳红·长焦镜》《科技苑》（隔周出版）；周三为《消费与生活》（第3版），《社会万象》（第5版），《文化娱乐》（第6版、第7版）；周四为《学生天地》；周五为《家庭》；周六为《法制与道德》；周日为《湘湖副刊》。

1996年9月25日，作为市委机关报《萧山日报》复刊五周年（1991年至1996年），该日报纸（总第2348期）头版以套红版面发表中共杭州市委副书记、萧山市委书记吴键的文章《站在新起点，更上一层楼》，祝贺《萧山日报》复刊五周年，并刊载萧山市委副书记、市长林振国的“歌颂伟大时代，反映多彩生活”，市人大常委会主任赵永前的

“党和政府的喉舌，人民群众的挚友”，市政协主席陈福根的“认真办好萧山日报，为两个文明建设服务”的题词。

1997年元旦开始，版面安排在上年的基础上，再次调整。调整后的头版、二版不变，仍为要闻版和综合新闻版，第四版为电讯、广告，第五版、第八版(周一至周四)为电讯、九州文萃，其他版安排如下：周一为《卫生与健康》《湘湖副刊·旅游》《企业与主人》；周二为《教育园地》《湘湖副刊·读书》《农业科技》；周三为《理论与实践》《科技苑》《湘湖副刊·文学》《摄美》(每月一次，机动)；周四为《家庭·夕阳红》《企业与主人》《农业科技》；周五为《周末头版(大特写等)》《周末文娱》(第6版、第7版)、《消费与生活》；周六为《法制与道德》；周日为《湘湖副刊·博览》。

1998年，《萧山日报》发展成为全省50多家县市党报中，唯一一家天天出版四开八版的报纸。

从1998年4月起，又在每周五增出四开四版《湘湖周末》彩报，7月起扩为四开八版。彩报随正报赠阅。《湘湖周末》体现出该报的创新，定位为“湘湖周末，给你一个轻松时刻”。在坚持讲政治、讲大局的前提下，突出休闲性和可读性。其中，《大特写》版：讲述萧然大地感人至深的故事，追踪近期发生的重大事件；《视野》版：立足萧山，辐射市外，报道社会热点、难点；《影视长廊》版：报道影视动态，追踪艺人生活，一报在手，知晓影视风云；《商海大观》版：融彩色广告、市场信息、知识介绍于一体，图文并茂，贴近消费者，贴近大市场，主要刊登市内外各企事业单位广告、产(商)品广告及房产金桥、装饰天地等专栏广告；同时开设公关营销、精品世界、丽人服饰、名车赏析、温馨家园、休闲娱乐、走进美食城等专刊类栏目。

为了更好地适应萧山的发展形势，提升时效性，增加信息量，将《萧山日报》办成对开大报势在必行。1998年10月13日，杭州市新闻出版局下发《关于同意〈萧山日报〉扩为对开4版的批复》：“根据浙江新出报〔1998〕354号文件的意见，同意《萧山日报》从1999年1月起由四开四版扩为对开四版。”改成对开大报后，在版面安排上，头版为要闻版，包括新华社重要新闻；第二版为经济新闻和综合新闻，第三版为副刊，第四版为国内国际新闻和体育新闻。广告安排在各版底部。继续出版《湘湖周末》彩色版。

1998年12月18日是中共十一届三中全会20周年纪念日。经省新闻出版局批准，《萧山日报》试刊对开大报，当天出16个版，其中4个彩色版。全国记协主席邵华泽为该报改出大报题词“更上一层楼”。浙江省记协主席江坪、新华社浙江分社副社长吴克强、杭州市记协主席舒士越等领导，以及全省各县市党报负责人出席《萧山日报》改出大报座谈会。

1999年1月1日起,《萧山日报》正式由四开八版扩为对开四版。扩版后,《萧山日报》坚持正确的舆论导向,紧密地配合市委、市政府中心工作开展宣传,是省内办得较好的县市党报之一。

1999年12月28日,杭州市新闻出版局下发《关于同意〈萧山日报〉扩版的批复》:"经我局审核并报省新闻出版局审定,同意《萧山日报》从2000年1月1日起由对开四版扩为对开六版,其中星期五《周末版》由对开四版扩为对开八版。"

扩为六版后,第1版至第4版按原对开4版时的版面编排,第5版、第6版的副刊版具体安排为:周一第5版《市场纵横》、第6版《理论与实践》;周二第5版《梦笔桥》、第6版《文化娱乐》;周三第5版《法制经纬》、第6版《健康园》;周四第5版《花季雨季》、第6版《农业科技》;周五《湘湖周末》;周六《休闲时尚》;周日《教育天地》。

《萧山日报》扩为对开六版以后,始终坚持以经济建设为中心,紧紧围绕萧山市委、市政府的中心工作和人民群众普遍关注的问题开展宣传报道,为促进萧山经济和社会各项事业的发展,起到了重要的舆论导向作用。省委和杭州市委明确要求萧山率先提前基本实现现代化,萧山确定向新兴中等城市发展的目标后,《萧山日报》有了进一步扩版的基础。报社的硬件、软件设施也已具备日出对开八版的条件。报社印刷厂添置了价值280多万元的彩色印刷机,为日出对开八版提供了必需的印刷条件。1999年,萧山日报广告收入758万元,在全省县市报中广告收入排列第二位,为报纸扩版提供物质基础。经过多年实际工作的锻炼,报社已有一支素质高、肯吃苦的新闻采编队伍。

2000年6月12日,杭州市新闻出版局下发《关于同意〈萧山日报〉扩为对开八版的批复》:"经审核并报省新闻出版局批准,同意《萧山日报》从2000年7月起由对开六版扩为对开八版。"

2000年7月1日,《萧山日报》扩为对开八版,并且改出彩报。《萧山日报》开全省县市党报"对开八版,天天彩印"之先河。

随着时代的前进,尤其是经济文化快速发展,整个社会信息量猛增,根据新闻实践的需要,2000年增设社会新闻版,同时开始参与大杭州建设的宣传报道。

2001年3月25日,萧山撤市设区,融入杭州大都市的版图。《萧山日报》加大新闻宣传报道的力度,因时制宜,因势制宜,版面作出新的调整。2002年元旦起,对副刊版面进行调整,第五版(周一至周五,周六为三版)依次为:市场纵横、梦笔桥、法苑经纬、万家灯火、大特写、农业科技、理论与实践(教育园地,隔周出);第六版(周一至周五)依次为:文化娱乐、休闲时尚、健康园、花季雨季、调查;第七版周一至周四为体育·电视,周五为天下游·电视;第八版(周一至周五)文摘天地、大千世界、湘湖画册等。

自1954至2003年，萧山日报经历20世纪50年代初创、80年代过渡、90年代复兴与快速发展。在党的领导与关怀、萧山人民的支持与帮助下，报纸对于每个历史时期的重点、热点、中心工作都进行充分有力的宣传与报道，为宣传萧山、服务萧山人民奋力鼓与呼。报纸开设多种富有萧山地方特色的栏目和专版，力求多样，适时调整，适应不同层次读者的需求，一直受到萧山广大人民群众的好评与喜爱，订数不断攀升。50年代报纸初创时期6年间的发行量从1000多份到6000多份；80年代的《萧山农科报》和《萧山经济报》每年发行量稳定在2万份左右；1991年《萧山报》复刊时，发行1.24万份，到2003年，《萧山日报》发行量增至3.3万份，十年间增长一倍半。

采编队伍不断充实与壮大。1954年《萧山报》初创时编辑记者仅3人，一年后增至7人。1958年改出《萧山日报》，编辑记者增至12人。20世纪80年代的《萧山农科报》和《萧山经济报》，编辑记者由4人增至8人。20世纪50年代和80年代，报社均设编辑部，采编合一。1991年9月《萧山报》复刊，10月首次向社会公开招考采编人员4名，当时全社人员共有14人。1993年改为周三报后，工作量骤增，人员增加到25人。1995年开始改出日报，配置更多的采编人员和工作人员。1999年第一次面向全国招聘地市级以上具有中级以上职称的编辑记者，报社工作人员增至47人。从1999年开始，实施人事制度改革，所有中层干部竞争上岗、一般人员双向选择，使报社人员配置更趋合理，更有利于发挥人才的特点与专长。2003年，为办一张高质量、令广大读者满意的全国领先的区域报纸，报社用半年时间研究改版，力求与杭州市区各报拉大差异性，突出萧山日报个性与特色。由于改版后一周由48个版扩为56个版，报社再次向全国招聘采编人员，从160多名全国各地应聘人员中录用7名。是年年底，报社共有人员80人，其中事业编制为56人，正高级职称2人，副高级职称2人，中级职称19人。内部设置9个职能机构，分别是党政办公室、总编办公室、经营管理办公室、新闻编辑中心、新闻采访中心、专刊部、广告部、网络部、发行部。报社实行社长负责制，班子成员共有4人。

报社的迅速发展，也体现在各项设施建设的改善与革新上。初创时期的《萧山报》，设在城厢镇何家弄3号，仅1间十几平方米的办公室。20世纪80年代的《萧山农科报》和《萧山经济报》，均附设于县科委办公楼内（城厢镇体育路31号），编辑部仅有4间办公室。至1991年9月《萧山报》复刊时，编辑部仍临时设于原萧山经济报社址，并租用贸易大楼半层办公。1992年2月报社才正式迁址城厢镇人民路114号，编辑部拥有三层十几间办公室，使用面积1000多平方米，条件大为改善。由于事业的发展，部门的不断扩展，人员的不断增多，原先的场地设施已大大不敷应用，经萧山区人民政府批准与调配，于2001年11月迁址城厢镇城河街88号，拥有独立的一座占地1600平方米、主楼建筑面积6800平方米、高达9层的报社办公大楼。

采编和印刷诸多方面的条件也不断地大幅度改善与完备。20世纪50年代初创时期的《萧山报》采用活字排印，直排铅印，委托萧山印刷厂承印；80年代的《萧山农科报》和《萧山经济报》委托杭州日报印刷厂或萧山印刷厂承印。《萧山报》复刊，1991年9月至1992年8月，委托杭州日报印刷厂印刷。1992年9月起，《萧山报》改由萧山文联印刷厂承印。1994年4月，经有关各方协商，萧山文联印刷厂主管单位由萧山文联改为萧山报社，从此，有了报社自己的印刷厂，结束了委托别人代印的历史。萧山日报印刷厂设备完善，印刷能力大增，除了彩印报纸外，还承接其他单位或个人委托的书籍、刊物的印制任务，年产值逐年递增，1994年为17万元，1998年为760万元，1999年为1030万元，2001年为1300万元，2003年为1275万元。利润逐年大幅度递增，成为省内县市报中功能较为齐备的报社印刷厂。

1994年12月13日，报社首次通过新华社浙江分社接收新华社电讯稿，成为该分社第一家县(市)报电讯用户。1998年，报社建立电脑中心，实现写稿、编辑、组版、照排联网，大大提高了采编排工作效率。1999 年9月29日，开通萧山日报电子版，成为全省地县两级新闻媒体中，首家拥有每日更新的电子版报纸，浙江日报将这份本省首家县(市)级党报电子版挂在浙报网站首页。2001年萧山日报电子版跻身于浙江省报业协会评选的“1979—2000年对全省报业发展作出显著贡献”的19个项目之一。

报纸质的提高与量的扩展，为报社广告的发展提供了坚强后盾。而广告经营既依靠较大的发行量吸引广大的广告客户，也依靠自身努力来培育与挖掘广告市场，还要有优秀的广告经营人才，报社广告经营业绩随着经营理念的提升和机制的不断完善而迅速增长。1993年开始实行广告承包责任制，年年超额完成任务。1993年广告收入为66万元，1994年为90万元，1995年为187万元，1996年为313万元，1997年为437万元，1998年为626万元，1999年为758万元，2000年为850万元，2001年为1370万元，2002年为1501万元，2003年为1632万元。

除了纸质版的报纸，萧山日报成为全省地县两级新闻媒体中，首家拥有每日更新的电子版的报纸。1999 年9月29日，经有关部门批准，萧山日报电子版网站试行开通。现代网络技术的引进与使用，大大地拓宽了报纸的受众面，也丰富了报社的稿源。

2000年8月起，国家对新闻网站进行大规模的整顿，所有新闻网站归口省政府新闻办公室管理，必须经该办公室审核登记批准后才能发布新闻。萧山日报电子版于2000年8月8日起停止发布。2001年1月21日，经浙江省人民政府重新审核批准，萧山日报电子版网站正式开通(批号为浙新办〔2001〕3号，浙江省通讯管理局登记号为浙ICP备020010)。并按照省里要求，重新设计首页。2001年2月2日，萧山日报电子版重新开始发布新闻。2002年,再度重新开始设计首页,并于2002年5月1日将新的首页搬上网络。2003年4月5日起,萧山日报电子版启用新设计的网页,可以按照版面顺序标题列表、栏目列表、版面等方式显示。为配合纸质平面媒体的宣传,萧山日报电子版设立了许多专题,有影响的有《两会》《走进长三角》等,还开辟《百姓话题》《投稿中心》《分类商讯》等特色频道。《投稿中心》是省内第一家以非电子邮件方式实现稿件传输的新闻网站,为读者、通讯员与报社编辑、记者联系建立一座沟通的桥梁。

2003年6月12日,浙江省人民政府新闻办公室批准萧山日报电子版网页升级为综合性的新闻网站——萧山网,网址为:http://www.xsdaily.com.cn,朝市场化、公司化方向迈进。萧山网是浙江省人民政府办公室最先批复的几家新闻网站之一。

2003年,中共中央决定对全国报刊进行全面的清理与整顿。7月,中共中央办公厅、国务院办公厅下发《关于进一步治理党政部门报刊散滥和利用职权发行,减轻基层和农民负担的通知》,文件规定一批报刊停办,一批报刊从党政部门划转到报业集团、出版集团,还有一批报刊与主管部门在人员、财务和发行上实行管办分离。2003年下半年,国家新闻出版总署有关人员专程到萧山作深入调研,对《萧山日报》的办报方向和业绩都给予肯定。在各级领导的支持与关怀下,经过多方努力争取,2003年9月底,国家新闻出版总署发文同意保留《萧山日报》。

2003年第四季度,为适应报刊整顿后报业市场竞争的需要,加快新闻改革的步伐,报社决定再次进行全面全新的改版和扩版,并确定具体实施方案。该次改版坚持三大原则:一是更好地执行中央“三贴近”要求,更好地为萧山区委、区政府中心工作服务,更好地为萧山三个文明建设服务,更好地为萧山老百姓服务。二是适应报纸转型要求,更加突出萧山特色,努力向区域化、专业化、市场化、社区化方向发展,做深做透萧山新闻,版面设置更加符合萧山人的阅读需求。三是扩大新闻,做精副刊,创办周刊,与时俱进,跟上报业发展的步伐。2003年11月,报社邀请中国美术学院教授陈晓蕙根据版面定位和栏目设置,对版式进行全新设计。2003年12月22日进行全面改版。

2003年12月31日,《萧山日报》正式加盟杭州日报报业集团。《萧山日报》开启由地方党报向区域主流媒体转型的新征程。

第八节　加盟杭州日报报业集团的区域报《萧山日报》

2003年12月31日,萧山日报加盟杭州日报报业集团仪式在萧山日报大楼会议室举行。杭州市委副书记、萧山区委书记王建满,杭州市委常委、宣传部部长于跃敏,萧山区委副书记、区长陈如昉，区委副书记王珠瑛出席加盟仪式。杭报集团党委书记、社长李建国，杭报集团党委副书记、副社长、总编辑赵晴，杭州市新闻出版局局长魏皓奔，杭报集团副总编秦晓春，省新闻出版局报刊处处长黄柏青同时出席。加盟仪式由区委常委、宣传部部长汪柏遂主持。

2004年1月1日起，萧山日报正式加盟杭州日报报业集团，成为杭报报业集团旗下一员。萧山日报加盟杭报集团后，萧山日报的报名、服务对象、办报宗旨、发行范围、国内统一刊号均不改变。萧山日报依然遵循"党管新闻"的原则，接受萧山区委、区政府的监督，在宣传报道中，旗帜鲜明地为萧山区委、区政府的中心工作呐喊鼓劲，积极贯彻以正面宣传为主的方针，通过对政治经济、社会民生、生态文化等重点问题及时、深入的报道，推动萧山经济和社会各项事业的发展，为当地"三个文明"建设服务，为当地广大读者服务。在杭报集团的专业化管理下，萧山日报报业改革的速度加快，逐步走上了市场经济的发展道路。

加盟杭报集团后，经过反复讨论，达成了共识，明确办报定位：办一张区域性服务类报纸，一张让萧山人感到亲近的报纸，一张"写萧山人，写萧山事，写给萧山人看"的报纸。

2003年12月22日《萧山日报》头版《改版致辞》说："读者朋友，当你看到今天的《萧山日报》，你是否感觉：《萧山日报》变了！作为萧山日报人，我们为自己能记录萧然大地波澜壮阔的变化而无比自豪。我们追求变革、锐意创新，是为了跟上萧山建设更高水平小康社会的前进步伐；我们坚信，只有贴近萧山实际，贴近萧山群众，贴近萧山生活，才能为萧山人民提供更好的全方位的新闻服务。"

2004年1月1日，萧山日报正式改版，重塑版式，报纸规模从每周48个版扩为56个版，新闻版从原来每天3个版增加到4.5个版，创刊8个版的《生活周刊》，推出全省首个"社区传真"版。1月16日，首推《生活周刊(春节特刊)》，随正报一起赠送给读者。

2004年：版面定位及栏目设置进一步规范

该次改版，在内容上，头版保持党报风格，以体现权威性和指导性。其他版面，既有都市报色彩，又有可适度进行市场化运作的平台；在版式上，注重版面的清新素雅大气，突出好看有效。改版后的萧山日报立足本土特色，做强做大新闻，办精办活副刊，突出服务功能，拓展广告资源，迈步走向市场。

第一，新闻版包括要闻版，萧山·镇街版，社区传真版，社会新闻版，今日企业版，钱江两岸版，国内、国际新闻版，文体新闻版等。

要闻版：主要刊发全区重要新闻，报道栏目根据中心工作设置，开设小言论栏目《萧然新语》、社会新闻栏目《广角镜》，版面安排上保证区委、区政府主要领导和全局性会议的报道;每天有一则加框处理的强势新闻;一般性工作报道、经验报道、会议报道作弱化处理;对既有新闻价值又有艺术品位的照片进行放大处理;当日有重大社会新闻,可刊发《广角镜》,一般置于头条;为突出本土化,国内国际新闻一般不占要闻版版面,做标题处理,以突出区域性特色。

萧山·镇街版:以刊发萧山镇、街道新闻为主,兼顾部门新闻和其他新闻。承接头版的稿件,区政府、区领导的一些常规性报道,以及一些日常性的新闻和信息。突出为各镇、街道、部门服务。栏目设置有观察、现场、镜头、短波、群言堂等。

社区传真版:贴近社区、贴近生活。走进百姓生活,反映社情民生,提供生活资讯,讲述百姓故事。突出服务功能,内容与《社会新闻》《万家灯火》错位。栏目设置有社区巡礼、社区名片、家长里短、社区短波、帮忙社、百姓故事等。

社会新闻版:能激浊扬清,扬善惩恶。强化舆论监督,增强公信力。突出可读性,既喜闻乐见,又求新求奇。力求"三解":解气、解惑、解闷。以新闻热线为突破口,拓宽新闻源。以社会新闻抓住读者眼球,提升萧山日报公信力。两个固定栏目:新闻热线,平安预警。

今日企业版:为全区一、二产企业服务,宣传和引导企业,传递有效信息,关注企业经济现象和企业新生力量,推介经营理念,介绍典型企业和人物,与企业联手推进企业发展。栏目设置有焦点政策、产经新闻、管理前沿、营销谋略、科技创新、特别报道、名企形象、人物专访、经营观察、财务论坛等。

钱江两岸版:着重做滨江区、钱江两岸的经济新闻,做好几个开发区的文章;同时包含其他类别的新闻。栏目设置有走进滨江、走进开发区、大杭州、聚焦两岸等。

国内、国际新闻版:报道国内国际重大新闻。形式上,国内国际新闻总体定位和整张报纸风格大致统一,但又有不同。重点突出强势新闻,其余集纳式反映。栏目设置有来自北京、国内各地、国际看台、新华视点等。

文体新闻版:报道萧山及国内国际的文化体育新闻。文化新闻强调可读性,体育新闻尤其要突出强势新闻。一般新闻采取集纳式编排。版面编排上应突出冲击力,要突破传统编排方式,多运用照片。

第二,副刊板块总定位为本土、服务、品位、互动。抓住独特的萧山特色和优势,做深做透;增强贴近性和服务功能使读者感到亲切,实用;体现品位,打造品牌;给读者更多的参与机会,使读者不仅被动阅读,而且主动参与。

湘湖·万家灯火版:突出生活气息,多一些烟火气,少一些无病呻吟;多一些真情实感,少一些矫揉造作。体现万家特色,听万人声,写万人事,进万家门。文章短小,题材多样,形式活泼,语言有趣。栏目设置有直面人生、倾诉、边走边说、婚姻岛、宝贝、亲情树、爸妈、麻辣帖、凡人心事、初恋故事、市井小调、宠物情缘、童言无忌、E男E女、麻辣烫等。

湘湖·梦笔桥版:纯文学的阵地。用语言的美感打造一个高品位的精神家园。注重格调和品位。坚持雅俗共赏,不钻象牙塔,也绝不媚俗。倡导健康和文明生活与艺术的完美统一。栏目设置有萧然文坛、夜航船、城南旧事、乡村风景、人生感悟、民间语文、新人新作等。

湘湖·法苑经纬版:普法的窗口。宣传法律,倡导法治。为读者提供法律服务和援助,使读者在遵纪守法的前提下,学会用法律维护自己的合法权益,解决生活中的问题。突出法律服务。在经济现象、经济生活和法律之间架起一座沟通的桥梁。栏目设置有生活与法、律师在线、案件追踪、律师解读、警钟长鸣、法制漫谈等。

湘湖·花季雨季版:孩子们的乐园。说心里最想说的话,写内心最深切的感受,记录成长的足迹。孩子与老师、孩子与家长沟通的平台。孩子眼中的社会。组织小记者采访身边的人和身边的事,发表自己的观点。栏目设置有动感校园、QQ地带、青春留言板、成长笔记、少年美文、英语沙龙、故事接龙、同桌的你、知心姐姐信箱等。

湘湖·特写版:真实记录身边的生活和变化,讲述感人的萧山人、萧山事。社会现象剖析、社会热点追踪、大案要案的深度报道。与《调查》版隔周出版。

湘湖·调查版:调查主题更深一点,贴近生活,贴近基层,贴近老百姓;调查范围更广一点,让更多的读者参与进来;调查内容更细一点;调查形式更活一点,采用文字、数据、图表等多种形式,更生动、形象、直观和活泼。

湘湖·市场版:提供准确、丰富的市场信息。设身处地为普通消费者提供咨询、参考等服务。为各种市场和经营者提供服务,在经营者和消费者之间架起桥梁。栏目设置有观察哨、风向标、马大姐逛市场、"96315"、理财专家、便宜货、货比三家、曝光台、市场走笔等。

湘湖·观点版:从实践中来的真知灼见。栏目设置:思想者、发展、经验、教训、观点活页、会诊。与《读者》隔周出版。

湘湖·读者版:给读者充分的话语权。读者对该报所发文章的看法、意见和建议。读者对社会现象提出自己的观点。读者的困难和困惑。栏目设置有采编往来、编辑部的故事、读者之声、我有话说等。

第三,湘湖·生活周刊,每期8个版。周刊头版,每期确定一个主题,进行深度报道;每期配发一张抢眼、生动、趣味、艺术的照片;每期集纳一组与衣食住行密切相关的信息;每期一篇言论,就该期主题或其他社会现象提出自己的观点;周刊头版设置导读,介绍其他版面的精品内容。版面设置有《健康在线》《保健沙龙》《娱乐休闲》《楼市宝典》《旅游频道》《现代家居》《车行天下》等。

第四，广告专版，包括《房产市场》《财富资讯》《人才广场》《钱江问潮》《时尚风》《美食街》等，《时尚风》与《美食街》隔周出版。

2005年：版面资源合理配置，四大周刊同时亮相

围绕“办报质量再上台阶，报业经营再上台阶，报社管理再上台阶，员工素质再上台阶”的总体思路，报社党组、编委会把2005年定为萧山日报“质量年”。5月1日，下发《萧山日报质量年活动文件汇编》的“黄皮书”，包括6个文件和5项制度，确保质量年活动有效持续进行。“质量年”主题系列活动贯穿5年：2006年质量深化年、2007年质量提升年、2008年质量创优年，2009年质量成效年。通过“质量年”活动，全面提高报纸品质，实现新闻转型，从传统的机关报模式全面走向市场。

自2005年开始，推动新闻转型和创新成为报社的一种常态。2005年，《萧山日报》发行量首次越过4万份大关。从2005年元旦开始，萧山日报对版面又作出适当调整，每周增加8个版面，每个星期报纸版面从原来的56版扩为64版。其中正报保持现有数量不变，周一至周五为8版，周六、周日为4版；周刊从每周8个版扩为16个版，且从周五8个版改为周二至周五每天4个版。《生活周刊》《教育周刊》《健康周刊》《家装·车市周刊》共四大周刊同时亮相。是年1月18日，萧山区第四媒体——萧山网正式开通，是萧山区唯一一家具有新闻发布权的综合性门户网站。

该次版面调整，萧山日报社编委会根据杭报集团“多出精品、控制扩版”的要求，事先广泛征求意见，并从实际出发做出决定。版面调整总体思路：出版总量略有增加，不作较大规模扩版；继续做强做大做活新闻尤其是本土新闻；做精专副刊，做大周刊，增强贴近性；合理配置版面，优化版面结构，提高版面利用率。

新闻板块，继续做强做大做活新闻，尤其是本土新闻。对要闻版的定位，突出新闻的权威性和指导性；原来的“镇街新闻版”改为“城乡新闻版”，突出本土新闻、更强化民生新闻、更要做好现场新闻；打响“读者专线”品牌，继续做好“你报料我采访”“你投诉我回答”“你有难我帮忙”3个小板块。

做精专副刊，做大周刊。保留《梦笔桥》《万家灯火》《观点》《调查》等在读者中具有广泛影响的精品版面，取消可读性一般、读者群不大的版面，增加《影视文化》；改良《社区传真》，强调贴近社区贴近生活，突出服务功能，办成微缩的社区报；《今日企业》在提供产经信息的基础上，强调与行业的结合度；经营性专刊与有关部门联合推出《警方在线》《关注交通》《人才》专版、《劳动保障》《理财资讯》《网络生活》等版面，每周四个至五个版面，强调版面的服务性和信息的针对性。

周刊板块由原来的1个增加为4个。原来的《生活周刊》从8个版改为4个版，增加《教育周刊》《健康周刊》《家装·车市周刊》,从周二至周五每天各出4个版。四大经营性周刊同时亮相,是是年改版的最大亮点。不仅使版面资源得到合理配置,版面结构得到进一步优化,而且也标志着萧山日报社在探索新型办报模式上向前迈进一大步。2月4日,四大周刊联合推出《春节特刊》,是继2004年《春节特刊》首次成功出版之后,第二次向广大读者致献的春节厚礼。《春节特刊》为4开32版合订本,着重介绍春节期间居民吃、喝、玩、乐、游、医等方面的相关信息和知识,与萧山日报正报一起赠阅给4万多名读者。

为适应报刊转型和扩版需要,从2005年4月1日起,报社全面实行采编人员自己排版。1月11日—2月5日,报社分集中培训和上机实践两个阶段,对报社50多名采编人员进行飞腾排版操作系统业务培训。

2006年:新闻占位绝对主流

网络传播的迅猛发展,对报纸等传统媒体带来了巨大冲击。2006年前后,“报业冰河期”“报业拐点”“报业寒冬”等言论甚嚣尘上。萧山日报积极应对新兴媒体的挑战,让新闻占绝对主流,提升核心竞争力,是2006年改版的主旋律。

2006年《萧山日报》每周由64版增加到68版,第一板块(1版至4版)与2005年基本相同,继续刊登本地新闻和国内国际新闻为主,以营造本土化新闻强势;第二板块(5版至8版)以刊登社会、体育、文娱、财经等生活类新闻为主,根据2005年组织开展的由2000名读者参加的大型读者调查,采纳年轻读者的意见和建议,增设体育/文娱版。第三板块(9版至12版)则是市场化新闻板块,原2005年的《生活周刊》中的部分有效版面经新闻化改造纳入此板块,开设《楼市新闻》《健康新闻》《车市新闻》板块,而副刊中的精华版面也放在这里。每周五出版的16版的周刊《萧山生活》则有人物、情感时尚、休闲等板块,涵盖吃、住、行、游、玩等生活资讯内容,更多地关注老百姓生活中的热点、焦点,使贴近性、可读性进一步增加。

每周纯新闻版增加到29个版,其中本地新闻19个版。3月1日起,萧山日报在全省县市区域报中率先实行双面彩印,自成一叠,报纸的印刷质量得到大幅提升,印刷时间大大缩短,满足了广大读者更高的阅读需求。

2007年:打响“亲近”品牌

通过2005年质量年和2006年质量深化年,报纸质量有了较大提高,获得了上级领导和广大读者的一致肯定。为进一步提高报纸质量,更好地为萧山三个文明和广大读者服务,萧山日报把2007年定为质量提升年,对报纸版面、栏目、版式进行改革和调整,打响“亲近”品牌,满足读者需要,让“因为本土,所以亲近”的办报宗旨得到充分体现。

该次改版，凸显5大特色。

特色一：版面总量进一步增加，每周达到72个版，周一至周五每天新推出1个民生新闻版，“关注民生、躬身民情”的理念和报纸品牌的意识开始形成。

特色二：推出《今日视点》《今日关注》《今日观察》《今日帮办》《今日聚焦》《今日看台》等“今日”系列栏目，特别是头版《今日视点》栏目，刊发的消息大多是读者非常关心的民生新闻，增强了头版的吸引力和可读性。

特色三：对《大城区》《财经》《生活》《教育》《湘湖》重新设置定位，对《萧山生活》进行改刊，形成了六大周副刊的新格局。六大周刊逐渐成为培养懂经营会办报复合型人才的平台。

特色四：对版式进行了改进，调整版序，设置了头版周刊“双报头”。版面版式更统一，更清新，更简洁，更方便阅读。

特色五：坚决撤并低效率版面和临时填充版面的广告软文版。

该次改版让萧山日报与读者更近了。杭报集团评报员评论说“一些‘平民’稿子登上了头版的大雅之堂”。

2007年，同步启动多媒体报业工程。7月10日，萧山日报多媒体数字报正式上线，实现了萧山日报的无界限发行和无障碍阅读。

2008年：着力向“内核”渗透

经过几年的打造，转型后的萧山日报初步形成了自己的风格。以“新闻创新”为着力点，围绕“更本土化”和“质量更好”这一核心内容，不断增强新闻舆论引导能力和报纸的品牌竞争力，继续保持在全国县(市)区域报中的领跑方阵地位。

2008年改版总体思路：从以抓基础工作、抓外围质量为主转移到重抓“内核”即重抓提高内容质量上来。召开全区特约通讯员座谈会，对报纸进行“挑刺”；邀请省新闻出版局资深阅评员来报社“把脉”；先后召开6次专题会议，分别就开设新闻时评专栏改进时政报道、提高新闻图片质量、提高重点稿质量、开设镇街新闻版等主题，与采编部室的编辑记者进行深入探讨。

改版后的萧山日报，在版面总量保持不变的情况下增加4个本地新闻版，出现《镇街新闻》和《深度报道》两张新面孔，在头版首开“城河街88号”新闻时评专栏。原《社会新闻》《民生新闻》改名为《热线新闻》《社会民生》。新推出的《热线新闻》，以“今日帮办”为重点栏目，以“热线博客”“热线话题”为互动阵地，以“大家拍拍拍”为崭新窗口，赢得了读者的首肯。

2008年北京奥运会期间，推出大型特刊《奥运天天报》。

2009年：内容创新成为主题

2009年，中央媒体纷纷举起改版扩版、新闻创新大旗，为萧山日报创造了宽松的改版环境。按照《萧山日报关于推进2009年度新闻宣传和内容产品创新的实施意见》的总体要求，2009年7月3日，萧山日报年中会议对下半年实施的新一轮改版进行专题讨论，提出“打造中国最优秀的县市区域报”的目标。经过两个多月的筹备，2003年以来最大的一次改版，于2009年9月21日实施。27次大小会议，400多人次参加的头脑风暴式讨论，自下而上，7易其稿，形成总体方案。

2009年的改版个性鲜明、重点突出，在扩版、细分、弹性、提升“八字”上做起内容产品创新的大文章，形成了时政经济、社会民生、副刊和周刊专版、广告等四大板块。周二至周五分别由12个版扩为16个版，同时将周日、周六缩减为各4个版，提高了黄金时段的版面效率。头版报头下方开设图文并茂的通栏导读，使报纸更为抢眼。

改版的主要内容有六个方面。

一是社会民生类新闻由原来的每周10个版增加到每周13个版，同时打通社会民生新闻热线、报网互动等版面资源，采取总版名加分版名的灵活方式，开设社会·法制（现场、都市、焦点等）、民生·热线（服务）等版面，使社会民生类新闻实行机动性的统筹和调配。

二是新设民生e动版，每周三期，以构建报网互动、融合平台的网络化新闻版面。

三是增加《镇街新闻》版，即由原来每周3个版增加到每周5个版，同时将该版前移至第三版，以加强对镇街的服务。

四是增加《国内国际》版，由原来每周5个版增加到每周6个版至7个版。2009年本土新闻版，由原来的每周28个版增加到31个版，加上国内国际版，新闻立报的理念更加凸现，新闻的覆盖面进一步广大。

五是对副刊进行网络化改造，在改进《梦笔桥》《湘湖市井》等传统版面的基础上，融入“博客播报”“情感生活”等元素，使副刊更加时尚、高雅、精细。

六是撤销《大城区》周刊，在原有《汽车家居周刊》《财经周刊》《休闲旅游周刊》《教育周刊》等四大周刊的基础上，新创办《房产周刊》，以及《消费》《今日萧商》《形象导刊》《医疗保健》等专版。

该次改版有十大亮点。

亮点之一，报型变得时尚。改成“720型”瘦报后，方便了读者阅读，增加了报纸的时尚感。报头中移，基本版式采用“回”字形，字体采用方正新字库。

亮点之二，版面有所增加。每周版面数量从80个版扩为88个版。每周纯新闻版达到48个版，比改版前的37个版增加了11个，进一步体现新闻强报和“因为本土，所以亲近”的办报宗旨。

亮点之三，头版有了创新。将“今日视点”和全区性乃至国内重大新闻作为头版头条推出，新设头版主图区块和“湘湖时评”专栏，使头版新闻性更突出，冲击力更强。

亮点之四，要闻版面扩量。将第2版改为“要闻”版，作为头版的延伸，并为头版改革构建“缓冲带”。重点做好萧山重要新闻的解读式报道、全区性有关会议和区有关领导活动的集纳式报道，使2版亮起来、厚重起来。

亮点之五，“经济”首次亮相。每周新设5个“经济”版，倾力打造与萧山经济强区地位相当的经济新闻板块，着力做大萧山名企、萧商、大江东、三平台等经济新闻，着力做优百姓关注的投资、理财、时尚消费等资讯。

亮点之六，新闻更为亲近。每周增设2个“e动”版，达到5个版，新设4个“星闻”版。增强了民生新闻的现场感，讲究第一发现，力求第一时间，重在第一现场，使民生新闻好看又亲近。

亮点之七，报网加速融合。以“e动”版为平台，构建起纸媒与网媒（网络）、纸媒与流媒（手机报）之间互动、联动、融合的新闻版面。

亮点之八，周刊做精做优。对各周刊头版的版式进行改进，增强头版特别是头条的新闻性和各版面的原创性、服务性、可读性，使5大经营性周刊成为“新闻有闪亮点、经营有突破点”的5大“试验田”。

亮点之九，版面得到整合。对广告版面资源进行有效整合，统一纳入采编流程管理。

亮点之十，机制更加健全。在坚持和完善上午采前会、下午编前会、晚上谈版会等编务会议制度的基础上，新推出每天上午的选题报送会、每周编务例会制度，并出台13个改版配套制度。

9月23日，杭报集团党委书记、社长李建国对改版作出批示，祝贺萧山日报改版成功。

2009年8月10日，萧山手机报正式开通，成为宣传萧山、推介萧山的新媒体、新平台。

2009年9月28日，萧山日报与镇街合作创办首份镇街新闻月刊《临浦月刊》，每月一期，每期4版，随《萧山日报》一起发行。同月，《花季雨季》创刊。2009年12月16日上午，《萧山日报》创刊55周年庆祝大会在金马饭店隆重举行。人民日报社总编辑、中国报业协会会长吴恒权，国家新闻出版总署副署长李东东，中华全国新闻工作者协会党组书记翟惠生分别为萧山日报创刊55周年题词：“肩负使命，共谱华章”“知萧山情，晓天下事”“创新创强，追求最好”。国家新闻出版总署新闻报刊司、中华全国新闻工作者协会、中国报业协会、中国县市报研究会、新华社浙江分社等发来贺信。国家新闻出版总署新闻报刊司司长王国庆，中国记协党组成员、书记处书记李存厚，中国报协驻会副会长石国雄，省记协主席马雨农，省新闻出版局副局长王汝，新华社浙江分社副社长、总编辑何玲玲，省报协副会长、秘书长陈德发，省记协秘书长陈宗泽，省新闻出版局报刊管理处处长黄柏青等出席会议。

在2009年度浙江省报纸印刷质量评比活动中，萧山日报被评为报纸印刷质量优质级。

2010年：新闻创新成效显著

2010年是“十一五”规划的收官之年，萧山日报品牌效应进一步显现。1月1日，《萧山日报》搭乘厦门航空班机正式飞上蓝天，成为全国首家报纸上蓝天的县市区域报。1月22日，省新闻出版局出版的第9期《报刊审读与管理》充分肯定萧山日报飞上蓝天的新举措。作品《颈椎病的非医学因素》获第二十届中国新闻奖二等奖，为历年来作品获得的最高奖级。“萧山日报社综合发展文化产业”入选“中国报业年度十大事件”。5月12日，萧山日报被评为“中国地方都市类报纸最具影响力十强”，11月14日，萧山日报荣获中国品牌媒体百强·地市党报品牌10强，成为全国唯一获得两项大奖的县市区域报。2010年6月开通“萧山日报官方微博”，新浪微博地址为“http://tsina.com.cn/xsrb”。2010年手机报征订发行数量突破10万份（次）大关，成为全国同类手机报发行量之最。

是年，经过充分调研和论证，报社提出战略转型的目标，即从单一纸媒向全媒体转型，传统报业向现代文化传媒企业转型，把“在钱潮浪尖上奔跑，在传媒梦想中超越”确定为萧山日报精神。

2011年：做强新闻强化服务

2011年1月4日，《萧山日报》以“巩固、微调、规范、细化”为原则，实施改版，每周出版92版，纯新闻版从48个增加到51个，发行量首次突破6万份，并在宁围镇实现家庭全覆盖。改版有四大亮点。一是做大做强时政经济新闻，增加本土新闻量。增设《综合》《深度》版，做强“湘湖时评”。二是做大做强社会民生新闻，为民生排忧解难。《现场》版推出《曝光台》栏目，加强舆论监督；《热线》打造“热线记者”品牌效应。三是做大做强全媒体互动平台，吸引读者广泛参与。建立萧山日报官方微博“非常微博”群，第一时间发布本地重点报道、新闻幕后，对重大事件进行“现场直播”，同时在《e动》版开办《非常微博》栏目，全新打造《非常网事》栏目，报道网友的报料新闻。四是做大做强周刊副刊专版，让双休日版面更好看。纯副刊《倾诉》《梦笔桥》《市井》集中在周六出刊，增加《小记者》《视觉·影像》。

改版后的萧山日报信息量更大，本地新闻更强，特别是强化新闻的“深度”，形成以《湘湖时评》栏目为支撑，各版小言论专栏为补充的萧山日报新闻时评特色，提升核心竞争力。

是年1月，在“阳光中国·2010传媒发展年会”上，萧山日报获得“年度管理创新媒体”,为全国首家跻身“阳光传媒”的县市区域报。荣获“金长城传媒奖·2011中国十大地市党报”。11月11日推出面向全省的首份《和谐劳动》杂志、首家和谐劳动网,开启萧山日报社与省级部门合作的先河。2011年萧山日报总收入达到1.7亿元,利润突破1700万元,分别比上年同期增长36%和45%,两项指标稳居全国县市区域报第一。

2011年3月10日,萧山日报召开实施全媒体战略动员大会,标志着萧山日报全面启动全媒体建设工程。《萧山日报“十二五”规划》明确提出,要按照建媒体、强媒体、融媒体、全媒体的四步走战略,扎扎实实抓好全媒体建设。是年,萧山日报对报社大楼进行改造,配置先进的全媒体采编设备,新添了全媒体直播车。5月,启动纪念中国共产党建党90周年“星火燎原”大型多媒体联动报道,并在房产周刊等三个部门开展全媒体采编、经营、管理试点工作。6月29日,城市电视正式开播。除传统平面媒体《萧山日报》外,报社还拥有网络媒体萧山网、移动媒体手机报、户外媒体阅报栏、城市电视LED大屏,初步形成多种媒体的发布平台。2011年12月,萧山日报制订《萧山日报全媒体运营方案及制度(试行稿)》,对全媒体采编增量考核办法、全媒体业务流程图、全媒体报道管理框架、移动采编实施方案、全媒体报道项目负责制等作出详细的规定,使全媒体运营有了制度保障。

2012年:开启全媒体运作模式

2012年报社确定为全媒体转型实施年:《萧山日报社关于进一步提升新闻影响力和媒体品牌价值的实施方案》全面实施,努力打造全国县市区域最好的现代传媒企业。萧山日报全媒体第一阶段自2012年1月开始试运行, 2012年1月4日起,萧山日报再次改版,每周版数由上年92版增加到96版。报头增加萧山日报全媒体(XBM)标识图案,标志着集萧山日报、萧山网、萧山手机报、城市电视、户外阅报栏、萧山日报官微于一体的全媒体运营模式正式全新亮相。

该次改版体现“微调、规范、融合、创新”四大特点。调整周六版面,周日由4个版扩为8个版,增设@TA版、播报版、企业版、壹周版,全媒体记者通过萧山网湘湖社区这个互动平台为网友们沟通解决问题。是年2月,移动采编试运行,萧山日报每一位员工随时随地做一个全媒体记者。3月13日,由萧山日报、萧山网荣誉出品的钱江南岸首份免费社区读物——《湘湖社区》正式与读者见面。4月17日,萧山日报与瓜沥镇合作创办的《今日瓜沥》月报正式发行,该报每月1期,每期4版,至此萧山日报已开办《临浦月刊》、《渔浦义桥》季刊、《魅力义蓬》、《勤诚党湾》等专刊专版。在2011年度、2012年度浙江省市级党报、县市区域报印刷质量评比中,萧山日报被评为全年报纸印刷质量优质级。

2012年5月22日,萧山日报“提升新闻影响力和媒体品牌价值”工程全面启动。8

月6日萧山日报旗下又一份电子刊物——湘湖手机报正式开通。8月，在第三届浙江报业创新项目评选中，萧山日报“全媒体改造工程”获二等奖。9月20日，在第五届中国品牌媒体高峰论坛上，萧山日报获“2011—2012中国最具品牌创新力地市区域报”称号。荣获“金长城传媒奖·2012中国最具影响力地市区域报”。12月20日，由中国报业协会主办、省报协协办的中国县(市)报改革发展现场经验交流会在萧山举行，萧山日报发展模式作为全国县市报发展的典型，被中国报协、省报协选为样板向全国各县(市)报推介。

2013年：顺应变革全新改版

2013年年初，《萧山日报》与部门合办的《萧山法制》面世。7月，萧山日报微信公众号正式上线。

随着网络和数字技术裂变式发展，媒体格局发生深刻调整、舆论生态发生重大变化，新媒体日益发达、纸媒日益式微已成不争的事实。对于萧山日报来说，如何在变革中寻找机遇，守好报纸这块舆论宣传引导的主阵地，如何不断增强报纸的吸引力，巩固提升报纸的品牌影响力，如何不断增强报纸的视觉冲击力留住读者，使其成为现代传播体系的核心，成为发展新媒体、融媒体、多媒体的有力依托，是需要探索的一个重要课题。正是在这一背景下，8月7日，启动新一轮报纸改版工作，10月21日，萧山日报以“区域党报的心，都市主流报的身”为定位，以“权威报萧山”“良知为天下”“服务进万家”为改版目标，提出“新闻让生活更有梦想”的口号，开启又一次“由内而外”的改版。这是继2009年大规模改版之后的又一次重大改版，是一次从内到外的“新生”。新一轮改版受到业界专家、学者和区委区政府的肯定，读者、市民的认可。市委常委、宣传部部长翁卫军，市委常委、区委书记俞东来，集团总编辑万光政分别批示，充分肯定该报改版工作。

该次改版有六大亮点。一是改进报型和版式。“720”报型再次瘦身成“680”黄金报型。版面分A、B叠，封面导读版“萧山日报”4个字居中，时政新闻板块、民生新闻板块报头以萧山日报+时政新闻(民生新闻)的形式，各周刊报头也有相应的调整。按照“简洁、大气、时尚”的要求，适当调整版式，在版面基本要素和风格统一的前提下，鼓励创新。

二是增加版面，设A、B叠。每周版面从96个扩版为108个版。周一至周五，从12个不等版面，调整为每天20个版；周六、周日，从每天8个版调整为4个版。封一、封二、A1~A10版为A叠，增加了封面导读版和封二深读/时评版，其他版面相应后移；民生新闻板块后移到B叠，B1~B4；原则上，周刊每天各出刊1个，为B5~B8，民生新闻与周刊板块为B叠。

三是封面版易读悦读。该次改版重点打造了封面版。改版后的封面版以主图+导读的形式，增强头版的视觉冲击力和可读性。主图是当日报纸上最有冲击力的图片，吸引读者的注意力，信息导读把当日重要的新闻以标题的形式展现，方便读者检索、阅读新闻。改变了头版以缺少新闻性、可读性的领导稿件和会议稿件为主的状况。

四是主题深度报道做大做强。增加封二主题版，设“深读”“时评”两个版面，周一至周五轮流刊发。对全区政治、经济、文化、科技和社会的重大活动及事件、国内国际当日的热点事件进行深度解读或评论。

五是民生新闻做深做细。在B叠推出民生新闻，以实用、贴近、服务为主旨，强化新闻的服务性和实用性。保留“热线”“e动”版，“现场”版更名为“民生新闻”，取消“星闻”版，新增“市井”版，全面挖掘人文新闻。

六是加强新媒体融合。进一步规范报社层面的网络互动平台，强化报网新闻特别是民生新闻的互动性，实现网民和读者互动、传统媒体与新兴媒体的融合。创新@TA版，搭建新媒体在纸媒上的展示平台。编前会上，挑选全媒体融合题材的新闻，形成报纸、手机报、萧山网、萧山日报官微、城市电视等的互动报道。制定全媒体报道项目负责制，以牵头部门负责、各媒体参与报道的模式，推进全媒体报道的运作。

10月初，编印下发《萧山日报2013年改版采编工作指南》，同步修订制订了9个采编相关制度。2013萧山日报改版获杭报集团十大创新奖。

2013年12月1日，成功推出掌上新媒——移动客户端“无线萧山”。

2014年：媒体融合再探新路

2014年8月18日，习近平主持召开中央全面深化改革领导小组第四次会议时表示，要加快推进传统媒体和新兴媒体的融合发展。2014年被视为“媒体融合元年”。2014年7月1日，经过周密设计和精心准备，萧山日报围绕构建全媒体、融媒体运作体系建立的新机构开始运转。该次调整中，对原先按新闻板块设立的部门进行调整，取消时政经济部、社会民生部、副刊部、视觉中心、广告部，建立以报纸、网络、手机报、微博、微信、无线App等全媒体集群为平台，按生产流程设置的“全媒体管理中心”“全媒体采集中心”“全媒体发布中心”“全媒体技术中心”和“全媒体经营中心”。全部记者纳入全媒体采集中心，报纸、手机报、官微、微信、无线萧山等发布平台及版面编辑、新媒体编辑纳入全媒体发布中心，信息由中心统筹发布，人员由中心统筹调配，目的是实现纸媒与新媒发布的无缝对接。从内容融合、渠道整合、功能聚合的维度来看，随着萧山日报机构架设调整完成，打破了原先各大新闻部门“各自为战”的局面，理念、流程、人才、信息源等资源实现了共享，最大限度地弥补了各自的不足之处。新成立的全媒体采集中心与全媒体发布中心各司其职，形成“一次采集多次发布”的新传播格局。2014年9月，全媒体中央控制室建成启用，内设萧山日报、萧山网、无线萧山、城市电视、萧山手机报（湘湖手机报）、萧山发布（政务微博）、萧山日报官方微博、萧山日报微信公众号、户外阅报栏电子屏共9大端口、20个专用席位。至此，萧山日报全媒体建设又向前推进一程。

按照全媒体、融媒体架构运作，萧山日报在报头增加全媒体元素：封面导读版右上角增设“掌上新媒”苹果版二维码和“无线萧山”安卓版二维码两个标识，在B2《民生新闻》版右上角增设“萧山日报官方微博”二维码和“萧山日报官方微信”二维码2个标识；将《@TA》版和《e动》版，调整为《@TA·全媒体》《e动·全媒体》，《@TA·全媒体》对全媒体策划活动进行大力推广，《e动·全媒体》注重全媒体互动，做深做透互动新闻。是年8月，《萧山日报》数字报系统升级工作完成，增加了数字报会员功能，读者通过手机注册，成为《萧山日报》数字报会员；增加了检索功能，支持标题、正文及全文检索；在文章页面点击右上角的“朗读”，可自动实现语言朗读；支持腾讯、微信、新浪微博、人人等主流媒体的分享功能。

2015年：稳妥改革加强互动

2015年1月1日《萧山日报》进行改版微调，每周版面总数保持108版不变，新增理论版《行知》《萧报公益》，设计了“萧报公益”LOGO拟人形象“萧暖暖”，调整《e动·全媒体》，进一步突出融合元素推进融合互动。1月6日正式创办区域报《今日大江东》，每周发行2期，每周二、周五出刊，每期4个版，发行量近1万份。同步推出微信公众号“今日大江东”，每天为用户提供关于大江东的重要、实用信息。1月8日，由报社主办，区老龄委、萧山区老龄事业服务发展促进会（筹）协办，针对中老年人的《老爸老妈》周刊创刊，每周四出版，主要刊载老年人关心的重要新闻、生活服务资讯，开设《空中医院》《爸妈课堂》《阿姨厨房》等互动栏目。3月24日，与区司法局共同推出新栏目《微言说法》，周二定期推出，邀请专业律师团队为市民在日常生活中碰到的难事烦事愁事支招，栏目内容同步在“萧山司法”微信公众号上推出，开创平面媒体与电子政务结合的先河。是年，《萧山日报》荣膺“金长城传媒奖·2015中国十大地市区域报”称号。

2016年：转型升级权威立报

2016年是“十三五”第一年，萧山日报把握传媒发展趋势，加快融媒体转型升级，打造新型主流媒体，从3月起，经浙江省新闻出版广电局批准，《萧山日报》从周七报变更为周六报。

《萧山日报》改版围绕核心用户、目标用户、潜在用户，进一步强化权威立报、守望良知、民生为本的理念；坚持扎根本地，进行“本土化、社区化”改造，内容更加贴近民生;周末新闻产品突出服务性,进一步实现精准化传播、精细化服务,把萧山日报从一张新闻纸变成一张“新闻+服务”纸,一张有用的报纸。从3月7日开始,萧山日报以“优化版面,整合资源”为原则,根据新闻与广告的内容,建立较有弹性、机动的版面调配机制,使每周版面数与有效新闻、资讯、副刊、广告等容量相匹配。取消AB叠,每周版面调整为88个版,取消《e动》版,《民生新闻》改名《热点》,《热线》改名《@TA》;《市井》改名《街坊》。周六出版《假日特刊》,以“都市优质生活读本”为定位,做好假日信息服务工作。《萧山日报》法定节假日不出报,主要通过“两微一端”推送最及时、最新鲜的新闻和资讯。4月,与区总工会合作创办《萧山工人》月刊。是年,《萧山日报》荣获“金长城传媒奖·2016中国十大地市区域报”称号。

2017年:四大平台融合传播

2017年年初,《宁围半月刊》正式创刊;6月9日和钱江世纪城管委会联手打造的《钱江世纪城报》创刊;与萧山区委统战部、区青年商会合作的《新萧商》杂志复刊“上蓝天”,成为第一本登上长龙航空航班的非航空类杂志。12月22日,与滨江(高新)区委宣传部正式签订合作协议,全面承接《天堂硅谷》报采编工作。截至2017年年底,萧山日报以萧山区为主阵地,以大江东区域和滨江区域为“两翼”的“一心两翼”媒体格局初步建成,为未来报业发展奠定了基础。

2017年是萧山日报谋划“三年行动计划”,全力打造杭报集团铁军排头兵、创新先行者、改革试验田的基础之年,传统媒体面临更大的挑战和变局。《萧山日报》每周出版84版,《老爸老妈》调整为周六出版。4月10日,萧山日报围绕杭报集团“三提一争”专项实践活动,明确6大课题。

2017年11月,萧山日报正式启动新一轮报纸改版工作。以“从原来的大众化新闻传播者转向品质化的新闻服务产品提供者”为指导思想,围绕“区域党报”定位,以打造“品质萧报”为核心,强化“权威立报、守望良知、民生为本”的办报理念,坚持“因为本土,所以亲近”,取消封面导读版、封二,围绕“简约、大气、悦读”的原则对版式进行调整,通过打造四大平台(政经信息平台、民生服务平台、公益活动平台、文化生活平台),扎根本土,实现精准化传播、精细化服务,办一张权威、服务、温暖、文化的报纸。

2018年1月1日,《萧山日报》在头版刊发《新闻让生活更美好——2018萧报改版致读者》,正式改版,每周出版60个。同时,经萧山区委研究决定2018年在全区共产党员中加大《萧山日报》的征订发行力度,把《萧山日报》打造成全区党员学习、提升政治修养和境界的一个综合平台,报纸发行量创历史新高,突破7万份,实现党员家庭全覆盖。

2004年加盟杭州日报报业集团后,萧山日报按照区域主流媒体的定位,主动迎接挑战,积极探索市场化运作新模式,无论是发行还是广告,都出现迅速增长的势头。

发行工作是报社的“生命线工作”,是检验报纸是否真正走向市场的一把尺子。2004年报社第一次自行独立承办报纸收订工作。2006年,报社接管杭州日报萧山发行站,实行《杭州日报》《都市快报》《每日商报》《萧山日报》“四报合一”捆绑式发行。2006年3月1日起,萧山日报在全省县市区域报中率先实行双面彩印,自成一叠,报纸印刷质量得到大幅提升,印刷时间大大缩短,满足了广大读者更高的阅读需求。在2009年度、2011年度、2012年度浙江省市级党报、县市区域报印刷质量评比中,《萧山日报》均被评为全年报纸印刷质量优质级。十多年中,报纸发行量快速增长,从2004年度的3.27万份,2011年度《萧山日报》发行量突破6万份,到2018年度的7.1万份。其中,宁围镇每户家庭订阅一份《萧山日报》,实现报纸家庭全覆盖。在区主要领导高度重视和杭报集团的指挥下,萧山日报启动2018年度的党员订阅《萧山日报》工作,《萧山日报》发行量突破7万份,实现历史性飞跃,基本实现每名共产党员订阅一份《萧山日报》的目标,实现党员家庭全覆盖。

2004年以来,报社积极探索“以报立业、多元强业”的新路子,在做大报纸广告的同时,大力发展多元产业,实现从“报业经营”到“经营报业”的跨越。2008年12月19日,杭州萧山日报传媒有限公司成立,报社和公司实行办报与经营分离运作,真正实现新闻采编和各项经营活动的有机分离,使新闻宣传业务部门集中精力办好报纸,产业经营部门按照市场规律开展经营活动。2014年12月18日,杭报集团传媒经营性资产整体借壳上市项目完成。萧报传媒公司、萧山网、萧滨每日送公司三家作为杭报集团公司全资子公司进入上市体系,成为上市公司华媒控股的子公司。

面对严峻的形势和不利因素,报社积极创新广告经营模式,不断挖掘潜力,培育新的广告源,稳住经营大盘,实现平稳发展。2004年,报纸广告收入突破2000万元大关;2010年,报纸广告收入首次突破5000万元大关,跃居全国县市区域报首位;2013年,报纸广告收入突破6000万元;2016年,报纸广告收入达到6400万元。

2004年以来,报社多元产业不断拓展。2005年成立第一家股份制公司杭州萧山网络传媒有限公司。2006年,由萧山日报社控股的杭州风盛新传媒广告有限公司成立,主要从事户外媒体业务,重点抓好萧山城乡阅报栏和城市电视的建设与管理工作,2012年被杭报集团升格为浙江风盛传媒公司,2016年在新三板上市。2007年6月,成立杭州风和会展公司,是年竞拍获得萧山剧院5年4个月的经营权。2009年,成立控股公司杭州萧报国际旅行社有限公司,进军旅游市场。2010年,成立杭州萧滨每日送发行有限公司、旺财商贸有限公司。2013年,成立房产电商公司——杭州风茂房地产代理有限公司、杭州萧山萧报教育咨询有限公司。2014年底,以“一会一报一网一中心”的运营模式，向养老产业寻求新的发展空间。2016年，成立报社第一家员工持股的公司——杭州萧山日报资本管理有限公司。2017年，正式运作杭州今日大江东传媒有限公司。

报业经营模式从过去单一的“内容供应+版面营销”模式逐渐向全媒体经营领域迈进。如教育公司、房产公司通过“报纸+网络+微信+QQ群+杂志”的模式，既实现行业新闻的全媒体发布，更实现产业全媒体运营，实现产业延伸和精确营销。2014年，在萧山日报传媒公司机构中设立了更加符合传媒产业发展趋势和市场化要求的“用户数据与客服中心”“市场与活动策划中心”等部门。为使全媒体经营运行更加规范和顺畅，报社制订《全媒体经营运行机制和操作流程》，规定全媒体经营的范围、原则，确定了全媒体经营的领导机制及具体实施办法，并推出了激励机制。用制度来规范全媒体经营，促进资源整合，实现效益最大化。萧山日报社（萧报传媒）总营收从2003年的2445万元到2017年的12939万元（不含浙江风盛2.52亿元营收），名列全省县市报前列。

十多年间，报社队伍不断充实壮大。至2017年年底，萧山日报社（萧报传媒）有员工188人，其中新闻专业及报业经营队伍是主体，140人，占员工队伍总数的74.5%。报社实行社委会领导下的社长负责制，报社下设职能机构10个：社委会办公室，编辑出版委员会办公室（传媒研究所），党群工作部（纪检监察审计室），财务部，全媒体新闻中心，城市文化中心，新媒体事业中心，品牌运营中心，全媒体技术中心，事业发展部。传媒公司下设职能机构9个：经营管理委员会办公室，监察审计室，资产运营投资中心，政务形象运营中心，新媒体运营中心，全媒体经营中心，传媒研究发展中心，传媒技术研发中心，项目发展孵化中心；全资或参股公司5个：杭州萧山网络传媒有限公司、杭州萧山日报资本管理有限公司、杭州今日大江东传媒有限公司、浙江风盛传媒有限公司、杭州萧滨每日送发行有限公司；华媒公司下属、萧山日报管理的公司2个：杭州萧山萧报教育咨询有限公司、杭州风茂房地产代理有限公司。

十多年间，报社用人机制不断优化。2004年5月，萧山日报招聘8名见习记者，不占编制，主要凭发表的稿件获得稿酬，是一批真正市场化运作的采编人员。2010年5月，为适应全媒体、多元化发展的需要，报社和传媒公司公开招聘了10名新员工，为报业发展注入了新生力量，进一步改善了人才结构。同年，制定出台《萧山日报中层干部选拔任用规定》等制度，努力形成有利于优秀人才脱颖而出的选人用人机制。2016年底，报社启动新一轮人事制度改革，创新推出了中层干部竞聘上岗，下属公司总经理选聘、报社（萧报传媒）全员定员定岗、双向选择和首席主管的选聘工作。同时，制定出台《中层干部选任工作实施方案》《员工岗位双向选择实施方案》，完善从严管理干部队伍制度体系，优化人力资源配置，稳步推进报业转型升级和融合发展。

至2017年年末，萧山日报已经形成以纸质媒体、网络媒体、移动媒体、户外媒体、数字电视媒体共“五大传媒”为主体，萧山日报、萧山网(手机萧山网)、萧山手机报、无线萧山App、官方微博、微信公众号、城市电视、户外阅报栏、“萧山发布”(政务微博、微信)共九大端口为发布平台的全媒体集群，以及以纸媒经营为基础型产业，以新媒体经营为创新型产业，以教育培训、房产电商、资本管理、会展文创、发行配送、养老护理等多元经营为成长型产业的“三位一体”传媒产业体系。

附：

萧山日报社历任领导班子成员一览表

表1-2

姓 名	性别	职 务	任职起止时间
周 群	男	《萧山报》主编	1954.12—1956.6
陈时贵	男	《萧山报》主编	1956.7—1958.1
陈望云	男	《萧山报》《萧山日报》主编	1958.2—1960.4
周仁水	男	《萧山日报》主编	1960.5—1961.2
许雪光	男	《萧山农科报》主编	1983.5—1988.1
诸九恩	男	《萧山农科报》副主编	1983.5—1987.5
方介兴	男	《萧山农科报》负责人	1988.3—1988.6
方介兴	男	《萧山经济报》主编	1988.7—1991.9
韩惠民	男	《萧山经济报》副主编	1988.7—1991.9
洪佳士	男	《萧山报》《萧山日报》总编	1991.9—2003.3
方介兴	男	《萧山报》《萧山日报》副总编	1992.11—1995.10
韩惠民	男	《萧山报》《萧山日报》副总编	1992.11—1995.10
李凌峰	男	《萧山日报》副总编	1995.9—2000.7
张有理	男	《萧山日报》副总编	1995.9—2003.5
上官高峰	男	《萧山日报》副总编	2000.8—2003.12
盛小龙	男	《萧山日报》党组书记	2001.8—2003
孙焕林	男	《萧山日报》社长	2003.3—2008.3
缪锦渭	男	《萧山日报》总编	2003.3—2003.12
孙焕林	男	《萧山日报》总编	2003.12—2007.7
张剑秋	男	《萧山日报》副总编	2003.12—2007.4

续表1-2

姓　名	性别	职　　务	任职起止时间
王　平	男	萧山日报社副总编	2003.12—2013.3
金　烽	男	萧山日报社副总编	2006.1—2018.10
宣舒平	男	萧山日报社副社长	2007.5—2008.2
张剑秋	男	萧山日报社副社长	2007.5—2008.2
宣舒平	男	萧山日报社总编	2007.7—2013.2
宣舒平	男	萧山日报社社长	2008.3—2013.2
王柏华	男	萧山日报社副总编	2008.11—2013.2
董建中	男	萧山日报社副总编	2010.5—2017.6
王柏华	男	萧山日报社社长	2013.3—2016.1
王　平	男	萧山日报社总编	2013.4—2018.1
王丽芳	女	杭州萧山日报传媒有限公司副总经理	2014.6—2015.5
陈　蓉	女	萧山日报社副总编	2015.6—
王丽芳	女	杭州萧山日报传媒有限公司总经理	2015.6—
王　平	男	萧山日报社社长	2016.1—2018.1
张五一	男	杭州萧山日报传媒有限公司副总经理	2016.3—
张剑秋	男	杭州萧山日报传媒有限公司董事、董事长	2018.1—
孟再励	女	萧山日报社副总编	2018.7—
陆伟岗	男	萧山日报社副社长、总编辑	2019.10—

萧山日报社及其所属媒体获得区级以上集体荣誉一览表

表1-3

年度	集体荣誉名称	获奖单位	授奖部门
2008	萧山日报阅报栏获首届中国报业党报阅报栏“创新奖”	风盛公司	中国报业党报阅报栏协作网大会
2009	2008—2009年度浙江省报业经营管理优秀单位	萧山日报社	浙江省报业协会

续表1-3

年度	集体荣誉名称	获奖单位	授奖部门
2009	萧山日报阅报栏获第二届中国报业党报阅报栏“中国报业户外媒体创新奖”	风盛公司	中国报业党报阅报栏协作网大会
2010	2009—2010中国品牌媒体百强·地市党报品牌10强	萧山日报	中国品牌媒体联盟 中国品牌媒体高峰论坛
	阳光中国·2010传媒发展年会年度管理创新媒体	萧山日报	《中国新闻出版报》
	浙江省文化传播创新十佳网站	萧山网	省委宣传部、省委外宣办、省公安厅、省文化厅、省广电局、省新闻出版局、省通信管理局、浙江省网络文化协会
	萧山区网络文化建设和管理工作先进单位	萧山网	萧山区委宣传部
	杭州日报报业集团突出贡献奖	萧山日报社	杭州日报报业集团
	集团优秀党组织	萧山日报党总支	杭州日报报业集团党委
2011	金长城传媒奖·2011中国十大地市党报	萧山日报	中国传媒大会
	2011—2012中国最具品牌创新力地市区域报	萧山日报	中国品牌媒体高峰论坛
	“风盛公司阅报栏销售全国总代理”项目创新奖二等奖	风盛公司	杭州日报报业集团
	中国人民大学·中国少年新闻学院先进分院	中国少年新闻学院杭州分院	中国人民大学·中国少年新闻学院
	杭州市新闻战线“走转改”活动先进集体	萧山日报	市委宣传部 市委对外宣传办公室 市新闻工作者协会
	第十三届中国杭州西湖国际博览会暨第二届世界休闲博览会新闻报道先进单位	萧山日报	中共杭州市委 杭州市人民政府

续表 1-3

年度	集体荣誉名称	获奖单位	授奖部门
2011	全省市级党报、县市区域报印刷质量评比:全年报纸印刷质量优质级	萧山日报	浙江省报业协会
	首届“儿童文学金近奖”优秀写作中心奖	萧山日报培训中心	《儿童文学》杂志社、上虞市政府
	杭州日报报业集团先进党组织	萧山日报党总支	杭州日报报业集团党委
	杭州日报报业集团“走转改”活动考评杰出组织奖	萧山日报	杭州日报报业集团
	萧山区未成年人思想道德建设工作先进单位	萧山日报小记者团	杭州市萧山区精神文明建设委员会
2012	金长城传媒奖·2012中国最具影响力地市区域报	萧山日报	中国传媒大会
	浙江省县市区域报“经营创新优胜”奖	萧山日报	浙江省报协县市(区域)报委员会
	全省市级党报、县市区域报全年报纸印刷质量优质级	萧山日报	浙江省报业协会
	杭州日报报业集团突出贡献奖	萧山日报	杭州日报报业集团
	杭州日报报业集团先进党组织	萧山日报党总支	杭州日报报业集团党委
	杭州日报报业集团十大创新奖	萧山网络问政平台	杭州日报报业集团
2013	2012—2013中国最具品牌价值县市区域报	萧山日报	中国品牌媒体联盟
	2012—2013全国县市区域报最具实力媒体奖	萧山日报	中国县市报研究会
	中国报业经营管理奖	萧山日报	中国报业协会
	2012—2013中国传媒优秀旅行社	杭州萧报国际旅行社	中国品牌媒体联盟
	浙江省新闻信息技术进步奖二等奖	萧山日报社全媒体建设项目	浙江省报业协会
	杭州市维护稳定先进集体	萧山日报	杭州市委、市政府
	萧山区综治先进集体	萧山日报	区委办、区政府办

续表1-3

年度	集体荣誉名称	获奖单位	授奖部门
2013	杭州日报报业集团突出贡献奖	萧山日报	杭州日报报业集团
	杭州日报报业集团先进党组织	萧山日报党总支	杭州日报报业集团党委
	杭州日报报业集团十大创新奖	萧山日报2013年改版	杭州日报报业集团
	中国县市报经营项目奖一等奖	萧山网《萧山全覆盖垂直式三级网经营模式》项目	中国县市报研究会
	中国县市报经营项目奖优秀奖	萧山日报社《〈萧山十大最美篇章〉大型特刊》项目	中国县市报研究会
2014	2013—2014中国报业“新媒体项目创新50强”提名奖	萧山日报社全媒体改造工程及建设项目	中国报业协会
	2013—2014中国报业“新媒体项目创新50强”提名奖	萧山网全覆盖“三网合一、三级办网”模式项目	中国报业协会
	全国报刊广告“金推手”奖经典案例奖	萧山日报社《萧山城市手册》策划出版案例	中国广告协会报刊分会
	中国地市新闻网联盟“最具品牌影响力奖”	萧山网	中国城市新闻网联盟
	2013—2014中国报业“十大最具影响力城市门户网站提名奖”	萧山网	中国报业协会
	第十一届中国城市网盟年会“优秀网站提名奖”	萧山网	中国城市新闻网联盟
	浙江省新闻信息技术进步奖二等奖	萧山日报社无线萧山项目	浙江省报业协会
	浙江省新闻信息技术进步奖三等奖	萧山日报社网络问政项目	浙江省报业协会
	杭州市“平安示范单位”	萧山日报	中共杭州市委创建“平安杭州”领导小组

续表 1-3

年度	集体荣誉名称	获奖单位	授奖部门
2014	杭州日报报业集团“走转改”优秀组织奖	萧山日报	杭州日报报业集团
	萧山区文化市场(“扫黄打非”)先进集体	萧山日报	萧山区文化市场管理(“扫黄打非”)工作领导小组
	中国地市报“走转改”先进集体	萧山日报	中国地市报研究会
	浙江省县市报最佳媒体影响力奖	萧山日报“废改立新”并举,推进管理制度创新	浙江省记协县市区域报工作委员会、浙江省报协县市(区域)报委员会
	第四届浙江省报业创新项目三等奖	萧山日报管理制度创新	浙江省报业协会
	萧山区“五水共治”工作先进集体	萧山日报	萧山区“五水共治”领导小组办公室
2015	全国地方网络媒体“十大最具影响力品牌奖”	萧山网	中国互联网品牌大奖组委会
	第五届中国互联网品牌大奖全国地方网站最具影响力品牌奖	萧山网	中国互联网品牌大奖组委会
	萧山区“五水共治”工作先进集体	萧山日报	萧山区“五水共治”领导小组办公室
	金长城传媒奖“2015中国十大地市区域报”	萧山日报	中国传媒大会
	中国新闻网站十佳创新品牌奖	萧山网	中国地市新闻网联盟
	全国最佳微信公众号	萧山网官方微信	中国互联网品牌大奖组委会
	杭州市“‘六五’普法先进集体”	萧山日报	杭州市普法教育依法治理领导小组
	杭州日报报业集团先进党组织	萧山日报社党总支	杭州日报报业集团党委
	2011—2015年度杭州市法治宣传教育先进集体	萧山日报	杭州市普法教育依法治理领导小组

续表 1-3

年度	集体荣誉名称	获奖单位	授奖部门
2015	2011—2015年度萧山区法治宣传教育先进集体	萧山日报	萧山区依法治区普法教育领导小组
	萧山区"青年文明号"	萧山日报团总支	共青团萧山区委
2016	金长城传媒奖"2016中国十大地市区域报"	萧山日报	中国传媒大会组委会
	《中国报业新媒体影响力排行榜》(2016)县市级党报二十强榜单第一名	萧山日报	中国报业协会
	全国地市网络媒体十大最具影响力品牌	萧山网	中国地市新闻网联盟
	中国城市网盟奖十大优秀网站奖	萧山网	中国地市新闻网联盟
	全国地市网络媒体十强手机客户端	手机萧山网	中国地市新闻网联盟
	服务保障G20杭州峰会先进集体	萧山日报	中共杭州市委、杭州市人民政府
	杭州市青年文明号"建功G20"主题行动先进集体	萧山日报团总支	共青团杭州市委
	杭州日报报业集团服务保障G20杭州峰会先进集体	萧山日报	杭报集团
	2016—2017年度全国新媒体100强	萧山网	中国互联网品牌大奖组委会
	2016—2017年度全国新闻网站最具公信力50强品牌奖	萧山网	中国互联网品牌大奖组委会
	杭州市先进团支部	萧山日报社团总支	共青团杭州市委
2017	全国地市网络媒体综合实力十强品牌	萧山网	中国地市新闻网站联盟
	全国地市网络媒体手机客户端综合实力十强品牌	手机萧山网	中国地市新闻网站联盟

续表1-3

年度	集体荣誉名称	获奖单位	授奖部门
2017	全国地市网络媒体微信公众号三十强品牌	萧山网微信公众号	中国地市新闻网站联盟
	金长城传媒奖·2017中国年度影响力传媒网站	萧山网	中国互联网品牌大奖组委会
	杭州市级青年文明号	萧山日报全媒体中央控制室	共青团杭州市委
2018	中国报协2017—2018年度中国报业深度融合创新发展十强单位	萧山日报	中国报业协会
	中国传媒"融合发展创新奖"	萧山日报《"分众化、配餐式"办报模式》	中国报业协会 第三届中国传媒创新杭州峰会组委会
	入选中国报协全国报业大调研经典案例	萧山日报《分众化配餐式办报的萧山探索》	中国报业协会
	第五届全国县市区域报经营成功案例评选金奖	萧山日报《2018第三届中国传媒创新杭州峰会》	中国县市报研究会
	第五届全国县市区域报经营成功案例评选铜奖	萧山日报《设立滨江新闻中心构建"一心两翼"格局》	中国县市报研究会
	杭州市宣文卫系统职工"红会杯"太极拳比赛二等奖	萧山日报太极拳队	杭州市宣文卫工会

第三章 中华人民共和国成立后的萧山社会团体(部门)报刊

中华人民共和国成立后,1954年12月,中共萧山县委作出关于“创办县委机关报——《萧山报》”的决定,《萧山报》于是年12月11日创刊。此后,受党报影响,由共青团萧山县委主办的《萧山少年报》于1958年8月26日创刊。

改革开放后,萧山经济得到快速发展,社会团体和部门办报办刊热情高涨,涌现了一批社会团体和部门办的报刊。虽然管理体制未理顺,这些没有刊号的报刊,在当时却起到了很好的宣传作用。

第一节 中华人民共和国成立初期的萧山社会团体(部门)报刊

一、《萧山少年报》

1958年8月26日创刊,由共青团萧山县委主办。十六开二版(第二期八开二版),铅印,不定期报道青少年活动情况。出版5期后停刊。

第二节 改革开放初期的萧山社会团体(部门)报刊

一、《萧山卫生报》

原名《萧山卫生》。1982年7月创刊。不定期,四开四版,铅印,由萧山县卫生防疫站主编。主要宣传卫生工作的方针、政策,报道防疫卫生经验,介绍卫生知识等。每期发行4500多份。1985年2月起,改为月报,由萧山县卫生委员会和萧山县卫生防疫站合编;同年3月起,又有萧山县计划生育委员会参加合编。1985年5月起,改名为《萧山卫生报》,发行量增至5000份。有兼职编辑4人。截至1986年,共出版31期。

二、《萧山文化宫报》

原名《活动月报》,创刊于1983年5月,是萧山县工人文化宫主办的月报。四开单面铅印两版。主要报道工人文体活动消息,辟有副刊《小花》。每期发行500份;1985年10月起,增至800份。有业余编辑2人。1986年5月起,改名为《萧山文化宫报》,四开四版。第一版、第二版,报道县总工会和工人文化宫的综合要闻和活动情况;第三版,报道基层工会消息;第四版,文艺副刊《小花》。每期发至各机关、企事业单位的基层工会等,发行量增至1000份。兼职编辑增至4人。

三、《信息技术服务》

创刊于1984年3月26日。十六开四版,铅印,开始半月刊,第4期起改为旬刊。由萧山县供销合作社联合社主办,专职编辑张纬觉。以报道经济信息为主,并辟有各种专栏,介绍农副业生产技术和商品知识等。第一版,重要信息;第二版,省内外各地信息和萧山县乡镇企业产品介绍;第三版,专业户种、养、加工等商品生产的技术知识等;第四版,农村市场和供求信息;中缝:商品信息等。该报还设有《国际市场》《天南地北》《信息窗口》《各地市场》和《致富新天地》等专栏。1985年起,由赠阅改为订阅,每份人民币2分。报纸每期发行3000多份,发行范围扩大到27个省、市的200多个县、市。是年,收到通讯员的来稿、来信2000多篇。1986年止,共出版98期,累计发行35万余份,发布各种信息3600多条,其中有150多篇信息为省级以上报纸转载。该报对促进商品生产,活跃城乡物资交流效益显著。3年中,经过信息传递,为萧山县工商、商商之间牵线搭桥促进商品成交300多万元。该报被编入《当代中国报纸大全》。

四、《萧山储蓄》

1985年4月,中国工商银行萧山支行创办《萧山储蓄》报,四开四版,铅印,不定期。主要宣传储蓄的方针政策及好处,报道储蓄消息等。每期发行2000份,赠阅。有兼职编辑3人。至1988年年底,共出版8期。

五、《农村储蓄》

1985年7月1日创刊。十六开四版,铅印,月刊,由中国农业银行萧山支行编办。报道农村储蓄情况等。每期发行3000份,赠阅。有通讯员80多人,年均收到稿件300多件。有兼职编辑3人。

六、《萧山新闻摄影》

1986年7月1日创刊。四开四版，铅印，月刊，由萧山县委报道组编办。运用照片生动形象地宣传萧山县广大干部、群众在社会主义物质文明和精神文明建设中取得的成就和经验，宣传萧山县建设社会主义欣欣向荣的大好形势。每期发行3000份，赠阅。是年出版4期。

七、《春华》

1986年9月创刊。四开四版，铅印，双月刊，由萧山青少年宫编办。每期发行1000份，赠阅。报道本县各地共青团和青少年活动情况，设有《新月》文艺副刊。有兼职编辑3人。是年出版2期。

八、《萧山旅游》

1986年10月24日创刊。四开四版，铅印，双月刊，由萧山县旅游协会编办。主要报道旅游动态，介绍萧山名胜古迹等。有兼职编辑5人。是年出版3期，每期发行2000份，赠阅。

第四章 改革开放后的萧山企业报刊

第一节 状况

1978年,中国向世界开启改革开放的大门,标志着中国社会发展进入新的历史时期。萧山作为我国首批14个沿海开放城市之一,进入改革开放第一方阵,在国家政策的激励下,萧山各行各业特别是企业迎来了发展的春天。随着企业的快速发展,企业报刊作为宣传行业政策、传递市场信息、传承企业文化和传播员工正能量的宣传平台,也随之诞生,并随着企业的发展而崛起、随着企业的壮大而兴旺、随着企业的转型升级而转型发展。

企业报刊是服务于企业的一种媒体,由企业自己编辑、出版,以本企业员工为主要读者对象的报纸和杂志。企业报刊立足企业、面向企业、服务企业,是企业领导和企业职工的"喉舌",其要务为宣传企业领导的主张、决策、重要讲话和重大活动,宣传企业精神和企业文化,宣传企业发展目标和远景规划,宣传企业发展建设中涌现出来的新人、新事、新经验、新成果。

萧山企业报刊通常由其主办单位党组织书记或行政副总任主编,建有一支专职或兼职的采编队伍、通讯员队伍,发行数量视企业职工数和对外赠阅数而定,一般印刷1000份至20000份不等,其中企业报出版周期为旬报、半月报、月报三种,以月报居多,一般设四个版面,头版大多为要闻版,刊发企业新近发生的重大事件和领导讲话;二版为综合新闻版,刊发企业的新人、新事、新举措、新动态,用消息、通讯、言论等体裁呈现;三版以专版居多,有工作交流、思想交流、技术交流、论文刊登、人物专访等,侧重于思想理论建设;四版为副刊版,刊登小说、散文、诗歌、书画、摄影作品。

改革开放后,萧山企业报刊经历初始期、成长期、成熟期和转型期四个阶段。

一、初始期(1979—1994)

在萧山,一些较大的工厂创办了厂报,报道本厂工人的生产、学习和生活情况,还设有文艺副刊,刊登工人创作的文艺作品。均系铅印,发行对象以本厂干部、工人为主,还向有关单位和兄弟工厂赠阅等。

1979年10月14日,《今日杭齿》创刊,系萧山首份以报纸形式面世的企业报。该报由杭州齿轮箱厂主办,系全民所有制性质的企业报,八开四版,发行量2000份,后休刊,1985年7月1日复刊时更名为《今日杭齿报》。1988年7月,《萧山合作金融》创刊,系萧山首份以杂志形式面世的刊物。该刊由萧山农信联社创办,之后随着单位名称的改变相继更名为《萧山信用合作》《萧山农村合作银行》。现名《萧山农商银行》,由萧山农商银行主办,发行量4000份。1993年9月,浙江传化集团有限公司创办《传化简讯》,1997年12月改名为《今日传化》,最大发行量3000份,2013年8月停刊。

二、成长期(1995—2004)

1992年邓小平视察南方重要讲话发表后,萧山乡镇企业蓬勃发展,纷纷组建集团公司,向专业化、产业化、规模化进发。1995年1月,由浙江恒逸集团控股有限公司主办的《恒逸简报》创刊。该报于1998年10月更名为《恒逸人》,2001年12月更名为《恒逸报》,发行量6000份。1998年4月,开元旅业集团有限公司所属萧山宾馆、杭州之江度假村、阳光休闲山庄分别创办《萧山宾馆报》《杭州之江度假村报》《阳光休闲山庄报》。2002年9月起,三报合一,易名为《开元旅业报》,发行量20000份。浙江恒逸集团有限公司、开元旅业集团有限公司两家企业主办的企业报,日后成为萧山企业报的标杆和引领者。其间,萧山企业经历大规模的转制,从国营、二轻、集体、乡镇等体制的企业,向股份制和民营经济转型,涌现了一批全国乃至世界的行业领军企业。在企业快速发展的过程中,这些领军企业的掌舵者,深感企业文化建设的重要性,纷纷创办企业报。至2004年年底,经浙江省新闻出版局审批核准的萧山企业报共有41家,另有10余家企业报未办理核准程序也在出版之中。

三、成熟期(2005—2014)

2004年以后,萧山企业报刊走向成熟期,形成了主编责任制、通讯员管理制度、稿酬发放制度、好稿评选制度、通讯员积分考核等一套行之有效的考核管理制度,多家企业报陆续改版,采用4版全彩印刷。《荣盛报》《东方文化园》《德意人》等企业报由对开4开小报改为对开大报,《富丽达报》改为加长异型报纸,增加了发布信息的容纳量和图片的视觉冲击力。萧山企业报刊各具特色,各有亮点,在全国行业新闻报刊协会、浙江省企业报协会、杭州市企业报研究会组织的好新闻、好报纸、好主编等评选活动中,屡屡获得大奖。《今日传化》2005年、2006年被授予"全国企业内刊特等奖";《今日杭齿报》2004年被中国企业报协会授予"全国优秀企业报"称号,2007年获《中国工业报社》"中国工业优秀报刊"称号;《恒逸报》2011年被中国纺织企业报刊专业委员会授予“全国纺织优秀企业报”称号，2014年被浙江省企业报协会授予“浙江省优秀企业报”称号；《富丽达报》获中国企业报纺织服装行业分会、《中国纺织报》“优秀企业报”荣誉称号。2011年3月，杭州市萧山区新闻工作者协会成立，《万丰报》等17家企业报刊被吸收为杭州市萧山区新闻工作者协会单位会员。2016年3月，杭州市萧山区新闻工作者协会进行换届，新吸收会员单位7家。因各种因素，《中球冠报》等5家企业报退出协会，实有企业报单位会员为19家。在萧山区委宣传部、萧山区社会科学界联合会、萧山区新闻工作者协会等单位联合组织的每两年一届的杭州市萧山区“十佳新闻宣传工作者”评选中，时任《富丽达报》执行编辑余观祥、《华东钢业报》主编吴林萍、《恒逸报》编辑黄莹先后荣获杭州市萧山区“十佳新闻宣传工作者”称号。

4. 转型期（2015—　）

互联网改变了人们的思维方式、工作方式和生活方式，也给媒体的生产方式、传播方式、生存方式带来了颠覆性的变革。从2015年开始，伴随着互联网+时代的来临，萧山企业报刊积极拥抱新媒体，进入转型期。《正凯报》《德意人》《恒逸报》先后于2015年10月、2016年7月、2017年2月停出纸质版，《萧山医院报》《三元报》《亚太报》在保留纸媒的基础上，先后于2008年1月、2010年1月、2017年1月推出电子版。其间，有些萧山企业因为经营不善或者涉及互保牵连而倒闭，企业报刊随之停止出版。

萧山企业报刊忠实地记录企业的成长与发展，履行企业即时档案的职能，弘扬企业文化，丰富员工的精神生活，对企业自身有序、健康、和谐发展，起到了鼓与呼、助和推的作用。

第二节　改革开放初期的萧山企业报刊

改革开放初期，在萧山，一些较大的工厂率先创办厂报，主要报道本厂职工的生产、学习和生活情况，还设有文艺副刊，刊登工人创作的文艺作品。均系铅印，发行对象以本厂干部、工人为主，还向有关单位和兄弟工厂赠阅。

一、《今日杭齿报》

杭州齿轮箱厂（杭州市属厂）宣传科编办。原名《杭齿工人》，1979年10月14日创刊，八开四版，铅印。1982年12月，休刊。1985年7月1日复刊，易名《今日杭齿报》，四开四版，铅印，半月刊，每期发行2000份。有编辑3人。至1986年，出版10期。

二、《杭柴工人》

1984年5月15日创刊,由杭州柴油机总厂编办。四开四版,铅印,半月刊,每期发行1300份。有兼职编辑2人。至1986年,出版32期。

三、《杭瓷工人》

1984年9月20日创刊,由杭州瓷厂编办。八开二版,铅印,半月刊,每期发行1000份。设专职编辑1人。至1986年,共出版50期。

四、《萧麻工人报》

1985年9月15日创刊,由萧山麻纺织厂工会编办。四开四版,铅印,月刊,每期发行2000份。有兼职编辑3人。至1986年,共出版14期。

五、《杭万工人报》

创刊于1986年5月,由杭州万向节厂编办。八开二版,铅印,半月刊,每期发行1500份。有专职编辑和兼职编辑各1人。至1986年,共出版15期。

六、《钱啤工人》

创刊于1985年8月1日,由浙江钱江啤酒厂编办。四开四版,铅印,月刊,每期发行1400份。设专职编辑1人。至1986年年底,共出版5期。

七、《杭二棉报》

由杭州第二棉纺织厂(杭州市属厂)宣传科编办。1985年9月,出试刊号;1986年4月起,出月刊。四开四版或八开二版,铅印,每期发行1700份。有编辑3人。截至1986年,出版10期。

八、《建材之声》

1986年10月28日创刊,由浙江建筑材料厂(省属工厂)编办。四开四版,铅印,月刊。是年,出版3期,每期发行1500份,有专职和兼职编辑各1人。

第三节　21世纪的萧山企业报刊

进入21世纪后,伴随着互联网时代的到来,特别是新兴媒体的快速发展,给萧山的企业报带来了不小的冲击。一些企业报抓住时机,停止出版纸质媒体,转型发展微信、微博等新媒体,一些企业报则走上"纸质媒体+新兴媒体"融合发展之路。其纸质媒体的发行对象以本企业干部职工为主,还向有关单位、服务客户及兄弟工厂赠阅,而新媒体的传播范围则更为广泛。

一、《万丰报》

《万丰报》于2008年12月18日创刊,由浙江万丰企业集团公司主办,萧山区供销联社主管。内部资料准印证号为:浙企准字第A153号。四开四版,出版周期以季为单位,每季一期,每季初出版。彩色新闻纸印刷。每期印刷2000份。兼职编辑1人。至2014年,共出版16期,后保留《萧山供销简报》,《万丰报》停刊。

《万丰报》作为万丰人自己的报纸,为万丰人搭建了一个学习交流的平台。在这个平台上,万丰人在思想交流碰撞中启迪智慧、激发创业激情、留下真诚、释放压力,与万丰一起成长,《万丰报》在万丰企业文化的构建与传承中发挥了重要作用。《万丰报》多次获得"浙江省优秀企业报""杭州市十佳企业报"称号,历年来,共有30多篇新闻作品在各级各类企业报年度作品评比中获奖。

办报宗旨。企业报是企业文化的载体,大家的报纸大家办,办成员工身边的报纸,反映员工的心声,是创办《万丰报》的宗旨。稿件由员工采写,内容主要反映员工的工作与生活。企业报的作者也是读者,所报道的人和事,就在作者和读者之中,通过企业报与作者、读者之间的亲密互动、互相影响,让员工读来亲切感人、爱不释手。版面文章尽可能多用员工稿件,让企业报办得生动活泼、好读耐读。

版面安排及栏目设置。总体设基本栏目:每期必有的栏目;常用栏目:间隔性地经常出现的栏目;临时栏目:根据企业的宣传需要而临时开辟的栏目。

具体栏目与内容为:第1版:万丰要闻。主要刊登集团重大活动及领导、贵宾来访的相关图文报道,传递集团重大活动信息,传达管理层的最新信息。对集团内部发生的一些重大事件的报道,或是集团新出台的一些对企业有益的新举措(政策)或行业的新动向的报道等。每期发1篇评论稿,由编辑部供稿。第2版:万丰聚焦。介绍动态信息,包含集团及各成员企业的重大活动、企业获得荣誉的报道等。固定栏目设有《企业视线》,《市场信息》,《总裁信箱》(即董事长信箱或总经理信箱,员工的意见、建议,或是心声的吐露)。第3版:万丰广角。固定栏目设有《精英故事》《团队风采》《成长足迹》《编读往来》《管理魔方》《好书推荐》和《外埠传真》。精英故事:主要挖掘先进人物的故事,以访谈录或报告文学的形式出现,并配有优秀员工的照片、个人简介以及座右铭、爱好等。团队风采:以图片展示为主、辅以简单的文字说明,展示团队的风采。成长足迹:员工或者是一个团队在万丰成长的历程,个人价值的实现过程,每期限1篇稿。编读往来:员工对企业报的建议或评价,从公司动态到员工心声、从管理知识到产品知识等建议,或是从版式设计到出版发行等方方面面的建议与评价,并给予针对性地解答,每期可多则。第4版:万丰副刊(月牙泉)。该版投稿人员为万丰员工、万丰客户以及关心支持万丰事业的社会各界人士。编辑部以开设专题的形式,向以上人员征稿,每期一个专题,内容涉及工作生活的各个方面,并不定期策划诸如《读后感》《随笔》《论坛》《生活驿站》《书画摄影》等专栏,话题不限,只要是员工的亲身经历或感受就行。

队任建设及主要举措。建立两支队伍。一是成立《万丰报》编委会和编辑部;二是组建信息员队伍。采取两种途径。一是抓培训。每年举办信息工作培训班和信息工作座谈会,邀请专家授课,分析点评好的信息,传授信息工作经验,交流信息工作心得,分析存在的问题,探讨写作技巧和对好稿进行学习等。二是抓督促。把每一期《万丰报》录用信息情况及时反馈给信息员,做到每季度公布一次。同时,围绕集团中心工作,定期下发信息需求和约稿单,督促基层报送信息。出台两个政策。一是实行通讯员资格选拔制、信息实名制、量化考核制、稿酬制;二是根据各通讯员信息报送情况,结合报送数量和质量,评选出年度优秀信息员和积极通讯员,给予精神鼓励和物质奖励;并实行淘汰制;同时,对被万丰报录用的信息,按照篇幅、体裁、版次等参考标准,给予一定的奖励。

为进一步加强通讯员队伍建设,及时、准确地捕捉集团及各成员企业的新闻信息,大力提升新闻采编和信息宣传的质量和水平,《万丰报》制定通讯员管理制度。从通讯员的基本条件、产生办法、职责、稿件要求、权利、奖励办法等方面作出明确规定和要求。通讯员任期一年,期满后可继续连任。

报址:杭州市萧山区人民路51号供销大厦。

二、《开元旅业报》

《开元旅业报》由开元旅业集团有限公司主办,内部资料准印证号为:浙企准字第A056号。1998年4月,由公司所属原萧山宾馆、杭州之江度假村、杭州阳光休闲山庄分别主办的《萧山宾馆报》《杭州之江度假村报》《阳光休闲山庄报》(均为四开四版)合并创办,时为半月报,对开四版。2001年4月,变更为旬报。2004年6月,变更为周报。2002年9月起,一、四版由套红改为彩印。早期副刊开设有《江南文学》《休闲娱乐》版面,后增开《美食天地》《员工生活》《读书时间》等版面。头版为要闻版,二版为综合新闻版,三版和四版是不固定的企业天地版、各类副刊版及专版。《开元旅业报》每期常年印量2万份,主要读者对象为企业内部员工和企业客户。2010年1月起,推出网络版数字报。《开元旅业报》有专设的编辑部,常设专职编辑5人。

《开元旅业报》以"服务企业"为办报宗旨,创办以来,坚持"紧跟领导、心系员工、放眼客户"的办报理念,在促进企业经营管理、传播企业品牌文化、为企业获得更大的社会效益和经济效益方面发挥有效的作用。

《开元旅业报》2002年加入中国旅游报刊协会,2003年加入杭州市企业报研究会,2011年加入萧山区新闻工作者协会,均为首批会员,均为常务理事单位。《开元旅业报》是杭州市十佳优秀企业报,也是国内旅游行业的标杆企业报,曾获中国酒店店刊店报评选"白金五星奖"(最高奖)。历年来选送的新闻作品共有百余件在各级各类企业报年度作品评比中获奖。

历任总编(主编):

陈妙林,1998—2005

徐晓明,2006—

报址:杭州市萧山区市心中路818号。

三、《正凯报》

《正凯报》由浙江正凯集团有限公司主办,内部资料准印证号为:浙企准字第A134号。2004年10月创办时为《申达报》,月刊,四开四版。2006年更名为《正凯报》,四个版面全彩印,分为企业动态、管理论坛、企业文化、副刊四个版面。2008年7月,经浙江省新闻出版局审核,获得内部资料准印证。2010年起推出同期电子版。2015年10月停出纸质版,正式启用微信公众号,实现电子化转变。

《正凯报》自创办以来围绕企业"以人为本"的理念,紧扣企业发展主题,创造性开展企业形象宣传工作,担负了对外宣扬正凯企业文化,对内展示企业精神风貌,成为整合企业内、外部资源,增加企业凝聚力与向心力的基本途径。是正凯外树形象、内展风貌的一张"金名片",主要读者为全体正凯员工。

2011年加入萧山区新闻工作者协会,成为单位会员。历年来选送的新闻作品共有20余件在各级各类企业报年度作品评选中获奖。

历任总编(主编):

陈文景,2004.10—2005.1

王兴来，2005.1—2015.1

肖秀丽，2015.1—

报址：杭州市萧山区靖江街道申达路1528号。

四、《东方文化园报》

《东方文化园报》由杭州东方文化园旅业集团主办，2000年5月创刊，四开四版，主要宣传东方文化园的规划布局、景区景点、开园后的游客盛况，以及2004年10月被国家旅游局评为国家AAAA级旅游景区的情况等，在宣传景区方面发挥了重要作用。

2003年8月，东方文化园旅游景区内的杭州太虚湖假日酒店开业后，《东方文化园报》作为向住宿旅客赠送的报纸。随后开业的桐庐海博大酒店也仿照在每间客房放一份报纸，每期各赠送这两家宾馆1000份。2003年10月，根据董事长徐关兴提出的要求，改版为对开四版，彩色套印，采用大照片，更显美观大气。

2004年7月12日，时任中共浙江省委书记习近平视察东方文化园旅游景区，对董事长徐关兴和东方文化园提出希望。《东方文化园报》进行及时报道。

2008年12月，杭州东方文化园旅业集团成立，在旅游休闲、餐饮住宿、会议会展业基础上，扩大了商贸服务业、健康养生业、电子商务业等。为《东方文化园报》开拓报道面，发行赠阅面进一步扩大，特别是向旅游行业主管部门、各地旅行社、地方政府、新闻单位、协作单位等赠阅，印刷量每期3000份，最多时3300份。

2012年2月，经浙江省新闻出版局批准，《东方文化园》报的刊号为：浙企准字第A213号。

《东方文化园报》至2018年12月已出报177期。从办报初期开始，坚持走开门办报之路，编辑部一直重视培养和锻炼通讯员队伍，发动一线员工积极撰稿，有一支稳定的骨干通讯员和采编人员队伍。发行赠阅采取公司企划部邮寄和集团公司派送方式，除了赠送萧山外，每期还赠送到杭州、上海、北京、重庆、西安、武汉、洛阳、合肥等地，扩大了报纸的影响，让公司内部员工在业余时间能够读到《东方文化园报》。

2011年3月，加入杭州市萧山区新闻工作者协会。积极参加好稿评选，多次荣获企业报好稿二等奖和三等奖。

历任主编：

来公才，2003.8—2017.12

方宝正，2003.8—

报址：萧山区义桥镇东方文化园。

五、《今日传化》

《今日传化》(前身为《传化简讯》)由传化集团1993年9月1日创办,至2013年8月5日,共出版241期。随着移动互联网的迅速发展,传化集团的发展进入到新的战略阶段。2013年8月5日,《今日传化》迎来全新变革,在新媒体平台开辟新的战场——微信公众号"传化集团",开始新的探索与突破。

创刊初期的《传化简讯》杂志定位:上情下达,信息发布。没有专门的报道队伍,主要由办公室工作人员兼职,不定期出刊。发行对象由最初的公司中层干部一级,到1996年开始增印发至班组一级。

20世纪90年代中后期,企业改革的深入从客观上增强对企业文化的需求,为此,传化集团进行了组织机构调整,成立形象管理部,主要负责集团形象的宣传推广,下设内刊编辑部。经过两个月的筹备,1997年12月,总第47期的传化内刊《传化简讯》改名为《今日传化》,以全新的面貌推出。此时,杂志的定位为:企业对外形象的窗口,员工内部交流的园地。编辑部开始制定一系列规章制度。发行对象扩展至公司内部员工、经销商、政府、媒体、企业同行、员工家属等。定期出刊,发行数量从1997年的300份扩增到3000份。

2000年,《今日传化》杂志由半月刊逐步调整为月刊。因员工投稿热情踊跃,特增设副刊小册子,先后取名为《风笛》和《文苑》。同时,杂志开设卷首语栏目,旨在把握时代的脉搏,表达当月杂志的主张,后该栏目成为杂志的招牌栏目。

2004年起,《今日传化》明确提出其定位为"产业关注,人文关怀",从整个行业或社会的高度来透视企业发展的动态,用人文精神去挖掘企业内的人物和故事,担当起企业文化建设的重任。编辑部人员进一步优化,分设编辑、记者、摄影、设计等岗位。

2004年以后,杂志从原有的"综合性"(大而全、面面俱到)走出来,尝试走专业化路线,紧紧围绕"产业"和"人文"两大主题深入挖掘。比如,为配合"传化20年活动",编辑部策划推出《传化征程——我们这样走过》《传化,20年不停息的脚步》《丰碑:载入传化史册的第一》等多个系列报道,分别从不同维度对传化20年的发展做了详尽的梳理。

此后,杂志加强对每期封面报道的策划性,如新农村调查、社会责任报告、企业和谐生态、小微企业等报道,体现了一本杂志对企业及社会的思考,形成了良好的内外互动。

2013年8月15日《今日传化》总第241期,编辑部刊登卷首语《再不变革就老了》,宣告传化集团告别纸质媒体,把重心转战到新媒体平台的探索和突破,继续与广大读者进行更为频繁和深入的互动交流。

报址:杭州市萧山经济技术开发区传化集团。

2000—2010年《今日传化》获得集体荣誉一览表

表1-4

年度	获奖情况	授奖单位
2000	全国大中型企业内刊一等奖	中国企业内部报刊协会
2002	中国企业内部报刊优秀成果一等奖	中国企业内部报刊协会
2004	全国百佳优秀企业内刊特等奖	中国企业内部报刊协会
2005	全国企业内刊特等奖	中国企业内部报刊协会
2006	全国企业内刊特等奖	中国企业内部报刊协会
2007—2010	全国优秀企业报刊特等奖、全国企业报刊优秀奖	中国企业内部报刊协会

六、《恒逸报》

《恒逸报》由浙江恒逸集团有限公司主办,内部资料准印证号为:浙企准字第A010号,1995年1月创办时为《恒逸简报》,月刊。1998年10月更名《恒逸人》,由简装杂志改为报型形式,4开4版,开设副刊《凤凰山》。1999年7月,经浙江省新闻出版局审核,获得内部资料准印证。2001年12月改为《恒逸报》,由全国书法界第一位博士生导师欧阳中石题写报名,一版和四版由套红改为彩印。2010年7月扩为对开大报,四个版面全彩印刷。2011年1月推出数字报。2017年2月停出纸质版,正式启用手机版,实现电子化转变。

从《恒逸简报》到《恒逸报》,始终坚持企业报姓"企"的办报原则,坚持"恒逸人写,写恒逸事,给恒逸人看"的办报理念,坚持"发挥喉舌作用,增强全员意识,培育企业文化"的办报目的,主要读者对象为恒逸全体员工。曾先后汇编出版《恒逸报》新闻作品选《恒逸号角》(2007年6月)、《恒逸足音》(2011年7月),《恒逸报》副刊作品选《梦开始的地方》(2007年1月)、《凤凰花开》(2016年5月)。

《恒逸报》系浙江省企业报常务理事单位、杭州市企业报研究会副会长单位、萧山区新闻工作者协会企业报刊专业委员会主任单位。先后获评中国企业"好报纸"特等奖、浙江省优秀企业报和杭州市十佳优秀企业报。近10年来,选送的新闻作品共有102件在历届省、市、区企业报年度"好新闻奖"评比中获奖。

历任总编(主编):

周晓玲,1995.1—1998.10

何邦阳,1998.10—

报址:杭州市萧山区市心北路260号。

2011—2016年《恒逸报》获得集体荣誉一览表

表1-5

年度	获得荣誉	授奖单位
2011	全国纺织优秀企业报刊	中国纺织企业报刊专业委员会
2014	中国企业“好报纸”特等奖	中国企业内部报刊协会
2014	浙江省优秀企业报	浙江省企业报协会
2002—2016	杭州市优秀企业报	杭州市企业报研究会

备注:2015年度获“杭州市十佳优秀企业报”称号

《恒逸报》获得杭州新闻奖作品一览表

表1-6

年度	获奖等次	标题	作者(编辑)
2005	通讯三等奖	中国名牌,恒逸人的心头之痒	何邦阳

《恒逸报》获得杭州市企业报好新闻奖一等奖作品一览表

表1-7

年度	获奖等次	标题	作者(编辑)
2007	消息一等奖	法律大讲堂开进南岸明珠工地	高建娣
2007	副刊一等奖	怀念薄老	叶佐英
2009	言论一等奖	进退有常强大有道	何邦阳
2013	言论一等奖	千字倡议书网聚正能量	何邦阳

七、《今日杭齿报》

《今日杭齿报》由杭州前进齿轮箱集团股份有限公司主办，1985年1月复刊时为《今日杭齿》，月刊。1985年7月更名《今日杭齿报》，由当时的总经理胡克昌题名，四版半月报，发行量2000份，后经浙江省新闻出版局审核，获得内部资料准印证，准印证号为浙企准字第A030号。1998年改为旬报，内容增量，排版更为丰富，发行量2000份。2017年12月《今日杭齿报》第三次改版，改为对开4版彩色大报，采用报宋体，六号字，尺寸规格与《人民日报》相同，每月出版一期，发行2000份。

《今日杭齿报》积极宣传党的路线、方针和政策，为企业营造健康向上的舆论氛围，向职工传递正能量，发挥企业和职工之间互相交流和沟通的桥梁纽带作用。立足企业，报道企业的热点、难点、焦点问题，及时反映企业风貌，传播企业文化，为增强企业凝聚力，提高职工民主参与企业管理，发挥了不可替代的积极作用。2004年被评为全国优秀企业报，多次被评为“中国工业企业优秀报刊”、杭州市优秀企业报。

《今日杭齿报》的成长，既是企业发展壮大的一个见证和缩影，又是杭齿发展的历史档案，生动地记录了杭齿人艰苦创业、自强不息的历史轨迹，是全体杭齿人共同书写的一部企业史。

历任总编(主编)：

陈学强，1986.1—1997.12

茅建荣，1998.1—2001.12

王兆勤，2002.1—2006.12

茅建荣，2007.1—2016.12

冯光，2017.1—

报址：杭州市萧山区萧金路45号。

2004—2008年《今日杭齿报》获得集体荣誉一览表

表1-8

年度	奖项	授奖单位
2004	全国优秀企业报	中国企业报协会
2007	中国工业企业优秀报刊	中国工业报社
2008	第四届中国工业企业优秀报刊二等奖	中国工业报社

1998—2008年《今日杭齿报》获得全国企业报协会新闻奖二等奖以上作品一览表

表1-9

年度	获奖等次	标题	作者(编辑)
1998	言论二等奖	竞争上岗好	金小萍
1999	言论二等奖	欲救孩子　先救大人	金小萍
2001	消息二等奖	非法担保事件尘埃落定	金小萍
2008	标题一等奖	52岁拜师25岁	金小萍

八、《荣盛报》

《荣盛报》由浙江荣盛控股集团有限公司主办，于2003年10月试刊。2004年4月，经浙江省新闻出版局批准获得内部资料准印证，准印证号为浙企准字第A073号。

创办之初为4开4版全彩印刷，出版周期为月报。2006年12月扩版为对开4版，仍为月报。同年，由书法家刘小晴题写报名。截至2017年12月，共刊出169期，每期印刷量为7500份，主要发行对象为企业内部员工、上级主管部门、相关企业及政府单位。

《荣盛报》创办之初，便制定《〈荣盛报〉管理办法》，明确办报宗旨、出版流程、编辑队伍管理、奖惩考核等内容。后随着企业实际情况多次完善。《荣盛报》坚持以“树立企业形象、加强内外部沟通、促进企业文化建设”为宗旨，建有较为完善的采编机构，编委会设总编1名，执行总编1名，主编1名，编辑3名，企业通讯员队伍每年维持在40人以上。

历任总编(主编)：

俞传坤(总编)，2003.10—

朱太球(执行总编)，2011.1—

潘显好(主编)，2003.10—2010.9

卢铭(主编)，2010.9—

报址：杭州市萧山区益农镇信益路678号荣盛控股大厦。

2004—2017年《荣盛报》获得集体荣誉一览表

表1-10

年度	奖项	授奖单位
2004	杭州市优秀企业报	杭州市企业报研究会
2005	杭州市优秀企业报	杭州市企业报研究会

续表1-10

年度	奖项	授奖单位
2008	杭州市优秀企业报	杭州市企业报研究会
2009	杭州市优秀企业报	杭州市企业报研究会
2010	杭州市优秀企业报	杭州市企业报研究会
2012	杭州市优秀企业报	杭州市企业报研究会
2015	杭州市优秀企业报	杭州市企业报研究会
2016	浙江省优秀企业报	浙江省企业报研究会
2017	杭州市十佳优秀报纸	杭州市企业报研究会

2007—2017年《荣盛报》获得浙江省企业报好新闻二等奖以上作品一览表

表1-11

年度	获奖等次	标题	作者(编辑)
2007	通讯类一等奖	春风秋雨建伟业　勇立潮头创品牌	卢　铭
2009	消息类二等奖	集团成立二十周年庆典晚会隆重举行	卢　铭
2009	消息类二等奖	师徒结对　新员工成长的“快速通道”	王　燕
2009	言论类二等奖	论平凡	冯家骏
2015	消息类二等奖	益农教育持续发力,荣盛基金重奖师生	宋建祥
2017	通讯类一等奖	“员工喜爱企业”是如何炼成的	沈　闻

九、《萧山医院报》

《萧山医院报》由浙江萧山医院主办,内部资料性出版物,准印证号为浙企准字第A143号。2003年1月创办时为《萧山妇幼报》,月刊,4开4版,其中一版、四版彩印,二版、三版黑白。2003年11月,《萧山妇幼报》更名为《萧山医院报》。2007年10月,经浙江省新闻出版局审核,获得内部资料性出版物准印证。2010年1月开始,《萧山医院报》四个版面全彩印刷。2008年1月开始推出数字报,同时保留《萧山医院报》纸质报。

从《萧山妇幼报》到《萧山医院报》,始终坚持不偏不倚、真实客观的原则,恪守“弘扬医者仁心,传递健康常识”的办报理念,以增强员工敬业精神、提高医疗服务能力、提升群众健康水平为办报目的。针对医院职工和广大患者两大读者群,通过“萧医人写萧医事”的方法，一版“要闻”反映医院动态，每期开设“论坛”；二版“综合·信息”反映医疗新闻，关注临床一线实事动态；三版“卫生·健康”宣传健康常识，提高群众防病治病知识；四版“人文·副刊”加强精神文明建设，促进医院文化建设。

《萧山医院报》是萧山区新闻工作者协会企业报专委会理事单位、杭州市企业报会员单位。

历任总编：

杨淼鑫，2003.1—2006.4

商炜炜，2006.5—2018.10

报址：杭州市萧山区育才北路728号。

2013—2014年《萧山医院报》获得集体荣誉一览表

表1-12

年度	奖项	授奖单位
2013	杭州市优秀企业报	杭州市企业报研究会
2014	杭州市优秀企业报	杭州市企业报研究会

2004—2012年《萧山医院报》获得浙江省医院院报二等奖以上作品一览表

表1-13

年度	获奖名次	标题	作者(编辑)
2004	消息类一等奖	改制后科主任拥有了三个特权	王晓晔 沈友良
2005	消息类二等奖	萧山区孕产妇死亡首次实现零指标	孔　林
2011	言论类一等奖	医生，仅仅守住底线还不够	陈月芳
2012	图片类二等奖	怀孕的护士非常漂亮	汪　期

2017年《萧山医院报》获得杭州新闻奖作品一览表

表1-14

时间	获奖等次	标题	作者(编辑)
2017	报纸作品三等奖	孕期暴饮暴食且不按时产检“任性妈妈”艰难产下11斤重巨大儿	宋丹芳 顾俊楠

2013—2015年《萧山医院报》获得杭州市企业报好新闻一等奖作品一览表

表1-15

年度	获奖等次	标题	作者(编辑)
2013	副刊类一等奖	一块鸡肉	陆利亚
2015	评论类一等奖	让“医托”成为过街老鼠	顾俊楠

十、《富丽达报》

《富丽达报》由富丽达集团控股有限公司主办,创刊于2002年1月,内部准印证号为浙企准字第A140号,4开4版月刊,一版和四版套红。原报名为《富丽达纺织》,2003年2月一版和四版由套红改为彩印,2004年1月更名《富丽达报》,报名由萧山区文联会员、浙江省书法家协会会员陈光遥先生题写。2008年10月,经浙江省新闻出版局审核,获得内部资料准印证。2012年11月报头取消报眼设计,2014年2月扩版为4开4版异型加长报。

从《富丽达纺织》到《富丽达报》,始终坚持正确的舆论导向,发挥企业党委、董事会和管理层的喉舌作用,并以高度的责任感与使命感,紧紧围绕企业的中心工作唱响主旋律,努力营造“安定、团结、积极、向上”的创业氛围。整个办报过程本着服务企业、服务职工的宗旨,围绕职工身边的“大事、小事”,用“实话、真话”反映职工的“心里话”,全方位、多层次宣传报道企业生产动态、先进典型、经营理念等,为企业的创新发展发挥了积极作用。同时,为企业管理者与内部职工搭建了沟通的平台,上传下达,提升企业文化,推动“三个文明”发展,充分体现企业办报、职工办报的方针,受到集团各级领导和各职能部门以及广大职工的好评和支持。

《富丽达报》系杭州市企业报研究会会员单位,2011年3月被吸收为萧山区新闻工作者协会单位会员。曾获评2012年度和2015年度“杭州市优秀企业报”称号。近年来,选送的新闻作品共有近40件在历届市、区企业报年度“好新闻奖”评比中获奖。2012年,主编余观祥获萧山区首届“十佳新闻宣传工作者”称号。

历任主编:

杨孝仁,2002—2011

余观祥,2012—2018

报址:杭州市萧山区临江高新区临江街道长风路3999号。

2011—2016年《富丽达报》获得集体荣誉一览表

表1-16

年度	奖项	授奖单位
2011	全国优秀企业报	中国企业报纺织服装行业分会
	优秀主编奖	中国企业报纺织服装行业分会
2013	2012年度杭州市优秀企业报	杭州市企业报研究会
2014	2013年中国内刊好报纸二等奖	中国企业内部报刊协会
2016	2015年度杭州市优秀企业报	杭州市企业报研究会

2012—2017年《富丽达报》获得杭州市企业报好新闻奖一等奖作品一览表

表1-17

年度	标题	类别	作者
2012	我读懂了父爱	副刊	骆　毅
2017	陈伯的草帽	副刊	余观祥

十、《德意人报》

《德意人报》由德意控股集团有限公司创办，报纸首期发行于2002年10月18日，8开大小，分为头版、综合信息、市场品牌、意林副刊四个版面。2007年10月《德意人》创刊5周年，这时的德意已经走过了15个年头，企业的经营范围也从原来的厨电行业扩展到橱柜和地产行业，更多关于行业的变革在德意发生，报纸的版面也扩大为4开大报。"德意人"微信公众号于2016年3月运营，经过4个月的磨合，2016年7月《德意人》纸质版报纸停止发行。

《德意人报》历经15个年头，记载了德意人15年的奋斗史，是德意企业文化的宣传窗口，将企业"正派、务实、创新、进取"的企业理念带给每一个德意人；是德意和职工之间沟通的桥梁，传递职工心声，传达企业动向。每月18日发行，15年共发行5600余份报纸。

历任总编（主编）：

高德康（总编），2002.10—2016.6

孙煜春（主编），2002.10—2007.12

陆剑伟(主编),2008.1—2014.11

沈燕红(主编),2014.12—2016.6

报址:杭州市萧山经济技术开发区桥南区块鸿兴路98号。

十二、《圣奥报》

《圣奥报》由圣奥集团有限公司主办。2007年12月10日经杭州市文化广电新闻出版局批准为半月刊,企业报型内部资料,准印证号为浙企准字第A120号。

1999年12月3日《圣奥报》创刊号出刊,刊名为《圣奥人》,A3打印稿。2000年8月18日总第18期,《圣奥人》由打印改为印刷,为4开4版。2001年4月1日总第31期时,《圣奥人》改名《圣奥报》。2004年7月15日总第108期,《圣奥报》扩版为对开4版。2008年3月31日总第190期,《圣奥报》扩版为对开8版。2013年9月30日总第316期时,《圣奥报》改为4开8版。

早期报纸开设有"技术与管理""员工生活""圣奥书斋"版面,后增开"圣奥纵横""市场与管理""圣奥影像"等版面。经过多次改版后,形成的风格和版式为:头版圣奥要闻,二版综合新闻,三版基地新闻,四版研销在线,五版专题策划,六版地产投资,七版文娱生活,八版影像传播。常年每期印量3000份,主要读者对象为企业内部员工和企业客户。2011年5月起,推出网络版数字报。设编辑部,有专职编辑4人。

《圣奥报》在公司董事会领导下,坚持"以科学的理论武装人、以正确的舆论引导人、以高尚的精神塑造人、以优秀的作品鼓舞人"为指导,坚持"以公司重大事件为中心,贴近真实,贴近一线"为宗旨,多年来已成为"员工的朋友、领导的助手、育人的载体、企业的窗口"。在传播企业形象、记录企业发展、弘扬企业精神,展示员工风貌、促进企业管理、引导员工价值取向等方面,起到了积极主导作用,为企业获得更大的社会效益和经济效益发挥了有效的宣传作用。

《圣奥报》于2007年加入杭州市企业报研究会,2008年加入浙江省企业报协会,2011年加入萧山区新闻工作者协会,均为理事单位。

该报是杭州市十佳优秀企业报、浙江省优秀企业报,也是国内家具行业的标杆企业报,曾获中国内刊好报纸"特等奖"(最高奖)、中国企业内刊品牌30强、中国企业传媒100强。历年来选送的新闻作品共有百余件在各级各类企业报年度作品评比中获奖。

历任总编(主编):

倪良正(兼),1999.12—2003.12

孟勇,2004.1—

报址:杭州市江干区钱江新城市民街200号圣奥中央商务大厦9F。

十三、《三元报》

《三元报》由三元控股集团有限公司主办，内部资料准印证号为浙企准字第A095号，2006年8月，由杭州市文化广电新闻出版局批准，并于同年9月创办刊印。《三元报》为4开4版双面彩印新闻纸。2010年1月，推出《三元报》数字报刊。《三元报》为"萧山企业报友会"的发起人和创建单位之一。

《三元报》向该单位内部员工发行。《三元报》自创刊之日起，发挥企业党委、董事会和经理层的喉舌作用，坚持正确的舆论导向，始终坚持"弘扬企业文化，传播价值观念，塑造三元品牌，加强信息交流"的办报宗旨，把握产业动态，服务企业发展，搭建沟通平台，是企业内部交流的阵地。

《三元报》系杭州市企业报研究会会员单位、萧山区新闻工作者协会理事单位。《三元报》日常工作主要由编审委员会和编辑部完成。编审委员会由集团党委委员组成，负责《三元报》稿件的终审工作。编辑部全面负责《三元报》的组稿、稿件初审、排版和发行工作。选送的新闻作品有多件在萧山区企业报"好新闻奖"评比中获奖。

历任总编(执行主编)：

刘其武(总编)，2006.8—

刘其武(执行主编)，2006.8—2007.12

陆永超(执行主编)，2008.1—2008.12

陶颖(执行主编)，2009.1—2015.12

倪伟国(执行主编)，2016.1—

报址：杭州市萧山区党湾镇兴乐路88号。

十四、《圣山报》

圣山集团是一家专业从事染整加工和伞面绸生产的民营企业。位于钱塘江南岸的南阳经济开发区(临江亦有生产基地)，与杭州市主城区仅一江之隔，距离萧山国际机场5公里，交通便利。公司占地面积600余亩，总资产达到近10亿元，职工3000余名。

《圣山报》创刊于2005年9月，主办单位圣山集团，主管单位是杭州市萧山区南阳街道党工委。月刊，期发数为2600份。2012年12月，《圣山报》获得浙江省新闻出版局颁发的"内部报刊准印证"，准印证号是浙企准字第A233号。赠阅对象为本企业员工。至2018年已编辑出版116期。

十多年来，《圣山报》坚持党的新闻宣传工作方针，坚持正确的舆论导向，在传递党和国家方针政策、传播企业各方面信息、正确引导舆论氛围、建设健康企业文化等方面，做出了积极而富有成效的努力，赢得广大员工和社会各界的称颂。特别是2015年，《圣山报》借创刊100期的契机，举办"纪念《圣山报》创刊100期系列文化活动"，深受企业领导和广大员工的赞扬。在系列活动期间，《圣山报》以"服务圣山相关者、扩大社会影响面、建设企业大文化"为宗旨，强化企业文化建设，活跃员工文体生活，激发全体圣山人的爱企精神和奉献意识，为企业更快更好地发展，实现中华民族伟大复兴的中国梦，做出应有的新贡献。《圣山报》先后开展《中华人民共和国环境保护法》专题宣教活动、"我与圣山共命运"主题征文活动、"我给圣山留个影"主题摄影比赛、猜谜语活动、写字比赛、卫生保健公益服务活动、通讯员专题考察采风活动、"如何实现中国梦的个人篇章"专题讲座等，历时4个多月，有800余人次参与上述活动，活跃企业员工的业余文化生活，为凝聚人心出力，在一定程度上扩大了企业报的影响力和知名度。

《圣山报》不断加强业余通讯员队伍建设，采取每季度培训业余通讯员的做法，邀请媒体专家进行指导，对提高业余通讯员的工作热情和采编工作水平起到了促进作用。

2013年起，《圣山报》每年有作品在区记协企业报好新闻评比中获奖。

历任总编：

钱潮宁，2005—2008

钱兴富，2008—

报址：杭州市萧山区南阳街道美圣路1号。

十五、《萧山农商银行》

萧山农村信用合作社从1988年开始创办企业报——《萧山合作金融》，并根据不同阶段的发展需要，历经或改版或更名，并不断发展壮大，逐步形成了自身的办报特色。

1.萧山农村信用合作社阶段

《萧山合作金融》。1988年6月，萧山农信联社向中共萧山市委宣传部提出申请报告，要求创办企业内部报《萧山合作金融》。7月1日，市委宣传部发文批复同意，萧山市内部资料统一编号为0029，并要求切实把《萧山合作金融》办好，为促进萧山农村金融事业和农村经济的发展服务，报纸只准赠阅，不得征订和销售。7月16日，联社成立6人组成的编委会，联社主任来煦泉任总编，办公室主任祝百先、业务科科长来汉仙任副总编。聘通讯员41名，1991年8月又增聘33名。8月15日，首期《萧山合作金融》出刊，中共萧山市委书记王良仟题写报名，市委宣传部部长赵纪来致贺词，人行萧山支行行长杨许尧、农行萧山支行行长俞吾泉分别题词祝贺，联社主任来煦泉发表创刊词。

《萧山合作金融》属于业务性内部资料，以宣传党的金融政策、原则，交流工作经验，通报联社各阶段的中心工作，反映客户需求，改善金融服务，加强精神文明建设为主要内容。每月出刊1期，8开4版，五号铅字印刷。设有会议活动、政策导向、改革之声、工作交流、综合新闻、储户之家、储蓄浪花、专题评论、简讯、文艺体育、赞誉录、警示篇、贴花中奖号码等10多个栏目。

《萧山合作金融》每期印量4000份，向信用社各基层网点以及党政机关、村委会、乡镇企业、上级业务主管部门赠阅。作为全省农村信用联社的第一张小报，由于赠阅面比较广，主要宣传国家的金融政策、宣传信用联社的金融产品和服务“三农”、支持农村经济发展的各项举措等，对萧山农村金融业的发展发挥重要的激励推动作用，得到农行省、市分行、萧山市委宣传部领导的肯定和表扬。

1989年10月，中共萧山市委宣传部根据中宣部关于全国企业内部报刊进行清理整顿的指示，对《萧山合作金融》办报以来的宣传与舆论导向、执行党和国家的经济金融政策等情况进行检查，给予较高评价，同意继续出刊。同时，根据中宣部精神，市委宣传部发文批复《萧山合作金融》更名为《萧山合作金融通讯》。同年12月第19期始使用新名，仍每月出刊，并在版面设计上作出更新调整。

1992年12月，《萧山合作金融通讯》暂时停刊，自创刊至停刊历时4年零4个月，共出版53期。

《萧山信用合作》。2003年6月，联社决定创办内部宣传资料《萧山信用合作》，成立以联社党组书记、主任丁云莲为编委会主任，联社副主任励攻为编审组主编，办公室主任朱坚铭、前主任朱财根为副主编的编辑班子。6月6日，《萧山信用合作》首期出刊。丁云莲致辞《愿萧山信用合作伴您前行》。

《萧山信用合作》旨在宣传中央银行的货币政策和联社各项工作部署，宣传信用社联系广大农民的金融纽带和农村金融主力军作用，为信用社服务萧山经济发展提供政策理论指导和舆论支持，为激励集聚1100名员工团队力量，加强精神文明、物质文明、政治文明建设，推动全区信用社改革发展贡献力量。

《萧山信用合作》为双月刊，4开4版，用铜版纸彩色胶印，版面设计新颖美观。头版为联社重大活动和重要新闻，二版至四版分别为专题报道、业务之窗、工作经验、评论，设文艺园地、金融知识简介、简讯等栏目。每期印量6000份，免费发送全系统员工、各服务网点、城乡广大客户、相关部门领导及杭州市各兄弟联社。

至2004年8月，《萧山信用合作》共出刊7期。

2. 萧山合作银行阶段

《萧山合作银行》。2004年9月，萧山农村合作银行成立。《萧山信用合作》从第8期开始更名为《萧山合作银行》。编委会成员、报纸版式、版面设计内容、纸张沿用《萧山信用合作》标准，至2012年年末，共印发《萧山合作银行》53期。

《萧山农村合作银行》。2012年末，成立以董事长单仲飞为编委会主任，副行长励攻为编审组主编，办公室主任周建国为副主编的编辑小组，筹划《萧山合作银行》改版，由原来的大4版改成画报形式，纸质铜版纸，纸张重量为封面（封底）128克，内页105克，纸张大小为260毫米×380毫米，每期报纸根据内容量定为20版或24版，每两月出版一期，版面设置行内要闻、支行动态、合作金融、人物专访、文化园地、产品速递、美德档案、专题活动等栏目。

第一期于2013年1月出版，由于改版后版面容量扩大、支行投稿踊跃等原因，2013年共出版9期。2013年5月，因浙江农信在全省范围内推行浙江农信LOGO统一标准，《萧山合作银行》从第5期开始更名为《萧山农村合作银行》，套用浙江农信统一标志。2014年共出版6期。

3. 萧山农商银行阶段

《萧山农商银行》。2014年12月，萧山农商银行成立。2015年1月，出版《萧山农商银行》创刊号，版面数量、纸张规格等沿用《萧山农村合作银行》，版面设置更新为行内要闻、普惠采风、专题活动、金融研究、美德档案、农金风采、文化长廊等。至2017年9月，共印发28期，每期印量4000份。

因人事调整，从2015年年末起，单仲飞不再担任编委会主任，由董事长王云龙担任编委会主任；自2017年第4期起，周建国不再担任副总编，由办公室主任朱伟国担任副总编。

版面设置上，自总第80期起，增设《比学赶超》专栏。

2017年9月22日，召开年度通讯员会议，重新组建通讯员队伍，聘用通讯员78人。

历任主（总）编：

来煦泉，1988.7—1992.12（《萧山合作金融》）

励攻，2000.6—2004.8（《萧山信用合作》）

2012—2013.5（《萧山合作银行》）

2013.5—2014.12（《萧山农村合作银行》）

2015.1—（《萧山农商银行》）

报址：杭州市萧山区人民路258号。

2017年《萧山农商银行》获得浙江农信好新闻一等奖作品一览表

表1-18

年度	标题	作者(编辑)
2017	村级资产如何保值增值	方　敏

十六、《鑫福报》

《鑫福报》由浙江鑫福控股集团有限公司主办，内部资料准印证号为浙企准字第A178号。2008年1月创刊，月刊，4开4版，分为“鑫福资讯、鑫福动态、鑫福风采、鑫福文化”四个版面。2017年1月，变更为双月报。

《鑫福报》是企业自己的平面媒介，是企业文化建设的一个缩影，是企业发展的历史佐证，是企业对外宣传窗口，也是弘扬企业文化的重要载体。《鑫福报》自创刊以来，始终坚持正确的舆论导向，始终弘扬“信于人，创无界”的企业核心价值观，始终秉承“外树形象，内聚人心，指导监督，学习创新”的办报宗旨，以报刊为载体，努力肩负好展示企业文化、树立企业形象的使命，努力发挥好指导思想、凝心聚力、承上启下的宣传教育作用；努力创建好宣扬企业文化、传递信息、沟通交流、宣传典型、活跃员工精神文化生活的内部宣讲平台，充分发挥《鑫福报》在企业文化建设方面的中流砥柱作用。

2014年，《鑫福报》加入萧山区新闻工作者协会，成为单位会员。

历任主编：

洪寅康，2008.1—2013.6

李良，2013.7—

报址：萧山区新塘街道商城南路799号。

十七、《亚太集团报》

《亚太集团报》由亚太机电集团有限公司主办，刊号为“浙企准字A059号”，于1998年经浙江省新闻出版局审批同意创办。《亚太集团报》由亚太集团党委领导，编辑部具体策划执行，版面为4开4版，刊期当时为不定期，自2002年1月起为每月一期。《亚太集团报》旨在对外展示企业形象、彰显企业文化、业内信息传递，对内展现人文关怀，相互经验交流，增强员工凝聚力。该报于每个月20日定期出版，至2017年12月，共印发报纸207期，每期发行量为1600份。2017年1月，开始推行微信、网站电子版。

《亚太集团报》具体版面设置：头版为要闻，二版为新闻资讯，头版与二版的主要内容包括，公司战略扩张、投资开发等集团的重大新闻，政府领导的莅临考察、调研，利益相关方（伙伴、客户）合作、访问，公司党团建设、群团活动以及企业所获荣誉等；三版为专刊或员工天地，内容主要是公司的重大文娱、展会、年度总结表彰、企业管理，行业相关政策、发展趋势等；四版为副刊，是展示员工的文化生活及写作特长、摄影爱好等的平台。

《亚太集团报》秉承服务企业、服务员工的精神，伴随着亚太集团的发展不断改版创新，成为亚太集团对内、对外宣传的重要传播媒介，并与公司官方网站、官方微信公众号组合成为公司宣传的重要矩阵平台。

2014年，《亚太集团报》成为萧山区新闻工作者协会理事单位，在2014—2018年区记协组织的企业报好新闻评比中，多次获得一、二、三等奖。

《亚太集团报》以服务企业、内部交流为特色，传播企业"诚信、务实、开拓、合力"的核心价值观为宗旨。创刊以来，《亚太集团报》见证和记录了亚太集团发展史上许多重要的关键节点，对外展示亚太集团良好的企业形象、奋勇争先的创业创新历程，以及员工积极进取的精神风貌，对内传播人文关怀，将员工凝聚为相亲相爱的一家人，为企业发展贡献力量、添砖加瓦。

历任总编（主编）：

施正堂，1998—

报址：杭州市萧山区亚太路1399号。

2015—2018年《亚太集团报》获得杭州市企业报好新闻一等奖作品一览表

表1-19

年度	获奖等次	标题	作者（编辑）
2015	评论一等奖	亚太制造需要"工匠精神"	汪学尧
2017	消息一等奖	"亚太制造"亮相沙场阅兵	施　捷 李艳芳
2018	消息一等奖	黄来兴荣获中国汽车产业纪念改革开放40周年"杰出人物奖"	施　捷 黄泽锋

十八、《远航报》

《远航报》由海盟控股集团主办，第一期于2012年4月出刊。海盟主营国际物流供应链管理，“远航”二字既形象地展示公司业务领域，也寓意着公司因海而盛、扬帆远航的美好前景，表达了公司致力成为全球国际物流解决方案的优质运营商的决心与信心。

2016年，公司全面推进集团化运作，优化产业互联，成立企业集团，《远航报》因此也迎来了全新的变革，开始新的探索与突破。

《远航报》为双月刊，对开四版，分为海盟新闻、聚焦经营、行业在线、员工风采四个版面，从企业发展资讯、行业态势、员工关怀等维度，为企业搭建了与内部员工和外部客户相互了解的桥梁。《远航报》自创办以来，一直秉持着集团“知行合一，善作善成，敬天爱人，利他共享”的核心价值观，以“创造全球物流供应链新价值”为使命，全方位、多层面地开展企业经营管理创新、行业态势咨询共享的相关宣传报道，聚焦企业经营，传播企业文化，塑造企业“全球物流供应链集成运营商”的形象。

2016年，《远航报》加入杭州市萧山区新闻工作者协会，并多次荣获萧山区企业报好新闻评选副刊类二、三等奖，通讯类三等奖等荣誉。

历任总编(主编)：

翟岗巍，2012.4—

报址：杭州市萧山区金城路148号华瑞汇金中心A座21楼海盟控股集团有限公司。

2015年杭州市文广新局核验通过的萧山企业报一览表

表1-20

序号	准印证号	名称	主办单位	联系地址	开版	周期
1	浙企准字第A010号	恒逸报	浙江恒逸集团有限公司	萧山区市心中路260号2601楼	对开四版	月
2	浙企准字第A011号	达利集团报	达利(中国)有限公司	萧山区钱江农场鸿达路北侧	四开四版	月
3	浙企准字第A016号	胜达报	胜达集团有限公司	萧山经济技术开发区北塘路2号	四开四版	月

续表 1-20

序号	准印证号	名称	主办单位	联系地址	开版	周期
4	浙企准字第A025号	鼎声报	中国重汽集团杭州发动机有限公司	萧山经济技术开发区红泰六路699号	四开四版	月
5	浙企准字第A030号	今日杭齿	杭州前进齿轮箱集团有限公司	萧山区萧金路45号	四开四版	旬
6	浙企准字第A037号	万向报	万向集团公司	萧山区万向路1号	对开四版	旬
7	浙企准字第A053号	钱江电气报	杭州钱江电气集团股份有限公司	萧山区瓜沥镇坎山光明工业园	四开四版	月
8	浙企准字第A056号	开元旅业报	开元旅业集团有限公司	萧山区市心中路818号开元名都	对开四版	周
9	浙企准字第A059号	亚太集团报	亚太机电集团有限公司	萧山区亚太路1399号	四开四版	月
10	浙企准字第A064号	萧山一院报	萧山区第一人民医院	萧山区市心南路199号	四开四版	月
11	浙企准字第A073号	荣盛报	浙江荣盛控股集团有限公司	萧山区益农镇荣盛控股大楼	对开四版	月
12	浙企准字第A086号	东南网架报	浙江东南网架集团有限公司	萧山区衙前镇衙前路593号	对开四版	月
13	浙企准字第A095号	三元报	三元控股集团有限公司	萧山区党湾镇兴乐路88号	四开四版	月
14	浙企准字第A096号	高运报	高运控股集团	萧山区金城路1288号高运汇丰大厦	四开四版	月
15	浙企准字第A116号	永盛报	杭州永盛集团有限公司	萧山区市心中路819号绿都世贸广场写字楼22楼	四开四版	月

续表 1-20

序号	准印证号	名称	主办单位	联系地址	开版	周期
16	浙企准字第A135号	潮峰报	潮峰钢构集团有限公司	萧山经济技术开发区北塘路38号	四开四版	月
17	浙企准字第A137号	萧山中医院报	萧山区中医院	萧山区育才路152号	四开四版	月
18	浙企准字第A143号	萧山医院报	浙江萧山医院	萧山区育才北路728号	四开四版	月
19	浙企准字第A165号	柳桥集团报	柳桥集团有限公司	萧山区新塘街道东康路288号	对开四版	双月
20	浙企准字第A178号	鑫福报	浙江鑫福控股集团有限公司	萧山商城南路799号	大四开四版	双月
21	浙企准字第A187号	家家健康	浙江家家健康实业有限公司	萧山区金惠路358号汇通大厦1幢701室	对开四版	月
22	浙企准字第A190号	晨钟报	西纳维思(杭州)服装服饰有限公司	萧山经济技术开发区鸿兴路411号	大四开四版	月
23	浙企准字第A201号	国泰密封报	浙江国泰密封材料股份有限公司	萧山区浦阳镇工业园	四开四版	双月
24	浙企准字第A202号	圣大时空	浙江圣大建设集团有限公司	萧山区萧绍东路125号	四开四版	双月
25	浙企准字第A210号	萧山园林报	杭州萧山园林集团有限公司	萧山区萧金路308号	四开四版	双月
26	浙企准字第A215号	东方文化园	杭州东方文化园旅业集团	萧山区义桥镇东方文化园	对开四版	月
27	浙企准字第A232号	永杰报	永远杰新材料股份有限公司	萧山区大江东产业集聚区江东园区江东二路1288号	四开四版	双月

续表1-20

序号	准印证号	名称	主办单位	联系地址	开版	周期
28	浙企准字第A233号	圣山报	圣山集团有限公司	萧山区南阳街道美圣路1号	四开四版	月
29	浙企准字第A261号	广乘杭州公司	广州汽车集团乘用车(杭州)有限公司	萧山区江东工业园区江东西路6188号	四开八版	月
30	浙企准字第A272号	灵康人	浙江灵康药业有限公司	萧山经济技术开发区市心北路大成名座1幢2单元1102室	四开四版	双月
31	浙企准字第A274号	傅氏骨伤	杭州萧山傅氏骨伤科医院	杭州萧山区所前镇联东路761—1号	四开四版	季
32	浙企准字第A276号	健康萧山	萧山区卫生和计划生育局	萧山区蜀山街道风情大道3258号	四开四版	月

第二编　广播电视

概　述

中华人民共和国成立前，萧山无广播电视事业。

中华人民共和国成立后，1950年9月，萧山县文化馆建立收音站，组织干部集中收听浙江人民广播电台节目。

1955年3月29日，萧山有线广播站正式建立并开始播音，标志着萧山人民广播事业正式创立。

萧山广播电视事业发展一直得到中国共产党和政府的重视。萧山广播从创建初期1958年底，架设广播干线300余公里，全县实现社社、镇镇通广播。

1966年起，广播喇叭平均每年增加1万余只，广播线路平均每年新增近1000公里。到1976年，全县有线广播喇叭17.54万余只，入户率达到77%。广播线路长9900条公里。一个以县站为中心，以公社（镇）站为基础，连接千家万户的有线广播网初步形成。

1976年10月，粉碎江青反革命集团，萧山广播事业开始谱写新的篇章。该时期，有线广播围绕"达标、保标、升级"的要求，建设高质量广播网路。到1986年，全县有线广播四个单项技术质量指标全面达到国家广播电视部规定的丙级标准，成为浙江省第一个"达标"县。此后，有线广播网路逐年升级，信号干线由单线传输改为双线传输，线材由普通的铁丝升级为铝线、铝包钢线。广播喇叭由压电喇叭换为舌簧喇叭或动圈喇叭。到1987年年底，全县拥有广播喇叭22.87万余只。到1995年年底，全市入户喇叭上升到23.2万余只。

萧山电视事业起步于1979年。

1979年11月，杭州齿轮箱厂建起萧山境内第一座小功率（10瓦）电视转播台。

1988年元旦，西山电视发射中心建成并投入使用，用43频道试播萧山电视台自办节目、49频道转播中央电视台节目。

1988年7月1日，萧山电视台正式开播。

1997年4月，投资6000余万元的萧山广播电视中心建成并投入使用。1998年7月，购入全省县级电视台第一辆电视转播车。

随着观众对收视要求的提高，萧山的有线电视迅速崛起。1989年10月，云石乡尖山下村成为全市第一个有线电视村。下年7月，瓜沥镇广播电视站建起全市第一个乡、镇级有线电视系统。

1994年12月，萧山有线电视台正式开播。

1995年9月，萧山有线电视台与杭州有线电视台光缆信号开通，实现双向传输。11月28日，开通市有线电视台至宁围镇的光缆信号，标志着全市有线电视联网跨出成功的第一步。1998年，萧山市人民政府把全市有线电视光缆联网列为10件大事之一，进一步加快联网工程。到2000年年底，萧山市实现基本普及有线电视的目标。到2002年年底，全部完成有线电视"村村通"建设任务，有线电视总入户数(注册用户数)30.2万户，有线电视网络覆盖率达到100%。

20世纪90年代后期，随着经济发展和农村有线电视的兴起，萧山有线广播事业得到质的提高。1996年年初，楼塔镇成为全市第一个"广播、电视双入户"镇，中共萧山市委宣传部、市广播电视局联合在楼塔镇召开全市农村广播电视"双入户"现场会，推广楼塔镇的经验和做法，加快"双入户"步伐。1998年8月，全市32个镇、乡(场)有线电视实现大联网，市电台至各镇、乡(场)有线广播讯号全部改由光缆传输。到2000年年底，全市入户喇叭增加到23.8万余只，入户率达85.49%。2006年，萧山区启动"广播发展年"工作，经过两年建设，截至2007年年底，全区广播喇叭总量达到26万只，入户率达到91%，通响率达到98%，在全省率先实现有线广播"户户响"。

1991年年初，以萧山人民广播站改建为萧山人民广播电台为契机，积极筹建无线调频广播。1992年元旦，萧山人民广播电台采用104.8兆赫频率播出立体声节目。1993年元旦，调频广播开始每天连续16小时播出，并提出"集新闻、信息、服务、娱乐为一体；融时政台、经济台、文艺台为一炉"的办台方针，全市掀起调频广播热。1993年7月，中共萧山市委宣传部召开表彰会，表彰奖励萧山人民广播电台的改革成果。浙江省和杭州市广播电视部门对此给予充分的肯定。

1988年起，基层广播电视站继续围绕"保标、升级"开展农村有线广播事业建设。到1995年，全市32个镇、乡(场)广播电视站有12个站的机房播控设备达到国家广播电影电视部颁布的甲级标准，其余均为乙级标准。到2000年，全市32个镇、乡(场)广播电视站和4个办事处转播站中，有一半以上配备MD磁光盘录音机和数码采访机，有12个镇、乡广播电视站配置电脑，21个站采用光缆传输广播电视讯号。坎山镇广播电视站为第一个采用数字音频工作站录音、播出的乡镇广播电视站。

科技发展带来广播电视技术的数字化。1996年10月，萧山人民广播电台在全国县级广播电台(站)中首家建起数字音频工作站自动播出系统。2005年12月，调频广播实现数字化流程。2011年，为配合新闻纵贯线的打造，萧山广播电视台对原150平方米综合演播室进行技术改造，创建起一个三讯道、多景别、多功能并集时政、评论、访谈功能于一体的新闻直播演播室。2015年，萧山广播电视台实施高清新闻生产平台建设，全台节目制作实现高标清兼容。

广播电视宣传工作不断迈上新台阶。广播初创时期以转播上级电台节目为主，无固定自办节目。1962年，全县开始建立各区中心通讯组、公社通讯小组和生产大队通讯员队伍。到1964年3月，全县有通讯员700余人。1965年4月，萧山人民广播站每天播音时间7小时10分钟，其中自办文字节目每天编发7000字左右。这一阶段的广播宣传，较好地反映了全县广大人民群众在中国共产党领导下，建设社会主义的热情和改变"一穷二白"面貌的强烈愿望。广播宣传的形式也有创新，中华人民共和国成立10周年，实况转播萧山县暨城厢镇数万名群众在人民体育场举行的群众大会和庆祝游行活动，是萧山广播史上第一次现场实况广播。

"文化大革命"时期，广播宣传受"左倾"思潮影响严重。粉碎江青反革命集团后，广播宣传主旋律发生根本性转变，把"以经济建设为中心"的宣传作为首要任务。广播针对农村特点，重点围绕让一部分人先富起来、发展乡镇企业、落实农业生产责任制等改革开放政策措施和典型事例进行宣传。特别是对杭州万向节厂及其厂长、全国劳动模范鲁冠球等先进典型的宣传，在社会上引起强烈反响。1984年，中华全国新闻工作者协会授予萧山人民广播站"全国新闻先进集体"称号。与此同时，一大批被长期禁锢的中外优秀文艺作品重新与听众见面，具有地方特色的群众文艺逐渐在广播中恢复、增加。服务类节目由少到多进入广播，并于1986年首开商品广告节目。

1988年以后，萧山广播、电视主要围绕党的中心工作，联系萧山实际，开展了一系列富有成效的宣传。万向集团、航民村等一大批先进典型和鲁冠球等一批先进模范人物走进广播电视，成为全市人民学习的楷模。萧山各行各业改革开放成果得到较好的展现。消息《农民家庭请律师》获得1994年度浙江省广播奖一等奖、中国广播奖二等奖；1995年，杭甬高速公路建设期间，记者深入工地工棚、施工现场以及有关部门采访，写出系列报道《大路歌》，获得浙江省好新闻一等奖、浙江省广播奖一等奖，被收入《中国新闻年鉴》。

1997年，"局台合一、广播电视合一"后，广播、电视宣传策划、宣传力量调配、宣传资源综合利用得到有效加强，宣传效果更为明显。出现了《美女坝发生观潮悲剧》《任宝凯——故乡为您骄傲》《农村专业户家的城市保姆》《萧山风情大道发生地铁塌陷事故》《13个难忘的日日夜夜——萧山民办消防队十一勇士赴川救援记》《好媳妇韦小琴》《英勇民警和热心市民的故事》《一笔匿名汇款引出的爱心故事》《当代愚公3年开出5公里山路》《40分钟！6位村民撑起救援通道》等一批优秀的广播和电视作品。

广播、电视舆论监督作用得到很好发挥。1988年，播发连续报道《鲁冠球招架不住了》,批评许多参观团、考察团频频光顾杭州万向节厂,导致该厂厂长鲁冠球疲于应付,引起有关部门重视。1997年以后,民生新闻、舆论监督在萧山广播电视中进一步得到加强,先后开办广播《萧广关注》、电视《新闻十分》《社会聚焦》《热线188》节目;在电视新闻中开设《记者观察》《今日关注》栏目,对群众关心的热点、难点问题进行分析和解释,提高节目的可看性和贴近性。开办广播《政情民意直通车》节目,举办多场《广播问政》节目,开辟政情民意沟通、媒体监督的新渠道。

从2010年开始,媒体融合向纵深推进。萧山广播电视台旗下的调频广播、有线广播、电视三大媒体主平台以及湘湖网、手机电视台、"智慧萧山"手机App、《萧广视听》(后为《湘湖视听》)等文创、网络平台,通过资源的优化配置,栏目、人员、技术之间的联动互进,新闻链和产业链的扩充完善,彻底打破了以往不同媒体平台各自为战的局面,形成多位一体、协调共进的宣传新格局。

萧山广播电视对外宣传,从无到有、从少到多,取得瞩目的成绩。1991—2016年,萧山广播在浙江人民广播电台播出稿件每年都在200篇以上,连续14年获得一等奖。1988—2016年,萧山人民广播电台、萧山电视台每年在中央人民广播电台、中央电视台、浙江人民广播电台、浙江电视台播出的新闻、专题数量,在全省同级台中一直名列前茅。

节目横向交流始于20世纪80年代。1984年,萧山人民广播站等发起成立"长江三角洲广播新闻协作区",开设《长江三角洲新闻联播》节目,各成员单位间互发稿件。到2016年,萧山广播电视台先后发起成立或加入"华东地区县(市)电视台外宣协作网""全国县(市)级广播电视协作会""浙江省县(市)电视新闻协作网""全国经济强县(市)广播电视新闻协作网"。电视节目专题外宣始于1993年,至2016年,萧山广播电视台还在海外播出了多部电视片。

在重点办好新闻和专题节目的同时,广播电视文艺节目出现空前繁荣。1993年,调频广播每天连续16个小时播音,主要内容是各类文艺节目。1997年以后,针对调频广播听众以青年为主体的实际,增加音乐节目的分量,深受听众欢迎。电视节目一开始就以文艺节目为主体。20世纪90年代前期,电视文艺主要是转播上级台节目。1997年以后,自己组织的电视文艺片大量增加(主要是优秀电视剧)。1999年,在新建成的600平方米演播厅举办萧山市首届春节电视文艺晚会,之后每年举办一届,成为萧山年末的一大盛事。这一时期的广播、电视文艺还出现以《梨园青草地》《欢乐今宵》《闪亮我舞台》为代表的名牌节目;成功承办"光荣与梦想"企业家颁奖典礼、"萧山骄傲"颁奖典礼、纪念改革开放30周年歌咏会、"三十年激情创业·我们一起走过"十大新闻事件评选揭晓典礼。这一时期广播、电视文艺的繁荣还表现在广播剧、电视剧等的制作上，到2016年先后制作播出《钱潮滚滚》等6部广播剧；拍摄、制作、播出电视剧《命运不是梦》《亭亭咸青花》和音乐电视《绣花边的姑娘》等多部。

广播电视广告业务得到快速发展。1997年“局台合一、广播电视合一”后，广播电视广告统一经营，优势互补，先后开辟“图文信息”“点歌”“影视”等网络服务频道，并开始实行分线承包机制，创收渠道进一步拓宽。2010年以来，传统媒体开始受到互联网的冲击，萧山广播电视台通过创立传媒综合体模式，开展跨平台活动联动机制，为萧山广电事业发展开辟了新的途径。

萧山广播、电视节目质量不断提高，创优成绩不断刷新。1989年、1990年两年，萧山人民广播站两度获得全省县级广播台（站）新闻节目抽查评比第一名。1994年至1996年，萧山电视台连续三年获得县级电视新闻“十佳”称号。1999年、2001年、2003年，在浙江省县（市）级广播、电视新闻节目评比中获得“双十佳”三连冠。

1988年至2016年，萧山广电有不少广播、电视作品获得省级及其以上年度政府奖，其中广播消息《农民家庭请律师》获中国广播奖二等奖，2000年萧山广播电视台参与中央电视台对钱塘江大潮现场直播节目获得中国新闻奖一等奖。萧山的对农广播四次获得浙江省对农广播“十佳”称号。

萧山广播电视队伍建设不断进步。通过对外引进、招收大中专院校毕业生、在职培训等方式，逐步改变队伍结构；实行全员聘用合同制，中层干部竞争上岗，员工双向选择，提升队伍素质。

伴随着共和国的脚步前进，萧山广播电视形成包括有线广播、调频广播、有线电视、无线电视、手机电视遍布城乡的网络，宽带信息网已经完备。调频广播、无线电视不仅覆盖萧山全境，还辐射周边县（市）、区。广播电视节目的数量、质量和宣传效果都名列全省同级广播电视单位的前列，萧山成为浙江省广播电视先进县（区），萧山广播电视局（台）成为全国广播电视系统先进集体。

第一章　中华人民共和国成立后的萧山广播电视

第一节　状　况

一、发展历程

萧山广播事业起始于20世纪50年代初的收音站。其时，县城及临浦、瓜沥两区的收音站、收音小组经常组织群众收听浙江人民广播电台的节目。

萧山有线广播站筹建于1954年。是年冬，中共萧山县委决定筹建萧山有线广播站，县委宣传部派县文化馆干部商安定兼任负责人，配技术员、播音员、外线工各1人。站址在县委东南侧(城厢镇横何家弄3号)。

1955年3月29日，萧山有线广播站开始播音，标志着萧山人民广播事业正式创立。是年，全县共有广播喇叭25只。1957年，萧山有线广播站更名为萧山广播站。1961年至1966年，乡镇(公社)先后恢复和建立广播转播站。1967年，萧山造反派组织宣布所谓对萧山广播站夺权，站内一度处于混乱无序状态。1968年3月，萧山广播站改称萧山人民广播站。1969年6月，萧山人民广播站迁址市心路。20世纪60年代末，各乡镇开始建立村广播室，基本建成萧山有线广播网络。

“文化大革命”结束，特别是中共十一届三中全会后，萧山广播事业迎来春天。1981年3月，萧山县广播事业局成立，实行局、站合一的管理体制。局、站设办公室、编辑部、技术部、事业管理股等机构。1982年6月始，萧山人民广播站和各镇、公社广播站先后开展有线广播网的达标、保标、升级活动。1986年，萧山成为浙江省首个有线广播网达标县。1984年年初，萧山人民广播站迁址人民路(现人民路99号)。是年，萧山人民广播站被中华全国新闻工作者协会授予全国新闻先进集体称号。是年2月，萧山县文化广播电视局成立，萧山人民广播站为局属单位，内设编辑部、技术部、外线组。1988年，增设办公室、器材组、广告部。

1990年，萧山人民广播站获杭州地区“红旗广播站”称号。1991年7月，经浙江省广播电视厅批准，萧山人民广播站改称为萧山人民广播电台，采用有线广播和无线调频广播同时播出。

1993年7月1日起，有线广播和调频广播两套节目以不同内容各自单独播出。是年7月16日，中共萧山市委宣传部专门召开表彰大会，表彰萧山人民广播电台"在广播处于低谷时，发扬艰苦奋斗的创业精神，解放思想，转变观念，勇于改革创新，为振兴萧山广播事业作出很大贡献"。

1995年3月29日，举行纪念萧山人民广播事业创建40周年大会，同时，举行"萧山广播四十年优良传统报告会""金喇叭"文艺晚会，编印《萧山弹唱四十春》画册等以示纪念。中共中央宣传部副部长龚心瀚、国家广播电影电视部副部长同向荣、中共浙江省委宣传部部长梁平波为画册题词。

1996年年底，萧山人民广播电台下设办公室、编辑部、技术部、播出部、广告部、发展部，全台在编职工51人。

萧山电视台于1984年7月筹建，1985年5月31日起试转中央电视台节目，播放电视剧，同年10月底停播。发射台设在萧山广播电视大楼楼顶，发射功率50瓦，天线高度51.5米，播出频道为9频道。

1987年6月，经国家广播电影电视部批准，萧山县人民政府决定，建立萧山电视台，台址设在人民路99号。内设台长室、办公室、新闻部和技术部，同年7月1日试播，内容有自办《萧山新闻》节目和专题节目、广告节目，同时转播中央电视台文艺节目。是年6月，遵照中共萧山县委、县人民政府关于"尽快建好萧山广播电视发射工程，在1988年元旦播出电视台自己的节目，并基本覆盖全县城乡"的指示，突击6个月，在海拔153米的西山顶建起500多平方米的技术用房、安装2台1千瓦分米波发射机和高64米的发射塔以及直径为6米的地面卫星接收站。在建设过程中，全台干部职工齐心协力，一个月完成通水、通电、通讯、通路的"四通"工程。有关部门、社会各界2万多人参加义务搬砖上西山的活动。1988年1月1日，西山发射中心建成并投入使用，用43频道播出萧山电视台自办节目，49频道转播中央电视台节目。

1988年7月1日，萧山电视台举行开播仪式。

萧山有线电视台1992年8月筹建。萧山市政府拨专款10万元，财政贷款50万元，作为建设有线电视的启动资金。同年12月16日萧山有线电视台(筹)开始试播。

1995年4月，国家广播电影电视部同意建立萧山有线电视台。是年12月25日，萧山有线电视台正式建成开播。台内设编辑部、工程技术部、播出部、广告部、办公室。台址在城厢镇人民路132号，用房面积约300平方米。播出呼号为萧山有线电视台。

1997年4月18日，新的萧山广播电视中心投入使用。5月，萧山广播电视局、萧山人民广播电台、萧山电视台、萧山有线电视台实行"局台合一、广播电视合一"，成立萧山广播电视局(台)，隶属于萧山市政府。萧山广播电视局(台)整体搬迁至萧山道源路188号广电中心新大楼。萧山人民广播电台、萧山电视台、萧山有线电视台对外呼号保持不变。1999年5月，萧山有线电视台呼号取消，节目停办。2005年4月，实行局台分设，广电行政管理职能划入新成立的萧山区文化广电新闻出版局，萧山广播电视台归口为萧山区委宣传部管理的正处级事业单位。

二、事业建设

1. 广电办公大楼（广播电视中心）

萧山历届党委、政府高度重视广播电视事业，随着社会的发展，特别是改革开放以后，萧山的广播电视事业发展突飞猛进，广播电视系统的办公条件和办公设施得到逐步改善。

1955年萧山有线广播站建立时，在县城的横何家弄3号有200平方米旧平房，其中26平方米作为机房和播音室，站内价值3000元的设备由浙江人民广播电台拨给。1964年下半年，投资9700元，新建200平方米楼房1幢。下年年初，机房、播音室迁入新房二楼。1969年6月，县广播站迁址到市心南路一幢面积为800平方米的2层楼房。次年，建造地下室机房、发电室，配置15千瓦发电机组，保证广播用电。1973年，机房改造，建成66平方米大播音室1间，小播音室和机房3间。

1981年、1982年，县人民政府先后拨款12万元，在人民路建造萧山广播电视大楼。大楼高5层，面积1330平方米，总投资25万元，1983年竣工。1984年6月，在大楼四楼和二楼建成新机房、中心播控室、三遥总控室、录音室、录播室和大播音室等大小8个技术用房，共241平方米，7月投入使用。

1986年下半年，县人民政府先后拨款162万元，在海拔153米的西山上建造萧山广播电视发射中心，1988年1月1日建成投入使用。中心建有500多平方米的技术用房，发射塔高64米。

1993年，经萧山市委、市政府批准，建设萧山广播电视中心（道源路188号），并列入市重点工程。1994年3月28日奠基动工，1997年年初建成，4月正式投入使用。中心占地2.5公顷，主楼建筑面积1.68万平方米，高12层，总投资6000万元。除了办公用房外，中心内建有600平方米和150平方米综艺演播厅各1个，80平方米演播厅3个，50平方米和30平方米演播厅各1个，320平方米电视播出机房1个，有线广播、调频广播播控机房各1个，导播室1个，广播级语言录音室5个。

2. 广播网络

萧山农村广播网建设始于1958年。是年，县里拨款1万元，架设广播干线300多公里，全县实现社社、镇镇通广播。1963年5月，县里发文批转县广播站制订的《萧山县广播装置和使用管理暂行规则》,交各地试行,使广播线路、喇叭装置和网路管理日趋规范。1964年,全县62个公社和6个镇全都实现广播传输专线化。1966年起,广播喇叭平均每年增加1万余只,广播线路平均每年新增近1000公里。1969年,全县27个人民公社,社社建起广播站。1971年,行政区划调整,全县有55个公社广播站,2个镇广播站和3个围垦广播站。1972年,县里发文批准,公社广播站被列为县属集体事业单位,其日常经费由地方财政解决。1973年9月,在天津召开的全国广播工作会议上,萧山人民广播站介绍抓好公社、镇广播站建设的经验。同月,县站制订《萧山县有线广播网路暂行技术标准》,全面开展网路整顿,提高广播网质量。1976年,全县有线广播喇叭17.54万只,为1965的9.4倍,入户率从1965年的11.6%提高到77%。广播线路长9900公里,比1965年增加5358公里。初步形成以县站为中心,公社站为基础,连接千家万户的有线广播网。

改革开放以来,对广播电视的投入逐年增多。至1986年,县财政用于广播电视建设的资金(不包括镇、乡财政拨款)增加到104万元,相当于1977年的4倍。这一时期,有线广播围绕"达标、保标、升级"的要求建设高质量广播网路。1982年,全县对645个生产大队的17.8万余只喇叭进行网路整顿,其中有311个生产大队领到整网合格证。1983年,县至公社的有线广播全面使用多通道、多功能传输装置,实现一线多用,这一技术革新成果为全国首创,获1983年度国家广播电视部科研成果奖。1986年,全县有线广播的四个单项技术质量指标全面达标,成为浙江省第一个达标县。此后,有线广播网路逐年升级,信号干线由单线改为双线传输,广播喇叭也由压电喇叭逐步换为动圈喇叭,到1987年,裘江乡建成第一个动圈喇叭乡。

20世纪90年代后期,萧山市的有线广播网络建设发生新变化。城乡有线电视的兴起和坚持实施"广播电视并重、协调发展,共同繁荣"的方针,有力地促进全市有线广播网络的建设、发展和提高。1996年年初,楼塔镇率先实现广播、电视"双入户",成为全市第一个广播、电视"双入户镇",受到市政府的表彰与奖励。是年3月14日,市委宣传部、市广播电视局在楼塔镇召开全市农村广播电视"双入户"现场会,充分肯定该镇的经验和做法,号召各镇、乡向楼塔镇学习,加快全市广播电视"双入户步伐"。是年,市至各镇、乡(场)开始光缆联网,先后架设市区至宁围、瓜沥、靖江3个镇广播电视站光缆33公里,广播信号传输线开始被光缆代替。

1997年"局台合一、广播电视合一"后,有线广播、有线电视共缆传输网络的建设进一步加快。是年,投资160多万元,对城区有线广播有线电视网络进行全面改造,用光缆取代电缆。同时,加快市广播电视台与各镇、乡有线广播电视的联网进度。由于全市各镇、乡(场)广播电视站始终坚持"广播电视协调发展,共同繁荣"的方针,1997

年全市新增乙级动圈喇叭1.54万余只，喇叭总量达到23.21万余只，农村喇叭入户率86.6%，通响率96%以上。同年，市广播电视局根据浙江省广播电视厅的统一规划，优质高效地完成浙江省有线广播电视专用网萧山段的架设安装任务。

1998年，根据市政府在市第十二届人代会上提出的1998年基本实现全市有线广播电视联网的要求，市广播电视局集中人力、物力、财力，加快联网进度，同年8月底，全市32个镇、乡(场)的有线广播、有线电视实现大联网。至此，全市共架设市台至镇、乡(场)广播电视站光缆288公里。1999年，配合省、市重点工程104国道改建和机场路、杭金衢高速公路建设，开展广播电视线路的改道，先后改建广播电视光缆6.5公里，新架35.3公里，埋设地下管道4.5公里。同时，完成与杭州市有线广播电视网络间的双向传输工程。2000年年底，全市有广播喇叭23.8万余只，农村入户率85.49%。

2006年，"广播发展年"工作启动，全年共投入资金2800万元，扶持镇街和行政村有线广播的建设和发展。通过一年的工作，全区有50%以上的村(社区)，完成有线广播网的升级改造。2007年，"广播发展年"活动列入区政府2007年为民办十件实事之一，从2007年至2010年的四年间，全区共投入资金4525.3万元，实现镇、街(场)广播机房播出电脑化和镇、街(场)到村(社区)广播干线传输电缆化，从镇、街(场)到村(社区)广播室的广播线路由原先的980(杆)公里提高到2269(条)公里；全区各镇、街(场)广播喇叭总量达到26万只，入户率达到91%，通响率达到98%；除瓜沥2个村、南阳4个村因机场扩建，宁围1个村因钱江世纪城开发拆除外，493个行政村(社区)全部完成网络改造并通过达标验收，全区27个镇、街(场)全部按时完成有线广播网络改造。通过推进"广播发展年"工作，使萧山区有线广播的硬件设施得到改造，一张遍布城乡的现代化广播网已经形成，全面促进萧山有线广播事业的新发展。

伴随着农村广播电视"村村通""村村响"工程的全面建成，萧山积极构建应急广播体系，利用广播电视网络和有线广播"村村响"工程，制定能够满足分组、分区域、多部门联动要求的应急广播技术体制、组织架构和运行机制，构建上下贯通、统一联动、覆盖广泛、安全可控、反应敏捷的全区性应急广播体系。应急广播24小时待命，在防汛防台等方面发挥了重要作用。

3.电视网络

随着电视机进入百姓家庭，萧山的电视转播台从1970年起步，后得到迅速发展，到1987年年底，全县小功率电视转播台发展到近30座，全县主要城镇和绝大多数农村能收看到电视节目。1988年元旦，萧山撤县设市的当天，西山电视发射中心建成并投入使用，同年7月1日萧山电视台正式开播，到20世纪90年代初，萧山累计建成电视转播台42座，98%的地区能收看到无线电视节目，后随着有线电视的发展，电视转播台相继取消。

20世纪90年代，萧山的有线电视迅速崛起并得到快速发展。1992年6月，萧山市广播电视局拟订《萧山市有线电视总体规划》，开始建设有线电视网。先后投资100多万元，自架1550纳米波长的光传输设备，逐步实现市至镇乡自架光缆联网。1995年9月15日，萧山有线电视台和杭州有线电视台光缆信号联网开通，实行双向传输。1998年，萧山市委、市政府把全市有线电视光缆联网作为大事来抓。经过市局（台）与各镇乡通力协作，至8月底，历经4年的全市32个镇乡（场）光缆联网工程全部完成，全市15万户有线电视用户连成一片，系统传输电视节目24套。光缆还同时传输有线广播信号，提高了有线广播节目的传输质量和可靠性。

2000年年底，全市有线电视用户16.54万户，其中城区有萧山市广播电视局（台）直接管理用户3.39万余户，其他用户4412户；镇、乡（场）用户12.71万余户。有光缆主干线290公里，光纤总长4021公里，光接收点74个，全市基本普及有线电视。

2001年3月，萧山撤市设区。有线电视发展稳步推进。2002年年底，在全区普及有线电视。是年，消灭20户以上通电自然村广播电视接收盲点，全区411个行政村、1122个自然村，全部完成有线电视"村村通"建设任务，有线电视网络覆盖率达到100%；农村总户数为31.38万户，有线电视总入户数（注册用户数）30.2万户，农村总入户率为96.2%，全面完成有线电视"村村通"工程。

2004年年底，全区有线电视用户达到26万户，其中镇、街（场）207510户，比上年增加36.5%。增加光接收点342个，总的光接收点达到970个，有一部分镇、街（场）基本完成了750兆赫兹的网络升级改造。

根据杭州市委、市政府统一部署，从2004年3月开始，部署和开展有线电视传输网络整合工作。至是年年底，完成区本级和27个镇、街（场）有线电视网络资产的评估。经评估，全区有线广播电视传输网络的评估值为1.2591亿元，由杭州数字电视公司以51%的比例出资收购，与区广电局（台）合资成立杭州萧山有线网络传输有限公司。至是年年底，网台分离工作基本就绪，自此，萧山有线电视本地网从萧山广播电视台划出。

2005年，随着网台分离，有线电视网络被杭州华数收购。这一时期，电视采用无线和有线同时传输，无线频率43频道，信号覆盖萧山全境及周边地区。

4.广电信息网

1998年6月，筹建萧山广播电视信息网。经技术人员反复论证，结合省、市专家的意见，利用CATV网络的优势、HEC网络的高带宽，以双向线缆调制解调器cable Modem技术建立多功能传输平台。

1999年,完成城厢镇10个光节点和全市其他30个镇、乡光节点的HFC网络双向改造,11月28日正式开通萧山广播电视信息网。网络采用美国COM21公司的CC2100前端交换机和CP1100D线缆调制解调器,下行频率347MHz,上行频率36.42MHz,下行速率33.6Mbps,上行速率10Mbps,可提供虚拟局域网VLAN,虚拟专网VPN及因特网接入等多种服务。

2000年,先后开通全市公安系统计算机联网的数据传输业务和农业银行部分节点的数据传输业务,共开通用户端口58个,覆盖全市各镇、乡。是年8月,与浙江图文电视公司合作,利用全市有线电视网络,在10频道进行逆程股票实时行情传输,是年实现入网用户1000多户。

5.广播数字化技术

1996年10月,萧山人民广播电台在全国县级广播电台(站)中首家建起数字音频工作站自动播出系统。

2005年12月,投入70万元对广播音频工作站系统进行升级改造,同时更新播出调音台为数字直播调音台,调频广播实现数字化流程。

2006年1月,投入180万元新购建广播直播车。该广播直播车集移动直播、现场直播、电话直播和现场指挥等功能于一体,系全省首辆多功能广播车。该项目获省广播电视科技创新三等奖。

2008年8月和2009年7月,投入70万元,分别完成调频广播和有线广播的直播调音台改造。

2010年5月,广播播出机房从大楼A区四楼搬迁到大楼C区三楼。新播出机房设有调频直播室、有线广播直播室和备用直播室及导播室,配置德国KLOTZ的数字直播台三套,改造音频工作站系统,共投资150万元。

6.电视数字化技术

1999年6月,萧山广播电视台投资近100万元,购置2套非线性编辑系统,为电视数字化奠定基础。

2001年,电视数字化开始,5月,投入160万元引进数字化摄录设备,采用松下DVCPRO5C标清格式的摄像机和录像机。同年,改造新闻演播室切换台为数字切换台SONY DFS-700。

2004年,投入200万元,在全省县市级台率先建设非线性编辑制作网。

2006年6月,投资800万元新购建数字标清电视转播车,按照6+2讯道设计,转播车配置6套摄像机,其中1套为无线微波摄像机。

2007年10月,为满足新闻制作需要,投资48万元,增加一套新闻非线性编辑制作系统。

2010年，投资148万元对专题非线性编辑制作网进行更新改造，彻底淘汰2004年建的非线性编辑制作网。新非线性编辑制作网按照高清制作要求设计，配置工作站点10个（含2个高清包装工作站）。

2011年，为配合新闻纵贯线的打造，萧山广播电视台对原150平方米的综合演播室进行技术改造，创建起一个三讯道、多景别、多功能并集时政、评论、访谈功能于一体的全新新闻直播演播室。

2015年，萧山广播电视台实施高清新闻生产平台建设，全台节目制作实现高标清兼容。完成高清虚拟演播室改造，改造后的虚拟演播室拥有虚拟蓝箱和实景舞美、双机位双通道，可实现虚拟和实景间的实时切换，也可以在实景中置入虚拟场景，为节目的多元化创造技术条件，这也是浙江省县级台首次应用该技术。

7.媒体资产管理系统

2008年9月，萧山广播电视台投入248万元建设媒体资产管理系统。2012年9月，萧山广播电视台档案室顺利通过区档案局验收组验收，成功创建数字化档案室，并被评为萧山区第三批优秀数字档案室和浙江省规范化数字档案室。

三、体制机制改革

萧山广播电视在行政体制上有两次大的调整。

1.局台合一体制

1997年5月，萧山广播电视局、萧山人民广播电台、萧山电视台、萧山有线电视台实行“局台合一、广播电视合一”体制，撤销三台机构，成立萧山市广播电视局、萧山广播电视台，局、台实行“一套班子、两块牌子”领导。内设机构有办公室、组织人保办公室、总编办公室、新闻部、专题部、广告部、技术部、播出部、网络部和物业部。1997年11月，增设广播部。1998年8月，增设音像市场管理办公室。1998年，萧山广播电视局（台）在原“一局三台”部分制度的基础上，针对“合一”后的实际，制定岗位职责、人事考核、行政管理、节目管理、技术管理、安全播出、财务管理等规章制度43个，使全局（台）各项工作职责明确，层层落实，奖罚分明。各部室根据局（台）工作要求，具体制定本部室工作目标责任制，将部室的各项工作任务科学分解，责任到人，以形成内部各项工作的良性运作机制。是年8月，为进一步规范行政行为，提高办事效率，局（台）推行政务公开制度，向社会公布服务项目，并相应建立政务公开领导小组。

2.局台分设体制

2005年，萧山广播电视台顺利实施多项体制改革工作。是年，按照中央关于文化体制改革的要求和省、市、区的安排，扎实推进网络整合。区广播电视局按照上级要求，在各镇（街、场）的大力支持下，进行资产评估、网络收购等工作，顺利完成网络整合，实现了资产平稳过渡、人员平稳过渡、网络管理平稳过渡。平稳完成局、台分设工作。是年，按照中央有关开展文化市场综合执法机构改革文件精神，区广播电视局进行局、台分设工作。4月18日，萧山广播电视台正式挂牌，为归口区委宣传部管理的正处级事业单位，承担推进全区广播电视事业发展的任务，统一管理运行广播电台、电视台、有线广播网络，并承担"村村通广播"的工作任务。

3.调整内设机构

萧山广播电视从原来局、台合一体制中分离出来，成为单独建台的广播电视机构，工作性质和主要任务有所变化。根据新形势、新任务的要求，对原有内设机构进行了调整。是年4月以后，在广泛征求意见的基础上，推出萧山广播电视台内设机构调整总体方案，设立3办3中心共11个部室，即行政办公室、组织人保办公室、总编办公室，新闻中心、经济文艺中心和技术中心。广播新闻部、电视新闻部归口新闻中心管理，广告部、广播专栏部、电视专栏部和制片部归口经济文艺中心管理，技术部和播出部归口技术中心管理。另外设立两个公司，即传媒公司和有线广播电视网络传输公司。建立全新的机构体系，形成了萧山广播电视宣传、技术、经营和管理的新格局，为广播电视协调发展创造条件，为新闻信息资源共享提供保障，为产业资源综合开发搭建平台，为广播电视事业可持续发展打下扎实的基础。

4.人事和收入分配改革

萧山广播电视台在发展进程中不断进行人事和收入分配方面的改革。1993年起，萧山人民广播电台在全国首创业余主持人制度。该制度对业余节目主持人实行与在编职工不同的管理制度和分配办法。被录用的业余节目主持人必须经过系统的政治、业务培训，并经过1周至2周实习后方可正式上岗。上岗后，每月上机播出时间不得少于20天，以保证所主持节目的连续性和相对稳定。在分配制度上，打破每月发放固定工资的办法，实行按主持节目时间长短付给报酬。2000年3月，对业余主持人的管理制度和分配办法作出较大改革，凡考试合格者，由市广播电视局（台）聘用。被聘用的节目主持人与台内其他职工一样，参与日常考核，同时参与节目考评，每季度由局组织一次节目测评，评定节目等级。节目等级分A、B、C、D四档。聘用的主持人收入主要由两部分构成，一是按照所做节目的质量和数量取酬；二是按每月考核分发给奖金。通过管理体制、分配办法的改革，进一步稳定节目主持人队伍，使调频广播节目的质量得到不断提高。1992年至2000年，国内500余家地（市）、县广播电台前去参观考察，省内30多家电台借鉴萧山人民广播电台的做法，招聘业余节目主持人，并派主持人到萧山电台跟班实习。

萧山电视台建台初期至1993年工作人员，一是从外单位调入，二是从大中专毕业生中分配。1993年下半年，由市人事局和文广局组织，第一次面向全省公开招聘事业性质采编播人员，经笔试、面试等程序，萧山电视台录取6名采编播人员。

2000年，萧山广播电视局（台）实行全员聘用合同制，中层干部竞争上岗，其他人员双向选择，全体事业编制人员签订聘用合同。2005年，实行“局台分离，网台分离”，将区广电局（台）原来从事有线广播电视传输前端、传输网络和用户终端的经营管理、技术等人员从台划出，到由杭州数字电视公司与区广电局（台）合资成立的杭州萧山有线网络传输有限公司。其中事业编制人员转企改制为企业编制，保留原事业身份。

2008年，萧山广播电视台出台聘用（企业性质）人员管理制度，对非在编员工聘用从上到下分特聘、台聘、部聘和栏目聘四个档次。

栏目聘需在本单位工作1年以上，在工作中没有发生责任事故（差错）。根据工作需要，经考核可晋升为部聘人员。

部聘人员晋升的主要条件是：需在本单位部聘岗位工作3年以上，新闻业务人员3年中获得市级（政府奖）作品2件以上，在市级以上刊物发表学术论文1篇以上（必须是主创作品），或获得中级技术职称。技术业务人员3年中获得市级（政府奖）一等奖以上1件，在市级以上刊物发表学术论文1篇以上（必须是主创作品），或获得中级技术职称。在工作中连续3年没有发生责任事故（差错）。年度考核连续3年均在合格以上。根据工作需要，经考核可晋升为台聘人员。

台聘人员晋升的主要条件是：在本单位台聘岗位工作3年以上。新闻业务人员3年中获得省级（政府奖）二等奖作品1件以上，市级（政府奖）一等奖作品2件以上（必须是主创作品）。或担任首席岗位、制片人职务，或获得高级技术职称。技术业务人员3年中获得省级（政府奖）二等奖1件以上，在省级以上刊物发表学术论文1篇以上（必须是主创作品）。或获得高级技术职称。在工作中连续3年没有发生责任事故（差错）。年度考核连续三年均在合格以上。根据工作需要，经考核可晋升为特聘人员。

凡工作表现较差，一年中有2次以上由于工作不负责任发生的责任事故（差错）者，将降级处理，情节严重的将予以辞退。晋升人员由部室提名，经台组织人事办公室审核考察，报台党组研究决定。每年晋升名额控制在10%以内。

5.经营管理

萧山广播电视台的经营管理，从建台始至1997年“局台合一、广播电视合一”前，是在市广播电视局的领导下由各台实行自主经营管理。1997年后，由局（台）统一经营管理。

“局台合一、广播电视合一”后，按照事业单位会计制度规定，实行并账核算，执行收支两条线管理，收入全额缴入财政专户，支出按预算管理办法执行。预算编制遵循量入为出、收支平衡原则，按轻重缓急合理安排资金，加强财务核算，提高资金使用效益。为强化内部管理，出台《财务管理规定》《现金票证管理办法》《报销职工教育经费有关规定》《关于探望慰问职工的具体规定》《关于公务活动接待管理的规定》等制度，规范财务报销手续、程序、标准，保障各项财务活动有序开展。

为加强台的资产管理，先后出台《固定资产管理办法》《招投标管理办法》《转播车管理使用规定》《演播区管理制度》《计算机及网络使用管理办法》《摄录设备管理制度》《电视制作中心管理制度》《广播机房管理制度》《关于车辆使用管理的规定》《录像磁带使用管理办法》等制度，对资产购入、使用、报废等作出明确规定，在具体执行中得到有效落实。

四、宣传报道

1. 萧山有线广播站的宣传报道

萧山有线广播站建站初期，没有专职的编辑、记者和固定的自办节目，播出的稿件多数是报刊、简报上的文章和通讯员来稿。1959年，萧山广播站配备1名专职采编人员，开始对一些重大活动进行采访报道。20世纪60年代初，萧山广播站采编人员增加到5人，采访活动进一步增多和深入。1961年年初，县委号召各级干部坚持与贫雇农同吃同住同劳动，记者响应号召，深入基层访贫问苦，采写不少稿件。1962年9月5日、6日，受14号台风袭击，全县塌塘缺口137处、山洪暴发470处，受灾农田35万亩，县广播站立即派记者赴各受灾公社，及时报道当地群众生产自救的情况。

2. 萧山广播站的宣传报道

1966年“文化大革命”开始后，萧山广播站的宣传报道贯彻以“阶级斗争为纲”路线，记者带着“阶级斗争”的观点进行采访，绝对化、片面性和假、大、空的报道充斥节目，一些所谓批判大会上“造反派”的长篇发言也在广播中播放。

1976年10月，江青反革命集团被粉碎，萧山人民广播站立即派出记者分赴全县各地采访，写出一批各地群众欢庆胜利、控诉江青反革命集团罪行的稿件。此后两三年间，记者到第一线采写有关生产建设等方面的稿件明显增多。其时，由于记者采访用录音机已由笨重的用交流电作电源的L601录音机改为相对轻便的直流电电子管录音机，录音采访、录音报道的数量增加，质量也有明显提高。

1978年12月中共十一届三中全会以后，萧山人民广播站通过拨乱反正，将新闻采访的重点迅速转移到经济建设上来。1979年12月，县委召开全县农村促富会议，萧山人民广播站除现场采访报道会议外，先后派出记者到各地采访发展社队企业、开展多种经营的典型，写出一批有影响力的报道。1982年11月，县委、县政府召开专业户、重点户代表座谈会，交流发家致富经验。会议前后，萧山人民广播站派记者深入到全县各地，重点采访一批“两户”（专业户、重点户）典型和“万元户”，报道他们的经验和做法。不少农民听众听到广播后，上门讨教，照样去做，也成为专业户、重点户。

1983年，红山农场人均国民收入达到1256美元，提前实现“小康”目标。萧山人民广播站派记者深入农场，全面、系统地采访报道了红山人艰苦奋斗、改革创新的成功经验和做法，并且通过浙江人民广播电台，向全省报道这一被誉为“江南明珠”的先进典型。1984年春，萧山人民广播站组织力量，深入杭州万向节厂，全方位采访报道厂长鲁冠球勇于改革创新、乐于无私奉献的先进事迹，引起各界和上级新闻单位的重视。是年“五一”前夕，中共萧山县委、县人民政府发出《关于向勇于改革、办好企业的鲁冠球学习的决定》，全县各地兴起学习鲁冠球的热潮。

20世纪80年代，萧山人民广播站采编人员不断增加。1985年，通过公开招聘，新增3名记者。1986年、1987年，萧山人民广播站分别在瓜沥、临浦两地设立记者站，驻站记者一方面到基层采访，及时向县站发送稿件，另一方面担负起对基层通讯员的管理和业务指导。记者站的设立收到明显效果，记者们轮流下去，密切与基层的关系，一些年轻记者得到较好的锻炼，节目中来自第一线的报道明显增多，信息量、时效性、针对性不断增强。

这一时期，记者采访用的设备不断更新，数量逐年增加。初期，采访机用的是日本产松下录放机，后期至90年代初期，采访机以索尼TCM—5000型专业采访机为主，广播节目中采用的录音素材增加，录音报道比例上升，每组新闻节目播出的录音报道3条至4条。现场口头报道等形式也在广播节目中不断出现。

3.萧山人民广播电台的宣传报道

20世纪90年代中期，随着记者力量的增强，采访业务素质的提高，萧山人民广播电台播出的文字节目中，记者自采稿件成为主体，而且出现一批高质量的优秀稿件。消息《农民家庭请律师》获得1994年度浙江省广播奖一等奖、中国广播奖二等奖；1995年，杭甬高速公路建设期间，记者深入工地工棚、施工现场以及有关部门采访近20次。公路一建成，立即写出系列报道《大路歌》，获得浙江省好新闻一等奖、浙江省广播奖一等奖，被录入《中国新闻年鉴》。

4.萧山电视台的宣传报道

萧山电视台在建台初期，没有自己的播出渠道，当时用于采访的有3台摄像机，记者的任务是拍摄新闻素材，遇到新闻价值较高的题材及时向浙江电视台和杭州电视台发送。建台初期采访题材以消息为主，报道形式多以解说词加画面。进入20世纪90年代后，陆续出现连续报道、新闻专题、新闻评论等题材，报道形式陆续出现同期声、字幕及播音员当出镜记者。自20世纪90年代中后期起，主题报道大大增加，记者出镜和记者现场报道的形式逐步增加，记者深入一线，采访影响较大的主题报道、先进典型和重大突发事件。

1986年年底，萧山县组织5.2万亩大围垦，萧山电视台（筹）派出4名记者，吃住在围垦工地，全程拍摄围涂造田的过程，制作专题片《大围垦》，同时配合中央电视台和浙江电视台做好新闻采访工作。《大围垦》专题片播出后，不仅在萧山等地引起巨大反响，参加围垦的干部群众和观众受到很大鼓舞，而且为电视界和萧山围垦留下珍贵的历史资料。

1988年下半年，为纪念改革开放10周年，萧山电视台与市委宣传部联合拍摄反映改革成就的专题片《十件大事》。

1993年10月3日下午，萧山围垦发生观潮悲剧，近百名在围垦20工段非观潮点观潮的群众被钱江潮卷入江中，致使57人丧生，28人受伤。记者接到消息后，迅速赶往出事地点，抢拍灾难现场。此后，又连续几天采访报道抢救伤者、寻找失踪者、打捞遗体、处理善后工作等场景，并把这一历史事件完整地记录下来，其中有数篇报道在浙江电视台和中央电视台播出。是年10月20日，萧山历史上首次机械化围垦——东围1.3万亩工程开工，用泥浆泵代替人工筑堤开河，萧山电视台派出记者采访机械化围垦的全过程。12月初，工程处于竣工前夕的最艰难阶段，记者冒着严寒多次赴钱塘江边进行采访，克服种种困难，起早摸黑拍摄画面，制作成新闻《全省围垦大规模机械化施工在萧山获得成功》。该作品获浙江省电视奖二等奖。10月，与浙江电视台联合拍摄的反映萧山经济发展的专题片《中国百强县——萧山》在中央电视台二套《神州风采》节目中播出，并获《中国百强县》系列专题片二等奖。

1994年，萧山私营企业开始大规模发展，萧山电视台在市委、市政府的支持下大胆进行报道，推出萧山积极推动发展私营企业的系列报道。是年9月中旬，萧山农业对外综合开发区对1.3万亩新围垦海涂的种植、养殖区块进行公开招投标，市内外14位投标者参加公开竞标，记者赴招标现场采访，制成新闻短消息《我市农业开发实行公开招标》。该新闻叙事清楚，新闻要素齐全，现场感强，又抓住招标用在农业开发上尚属首次和农业投资靠国家转为分流投资这两个新闻亮点，新闻价值高，在浙江省1994年度电视奖评比中获一等奖。是年8月，观众打来电话，反映位于萧山市心路的工商银行营业所门口有位老太太躺着，神志昏迷。记者立即赶赴现场采访，主动参与救助，并与现场边上的亚都娱乐城总经理联系，总经理立即表示愿意帮助这位老太太，并将老太太送往市第一人民医院救治。这一消息在第二天的《萧山新闻》节目中播出后，记者和台领导又帮助老太太寻找亲属，经多方努力，终于找到老人在富阳的亲属。记者连续半个多月记录下各方关注老人、寻找老人亲人的全过程，随后精心制作专题片《人间自有真情在》。该片以真实感强、催人泪下的动人场景以及新颖的制作编排方式得到观众好评，获浙江省电视奖一等奖和浙江新闻奖一等奖。

5. 萧山广播电视台的宣传报道

(1)创新宣传机制，丰富节目内容

1997年4月，萧山广播电视系统机构改革，实行"'局台合一、三台合一'的体制，广播新闻的采访与电视新闻的采访由局新闻部实施广播电视合一"管理，广播和电视"互通有无"，既弥补记者力量的不足，又充分利用新闻资源，广播记者、电视记者通力协作，既作电视报道又作广播现场报道，有效地增强广播电视节目播出的时效性和生动性，丰富节目内容。

1997年8月，萧山遭受11号台风袭击，台风、大潮、暴雨在萧山东江围垦"三礁头"，冲毁沿江大堤，数千亩围垦土地重新变成滩涂。3名记者组成抗台报道组，在台风到来之前奔赴一线采访，连续2天2夜冒着生命危险，将一个个精彩的镜头、一篇篇消息、特写及时发回台里。台风过后，制作播出时长10分钟的新闻专题《难忘的48小时——东江围垦抗台抢险纪实》。

1998年起，记者陆续使用数字激光录音机(MzB3)，逐渐淘汰磁带采访机，采访效率、节目质量明显提高。2004年，广播记者实行分线分片采访制度。2005年以后，现场连线报道开始成为节目的一种形态，一些记者开始用手机发稿。

1998年9月9日，上百名观潮者不顾禁令标志和周围群众的劝阻，在南阳美女坝非观潮点观潮时，被回头潮卷入内河。记者与通讯员一起抓拍到悲剧发生及附近群众救助的全过程，及时制成新闻《美女坝发生观潮悲剧》。该新闻成为警示观潮者的生动教材，一些镜头被中央电视台及省台市台多次采用。该新闻获1998年度浙江省电视奖二等奖。

1999年5月，发生以美国为首的北约轰炸中国驻南斯拉夫大使馆事件，记者迅速采访报道萧山各界群众谴责北约的丑恶行径，激发全市人民的爱国热情和不屈的民族精神。当得知萧山籍人士、中国驻南斯拉夫大使馆武官任宝凯在轰炸事件中负伤的消息后，立即组织记者到其家乡采访，并向市委和宣传部汇报。后又随市委慰问组赴北京慰问采访回国疗伤的任宝凯，采访制作新闻专题《任宝凯——故乡为您骄傲》等报道，并在浙江卫视等台播出，浙江人民广播电台《浙广大视野》邀请萧山台记者就赴京采访任宝凯做了20分钟的直播访谈节目。在1999年度浙江省电视奖评比中，

《任宝凯——故乡为您骄傲》获三等奖。

2000年9月,萧山举办萧山钱江国际观潮节期间,中央电视台、浙江电视台和萧山台、海宁台联合对钱江潮进行现场直播,并取得成功。萧山台记者直接参与钱江潮直播的前期采访、撰稿和后期协调、拍摄工作。直播节目《2000年钱塘江潮》获中国电视奖一等奖,中国新闻奖一等奖。是年12月2日,省政府召开杭州萧山国际机场试航新闻发布会。会后,萧山台记者向省人民政府秘书长提出采访省领导的要求。时任浙江省省长柴松岳欣然接受萧山台记者的专访。省长柴松岳在采访中盛赞"萧山人民舍小家、顾大家,为机场建设做出了巨大的奉献与牺牲,并代表全省人民通过萧山台向萧山人民表示感谢"。12月28日,萧山国际机场举行通航仪式,萧山台派出新闻记者、技术人员等10多人,与浙江卫视联合进行现场直播,另外安排6路记者分别赴通航现场、机场征迁户、机场周边群众、企业等采访。是日的《萧山新闻》《新闻十分》节目播出的内容,全部是机场通航的消息和相关的背景报道。直播节目《一起飞翔》获2000年浙江电视一等奖。

2001年年初,萧山行政区划进行调整,撤销萧山市,改为杭州萧山区。针对萧山撤市设区的实际,萧山台加大对撤市设区的宣传力度,先后推出"融入大都市,建设新萧山"和"创大都市强区,建现代化萧山"等主题报道,为转变群众思想观念,顺利推进萧山撤市设区工作起到积极的推动作用。

2003年,全力以赴做好抗击"非典"工作是全区的一件大事。4月19日起,萧山广播电视台全力做好抗击"非典"宣传报道,突出报道区委、区政府及时采取措施,沉着应对,抗击"非典"工作的情况;报道各镇街、机关、企事业单位积极行动,众志成城,打好防治"非典"攻坚战的情况。同时,每天在黄金时间段反复播放抗击"非典"的游动字幕公益广告,播出防治"非典"宣传片和"非典"预防知识,每天达20次以上。并在广播《听众服务台》《农村大世界》和电视《社会聚焦》等栏目中,分别推出"防治'非典'"专题节目,引导广大群众树立科学的卫生健康观念,做好"非典"防治工作。

2004年1月4日晚上,萧山公安分局治安大队队长张叶良在抓捕犯罪嫌疑人过程中,英勇搏斗,身负重伤,壮烈牺牲。萧山广播电视台得知后,立即在广播中播报了这一消息。紧接着,成立由广播电视骨干记者组成的报道组,以《英雄张叶良》为题展开系列报道。从英勇壮举到生平事迹,从追悼会送行到公安部表彰及政法系统学习英雄动态,系列报道历时20天,在广播电视节目中共播发报道24篇,全方位地展现张叶良的英雄形象,《英雄张叶良》系列报道获2004年度浙江省广播电视新闻奖二等奖。拍摄制作15分钟的张叶良事迹专题片《热血忠魂》,成为张叶良事迹报告团的展播片,播放后引起社会各界和市民的强烈反响,《热血忠魂》获2005年杭州市五个一工程奖。

2005年，萧山开始实施湘湖保护与开发工程，造福萧山人民。为配合宣传好该项工作，萧山台派出数名记者进行采访。在湘湖征迁等工作的宣传报道中，重点突出“还湖于民、圆梦湘湖”的主题，除新闻外还调动专题、文艺等各方面的力量，先后播出200多篇新闻报道、10多个专题节目和1台综艺节目，多角度、多形式、全方位地开展宣传报道，促进湘湖的保护与开发工作。

2006年4月22日，世界休闲博览会在杭州召开，主会场设在萧山湘湖，当时各路媒体云集萧山，为此，萧山广播电视台决定开启广播、电视、网络直播。从场地布置到连线采访策划、直播稿的撰写，技术人员、记者、编辑、主持人等各路人马各司其职，早早进入备战。直播当天上午，4位现场主持人、4路连线记者联合出击，不但直播了开幕式盛况，还穿插介绍萧山的发展历程和湘湖的人文历史。广播、电视、网络三大媒体还直播了休博会文艺晚会。该次休博会直播报道在向世界推介萧山的同时，也扩大了萧山广播、电视和网络的影响力。

2008年5月12日，四川汶川发生特大地震后，萧山台在新闻节目中及时推出《众志成城　抗震救灾》《心系灾区》《在救灾的日子里》等系列报道，报道全区救灾动态，将萧山人民发扬“一方有难、八方支援”精神，伸出援助之手，万众一心、竭力赈灾的积极行动和举国同悲的沉痛心情载入史册。记者及时报道萧山金利浦民办消防队奔赴汶川救灾第一线的消息，并与消防队连线，将他们奋不顾身、抗震救灾的感人形象展现在公众面前。央视、浙江卫视等媒体高度关注，对金利浦民办消防队的举动作了多篇报道。萧山台采制的《13个难忘的日日夜夜——萧山民办消防队十一勇士赴川救援记》专题片荣获2008年度浙江省广电新闻一等奖。是年11月15日下午3点20分，杭州地铁一号线湘湖工地发生重大塌方事故，数十人被埋地下。萧山台记者第一时间赶到事故现场进行采访，在当天的新闻节目中及时播出事故消息，事后又派出数路记者做跟进报道。其中，萧山台2名广播记者现场展开密集的连线报道，赶在所有媒体之前最早发布新闻，被称为“全球第一报”。是年，由萧山台选送的地铁事故连续报道获浙江省广播电视新闻奖一等奖。

2009年，萧山广播电视台出台《萧山广播电视台重大突发事件新闻报道工作预案》。工作预案对萧山广播电视在做好重大突发事件新闻宣传报道时应遵循的工作原则和工作机制等方面作出严格而细致的规定，从而确保能及时、准确、有效地进行重大突发事件新闻宣传报道。2010年，萧山广播电视台整合广播新闻部和电视新闻部，成立新的新闻中心，建立起统一的新闻采编平台，统筹新闻资源，采编效率得到提高，新闻时效性大大增强。

2010年，萧山广播电视台成立新的新闻中心，取消原中心内设的广播、电视新闻部，建立起统一的新闻采编平台，由新闻中心统一采访和发布，广播电视台多次策划新闻直播来加强宣传。是年4月下旬开始，萧山广播电视台与区委宣传部联合推出萧山区历史上规模最大的一次广播直播活动——“镇街部门领导干部进广播讲堂”活动。在两个多月时间里，全区106位镇街和部门主要负责人先后走进萧山人民广播电台直播室，以“转型升级、抓紧实干”为主题，结合各自实际畅谈经济发展、党的建设、民主民生、文化文明、生态环保等方面的工作思路和举措，接受听众问询。调频107.9兆赫开设特别节目，并在湘湖网上进行同步上传，共有650多人次通过电话和短信的形式，与镇街部门领导进行沟通交流。

2010年4月，青海玉树发生地震。萧山广播电视台新闻中心派记者与义工“上岛”一起赶赴青海玉树地震灾区，带去萧山人民对藏族地震孤儿的关爱。面对这次异地新闻爱心大行动，萧山广播电视台整合电视、广播、网络三个平台资源，构建起全新的报道体系，以多种方式和多种层次的传播形态，直击萧山爱心人士赴玉树灾区向地震孤儿送温暖的方方面面，让家乡人民和玉树同胞“零距离”面对面，使受众获得更加及时、更多角度、更多听觉和视觉满足的媒体体验。采制的纪录片《义工上岛》获得2010年度浙江纪录片二等奖。是年7月13日，由中央电视台和萧山台联合采制的新闻和人物专题片《好媳妇韦小琴》分别在中央电视台《新闻联播》和《身边的感动》栏目播出。1985年，壮族姑娘韦小琴从广西一户殷实的家庭嫁到了萧山河庄建设村一户高姓人家后，承担起照顾多病的祖母、聋哑的婆婆、工伤的丈夫和两个女儿的重任。20多年来，她靠着打工、种地的收入维持着一家人的生活。高家也从当年两间低矮的小平房起家，到1992年翻建两层楼房，再到住进漂亮的小洋楼，大女儿大学毕业有了一份不错的工作。韦小琴用自己的爱心把过去贫困的家庭变成了村里人羡慕的幸福之家，她的孝顺故事成为一段佳话，韦小琴先后被评为“杭州市敬老好儿女”、萧山首届十大美德标兵，高家荣获“杭州市五好文明家庭”称号。她的事迹被萧山台记者发现后，从20世纪90年代后期开始，一直用镜头关注着韦小琴的感人故事。韦小琴的故事在中央电视台播出后，在全国引起强烈反响。中国网络电视台、人民网、新浪网、搜狐网、腾讯网、优酷网等各大网络媒体也进行了转载，许多网民被韦小琴的精神所感动，纷纷留言点赞。

2011年8月3日，由区委宣传部、萧山广播电视台联合组织开展的“加强和创新社会管理”领导干部进广播讲堂活动正式启动，这是自2010年“转型升级话发展——镇街部门领导干部进广播讲堂”活动之后，又一次大规模的广播创新直播活动。

2011年9月，萧山广播电视台再度与中央电视台一起对钱江潮进行直播，通过水、陆、空三个视角全面直击，为全国、全球观众奉献一道道钱江观潮的视觉盛宴，并将有关萧山潮、有关萧山的文化符号推向了全世界。除中央电视台多个频道连续四天时间进行两个半小时的现场直播外,《CCTV新闻》《早间新闻》《新闻直播间》《24小时》《东方时空》等栏目持续、多篇幅地报道萧山潮。萧山观潮历史及与潮有关的风土人情、萧山经济发展、中国国际钱江观潮节系列活动的新闻,同时在中央电视台播出。萧山广播电视台还邀请中央电视台英文频道记者前来采访,仅农历八月十八当天,就在英文频道播发新闻5条,时长达到15分钟。是年10月27日,萧山广播电视台《热线188》栏目报道区公安分局刑侦大队情报中队副中队长周益斌在蜀山街道曹家桥社区勇斗犯罪嫌疑人王某身负重伤,一位路过市民自告奋勇将身负重伤的周益斌送到区第一人民医院进行抢救的新闻。报道播出后,英勇民警的伤情牵动着观众的心,热心市民见义勇为的行为也感动着每一位观众,打来的热线电话一直不断。萧山广播电视台记者在蜀山街道曹家桥社区警方拘捕犯罪嫌疑人的现场附近,走访10多名商户及蜀山街道中心幼儿园,通过挨个细致地询问,查找到了线索,最终在安桥社区子母楼47号的一间简陋的出租房里找到了好心市民龚德权。英勇民警、热心市民、敬业记者接力,体现萧山公民道德的事迹,引发了全国范围内的热烈反响,国内主要媒体纷纷报道,新华网、央视网、人民网、新浪网、腾讯网等门户网站通过论坛、社区、博客、微博热议龚德权的义举。10月29日,新华社专门发消息报道萧山广播电视台寻找热心大伯的过程。

2012年,萧山广播电视台把萧山如何在全球经济形势低迷的逆境中寻求突破、转型发展作为宣传重点,挖掘一批体现区委、区政府重大决策部署以及本地经济形势、经济亮点的报道。在上送的近百篇稿件中,有多篇报道被上级媒体采用。如中央电视台《新闻联播》节目中播出的《促消费促投资 “双轮驱动”扩内需》一稿中,反映以传化公路港为代表的萧山物流如何在逆势中创新发展。《萧山调整考核指挥棒　发展优势促发展》《大江东产业集聚区:一个项目激活一条产业链》等报道,频频亮相浙江广播电视《全省新闻联播》,既显示出政府层面的果断决策,也宣传了萧山经济逆势上扬的喜人态势。是年,围绕建设文明幸福新萧山,萧山广播电视台努力挖掘各类典型,多方位地宣传萧山城市新貌、文明新风。如在浙江卫视多个栏目播发了《一笔匿名汇款引出的爱心故事》《当代愚公3年开出5公里山路》《40分钟！6位村民撑起救援通道》等美德故事。民间消防队长李立兴、献血达人冯坚强、微雕艺人冯耀忠、泵管班长张金根、奥运女孩施丹婷等,这些萧山的普通人物先后上了中国之声的《难忘中国之声》栏目。中国之声《今天风景独好》栏目中播出的《爱跳舞的姚红芳》,则是通过被采访对象大段的录音,来反映萧山的变化,树立起萧山在新时期的新形象。

萧山广播电视台把2013年定为转型升级年,围绕“转型升级”这一主题和中心任务，先后推出“优化政务环境、打造效率萧山”“创建省文明区”“打胜主要道路拆违攻坚战”“学习三中全会精神、全力推进萧山改革创新”等数十组主题报道，采制《恒逸海外收购浙江第一单》《萧山企业经济冷周期里兴起海外投资并购热 》等一大批经济报道。是年4月，萧山广播电视台和区文明办联合策划推出“美德人物”系列专题节目，聚焦美德人物，重温美德故事。节目以纪录片手法，全面展示萧山区12位美德标兵的工作、生活和典型事迹。他们当中有81周岁高龄的退休志愿者，有身残志坚的社区大夫，有投身消防事业的民间企业家等等。摄制组走进他们的生活，寻找闪光点背后的故事，从中汲取健康向上的正能量引领社会思潮，在全社会营造知荣辱、讲正气、比奉献、促和谐的良好社会风尚，推进“美德萧山”建设。摄制活动于3月全面启动，12位摄制人员分组奔赴全区各地，制作完成12期专题。

2014年9月8—11日，萧山广播电视台联合中央电视台直播钱江潮。这是中央电视台直播钱江潮第五个年头。该次直播共计4天，从农历八月十五到农历八月十八，继续以水、陆、空全景方式呈现钱江潮，拍摄角度与手法更贴近江面，让观众与潮水“亲密接触”。萧山共设钱江观潮城和美女坝两个直播点，并启用超高速摄像机直观再现潮水拍打堤岸的瞬间。

2015年，萧山广播电视台围绕区委、区政府中心工作，传播萧山好声音，讲述萧山好故事，先后策划推出“走在前争第一”“千企转型”“行进中国 · 萧山故事”“湘湖双创”等数十组主题报道，报道萧山区面对新常态，适应新常态，创业创新推动“中国梦萧山篇章”的新实践，开展“寻访抗战老兵”“重走抗日烽火路”等新闻行动，中央电视台新闻联播专门报道该次活动，在区内外产生了较大影响。

2016年，萧山广播电视台以G20峰会为圆心，讲好萧山故事。峰会前，先后推出《办好G20　当好东道主》《喜迎G20　萧山进行时》《萧山之变》等8组系列报道；推出“蝶变萧山　发现家乡美”全民街拍活动，收到网友选送的高质量照片3000多张。9月1日起，推出《聚焦峰会》系列报道；广播、电视《萧山新闻》推出《美丽萧山》系列，推出“萧山人 · 萧山事 · 萧山美”大型全媒体报道，让海内外嘉宾从不同角度领略萧山之美。

2016年6月17日，由萧山广播电视台、浦江广播电视台、诸暨广播电视台共同发起的“治水再出发·浦阳江全域广播新闻行动”启动仪式，在浦江县花桥乡高塘村浦阳江源头举行。该次新闻行动，萧山、浦江、诸暨三地主流媒体携手，通过资源共享，实现全城联动，进行全方位、多视角的传播，为深入推进浦阳江治理实现长效管理鼓与呼。仪式结束后，三台记者到花桥乡东塘村和前吴村对当地保护水源、发展生态农业、观光农业等举措进行实地采访。在接下来的3个月里，三台围绕浦阳江治水“亮点再现”“疑点再找”“难点再思”进行全方位、多视角报道。该次新闻行动的收官仪式在萧山三江口举行。

（2）策划深度报道，强化舆论监督

从20世纪90年代中后期起，先后在电视新闻节目中推出《社会新闻》《记者观察》等小栏目及深度报道。2002年8月，推出《社会聚焦》节目，重点开展舆论监督。2006年，萧山广播电视台对电视《萧山新闻》进行改版，在做好时政报道的同时，加大民生新闻宣传力度，增强“市民热线”采编力量，提高记者对采拍民生新闻的考核要求，完善有关工作机制，使民生新闻的数量有了明显增加，民生新闻的质量有了显著提高。全年累计播出社会新闻、民生新闻1000多篇。此外，还在广播《萧广关注》和电视《社会聚焦》中聚焦老百姓关心的热点、难点问题，加大舆论监督力度，并要求舆论监督稿件都要有报道反馈，不但促进了许多热点难点问题的妥善解决，而且提高了广播电视宣传的社会影响力。

2007年，萧山人民广播电台在广播《萧山新闻》中开辟《记者视点》专栏，推出大量有新意、有深度的民生新闻，如《要遏制粮食面积下降的趋势》《要让爱心超市连锁又连心》《民工工资卡缘何成鸡肋》等，在受众中产生较大反响。广播新闻部积极采取记者与播音员联手的方式做好现场报道，像湘湖旅游专线开通、杭金衢高速公路发生车祸、电视观众节开幕等，现场感、可听性比较强，深受听众欢迎。电视《萧山新闻》对大量民生新闻进行策划、追踪，如《315车站交通事故追踪》《高速公路自来水管破裂》《关注重病外来少女》等。在办好深度新闻栏目《社会聚焦》的基础上，是年7月1日起推出的首档电视民生新闻栏目《热线188》，深入百姓生活，关注民生民情，在群众和政府部门之间架设起一座沟通的桥梁。是年，萧山广播电视台以《萧山新闻》《热线188》《社会聚焦》等新闻类栏目为平台，继续加大舆论监督力度。《萧山新闻》推出“记者视点”，针对群众关心的热点、难点问题，进行分析和解释，提高了节目的可看性和贴近性。《热线188》栏目针对房屋质量、河道污染、消费投诉、工资拖欠、文物保护、交通事故、营运市场等群众反映的热点问题进行连续跟踪报道，形成数十组有深度、有力度的连续报道，播出后成为社会热点话题，促成了问题的解决。《社会聚焦》栏目推出《黑心电子秤的背后》《玩具质量良莠不齐　安全问题令人担忧》《干粉灭火器的维护内幕》等一批有影响的报道。

2012年，萧山广播电视台舆论监督又有新举措。广播《政情民意直通车》全年进行40多场广播直播，并成功举办萧山首场《政情民意直通车·电视问政》节目，聚焦“三改一拆”主题，开辟了政情民意沟通、媒体监督的新渠道，成为萧山“政务环境优化年”活动的重要载体。加强对全国性公共事件的区域化监督，会同纪委等部门曝光一批作风效能建设的反面典型，加快民情热线反应速度，针砭时弊、化解矛盾。设立“曝光台”板块，对不遵守交通法规、城市脏乱差、生态环保等方面的不文明现象进行曝光。

2014年5月27日，萧山广播电视台在电视《萧山新闻》推出《今日关注》专栏，以“追踪新闻真相、关注社会热点”为宗旨，围绕“三改一拆”“五水共治”等重点工作，深入采访，曝光违法典型问题，聚焦政府职能部门行政不作为，播出的新闻做到百分之一百有回音、有反馈、有结果，推动了群众关注的社会热点、难点问题的解决，时任杭州市委常委、萧山区委书记俞东来多次作出批示予以肯定。

2016年，针对“五水共治”开展3年多来，河道治理遗留问题越来越难以处理这一实际，从6月起，记者追根溯源，查找污染源头，剖析污染原因，并曝光一些单位和个人违法排污行为，对有关镇街、村(社区)不担当、不作为等作风问题进行鞭挞，推动不少河道治理老大难问题的解决。12月起，新增“小城镇综合整治”内容。《热线188》栏目根据群众提供的线索，对直排污水、偷排淤泥、偷倒垃圾、道路村庄环境脏乱差等不良现象进行有力曝光。《社会聚焦》栏目聚焦社会热点，推出大量深度报道，内容包括湘湖三期建设、机场路环境整治、农村生活污水治理、环保百日执法行动、旅游南进、垃圾分类处理、40条最严标准倒逼印染行业转型升级等。

(3)开展公益行动，履行社会责任

公益行动是萧山广播电视台新闻策划的一个亮点。2000年以来，萧山广播电视台每年联合区交警大队、区道路运输管理处，组织开展中高考“爱心助考”公益活动，通过广播、电视向社会招募爱心车队成员。8年来，“爱心助考”队伍从开始的30多人增加到120多人，从单一的出租车驾驶员扩散到社会各个阶层。除采用“一对一”送考和流动送考两种形式外，城区内所有高考考点外都有爱心车驻点服务。据不完全统计，近六年来，“爱心送考”服务共结对考生70多名，为超过百名考生免费提供过各类服务。

2012年，萧山广播电视台积极开展“寻找身边的雷锋”“夏日送清凉”“阳光助学”等新闻行动，关注老百姓身边的感人事迹和生活点滴，以鲜活的报道大力宣扬社会主义核心价值观。

2013年6月10日，由萧山广播电视台广播中心、共青团萧山区委和淳安县有关部门共同主办的萧山——淳安少年儿童“点亮希望、牵手成长”大型公益活动在淳安县举行启动仪式，来自萧山区的25户家庭与淳安的25户家庭结成帮扶对子。启动仪式上，萧山广播电视台广播中心、共青团萧山区委向淳安山区学校送上价值4万元的爱心物资，并向结对家庭授予“萧山——淳安少年儿童结对互助志愿团”团旗。

2014年5月8日，萧山广播电视台调频1079兆赫成立“萧然帮忙团”，开办《帮忙热线》栏目，帮忙内容包括寻人寻物、找工作、剩余物资调剂、各种矛盾调处等。是年5

月，临浦镇农民孔某焕，身体残疾，9岁的儿子孔某患严重肾病综合征，家庭无钱医治，生命垂危。帮忙团接到求助后，马上联系社会热心人士捐款捐物，并在萧山江寺公园开展“让爱心汇聚为小孔某加油”大型慈善义卖活动，筹集到爱心捐款18万元以及一批物资，帮助他们一家渡过难关。帮忙团成立3年时，就帮助1000多位市民解决了各种生活难题。

2015年4月起，萧山广播电视台推出“2015萧山文化礼堂行”大型公益服务活动，组织记者、主持人下基层，先后走进戴村镇三头村、浦阳镇浦一村、瓜沥镇航民村等30个村级文化礼堂，开展3场大型公益演出和27场文化惠民便民服务活动，直接服务村民近5万人，并送出礼品1000多份。是年4月起，为庆祝纪念抗日战争和世界反法西斯战争胜利70周年，萧山广播电视台推出《寻访抗战老兵》系列报道，通过寻访萧山的最后十多位抗战老兵，用镜头重现真实生动的抗战历史。报道展示了一些老兵不幸的生活现状，呼吁更多的社会公益组织、爱心人士参与到关爱抗战老兵的行动中来。是年12月3日“国际残疾人日”，萧山广播电视台联合萧山区残联、萧山德纳影院开展“带盲人朋友看电影”活动，邀请48位盲人朋友观看一场特殊的电影。萧山广播电视台“1079帮忙团”的志愿者和萧山爱心互助中心的义工们从各处接送盲人到电影院，观看过程中全程陪同，“1079帮忙团”节目主持人刘慧现场给盲人朋友作解说。

五、经营管理

1. 广告经营

(1)广播广告

萧山有线广播站创办初期，没有配备专职广告人员，零星广告由编辑或播音员接洽，在天气预报后或其他节目之间插播。广告内容多数是寻人、寻物等，一般不收费。“文化大革命”期间，广告被禁止播出。

1979年开始，萧山人民广播站恢复停办的广告业务，为听众提供经济信息、科技信息、市场信息、商品信息等，收费标准较低。

1984年起，萧山人民广播站配备1名专职广告员(兼编辑)，承接、编排广告。广告每天分早、中、晚3次播出。1986年5月，萧山人民广播站首开广告栏目，每天固定时间播出。是年，广告收入2.1万元。

1987年起，广告业务由服务类转向商业、产品类广告为主，广告人员跑商场、跑企业承揽广告业务。此后，商品广告逐渐增多。同时，每年年中和年末各召开一次广告业务交流会。是年，广告收入3.3万元。

1988年，萧山人民广播站成立广告部，首次与广告员签订广告承包合同。1989

年，萧山人民广播站调整广告收费标准，在类别上分得更细，更便于操作，是年广告收入突破性增长，全年收入11.6万元。

1992年，萧山人民广播电台节目发展为调频、有线两套播出，电台通过与有关单位联办节目、现场直播等多种形式，开辟广告渠道。是年，萧山人民广播电台广告收入27.2万元。1993年为58.5万元。1994年为116.7万元。1995年采取招标承包、巩固“上门广告”、招聘业余广告员、主持人分时段承包广告、多路出击全方位创收共五项措施，广告收入明显增加。是年，电台广告收入150.3万元。在全省同级广播台（站）中名列前茅。1996年，萧山人民广播电台的广告收入超过200万元。

（2）萧山电视台广告

1987年6月，萧山电视台建立。是年7月1日，萧山电视台试播。1988年，萧山电视台设广告科（由台办公室兼管），正式开办电视广告业务，以文字形式为观众提供经济、商品、市场信息，收费较低。是年，萧山电视台广告收入为12万元。1989年，通过加大广告容量、推出节目点播等措施，广告收入明显增长，是年达26万元。1992年，开办每周一期时长为10分钟的《购物指南》节目，播出商场广告，每天重播。以后，广告收入年年增长，1993年广告收入148万元。

1994年3月，萧山电视台设广告专职人员，并对广告实行招标承包制，对业务费用、奖罚措施等都作出明确规定，是年广告收入超过300万元。以后逐年增长，1995年广告净收入550万元。1996年，相继与有关单位联合开办《金融之窗》和《房产大观》等服务类节目，均每周播出一期，经济效益显著。是年，广告净收入达到680万元。

（3）萧山有线电视台广告

1994年4月，萧山有线电视台试播自办节目。是年12月25日，萧山有线电视台成立并正式开播，开办广告业务。1995年，萧山有线电视台成立广告部，在办好《点歌台》节目的同时，开办《信息服务》节目，是年广告收入50万元。1996年，广告采取招标承包，全年完成广告收入168万元。

（4）萧山广播电视台广告

1997年“局台合一、广播电视合一”后，三台广告合并，成立广播电视广告部，统一承揽经营“三台”广告。新成立的广告部充分发挥“三台”广告合一的优势，从规范广告收费标准入手，对广告承揽、收费、制作、发布等主要环节均作出明确规定，对收费栏目进行统一管理，新开办《信息快车》节目，把经济信息纳入到这一节目中播出。是年，广告净收入1218万元。1998年，为进一步拓展广告市场，在巩固发展省内市场的同时，重视开拓上海市场，是年从上海引入广告额80多万元，全年广告净收入1450万元。此后逐年增长。

为进一步扩大广告经营范围，提升广告创收能力，萧山广播电视台出台创收工作有关规章制度及奖励机制。2000—2010年，先后制定《萧山广播电视局（台）广告经营管理规定》《萧山广播电视局（台）广告承接、制作、审核、播出流程》《萧山广播电视局（台）关于广告稿费的有关规定》《萧山广播电视局（台）广告合同管理制度》《萧山广播电视局（台）广告档案管理制度》等10余个规章制度，并把广告部升格为经济文艺中心，后改为广告经营中心，多渠道、宽范围统揽全台各频道的广告创收。自2001年起，开辟"图文信息""点歌""影视"等网络服务频道，并实行分线承包机制，创收渠道进一步拓宽。是年，广告收入为2000余万元。

从2004年开始，萧山广播电视台对广告部（广告经营中心）总经理进行公开竞聘。竞聘人在竞聘演讲基础上，由台班子研究确定总经理人选，按规定程序办理聘任手续，聘期为一年。广告部总经理聘任后，接着广告部内部进行分片分线承包，对各行业线和相关部室广告进行公开竞标，聘任分线经理。每个部门划定主要业务范围及全年必达目标和建奖目标。竞聘人员根据所竞广告部的年度目标提出完成任务的举措，也可自行提出更高的完成目标，同等条件下，竞标高者优先。自2004年分线承包公开竞标以来，共有25位职工先后担任广告经营中心下属广告行业线经理，一批广告经营人才脱颖而出。

2005年，在体制改革的基础上，不断拓宽经营路子，新开办《萧然美食》《汽车世界》《房产家居》《金融资讯》《教育天地》等栏目，并对大部分栏目实行栏目制片人制，明确责任，对经营资源实行分片承包、分线出击，提高经营的精细程度。是年，广告收入6100余万元。

2006年，进一步完善分线承包经营责任制。对经济文艺中心所属各个部室、有关栏目以及传媒公司等确定经济创收指标，制订考核奖惩制度，为广播电视产业经营提供必要的机制保证。

从2009年开始，萧山广播电视台对部分适合创收的电视栏目实行制片人公开竞聘。公开竞聘的电视栏目以生活类和娱乐类为主。聘任后的电视栏目制片人受广告部和栏目部室的双重领导，既负责栏目的制作与日常营运，也承包栏目广告经营，同时也参照广告行业线经理设定指标任务，实行奖惩制度。

实行栏目制片人竞聘上岗制度，充分挖掘潜在的广告创收人力资源，拓宽广告客户面，特别是生活服务类的客户面，促进了电视栏目资源的深层次开发，实现了经济效益和社会效益双丰收。2009年后，面向全体职工推出14个竞聘的电视栏目，其中包括竞聘各档电视栏目制片人。是年，为配合调频广播节目调改，萧山广播电视台以社会效益为重，按照《广告法》等有关规定，认真进行广告播前审查，对一些较为敏感的广告或受众反响较为强烈的广告，及时修改或停播，全年仅调频广播停播的广告额就达到250万元。同时，面对金融危机带来的不利影响，积极拓展渠道，努力提高创收能力，广告经营亮点频现。继续深化行业线承包机制，挖掘创收潜力。注重广告与市场动态的结合，将广告经营指标每月每周分解，落实到位，建立起广告经营分析会制度，对广告市场以及经营情况进行分析总结，及时解决广告经营中存在的实际问题。在稳定现有广告的基础上，引进品牌广告及外地广告，提升萧山广播电视台广告档次，促进了广告经营的可持续性发展。2009年，广告收入达到9600万元。

2010年以来，传统媒体由于受互联网的冲击，广播电视广告创收一度呈下降趋势。萧山广播电视台通过组织社会活动、加强栏目互动等方式积极拓展广告，2010—2012年，举办20多场“汽车下乡”大型活动，广告收入近200万元，该活动已成为当地颇具影响力的汽车展会，得到商家的好评，也提高了该领域全年的广告量。充分利用微博、微信等新网络媒体，加强与受众互动，在扩大广告产业模式的同时，推动自身品牌影响力和受众凝聚力的提升。

2012年以来，萧山广播电视台在广告创收上转变观念，开拓进取，通过品牌节目的打造，推动广告价值的创新升级。广告经营中心打造《爱尚旅游》《美食娱乐周刊》《萧山车市报道》等一批在本地有一定影响力的电视品牌栏目来引领频道收视，并通过网络、杂志等自办媒体同步传播，吸引了众多广告商的关注，精品节目的打造让广告经营走上了从硬广到软广的升级之路。是年，萧山广播电视台还开设《房产百事通》栏目，通过节目组织现场看房寻房，开展买房团购，不仅服务民生，也为客户争取到良好的效益。

2013年，跨平台活动是萧山广播电视台广告营销的新策略。是年6月，由萧山广播电视台主办的“萧山十大诚信开发商暨十大经典楼盘评选活动”拉开帷幕。该次活动，萧山广播电视台依托萧山电视台、FM107.9调频广播、有线广播、湘湖网、《湘湖视听》杂志等各大媒体平台对参与楼盘进行全方位报道。萧山广播电视台开设专版节目对本次参评单位进行专题展播，同时辅以多频道游动字幕宣传、图文信息24小时滚动播出、《房产家居》新闻展播、“十大诚信开发商、十大经典楼盘”等硬广宣传，为活动造势；开设“十大诚信开发商、十大经典楼盘”微博、微信投票平台，吸引网民对参加本次活动的开发商进行评选。举行“十大诚信开发商、十大经典楼盘”颁奖晚会，进一步提升活动的影响力。通过依托多元平台的互动宣传，为获得此次殊荣的房产企业带来可观的社会效益和经济效益，也为萧山广播电视台创收开辟了新的途径。

2014年，萧山广播电视台大力开拓广播、新媒体广告市场，推进广告经营的多元化、品牌化，实现“总量稳定、结构优化”的目标，广告信用指数名列杭州地区第一。

2015年，萧山广播电视台面对区域媒体发展环境的不断恶化，根据市场实际，重新划分各条行业线，增加教育培训等行业线，通过公开竞标等方式，确定各条行业线经理和承包任务。抓住会展经济和新经济上升的契机，成功策划举办春季房交会、秋季房交会、镇街汽车巡展、首届亲子博览会、家装建材进社区等大型活动，取得了良好效果，这些会展成为每年必办的品牌创收活动。是年，又引进爱尚购物等电商大客户，发展新广告形式，有力地带动了广告创收。同时，面对史上最严的新《广告法》，积极组织从业人员学习，开展药品、保健品广告整改优化工作，对所有广告逐条审看，所有栏目逐期审查，品牌广告比例明显增加。

2016年，传统媒体行业广告经营普遍遭遇断崖式下滑。面对困难，萧山广播电视台主动迎战，继续以营销活动推进广告经营方式转变，成功举办了萧山区首届金融微视频创作大赛及“我生活、我健康”萧山区首届微视频创作大赛。同时拓展广告形式，引进空中超市、“大牌价到”等电商优质大客户；与汇宇家居建材市场联合推出家居生活特卖惠电视直播，携手众多国内知名建材家居品牌，以最好的品质、最优的价格回馈广大群众；联合区妇联开展了“迎峰会·惠民生”女电商服务进万家活动，采取线上线下联动的方式，线上通过湘湖网进行展示，线下前往各社区开展“惠”萧山、“GOU”时尚巡回展。

萧山广播电视台还通过宣传片、专题片的拍摄制作，以及电视剧、电影的出品，不断打响萧山广电制作品牌。从2005年到2016年，萧山广播电视台共为各镇街部门、企事业单位摄制宣传片、专题片300多部，在服务社会的同时，也增加了经营创收。2010年，萧山广播电视台先后获得电视剧制作资格和全国同级广播电视台中的首张网络视频许可证。以此为契机，萧山广播电视台依托钱江影视创意园，联合社会力量，摄制电视剧（网络剧）和电影，到2016年，共有10部电视剧（网络剧）和电影出品，实现了影视产业的异军突起。

2010年以来，在制作播送商业广告的同时，公益广告也不断兴盛。是年5月，调频107.9兆赫出现首条广播公益广告，时任萧山区副区长张爱莲以亲身经历向全区市民作无偿献血动员。这一年现身说法的公益广告，还有开元旅业集团总裁、开元骑游队队长陈妙林的“低碳出行，为环境减负”；秋琴农庄庄主施秋琴的“种农产品也是种良心，安全、环保大如天”；萧山图书馆馆长孙静的“爱护图书、启迪知识”；萧山艾滋病防治专家徐钟渭用萧山区艾滋病感染者的数据说话，敲响防艾警钟；萧山交警大队值勤民警的“司机一杯酒，家人两行泪”；萧山民间消防队长李立兴的“一方有难，八方支援”；浙江省莲花落表演大家翁仁康的交通宣传“舞台上节目撞车是和观众开玩笑，开车不守交规是拿生命开玩笑”等。这些公益广告让政府官员、企业家、专业大户、普通农户、外来民工等各行各业的代表参与其中，用亲切的乡音，熟悉的声音，向听众进行公益宣传。是年国庆节前夕，调频107.9兆赫推出庆祝中华人民共和国成立60周年的“祖国在我心中”篇、反映社会和谐的“邻里互助”篇以及警示交通安全的“倡导近光灯”篇等三则广播公益广告，音响效果体现专业演播和制作的水平。是年，萧山电视台出现倡导文明行为的公益广告，举办“和谐萧山”公益广告大赛。是年，广播电视每天拿出30分钟以上黄金时间用于公益广告展播。

2012年以来，倡导廉政文化内容的公益广告出现频次增多，萧山广播电台制作有关党风廉政建设的系列公益广告，通过格言警示、小品说理等形式来展示廉洁文化，弘扬社会正气。具体内容如“莫伸手、伸手必被捉”“天网恢恢，疏而不漏”“千里之堤，毁于蚁穴”“别把客气当福气”“榜样的力量”等。在播放中央电视台公益广告的同时，还制作了“人生如舞台，清廉走一回”等多条公益广告。2012年8月，由区纪委、区委宣传部、区人民检察院、区监察局主办，萧山农村合作银行协办，萧山广播电视台、萧山日报社等部门承办的“萧山合作银行杯”廉政公益广告作品有奖征集活动揭晓，萧山广播电视台共有5条作品获奖。萧山广播电视台通过广播、电视两大平台对获奖作品进行了高频次、大密度展播。

2013年，萧山人民广播电台制作了“珍爱生命，远离毒品”公益广告，配合世界禁毒日在调频广播和有线广播播放。2014年至2016年，在全区掀起一股公益宣传的热潮，萧山广播电视台有线广播、调频广播、电视各频道及湘湖网、湘湖杂志积极配合，制作一批有关法制宣传的公益广告，涉及交通法规、环境保护、食品安全、反腐倡廉等内容，通过每天反复播放，起到了较强的警示作用。据统计，萧山广播电视台3年间播放公益广告达55条，时长119小时，为弘扬社会公德、建设和谐社会营造了良好的舆论氛围。

2. 多元经营

（1）萧山广播服务部

前身为1959年创办的萧山广播器材厂，厂址在城厢镇明月坊大弄口，主要销售和维修收音机、广播喇叭等。一年后，厂址移至县广播站内，改名“萧山广播服务部”，后停止对外营业。1962年精简机构时撤销。

（2）萧山县水泥制品厂

前身为1965年9月县广播站利用废墟地创建的水泥杆加工场，场址在城厢镇高桥庙东北。有职工5人，年产水泥杆2000余根。1980年12月，因场地建房搬迁至浦南公社张家畈大队，县广播站投资2万元（含原设备折价），与该大队合办，改名萧山县水泥制品厂。1985年1月起,县物资局化建公司参加联办,有职工140多人。后转制,与县广播站脱钩。

(3)萧山广播器材厂

1968年11月创办,生产广播喇叭。厂址在县广播站内。下年,划归县工交局所属。县广播站原8名干部、职工随厂调离。

(4)萧山市广播电视设备厂

前身为1979年4月1日创建的萧山县广播电视修配厂。厂址在县广播站内。主要装配、生产收音机等产品,并设立门市部,销售和维修收音机、电视机等广播电视产品和器材。1982年元旦,工厂划分为生产型和经营型两个企业,即县广播电视修配厂和县广播电视服务公司。修理和经营业务归公司,工厂主要装配电视机、有线广播控制台等广播电视设备。1986年,研制成功Yx系列广播音箱。6月,经浙江省广播电视厅等省内外22个单位的专家鉴定,认定该音箱结构合理,外形美观,音质清晰,达到浙江省农村有线广播用户设备同类产品的先进水平,优于原广播电视部规定的乙级标准,确定作为有线广播用户设备升级换代的推广产品。1987年,工厂改名为萧山县广播电视设备厂(厂址不变),属自收自支全民事业单位。1993年,研制成功调频电台用热线电话交换机,同时生产各种有线电视用户盒、分支分配器及消防报警喇叭等。2000年1月至10月,营业额30.1万元,亏损10.9万元。是年12月,经公开拍卖,实行转制,与萧山市广播电视局脱钩。

(5)萧山市广播电视设备公司

前身为1982年从萧山县广播电视修配厂分离创建的萧山县广播电视服务公司。地址在县广播事业局内。后在城厢镇、临浦镇、瓜沥镇等地设立门市部,主要供应和维修电视机、收音机、录音机等各种广播电视设备。1982年至1986年,销售各种电视机2.3万台,占全县历年来累计总销售量的31.5%,最高年利润22万余元。1991年4月16日,更名为萧山广播电视实业公司(地址不变),后因盲目扩大经营范围,放松内部管理,出现亏损。1997年,更名为萧山市广播电视设备公司,有职工27人。2000年12月,经公开拍卖,实行转制,与萧山市广播电视局脱钩。

(6)萧山市音像制品发行站

前身为1986年4月建立的萧山县录像制品发行站,站址在县局内,属全民事业单位,编制3人。1990年9月,更名为萧山市音像制品管理发行站(站址不变),编制12人。1992年,经浙江省广播电视厅考核验收,被评定为二级音像站。1993年评定为一级音像站。1996年12月,在机构改革中取消管理职能,改名萧山市音像制品发行站。该站多次被评为省级先进发行站,购片量和发行量均列全省同级站前茅。2000年1月至10月，营业额12.4万元，亏损4.4万元。是年12月，经公开拍卖，实行转制，与萧山市广播电视局脱钩。

(7)萧山市电视发展总公司

1993年6月30日，由萧山电视台创建，从事广播电视相关行业的业务活动。公司地址在萧山电视台内。同年12月10日在上海建立分公司。后与上海铁路局合作，建立上海风云广告公司，从事广告业务。后因内部管理混乱，亏损严重。1997年因债务引起诉讼，被上海有关部门查封。总公司于1998年9月15日注销。

六、媒体融合

萧山广播电视台旗下有调频广播、有线广播、萧山电视台三大媒体主平台，还有湘湖网、手机电视台、钱江影视创意园、《湘湖视听》等文创、网络平台。从2010年开始，萧山广播电视台通过打造区域性传媒综合体，全力推进各平台融合。通过广播、电视、网络等资源的优化配置，栏目、人员、技术之间的联动互进，新闻链和产业链的扩充完善来推动，真正形成多位一体、协调共进的发展新格局。

1.建立统一的新闻平台

传媒综合体对新闻采制和供给提出了更高要求。2010年年初，萧山广播电视台整合广播新闻部和电视新闻部，成立新的新闻中心，建立起统一的新闻采编平台，统筹新闻资源，为旗下包括广播、电视、网络、平面杂志等在内的所有新老媒体提供最新鲜的信息资讯。新闻中心建立以后，采编效率得到提高，新闻时效性大大增强。特别是对突发性事件的报道，如记者赶到现场后，首先进行广播电话连线报道，并将相关内容和图片上传到网站，中心编辑人员根据连线内容在电视上滚动播出游动字幕新闻，然后在电视《热线188》中播出电视新闻，在电视《社会聚焦》、广播《萧广关注》中推出深度报道，形成立体、滚动播出，受到受众欢迎。

2.构建统一的活动平台

为充分发挥广电举办、承办各类大型活动和赛事的优势，围绕传媒综合体的打造，萧山广播电视台整合资源成立了活动部(后称专栏部)，构建统一的活动平台，对萧山大型活动资源进行统筹开发，并调配全台资源进行全方位支持，实现广播电视节目与大型活动的无缝对接。统一的活动平台，加强萧山广播电视台与部委办局、镇街、园区、大型企业、村(社区)的合作，在推介节目品牌、提升广电形象上起到重要作用，提升广播电视的公共文化服务力和竞争力。2010—2018年，萧山广播电视台年均举办、承办大型活动数十场(次)，如“唱游浙江”“跨湖桥文化节”“唱响我家乡”“广电观众节”等，在萧山甚至全省范围内产生了较为深远的影响。

3. 建设全台网

打造传媒综合体，需要一个通畅无阻的全台性网络来连接各业务流程，连通各平台，实现节目生产的高度集约化和资源利用的最大化。在全面实现技术设备数字化、网络化的基础上，萧山广播电视台将重点放在打造全台网上，通过建设一个集制作、播出、存储、管理"一体化"的网络，进一步优化工作流程，提高生产效率和管理水平，并为新媒体业务发展提供丰富的内容资源和有效的技术保障，使萧山广播电视台的生产力环境从过去的"局部优化"提升到"整体优化"阶段，在技术应用层面上真正实现与传媒综合体的匹配，满足应用和发展的需要。

4. 培养全能记者

2011年开始，萧山广播电视台加快全能记者培养步伐。首先，从思想上提高记者对传媒综合体建设的认识，自觉按照全能记者的标准要求自己。其次，为记者配备摄像机、电脑、相机、录音机等全能记者的装备。重点是加大业务培训力度，通过"请进来""送出去"，邀请专家讲座，选派骨干外出学习，推出每周一次主题学习、每月一次集中评稿制度。同时成立摄影协会，加大交流力度，使记者的业务水平有了较大的提升。

围绕传媒综合体建设，萧山广播电视台坚持"新闻立台、文化强台、绿色收视"十二字方针，四大平台（广播电台、电视台、湘湖网、《湘湖视听》杂志）建设在制度和机制创新中日益完善；人才队伍建设在优化组合中成长壮大。"三办四中心两公司"的新构架，激发整个团队的工作效率和创新活力。统一的新闻平台，使舆论影响力得到进一步提升。推进"节目活动化、活动节目化"，实现广播电视节目与大型活动的有效对接，提升公共文化服务力。至2016年，萧山广播电视台四大平台作为一个传媒综合体，整体联动可以形成一个强大的立体式舆论宣传冲击波。四大媒体在日常节目和重大报道、大型活动的运作中，既发挥了自身优势，又展示了合作力量。

七、对外宣传

1. 广播对外宣传

20世纪60年代末期至70年代，萧山人民广播站开始向浙江人民广播电台发送稿件。主要内容是一些重要活动和重大事件，如萧山学习贯彻毛泽东主席最新指示发表、中共九大、中共十大召开以及后来的粉碎江青反革命集团等内容。1979年起，记者个人署名向国家级、省级和杭州市的报刊、电台、电视台（口播稿）发稿，报道内容十分广泛，每年被上级新闻单位采用的稿件保持在500篇（次）以上。1983年年初，萧山人民广播站规定向上发稿不得个人署名，稿费的60%归集体所有。此后，记者很少向上发稿。1988年4月起，萧山人民广播站废除上述规定，鼓励记者个人署名发稿。1989年，把向上发稿列入年度工作目标，确定数量，落实到每个编辑、记者，并作为工作考核的内容之一，有奖有罚，较好地调动编辑、记者的积极性，1991年起，在浙江人民广播电台播出的稿件每年有200篇以上。1991—2000年，先后8次获浙江人民广播电台通联一等奖。在杭州人民广播电台播出的稿件数量每年居杭州市各县（市）、区同行第一位。在中央人民广播电台播出的稿件也不断增加，1992年播出3篇，实现零的突破。1996年为8篇，其中有1件是整组的对农广播节目。

1997年“局台合一、广播电视合一”后，广播对外宣传和向上发稿的意识进一步增强，2000年，在中央人民广播电台播出稿件14篇，在浙江人民广播电台播出243篇，在杭州电台播出232篇。2001年在中央人民广播电台播出新闻15篇，浙江人民广播电台播出241篇，以后逐年增加，播出总量比上年有明显增加，扩大萧山在外界的知名度。2006年在中央人民广播电台播出新闻、专题50篇（组），在浙江人民广播电台播出稿件206篇（组）。2007年在中央人民广播电台播出49篇，其中《全国各地新闻联播》节目3篇，《新闻和报纸摘要》节目2篇；在浙江人民广播电台播出300篇；在杭州电台播出200多篇。当时向上级台发稿的任务由局（台）的新闻部负责。

2010年萧山广播电视台成立新闻中心后，广播和电视新闻的向上发稿均由新闻中心承担。新闻中心建立统一的新闻平台，并分设广播和电视向上通联各一名，负责向上宣传。是年，在中央人民广播电台中国之声发稿83篇。2010—2016年，广播对上新闻宣传依托新闻中心的平台一直走在全省区（县、市）前列，年年获得全省新闻协作奖。

2011年，萧山广播电视台的广播新闻稿在中国之声播出新闻134篇，在浙江之声播出新闻682篇（条）。在中国之声发稿数位居全省同级台首位，广播通联工作荣获全省特等奖。

2012年，萧山广播电视台在中国之声播出新闻90篇（组），发稿数位居全省同级台第一；在浙江之声播出新闻765篇（组），广播通联工作排名全省同级台第一，创下萧山广播电视台外宣工作的历史最好成绩。

2013年，广播通联工作再次获全省广播新闻协作特等奖，在中国之声发稿位居全省同级台第一。

2015年，除了在中国之声发稿外，在浙江之声发稿500多篇（组），获得全省县级台新闻协作特等奖，发稿数位列全省同级台第一。这些稿件中，大项目推进、机器换人等全区经济亮点持续挖掘，备受关注。

2016年，借G20峰会期间中央、省级媒体关注杭州、关注萧山之机，在中央人民广播电台、浙江人民广播电台等上级媒体播出大量稿件，稿件的数量和质量均居全省第一阵营，广播获得全省新闻协作工作一等奖。

广播的另一外宣内容是调频107.9兆赫与上级台（兄弟台）联合直播，以及向到萧山考察的上级领导和域外参加团介绍萧山的移动直播。

1999年以来，调频107.9兆赫主动参与上级台的并机直播活动，通过更高的平台全方面推介宣传萧山。1994年，萧山人民广播电台与黑龙江省牡丹江电台、江西省南昌电台等省内外7家广播电台联合举办元宵大联播，是日，7家电台同步播出10个小时的节目。1999年10月1日，萧山广播电视台经过组织、策划，调频107.9兆赫与江西省南昌电台、陕西省延安电台、江苏省无锡市江南之声、湖北省宜昌电台同时播出国庆广播大联播节目《飞越时空，辉煌五十年》，并在互联网上传送。2002年，萧山人民广播电台与浙江人民广播电台、杭州人民广播电台联合，在浙江世贸中心现场直播“2002年萧山工业产品展销会暨对外经贸洽谈会”开幕典礼；与浙江省交通之声一起策划一台1小时的介绍萧山钱江观潮节的节目《潮涌萧山》，在北京经济电台、重庆经济电台等全国14家省级媒体播出。2009年国庆期间，萧山人民广播电台和FM88、AM810浙江之声并机直播庆祝中华人民共和国成立60周年《精彩浙江——直播萧山》，由调频107.9兆赫主持人小米和浙江之声主持人飞扬同台直播，时任萧山区委副书记、区长盛阅春和区委常委、宣传部部长裘超在直播室接受访谈。两路记者分别在企业车间、农村新居作现场连线报道，1小时的节目高潮迭起，首尾贯通，集中展示萧山60年来特别是改革开放以来的工业经济、城市建设、民生保障、旅游文化共四个方面的成就。2010年12月12日，萧山人民广播电台调频107.9兆赫和浙江之声并机直播《跨越“十一五”——直播萧山篇》。调频107.9兆赫主持人祝春和浙江之声主持人飞扬再次同台直播，时任萧山区委副书记、区长盛阅春和区委常委、宣传部部长裘超在直播室与听众互动。节目全面展示萧山“十一五”时期创业创新成果和初具规模的现代化大都市新城区的风貌。

移动直播就是通过广播转播车一路伴随在萧山考察的上级领导或域外参观团，在车上沿线介绍萧山情况，这既是区委、区政府下达的任务，也是广播外宣工作的一项创新内容。自2005年添置广播转播车以来至2017年，共完成21次移动直播。其中为上级领导考察的移动直播7次，为域外党政和企业代表团的移动直播有10次。

2011年7月9日，时任浙江省委书记、省人大常委会主任赵洪祝到萧山区专题调研大江东规划建设情况。萧山广播电视台承担广播移动直播任务，负责向赵洪祝等省市领导介绍萧山及大江东建设情况。2012年7月下旬，杭州市委书记黄坤明带领市委常委会班子专程到萧山调研，2015年1月上旬，杭州市委书记龚正到萧山调研，这两次调研广播移动直播一路跟随，现场介绍，为市委领导感受萧山、了解萧山提供直观依据。2016年G20峰会前期,杭州市委、市政府分别于1月19日和4月8日举行“互看互学”大比武现场观摩活动。观摩团到萧山后,移动直播介绍紧密配合现场观摩,给观摩团留下了良好印象,从而为萧山得分。2017年11月18日,萧山广播电视台举行萧山人大会“喜看萧山新变化”广播移动直播,为国内外的萧山人全面介绍改革开放以来萧山建设发展的各项成就。

2007年以来,先后为省市领导调研湘湖、全省平原绿化工作座谈会现场参观、华东、华南、东北、西北19个县(市、区)人大工作研讨会现场考察及江苏江阴、南京江宁、嘉兴海宁、杭州江干等地的党政和企业考察团进行了移动直播。

2.电视对外宣传

萧山电视台筹建初期,记者的主要任务是向上级台发稿,有时与上级台记者合作采拍。自办新闻节目后,继续把向上发稿作为一项重要工作来抓,对采、编、播人员下达向上级台发稿任务,并把发稿数量、播出数量与奖金、评优、评奖挂钩。1987年,电视新闻被浙江电视台和杭州电视台采用130条,其中有8条是头条新闻。

1988年,在中央电视台《新闻联播》节目中播出萧山电视台选送的新闻2条。在浙江电视台播出160余条、杭州电视台播出85条,其中有20条是头条新闻,播出量在同级电视台中名列前茅,分别被浙江电视台和杭州电视台评为新闻协作先进集体。

1989年,在中央电视台播出新闻6条,在浙江电视台播出198条,名列全省同级电视台第2位,在杭州电视台播出154条,名列杭州市同级电视台首位,分别被浙江电视台和杭州电视台评为新闻协作先进集体。

1990年,在中央电视台播出新闻13条,浙江电视台播出242条,杭州电视台播出240条。被浙江电视台和杭州电视台采用的新闻片中,列入要闻和头条的占三分之一,分别被浙江电视台和杭州电视台评为新闻协作先进集体。

1991年,在中央电视台播出新闻20条,浙江电视台播出209条,杭州电视台播出263条,分别名列全省同级台首位,被浙江电视台、杭州电视台评为新闻宣传先进集体,并在全省电视工作会议上介绍经验。

1993年7月13日下午,欢潭乡进化村遭受特大暴雨袭击,记者迅速赶赴欢潭,拍摄灾情,并及时传送给杭州电视台、浙江电视台播出。10月3日,萧山发生观潮悲剧,记者及时采访拍摄,消息及时在萧山电视台、中央电视台及浙江电视台和杭州电视台播出,后与浙江电视台合作采访制作的反映悲剧发生的经过以及各方抢救伤员、寻找失踪人员情况的新闻专题,分别在中央电视台《东方时空》节目《焦点时刻》栏目和浙江电视台播出。是年,在中央电视台播出新闻30条(其中在《神州风采》和《东方时空》节目中各播出1条),浙江电视台播出187条,杭州电视台播出167条,分别名列全省同级电视台第二、第三和第一名，被浙江电视台评为新闻协作先进集体。

1994年，在中央电视台播出新闻28条，浙江电视台播出400余条，分别名列全省同级电视台第一和第二名，并获浙江电视台新闻协作二等奖。在杭州电视台播出新闻260多条，名列杭州市同级电视台第一名。在浙江省委宣传部和浙江省广播电视厅联合举办的国庆45周年专题节目联播中，萧山电视台选送的反映浙江万向集团和围垦的2部专题片《中国鹰》和《人间奇迹》分别获三等奖和参评奖。

1995年，在中央电视台播出新闻15条，浙江电视台播出211条，杭州电视台播出185条，分别名列全省同级台前茅。获浙江电视台新闻协作二等奖和杭州市电视新闻协作优胜奖。

1996年1月，萧山电视台采拍的介绍萧山市3位有艺术特长的青年及青年企业家事迹的专题片，在浙江电视台新闻节目《父老乡亲》栏目中连续播出。3—5月，萧山市北干山开展迁坟造公园大行动，记者采访记录下整个迁坟行动的全过程，制作成专题片《变坟山为公园》，在浙江电视台《黄金时间》栏目中播出。7月，介绍航民村党委带领群众致富奔小康先进事迹的专题片，分别在中央电视台、浙江电视台、杭州电视台播出。是年，"浪潮杯"第十一届亚洲摔跤锦标赛在萧山举行，萧山电视台记者采制的相关新闻，在中央电视台播出5条，浙江电视台播出8条，并与浙江电视台合作直播摔跤赛决赛。是年，配合做好中央电视台专题片《毕业以后》的采访工作。该电视片在中央电视台《社会写真》栏目中播出。是年，有388条新闻被上级台采用，其中中央电视台25条，浙江电视台164条，杭州电视台199条。被浙江电视台、杭州电视台分别评为新闻协作二等奖和新闻宣传先进集体。

1997年年初，萧山市开展为贫困户送温暖活动。2月2日，中央电视台《新闻联播》节目头条播出浙江省开展送温暖活动报道，其中较大篇幅介绍萧山市送温暖活动情况。是年，萧山电视台专题节目《菁菁校园》与浙江电视台《少儿电视》节目联办娱乐竞技节目，并选送少儿专题、少儿新闻在浙江电视台播出。是年，电视新闻被中央电视台录用29条，其中9条在《新闻联播》节目中播出，创历年最高纪录。在浙江电视台播出新闻171条，杭州电视台播出164条。

1998年3月15日，浙江省消费者协会等单位在萧山商业城开展纪念消费者权益日、维护消费者合法权益大型咨询活动，萧山广播电视台与浙江电视台联合进行现场录播。是日，浙江电视台在《黄金时间》栏目中推出特别节目《"3·15"保护消费者合法权益咨询活动》。4月，中国排球协会优胜联赛表彰和女排明星赛等系列活动在萧山举行，中央、省、杭州市的新闻媒体详细报道活动的全过程，大部分报道内容由萧山广播电视台提供。10月，"'98中国国际（萧山）钱江观潮节"揭幕，中央电视台首次在《新闻联播》节目播出萧山举办观潮节的消息。是年,在中央电视台播出新闻21条,浙江电视台播出178条,杭州电视台播出220条。

1999年,在中央电视台播出新闻24条、专题片4部。在浙江电视台播出新闻205条,杭州电视台播出214条,继续保持全省同级台领先地位。是年,萧山广播电视台还与海宁台、余杭台联合发起成立"杭嘉湖绍周边县(市)电视新闻协作网",先后有萧山、余杭、海宁、富阳、海盐、桐乡、嘉善、德清、平湖、安吉、长兴、余姚、上虞、嵊州等台参加。协作网规定,成员台每月相互寄送电视新闻,在各台播出,开展相互宣传。2000年4月,由萧山、余姚、江阴、张家港、锡山等台发起,在萧山成立了"江浙沪经济发达县市台电视新闻协作网",第一批成员台有萧山、余姚、绍兴、诸暨、慈溪、海宁、江阴、张家港、锡山、常熟、吴县、太仓、武进、通州、青浦、嘉定。各成员台每月将新闻节目寄到理事长台——萧山台,再由理事长台汇总后寄往各成员台相互播发新闻进行宣传。

2000年春节,萧山市举行盛世欢歌闹新春活动,萧山电视台共有5条相关新闻在中央电视台《新闻联播》《早间新闻》和《晚间新闻》节目中播出。是年,在中央电视台播出新闻29条,浙江电视台播出148条,杭州电视台播出139条。获浙江电视台新闻协作一等奖,杭州电视台新闻协作特等奖。

2001—2005年,电视新闻对上对外宣传的数量和质量不断提升,在中央、省、市媒体播出的新闻稿件数量逐年突破。2006年在中央电视台播出45条(其中《新闻联播》4条);在浙江卫视播出149条。在此基础上,萧山广播电视台主动与上级台建立紧密协作关系,并通过中央、省、市媒体专题宣传休博会、观潮节、三江美食节等全区性重大活动。

2007年,向上发稿继续在全省同级台中保持领先,区委、区政府重大活动和全区特色活动,如全国蹦床锦标赛、全国区域创新发展论坛、第九届萧山杨梅节、2007中国国际(萧山)钱江观潮节、"三十大"评选和表彰等活动报道,均在省内外产生较大影响。是年9月23日,全国区域创新发展论坛在萧山开幕。萧山广播电视台邀请中央电视台、浙江卫视、杭州电视台等媒体对论坛开幕进行采访,《全国区域创新发展论坛在萧山举行,与会代表达成萧山共识》等消息相继在上级媒体播发。

2008年,萧山广播电视台加大与市、省、中央各级媒体的交流力度,大量新闻报道和专题节目在国内外媒体播出,产生深远影响。萧山电视台在中央电视台发稿70条(其中《新闻联播》节目5条),在浙江卫视发稿291条,在杭州电视台发稿216条。

自1997年局台合一后至2009年,萧山广播电视台向中央、省、市台播发电视新闻稿年年在全省、全市县(市)区台中名列前茅,分别获一、二等奖或特等奖。

2010年,萧山广播电视台成立新闻中心,广播和电视新闻向上发稿均由新闻中心统一负责。是年,向上、对外宣传工作实现新突破。由萧山广播电视台记者采制的《今年钱江潮有望近十年最大》引来中央电视台再次直播钱江潮,由中央电视台和萧山广播电视台记者联合采制的"好媳妇韦小琴""阳光兄弟""传化构建和谐劳动关系"等专题报道,分别在中央电视台《新闻联播》和《身边的感动》栏目播出。其中韦小琴的故事在中央电视台播出后,在全国引起强烈反响。中国网络电视台、人民网、新浪网、搜狐网、腾讯网、优酷网等各大网络媒体进行转载,许多网民被韦小琴的精神所感动,纷纷留言。是年,在中央电视台发稿254篇,包括《新闻联播》13篇。在中国之声及《全国新闻联播和报纸摘要》栏目、中央电视台及《新闻联播》栏目、浙江之声的用稿量均位居全省同级台首位,荣获全省上送中央电视台联播十佳(包括地级台,排名第四)称号;在浙江卫视位居全省同级台前列。

2011年,萧山广播电视台的电视新闻稿在中央电视台播出新闻150多篇(条),其中中央电视台《新闻联播》20篇(条),在浙江卫视播出400多篇(条)。在中央电视台《新闻联播》发稿数位居全省首位,电视通联工作荣获全省特等奖。

2012年,萧山广播电视台在中央电视台播出新闻152条,其中《新闻联播》20条,发稿数位居全省同级台第一;在浙江卫视播出新闻482条,电视通联工作排名全省同级台第一,创下萧山广播电视台外宣工作的最好成绩。

2013年,电视通联工作再次获全省电视新闻协作特等奖,在中央电视台发稿位居全省同级台第一。连续四年与中央电视台联合直播钱江潮,努力做到对外宣传发稿数量和宣传效果的有机统一。

2014年,中央、省级媒体关注萧山区加快经济转变发展方式。是年4月12日,由萧山广播电视台和浙江卫视联合采制,反映以传化公路港为代表的萧山物流如何在逆势中创新发展的新闻,在中央电视台《新闻联播》头条播出。5月11日,中央电视台《新闻联播》头条播出《质量速度双轮驱动　促浙江转型发展》,重点报道萧山在提高亩产效益上下功夫,引领经济实现速度与质量双轮驱动的生动实践。萧山广播电视台联合浙江卫视记者展开调查采访,推出《萧山企业互保链现状调查》系列报道,澄清外界对萧山经济风险的种种猜测,受到省委副书记、省长李强的肯定和表扬。

2015年,除了在中央电视台发稿外,在浙江卫视发稿370多条,获得全省县级台新闻协作特等奖,发稿数位列全省同级台第一。这些稿件中,大项目推进、机器换人等全区经济亮点持续挖掘,备受关注。萧山的外商养老投资、机器人小镇均在中央电视台《新闻联播》中播出。

2016年,借G20峰会期间中央、省级媒体关注杭州、关注萧山之机,在中央电视台、浙江卫视等上级媒体播出大量稿件。派出精兵强将配合中央电视台做好G20峰会宣传报道工作，因任务完成出色，中央电视台新闻中心专门向区委、区政府发去感谢信。是年，在中央电视台、浙江卫视播出稿件的数量和质量均居全省第一阵营，电视获得全省新闻协作工作一等奖。

电视外宣工作的另一个任务是向外推送专题片（纪录片）以及网络直播宣传。

随着改革开放的深入和对外宣传意识的增强，1997年，萧山电视台参加中国黄河电视台的海外宣传协作网，定期推荐专题片到黄河电视台在美国的斯科拉电视网播出。2002年7月，根据区委要求，萧山电视台精心制作长达5个半小时的电视专题片，赴美国举办萧山电视展播活动，通过美国斯科拉电视网，在美国教育网上详细介绍萧山经济社会发展的现状，引起较大反响，获得良好的宣传效果。2008年，外宣栏目《今日萧山》在美国斯科拉电视网上播出专题17期，专题片《寻梦湘湖》被评为海外播出优秀电视节目。

1998年，萧山电视台有30多部专题片分别在省和地、市级电视台播出，其中专题片《邵家故事》、音乐电视《绣花边的姑娘》先后在中央电视台播出。2000年专题片《冯耀忠的微雕艺术》《发展的新城》《农产品市场之信息篇》《农产品市场之分级加工篇》等分别在中央电视台和中央教育电视台播出。其中《冯耀忠的微雕艺术》（英文版）在中央电视台国际频道（第四套）《中国各地》节目中播出，是萧山广播电视台在中央电视台播出的第一部英文电视专题片。

2012年，萧山广播电视台萧山广电文化创意有限公司和浙江仪和岚文化创意有限公司联合出品数字电影《母亲的放弃》，这是一部采用纪实手法拍摄的悲情电影，讲述一位僻远农村母亲赶赴城里处理儿子后事的故事。

2015年1月10日、11日，由萧山区委宣传部、萧山区文广新局、萧山广播电视台联合制作，反映萧山八千年文明史的纪录片《三探跨湖桥》亮相中央电视台科教频道《探索·发现》栏目。12月22日，由浙江省委宣传部、中央电视台科教频道《探索·发现》栏目、杭州断桥文化艺术发展有限公司、杭州萧山广电文化创意有限公司联合摄制的纪录片《揭秘荣字1644部队》在中央电视台科教频道《探索·发现》栏目播出。该片较为全面地揭露了抗战时期日军驻南京的荣字1644细菌部队在南京等地进行人体实验，并在浙江的杭州、宁波、衢州、金华、丽水、绍兴、温州等7个市、10多个县和江西九江、湖南常德等地实施大规模细菌作战，造成中国军民5万余人直接死亡，近百万人受细菌感染的史实。

自萧山电视台建台以来，共在中央、省、市级电视台以及境外播送专题片（纪录片）近300部，其中中央电视台各频道20部，浙江电视台各频道90多部。

2016年，由萧山区人民政府主办，浙江省萧山湘湖国家旅游度假区、萧山广播电视台承办的“圆梦湘湖”全球、全景、全天候直播活动10月7日拉开帷幕，6时至21时，萧山广播电视台会同38家全国知名新媒体，全程视频直播“首届湘湖国际铁人三项赛”和“首届湘湖杯国际帆船邀请赛”两项重大体育赛事，同步视频直播“湘湖晨练”“湘湖美食”“湘湖美景”“夜游湘湖”“住在湘湖”“圆梦湘湖面对面访谈”等众多精彩内容。向全球展示湘湖景区的迷人景色和“三生融合”的美丽萧山。

“综艺走亲”是电视外宣的一个创新。2011年，由萧山广播电视台为理事长台的江浙沪经济强县(市、区)广播电视协作网举办大型电视综艺活动“唱游长三角”。该次活动借助各台的电视综艺节目为联合展示平台，分“浙江、江苏、上海”三大唱游区，根据各大唱游区当地的特色，由各个参与台轮流作为东道主组织举办，每一站以“唱”和“游”分别进行室内与室外两场节目录制。“唱”主要在室内，比的是各台主持人的才艺；“游”主要在室外景点。由此串联拍摄制作成的电视综艺节目，定期、定时在各台相应的固定栏目中同步播放，覆盖三个省市。“综艺走亲”2012年又有新拓展，大型综艺活动“唱游中国——跟着课本游山水”，让人重温了各地的文化经典，让本地在中国历史上产生过影响的文化人物再次浮出水面。“综艺走亲”的另一个亮点是在2012年的萧山春晚上，来自江浙沪经济强县(市、区)的八位电视节目主持人一起亮相舞台，拿着来自本地的特色道具，用本地的特色语言向萧山人民拜年，成为萧山春晚的一个小高潮。

第二节　萧山县收音站

萧山广播事业起始于20世纪50年代初的收音站。当时，县城及临浦、瓜沥两区的收音站、收音小组经常组织群众收听浙江人民广播电台的节目。为了帮助干部群众及时了解国内外大事，1950年7月，萧山县文化馆根据中共萧山县委指示，开始收音工作，每天晚上组织干部、群众坐在一台收音机旁收听浙江人民广播电台节目，平均每次有20余人。同年8月，县文化馆干部陈宗英参加全省第一期收音员短训班学习班，9月萧山县收音站正式建立，此后收音站人员定时把收音机送到县委、县政府，组织干部收听有关时事政策和生产等节目，送到学校组织学生收听《儿童节目》。为使更多的干部、群众收听广播，县收音站首先在湘湖师范学校成立有10人参加的收音小组。接着，在其他单位和居民区相继发展收音小组。1951年，在城区有10个收音小组。1952年4月，发展到8个收音站、48个收音小组，有12个兼职收音员。是年，城区成立由机关、工厂、学校、居民村等收音站、组的代表参加的城区广播收音委员会。

至1952年上半年，全县10个区先后建立收音站。区收音站人员多数由区小学教师兼任，以组织干部收听讲座为主，并在所在地选择基础较好的互助组和农业生产合作社建立收听点。县收音站与各区收音站、城区收音委员会建立经常的联系制度，不定期召开收音员会议，加强业务指导、交流工作经验，使收音工作正常开展。

随着基层收音站的发展，收音工作的作用日益增大。1951年4月18日，县收音站在城厢镇集中14架收音机，组织3600多人收听抗美援朝广播大会。通过组织收听广播大会和各种讲座，工商界和城厢镇居民为支持抗美援朝，共计捐献飞机、大炮款1000余万元(旧币)。1951年、1952年，收音站先后组织农民、工人、学生和干部等收听各类讲座和广播大会303次，13.26万余人次参加收听。各收音站还抄录重要新闻和气象消息，提供领导参考和作为黑板报资料。

1953年起，县收音站在搞好收音工作的同时，根据各项政治运动的宣传需要，进行临时性的有线广播宣传。1955年4月，县收音站工作划归萧山有线广播站。以后，随着有线广播的发展和收音机的增多，收音站相继取消。

第三节　萧山人民广播电台

1955年3月29日，萧山有线广播站开始播音，标志着萧山人民广播事业创立。

中共十一届三中全会以后，萧山广播进入快速发展时期，广播网路的“达标、保标、升级”成绩斐然，新闻宣传成为全国先进。1992年1月1日，萧山人民广播电台调频广播正式开播，结束萧山广播只有单一的有线广播的历史，实现有线广播和无线调频广播两套节目传输覆盖，标志着萧山广播事业又登上一个新台阶。此后，萧山广播在宣传和事业建设等方面又取得突出的成绩。1997年“局台合一、广播电视合一”后，萧山广播在节目质量、宣传效果、技术设施和网路建设等各个方面都展示出前所未有的崭新面貌。广播新闻两次获得全省“十佳”称号，新闻节目、社教节目、文艺节目频频获全省大奖，技术设施达到全国一流水平，网路建设国内同行领先，萧山广播事业进入发展、壮大、繁荣的全新时期。

一、有线广播

1.节目设置

萧山有线广播站创建初期，广播节目以转播浙江人民广播电台的节目为主，自己无固定的自办节目。1957年4月起，每天开办1组固定的《新闻节目》。同时，不定期开办《经济生活》《谈生产》《党团生活》《合作网》等专题节目。1958年5月5日起，自办的文字节目有《本县新闻》《专题节目》。后又开办《报纸选播》《气象》节目和对城厢镇广播的《简明新闻》节目。1972年开始，除文艺节目外，设置《新闻》《专题》《科学知识》《报刊选播》和《气象》等节目，每天播出的文字节目为45分钟。

1979年4月起，每天转播上级电台的节目为3小时10分钟，其中主要是转播中央人民广播电台的《新闻和报纸摘要》《各地人民广播电台联播节目》，浙江人民广播电台的《本省新闻和报纸摘要》《对农村广播》等重点节目以及浙江人民广播电台的一些文艺节目。自办文字节目增设《理论学习》节目，增加《科学知识》节目的分量。每天自办节目时间4小时25分钟，在全天播出的节目总时量中，自办节目由47.2%上升到58.2%。是年9月，萧山人民广播站在全省广播电视宣传工作会议上介绍办好自办节目的经验和做法。随后，自办节目比重不断提高。1981年起，每周增加6组《简明新闻》节目，每组5分钟。1985年，自办节目在全天播出的节目总时量中占75%。1986年起，开办《广告》和《商品信息》节目。

1992年1月，萧山人民广播电台调频广播开播，有线广播节目同时在调频广播中传输。1993年7月1日起，有线广播和无线调频广播采用两套不同的节目内容，各自分别播出。1997年"局台合一、广播电视合一"后，节目小有调整，主要有新闻类的《萧山新闻》《萧广快讯》和《国内外简讯》节目，社教类的《农村大世界》《萧山企业界》《党风廉政之声》《卫生与健康》《妇女之声》《科技与生活》《社保之声》和《人口与计划生育》节目等，服务类的《农家百事通》《气象》《广告》和《听众服务台》节目等，文艺类的《戏曲》《曲艺》《梨园青草地》《来信点播》和《歌曲》节目等。

2004年以后，有线广播节目有几次调整，2010年撤销《国内外简讯》，其内容并入《萧广快讯》；是年，《农村大世界》从原来的每周2组增加到5组，2016年，《农村大世界》更名为《萧然新农村》；专题节目主要是与有关部门联办的模式推出一些收费节目。各类节目多次在全国、全省和杭州市的优秀广播作品评比中获奖，获奖数量和档次在全省同级广播台（站）中名列前茅。

（1）新闻类节目

《萧山新闻》

系萧山人民广播电台的主要档新闻节目。其前身为萧山有线广播站创建初期的《新闻节目》，1958年改名《本县新闻》，1986年改名《萧山新闻》，每天1组，每组10分钟，当晚首播，次日早上重播。节目配合县（市、区）委、政府各个时期的中心工作，以指导性见长，突出时效性，力求广泛性。在坚持正面宣传为主的前提下，选择具有典型性、代表性的事例和现象播出有理、有力、有节的批评报道。在报道形式上注重灵活多样，充分运用音响和录音素材，发挥广播快、时效性强的特点和长处，经常播出记者现场发回的口头报道，让全县（市、区）人民首先从广播中了解到本地当天发生的重大事件和重要新闻。节目较好地发挥了党和政府的喉舌作用，成为政府与人民群众沟通的重要渠道，长期来受到县（市、区）委和政府的肯定、人民群众的赞扬、上级广播部门的好评。1989年，《萧山新闻》节目代表杭州地区参加全省县（市）级广播台（站）新闻节目抽查评比，被抽查5组《萧山新闻》节目的9项指标以总分1420分（满分为1500分）获全省第一名，获得全省主要档新闻节目抽查评比一等奖。1990年，《萧山新闻》节目再度代表杭州地区参加浙江省县（市）级广播台（站）主要档新闻节目抽查评比，被抽查的5组《萧山新闻》节目再次获得总分第一名，获得一等奖。1995年4月，浙江省广播电视厅在萧山召开"全省首届县级广播电台新闻节目改革研讨会"，专题研讨萧山人民广播电台新闻改革的经验。1999年、2001年、2003年在省广电厅对县（市）区台的新闻节目评比中，《萧山新闻》获得"十佳"三连冠。

《萧广快讯》

前身为1981年开办的《简明新闻》节目。1982年改名《今日新闻》，1993年改名《萧广快讯》，该节目立足于新闻的短、新、快。开办初，由于受通信设备条件限制，节目中当天发生的新闻信息不多。1982年年初，使用有线广播多通道、多功能装置，各公社广播站利用这一装置发送稿件，当日新闻的数量有明显增加。1995年起，每天播出的《萧广快讯》增加到2组，在有线广播和无线调频广播中同时播出，全市当天发生的重要新闻都能在当天播出，成为群众获取最新信息的主要渠道之一。

2010年，《萧广快讯》全新改版。改版后的《萧广快讯》时间上仍然是每个双整点播出，但形式上全部采用主持人口语化直播，该举走在全省县（市、区）整点新闻直播的前列；节目内容主要是大量播报与群众生活息息相关的民生信息，而且经常插入记者和市民的现场连线播报。为了确保节目随时有鲜活的连线内容，与萧山交警大队成立一支以出租车司机为主体力量的路况信息员队伍，通过手机微信等手段，及时报道路况信息、交通事故、灾害天气、公益行动等最新消息和突发事件，进一步提升广播新闻的现场感和时效性。《萧广快讯》凭借调频107.9兆赫直播车对重大事件进行现场跟踪报道，从而扩大了广播新闻节目的影响力。

（2）社教类节目

萧山有线广播站建站初期，社教类节目的设置依农时季节和中心工作而定，主要有《春耕生产》《夏收夏种》《秋收冬种》《加强农业生产责任制》和《农业纲要四十条》等节目，每组25分钟，不定期播出。1959年开办《人民公社好》节目。

1964年《人民公社好》节目改名《对社员广播》，《对社员广播》节目采取各种报道形式，宣传社会主义新人新事新风尚。同时回答听众来信提出的问题，介绍国内外的大事要事等。节目中设置《想想过去、比比现在》《新人新事新风尚》《老方同志讲时事》《前进嫂谈家常》等栏目。

为配合改革开放的新形势，1984年6月，萧山人民广播站调整社教类节目的设置，开办《改革之声》《法制宣传》《知识与人才》和《现代生活》等节目。1988年，开办《市长与听众》节目。

1990年7月16日起，设置的社教节目有《萧山在前进》《萧山企业界》《青年之友》《新人新事》《妇女之声》和《乡镇讲坛》等。每组10分钟，每天播出1组，次日重播。

1993年9月起，开办《计划生育》《土地管理》《环境保护》《金融之声》和《卫生与健康》等节目。

1994年10月起，开办《社会纵横》《市场瞭望》和《科技万花筒》节目。1996年起，《农村新天地》节目改名《农村大世界》。

1998年7月起，社教类节目有《萧山企业界》《农村大世界》《农家百事通》《法制园地》《党风廉政之声》《妇女之声》《人口与计划生育》和《社保之声》，每组10分钟，当晚首播，次日午间重播。其中《农村大世界》每周为2组，其余均为每周1组。不久，开办不定期播出的《学习与思考》节目，播送联系实际开展理论学习和探讨的文章。

2010年，《农村大世界》从原来的每周2组增加到5组。2016年，《农村大世界》更名为《萧然新农村》。

《萧然新农村》

前身是1959年开办的《人民公社好》节目。1964年5月改名《对社员广播》。1968年改名《农业学大寨》节目。后改名《新农村》。1991年改名《农村新天地》。1996年改名《农村大世界》。2016年更名为《萧然新农村》，时长20分钟。其间，《萧然新农村》的内设栏目根据需要不断调整。2015年，在原来《农事科技》《农家人物》《田间杂谈》《农村信箱》等基础上，调整为《乡村新发现》《农家故事》《三农服务台》《每日三经》《空中课堂》《天天养生》等栏目。节目面向农村、农民、农业，对于帮助、指导农村基层干部开展工作，帮助、指导农民群众的生产和生活，展示农村社会主义建设的新面貌和新人新事新风尚，反映农村干部群众的呼声和要求，起到其他渠道和媒体不可替代的作用。2009—2011年，《农村大世界》建立与涉农部门和各镇街的联办机制，开设“空中课堂”和“镇街之窗”，定期邀请镇（街）负责人、行政村“一把手”和农技专家、专业大户走进广播，畅谈新农村规划建设，传授农技知识和致富经验，受到了农村听众的欢迎和好评。1990年，节目中播出的《鲁冠球和农村青年谈理想和事业的成功》一稿获全国首届对农村广播专题节目一等奖。2005年，节目中播出的《农村专业户家的城里保姆》获浙江省新闻奖一等奖。1995年，《农村新天地》节目获全国对农广播二等奖、中国广播奖三等奖。1996年度，《农村大世界》节目获全国对农广播三等奖。其间，《农村大世界》三次获得浙江省广播奖一等奖，四次被授予对农广播“十佳”称号（浙江省对农工程考核优秀）。

《学习与思考》

前身为1963年开办的《社会主义教育运动》节目。1965年，改名《时事政策讲座》。以后，该档节目根据不同时期政治、经济和社会形势的不同情况，先后改名《学习毛主席著作专题广播》《工农兵学哲学用哲学讲座》《实践是检验真理的唯一标准》《改革之声》《广播杂谈》《学习节目》和《学习邓小平理论广播讲座》节目。节目内容根据各个时期工作重点和宣传要求，联系实际开展理论学习与宣传。中共十一届三中全会以后，该档节目在开展“实践是检验真理的唯一标准”的讨论中，在改革开放的宣传和邓小平理论的学习宣传中，在围绕县（市、区）委、县政府的中心工作开展理论宣传中，都起到较好的作用。该节目分别获得1998年、1999年度的浙江广播奖二、三等奖。

《萧山风貌》

1981年8月开办，每周1组，每组15分钟。1984年年初，《萧山风貌》停办。两年多时间里，先后播出100多组，系统地介绍萧山的风土人情、土特物产、历史名人、革命先烈、工农业生产的发展情况，使听众了解自己的家乡，热爱自己的家乡，激发建设家乡的热情，较好地配合当时开展的爱国主义教育活动。

《走进法律》

前身是1984年开办的《法制宣传》节目，1985年改名《法制园地》，每周播出1组，每组10分钟。1995年，更名为《走进法律》，并与调频台并机直播，节目时长增加到50分钟。节目内设以下栏目：《政法新闻》，主要播送一周萧山司法、法律方面的动态消息；《案例与调查》，主要是通过对典型案例及其背景的报道，以案说法，以案论理，对听众进行普法教育；《热点透视》，主要是对现实生活中老百姓比较关心的一些热点问题，请法律界人士上广播，从法制角度进行剖析；《律师有约》，主要是请律师们担任主持嘉宾，现场为听众提供法律咨询服务。2000年以来，《走进法律》栏目组还会同司法部门开展“法律进山村”“法律进社区”“法律进农村”普法活动，邀请司法干部和律师下基层为群众开展法律咨询。

《党纪之声》

前身是2006年开办的《党风廉政之声》，2016年6月更名为《党纪之声》。该栏目主要面向农村基层党员，节目充分利用有线广播的广泛影响力，及时传递上级精神、本级农村廉政动态、党规党纪知识等内容，并通过精选区内外违纪党员案例剖析等开展党规党纪教育，对农村党员干部中出现的一些苗头性、倾向性的问题或违纪案例较多的问题给予及时提醒，确保廉政教育警醒化、常态化。节目播出时间在每周二、四、六，节目时长5分钟左右。

《夕阳红》

是一档专门为中老年人服务的综合性广播节目，开办于2003年，开设的小栏目有《他山之石》——收集全国、全省各地为老服务的信息；《政策咨询》——推出有关保障老年人权益的政策和法律知识；《养生园地》——为中老年人送去养生保健知识。

(3)服务类节目

1958年5月，开办《气象》节目。1964年5月，开办《听众服务台》节目，播出寻人寻物启事、失物招领等，"文化大革命"期间，也播送一些重要会议和重要活动的通知，均系无偿服务。1986年，开办有偿服务的《广告》节目。

《萧山气象》

前身是开办于1958年5月的《气象》节目。20世纪80年代后期改名为《萧山气象》节目。播出内容由萧山气象部门提供。早年，《气象》节目每天早、晚播出。后早、中、晚播出多次。遇到台风、大雪、冰雹等灾害性天气，广播随时开机，随时播报最新的气象动态，播出政府有关抗灾的通知、部署和领导讲话等，动员干部群众投入防灾、抗灾、救灾。该档节目很受听众，特别是广大农民的欢迎。《萧山气象》是萧山广播中收听率最高的节目之一。

《听众服务台》

1964年5月开办。初期，主要播送寻人、寻物、招领等启事和政府及有关部门的通知，播出时间不固定。20世纪80年代，增加电影和电视节目预告。20世纪90年代初期开始，内设《农科知识》《卫生与健康》《生活小常识》和《听众信箱》等栏目。《听众服务台》节目每周播出7组，每组10分钟。2005年停播，相关内容并入《科普天地》《生活小提示》《天天养生》等。

《广告》

1986年开办。每天1组，每组5分钟，早、中、晚三次播出。后来，随着商品经济、市场经济的发展，广告量增加，《广告》节目由每天1组增加到每天2组，节目时间由每组5分钟增加到10分钟，1998年起，增加到15分钟。1996年起，广告收入每年在200万元左右。

(4)文艺类节目

建站初期，每天的播音时间不长，没有正规、固定的自办文艺节目，以转播浙江人民广播电台的文艺节目和播放唱片为主。1957年开始，自办固定的文艺节目《广播剧院》，播放以越剧、绍剧为主的地方戏。1962年，每天文艺节目时长超过1小时40分钟，既有地方戏曲节目，又有歌曲、音乐节目，还有电影录音剪辑、说书等节目。这一时期，萧山的广播文艺比较生动活泼，丰富多彩。“文化大革命”期间，广播文艺节目都冠以“革命”两字，如《革命文艺》《革命样板戏专题节目》《革命歌曲》等。

1979年年底起，每天播出的文艺节目增加到2小时40分钟。在原有戏曲、歌曲节目的基础上，开办《群众文艺》《听众点播》《周末音乐》和《每周一歌》等节目。1984年，每天播出文艺节目3小时55分钟，占全天播出节目总时量的50%，其中自办文艺节目3小时15分钟，设置的节目有《群众文艺专题》《听众点播文艺专题》和《送你一支歌》等。

1983年开始自己制作广播剧，先后制作并播出广播剧6部：《西施》（连续剧），50分钟；《钱潮滚滚来》，30分钟；《泪血汨罗江》，15分钟；《百花仙子与小蜜蜂》（儿童剧），15分钟；《被称为财神的人》，15分钟；《亭亭咸青花》，20分钟。

20世纪80年代中期，开办以文艺为主要内容的板块节目《周末二十分》。1990年起，《综合文艺》节目由原来的每周1组改为每天1组，每组30分钟。《每周一歌》改名《每日一歌》。随后，又开办《听众点播台》节目，每天播出30分钟。1991年起，设置的主要节目有《广播剧院》《音乐节目》《综合文艺》《戏曲天地》等。1994年，开办每周1组《专题文艺》，每组30分钟。

1997年5月，“局台合一、广播电视合一”后，文艺节目时间不断增加。2000年，每天文艺节目播出时间2小时40分钟，设有《广播剧场》《梨园青草地》《歌曲、音乐》和《曲艺》等节目。后《歌曲、音乐》先后改为《岁月留声》《难忘的旋律》。

《广播剧场》

1957年开办，时称《广播剧院》节目，是萧山广播节目中第一个自办的固定文艺节目。主要播送绍剧、越剧等萧山听众熟悉的地方戏剧。初期播出多为传统剧目，后来逐渐增加现代戏。1966年“文化大革命”开始后，改名《革命样板戏专题节目》。1979年以后，陆续恢复播出以绍剧、越剧为主的传统剧目，同时也适当播送沪剧、锡剧、京剧、黄梅戏等剧种的优秀剧目。1989年改现名至2018年，仍以播放传统戏为主。

《群众文艺》

1984年开办，每周1期，每期30分钟。主要播放萧山当地业余剧团、俱乐部、业余文艺骨干自编、自演的节目。形式有说唱、表演唱、歌曲、快板、地方小戏以及莲花落等地方曲艺，节目贴近群众、贴近实际、贴近生活，很受听众欢迎。90年代初期，由于节目源不足等原因停办。

《湘湖浪花》

为文学节目，1985年5月开办。主要播送本地文学工作者、业余文学爱好者的作品，有诗歌、散文、小说、杂文等，每周1组，每组15分钟，后因人员调动和节目调改等原因于1987年停办。

《梨园青草地》

1996年开办，每天上午10:00—11:00时段分别在有线广播和调频广播中播出，节目设置精品赏析、快乐梨园、莲花剧场、万树梨花和知音此心同等多个板块，内容除播送越剧、绍剧、莲花落等当地剧种外，还介绍京剧、赣剧、河北梆子、秦腔、昆曲、沪剧、黄梅戏等众多剧种，满足不同戏剧爱好者的需求。同时，节目更多的是通过发掘戏曲背后的故事来展示戏曲文化，采制了一批集故事、生活、流派、唱段于一体的戏曲专题节目，多次荣获省市政府奖。把邀请戏迷走进直播间即兴唱戏作为节目常态，让听众在广播里过一把表演瘾；通过举办戏曲票友会，延伸节目以外的舞台。2011年，栏目组凭借萧山广播电视台的设备和场地优势，在600平方米的电视演播大厅举办全区戏曲票友大奖赛，60位戏曲爱好者粉墨登场、精彩亮相，在荧屏中留下形象，从而实现从电波到舞台的跨越。

萧山人民广播站节目时间一览表（1989年9月17日起实行）

表2-1

时间	节目名称	时间	节目名称
5:35	开始曲、预告节目	9:55	开始曲、预告节目
5:40	萧山新闻	10:00	文艺
5:50	送您一支歌	10:30	转播浙江人民广播电台相声与说唱
6:00	专题节目(与昨晚同)	11:00	听众服务台(日、文艺)
6:10	广告、音乐	11:10	简明新闻
6:20	萧山快讯	11:15	广告、音乐
6:25	萧山气象	11:25	萧山新闻
6:30	转播中央人民广播电台新闻和报纸摘要	11:35	广播剧或小说连播
7:00	转播浙江人民广播电台今日要闻	12:05	第二次播音结束
7:20	萧山气象	17:10	开始曲、预告节目
7:25	萧山快讯	17:15	简明新闻
7:30	萧山气象、第一次播音结束	17:20	听众服务台(日、文艺)

续表2-1

时间	节目名称	时间	节目名称
17:30	专题节目：一、社会之窗，二、萧山企业界，三、市长与听众，四、青年之友，五、四面八方，六、新人新事，（日、文艺）	18:35	萧山气象
		18:40	文艺
		19:10	萧山气象（日、难忘今宵）
17:40	广告、音乐	19:15	转播浙江人民广播电台希望的田野（日、难忘今宵）
17:50	萧山新闻	19:30	广播剧或小说连播（同中午）
18:00	转播浙江人民广播电台全省新闻联播	20:00	转播中央人民广播电台各地新闻联播
18:15	文艺	20:30	萧山气象、全天播音结束

萧山人民广播电台（有线）广播节目时间一览表（2000年3月1日起实行）

表2-2

时间	节目名称	时间	节目名称
6:00	萧山新闻（日：三角洲）	10:00	萧广快讯、梨园青草地
6:10	广告（二）	11:00	专题（重播）
6:25	气象	11:10	广告（二）
6:30	新闻和报纸摘要（转中央台节目）	12:00	戏曲（戏剧、文学）
7:00	浙广早新闻（转省台节目）	12:30	气象、第二次播音结束
7:30	萧广快讯	17:05	听众服务台（一至四）、人口与计生（五）、社保之声（六）、歌曲（日）
7:35	气象、音乐	17:10	气象、音乐
7:40	广告（一）	17:15	广告（一）
7:55	气象、音乐	17:30	萧广快讯
8:00	第一次播音结束	18:00	全省新闻联播（转省台节目）

续表2-2

时间	节目名称	时间	节目名称
18:30	广告(一)	19:00	广播剧场
18:45	萧山新闻(六:三角洲)	20:00	全国新闻联播（转中央台节目）
18:55	气象、音乐	20:30	气象、全天播音结束

萧山农村有线广播节目时间一览表(2011年5月30日起实行)

表2-3

时间	节目名称	时间	节目名称
05:55	开始曲:预告节目	08:25	气象、结束曲
05:57	生活小提示	08:30	第一次播音结束
06:00	《萧山新闻》	09:55	开始曲:预告节目
06:20	气象	09:57	生活小提示
06:22	广告(二)	10:00	萧广快讯
06:30	转播中央台《新闻和报纸摘要》	10:10	梨园青草地
07:00	转播浙江台《浙广早新闻》	11:00	时事快评
07:25	气象	11:10	气象
07:27	广告(三)	11:12	广告(一)
07:35	重播《萧山新闻》	11:20	首播专题节目(周一至周五《农村大世界》、周六《党风廉政之声》、周日《慈善之声》《服务三农》)
07:50	气象	11:30	广告(二)
07:52	广告(一)	11:38	岁月留声
08:00	科普天地(二四六)、消费指南(一三)、残疾人之友(五)、夕阳红(日)	11:50	气象
08:12	天天养生(周六、周日萧然春秋)	11:52	广告(三)

续表2-3

时间	节目名称	时间	节目名称
12:00	萧广快讯	18:00	萧广快讯
12:15	走进法律(与调频并机直播)(周六周日:警界风云)	18:05	气象
12:50	气象、结束曲	18:07	广告(一)
12:55	第二次播音结束	18:15	重播专题节目(周一至周五《农村大世界》、周六《党风廉政之声》、周日《慈善之声》《服务三农》)
16:55	开始曲:预告节目	18:30	转播中央台《全国新闻联播》
16:57	生活小提示	19:00	首播《萧山新闻》
17:00	天天养生(周六、周日萧然春秋)	19:15	气象
16:55	开始曲:预告节目	19:17	广告(二)
16:57	生活小提示	19:25	广播剧场
17:00	天天养生(周六、周日萧然春秋)	20:00	重播名医在线
17:15	科普天地(二、四、六)、消费指南(一、三)、残疾人之友(五)、夕阳红(日)	20:30	气象、结束曲
17:22	广告(三)	20:35	全天播音结束
17:30	名医在线		

2.节目编辑

(1)新闻节目编辑

广播节目的编辑分新闻、专题和文艺。萧山有线广播站建站初期,由于人员较少,采、编不分家,采编人员集采访、编辑于一身。后随着人员增加,采、编分设。1997年5月,“局台合一、广播电视合一”后,编辑相对固定。

20世纪50年代中期,萧山有线广播站初建时以转播上级电台节目为主,不定期编发少量萧山新闻。1957年4月开始,每天自办1组固定的《新闻节目》。1958年,增编1组《简明新闻》,主要对城厢镇广播。当时的编辑工作,主要是摘抄、剪贴《萧山报》和其他报刊及简报的内容。1956年,编发的内容主要围绕农村大办高级社,城镇开展手工业、私营工商业和交通运输业的社会主义改造。1958年至1960年,编发的内容以大跃进、大办人民公社、大办钢铁、大办粮食以及所谓反右倾为主。1964年至1965年,大量编发反映全县轰轰烈烈开展"四清"运动、上上下下进行忆苦思甜方面的报道。

进入20世纪70年代,萧山人民广播站编发的新闻中"农业学大寨"内容大量增加,萧山人民开展围垦钱塘江滩涂的情况也在广播新闻中得到充分的反映。

1976年10月,江青反革命集团被粉碎,"文化大革命"结束,萧山人民广播站的新闻编排开始逐步摒弃套话、空话,稿件的文风开始转变,新闻节目的信息量有明显增加。

1981年起,新闻采编贯彻"真、短、快、活、强、多、新、广"的八字方针,对广播新闻的编辑工作进行改革。《本县新闻》节目在编排上实行"长稿精编、主次结合"的原则,重点稿件控制在500~600字,一般稿件200~300字,鼓励编发一句话新闻,每组15分钟的新闻节目,基本达到有10篇以上的稿件,既突出中心,又照顾全面。为提高新闻的时效性,1982年4月,《简明新闻》节目改名《今日新闻》,平均每组编发稿件9篇,其中90%为当天发生的新闻。1983年6月起,《今日新闻》节目编发的全部是当天的消息。1984年6月起,《本县新闻》《今日新闻》节目分别由原来的每周6组增加到7组,实现天天有新闻节目。是年,在新闻节目的重点稿中,经济新闻有1000多篇,占70%多。

1989年,以迎接浙江省广播电视厅对全省县级广播台(站)主要档新闻节目抽查评比为契机,萧山人民广播站开始实行责任编辑负责制,有效地提高新闻编辑的水平和节目的质量,《萧山新闻》连续两年夺得全省抽查评比第一名。

20世纪80年代末期起,萧山广播的新闻编辑注重言论文章的编发,首先是在新闻节目中增加编前话、编后话、短评等的编发量,由责任编辑负责撰写。其次是在新闻节目中开设言论栏目,栏目名称先后有《广播评论》《广播杂谈》《广播漫谈》《大家谈》《群言堂》,其中《大家谈》2000年仍在使用。通过这些栏目,编发大量短小精悍、针对性、指导性都比较强的小言论,成为萧山广播新闻的旗帜,并且出现一批上乘之作。如录音评论《鲁冠球谈乡镇企业的现状和未来》获浙江省广播奖一等奖,广播评论《发得快与找老外》入选全国高等教育自学考试新闻本科教材《新闻评论学》。

1997年,"局台合一、广播电视合一"后,局新闻部负责广播新闻的编辑工作,继续实行和强化责任编辑制度,严格实行量化考核。同时,坚持每周召开一次编前会制度,研究和部署本周的新闻编排,有效地保证新闻编辑的质量。

(2)专题节目编辑

长期以来,萧山广播的专题节目编辑由新闻记者和编辑兼任或轮番编排。进入20世纪90年代,随着编辑力量的增加,专题节目编辑开始相对固定。同时,借用新闻编辑实行责任编辑负责制的经验,一方面对专题节目的编辑落实责任制,另一方面对记者下达专题节目的采访、发稿任务，有效地提高专题节目的采编质量。1990年，编发的专题稿《鲁冠球和农村青年谈理想和事业的成功》获全国首届对农广播节目一等奖。

1997年5月，“局台合一、广播电视合一”后，广播专题节目的编辑划归局专题部管理，有专职编辑2人。11月，局广播部成立，广播专题节目的编辑工作划归广播部管理。各档专题节目落实责任编辑负责制，自采自编，采编合一，并实行严格的审稿制度。

(3)文艺节目编辑

萧山有线广播站建站初期，没有文艺编辑，以转播浙江人民广播电台的文艺节目为主。有时由播音员放一些唱片。

中共十一届三中全会以后，文艺迎来新的春天。为解决当时文艺节目唱片、磁带缺乏的困难，播音员（兼任文艺编辑）采取从空中、电影、电视，到上级电台、兄弟台（站）录制和组织专业剧团、业余剧团录制等办法，使广播文艺的品种增多，节目内容日趋丰富。1980年，开办《群众文艺》《听众点播》《周末音乐》《每周一歌》等节目，每天播出文艺节目时长2小时40分钟。

1981年起，萧山人民广播站配备专职文艺编辑。此后，每年录制更新文艺节目100个小时左右。同时，组织公社广播站录制群众演唱的文艺节目，增加广播文艺的地方特色和群众的参与性。

20世纪80年代中期，开办以文艺为主要内容的板块节目《周末二十分》，节目实行采、编、播合一。内容上既报道全国各地的文艺动态、介绍娱乐界人物，又介绍当地的文艺信息，形式新颖活泼，格调清新自然。节目开办不久就受到听众的喜爱。

1990年开始，每天编辑播出1组《综合文艺》节目，每组30分钟，同时推出《每日一歌》节目。随后，又开设每天30分钟的《听众点播》节目，主持人在编排节目时注意选择有代表性的信件在节目中播出。如有的青年人在工作中受挫、婚姻问题上与父母有冲突，来信要求点歌，主持人就给他们说上一些鼓励的话、开导的话，再送上一首歌，帮助他们放松一下心情，振作一下精神。还有的是远在外地的军人为家乡的亲友点歌、儿女为长辈点歌送上一份祝福。主持人在插播主持词时则力求“言辞朴实而不俗、语言轻柔而不嗲”。

1991年7月起，文艺节目时间每天为2小时。在《广播剧院》节目中主要编播整场的地方戏。

1993年，萧山人民广播电台举办《中华大家唱》卡拉OK大奖赛，杭州、绍兴、余杭、富阳和萧山本地的400多名歌手参赛，其中年龄最小的12周岁，最大的66周岁。歌唱家谭丽娟等担任大奖赛评委，电台播出决赛实况。1999年元月，举办萧山市广播歌手大奖赛。

1995年8月，与浙江文艺广播电台等30多家电台联合，推出"纪念中国人民抗日战争胜利和世界反法西斯战争胜利50周年"全省文艺大联播。萧山台选送的反映萧山人民抗日战争历史的专题文艺《走进历史》获浙江省广播文艺奖二等奖。

3.节目播音

1955年，萧山有线广播站建站初，每天晚间播音1次，时长1小时30分钟左右，主要转播浙江人民广播电台的节目。1957年开始，每天早、晚间播音1次，时长为2小时左右。1958年4月14日起，实行早、中、晚3次播音，时长3小时15分钟。

建站初期，有一名女播音员，用地方话播音。1957年夏，开始用普通话广播。因当时农民听不懂普通话，收听效果欠佳。1963年8月，实行地方话和普通话掺着播音，新闻节目用普通话，专题节目、气象节目用地方话。是年年底起，随着录音设备的增加，节目开始以录音后播出为主。1966年8月，调入1名男播音员，新闻节目开始实行男女对播。

1983年，教育部、广播电视部等单位发出《大家都来说普通话的倡议书》，萧山人民广播站响应该倡议，削减地方话节目，除科技节目和气象节目以外，其余节目一律用普通话播出。1984年起，全部节目改为普通话播音。

20世纪90年代前期，提倡采、编、播合一，播音员自编自播《听众服务台》《科技知识》，自采自编自播群众文艺，与记者一起到新闻第一线作现场新闻口头报道。1992年，调频无线广播正式播出，当时，节目主持人缺乏，播音员们从录播室走进直播室，担任节目主持人，有的逐渐向主持人转型，更多的是在实践中成为播音、主持的复合型人才。1990年11月，在浙江人民广播电台、浙江省广播电视学会举办的首届好播音评比中，1名播音员获一等奖。1996年7月在第四届浙江省广播电视优秀播音作品和论文评选中，1件播音作品获二等奖。

1997年5月，"局台合一、广播电视合一"后，专职播音员、主持人先后去北京广播学院接受系统培训，到上级电台跟班上岗接受实践锻炼，专业知识、文化素质和业务能力都有明显提高。在职播音员、主持人全都通过普通话专业等级考试并取得上岗资格证书，有5人先后晋升为一级播音员或二级播音员。

实况广播这是广播播音的一种特殊形式，往往用于重大活动、重大事件的报道。1959年10月1日，萧山县暨城厢镇数万群众在人民体育场（今新世纪广场）举行庆祝大会和群众游行，热烈庆祝中华人民共和国成立10周年，萧山广播站进行现场实况广播，为萧山广播史上的第一次实况广播。实况广播稿3万余字，通过对工、农、商、学、兵各界群众游行队伍的介绍，全面宣传萧山解放10年来在各个方面取得的巨大成就。1968年5月9日，实况广播萧山县革命委员会和人民解放军驻萧部队联合召开的“忠于毛主席、忠于毛泽东思想、忠于毛主席革命路线誓师大会”。1973年5月31日，实况广播在体育场举行的“萧山县暨城厢镇知识青年上山下乡动员大会”。1975年11月10日，实况广播中共萧山县委在体育场召开的“农业学大寨，为实现大寨县而奋斗”的万人大会。1977年2月5日，实况广播“萧山县揭批‘四人帮’大会”，各界群众3万余人参加。

1987年12月31日，实况广播“萧山撤县设市大会”。1989年2月20日，实况广播萧山市委、市政府召开的“1988年度劳动模范、先进集体、先进个人表彰大会”。1991年4月29日，实况广播萧山市委、市政府召开的“萧山市庆祝‘五一’国际劳动节暨萧山市1990年度劳动模范表彰大会”。1992年12月31日，实况广播在体育馆举行的“庆祝萧山撤县设市五周年纪念大会”。

二、调频广播

萧山调频广播是萧山人民广播电台开办的第二套节目，1991年7月1日试播，1992年1月1日正式开播。播出频率为104.8兆赫，后改为107.9兆赫，发射功率1000瓦，呼号为“萧山人民广播电台”。播出时长为10小时50分钟。

1993年1月1日开始，改变广播几十年来传统的早、中、晚3次播出固定模式，在全国县(市)级广播电台(站)中第一家实行从早上6时到晚上10时连续16个小时播音。

萧山人民广播电台调频广播开播时，正是广播的低谷时期。为重振广播雄风，萧山人民广播电台解放思想，大胆地采取一系列卓有成效的改革措施。1993年年初，台领导带领有关部室主任先后去广东佛山广播电台和上海人民广播电台考察取经，及时提出“集新闻、信息、服务、娱乐为一体；熔时政台、经济台、文艺台特色于一炉”的办台方针，强化新闻和信息的宣传。新闻和信息节目在拓宽报道面、加强深度报道和现场报道的同时，实行单整点新闻、双整点信息播出，并采取滚动式播报。对重要的新闻和信息进行反复重播，对重大事件在第一时间播出，突发性新闻即时直播。除了新闻节目，其余节目全部实行主持人直播。同时开办以小时为单位的板块节目，大部分板块节目开通热线电话，通过电话开展咨询、娱乐、点歌、知识竞赛，与听众直接交流。播音语调由“播音腔”改为“谈话体”。特别是主持人直播和听众的热线参与，在听众中引起强烈反响。

1993年7月1日起，调频广播不再转播有线广播节目，推出12个全新的板块节目。1993年7月12日，中共萧山市委宣传部给电台发来贺信，并于是年7月16日召开深化改革、办活广播表彰会，表彰奖励萧山人民广播电台及其取得的改革成果。浙江省广播电视厅、杭州市广播电视局领导对萧山人民广播电台的改革成果给予高度评价。广播电影电视部《中国广播电学刊》、浙江省广播电视厅《视听纵横》、江苏省广播电视厅《视听界》、四川省广播电视厅《广播电视天地》等刊物都专题介绍萧山人民广播电台的改革经验和成果。

1994年11月1日，萧山人民广播电台调频广播播出频率改为107.9兆赫。

1996年6月18—20日，广播电影电视部在萧山召开全国首届百强县(市)广播电视局局长会议暨广播电台台长联谊会，萧山人民广播电台在会上介绍办台的做法和经验。

1997年"局台合一、广播电视合一"后，局设立广播部，调频广播由广播部管理。2010年，广播部改为广播中心，管理有线广播和调频广播。

1. 节目设置

调频广播在节目设置上，综合时政台、经济台和文艺台的功能，多数节目每年调整1次至2次不等，也有数年不变的个别节目。1992年1月1日，调频广播正式开播后，主要转播有线广播节目，利用下午时间播出《激光音乐欣赏》《小说联播》等节目。11月起，开办第一个主持人直播的板块节目《热线点歌》，时间1小时，为电台节目实行主持人直播迈出第一步。

1993年1月1日开始，调频广播实行每天16个小时播出，除逢单整点播出5分钟《萧广快讯》、双整点播出5分钟《信息总汇》和继续转播有线广播节目外，其余时间均为板块节目。设置的主要节目有《田野卡拉OK》《文化园林》《大市场》《七色花》《数字金三角》《心心絮语》《小说联播》《欢歌笑语好时光》《金歌金曲排行榜》和《热线点歌》等。1993年7月1日起，调频广播不再转播有线广播节目，并对原有节目作出调整，新开办《钱江晨曲》《阳光风景线》《同心园》《体坛风云录》《五彩的旋律》《天涯共舞台》《休闲俱乐部》《幸运岛》和《伴您同行》等12个以小时为单位的板块节目，其中8个开通热线电话。是年，除转播中央人民广播电台主要档新闻节目外，调频广播每天自办节目15小时，其中新闻类节目占15%，文艺类节目占40%，社教类节目占30%，服务类节目占15%。

1998年，调频广播节目经过5年运行，逐步趋向成熟。为突出服务娱乐功能和扩大收听面，除逢整点继续播出各档新闻外，将播出的节目调整为《温情港湾》《广播剧场》《梨园青草地》《太阳花》《金曲回旋》《文体沙龙》《萧广竞歌台》《伴你同行》《大千世界》《音乐天地》《阳光节拍》《万家灯火》《萧广股评》《难忘的旋律》和《青春台历》共15个，既有适合年轻人听的节目，也有中老年和少儿节目；既有本地人喜欢的节目，也有为外地打工者服务的节目。

2003年5月，萧山人民广播电台调频107.9兆赫广播节目实施新的调改，在节目的整合上注重板块性。如将原来分散在各个时段的几档娱乐类节目集中在一个半小时的《流行风》板块里。把对象为老年人的《金色乐园》节目和播放老歌为主的《岁月留声》节目合并为《金色乐园》。周一到周五每天13时开设1小时旅游节目《一路好风景》以外，主要在双休日节目的安排上作出较大的调改。每逢周六、周日，听众可以从11时30分至17时，集中收听以音乐文艺为主的4小时《音乐休闲吧》，以点歌为主的1小时《温情港湾》，以及半小时的动感音乐，使听众在休闲时间能够集中收听到自己喜欢的各类音乐和文艺节目。

2007年7月，萧山广播电视台全面进行广播电视节目改版。首先，面对汽车时代的到来，受众群体的变化，顺势而为，全面调改广播节目。改版后的萧山人民广播电台调频广播以新闻、交通类资讯板块为主体，以富有萧山特色的品牌节目为联动，以音乐、娱乐等时尚元素为辅助，并进一步强化调频广播的人文特色。节目设置上，上午时段以新闻资讯类节目为主打，如《早安萧山》；以特色品牌节目为联动，如《梨园青草地》；以音乐节目为辅助，如《音乐手册》。中午、下午时段以汽车交通类、消费资讯类节目为主打，如《车行天下》《消费时代》；以特色品牌节目为联动，如《走近法律》《太阳花》；以娱乐、音乐、曲艺类节目为辅助，如《新世纪音乐时间》。晚间时段以人文关怀节目为主打，如心灵抚慰节目《与星相约》；以特色品牌节目为联动，如《萧广股评》；以音乐节目为辅助，如《音乐星空》。改版后的调频广播播出时间由原来的22:00结束延长到24:00结束。

2011年5月30日，全新改版的调频107.9兆赫正式亮相。新闻资讯、文艺娱乐两大主线贯穿全天，节目共分《早安萧山》《一路听天下》《生活进行时》《快乐回家》《温情港湾》五大板块，每个板块依据移动收听需要和习惯设置二十多个小栏目，安排风格不同的主持人，板块之间既有内容上的侧重，又有服务上的连贯，为听众提供海量的资讯选择，让听众能够在节目中各取所需，参与其中，乐在其中。调改后的调频节目，体现"无处不在的全方位、多层面、多元化的广播服务"这一主题，服务量更大，娱乐性更多，可听性更强，较好地满足汽车时代移动收听的需求。

《早安萧山》

是萧山人民广播电台调频107.9兆赫为有车一族定制的一档早间新闻资讯类直播节目。其前身为2003年5月开播的《音信1+1》板块，2005年10月改名《早安萧山》，周一至周五8:00—9:00播出。在这一节目时间内，集中播出前一天萧山发生的重要新闻和是日早上报刊、网络上的重要国际国内新闻，同时，即时连线插播城区早高峰路况信息。2010年播出的《早安萧山》内容分为《国内新闻》《国际新闻》《本地新闻》《生活信息》以及《祝福》等，信息量大，节奏明快，符合早晨的氛围，而且以“讲”新闻、“说”新闻的方式传播信息，不再拘泥于播出讲稿，锤炼个性化的语言和主持人独特的播报风格。

《新闻深一度》

开办时间为2011年5月30日，是一档新闻评论类栏目，以本地以及国内国际重要新闻为选取对象，对新闻进行深入分析，层层抽丝剥茧，为听众带来24小时内发生的新闻热点以及独到评论。周一至周五每天11:30首播，晚上7:40重播。每档15分钟左右。

《政情民意直通车》

节目开办于2011年6月中旬，由萧山区纠风办与萧山广播电视台联合举办，是一档有关政风行风建设的专题节目，节目以广播直播为主，报纸、网络、电视等新闻媒体互为补充。该节目每月邀请部分镇街、区级机关部门、区直属单位等主要领导带队，走进广播直播室，与节目主持人合作，当场接听和答复听众、网友的各类咨询投诉、意见建议。在制作和播出过程中，该节目坚持把握好播前、播中、播后三个环节，紧扣重点、热点、难点三个问题，完善联动、协调、考核制度，实现舆论监督和群众监督的融合。在有关部门和萧山广播电视台的共同努力下，该节目受到百万听众的欢迎，在全区范围内产生良好的社会反响，成为加强部门和广大群众之间沟通交流的重要平台。节目每月两期，每期60分钟。每月第一周、第三周的周三8:00在调频107.9兆赫直播，同日17:00重播。

《太阳花》

前身为1993年8月开办的《同心圆》节目，1996年4月改名《太阳花》，是萧山人民广播电台调频107.9兆赫一档吸引少年儿童收听参与的直播节目。2008年先后被省委宣传部和国家广电总局列为重点扶持项目，共获8万元的少儿节目扶持资金。2010年播出的《太阳花》节目，设立的栏目有《芦苇风》《迷途笛音》《风从校园来》《小鬼当家》《稻草人故事园》《智慧岛》《五彩笔》《太阳花俱乐部》等，旨在启迪小朋友的智慧，培养小朋友关心集体、关心他人，热爱祖国、热爱生活的良好品德。

《梨园青草地》

1993年7月1日开办，是一档在有线广播和调频广播中同时播出，以介绍播放越剧等地方戏为主要内容的戏曲节目，一个小时时间，主持人开通热线，和戏迷们直接交流，一起听戏、唱戏、聊戏。基于共同的爱好，很快拥有一批热心的戏迷听众。2004年《梨园青草地》被台里列入争创广播品牌唯一的一档广播文艺节目。2005年至2007

年，节目举办多次联谊活动，不仅有萧山本地，还有杭州、桐乡、绍兴、海宁、上海、江苏等地的戏迷积极参加。2010年播出的《梨园青草地》节目，设置《精品赏析》《南腔北调》《梨园漫谈》《万树梨花》《梨园剧场》和《梨园OK屋》，从不同侧面和角度介绍普及戏曲知识。

《萧广股评》

前身为调频台1993年7月开办的《股市行情》，系《钱江晨曲》节目内一档栏目。1994年10月，单设《股市行情》节目。1996年4月改名《萧广股评》。1997年至2007年，在相关证券公司的支持下，节目组每年举办股民联谊活动，在区域内特定收听群体中具有相当高的知名度和美誉度。2010年，这档直播节目调整完善相关栏目。《雷大户日记》，以讲故事的形式叙述当天股市的走势动态；《个股雷达》，以连线的形式，由节目嘉宾解答听众提出的个股问题；《股票强度排行榜》，由权威机构根据相关数据，排列出强势和弱势个股，为股民提供参考；《证券信息快递》，以简讯的形式播报与证券相关的新闻；《跨越股海》，请节目嘉宾解析大盘，解答个股。

《清风之声》

开办于2015年7月。节目两周一期，每期时长5分钟，在下班晚高峰播出。通过萧山清官廉吏故事、廉政小小说、廉政微时评等，传递萧然清风，用贴地气的内容和老百姓易于接受的方式，积极弘扬廉政文化，发挥廉政文化培育人、警示人和塑造人的作用。

《对话1079》

2015年11月开办，播出时间为周一至周五11时至11时30分。节目主要讲述的是萧山人（包括在萧务工的新萧山人）自己的故事，通过贴地气的人物选材，深入挖掘人物背后的故事，节目播出后受到听众的好评。

《我的音乐我的梦》

是一档音乐访谈节目，2014年10月开办，节目在每周六、周日13:30播出。节目以怀揣梦想的萧山本土音乐人为主角，传播他们的优秀作品，讲述和聆听他们在音乐道路上的感人故事，通过有影响力的本土音乐传播平台，让更多的听众朋友了解和熟悉身边的歌手、音乐制作人的追求与梦想。

1993—2018年萧山人民广播电台(调频)广播节目时间一览表

104.8兆赫(1993年7月1日起实行)

表2-4

时间	节目名称	主要内容
6:00	钱江晨曲	萧广快讯、股市行情、菜市价格、气象、中央台新闻、大众7点半(消费者之声等)
8:00	阳光风景线	萧山风貌、温馨旋律、来信点播等
10:00	同心圆	(暑期节目)
10:30	心心絮语	(预约点歌)
11:30	七色花	旅游天地、奇闻趣谈、幸运热线、名人轶事
12:30	金歌金曲排行榜	(立体声音乐欣赏)
14:00	体坛风云录	
14:30	五彩的旋律	音乐知识、歌坛明星介绍、音乐欣赏等
16:00	天涯共舞台	娱乐快讯、空中热线、广播剧场
18:00	休闲俱乐部	数字金三角、猜谜、幸运抽奖等
19:00	热线点歌	
20:00	幸运岛	中央台新闻联播、百科抢答等
21:00	心心絮语	(预约点歌)
22:00	播音结束	

107.9兆赫(1998年1月1日起实行)

表2-5

时间	节目名称
6:00	综合节目
8:00	温情港湾
9:00	广播剧、小说连播、曲艺(周六、日:空中门诊)

续表 2–5

时间	节目名称
10:00	梨园青草地
11:00	阳光节拍
12:00	金曲回旋
13:00	文体沙龙(周六、日:萧广竞歌台)
14:00	与你同行
15:00	大千世界(周六、日:法律与生活)
16:00	音乐天地(周六、日:青春亮相)
17:00	太阳花
18:00	万家灯火(含为你服务)
19:00	萧广股评
20:00	转播中央人民广播电台全国新闻联播
20:30	难忘的旋律
21:00	青春台历(周日:你在他乡还好吗)
22:00	播音结束

107.9兆赫(2011年1月28日实行)

表 2–6

开播时间	周一至周五		周六	周日
	整点节目	栏目名称	整点节目	栏目名称
05:55	开始曲,预告节目		开始曲,预告节目	
06:00	《萧山新闻》		《萧山新闻》	
06:15	《早安萧山》:天天养生、气象		《早安萧山》:天天养生、气象	
06:30	转播《新闻和报纸摘要》		转播《新闻和报纸摘要》	
07:00	转播《浙广早新闻》、		转播《浙广早新闻》、	
07:23	《早安萧山》:气象、路况		《早安萧山》:气象、路况	

续表2-6

开播时间	周一至周五		周六	周日
	整点节目	栏目名称	整点节目	栏目名称
07:30	《萧山新闻》		《萧山新闻》	
07:45	《早安萧山》:生活资讯		《早安萧山》:生活资讯	
08:00	《早安萧山》:时事快评		《早安萧山》:时事快评	
08:30	《早安萧山》:流行金曲		《早安萧山》:流行金曲	
09:00	天天说事		博闻天下	
09:30	天天说事		流金岁月	
10:00	萧广快讯	股市开盘快报、楼市情报站	萧广快讯	流金岁月
10:30	梨园青草地		梨园青草地	
11:00	时事快评	欢乐时光	时事快评	欢乐时光
11:30	幽默与智慧	新闻深一度	欢乐时光	
12:00	萧广快讯	走进法律	萧广快讯	转播CCTV4《中国新闻》
12:30	走进法律		转播CCTV4《中国新闻》	
13:00	名医在线		名医在线	
13:30	幽默与智慧	难忘的旋律	幽默与智慧	难忘的旋律
14:00	时事快评	难忘的旋律	时事快评	难忘的旋律
14:30	养生专题		养生专题	
15:00	萧广快讯	股市收盘快评	萧广快讯	太阳花
15:30	幽默与智慧	流金岁月	幽默与智慧	太阳花
16:00	萧广快讯	开心方向盘	萧广快讯	萧山记忆
16:30	开心方向盘		萧山记忆	
17:00	麻辣新闻榜		残疾人之友	慈善之声
17:30	百姓议事厅		警界风云	流行金曲
18:00	萧广快讯	幽默集装箱	萧广快讯	幽默集装箱
18:30	转播中国之声全国新闻联播		转播中国之声全国新闻联播	
19:00	《萧山新闻》		《萧山新闻》	

续表2–6

开播时间	周一至周五		周六	周日
	整点节目	栏目名称	整点节目	栏目名称
19:15	迷幻时空		迷幻时空	
19:45	新闻深一度(重播)		温情港湾	
20:00	温情港湾		温情港湾	
21:20	交友连连看		交友连连看	
22:00	音乐与健康		音乐与健康	
24:00	全天播音结束		全天播音结束	

107.9兆赫(2016年12月28日实行)

表2–7

开播时间	周一至周五		周六	周日
	整点节目	栏目名称	整点节目	栏目名称
05:55	开始曲,预告节目		开始曲,预告节目	
06:00	《萧山新闻》		《萧山新闻》	
06:15	天天养生、广告、气象		《早安萧山》:天天养生、气象	
06:30	转播《新闻和报纸摘要》		转播《新闻和报纸摘要》	
07:00	报时广告、《萧山新闻》、慈善之声、路况、新观察		报时广告、《萧山新闻》、气象	
07:30	广告、《城市零距离》		对话1079	
08:00	报时广告、《杨禹评论》		新闻深一度	
08:30	广告、《城市零距离》		城市零距离	
09:00	新观察、流行金曲(点播)		残疾人之友、新观察、流行金曲	
09:30	《早安萧山》:流行金曲(点播)		流行金曲、广告	
10:00	大江东之声、《约在萧山》(含股评)		大江东之声、声音杂志	
10:30	《约在萧山》		声音杂志	
11:00	萧广快讯 《约在萧山》		萧广快讯、迷幻时空	

续表2-7

开播时间	周一至周五		周六	周日
	整点节目	栏目名称	整点节目	栏目名称
11:30	新闻深一度		新闻深一度	
12:00	萧广快讯、慈善之声		萧广快讯、沈童时间	
13:00	名医在线		名医在线	
13:30	广告、沈童时间		广告、沈童时间	
14:00	广告、萧广快讯		对话1079	
14:30	广告、闻达说财经		冬吴同学会	
15:00	新观察、1079帮忙团		新观察、流金岁月	
16:30	下班听我的		广告、1079听天下	
17:00	大江东之声		大江东之声、残疾人之友	
17:30	杨禹新观察、下班听我的		1079听天下	
18:00	萧广快讯、流行金曲		太阳花、萧广快讯	
18:30	转播中国之声全国新闻联播		转播中国之声全国新闻联播	
19:00	萧山新闻、慈善之声		萧山新闻、迷幻时空、新闻深一度	
20:00	流金岁月		流行金曲、夜读1079	
20:30	广告、流金岁月		广告、流金岁月	
21:00	美丽有约		美丽有约	
21:30	果真微精华		果真微精华	
22:00	迷幻时空		迷幻时空	
23:00	百家讲坛		温情港湾	
24:00	全天播音结束		全天播音结束	

2. 节目主持

1992年，萧山人民广播电台调频广播正式开播不久，该台提出改革设想，决定对调频广播节目实行主持人直播、开通热线电话、采用“谈话体”播音。是年11月，推出第一档主持人节目《热线点歌》，为以后全面实行节目主持人直播形式迈出第一步。是年年底，为解决节目主持人缺少的困难，萧山人民广播电台首次面向社会招聘7名有较高文化水平和良好语言表达能力的业余主持人。1993年1月1日起，正式主持节目。1993年6月，用同样方法新招收业余主持人4名。此后，16个小时直播节目全部由11名业余主持人主持。

1993年1月，萧山人民广播电台调频广播实行每天16个小时播出，共设置10个板块节目，其中7个节目开通热线电话，全部采用谈话体播音。是年7月，对原有节目进行调整，新推出12个板块节目，开始大时段、大面积采用节目主持人形式。主持人以自己的身份、自己的个性，直接面对听众播讲。不少节目采取提纲和腹稿加临场发挥的播音方式，加之着重与听众进行思想感情交流，叙事评理力求情理交融，并辅以主持人特有的明快、流畅、张弛有节的播音风格，彻底改变了几十年来固定不变的播音方式。

主持人直播节目的兴起，特别是热线电话手段被引入广播领域，得到大批听众的电话参与，主持人和采编人员无法将节目内容事先写成文稿，分管宣传的台长亦无法逐字逐句审核稿件，只能对选题、嘉宾和主持人的基本观点提出一些原则性意见，其他完全由节目主持人根据播出情况随机应变。

1995年年初，萧山人民广播电台为保证节目的安全播出，确保正确导向，针对全面实行节目主持人的新情况，在加强对主持人政治、业务培训，不断提高他们自身素质的同时，对播出的节目采取一系列措施。在节目设置上，不开办涉及社会热点、难点的谈话类节目，档次较低的娱乐类节目，以及有关“性解放”等的知识类节目。在听众参与形式上，对政治性、思想性较强的节目采用听众信箱的形式播出，不开通热线电话，只允许服务类、抢答类、文艺类节目开通热线电话。对知识竞赛等各类节目的抢答题，题目范围控制在初、高中教科书中，不准出难题、偏题、怪题。

1996年以来，调频广播经过四年的节目主持人的实践，各档节目显现出各自不同的风格和特点，都有一大批不同层次的听众群，使主持人主持节目跨入一个新的阶段。如文艺类节目《梨园青草地》，以介绍和播放越剧等地方戏为主要内容。主持人在节目中与戏友们一起听戏、聊戏、唱戏，很快拥有一批热心的戏迷听众。为使节目内容更加丰富多彩，还先后邀请众多戏曲界名人通过热线电话、走进直播室、参加联谊活动等方式，和听众们直接交流。被邀请的有越剧表演艺术家傅全香，南京越剧团竺小招，越剧王子赵志刚，浙江的梅花奖演员周云娟、茅威涛，绍兴小百花的吴凤花和上海越剧院的钱惠莉、单仰萍，优秀青年演员颜恝、江瑶、何炯华、陈飞、陈艺等，节目深受戏迷们的喜爱。越剧表演艺术家傅全香3次到萧山参加《梨园青草地》的直播。服务类节目《现代生活》，节目选取日常生活中百姓普遍关心的问题和社会现象，利用热线电话直接交谈、答复听众来信或邀请有关专家走进直播室讲解等形式，帮助解决听众衣、食、住、行中的各类问题。节目中的不少栏目受到听众欢迎，如《时尚生活》栏目，播送当今社会中积极健康向上的生活时尚，包括流行服饰、流行食品、时尚的家居装修、居家旅游和健康新潮的生活方式。如社教类节目《青春台历》，通过讲述年轻人自己的故事、追述各个时期志士仁人、名人大家年轻时的曲折磨炼和成才故事、播讲年轻人自己的文学作品和广播交友、来信解答等多种形式，与年轻人一起讨论学习与生活、友谊与爱情、事业与人生，在青年听众中产生广泛的影响，每天收到来信20多封。

至2000年年底，萧山人民广播电台调频广播播出的节目大致可分为5类：新闻类、社教类、文艺类、服务类和娱乐类。除新闻类节目外，每个节目都以1小时或半小时为时间单位，每个主持人主持2档至3档，也有部分节目由2人共同主持，实行男女对播。

3.技术设施

（1）设备设施

萧山有线广播站开播之初，有机房、播音室，置有300瓦扩音机1台、电唱机1台及话筒等设备。1982年6月始，萧山人民广播站和各镇、公社广播站先后开展有线广播网的达标、保标、升级活动。1986年，萧山成为浙江省首个有线广播网达标县。1990年，萧山人民广播站机房设备达到国家广播电影电视部颁发的甲级技术标准。1992年，萧山人民广播电台调频台开播，设备设施运用进入全新的发展阶段。2001年，区域内27个镇（街道）中的4个镇（街道）广播电视站运用广播音频工作站，实现有线广播节目的自动播出。2002年，全区27个镇、街道广电站近一半实现广播自办节目的自动播出。2005年，对运行多年的广播音频工作站进行升级改造和硬件软件升级，建成西山发射远程遥控检测系统，对广播电视信号发射实现远程监测和控制，提高了发射质量，扩大了信号覆盖面。2006年至2007年，投入100万元用于广播音频工作站系统的改造，购置广播录制、播出和监控工作站，更新全数字直播调音台；投入200万元添置广播直播车，电台从采制到播出全程实现了数字化。2008年，完成广播直播台改造等工程，完善数字化应用和转化步伐。2009年，调频107.9兆赫直播室完成数字化升级，是年3月17日凌晨，经过近两个月的安全测试运行，萧山广播电视台技术人员对萧山人民广播电台调频直播室播出系统进行全面升级，启用与国际接轨的全数字化调音台KLOTZ-DC2以及数字CD机等配套设备，使节目的播出比原系统的信噪比和动态范围更高，各通道的隔离度也大大提高，确保了节目优质、稳定地安全播出。2010年12月，配合萧山广电中心改造，完成广播直播机房迁建，广播技术应用水平迈上了一个新台阶。

（2）节目制作装备

1992年，文字录音设备用西湖牌8路调音台，LY—261录音机，文艺节目录播用日本产X—300立体声开盘录音机。1994年11月，购置日本产索尼磁光盘数字录音机，替代LY—261开盘录音机，购置宝路12路调音台，替换原先的8路调音台。1996年9月，购置英国产声艺16路调音台5台，采访剪辑使用索尼系列磁光盘数字录放机，录音制作开始使用数字音频工作站。1998年10月，录制工作站硬件进行全面升级；下年5月，音频工作站软件全面升级更换。2000年5月，购置美国产效果器、混响器各1台，录音话筒为美国产专业系列话筒。2003年，共投入400万元资金用于广播采编播和摄录编设备的更新改造，进一步提高节目质量。2005年12月，投入70万元对广播音频工作站系统进行升级改造。2006年，又投资近100万元，对广播播出机房播出系统进行整体地更新改造，实现广播电视摄、录、编、播所有设备的数字化。是年，投入200万元添置国内先进的数字广播直播车。该广播直播车配置当时最先进的全进口广播直播调音台和音频录制、发射、传输、现场播出等数字设备系统，在是年的十多次直播任务中，顺利完成数字电话传输、光缆传输、移动传输共三种不同的数字传输方式。2007年，投入100万元用于广播音频工作站系统的改造，购置广播录制、播出和监控工作站，更新全数字直播调音台，电台从采制到播出全程实现数字化，实现区级广播播出数字化。

（3）演播装备

调频广播试播期间，播控设备为杭州无线电厂产西湖牌16路调音台，收音、放音设备采用日本产健伍数字调谐接收机和索尼系列CD机、卡座机。1993年年初，购置美国产SERIE210立体声直播调音台1台，日本雅马哈压限器1台和省广科所3路电话桥接器1台。1996年10月，数字广播播出系统启用，系统设有2个音频播出工作站，3个录音制作工作站，2个编辑工作站。演播装备逐年升级完善，到2000年年末，共有索尼系列磁光盘数字录放机13台，全部替代原先的开盘录放机，音频输出配有美国产奥本立体声音频处理器1台，立体声直播调音台更新换代后，从1台增加到2台。2006年1月，集移动直播、现场直播、电话直播和现场指挥等功能为一体广播直播车投入使用，为全省首辆多功能广播车，该项目获省广播电视科技创新三等奖。2008—2010年，共投入230多万元分别完成调频广播和有线广播的直播调音台改造和音频工作站系统的改造。播出机房设有调频直播室、有线广播直播室、备用直播室和导播室，配置德国KLOTZ的数字直播台3套。

（4）发射装备

调频广播筹建之初，发射系统为鞍山产功率1000瓦发射机1台，江苏产10千瓦自动调压稳压电源1台，1:8功分器1台。采用两层蝙蝠翼天线，增益为3dB。天线高度190米，与萧山电视台共用发射铁塔。2005年，投资30万元对西山发射中心广播电视发射机设备进行更新换代。2006年8月，投资7万元进行西山发射中心电源整体改造。升级后，发射装备为中国科学院产15千瓦自动稳压电源1台，取代10千瓦自动稳压电源，西班牙产2500瓦全固态调频发射机1台，淘汰原先1000瓦发射机。同时，利用调频107.9兆赫副信道进行有线广播节目传送，作为对农村有线广播的备份传播手段。

历任负责人

商安定，男，萧山有线广播站负责人（1954年冬—1956.7）

方重光，男，萧山广播站副站长（1956.7—1958.3）

诸忠麟，男，萧山广播站负责人（1958.4—1958.10）

孔吾德，男，萧山广播站副站长（1958.10—1968.3）

萧山人民广播站党支部书记、革委会主任（1968.3—1978.4）

萧山人民广播站党支部书记、站长（1978.4—1984.2）

萧山人民广播电台台长（1991.7—1996.7）

孔子贤，男，萧山广播站副站长（1966.1—1968.3）

萧山人民广播站党支部副书记（1968.3—1978.4）

萧山人民广播站党支部副书记、副站长（1979.3—1981.4）

张怀宣，男，萧山人民广播站革委会副主任（1968.3—1969.4）

陈时贵，男，萧山人民广播站副站长（1979.3—1984.2）

方介兴，男，萧山人民广播站副站长（1981.7—1984.3）

萧山人民广播站党支部书记、站长（1984.3—1988.3）

郑文珍，女，萧山人民广播站副站长（1984.3—1986.12）

来利法，男，萧山人民广播站副站长（1984.3—1986.5）

钱荣华，男，萧山人民广播站副站长（1986.5—1986.7）

何锦林，男，萧山人民广播站副站长（1986.12—1988.12）

李伟兵，男，萧山人民广播站党支部书记、站长（1988.3—1988.12）

吴　康，男，萧山人民广播站党支部副书记、副站长（1988.3—1991.7）

萧山人民广播电台党支部副书记、副台长（1991.10—1994.1）

萧山人民广播电台党支部书记、副台长（1994.1—1997.5）

汪耀铨，男，萧山人民广播站党支部书记、站长（1988.12—1991.7）

萧山人民广播电台党支部书记、副台长（1991.10—1994.1）

蒋泉康，男，萧山人民广播电台副台长（1994.12—1997.5）

孙维加，男，萧山人民广播电台副台长（1994.12—1997.5）

第四节　萧山电视台

1983年1月，筹建萧山电视转播台，4月建成，有50瓦电视差转机1台，台址设在县广播事业局内。5月1日起，转播中央电视台节目，覆盖半径10公里以上。1983年9月，在海拔153米的西山顶增建10瓦电视转播设备，转播上海电视台节目。1984年，萧山电视台筹建组成立，萧山电视转播台成为萧山电视台（筹）的发射部分。

萧山电视转播台有技术用房2间，面积约50平方米，使用50瓦电视差转机1台，发射铁塔高度21米，架设在30.5米高的原广播电视大楼楼顶，共高51.5米。

1984年7月，筹建萧山电视台。1985年5月31日起，试转中央电视台节目，播放电视剧，同年10月底停播。发射台设在萧山广播电视大楼楼顶，发射功率50瓦，天线高度51.5米，播出频道为9频道。

1987年6月，经广播电影电视部批准，萧山县人民政府决定，建立萧山电视台，台址设在人民路99号。台内设台长室、办公室、新闻部和技术部。同年7月1日试播，内容有自办《萧山新闻》节目和专题、广告节目，同时转播中央电视台文艺节目。

是年6月，遵照中共萧山县委、县人民政府关于“尽快建好萧山广播电视发射工程，在1988年元旦播出电视台自己的节目，并基本覆盖全县城乡”的指示，突击6个月，在海拔153米的西山顶建起技术用房、安装2台1千瓦分米波发射机和高64米的发射塔以及直径为6米的地面卫星接收站。在建设过程中，全台干部职工齐心协力，一个月完成通水、通电、通讯、通路的“四通”工程。在县领导“人工搬运、义务劳动、人人动手建电视台”的提议下，有关部门、社会各界2万多人参加义务搬砖上西山的活动。1988年1月1日，西山发射中心建成并投入使用。用43频道播出萧山电视台自办节目，49频道转播中央电视台节目。1988年7月1日，萧山电视台举行开播仪式。1997年5月，萧山市广播电视局、萧山人民广播电台、萧山电视台、萧山有线电视台实行“局台合一、广播电视合一”，成立萧山市广播电视局（台），播出呼号仍为“萧山电视台”。

一、节目设置

1. 节目演变

1987年7月1日，萧山电视台开始试播节目，每周自办2组《萧山新闻》，每组10分钟，周三、周六晚间首播，周四、周日晚间重播，并转播中央台文艺节目。

1988年7月1日，萧山电视台正式开播后，《萧山新闻》节目增加到每周3组，每组时长15分钟，周二、周四、周六首播，周一、周三、周五重播。同时不定期播出专题、广告节目和经济信息等。

1992年起，固定播出的专题节目有《社会万象》《科技光环》，每周交替播出1组，每组10分钟；《下周影视》节目，每周播出1组，每组10分钟；广告类节目有《购物指南》《广而告之》，每周一组，时长10分钟。

1993年12月1日起，《萧山新闻》增加到每周6组，周一至周六播出。

1995年，萧山电视台开始与市级有关部门联办社教和娱乐类节目，既增加和丰富自办节目内容，满足观众对本地节目的需求和一些单位的宣传需要，也弥补自办节目经费不足。联办节目可以说是萧山电视台办节目走向市场的开始。是年上半年，与市委组织部、市电教中心联办《党建园地》，每周1组，每组5分钟；与市公安局联办电视专题节目《萧然警界》，两周1组，每组15分钟；与萧山人民广播电台等单位联办《欢乐吉尼斯》，每周1期，每期45分钟。

随着时间的推移，自办节目越来越规范，质量越来越高。1994年、1995年、1996年，在省广电厅对全省县市台新闻节目抽查评比中，《萧山新闻》获得“十佳”三连冠。

1997年5月，“局台合一”后，对有关节目进行调改。此后，每年根据节目质量和受众要求等对一些节目进行调改。1997年5月，停办《社会万象》等节目。是年8月，《萧山新闻》增加到每周7组，新增《社会广角》《萧然大地》《七彩生活》《大千世界》《菁菁校园》等节目。9月，开设综艺节目《欢乐今宵》，每2周播出1期，每期50分钟左右。翌年5月，与市技术监督局联办《消费指南》，每周1组，每组10分钟。1999年，将《社会广角》《萧然大地》，调改为《今日萧山》，每周播出1组，每组10分钟。1999年年初，举办萧山市首届电视春节联欢晚会——《萧然春潮》，春节前夕播出。从此，坚持开办一年一届的春晚节目。

2000年为“主攻新闻，精办专题”，对新闻和专题节目作较大调改。是年5月8日，增设第二档新闻节目《新闻十分》，周一至周六每晚9时首播，翌日9时重播。开办周末版节目，双休日白天播出电影、电视剧和世界各地生活动态、科技信息等，同时开办1组20分钟的生活类节目《生活周刊》；社教类节目《今日萧山》增加到每周2组，每组15分钟。2002年4月开办对农节目《金色大地》，每2周播出1期，每期长度15分钟。是年8月10日推出舆论监督类节目《社会聚焦》，每周一期，时长10分钟，周日21时首播。

至2002年年底，萧山电视台自办节目主要有，新闻类：《萧山新闻》《新闻十分》《社会聚焦》；社教类：《今日萧山》《萧然警界》《金色大地》《党建园地》《卫生与健康》；综艺类：《欢乐今宵》；服务类：《气象》《广告》等。

2007年7月1日，推出首档民生新闻栏目《热线188》，每周5组，时长10分钟，周一至周五18:30首播。2009年1月3日,增加到每周6组。

1999年、2001年、2003年,在省广电厅(局)对全省县市(区)台新闻节目抽查评比中《萧山新闻》连续三届获得“十佳”。

至2016年12月,萧山电视台自办的主要节目有,新闻类:《萧山新闻》《热线188》《社会聚焦》《阿通哥说新闻》《新闻麻辣烫》;综艺类:《闪亮我舞台》《宝贝星计划》;社教类:《天天看萧山》《金色大地》《萧然警界》《党建园地》《萧山法治》;经济服务类:《生活360》《气象》和《广告》等;每天自办节目播出时间7小时(晚上2.5小时、白天4.5小时)。

萧山电视台晚间节目一览表(2010年12月执行)

表2—8

播出时间	节目内容	长度(分钟)
18:00—18:01	片头　节目预告	1
18:01—18:15	动画片	15
18:15—18:18	广告	3
18:18—18:28	专题	10
18:28—18:30	广告	2
18:30—18:40	《热线188》插30秒广告	10
18:40—18:45	广告	5
18:45—18:55	《生活360°》	10
18:55—19:00	广告	5
19:00—19:30	转播中央台《新闻联播》	30
19:30—19:35	广告	5
19:35—19:50	《萧山新闻》插60秒广告	15
19:50—19:53	广告	3
19:53—19:56	萧山气象	3
19:56—20:06	专题	10
20:06—20:10	广告	4
20:10—20:30	电视剧(一)	20
20:30—20:33	剧插广告	3
20:33—21:00	续播电视剧(一)	27

续表2-8

播出时间	节目内容	长度(分钟)
21:00—21:05	广告	5
21:05—21:25	电视剧(二)	20
21:25—21:28	剧插广告	3
21:28—21:55	续播电视剧(二)	27
21:55—22:00	广告	5
22:00—22:15	重播《萧山新闻》插60秒广告	15
22:15—22:18	萧山气象	3
22:18—22:20	广告	2
22:20—22:30	重播《热线188》插30秒广告	10
22:30—22:40	《生活360°》	10
22:40—22:45	广告	5
22:45—0:25	精品影院套播广告	100

2.新闻类节目

(1)综合新闻节目

1987年7月1日,萧山电视台试播,每周自办2组《萧山新闻》,每组10分钟,周三、周六18:45首播,周四、周日18:45重播。翌年7月1日,萧山电视台正式开播,《萧山新闻》增加到每周3组,每组15分钟,周二、周四、周六18:45首播,周三、周五、周日18:45重播。1993年12月1日,《萧山新闻》增加到每周6组,周一至周六播出。1997年8月,《萧山新闻》增加到每周7组。

2000年5月,贯彻国家广电总局提出的“主攻新闻,精办专题”方针,新闻和专题节目作较大调整。除加强综合新闻《萧山新闻》外,于5月8日开办第二档新闻节目——《新闻十分》,节目风格是主持人站着说新闻,增强与观众的亲和力,周一至周六每晚9时首播,第二天9时重播。节目定位区别于综合新闻,内容贴近观众,贴近民生,内设三个小板块:本埠“社会新闻”、新闻协作网提供的“外部传真”和向国际台购买的“国际新闻”。2003年,为加大综合新闻《萧山新闻》的信息量,对新闻节目进行整合,从7月1日起停办《新闻十分》,将原《新闻十分》中的“社会新闻”融合到综合新闻中,每组新闻时长由12分钟增加到17分钟。2007年7月1日,推出民生新闻栏目《热线188》,

每周5组，时长10分钟，周一至周五18:30首播；2009年1月3日起，增加到每周6组。2014年5月，推出民生方言节目《阿通哥说新闻》，这是萧山电视台打造的首档方言类民生新闻节目，特邀当地知名度较高的曲艺演员俞德其、方剑林、孟志明等担纲主持，把莲花落的表演手法和特色方言融入新闻中，带给观众全新的收视体验。

（2）新闻专题、评论类节目

随着新闻事业的发展和受众对新闻专题及舆论监督类节目的需求，1998年前后，在《萧山新闻》节目中开设《记者观察》小专栏，对一些社会现象、热点作深度报道和评论。2002年8月10日，专门推出《社会聚焦》节目。节目定位是弘扬真善美，鞭笞假恶丑，围绕一个事件、一个话题，深度报道发生在萧山的重大新闻事件及群众反映的社会热点、社会现象。节目每周1期，时长10分钟，周日21时首播。2014年5月27日，《萧山新闻》推出《今日关注》专栏，以"追踪新闻真相、关注社会热点"为宗旨，围绕"三改一拆""五水共治"等重点工作，深入采访、曝光典型违法问题，聚焦政府职能部门行政不作为，播出的新闻做到百分之百有回音、有反馈、有结果，推动群众关注的社会热点、难点问题的解决。2014年5月，推出新闻评论节目《新闻麻辣烫》。节目于每天晚上6点至6点30分播出，以主持人脱口秀的形式，评述每天发生在全国各地的热点新闻、重大事件，节目立足于普通民众的心理需求，强调主持人对新闻的个性化点评和解读，评论不沉重、不教条，幽默蕴藏智慧，将"故事"和"观点"叠加呈现，提升传播效果。

3.社教类节目

1992年，推出《社会万象》《科技光环》等社教节目。1995年6月，与市委组织部、市电教中心联办《党建园地》节目，开办初期，每周1期，时长5分钟，后调改为2周1期，每期时长10分钟，第一周首播，第二周重播。6月与市公安局联办专题节目《萧然警界》，每2周1期，每期时长15分钟。《萧然警界》节目是浙江省县（市）级电视台中第一个警事类电视专题节目。是年，为创国家卫生城市，联合市爱卫办开设《卫生与健康》，每周1期，每期时长5分钟。1997年，新增《社会广角》《萧然大地》《七彩生活》《大千世界》等节目，是年5月停办《社会万象》。1999年，停办《社会广角》《萧然大地》节目，新设《今日萧山》节目，每周播出1期，每期时长10分钟（其中一段时间为一周2期）。2007年，与区残联合作，推出两周1期、时长10分钟的联办节目《爱心满天》。

2009年6月，萧山广播电视台对社教及联办节目进行较大幅度调改，停办《今日萧山》，推出日播栏目《天天看萧山》。该栏目是为了进一步优化整合萧山电视台专题节目资源，在整合大多数联办栏目的基础上，推出的一档电视专题日播栏目，把原有大多数联办专题栏目都纳入其中，统一编排、播出。该栏目由"资讯天天看""城市大聚焦""政策时事通"及与有关部门联办的内容（环保、交通、社保、烟草、警界）等几个小板块组成。周一至周五19:50首播,栏目长度为10分钟。与已有的三档电视日播栏目《萧山新闻》《热线188》《生活360°》相比,该栏目较好地把握了自身的定位和主题,立足为受众服务,及时解读百姓关心的有关政策和信息,兼顾联办单位的宣传要求与节目质量的统一,使节目具有较强的可看性。是年11月,与萧山区司法局合作,首档普法教育专题节目《萧山法治》开播,每周1期,时长10分钟,周日18:50首播。《萧山法治》的开播是贯彻落实省委建设"法治浙江"部署,积极推进"法治萧山"建设和依法治区的需要。栏目围绕打造"平安萧山""法治萧山"的要求,坚持正确舆论导向,加强普法宣传,充分发挥在主导普法、推动法治、服务民生、保障稳定、促进发展方面的作用,进一步提高公民的法治修养,推动社会主义法治建设。

《萧山党建》栏目开设于1995年,前身是《党建园地》,2011年6月18日改版。经过全新改版的《萧山党建》,由原来的双周1期改为周播节目,节目首播时间调整到黄金时间的每周六20点播出,次日7点40重播。改版后的《萧山党建》栏目主要分为聚焦党建、创先争优、决策访谈、非公党建、党的知识、党建播报共六大板块。该栏目围绕中心,服务大局,创新形式,丰富内容,营造特色,为推动党建和组织工作各项任务落实营造良好的舆论环境,并朝着打造全市、全省乃至全国有影响力的党建品牌栏目的方向不断努力。

普法栏目《萧山法治》开播于2009年11月底,2014年3月改版。改版后增加区人民法院为主办单位,确保普法栏目的素材来源更加生动、广泛和贴近群众。在制作上采用"以案释法"的主要呈现方式,借助模拟现场等表现手法来展现新闻事件、传播法律知识。来自区人民法院的6名法官以及萧山区七家律师事务所的9名律师被聘为栏目特邀嘉宾,他们在节目中结合案例,专业剖析案件背后隐藏的法律价值,解析法律难题。

2010年3月1日,慈善公益栏目《爱心满天》增设手语主持环节,实现双语播出,为聋哑受众创设更好的视听环境。《爱心满天》栏目组专门邀请萧山区聋哑学校优秀的手语老师,参与每周的节目制作,以挂角手语主持画面的形式即时解读节目内容,真正实现聋哑人视听的无障碍。《爱心满天》栏目以宣扬爱心为己任,通过讲述贫困家庭、残疾人、老年人的人生和奋斗故事,挖掘报道全区范围扶残助残的先进典型,激发了全社会爱心行动的热潮,取得良好的社会效果。

4.对农类节目

针对电视对农宣传的薄弱环节,2002年4月10日,与区农办联手推出电视对农专题节目《金色大地》。栏目宗旨:服务农村经济、引导农民致富。节目两周一期,每期15分钟,周三19:40首播,周四7:15及下周同一时间重播,共设置《田野传真》《农事服务》《致富有方》《农村纪事》《农网点击》五个小栏目，每期安排三个小栏目。2010年12月，对节目进行适当的调整，《金色大地》节目两周一期，每期长度10分钟，周三19:50首播，周四上午及下周同一时间重播。栏目设置分三个小板块，即《走访新农村》《带你灵市面》《我来帮你忙》。

2016年12月23日，国家新闻出版广电总局主管的报纸《中国新闻出版广电报》头版刊发图文报道《做农民的"贴心人"和"小喇叭"》，对萧山广播电视台是年开办对农栏目《舌尖上的萧山》进行报道。

5.少儿类节目

1997年，推出周播少儿节目《菁菁校园》，时长15分钟，周六19:50首播。1999年5月，节目停办。

2005年9月，与区教育局联办周播节目《教育天地》，时长10分钟，周四19:50首播。

2011年7月14日，由萧山广播电视台主办的"彩通杯"2011少儿手拉手爱心科技夏令营落幕，共有来自萧山、滨江、临安等地的240名营员参加活动。活动由《爱心满天》栏目组织策划，营地设在国家级风景区西天目山脚下，活动内容包括爱心讲座、真人CS激光枪战、《孝经》诵读、科技摄影、标本采集制作等，旨在让更多外来务工者的孩子及留守儿童能和城区孩子一样，有机会参与暑假活动。

2012年6月1日，萧山电视台推出首档少儿综艺节目《宝贝星计划》。该节目是一档轻松、快乐、益智，演播室与外景有机结合的体验类少儿综艺节目，每周五20:10在萧山电视台首播，每期45分钟左右。在节目内容上，充分考虑参与主体和收看主体的双重趣味性，设置"小宝贝大搜查""小明星大舞台""小宝贝大计划""小游戏大默契"四大环节，参与每期节目的3位宝贝既有个人才艺的展示，又有集体任务的考验，还有亲子游戏的互动，让观众既能看到童趣的表演，又能听到童真的话语，还能体会童心的纯洁。

2013年8月，推出《智多星计划》少儿益智答题节目，是一档以全区小学生为参与对象，课内与课外知识结合、常识与乡土文化结合、理论与综合实践结合、竞技与爱心公益结合、演播室与外景结合的益智答题节目，以提升少年儿童知识素养、思辨能力。节目每周五20:10在萧山电视台首播，周六7:35重播，全年录制、播出30期。节目推出以来，贴近生活、寓教于乐，受到少年儿童的欢迎。

6.广告服务类节目

1992年，开办广告服务类节目《购物指南》《广而告之》，每周1组，时长10分钟，每天播出。

1994年，与市劳动就业处联办《新业新天地》，每周1组，时长约10分钟，主要介绍萧山劳动就业方面的信息等。1995年停办。

1997年8月，开办《信息快车》。每天播出1组，时长10分钟，内容主要介绍本地的商业、商品信息，企业开张、庆典等。

1998年5月，萧山电视台与市技术监督局联办《消费指南》，每周1组，每组10分钟，2000年停办。

2000年5月，与萧山市建设局联办《房产大观》，每天播出1组，时长5分钟。

2005年，开办《萧然美食》《汽车世界》《房产家居》《金融资讯》等经济广告类栏目。

2008年年初，推出生活服务类节目《生活360°》，将原有《汽车世界》《萧然美食》《金融资讯》《房产家居》栏目和新推出的《爱尚旅游》整合，分别在周一至周五晚上播出。2010年4月，《生活360°》又增加了子栏目《健康有约》，填补在卫生保健内容方面的空缺。《健康有约》子栏目安排在周六播出，其推出使《生活360°》栏目增至每周6期。

7.文艺类节目及活动

1994年6月起，开办《与您同乐》节目，1995年改名《广告·文艺·生活》，一周1期，时长20分钟，每天播出。是年6月，与萧山人民广播电台等单位联办《欢乐吉尼斯》，每周1期，每期45分钟。1997年9月，开办大型综艺节目《欢乐今宵》，每2周播出1期，每期50分钟左右。1998年年底，拍摄制作第一部音乐电视《绣花边的姑娘》。1999年初，举办萧山市首届电视春节联欢晚会——《萧然春潮》，春节前夕播出。从此，坚持开办一年一届春晚节目。

2006年12月，举办"光荣与梦想"萧山区"十五"时期十大杰出工业企业家、十大优秀工业企业家"双十大"颁奖典礼。

2007年，举办萧山骄傲——首届"和谐萧山·十大闪光人物""激越萧山·十大华彩事件""品质萧山·十大和美之地""三十大"颁奖典礼。

2008年，配合区委宣传部，承办好纪念改革开放30周年歌咏会、"三十年激情创业·我们一起走过"十大新闻事件评选揭晓典礼。典礼融人物展示、故事再现、文艺表演于一体，标志着萧山广播电视台文艺晚会和文艺活动进入一个新的高度。3月，推出娱乐节目《闪亮我舞台》，尝试"季播类"综艺节目创作。第一季《闪亮我舞台·电视新秀大赛》，节目每2周1期，时长50分钟，周六20:00首播，下个周六20:00重播。

2009年3月，推出《闪亮我舞台》第二季活动——"闪亮我舞台·唱响我家乡——2009镇街品牌文化艺术团欢乐秀"。全区27个镇、街(场)派出代表参加活动。参赛选手通过"我爱家乡""我是明星""我为歌狂"三个环节，全面展示萧山区各镇、街(场)的经济社会发展成就和群众文化建设成果。节目每周五晚20点播出、时长90分钟。是年11月20日晚，由萧山广播电视台和萧山区总工会等单位主办的"澳门豆捞"杯萧山区首届职工戏曲票友大赛总决赛，经过戏曲演唱和戏曲知识问答，最终决出十大戏曲票友和十大戏曲新秀。是年5月，与共青团萧山区委、萧山区教育局联合举办“最红杯”萧山区首届小主持人大赛，117名小选手通过各项表演展示自己的才艺，大赛后，成立萧山少儿广播艺术团。

2010年7月23日，推出《闪亮我舞台》第三季电视综艺活动——“闪亮我舞台·唱游浙江”。由萧山、嵊州、奉化、嘉善、缙云、瑞安、武义7家电视台联合举办的“唱游浙江”大型电视综艺活动在嵊州市拉开帷幕。活动以“唱游浙江·快乐共享”为主题，以“交流、合作、共赢”为宗旨，充分依托地方县(市、区)台的平台优势和各地人文优势，围绕“唱”和“游”等娱乐环节，达到宣传浙江、宣传当地自然、社会人文特色的目的。活动设置室内主题综艺节目——“谁是麦霸主持人”、电视大挑战和户外主题综艺节目——“激情岁月·智勇大闯关”。七地电视台分别组成代表队参赛。“谁是麦霸主持人”、电视大挑战通过“谁唱谁闪亮”“超级主持秀”“幸运大转盘”等环节，展示各代表队主持人的风采。“激情岁月·智勇大闯关”通过“赴汤蹈火”“跋山涉水”“绝处逢生”等环节，展示各代表队团结协作的技能。该活动受到广大观众的欢迎，在促进各地文化交流的同时，也为县(市、区)级台探索联办大型节目，积极应对新时期媒体竞争开辟了新路径。

二、节目编辑

1987年，萧山电视台试播初期，新闻节目配图像编辑(制作)2人，文字编辑1人(由2名骨干记者轮流担任)。文字编辑工作程序：先修改记者的文字稿，写好节目串联单，确定每条新闻标题和整组新闻的内容提要，交台领导审定后，由播音员配音出图像。图像编辑(制作)根据节目串联单给播音员录音及出镜录像，加工记者初编的图像，打字幕、串带，合成播出节目。其间，编辑指导播音、制作人员做好新闻节目的合成工作。

《萧山新闻》节目开办初期，每周编排2组，节目时间为10分钟左右，有5条至6条图像新闻，并有一定数量的口播稿。1988年7月起，《萧山新闻》节目增加到每周3组，每组15分钟左右，10条以上。

建台初期，萧山电视台不定期播出专题片，由新闻编辑负责编辑制作。1992年起，开办《社会万象》《科技光环》和《下周影视》等专题节目，仍由新闻编辑负责编辑制作。1995年，设专职新闻文字编辑1名，重要新闻一般都在当天编排播出。其时，系列报道、连续报道不断增加，编辑的前期策划也有所加强，撰写点评、编前话、编后话成为编辑的一项重要任务。1997年，为培养记者对用稿组稿的全局观念，实行数名骨干记者与1名专职编辑轮流担任文字编辑制度。进入21世纪，新闻文字编辑由新闻部副主任和骨干记者轮流担任。

1997年5月“局台合一、广播电视合一”后，社教专题类节目的文字编辑由专题部正、副主任担任，图像编辑由策划人员与制作人员担任。

1999年，新闻部确定1名通联编辑，专职向浙江电视台、杭州电视台等发送新闻稿件。

2000年5月，增设《新闻十分》节目，配备1名文字编辑（由主持人兼，并按说新闻的要求写串词），编排市内新闻，接收编辑中国国际广播电台电视中心的《今日世界》新闻节目和周边县（市）以及“经济强县（市）电视新闻协作网”的新闻，并负责向协作网的县（市）电视台寄送有关新闻。

1997年后，随着社教节目的增加和部门的分设，编辑也由单一的新闻编辑增加到社教、文艺类节目的编导。

2010年始，全台编辑、编导增加到10余人。

三、节目播音

萧山电视台筹建试播期间，采制的专题、宣传片由萧山人民广播站播音员帮助配音。1987年7月，从萧山人民广播站调入1名男播音员，从杭州齿轮箱厂借用1名女播音员，播报《萧山新闻》节目以及为专题片、广告片配音。

《萧山新闻》节目试播初期，采用男女对播方式，后由于播音员缺乏，逐步采用单播，以男播为主。播音员边学边干，坚持每天练声，模仿中央电视台《新闻联播》节目播音风格，练习电视播音技巧，很快适应电视播音工作。播音员除按时完成播音任务外，还参与采访，力求多出镜、多发现场报道。

1992年下半年，从外省引进一名女播音员。1993年9月，萧山电视台在全省范围内公开招聘播音员（主持人），通过笔试、面试、试镜等考试，录取一男二女共3名播音员（主持人）。是年年底，萧山电视台共有男播音员（主持人）2人，女播音员（主持人）3人。随着播音人员的增加，播音员参与采访的报道也相应增加，《萧山新闻》节目的报道形式更趋多样，现场报道不断增多。主持《社会万象》《萧然警界》节目的主持人还兼任撰稿、编辑等工作。另有1名新闻播音员兼新闻节目的后期制作工作。

1996年，播音员播报新闻开始使用提示器，新闻导语的播报形式主要由配音加图像向播音员出镜转变。

1997年5月“局台合一、广播电视合一”后，社教、服务、文艺类等节目基本以主持人的形式出现，主持人主要形式有三种：一是设专职主持人，如文艺类节目《欢乐吉尼斯》《欢乐今宵》等；二是采、编、播合一，如社教类和新闻类专栏中的《社会万象》《今日萧山》《萧然警界》等，由主持人采访、撰稿、编辑；三是聘请业余主持人，如1997年8月开办的《菁菁校园》节目，聘请中小学生主持；2009年1月推出的方言新闻节目《阿通哥说新闻》，聘请本地莲花落演员主持。

1997年5月“局台合一、广播电视合一”后，有电视播音员、主持人7人，其中男播音员2人、女播音员5人。2000年年底，有男播音员3人、女播音员5人。2000年5月8日，开办第二档新闻节目《新闻十分》，播音风格逐步从播新闻向说新闻转变。2010年后，播音员、主持人有10余人。

四、电视剧、电影制作和出品

20世纪80年代开始，萧山电视台通过制作电视剧，全方位提升整体实力。

1985年，萧山电视台（筹）与浙江电影制片厂合作摄制反映交警题材的电视剧《车从深圳来》（上、下集）。

1989年，萧山电视台记者创作的剧本《寻踵江南青》，被浙江电影制片厂拍成电视剧，在全国城市节目交流网中播出。

1994年，与杭州电视台联合摄制以萧山残疾青年钱某瑶为原型，反映她身残志坚、自强不息为主题的电视连续剧《命运不是梦》（4集）。该剧先后在央视一套、浙江电视台、杭州电视台等台播出。

1997年，与中央电视台、浙江电视剧制作中心合作摄制以全国劳动模范、萧山种植专业户尚舒兰为原型创作的电视剧《亭亭咸青花》（上、下集）。

1998年7月，与杭州电视台西湖明珠频道合作拍摄首部以公安侦破持枪抢劫大案为题材的电视报告剧《罪恶的枪声》。

2004年11月，与萧山区委宣传部、萧山区电影电视家协会和浙江电视剧制作中心联合创作拍摄电视剧《百姓利益》（上、下集）。该剧以萧山抗“电荒”为背景，反映发生在闹“电荒”期间，政府实施错峰用电，让电于民，千方百计保障市民夏季用电以及全社会合力抗“电荒”的故事。2005年，该剧先后在浙江电视台、杭州电视台等台播出。

2007年11月，由杭州萧广传媒有限公司与中国电影集团、北京一江春水影视文化传播有限公司联合摄制的萧山区首部数字高清电影《你要什么》在萧山封镜。该片是一部以未婚妈妈为题材，反映当代年轻人与年轻人、孩子与年轻母亲之间的生活、思想冲突的影片。该片题材新颖、思想健康，弘扬当代年轻人健康向上的价值观、道德观。影片由《水浒传》执行导演、青年导演郭大群担任导演，女一号由青年电影演员王丹出演，男一号由青年演员娄宇健出演，女二号由中央戏剧学院在读的萧山籍演员钱樱出演。影片中小男孩的角色从萧山区幼儿园中选拔产生，所有场景均以萧山的城市街景、湘湖风景区等旅游景点为背景。

2009年,由萧山广播电视台下属的湘湖网、萧山影视家协会、萧然女子医院联合摄制的网络剧《我为天使狂》拍摄完成,并在湘湖网上线开播。该剧共6集,每集15分钟,讲述一个年近30周岁的富家子弟,为了追求一位美丽的护士所引发的一系列幽默故事。该剧所有演员都是通过网络招募,所有场景均在萧山境内拍摄。

2010年,萧山广播电视台获得电视剧制作资格。同年,与临浦镇人民政府合作的数字电影《西施》通过国家广播电影电视局审查,并在10月完成拍摄。影片通过讲述西施的故事,再现吴越争霸和越国人在逆境中崛起的不屈精神,进一步弘扬本土文化。

2012年12月10日,由萧山广播电视台和浙江传媒学院文学院、遂昌县委宣传部联合拍摄的数字电影《梦寻》在东阳横店影视城开机。这是萧山区首次利用区外资金拍摄的一部电影,被评为2012年浙江省文化精品工程奖。影片通过截取萧山历史名人、我国古代著名戏剧家汤显祖在遂昌为官、创作《牡丹亭》的经历,表现汤显祖重视民生、为戏剧创作呕心沥血的心路历程。

五、技术设施

1.转播发射设备

萧山的电视事业起始于1979年11月。当时,杭州齿轮箱厂投资1万多元,建立1座10瓦小功率电视转播台,这是萧山境内第一座电视转播台。

20世纪80年代初,县广播事业管理局派技术人员,多次到各地测试电视信号,调查覆盖情况,制订发展电视事业规划,重点放在临浦、戴村两区。从1983年1月至1991年,共建小功率电视转播台41座,萧山98%的人口能收看到电视节目,初步解决山区农民看电视难的问题。

1983年1月,县政府拨款在萧山县广播电视大楼楼顶建立50瓦电视转播台,天线高51.5米。同年5月1日,萧山正式转播中央电视台一套节目,覆盖半径10多公里;9月,又在西山建立10瓦转播台。

1986年年底,县人民政府先后拨款160万元,在海拔153米高的西山上建造萧山电视发射中心,发射铁塔高64米,并建有500多平方米的技术用房,1988年元旦建成投入使用。

1991年3月,市财政拨款36万元,在瓜沥航坞山、临浦峙山各建50瓦转播台1座,转播萧山电视台节目信号。市台节目覆盖本市面积达80%左右。由于有线电视网的逐步覆盖,瓜沥、临浦差转台先后于1996年、1998年撤销。

1991年,瓜沥、云石等乡镇由当地政府牵头,企业支援,广播站操办,率先建起区域性有线电视网。到1997年,全市32个镇乡(场)广播电视站共有31个建成有线广播电视系统，电视用户10.5万户。

2005年，投资30万元对西山发射中心电视发射机等设备进行更新换代。2006年8月25日，投资7万元进行西山发射中心电源整体改造。

2. 采编演播设备

萧山电视台建台初期至1997年4月有约20平方米面积的新闻演播室、制作机房和播出机房各1间。用索尼DXC—M3和VO—5850p、VO5800P等设备录制新闻节目。

1984年下半年，萧山开始筹建电视台。是年年底，购置摄像机3台、录像机6台和编辑机1台等设备，用于新闻等节目的采访和制作。

1993年下半年，萧山电视台开始购买BETACAM摄像机及编辑线，摄制、播出设备不断更新。1994年，在全省县级台中率先基本实现BETACAM采编播系统配套。

1997年5月"局台合一"后，广播电视局(台)人员、设备搬入位于道源路的新大楼——萧山广播电视中心。电视播出中心机房面积扩大到300多平方米，按国家视音频标准建设大、中、小演播厅5个，其中600平方米1个、150平方米1个、80平方米3个，还拥有摄像机20套、编辑线10条，以及相应的制作播控设备。

1997年8月，投入近200万元的电视自动播出系统正式启用。

1998年7月，与上海广播器材厂合作，利用一辆依维柯面包车和已有的设备，改造成4讯道模拟分量电视转播车。

1999年5月，投入约32万元，装备第一套非编设备——"创意99非编"。

2001年，电视数字化开始。5月，投入160万元引进数字化摄录设备，采用松下DVCPRO50标清格式的摄像机和录像机。是年，改造新闻演播室切换台为数字切换台SONY DFS-700。

2002年，字幕机升级为数字标清NEWAUTO A8。到此，新闻演播室录制实现全数字流程。

2004年，投入200万元，在全省县级台率先建设非编制作网。

2006年6月，投资800万元新购建数字标清电视转播车，按照6+2讯道设计，转播车配置了6套摄像机，其中1套为无线微波摄像机。

2006年12月，在600平方米演播室新建一块面积为13.1平方米的LED大屏，采用LED表贴技术，P6点距，为全省广电系统首例在演播室使用LED大屏的案例。

2007年6月，新建80平方米虚拟演播室，独立两通道双机位，采用汤姆逊视频设备，总投入220万元。

2007年10月，为满足新闻制作的需要，投资48万元，增加一套新闻非编制作系统。

2008年8月，投入42.5万元用于新闻演播室摄像机更新SONYE30。

2010年，投资148万元对专题非编制作网进行更新改造，淘汰2004年建的非编制作网。新非编网按照高清制作要求设计，配置工作站点10个(含2个高清包装工作站)。

2001—2010年，共计投资200多万元先后升级改造《萧山生活》《萧山影视》等网络服务频道设备。

3.其他设备

2000年5月，投资近148万元建设局域网，实现全台办公自动化。2007年9月，投入40万元对局域网进行升级改造。

2008年9月，投入248万元建设媒体资产管理系统。是年9月后，由北京捷成世纪科技发展有限公司中标开始对全台近4000小时的视频历史资料进行数字化编目保存，先后分两次(2009年9月、2011年年底)编目，编目总投入近100万元。该项目获2009年度省广播电视科技创新三等奖，并于2010年年底投入使用。

历任负责人

汪柏遂，男，萧山电视台党支部书记、台长(1987.6—1992.6)

李伯恩，男，萧山电视台副台长(1990.9—1993.4)

赵岳松，男，萧山电视台党支部书记、台长(1992.6—1997.5)

韩　铨，男，萧山电视台副台长(1992.11—1997.5)

朱伟民，男，萧山电视台副台长(1993.4—1997.5)

第五节　萧山有线电视台

1992年8月，筹建萧山有线电视台，是年12月16日试播。1995年12月25日，正式建成开播。台内设编辑部、工程技术部、播出部、广告部、办公室。台址在城厢镇人民路132号，用房面积约300平方米。1997年5月实行“局台合一”后，萧山有线电视台对外呼号保持不变。

1995年1月3日，萧山有线电视台开办《萧山有线新闻》节目，每周1组，时间10分钟，周二、周四、周六播出。9月12日起，《萧山有线新闻》由原来的每周1组增加到每周2组，周二、周五首播，周三、周六重播。1997年5月，实行“局台合一、广播电视合一、有线无线合一”的改革后停办《萧山有线新闻》。1999年5月，萧山有线电视台呼号取消，节目停办。

一、自办节目

萧山有线电视台筹建时期，除转播中央、省、杭州市电视台节目外，自办1套节目，设置《点歌台》《请您欣赏》和《广告信息》等娱乐性、服务性节目。

1995年1月3日起，开办《萧山有线新闻》节目，每周1组，时间10分钟，周二、周四、周六18时50分和21时播出。2月25日，开办音乐娱乐节目《奥斯卡演歌台》，每周1期，周日18时30分、20时、21时30分和周一8时30分、13时播出。节目融娱乐性、观赏性、群众参与性为一体，由群众自愿报名参与电视卡拉OK演唱，从中选出歌手，拍摄、播出其演唱实况录像，季末由观众投票评选出季度最佳歌手若干名进入年度总决赛。节目互动性强，提高萧山有线电视台的收视率。3月上旬，通过向社会公开招考，聘用13名业余新闻采、编、播人员。4月10日，在新闻节目中开办《先锋模范谱》栏目，介绍萧山市10个先进集体和10个劳动模范。是年7月1日起，在自办频道中增加图文信息节目，内容有新华社电讯、省内新闻、期货行情、外汇信息、电视预告、股票行情、股市动态和国债行情等，播出时间为每天7时30分至8时30分、10时至13时、14时30分至18时30分。9月12起，《萧山有线新闻》节目由原来的每周1组增加到每周2组，周二、周五首播，周三、周六重播。同年10月26日，开办专题节目《集藏文化》，周四18时30分、20时、21时，周五8时30分、13时播出。同期，开办文化类专题节目《萧然览胜》，介绍萧山的风景名胜、历史文化、风土人情，周四与《集藏文化》节目交叉播出。是年11月1日，对《萧山有线新闻》节目提出“弘扬正气、针砭时弊、求真求实、唯新唯奇”的十六字方针，力求贴近群众，贴近生活。

1996年4月4日至11日，“浪潮杯”第十一届亚洲摔跤锦标赛在萧山举行。萧山有线电视台专门组成报道组，开设《亚摔赛系列报道》和《亚摔赛花絮》等新闻栏目每天播出，及时、全面地报道这一国际赛事。同时，和萧山电视台一起对开幕式、古典式摔跤决赛、自由式摔跤决赛进行现场直播。5月6日，在《萧山有线新闻》节目中开设《精神文明见闻》栏目，节目从原来的每周2组增加到3组，周一、周三、周五首播，周二、周四、周六重播。6月24日，开设《我为党旗添光彩》栏目。8月4日，《奥斯卡演歌台》节目改名《有线音乐网》，开设《有线演歌台》《金曲再回首》《有线新节拍》3个栏目。《有线演歌台》拍摄播出观众的演唱实况；《金曲再回首》让观众重温当年传唱大江南北的老歌金曲，重温往日情怀；《有线新节拍》关注流行乐坛，紧跟流行节拍，推荐新歌、好歌。同年9月，在’96中国国际钱江（萧山）观潮节暨萧山市第九届工业产品展销会举行之际，萧山有线电视台摄制播出以弘扬萧山人民奋斗精神和展示萧山经济飞速发展为主题的专题片《八月涛声吼地来》。该部专题片以翔实的资料，富有美感的画面和对萧山知名人士的采访，记录萧山观潮的历史变迁，萧山人民围垦筑堤与潮水搏击的英雄业绩，展现萧山充分挖掘旅游资源，以潮会友，发展经济取得的成就。10月23日起，《萧山有线新闻》节目播出“市政府为民工程”系列报道，报道用翔实的资料展示萧山市在加快“菜篮子”工程建设、加大环境污染整治力度、加快道路建设等10件关系百姓切身利益的大事中取得的可喜成绩。是年12月7日，开办生活服务类节目《五彩旋律》，内设《休闲时光》《祝您健康》《美食家》《教你一招》《向阳花朵》《小城故事》和《生活印象》等栏目。每周1组，周六播出。是年，在浙江省有线电视台播出新闻69条，名列全省同级有线电视台第3位，在杭州有线电视台播出新闻68条，居杭州市同级有线电视台首位。

1997年2月24日至27日，浙江省有线新闻协作会议在萧山召开，评出浙江省有线电视新闻协作奖。萧山有线电视台有4件作品获奖，其中新闻评论《钱啤人的品牌战略》获一等奖，消息《聋哑学生学电脑》《轮椅上的追求》获一等奖，消息《白云宾馆小早点做出大文章》获三等奖。是年5月，实行“局台合一、广播电视合一”，《萧山有线新闻》节目停办。专题节目《萧然览胜》《集藏文化》《有线音乐网》和《五彩旋律》等继续保留。

萧山有线电视台节目时间一览表

（1996年9月6日起实行）

表2-9

时　间	节目内容
7:30	图文信息
8:30	《萧山有线新闻》(周二、周四、周六)、《集藏文化》或《萧然览胜》(周五)、《奥斯卡演歌台》(周一)
8:40	影视剧场
10:00	图文信息
13:00	《萧山有线新闻》(周二、周四、周六)、《集藏文化》或《萧然览胜》(周五)、《奥斯卡演歌台》(周一)
13:10	影视剧场
14:30	图文信息
18:00	少儿影视
18:30	《萧山有线新闻》(周一、周三、周五)、《集藏文化》或《萧然览胜》(周四)、《奥斯卡演歌台》(周日)
18:40	《点歌台》、广告、《请您欣赏》
19:00	转播中央电视台《新闻联播》《气象》

续表2–9

时　间	节目内容
19:35	影视剧场
20:00	重插播《萧山有线新闻》(周一、周三、周五)、《集藏文化》或《萧然览胜》(周四)、《奥斯卡演歌台》(周日)
21:00	《点歌台》、影视剧场
22:00	重插播《萧山有线新闻》(周一、周三、周五)、《集藏文化》或《萧然览胜》(周四)、《奥斯卡演歌台》(周日)、爱国主义影视展播(周六)
23:30	图文信息
24:00	结束

二、频道设置

1992年12月16日起,设12个频道,其中自办1套节目、转播11套节目。同时还转播浙江经济广播电台、杭州西湖之声广播电台、萧山人民广播电台3套调频广播节目。电视节目频道安排有中央电视台四套、萧山有线电视台、钱江电视台、浙江卫视台、中国教育电视台一套、中国教育电视台二套、中央电视台一套、中央电视台二套、云南卫视、贵州卫视、萧山电视台、杭州电视台一套、杭州电视台二套。

1994年春节起,增加转播中央电视台第三套节目和山东、四川、新疆、西藏4个省、自治区的卫视节目,播出频道共17个。1994年3月26日开始,增加转播浙江有线电视台娱乐频道节目,停转中央教育电视台第一套节目。1994年9月8日开始,增加转播浙江有线电视台经济频道节目,播出频道共18个。

1995年11月30日,中央电视台第三套节目因中止卫星传送而停转,增加转播杭州有线电视台第一套节目。1997年1月,增加转播中央电视台第五套、第六套、第七套、第八套共四套加密频道节目、中央教育电视台第一套节目和浙江教育电视台、广东卫视、河南卫视节目,停转中央教育电视台第二套节目和云南卫视、贵州卫视节目。

2000年12月23日,增补杭州有线电视台影视频道。至此,播出频道共25个。同时,转播10套调频广播节目。10套调频广播节目有:中央人民广播电台第一套、中央人民广播电台第二套、中央人民广播电台第三套、萧山人民广播电台有线广播、萧山人民广播电台调频广播、浙江人民广播电台、浙江交通之声、浙江文艺、杭州经济之声、西湖之声。

三、技术设施

1992年12月16日，萧山有线电视台（筹）开通第一批用户，前端设备采用美国CADCO 0360H电视调制器8台，361HL射频处理器6台，FMP调频处理器1台，FME调频均衡器1台。播出电视频道12个，备用频道2个。播放自办节目的设备有：松下AG-6200z大1/2录像机2台，松下F55机1台，卫星地面接收站4.8米2座、3.5米1座。前端播出机房面积20平方米。网络主干线放大器为加拿大林赛970和980系列产品，主干线电缆为美国500MC2，其余网络器材选用国内正规厂家生产的产品。1994年12月，启用美国ADC公司的1310纳米光设备。1997年启用美国ATX1550纳米光设备。随着自办节目增加和转播频道增多，以后陆续增加调制器、电视摄录设备和网络维护检测设备。1997年"局台合一、广播电视合一"前，萧山有线电视台共有下列摄录编设备：JVCKY－27E+S422摄像机3台，H0－390P+ s420摄像机2台，松下M－9000正EN摄像机2台，JVCBR－s525E慢动作放像机、索尼YP－9000P、VO－985op录像机各1台，JVC BR－822E＋BR－S622E编辑机2套，BR－S500E＋BR－S800E＋RM－G800VAT和HR－S6800EX2+SV77E编辑机各1套。JVC KM－D 600EGC、松下特技切换台各1台。新奥特4500、大洋bY9、冠CB－9993字幕机各I台，各类大1/2播出和审片录像机12台。

2000年年底，网络维护检测主要设备有：美国惠普HP-859频谱分析仪1台，美国泰克TFS3031时域反射仪1台，日本腾仓40s和德国西门子x76光纤熔接仪各1台，美国有线电视测试仪1台，光功率机1台，SE－2210A频率机1台，德国522H场强仪1台，天津德力各类场强仪10台，施工维修用工程车4辆。

四、有线电视网络

在有线电视网络建设上，自1992年6月萧山市广播电视局拟订《萧山市有线电视总体规划》起，先后投资100多万元，自架1550纳米波长的光传输设备，逐步实现市至镇乡自架光缆联网。1995年9月15日，萧山有线电视台和杭州有线电视台光缆信号联网开通，实行双向传输。1998年，萧山市委、市政府把全市有线电视光缆联网作为大事来抓。经过市局（台）与各镇乡的通力协作，历经4年，全市32个镇乡（场）光缆联网工程全部完成，全市15万户有线电视用户连成一片，系统传输电视节目24套、调频广播10套，光缆还同时传输有线广播信号，提高有线广播节目的传输质量和可靠性。

2000年年底，全市有线电视用户16.54万户，其中城区有萧山市广播电视局（台）直接管理用户3.39万余户，其他用户4412户；镇、乡（场）用户12.71万余户。有光缆主干线290公里，光纤总长4021公里，光接收点74个，全市基本普及有线电视。

2004年年底，全区有线电视用户达到26万户，其中镇、街（场）207510户，比上年增加36.5%。增加光接收点342个，总光接收点达到970个，有一部分镇、街（场）基本完成了750MHz的网络升级改造。

根据杭州市委、市政府的统一部署，从2004年3月开始，部署和开展有线电视传输网络的整合工作。通过广泛调研、听取意见，开展试点和清产核资等工作，至是年年底，完成区本级和27个镇、街（场）有线电视网络资产的评估。经评估，全区有线广播电视传输网络的评估值为1.2591亿元，其中区本级0.43亿元，各镇、街（场）0.8282亿元，由杭州数字电视公司以51%的比例出资收购，与区广电局（台）合资成立杭州萧山有线网络传输有限公司。将区广电局（台）从事有线广播电视传输前端、传输网络和用户终端的经营管理、技术人员划归新公司，其中事业编制人员转企改制为企业编制，保留事业单位待遇。镇、街（场）广电站人员保持不变。至是年年底，网台分离工作基本就绪。

历任负责人

陆伟岗，男，萧山有线电视台党支部书记、台长（1994.12—1997.5）

姚国平，男，萧山有线电视台副台长（1994.12—1997.5）

陈传荣，男，萧山有线电视台副台长（1994.12—1997.5）

第六节　萧山广播电视台

1997年5月，萧山市委决定，萧山广播电视局、萧山人民广播电台、萧山电视台、萧山有线电视台实行“局台合一、广播电视合一”的体制，撤销三台机构，建立局、台“两块牌子、一套班子”领导的新体制，标志着萧山广播电视台正式成立。

一、调整内设机构

萧山广播电视局（台）成立后，局（台）领导班子经过研究，对内设办事机构进行相应的调整，内设机构有办公室、组织人保办公室、总编办公室、新闻部、专题部、广告部、技术部、播出部、网络部和物业部。1997年11月增设广播部。局新闻部统一管理广播新闻和电视新闻的采编工作，广播和电视“互通有无”，同时坚持每周召开一次编前会制度，研究部署本周的新闻采编工作，有效地保证新闻采编质量；局专题部负责广播和电视专题文字、图像的采编和制作工作；局播音部负责广播和电视的播音工作，健全播音工作岗位责任制，对播音员的业务培训和实践锻炼进一步加强。局总编办负责拟定广播、电视新闻报道计划及总结，新闻质量审查把关和通讯员工作，通讯员既为广播写稿，又为电视送片或提供新闻线索。

2005年，萧山区委决定，萧山区广播电视局台分设。4月18日，萧山广播电视台正式挂牌，归口为区委宣传部管理的正处级事业单位，行使统一管理运行广播电台、电视台、有线广播网络的职能。根据新形势、新任务和新要求，萧山广播电视台调整完善了内设机构，形成内设机构为三办三中心共11个部室和2个公司，集广播电视宣传、技术服务、经营管理等于一体的新格局。

2010年，萧山广播电视台顺势而为、因势而变，向着统一区域性传媒综合体迈进，进一步精简理顺内设机构，形成三办三中心共8个部室和2个公司，并通过加强和整合广播、电视、网络、手机以及平面媒体等资源和渠道，逐步打造集传统广电、网络广电、移动广电"三位一体"，广电媒体、平面媒体、新媒体相互融合的新型媒体。

二、做强做大主平台

1.调频广播——打造都市新电台

按照移动收听的要求，萧山广播电视台打造全新的都市新电台。对调频广播节目进行全面调改，实现18小时直播，以记者连线、听众热线、短信微博开展节目互动；以新闻资讯、文艺娱乐两大主线贯穿全天，《早安萧山》《城市零距离》《一路听天下》《生活进行时》《快乐回家》《温情港湾》等大板块以及二十多个子栏目提供海量的资讯和文化娱乐内容。组建路况信息员队伍，选派专职路况记者，第一时间掌握和播报全区道路交通实时信息。结合广播特色开展"镇街部门领导干部进广播讲堂""百强企业招聘直通车""律师进社区"等公益性活动。

2.有线广播——打响对农宣传"金名片"

在2006年"广播发展年"活动的基础上，萧山广播电视台继续巩固和完善农村有线广播网络，有效扩大农村有线广播覆盖面，广播喇叭总量达到26.8万只，在全省乃至全国率先实现"户户响"。同时，广播对农宣传形成以《萧山新闻》《萧广快讯》为主打新闻节目，以《农村大世界》为骨干对农节目，以《萧广关注》《走进法律》为日常涉农节目，以《难忘的旋律》《梨园青草地》为对农文艺的全方位多层面对农节目格局，每年区级有线广播节目播出时间达到3000多小时。

3.电视——打造"萧山人的收视首选"

围绕打造"绿色视听""美丽视听"，按照打造"萧山人的收视首选"要求，在节目的本土化、收视的连续性上下功夫。在拥有《萧山新闻》《热线188》《生活360°》《天天看萧山》四档日播节目的基础上，改版或新推出《萧山党建》《萧山法治》《萧山气象》等节目，重新包装《以案说法》《我爱看电影》《故事汇》等节目，采购大量生活服务类节目，增强节目的可看性、服务性。根据观众习惯，将电视剧按照主题进行分类，以“播出季”的形式集中推出，增强节目播出的规律性，方便观众收看。

4. 湘湖网（网络电视台）——建设一流的视频网站

2010年，萧山广播电视台创办以视频为特色、按照市场化要求运作的湘湖网，并获得全国同级台中的首张网络视频许可证，从而实现本台广播电视节目在网上的实时收听、收看，使萧山广电突破区域和时间的限制。先后推出新闻、房产、旅游、健康、娱乐、生活等数十个频道，建起二十多个镇街子网站，并与国内大型网站合作，按照网络电视台的要求进行改版和升级，打造萧山广播电视的网上“直播室”和“可选、可控、可反复”的节目“超市”，实现传播最泛化和价值最大化。

5.《湘湖视听》——打造时尚文化生活平台

2010年萧山广播电视台推出双月刊《湘湖视听》，以广电人的视角说萧山人，讲萧山事，为社会大众提供文化服务，努力搭建新的文化休闲娱乐平台。杂志每期封面人物为当地节目主持人或时尚人物，设置地方历史、名人乡贤、文化创意等专栏，围绕湘湖建设、萧山人文地理以及精品广播电视节目、特色活动策划众多专题，图片精美、文字鲜活，特色日益凸显，并按照萧山所有公共场所必备杂志的要求进行推广覆盖，推出电子版，发行面和发行量不断增加，影响越来越大。

6. 手机电视台——打造城市智能终端公共服务平台

随着移动互联网和智能手机的迅速普及，萧山广播电视台着手研发适合广电运营的手机电视客户端，打造基于移动智能终端的城市公共信息服务平台。2013年新推出的萧山手机电视台可以直播包括该台频道在内的二十多套电视节目，可以点播该台的新闻节目、专题节目和综合节目，还可以点播最热播的网络视频，为市民及时提供实时更新的多媒体资讯。市民除了在萧山手机电视台上观看电视直播节目、点播视频、了解最新新闻资讯外，还能够享受智慧政务、智慧交通、智慧医疗、智慧城管、智慧教育、智慧生活等服务，并将自己拍摄的图片、视频等内容上传与大家分享，进行互动。

三、打造产业增长新引擎

广电媒体作为文化创意产业发展的主力军，萧山广播电视台努力推动产业上的转型升级。

1. 做强广告主业

推进广告经营体制改革，实行广告代理制，由台属广告公司代理全台广告。强化广告分线经营，结合渠道特点和广告内容，在广告公司下设广播广告部和电视广告一至七部，在巩固原有房产、汽车、旅游、餐饮、商贸等行业线的基础上，新增公用事业、公共医疗等行业线，对广告市场进行有序、深度开发。与市场的高度接轨，使广告经营人员的主动性和创造性得到充分激发，在国内外严峻的经济形势下，广告创收经受住冲击和考验，总体保持平稳增长。同时，采取多种合作模式，引导客户走品牌广告之路，提升广告品位。深挖广告客户源，积极引进新的广告形态，加强与专业广告公司和部门、镇街、企事业单位合作，不断拓展创收渠道，开辟新的广告领域。

2.进军影视产业

2008年，组建台属杭州萧山广电文化创意有限公司，专门从事影视生产和产业运作。通过挖掘地方文化特色、借助行业资源、发挥多方优势、拓展区外市场等方式，进行一系列摸索和尝试，引起国家新闻出版广电总局和省广电局的关注。2008—2018年，拍摄《你要什么》《西施》《离婚进行时》《母亲的放弃》《梦寻》等5部电影和纪录片《三探跨湖桥》。其中，电影《西施》获得央视电影频道专家的高度评价，在央视电影频道播出，并进入全国电影院线发行；反映8000年跨湖桥文化的纪录片《三探跨湖桥》在央视科教频道《探索发现》栏目播出；电影《离婚进行时》被央视电影频道正式收购；电影《母亲的放弃》通过终审，获得公映许可证，并被2013年北京大学生电影节组委会指定为西安分会场开幕式首映片；古装影片《梦寻》制作完成并通过终审，计划进入发行渠道。

3.加强专题片制作

萧山广播电视台充分利用当地人文资源和广播电视人才、技术优势，加大专题片推出力度，扩大社会影响，打造新的经济增长点。2012年以后，每年拍摄各类专题片达数十部之多。拍摄的《神奇萧山》在央视播出，并在全国获奖。拍摄《萧山组歌》MTV，为各镇街拍摄镇歌、街歌并开展“唱响我家乡”音乐电视作品展播，以文艺手段全面展示萧山和各镇街品牌形象，在区内外产生广泛的影响。拍摄《烽火湘师路》，寻访本地湘湖师范办学遗址、校友文脉，征集湘师南迁流亡办学的史料，保护好“湘师”这一文化品牌，进一步传承和弘扬湘师的文化和精神。

四、建立协调发展新格局

萧山广播电视台通过打造现代传媒综合体，建立各平台联动的协同机制，打破不同平台各自为战的局面，推动节目、活动、人才与各媒体平台的无缝对接，促进广电互动、台网互动、刊网互动，实现资源的优化配置、宣传的协调配合、栏目的联动跟进、人员的通畅流动、产业的补充完善、受众的立体覆盖，从而形成“多位一体”、携手共进的全面、协调发展新格局。

1. 打造大新闻中心，实现跨平台资讯共享

2010年，萧山广播电视台成立全台统一的新闻中心，统筹全区新闻资源，为包括广播、电视、网络、平面媒体等在内的所有媒体提供信息资讯，并根据不同平台特点进行深加工，达到“量身定做”的效果。建立和完善新闻实时连线、游动字幕预告、播出反馈等相关制度，形成跨平台、全方位、滚动式的新闻传播新机制。统一的新闻中心和配套机制的建立，使萧山广电的新闻采编效率和时效性得到提高。

2. 打造节目链，提升主流舆论影响力

从新闻的深度、广度及编排入手，推出以“新闻连连看”命名的电视新闻综合大板块，将《热线188》节目从10分钟扩容到15分钟，创办包含全国各个城市台发来的报道以及国际新闻、世界科技资讯、健康资讯、娱乐资讯等丰富内容的新栏目《媒体搜索》，并把该台的新闻节目《萧山新闻》《热线188》和《媒体搜索》、中央电视台的《新闻联播》有机串联起来，形成时间上涵盖晚上6:30到7:50的黄金时段，集本地、外埠新闻于一体的信息传播大平台，使观众锁定萧山电视台，就能知萧山事、天下事。推出《政情民意直通车》新闻综合专题节目，以广播直播为主，网络、电视、报纸等互为补充、全程跟进，每月邀请部分镇街、区级机关部门、区直单位等主要负责人带队走进广播直播室，当场接听和答复听众、网友各类咨询投诉、意见建议，成为加强部门和广大群众之间沟通交流的重要平台。

3. 打造活动链，增强文化产品供给力

成立专门的活动部，按照贴着地皮办台的宗旨，推进“节目活动化、活动品牌化”，扎根萧山热火朝天的建设和老百姓蒸蒸日上的生活，不断推出大型群众性文化综艺活动，提高文化产品和服务的供给能力。打造电视综艺娱乐品牌《闪亮我舞台》，推出多届“舞动萧然”萧山区镇街舞蹈大赛，以排舞、健身舞、腰鼓舞为主要内容，每一届均有百余支队伍、多达数千人参赛，真正将舞台搬到镇街，把文化娱乐带到基层。2011年，牵头联合上海浦东、江苏金坛、浙江嵊州等长江三角洲地区12家县市广播电视台推出“唱游长三角”活动，深入挖掘各地各具特色的地方文化，推介城市形象品牌。共录制14期节目，同步在13家广播电视台播出，突破县级台的收视区域瓶颈，有近2000万观众可以收看到节目。

4. 打造技术链，为各平台提供充分保障

全台网是广播电视技术信息化发展的必然趋势，也是广播电视应对新媒体挑战，提高生产效率的必然要求。通过加快整合现有的五大网络，即新闻制作网、专题(广告)制作网、媒资网、硬盘播出网和局域网，稳步推进全台网建设，打通采、编、播、存、管共五大环节,实现同一网络平台上的制播互联、节目的及时归档、资料的检索和下载。积极构建应急广播体系,利用广播电视网络和有线广播“村村响”工程,制定能够满足分组、分区域、多部门联动要求的应急广播技术体制、组织架构和运行机制,构建起上下贯通、统一联动、覆盖广泛、安全可控、反应敏捷的全区性应急广播体系。

1981—2019年萧山广播电视局(台)历任领导班子成员一览表

表2-10

姓名	性别	职务	任职起止时间
孔吾德	男	萧山县文化广播电视局党支部书记、副局长	1981.3—1984.2
孔吾德	男	萧山县(市)文化广播电视局党委副书记、副局长	1984.2—1996.7
杨许尧	男	萧山县文化广播电视局党委书记、局长	1984.2—1986.2
陈　涛	男	萧山县文化广播电视局党委委员、副局长	1984.2—1986.2
沈枝根	男	萧山县(市)文化广播电视局党委书记、局长	1986.1—1996.7
于成德	男	萧山县(市)文化广播电视局党委委员、副局长	1986.2—1996.12
汪柏遂	男	萧山市广播电视局党委委员	1988.1—1992.6
方荣根	男	萧山市广播电视局党委委员、副局长	1990.11—1996.12
赵岳松	男	萧山市广播电视局党委委员、副局长	1992.6—1998.5
赵岳松	男	萧山广播电视局(台)党委委员、副台长	1998.5—2003.12
孙焕林	男	萧山市广播电视局党委书记、局长	1996.5—1998.5
孙焕林	男	萧山广播电视局(台)党委书记、局长(台长)	1998.5—2003.3
葛文娟	女	萧山广播电视局(台)党委委员、副局长(副台长)	1996.12—2000.8
沈永光	男	萧山广播电视局党委委员、纪委书记	1997.9—2003.5
张西立	男	萧山广播电视局局长助理(挂职)	1999.11—2000.7
沈永光	男	萧山广播电视局(台)党委委员、副局长(副台长)	2003.5—2005.5
沈永光	男	萧山广播电视台党组成员、副台长	2005.5—2010.8
裘　超	女	萧山广播电视局(台)党委委员、副局长(副台长)	2000.8—2003.3

续表 2-10

姓名	性别	职务	任职起止时间
裘　超	女	萧山广播电视局(台)党委副书记、局长(台长)、区委宣传部部务会议成员	2003.3—2005.5
裘　超	女	萧山广播电视台党组书记、台长、区委宣传部部务会议成员	2005.5—2006.12
张英雄	女	萧山广播电视局(台)党委委员、纪委书记	2003.5—2005.5
张英雄	女	萧山广播电视台党组成员、纪检组组长	2005.5—2005.12
赵国良	男	萧山广播电视台党组成员、副台长	2005.5—2015.8
王肖伟	女	萧山广播电视台党组成员、纪检组组长	2010.12—2015.12
王肖伟	女	萧山广播电视台党组成员、副台长	2019.1—2019.7
王肖伟	女	萧山广播电视台党委委员、副台长	2019.7—
来宏明	男	萧山广播电视台党组副书记、台长	2006.12—2007.3
来宏明	男	萧山广播电视台党组副书记、台长、区委宣传部副部长	2007.3—2014.4
来宏明	男	萧山广播电视台党组书记、台长、区委宣传部副部长	2014.4—2014.6
来宏明	男	萧山广播电视台党组书记、台长	2014.6—2019.1
陈水源	男	萧山广播电视台党组书记	2007.3—2010.8
钱忠苗	男	萧山广播电视台党组副书记	2009.10—2010.10
钱忠苗	男	萧山广播电视台党组书记	2010.10—2014.3
钱忠苗	男	萧山广播电视台党组副书记、副台长	2014.3—2019.7
钱忠苗	男	萧山广播电视台党委副书记、副台长	2019.7—
毛　雷	男	萧山广播电视台党组成员、纪检组组长	2007.9—2010.12
毛　雷	男	萧山广播电视台党组成员、副台长	2010.12—2019.7
毛　雷	男	萧山广播电视台党委委员、副台长	2019.7—
陈　默	男	萧山广播电视台党组成员、新闻总监	2014.11—2015.12
陈　默	男	萧山广播电视台党组成员、副台长	2015.12—2019.7

续表2-10

姓名	性别	职务	任职起止时间
陈　默	男	萧山广播电视台党委委员、副台长	2019.7—
许益飞	女	萧山广播电视台副台长	2012.10—2019.1
叶卓明	男	萧山广播电视台党组成员、新闻总监	2015.12—2019.7
叶卓明	男	萧山广播电视台党委委员、新闻总监	2019.7—
沈志刚	男	萧山广播电视台党组书记、台长	2019.1—2019.7
沈志刚	男	萧山广播电视台党委书记、台长	2019.7—

1978—2016年萧山广播电视系统获得区级以上先进集体荣誉一览表

表2-11

年度	集体荣誉名称	获奖单位	授奖部门
1978	杭州市先进集体	萧山人民广播站编辑组	杭州市委、市革命委员会
1979	杭州市先进集体	萧山人民广播站编辑组	杭州市委、市革命委员会
1981	杭州市先进集体	萧山人民广播站编辑部	杭州市委、市人民政府
1984	浙江省广播电视系统先进集体	萧山县人民广播站、 萧山县文化广播电视局、萧山县螺山乡广播站	浙江省广播电视厅
1985	萧山县先进集体	萧山人民广播站编辑部	萧山县委、县人民政府
1988	萧山市先进集体	萧山电视台,城南、甘露、长沙、浦沿、岩山等乡(镇)广播电视站	萧山市委、市人民政府
1989	萧山市先进集体	城北、浦沿、大桥、临浦、赭山、城南等乡(镇)广播电视站	萧山市委、市人民政府
	浙江省广播电视技术维护管理先进单位	萧山人民广播站	浙江省广播电视厅
1990	杭州市广播电视系统红旗广播站	萧山人民广播站	杭州市广播电视局
	杭州市广播电视系统先进集体	长沙乡广播电视站	杭州市广播电视局

续表2-11

年度	集体荣誉名称	获奖单位	授奖部门
1990	萧山市先进集体	戴村、通济、城南、长山、长河、赭山等乡(镇)广播电视站	萧山市委、市人民政府
1991	浙江省广播电视系统技术维护管理先进单位	萧山人民广播电台	浙江省广播电视厅
	杭州市广播电视系统先进集体	萧山人民广播电台、益农乡广播电视站、盈丰乡广播电视站	杭州市广播电视局
	萧山市先进集体	萧山市广播电视局、萧山电视台、大庄、城南、长沙、戴村、新街、赭山等乡镇广播电视站	萧山市委、市人民政府
	萧山市先进党支部	萧山人民广播电台党支部	萧山市委
1992	浙江省广播电视系统技术维护管理先进单位	萧山人民广播电台、萧山电视台	浙江省广播电视厅
1993	浙江省广播电视系统技术维护管理先进单位	萧山人民广播电台、萧山电视台	浙江省广播电视厅
	杭州市广播电视系统先进集体	萧山人民广播电台、萧山电视台、萧山有线电视台(筹)、临浦镇广播电视站、党山镇广播电视站	杭州市广播电视局
1994	萧山市先进党支部	萧山人民广播电台党支部	萧山市委
1995	浙江省广播电视系统电视技术维护管理先进单位	萧山电视台	浙江省广播电视厅
	萧山市先进党支部	萧山人民广播电台党支部	萧山市委
	杭州市卫星接收设施整顿工作先进集体	萧山市广播电视局	杭州市国家安全局、杭州市公安局、杭州市广播电视局

续表2-11

年度	集体荣誉名称	获奖单位	授奖部门
1996	浙江省广播电视系统电视技术维护管理先进单位	萧山电视台	浙江省广播电视厅
	杭州市广播电视系统首届“十佳”乡镇广播电视站	临浦镇广播电视站	杭州市广播电视局
1997	浙江省“八五”计划生育宣传教育工作先进单位	萧山市广播电视局	浙江省委宣传部、浙江省计划生育委员会
1998	浙江省广播电视系统技术维护奖	萧山市广播电视局	浙江省广播电视厅
	浙江省有线广播电视主干传输网建设先进集体	萧山市广播电视局网络部	浙江省广播电视厅
	萧山市有线广播电视联网工作先进单位	萧山市广播电视局	萧山市人民政府
	萧山市先进基层党组织	萧山市广播电视局第四党支部	萧山市委
1999	全国广播电影电视系统先进集体	萧山市广播电视局	人事部、广播电影电视部
	浙江省广播电视先进县(市)	萧山市人民政府	浙江省广播电视厅
	浙江省广播电视音像影视管理工作先进集体	萧山市广播电视局	浙江省广播电视厅
	萧山市市级机关最佳领导班子	萧山市广播电视局	萧山市委、市人民政府
2003	浙江省广播电视局省广电系统先进集体	萧山区广播电视局专题部	浙江省人事厅、浙江省广播电视局

续表2-11

年度	集体荣誉名称	获奖单位	授奖部门
2006	浙江省广电系统先进集体	萧山区广播电视局	浙江省广播电影电视局
	浙江省广播电视技术维护先进单位	萧山区广播电视局	浙江省广播电影电视局
	浙江省广播电视安全播出先进集体	萧山广播电视台	浙江省广播电影电视局
	浙江省广播电影电视系统青年文明号	萧山区广播电视局电视专栏部	浙江省广播电影电视局
2008	杭州市电视技术维护先进台	萧山广播电视台	杭州市文化广播新闻出版局
2009	浙江广电系统十佳网站	萧山广播电视台	浙江省广播电影电视局
2011	浙江省广电惠民服务工作示范单位	萧山广播电视台	浙江省广播电影电视局
	浙江省广播影视信息工作先进单位	萧山广播电视台	浙江省广播电影电视局
	浙江省广播电视安全播出先进集体	萧山广播电视台播出部	浙江省广播电影电视局
	浙江省广播电视技术维护先进集体	萧山广播电视台播出部	浙江省广播电影电视局
2012	杭州市劳动模范	萧山广播电视新闻中心(集体)	杭州市委、杭州市人民政府
2013	萧山区满意单位	萧山广播电视台	萧山区委、萧山区人民政府
	浙江省规范化数字档案室	萧山广播电视台档案室	浙江省档案局
2015	萧山区满意单位	萧山广播电视台	萧山区委、萧山区人民政府
2016	杭州市服务保障G20杭州峰会先进集体	萧山广播电视台	杭州市委、杭州市人民政府

第二章 镇街(场)文化广播站

萧山的镇街广播事业起始于解放初。1951年,临浦镇出现有线广播活动,1954年,建立临浦镇广播站。1959年,全县12个人民公社全部建立广播站。1961年,国民经济困难,全县公社广播站全部停办。1964年起,公社广播站逐步恢复。至1969年,各公社、镇均建立广播站,基层广播事业走上正常、快速的发展轨道。

萧山的基层广播站于1969年开始自办节目。同年7月起,各公社、镇广播站先后配编辑1人。自办节目的内容为新闻、专题、文艺等。新闻、专题节目的采编和栏目设置,主要围绕当地党委、政府各个时期的中心工作来开展。文艺节目主要是越剧、绍剧、歌曲、曲艺以及群众文艺等。

20世纪80年代起,全县基层广播站开展"达标、保标、升级"活动,至80年代末,全市(1988年萧山撤县设市)各乡、镇广播电视站的广播播出系统质量指标基本达到国家广播电影电视部部颁乙级标准。进入20世纪90年代,部分镇、乡广播电视站开始建立有线电视前端。1998年,全市各镇、乡与市广播电视台实现广播、电视光缆联网,基层广播电视事业呈现出"广播电视双入户、协调发展、共同繁荣"的全新面貌。

2001年,全区镇街场行政机构撤扩并为29个,镇街场广播站随之整合到29个。2005年,实行网台分离,有线广播有线电视分离,电视成立华数公司独立运行,各镇街乡的有线电视也进行分离。广播站单独运行。2005年,广播站与文化站合并,建立文化广播站。

2010年,区委办发文,加强镇街场文化广播站建设,明确站长享受中层干部(正科级)待遇。

2011年,萧山区新闻工作者协会成立,全区29个镇街场广播站作为会员单位(所前站于2016年加入)加入区记协。萧山区新闻工作者协会建立镇街广播专业委员会,由沈国强任主任,黄坚毅、陶韶华任副主任。

到2018年年底,萧山区共有镇街场文化广播站27个。全区各镇街场文化广播站都是区新闻工作者协会会员单位。

第一节 状 况

一、发展历程

1.解放初期到“文化大革命”时期

萧山的镇、乡广播事业始于解放初期。1951年春,临浦镇由工商联出资购置1台50瓦扩音机,3只25瓦高音喇叭和30只小喇叭,进行有线广播活动。3只高音喇叭分别安装在该镇的中街、西市街和山阴街上,时播时停,无专人管理。1954年11月,建立临浦镇广播站,站址设在镇文化站内,每天在8时至10时播音2小时,17时30分至20时30分播音3个小时,是萧山最早建立的广播站。广播内容以转播浙江人民广播电台节目为主,自己也选播一些报纸文章、当地新闻和政府有关文件、通知等。同时经常组织专业剧团和业余剧团到广播站演播。在播放绍剧、越剧等地方戏时,喇叭底下站满听众,很受群众欢迎。

1959年年初,全县设12个公社、1个镇。1月,临浦人民公社在原镇广播站的基础上建立全县第一个人民公社广播站。此后,瓜沥、党山、城北、长河、城东、城南、坎山、义蓬、进化、河上和戴村11个人民公社相继建立广播站。是年年底,全县12个人民公社实现社社建站,每站配机线员和值机员2人至3人。广播站机房设备由公社投资,站内日常经费从广播收听费中提取。同年,城厢镇建立广播站(1963年停办)。

1961年7月,萧山县设6个区、59个公社、3个镇。原12个人民公社广播站相继停办。1964年起,萧山县广播站组织力量,帮助公社、镇分期分批重建广播站。是年,长山、新街两个公社建立广播站。1965年,盈丰、宁围、三岔路、新湾4个公社建立广播站。1966年,东方红、夹灶、大园、楼塔、靖江、义蓬、河庄、党湾、梅西、所前、南阳、云石、螺山、甘露14个公社建立广播站。1967年,赭山、头蓬、坎山、来苏、乐园5个公社建立广播站。1968年,长沙、大桥、欢潭、通济、义桥、浦沿、闻堰、由夏、衙前、六里桥、进化、城东、党山、新塘14个公社建立广播站。是年年底,全县共有人民公社广播站39个,每站配机线员和值机员各1人。

1969年2月,萧山县设27个公社、3个镇。同年,27个公社和临浦镇先后建立广播站,共配机线员、值机员87人。7月起,各公社广播站先后配编辑1人,是年年底,共有职工101人。8月,萧山围垦指挥部建立广播站(1977年5月撤销)。1970年11月,益农围垦指挥部建立广播站。

1971年,萧山县设6个区、55个公社、3个镇。除已有28个公社、镇广播站和2个围垦广播站外，新建28个公社广播站和瓜沥镇广播站、新围垦种广播站。是年年底，全县共有公社、镇级广播站60个，职工171人。

2.改革开放时期

1977年10月，城厢镇重建广播站（1981年3月停办）。

1978年，围垦地区的宏图、宏伟、钱江、前进4个公社建立广播站（原益农围垦指挥部广播站、新围垦种广播站分别更名为益农公社、新围公社广播站）。同年，五·七农场建立广播站（后改称红山农场广播站）。1981年，大同坞、新江岭公社建立广播站。

1984年5月，恢复乡建制，公社广播站改称乡广播站。是年，建立岩山乡广播站。是年年底，全县有67个乡、镇（场）广播站（其中乡广播站43个、镇广播站23个、农场广播站1个），共有职工194人。

1987年2月，乡、镇（场）广播站更名为乡、镇（场）广播电视站。1990年12月，城厢镇重建广播电视站（属全民事业单位，在编职工5人）。

1992年5月，全市设31个镇、乡，广播电视站由原来的68个调整为32个（含1个农场广播电视站），其中城厢、瓜沥、临浦3个镇下设办事处转播站13个（城厢镇7个：城南、城东、城北、裘江、来苏、新塘、石岩。瓜沥镇3个：昭东、瓜沥、大园。临浦镇3个：浦南、大庄、通济）。职工由206人减少到163人。1995年11月，瓜沥镇广播电视站所属的大园、瓜沥、昭东3个办事处转播站撤销。

1996年5月，长河、浦沿、西兴3个镇广播电视站随行政区划调整划归杭州市滨江区。1998年5月，临浦镇广播电视站所属的浦南、大庄、通济3个办事处转播站撤销。11月，石岩、新塘、来苏3个办事处改为乡建制，并建立广播电视站。2000年年底，全市有镇、乡（场）广播电视站32个（其中镇广播电视站24个、乡广播电视站7个、农场广播电视站1个），办事处转播站4个，共有职工183人。

3.21世纪

2001年7月，进行镇乡撤并，全区有楼塔、河上、戴村、进化、浦阳、临浦、所前、义桥、闻堰、宁围、新街、衙前、瓜沥、党山、坎山、益农、靖江、义蓬、南阳、河庄、党湾、新湾、临江、前进、城厢、北干、蜀山、新塘、红山共29个镇街、农场文化广播站。2013年，瓜沥、党山、坎山三镇合并建立新的瓜沥镇文化广播站。

2005年，全区对有线广播电视进行机构调整和体制改革后，实现网台分离，有线电视建立华数电视，有线广播由各镇街广播站建设维护。并对全区各镇街进行了清产核资工作，经评估，全区及各镇街评估值为1.2591亿元，其中各镇街0.8282亿元，由杭州数字电视公司以51%的股份出资收购。镇街广电站人员保持不变。网台分离工作基本完成。

2006年6月，萧山区委宣传部提出建设“广播发展年”的目标任务，出台广播改造技术标准，在全区各镇街场用两年时间，开展有线广播网改造工程，促进有线广播的健康发展。全区“广播发展年”历时三年，至2017年全区各镇街场广播站全面完成，开展有线广播大范围的网改工程。全区各镇街广播电视站先期提出与华数“同杆同钢绞”的布网理念，并改变之前镇机房直接入户的布网模式，在每个行政村建立村级有线广播播出机房，成为全省有线广播发展的典范。全区29个镇街场的474个行政村相应建立村级广播室，配备好专门的广播管理机房，有专门定制的播控桌一套，有统一的管理制度和专门的管理人员。各镇街场把“广播发展年”工作纳入党委、政府工作重要议事日程，纳入经济社会发展和社会主义新农村建设的总体规划，纳入政府公共财政支出预算，纳入当地政府的实施计划，纳入干部考核的内容。为加强督查，推出改造进度排行榜并定期公布，再以镇街场为单位进行奖励。在持续两年的“广播发展年”活动中，全区各镇街场共投入资金4500万元，对农村有线广播网进行整网改造。整网后，由原来的电缆升级为光缆和音频电缆，有线广播网长度达4600公里，新建和改造广播室474个，广播喇叭总量达到25.5万只，入户率达到91%，通响率达到98%。

针对镇街场广播电视站机构建制取消、职能弱化等问题，在持续深入调研的基础上，2010年，萧山区委办公室、区政府办公室联合发文《关于进一步加强镇街文化广播站建设的若干意见》，对镇街场文化广播站总体目标、设施建设、职能范围、设备配备、组织机构、管理体制、队伍建设、资源整合、后勤保障、资产管理、考核验收等方面进行了明确的规定，为推进镇街场广电事业发展提供全面的政策支持，明确规定站长享受中层干部（正科级）待遇，配备人员3~5人，分别担任站长、文化员、新闻编辑、播音员等工作，全区所有镇街场均建成标准的文化广播站。

除了开展新闻报道和广播线路改造维护外，文化广播站还全力抓好文化体育工作，如镇街场大型文化艺术节、镇街运动会、文化走亲、周末剧场、村晚、元宵文艺活动等丰富多彩的文化体育娱乐活动。组织人员参加全区全民运动会、全区性文化艺术节、广场排舞比赛等活动。

二、办站特色

1969年以前，根据上级业务部门规定，公社、镇广播站一律不自办节目，主要任务是转播萧山人民广播站的全部节目。1969年，萧山人民广播站在进行大量调查研究的基础上，提出“冲破禁区，让公社、镇广播站自办节目搞宣传”的建议，得到县领导的支持。7月起，各公社广播站先后配编辑1名，负责采编自办节目，配合中心工作搞宣传。是年，公社、镇广播站在转播好萧山人民广播站全部节目的基础上，在早、晚开办自办节目,时间30分钟左右,播出自办文艺节目和自采自编的文字节目,自办文字节目主要有新闻和专题两类。新闻节目的主要内容是配合党委、政府各个时期的中心工作,宣传中国共产党的路线、方针、政策和法规,报道有关会议精神,介绍先进经验和新人新事新风尚等。根据中心工作需要开办专题节目,20世纪70年代,主要开办《农业学大寨》《抓革命促生产》等节目。

中共十一届三中全会以后,公社、镇广播站把宣传重点放在农村改革、商品生产、经济信息、科学知识和计划生育等方面,主要开办《改革之声》《落实农业生产责任制》《为承包户服务》和《计划生育》等节目。20世纪90年代,主要开办《商品经济》《市场与信息》《农业科技》和《生活与法律》等节目,另外还结合阶段性工作,开办《征兵》《基本路线教育》《双思教育》《土地管理》等栏目。

为加强横向交流,1985年4月起,戴村地区各农村青年到公社广播站录音乡、镇广播站开办的《全区新闻联播》节目,每周1次。

20世纪80年代,各乡、镇站自办节目逐步规范,文字节目数量不断增加。1982年至1986年的5年中,全县乡、镇广播站平均每年播出《新闻》和《专题》节目8981组、《文艺》节目1.1万余组,年均收到通讯员来稿2.1万余篇。

1984年7月开始,为提高乡、镇广播站自办节目质量,市(后改为区)广播电视局开展乡、镇广播站好节目评选活动,至1986年6月,评出好节目83组。7月起,改为评选单篇好稿。至1989年,有75件作品获萧山市(县)优秀广播作品一、二、三等奖。

进入20世纪90年代,镇、乡(场)广播电视站自办节目质量明显提高,作品开始在杭州市、浙江省优秀广播作品评选中获奖。1990年,浦沿镇广播电视站选送的《浦沿一百多青年农民骑车上夜校》获浙江省优秀广播作品三等奖。1994年,党山镇广播电视站选送的新闻性专稿《我们也应该想到国家》获杭州市优秀广播作品二等奖。1995年,南阳镇广播电视站选送的《南阳镇农民给教授发聘书》获浙江省优秀广播作品二等奖、杭州市优秀广播作品一等奖。

20世纪90年代后期,镇、乡广播电视站的自办节目在内容上和形式上更加贴近生活,贴近群众。如城厢镇广播电视站在自办节目中,坚持为农服务方向,新闻来源以"土"为主,文章篇幅以"短"为主,办出个性,增强节目的指导性、趣味性、实用性。临浦镇广播电视站注重节目设置,提高播音质量,开办的《市场和信息》《听众服务台》等节目,很受听众欢迎,同时,运用男女对播、现场采访等形式,节目声情并茂、有声有色。1999年,萧山市广播电视局加强对镇乡广播电视站自办节目的业务指导,开展镇、乡优秀广播作品评比。是年,评出优秀作品22件,其中一等奖5件、二等奖7件、三等奖10件。2000年,评出优秀作品93件,其中一等奖20件,二等奖30件,三等奖43

件。为向第一个中国记者节献礼，是年编印《镇、乡广播电视站获奖作品汇编》一书。2000年后，部分条件好的乡镇场站如临浦、瓜沥、衙前、红山农场等站还定期不定期地开办电视新闻节目。

各镇街场文化广播站都配备有站长、编辑、播音员、文化员等工作人员，都自办广播新闻节目，节目内容一般每两天更新一次，时长10~15分钟，宣传报道该镇街场的新闻、政务信息、中心工作、好人好事、文化生活内容。

随着21世纪进入互联网时代，新媒体快速发展，各镇街高度重视新媒体建设，先后开设网站、官方微博、微信公众号，并根据不同时期的中心工作需要和形势发展要求，在新媒体上发布地方工作动态、政务信息等内容。因此，各镇街场广播电视站承担了各镇街场新媒体的稿件编发和报道工作。

各镇街场广播电视站还承担着向上级媒体的发稿责任。除了主要向区级新闻媒体萧山日报、区广播电视台、萧山网、湘湖网发稿外，同时还向杭州日报、杭州电视台、浙江日报、浙江电视台等市级以上媒体发稿。

2017年年底，全区共有镇街场文化广播站27个，村广播室474个，广播喇叭25万只，广播线路总长4600公里。

三、技术设施

镇、乡广播电视站技术设施主要有广播、电视网络和机房设备两部分。建站初期，各站的技术设施比较简陋。随着广播事业的发展，科学技术的进步，各站的设施逐步完善、规范。20世纪90年代初，随着有线电视的兴起，地方经济实力的增强，镇、乡广播电视站的技术设施开始向现代化迈进。

1. 广播、电视网络

初期，各公社、镇广播站大都用竹竿架设广播线路（地处山区的站也有用木材作广播杆），部分线路借用电力杆。传输材料为14号铁线，广播喇叭为舌簧喇叭和压电喇叭。从20世纪70年代起，有条件的站开始用6米水泥方杆替换竹竿，公社、镇到村的馈线（县站至公社、镇站的广播线称“干线”，公社、镇至村的广播线称“馈线”，村至户的S线称“用户线”）改用12号铁线。村到户的用户线仍用14号铁线。20世纪70年代初，为配合农业学大寨运动，各地兴起安装田头广播热潮。每个大队安装2只至4只25瓦高音喇叭。每天9时至10时、14时30分至15时30分播出新闻和文艺节目，供社员在劳动和田头休息时收听。20世纪80年代起，全县有线广播网开展“达标”“升级”活动，各站投入大量人力、物力和财力，全面改造、更新广播网路，提高传输质量。各地开始架设6~7米水泥圆杆替代毛竹竿和水泥方杆，乡、镇至村的广播线调换成铝包钢线或铝线，收听工具由动圈喇叭替换舌簧喇叭、压电喇叭。衙前镇在20世纪80年代中期，在全县率先实现圆杆、铝线化。1987年，裘江乡全部取消舌簧、压电喇叭，换上2584只动圈喇叭，成为全县第一个动圈喇叭乡。20世纪80年代末，镇、乡广播电视站广播播出系统质量指标基本达到国家广播电影电视部颁乙级标准。

20世纪90年代初，有线电视开始在农村发展。1990年7月，瓜沥镇广播电视站开办全市第一个乡、镇有线电视系统以后，有线电视在乡镇得到迅速发展。各镇、乡(场)广播电视站贯彻国家广播电影电视部提出的“广播电视并重，协调发展，共同繁荣”方针，有线广播、电视进入新的发展阶段。楼塔镇率先在一根电线上同时传输广播信号和电视信号，1996年年初，实现全镇广播、电视“双入户”。2000年年底，三分之一左右的镇、乡基本实现镇到村广播信号传输电缆化，电视信号传输电缆化，入户喇叭普遍采用达到部颁乙级标准的动圈喇叭，有线电视用户12.7万余户。

2. 机房设备

初期，公社、镇广播站一般配置150~300瓦扩音机、电唱机和话筒等设备，机房和播音室都在1间房子内。

20世纪70年代初，公社、镇广播站开始重视改建机房、播音室。1974年春，萧山人民广播站组织工程技术人员对城北、东方红两个公社广播站的机房和播音室进行改建试点。在当地技术人员的配合下，经过3个月的努力，完成改建任务。做到机房、播音室分设，公社广播站播音室播出自办节目隔音、防震和混响等技术指标基本达到声学要求。同时各站开始配置L601开盘录音机，各档节目做到录音播出。为适应战备需要，各站陆续配备3千瓦至8千瓦不等的发电机组。

20世纪80年代，随着农村有线广播4个单项指标“达标”“升级”活动的全面展开，各站机房、播音开始逐步规范，机房设备普遍配备250瓦或275瓦专业扩音机。1983年起，配备由杭州广播事业局实验厂生产的“1YZC-3音频综合测试仪”。1985年起，配备由萧山广播电视修配厂生产的播控调音台。到1990年年底，全市有50%的站对机房播控设备进行更新和改造，有36个站播出质量指标达到部颁乙级标准，城厢镇广播电视站达到部颁甲级标准。1992年，有8个站达到部颁甲级标准。1995年，南阳、靖江、进化、衙前、新街5个站新建播音室、机房，同时更新全套播控设备。是年年底，全市32个镇、乡(场)广播电视站中有12个站的机房播控设备达到部颁甲级标准，其余均为乙级。

1991年开始，部分镇、乡广播电视站开始建立有线电视前端，其中坎山、义桥两镇广播电视站配有美国产杰洛托设备。部分站配备松下M9000摄像机，有12个站配有字幕机、切换机和带特技的编辑机。

2000年年底，全市32个镇、乡(场)广播电视站的机房设备技术指标基本达到部颁甲级标准。有18个广播电视站购置日本产MD磁光盘录音机。坎山镇广播电视站率先采用国内一流的DHL2000型广播全自动播控系统和数字录音、制作音频工作站，自动开机、关机，自动转播上级台节目和播出自办节目，既提高节目的总体质量，又增加播出的安全可靠性。靖江镇广播电视站投资120万元，新建靖江镇广播电视中心，面积1200平方米，机房播控室、录音室、修理室等技术用房布局合理，设施配套。

第二节　萧山各镇街(场)文化广播站

一、楼塔镇文化广播站

素有“萧南门户、千年古镇”之称的楼塔，地处诸暨、萧山、富阳三地要冲，03省道和19省道环贯全镇。到2017年年底，全镇区域面积47.63平方公里，辖12个行政村和1个社区，人口2.6万人。

楼塔是萧山环境最优美的镇之一，是国家级生态镇，有3个区级美丽乡村。有4.67万亩山林，1.2万亩耕地，境内群山环峙、水脉充盈、人文荟萃。森林覆盖率高达70.5%，拥有灵秀的仙岩山、神奇的百药山和巍峨的雪湾山。有全区第二大水库东纪坞水库，区级最美河道楼塔溪。

楼塔是萧山文化底蕴最深的镇之一，拥有国家级非物质文化遗产“楼塔细十番”、楼曼文和抗战史，书法村和宗祠文化，重兴寺和仙岩文化；还有全镇性国庆篮球节、民俗半年节等活动，是中国民间文化艺术之乡、浙江省篮球之乡。

全镇四大产业为纱艺花边、纸箱包装、汽配机械、轻纺服装。2017年，实现财政总收入10919.05万元(首次突破亿元大关)，其中地方财政收入6090.37万元。实现农业生产总值1.6亿元，农民人均收入达到2.35万元。

1.历史沿革

前身为楼塔公社广播站，1966年12月建立。1984年5月，改称为楼塔乡(1985年8月乡改镇)广播站。1987年2月，改称楼塔镇广播站。1992年5月，经撤扩并，原楼塔镇、岩山乡、大同乡合并新成立楼塔镇，岩山乡、大同乡广播电视站并入楼塔镇广播电视站。1998年4月，与镇文化站合并为楼塔镇文化广播电视站。

2.办站特色

1969年起，开办固定自办节目，每天14时30分至15时播出，每次30分钟，后改为晚上播出。内容有新闻、专题、文艺等。新闻节目每周3组至4组，每组10分钟至15

分钟。先后不定期开办《科学与技术》《夏收夏种》《计划生育》《农业生产责任制》《普法宣传》和《卫生与健康》等专题节目。文艺有绍剧、越剧、曲艺、歌曲以及群众自编自演的节目,其中最具特色的是由当地农民业余乐队演奏的民间古曲《细十番》。20世纪70年代起,每个大队(村)有通讯员1名至2名,广播站定期举办培训班,进行业务辅导,并组织开展采访、好稿评比等活动。

2000年以后,建立了一支由大学生村官、年轻干部、青年教师和机关干部为主的通讯员和信息员队伍,制定通讯报道和信息考核办法,实行考评制度,半年组织一次培训班,进行业务辅导,并出台稿酬制度。围绕镇党委、政府中心工作,把握正确舆论导向,唱响主旋律,唱好"四季歌"。每年向上级新闻单位发稿550篇以上,在萧山日报和萧山广播电台、电视台刊用稿280篇以上。每月自办节目15组,每年收到各类稿件300余篇,每年发稿150组至180组。

3.技术设备

1992年5月,经撤扩并,原楼塔镇、岩山乡、大同乡合并新成立楼塔镇,岩山乡、大同乡广播电视站并入楼塔镇广播电视站。1992年下半年起,楼塔站利用原楼塔小镇的有线电视前端设施,开始有线电视、有线广播共缆传输建设,至1995年,楼塔镇31个村实现有线电视全覆盖,成为萧山第一个实现有线电视、有线广播共缆传输双入户镇。1996年3月,杭州市组织全市各县(市、区)宣传部长、文广局局长在楼塔召开现场会。同年,萧山市委宣传部、文化广播电视局组织全市各镇、街道党委宣传委员、广播电视站站长在楼塔再次召开现场会,推广楼塔的经验与做法。

2005年4月开始,根据市、区要求,有线电视统一划至杭州萧山华数数字电视有限公司收购管理,资产折价给乡镇。

至2017年6月,广播机房主要设备有250瓦扩音机12台,播控调音台1台,采集、传输电脑2台。电视摄、录、编主要设备有摄像机3台。全镇广播馈线长25公里,入户喇叭6000多只,入户率85.3%,通响率99%。

历任站长:

楼高义,1967.1—1971.1

王纪松,1971.2—1972.9

楼关堂,1972.10—1984.4

陈芬女,1984.5—1992.7

陈贤灿,1992.8—1998.5(楼塔广播电视站站长)

陈月才,1992.10—2009.3(楼塔文化站站长)

俞梦方,1998.6—2009.3(楼塔广播电视站站长)

俞梦方，2009.4—2015.3

傅梦迪，2015.3—

附：

【大同坞乡广播电视站】

前身为大同坞公社广播站，1981年6月建立。1984年5月，改称大同坞乡广播站。1987年2月，改称大同坞乡广播电视站。1992年5月，并入楼塔镇广播电视站。

历任站长：

陈贤灿，1981.6—1992.5

【岩山乡广播电视站】

前身为岩山乡广播站，1984年10月建立。1987年2月，改称岩山乡广播电视站。1992年5月，并入楼塔镇广播电视站。

历任站长：

俞梦方，1984.11—1987.1

王新江，1987.2—1990.3

俞梦方，1990.4—1992.5

二、河上镇文化广播站

河上镇位于萧山区南端，永兴河上游，是一个有着悠久历史文化的千年古镇。北濒戴村镇，东与浦阳镇接壤，南与诸暨次坞镇为邻，西依楼塔镇与富阳区相连，为三市、区交界之地。永兴河贯穿整个镇内。域内两座高山，北有与戴村镇共有的云门寺，南有与诸暨次坞镇接壤的道林山。镇区距杭州市中心40公里，萧山区中心26公里，距杭州萧山国际机场49公里。到2017年年底，全镇面积63.69平方公里，下辖15个村和1个社区，总人口为2.76万人，外来人口1万人，有耕地1.3万亩，山林5.4万亩，水面572亩。

2017年，全镇国内生产总值达到16.74亿元，规模以上工业增加值8.63亿元、规模以上工业利润达到3.72亿元，镇财政收入达到2.37亿元，农村居民人均可支配收入24735元。

河上镇文化广播站由河上、原大桥乡广播电视站合并而成。

1.历史沿革

前身为河上公社广播站，1959年建立。1961年7月停办。1969年3月恢复。1984年5月，改称河上乡（1985年8月乡改镇）广播站。1987年2月，改称河上镇广播电视站。1991年，投资10万元建成河上镇有线电视前端。1992年5月，大桥乡广播电视站并入河上镇广播电视站，同年完成两站有线广播线路割接。

1997年，有线电视全镇实现全覆盖。1998年4月，与镇文化站合并为河上镇文化广播电视服务站。2002年，因政府大楼搬迁，河上镇广播电视服务站整体搬迁至新镇政府大楼。2004年1月，广播播送改手动播放为自动播放。2005年4月，萧山区有线电视统一划至杭州萧山华数数字电视有限公司收购管理，资产折价330万元给乡镇。2005年8月—2007年10月有线广播先全区一年，实行广播发展年建设活动。2005年，成立河上镇文化广播站。有在编人员2人，临雇人员1人。2014年7月始，有线广播线路维护实施镇到村工程服务外包形式。

2. 办站特色

（1）春节广播大拜年活动

广播节目分为转播和自办两种。转播节目，广播站每天早、中、晚3次转播萧山人民广播电台（站）的有线节目，即中央、省、市讯号，全天转播为520分钟左右。1969年，开办固定自办节目，安排在萧山台（站）节目播出前，早、晚各1次，每次30分钟。20世纪70年代中后期，“双抢”农忙季节，上午增加1次播出，播出时间为9时至9时30分，内容有新闻、专题、文艺等。1985年前，组建通讯员队伍1支40人，每年举办培训班2至3期。

1992年后，每年春节期间，均邀请镇党委政府主要领导，年度成绩优秀的村、企干部，教育、卫生、金融等企业、事业单位负责人，向全镇人民开展广播电视同期大拜年活动。到1999年乡镇电视节目停播为止，转为专项性的春节广播大拜年活动。向河上老百姓汇报一年来政治、社会、经济发展、重大工程建设方面取得的成果，提出新一年发展规划和目标。该项活动一直持续到2016年，连续举办24期专题节目，得到全镇干部群众的一致好评。

（2）电视新闻《河上新闻》

1991年，投资10万元建立河上有线电视前端以后，结束电视差转的历史，有四川、云贵、广东、新疆、浙江共5个卫视，以及中央一套、中央二套、中央四套，加上萧山台、明珠台、钱江台和该站自播共12个频道。1993年开始，利用自己的频道自办电视节目，每天19:00播放武打片、言情片、枪战片等录像片。

1995年，添置电视新闻字幕机、剪辑机、特效机，制作有片头、内容预告、标题、图文并茂的电视栏目《河上新闻》，在每晚中央电视台《新闻联播》之前半小时播出。从新闻采写、拍摄完稿到后期录音编辑完成视频制作，每天更新，囊括河上的大事小情，成为老百姓必看的新闻节目。1997年，全镇完成有线电视安装全覆盖。1999年10月25日，根据上级统一规定，停办电视节目。

（3）“河上农民包机回乡过年”等连续报道

20世纪80年代末，河上先后有数十家企业、6000多人到深圳创业，外出人员占河上总人口的20%以上。至20世纪90年代初，河上人南下深圳创业达到高峰，共有30多家河上服装企业在深圳打拼。

辛苦一年，回家过年。1989年，今威宝时装老板顾舒华包了一架飞机送员工返乡过年。后来各家效仿，包机回家过年成为一项年底福利。河上广播站采制的消息《河上农民包机回家过年》在《萧山日报》刊登后，引起多家媒体转发，成为当年一大新闻，轰动全国。

2007年7月22日，由王超采写的新闻稿《河上“留守儿童”有了“代理家长”》在《萧山日报》一版刊登，该报道获得2007年度浙江新闻奖二等奖。

（4）全区倡导“广播发展年”第一镇

从2005年8月始，至2017年10月验收通过，作为萧山区首个有线广播网改镇，领先全区“广播发展年”举措一年，总投资达300万元，开展有线广播全镇大范围的网改工程。河上广播电视站先期提出与华数“同杆同钢绞”的布网理念，并改变之前镇机房直接入户的布网模式，在每个行政村建立村级有线广播播出机房，成为萧山区有线广播发展的典范。15个村相应建立村级机房，有专门定制的播控桌一套，有统一的管理制度和专门的管理人员。网改资金采取镇机房到村机房政府全额买单的方式，村机房入户则由镇与村共同承担，政府承担七成，村承担三成。建成维护管理归镇统一管理，资产属村所有。有线广播线路主干实现全电缆传输，入户率和通响率分别达98%和100%。

（5）建设河上网、河上发布新媒体平台

2004年11月，萧山网开通河上镇网络平台，进一步拓宽河上新闻、信息发布渠道。2015年，对河上网进行改版更新，设有《本镇概况》《综合新闻》《政务公开》《办事大厅》《文化礼堂》《视频在线》《河上文化》《美德档案》等10个栏目，及时发布河上的新闻信息，为提升河上知名度起到积极作用。从2010年开始，借助萧山网平台，河上镇三联、紫霞、凤坞、大桥共4个村开通了村网。

2016年，河上镇推出“河上发布”微信平台，及时发布重要新闻信息。每天推送1条至2条，微信后台用户达6375个（人）。

3. 技术设备

（1）广播设施

1959年，萧山人民广播站在戴村镇设立广播放大站，沿着03省道将广播信号线用毛竹竿传送到河上，转播萧山人民广播站节目。1959年，建立河上公社广播站，邮电与广播同线，每村仅有广播1只，全公社共有广播10多只。

1960年，有线广播逐步向农村发展。1969年，河上公社广播站配有线务员、播音员2人。有广播400多只，毛竹竿逐渐被水泥方杆取代。

20世纪70年代初，站内有400瓦扩大机1台，100瓦备机1台以及话筒等设备，有干线5条16公里左右，传输用16号、14号铁丝。

1980年后，有广播3000多只，主要是舌簧喇叭，有小部分为压电喇叭，全部自立水泥杆。乡至村广播馈线36公里。

1992年5月，大桥乡广播电视站并入河上乡广播电视站后，有放大机3台，输出柜2台，控制桌1台，录音机1台，播放机1台，有广播喇叭6000余只。

2000年年底，广播机房主要设备有250瓦扩音机13台，播控调音台和录音机各1台。电视摄、录、编主要设备有摄像机2台，录像机4台，字幕机和编辑机各1台。全镇广播馈线长43.2公里，入户喇叭7243只，入户率74.4%，通响率86.5%。有线电视主干线电缆25.1公里，光缆8.4公里，用户6680户，入户率68.6%。

2004年，建立音频工作站，改广播手动播出为自动播出。2005年8月，镇广播电视机房全面升级改造，15个村村村建有村级播音室。

2017年，为配合河上镇小城镇综合整治工程、景区村庄建设、美丽庭院建设等，境内伟民村、溪头村、长春社区、凤凰坞村、三联村及河上大道、朱坞公路、大桥青年路、03省道河上至楼塔段等全面实施了有线广播主干和部分入户线上改下工作。河上片老集镇及周边村落彻底告别空中飞线的有线广播走线历史。

至2017年年底，河上镇文化广播站设施有：播出智能控制器1台，远程智能控制器1套，控制器电源（软启动）1只，输出继电器模块2套，手动控制开关屏1块，软件编程1套，监听音箱1只，UPS不间断电源1只，应急广播系统1套，350瓦扩音大机18台，备用350瓦4只，智能电源柜1套，输出柜、避雷器1套，播控调音台2台，MD录音机2台，DVD机2台，FM收音头2台，电子数字钟1台、摄像机2台，广播录音机1台，录音笔1支，音频工作站1套（二台电脑及录音话筒），控制桌1张，3P三相空调1台，2P二相空调1台。全镇广播馈线总长43.2公里，村级播音室15个，入户喇叭10000余只，入户率98%，通响率100%。

（2）电视设施

电视差转台。1987年，由河上镇人民政府出资，在蝗头山建造电视转播差转台。1987年2月，改称河上镇广播电视站。1988年12月，为解决部分村接收不到电视讯号或讯号接收质量不好的问题，在今三联村大坞自然村和里都村里谢自然村山上，集资兴建小功率（1瓦）电视差转台2个。1991年，在建造河上镇有线电视前端的同期，建有3只卫星电视地面接收器接收电视讯号，转播中央电视台及浙江、云南、贵州等省台节目。1990年年底，电视差转台退出历史舞台。

有线电视。1991年，投资10万元建河上镇有线电视前端，开办有线电视。1993年始，对每个有线电视用户收取每月3元的视听维护费。1993年，自办有线电视节目。1994—1995年，电视新闻《河上新闻》开播。1998年8月，有线电视与萧山实行联网运行，收视费上升为每月每户10元。1999年，镇广播站投资10万元，建造独立式广播大楼，有线电视机房随同广播机房一起搬迁。1999年10月25日，根据上级统一规定，停办乡镇电视节目。2002年，有线电视机房随同广播机房一起搬迁至新镇政府大院。2004年，有线电视进行清产核资，折价330万元；2005年5月，全面划归华数公司管理。

4. 内部管理

(1)收费管理

广播收费始于1966年，当时每只喇叭收费0.3元。1989年，乡镇广播站为维护事业发展，向全体用户收取每只喇叭每年2元的维护费，后来维护费取消。1999年度，收入有线电视费45万元，用于购置设备，上缴萧山广电和网络建设。2005年，电视划入华数管理，收费随之取消。

广告收入管理，改革开放后，一些企业和个体经营户通过广播做广告，后逐渐增多，广播站收取一定的广告费，每年广告收入达到几千元。1997年开通有线电视自办节目后，广告收费也同步上升，每年广告收入1万元左右。广播广告一则为30元左右。

(2)人员管理

站内人员管理。2004年1月，制订完善《播音值机制度》《外线维护修理制度》《财务仓库管理制度》《临雇人员守则》及工程结算和广告管理等一系列规章制度，明确站长、线务员、播音员和外线队伍的工作职责，确保安全运作。并与各村收费员签订《年度有线电视收费协议》，抓好有线电视管理费收费工作。

通讯员和村级宣传文化员队伍管理。1985年前，有通讯员40人，每年举办培训班2期至3期。20世纪90年代始，通讯员有所减少。2008年，重新组建队伍30人，由机关各条线和村级分管宣传的工作人员组成，邀请区广播电视台新闻中心编辑记者前去授课。镇广播站积极参加区台组织的镇街好新闻竞赛活动，主动选送电视新闻、广播新闻稿，每年都有作品获奖。

2011年10月，面向全镇招聘15个村的村级宣传文化员。2012年1月正式上岗后，每年参加上级组织的培训3次以上，镇文化广播站每月组织1次培训。

设备设施管理。在原有安全播出管理制度的基础上，2006年3月7日，配合全区广播发展年专门出台《关于做好2006年村级有线广播网络建设及播音设备管理工作的意见》和《村级播音室管理细则》。

历任站长：

董松根，1969.3—1971.2

张铁英，1971.3—1971.12

董国灿，1972.1—1988.1

俞金贤，1988.2—2003.9

魏磊红，2003.10—

附：

【大桥乡广播电视站】

前身为大桥公社广播站，1968年3月建立。1969年停办。1971年3月恢复。1984年5月改称大桥乡广播站。1987年2月改称大桥乡广播电视站。1992年5月，并入河上镇广播电视站。

办站之初，仅有280瓦左右的广播扩音机1台，以转播县广播站讯号为主，后改为立式转播机。1971年，开始开办自办节目，每天早、晚2次播出，每次30分钟。“双抢”时间，每天早上3点半开始广播。建设永兴河堤塘时，为激励士气，在工地进行现场直播。播音内容涉及新闻、专题、文艺等。新闻每周3组至4组，每组10分钟至15分钟。专题节目有《农技服务》《计划生育》《改革之声》《法律知识》和《信息之声》等。文艺节目有越剧、绍剧、莲花落、小品、相声、音乐等。1991年12月后，在大桥凸山建有电视差转台1个，开始电视转播，后于1992年两站合并后完成割接，纳入河上镇广播电视站管理。

历任站长：

瞿伟良，1971.3—1984.3

瞿建成，1984.3—1984.12

任宝祥，1985.1—1985.12

俞金贤，1985.12—1988.1

洪利民，1988.2—1992.5

三、戴村镇文化广播站

戴村是萧山南部重镇，东靠临浦镇，南连河上镇，西与富阳区以山为界，北与义桥镇接壤，是萧山南部的中心。由戴村、永兴、云石三个乡镇合并而成。到2017年年底，全镇行政区域面积62.8平方公里，户籍总人口3.8万人，下辖22个行政村，1个社区。

境内低山丘陵和水网平原相间，设有萧山六中、区第一人民医院戴村分院（中医骨伤科医院）等区级机关直属单位。

戴村地理位置优越，水陆交通便捷，西北面以桥戴线经时代大道与杭州主城区相接，东北面经03省道、临浦快速路与萧山城区相连，是河上、楼塔以及诸暨等地北上的咽喉之地。距上海港和宁波港分别为190公里和160公里，距杭州萧山国际机场35公里，离浙赣线杭州火车南站25公里。处于杭州半小时经济圈，地位十分重要。

1.历史沿革

前身为戴村公社广播站，1959年4月建立，地点在现戴村镇后郑村窑头老茧站的一间简易房内，有值机员1名。1961年7月停办。1965年11月建立戴村转播站，属萧山县广播站派出机构，主要转播县广播站讯号。1969年9月至1971年3月，戴村、云石两个公社及大桥公社北片的9个大队（村）合并为戴村人民公社（以下简称大公社），建立戴村公社广播站，地点在戴村后郑老区委，由编辑、值机、播音、线务员4人组成。每周自办3组至4组文字节目，并向县广播站和上级新闻单位发稿。1971年至1973年，广播站专职编辑、专门的值机员、维修管理线路的线务员“三员”到位。1984年5月，改称戴村乡广播站。1985年5月，改为戴村镇广播站。1987年2月，改称戴村镇广播电视站。1992年5月，永兴乡广播电视站并入戴村镇广播电视站，线路割接到新站，原戴村站仍在原凌桥头所在地，新闻稿用同稿两边录音播放。1994年，与镇文化站分离，称戴村镇广播电视站。1994年上半年，永兴、戴村线路合并。1998年4月，与镇文化站合并为戴村镇文化广播电视服务站。2001年7月，云石乡广播线路割接到总站，戴村广播电视站开始同步播出、线路统一传输。是年，戴村镇政府集资60万元，在杭州广播电视有限公司帮助下，创办有线电视前端设施，当时每户收费240元，在集镇周边的溪河、下方、大湖头、后郑等村铺开。到2004年年底，全镇55个村（包括已并入的永兴、原已建成有线电视的云石乡）实现有线电视全覆盖，有线电视收取一定费用。2005年4月，萧山区有线电视统一划至杭州萧山华数数字电视有限公司收购管理，资产折价给乡镇。2007年，有用户11293户，转播模拟信号42套。

2005年8月，戴村广播站在编职工2人，另有1名镇聘专职线务员。2006年，广播播送改手动播放为自动播放。2007年4月，与镇文化站合并为戴村镇文化广播站。同时在后郑村建造戴村镇人民政府大楼，镇文化广播站于2008年3月搬入镇政府大楼。购买大功率机器设备，提升自动播出系统，添置录音剪辑机、输出机柜，提升广播传输的音质音量。

2006—2007年，萧山区开展“广播发展年”建设活动，戴村镇利用有线电视合并收购的100多万元资金，进行全镇广播整网建设，主杆线用电缆传输。村级整网费用由镇村各负担一半，安装广播费用有些由村承担，提升有线广播入户率和通响率，进一步促进广播的繁荣发展。

1985年财政体制改革前，镇广播站人员为县属大集体正式职工编制，人事归萧山广播电台管理，工资、办公经费由萧山人民广播电台、萧山广播电视局拨款，不足部分由镇财政补助。财政体制改革后，镇广播站经费支出由镇财政负责报销。1992年5月，广播站更名为广播电视站，成为镇里一个宣传部门，人事归属镇管理。1995年，根据《关于全省乡镇广播电视站机构和人员编制配备的通知》，从乡镇广播电视站现有人员中招收部分聘用干部，经过考试，喻文灿、杨炳芳、洪利明、吴利萍4人获得资格。

2018年4月，镇文化广播站并入戴村镇党建办，成为戴村镇的宣传机构。

2.办站特色

(1)自办电视节目

1994年上半年，建起戴村有线电视前端，有四川、云贵、广东、新疆、浙江共5个卫视，以及中央一套、中央二套、中央四套，加上萧山台、明珠台、钱江台和该站自播共12个频道。1994年10月开始，该站利用自己的频道播放武打片、言情片、枪战片、喜剧片等，录像片隔天到萧山音像发行站更换。播放时间每天19:00—22:00，还插播红桃K、三株口服液等营养品广告。播放镇领导新年讲话、党的基本路线教育讲座、土地管理法、征兵工作、推进殡丧改革等宣传录像。1997年上半年，添置电视新闻字幕机、剪辑机、特效机，制作有片头、内容预告、标题、图文并茂的《戴村新闻》，每星期大概有3组节目。1999年10月25日，按照上级统一规定，停办乡镇节目。

(2)转播和自办广播节目

广播节目分为转播和自办两种。转播节目，每天早、中、晚3次转播萧山人民广播电台(站)的有线节目，即中央、省、市讯号，全天转播为520分钟左右。自办节目，安排在萧山台(站)节目播出前，早、晚各1次，每次30分钟，内容有新闻、专题、文艺等。自20世纪70年代以来，自办节目每年平均160~200组，广播站用稿500~1000篇。新闻节目，主要有镇、乡(公社)有关会议报道、新人新事、先进经验、来信建议、录音报道等内容。专题节目，20世纪70年代有“农业学大寨”“斗私批修”“狠抓阶级斗争”等内容；20世纪80年代有“改革之声”“为承包户服务”“科学种田”“多种经营”“计划生育”等内容；20世纪90年代有“法制园地”“市场与信息”等内容；2000年后有“科学与发展”“创经济强镇建生态名镇”“农事科技”“计划生育”“土地管理”“妇女园地”“殡葬改革”“山林防火”“生态戴村”“卫生与健康”“普法教育”等内容。文艺节目有越剧、绍剧、莲花落、歌曲、音乐等。二十世纪六七十年代，文艺节目以播放样板戏为主，如《红灯记》《智取威虎山》《沙家浜》等。当时用胶木唱片，后来改为塑料唱片。20世纪80年代，有了录音机、磁带，播放传统越剧、流行歌曲等。2000年后，以转播市台文艺节目为主，文艺节目在自办节目中逐渐成为主角。

新闻节目每周播出3组至4组，每组10分钟至15分钟。自办新闻节目须经镇（乡、公社）分管领导审稿。20世纪70年代以播送好人好事、农业生产和农业科技等内容为主，宣传农事信息和病虫动态等。广播俗称“田头广播”，特别是农忙时节广播一响，生产队社员们每天早上4点半就出工了。公社、大队领导有重要事情通过广播直接向广大社员播报通知，村村畈畈都能听到高音喇叭的声音，听广播成为当时人们日常生活中的一件趣事。老百姓说：“广播真当好，早上成了叫醒孩子们起床的小闹钟，上午10点广播响，提醒我们要准备午饭了，在家边听广播边做家务成了一种享受，干活也不累了。”

20世纪70年代初期，主要宣传农业学大寨。1978年后，宣传中共十一届三中全会精神。1979—1980年，以宣传计划生育为主。1982—1983年，宣传农业大田承包和山林承包。20世纪80年代末，宣传乡镇工业为主。1986—1987年，宣传中国共产党的基本路线、坚持走社会主义道路。1992年后，宣传邓小平视察南方重要谈话精神。2000年后，宣传“三个代表”重要思想、科学发展观、社会主义荣辱观等。

为了办好新闻节目，各村（大队）、企事业单位建立通讯报道组，为广播站提供稿件。20世纪70年代，各村建立一支由村团支部书记和民兵连长为主的通讯员和线务员队伍，参加业务培训，工作报酬以工分计入。20世纪90年代，戴村片16个村、云石片大多数村都有通讯员。2000年以来，镇广播站每月自办节目15组，每年稿件150组至180组，通讯员队伍进一步健全。

为了扩大戴村知名度，每年组织广播稿件向上级新闻单位发稿，有的被上级媒体录用或转载。如，云石广播站发送的《比亲人还亲》一文，刊登于1977年8月19日的《浙江日报》第2版上；《萧山县南坞大队山林承包合同公证之后，社员吃了定心丸干部除了后顾之忧》一文，刊登于1983年3月25日的《中国法制报》上。20世纪90年代以来，戴村广播站、云石广播站每年向萧山人民广播电台、萧山电视台、萧山日报等新闻单位发稿（用稿）100篇~200篇，在全市（区）各镇乡中名次靠前。1997年和1998年，由戴村广播站、云石广播站发送并在《萧山日报》刊用的新闻稿件，分别为53篇、31篇和58篇、34篇。1998年冬，由云石乡广播电视站采写的《石牛山森林公园被评为省级生态森林公园》，分别被《浙江日报》和《杭州日报》刊用。2017年4月，戴村全国游步道联赛在央视5套播出，7月《乡村大世界》在央视七套播出，突破了戴村新闻报道的新高度。

2000年后，镇广播电视站紧紧围绕镇党委、政府中心工作，把握正确的舆论导向，唱响主旋律，唱好四季歌。镇广播电视站发的稿件，每年被萧山广播站采用200篇以上，被《萧山日报》刊用100篇以上。

3. 技术设备

（1）广播设备

1969年戴村广播站建站之初，仅有1只广播喇叭和1只美多牌150瓦扩大器，录音设备有1个话筒、1台L601录音机和1台电唱机。为了稳定电源，安装手动电源调压器，输出靠一块木头配电板，上面有闸刀、熔丝管、真空避雷器等。1971年3月，新置250瓦卧式美多扩音机1台，台式录音机1台。1971年至1973年，广播站发展逐步规范，站内设施初具规模。此后，逐步改善广播设备。2000年年底，广播机房主要设备有播控调音台和录音机各1台。电视摄、录、编主要设备有摄像机1台，编辑线1条。2004年年底，广播机房主要设备有250瓦扩音机12台、播音调音机1台、音频工作站1套、MD磁光盘录音机1台、电视摄录机1台、字幕机1台、录放机2台、编辑机1台。2005年4月，广播站建音频工作站，共投入资金5万元，购置电脑、调音台、录制播出系统1套，装置好广播自动播出系统，提高播出质量，告别了几十年靠手动播出的历史。

戴村镇有线广播网络始建于1959年。初时线路极其简陋，特别是云石山区，利用自产的毛竹做线杆，拉上14号铁丝线，才通上广播。为了延长铁丝使用寿命，在线上涂层柏油防锈。1986年，萧山县广播局在戴村镇李家坞村召开铜圈喇叭推广现场会，至此，戴村镇李家坞村成为全县第一个铜圈喇叭全覆盖村，载入萧山广播发展史。

1971年以后，广播得到重点发展，总线用上铝包钢线，入户改用塑料铁芯线，入户率达到70%。其中，广播60%以压电喇叭为主，每只6角钱，只有40%是舌簧喇叭，每只3元6角。20世纪70年代中期，用水泥钢筋浇筑的5米方杆，普遍使用舌簧喇叭。20世纪80年代，有了7米水泥圆杆，广播用上了音响喇叭，广播逐步普及，并实行有偿服务。大村每年收取110元的维护费，小村每年收取60元的维护费。三四年后，取消收费。

20世纪90年代后，使用8米水泥圆杆和音频电缆传输信号。广播线路经多次整顿改造，广播杆从毛竹竿到木头杆到水泥杆，再到水泥圆杆，广播线从铁丝、铝丝到塑料绝缘线再到电缆，使广播杆线的传输质量大为提高。1986年经上级验收，戴村是萧山6个达到省级规定广播指标合格乡镇之一，并获得省广播电视厅颁发的广播网络合格证书。是年，县文化广播电视局在李家坞村召开全县广播系统现场会，对安装动圈喇叭进行介绍和推广，全镇广播主杆路21公里，馈线45公里（其中铝包钢线21公里）。

1991年，全镇有广播喇叭3600多只，其中凌山、丁村、李家坞3个村为动圈喇叭村，有动圈喇叭600多只。

2000年年底，全镇广播线长45公里，入户喇叭6300只，入户率84%，通响率95%。有线电视主干线电缆40公里，用户4414户，入户率58.9%。2005年8月，镇广播站播出设施进行升级改造，改手动播出为自动播出系统。10月，在南三村改广播铁线传输为电缆传输，并建立村广播室。

2007年年底，镇政府行政新大楼建成，广播站从旧机房搬迁到新行政大楼。对专业用房装修和播控室、机房设备进行全面更新、升级改造，主要设备有350瓦扩音机9台，600瓦扩音机9台，播出系统、节目制作系统全面升级改造，用全电脑控制自动播出。同时，连接新站通往22个行政村18条线路的架设和割接，2007年12月26日搬迁完毕，广播不间断播出，转入运行正常。

（2）电视设备

电视差转台。1988年以前，云石乡山区和戴村镇八都村、马谷村一带由于电视讯号差，村民买了电视机却看不到节目。1983年，云石乡集资10万元在顾家溪村、石牛山村安装电视小功率差转台。1988年，戴村镇集资5万元在中潭村建差转台。这些差转台转播中央、浙江、云南、贵州等地电视台的节目，使戴村镇中潭、马谷、盛家等村，以及云石山区村的村民，第一次收看到清晰的电视节目。1992年，山区村随着有线电视的普及，电视差转台自行淘汰。

有线电视。1989年10月，云石乡尖山下村由村集体投资12万元，建立卫星电视地面接收站，实行电视、广播共缆传输，能转播7个电视频道，用1个频道播放文艺录像，开通用户300多户。尖山下村成为萧山市第一个有线电视村。以后，逐年延伸全乡各村。1991年，经云石乡政府协调，增丰、平山、勤工、枫树4个村，利用尖山下村电视转播台（前端），安装有线电视用户600多户。1992年7月，佛山、沈村、石牛山、顶山、增山、玥堂、南坞、响石桥8个村分别集资和尖山下村前端联网，安装有线电视用户1000多户。1993年上半年，船山、骆村、狮山分别集资安装有线电视400多户。至1993年11月底，云石全乡16个行政村及所有企事业单位，全部开通广播电视共缆传输，安装有线电视用户2400多户，云石乡成为萧山市第一个普及有线电视镇乡。

1994年上半年，戴村镇政府集资60万元，创办有线电视前端设施。全镇55个村（包括已并入的永兴乡），实现有线电视全覆盖。2001年，镇村两级（包括已并入的云石乡）投入100多万元，有线电视主要干线全部实行光缆传输。2005年4月开始，萧山区有线电视统一划归杭州萧山华数数字电视有限公司管理。2008年有用户11293户，转播模拟讯号42套。

历任站长（负责人）：

沈水忠，1968.9—1969.4

方妙仁,1969.4—1973.4

戴永林,1973.4—1974.4

丁宝根,1974.4—1979.11

杨炳芳,1979.11—1992.5

洪利明,1992.5—1998.4

吴立平,1998.4—1999.8

吴利萍,2004.4—2016.3

沈镇,2016.4—

附:

【云石乡广播电视站】

前身为云石公社广播站,1966年3月建立,当时由邮电所话务员鲍子花兼播音员,转播县站广播节目。1969年2月停办。1971年3月恢复,有250瓦扩大机1台,台式录音机1台,值机员1名,编辑1名,线务员1名。1984年5月,改称云石乡广播站。1987年2月,改称云石乡广播电视站。2001年,云石乡有广播喇叭2250只,是年7月并入戴村镇广播电视站。

历任站长(负责人):

何国昌,1971.3—1992.4

杨炳芳,1992.5—2001.7

【永兴乡广播电视站】

前身为永兴公社广播站,1971年9月建立。1984年5月,改称永兴乡广播站,时有250瓦扩大机1台,卧式录音机1台;值机员1名,编辑1名,线务员1名。1987年2月,改称永兴乡广播电视站。1990年12月,经市广电局审核验收,永兴乡广播电视站被评为市达标广播电视站。是年,永兴乡广播电视站有广播喇叭1200多只。1992年5月,并入戴村镇广播电视站。

历任站长(负责人):

郁关东,1971.9—1972.10

郭松兴,1972.10—1979.12

郭连英,1979.12—1992.5

【萧山第一个铜圈喇叭村——李家坞村】

萧山有线广播自开始到1964年,安装到农村各家各户的都是弹簧喇叭,每只36

元。1984年后，萧山县文化广播电视局提出提高农村有线广播喇叭的入户率，提倡安装价格便宜的氏电喇叭，每只不到10元，受到村民欢迎，农村有线广播入户率迅速提高到90%以上，户户通喇叭基本成为现实。1985年后，部分村经济进一步好转，加上氏电喇叭音质质量实在太差，开始出现的铜圈喇叭从外观到音质质量都有改观，但价格太贵，每只近20元，对很多农户有经济压力。县文化广播电视局修理厂也开始生产铜圈喇叭，但买的人不多，局领导动员各乡镇安装。20世纪90年代中期，出现音彩广播，与铜圈喇叭相比，音质、外观都有改观，价格从30多元提高到40多元。

戴村镇李家坞村有160多户人家。通过镇广播站的动员，在村和农户的共同承担下，全部安装了铜圈喇叭。1986年上半年，萧山县文化广播电视局在李家坞村召开现场会，进行现场参观和推广。县委宣传部、县委办、县政府办等领导到现场，全县各乡镇宣传委员和各站站长参加会议。戴村镇李家坞村作为萧山第一个铜圈喇叭村载入萧山广播发展的历史。

【萧山电视普及先锋村——尖山下村】

1980年5月，尖山下村村民姜建华购置12英寸黑白电视机1台，为该村第一个购买电视机。同年9月，集体投资1680元，购置可供数百人观看的60英寸黑白投影电视机1台，在村大会堂公开放映。以后，村民购置电视机逐年增加。1985年，全村有近100台电视机。

1985年8月，集体投资3000元，建立小功率电视转播台1座，配有差转机1台，输出功率为3瓦，提高尖山下村民收看浙江台和萧山台的电视节目质量。

1989年10月，集体投资12万元，建造闭路电视村。是年，建立村级电视地面卫星接收站1座，装好闭路电视前端，同时免费为农户安装铜圈喇叭400余只，成为萧山市第一个广播电视共缆传输村。1991年，又安装电视地面卫星接收站1座。同年9月，建立闭路电视管理小组。村民们能看到图像清晰的浙江一套、二套，中央一套、二套、四套，云南台、贵州台，萧山台及自放录像节目。

1992年，全村395户农户有电视机344台，其中彩电77台。

【萧山第一个有线电视地方卫星接收站——尖山下村站】

1989年下半年，萧山市第一个有线电视地方卫星接收站在戴村镇（当时的云石乡）尖山下村建成投入运行，改写萧山有线电视的历史。

尖山下村以村办企业杭州浪潮实业公司而闻名省内外，浪潮蚊香是全省著名商标，村里因企业的发展，经济实力在全镇独占鳌头。是年，在省广播电视厅支持下，投资10多万元在村里建起有线电视地方卫星接收站，是年全村200多户人家都安装上有线电视。1990年，有线电视又和周边方溪村、平山村、顾家溪村等村联网。1992年6月，尖山下村地方卫星接收站由乡广播电视站接收。线路逐步延伸，到1993年上半年，全乡16个行政村都安装有线电视，由乡广播电视站统一管理、统一收费，并和尖山下村进行收费分成。2001年，云石乡并入戴村镇并和戴村镇联网，尖山下村有线电视地方接收站完成历史使命。

四、临浦镇文化广播站

临浦水陆空交通发达，境内有浦阳江、西小江、杭甬运河；03省道、03东复线、杭金衢高速、浙赣铁路穿镇而过。城市功能设施配套完善，临浦体育馆入选2022年亚运会场馆，将承办柔道、摔跤赛事；辖区内拥有“一中四小”（临浦镇初级中学及临浦第一小学、临浦第二小学、临浦第三小学、东藩小学）的教育体系和全覆盖的医疗卫生体系。

享有“西施故里”“千年古镇”“小上海”等美誉的临浦，历史悠久，文化积淀深厚。到2017年年底，全镇域面积42.48平方公里，常住人口超10万人，下辖20个行政村、14个居民社区。是全国小城镇综合改革试点镇、浙江省小城市培育试点镇、浙江省中心镇、杭州市六大城市组团中心镇。临浦经济实力一直是萧山南片八镇中的领头雁，2017年实现财政总收入5.3亿元，增长15.2%；固定资产投资19.47亿元，增长50.5%。

1.历史沿革

临浦镇广播电视事业起步较早，是萧山南片第一个广播站，第一个办有线电视。临浦镇的有线广播始于1951年，当时，镇政府购置1台播音机，向群众进行广播宣传。

镇广播站（收音站）建于1954年11月，附设在文化站内，配有义务值机播音员，是全县最早建立的一个基层有线广播站。1955年4月，收音站划归县广播站领导。1959年1月，建立临浦人民公社广播站，配机线员2人。1961年7月，改为萧山人民广播站临浦转播站，全部转播县广播站节目。1968年4月，建立通济公社广播站，配机线员2名，地点在塘郎孙村。1969年3月至1971年2月，通济、所前两公社合并，建立所前公社广播站，设人员4名，地点在所前街上。1969年4月，建立浦南公社广播站，设编播线人员3名，地点钟家坦村。1969年3月至1971年2月，浦南、永兴两个公社合并，原永兴片广播讯号由浦南站输送。1969年10月，重建临浦镇广播站，设人员2名，地点老轮船埠头。1969年10月，建立大庄公社广播站，设人员2名，地点柏山陈村。1971年3月，行政区域变动，浦南、永兴两公社分设，浦南广播站不再向永兴片送广播讯号。通济、所前两公社分设，重新建立通济公社广播站，地点塘郎孙村，设编播线人员3名。1977年5月，临浦镇广播站迁于陈家墙门，设编播线人员3名。1983年6月，大庄公社广播站迁于油车桥村，设编、播、线人员3名。1987年2月，临浦、浦南、大庄、通济广播站分别更名为镇乡广播电视站。1992年5月，撤区并乡，浦南、大庄、通济3个乡并入临浦镇，下设浦南、大庄、通济3个办事处，原3个乡广播电视站并入临浦镇广播电视站，下设浦南、大庄、通济片3个转播站，全站共有编制人员11名。1993年9月，临浦镇广播电视站开始安装有线电视前端设备，11月23日，小范围开通试播12套电视节目。发展有线电视后，站内工作人员逐步增加到20名，正式在编人员11名，站自聘人员9名。1998年5月，镇政府机构改革，撤销浦南、大庄、通济3个办事处，3个转播站同时撤销。原文化站和镇广播电视站合并为临浦镇文化广播电视站，隶属于镇社会事业发展局，站长由社会事业发展局副局长兼任。站设编辑、线务、播音编制人员6名，5名编制人员退休、精简。广播电视外线成立维修工程队，经济独立核算（1998年5月至2000年5月）。2000年6月，镇文化广播电视站广电外线取消单独管理，由站直接负责维修工作，人员随之增加到12名（正式编制6名，站自聘6名）。

2. 办站特色

乡镇广播电视站的主要任务是按时转播好上级台（站）的节目，紧密结合当地实际，积极办好自办节目，搞好宣传工作，充分发挥广播电视的舆论鼓动作用，推动城镇和农村各项工作。

从1969年开始，临浦、浦南、大庄、通济四个站每天早、中、晚三次转播上级台（站）节目，在不影响转播上级台（站）节目的前提下，每天早、晚两次播出自办节目，每周自采自编3组至4组文字节目，每组10~15分钟，主要配合公社、镇乡党委、政府各时期的中心工作开展宣传，及时报道当地新闻，传播农业科技知识，传递致富信息。20世纪70年代，浦南、大庄、通济三个站，还在农忙时开办“双抢”“三抢”宣传节目，直接为农业生产服务，每天早上4:30开始播音，上午、下午各广播一小时，开展田头高音喇叭宣传，宣传农忙生产中涌现出来的新人新事，报道“双抢”“三抢”生产进度，收种质量。三个站根据水利建设、园田化建设需要，在水利建设第一线，在园田化建设工地增设广播站，架起工地广播线路，装起高音喇叭，开办节目，全天播音进行宣传鼓动。浦南站先后在浦阳江羊公潭、沈家渡两个砌滩疏竣工地开办工地广播，进行现场宣传，有力推动了工程进展。1995年以来，在每周办好各档广播自办节目的同时，还做好有线电视宣传工作，用电视宣传政府重要工作任务，报道重大会议和活动，报道先进典型，每周播出2~3组电视专题节目，每次播出5~8分钟，用电视图像形象生动地搞宣传，干部群众都喜欢收看，收视率较高，宣传效果更佳。镇站还根据不同时期不同工作的需要，比如拆违、征兵、计生、国卫、水利、治安等，出动宣传车，到各村巡回宣传，加大宣传舆论氛围，推动各项工作开展。

有线广播的自办节目设有新闻、专题、文艺三档，新闻节目12分钟一组，每周3组，及时采编本乡镇新闻题材，反映短、新、快、真、活，有针对性、时效性、指导性。1992年起，新闻节目提高编播质量，每组新闻有消息、通讯（小故事）、录音新闻、一事一议（短评）等3种以上体裁，形式活泼，信息量大，文字精练，角度新颖，用普通话播音。

专题节目10分钟一组，每周4组，根据各个时期党委政府的中心工作，满足为农服务需求而设置。1992年以来，专题节目主要有《市场与信息》《农业科技》《卫生与健康》《菁菁校园》《理论学习》《一周评书》等。

文艺节目5分钟一组，有流行歌曲、各类戏曲等。每年还在镇群众性文艺活动中挑选部分优秀节目在广播中播出，丰富群众的业余文化生活。

发动群众写稿，依靠群众办好广播，搞好宣传，是广播电视站的一个法宝。各站从办站开始起就重视抓好一支业余通讯员队伍，持之以恒做好通联工作，每年举办1期至2期通讯员培训班，基本上达到每站有15~20名业余通讯员。业余广播通讯员主要来自各村（社区）、企事业单位、学校，使广播自办节目有丰富的稿件来源，扩大信息量和宣传面。1992年以来，坚持每季度一次的通讯员学习交流制度，坚持通讯员用稿发稿费奖励制度，坚持通讯员培训制度，使队伍稳定，来稿逐年增多。1995年、1996年，通讯员全年来稿达2000篇左右。

3. 技术设备

临浦镇广播电视事业的发展，大体经历了四个阶段。

（1）萌芽阶段

20世纪50年代，在集镇街道居民区、农村村庄，只有零星几只广播喇叭，由县广播站负责管理。20世纪60年代中期，临浦、大庄、通济三个公社喇叭总数还不足500只。

（2）普及阶段

从1970年起，临浦、浦南、大庄、通济四个站的工作人员本着“努力办好广播，为人民服务”的宗旨，发扬艰苦奋斗、勤俭办事的精神，积极争取资金，组织力量架通各村线路，普及有线广播。由于经济基础较差，20世纪70年代架的线路都是毛竹竿，户里装的是压电喇叭，畈里装的是高音喇叭。

（3）提高阶段

进入20世纪80年代，临浦、浦南、通济、大庄四个站积极实施“巩固提高”的事业发展方针，克服困难，努力工作，争取资金，创造条件。抓好广播线路改造，用水泥杆取代毛竹竿；抓好广播喇叭更新，用舌簧喇叭替换压电喇叭；抓好广播机房设备升级，按省级规定标准进行广播网络达标建设。1985年至1987年，四个站广播网络都达到省级规定标准，获得省广电厅颁发的广播网络合格证书。四个站相继新建机房、播音室,用上甲级或乙级播控设备。

20世纪80年代,随着乡镇工业的发展,用电量日趋增加,电力线拉闸停电每个月较多。为保证广播天天能正常播出,四个站先后购来机组、器件,建好发电机,采取停电自发电的办法解决广播正常播出问题。编辑、播音员也学会摇柴油机发电,达到有一人在,就能使广播正常输出讯号。

(4)飞跃阶段

1992年,四站合并后,事业建设进入一个新的飞跃阶段,全站人员办有线电视,养有线广播,抓有线电视和有线广播双线进户,广播喇叭逐步换成动圈音箱,有线电视网络村村普及。

1994年7月,集镇8个居民村全部安装有线电视,安装终端3500个。站设一频道为自播节目,每天晚上播出由市音像管理站排片的录像节目,第二天上午、下午重播。居民们能收看到图像清晰的12套电视节目。8月,行政村开始安装有线电视,新联村是全镇安装有线电视,实现广播电视"双入户"的第一个村,10月底完成施工,安装电视终端202个,有线广播205只。12月,全镇有线电视用户发展到4150户,入户率为24.1%,有线广播10905只,入户率为65.2%,通响率90%。

1995年,有线电视加快发展进程,全年共安装有线电视22个村,用户2190户,全镇有线电视用户达6157户,入户率30.1%。站里用自己积累的资金,又新购置播控设备1套,摄像机1台,字幕机1台,编辑机1台,线路维修汽车1辆。

1996年是有线电视发展最快的一年,有线电视村增加到46个,全镇用户达10650户,入户率提高到60.3%。

1997年12月,有线电视用户增加到11205户,入户率达67%,有线广播喇叭数共计11753只,入户率达70.1%。

1998年6月,着手进行四站合并的线路接割工作,全镇广播讯号由镇站直接输出到户。站新增扩音机2000瓦,使总功率达3750瓦,新添置1510型控制台1个,站内有字幕机2台,电视编辑机1套,激光录音机1台,彩色监视机22台,切换机1台,放像机4台,台标1个,M9000摄像机2台。1998年8月28日,镇有线电视与萧山电视台实行光缆联网,有线电视节目从原来的12套增加到25套。年底,汀联村最后一个完成有线电视安装工作,至此,全镇69个行政居民村实现村村通有线电视。有线电视的主干线长达45.6公里,用户12150户,入户率达70.1%,有线广播12042户,入户率达76%,通响率为95%。

1999年6月14日,根据市局通知,镇乡广播电视站停办有线电视自办放录像、广告等节目,镇站停播自办节目。8月20日,站又添置数字卫星接收器1台,用于转播卫视节目。

2000年，全镇有线电视用户总数达12335户，入户率72.8%，电视主干线长71.4公里，广播喇叭达14483只，入户率85.8%，通响率96%，馈线长81.45公里。本着先普及后提高的方针，对有线电视网络逐步进行整改，全年共整改有线电视、有线广播网9个村，计1600户。

2002年5月1日镇政府新大楼搬迁，广播电视机房随之搬入新大楼，电视主干线由电缆传输改为光缆传输，广播主干线全部改用电缆传输，成为全区第一个乡镇广播站主干线采用全电缆传输的乡镇。电视以转播上级台讯号为主，由原先的24台套增加到36台套，共配有光收机55台，16瓦光发机6台，21英寸彩色显示屏36台。广播在每天保证三次正常转播上级讯号的基础上，每天早晚各播一次镇自办节目，站内设立标准性机房一个，单独建立录音室，配备电脑自动录播设备一套，250瓦广播输出机18台，分配输出柜一套，新增广播馈电线50公里。镇站广播维护实行到户管理，从站内录音播出到用户收听全部落实到户，大大提高了有线广播的入户率和通响率。共有在编人员5名，站内自聘人员8名(线务7名、值机1名)。

2004年4月1日，根据上级文件精神，全区各乡镇有线电视管理业务全部划归杭州有线网管理，有线广播继续由镇站单独管理。当时5名线务员划归杭州有线网，2名线务员站内留用，负责全镇广播线路的日常维护工作。

2009年9月，在喜迎中华人民共和国成立60周年的日子里，全区首份镇级特刊《临浦月刊》创刊，这是萧山日报与镇街联办的首份月刊。是年，临浦开办"一报一站一网"，"一报"就是《临浦月刊》，一站为"临浦有线广播站"，"一网"即临浦门户网站，三大平台集新闻、政务、商务三大功能。《临浦月刊》每月一期，每期4版，随《萧山日报》发行，全面展示临浦人"重义守信，敢勇当先"的精神风貌，宣传"西施故里·活力临浦"的品牌文化，提升临浦的知名度和美誉度，促进临浦经济和社会事业又好又快发展。

2016年5月，临浦新闻中心成立。临浦镇以成功入选浙江省第三批小城市培育试点镇为契机，整合机关党政办和各工作条线新闻信息资源、力量，加强与萧山日报、萧山广播电视台等区级媒体以及腾讯、网易等门户网站的合作，通过"区媒下沉、网媒互补、新媒常态、镇媒提升"，创建成立集信息报送、新闻发布、深度报道、新媒推送、网站维护于一体、多方位立体化运营的镇级全媒融合综合体——临浦镇新闻信息中心，创新打造辖区面上工作和线上活动内容生产的"中央厨房"，讲好临浦故事，宣传临浦发展。

历任站长：

陈友荣，1969.10—1978.12

盛建平，1979.1—1986.2

傅浩平，1986.3—1992.5

陈金根，1992.6—1998.5

张树新（副），1992.6—1998.5

俞永灵（副），1992.6—1998.5

孙启敖，1998.6—2000.5

孔旭，2000.6—2009.7

邵威，2009.8—

孔红红（副），2010.7—2013.5

附：

【浦南办事处转播站】

前身为浦南公社广播站，1969年4月建立。1984年5月改称浦南乡广播站。1987年2月，改称浦南乡广播电视站。1992年5月划归临浦镇广播电视站，称浦南办事处转播站，1998年5月撤销。

历任站长：

喻文灿，1969.4—1971.2

俞永良，1971.3—1992.5

盛建平（负责人），1992.5—1998.5

【大庄办事处转播站】

前身为大庄公社广播站，1968年10月建立。1984年5月，改称大庄乡广播站。1987年2月，改称大庄乡广播电视站。1992年5月划归临浦镇广播电视站，称大庄办事处转播站，1998年5月撤销。

历任站长：

方吾权，1972.3—1992.5

傅浩平（负责人），1992.5—1998.5

【通济办事处转播站】

前身为通济公社广播站，1968年10月建立。1969年2月并入所前公社广播站。1971年2月恢复。1984年5月，改称通济乡广播站。1987年2月，改称通济乡广播电视站。1992年5月划归临浦镇广播电视站，称通济办事处转播站，1998年5月撤销。

历任站长：

陈金根，1968.10—1969.1，1971.2—1979.1

张吾贤，1979.1—1979.7

谢寿康，1979.8—1980.6

王来德，1980.7—1992.5，（后为负责人，1992.5—1997.5）

邵敏学（负责人），1997.5—1998.5

五、浦阳镇文化广播站

浦阳镇地处萧山南部，距萧山城区23公里，东与进化隔江相望；北与临浦水陆相连；西与河上、楼塔两镇山脉相接。因浦阳江纵贯其境，故名浦阳镇，是浦阳江由南入萧的第一站。全镇地貌属低山丘陵与河谷平原交界区，系浦阳江和凰桐江流经地而形成较宽阔的河谷平原。镇域范围，1951年为桃源、桃北、尖山、临江、安山、径游乡与新建乡的部分，1956年为桃北、临江乡（桃源、径游两乡在3月划归诸暨，1957年5月复归萧山管辖），1958年为临浦公社桃北管理区、进化公社临江管理区及径游公社径游、桃源2个管理区，1961年为桃北、临江、径游、桃源公社，1969年以上公社合并为浦阳公社，1971年径游、桃源划出另立公社，1984年为浦阳、径游、桃源3个乡，1985年浦阳乡改为尖山镇，1992年5月尖山镇与径游、桃源合并更名为浦阳镇。

到2018年年底，全镇区域面积45平方公里，下辖18个行政村，常住人口5.5万人。

1. 历史沿革

前身为浦阳公社广播站，1969年5月建立。1984年5月，改称浦阳乡广播站。1985年，更名为尖山镇广播站。1987年2月，改称尖山镇广播电视站。1992年5月，与桃源、径游两乡广播电视站合并，改称浦阳镇广播电视站。2007年4月，更名为浦阳镇文化广播站。2017年3月，浦阳镇文化广播站纳入镇党政办管理。

2018年，浦阳镇文化广播站有职工6人，其中在编事业干部2人、聘用人员4人。在编人员：宣传文化1人，编辑岗位1人。聘用人员：微信编辑1人，播音值机岗位1人，广播维修岗位2人。

2. 办站特色

1969年起，开办固定自办节目，每天早、晚2次播出，每次30分钟。1975年至20世纪80年代初，增设“田头广播”，每天上午、下午播出。固定自办节目内容有新闻、专题、文艺等。新闻节目每周3组至4组，每组10分钟至15分钟。不定期开办专题节目，先后有《计划生育》《农事科技》《改革之声》《市场与信息》和《法制宣传》等。文艺有越剧、绍剧、相声、歌曲以及自编自演的群众性文艺节目。1993年，广播新闻《浦阳镇开展“六个一”活动，发挥人民代表作用》获杭州市第二届宣传人民代表大会制度好新闻三等奖。

2015年开始，浦阳镇文化广播站承担“萧山浦阳”微信公众号的信息采集工作，并委托“湘湖网”进行日常维护。对浦阳范围内发生的各类政务信息、民间习俗、工业农事等进行全方位报道。至2017年12月，“萧山浦阳”微信公众号关注人数超过35000人，年均微信推送量超过300条。

1971年起，建立公社报道组，每个大队有1名至2名通讯员，每年举办培训班。2007年开始，浦阳镇文化广播站逐渐建立一支由大学生村官、年轻干部、企业通讯员为主的通讯员和信息员队伍，制定通讯报道和信息考核办法，并进行业务辅导。紧紧围绕镇党委、政府中心工作，做好宣传文化工作。每年向上级新闻单位发稿320篇以上，在省市媒体、萧山日报和萧山广播电台、电视台刊用稿200篇以上。

3. 技术设备

全镇广播馈线长55公里，入户喇叭7386只，入户率73.1%，通响率98%。有线电视主干线电缆36公里，光缆11公里，用户8654户，入户率85.6%。

2017年5月22日，随着浦阳镇人民政府新办公大楼的落成，浦阳镇文化广播站设在新大楼四楼东北角。到2018年年底，全站共有600瓦功率放大器5台，350瓦功率放大器4台，另有备用功率放大器7台。播控调音台2台，采集、传输电脑3台，移动音箱2台。电视摄、录、编等设备主要有单发数码相机2台、摄像机2台、无人机1台。

历任站长：

俞韵成，1992.5—2011.5

许东平，2012.10—2015.5

黄俊男，2015.5—2018.2

徐三剑，2018.2—

附：

【尖山镇广播电视站】

前身为浦阳公社广播站，1969年5月建立。1984年5月，改称浦阳乡广播站。1985年，更名为尖山镇广播站。1987年2月，改称尖山镇广播电视站。1992年5月，并入浦阳镇广播电视站。

历任站长：

俞玉马，1969.5—1971.2

孙月明，1971.2—1973.8

王兴潮，1973.9—1978.10

谢国民，1978.11—1988.11

杜国良（负责人），1988.11—1992.5

【桃源乡广播电视站】

前身为桃源公社广播站，1971年2月建立。1984年5月，改称桃源乡广播站。1987年2月，改称桃源乡广播电视站。1992年5月，并入浦阳镇广播电视站。

历任站长：

朱友兰，1971.2—1982.3

瞿佳春，1982.4—1992.5

【径游乡广播电视站】

前身为径游公社广播站，1971年2月建立。1984年5月，改称径游乡广播站。1987年2月，改称径游乡广播电视站。1992年5月，并入浦阳镇广播电视站。

历任站长：

俞玉马，1971.2—1977.4

俞国樑，1977.5—1984.1

朱凤珍，1984.2—1992.5

六、进化镇文化广播站

进化镇地处萧山区南部浦阳江生态经济区，东临绍兴市夏履镇，南接诸暨市店口镇，西邻浦阳江，北接临浦镇，辖区总面积87.1平方公里，由原进化乡、城山乡、欢潭乡、新江岭乡四个乡合并而成。

到2017年年底，全镇辖25个行政村，1个社区，户籍人口48175人，其中非农人口8367人，共有农户13519户。

1.历史沿革

前身为进化公社广播站，由原进化乡、城山乡、欢潭乡、新江岭乡四个广播电视站合并建立。1959年9月建立。1961年7月停办。1968年5月恢复。1984年5月，改称为进化乡广播站。1987年2月，改为进化乡广播电视站。1992年5月乡改镇，成立进化镇广播电视站，城山乡广播电视站并入进化镇广播电视站。同年，新江岭乡广播电视站并入欢潭乡广播电视站。2001年8月，欢潭乡广播电视站并入进化镇广播电视站，并改名为进化镇文化广播电视服务站。2007年4月，更名为进化镇文化广播站，纳入镇社会事务办管理。

2001年5月，欢潭、进化广播电视站加入杭州市萧山区电子学会，成为单位会员。2011年，进化镇广播电视站参加杭州市萧山区新闻工作者协会，成为团体会员。

到2018年年底，文化广播站共有职工8人，其中在编事业干部4名，聘用人员4名。在编人员：宣传、编辑岗位2人，文化体育岗位1人，广播线务岗位1人。聘用人员：播音值机岗位1人，广播维修岗位2人，图书管理员岗位1人。文化广播站负责人由镇社会事务办主任兼任。

2.办站特色

（1）自办广播节目

1969年起，开办固定自办节目，每天早晚两次播出，每次30分钟。20世纪70年代后期到80年代初，增设“田头广播”，播出时间为9时至10时，14时至15时。固定自办节目内容有新闻、专题、文艺等。新闻节目每周3组至4组，每组10分钟至30分钟，不定期开办专题节目，先后有《农业科技》《妇女之声》《党建园地》《法制园地》《今日农村》《跟着市场走》和《听众服务台》等。文艺有越剧、绍剧、相声、歌曲以及自编自演自录的群众文艺节目。20世纪70年代，进化建立公社报道组，每个大队配有报道员，每年举办培训班3期至4期。1969年，欢潭建立公社报道组，各大队有一名通讯员，每个月举办培训班一期。2000年年底，欢潭乡有通讯员12名。2001年8月欢潭乡广播电视站并入进化镇广播电视站后，自办广播节目时间统一为上午8:30—9:00，晚上8:30—9:00，播音时间一直沿用至2018年。2015年后，镇文化广播站围绕党委政府中心工作，开设“拆违控违”、“五水共治”、转型升级、美丽乡村、廉政之声、服务G20、平安进化、进化乡村游、全域景区化、大美进化、都市花园、A级景区创建等多个新闻性专栏，文艺节目开设“文明之声，幸福之歌”栏目，丰富自办广播节目内容。

乡镇广播电视站的主要任务是按时转播好上级台站节目。1968年5月建站开始，每天早、中、晚三次转播，每月转播240~250小时。建站初期，自办节目没有固定，只播送公社通知、播送报摘，稿件由公社文书提供，采用直播方法。

1969年5月，公社广播站配备编辑，广播站除转播县站讯号外，开始自办节目，并向县广播站和上级新闻单位发稿。自办节目除播放文艺节目外，每周采编3组至4组文字节目，每组时间为10~20分钟，节目设置为新闻、专题、文艺三档。建站初期，文艺节目用电唱机放唱片，1972年购置盘式录音机后，自办文字节目录制后放录音。

新闻节目内容主要配合乡镇（公社）各阶段中心工作，传播农村政策和法规，传播科技知识，传递相关信息，报道有关会议精神、先进经验、新人新事新风尚及听众来信等等，新闻节目在自办文字节目中占70%。

专题节目，20世纪70年代主要开设“农业学大赛”“抓革命、促生产”专题，20世纪

80年代主要开设“改革之声”“计划生育”“农技知识”等专题，20世纪90年代主要开设“农业科技”“市场信息”“卫生健康”“青年园地”“妇女之声”“党建园地”等专题。结合阶段性工作，还开设征兵、土地管理、路线教育、现代化教育、双思教育、殡葬改革、防洪防台等专题节目。

文艺节目除了越剧、绍剧、绍兴莲花落等各种传统戏，还有相声、传统革命歌曲、现代流行歌曲等。20世纪80年代后期，有自编自演自录的文艺节目。

自办节目播音时间，20世纪70年代初期为早、晚两次，时间各半小时，早上在县站节目前，晚上在县站节目后播出。20世纪70年代后期和80年代初期，增设“田头广播”（也称点心广播），时间为上午9:00始播至接收到县站讯号，下午2:00—3:00。1992年后，自办节目时间为一次，早上市台讯号前半小时。1998年6月1日至2001年8月，自办节目时间调整为早上5:30—5:55，晚上8:30—9:00。

自办节目一直采用地方话播音。1997年9月开始，采用普通话播音。

为办好乡（公社）广播站自办节目，从1969年开始，公社成立有6~7人组成的报道组（主要有知识青年、民办老师、团支部书记等），活动开展经常。各大队都有一名通讯员，通讯员每月活动一次，不仅采写了一大批稿件，丰富了自办节目，还培养了一批人才。

1987年，欢潭站自办广播节目133组，有通讯员8名。新江岭站自办节目87组，有通讯员7名。1997年，欢潭乡自办广播节目180组，播出稿件800多篇。1998年至2000年，欢潭广播电视站自办广播节目两天一组稿，每年编辑自办广播节目186组。

（2）电视宣传

1996年10月有线电视开通后，进化站购入摄像机、字幕机、放像机、监视器等电视摄、录、编主要设备，开始尝试电视宣传。1997年，在有线电视一频道播放录像，片子由市录像发行站供应。

1997年，欢潭站播出录像片726本，其中文艺录像片720本、宣传教育片5本、实况录像1本，点歌10次。1998年，欢潭有线电视一频道播出有线电视录像片730本，其中文艺录像片720本、宣传教育片6本，点歌10多次。是年，增添摄像机后，开始尝试自办电视节目，播出领导电视讲话和本乡重大活动实况录像等自办电视节目。1999年10月25日，按照上级统一规定，停办乡镇自办电视节目，欢潭乡在原来的自播节目中转播诸暨电视台节目，购入摄像机后，开始向萧山电视台发送电视新闻稿。2007年，购入电视传输系统设备，电视新闻图像开始用电脑传输，提高了电视新闻的时效性。

（3）对上新闻宣传

当时的欢潭公社（乡）、新江岭公社（乡）、城山乡、进化乡都十分重视向上级广播站、广播电台、电视台以及萧山报（日报）投（发）稿，每年有大量稿件被采用，并有许多稿件被杭州日报、浙江日报采用。20世纪70年代，欢潭公社向报纸发稿较多，曾被《人民日报》录用一篇，多次在《浙江日报》《杭州日报》发表评论、通讯和消息，曾在《浙江日报》发表过头版头条新闻。2004年7月，通讯员田何兴采写的《生态立镇看进化》一文在《中国经济视点》杂志上发表；2008年1月28日，《"休闲进化"天堂胜地》一文在《杭州日报》第5版专版刊登。

(4)新媒体宣传

2012年，进化镇开始筹建网站，初称进化党建网，由大学生村官负责，作为大学生村官的交流平台。2014年8月，更名为进化镇网站，作为官方网站正式运行。网站由张帆编辑发布新闻，设置走进进化、政务公开、招商引资、社会事业、美丽乡村、党建园地、民生动态、镇长信箱等栏目内容。2016年8月，因G20峰会要求关停网站，此后停办。

2013年，进化镇建立微讲堂。2014年11月，更名为进化公众号"萧山进化"，建立微信发布新媒体。2014年11月17日，由张帆制作编发第一条图文信息，2014年共发11组18条微信。2015年共发69组216条微信。2016年开始委托湘湖网编发，2016年共发83组186条微信。2017年1月至10月共发200组321条微信。截至2017年10月，进化微信公众号关注数达3188人。

2004年，开通萧山网进化网页，成为萧山网开通镇街网页的第一镇。萧山网进化网页设图片、新闻、供求信息、阳光政务、企业风采、新农村建设、便民服务、镇街风采、镇街专题，"镇街博览"中设立本镇概况、行政村、交通指南、民风民俗、名人名胜、投资指南、特色产业栏目。萧山网进化网页由萧山网维护运行，进化镇每年缴纳维护费。至2016年，进化镇欢潭村、裘家坞村、岳联村三个村在萧山网设立村网，由萧山网维护运行。在萧山网、湘湖网、萧山农村信息网、浙江省宣传系统网络交流平台等新媒体上，进化镇每年发稿分别在200篇以上。

2015年，进化镇制作宣传片《大美进化城市阳台》在萧山发布微信公众号发布，点击量5万多人次。

2017年9月16日下午，进化镇举办"我是家乡代言人"旅游推介主题演讲比赛，全镇25位村书记一一上台演讲，为家乡代言，推介乡村旅游，通过萧山网全程现场直播，引起媒体和社会各界高度关注，25位村书记成为"网红"。2017年10月开始，进化微信公众号推出《乐行进化》栏目，展现各村的自然景观、人文风貌，向外界推介各村旅游资源，引发社会关注。

(5)广播电视报征订

1996年开始，乡镇广播电视站把征订发行广播电视报作为分内之事。以欢潭乡为例，1997年征订《浙江广播电视报》和《杭州广播电视报》201份，1998年征订两报244份，1999年征订两报160份，2000年征订两报237份。

3. 技术设备

（1）广播事业建设

1956年，城山、进化的有线广播从萧山广播站临浦转播站接入，逐步到各村。1959年9月建立进化公社广播站，1961年7月停办，改为进化转播站，只转播省台和县站节目。1968年5月恢复进化公社广播站，除转播县站节目外，播出自办节目。1971年2月城山公社广播站建立，实现生产队通广播站，形成以县站为中心，公社站为基础，普及村村队队，连接千家万户专线传输的有线广播网。2000年年底，进化镇广播电视站广播机房主要设备有250瓦扩音机12台，播控调音台、录音调音台、卡座录音机、MD磁光盘录音机、磁光盘采访机各1台，摄像机、字幕机各1台，放像机、监控机各3台。2000年，进化全镇广播馈线长30公里，入户喇叭8900只，入户率87.6%，通响率98%。

1958年至1959年“大跃进”期间，欢潭乡已经有有线广播，每个村只有几只喇叭，每只喇叭每月尚需缴纳收听费1.5元。欢潭乡设立欢新公社欢潭管理区和新建管理区，属进化大公社管辖，广播站设在进化大公社。1968年9月，筹建欢潭广播站，同年11月，欢潭公社广播站正式成立，有150瓦扩大机1台，电唱机1台，话筒1只，开始播音。主要转播县站讯号，当时称公社广播放大站，播音室机房设在欢潭村建于民国11年（1922年）的一幢木结构西欧式三层楼洋房二楼。建站初期，全公社只有30多只舌簧喇叭，广播线杆是毛竹竿和树干。2000年，欢潭全乡有广播喇叭2531只，入户率达76.8%，乡至村广播主杆线长18.6公里，欢潭乡广播电视站设在乡政府大院工办大楼四楼。

2007年年底，进化镇文化广播站机房主要设备有350瓦扩音机12台，250瓦扩音机19台，播音调音台、录音调音台、卡座录音机、MD磁光盘录音机各1台。村规模调整后，全镇25个行政村新建村广播室，配备扩音机、录音机等设备，并与自然村联网。全镇广播电线总长171.09公里，其中广播电缆30公里，入户喇叭12005只，入户率83%，通响率98%。镇广播站播出设施进行升级改造，改手动播出为自动播出系统。

（2）电视事业发展

1976年开始，各村及单位开始购买黑白电视机，在村电视室或操场上公开放映，让广大群众能看到电视，此后电视机逐步走向家庭。1984年，欢潭乡在欢潭村前山冈安装电视差转台，差转中央电视台讯号。1987年，欢潭乡有电视机464台，入户率为66.1%；新江岭全乡有电视机546只，入户率67%。1988年欢潭乡有电视机736台，新江岭乡有电视机746台。1990年，欢潭乡拥有电视机857台，电视机的户普及率达到

50.5%。同年，新江岭乡在祝家村安装电视差转台，差转中央一套节目。1991年，欢潭乡电视机达到993台，其中彩电141台、黑白852台。

1994年，进化镇筹建有线电视网，按450MHz、48个频道容量，15套以上调频广播节目容量设计，分三个阶段实施，1996年10月开通，至年末全镇有2500余户入网。1998年8月，镇有线电视与市联网。到2000年年底，有线电视主干线电缆12公里，光缆16公里，实现村村通电视，用户5200户，入户率51.2%。

1996年，欢潭乡筹建有线电视，由政府出资自建有线电视前端，1996年12月开通。1998年8月，与萧山有线电视联网。到2000年，欢潭全乡共有电视机3217台，16个村村村垄通有线电视，有线电视用户2083户，入户率55%，乡至村有线电视主杆线长度达17.3公里。

2001年全面普及有线电视。同年8月，进化、欢潭二镇乡合并为进化镇，同年12月正式完成广播电视站合并网络割接工作。2005年5月体制改革，全镇有线电视管理、维护、收费由杭州有线广播电视网络传播有限公司直接管理，后改称华数电视。2007年年底，进化全镇有线电视主干线200公里，其中铜轴电缆为160公里、光缆40公里，地埋干线为2.001公里，有线电视用户11200户，入户率为77%。

4. 内部管理

为加强对广播电视的管理，适应广播电视的迅速发展，1996年以后，广播电视站制定了各项规章制度，即站长职责、编辑职责、线务员职责、播音值机员职责、有线电视技术员职责、广播电视站承诺服务制、工作考核制度、财务制度、值班制度、考勤制度、请假制度、卫生制度、仓库管理制度、安全制度。与每个村签订有线电视安装协议，与村有线电视收费员签订收费协议，站聘人员每年签订合同，有线电视施工签订施工合同，向有线电视用户发放用户卡。

历任站长：

葛海根，1968.5—1969.2

汤关仙，1969.2—1971.2

葛高翔，1971.3—1988.12

王晓萍，1989.1—1991.12

张树新，1991.12—1992.5

沈道根，1992.5—2001.9

田何兴，2001.10—2011.1

谭義，2011.2—2011.10

倪春晓（负责人），2011.11—2015.1

陈永其(负责人,社会事务办主任兼),2015.2—2017.7

胡关虎(负责人,社会事务办主任兼),2017.8—

附:

【城山乡广播电视站】

前身为城山公社广播站,1971年2月建立。1984年5月,改称城山乡广播站。1987年2月,改称城山乡广播电视站。1992年5月,并入进化镇广播电视站。

历任站长:

汤关仙,1971.3—1971.12

颜瑞清,1971.12—1979.6

沈道根,1979.6—1992.5

【欢潭乡广播电视站】

前身为欢潭公社广播站,1968年11月建立。1984年5月,改称欢潭乡广播站。1987年2月,改称欢潭乡广播电视站。2001年8月,并入进化镇广播电视站。

历任站长:

田志琴,1968.11—1979.7

田章林,1979.8—1998.4

田何兴,1998.5—2001.8

【新江岭乡广播电视站】

前身为新江岭公社广播站,1981年5月建立。1984年5月,改称新江岭乡广播站。1987年2月,改称新江岭乡广播电视站。1992年5月,并入欢潭乡广播电视站。

历任站长:

孙关水,1981.7—1987.4

田何兴,1987.5—1992.5

【广播电视情况普查】

根据萧山区政府办公室关于对全区各镇、街道(场)广播电视工作进行调查研究的通知精神和区广电局调研工作安排,进化镇广播电视站从2002年6月11日开始,利用10多天时间,集中精力,组织人员在全镇开展一次广播电视情况普查和调查研究活动。全镇辖区面积87.1平方公里,下辖55个行政村,有14521户农户,总人口47069人。通过普查,全镇共有广播喇叭10361只,其中,动圈广播10247只、其他广播114

只,广播入户率71%,通响率98%;全镇有村广播室30个,广播变压器有98台;全镇广播主杆线长为171.09公里,其中,电缆20公里、铝线151.09公里,村级广播网总长为208.02公里;全镇55个行政村接通有线电视,有线电视进村率100%,全镇有线电视用户6901户,入户率48%;有线电视主干线长174.63公里,其中,电缆155.63公里,光缆19公里;开设光点4个,村级电视网为208.02公里,共安装干线放大器160台,用户放大器297台;全镇农户拥有电视机11114台,其中,彩电9231台,黑白电视机1883台;全镇农户拥有家用电脑130台;站内设备配备齐全,播控柜、输出柜、电源柜、扩音机均达甲级指标,共有广播扩音机22台,其中备用机6台,录音设备主要有激光录音机和卡式录音机,在完整转播好上级台节目的同时,自办广播节目主要有新闻、专题、文艺三档,自办广播节目时间为每天一小时;站内共有职工8人,其中在编3人、站聘5人,全镇55个行政村都相应配备有线电视管理员,全镇有通讯员11人;有线电视收费严格按照物价部门规定执行,2002年4月开始,有线电视月收视费从原来的每月每个终端8元调整为每月每个终端10元。

七、所前镇文化广播站

所前镇位于萧山南部,镇人民政府驻地缪家村,东与绍兴以西小江、越王峥相邻,南连临浦、进化镇,西靠临浦镇和蜀山街道,北邻萧山城区。属三面环山的低山丘陵地区,交通便利,拥有优秀的生态旅游资源,特色农产品及民俗文化较丰富。

所前镇是萧山的重要茶果产区,素有“茶果之乡”的美誉,山林经济效益列居杭州首位。杨梅、茶叶、板栗、青梅、桃子、李子、柿子、樱桃等名品荟萃,闻名遐迩者当数“杜家杨梅”和“十八村”龙井。据考证,宋代诗人苏东坡有“闽广荔枝、西凉葡萄,未若吴越杨梅”之说,明代王家晋《群芳谱》有“杨梅,会稽产者天下冠”之评,《嘉泰志》有“天乐杨梅产此有名,人称杜家杨梅”的记载。杜家杨梅品质上乘,久负盛名,在三次浙江省评比中名列榜首,每一届的浙江萧山杜家杨梅节汇聚八方宾朋。

所前镇文化广播站是由所前镇、来苏乡原二乡镇广播电视站合并而成。

1.历史沿革

前身为所前公社广播站,1966年5月建立。1984年5月,改称所前乡(1985年5月乡改镇)广播站。1987年2月,改称所前镇广播电视站。1996年7月,开办有线电视节目,改称为所前镇广播电视站。

1967年,来苏建立公社广播站。1969年,因撤销公社停办,1971年2月恢复。1984年,改称来苏乡广播站。1992年5月,并入城厢镇后,更名为城厢镇广播电视站来苏办事处转播站。1998年8月,来苏恢复乡建制,复名来苏乡广播站。

2001年7月，所前、来苏合并成为所前镇，成立所前镇广播电视站。1991年，镇广播站被验收为萧山市二级站。

2008年8月，所前镇广播站与文化站合并，成立所前镇文化广播站。设站长1人（兼编辑），播音值机员1人，线务员1人。其中正式编制2人，聘用工1人。

2. 办站特色

（1）自办节目

1971年起，开办固定自办节目，每天早、晚2次播出，每次15分钟。1992年以后，每天1次，20时30分播出，每次30分钟。内容有新闻、专题、文艺等。新闻节目每周3组至4组，每组10分钟至15分钟。不定期开办专题节目，先后有《计划生育》《科技知识》《法律知识》《延长土地承包期》《征兵》和《宅基地整治》等。文艺节目有歌曲、越剧、绍剧、莲花落等。

1993年建成电视差转台，1996年开通有线电视。1996年7月开始，所前镇广播站在有线电视节目频道中增加所前频道（0频道），主要播放录像片，片源由萧山市广播电视台提供，镇定期派人前往调换录像片，每天晚上6:00—9:00播出，至1999年该频道停止播放。

（2）对外宣传

在对外宣传工作上，围绕镇党委、政府中心工作，做好杭州日报、萧山日报、萧山电视台、萧山广播电台、萧山网、湘湖网等宣传平台的组稿发稿工作。每年发稿量维持在350多篇。2017年发稿400余篇。

3. 技术设备

1996年，所前镇广播站主要设备有750瓦扩大器1台，270瓦扩大器1台，调音台1台，录像播放机2台，录像带式摄像机1台，测试度发声器1台，5匹空调1台，UPS一套，监听音响2套，MD磁光盘录音机1台。有线电视光收设备1套，监听电视机14台。

2000年年底，所前镇广播站机房主要设备有250瓦扩音机8台，350瓦扩音机2台，播控调音台和MD磁光盘录音机各1台。全镇广播馈线长11.3公里，入户广播喇叭5580只，入户率80.9%，通响率98%。有线电视主干线电缆17.5公里，用户2796户，入户率40.5%。在编职工4人，聘用工3人。

1985年，来苏乡广播站网路和站内设备达到广播电影电视部颁发的合格证书要求，广播喇叭入户率达到93%。2000年年底，乡广播机房主要设备有：250瓦扩音机4台，播控调音台，MD磁光盘录音机和采访机各1台。有线电视主干线26公里，用户1000余户。

2001年7月，所前、来苏合并成为所前镇，成立所前镇广播电视站。2001年，所前有广播喇叭5600只，入户率81%，来苏有喇叭2700只，入户率80%。实现村村通有线电视，电视用户7000多户，主杆线长120公里。

2003年年底，站内有机房面积180平方米，主要设备有250瓦扩音机12台，自动播出系统一套，电脑3台，MD磁光盘录音机2台，先锋卡座1台，光发机9台，光分路器9台，录像机2台，东芝DVD 2台，测图发生器1台，切换机1台，调制机1台。15平方米演播室和录音室各1个，空调3台。有线电视监控台和监控电视柜各1套，监听电视27只。全镇广播光缆线长80公里，入户广播喇叭8500只，入户率82%，通响率90%。有线电视主干线光缆80公里，光收器42只，下设光点42个，用户7354户，入户率71%。在编职工4名，聘用工3名。设有站长1人，编辑1人，播音值机员2人，线务员3人。

2005年4月1日，所前镇广播电视站的有线电视资产转入杭州萧山有线广播电视服务传输有限公司，业务由镇托管一年，至2006年4月1日镇有线电视的资产和业务全部划归萧山有线广播电视服务传输有限公司。是年年底，所前镇有线电视用户数为8451户，入户率为78%。

从2017年6月开始，所前镇有线广播维护业务实行外包。

4.收费管理

广播收费始于1966年，当时每只喇叭收费0.3元。1989年，乡镇广播站为维护事业发展，向全体用户收取每只喇叭每年2元的维护费，后来维护费取消。1995年12月有线电视通至来苏乡政府，1996年6月通过此信号通至所前镇。同年6月，祥里王村成为所前镇第一个通有线电视的村。1997年7月，里士湖村成为来苏乡第一个通有线电视的村。电视增加到24个频道，后期增加至35个频道。对每个有线电视用户收取每月6元的视听维护费。1998年，收视费每月上升至10元1户。2000年，所前镇收入有线电视费50万元，收入用于购置设备，上缴萧山广电和网络建设。2001年，所前与来苏合并后，每年有线电视收入80多万元。2005年4月，有线电视资产由华数接收，业务由镇托管一年，至2006年3月正式划归华数管理，镇级收费一并随之取消。

广告收入管理。改革开放后，一些企业和个体经营户通过广播做广告，逐渐增多，广播站向要求做广告的经营者收取一定的广告费。广播广告一则为30元左右。

5.新媒体平台

从2004年11月起，萧山网开通所前镇网络平台。栏目设置有镇街名片、本镇概况、政务公开、综合新闻、通知公告、民俗民风等。全方位及时发布所前的新闻报道，扩大了“山水所前”的知名度。从2011年开始，萧山网还开通了村网。到2017年年底，所前镇有东复、金临湖、李家、信谊、金山共5个村开通村网。2004年至2017年，共发稿3500余条。

2008年，湘湖网开通所前频道，栏目有新闻、视讯、人文、产业、政务等，主要发布有关所前镇的视频新闻、图片新闻和文字新闻，每年发稿量在200条左右。

2016年开始，“萧山所前”微信公众号正式运行，运用微信这一新媒体，使广大用户第一时间了解到所前发生的重要新闻和重大事件，取得积极的成效。到2017年年底，微信总点击量突破300000次。

6. 村级广播室

办好村级有线广播室，村级有线广播每天定时播出3次，主要为转播萧山人民广播电台内容，宣传中国共产党的方针、政策，国内外重大时事。

2007年为全区“广播发展年”，镇出资40万元，对全镇20个村（社区）广播室进行改造或新建，对部分村广播线路进行整网，使村级有线广播传输质量有了大幅度提升。

历任站长：

陈金根，1969.3—1971.1

楼校民，1971.2—1992.5

方吾权，1992.6—2001.6

郑国平，2001.7—2006.12

钱水源（兼），2006.12—2008.8

金陆兴，2008.8—2010.8

李杰，2010.8—

附：

【来苏乡广播电视站】

前身为来苏乡公社广播站，1967年建立。1969年因撤销公社曾停办，1971年2月恢复，1984年改称来苏乡广播站，1987年2月改称来苏乡广播电视站。1992年5月，划归城厢镇，更名为城厢镇广播电视站来苏办事处转播站。1998年8月，来苏恢复乡建制，复名来苏乡广播站。2001年7月，所前、来苏合并成为所前镇，成立所前镇广播电视站。

1972年起，开办固定自办节目，每天早、中、晚三次播出，每次30分钟，内容有新闻、专题、文艺等。新闻节目每周3期至4期，每期10分钟至15分钟。不定期开办专题节目，先后有《改革之声》《计划生育》《农技知识》等，播出的文艺有越剧、绍剧、相声、歌曲等。

1985年，来苏乡广播站网路和站内设备达到广播电影电视部颁发的合格证书，要求广播喇叭入户率达到93%。2000年年底，乡广播机房主要设备有250瓦扩音机4台，播控调音台，MD磁光盘录音机和采访机各1台。有线电视主干线26公里，用户1000余户。2001年，来苏有喇叭2700只，入户率80%。实现村村通有线电视，电视用户7000多户，主杆线长120公里。

历任站长：

周凯旋，1971.4—1979.10

金陆兴，1979.10—1992.5

张渭传，1992.5—1996.8

施炬兴，1996.8—1997.5

闻志明，1997.5—1997.8

施炬兴，1997.8——2001.6

八、义桥镇文化广播站

义桥镇位于萧山区钱塘江与浦阳江、富春江三江汇合处，是一个闻名遐迩的历史古镇。东与闻堰镇、蜀山街道、临浦镇接壤，南与戴村镇为邻，西依云峰山与富阳区相连，北濒富春江与杭州市西湖区隔江相望，为三市（区）交界之地。镇区距杭州主城区中心、萧山城区中心各为15公里，距杭州萧山国际机场20公里，杭州绕城南线、钱江五桥横穿全镇并设有互通立交，交通便捷。到2017年年底，全镇面积58平方公里，下辖21个村和3个社区。全镇户籍人口为4.7万人，外来人口4.3万人，有耕地2.6万亩，山林2.5万亩，水面1680亩。

2016年，全镇国内生产总值达到32亿元；工企业总产值达到180亿元、工业利润达到5.1亿元、税金达到4.2亿元，镇财政收入达到5.53亿元，农村居民人均可支配收入26293元。

义桥镇文化广播站是由义桥、许贤、朱村桥原三乡镇广播电视站合并成的。

1.历史沿革

前身为义桥公社广播站，建立于1968年。1970年5月，建立许贤公社广播站和朱村桥公社广播站。1984年5月，义桥公社广播站改称义桥乡（1985年5月乡改镇）广播站。1984年5月，许贤公社广播站、朱村桥公社广播站，分别改为许贤乡广播站、朱村桥乡广播站。1987年2月，改称义桥镇广播电视站。1992年5月，朱村桥乡广播电视站并入许贤乡广播电视站。2001年7月，义桥镇广播电视站与许贤乡广播电视站合并。2005年，成立义桥镇文化广播站。2006年有线电视一块划入华数公司运行。到2018年年底，镇文化广播站有在编人员4人，临雇人员3人。

2.办站特色

（1）通讯员队伍建设

义桥镇文化广播站重视基层通讯员队伍建设，从20世纪70年代开始，就有一支比较敬业的基层通讯员队伍。每个大队有通讯员1名至2名,每年举办通讯员培训班。

2001年义桥与许贤合并以来,义桥镇广播新闻事业取得了长足的进步,特别是建立了基层通讯员队伍,每年出台《义桥镇年度新闻报道、舆情信息工作目标管理考核办法》,规定每个通讯员写稿的报酬制度,从而激发通讯员的写稿热情。每年的通讯员发稿数量在350篇以上,通讯员向上投稿50篇以上。每年举办3期至4期通讯员新闻采访和写作知识培训班,邀请萧山电台、萧山日报社的资深编辑记者,为大家进行新闻专业知识的辅导授课,提高广大通讯员的新闻写作技能。每年组织基层通讯员到附近开展采风活动,加强通讯员之间的业务交流和情感联系。

(2)春节镇村干部广播拜年

从2001年开始,义桥镇每年在农历春节期间,邀请镇党委政府主要领导,年度成绩优秀的村、企干部,教育、卫生、金融等事业单位负责人,向全镇人民开展广播拜年活动,汇报一年来村、企、单位的政治经济发展、社会事业建设、重大工程建设等方面取得的成绩,提出新一年经济发展和社会事业建设计划和奋斗目标,并配上喜气洋洋的春节过年音乐,很受听众的欢迎。该项活动一直持续到2017年,共举办17期专题节目,得到了全镇干部群众的好评。

(3)建立广播新闻稿件资料档案

义桥镇广播站注重新闻报道的资料积累,从20世纪90年代开始,把每天的自办节目,编好目录,装订成册,作为存档资料。共计有1997年到2001年的许贤乡广播站自办节目资料17卷,2001年到2017年的义桥镇自办广播节目资料123卷,义桥镇在区级及以上新闻媒体发表的新闻稿资料13卷。这些资料,较为完整地记录了义桥镇在各个时期的政治经济发展事件,生动地展示了各个时期的镇、村两级建设成果,较好地反映了人民群众的生产生活状态。为编纂《义桥镇志》《许贤乡志》提供第一手资料,具有重要的利用价值。

(4)戴村区新闻联播节目

1987年至1990年,戴村区原许贤、朱村桥、大桥、永兴、戴村、河上、楼塔、大同坞、云石、岩山10个乡镇广播站,每月月底联合举办一期《戴村区广播新闻联播》节目。由10个站的广播编辑准备本站一篇广播稿,在10个镇乡广播中统一时间播出,内容有各镇乡党委政府中心工作、好人好事、趣闻轶事等,内容多样、形式活泼,受到了广大听众的好评。同时,10个镇乡广播站还定时举行广播节目研讨会,探讨如何提升农村广播节目的宣传效果。

(5)工地现场广播

从20世纪70年代开始,每当乡党委、政府有重大活动时,广播站便在现场开设现场广播,直播现场干部群众劳动场面。如1972年朱村桥公社皇天畈开挖排灌总河道;广播站在方家大队办公室开设广播室进行现场广播,历时3个月;1978年11月至1979年1月,戴村区在永兴河下游丁家庄段进行截弯取直工程,在朱村桥大队设立广播室,进行现场广播;1991年冬季,黄石垄水库进行清淤大会战,在南坞村设立广播室,进行现场广播。在工地上安装好若干只250瓦高音喇叭,响亮的声音响彻整个工地现场,每天播放党委政府政策精神、好人好事、文艺节目,以激励广大干部群众的工作热情,收到良好的成效。

(6)建立村级广播室

二十世纪七八十年代也普及过村级广播室,后来因各种原因而逐渐消失。2006年,为响应区委、区政府关于办好广播建设年的活动,对全镇21个行政村重新建设村级广播室,广播室10~20平方米左右,配置一台多功能的播音控制器,具有收听、播出、广播、转播等功能,并配备村级广播管理员一名,负责村广播室管理工作。镇广播站每年抓好村级广播管理员的培训、管理和线路检修等工作,将村广播管理员纳入考核工作范围,使全镇的村级广播管理能够有序运行。

(7)建立电视差转台

1985年5月,由萧山广播电视局和许贤乡政府一起,共投资8000元,在南坞山长山建造一座电视转播差转台,安装3瓦发射机1台,发射塔1座,接收频道11个,使许贤乡和山区片6个行政村的广大村民能够收看到中央电视台和浙江电视台等节目,丰富当地群众的文化生活。

(8)"寻访九姑娘"连续报道

二十世纪六七十年代,义桥(原朱村桥乡)的"九姑娘",由9个年轻的姑娘组成一个科研小组,大胆创新,科学种田,亩产屡破纪录,被誉为"种田明星",当时各大报纸都报道了"九姑娘"的事迹。朱村桥广播站、许贤乡广播站和义桥广播站对她们的事迹进行了连续的追踪报道。2001年,许贤乡发起"寻找九姑娘"活动,经过乡广播站连续报道,并在《萧山日报》《杭州日报》《浙江日报》等媒体上进行报道。2010年,"九姑娘"组织回到复兴村,开展回忆过去、展望未来的活动,得到人们的广泛好评,义桥镇广播站也组织连续跟踪报道,并通过萧山日报、萧山电视台等媒体进行广泛的宣传。

(9)自办节目内容

1970年起,开办固定自办节目,每天早、晚2次播出,每次30分钟。内容有新闻、专题、文艺等,新闻节目每周3组至4组,每组10分钟至15分钟。不定期开办专题节目,先后有《农业科技》《完善农业承包责任制》《计划生育》《土地管理》《卫生与健康》

《普法宣传》和《现代化教育》等。20世纪70年代至80年代，文艺节目在广播中比重很大。20世纪90年代起，基本不办文艺节目。1983年，因宣传计划生育突出，受到杭州市政府表彰。以自办新闻节目为主，由该站编辑进行采访编辑，完成编播音工作。

抓好通讯员队伍建设。20世纪70年代至80年代，有通讯员50多人。20世纪90年代开始，通讯员有所减少。抓好广播管理员建设，村级广播室配备管理员，制定村广播室管理制度。从20世纪90年代开始到2012年，镇广播站积极参加区台组织的镇街好新闻竞赛评选活动，每年均获得好成绩。

（10）收费管理

广播收费始于1966年，当时每只喇叭收费0.3元。1989年，乡镇广播站为维护事业发展，向全体用户收取每只喇叭每年2元的维护费，后来维护费取消。1995年开办有线电视，对每个有线电视用户收取每月5元的视听维护费。1998年8月，有线电视与萧山实行联网运行，收视费每月上升到10元1户。1999年，许贤乡收入有线电视费45万元，收入用于购置设备，上缴萧山广电和网络建设。2001年义桥与许贤合并后，每年有线电视收入120万元左右。2006年有线电视划入华数管理，收费一并随之取消。

广告收入管理。改革开放后，一些企业和个体经营户通过广播做广告，且逐渐增多，广播站对要求做广告的经营者收取一定的广告费，广播站每年广告收入达到上万元。1997年开通有线电视自办节目后，广告收费也同步上升，每年广告收入达到10多万元。广播广告一则为30~50元。

3.技术设备

（1）广播设施

1959年，义桥有有线广播10余只，线路从临浦转播站输入。许贤公社有广播近10只，广播线借杆从戴村放大站输入。

1965年至1966年，实行村村通广播，义桥公社有广播150多只，许贤公社有广播62只，朱村桥公社有33只广播，均为舌簧喇叭。

1970年5月，许贤、朱村桥两乡广播站有杭州无线电四厂生产的275瓦扩大机各1台，L601录音机各1台，以及自制喇叭话筒等设备，干线许贤有5条16.2公里，朱村桥有5条12公里；传输用16号14号铁丝。线杆多用毛竹竿，或借用农用电线杆、邮电线杆。

1980年，义桥镇有广播喇叭3900只，许贤乡有广播喇叭2610只，朱村桥乡有喇叭广播1360只，由压电喇叭、舌簧喇叭逐步向动圈喇叭发展。

1992年，许贤与朱村桥合并，站有放大机2台，录音机2台，广播喇叭6150只，乡至村广播馈线34公里，水泥杆3900根，村以下馈线有用户线120公里。

1998年8月，义桥、许贤有有线电视与萧山实行联网。义桥达到动圈喇叭4500

只，有线电视用户4200户，入户率73%；许贤有广播喇叭6123只，喇叭入户率达82.3%，通响率97%；有线电视用户3550户，电视节目由原来的12个频道增加到26个频道。

2000年，义桥有广播喇叭4800只，入户率80%，许贤有广播喇叭7035只，实现村村通有线电视，电视用户4386户，主杆线长36公里。

（2）机房设备

2001年义桥、许贤二站合并前，义桥站广播机房主要设备有250瓦扩音机10台，播控调音台和MD磁光盘录音机、磁光盘采访机各1台。电视摄、录、编主要设备有摄像机、字幕机、特技机各1台，编辑机、放像机各2台，监视器3台。在编职工3人，聘用工1人。

许贤广播站有W9000摄像机1台，编辑机及字码机各1套，控制桌1套，250瓦扩大机9台，索尼放像机2台，12英寸监视机12台，34英寸彩色电视机1台，数字带场象仪3台，用户放大器157只，集中供电器6套。

2017年年底，义桥镇广播站设施有：智能广播时序控制PLC 1台，触屏一体机1台，播出智能控制器1台，扩展模块2块，伺服电源2套，远程智能控制器1套，控制器电源（软启动）1只，路由器1只，输出继电器模块5套，手动控制开关屏1块，软件编程1套，重载连接器48芯1套，监听音箱2套，UPS不间断电源1套，应急广播系统1套，1000W扩音机24台，智能电源柜1套，输出柜、避雷器1套，播控调音台2台，MD录音机2台，DVD机2台，FM收音头2台，电子数字钟1台、摄像机2像，音频工作站1套（2台电脑及录音话筒），控制桌1张，5P三相空调1台。

全镇广播馈线长85公里，入户广播喇叭13919只，入户率96.1%，通响率99%。有线电视主干线电缆100公里，光缆80公里，光收器175只，光点175个，用户16128户，入户率92%。在编职工3人，聘用工3人，外包线务人员1人。

4.内部管理

2001年9月，制订完善《编辑播音值机制度》《外线维护修理制度》《财务仓库管理制度》《临雇人员守则》及工程结算和广告管理等一系列规章制度。与各村收费员签订《年度有线电视收费协议》，抓好全镇的有线电视管理费收费工作。2012年，出台《义桥镇2012年度新闻报道、舆情信息工作目标管理考核办法》，完善提高通讯员的稿酬制度，将新闻宣传报道列入年度考核目标。

5.党报党刊征订

从2001年开始，每年的党报党刊征订工作也是镇广播站的重要宣传工作。2010年后，由于经费压缩，新媒体出现，报刊征订也加大难度。每年由镇党委政府发布党报党刊征订工作文件,公布每个村、单位的征订任务数。由镇事务办和广播站牵头,分组下村、厂、单位做好党报党刊的征订工作,每年超额完成征订工作。

6.新媒体平台

从2004年11月,萧山网开通义桥镇网络平台,义桥频道开通使义桥的新闻报道更加拓宽发布领域。2014年,对义桥网进行改版更新,设置有镇街名片、综合新闻、政务公开、办事大厅、文化礼堂、视频在线、渔浦文化、美德档案、渔浦季刊等16个栏目,有效及时地发布关于义桥的新闻报道,为提升义桥的知名度起到较大的作用。从2010年开始,萧山网还开通村网。到2017年年底,义桥镇有山后、昇光、河西、富春、复兴等12个村开通村网。2004年到2017年,共发稿3700条。

2008年,湘湖网开通义桥频道,栏目有新闻、视讯、人文、产业、政务等,主要发布有关义桥镇的视频新闻、图片新闻和文字新闻,每年发稿量在200条左右。

2016年开始,义桥镇推出"义桥发布"微信公众号,运用新媒体这一更加快捷便利的平台,及时有效地发布镇里的重要新闻和信息,取得良好的成效。到2017年年底,微信用户达18000个。

历任站长:

胡志平,1969.1—1972.9

华观富,1972.9—1973.5

赵吕均,1973.6—1980.1

来公才,1980.2—2001.8

黄坚毅,2001.8—

附:

【许贤乡广播电视站】

前身为许贤公社广播站,1970年5月建立。1984年5月改称许贤乡广播站。1987年2月改称许贤乡广播电视站。2001年7月,许贤乡广播电视站与义桥镇广播电视站合并。

1971年5月起,开办固定自办节目。每天早、晚2次播出,每次30分钟。20世纪70年代至80年代前期,配合农忙季节,每天增播1小时"田头广播"。固定自办节目内容有新闻、专题、文艺等。新闻节目每周3组至4组,每组10分钟至15分钟。不定期开办专题节目,先后有《农技服务》《计划生育》《改革之声》《法律知识》和《信息之声》等。文艺节目有越剧、绍剧、莲花落、小品、相声、音乐及自编自演的群众性文艺节目。20世纪80年代,建立一支10多人组成的通讯员队伍,每年举办通讯员培训班。

2000年年底,广播机房主要设备有250瓦扩音机9台,播控调音台和盘式、卡式、

MD磁光盘录音机各1台，电视摄、录、编主要设备有摄像机、编辑机、字幕机各1台，放像机2台，监视器12台。全乡有广播馈线长40公里，入户喇叭7035只，入户率85.1%，通响率98%；有线电视主干线电缆33公里，用户3712户，入户率44.9%，在编职工3人，聘用工1人。

历任站长：

张富泉，1971.2—1992.5

金炳乔，1992.5—1999.2

黄坚毅，1999.2—2001.8

【朱村桥乡广播电视站】

前身为朱村桥公社广播站，1971年3月建立。1984年5月改称朱村桥乡广播站。1987年2月，改称朱村桥乡广播电视站。1992年5月，并入许贤乡广播电视站。

1971年5月起，开办固定自办节目。每天早、晚2次播出，每次30分钟。20世纪70年代至80年代前期，配合农忙季节，每天增播1小时“田头广播”，“双抢”时间，每天早上4点半就开始广播。固定自办节目内容有新闻、专题、文艺等。新闻节目每周3组至4组，每组10分钟至15分钟。不定期开办专题节目，先后有《农技服务》《计划生育》《改革之声》《法律知识》和《信息之声》等。文艺节目有越剧、绍剧、莲花落、小品、相声、音乐及自编自演的群众性的文艺节目。20世纪80年代机器设备很简陋，有木头输出电板，美多牌电子管扩音器1台，电唱机1只，磁带L601录音机1台。20世纪90年代，完善设施。

历任站长：

邵兴良，1971.3—1977.3

金炳乔，1977.3—1983.5

缪顶云，1983.5—1986.10

金炳乔，1986.10—1992.5

九、闻堰街道文化广播站

湘湖国家旅游度假区（闻堰街道）位于萧山区西部，坐拥钱塘江、富春江、浦阳江三江宝地，依湖沿江。湘湖大道、时代大道沟通三桥、四桥、滨江、湘湖和闻堰，使闻堰与湘湖风景区，萧山和杭州主城区融为一体。杭州绕城高速和钱江五桥形成湘湖国家旅游度假区（闻堰街道）与外界联系的城际交通动脉。距离杭州西湖、萧山城区各10公里，距离杭州萧山国际机场25公里。

2012年5月13日，区委、区政府作出湘湖旅游度假区与闻堰镇管理体制调整的重大决策，成立湘湖新城·闻堰镇，实行"两块牌子、一套班子"模式运作管理。2014年7月，闻堰镇撤镇设街。2015年10月，湘湖旅游度假区创建成为国家级旅游度假区。2016年10月，经上级同意更名为浙江省萧山湘湖国家旅游度假区。湘湖新城总面积53.5平方公里，其中度假区面积35平方公里。

到2017年年底，闻堰街道区域面积23.68平方公里，户籍人口约31000人，流动人口50000多人，辖有6个村、6个社区。2016年，实现规模以上工业产值76.81亿元，完成规模以上工业增加值14.89亿元。完成招商引资内资8.19亿元，外资完成5300万美元。

1.历史沿革

前身为闻堰公社广播站，1968年建立。1984年5月，改称闻堰乡广播站。1985年5月，更名为闻堰镇广播站。1992年8月，有线电视开始建立，闻堰镇广播站更名为闻堰镇广播电视站。1994年，闻堰镇文化站与广播电视站合并，改称为闻堰镇文化广播电视站。1996年，文化站单设，定名为闻堰镇广播电视站。2014年7月，闻堰撤镇设街，改名为闻堰街道文化广播站。

2.办站特色

1970年5月开始，闻堰公社广播站设置固定自办节目，每天早、晚2次播出，每次30分钟，内容有新闻、专题、文艺等。新闻节目每周播出3组至4组，每组15分钟至20分钟；不定期开办专题节目，先后有《农村新天地》《农事科技》《卫生与健康》《改革之声》《法制园地》《市场与信息》等。2016年3月，与闻堰街道卫生服务中心联合推出首档健康服务类广播栏目《健康湘约》。栏目以宣传防治慢性病、常见病、多发病、传染病为重点，传播健康保健养生知识，普及卫生计生政策，倡导健康生活方式，立足健康教育实际，为老百姓搭建更快捷、方便的健康服务平台。

1984年开始，开播曲改为《歌唱祖国》乐曲，并试制现场录音访问节目，以强化宣传效果。1998年，随着农村普通话的逐渐普及和外来人口的增加，原先的萧山方言播音改为普通话播音，并现场直播镇政府召开的年终总结表彰会、人民代表大会、党代会开（闭）幕式。2009年9月，配备新闻传输电脑，编播节目无论是文字稿还是电视摄像内容，均可通过该电脑向区广播电视台发送，提高新闻发送的速度和质量。

3.技术设备

1968年建站初期，有1台250瓦电子管扩音机、1只话筒和1块配电板，机房面积仅20平方米。1970年5月，增添1台磁带录音机。1984年7月，广播机房改造，机房面积扩大至50平方米，并与值机播音室分开；扩音机增至4台，输出功率1000瓦。1994年，扩大机改换为晶体管。1996年机房第二次改造，扩大机由4台增至8台，输出功率增至2000瓦，其中500瓦作备用。2005年，广播机房第三次改造，扩音机增至16台，输出功率10600瓦，其中备用3600瓦；使用由3台电脑组成的自动播出系统，3台电脑的使用功能，一为自动编辑机，二为自动播出系统，三为自动控制镇政府办公大楼及人民公园绿地背景音响。

1992年年底，萧山有线电视开播。1997年，广播电视采用“双入户”，输入讯号采用光缆。由于电视与广播讯号同线输入，镇广播电视站增加调制解调器，将电视与广播讯号分离，然后各自输入。2000年，广播电视站输出干线使用电缆，控制电话等讯号干扰，保证广播的音质音量。是年，全镇广播馈线长16公里，入户喇叭5874只，入户率85.2%，通响率95%。2001年，镇广播电视站沿闻兴路、三江路广播干线使用地下电缆传输。2006年，闻堰全镇广播线路全面整改，自黄山村开始至三江口村，2年时间全镇由镇广播机房到各村广播室23公里长的广播干线均使用电缆，各村广播室到用户使用铁芯线，统一使用可调节音量的动圈喇叭，广播入户率达100%。

1976年，电视开始进入闻堰家庭。1996年10月，闻堰镇政府集资24万余元筹建有线电视网，按300MHz、18个频道容量、15套以上调频广播电视节目容量设计，分三阶段实施。是年12月，湘湖农场500多场员率先开通有线电视。机房内安装2台16MW光发机，有24台彩色电视屏幕墙和自办电视节目播控设备。2005年9月，机房搬迁后，电视屏幕墙改为10台普通彩色电视机和2台42英寸等离子电视机；光发机改为10MW 10台，可满足107个光点的电视接收讯号，能传输国内78个电视频道的所有节目。至2009年年底，实现村村通有线电视网。2005年3月，闻堰有线电视网由萧山华数数字有限公司出资180多万元接收，即建立萧山华数数字电视有限公司闻堰管理站。此前，闻堰有线电视由闻堰广播电视站委托管理，为国有企业编制，全站5人，1名主管，1名内勤，3名负责维护与安装，均实行合同制。

历任站长：

汪雅云，1968—1970.5

赵永祥，1970.5—1971.4

吴康，1971.4—1971.11

裴浩明，1971.11—1986.5

汪德兴，1986.5—1987.2

孔耀祥，1987.3—2018.9

来志仁，2018.9—

十、宁围街道文化广播站

宁围街道境域内原系钱塘江泥沙淤积成陆，围海涂而成平原，取其围堤不决安宁之意，故名宁围，所以“奔竞不息、勇立潮头”和“四千四万”的萧山精神在宁围有集中体现。正所谓一方水土养一方人，通过几代宁围人的不懈努力，积淀了围垦精神，孕育了知名企业万向集团、传化集团等，历经10年拆迁，又建设了一座新城。

宁围街道地处萧山区北部，东靠新街街道，南连城厢街道，西接滨江区，北临钱塘江，与杭州钱江新城隔江相望。2014年，撤镇设街。2015年3月、2017年8月两次体制调整。到2017年年底，全街道区域面积52.85平方公里，下辖22个村（社区），户籍人口6万余人，实有人口31万人。

根据国家“十一五”全国综合文化站建设规划的要求，1994年，宁围镇建设一座建筑面积为6680平方米，功能结构集影院、会议室、接待室、图书室、健身室、舞蹈室、多功能厅等于一体的综合性文化大楼。配套大型文化广场、标准室外灯光篮球场、宣传栏等。

宁围地理位置优越，市心北路贯穿整个宁围街道，浙赣、萧甬铁路、沪杭甬高速公路穿镇而过。国家级萧山经济技术开发区、萧山科技城、钱江世纪城在境内。宁围街道社会经济发达，人民生活富裕，是企业家鲁冠球旗下的国家级企业集团——万向集团和民营企业家徐冠巨旗下的浙江省级企业集团——传化集团所在地。2005年，综合经济实力跃居全国千强镇第六、浙江第一。境内的钱江世纪城被杭州市列为杭州未来的城市中心。

2017年，全街道实现财政总收入14.44亿元，一般公共预算收入7.78亿元。

1.历史沿革

前身为宁围公社广播站，1965年建立。1984年5月，改称宁围乡广播站。1987年2月，改称宁围乡广播电视站。1992年5月，改称宁围镇广播电视站，同时盈丰乡广播电视站并入宁围镇广播电视站。

深入贯彻《浙江省人民政府办公厅关于进一步加强乡镇综合文化站建设的意见》精神，全面规范乡镇综合文化站建设，充分发挥乡镇综合文化站的功能与作用，着力提升农村公共文化服务水平，按照每三年一次评估定级的要求，2012年12月，宁围文化站被评为一级综合文化站。

2.办站特色

（1）自办节目

1969年起，开办固定自办节目，每天早、晚2次播出，每次30分钟，内容有新闻、专题、文艺等。新闻节目每周3组至4组，每组15分钟至25分钟。不定期开办专题节目，先后有《农事科技》《卫生与健康》《计划生育》《土地管理》《法制园地》《改革之声》和《市场信息》、广告等。文艺节目有越剧、绍剧、相声、歌曲以及自编自演的群众性文艺节目。有一支30人组成的通讯员队伍，实行月有统计、季有培训、年有评比的管理制度。

2013年，宁围文化广播站广播自办节目每周3期播出，方式为周一、周三、周五换新，其余重播。播出时段为早、中、晚各1次，每次15~25分钟。

(2)春节镇街干部广播拜年

从1995年开始，宁围镇每年在农历春节期间，邀请党委主要领导、村(社区)书记、企事业单位负责人，通过广播向全镇人民致新春贺词，汇报一年来村、企事业单位的政治经济发展、社会事业建设、重大工程建设等方面取得的成绩，提出新的一年经济发展和社会事业建设的新目标。在春节期间，广播站播放喜庆、欢庆、年味足的音乐，并连续数年在各主要道路及市民公园张挂灯笼、横幅等，提醒大家要注意的安全事项，深受听众的欢迎。

3.技术设备

2000年年底，广播机房主要设备有250瓦扩音机13台，播控调音台1台，录音台2台。电视摄、录、编主要设备有摄像机2台，编辑线1条。全镇广播线长126公里，入户喇叭13803只，入户率87.6%，通响率98%。有线电视主干线电缆188公里，光缆38公里，用户4320户，入户率27.4%。在编职工5人，聘用工2人。

2014年10月至2018年，由于人员变动，宁围文化广播站有站长1名，播音员1名，兼职线务员1名，拥有1个广播机房和全套播出设备，并配有索尼模拟摄像机、索尼数字录像机及一批后期制作设备。

历任站长(负责人)：

施大荣，1969.6—1987.4

高凤才，1987.5—1992.5

李柏寿，1992.6—1994.6

许元灿，1994.8—1994.12

顾天林，1995.1—2003

肖红安，2003—2007

张世轩，2007—2014.10

寿飞燕，2014.10—

附：

【盈丰乡广播电视站】

前身为盈丰公社广播站，1965年7月建立。1969年2月，盈丰公社并入宁围公社时停办。1971年4月，盈丰公社与宁围公社分离后恢复。1984年5月，改称盈丰乡广播站。1987年2月，改称盈丰乡广播电视站。1992年5月，并入宁围广播电视站。1991年被评为杭州市广播电视系统先进集体。

历任站长：许元灿，1971.4—1992.5

十一、新街街道文化广播站

新街街道地处萧山东入城口，南拥浙江（中国）花木城，西接新世纪市场园区、宁围街道，北靠萧山经济技术开发区桥南区块，杭金衢高速、沪杭甬高速、绕城东线均在境内设互通接口，104国道、03省道东复线、浙赣铁路复线、机场高速及金城路、三益线、建设四路、新城路等主要干道皆穿境而过，区位优势较为明显，交通十分便捷。

2014年8月撤镇设街。到2017年年底，全街道区域面积35.6平方公里，辖15个村、5个社区。共有户籍人口6.4万人，外来人口约8万人。

新街享有"中国花木之乡""中国钢构名镇"的美誉，并创建为国家级生态镇（街）、浙江省文明街道等。

1.历史沿革

前身为新街公社广播站，1964年5月建立。1969年2月，新街公社并入长山公社后停办。1971年2月，新街公社与长山公社分离后恢复。1984年2月，改称新街乡（1985年8月乡改镇）广播站。1987年2月，改称新街镇广播电视站。1992年5月，长山镇广播电视站并入新街镇广播电视站。2014年8月18日新街镇改为新街街道，新街镇广播电视站改为新街街道文化广播站。

2.办站特色

1971年起，开办固定自办节目，每天早、晚2次播出，每次30分钟。内容有新闻、专题、文艺等。新闻节目每周播出3组，每组10分钟至15分钟。不定期开办专题节目，先后有《农技讲座》《计划生育》《土地管理》《村镇建设》《法制建设》和《新闻专题》节目等。文艺节目有越剧、绍剧、歌曲、曲艺以及群众文艺等。

3.技术设备

1995年起，新街创办有线电视，开通频道16个，其中自办频道1个，连接钱江农场、红垦农场，用户达到15000户。2005年起，全区有线电视联网，由华数接管。2000年年底，广播机房主要设备有250瓦扩音机12台，播控调音台1台，开盘录音机和MD磁光盘录音机各1台。电视摄、录、编主要设备有摄像机、编辑机各2台，字幕机1台。

全镇广播馈线长25.6公里，入户喇叭12351只，入户率83.3%，通响率95%。有线电视主干线光缆46.5公里，用户6350户，入户率42.8%。在编职工4人，聘用工4人。

2003年1月，区广电局下发《杭州市萧山区镇、街道有线广播电视发展规划》，要求坚持广播和电视共缆传输，提高有线广播电视覆盖率。2006年，新街镇对全镇镇至村主干线路全部实现共缆传输，既提高传输效率，又减少各类线路故障及镇财政每年的线路维修费用。

从2007年开始，针对农村有线电视广播的现状和发展形势，在广泛调研的基础上，科学决断，开展"广播发展年"工作。通过2年努力，对全镇15个行政村的农村广播线路网进行升级改造。村村建立高标准广播室，建立机房播出制度。有线广播达14600只，入户率达95%，通响率达100%，在广播村村通基础上，实现农村广播户户响，机房设备从250瓦/村提高到300瓦/村，添置了自动播出设备，巩固中国共产党在农村最基层的宣传舆论阵地。

历任站长（负责人）：

陈金水，1975—1978

赵启军，1978—1984

沈彩霞，1985—1993

王优良，1993—1994

陶韶华，1994—

附：

【长山镇广播电视站】

前身为长山公社广播站，1964年2月建立。1984年5月，改称长山乡（1985年8月乡改镇）广播站。1987年2月，改称长山镇广播电视站。1992年5月，并入新街镇广播电视站。

历任站长：

王如贵，1964.2—1989

王志良，1989—1992.5

十二、衙前镇文化广播站

衙前镇位于萧山中东部，与绍兴钱清、杨汛桥两镇接壤。到2017年年底，全镇区域面积17.92平方公里，下辖11个行政村、2个社区。户籍人口2.52万人。

衙前是浙江省历史文化名镇。古有"吴越通衢"之说，为兵家必争之地。20世纪20年代，衙前成为浙江和东南地区引人注目的政治活动中心。爆发于1921年9月的衙前农民运动，开创了中国共产党历史上的四个第一：衙前农民运动是党领导的第一次农民革命运动、衙前农民协会是党领导下成立的第一个农民协会、《衙前农民协会章程》是我国新民主革命时期第一个农民革命的行动纲领、衙前农村小学校是中国共产党创办的第一所教育农民的农村小学校。现有衙前农民运动纪念馆、衙前农村小学校、李成虎烈士墓、衙前农民协会旧址、李成虎故居等“一馆四点”文物史迹。

衙前是工业强镇。全镇拥有化纤纺织、钢构网架两大支柱产业，是“中国化纤名镇”“国家钢结构产业化基地”和“国家装配式建筑产业基地”。到2017年年底，共有工业企业650余家，其中全国500强企业1家，全国民营企业500强4家，浙江民营企业100强4家，区级百强企业9家，年销售超100亿元的市场1家。

全镇围绕“红色衙前、绿色发展”发展总纲，狠抓落实“经济、平安、民生、党建、生态”五张报表，经济和社会得到全面协调发展。2016年实现工业销售产值428亿元，财政总收入5.41亿元，地方财政收入2.92亿元，农民人均收入37491元，村级集体可用资金10165万元。

衙前先后荣获国家级生态镇、省级爱国主义教育基地、省级历史文化名镇、省级文化强镇、省级森林城镇和省级低碳城镇示范点等荣誉称号，创立全国首个“和事佬”协会组织，建立全省首个农村法制教育基地，设立全市首个外来民工创业新村社区，成立全区首个新居民联谊会、新阶层联谊会、蓝领驿站和党员党性教育基地。

1.历史沿革

前身为衙前公社广播站，1968年3月建立。1969年2月，衙前公社并入螺山公社时停办。1971年2月，衙前公社与螺山公社分离后恢复。1984年5月，改称衙前乡（1985年5月乡改镇）广播站。1987年2月，改称衙前镇广播电视站。1992年5月，衙前镇广播电视站与螺山乡广播电视站合并，成立衙前镇广播电视站。1998年4月，衙前镇文化站与衙前镇广播电视站合并，成立衙前镇文化广播电视站。2005年，成立衙前镇文化广播站。

2.办站特色

1969年始，衙前建立公社、大队报道组，每个大队有通讯员2人至3人，每年举办通讯员培训班。1971年起，衙前镇广播站开办固定自办节目，每天早、晚2次播出，每次30分（其中20世纪60年代末至80年代初，开办“田头广播”，每天8时30分和14时30分各播出1次，每次1小时）。固定自办节目内容有新闻、专题、文艺等。新闻节目每周播出3至4组，每组10分钟。不定期开办专题节目，先后有《农事科技》《计划生育》《改革之声》《普法教育》和《土地管理》等。文艺节目有越剧、绍剧、相声、歌曲以及自编自演的群众文艺节目。

20世纪90年代特别是文化广播站合并以来，衙前镇广播新闻事业取得长足的进步，文化工作取得可喜的成绩。1994年，衙前镇投资600万元、建筑面积2000多平方米的镇文化中心投入运行。2015年，衙前镇投资6000万元建设镇新文化体育中心，建筑面积达13818平方米，于2017年年底建成投入使用。

3.技术设备

2008年10月，衙前镇广播站搬迁进新政府大楼，投入30多万元，对广播设备进行系统化改造，实施广播自动化播出。截至2017年8月，广播机房主要设备有250瓦扩音机20台，播控调音台1台，MD磁光盘录音机2台，备用设备1台。电视摄录编主要设备有摄像机、编辑机、字幕机各1台。全镇广播干线长70公里，入户喇叭5870只，入户率86.3%，通响率97.5%。有线电视主干线电缆85公里，光缆25公里，用户6730户，入户率80.2%。有文化广播系统干部职工8人。

历任站长：

方妙坤，1968.3—1969.2，1971.8—1974.6

王忠湘，1974.6—1977.10

方木春，1977.11—1978.10

张关富，1978.11—1996.12

张伟民，1997.1—1998.4

张关富，1998.5—2001.4

胡祖明，2001.5—

附：

【螺山乡广播电视站】

前身为螺山公社广播站，1966年3月建立。1969年2月，衙前公社广播站并入螺山公社广播站。1984年，改称螺山乡广播站。1987年2月，改称螺山乡广播电视站。1992年5月，螺山乡并入衙前镇时停办。

历任站长：

徐关木，1966.3—1992.5

十三、瓜沥镇文化广播站

钱塘江南岸，有一片因沥瓜滴蜜而得名的乐土，它就是始建于北宋太平兴国三年的千年古镇瓜沥。

瓜沥是近代绘画巨匠任伯年先生的故乡，清代名僚汪辉祖、明代女将沈云英诞生于此。2013年9月，原瓜沥、坎山、党山三镇合一。到2018年年底，全镇总面积126.9

平方公里，其中建成区面积13.48平方公里。下辖63个村、11个社区，总人口30.6万人，其中户籍人口16.2万人。2017年实现GDP 151.86亿元，财政总收入21.86亿元，一般公共预算收入11.6亿元。拥有萧山区级百强企业10家、上市公司5家。镇境内坐落着大型现代化航空港——杭州萧山国际机场，沪杭甬高速穿镇而过并设有瓜沥互通，规划中的杭州地铁三期延伸至境内。

瓜沥一直站在改革开放的前沿，顺天时、享地利，倚人和，以干大事、创大业的胆识和魄力，经济发展、社会事业、城市建设始终走在萧山乃至杭州市前列，2017年全国综合实力百强镇名列第40位。先后被命名为全国文明镇、全国发展改革试点城镇，拥有中国花边之乡、中国化纤纺织名镇等国字号品牌。被列为浙江省首批小城市培育试点镇、杭州大都市组团中心镇。镇辖航民村作为全国社会主义新农村的一个样板，声名远播，留下了不少党和国家领导人、国际友人的足迹。

1.历史沿革

瓜沥镇广播站建于1971年7月。1987年2月，改称瓜沥镇广播电视站。1992年5月，大园、瓜沥、昭东3个乡划归瓜沥镇，各设办事处，上述3个乡广播电视站分别更名为瓜沥镇广播电视站大园、瓜沥、昭东办事处转播站。1995年11月，3个办事处转播站撤销。2005年，文化站与广播电视站合一，更名为瓜沥镇文化广播站。2013年9月3日，根据省政府文件，撤销瓜沥、坎山、党山镇建制，三镇合一成为瓜沥镇，瓜沥、坎山、党山三镇文化广播站合并建立瓜沥镇文化广播站。隶属于瓜沥镇宣传文体办公室。

2.办站特色

（1）自办广播节目

1969年起，在转播萧山广播站节目的基础上，开办固定自办广播节目，每次30分钟。1992年5月前，每天中午、晚间播出，之后改为每天早晨、傍晚播出，内容有瓜沥新闻、专题、文艺节目等。新闻节目每周3~4组，时间10~20分钟。不定期开办《农事科技窗》《计划生育》《缤纷校园》《生活与法制》等专题节目。每逢国庆节、农历春节开办特别节目，邀请镇领导走进广播，录制新春广播讲话，以及经济、农业、城建、社会事业等条线专题节目。文艺节目一般录制越剧、绍剧、相声、歌曲等群众性喜闻乐见的节目，在新闻专题节目之后播出。

（2）自办有线电视节目

原瓜沥镇位于航坞山东麓，无线电视接收信号差。1989年8月瓜沥镇成立闭路电视办公室，同年12月起开始在镇政府周边居民小区接入信号，成为萧山市首个开通有线电视节目的乡镇。之后逐步建立起覆盖包括集镇区域和航民、明朗、东恩三个村的有线电视网和电视前端，利用卫星天线接收信号，接收中央台、浙江台等12个上星台信号并播出。购置松下M9000摄像机一台,拍摄重要会议、重大活动并在专设频道编辑播放,同时从萧山音像发行站租来录像片轮流播放,主要有武打、言情、枪战、戏曲等影片。

1996年起,与萧山有线电视台并网,有偿接入信号,电视频道增加到31个,覆盖范围为瓜沥当时的23个村、5个社区。委托萧山电视台制作“瓜沥新闻”电视新闻、专题节目片头,制作播出电视新闻、专题节目,每周固定19:35播出,时间约10分钟,之后播出录像节目。同时,根据内容需要制作播出“菁菁校园”等专题节目,挑选学生主持节目。1999年10月,按照上级统一规定,停办电视节目。之后,编辑拍摄的电视新闻素材主要通过传稿系统向萧山电视台选送节目。2013年9月三镇合一后,拍摄的视频资料,利用现有制作设备制作一批反映主题、主线、重大活动的电视专题片、形象宣传片等供宣传播放。

3.技术设备

1971年建站之初,有线广播传输、机房和录制设备十分简陋。1995年11月,撤销原瓜沥镇下属三个办事处转播站,为适应有线广播和电视事业飞速发展的需要,选址原瓜沥镇政府办公大楼五楼作为播出机房进行装修,率先在萧山各乡镇中实施有线广播电视信号同缆传输,实行全镇布局一张网传输、一竿子到底的管理模式,建成播控中心。有线广播全部采用上海华生(250W、300W、600W)扩大器,有线电视启用光缆传输新技术,设置电视播出墙,对每个播出频道的节目进行实时监看;更新有线电视播出前段设备和有线广播录制设备,建成了有线广播电视录制中心,建立有线广播自动播出系统(音频工作站)。1996年之后,先后购置JVC-x3、JVC-27、松下915等型号专用摄像机、编辑机、字幕机等设备,提升广播电视节目的录制质量和水平。

2005年,根据省、市要求,实施有线电视网络资产(含有线电视从业员工)整体转让杭州华数数字电视公司的体制改革,将有线广播和有线电视设施设备进行分割。2006年,响应萧山区有线广播发展年活动,出资对镇辖有线网络进行重新布局建设、村广播室的提升改造,经过一年改造建设,通过区级验收,提升有线广播网络传输品质。

2013年9月,为适应瓜沥、坎山、党山三镇合一新体制,原三镇有线广播信号改为由瓜沥镇中心站统一传输到两地转播站,实现了广播宣传三地一张网、一个声音的目标。为适应瓜沥镇地域广、村社多的实际,2013年10月购置有线电视会议系统,通过华数有线电视网络,对年度总结表彰大会等全镇重要会议和活动,面向村、社区现场直播。2015年2月,瓜沥镇行政中心实施搬移,选址位于瓜沥建设四路的行政中心10楼为新广播电视中心,邀请专业部门进行设计施工,2015年12月完成搬迁。新广播电视中心建有华数电视机房和广播电视节目演播室、编辑制作室,购置2套大洋电视节目非编系统。2017年8月，添置松下X800、DVX200专业摄像机3台，提升拍摄电视新闻、制作电视专题水平。

2015年4月，与萧山华数公司合作实施有线广播传输网络改造项目，63个村、11个社区有线广播采用TS+IP数字模式传输。截至2016年12月，全镇拥有有线广播杆线长度为310公里，有线广播用户4.2万户。

4.新闻宣传

建站之初，有线广播是乡镇党委政府重要的宣传阵地平台，党和国家的路线、方针、政策，乡镇党委政府的重大决策部署和先进事迹、典型人物、广告启事等，均通过连接千万农户的有线广播进行传播宣传，新闻宣传紧跟时代脚步。

20世纪70年代，主要以宣传农业生产、农业科技等内容为主，发布农事信息、病虫动态等。当时为配合大围垦造田，还在现场搭设临时广播实时宣传。20世纪70年代末至80年代，主要以宣传中共十一届三中全会精神、计划生育、农业大田承包、乡镇工业发展为主，同时结合党在农村的基本路线、坚持走社会主义道路等主题开展宣传。20世纪90年代，重点围绕邓小平视察南方重要谈话精神进行宣传。

进入21世纪后，重点围绕“三个代表”重要思想、科学发展观、习近平新时代中国特色社会主义思想等在乡镇的贯彻落实与具体实践，宣传反映不同时期本地经济、社会、民生、城市建设、党的建设等主题内容方面取得的成果。

为了办好新闻节目，各村（大队）、社区、企事业单位建立通讯报道组，为广播站提供稿件。20世纪70年代，各村建立一支由村团支部书记、民兵连长为主的通讯员队伍，以村电工为主的线务员队伍，参加业务培训，工作报酬以工分计入。从20世纪90年代起，通讯员开始依据稿件质量和字数发放稿费，以鼓励写稿的积极性。进入21世纪，镇广播站每月自办节目15组，每年发稿150组到180组。新闻编辑在采编本地新闻专题节目之外，积极向萧山广播电视台、萧山日报社等上级新闻单位发稿，投稿数量和录用稿件位居乡镇前列。

2010年12月，瓜沥镇被省委省政府列为全省首批27个小城市试点镇。为加大宣传力度，2011年起与萧山日报合作，开辟瓜沥“小城市”专刊，不定期随萧山日报出版发行。2012年8月，萧山日报专门委派一名记者到瓜沥驻站，负责采写专刊稿件。2013年4月起，“小城市”专刊改为“今日瓜沥”月刊，每期对开四版，每月末随萧山日报出版发行。2013年11月，萧山日报瓜沥记者站成立。

2013年起，与萧山广播电视台合作，开辟“锦绣瓜沥”电视专题，每周末在电视《萧山新闻》节目中安排2条至3条瓜沥新闻。2014年3月起，在广播节目中开辟“瓜沥之声”专题，每周一上午7:30通过无线、有线广播首播，时间10分钟，周二同一时间重播。

5.新媒体平台

2012年起,委托专业运营团队,建立浙江瓜沥门户网站(2016年8月,网站根据上级规定取消),与萧山网合作开辟瓜沥网页,2015年3月与萧山网合作开设“浙江瓜沥”微信、微博。

历任站长:

沈幼林,1971.7—1992.5

胡天荣,1992.5—1995.11

沈关寿,1995.11—2002.10

沈国强,2002.10—2013.11(兼任瓜沥镇社会事业发展局副局长、镇社会事务管理办公室主任),2013.11—2015.12(兼任瓜沥镇宣传文体办公室主任)

倪飞力(副),2013.11—2015.11

高伟国,2015.12—

朱红锋(副),2015.11—2017.11

章茹江(副),2017.11—

附:

【坎山镇文化广播站】

前身为坎山公社广播站,1959年建立。1961年7月停办。1967年4月恢复。1984年5月,改称坎山乡(1985年5月乡改镇)广播站。1987年2月,改称坎山镇广播电视站。1992年5月,光明乡广播电视站并入坎山镇广播电视站。2013年9月3日,根据省政府文件,撤销瓜沥、坎山、党山镇建制,三镇合一成为瓜沥镇,瓜沥、坎山、党山三镇文化广播站合并建立瓜沥镇文化广播站。

1969年起,开办固定自办节目,每天早上播出,每次30分钟,内容有新闻、专题、文艺等。新闻节目每周3组至4组,每组15分钟至20分钟。不定期开办《改革之声》《计划生育》《农事科技》《市场与信息》《卫生与健康》等专题节目。文艺有越剧、绍剧、相声、歌曲以及自编自演的群众性文艺节目。

1975年起,建立公社报道组,有24名通讯员,每个大队和企业都有报道组。每年举办通讯员培训班。

2000年年底,广播机房主要设备有250瓦扩音机12台,播控调音台、录音调音台各1台,自动播出音频工作站、数字录音音频工作站各1套。电视摄、录、编主要设备有摄像机、编辑机、字幕机各1台,录放机2台。全镇广播馈线长62.3公里,入户喇叭9800只,入户率75.4%,通响率93%。有线电视主干线光缆58公里,用户3850户,入户率27.5%。在编职工9人,聘用工7人。

历任站长:

沈渭源,1967.4—1972.1

高承灿,1972.2—1982.4

庞仁余,1982.5—1992.4

范张友,1992.5—1998.4

朱志刚,1998.5—2001.11

张学敏,2001.12—2003.4

马海涛,2003.5—2007.3

2007.4—2010.4(空缺)

杨雅贞,2010.5—2013.9

【光明乡广播电视站】

前身为1965年建立的三岔路公社广播站。1969年停办。1971年恢复。1984年5月,改称光明乡广播站。1987年2月,改称光明乡广播电视站。1992年5月,并入坎山镇广播电视站。

作为萧山花边的发源地、传承基地,多次策划举办"七夕民俗"活动,品牌活动影响广泛。"祭星乞巧"被列入浙江省非遗名录、浙江省传统节日保护地,2011年被文化部命名为"中国民间文化艺术之乡"。为弘扬七夕民俗文化,传承萧山花边技艺,成立"萧山区花边文化研究会",建立"中国萧山花边网站",编撰《萧山花边》史文集及《花边》《萧山手绣花边》《宝地藏,鹊桥坎山》共3本校本教材。还有浙江省非遗教学基地(光明小学)、杭州市非遗生产性保护示范基地(坎山青龙手绣坊)、省市级非遗传承人4人、18个民间七夕"祭星乞巧"传承点。

历任站长:

汪阿狗,1965—1969

朱祖浩,1971—1979

赵阿荣,1979—1989

徐桂珍,1989—1992.5

【党山镇文化广播站】

党山公社广播站建于1959年4月。1961年7月停办。1968年恢复。1984年5月,改称党山乡(1985年5月乡改镇)广播站。1987年2月,改称党山镇广播电视站。1992

年5月,长沙乡广播电视站并入该站。1993年被评为杭州市广播电视系统先进集体。2013年9月3日,根据省政府文件,撤销瓜沥、坎山、党山镇建制,三镇合一成为瓜沥镇,瓜沥、坎山、党山三镇文化广播站合并建立瓜沥镇文化广播站。

1969年起,开办固定自办节目,每天早、晚播出,每次30分钟。内容有新闻、专题、文艺等。新闻节目每周3组至4组,每组15分钟至20分钟。不定期开办《改革之声》《为承包户服务》《计划生育》《市场与信息》《卫生与健康》等专题节目。文艺节目有越剧、绍剧、相声、歌曲以及自编自演的群众性文艺节目。

1969年,建立公社报道组,每个大队也建报道组,各有通讯员3~7人。1973至1978年,每年举办3期至4期通讯员培训班,每期15天。

2000年年底,广播机房主要设备有275瓦扩音机16台,播控调音台1台,开盘式录音机和MD磁光盘录音机各2台。电视摄、录、编主要设备有摄像机、字幕机、录放机各2台,编辑机1台。全镇电视主干线电缆200公里,光缆50公里,用户7503户,入户率56.8%。在编职工5人,聘用工6人。

1994年1月,浙江爱迪尔等五家党山镇企业(有塑料高频机对开路电视造成干扰的企业)投资100万元,引进美国卡古公司的广播电视设备,采用当时国内先进的300M邻频网络电视传输设备。是年6月30日,党山有线电视正式开播。

2007年6月30日—2011年9月30日,开办党山电视新闻栏目《一周要闻》。

2008年10月20日,“2008农民欢乐大舞台——第五届党山庙会”在党山中学田径场举行,党山电视有线频道进行全程直播,是乡镇首创全部依靠自身技术和简单设备实现全场活动的电视直播。

2009年7月,党山中心小学迁建,进行全社会捐资助学,党山有线广播和党山有线电视频道对学校开工奠基仪式进行全程直播,并对捐款数目进行24小时滚动直播,10天时间捐资3000余万元。

党山冒公庙会自2004年恢复到2013年9月三镇合一,共举办七届,被列入杭州市级非物质文化遗产名录。庙会活动以“丰富群众文化,打造百姓节日,提升农村文明,推进科学发展”为宗旨,设置五大板块,即艺术迎会板块、商贸展销板块、文化艺术板块、体育竞技板块、教育与论坛板块,举办“奔和美之路·同享物质富裕”“扬文明之声·分享精神富有”“奏幸福之歌·共享文化之乐”三大主题35项系列活动,成为党山最有影响力的品牌活动。

历任站长:

诸长洪,1969.9—1971.2

章忠信,1971.3—1972.8

熊张林,1972.8—1992.5

沈讯,1992.5—2001.9

蔡志龙,2001.9—2013.9

【长沙乡广播电视站】

前身为1968年5月建立的长沙公社广播站。1969年9月撤销。1971年3月重建。1984年5月,改称长沙乡广播站。1987年2月,改称长沙乡广播电视站。1973年至1990年,3次被评为杭州市广播电视系统先进集体。1992年5月,并入党山镇广播电视站。

历任站长:

吴张甫,1971.3—1973.3

沈讯,1973.3—1992.5

【大园乡广播电视站】

前身为建于1966年的大园公社广播站。1969年停办。1971年7月恢复。1984年5月,改称大园乡广播站。1987年2月,改称大园乡广播电视站。1992年5月,并入瓜沥镇广播电视站,改称大园办事处转播站。1995年11月撤销。

历任站长:

朱冬耕,1991.7—1995.11

【瓜沥乡广播电视站】

前身为建于1959年的瓜沥公社广播站。1961年7月停办。1969年8月重建。1984年5月,改称瓜沥乡广播站。1987年2月,改称瓜沥乡广播电视站。1992年5月,并入瓜沥镇广播电视站,改称瓜沥办事处转播站。1995年11月撤销。

历任站长:

胡天荣,1969.8—1982.4

张志荣,1982.4—1984

余海荣,1984.2—1995.11

【昭东乡广播电视站】

前身为建于1971年7月的昭东公社广播站。1984年5月,改称昭东乡广播站。

1987年2月，改称昭东乡办事处转播站。1995年11月撤销。

历任站长：

汪正泉，1971.7—1973.3

沈水林，1973.3—1978.10

沈关寿，1978.10—1995.11

十四、益农镇文化广播站

益农镇位于钱塘江南岸，萧山最东部，东接绍兴滨海新城，南临绍兴柯桥，北靠临江工业园区，是杭州辐射绍兴的前沿阵地，地理位置优越。到2017年年底，益农镇下辖19个行政村、1个社区，区域面积46.51平方公里，常住人口4.2万人，外来人口1.7万人，是萧山东部新兴的工业重镇、农业名镇。

2015年3月，萧山区委、区政府将益农镇37.4平方公里范围划归萧山经济技术开发区作为产业拓展区块，该区块产业定位为高端装备制造和战略性新兴产业集聚区，益农迎来了千载难逢的发展机遇期。

1.历史沿革

前身为1970年11月建立的益农围垦指挥部广播站。1978年1月，更名为益农公社广播站。1984年5月，改称为益农乡广播站。1987年2月，改称益农乡广播电视站。1992年5月萧山乡镇撤扩并，夹灶乡、益农乡合并为益农镇，夹灶乡广播电视站、益农乡广播电视站合并为益农镇广播电视站。2007年4月，更名为益农镇文化广播站，纳入镇社会事务办管理。

2011年，益农镇文化广播电视站成为萧山区新闻工作者协会团体会员。到2018年年底，共有职工5人，其中在编事业干部3名、聘用人员2名，在编人员为站长、文化员、编辑，聘用人员为广播维修员和播音值机员。

2.办站特色

1970年11月起，开办固定自办节目，每次30分钟，主要内容有时事新闻、专题、文艺、广告等。《益农新闻》每周3组，每组稿件7~10篇，时长15分钟左右。《益农新闻》成为镇党委、政府贯彻党的路线、方针、政策，推进工作的重要舆论宣传阵地。历届党委政府高度重视和发挥这个喉舌作用，新闻节目须经镇党委宣传委员审阅签字后方可播出。不定期编播专题节目，有《改革之声》《为农服务》《计划生育》《市场与信息》《农技讲座》《普法专题》《征兵宣传》《听众服务台》《青年之声》《创建国家卫生镇》《三改一拆》《五水共治》等，这些专题节目推动阶段性重点工作。与镇农办合办的《农技讲座》尤其受到广大村民的欢迎，一旦有“病虫情报”发布，农民都会收听播报。

文艺节目播出，一般有绍兴莲花落、越剧、绍剧、京剧、相声、歌曲等，尤以绍兴莲花落广受听众欢迎，百听不厌。

1998年10月，开通有线电视。2005年，萧山实施网络整合，益农站有线电视资产经评估后转入杭州萧山有线电视网络传输有限公司。2017年年底，益农有线电视总线路长972公里，在册有线数字电视用户9957户，宽带用户2496户。

随着信息技术的发展，益农新媒体涌现。2004年11月，在萧山网开通益农镇镇街网络平台，网络传播大大增强益农新闻报道的时效性，扩大覆盖面。2016年，对益农网进行改版更新，设置有本镇概况、本地新闻、政务公开、教育卫生、村镇建设、益农专辑、党建园地、平安创建、企业风采、招商项目共10个栏目，及时发布益农动态，唱响主旋律，发布美声音，传递正能量。

2014年10月27日，在微信公众平台开通"萧山益农"微信公众号。2014年11月3日，开通"萧山益农"微博。两大新媒体平台及时传递本镇最新动态、特色做法以及工作成效，展示益农人文历史、风土人情等。2017年年底，"萧山益农"微信公众号拥有粉丝7379人，平均每条推送阅读量1500左右。

3.技术设备

随着时代的发展，益农农村有线广播事业日益发展。到2017年年底，全镇广播主干线长324公里，其中馈线(电缆线)198公里，入户喇叭11180只，只要有农房(包括老年房)就有广播喇叭，所有新农村小区、拆迁安置小区、集镇上的红阳路、赵家湾农贸市场商铺都装上了有线广播，全镇通响率达97%。

镇播音室主要设备有：五联控制机柜1台，录制音频工作站、播出音频工作站各1套，12路调音台2台，播放器2台，数码调谐器2台，600W高保真声频功率放大器30台，总电源柜1台，音频输出机柜6台套。

除了站内部有明确的分工和岗位职责要求外，每年年底对村有线广播工作实行百分考核。考核项目有组织管理、广播网络建房、播音室管理、网络维护和用户求修服务、安全管理五大块，达不到目标要求相应扣分，考核结果与村干部报酬挂钩，确保村级广播管理有序运行。

历任站长：

俞成浩，1970.11—1992.10

王国芳，1992.11—

附：

【夹灶乡广播电视站】

前身为建于1966年10月的夹灶公社广播站。1984年5月，改称夹灶乡广播站。

1987年2月,改称夹灶乡广播电视站。1992年5月,并入益农镇广播电视站。

历任站长:王亦兴,1970.9—1992.5

十五、党湾镇文化广播站

党湾镇地处萧山区东部,东临萧山经济技术开发区(益农区块),南接省小城市重点培育镇瓜沥镇,西连国家级临空经济示范区,北靠杭州大江东产业聚焦区。萧山国际机场高速、沪杭高速公路、党党线、伟老线、梅林大道、红十五线、钱江通道贯穿全镇,交通便捷,口岸畅通。

到2017年年底,党湾镇辖17个行政村、1个社区,地域面积33平方公里,户籍人口4.3万人,外来人口约1.7万人。共有直属基层党组织36个,其中党委5个、党总支16个、党支部15个,共有党员2071名。

党湾镇先后获全国文明镇、国家级生态镇、中国建筑名镇、浙江省文明镇、浙江省卫生镇、浙江省教育强镇、浙江省体育强镇、浙江省文化强镇等荣誉称号。

党湾镇文化广播站由党湾、梅西两个乡镇广播电视站合并而成。

1.历史沿革

前身为党湾公社广播站,始建于1966年8月。1969年2月,梅西、党湾两个公社并入卫东公社,党湾公社广播站更名为卫东公社广播站。1971年2月,又分为梅西公社和党湾公社,复名为党湾公社广播站。1984年5月,改称党湾乡广播站。1987年2月,改称党湾乡广播电视站。1992年5月,梅西乡广播电视站并入党湾广播电视站。

2.自办节目

1970年起,开办固定自办节目,每天早、晚播出,每次30分钟。内容主要为新闻、专题、文艺等。新闻节目每周3组至4组,每组15到20分钟。不定期开办专题节目,先后有《改革之声》《为承包户服务》《计划生育》《市场与信息》《卫生与健康》《农业信息》《普法宣传》等专题节目。越剧、绍剧、相声、歌曲以及自编自演的群众性文艺节目也占有一定的比重。

1969年,建立公社报道组,每个大队也建有报道组,各有人员3~7人。1973年后,每年举办1期至2期通讯员培训班。

1992年,消息《张友水反季节种植蔬菜发大财》获杭州市好新闻二等奖。

3.技术设备

1992年5月前,党湾乡广播电视站设备有2台300瓦电子管扩音机,梅西乡广播电视站设备有1台2*275电子管扩音机,1台300瓦电子管扩音机和2台601电子管录音设备。1995年后,购买10台250瓦高保真扩音机和播出调音台、晶体管录音机。1997

年12月开始建设有线电视，购买电视摄、录、播、编主要设备有摄像机、字幕机、编辑机等设备。全镇广播馈线全长35.6公里。2003年，全镇35.6公里裸铝改为2.5规格广播音频电缆。2005年后逐步扩至全镇18个村（社区），广播用户支线改为2*2.5、2*1.5规格，广播音频电缆总数达到150多公里。全镇入户喇叭9686只，入户率达到80.3%，通响率100%。

历任站长：

陆国相，1969.9—1992.10

钱信芳，1992.10—2017.6

附：

【梅西乡广播电视站】

前身为梅西公社广播站，始建于1966年8月。1969年2月，并入卫东公社广播站。1971年3月，又分开重建梅西公社广播站。1984年5月，改称梅西乡广播站。1987年2月，改称梅西乡广播电视站。1992年5月，并入党湾镇广播电视站。

历任站长：

蒋召千，1966.8—1969.2

周张水，1971.3—1982.1

周大锦，1982.2—1992.5

十六、城厢街道文化广播站

城厢街道地处萧山经济文化中心，是萧山城市的开拓者和城市化的先行者，东与新塘街道相邻，南接蜀山街道，西邻滨江区西兴街道，北与北干街道紧连，区域面积22平方公里。到2018年年底，共有社区34个，其中转制社区10个，街道实有人口近20万人，其中常住户籍人口11.85万人。

2017年，实现全社会固定资产投资9.02亿元，同比增长3.9%；实现规模以上工业总产值18.65亿元，同比增长4.0%；实现规模以上工业销售产值20.25亿元，同比增长5.6%；实现规模以上工业增加值5.59亿元，可比价增速3.3%。服务业实现规模以上增加值可比价增速12.54%，营业收入同比增长15.8%。实现财政总收入12.1亿元，地方财政收入8.04亿元。

1.历史沿革

前身为城厢镇广播站，建于1959年1月。1963年停办。1977年10月恢复。1981年3月停办。1990年恢复，改称城厢镇广播电视站。1992年5月，裘江、新塘、来苏、石岩、城东、城南、城北7个乡划归城厢镇，该7处更名为办事处转播站。1998年9月，新塘、来苏、石岩共3个办事处与城厢镇分离，恢复乡建制，3个转播站也相应恢复为广播电视站。

2001年，设立城厢街道，广播站单独播出节目。2004年，改称文化广播站。2009年，因城市规划线路全部取消而停止播音。2010年，专门成立以办事处主任为组长的街道文化广播站建设工作领导小组。2011年，被评定为浙江省一级乡镇综合文化站。

2. 办站特色

1977年起，开办常年固定节目，每天早晚播出，内容有新闻、专题、文艺等。每周播出6组文字节目，每组15分钟，以新闻为主。不定期开办《妇女之声》《近期农事》《四季谈人口》《时代先锋》和《理论与实践》等专题。1995年起，把广播宣传定位为"三个为主"，即服务对象以农为主，新闻来源以土为主，文章格局以短为主。浙江省广播电视厅专门发文向全省乡镇广播电视站推广这一做法。

2002年起，逐步以社区建设、城市建设为主要题材进行广播宣传，每天早、中、晚播出《城厢新闻》和不定期播出《城厢专题》。积极转变办站思路，围绕"以经济建设为中心，以社区建设为重心，以党的建设为核心"的总体工作思路，打造《文明先行城厢》《文化先进城厢》等专题栏目，为"创示范街道、树强区窗口"的目标提供宣传支持。2007年，全程报道好、服务好、联系好"十万市民学礼仪"活动，是年10月30日，中央电视台《新闻联播》对此进行专门报道。

2009年起，围绕"树文明新风尚、做幸福城厢人""坚持三大主线、建设美丽城厢""都市样板、人居城厢"等主线，以萧山网、湘湖网中两个城厢分网及浙江城厢网和"萧山城厢"微信公众号、"萧山城厢街道"新浪微博等"三网二微"新媒介为宣传发布支架，以区级以上传统媒体为宣传输出阵地，凸显"走出去"扩大对外宣传思路。2012年8月14日浙江日报专版《下一站，是梦想——正在被杭州地铁改变的村庄》、2014年9月25日浙江日报新闻《萧山城区最大单体违建开拆》、2015年8月5日杭州日报专版《萧山城厢街道为"三生融合"美丽萧山助力》等报道，为新型城市化建设、创新城市管理、"三改一拆""五水共治"等中心工作的推进做出贡献。通讯员队伍发展到102人。

3. 技术设备

2016年年底，有广播机房设备250瓦扩音机9台，波音调控台、录音调控台各1台，MD磁光盘录音机和卡座录音机各1台。2017年，在编职工4人，聘用工1人。

历任站长（负责人）：

来国亮，1977.10—1981.3

俞长松，1990.12—1992.5

王志良，1992.5—1993.10

许元灿，1993.10—1994.8

郭维亮，1994.8—1998.2

张庆成，1998.2—1999.4

顾立军，1999.4—2002.9

汪岳成，2002.9—2003.9

张渭传，2003.9—2006.3

叶梦飞，2006.3—2016.4

谭小锋，2016.4—

十七、北干街道文化广播站

北干街道位于萧山北干山以北，是全区的政治、文化、商贸中心，北接萧山经济技术开发区，西靠滨江区西兴街道，东与新街街道接壤，南与城厢街道紧连。2001年，北干街道由原城厢镇城北办事处、北干街道办事处合并组建而成。下辖6个行政村、7个转制社区和16个城市社区，面积19.8平方公里。到2017年年底，户籍人口约7.02万人。

2017年，街道实现地区生产总值110.8亿元，同比增长14.2%，其中服务业占GDP比重达91.91%；完成财政总收入22.65亿元，其中地方财政收入12.53亿元；到位市外资金3.02亿元，实际利用外资4200万美元，分别完成年度目标任务的100.73%、210%；完成固定资产投资9.85亿元；限额以上社会消费品零售总额达到74.23亿元；街道本级土地出让金达61.2亿元。

1.历史沿革

前身为由夏公社广播站，1968年8月建立。1969年2月，由夏公社并入东方红公社后停办。1971年2月，原由夏公社与东方红公社分离成立城北公社后恢复，称城北公社广播站。1984年5月，改称城北乡广播站。1987年2月，改称城北乡广播电视站。1992年2月，划归城厢镇广播站，称城北办事处转播站。2001年7月，称北干街道广播电视站。2010年7月，改称北干街道文化广播站。

2.办站特色

1971年起，开办固定自办节目，每天早、晚播出2次，每组30分钟，内容有新闻、专题、文艺等。新闻节目每周3组每组10~15分钟。不定期开办专题节目，先后有《农事科技》《计划生育》《改革之声》《生活与法制》和《市场信息》等。1992年5月后自办节目停办，转播城厢镇广播电视站的节目。2001年7月行政区划调整，将原城厢镇城北办事处、北干街道办事处合并组建成新的北干街道，是年8月起，开始自办节目，每周3组《北干新闻》节目，时间10~15分钟，同时开设《计划生育》《社区之窗》《法制园地》和《健康顾问》等。

1971年，建立公社、大队报道组，每个大队有通讯员3~7人。20世纪70年代至80年代初期，每年举办通讯员培训班3期至5期。2001年起，每个村、社区都配有1名至2名通讯员，负责新闻报道工作。

3.技术设备

2011年年底，广播机房主要设备有：播出系统，包括调音台1台（12路）、广播节目控制台1台、广播音频工作站1台、专业数字采访机1台；控制系统，包括音频功率扩音机14台、音频分配器2台；供电系统，包括UPS备用电源、市电双路供电等；防雷接地系统；空调系统公共设备，包括防静电地板、吸音墙面等。全街道有入户喇叭4727只，入户率86%，通响率98%。到2018年年底，有有线电视用户5286户，入户率100%。到2018年年底，有在编职工3人，聘用工2人。

历任站长：

单峰，2001.7—2006.7

郁竣耀，2006.7—2011.1

沈宏，2011.1—2014.2

洪善梅，2014.2—

附：

【城北办事处转播站】

前身为由夏公社广播站，1968年8月建立。1969年2月，由夏公社并入东方红公社后停办。1971年2月，原由夏公社与东方红公社分离成立城北公社后恢复，称城北公社广播站。1984年5月，改称城北乡广播站。1987年2月，改称城北乡广播电视站。1992年5月，划归城厢镇广播电视站，称城北办事处转播站。

1971年起，开办固定自办节目，每天早、中、晚播出2次，每组10分钟，内容有新闻、专题、文艺等。新闻节目每周3组，每组10~15分钟。不定期开办专题节目，先后有《农事科技》《计划生育》《改革之声》《生活与法制》和《市场与信息》等。1992年5月后，自办节目停办，转播城厢镇广播电视站的节目。1971年，建立公社、大队报道组，每个大队有通讯员3~7人。20世纪70年代至80年代初期，每年举办通讯员培训班3期至5期。

2000年年底，广播机房主要设备有250瓦扩音机4台，控制桌、控制柜、电脑各1台，以及录音机、采访机等。全办事处有入户喇叭4727只，入户率86%，通响率96%。有线电视用户3322户，入户率65%。在编职工1人，聘用工4人。

历任站长：

沈长明，1968.8—1969.2，1971.2—1979.12

王宝松，1980.1—1982.4

高凤才，1982.5—1987.4

李柏寿，1987.5—1992.5

单峰，1992.6—2001.6

十八、蜀山街道文化广播站

蜀山街道位于萧山主城区南端，毗邻湘湖，是南部卧城的腹地。辖区地理位置优越，市心路、蜀山路、南秀路、晨晖路等多条城市主干道贯穿境内，杭州绕城高速在蜀山设有“萧山南”出口，地铁二号线建有朝阳站和曹家桥站两个站口，交通十分便利。

到2017年年底，蜀山街道总面积33.7平方公里，下辖8个行政村、18个社区，常住人口7.67万人，其中户籍人口3.85万人，党组织68个(其中党委6个、党总支18个、党支部44个)，工业企业518家。

1.历史沿革

2001年7月28日，萧山区乡镇撤扩并，原石岩乡与城南办事处合并成立蜀山街道办事处，成为萧山主城区四个城区街道之一。石岩乡广播电视站与城南办事处转播站同时合并为一，成立蜀山街道广播电视站。2014年，街道办事服务中心新大楼建成，文化广播站搬至街道办事服务中心，播音室、转播站设置在中心4楼。

2.办站特色

(1)传统媒体平台

蜀山街道广播电视站从街道成立起，便开办固定自办节目，每天早、晚播出，播出时间每次为25分钟，内容有《蜀山新闻》、专题节目、文艺等。新闻节目每周播出2组至3组，每组15分钟至20分钟。不定期编播专题节目，有《城市化之声》《法制园地》《党建之窗》《环境与卫生》《科技长廊》等。文艺节目有歌曲、越剧、绍剧、相声、街道品牌文艺演出队自编自导的文艺节目等。

(2)新媒体平台

随着信息技术发展，街道文化广播站相继开办蜀山网和萧山蜀山微信公众号。2004年，蜀山网开通，设置有街道概况、综合新闻、视频点播、政务公开、经济发展、平安创建、文化教育、通知公告、图片新闻、媒体关注、村社区动态、城市建设、党建园地、人口卫生共14个栏目，相继发布5200余条信息，为提升蜀山知名度、美誉度起到较大的作用。此后，街道辖区内的28个村、社区相继开通村网。

3.技术设备

2016年年底，广播机房主要设施设备有40平方米录播音间1间，300瓦扩音机20台，播控调音台2台，音频工作站电脑2台，收音台2台，摄像机1台，照相机2台。人员有：主编1人，播音员1人，工作人员3人。广播实现村村通、户户响。有各村、社区、企事业单位通讯员50人，2016年全年收稿560篇，被上级媒体录用88篇。

历任站长：

许建平，2001.9—2003.8

彭建富，2003.9—2011.1

沈红艳，2011.1—2012.3

许利松，2012.4—

附：

【石岩乡广播电视站】

前身为石岩公社广播站，1971年2月建立。1984年5月，改称石岩乡广播站。1987年2月，改称石岩乡广播电视站。1992年5月，划归城厢镇，更名为城厢镇广播电视站石岩办事处转播站。1998年8月，石岩恢复乡制，复名为石岩乡广播电视站。2001年7月，与城南办事处转播站合并为蜀山街道广播电视站。

1971年起，开办固定自办节目，每天早、晚播出。内容有新闻、专题、文艺等。新闻节目每周2组至3组，每组15分钟至20分钟。不定期开办《卫生与健康》《夕阳红》《法制园地》《科技之声》《学生园地》等专题节目。文艺节目有越剧、绍剧、相声、歌曲等。20世纪70年代，建立公社报道组，每个大队有1名通讯员，每年举办2期至4期培训班。每年收到通讯员来稿200多篇。

2000年年底，广播机房主要设备有250瓦扩音机6台，播控调音台1台，MD磁光盘录音机2台，开盘录音机1台。电视摄、录、编主要设备有摄像机1台、录像机2台，监视器28台。全乡有广播喇叭2941只，入户率84.9%，通响率97%。有线电视主干线电缆2.49公里，用户1450户，入户率41.9%。在编职工3人，聘用工1人。

历任站长：

余尚根，1971.2—1988.2

黄继康，1988.2—1992.10

彭建富，1992.10—1996.7

丁水富，1996.9—2001.7

【城南办事处转播站】

前身为城南公社广播站，1969年4月建立。1984年5月，改称城南乡广播站。1987年2月，改称城南乡广播电视站。1992年5月，划归城厢镇广播电视站，称城南办事处转播站。曾被评为杭州市广电系统先进集体。2001年7月，与石岩乡广播电视站合并为蜀山街道广播电视站。

1971年起，开办固定自办节目，每天早、晚播出2次，每组30分钟。20世纪70年代至80年代初，农忙季节增设“田头广播”。固定自办节目内容有新闻、专题、文艺等。新闻节目每周3组至4组，每组15分钟至20分钟。不定期开办专题节目，先后有《农业科技》《计划生育》《时代先锋》《市场信息》等。文艺节目有越剧、绍剧、歌曲以及自编自演的群众文艺节目等。1992年5月后自办节目停办，转播城厢镇广播电视站的节目。1972年建立公社、大队报道组，每个大队有1名通讯员。20世纪70年代，每年举办通讯员培训班，通讯员来稿每年450多篇。

2000年年底，广播机房主要设备有250瓦扩音机8台，播控调音台、录音机各2台，采访机1台。有线电视机房有监视器、摄像机各1台。全办事处共有入户喇叭5600余只，入户率88%，通响率99.5%。有线电视用户4456户，入户率70%。在编职工2人，聘用工3人。

历任站长：

余尚根，1969.4—1970.12

曹利红，1971.1—1992.5

瞿海东，1992.5—1995

金雪源，1995—1998

彭建富，1998—2001.7

十九、新塘街道文化广播站

新塘街道建立于2001年7月，由原城厢镇裘江办事处、城东办事处和新塘乡合并而成，是萧山中心城区四个街道之一，全境东西长8.5公里，南北宽6.7公里，区域总面积35平方公里。辖区东与衙前镇接壤，南隔西小江与绍兴市柯桥区杨汛桥镇相望，与所前镇毗连，西以通惠路和南门江为界，与城厢街道、蜀山街道做伴，西北角与北干街道相通，北至长山中线及古北海塘，与新街街道为邻。到2018年年底，辖6个城市社区、18个转制社区、17个行政村，有户籍18420户、68301人，外来暂住人口近14万人（新塘派出所统计）。

1.历史沿革

前身为新塘公社广播站，1968年6月建立。1969年2月停办。1971年3月恢复。1984年5月，改称新塘乡广播站。1987年2月，改称新塘乡广播电视站。1992年5月，划归城厢镇，更名为城厢镇广播电视站新塘办事处转播站。1998年8月，新塘恢复乡建制，复名为新塘乡广播电视站。2002年8月，由原裘江办事处广播电视转播站、城东办事处广播电视转播站、新塘乡广播电视站，合并为新塘街道广播电视站。

2.办站特色

开办固定自办节目，每天早晚两次播出，每次30分钟，内容有新闻、专题、文艺等。新闻节目每周3组至4组，每组10分钟至15分钟。不定期开办《计划生育》《听众园地》《妇女之声》等专题节目。文艺节目有越剧、绍剧、曲艺、音乐以及自编自演的群众性文艺节目。结合街道各项重点工作制作新闻专题进行广泛宣传发动。拥有一支50人的通讯员队伍。

3.技术设备

广播机房主要设备有250瓦扩音机21台，播控调音台1台，采访、制录设备1套，全街道有入户喇叭10250只，入户率80%，干线长约35公里。

历任站长：

王尧海，1968.6—1969.2，1971.3—1996.7

管柏炎，1996.8—1998.7

张渭传，1998.8—2002.8

孙建清，2002.8—2007.3

蔡成永，2007.3—2013.3

孙建清，2013.3—

附：

【裘江办事处转播站】

前身为裘江公社广播站，1969年2月建立。1984年5月，改称裘江乡广播站。1987年2月，改称裘江乡广播电视站。1992年5月，划归城厢镇广播电视站，称裘江办事处广播电视转播站。2002年8月，由原裘江办事处广播电视转播站、城东办事处广播电视转播站、新塘乡广播电视站，合并为新塘街道广播电视站。

1969年起，开办固定自办节目，每天早、中、晚播出，每次30分钟。20世纪70至80年代初期，农忙季节增设"田头广播"。固定自办节目内容有新闻、专题、文艺等。新闻节目每周3组至4组，每组10分钟至15分钟。不定期开办专题节目，先后有《农技知识》《计划生育》《改革之声》《信息之窗》《为您报务》《卫生与健康》等。文艺节目有越剧、绍剧、歌曲、曲艺以及群众文艺等。1992年5月后自办节目停办，转播城厢镇广播电视站的节目。

1969年开始，有5人至10人的报道组。20世纪70年代，每年不定期举办2次至3次培训班。

2000年年底，广播机房主要设备有250瓦扩音机16台，播控调音台1台以及其他采访、录音设备。全办事处有入户喇叭3048只,入户率72%,通响率95%。有线电视用户2287户,入户率54%。在编职工4人,聘用工1人。

历任站长:

姚望增,1969.2—1971.2

王校梅,1971.2—1986.2

吕校忠,1986.9—1998.

孙建清,1998.5—2002.8

【城东办事处转播站】

前身为城东公社广播站,1968年建立。1969年2月,城东公社并入裘江公社后停办。1971年2月,城东公社与裘江公社分离后恢复。1984年5月,改称城东乡广播站。1987年2月,改称城东乡广播电视站。1992年5月,划归城厢镇广播电视站,称城东办事处广播电视转播站。2002年8月,由原裘江办事处广播电视转播站、城东办事处广播电视转播站、新塘乡广播电视站,合并为新塘街道广播电视站。

1971年起,开办固定自办节目,每天早、中、晚播出,每组30分钟。20世纪70年代至80年代初期,农忙季节增设"田头广播"。固定自办节目内容有新闻、专题、文艺等。新闻节目每周3组,每组10分钟至15分钟。不定期开办专题节目,先后有《农技知识》《计划生育》《农业生产责任制》《土地管理》《生活与健康》等。文艺节目有越剧、绍剧、歌曲、曲艺以及群众文艺等。1992年5月后自办节目停办,转播城厢镇广播电视站的节目。

2000年底,广播机房主要设备有250瓦扩音机4台,播控调音台1台,录音机2台。全办事处有入户喇叭3800余只,入户率76%,通响率90%。有线电视用户3000余户,入户率60%。在编职工2人,聘用工1人。

历任站长:

金柏顺,1972.2—1978.12

管柏炎,1979.1—1984.4

来妙龙,1984.4—1995.9

顾立军,1995.9—1999.3

林小勇,1999.3—2002.8

二十、靖江街道文化广播站

靖江原为建制镇,2009年10月调整为街道。靖江地处长江三角洲杭州湾经济区,位于浙江省东部、钱塘江南岸，南接小城市培育试点瓜沥镇，西临杭州萧山国际机场，北连江东新城，距离杭州主城区26公里，距离G20峰会场馆国际博览中心约25公里，是杭州空港经济区的主战场和核心区块，是全国小城镇综合改革试点镇、中国服装面料名镇、国家级生态镇（街）和省综合实力百强镇。到2017年年底，辖区面积23平方公里，下辖10个行政村、6个社区，常住人口3.5万人，流动人口3.6万人。

全街道拥有工业企业362家，其中全国民营企业500强企业1家（正凯集团）、区级百强企业6家，产值亿元以上企业28家，省市区级农业龙头企业8家。2017年，实现地方财政收入1.54亿元、税收2.92亿元，实现规模以上工业销售产值55亿元。

1.历史沿革

前身为靖江公社广播站，1966年9月建立。1984年5月，改称靖江乡（1985年乡改镇）广播站。1987年2月，改称靖江镇广播电视站。1992年5月，甘露乡广播电视站并入靖江镇广播电视站。从2010年5月起，根据上级有关文件精神，文化站与广播电视站合并为靖江街道文化广播站。

2.办站特色

1969年起，开办固定自办节目，每天早、晚播出，每次30分钟，主要内容有新闻、专题、文艺等。新闻节目每周3组至4组，每组15分钟至20分钟。不定期开办《改革之声》《计划生育》《农事科技》《卫生与健康》《理论与实践》等专题节目。文艺节目有越剧、绍剧、相声、歌曲以及自编自演的群众性文艺节目。

1969年起，建立公社报道组，每个大队也建有报道组，各有人员3~5人，每年举办3期至4期培训班。

靖江街道文化广播站成立以来，虽然经历了分分合合以及名称多次变更，但在服务镇街方面始终发挥着不可替代的作用，始终是党委、政府的喉舌，是宣传党的路线、方针、政策，宣传群众、教育群众、组织群众的重要工具。

靖江街道文化广播站始终围绕党委的中心工作和不同阶段的工作重点，做好宣传报道工作。20世纪60年代和70年代，在大型围垦和水利工地上，广播宣传一直走在前头，如提前安装好高音喇叭宣传围垦水利工程的标准要求、工地上涌现出来的新人新事以及大干快上的工程进度，引导和鼓舞奋战在围垦和水利土地上的广大群众苦干实干加巧干。改革开放以来，有线广播大力宣传中国共产党的改革开放富民政策，宣传报道创业创新的典型事迹。进入21世纪以来，积极宣传转变经济增长方式创新发展的典型。围绕“三改一拆”、“五水共治”、美丽乡村建设等一系列重大题材做好宣传报道。

街道文化广播站积极组织和实施农村文化体育活动，指导和帮助农村文化礼堂建设,丰富和活跃农村文化生活。利用广播新媒体做好宣传报道工作。每周办好三组以上新闻及专题节目,并积极向上级新闻单位发送稿件。2011年至2018年,每年为萧山日报、萧山广播电视台、萧山网等上级新闻单位发送高质量的新闻报道300多篇,为宣传靖江,扩大靖江的知名度发挥积极作用。

3.技术设备

自从农村有了有线广播,虽然经历了十年"文化大革命",经过了乡镇撤并等过程,但农村广播事业在曲折中成长、前进。至20世纪70年代,有线广播在农村基本得到普及。特别是中共十一届三中全会以后,靖江的有线广播进入了快速发展期。广播网路的达标、保标和升级改造取得较好成绩。

从1996年开始,靖江广播电视站进入有线电视安装发展阶段,并在全区乡镇站中率先与萧山有线电视台实现联网,经过逐年发展,有线电视台已在全镇基本普及。到2000年,安装用户达到7000多户。靖江广播电视站利用自身资金积累,选择在原镇政府附近,投资80多万元,兴建一幢广播电视大楼,并于2000年8月投入使用。在区局、台的关心支持和镇(街道)党委、政府的高度重视下,靖江镇广播电视事业得到较快发展。从2010年5月起,根据上级有关文件精神,文化站与广播电视站合并为文化广播站。合并后的文化广播站,无论从设施设备还是人员配备,资源得到有效整合,发展实力进一步增强,为文化广播事业的繁荣发展提供了坚实基础。1992年、1997年、1998年、1999年,靖江广播电视站被评为萧山区先进集体。

2000年年底,广播机房主要设备有250瓦扩音机12台,播控调音台1台,录音机3台,采访机2台。电视摄、录、编主要设备有摄像机1台,录像机2台。全镇广播馈线长38.5公里,入户喇叭6975只,入户率81.8%,通响率98%。有线电视主干线电缆92公里,光缆16公里,用户3568户,入户率40.9%。在编职工2人,聘用工5人。

历任站长:

丁阿关,1966.9—1969.6

朱大杨,1969.7—1971.7

丁阿关,1971.8—1973.5

任仁钊,1973.6—1983.8

杨永钊,1983.8—1992.5

周焕钊,1992.5—1993.4

肖国林,1993.4—2010.5

沈锦煜,2010.5—2015.5

徐颖石,2015.5—

附：

【甘露乡广播电视站】

前身为1966年10月建立的甘露公社广播站。1969年2月，因撤区并社而撤销，并入靖江公社广播站。1971年7月，与靖江公社分离后重建。1984年5月，改称甘露乡广播站。1987年2月，改称甘露乡广播电视站。1992年5月，并入靖江镇广播电视站。

历任站长：

陈宝金，1966.10—1969.6

朱大杨，1971.8—1979.5

周焕钊，1979.6—1992.5

二十一、南阳街道文化广播站

南阳街道位于萧山区东北部钱塘江口、杭州湾南岸，行政面积(包括钱塘江水域)32.84平方公里，距杭州主城区、萧山城区各20公里，距离省级小城市瓜沥城区10公里，距萧山国际机场3公里，青龙山、白虎山、狮子山环绕，各相距3公里。到2017年年底，下辖行政村13个、社区2个，村民小组229个。总户数10396户，人口40160人。左十四线、红十五线横穿全境，南阳横湾、永丰闸直湾交叉过境，水陆交通便捷，是全国千强镇、浙江省农村实力百强镇和杭州市新农村乡镇。

2017年，全街道实现财政总收入4.16亿元，增长32%；农民人均收入3.46万元，比上年增长9.1%。

1.历史沿革

前身为南阳公社广播站，1966年建立，设站长、编辑、线务员(兼)、播音员各1人。1969年2月，南阳、赭山、河庄、乐园合并建立南阳公社广播站。1971年，河庄、乐园划出，复为南阳、赭山公社广播站。1977年，县政府下拨普及乡镇文化站补助经费，南阳公社文化站始建，设专职文化干部1人。经费由国家补助每月20元，后增至每月40元，其余由公社自负。1984年3月，赭山电视转播台建立，是年更名南阳、赭山镇文化广播站；赭山广播服务站建立，销售、维修电视机、收录音机、广播喇叭等广播电视产品。1984年5月，改称南阳乡(1985年8月乡改镇)广播站。1986年，南阳镇广播站网络建设达到省级规定标准，获省广播电视厅颁发的广播网络合格证书。1987年2月，改称南阳镇广播电视站，兼管全镇电视。1992年5月，赭山镇广播电视站并入该站。1995年5月，文化、广播电视站迁至新址——南虹路机关大院。是年，投资30万元装置了电视天线地面卫星接收设备，和有线广播电视共缆传输，南阳始有有线电视；是年，南阳广播电视站被市广电局评为先进集体。1997年年底，机构改革，文化广播合并,改名文化广播电视站,设站长、编辑各1人,播音员2人。2000年年底,投资1000万元的镇文化中心竣工,面积5000平方米,建筑面积4000平方米。影剧院有座位760余个,并配有电影、录像、棋牌室、歌舞厅等一流的现代文化娱乐设施。2009年8月,撤销南阳镇,设立南阳街道,遂改名为南阳街道文化广播站。

2. 办站特色

(1)自办电视节目

1995年起,建起南阳有线电视前端,有15个电视频道和1个本站自播频道。利用自己的频道播放武打片、言情片、枪战片、喜剧片等,录像片从萧山音像发行站隔天去调换。播放时间每天19:00—22:00。1999年10月25日,按照上级统一规定,停办乡镇节目。

(2)转播和自办广播节目

广播节目分为转播和自办两种。转播节目,每天早、中、晚3次转播萧山人民广播电台(站)的有线节目,即中央、省、市讯号,全天转播为520分钟左右。自办节目,安排在萧山台(站)节目播出前,早、晚各1次,每次30分钟,内容有新闻、专题、文艺等。新闻节目,主要有镇、乡(公社)有关会议报道、新人新事及先进经验报道、来信建议、录音报道等内容。专题节目,20世纪90年代有"法制园地""市场与信息"等内容;2000年后有"科学与发展""农事科技""计划生育""土地管理""妇女园地""殡葬改革""菁菁校园""卫生与健康""普法教育"等内容。文艺节目有越剧、绍剧、莲花落、歌曲、音乐等。2003年,街道广播转换播出形式,由方言改为普通话播出。2004年,反映南阳制伞业的专题片在央视中央四套播出。2013年以来,广播自办节目突出镇街品牌,推出草根明星进广播、国学大讲堂等一系列自办节目,获得老百姓的喜爱。

新闻节目每周播出3组至4组,每组10分钟至15分钟。自办新闻节目须经镇(乡、公社)分管领导审稿。20世纪70年代以播送好人好事、农业生产和农业科技等内容为主,宣传农事信息和病虫动态等。1978年后,宣传中共十一届三中全会精神。1979—1980年,以宣传计划生育为主。20世纪80年代末,以宣传乡镇工业为主。1986—1987年,以宣传党的基本路线、坚持走社会主义道路。1992年后,宣传邓小平视察南方重要谈话精神。2000年后,宣传"三个代表"重要思想、科学发展观、社会主义荣辱观等。

为了办好新闻节目,各村、企事业单位设有通讯员,为广播站提供稿件。2000年以来,文化广播站每月自办节目12组,每年稿子150组至180组,通讯员队伍进一步健全。为了扩大南阳知名度,每年组织广播稿件向上级新闻媒体发稿,有的被上级媒体录用或转载。每年向萧山广播电视台、萧山日报等新闻媒体发稿200~300篇。

3. 技术设备

1966年建立南阳公社广播站时有250W扩大机1台，全部转播县人民广播站讯号。1984年3月，赭山电视转播台建立时有差转机功率3千瓦，接收频道3个，发射频道9个。1996年，全镇有广播喇叭8000只，入户率87%。有线电视安装10个村1250户。1997年，镇政府投资36万元，与全市有线电视联网，共可接收频道24个。2000年底，投资1000万元的镇文化中心竣工，占地面积5000平方米，建筑面积4000平方米。影剧院有座位760余个，并配有电影、录像、棋牌室、歌舞厅等一流的现代文化娱乐设施。

2000年年底，全镇有15个村通有线电视，主干线电缆31.5公里，光缆9.2公里。有线电视用户2537户。有线广播馈电线路53公里。动圈喇叭8263只，入户率84.6%，通响率95%。

1992—2009年，每年农历八月十八前后，镇文化广播电视站都在辖区钱塘江段安装高音喇叭10多只，扩大机2台，设立2个临时广播站，向中外观潮游客介绍南阳人文景观，尤其是天下奇观钱江潮，深受社会各界好评。2002年，建立全自动一体化播控系统，提升广播传输的质量。

2006—2007年，萧山区开展广播发展年建设活动。南阳镇利用有线电视合并收购的资金，对村级播控机房全部更换，所有村级广播线路全面网改，镇广播站输出至各村的广播主干线全面改造，提升了有线广播入户率和通响率，进一步促进了广播的繁荣发展。2011年，南阳本级机房输出的扩音机全面更换。由于电力网改对广播线路进行二次网改，2012年对远大村，2014年对南翔村，2015年对红山村，2016年对岩峰村和赭山社区进行网改。

历任站长：

邬宝山1969.2—1971.2

高阿荣，1971.2—1973.2

王岳泉，1973.2—1975.10

高元昌，1975.11—1976.10

高素琴，1976.11—1977.12

朱悦康，1977.12—1986.2

高元根，1986.3—1992.10

邬宝山，1992.11—1997.12

高观林，1998.1—2011

张肖乐，2012—

附：

【赭山镇广播电视站】

前身为建立于1967年的赭山公社广播站。1969年2月停办。1971年2月重建。1984年5月，改称赭山乡（1985年8月乡改镇）广播站。1987年2月，改称赭山镇广播电视站。1992年5月，并入南阳镇广播电视站。

历任站长：

邬宝山，1971.2—1992.5

二十二、河庄街道文化广播站

河庄街道位于萧山区东北部，北与海宁市盐官镇隔江相望，南与义蓬街道接壤，东西分别与义蓬街道、南阳街道为邻，是杭州大江东产业集聚区的核心区域和桥头堡。

河庄街道经历多次乡镇撤扩并、撤镇设街和机构职能的调整。1992年5月，原新围乡、钱江乡并入河庄乡。2001年8月，由河庄乡改名为河庄镇。2010年10月，河庄撤镇设街。区域内交通便捷，江东大道、河庄大道、塘新线等区级主干道路穿境而过，距杭州萧山国际机场4公里，连接钱江九桥，与杭州下沙经济开发区隔江相望。

到2017年年底，街道区域面积69.2平方公里，建成区面积约2.48平方公里，下辖20个村、1个社区，户籍人口5.1万人，外来人口2.8万人。

2017年，实现地区生产总值31.62亿元，规模以上工业销售总产值44.98亿元，完成全社会固定资产投入16.66亿元，实现农业总产值6.4亿元，农民人均收入37494元，实现财政总收入4.6亿元。

1.历史沿革

前身为河庄公社广播站，1966年4月建立。1969年2月停办。1971年恢复。1984年5月，改称为河庄乡广播站。1987年2月，改称河庄乡（1992年5月乡改镇）广播电视站。1992年5月，新围、钱江两乡广播电视站并入该站。

2004年，有线电视服务管理职能统由华数公司收购，整体划入杭州华数公司。2010年，按照萧山区统一规范，与文化站合并，更名为河庄镇文化广播站。2010年10月，河庄撤镇设街，更名为河庄街道文化广播站。2013年8月，大江东体制调整开始实体化运作后，由于大江东产业集聚区未设广播电台（站），广播信号仍然依托萧山广播电视台传送，街道有关广播新闻通过萧山广播电视台驻大江东记者站报送，在萧山人民广播电台《大江东之声》中播出。电视新闻与萧山电视台基本中断通联，由杭州电视台驻大江东记者站采集播发。

广播站共有在编人员1名、临聘人员3名，设站长、编辑、线务员、播音员等岗位。

2. 办站持色

虽然经历了频繁的机构职能调整，但广播站履行“当好党和政府的喉舌、服务经济社会发展、服务百姓生产生活”的职能始终没有变，把搞好新闻宣传报道工作作为立站之本，每天早、中、晚开办25分钟自办节目，分别在萧山人民广播电台第一次播音、第二次播音和第三次播音之前播出。开辟的主要栏目有《河庄新闻》《农村百事通》《法制宣传》《健康生活》《妇女之声》《青年园地》《文艺欣赏》等，其中《河庄新闻》每周一般在3期至4期。也编发各类新闻专题，尽力配合党委政府的中心工作。随着新媒体的发展，广播站还担当河庄街道官网——“河庄网”的管理发布任务，建立微信公众号——“江城河庄”，使新闻信息传播更快捷、更广泛、更及时。

另外，还承担街道对外宣传任务，及时将街道重点工作、典型事例的报道，发送至省、市、区主流媒体。

各村、社区都配备专兼职广播线路维护员和新闻报道通讯员。

3. 技术设备

街道广播站的前端机房历经多次升级改造，从原来的人工操作改为自动化播出，街道机房前端设备配备标准化的播控室和智能化播出系统，街道到村的广播信号传输全部以标准化的屏蔽同轴电缆铺设到村，村到农户的广播传输线缆采用标准的铜芯线双线入户，做到一户一标准。各村还建有标准化的村广播室，实行严格的播控管理。

2017年年底，全街道广播终端用户达到11000多只，通响率达到98%。

历任站长：

周尔川，1966.4—1969.2，1971.2—1986.4

高宜耀，1986—

附：

【新围乡广播电视站】

前身为1971年8月建立的新围垦种广播站。1978年1月，更名为新围公社广播站。1984年5月，改称新围乡广播站。1987年2月，改称新围乡广播电视站。1992年5月，并入河庄镇广播电视站。

历任站长：

陈天林，1972.8—1992.5

【钱江乡广播电视站】

前身为1978年建立的钱江公社广播站。1984年5月，改称钱江乡广播站。1987年2月，改称钱江乡广播电视站。1992年5月，并入河庄镇广播电视站。

历任站长：

王柏林，1980.2—1986.4

周尔川，1986.8—1992

二十三、义蓬街道文化广播站

义蓬街道位于萧山区东北部，北与海宁市盐官镇隔江相望，南与靖江街道接壤，东西分别与新湾街道、南阳街道为邻，是杭州大江东产业集聚区的核心区域。区域内交通便捷，江东大道、红十五线、塘新线、青六线等区级主干道路穿境而过，距杭州萧山国际机场2公里，钱江隧道、出海码头近在咫尺。

到2018年年底，街道区域面积56平方公里，建成区面积约8平方公里，下辖22个村、4个社区，常住人口12万人。

2017年，实现地区生产总值41.5亿元，完成固定资产投资23.82亿元，实现规模以上工业总产值46.22亿元，服务业增加值19.03亿元。街道本级财政总收入4.57亿元，农民人均收入3.46万元。

1.历史沿革

义蓬街道经历多次乡镇撤扩并、撤镇设街和机构职能的调整。1992年5月，原宏伟乡并入头蓬镇、乐园乡并入义盛镇。2001年8月，由义盛镇、头蓬镇合并而成义蓬镇，广播电视站也跟随合并为义蓬镇广播电视站。2004年，有线电视服务管理职能统一转入华数公司。2009年10月，义蓬撤镇设街，更名为义蓬街道广播电视站。2010年，与文化站合并，更名为义蓬镇文化广播站。2013年8月，大江东体制调整开始实体化运作后，由于大江东产业集聚区未设广播电台（站），广播信号仍然依托萧山广播电视台传送，街道有关广播新闻通过萧山广播电视台驻大江东相关机构报送，在萧山人民广播电台《大江东之声》中播出。电视新闻与萧山台基本中断通联，由杭州电视台驻大江东机构采集播发。

广播站在编人员3名、临聘人员1名，设站长、编辑、线务员、播音员等岗位。

2.办站特色

虽然经历了频繁的机构职能调整，但广播站履行“当好党和政府的喉舌、服务经济社会发展、服务百姓生产生活”的职能始终没有变，把搞好新闻宣传报道工作作为立站之本，每天早、晚开办30分钟的自办节目，分别在萧山人民广播电台第一次播音和第三次播音之前播出。开辟的主要栏目有《义蓬新闻》《农村百事通》《法制宣传》《健康生活》《文艺欣赏》等，其中《义蓬新闻》每周一般在3期至4期。随着新媒体的发展，广播站还担当义蓬街道官网——“义蓬网”的管理发布任务，建立微信公众号“义蓬发布”,使新闻信息传播更快捷、更广泛、更具针对性。

另外,还承担街道对外宣传任务,及时将街道典型性、经验性报道稿件投送给区、市、省主流媒体。

各村、社区都配备专兼职广播线路维护员和新闻报道通讯员。

3. 技术设备

广播站设有标准化的播音室、播出机房各一处,全都以电缆介质传送到25个行政村、社区广播室,总干线长度约25公里,各村、社区广播室都配有标准化机房,再以电缆传送到每个广播终端用户。2010年年底,全街道广播终端达到16000多只。2011年至2018年,由于拆迁力度逐年加快,广播终端数保持在14000只左右。

历任站长:

孟德红,2001.8—2003.5

沈志芳,2003.5—

附:

【义盛镇广播电视站】

前身为1959年6月建立的义蓬公社广播站。1961年7月停办。1966年8月重建。1971年3月,更名为义盛公社广播站。1984年5月,改称义盛乡(1985年5月乡改镇)广播站。1987年2月,改称义盛镇广播电视站。1992年5月,乐园乡广播电视站并入该站。2001年8月,与头蓬镇广播电视站合并为义蓬镇广播电视站。

历任站长:

杨晓晨,1969.5—1971.2

陈荣甫,1971.3—1996.10

裘建中,1996.11—1998.4

孟德红,1998.5—2001.8

【乐园乡广播电视站】

前身为1967年6月建立的乐园公社广播站。1969年2月停办。1971年恢复。1984年5月,改称为乐园乡广播站。1987年2月,改称乐园乡广播电视站。1992年5月,并入义盛镇广播电视站。

历任站长:1971年起:

汪人新,1971.6—1977.3

周石坤,1977.3—1979.3

夏菊花,1979.3—1992.5

【头蓬镇广播电视站】

前身为头蓬公社广播站,1967年建立。1967年2月停办。1971年7月恢复。1984年5月,改称为头蓬乡(1985年8月乡改镇)广播站。1987年2月,改称头蓬镇广播电视站。1992年5月,宏伟乡广播电视站并入该站。

历任站长:

施剑行,1971.7—1978.5

盛永夫,1978.6—1983.11

杨忠良,1983.12—2001.8

【宏伟乡广播电视站】

前身为建立于1978年的宏伟公社广播站。1987年2月,改称为宏伟乡广播电视站。1992年5月,并入头蓬镇广播电视站。

历任站长:

孙月丘,1978—1992.5

二十四、新湾街道文化广播站

新湾街道位于萧山区东北部,东临临江新城,北与江东新城和前进工业园区相连,西与义蓬街道接壤,南与党湾镇为邻,已成为杭州大江东产业集聚区发展的最广阔空间和招商引资的最大平台,也是环杭州湾产业带杭州产业区最具发展潜力的组成部分。新湾距杭州主城区40公里,距萧山城区中心30公里,距杭州萧山国际机场12公里,连接钱江九桥、钱江十桥,地理位置优越,交通便利。2009年,新湾撤镇设街。到2017年年底,全街道区域面积23平方公里,下辖12个行政村、1个社区,人口2.5万人,耕地1.7184万亩。

2016年,全街道国内生产总值达到15.37亿元,工企业总产值49.41亿元、工业利润1.7亿余元、税收1.55亿元,财政收入0.96亿元。

新湾街道文化广播站是由新湾、宏图、前进原三乡镇广播电视站合并而成。

1.历史沿革

前身为新湾公社广播站,建立于1965年。1969年2月停办。1971年恢复。1984年5月,改称新湾乡(1985年8月乡改镇)广播站。1987年2月,称新湾镇广播电视站。1992年5月,宏图乡广播电视站并入该站。2001年7月,前进乡广播电视站并入该站。2007年,有线电视划入华数公司运行。2008年,成立新湾镇文化广播站。2009年,新湾撤镇设立街道,改称新湾街道文化广播站。到2018年年底,街道文化广播站有在编人员1人，临雇人员2人。

2.办站特色

（1）通讯员队伍建设

新湾街道文化广播站十分重视基层通讯员队伍建设。1972年，建立公社报道组，每个大队也建有报道组，各有人员1人至2人，每年举办通讯员培训班。

新湾街道文化广播站每年出台《新湾街道年度新闻报道、舆情信息工作目标管理考核办法》，确定通讯员写稿报酬制度，激发通讯员的写稿热情。每年通讯员发稿数量在350篇以上，通讯员向上投稿50篇以上。每年举办1期至2期通讯员新闻采访和写作知识培训班，邀请萧山电台、萧山日报社编辑记者，为通讯员进行新闻专业知识的辅导授课，提高广大通讯员的新闻写作技能。

（2）建立广播新闻稿件资料档案

新湾街道文化广播站十分注重新闻报道的资料积累。从20世纪90年代开始，把每天的自办节目，编好目录，装订成册，作为存档资料。共计有2001年至2017年的新湾街道自办广播节目资料17卷，新湾街道在萧山区级以上媒体发表的新闻稿资料17卷。这些资料，较为完整地记录新湾街道在各个时期的政治、经济以及社会发展事件，生动地展示各个时期的街村两级建设成果，较好地反映了人民群众的生产生活状态。

（3）建立村级广播室

二十世纪七八十年代，普及过村级广播室，后来因各种原因而逐渐消失。2007年，为响应区委、区政府关于办好广播建设年活动，对全街道12个行政村重新建设村级广播室，广播室10~20平方米左右，配置1台多功能播音控制设备，具有录音、收听、播出、转播等功能，并配备村级广播管理员1名，负责村广播室管理工作。街道文化广播站将村广播管理员纳入考核工作范围，每年抓好村级广播管理员的培训、管理和线路检修等工作，使全街道的村级广播管理能够有序运行。

（4）自办节目内容

1971年3月起，开办固定自办节目，每天早、晚2次播出，每次30分钟。内容有新闻、专题、文艺等，新闻节目每周3组至4组，每组10分钟至15分钟。不定期开办专题节目，先后有《改革之声》《农业科技》《计划生育》《市场与信息》《卫生与健康》《普法宣传》等。文艺节目有越剧、绍剧、相声、歌曲以及自编自演的群众性文艺节目。

（5）收费管理

1989年，为了事业发展，乡镇广播电视站向用户收取每只喇叭每年2元的维护费，后来维护费取消。1996年，开办有线电视，对每个有线电视用户收取每月10元的视听维护费。1998年，有线电视与萧山实行联网运行，收视费每月上升至14元1户。2007

年，电视划入华数管理，收费一并随之取消。

广告收入管理。改革开放后，一些企业和个体经营户通过广播做广告逐渐增多，广播站对要求做广告的经营者收取一定的广告费，2000年后，广播站每年广告收入达到上万元。广播广告一则50元/天。

3.技术设备

（1）广播设施

1959年，新湾有有线广播10余只，线路从义蓬转播站输入，广播线借杆从义蓬放大站输入。

1965年至1966年，实行村村通广播，新湾公社有广播150多只，均为舌簧喇叭。

1978年5月，宏图、前进两乡广播站成立，有275瓦电子扩大机各1台，L601录音机各1台，以及自制喇叭话筒等设备，干线前进有8条28公里，宏图有4条9公里；传输用16号铁丝。线杆多用毛竹竿，或借用农用电线杆、邮电线杆。

1980年，新湾乡有广播喇叭2800只，宏图乡有广播喇叭890只，前进乡有广播喇叭1570只，由压电喇叭、舌簧喇叭逐步向动圈喇叭发展。

1992年，新湾与宏图合并，站有275瓦电子放大机2台，控制桌1台，录音机2台，有广播喇叭3690只，乡至村广播干线16条57公里，水泥杆5800根，村以下干线64条74公里，用户线230公里。

1996年5月，新湾实施有线电视工程。1998年与萧山联网。新湾有动圈喇叭2980只，入户率95%；有线电视用户2500户，入户率73%。前进有动圈喇叭2530只，入户率达95%；有线电视用户1830户，电视节目由原来的12个频道增加到26个频道。

（2）机房设备

2017年年底，广播机房主要设备有250瓦扩音机8台，FM收音头1台，音频工作站1套（2台电脑及录音话筒），控制桌1张，播控调音台2台，MD磁光盘录音机1台。电视摄、录、编主要设备有摄像机、字幕机各1台，照相机1台。

全街道广播干线长24公里，喇叭2860只，入户率95%，通响率90%。有线电视电视主干线电缆28公里，用户2570户，入户率92%。在编职工1人，聘用工2人。

4.内部管理

2013年3月，制订完善《编辑播音值机制度》《外线维护修理制度》《财务仓库管理制度》《临雇人员守则》及工程结算和广告管理等一系列规章制度。华数与各村收费员签订好《年度有线电视收费协议》，抓好全街道的有线电视管理费收费工作。还出台《新湾街道新闻报道、舆情信息工作目标管理考核办法》，完善提高通讯员的稿酬制度，将新闻宣传报道列入年度考核目标。

历任站长：

金张先，1965.7—1969.2

徐友良，1971.3—1979.9

汪海山，1979.9—2001.2

朱建龙，2001.3—2007.3

陈剑锋，2007.4—2013.2

杨忠良，2013.3—

附：

【宏图乡广播电视站】

前身为宏图公社广播站，1978年建立。1984年5月，改称宏图乡广播站。1987年2月，改称宏图乡广播电视站。1992年5月，并入新湾镇广播电视站。

历任站长：

陈宝锦，1978—1984.5

朱建龙，1984.6—1992.5

【前进乡广播电视站】

前身为前进公社广播站，1978年建立。1984年5月，改称前进乡广播站。1987年2月，改称前进乡广播电视站。2001年7月，并入新湾镇广播电视站。

历任站长：

郑加恩，1978—1988.6

马文茂，1988.7—1990.12

陈剑锋，1991.1—1992.10

袁世元，1992.11—1995.9

张祥荣，1995.10—2001.7

二十五、临江人民广播站

临江街道位于萧山临江工业园区（临江新城），“以城带街”是临江人的大手笔发展思路。萧山临江工业园区（临江新城）组建于2003年3月，地处钱塘江南岸，紧邻杭州湾入海口，总规划面积达160.2平方公里，是大江东区域中面积最大的新城。临江新城的发展定位是以先进制造业为主，融商贸、物流、居住、办公等城市功能于一体，杭州湾畔产业集聚化、布局合理化、环境特色化、设施现代化、功能完善化的宜居型、科技型、生态型、低碳型、花园式海港新城。

2009年9月，萧山区临江街道正式挂牌，是萧山区最新最年轻的街道，由原河庄镇九工段直河与十工段直河之间的围垦区域和原新湾镇的临江佳苑社区以及萧东、东庄两个村的行政区域合并建立。四至范围是，东接省水利围垦综合开发一场，南邻益农镇，西靠新湾街道、前进街道，北至钱塘江。下辖原新湾镇的临江佳苑1个社区和萧东、东庄两个村。

临江新城计划重点打造相互融合、相互支撑的四大功能区，即城市核心功能区、产业集中功能区、临港经济功能区、生态休闲功能区。临江产业集聚不断加快，正大力发展汽车整车及零部件、机械装备、新能源、新材料等主导产业，培育发展电子信息、激光装备等高新技术产业，积极发展研发设计、中介创意、文化旅游、商贸物流等现代服务业，提升发展轻工纺织等传统优势产业。已有东风—裕隆集团总投资46.5亿元的24万辆整车、20万台发动机及研发中心项目，东方电气集团投资18亿元的风能及潮汐发电机组项目，力龙公司投资20亿元的高压大流量液压件项目和吉利汽车项目、恒逸高新材料项目等一批重大项目入驻临江。

2015年3月，临江街道经过走访群众、咨询专家，综合考虑成本与效益，把广播站选址确定在临江图书馆西北角。

2016年4月，临江街道公开招聘1名广播站编辑，前期协助做好广播站招标工作，后期负责广播站稿件采编及自办节目编排。街道开始着手广播站建设工程招标工作，并于8月顺利完成招标。2017年1月上旬，广播站完工，工期累计90余天，总投资约45万元。

2017年1月中旬，临江街道组织专家对临江人民广播站建设工程进行验收。经过现场踏勘、器材调试、听取汇报等流程，验收小组认为，广播站建设符合合同标准，广播站建设工程顺利通过验收。

2017年1月28日，临江人民广播站正式开播。街道党工委副书记、办事处主任汪华锋致新年贺辞，节目内容有新闻报道、健康过节温馨提示、歌曲联播等。

至2017年年底，临江人民广播站总计播出338天、1014期（约3100小时），累计播出广播稿件133篇。

历任负责人：华成华，2017—

二十六、前进街道文化广播站

前进街道位于萧山区东北部大江东区域，西临江东新城，东接临江街道，北靠钱塘江，南面与新湾街道相邻。街道辖区面积42.66平方公里，境内河网纵横交错，有三工段直河、四工段横河、围垦沿塘河等纵横河道16条，总长度约56公里。

前进街道是大江东产业集聚区的产业发展核心区，进驻有长安福特、吉利汽车、西子航空、华东医药、杭州统一、加多宝、顾家家居等知名企业。

前进街道以打造“邻里新城　活力前进”为发展目标，以大平台为载体、以大项目为抓手、以补短板为重点，努力促进经济实力、城市功能、民生服务、生态环境“四大提升”，抢抓发展机遇，着力打造“大江东产业发展核心区、体制改革实验田、公共服务次中心”，成为萧山高端制造基地和生产服务中心。

2018年，实现地区生产总值59.69亿元，财政总收入23.56亿元，工业总产值236.56亿元，固定资产投资30.37亿元。

1.历史沿革

前身为前进公社广播站，1978年建立。1984年5月，改称前进乡广播站。1987年2月，改称前进乡广播电视站。2001年7月，并入新湾镇广播电视站。2010年，建立前进街道文化广播站。在编人员1人，临雇人员3人。

2.办站特色

(1)通讯员队伍建设

前进街道文化广播站注重基层通讯员队伍建设，街道、村(社区)、企事业单位各有通讯员1名，不定期开展宣传报道采写业务培训。

前进街道文化广播站出台《前进街道新闻报道宣传、舆情信息工作目标管理考核办法》，制定通讯员报道宣传考核办法，每年张榜公布通讯供稿录用报酬明细，鼓励基层通讯员的写稿积极性。自2014年以来，前进街道每年向市级、区级的报刊、广播、电视台和网络媒体平台发稿数约400篇。

(2)建立广播新闻稿件资料档案

街道文化广播站注重新闻报道的资料积累，把广播自办节目资料编装成册，留存档案。自成立至2018年，自办广播节目、通知、广告等资料分类成卷。基础文献资料，较为完整地记录了前进各时期政治经济社会发展事件，生动地展示了不同时期街、村(社区)建设发展成果，较好地反映人民群众的生产生活变迁。

(3)建立村级广播室

经多次征地拆迁，曾经较受欢迎并已普及的有线广播因时代发展逐年萎缩，濒临消失。

前进街道文化广播站有临江、前峰和三丰村三个村级广播室。主要转播街道文化广播站信号内容。各村级广播室面积约10~20平方米，配置1台多功能的播音控制机器，具有录音、收听、播出、转播等功能，并配备村级广播管理员1名，负责村广播室管理工作。

街道文化广播站每年对村广播管理员业务培训、安全播出和线路检修等工作加强常态监管，将村广播管理员纳入考核工作范围，确保广播节目安全正常有序运行，不出差错。

(4)节目内容

街道文化广播站早、中、晚转播萧山广播电视台信号内容，自办节目早、晚各播出1次，每次30分钟。节目有《前进短讯》《卫生与健康》《农技百科》《计生专栏》《普法宣传》等。根据上级和街道工作要求，不定期录制播放“健康专题”《预防禽流感》《登革热的起源和防治》、“八一专题”《当兵最光荣》、妇女儿童法律维权，以及征地拆迁政策法规宣传等专题专栏。专题文艺节目以播放群众喜闻乐见的越剧、绍兴莲花落、相声等地方曲艺和传统、流行歌曲为主。

(5)收费管理

街道文化广播站实行广告有偿播出管理服务。对广告发布需求对象收取一定的广告费用。农产品广告(收购、加工、销售)30元/天，商业类广告、招工广告60元/天，连续播放5天以上优惠10%，要求播出方提供身份证件或单位盖章证明。

3.技术设备

(1)广播设施

前进有动圈喇叭约2100只，入户率达95%；有线电视用户约2500户，电视节目由原来的12个频道增加到26个频道。

(2)机房设备

2017年年底，广播机房主要设备有600瓦扩音机5台，FM收音头2台，音频工作站1套(2台电脑及录音话筒)，控制桌1张，录音笔1支。电视摄像机1台，照相机1台。

全街道广播干线长20公里，喇叭2100只，入户率95%，通响率90%。有线电视主干线电缆35公里，用户2500户，入户率92%。

4.内部管理

街道文化广播站制订完善《编辑播音值机制度》《外线维护修理制度》《财务仓库管理制度》《临雇人员守则》及工程结算和广告管理等一系列规章制度。华数与各村收费员签订《年度有线电视收费协议》，抓好全街道的有线电视管理费收费工作。出台《前进街道新闻报道、舆情信息工作目标管理考核办法》，完善提高通讯员的稿酬制度，将新闻宣传报道列入年度考核目标。

历任站长：

郑加恩，1978—1988.6

马文茂，1988.7—1990.12

陈剑锋，1991.1—1992.10

袁世元，1992.11—1995.9

张祥荣，1995.10—2001.7

于禁，2010—2014.2

金玲风，2014.3—

二十七、红山农场文化广播站

红山农场位于萧山区北部，北依钱塘江，与杭州下沙开发区隔江相望，东邻杭州萧山国际机场，西靠杭州绕城下沙大桥，杭甬、杭金衢高速穿境而过，区位优势得天独厚。到2017年年底，农场总面积6.8平方公里，下辖同舟、同心、同德3个社区，本地户籍人口5700多人，外来流动人口1万多人。红山农场教育、医疗、文化、金融、商贸等各项社会功能齐全，是一家新型城镇化发展的集体所有制农场。红山经济由农业起步，工业兴场，成名于二十世纪八九十年代，作为对外开放单位，曾接待过许多中央领导和外宾。进入21世纪后，红山精神得到传承和弘扬，经济社会各项事业一路高歌猛进。其中，经济发展总量在全区各镇街每年都名列前茅。

国家级杭州临空经济示范区设立后，红山农场整体处于临空经济示范区规划范围。其中团结路以东、先锋河以南4.3平方公里规划设立杭州空港国际商务区。

1.历史沿革

前身为头蓬盐场广播站，1959年5月建立。1968年年底，随场部迁至红山。1970年3月1日，与萧山人民广播站联网，建立五七农场广播站。1978年，五七农场广播站经萧山县人民广播站批准正式成立。1984年，五七农场更名为红山农场，广播站随之改名为红山农场广播站。1992年，萧山镇乡撤扩并，广播电视站人员划归镇乡管理，红山广播电视站因农场不属事业单位而交由萧山广电局托管。2010年5月，根据《区委办公室区政府办公室关于进一步加强镇街文化广播站建设的若干意见》精神，成立红山农场文化广播站。

2.办站特色

1970年，广播站每天清晨5:30开始播音，比萧山广播站提前半小时播放该场自办节目。农忙时除早、中、晚3次播出6小时外，还在上午、下午田间作业休息时间各播音半个小时，以转播萧山人民广播站和浙江人民广播电台节目为主。1992年，萧山镇乡撤扩并，红山广电站交由萧山广电局托管。是年，红山广电站开始试办电视新闻自办节目，基本上每周一组播出。1996年4月1日起，每周2组电视新闻固定播出。周二、周五换新，其余重播。时段为每晚8点至8点零8分。2014年11月，全区数字电视改造，模拟信号中断。红山电视新闻停播，红山改办广播节目。2017年3月15日，红山文化广播站广播自办节目分每周3期播出。周二、周四、周六换新，其余重播。播出时段为早、中、晚各1次，每次15分钟。2010年至2017年，红山文化广播站共制作反映农场改革开放经济社会全面发展成果的电视专题片8部。

3. 技术设备

1970年的设备有：250瓦扩音机1台，高音喇叭7只，共有线路13公里。设有专职播音员1人，维修和线路安装由场部电工负责。

1974年，场广播站新增275瓦的扩音机1台，盘式录音机1台。

1978年，五七农场广播站正式成立，配备编辑播音员、线务员各1人。是年，共有高低压线路15公里，高音喇叭14只，入户喇叭250多只。

1982年，线路、喇叭更新，共埋设水泥杆132支，替换毛竹竿。田间高音喇叭增至21只，新增入户动圈喇叭200只。

1989年下半年，全场开始有线电视网建设，1990年开通使用。此后，有线电视成为场内主要信息工具，广播的作用有所削弱。

1996年3月，红山广电站配备专职采编播人员2名，并于4月1日起每周2组电视新闻固定播出。是年，红山有线电视入户数为1500户。

2014年下半年，红山重启广播入村入户工程。次年3月下旬，红山广播入户1105只，红山广播新闻节目在公共区域播出的基础上于4月1日进入家庭。

至2017年年底，红山文化广播站有站长1名，专职采编、播人员各1名，线务员1名。拥有1个广播机房和全套播出设备，并配有索尼模拟摄像机、索尼数字录像机、松下高清数字一体化摄录机各1台及一批后期制作设备。

历任站长：

头蓬盐场站：

陈照龙，1959.5—1965.5

陈福常；1965.6—1968.12

五七农场站：

屠锦秀，1970.1—1972.1

陈照龙，1972.2—1978.5

李根荣，1978.6—1983.12

红山农场站：

李根荣，1984.1—1993.12

陈照龙，1994.1—1997.12

傅水荣，1998.1—2010.4

张增山，2010.5—

表2-12

萧山区镇街(场)文化广播站统计表(截至2017年年底)

序号	镇街	行政村(个)	社区(个)	总户数(户)	站内人员(人)	自办广播节目(组)	向区台发稿(篇)	向萧山日报发稿(篇)	向省市媒体发稿(篇)	通讯员人数(人)	广播总数(户)	新增喇叭(只)	入户率(%)	通响率(%)	主杆线路(公里)	村以下线路(公里)	有线电视总数(户)	电视主干线(公里)
1	楼塔镇	12	1	7294	6	182	145	86	10	20	7046	——	96.6	99	28.4	199.56	7312	17
2	河上镇	15	1	8682	3	140	120	120	60	20	10000	200	98	100	43.2	550	9460	31
3	戴村镇	22	1	11026	6	158	162	281	37	40	10580	150	96.5	99	12	189	10000	18
4	临浦镇	20	14	16581	5	5	131	381	1	60	14150	250	85	97	47	450	16500	50
5	浦阳镇	18	1	9836	5	13	247	122	9	2	9150	72	92	98	54	150	9600	50
6	进化镇	25	1	13430	8	186	200	200	50	5	14012	150	92	98	115	560	13500	36
7	所前镇	19	1	10664	3	110	100	150	15	50	8750	150	82	90	120	110	8400	140
8	义桥镇	21	3	15928	7	195	186	218	27	68	13210	51	82.9	98.5	105	261	14850	101
9	湘湖新城·闻堰街道	6	6	5700	4	180	60	200	40	20	3000	—	—	95	23	20	8000	23
10	宁围街道	15	7	—	2	70	10	469	6	22	3375	—	65	80	27	58	11800	30
11	新街街道	15	5	16941	8	144	250	280	11	30	16093	123	95	95	61	47.8	15000	582
12	衙前镇	11	2	6850	4	96	30	127	10	30	5958	285	87	86.4	16.3	21.4	7100	32.3
13	瓜沥镇	63	11	40025	8	270	450	290	48	86	39280	850	98.1	98.2	186.6	635.5	45200	690
14	益农镇	19	1	12321	5	170	42	78	18	40	11180	—	91.7	97	35.4	288.6	9957	972

续表2-12

序号	镇街	行政村(个)	社区(个)	总户数(户)	站内人员(人)	自办广播节目(组)	向区台发稿(篇)	向萧山日报发稿(篇)	向省市媒体发稿(篇)	通讯员人数(人)	广播总数(户)	新增喇叭(只)	入户率(%)	通响率(%)	主杆线路(公里)	村以下线路(公里)	有线电视总数(户)	电视主干线(公里)
15	党湾镇	17	1	12097	3	192	250	275	25	35	9890	50	80	98	33	340	10500	156
16	城厢街道	—	34	37599	2	—	10	426	—	43	因无自办节目,控制室无,所以其他数据无							
17	北干街道	6	23	67900	—	—	91	120	18	33	220	—	90	80	—	—	—	—
18	蜀山街道	8	20	—	5	6	7	58	0	20	8541	0	88	99.5	—	—	—	—
19	新塘街道	17	24	12769	3	45	165	132	20	62	11500	0	90	95	5.1	40	—	—
20	义蓬街道	22	4	18116	5	165	80	125	60	48	17580	180	97	100	34.5	125	15600	135
21	靖江街道	10	6	10037	4	4	25	135	16	25	7906	86	90	100	158.107	30.703	9000	180.2
22	南阳街道	13	3	10783	5	156	138	154	0	45	7578	0	68	98	35.74	150.3	9118	22
23	河庄街道	20	1	13626	4	159	118	178	18	56	9517	—	69.8	95	120	235	10300	150
24	新湾街道	12	1	8357	3	128	273	75	37	28	7529	255	90.2	95	48	79	5321	53
25	临江街道(临江工业园区)	2	1	803	3	1	35	0	79	15	788	0	100	98	6	37	—	—
26	前进街道	3	1	2122	2	2	58	118	24	18	1698	无	80	78	22	30	1850	45
27	红山农场	0	3	1661	3	134	8	77	77	28	1103	0	66.4	100	6	4	1535	6

附录一：

镇街(场)广播电视站内部管理制度

站长职责

1. 高举邓小平理论伟大旗帜，按照党委、政府的统一部署和上级业务主管部门的要求，负责广播电视站的政治和业务，组织全站同志学习政治时事和业务知识，制订并监督落实(执行)好各项规章制度和目标任务，严格把好宣传纪律，抓好有线电视的财务管理。

2. 遵照有线广播、电视一起上的总体规划目标，负责并协调好全站工作，主管好有线广播、有线电视的发展和维护管理工作，把好有线电视材料的质量关，促进辖区广播电视的健康快速发展。

3. 做好上下联络和站内各个岗位、同志之间的团结协调工作，带头完成任务和执行好各项规章制度。

编辑职责

1. 坚持政治第一，加强政治时事和党的路线方针政策的学习宣传，严格执行宣传政策，保证有线广播电视不出政治事故。

2. 负责有线广播、有线电视的采编工作，紧密配合党委、政府中心任务，实事求是做好新闻宣传工作，出色完成上级主管部门和站内提出的工作任务。

3. 服从领导，自觉遵守各项规章制度和纪律，搞好站内各个岗位和同志之间的团结配合，组织和培养好有线广播通讯员。

线务员职责

1. 加强政治和业务学习，严格执行有线广播、有线电视的宣传纪律。

2. 负责有线广播线务，做好有线广播的发展和维修管理，编造好有线广播喇叭的登记册，重视安全工作。平时有线广播设备和线路的维修要做到不过夜，灾时的抢修工作要保证不出三天，保证有线广播村村线路通，户户喇叭响，全年有线广播通响率达到95%以上。

3. 服从领导，自觉遵守各项规章制度和纪律，搞好站内各个岗位和同志之间的团结配合，组织和培养好村有线广播线务员，足额收缴好有线电视的收视费。

值机播音员职责

1. 按照职业要求学习政治时事和业余知识，严格执行和把好有线广播、有线电视的宣传纪律关。未经审批的宣传品和非站内工作人员都不准进入(放在)播音室，保证有线广播、电视不出政治事故。

2. 负责有线广播、有线电视的值机播音工作，保证按时开关机，做到机开人在，人在思想在。严密注意有线广播、有线电视设备的警戒信号,保证不出人为的设备损坏事故,保持播音室机房的整洁和完好。

3.服从领导,自觉遵守各项规章制度和纪律,负责全站的清洁卫生工作,搞好来客来电的接待、联络工作。按照明确规定,当好有线电视材料的仓库保管员,保证账物相符。领还好有线电视录像片。

有线电视技术员职责

1.按照聘任制的要求,要爱岗敬业,加强政治和业务学习,严格执行有线广播、有线电视的宣传纪律。

2.负责有线电视的发展和维护管理工作,要按照节约合理的原则,做好有线电视的设计预决算、质量把关和出仓材料的管理工作,及时编造好有线电视入户清册和档案。要按照有求必应的要求,做好有线电视的补装、移机和维护管理工作,足额收缴好有线电视初装、移机(包括材料)费。做到平时有线电视设备和线路的维修不过夜,灾时也要按照尽快的要求,做好抢修工作,保证有线电视终端的收视率达到100%。

3.服从领导,自觉遵守各项规章制度和纪律,搞好站内各个岗位和同志之间的团结配合,组织好村有线电视收费保管员业务培训。

一九九八年一月十日

附录二:

河上镇关于做好2006年村级有线广播网络建设及播音设备管理工作的意见

各村(社区):

按照区委、区政府、区广播电视台提出的2006年为“广播发展年”的总体要求,坚持科学发展观,协调推进农村有线广播新发展。镇党委、政府研究决定,从今年始,全镇进一步加大对有线广播的投入力度,有计划分步骤地落实村级播音室到户的整网工作,力争用二年时间,镇村两级共同分担,实现村级网络的标准化。具体意见如下。

建设目标:

将在去年工作的基础上,确定今年的建设目标,就是:有村就有播音室,有农户就要有广播。重点围绕广播通响率和入户率做文章,统一现有村级网络标准,建立健全广播用户档案。争取全镇广播通响率达98%,入户率达96%,到今年年底有7个至8个村(社区)完成村级整网工作,到2007年12月底所有各村(社区)均实现整网工作。

资金承担方式:

镇广播电视站负责一村一核算,采取镇承担网改资金70%,村承担30%的方式实施,不包括各村播音室设备购置资金和广播音箱自负资金。此资金承担方式适用年限为2006年和2007年两年，到2007年12月底自动终止。

基本要求：

1. 统一思想，提高认识。各村（社区）应明确这是一次“借鸡生蛋”的大好机会，在大力发展公共事业中，加强领导，把有线广播作为一项惠及百姓的民生工程、实事工程来抓，纳入今明两年工作安排当中，一如既往地重视和支持广电工作。

2. 抢抓机遇，贯彻实施。作为我镇整个建网、改网最后一步——村级网络整网，各村（社区）务必从全局出发，善于抓住机遇，积极争取，充分调动好村级（社区）各班子成员的积极性，参与到广播网络的升级改造中来。要尽快安排，确保投入资金到位。

3. 紧密联系，下情上传。现有网络及今后整改好的网络，各村（社区）都要树立村辖意识，也就是本村（社区）境内的所有网络首先是为了本村（社区）百姓而建，归属权责本村（社区）有份。在管理上，要切实负责，一旦发生线路移位或重大的故障问题，要及时与镇广播电视站联系，确保下情上传，确保宣传渠道畅通。

4. 强化管理，确保安全。目前，绝大多数村已建立了村级播音室，购置了广播新设备。各村（社区）书记是本村（社区）网改工作和播音设备管理的第一责任人，各村（社区）已上报的人员为播音设备专管人员，要切实履行好设备管理职责，确保设备管理人员稳定，严格本村（社区）自播稿件的审核、签字关，做好设备的日常清洁、养护和自播稿件的存档工作，确保播出安全，不出政治事故（具体内容另附村级播音室管理细则）。

实施步骤：

1. 落实资金，完成申报。镇广播电视站目前已全面展开村级网络建设的预案制定工作和前期筹备工作，各村（社区）要及早规划，落实资金，争取在3月底前完成向镇广播电视站的整网申报工作。

2. 保证覆盖，摸底核实。为确保广播用户全覆盖，各村（社区）必须先期摸清村辖农户数，做好宣传发动工作，统筹村级网络改造全局。

3. 全面配合，切实整改。镇广播电视站负责组织工程队施工。各村（社区）须落实专人，配合本村网改工程，确保工程始终有人协调，有人配合，有人监督，并建立健全广播用户档案，为镇广播电视站建立电脑档案提供第一手资料。

4. 组织验收，建档存档。全镇所有村级网络整改验收工作由区广播电视台负责，一经验收合格，将由工程队出具布网图纸，镇广播电视站负责完成广播用户电脑存档工作，并一村一资料分发给各村（社区）保管。

二〇〇六年五月二十四日

附录三：

河上镇迎峰会期间村级播音室安全管理细则

1.进一步明确各村(社区)书记为所在村有线广播安全工作以及村播音室管理工作的第一责任人，负责主持全村广播安全及各村自播稿件的审核、签字工作。自8月1日到峰会结束期间，原则上不允许未经审批的自播行为发生。

2.各村分管宣传的同志为播音室专管人员，负责机房的钥匙保管，不得出借。同时做好播出设备的清洁、养护和自播稿件的存档备案工作。

3.无特殊情况之下各村不得在上级台播出时间段擅自插播，不得与上级台节目播出时间发生冲突。

4.严格把控，不得擅自播出有悖上级宣传口径或有辱视听的言论或广告等。

5.各村播音室管理人员要随时锁好机房大门，严禁闲杂人员进入，确保播出传输安全，不出政治事故。

6.各村播音室管理人员要尽心尽责，每天检查设备播出情况。

同时做好农户终端通响情况汇报，确保下情上传，发生线路故障请及时与镇广播站联系。联系电话：82206060。

请各村(社区)务必认真贯彻执行。

二〇一六年八月十日

附录四：

闻堰镇有线广播电视总体规划

为推动我镇有线广播电视事业的发展，现根据国家有关政策规定，结合村镇实际制订本规划。

一、总则

1.闻堰镇有线广播电视网是扩大广播电视有效覆盖面，提高节目收听收视率的重要手段，是党和政府的重要宣传工具，是闻堰广播电视事业的重要组成部分。其事业建设、宣传工作和技术维护，均纳入镇广播电视事业的总体规划和系统管理。

2.闻堰镇广播电视站负责全镇范围内的有线广播电视管理和事业发展规划，对规划发展、节目播放、系统并网、维修服务、登记造册、组织收费等工作进行具体实施。接受上级广播电视行政管理部门的指导、检查和管理。

3.各村、单位及用户的有线广播电视必须按本规划的规定进行申请、审批和建设。并请邮电、电力等部门大力支持协助，保障本规划的实施。

4.闻堰镇有线广播电视网络规模大、涉及面广，必须精心设计施工，以技术先进、经济合理、安全适用、质量优良为规划设计的指导原则。由于节目播出和网络建设不可能一步到位,因此,本规划设计既依据目前条件,又考虑今后发展,采取一次规划,分步实施,先集镇、后农村,先就近、后边远的原则辐射全镇。

二、系统规模

5.闻堰镇有线广播电视的覆盖面为全镇14个行政村、街道办事处、湘湖农场、各企事业单位、新集镇居民区。全面普及后总用户约8000户,最远半径为4.9公里。

三、节目规划

6.闻堰电视网络与萧山有线电视台联网,播出中央、省、市等18套节目(今后随萧山市有线电视台同步增加)和闻堰有线电视社区节目频道,根据市定统供原则,实行统一供片,做到先审后播,再播再审。

7.闻堰镇有线广播电视系统实行广播、电视共缆传输,做到广播电视“双入户”。

四、实施步骤

8.有线广播电视规模大,对用户发展、频道使用,以及其他功能都必须逐步发展、逐步实施。大致分为三个阶段:

(1)筹备阶段:1996年10月—11月。

建立工程领导小组,进行调查摸底,外出考察取经,制订总体规划,并请萧山市广播电视局、萧山市有线电视台技术人员测试,制订具体实施的技术方案。

(2)创办阶段:1996年12月—1997年1月。

组织论证,落实资金,购置设备,建好机房监控播出装置与市有线电视台联网,调试信号,同步发展到300户左右。

(3)发展阶段:1997年2月—1999年12月。

1997年发展到1800户,1998年达到2800户,1999年发展到4000户,力争用三年左右时间基本完成全镇有线电视安装,并使有线广播入户率达到80%,实现广播电视“双入户”镇。

五、机构设置

9.有线电视系统归属于镇广播电视站领导和管理,财政实行独立核算,单独建账,专款专用。有线广播仍坚持财政主渠道拨款。工作人员按工作需要逐步配备。初创阶段暂设5人:站长兼编辑一人,主持全面工作,以新闻采编,自办节目为主;值机播音员2人:一人以普通话制作节目、值机,一人轮班值机,并安排其他工作;技术线务2人,一人主管有线电视,一人主管广播,做到既分工又合作。

10.系统建设前期成立由镇党委、政府有关领导挂帅,城建、电力、公安、广播电视等有关部门负责人组成的有线电视工程领导小组,负责指导、协调、处理工作中的重大问题。

六、经费来源

11.有线电视安装工程复杂,涉及面广、投资额大,经费负担采取分级分流落实。

与萧山市台联网经费及机房监听播出设备约50万元,由镇财政解决。

全镇电视主干线网络为165万元,基本上由各村、湘湖农场统筹解决。集资费按户数和广播电视站到各村、场的距离分担。

支线网络分配系统及用户终端器件由用户初装费解决,用户每装一户终端收费480元(含有线电视初装费330元,广播网络改造费50元,杆线补偿费100元),同一用户分设头子另行收费100元。企事业单位内安装终端除收取用户初装费外,应适当增加网络集资费(企业单位1万~5万元,事业单位5000~10000元)。

12.有线电视工程是社会公益事业,本着"社会事业社会办"的精神,其经费来源按"取之于民,用之于民"的原则,安装时用户收取初装费,开通后每户收取收视维护费。

七、维护管理

13.有线电视联网后,镇广播电视站建立专职维修队,划分安装与维修两块,在抓好扩网安装发展的同时,定期对干线和用户分配网进行维护保养,确保正常运行,性能良好,以延长使用寿命。为防止雷击损坏设备而造成严重损失,须向市保险公司进行投保,以减少经济损失。

14.具体管理办法按照国家广电部颁布的《管理办法》《实施细则》制定出具体的规章制度和管理条例,做到职责明确,责任到人。

八、附则

15.从事有线电视设施的安装和管理,必须持有省广播电视厅核发的"有线电视安装许可证",并经萧山市广播电视局认可。

16.凡镇范围内今后建设居民住宅楼、商品房等,应根据本规划加入广播有线电视建设项目,并一次性安装铺设广播有线电视设施,由镇广播电视站负责设计安装,并纳入广播有线电视系统。

17.本规划从发布之日起执行。对违反本规划的单位和个人,将根据国务院发布的《广播电视设施保护条例》和广播电影电视部发布的"2号令""5号令""7号令"和"12号令"的有关规定,依法查处。

18.本规划由镇广播电视站负责解释。未尽事宜,在镇党委、政府领导下,由镇有线电视工程领导小组进行协调。

闻堰镇有线电视工程领导小组

闻堰镇广播电视站

一九九六年十二月十一日

第三节 滨江区三镇广播电视站

一、浦沿镇广播电视站

前身为建于1968年12月的浦沿公社广播站。1984年5月，改称浦沿乡(1985年5月乡改镇)广播站。1987年2月，改称浦沿镇广播电视站。是年，被评为杭州市广播电视系统先进集体。1996年12月，划归杭州市滨江区。

1969年起，开办固定广播自办节目，每天早、中、晚播出，每次20分钟，主要内容有新闻、专题、文艺等。新闻节目每周3组至4组，每组10分钟左右。20世纪70年代起，先后不定期开办《农业学大寨》《工业学大庆》《科学种田》《改革之声》《信息技术服务》《计划生育》《卫生与健康》《法制园地》《青年之友》和《红领巾之声》等专题节目。同时，根据政府中心工作和突击任务，临时开办《基本路线教育》《人口普查》《农田基本建设》等节目。文艺节目有越剧、绍剧、相声、歌曲和群众自编自演的节目。

20世纪70年代初起，注重抓好业余报道队伍建设，除定期组织通讯员学习外，经常举办消息、小故事、小言论写作专题培训班和开展群众性的“新闻大奖赛”，提高通讯报道员的写作水平。1990年，消息《浦沿一百多青年农民骑车进城上夜校》获杭州市优秀广播作品一等奖和浙江省优秀广播作品三等奖。是年，该站“依靠群众，办好自办节目”的经验在杭州地区推广。

历任站长：

金吾林，1969.2—1987.7

周善明，1987.7—1992.11

许大伟，1992.11—1996.5

二、长河镇广播电视站

前身为建于1959年的长河公社广播站。1961年7月停办。1969年3月恢复。1984年5月，改称长河乡(1985年5月乡改镇)广播站。1987年2月，改称长河镇广播电视站。1996年12月，划归杭州市滨江区。

1969年起，开办固定广播自办节目，每天早、中、晚播出，每次30分钟，主要内容有新闻、专题、文艺等。新闻节目每周3组，每组10~15分钟。不定期开办《为承包户服务》《计划生育》《学习法律》和《生活与卫生知识》等专题节目。文艺节目有歌曲、越剧、绍剧、绍兴莲花落等。每年播出自办文字节目200多组。全镇有一支50人左右的业余通讯员队伍，每年收到通讯员来稿300~400篇。

历任站长：

来志山，1969.3—1972.5

汪凌云，1972.5—1979.11

徐云泉，1979.11—1996.5

三、西兴镇广播电视站

前身为建于1966年12月的东方红公社广播站。1981年更名为西兴公社广播站。1984年5月，改称西兴乡（1985年乡改镇）广播站。1987年2月，改称西兴镇广播电视站。1996年12月，划归杭州市滨江区。

1969年起，开办固定广播自办节目，每天早、中、晚播出，每次20分钟，主要内容有新闻、专题、文艺等。新闻节目每周3组至4组，每组10分钟左右。20世纪70年代起，先后不定期开办《农业学大寨》《工业学大庆》《科学种田》《改革之声》《信息技术服务》《计划生育》《卫生与健康》《法制园地》《青年之友》和《红领巾之声》等专题节目。同时，根据政府中心工作和突击任务，临时开办《基本路线教育》《人口普查》《农田基本建设》等节目。文艺节目有越剧、绍剧、相声、歌曲和群众自编自演的节目。

历任站长：

沈长明，1969.9—1971.2

于金法，1971.2—1971.10，1989.4—1992.12

张成龙，1971.10—1978.12

来妙龙，1979.1—1989.4

任勇，1993.1—1996.5

第三编　通讯（新闻）社、报道组、记者站

概　述

通讯(新闻)社、记者站和报道组是新闻事业的重要组成部分。它们在萧山的出现,是媒体特别是纸质媒体发展到一定阶段的标志。

中华民国时期,随着萧山县报的兴起,出现了新闻报道办事机构,形式有:通讯社、新闻社。除个别外,社址均设在县城。萧山的通讯社主要以民办为主,所发新闻以本埠为主,多数是社会新闻。当时,国民党中央宣传部为了加强对报纸的控制,把允许办通讯社作为一种政策,以标榜其民主,缓解日益高涨的新闻自由的呼声。办通讯社不需要在内政部注册登记,只要向当地县政府申请,向内政部备案即可。同时还规定通讯社可向当地的“县民食调节委员会”按月购买平价米。一些知识分子纷纷组建起各种政治和经济背景的通讯社。

民国17年(1928年)7月,创建萧山首家民办通讯社——浙东通讯社,约3个月后消失。民国22年1月,萧山有民声通讯社和萧山新闻通讯社两家;民国36年,有萧然通讯社和民锋通讯社共两家。这4家都是经过申请批准并备案。另有一家民办通讯社是抗战胜利后申请创办未被批准已先期发稿的大地通讯社,该社创办于民国36年9月。萧山的民办通讯社中,也有思想倾向比较进步的。如萧然通讯社,是由思想进步人士章泽在民国36年3月创办的,办公地址就设在萧山三青团分团部内。

中华民国时期的通讯社和新闻社,均无电讯设备,靠采访新闻编印成文稿后,分送萧山县或外地报社选用。经费来源主要靠卖文稿和稿费收入,不足部分,民办的自筹解决,官办的多数由官方津贴。无论是官办还是民办,均需向国民党及其政府申请登记,批准后,才能建立。中华民国时期的通讯社和新闻社,主要出现在抗日战争以前和抗战胜利后两个时期,一般都设有社长或发行人、编辑,有的还设编辑、采访、总务等部。供职人员设置较多,但多数系虚张声势而已,兼职或挂名人员较多,实际工作人员并不多,少的仅两三人。特约记者、通讯员均系业余人员,各社人数多少不一。

中华人民共和国成立后,至“文化大革命”前,省、市、县委政府高度重视新闻宣传工作,为了加强基层报道的需要,《浙江日报》《杭州日报》和浙江人民广播电台等省、市新闻媒体分别在萧山设立记者站或聘请集体记者,每月分配发稿任务。改革开放以后,浙江人民广播电台又在萧山恢复和重建集体记者,后来,随着省台采编力量的加强,集体记者被取消。

20世纪60年代初起,随着省市媒体在萧山设立记者站,萧山县委在办好《萧山日报》的同时,一方面为加强与上级新闻单位及其驻萧山记者站的联系,另一方面为向上宣传好萧山所做的工作以及各类典型,县委决定成立报道组。1961年3月,建立县委通讯站,1965年8月撤销。1969年2月,又建立县革委会报道组。以后,报道组根据各个不同时期,围绕萧山县(市、区)委的中心工作,都有明确的报道任务和要求,扎实开展通讯报道工作。至2018年,仍属于萧山区委办公室领导。

《杭州日报》在萧山设记者站的时间最长,最早与萧山县(市、区)委报道组一起办公。进入21世纪,杭州日报社为了加强对萧山的新闻宣传工作,2007年4月6日,将杭州日报萧山记者站从萧山区委报道组中独立出来,正式挂牌成立。2013年5月20日,杭州日报萧山记者站正式挂牌升格为萧山分社。

第一章　中华人民共和国成立前萧山的通讯(新闻)社

第一节　抗日战争前的通讯(新闻)社

浙东通讯社

民国17年(1928年)7月创建。民办,靠自筹经费维持。约3个月后消失。

国仑通讯社萧山分社

民国18年1月创办。挂官办牌子,经费自筹,每日发通讯稿,主要供国民党党政机关阅览。不到半年停办。

民声通讯社

民国22年的县报已见有该社报道。民办。原为每天发稿,12月起,改为3日发一次稿。一年后消失。

萧山新闻通讯社

民国22年8月创办。民办。9月初开始发稿,半年后消失。

国民新闻社萧山分社

民国24年的县报已见有该社稿件。官办。主要发国民党党务消息。民国26年10月停办。

萧山民国通讯社

官办。民国25年4月11日出版的《萧山民国日报》,载有该社招聘特约通讯员启事。民国26年11月停办。

第二节 抗日战争期间及胜利后的通讯(新闻)社

亚细亚通讯社

民办。民国26年(1937年)12月,由杭州迁入萧山县发稿。约一年半后,迁往绍兴。民国35年起,附设在《正义报》社发稿,经一年左右停办。

青光通讯社

民国35年8月创建,9月1日开始发稿。民办。有通讯员40余人,大都是县内小学教师。11月5日,与萧然通讯社合并,并易社名。下年,又分开。发稿至1947年8月后,迁往杭州。

萧然通讯社

民国35年10月,由三青团萧山分团筹备处创建。据该社《组织规程》设有社长1人,下设编辑、总务、发行3个部,每部各设主任1人。编辑部配编辑4人,建有通讯网,聘请业余特约记者、通讯员若干名。经费由创建单位拨给。同年11月5日,与青光通讯社合并,并易社名。下年,又分开。后因社长调动工作,1947年6月停办。

萧青通讯社

民国35年11月5日,由青光通讯社和萧然通讯社合并建成。后因双方意见不合,下年,又分离而各自恢复原通讯社。

民锋通讯社

民国36年1月成立。民办。设正副社长各1人,下设编辑、采访、总务3个部。编辑部配编辑3人,聘请业余特约记者和通讯员若干名。经费向各界筹募。下年9月,在河上店设立萧南分社。民国38年4月停办。

大地通讯社

民办。民国36年建立,3月12日开始发稿。第一期稿本有5篇报道。该社有发行、主稿、编辑等7人。后期发稿时断时续,约在民国38年3月停办。

古越新闻社

民国36年(1947年)2月,向县申请登记。4月,转向省申请登记而成立。民办。发稿一年后消失。

远东通讯社

民国36年5月,呈请登记后成立。民办。社址在坎山镇。有发行、主编、编辑等5人。民国37年3月31日出版的《萧山日报》有该社报道。历时不到两年停办。

第二章 中华人民共和国成立后萧山的通讯(新闻)社

第一节 《杭州日报》记者站

1959年11月至1961年6月,《杭州日报》在萧山县建立记者站。人员由县配备,编制属报社。开始1人,后增加到3人。平均每月向《杭州日报》发稿五六篇。

第二节 浙江人民广播电台集体记者

1960年,浙江人民广播电台聘请萧山县广播站编辑部为省台集体记者。广播站采编人员在开展好萧山县广播宣传的同时,向省人民广播电台发稿。同年6月20日,浙江人民广播电台编印的第二期《集体记者简报》上,介绍萧山县省台集体记者向省台发稿的经验,同时刊登萧山县集体记者向全省省台集体记者提出"开展集体记者工作友谊竞赛"的倡议书。1966年起,受"文化大革命"冲击,集体记者停止活动。

1980年10月,浙江人民广播电台又恢复和重建集体记者,仍聘请萧山县人民广播站编辑部为省台集体记者。除向省台发稿外,集体记者较好地完成省台组织的联办广播节目的任务,既支持省台宣传,也使县广播站更及时地了解宣传动态,有利于提高广播宣传的质量。后来,随着省台采编力量的加强,集体记者被取消。

第三节 县委通讯站(浙江日报社)

1961年3月,建立县委通讯站,配备干部1人,编制属县委。1962年5月起,人员编制归属于浙江日报社。县委通讯站主要向《浙江日报》发稿,报社规定发稿指标每月3篇,实际月均发稿8篇左右。1965年8月,人员调回报社,县委通讯站撤销。

第四节 报道组

1969年2月,萧山县建立县革委会报道组。开始4人,后增加到6人。先后属县革委会办事组、政工组；以后，改属县委办公室领导。后人员逐步减少到2人，并与县委办公室合并办公。1984年，又分离单独建组，仍隶属于县委办公室。1985年，人员增加至5人，其中摄影2人。县委报道组向各新闻单位发稿，每月一般10~20篇。

1984年12月，根据省编制委员会《关于机构编制管理办法》的规定精神，经研究核定县委报道组事业编制数6人（后增加至7人），隶属于萧山县委办公室。

萧山县通讯报道机构的任务：传达贯彻报社报道方针和意图；调查研究，向县委和报社反映情况；向新闻单位发稿，完成报道任务；在县委领导下，配合同级新闻单位，抓好全县通讯报道工作。

1994年6月，萧山市委办公室设立新闻科，与市委报道组合署办公。

1999年1月，重设市委报道组。

萧山撤市设区后，萧山区委对区委报道组进一步明确七大职责：一是贯彻执行党和国家有关新闻宣传工作的方针、政策，反映萧山区三个文明建设成果，做好区外有关新闻单位发稿工作；二是负责区委、区政府重大活动的摄影报道；三是组织协调、监督管理区内有关新闻单位对全区重大活动的采访报道工作；四是做好区行政中心橱窗宣传栏目的编辑制作等工作；五是完善网络，健全制度，加强通讯员队伍建设，确保对外宣传的真实性、准确性，正确引导新闻舆论的导向；六是配合上级新闻单位采访并搞好接待工作；七是向区委、区政府和上级部门反映社情民意，提供情况反映和意见建议。

历任报道组组长：

朱丁立、陈传忠、钱志均、汪柏遂、洪献耕、叶永浩、华保华、吕耀明。

第五节　杭州日报萧山分社

杭州日报萧山分社的前身为杭州日报萧山记者站，与萧山县（市、区）委报道组一起办公。

2007年4月6日，从萧山区委报道组中独立出来，杭州日报萧山记者站正式挂牌成立，办公地址设在萧山区工人路1117号。萧山区领导谭勤奋、周红英、张爱莲、汤金友，杭州日报报业集团党组书记、社长李建国，杭州日报副总编李黎到场祝贺。区委常委、宣传部部长裘超主持授牌仪式。

分社员工由2007年的3人增加到2019年的8人。

杭州日报萧山记者站重新组建后的中心任务：围绕萧山区委、区政府工作，发扬杭报集团优良传统，落实“三贴近”（贴近实际、贴近生活、贴近群众），进一步加大萧山对外宣传和推介力度,更到位、更快捷地服务和宣传、推介萧山各项事业,为推进萧山经济社会的发展发挥更加积极的作用。

2007年

是萧山率先实现全面小康,加快建设富裕和谐现代化萧山的关键之年。记者站积极加强与区各级各部门的沟通,主动了解和掌握萧山经济和社会各领域最新动态,重点围绕萧山打造“生活品质之区”,做了大量报道,共发新闻报道120多篇。《萧山旅游实施“个十百千万”工程》《共建共享“生活品质之区”》《环境优美之区:正是江南好风景》《萧山农民信箱今年“网”进一个亿》《新一批萧山荣誉市民是清一色的外国专家》《经济优质之区:长风破浪会有时》等新闻,广受好评。

是年,杭州日报传媒有限公司萧山分公司创收120余万元。

2008年

是改革开放三十周年。记者站紧紧围绕萧山区委、区政府中心工作,深入基层,采写《萧山区赴港签下10亿美元大单》《30年后再启程,续写新神奇》《萧山戴村“试水”村民票决制》《全力以赴打好动漫节筹备战　萧山秀出漂亮的“临门一脚”》《萧山打造“可持续发展的公共交通一体化”》《杭州市地铁一号线湘湖站开工了》《建杭州商贸副中心　萧山实施三年行动计划》《2008奥运火炬接力媒体转播车　萧山造的》《杭州临江新城拓展杭州湾的产业蓝海》《临江新城　彰显杭州湾的人文灵魂》《第二届中国·杭州(闻堰)三江美食节开幕　吃江鲜品小吃看演出游闻堰》《浙江萧山一民企出价十万年薪招“团委书记”》等鲜活新闻稿件共计200多篇。就第4届中国国际动漫节、萧山区“建设三组团　引领新发展”三年行动计划实施、“萧山十景”评选、中国(萧山)七夕文化节等重大活动策划系列宣传。

三江美食节期间,由记者站策划组织实施的“越王勾践与卧薪尝胆论坛”圆满成功,得到区领导的高度赞扬。

是年,杭州日报传媒有限公司萧山分公司创收280余万元。

2009年

做好新闻,赢得话语权,是记者站树立良好形象、赢得公信力的前提,也是打造记者站长远发展、建立广阔平台的基础。

年初,中共杭州市萧山区委作出关于加快城市化进程,实现萧山科学发展新跨越的决定。是年,记者站紧紧围绕区委、区政府中心工作做好报道,如《萧山专门组团北上“取经”加快城市化》《萧山“双轮驱动”抢滩资本市场》《萧山反腐倡廉重拳出击》《“萧山经验”给保增长加分》等。深入基层采写的《闻堰借脑引智,借科技创新逆市发展》《村企结对打造高端旅游综合体,萧山探索绿色产业发展新模式》等稿件,其中《在岗不称职、群众不满意的“村官”,“下课”！萧山创新村(社区)干部问责惩戒和辞职制度》一文,受到萧山区领导的好评,区委组织部作为创新宣传材料专门上报中组部。

是年,记者站先后策划推出休闲进化、萧山花木节、萧山民生年鉴、“12881”工程开工、大杭州旅游休闲手册萧山专题、宁围·钱江世纪城商务文化节、临江和空港经济区系列宣传报道、首届萧山购物节、国际化纤纺织论坛、中国羽博会暨首届萧山国际羽绒节等专题,取得良好反响。

8月,旺财超市萧山店开业,四个多月完成销售额26万余元。是月,杭州日报萧山记者站迁至萧山区通惠北路宁税社区(萧山国税办公用房)。

是年,萧山记者站获萧山区对外宣传“金潮奖”。

是年,杭州日报传媒有限公司萧山分公司创收480万元。

2010年

萧山区开展首届萧山区“美德标兵”表彰、首届中国国际(萧山)跨湖桥文化节暨第二届萧山国际旅游节、2010中国国际(萧山)钱江观潮节等活动,同时面临GDP破千亿元、城市化进程加速等新形势,记者站采写《美德档案记录萧山骄傲》《萧山也要推行杭州市民卡了》《杭州萧山将培育多个商圈　借力节庆商贸》《上海会议引到萧山开》《新湘湖精彩亮相迎休博》《萧山召开越文化高层论坛　专家建议越文化史迹“申遗”》《融传统产业　萧山网商欲造中国行业网站总部基地》《专家鼓励民资进入城市经济》《浦阳江生态经济区发展规划获批》《“钱江第一隧”全线建成通车》《双十大建设启动　杭州空港新城建设进入快车道》《临江新城打造产业集聚新平台》《闻堰以城市化与高新化“两轮驱动”谋发展》《衙前镇:传统纺织业踏上“新长征”》《萧山国际羽绒节完美收官　新塘羽绒成国内风向标》等新闻,为萧山鼓与呼。为钱江世纪城策划实施的“走进新城·汇聚新城智慧”——CBD建设与城市会展高峰论坛,取得圆满成功。

10月下旬,旺财超市江寺新店开业。与萧山日报社共同组建萧山旺财商贸有限公司。

是年,萧山记者站再获萧山区对外宣传“金潮奖”。

是年,杭州日报传媒有限公司萧山分公司创收486万元。

2011年

萧山记者站克服站长临时变动和区级、各镇街部门领导陆续调整等种种不利因素,更加主动加强与萧山区委办、区政府办和区委宣传部的紧密对接,配合区委、区政府中心工作开展宣传报道。全年发稿500余篇。

抓重点策划,做独家报道。先后组织策划推出萧山民生年鉴、戴村三清茶文化节、跨湖桥文化节、第二届休闲博览会、闻堰三江美食节、临江和空港经济区等系列宣传报道。定期梳理出一批新闻选题,逐一采访突破,力求将报道深入化、生动化。如在杭州保税物流中心国家部委验收整体宣传中,融入全媒体理念,首次推出杭报在线网络专题,进行现场3G网络直播,成为一大亮点,得到萧山区、空港新城管委会的充分肯定。

抓好通讯员队伍建设。上半年召开东片、中片通讯员会议,下半年召开南片通讯员会议,加强与通讯员的交流沟通,起到通感情、灵信息的双重作用。为了进一步树立采编品牌,制作一套"萧山站2010年发稿汇总",送给萧山区主要领导,强化直观认识,得到有关领导的重视。

是年,《农民坐在电脑前　点点鼠标来养猪》,获杭州新闻奖三等奖。

是年,萧山记者站三获萧山区对外宣传"金潮奖"。

是年,杭州日报传媒有限公司萧山分公司经营收入突破500万元。

2012年

萧山区党代会提出建设文明幸福新萧山的五年奋斗新目标。记者站围绕区委、区政府中心工作做好宣传报道。对文明幸福新萧山的三大体系进行的系列解读,得到领导认可。对萧山区两会、读书会、文明城市创建、转型升级、跨湖桥文化节、休博会等的报道,贯穿全年,较好地完成宣传任务。

记者们积极深入一线,在报社组织的记者下基层、记者站联村进社区、抗洪救灾、红色浙江行等活动中做好宣传报道。全年发稿近500篇。《沪杭高速上演接力救援　萧山三壮士义举暖人心》《全省区第一!　去年萧山财政收入破200亿元大关》《浦阳江生态经济区发展领导小组办公室正式挂牌　萧山南部迎来加快发展新契机》《绝迹十来年　湘湖莼菜重回故里》《萧山打响"华东会客厅"旅游品牌》《萧山:向文明幸福砥砺奋进》《临江十大项目百亿工程开工》《浙江湘湖旅游度假区(湘湖新城)昨日挂牌成立》《萧山和杭师大签署教育合作框架协议》《"十一五"轻工业特色区域和产业集群先进　"中国羽绒之乡"新塘上榜》等40多篇稿件刊发在要闻版面。

是年,记者站先后组织策划推出萧山民生年鉴、戴村三清茶问茶季、跨湖桥文化节、闻堰三江美食节、羽绒博览会、临江首届旅游节等系列宣传报道。

是年,《献血达人冯坚强第100次献血》,获杭州新闻奖三等奖。

是年,萧山记者站又获萧山区对外宣传"金潮奖"。

是年,杭州日报传媒有限公司萧山分公司总体经营完成374万元。

2013年

5月20日,杭州日报萧山记者站正式挂牌升格为萧山分社。9月,办公地址迁至萧山区城厢街道文化路266号。

是年，分社主动对接区委宣传部、旅游局、商务局、住建局、经发局等，重点做好跨湖桥文化节、新湘湖、购物节、旅游节等策划宣传，“唱”好萧山区各项工作的重头戏，服务萧山的三个文明建设，在杭报刊发新闻近400篇，《资本航民村》《萧山有家企业将“忠孝”观念引入企业管理　传统文化“攒”起企业正能量》《胸牌桌牌去向牌　牌牌显真情　急事缓事疑难事　事事提效快》《党员考核由“估量型”向“精准化”转变　萧山北干街道推出“党员贡献积分卡”基层党建新尝试》《湘湖新城·闻堰镇千余农民排队选新房》《恶意举报不可取　网络造谣更当禁　萧山一村书记用法律武器维护自身权益》《整整14年献血130次　累计70400毫升　献血英雄冯坚强要献血到65岁》《八千年跨湖桥漆弓是中国“漆之源”》《萧山“公交优先”让市民方便出行》《瓜沥坎山党山“三镇合一”　新瓜沥小城市跨越式发展掀开新篇章》《万向集团营收超1000亿元　浙江民营企业又多一只千亿级“大老虎”》等文章获读者好评。其中，《十岁女孩患上罕见病　萧山4000人爱心捐款逾20万元　小女孩的父亲感叹：“好人真当多！”》见报后，市委常委、宣传部部长翁卫军批示表扬。

是年，《三问临一村民主拆迁》获省好新闻二等奖。

是年，旺财公司归口萧山日报社经营。

是年，杭州日报传媒有限公司萧山分公司创收520余万元。

2014年

是年，进行大江东体制调整、传统产业转型升级，改革发展面临新挑战，萧山区委、区政府致力推进转型升级、新型城市化、生态文明三大主线，适应新常态，实现新作为。

萧山分社先后策划推出“大干2014，萧山再出发”系列专题、“萧山治水进行时”系列专题、“信息经济智慧经济在萧山”专题报道、“三改一拆”系列报道、项目推进年活动报道、2014中国（杭州）国际电子商务博览会萧山片区宣传报道、杭州湾都市圈联合采访活动、“发现杭州新中心”钱江世纪城主题宣传等系列宣传报道，取得良好效果。

在首届电博会期间，分社积极对接萧山商务局和相关重点企业、空港经济区、湘湖新城，完成招展招商工作，与空港合作的智慧物流（快递）论坛取得成功。

是年，杭州日报传媒有限公司萧山分公司创收840余万元。

2015年

萧山改革发展面临新挑战，同时迎来服务G20峰会、亚运会筹备等新机遇，萧山区委区政府继续深入推进转型升级、新型城市化、生态文明三大主线，寻求新突破，实现新发展。

萧山分社积极配合区委、区政府中心工作开展宣传报道，全年发稿400余篇。其中,《新常态下如何确保继续走在全省前列? 萧山要改革创新两台“发动机”》《 打造萧山产城融合的样本 钱江世纪城调整管理体制蓄势再出发》《临江高新区升级为国家高新区》《瞄准国家级开发区第一方阵萧山开发区激情干事开新篇》《萧山湘湖畔3D小镇横空出世成为国内最具竞争力的3D产业高地》《萧山区打赢“一矿两场”三大攻坚战 “三生融合”赢得金山银山》《致力建设跨境电商综试区 萧山开辟商贸新蓝海》《浦阳江治理动真格! 9月15日前萧山浦阳江干流砂石码头全关闭》《谋划国家级临空经济示范区 经济“双发” 萧山快变》《创业和生态环境怎么样? 萧山区“公述民评”面对面问政》《变“选上就用”为“聘而后用” 萧山开我市村干部聘用制管理“先河”》等40多篇新闻在杭州日报头版见报。

是年,分社先后参与策划推出大江东新闻系列专题、杭州日报成立60周年专题、湘湖三期建设专题报道、萧山生态文明系列报道等系列宣传报道。在第二届电博会期间,分社积极对接萧山区政府、商务局,完成萧山区展位招商、中德电商高峰论坛的相关服务办调工作。

是年,杭州日报传媒有限公司萧山分公司创收950余万元。

2016年

分社抓住G20主会场所在地在萧山这一机遇,与相关镇街部委办局及早对接,开展整年度的新闻打包合作方案和特刊合作,推出迎G20倒计时100天、30天系列主题活动,全年在杭州日报发稿近300篇,成为萧山外宣的重要载体和窗口。《一片羽绒背后的“跨境思维” “羽绒之乡”萧山新塘借势跨贸转型升级 》《引得活水源头来 萧山:“金融引擎”提振实体经济 》等头版头条文章,得到领导肯定。

由分社及时挖掘首家刊发在深读版的《讲故事的人 ——从“野渡创造社”管窥文化杭州建设》,受到了区文广新局的好评,“野渡”这一原本不起眼的草根社团,也因此得到了众多媒体的关注,更是得到政府的扶持。《三位“海归”回国 竟一头扎进了深山里种菜》《本鸡住上山间别墅 管理用上物联网技术 萧山区加快推进美丽生态牧场创建》《一只垃圾桶引发的乡愁 千年古镇河上欲借乡村旅游载体“重生”》等散发着农耕气息的鲜活新闻,深接地气,获读者好评。

分社配合集团的重点项目电博会,全力以赴做好第二届中德论坛各项会务工作及考察活动,受到萧山区政府及德国方面的肯定。

为加大对大江东的宣传力度,2016年起,分社派驻大江东记者1名(多时2名)。2019年1月,派驻记者划入大江东新闻中心,归口杭报区县市中心管理。

是年,杭州日报传媒有限公司萧山分公司总营收与2015年持平,较好地完成了各项任务。

2017年

杭州日报萧山分社主动加强与萧山区各级政务部门和镇街的紧密对接，配合区委、区政府中心工作开展宣传报道，新闻采编和宣传专版不断深化拓展。萧山区委宣传部与萧山分社签订长期新闻战略合作协议。全年在杭州日报发稿300余篇，特别是头版报道达到63篇，居13个区县市首位，成为萧山外宣的重要载体和窗口。《用“三重门”重新认识萧山》《萧山“民情双访”推动十九大精神落地生根党课全覆盖　干部全入户》《萧山开发区着力打造“中国人工智能谷”》《钱江世纪城全面进入“亚运时间”》等头版头条文章，以及《萧山进化25名村书记为自家村庄代言　他们要花三年时间把村庄全都变成A级景区》一文，获萧山区主要领导批示予以肯定。其中，杭州市委常委、萧山区委书记盛阅春对10月13日杭州日报头版头条《用“三重门”重新认识萧山》一文的批示：“这篇文章发的好，写的也好，向记者表示感谢！”工人日报原社长兼总编辑瞿祖庚在录制萧山人大会的视频上，提到分社记者采写的“三重门”一稿带给他的震撼。

《来萧山南阳，听一棵石斛的创业故事》《“赤脚农民”让世界芦笋协会主席为之折服“国外专家过来一看，惊得下巴都要掉下来”》等鲜活新闻，得到相关部门及读者的肯定。

9月，网易萧山新闻频道开通。是年，发布在网易客户端的新闻篇数达450篇。精心策划活动专题4个，推出的全国知名作家湘湖行和萧山人大会两个网络专题，受到相关部门好评。

萧山分社抓住中共十九大召开之际，与相关镇街部委办局及早对接，及时推出了迎接中共十九大、贯彻中共十九大的系列主题特刊。

此外，配合电博会，全力以赴做好在德国召开的第三届中德论坛各项会务工作及考察活动，受到萧山区政府及德国方面的肯定。

是年，《千年古官河的“复”与“兴”　打好剿劣攻坚战　夺取治水新胜利》，获杭报集团新闻奖，浙江省新闻奖三等奖。

是年，杭州日报传媒有限公司萧山分公司总营收首次突破1000万元大关。

2018年

萧山分社在扩大萧山对外宣传“面”的同时，不断做好“质”的文章，推出不少重磅稿、质量稿。围绕“八八战略”、“拥江发展”、重大项目开工等省市以及区委、区政府中心工作，在杭州日报头版刊发多篇重量级稿件，如《“党建+亚运”　钱江世纪城为亚运筹建安上“红色引擎”》《干好一三五　备战亚运会　在服务保障亚运会中谋求萧山新发展》《淘汰落后产能　推进转型升级　萧山12大行业“散乱污”企业集中整治启动》

《萧山:"平台经济"为高质量发展"赋新能"》《"天价"草莓背后的供给侧改革》《最高扶持1亿元　萧山出台四项人才新政》《萧山全力推进旅游国际化　世界旅游联盟总部落户萧山"溢出效应"凸显》《萧山"两带两廊"擎起城市与产业发展"双重骨架"》《再立潮头闯新路——"八八战略"引领萧山打开拥江发展新格局》《萧山今年培育50个"美丽党建"重点示范村　"美丽党建"引领乡村振兴("乡村振兴的杭州探索"栏目)》《萧山整治超面积辅房　腾出美丽乡村空间　村民围墙内外超面积辅房也要整治了》等,宣传效果良好,得到领导和读者认可。

除宣传好萧山区政府的中心工作外,不忘报道发生在普通百姓身上的感人之事。《把根留住》,描述的是萧山"方言达人"高成芳,用心编写了一本由5000多个沙地方言词句组成的《杭州萧山方言歇后语杂录》,让沙地方言重新"活起来"。刊发在杭州日报《倾听》版的《湘湖师范南迁记——我的父亲金海观与湘湖师范》,是记者特意跑到北京采访金海观的大儿子92岁高龄的金陵,从中获得很多第一手的资料。文章刊出后,在湘师毕业生的朋友圈刷屏。

是年,《告别"天书",萧山试点语音电子病历》,获全国副省级城市党报短新闻大赛二等奖;《大学生实习,还能拿政府补贴》,获全国副省级城市党报短新闻竞赛三等奖。

是年,杭州日报传媒有限公司萧山分公司2018年度总营收1145万元,创分社建站11年来新高。

历任负责人:

王丽芳,站长,2007.4—2009.8

童伟民,站长,2009.9—2011.3

赵玉福,副站长,主持工作,2011.4—2011.10 ;站长,2011.11—2013.4

郭燕,分社社长,2013.5—

杭州日报萧山分社获得区级以上荣誉

2009年,杭州日报萧山记者站获萧山区对外宣传"金潮奖"。

2010年,杭州日报萧山记者站获萧山区对外宣传"金潮奖"。

2011年,杭州日报萧山记者站获萧山区对外宣传"金潮奖"。

2012年,杭州日报萧山记者站获萧山区对外宣传"金潮奖"。

2011—2018年杭州日报萧山分社获奖作品一览表

表3-1

年度	奖项、等级	标题	作者	刊登媒体
2011	杭州新闻奖 三等奖	农民坐在电脑前 点点鼠标来养猪	方　亮	杭州日报
2012	杭州新闻奖 三等奖	献血达人冯坚强第100次献血	方　亮	杭州日报
2013	浙江新闻奖 二等奖	三问临一村民主折迁	杨鎏晖　赵玉福	杭州日报
2017	浙江新闻奖三等奖	千年古官河的“复”与“兴”　打好剿劣攻坚战　夺取治水新胜利	万光政　汪　玲 郭　燕　郑丽华	杭州日报
2018	全国副省级城市党报短新闻大赛二等奖	告别“天书”，萧山试点语音电子病历	洪　斐　严泽玮	杭州日报
2018	全国副省级城市党报短新闻竞赛三等奖	大学生实习，还能拿政府补贴	方　亮	杭州日报

第四编　新媒体

概 述

萧山的新媒体起步于1997年,走过20多年,发展为萧山的一大主流传媒集群。

萧山的新媒体发展分为四个阶段:互联网的试水、PC端的三足鼎立、移动端的全面布点、融媒体的合成。

一、互联网的试水

1995年,萧山出现第一批注册网民,主要是一些在萧山的外国专家,通过电信163拨号上网。后注册用户成倍放量增长。1997年10月,随着国企全面改革,萧山电信凭借自身网络资源优势,建起浙江省内第一个县域级门户网站——"萧山信息之窗",以展示萧山历史沿革和人文信息为主,内容大多取自萧山地方志,同时提供日常便民服务信息,并与萧山日报社合作将报纸内容网络化呈现。"萧山信息之窗"的出现,标志着萧山新媒体就此起步。

作为萧山第一大传统主流媒体的《萧山日报》开始试水互联网。2001年1月21日,《萧山日报》数字电子报正式上线,开通电子版网站,实现即时发布。网民登录网站可以随时随地免费阅读《萧山日报》纸质报纸。

以萧山电信的"萧山信息之窗"网站运营和《萧山日报》数字电子报面世为标志,萧山新媒体走在全省县(市、区)前列。

二、PC端的三足鼎立

进入21世纪初,萧山新媒体在PC端发力,开始迈入繁荣和辉煌时代。

2004年,萧山日报获准将电子版网站改名为萧山网,启动萧山新闻网站的试运行。

2005年1月18日,萧山新闻类门户网——萧山网正式上线。萧山网由萧山区委宣传部、萧山日报社、萧山广电局、杭州沈氏化纤有限公司联合出资组建,是年被列入浙江省文化体制改革试点单位。萧山网由萧山日报社负责具体运营,通过"新闻立网、市场强网、人气聚网",走出一条"独立办网,公司化运作,企业化管理,滚动式发展"的创新之路,一跃成为全国县(市、区)第一网,跻身全国地级市新闻网前十。萧山网所创的"垂直式三级办网"模式,被省外宣办推广,中宣部、国新办前去调研考察,肯定萧山网发展模式，萧山网成为浙江新媒体的一面旗帜。2012年，萧山网营收首次突破1000万元，成为千万级新闻网。

2005年11月，萧山广播电视台开通官网——萧山广电网，后更名为湘湖网。凭借其电视媒体的特点和优势，以拓展影视产业和视频业务为重点，湘湖网进入浙江县（市、区）广电新闻网第一阵营。

与此同时，由“萧山信息之窗”发展而来的“萧然在线”步入快速发展期。从聊天室到BBS论坛，从线上到线下，打造的“西山茶室”“北干听风”等聊天室和论坛，兴盛时集聚数十万名网民，在萧山乃至全国具有一定的影响力，“萧然在线”成为萧山最有影响力的网站之一。

这一时期，萧山网、湘湖网、萧然在线三足鼎立，萧山新媒体风生水起。

三、移动端的全面布点

进入全民移动时代，萧山新媒体发展抢抓机遇，注重在移动端全面布局和打造相关平台。

2009年8月10日，由萧山日报社和浙江移动萧山分公司联合打造的“萧山手机报”正式开通，成为浙江省县（市、区）首份手机报。兴盛时，萧山手机报用户达18万人，成为浙江县（市、区）第一手机报。2012年，萧山日报社和浙江电信萧山分公司合作推出“湘湖手机报”。至此，手机报实现在移动、电信、联通三个终端的覆盖。后因市场变化，手机报转场至微信端。

2010年，萧山日报社开启微博元年。2011年4月，萧山广播电视台官方微博上线。2013年4月，萧山广播电视台官方微信上线。2013年7月，萧山日报官方微信上线。

2013年12月，萧山日报社实施“互联网+”战略，萧山第一个移动新闻资讯客户端“无线萧山”App登录市场。2015年4月，作为萧山区委、区政府实施“互联网+”行动计划，打造服务型政府的重要举措，“智慧萧山”手机门户出炉。

2014年1月，按照手机电视的定位，萧山手机台1.0版本在苹果和安卓市场上线。2016年5月，作为萧山网移动化发展的重要平台——手机萧山网上线，为手机用户提供最新、最快的本地新闻资讯，以及突出服务性和实用性的手机问政、手机社区等特色产品。

2014年8月，“萧山发布”网络发布平台应运而生，成为萧山权威信息发布的平台、热点事件回应的平台、民生信息服务的平台。

这一阶段，萧山日报、萧山广播电视台两大主流媒体在新媒体上齐发力，主动出击，迎接挑战，抢占阵地，萧山新媒体迎来百花齐放。

四、融媒体的合成

2019年，萧山迎来融媒体合成年，其标志是：萧山区融媒体中心建成投运。萧山区融媒体中心着力打造“一心两翼九端千点”的“舰队式”全媒体融合矩阵。“一心”指萧山区全媒体指挥中心；“两翼”指萧山日报和萧山广播电视台两大主流媒体；“九端”指九个主要发布平台和端口，即平面媒体：萧山日报；广播：萧山广播电台；电视：萧山电视台；政务端：报道组、信息中心；网络：萧山网（为龙头）；App：“智慧萧山”（为龙头）；微博微信：“萧山发布”（为龙头）；手机报：萧山日报手机报；手机台：萧山手机台（萧山网络电视台）；“千点”指以上这些发布端口的二级发布端口，约1000家，主要包括萧山日报、萧山广播电视台、萧山网所属的多个微博、微信平台；区级各镇街、各部门的网站、微博、微信等。“一心”是管理中心；“两翼”是新闻源，既自成小系统，又通过“一心”连接形成大系统；“九端”是最重要的发布端口，分别与“一心两翼”核心平台对接；“千点”是汇总全区所有发布平台，进行统一指挥。萧山的媒体融合，立足萧山实际，加快构建现代传播体系，打造“舰队式”全媒体融合矩阵，最终实现“全媒体指挥平台、全媒体采集平台、全媒体视频平台、全媒体编审平台、全媒体刊播平台”五大功能。

2010年起，萧山的新媒体融合，就在两大主流媒体层面开始探索。

2010年起，萧山广播电视台通过打造区域性传媒综合体，全力推进各平台的融合。以建立统一的新闻平台、活动平台，建设全台网、培养全能记者为途径，对广播、电视、网络等资源优化配置，栏目、人员、技术之间联动跟进，新闻链和产业链扩充完善，逐步形成多位一体、协调共进的融合发展新格局。

萧山日报按照建媒体、强媒体、融媒体、全媒体四步走战略，扎实推进全媒体建设。2014年6月，萧山日报社围绕构建全媒体、融媒体运作体系，进一步调整机构设置，成立全媒体发布中心，建起报纸、网络、手机报、微博、微信、无线萧山App等全媒体集群平台。9月，全媒体中央控制室建成启用，通过机构改革、流程再造、制度重置、队伍转型等，大力推进媒体融合。

第一章 网络媒体

第一节 萧山网

萧山网(www.xsnet.cn)创建于2005年1月18日,是浙江省文化体制改革试点单位,由萧山区委宣传部、萧山日报社(杭州萧山日报传媒有限公司)、萧山广电局(杭州萧山广联信息网络有限公司)、杭州沈氏化纤有限公司联合出资300万元组建,萧山日报社负责运营,走的是“独立办网,公司化运作,企业化管理,滚动式发展”的路径。

萧山网共有员工70人,设1办7部1外派工作室。新闻部、多媒体部两大内容部门,专题部、频道部两大经营部门,社区部、网络问政/舆情工作室两大互动部门,技术部、综合办两大保障部门,外派的大江东工作室承接杭州大江东产业集聚区官方网站日常运营。萧山网按互联网企业特性,构建起扁平化、项目化的组织架构,强化创新发展。

萧山网实施区级新闻网、镇街部门网、村(社区)网“三级办网”,打造垂直式、全覆盖的网络传播体系;通过移动化、平台化、社群化、活动化的“四化”融合,推进转型发展。2012年11月,萧山网经营收入首次超过1000万元,成为萧山最有竞争力的新媒体。2018年,实现营收1700万元,利润300万元。连续十多年,年均增长10%以上。中宣部、国新办、浙江省委宣传部等相继考察萧山网,浙江省外宣办发专报肯定萧山网“垂直式三级办网”样本,推广“萧网模式”。

一、发展历程

2004年10月,萧山网试运营,办公地点设在萧山日报社4楼。10月27—31日,2004世界杯乒乓球赛在萧山举办,萧山网图文直播全部34场赛事,这是萧山新闻报道史上首次网络直播,该报道获浙江新闻奖三等奖。

2005年1月18日,萧山网正式上线,杭州市委常委、萧山区委书记王金财宣布萧山区“第四媒体”——萧山网正式开通,杭州萧山网络传媒有限公司成立。杭州日报报业集团党委书记、社长李建国,萧山区委副书记、区长陈如昉,浙江省政府新闻办公室副主仁黄明辉,杭州日报报业集团总编辑赵晴,浙江在线总编辑陈建华,萧山区委副书记朱华,萧山区委常委、宣传部部长汪柏遂,萧山区人大常委会副主任许申敏,萧山区副区长张爱莲，萧山区政协副主席周红英出席开通仪式。浙江省委宣传部副部长、省政府新闻办公室主任张宝贵，杭州市委宣传部副部长、市政府新闻办公室主任姜军发来贺电。王金财为萧山网题词："让世界了解萧山，让萧山走向世界。"陈如昉题词："立足萧山，关注世界。"李建国和陈如昉共同为萧山网和杭州萧山网络传媒有限公司授牌。萧山日报社社长、总编辑孙焕林任萧山网董事长，楼忠兵任萧山网总经理，徐丽荣任新闻总监，设办公室、新闻部、市场部、技术部四部门，员工23人。

2005年10月，萧山网筹建"新闻会客厅"。先后成功组织"对话区委常委""对话区领导""对话局长""对话镇街领导"等系列访谈，成为萧山网一大特色品牌栏目。

2006年1月12日，杭州世界休闲博览会100天倒计时仪式举行。浙江省委常委、市委书记王国平为休博会倒计时100天揭牌，按下由萧山网承办的萧山休博办官方网站（expo.xsnet.cn）开通按钮。杭州市委常委、秘书长顾树森，杭州市委常委、萧山区委书记王金财出席。

2006年8月18日，萧山网入驻萧山国际创业中心7楼，办公面积619平方米，建设一个100平方米专业演播室。视频节目包括萧山播报、对话区领导、名人访问等，承接各种大中小型节庆活动或会议、论坛直播录播，及微电影、专题片、宣传片摄制，为客户提供优质的视频服务，留存宝贵的影像资料。2011年5月10日，萧山网办公面积扩大至1238平方米，包含整个7楼。

2006年，萧山网组织实施"三级网"建设，第一个镇街子网——衙前镇网开通；2008年，第一个部门委托经营的子网——萧山残联网开通；2009年，新街镇8个村、瓜沥镇10个村的村网开通，萧山网三级网站建设格局形成。

2007年3月，在全国县市区域报新闻网站建设评比中，萧山网位列"十佳网站"之首。

2007年9月，萧山网举办首届"全国网络媒体萧山行"，开全国县市区新闻网站之先河，之后每年举办，为集中宣传萧山搭建起有效平台。

2007年11月，首届萧山年历宝宝大赛举办，萧山网开始运作大型品牌活动。

2010年3月，萧山网在全国县级新闻网站中首家成功申领国家级"信息网络传播视听节目许可证"。

2011年1月，萧山网荣获浙江省文化传播创新十佳网站。浙江省委外宣办组织浙江日报、钱江晚报、今日早报、杭州日报、都市快报、青年时报、浙江在线共7家省市级媒体组团采访萧山网。

2011年2月17日，国新办网络宣传局网络规划处副处长满斌，新华网战略研发部（新华社终审发稿人）刘君，中国广播网总编室主编吴菁到萧山网调研。满斌对萧山网关于镇街网、村级网、部门网发展架构给予充分肯定，称赞“萧山网的经验，值得全国其他网站借鉴”。

2012年3月22日，萧山日报工会萧山网分工会成立。6月25日，萧山网党支部成立。

2012年5月9日，浙江省委宣传部副部长、外宣办主任吕建楚在萧山区委常委、宣传部部长叶建宏，萧山区委宣传部外宣办主任尹哲军等的陪同下调研萧山网。吕建楚认为，萧山网在网站体制机制优化、发展路径清晰、办网宗旨明确、办网过程中强化事业发展等方面的经验值得各地网站借鉴。尤其是萧山网“三级办网”的垂直性发展模式，使萧山网实现快速发展、宣传阵地的全覆盖、新闻舆论影响力的大提升。之后，《垂直式拓展发展面　全覆盖实现全引导——萧山区探索创建“三级办网”的“大萧山网”模式》论文在浙江省委宣传部内刊发表，详细介绍萧山网“三级办网”模式。同年8月，《中国新闻出版报》以《萧山网:“三级办网”创双赢局面》为题，半版介绍萧山网“三级办网”。

2012年8月，以受理群众投诉、接受政情咨询为主旨的“萧山网络问政平台”开通。萧山区委副书记、区长李玲，浙江省监察厅副厅长谢双成，杭州市纪委常委、监察局副局长姚吉锋共同按下启动按钮。萧山区领导洪松法、郎文荣、叶建宏、邱有来、俞志仁出席。平台以打造“24小时不下班的网上政府”为目标，以“百姓事网上办”为宗旨，努力做到“事事有结果，件件有回音”。全区101个镇街、部门、单位纳入“网络问政”体系，在政府和民众间架起民意直通车，成为实践“最多跑一次”的活样本，群众满意率最高的一个政务平台，政府主推、百姓点赞、部门参与的萧山最大为民服务平台。

2012年11月，萧山网经营收入首破1000万元，是年完成经营收入1160万元，成为萧山有竞争力的新媒体。

2013年10月31日，中宣部调研组一行在政策法规研究室副巡视员唐汇西率领下考察萧山网，肯定萧山网作为县(区、市)级区域新闻网站的“三级办网”模式和网络问政运作方法。唐汇西认为，作为县市区域网站，萧山网的“三级办网”运作模式很有特色;网络问政优化了当地的政务环境，提高了政府办事效率，为民办了好事、实事。

2014年8月，萧山网推出“萧山舆情信息平台”，采集信息，提取内容，专业分析，为萧山区委、区政府提供第一手舆情信息，为萧山各镇街、部门、行业企业提供专业的舆情服务。2015年12月，萧山网成立杭州市舆情工作室——湘湖社区舆情工作室，承办萧山区级社区(基层)舆情信息工作。2018年4月，湘湖社区舆情工作室被杭州市委宣传部评为2017年度杭州市社区舆情信息工作业绩突出单位。

2014年9月，萧山网荣获“中国地市网最具品牌影响力奖”。2015年4月，第五届中国互联网品牌大奖在北京揭晓，萧山网获“全国地方网站最具影响力品牌奖”。2016年4月，在第六届中国互联网品牌大会上，萧山网获“2015中国新闻网站十佳创新品牌奖”，萧山网官方微信获“2015全国最佳微信公众号”。同年11月，萧山网获2016年度中国城市网盟奖十大优秀网站奖。2018年，萧山网获全国地市网络媒体综合实力二十强品牌称号。

2014年10月，萧山网与北干街道合作，承办北干楼宇经济网，为北干街道在引进企业、留住企业、服务企业，更好发展楼宇经济进行全新探索，萧山网涉足多元产业发展。

2014年11月，由国家体育总局武术研究院、中国武术协会、浙江省体育局、萧山区政府主办，萧山网策划承办的国家级大型活动“世界太极拳健康大会”开幕。围绕太极与健康、太极与文化，邀请国家武术研究院专家委员会专家钱源泽、曾乃梁，吴式太极拳名家梅墨生，陈式太极拳名家陈正雷，浙江太极拳推手专业委员会会长严国兴等太极名家齐集一堂，谈拳论道，并共同发起“弘扬太极，健康世界”的《萧山宣言》。国家体育总局武术运动管理中心为萧山网颁发“特别贡献奖”。之后，萧山网策划承办每年一届的“杭州萧山国际武术文化湘湖论坛”成为国际性武术盛会，中国武林界、体育界的国字号品牌活动。

2015年1月，萧山网承办运营的杭州大江东产业集聚区官方网站开通，为杭州大江东产业集聚区搭建网上对外宣传平台，标志着萧山网拓展区外经济板块正式启动。

2016年5月20日，萧山本土手机门户网站——手机萧山网上线。手机萧山网是萧山网发展移动新媒体的新成果，也是萧山网实施移动化战略的新举措。

2017年3月7日，浙江日报报业集团党委书记、社长高海浩一行，在萧山区委常委、宣传部部长赵文虎，萧山区委宣传部常务副部长沈志刚陪同下，对萧山网的运营体制、三级网传播模式、网络问政平台运行情况进行调研，对萧山网取得的成就表示肯定。

2017年5月，根据国家网信办就网站履行网上信息管理主体责任的八项要求，萧山网设立总编辑一岗，董事长金烽兼任萧山网首任总编辑。

2017年5月25日，浙江省委宣传部舆情信息中心（浙江省思想政治研究会）主任申中华一行，在萧山区委宣传部副部长尹哲军等陪同下，考察指导萧山网舆情工作。申中华对萧山网舆情工作和“三级办网”创新举措给予高度肯定，认为“萧山网作为县（市、区）级的媒体融合做得非常成功，这也是未来媒体的发展方向，值得借鉴”。

二、办网特色

1.三网合一

三网合一，打造萧山最大新闻门户网、最大商业综合门户网、最大社区社交网，构建“大萧山网”主流媒体格局。

(1)新闻立网,打造萧山最大新闻门户网

重大新闻报道不缺位,重大主题报道做策划,重点民生报道求实用。新闻,是萧山网的立网之本。一方面服务党委、政府中心工作,坚持正确舆论导向,结合全区性中心工作,策划专题式全方位宣传报道;另一方面关注民生需求,以本地新闻、民生新闻为重点,大力挖掘原创实用性新闻。萧山网每天发布新闻信息2000余条,自采时政类、民生类、服务类新闻100余条,开设《萧网2分钟》《萧网街访》《曝光台》等品牌新闻栏目,新闻宣传影响力不断增强,新闻作品连续数年获浙江省、杭州市网络新闻一、二、三等奖。

(2)市场强网,打造萧山最大商业综合门户网

作为一家自主经营、自负盈亏的新闻网站,确立市场竞争力是生存和发展的关键。萧山网以市场为依托,以服务为手段,相继推出房产、汽车、理财、教育、健康、家装、生活等商业网站,以资讯服务为基础,以品牌活动为抓手,以用户数据为核心,构建起良性的O2O模式和稳定的赢利模块。商业频道每天提供各类实用性商业资讯1000余条,成为广大网民获取资讯的重要载体。杭州萧山国际武术文化湘湖论坛、萧山年历宝宝大赛、萧山网络歌手大赛、萧山广场舞大赛、萧山少儿舞蹈大赛、萧山少儿主持人大赛、萧山镇街车展、萧山健康文化节等一系列品牌活动,有效扩大了网站影响力,取得了经济效益和社会效益双丰收。

(3)人气聚网,打造萧山最大社区社交网

“湘湖社区”论坛,在萧山拥有较高的人气和知名度。论坛定期策划热点话题,吸引网友互动,同时组织“意见领袖”对热点话题进行舆论引导,并通过新闻报道予以配合。论坛还相继开通“萧山网络问政平台”“萧山舆情信息平台”等更实用的社交平台,受到各方欢迎。2012年,萧山网推出承载“湘湖社区”精品内容的线下杂志《湘湖社区》,通过线上线下互动,提高萧山网新闻、资讯的有效传播,扩大“湘湖社区”影响力。

2. 三级办网

萧山网以技术服务为依托,以内容服务为支撑,建起区级新闻网、镇街部门网、村网的三级网络,打造一个垂直性“大萧山网”,使萧山网扎根到基层,横向到边,纵向到底,搭建全方位、多层次的宣传阵地,构建起“三级办网”传播体系。

(1)区级新闻网成主力

萧山网坚持“新闻立网”办网宗旨,围绕萧山区委、区政府中心工作,服务全区发展大局,不断加强新闻策划,做好重大主题、重大活动、重大新闻、突发事件等报道,为

当地社会和谐发展营造良好舆论氛围。同时,加强传播手段创新,综合运用PC+移动、视频+图文、即时滚动+深度报道、直播+互动等多种宣传报道形式,不断提升萧山网的传播力、引导力、影响力和公信力。

(2)镇街网实现全覆盖

2006年,萧山网免费为萧山26个镇街全部开通单独频道。2007年,萧山网将镇街频道升格为镇街网,搭建起全区性的萧山镇街网上对外宣传主平台。镇街网从免费到收费,从常态服务到个性服务的发展,形态愈来愈成熟,成为当地党委、政府的有效宣传平台。至2007年年底,萧山26个镇街全部"驻扎"萧山网。

(3)积极拓展部门网

部门网是"大萧山网"的重要组成部分,是各部门展示形象的窗口、与民众互动的平台。2009年起,萧山网着手拓展政府部门网站,萧山区委组织部、区委宣传部、区法院、环保、发改、经信、招商、农水、人力保障等30多家政府部门网纳入"大萧山网"范畴。

(4)延伸村级(社区)网

新闻来自基层、服务基层。2009年,萧山网全面启动村级网站建设,把新闻、资讯服务延伸到最基层,为200多个村(社区)建起村(社区)网,占萧山行政村的50%。村(社区)网已成为基层组织建设、村务公开、"三农"服务的实用性平台。

3."四化"融合

萧山网加快推进网站转型,实施移动化、平台化、社群化、活动化的"四化"融合发展。

(1)移动化转型,提高萧山网传播力

移动化,是萧山网传播路径的重大转型。2016年,手机萧山网上线,为广大手机用户提供最新、最全的本地新闻资讯。2017年,推出手机镇街、部门网,受到各方好评。直播+视频,成为主流传播模式。在移动端传播中,萧山网综合利用图文、视频、直播等形式,对重大主题、新闻事件进行报道,取得良好宣传效果。两微一端提质升级。在做大做强新闻类萧山网微信,生活类湘湖社区微信的同时,重点对代维微信提质升级,重原创,强互动,优效果,求双赢,有保有压,代维微信收入稳步增长。

(2)平台化运作,增强萧山网应用功能

平台化运作,是萧山网为增强网站应用性功能而作出的战略部署。PC网向应用服务网转型,提供实用信息,加强服务功能。萧山新闻资讯平台、萧山服务资讯平台、萧山社区社交平台、萧网购平台、萧山网视平台、萧山网络问政平台、萧山舆情信息平台、萧山智能信息服务平台共八大平台建设按计划稳步推进,搭建数据资料库,推出舆情信息服务,开展楼宇社区服务等,完善镇街部门网站的应用功能。

(3)社群化探索,拓展萧山网服务功能

社群化发展,是萧山网社区转型的方向,是拓展服务功能的重要手段。社区网转型,信息分层加工。第一次加工,纳入网络问政平台;第二次加工,纳入舆情信息平台。萧山网络问政平台以打造“24小时不下班的网上政府”为目标,在政府和民众间架起民意直通车。2018年以来,以手机问政、问政微博、问政微信为平台,打造移动问政平台取得较大成果,问政件的数量和质量都有一定提升,网友好评件也有较大提升。萧山舆情信息平台,为萧山区委、区政府提供第一手舆情信息,为镇街、部门、企业提供专业舆情服务。在做好服务的同时,进一步加强舆论引导,与萧山区网信办合作,推出《阅评萧湘》板块,组织培养网络名人,加强网上评论,提升网络舆论引导能力。

(4)活动化推进,提升萧山网竞争力

活动是萧山网经营开拓的重要思路。做强“舞动萧山”系列。萧山网以大众舞台为平台,创新丰富大众文化生活,策划推出“舞动萧山”系列品牌活动。覆盖人群70周岁以下,包括面向6周岁以下年龄段的萧山年历宝宝大赛,面向7~17周岁年龄段的萧山少儿舞蹈大赛,面向18~50周岁年龄段的萧山网络歌手大赛,面向51~70周岁年龄段的萧山广场舞大赛,“舞动萧山”系列活动成为萧山区的品牌活动。做精大型国际品牌。杭州萧山国际武术文化湘湖论坛,是萧山网策划推出的国际性武术盛会,是中国武林界、体育界名副其实的国字号品牌活动,2014年开始共连续举办四届;全国网络媒体萧山行活动,是萧山网策划推出的大型集中采访报道活动,为传播萧山起到突出效果。做活商业活动。根据市场及客户需求,不断策划举办具有较好经济效益和社会效益的活动,如宝莲灯母婴用品博览会、汽车镇街巡展、健康文化节、家装展等。

三、宣传报道

1.区领导与网民对话节目

2005年11月8日,杭州市委常委、区委书记王金财等走进萧山网直播间,就“湘湖保护与开发”与广大网友进行对话,开启政府与网民的“对话之门”。萧山区委领导对节目给予高度评价:政府和网民进行网上对话,创新了新闻宣传形式。对话节目成为萧山区委、区政府了解民情、知晓民意的好渠道,成为密切党群、干群关系的新桥梁。该报道获2005年度浙江省新闻奖网络作品重大主题报道奖三等奖。至2018年年底,萧山网累计推出各类网络对话(访谈)节目400多期。

2.承办2006杭州世界休闲博览会官方网站

2006年1月12日,由萧山网承办的2006杭州世界休闲博览会官方网站上线。萧山网通过组织策划报道“休博会100天倒计时”“八大古都文化使者湘湖论道”“休博会圣火到达仪式直播”“一湖三园开园仪式直播”和闻堰三江美食节、义桥三江休闲健身节、城厢首届全民健身节等活动，得到主办单位和越来越多网民的认可。官网每天访客近4万人次，成为宣传休博会最翔实、最全面、最权威的“资讯空港”。

3.举办全国网络媒体萧山行大型集中采访活动

2007年9月25—29日，由萧山区委宣传部主办，萧山区外宣办与萧山网共同承办的“与潮同行——全国网络媒体萧山行”大型集中采访活动举办，新华网、人民网、新浪网、凤凰网、浙江在线等全国20多家知名网络媒体聚焦萧山，对萧山进行全方位、多视角、深度性报道。萧山区领导充分肯定，认为这是宣传萧山的一次新拓展、一种好载体。这种创新宣传方式，萧山网开全国县市区新闻网站之先河。至2018年，萧山网共成功举办10届全国网络媒体萧山行大型集中采访活动。

4.策划举办“萧山年历宝宝”活动

2009年8—12月，由萧山网策划执行、以“我是活力宝宝”为主题的“2010萧山年历宝宝”活动举行，吸引全区600多名3~6周岁儿童参赛。活动突出萧山特色，在幼儿园、家庭、社区、社会之间搭建起桥梁，通过走进乡镇，深入农村，为萧山农村儿童创造一个与城市儿童同台平等展示的平台，不仅展现萧山儿童健康活力的形象，也营造重视、关心和支持学前教育发展的良好社会氛围。萧山网还通过现场网络直播扩大活动影响力，河南漯河新闻网等省外媒体前往“取经”。该活动获2010年度浙江省新闻奖公共服务奖三等奖。

2008—2017年，“萧山年历宝宝”活动历经10届，成为萧山年度最大型、最具影响力的区级品牌活动之一。活动提出的“陪孩子一起成长”的理念，成为和谐萧山创建的助推剂。

5.《同学抱我上大学》

2010年夏，萧山第四中等职业学校计算机307班的李阳抱着同班同学——“玻璃人”翁某光一起上大学的故事，受到众多媒体关注，翁某光的身残志坚和李阳等同学的无私奉献感动了无数人。他们被称为“阳光兄弟”。萧山网第一时间以视频+图文的方式全方位跟踪式报道，推出《同学抱我上大学》新闻专题。萧山网拍摄的视频及图文素材大量被央视《阳光兄弟》纪录片选用。萧山网《对话》栏目邀请“阳光兄弟”走进演播室，制作《同学抱我上大学》访谈节目，引起强烈反响。该报道获2010年度浙江省新闻奖网络作品新闻专题三等奖。

6.策划承办第五届世界太极拳健康大会

2014年11月20—23日，第五届世界太极拳健康大会在萧山举办。这是这一世界盛会首次“落户”区级城市。大会分为开幕式、太极拳比赛、“湘湖论极”——萧山国际太极名家论坛、萧山国际太极名家交流、闭幕式等环节。其中，名家论坛和名家交流两项活动作为该届大会的亮点，由萧山网策划承办。萧山网制作的“第五届世界太极拳健康大会”专题，同时担负起该届大会唯一官方网站的重要角色，为各方了解大会最新动态、参与名家互动等，开辟了便捷的网上通道。

7.“G20，萧山这一天”

2016年9月4日，G20杭州峰会召开，全世界聚焦杭州。作为区级媒体，萧山网抓住“主办地”的有利条件，以最接地气的方式，深入各个单位、家庭，挖掘“喜迎G20，甘愿做奉献”的感人故事。会议当天，萧山网以“G20，萧山这一天”为主题，用图文、视频等多种形式，从“一座城市的一天”“一个镇街的一天”“一个家庭的一天”“一群人的一天”和“定格这一天”等多个角度展开报道，形式新颖，内容丰富，贴近生活，如同讲故事一样娓娓道来，为广大网友所喜爱。该报道获2016年度浙江省新闻奖网络作品新闻专题三等奖。

G20杭州峰会期间，萧山网积极应对确保安全，成为全省为数不多保持运营的网站之一。萧山网还外派员工到杭州市网信办、萧山区网信办参加集中办公，完成各项工作任务。

8.《今天，我们一起送别鲁冠球》

2017年10月25日，万向集团创始人鲁冠球在家中溘然长逝。网络上怀念他的文章铺天盖地。萧山网深入现场、沿途走访、细细挖掘。通过“老鲁，一路走好”“我们眼中的老鲁”“老鲁，那些往事”“老鲁，未圆的两个梦”“老鲁，别亦难”“改革开放中国的弄潮儿”“鲁氏语录”“相关报道”以及“第一代改革者，萧山人的怀念”互动板块共九大内容，全方位、多角度向人们呈现了一个“立体”的萧山第一代改革者鲁冠球，重现鲁冠球一生传奇，有温度、有深度。该报道获2017年度浙江省新闻奖新媒体新闻专题奖三等奖。

9.承办“勇当排头兵、萧山怎样干”系列网络访谈

2018年9月20日—12月21日，为庆祝改革开放40周年，萧山网承办萧山区委推出的“勇当排头兵、萧山怎样干”系列网络访谈，12位区领导以及24位主要平台、镇街、部门负责人先后走进萧山网，参加网络访谈。每期访谈，萧山网均通过前期网络征集问题，同步PC端、移动端直播，以及全媒体宣传报道的方式进行。系列访谈围绕萧山区委区政府中心工作，营造了萧山勇当“八八战略”再深化、改革开放再出发，干事创业的舆论氛围。该报道获2018年度浙江省县市报新闻一等奖。

四、技术设施

从建网开始，萧山网就遵循“技术先行”的理念，重视网站技术发展。每年除投入近百万元对日常办公电脑、照相机、摄像机等常规设备进行维护更新，在萧山网技术设施建设方面，主要经历三个阶段。

1.起步阶段（2004—2006）

设备方面：有2台服务器，与萧山日报社共享1根光纤，共享机房。采购3台索尼摄像机，1台模拟特技切换台，开展视频业务。是杭州地区最早开展视频业务的新闻网站之一。

人员方面：技术人员6名，占当时总员工（20人）的近三分之一。

2.快速发展阶段（2006—2012）

2006年开始，萧山网技术进入快速发展阶段。标志性事件是是年8月，萧山网办公场所从萧山日报社4楼搬到萧山国际创业中心（现萧山水务大厦A座）7楼。

投入80万元，建设一个近30平方米的独立机房。相关设备有服务器硬件、安全防护全面升级，数据集中化存储，建设支撑三级网站业务系统，统一政务、镇街网站系统开发管理平台。

投入150万元，建立一个100平方米的演播室，建起全数字高清网络播出系统。相关设备有高清电视背景墙、11台高清数字摄像机、1套8路数字导播台及1套高清数字移动导播台等专业电视设备，硬件设施达到杭州市乃至浙江省区（县、市）网站的先进水平。

人员方面：技术人员7名，其中主任1名，分开发组和设计组。

3.稳步提升阶段（2012—　）

为进一步推进“技术先行”战略，2012年1月，萧山网增设技术总监岗，纳入管理班子。是年，投入100多万元，创建萧山网络问政平台。2013年年底，投入200多万元，开发萧山舆情信息平台。2014年，投入100万元，对演播室进行改造升级，为举办萧山区委常委“我们的群众观”在线访谈节目提供技术保障。2015年，投入100多万元，实施机房虚拟化改造，建设网站私有云平台，采购移动视频采集、播出设备，重点发展移动化项目及新媒体项目。2016年5月，手机萧山网开发成功并上线。

2016年，G20杭州峰会期间，为切实做好网站安全工作，萧山网成立网络安全领导小组，组织实施各项安全举措，包括完成等级保护检测、定期预演、安全培训等。在萧山乃至整个杭州市绝大多数网站都采取关闭运营的方式来应对峰会网络安全时，萧山网坚持开网，安全运营。

人员方面：至2018年年底，技术人员共10人，分开发组、设计组和新媒体组。

五、经营管理

萧山网是浙江省最先实行企业化股份制运作的新闻网站,成立杭州萧山网络传媒有限公司负责营运,自主经营、自负盈亏。

萧山网实施区级新闻网、镇街部门网、村(社区)网“三级办网”,打造垂直式、全覆盖的网络传播体系;通过移动化、平台化、社群化、活动化的“四化”融合,推进转型发展。在经营管理方面,采取二级承包、目标经营管理、项目管理等多种模式,充分调动员工的积极性和自主性。

2012年11月,萧山网当年经营收入冲上1000万元,成为萧山网发展过程中的一个指标性数字,说明萧山网由自我滚动式发展进入技术先导、管理推动、项目拉动的跨越式发展阶段,进入高起点的“二次创业”阶段,标志着萧山网成为萧山有竞争力的新媒体。

2018年,萧山网实现经营收入1700万元,利润300万元。自2006年开始,连续十多年年均增长10%。

历任董事长:

孙焕林,2004.10—2009.5

宣舒平,2009.5—2013.5

王柏华,2013.5—2014.7

金烽,2014.7—

历任总经理:

楼忠兵,2004.10—2005.10

徐丽荣,2005.10—2011.1

许益飞,2011.1—2012.10

金烽(兼),2012.10—2013.5

金波,2013.5—2014.6

孟再励,2014.6—2015.6

张五一,2015.7—2016.4

金烽(兼),2016.4—2018.11

陈蓉,2018.11—

历任总编辑:

金烽,2017.5—2018.11

陈蓉,2018.11—

2006—2018年萧山网获得集体荣誉一览表

表4-1

年度	奖项	授奖单位
2006	全省县市报优秀新闻网站	浙江省记协县市报工作委员会
2007	全国县市区域报“十佳网站”之首	全国县市区域报委员会
	浙江省文明办网示范网站	浙江省委宣传部、省新闻办、省文明办、省公安厅、省教育厅、省通信管理局、团省委
2009	全省县市报最佳新闻网站	浙江省记协县市报工作委员会
2010	浙江省文化传播创新十佳网站	浙江省公安厅、省文化厅、省广电局、省新闻出版局、省通信管理局、浙江省网络文化协会(等)
	杭州市首届文明办网示范网站	杭州市委宣传部、市新闻办、市文明办、市公安局、市信息办、市文广新局、市教育局、团市委、市网络文化协会
2013	萧山全覆盖垂直式三级网经营模式获全国县市区域报经营成功案例一等奖	中国县市区域报委员会
	中国报业十大最具影响力城市门户网站提名奖	中国报业协会
2014	中国地市网最具品牌影响力网站	中国地市新闻网联盟
	浙江省十大最受欢迎新闻网站	浙江省网络文化协会、浙江省互联网协会
2015	全国地方网络媒体“十大县级最具影响力品牌”	中国地市新闻网联盟
	萧山网络问政获第四届浙江报业创新项目三等奖	浙江省报业协会
2016	全国地方网络媒体十大最具价值品牌	中国地市新闻网联盟
	手机萧山网获全国地方网络媒体优秀手机客户端	中国地市新闻网联盟
	中国城市网盟奖优秀网站	中国城市网盟
2017	全国地市网络媒体综合实力十强品牌	中国地市新闻网联盟
	萧山网官方微信获全国地市网络媒体微信公众号三十强品牌	中国地市新闻网联盟

续表4-1

年度	奖项	授奖单位
2017	手机萧山网获全国地市网络媒体手机客户端综合实力十强品牌	中国地市新闻网联盟
2018	全国地市网络媒体综合实力二十强品牌	中国地市新闻网联盟

第二节　湘湖网

一、发展历程

湘湖网，前身为2005年11月上线的萧山广电网，是萧山广播电视台官网，原域名xsgd.net。

2009年1月9日，萧山广电网域名改为xianghunet.com，更名为湘湖网，办公地点在萧山区道源路188号广电大楼7楼。

2009年4月，杭州萧山广电国有资产经营有限公司出资100万元成立全资国有子公司——杭州萧山九天传媒有限公司，由唐海祥任董事长、总经理，有员工15人，湘湖网进入企业化运营。是年，湘湖网成为全国县(市、区)第一家有盈利的广电网站，全国第一家获得信息网络传播视听节目许可证的县(市、区)级广电网站。

2010年，湘湖网开始尝试拍摄电影，拓展影视产业，突破发展瓶颈。4月，杭州萧山九天传媒有限公司获得萧山第一本广播电视节目制作经营许可证。5月，湘湖网向浙江省广播电视新闻出版局提交项目立项申请。6月，湘湖网与国家一级编剧胡月伟签订合同，着手剧本创作。6月至8月，湘湖网向全国招聘电影《西施》的扮演者，《西施》由湘湖网全程协调拍摄制作，是萧山第一部自己备案立项、负责制片的电影。2011年5月，电影《西施》报送国家广电总局电影局审查，同年在央视电影频道播出。

2010年12月，湘湖网承办由中国电影评论学会、萧山广播电视台联合举办的中国首届“大众网络剧奖”评选活动。中国文联原副主席仲呈祥、中国电影评论学会会长章柏青、爱奇艺影业总裁亚宁、中宣部电影频道常务副台长陆红实、浙江省电影家协会主席林晓峰、浙江大学博士生导师盘剑、浙江省电影家协会副主席薛淑杰等担任评委。湘湖网策划拍摄的网络剧《我为天使狂》，在首届“大众网络剧奖”评选中获最佳网络剧奖。

2011年，湘湖网参加“2011年中国数字电视与网络发展高峰论坛”，作《打造特色产品寻求市场突围》主题演讲，介绍湘湖网发展历程。

2012年，湘湖网拍摄电影《梦寻》，讲述汤显祖与《牡丹亭》的故事。被浙江省委宣传部列为当年文化精品工程扶持项目，获国内外公开发行许可证，2014年10月21日在央视电影频道播出。

2012年，湘湖网拍摄电影《母亲的放弃》，采用国内电影界较少采用的纪实拍摄手法，讲述一起车祸后，家住偏远农村的孤母赵慧勤进城为死去的儿子处理后事。当她得知肇事司机与当年自己的家庭有着惊人相似的经历（当年赵慧勤的司机丈夫，因车祸后负担不了沉重的赔偿而选择自杀）时，她不顾劝告，放弃赔偿。母亲的善良之举，感动了儿子的女友，女友决定生下孩子，给母亲新的希望。一起车祸，碾碎了两个社会细胞；放弃赔偿，重生了两个新的家庭。该片参加2013年北京大学生电影节西安分会场开幕式首映。

2013年，湘湖网拍摄电影《离婚进行时》，讲述的是小夫妻离婚的故事。离婚，一般给人的感觉是灰色的，悲凉的，但该片是一部调子轻松幽默的喜剧片。2014年4月，该片被央视电影频道收购电视版权。

2013年，湘湖网携手央视十套《探索发现》栏目拍摄纪录片《三探跨湖桥》（上下）。该片讲述三次考古发掘跨湖桥遗址的曲折历程，使跨湖桥遗址最终被命名为“跨湖桥文化”的过程。该片尊重考古史实，以客观、翔实的叙事风格，通过叙述考古历程、采访考古专家、情景模拟再现等多样手法，追寻探索过程，更重独到发现，用权威的影像语言，解密跨湖桥先民早在8000年前就在萧山这片土地上用勤劳和智慧谱写了光辉璀璨的史前文明。通过影像语言，探寻世界上最早的独木舟、世界上最早的漆弓、中国最早的“草药罐”等跨湖桥文化所创造的“十个之最”，进一步挖掘中华民族博大精深的人文底蕴。纪录片《三探跨湖桥》是萧山首部高档次、高规格纪录片，也是第一部在央视播出的纪录片，对传播浙江史前文明、扩大萧山湘湖在国内外的影响、促进萧山旅游业发展等许多方面有着重大意义。2015年年初，《三探跨湖桥》在央视十套《探索发现》栏目播出。

2013年，在国家新闻出版广电总局发展研究中心发布的《视听新媒体蓝皮书》中，湘湖网作为基层广电网站代表，与中国网络电视台、央广手机台、国际在线、名城苏州网、搜狐视频、优酷、腾讯视频、爱奇艺等一起作为亮点展现。

2013年3月，萧山广播电视台在湘湖网原有基础上成立新媒体中心后，湘湖网的运营由萧山广电新媒体团队负责。新媒体中心一直注重员工的专业知识培养，努力探索建立多渠道的人才培养考核方式，不断激活传统媒体人才队伍开展全媒体采编工作的能力，不断加大全媒体采编系列培训力度，提升采编人员的综合业务能力，尤其是提升新媒体采编能力。经过三年(2014—2017)的人才积累和储备,萧山广电新媒体建立涵盖采编、管理、技术、经营等多方面的人才队伍。

2013年4月,湘湖网完成流媒体升级改造,成为萧山第一个实现视频高清化、移动化和多码流播放的网站。是年,“手机湘湖网”和“pad湘湖网”上线,湘湖网升级成“萧山网络电视台”,萧山的媒体网站正式进入移动互联网时代。

2013年7月,湘湖网开始布局萧山26个镇街(场)、543个行政村和社区的网站建设。

2014年1月,湘湖网全面完成镇街(场)、行政村和社区的网站建设、内容编发工作,实现区、镇、村三级全覆盖。同年,引进大批高素质大学毕业生和有经验的新媒体人才,人员扩充至23人。

2015年,萧山广电新媒体中心实施中层竞岗制度,员工可自由报名竞选中层管理人员,促进优秀人才成长。

2017年7月,湘湖网酝酿新一次改版。

至2017年12月,萧山广电新媒体共29人,其中采编人员占59%,技术人员占21%,行政管理人员占20%。从年龄层次看,员工队伍中35周岁以下占83%,36~45周岁占17%;从学历结构看,员工队伍中具有研究生学历的占3%,大学本科学历占87%,大专学历占10%。萧山广电新媒体中心共有中共党员6名,隶属于萧山广播电视台电视和新媒体中心党支部,他们在岗位上勇当舆论宣传先锋、敬业爱岗先锋和创业创新先锋,为萧山广电新媒体的发展起到重要作用。总体来看,萧山广电新媒体人才储备充足,人才队伍年轻,素质较高,能力较强,呈年轻化、专业化、高学历、复合型的趋势。

二、办网特色

湘湖网是萧山网络电视台,是萧山的视频门户,主要有两大特色。

特色一:视频特色。湘湖网是萧山第一个实现视频高清直播和点播的网站,萧山第一个实现多码流播放的网站,萧山第一个拥有视频一云多屏技术的网站。2010—2018年,湘湖网不断增添硬件,升级软件,实现全高清网络直播和4G网络直播,每年网络直播和录播超过50场次,网络视频直播成为湘湖网的主打功能之一。

特色二:移动特色。湘湖网是萧山第一个推出“手机网”的官方网站。在湘湖网基础上,推出“萧山手机台”App。湘湖网在移动端的推出,吹响萧山媒体进军移动互联网的号角。

1.视听三级服务网络

由萧山广播电视台、杭州萧山九天传媒有限公司策划、开发、建立的全国区县第一个“视听三级服务网络”,其组成为:第一级是建立区级视听门户网站——湘湖网,第二级是为近百个机关和镇街建立视听机关网和视听镇街网,第三级是为数百个行政村建立视听村网。通过三级视听网络的建立,可以为萧山区政府、区级机关部门、镇街和行政村提供各种网络视听服务和线下视听服务。

视听三级服务网络的建立,发挥了萧山广电的视听优势,提升了萧山广电的服务水平,获得了良好的社会效益和经济效益。湘湖网以“打造全国一流视听网”为发展目标,以服务地方为宗旨,坚持创新宣传形态,走出一条符合广电特色的发展之路。

2.平台建设及栏目设置

至2017年,湘湖网首页设有新闻、视界、直播、广播、专题、智慧萧山等栏目。依托萧山广播电视台,新闻栏目包括看新闻、看镇街、看部门等原创本地新闻频道节目,视界栏目可以点播萧山电视台节目,“萧山新闻”“热线188”“社会聚焦”“全景萧山”“健康生活”等节目实现准时发布。直播栏目实时直播萧山电视台综合频道节目,重大活动直播有活动专题链接,充分发挥湘湖网全高清网络直播和4G网络直播优势。广播栏目实时直播萧山人民广播电台节目,实时直播调频广播FM107.9节目。专题栏目汇集湘湖网的活动专题和新闻专题。智慧萧山栏目链接“智慧萧山”手机门户。

萧山广电新媒体在湘湖网的基础上,打造出七大新媒体平台:网络电视台(湘湖网)、萧山手机台(App)、“智慧萧山”手机门户、千人购(电商)、萧山发布微矩阵(50多个部门、镇街和社区、企事业单位的微信、微博)、广电官方微信、广电官方微博。

3.湘湖会网络公益联盟

由湘湖网与“智慧萧山”手机门户、杭州新希望公益服务中心、浙江阳光爱心等机构自发联合成立的公益组织,是萧山唯一一个以互联网为主要平台的公益联盟。自2016年1月成立以来,湘湖会网络公益联盟通过线上、线下两手抓,在萧山广播电视台和社会各界支持下,开展一系列公益捐助活动,为困难群众募集资金和物资价值近50万元,取得了良好的社会反响,在萧山区内产生了一定的影响力。2018年6月,湘湖会网络公益联盟改名为“智慧萧山”网络公益联盟。

4.“终于等到你”相亲平台

由湘湖网打造的一个致力于解决单身青年婚恋问题的服务平台。该平台既提供网页、手机端(微信、WAP、App)等线上相亲交友渠道,同时不定期组织各类线下交友活动。自2015年8月创办试运行以来,全面开通同名相亲交友网站、微信号、手机WAP端等,并在萧山广播电视台官方微信上刊登展示20多期同城相亲交友信息(每周一期)、组织开展近10场50~100人次左右的大型线下相亲交友活动,用户反馈良好,具有一定的影响力与号召力,受到单身青年及其家长的欢迎。

5.《幸福开讲》栏目

湘湖网创办的一档以视听为主要特色、以新媒体为主要传播平台的演讲访谈类栏目，始于2016年1月16日，至2018年12月共播出9期。

6.《身边的她们》栏目

湘湖网创办的一档以视听为主要特色、以新媒体为主要传播平台的女性人物栏目。萧山广播电视台新媒体中心（杭州萧山九天传媒有限公司）联手萧山区妇联，寻找萧山优秀女性，用视频、音频、微信、微直播、手机点播等方式，真实、深入、细微地呈现她们的生活状态及观念，树立萧山女性榜样，给予受众启发和正能量。该栏目始于2017年8月，至2018年12月共播出6期。

7.《美好萧山》栏目

湘湖网于2018年全新推出的一档全媒体微纪录片栏目，通过摄像机记录萧山各界典型人物的故事，反映萧山的发展变化，讲述萧山故事，传递萧山精神，至2018年12月共播出14期。

三、宣传报道

1.《楼塔：乡村马拉松在最美村道起跑》

2015年6月12日，楼塔镇首届乡村越野马拉松开跑，湘湖网通过航拍与地面视频相结合的形式，把楼塔村民参加乡村马拉松的自豪与快乐定格在短短的几分钟里，表现出参赛队员充满正能量的精神面貌。该报道获得2015年度杭州市广播影视政府奖音视频网络新闻奖单条新闻二等奖。

2.《有人@你》系列报道

2015年9月17日，萧山广播电视台官方微信收到一封来自萧山环卫工人的求助信，称家中8个月大的孩子严重烫伤，需要帮助。在核准事情属实后，萧山广播电视台官方微信推出系列报道，湘湖网同步发布，得到网友广泛关注，众多网友向烫伤的孩子伸出援手。

3.G20杭州峰会专题报道

2015年，二十国集团领导人第十一次峰会将在杭州举办的消息宣布后，湘湖网推出“G20峰会让我们相约杭州”新闻专题，实时更新相关新闻，以文字、图片、视频等多种形式，全方位展示萧山“办好G20，当好东道主，走在最前列”的坚定决心，报道萧山27个镇街（场）联动做好护航G20杭州峰会相关工作，展现萧山近一年筹备期所取得的成效、发生的改变和人民的精神面貌等。围绕峰会倒计时30天、10天等重要时间节点，策划制作了内容精良、具有传播力的“蝶变萧山 我在萧山”H5等，为倒计时加油助力。

4.“圆梦湘湖”全球直播报道

2016年10月7日，湘湖网承办“圆梦湘湖”全球、全景、全天候直播Show活动。这是萧山首次通过多家新媒体向全球直播。湘湖网全程网络直播，并采用全4G移动高清视频直播系统及360°VR技术进行视频准直播，为萧山首次。这是萧山有史以来时间最长的一次直播。湘湖日出、湘湖晨练、首届湘湖国际铁人三项赛、首届湘湖杯国际帆船邀请赛、湘湖美食、湘湖美景、湘湖水景秀等湘湖特色，通过广播、电视、互联网等平台，一一呈现在全球观众和网友面前。萧山广电整合资源开展的这场大型直播，成为萧山宣传工作领域的一个重要里程碑。

5.萧山两会报道

2016年、2017年萧山两会期间，湘湖网承接开幕式和会议全程图文、视频高清直播，充分发挥湘湖网的视频优势、全4G移动高清视频直播系统优势。

6.中共十九大报道

2017年10月18日，中国共产党第十九次全国代表大会开幕，萧山广播电视台官方微信策划“喜迎十九大，为萧山点赞”海采活动。湘湖网同步发布活动海采视频，展示市民对萧山发展变化的感想和对未来的期许。

四、技术设施

2009年1月，湘湖网上线，配备3台戴尔DELL型号2950机架式服务器，配合原有的交换机和防火墙。湘湖网在萧山广播电视台11楼机房放置1个机柜，采购思拓CMS系统，由湘湖网技术人员自行搭建前端网页，开设首页、镇街、教育、医疗、萧山新闻、热线188等栏目，新闻视频采用剪辑后手工上传方式。

2013年11月，湘湖网与浙江广电新蓝网达成战略合作意向，进行全新改版，引进VMS系统，新增电视节目直播、录播、在线拆条编辑等功能，同时更换为新蓝网CMS系统、浪湾等流媒体厂商的视频直播拆条系统，购置9台DELL服务器、1套14T的NAS网络存储系统，放置于新蓝网机房，由其代为运维。

2016年7月12日，随着云技术的发展以及G20杭州峰会的召开，网络安保任务艰巨，湘湖网全站迁移到华通云平台，并入新蓝网区县平台，统一进行网络安保和运维，原设备转作他用。

五、经营管理

2014年，萧山广电新媒体营业收入近400万元。到2015年年底，公司用户数超过50万，公司收入超过600万元。2016年，杭州萧山九天传媒有限公司成为国家级高新技术企业,开发、运营了数十个移动新媒体,用户数超过百万人。2017年,杭州萧山九天传媒有限公司营业收入突破1000万元。湘湖网成为全国区县广电网站唯一一家实现自我盈利、自我发展的高新技术企业,成为全国区县广电网站的领头羊。

历任总经理、主任:

唐海祥,总经理,2009.1—2013.3

苏昭军,主任,2013.4—

2009—2012年湘湖网获得集体荣誉一览表

表4-2

年度	奖项	授奖单位
	首届萧山区十佳优秀网站	萧山区委对外宣传工作领导小组 萧山区互联网宣传管理工作领导小组
2009	浙江网络电视联盟"十佳"网站	浙江省广播电影电视局 浙江网络电视联盟
	萧山区网络文化建设和管理工作先进单位	萧山区委对外宣传工作领导小组 萧山区互联网宣传管理工作领导小组
2010	萧山区网络文化建设和管理工作先进单位	萧山区委对外宣传工作领导小组 萧山区互联网宣传管理工作领导小组
2011	萧山区网络文化建设和管理工作先进单位	萧山区委对外宣传工作领导小组 萧山区互联网宣传管理工作领导小组
	萧山区宣传思想工作创新奖	萧山区委对外宣传工作领导小组 萧山区互联网宣传管理工作领导小组
	萧山区互联网站十佳优秀品牌栏目(活动)	萧山区委对外宣传工作领导小组 萧山区互联网宣传管理工作领导小组
2012	萧山区宣传思想工作创新奖	萧山区委对外宣传工作领导小组 萧山区互联网宣传管理工作领导小组
	杭州市广播电视安全播出先进集体	杭州市广播电视安全播出领导协调小组

第三节 萧然在线

萧然在线由萧山电信创办于1997年10月,前身是萧山信息之窗,是浙江省最早的县域级门户网站。网站坚持以本土化建设为中心,立足于萧山、服务于萧山的办站宗旨。随着互联网的快速发展和经济社会的不断进步,萧山电信抓住有利时机,不断开拓进取,努力改善网络环境,将门户网站做大做强,逐步形成“搭建网络窗口,服务政企事业单位”“开辟服务类板块,为网友提供交流平台”“创建公益板块,与网友一起献爱心”“开展线上线下互动联谊活动,增强网站黏性”“加强网站管理,做好舆论引导和政策宣传”等为特色的办网模式,为萧山经济社会发展做出贡献。

一、发展历程

1.“萧山信息之窗”时期

1995年,萧山有了第一批网民,他们主要是在萧山的一些外国专家,通过电信163拨号上网。到1996年,电信163拨号注册用户超过2000户,1997年升至近6000户,1999年上半年注册用户达16000多户,用户成倍增长,发展非常快。在这一网络大环境下,正逢1997年国有企业全面改革,萧山电信凭借自身网络资源优势,开始筹组萧山本地第一个门户网站。1997年10月,“萧山信息之窗”网站正式开通,域名为:www.xsinfo.com.cn,是浙江省内最早的县域级门户网站。网站由萧山电信综合技术科管理运营。1999年,网站所属部门称为媒体制作组,成员有7人。

1997年,萧山电信在萧山新世纪电信城开办萧山第一家网吧。

“萧山信息之窗”网站的栏目以展示萧山的历史沿革和人文信息为主,很多内容取自于萧山地方志,同时提供日常便民服务信息,并与萧山日报社合作,由采编人员每天一早从萧山日报印刷厂拷贝当天的《萧山日报》电子稿,然后再由网站工作人员进行人工采编转换成网站页面。在网站开通初期,为使萧山市民更方便地了解和使用网站,萧山电信利用自身的镇乡网点资源优势,在城厢、临浦、瓜沥等规模较大的营业厅和火车站、汽车站等客流量较大的公共场所内,专门安装摆放触摸屏电脑,市民只需用指尖轻松点击“萧山信息之窗”网站上的相关栏目,就能轻松浏览并查找到相应的资讯。

2.“萧然在线”时期

1999年,“萧山信息之窗”网站第一次全面改版升级。

2000年,网站以投票形式改名,最终采用由萧山电信网络贸易部负责人林毅提议的名字——萧然在线。是年,根据太极链的记录,萧然在线浏览量最大一天达到7429人次。萧然在线在浙江省内地级市和县级市网站排名中名列前十。在专业统计网站排名的Alexa网站上,萧然在线在国内的最高排名第96位。

2001年,萧然在线委托颐高集团下属公司将网站全部更新为数据库,从静态网页变成后台支持的动态网站。8月8日,萧然在线正式推出网站域名:xs.hz.zj.cn。

2002年,萧然在线进入快速发展期。萧山电信主管领导提出“萧然在线,萧山人自己的网站”宣传口号。网站域名改为：www.xs163.net，开设有萧然贺卡、西山茶室、北干听风、软件下载等深受广大网民喜爱的栏目。

2002年8月15日，萧然在线联合当时萧山规模最大的红豆网吧举办网友喜爱的CS网络游戏比赛。10月，在萧然在线技术力量支持下，萧山湘师附小建起浙江省内第一家由小学生自己建设的网站——“湘湖雏鹰网”。

(1)西山茶室

2002年9月，萧然在线进行升级，改版后的栏目更加完善，信息资讯更加丰富，并陆续上线网上交流平台。开始是很简陋的聊天室，就是自己和熟悉的朋友在聊天室里交流。后来升级了新版本，在线人数越来越多。为了让聊天更流畅，萧然在线在技术上又做了一次改版，西山茶室聊天室由此而来。西山茶室聊天室的出现，极大丰富了萧山市民的网络文化和业余生活。

(2)北干听风

萧然在线推出北干听风论坛与西山茶室聊天室配套。北干听风论坛与西山茶室聊天室使用的是同一套用户系统，用户只需注册一次，即可通用账号，这在当时还比较少见，用户认可度较高。

北干听风论坛开设很多板块，网络管理员及版主均由社会热心人士担任，他们来自各行各业，有私企老板、单位精英、公司白领等。他们尽心尽职，将自己的小板块经营得有声有色。其中，心灵之约、冷暖人间、游历天下等板块成为众多网友倾诉心情、发表影视评论等的栖息地。“网络名人”也开始涌现，如萧逸、常青藤、落月、撒哈拉、钱江赶潮人、胭脂、纯洁匕首、随心所欲、阡陌聚、轻轻恋上你的吻、1919、袜袜、一叶知秋等，深为广大萧山网民熟知，有大量拥趸。

北干听风论坛是萧山最早的BBS论坛社区。至2017年12月，共经历11个版本的更换及同一版本的不断更新，以满足用户需求；论坛注册用户数769468人，总发帖量717196个，分7大区块36个板块，包含二手信息、婚嫁情感、汽车服务、装修讨论、民生话题等多个内容。

(3)网络服务平台

萧然在线作为萧山本地综合性门户网站，在开通之初就以本土化建设为中心，围绕“立足于萧山、服务于萧山”的办站宗旨，从构架、栏目设置、网页内容、服务对象等方面，无不透露出浓浓的萧山气息。

2001年，萧山房产中介网上线，是萧山最早也是唯一一家房产中介平台，受到本地房产中介商的喜爱，方便用户通过网络浏览二手房信息。是年，萧然在线开辟萧然影院视频观看平台。起初由网友自发上传影片供其他网友免费下载，后来开通影视服务，由萧然在线工作人员上传佳片供网友点播观看。到2006年，由于影片上传的空间量大，萧然在线专门配置服务器进行贮存并专供电信宽带用户点播收看，用户访问量最高在线人数突破2000人。

2002年，萧然在线推出网上股市叫天亿股票系统，除了拥有和乾隆股票软件一样的功能，还支持网上下单，使股民可以在家中做大户。该系统一经上线，每月通过网上交易的金额达到四五千万元。

2002年5月31日，萧然在线开通萧山首家网上实物销售网站——浪潮网上商场小灵通专柜，使萧山市民第一次可以通过互联网在本地网站上选购商品，并能享受送货上门服务。至2002年8月底，通过小灵通专柜销售的小灵通达180多只，网上购物的初步尝试取得成功。

2005年5月，萧然在线经第三次改版，建成信息中心、休闲娱乐、服务天地、购物广场共四大板块，下设房产信息、萧然美食、网络祝福、二手交易、宽带影院、音乐在线、互动游戏、影视动漫、灵通短信、视频聊天、西山茶室、北干听风、网友聚会、数码冲印、个人主页、软件下载、电信业务、萧山企业、网站建设、主机托管、广告服务、灵通选购、鲜花订送等各档娱乐生活类栏目，首页日均访问量突破15万次，此后以每年超过20%的速度增长，成为萧山人上网的首选网站。

2012年，萧然在线管理团队有20多人。设有论坛、房产、汽车、家装、亲子等16个栏目，60余万个注册用户，115余万次日均网页点击量，600余家会员客户。其中，作为萧然在线品牌栏目的北干听风论坛，同时在线人数接近6000人，在这里，网友可以随时和志趣相投的人讨论恋爱、结婚、育儿、装修等生活话题，并获得真诚的帮助。

2013年，为了丰富广大市民夏季纳凉生活，萧然在线先后组织啤酒节、青年网络歌手大赛等活动，得到市民的称赞，爱唱歌的年轻人在比赛中脱颖而出。是年，根据市场化需求组织开展萧山区首届房产置业节，参与的房产商近20家。无论从现场人流量还是成交量都超出了预期。至2017年5月，萧然在线共成功举办5届房产置业节。

2014年，萧然在线开始拓展镇企单位项目。建起所前镇网、河上镇网、临浦镇网，对萧山杜家杨梅节、电信手机节、萧山购物节等开展专题报道和服务。针对年轻用户群体重新定义美食板块，由专人负责，组织线上线下活动近100次，收集萧山本地各类美食信息200余条，为美食频道的运营打下良好基础。作为一个网络民生端口，萧然在线通过网站客服（电话及QQ）接到新闻爆料、业务合作等内容年均量达到847次。

2015年，萧然在线开始大力发展新媒体。而早在2013年3月19日，北干听风论坛微信（订阅号）——“萧然在线北干听风”就已上线，微信号：xs163-net，定位“关注萧山大小事，乐享精彩网络生活”，在北干听风论坛的基础上，以民生、娱乐、便民、房产等丰富的资讯内容为主，为网友提供实用信息。6月起，萧然在线按网站采编、美工、策划等不同分工，陆续组建起11人的微信团队。北干听风论坛微信每天推送1次，每次7条内容左右，日均总浏览量达3万次，其中，单条浏览量最高达150万次以上，是2016年7月发布的一条关于杭州某知名主持人去世的内容。至2017年12月22日，北干听风论坛微信粉丝数为158768人。

2016年起，随着新媒体的不断兴起，萧然在线与时俱进，从线上到线下，从PC端到移动互联网，快速发展。

2017年，萧然在线形成网站、微博、微信订阅号等的新媒体矩阵。

2018年8月8日，萧然在线App上线，在移动互联网时代为用户带来更为丰富、便捷的互动体验。

二、办网特色

1.搭建网络窗口，服务政企事业单位

萧然在线在建设好自身网站的同时，积极争做萧山信息化建设的排头兵。1998年，参与萧山信息化示范乡镇建设工作，伴随外贸企业上网行动，萧然在线和萧山市对外经贸委员会的人员一起走进萧山各个乡镇宣传企业上网。经过努力，至1999年8月，累计为萧山及附近地区600家企业建起独立网站，不但让这些企业拓展了产品销路，也扩大了企业知名度和影响力。

根据网络发展趋势，2000年起，萧然在线陆续为萧山的一些窗口单位建设动态型网站，如共青团萧山市委网、萧山市旅游网、萧山市国税网、萧山市地税网、萧山市总工会网、萧山市招商网等，通过网站建设，这些窗口单位宣传了业务，提升了服务。

2.创建公益板块，与网友共献爱心

萧然在线自开通起，就把与网友的联系和沟通放在首位。2002年，萧然在线北干听风论坛开设公益板块，发动网友建起一支爱心公益分队。活动内容涵盖便民服务、环保志愿、爱心助学、敬老和公益募捐等方面，倡导汇聚爱心、践以善行、关爱他人、成就自我的理念。5月，在北干听风论坛及公益版主的号召下，自发成立萧山区北干听风网络文明志愿服务总队，为萧山首个，依托萧然在线网站，规范有序地开展爱心助学、环保志愿、敬老助孤、社区便民、募捐义卖等各类公益活动，并通过网络平台倾听民意、反映民声，倡导网络文明，传播正能量。2013年，该组织加入萧山区志愿者协会。

萧然在线致力于关爱身边需要帮助的群体，特别是贫困留守儿童。2006年起，由萧然在线网站站长徐志明牵头组织的公益助学活动吸引众多爱心网友参与。像北干听风论坛公益版版主“轻轻恋上你的吻”“1919”“轻舞飞扬”“钟爱一生”“萧然”“蔷薇”

“小胖”“下载爱情”“笨笨”等爱心网友一直坚持助学。至2017年12月，先后与淳安县宋村乡中心小学、王阜乡小学、枫树岭镇镇小、枫树林镇白马小学、枫树岭镇铜山完小、枫树岭镇夏峰完小，以及桐庐县新合小学、浙江省盲人学校等几百名学生开展公益助学，引导网友关爱社会、积极向上，产生了较好的社会影响。

3.线上线下互动联谊，增强网友黏性

萧然在线最盛大的活动是每年一届的网友联谊会。主题为“萧然在线心相约，北干网友面对面”。至2017年12月，共举办18届，成为萧然在线的传统和特色。

北干听风论坛上的人气带动线下的交流，反过来又吸引更多的人来到网上。1999年冬，萧然在线在萧山梅花楼电信大楼举办第一届网友联谊会，近50名网友参加。此后，联谊会每年举办一次，所有的表演节目都由网友组织和参与。从第七届开始，网友联谊会改在萧山宝盛宾馆宝盛厅举办，每次有近400人相聚，网友来自五湖四海，各怀才艺，在联谊会中展示自己的技能。因每次举办时间基本临近春节，所以又被网友亲切地称为萧山版的网络春晚。

为进一步提升萧然在线的知名度，2006年，萧然在线打造北干听风车友会，组织一系列活动，如情人节交友派对、烧烤篝火晚会、进化大岩山徒步寻宝活动、和四月一起走春天之木林森果园“挖竹笋、烧土灶”、桐庐获浦“赏花海游古村”等，网友参与踊跃，评价良好。

通过线下互动联谊，萧然在线让网友们从虚拟网络交流走进现实生活，进一步增进萧然在线与网友，以及网友之间的沟通和了解。

4.加强网站管理，做好舆论引导和政策宣传

萧然在线作为草根言论聚集地，在做好民主民生交流的同时，认真履行社会责任，积极贯彻落实萧山市（区）委宣传部有关精神要求，主动参加萧山市（区）网络文化协会组织的“大兴网络文明之风、共建网上绿色家园”活动，坚决抵制不良信息的传播。

2007年6月起，萧然在线派遣舆情员参与萧山区委宣传部的网络舆情工作，负责搜集汇总论坛上的热点话题，以舆情形式报送上级主管部门，在舆论高发期内每月报送舆情文章15篇左右。同时，网络评论员对热点信息进行正确地评论和引导。

2009年，杭州市委办公厅、杭州市委政研室有关领导在萧山区委宣传部和萧山区网络文化协会相关领导陪同下，到萧然在线就网络民主和网络互动中的人际关系和社会关系的构建进行调研，对萧然在线取得的成绩给予充分肯定。

三、宣传报道

注重以网络自媒体的角色参与社会报道，关注新闻热点，宣传社会盛事，一直是萧然在线的工作重点。

1999年7月，萧然在线与萧山市对外经贸委员会合作建立萧山对外经贸信息网，并配合九九钱江观潮节和经贸博览会与萧山人民广播电台合作，推出网上直播钱江潮、五地联播网上直播。此后，萧然在线连续三年对萧山钱江观潮节暨经贸博览会进行网上报道，并开设专门栏目，让世界领略具有萧山特色的钱江潮韵。

2000年，萧然在线参与萧山首届危化学品大型消防演习网上报道。

2001年，萧然在线对第二届世界女子乒乓球俱乐部锦标赛进行网上直播。

2002年，世界杯足球赛期间，为满足广大球迷需求，萧然在线对多场重要比赛进行网上录播。

2003年，在萧山区第十四届全民运动会暨首届文化艺术节中，萧然在线被组委会指定为唯一网络宣传平台，网站工作人员活跃在运动会各个赛场，共发布现场图片2000多张、文字信息700多条，不仅为网友提供了翔实的全运会动态，也让萧山全运会走向了世界。全运会宣传历时一个多月，萧然在线的宣传工作获得萧山区委宣传部和组委会的高度认可。

2003年12月3日，距离总政歌舞团“山水所前”大型演唱会不到一周时间，萧山区委宣传部提出由萧然在线对该次演唱会进行现场直播。接到任务后，萧然在线团队克服多方困难，萧山电信首次完全使用自己的设备和人员，最终完成网络视频直播，为此后进行大型活动网络视频直播报道积累了经验。萧然在线还将这次演唱会的实况制作成视频供网友观看，不到一周点击量近千次。

萧然在线通过参与的许多活动，先后被人民邮电报、杭州电信报等多家媒体报道。

四、技术设施

1999年至2004年，Sun公司M3000小型机作为萧然在线网站数据库服务器，采用sybase数据库，HP lp1000r应用于萧然在线网页服务器。IBM Netfinity 7100服务器作为北干听风论坛应用服务器，采用微软Windows Server2000操作系统，西山茶室聊天室采用ichat系统，北干听风论坛采用软件goodbbs版本。

2004年，萧然在线网站进行系统升级，新购Dell-PE2650服务器，采用Windwos Server2003操作系统，采用MS-SQL2000作为数据库软件。

2008年，萧然在线网站、北干听风论坛进行全部升级，采购南京厚建软件CMS系统搭建萧然在线首页，北干听风论坛更换版本为魔力moylx，同时将服务器更新为DELL-2950。

2010年5月，与杭州阿里旗下phpwind公司合作，对北干听风论坛系统进行改版升级。

2011年9月,自主开发萧然在线新版内容系统并上线使用。

2014年,因阿里巴巴phpwind系统服务无法满足网友需求,北干听风论坛开发人员自主完成pw系统至discuz系统的更换升级。为更好提升网络社区应用性能,提高网络安全性能,操作系统采用linux内核、MySQL数据库。

历任经理(主任、组长):

林毅,经理,1999.10—2003.12

郁敏,主任,2004.1—2007.12

吴作栋,经理,2008.1—2011.12

徐志明,组长,2012.1—2016.12

莫生尧,组长,2017.1—

1999—2018年萧然在线获得集体荣誉一览表

表4-3

年度	奖项	授奖单位
1999	“中国国际(萧山)钱江观潮节”成绩显著奖	萧山市委、萧山市人民政府
2001	浙江省知名网站	浙江省委宣传部、省通信管理局
2004	萧山区优秀网站	萧山区委对外宣传工作领导小组、萧山区互联网宣传管理工作领导小组
2009	首届萧山区十佳优秀网站	萧山区委对外宣传工作领导小组、萧山区互联网宣传管理工作领导小组
2010	第二届中国地方与行业优秀网站“最受网民喜爱的社区网站”	阿里巴巴、Phpwind
2011	萧山区网络文化建设和管理工作先进单位	萧山区委对外宣传工作领导小组、萧山区互联网宣传管理工作领导小组
2012	杭州市互联网安全管理工作先进单位	杭州市公安局网络警察分局
2013	“网络文明志愿队”获萧山区互联网优秀品牌栏目	萧山区委对外宣传工作领导小组、萧山区互联网宣传管理工作领导小组
2016 2017 2018	“萧然在线北干听风”微信号获萧山区优秀新媒体	萧山区委宣传部、萧山区互联网信息办公室

第四节 萧山发布

2014年8月，为贯彻落实国务院办公厅关于进一步加强政府信息公开回应社会关切提升政府公信力的意见等重要文件精神，根据浙江省委办公厅转发的《省委宣传部、省新闻办关于建设“浙江发布”网络平台工作实施方案》的通知，进一步适应新形势新变化，推动实现“官方舆论场”与“民间舆论场”的沟通对话，“萧山发布”网络发布平台应运而生。

“萧山发布”网络发布平台是萧山权威信息发布的平台、热点事件回应的平台、民生信息服务的平台，至2018年12月，“萧山发布”网络发布平台拥有微信公众号、微博、浙江新闻客户端、人民日报客户端、今日头条客户端、澎湃新闻客户端等多个发布平台。

一、发展历程

2014年8月8日，随着第一条微博“【权威发布】稳中有进 萧山经济交出半年成绩单”的发送，“萧山发布”网络发布平台进入试运行。

萧山区委、区政府成立“萧山发布”网络发布平台工作领导小组，下设工作协调小组。领导小组办公室设在萧山区新闻办，成员由萧山区委办公室、区政府办公室、区新闻办、区应急办、区公安分局、萧山日报社、萧山广播电视台等单位有关人员组成，负责平台建设的总体策划、组织指导、统筹协调和队伍建设等。推出“萧山发布”政务微博、政务微信。其中，政务微博设在新浪网、腾讯网、新华网，政务微信在腾讯平台上线运行。

“萧山发布”网络发布平台发布信息类别为：党务、政务信息；萧山区委、区政府新闻发布会信息；便民提示、活动推荐、友情链接等各类服务信息；适时推出“微访谈”“微直播”和评论回复等互动信息。设置权威发布、潮起钱江、萧然视野、民生萧息、跨湖桥畔、围垦夜话等栏目。

2015年1月12日，“萧山发布”网络发布平台正式上线。2月20日，“萧山发布”微信公众号发布《萧山各个镇街的地名由来，找找你们自己的》，阅读量首次破万次。

为更好建设这一平台，2015年3月，萧山区人民政府新闻办公室起草下发《萧山区“萧山发布”网络平台管理实施方案》《“萧山发布”网络平台三色征询单工作细则》《“萧山发布”网络平台信息报送细则》《“萧山发布”网络平台考核细则》等系列文件，着力建立以“萧山发布”网络发布平台为主平台、89家单位网络发布平台为子平台的

“萧山发布”集群矩阵。

2016年5月，“萧山发布”网络发布平台入驻“浙江新闻”客户端。8月29日，“萧山发布”微信公众号发布《央视航拍大片：G20主会场位于杭州萧山》，首次阅读量10万次以上，达到58万次以上。

2017年2月，“萧山发布”网络发布平台入驻“今日头条”客户端。3月入驻“人民日报”客户端。

2017年5月12日，“萧山发布”微信公众号粉丝数达到10万个以上。是月，“萧山发布”2.0版本上线，围绕民生热点，开设功能服务菜单栏，开通包括“萧山天气”“地铁查询”“出入境查询”“长运购票”“实时路况”等在内的14项便民服务功能，提升市民的办事效率。

2018年5月，萧山区委对外宣传办公室、萧山区人民政府新闻办公室、“萧山发布”网络平台工作领导小组办公室印发《关于调整“萧山发布”网络平台考核细则的通知（2018年版）》，对矩阵平台单位在制度层面开展量化考核，在数量上下指标，在质量上定目标，将“萧山发布”网络发布平台考核结果计入萧山区宣传思想年度考核之中，“倒逼”成员单位提质量、促成效。探索创新“联合策划”模式，“萧山发布”网络发布平台联合矩阵成员单位，推出主题宣传、品牌推广、专题定制、粉丝福利、投票评选等线上线下活动，共同提升新闻发布平台影响力、品牌度。

2018年6月，“萧山发布”网络发布平台入驻“澎湃新闻”客户端。

2018年10月，经过4年精心打造的“萧山发布”网络发布平台交由萧山日报社代为运营。

2019年1月，“萧山发布”微信公众号粉丝数达到18万个以上。

二、宣传报道

“萧山发布”网络发布平台上线以来，严格按照“杭州发布”网络平台工作领导小组确定的工作目标和任务，坚守意识形态主阵地，坚持正确舆论导向，提升对外宣传高度，强化城市形象宣传，提高政务平台品质，为萧山发展营造良好的网络舆论氛围。

2014年8月，“萧山发布”网络发布平台上线之初，除推出《权威发布》《突发事件》两个常规栏目外，启用《潮起钱江》（全区性新闻、经济类新闻等）、《大美湘湖》（萧山美景、萧山好人好事等）、《萧然视野》（镇街、部门新闻）、《民生萧息》（民生服务、资讯、时尚、吃喝玩乐等）、《跨湖桥畔》（历史、文化、民俗等）、《围垦夜话》（好书推荐、励志名言等）等特色栏目，蕴含潮文化、跨湖桥文化、围垦文化等萧山特色文化，让萧山市民更有亲切感，也使“萧山发布”网络发布平台更接地气。

2015年4月8日，得知萧山机场大巴司机在行驶中突然晕倒，“90后”乘客王佳宇临危不乱挺身而出化解危机的消息，“萧山发布”第一时间制作图文、视频，通过“萧山发布”微博、微信发布。次日，“萧山发布”微信推送《萧山机场大巴行车途中司机突然昏厥，1分30秒生死时刻（附视频）》，被众多新媒体转发播出。仅腾讯视频栏目《网罗天下》的转发点击量达7000余万次，优酷头条推送和网友上传点击量超过500万次，“@央视新闻”转发微博阅读量超过3000万次，“@人民网”转发微博阅读量超过4000万次。澎湃新闻、浙江新闻App客户端头条、网易新闻App客户端头条都宣传“最美乘客”萧山小伙王佳宇。环球资讯广播播出《大巴行驶途中司机突然晕倒，23岁小伙10秒化解危机》，加拿大华人网刊登《浙江大巴司机突然晕倒，小伙10秒救全车23条人命》。

2016年，萧山作为G20杭州峰会主会场所在地，“萧山发布”网络发布平台将这一重要活动的报道宣传贯穿全年，利用H5、视频等新兴传播载体，宣传推介萧山。8月29日，中央电视台第13频道新闻直播间播出《杭州：空中鸟瞰杭州，历史与现实的结合》，首次向全世界公布G20杭州峰会主会场位于杭州萧山，是日“萧山发布”微信公众号及时推送《央视航拍大片：G20主会场位于杭州萧山》，阅读量首次突破10万次，达到58万次以上，点赞量达2640次，留言近500条。《百万市民文明迎嘉宾》H5接力阅读量达到130万次以上。

2017年1月19日，“萧山发布”微信公众号首推《雨夜，萧山这位“撑伞男孩”帅爆了！因为他的这一举动……》，引发人民日报、凤凰网、人民网、环球网、腾讯网等多家中央、省（市）媒体关注并转发，其中人民日报转发微博阅读量达到257万次，点赞数1万次以上。

2017年11月18日、19日，首届萧山人大会在杭州国际博览中心召开。“萧山发布”网络发布平台除了常规报道宣传外，还尝试不少新花样，让网友耳目一新，取得较好的推介效果。“萧山发布”微信公众号推送《Xiaoshanese，萧山人，你最棒！》，阅读量10万次以上；策划制作《萧山人点亮全球》H5，累计参与人数达154万人，涵盖五大洲42个国家，为萧山人大会召开营造良好的舆论氛围；策划开设微博“＃首届萧山人大会＃”话题，总阅读量1200万次，通过CPV视频推流大力主推的首届萧山人大会花絮视频点击量达494万次，开设新浪新闻WAP端浙江站首页焦点图、新浪新闻App浙江站首页焦点图宣传，新浪新闻手机开机画面定向推送。通过腾讯微信朋友圈推广，总接收用户近100万人。策划制作宣传片《回家就好》，在新浪、腾讯、网易等平台点击量总计1000万次以上。

2018年2月14日农历大年廿九，萧山作为《东西南北贺新春》（俗称“小春晚”）东部会场在央视黄金时段“闪亮登场”。是日，“萧山发布”微信公众号推送晚会预发消息《你好，我是萧山！今晚19:30央视见！》，阅读量10万次以上，点赞量上千次。第二天推送的《骄傲！88个萧山元素亮相央视“小春晚”》，获得不错的传播效果。

2018年上半年，“萧山发布”网络发布平台组织开展“夸夸家乡新面貌”乡村振兴新媒体宣传活动，开设专题话题，推送微博75条，讨论量超770次，累计阅读量154.2万次，微信推送《夸夸新面貌，一起来看看我们家乡的变化，为我们的家乡点赞！》，阅读量近5万次，投票人数达14135人。

2018年10月，萧山“民情双访”推出新举措，升级为“日常走访+定向专访”。升级后的2.0版“民情双访”推行以来，在两个月时间里，“萧山发布”网络发布平台加大定向专访报道力度，为2.0版“民情双访”加油造势，为萧山民企转型升级营造“鼓干劲破难题”的良好氛围。先后推出报道近20篇，多篇被新华社、人民日报、澎湃新闻、今日头条、浙江新闻等客户端转载。

2018年11月8日，萧山区委理论学习中心组（扩大）专题学习会暨解放思想大讨论动员会召开，开启萧山思想解放的“总阀门”。“萧山发布”同步开启深入宣传报道解放思想大讨论活动的实际成效，及时准确地宣传报道大讨论活动的重要精神、重大部署，宣传报道组织开展大讨论的进展情况以及好做法、好经验、好典型。先后推出《迎新倒计时！打开思想解放“总阀门”，萧山再出发！》《差距怎么找？一流怎么争？四大平台虚中要求实！》《除了实践与发展，还有一样工作是永无止境的！》等10余篇报道，推出解放思想大讨论专题H5为活动造势，吸引很多萧山人参与到解放思想大讨论中来。

2018年，为见证改革开放40年来萧山经济社会的发展变迁，突出展现萧山的发展成果，“萧山发布”网络发布平台齐上阵，向改革开放40年致敬，先后推出《征集丨勇立潮头40年，哪些事影响了这座城市的发展？等你来推荐！》《跨度40年，关于萧山人的一大波照片来了！你经历过哪几张！》《重磅！改革开放40年，萧山这十大事件最具影响力！》《这些属于萧山人的回忆，你记得多少？》《厉害了我的城！萧山“弄潮儿眼中的改革开放40年”》等一系列微信、视频、H5等新媒体形态报道20多篇，涵盖文字、图片、视频、H5等，全方位、立体式，贯穿全年，汇成了一曲大气磅礴、震撼人心的“交响曲”，形成了强大的舆论阵势、浓厚的正能量氛围，催人奋进。

2016—2018年萧山发布获得集体荣誉一览表

表4-4

年度	奖项	授奖单位
2016	“杭州发布”全年综合排名前十	杭州发布
2017	“萧山发布”网络发布平台、“萧山发布”微信公众号获“2017腾讯年度政务创新奖”	腾讯
	“萧山发布”新浪微博获“新浪微博2017年度十大政务微博”	新浪
2018	“萧山发布”网络发布平台、“萧山发布”微信公众号获“2018腾讯年度政务创新奖”	腾讯

第二章 移动媒体

第一节 “智慧萧山”手机门户

“智慧萧山”手机门户项目是萧山区委、区政府实施“互联网+”行动计划，打造服务型政府的重要举措，着力成为萧山信息服务的主平台，萧山本土应用服务的云平台。

“智慧萧山”实施内容与服务双轮驱动战略，集城市公共信息、视听娱乐、生活服务应用、政务服务四位一体，是萧山的移动新闻门户、移动视听门户、移动应用门户、移动政务门户。

“智慧萧山”由萧山广播电视台新媒体中心负责设计、开发及运维。至2018年年底，累计下载用户超过28万人，注册用户超过12万人。

一、发展历程

2015年4月27日，由萧山区人民政府重点打造，萧山广播电视台运营的城市公共服务无线应用平台——“智慧萧山”在20多个App市场正式上线，这是萧山基于智能手机终端的全新服务平台。萧山区领导赵立明、叶建宏出席上线仪式，并点亮手机屏，宣布“智慧萧山”上线。

“智慧萧山”全面支持iOS与Android系统的智能手机。一期版本推出资讯、政务、直播、游戏、公交、车票、天气、号码通、爆料、微博圈、点播共11个应用模块。其中资讯、政务模块，囊括萧山本土的资讯、视频和图片，以及与百姓息息相关的政务内容，利用碎片化时间点击查看这两个模块，足不出户便知萧山事。直播模块，运用最新的移动流媒体技术，让观众无论在世界哪个角落都能第一时间收看萧山电视台的节目，收听FM107.9萧山人民广播电台。公交模块，整合萧山公交公司的所有线路站点信息，不仅可以查询公交线路和站点，还能查询公交车实时位置。车票模块，只要手指轻轻点几下，一张电子车票即刻到手。号码通模块，涵盖政府机关、救援热线、社会服务、美食外卖等几百个电话号码，只要轻松一点，就能实现一键拨号。爆料模块，以简洁的界面，快捷的操作，让每一个下载“智能萧山”的市民都能成为媒体的眼睛和触角,使政府部门能收集到更多的信息和民意。

2016年10月,“智慧萧山”2.0版本上线。新增萧山机场实时查询、火车时刻查询、终于等到你、生活缴费、千人购、空中课堂、便民查询等多个模块,累计应用达30余个。其中,机场模块,可以让用户提前知道乘坐航班的值机柜台和登机口,实时了解航班延误情况。交通罚款缴纳模块,可以让用户摆脱来回奔波、排队缴费的麻烦,动动手指就能在“智慧萧山”上轻松办理。“智慧萧山”2.0版本优化升级首页版面,增强内容发布,为运营做好基础支撑;增加粉丝互动性产品,优化直播在线互动,提供本地差异化、高品质的阅读,拓宽年轻客群,提升粉丝黏度,成为集“技术网”“产品网”“渠道网”和“决策网”为一体,城市数据运营商特色鲜明的客户端。

2017年10月5日,“智慧萧山”3.0版本在苹果和安卓市场同步上线。结合城市信息化基础,融合先进城市运营服务理念,建立广泛覆盖和深度互联的城市信息手机终端应用平台,对城市公共资源、市民生活信息等多方面要素进行全面感知(搜索、查询、引导、提醒、互动、分享)。为萧山市民打造新闻资讯传播平台、生活服务平台、城市服务平台、政务应急信息平台、“智慧城市”移动平台。建立统一的应用平台、资源平台,统一用户管理,形成产品设计规范;基础业务规范,基础服务功能一键调用;产品接入规范,提供多样的产品接入能力;渠道接入规范,提供多渠道的接入能力;形成数据分析规范,提升运营支撑能力。新增多个智慧应用,如“智慧医疗”包含萧山区第一人民医院、萧山医院、萧山区中医院、萧山区第三人民医院、萧山中医骨伤科医院的线上服务,用户打开手机就能挂号、查看检查报告;“萧山网格天气”能让用户随时查看所在位置的近期天气。

2018年11月,“智慧萧山”4.0版本在苹果和安卓市场上线。新增大数据平台,通过数据采集、数据仓库存储、数据分析平台、BI展示四个部分功能的开发应用,整合分散于各个模块内的业务数据,解决信息孤岛,构建统一的数据仓库,积累数据资产,并搭建多维数据分析模型,实现数据驱动。对首页进行全面改版,首页顶部导航栏目分为推荐、热点、电视、广播、点播、政务发布。推荐栏目以瀑布流形式展示资讯、视频、活动卡片等各种内容。新增金币系统,将用户行为以积分形式记录,用户可以按积分兑换礼品,增强用户互动性、黏性。开发广播模块,提供广播直播点播服务,与广播融合。对视频点播模块进行优化改版。开发107.9帮忙团模块,新增主播秀模块,与帮忙团等广播栏目进行网络直播互动。开发新增AI语音功能,打造人工智能全能帮手,天气、百科全知道,故事、听歌轻松实现,闲聊、杂谈有趣生活,美食、交通全城导航,“智能萧山”开启人工智能生活。

二、媒体特色

“智慧萧山”是萧山媒体融合的重要成果，走在萧山“中央厨房”的前端。

“智慧萧山”设计、开发的新闻发布系统，可以24小时发布、更新和群发图片、视频、音频、文字等全媒体新闻。通过“智慧萧山”编发的新闻，月均阅读量大多超过100万次。

“智慧萧山”设计、开发的新闻资源大数据云平台系统，可以24小时对全网有关萧山的新闻进行采集、清洗、标签、分析、分类、挖掘等，并在3小时内发布到“智慧萧山”上，同时进行实时舆情分析。

“智慧萧山”设计、开发的大数据个性化推送系统和个性化镇街门户系统，基于用户标签分析和LBS地理位置技术，使各镇街在“智能萧山”上都能自动生成本镇街的移动门户，展现与本镇街相关的新闻、应用和专题等，针对不同镇街的市民，个性化定向群发其所需要的新闻或服务信息。

“智慧萧山”设计、开发的移动直播系统可以无限制增加视频直播窗口，实现多机位、多窗口同步直播，在视频直播的同时进行图文直播，可以留言评论、分享转发、点赞、弹幕等。直播摄录设备可以是专业摄像机或手机。

三、宣传报道

2015年，二十国集团领导人第十一次峰会将在杭州举办的消息宣布后，“智能萧山”推出“G20峰会让我们相约杭州”专题，以图文、视频等形式实时更新有关新闻，并推出萧山名人、美食等体现萧山风土人情的原创报道，全方位展示萧山“办好G20，当好东道主，走在最前列”的坚定决心。

2016年1月，“智慧萧山”与湘湖网、杭州新希望公益服务中心、浙江阳光爱心等机构自发联合成立公益组织——湘湖会网络公益联盟（2018年6月改名为“智慧萧山”网络公益联盟），为萧山唯一一个以互联网为主要平台的公益联盟。

2016年2月，萧山新塘街道涝湖村沈某林家发生火灾。沈某林的大儿子因车祸成了植物人，小儿子还在上小学。湘湖会网络公益联盟得知消息后，立即派记者核实，短短几天为这个困难家庭募集到3万余元善款。

2016年9月，由萧山区委宣传部、区外宣办主办，“智慧萧山”承办的“全国新媒体看萧山”大型采风行活动，在G20杭州峰会主会场——杭州国际博览中心启程。萧山区委常委、宣传部部长赵文虎出席。来自新华网、CNTV、中国网、中新网、澎湃新闻、腾讯、新浪、网易、今日头条等20多家国内知名新媒体记者编辑走进杭州国际博览中心、萧山经济技术开发区、瓜沥镇、临浦镇等地，感受萧山新变化。

2016年10月7日，“圆梦湘湖”全球、全景、全天候直播Show活动中，“智慧萧山”提前制作活动专题，并进行视图文直播，首次采用360°VR技术进行视频准直播。

2016年11月，由萧山区旅游局主办、“智慧萧山”承办的“全国新媒体游萧山”大型采风行活动举行，来自中国网、腾讯、新浪、网易、今日头条等10多家国内知名新媒体记者编辑走进萧山南部河上镇和国家级旅游度假区湘湖，报道萧山旅游发展现状，为萧山旅游走向全国推波助澜。

2017年1月，“智慧萧山”策划执行并直播由大江东文明办主办，大江东巧客小镇、大江东总工会、大江东团工委、大江东妇工委联合承办的“品民俗聚团圆大家一起来过年”活动。央视新闻频道同时直播。

2017年2月，由湘湖会网络公益联盟发起的“湘湖会·温暖随行圆孩子一个热水澡梦”爱心捐赠仪式在萧山广播电视台举行，由爱心企业捐赠的5台太阳能热水器送给大山里孩子作为开学礼物。

2017年4月14日16:00左右，网友爆料工人路萧山一职附近的立交断裂，有人员受伤。“智慧萧山”第一时间核实消息，发布新闻，并跟踪报道，让网友随时随地通过“智慧萧山”了解事件进展：4月14日17:10，现场警戒线已经拉开，交警对附近路段进行交通管制；4月14日19:00，萧山区第一时间召开工人路高架桥西下侧非机动车道侧翻事故新闻通气会；4月14日20:53，发布关于萧山区工人路高架桥西下侧非机动车道侧翻受伤人员情况；4月14日23:40，发布关于工人路高架桥检测期间调整交通组织措施的通告；4月15日14:48，“举一反三防患未然”，萧山区第一时间开展安全生产检查；4月15日18:10，萧山区召开安全生产工作紧急会议：时刻绷紧安全这根弦，全力消除各类安全隐患。这条滚动新闻的阅读量达到45862次，创历史新高。

2017年7月，由“智慧萧山”、萧山区志愿者协会主办的智慧萧山——“四季花香”助学结对活动在萧山恒隆广场起航。社会各界爱心人士为贵州山区孩子慷慨解囊。活动共募得结对款13.16万元，“一对一”助学结对117人次；帮助120人参加“奔跑吧，泥娃娃”夏令营，其中现金资助60人次、浙江省阳光教育基金会认领60人次。

2017年11月，由萧山区互联网信息办公室主办，萧山区网络文化协会、“智慧萧山”承办的“学习贯彻十九大精神　谱写新时代萧山篇章——直播萧山”主题活动举行。来自中新社、新华网、中国网、凤凰网、腾讯、网易、新浪、今日头条和一直播、映客、花椒等国内主流直播平台约15家新媒体的采编人员和“网红”，走访湘湖（闻堰）、进化、经济开发区等多地，实地感受萧山在打造智慧城市、休闲旅游等方面的新变化，感受萧山发生的变化和涌现的动人故事，为谱写新时代中国特色社会主义萧山新篇章营造良好舆论氛围。“智慧萧山”对活动进行全程视频直播。

2018年6月，萧山广播电视台、“智慧萧山”、浙江省阳光爱心公益组织、共青团贵州省从江县委员会、从江县文体广电旅游局、从江县广播电视台联合发起智慧萧山“四季花香”正少年助学行动，共募集爱心款240550元，82名贵州山区贫困学生结对成功，近百个微心愿被市民认领，20名贵州贫困学生在爱心市民的资助下参加夏令营。

2018年9月，萧山发电厂（俗称“临浦电厂”）180米高大烟囱被实施爆破，“智慧萧山”现场直播，广大网友转发和评论，成为热点话题。

2018年11月，由萧山区委宣传部、区委外宣办主办，区网络文化协会、“智慧萧山”承办的“改革印记”——全国新媒萧山行大型采风活动举办。来自央视网、中国之声、中国网、新浪、腾讯、网易、凤凰、浙江日报等20余家全国主流媒体的新媒体记者参与。

2018年12月，“智慧萧山”技术团队自主开发“勇立潮头”萧山改革开放40年全景图，为萧山媒体界第一个自主策划、设计、开发并发布的H5产品，全面展现萧山在经济转型、对外开放、城乡统筹、生态绿色、法治建设、文化事业等方面取得的瞩目成就，创造的萧山奇迹；展现全区、各镇街坚定信心、抢抓机遇、干字当头、行动至上、转变观念、大气开放、创先争优、勇立潮头的奋斗精神。近5万人观看或分享，市委常委、萧山区委书记佟桂莉为该作品点赞。

四、技术设施

2015年4月，“智慧萧山”1.0版本上线。在“智慧萧山”云城市机房配备2台H3C机架式服务器，共享云机房安全设施，操作系统采用CENTOS系统。

2016年10月，“智慧萧山”2.0版本上线。对平台界面进行修改，优化用户体验。随着G20杭州峰会的召开，网络安保任务艰巨，专门针对系统进行防火墙、入侵检测等安全加固，配合公安进行网络扫描和等级保护检测，确保G20杭州峰会安保工作顺利完成。

2017年10月8日，“智慧萧山”3.0版本上线。重新申请4台智慧城市云服务器，重新部署3.0平台，对2.0平台进行全面升级改造。优化用户体验，提供开放平台，方便第三方应用接入“智慧萧山”。

至2018年年底，“智慧萧山”手机门户项目团队共29人，分内容编辑组、技术开发组、运营推广组等。“智慧萧山”手机门户经营管理隶属杭州萧山九天传媒有限公司。

历任负责人：

苏昭军，2014.5—

2017—2018年"智慧萧山"手机门户获得集体荣誉一览表

表4-5

年度	奖项	授奖单位
2017	中国云城市联盟(CICI)年度城市媒体平台奖	中国云城市联盟(CICI)、苏州世纪飞越网络信息有限公司
	2017浙江省数字出版网络视听新媒体创新大赛技术创新三等奖	浙江省新闻出版广电局
	萧山广电新媒体"智慧萧山"运营岗获"萧山区共产党员先锋岗"称号	中共杭州市萧山区委组织部、中共杭州市萧山区委直属机关工作委员会
	金长城传媒奖·2017中国年度创新手机台(新媒体)	复旦大学新闻学院、北京师范大学新闻传播学院、第十三届中国传媒大会
2018	2018年度融媒体传播奖	中国云城市联盟(CICI)、苏州世纪飞越网络信息有限公司

第二节 "无线萧山"App

"无线萧山"App建于2013年12月1日,是萧山日报社实施"互联网+"计划打造的智慧城市项目,也是萧山第一个移动新闻资讯客户端。历经多次改版升级,为萧山市民提供丰富的新闻资讯、生活服务信息,以及各项移动端便民应用服务。2018年12月,更名为"萧山发布"App。

一、发展历程

2013年,"无线萧山"App项目建设启动,萧山日报信息技术部、萧山网技术团队联合自主研发App系统,萧山日报手机媒体部运作。是年,"无线萧山"App下载用户达3万人次。

2013年12月1日,"无线萧山"App正式上线,是萧山第一个移动新闻资讯客户端。

2014年9月,萧山日报社与杭州前方信息技术有限公司合作,由杭州前方信息技术有限公司协助开发"无线萧山"App系统。

2014年11月,无线萧山工作室成立,负责"无线萧山"App运营。是月,"无线萧山"App完成首次改版升级,实现全面支持iOS与Android系统的各类智能手机,定位为萧山城市生活服务平台,是萧山日报社新闻发布的第一层级端口。改版后采用多级页面,一级栏目包括新闻资讯、每日食堂、爱看电影、同城活动、晒东西、每日天气等，二级栏目包括本地服务、打折优惠、视频、投票、我的、报料等，实现“新闻资讯+应用服务”的特色。

2015年1月，“无线萧山”App在前一期版本基础上进行调试，全面支持音频、视频、直播，新增多个应用服务模块，包括“查询快递”“查询天气”“线上购买汽车票”“交通违章查询”等。

2015年3月，“无线萧山”App美食板块开设独立的微信公众号(订阅号)：萧山美食攻略，微信号：wxxscate。

2015年7月，“无线萧山”App设置“萧山环保”“萧山城管”专题，无线萧山工作室开始承揽政府微信、微博代维业务，成为萧山日报社承揽的首批代维业务之一。

2015年8月，“无线萧山”App添加“萧山学区查询”功能，用户输入所在小区即可查询所属的小学、初中。

2015年9月，“无线萧山”App增加电子版《萧山手绘地图》供用户查询。

2016年9月，“无线萧山”App再次改版升级，对原有界面进行较大调整，信息栏全部呈现于首页顶端与尾端，与“今日头条”“网易新闻”等信息呈现方式类似。

2016年11月，“无线萧山”App改善用户阅读体验，增加新闻站内搜索、站内新闻阅读换取积分的功能，增加《政企之窗》栏目。

2017年1月，“无线萧山”App实现移动端数字报阅读，《萧山日报》数字报在App端可以直接浏览，同时增加“航班查询”“交通违法缴费”“水电缴费”等应用服务。自是月起，萧山日报关于餐饮行业的报道与经营业务交由无线萧山工作室负责。

2017年3月，“萧山美食攻略”微信公众号更名为“无线萧山”。

2017年12月，“无线萧山”App用户数近10万人，由“无线萧山”App衍生而来的“无线萧山”微信公众号、“萧山吃货俱乐部”(QQ群和微信群)、“萧山备婚新娘群”(微信群)、“萧山私房烘焙俱乐部”(微信群)等总用户数超过5万人。“无线萧山”App荣获杭州日报集团年度最佳新媒体称号。

2018年12月，“无线萧山”App改版升级，更名为“萧山发布”App。

二、宣传报道

2015年1月，“无线萧山”App推出萧山萌宝征集活动，200多个家庭参与。

2015年2月，萧山日报社推出“品质生活节”大型活动，“无线萧山”App推出原创作品《萧山手绘地图》线上、线下版本，是萧山地区首份手绘地图。

2015年3月和2016年3月，萧山日报社两次联合萧山区妇联、区文明办，以“新萧山·新女性·新风采”为主题，举办寻找“至美女性”活动。“无线萧山”App分别进行连续报道，提供评选通道。

2015年10月，“无线萧山”App原创发布《萧山这家酥鱼店，经营了17年……》，讲述萧山杭二棉一家酥鱼店的故事，阅读量首次破10万次，引起很大社会反响，在此后的一个月里，杭二棉酥鱼店门口时常排起“长龙”。

2016年1月，“无线萧山”App在杭州开元名都大酒店举办第一次线下用户活动，50多位用户参加，对“无线萧山”App在用户体验、活动设想等方面进行现场交流，收到许多宝贵的意见建议。

2016年4月，“无线萧山”App开设《萧山最美阳台》栏目，推出“萧山最美阳台”评选，60多个家庭参与。

2016年5月，“无线萧山”App开设《萧山最美社区》栏目，与萧山区民政局合作推出“萧山最美社区”评选，参与社区全覆盖。

2016年5月，“无线萧山”App推出《萧山好玩青年》栏目，采访萧山“80后”“90后”总计50多人，以图文形式呈现他们当下的生活状态。

2016年7月，“无线萧山”App推出《走遍萧山》栏目，走访萧山进化欢潭、戴村骆家舍等地，呈现萧山多地人文历史，向读者介绍萧山的植物、鸟、园林等。

2017年1月，“无线萧山”App组织用户年会，100多位用户参加。

2017年3月和9月，萧山日报社分别举办2017萧山春季、秋季婚博会，无线萧山工作室作为婚博会执行团队之一，进行全程报道，完成各项活动。

2017年5月，“无线萧山”App主办“春天花花同学会”大型相亲活动。活动在萧山宝盛道谷酒店空中花园举行，50多位年轻用户参加，这是无线萧山工作室首次尝试组织相亲活动，社会反响较好。

2017年11月，“无线萧山”App与共青团萧山区委联合举办萧山地区首个城市体育活动“萧山地标·青年城市定向赛”，1000多人报名。“无线萧山”App利用H5、视频等新兴传播方式，向萧山年轻人传递正能量，介绍萧山城市之美。

三、队伍建设

2013年，“无线萧山”App由手机媒体部运营，工作人员6人。

2014年11月，无线萧山工作室成立。配有专职人员3人。

2015年至2018年，无线萧山工作室工作人员4人，均为“80后”“90后”。

历任主任：

邱芳，2013.5—2014.6

金波，2014.7—2014.12

叶建英，2015.1—2016.3

郑岚，2016.3—2016.12

孟再励，2017.1—2017.12

金波，2018.1—2018.12

2014—2017年“无线萧山”App获得集体荣誉一览表

表4-6

年度	奖项	授奖单位
2014	浙江省新闻信息技术进步奖二等奖	浙江省报业协会
2017	杭州日报报业集团年度最佳新媒体	杭州日报报业集团

第三节　萧山手机报

随着新兴媒体的快速发展，尤其是互联网时代和3G时代的到来，为追求随时、随地、随身，彻底摆脱传统纸质媒体的时空限制，方便轻松阅读新闻信息，可高效快速实现与读者的互动，手机报应运而生。

2009年8月10日，由萧山日报社和浙江移动联合打造，萧山手机报正式开通，是浙江省县（市、区）中首份手机报。此后十年间，手机报一度迈向辉煌，又因信息技术升级换代、其他媒体形式开始抢占市场而衰落。到2018年6月底，萧山日报社先后开办的手机报有萧山手机报、湘湖手机报、廉政手机报、安监手机报（后更名为萧山安全生产手机报）、妇联手机报、消费手机报、教育手机报、瓜沥手机报、传化手机报、科普手机报和个私手机报。

2018年6月1日，萧山手机报下线，微信版萧山手机报上线，并同步在喜马拉雅App上发布音频。

一、发展历程

2009年2月11日，萧山日报社社长、总编辑宣舒平与中国移动萧山分公司总经理石思奇共同在《萧山日报·中国移动萧山分公司全面合作协议》上签字，标志萧山日报社与中国移动萧山分公司全面合作正式启动，双方在新闻、移动通信、手机报等领域开展全方位深度合作。

2009年7月，经萧山日报社委会研究决定创建手机报，经营主体为萧山日报社，手机报主创人员4人。

2009年7月18日，萧山区委副书记、区长盛阅春作出批示："为萧山手机报获批准推出予以祝贺。希望萧山日报社和浙江移动公司精心策划，利用第五媒体更好宣传萧山、推介萧山。"

2009年8月10日，由萧山日报社和浙江移动联合打造的萧山手机报正式开通。杭州日报报业集团党委书记、社长李建国，中国移动杭州分公司总经理林长春，萧山区委常委、副区长蒋金梁，萧山区委常委、宣传部部长裘超，萧山区人大常委会副主任周红英，萧山区政协副主席汤金友参加开通仪式，并共同按下开通按钮。萧山手机报是浙江省县(市、区)中首份手机报，以"立足萧山、服务萧山"为宗旨，通过每天早晚两次发布新闻，网罗一天当中萧山、杭州、全国乃至全球的重要资讯，让萧山市民在方寸之间早知萧山事、中国事、天下事。

2010年4月7日，萧山手机报亮相在萧山关注度极高的户外电子屏——银隆百货200平方米LED屏幕上，每天10:00—17:00，逢整点滚动播出当天的晨报内容；每天18:00—22:00，逢整点滚动播出当天的晚报内容。每次播出约2分钟。萧山手机报的影响力进一步扩大。

2010年6月，萧山手机报订阅用户数达5.4万人。越来越多的读者开始习惯于每天早晚在听到那"滴"一声后，打开萧山手机报，阅读最新出炉的新闻资讯。

2010年8月18日，萧山手机报举行一周年庆典，推出手机摄影大赛、读者沙龙等十大活动。

2010年12月8日，萧山手机报订阅用户数突破10万人，创下全国县市区域手机报第一。

2012年8月6日，由萧山日报社和浙江电信萧山分公司联合打造的湘湖手机报正式上线，这是萧山日报社实施手机报在移动、电信、联通三个移动终端全覆盖战略的重要一步。湘湖手机报分早晚报发送，面向萧山区40万个电信手机用户，由《湘湖晨报》《湘湖晚报》《湘湖周末》组成，每月订阅资费5元。湘湖手机报与萧山手机报走差异化路线，内容产品注重生活化、亲民化。

2012年12月，萧山手机报订阅用户数超过18万人，湘湖手机报订阅用户数近5万人。

2014年7月，萧山日报社围绕构建全媒体、融媒体运作体系，调整机构架设，手机媒体部被撤销，手机报采编业务归到新设立的全媒体发布中心，建立起以报纸、网络、手机报、微博、微信、无线萧山App等全媒体集群平台。

2014年9月1日，萧山日报社全媒体中央控制室正式启用，内设萧山手机报(湘湖手机报)、萧山日报、萧山网、无线萧山、城市电视、萧山发布(政务微博)、萧山日报官方微博、萧山日报官方微信、户外阅报栏电子屏九大端口、20个专用席位。全媒体中央控制室承担着中心枢纽、信息聚合、指挥协调三大功能,所有信息资源都经其整合,并根据各媒体特性进行差异化编辑,按照发布顺序规定的各个层级,第一时间发布给各个媒体平台,实现新闻信息一次采集、多种生成、多元传播,构建起矩阵式、滚动式、全天候发布机制。

2015年,湘湖手机报下线。

2016年12月,萧山日报社以组织机构和人事制度改革为重点,大力推进内容生产与媒体经营的深度融合,实施新一轮组织机构和人事制度改革,新设立新媒体事业中心(新媒体运营中心),手机报采编业务归入该中心。

2018年6月1日,萧山手机报下线,微信版萧山手机报上线,第一期请来中国曲艺家协会副主席、浙江省曲艺家协会主席、萧山莲花落表演艺术家翁仁康播报萧山新闻。微信版萧山手机报有普通话播报,也有萧山话播报,凸显地域特色,并在喜马拉雅App上同步发布音频。

二、媒体特色

萧山手机报开通后,着手进行两大创新。

采编内容创新。萧山手机报立足本地基础上,强调新闻时效性、可看性,注重生活资讯的服务性、趣味性,以短小精悍的语言,独特鲜明的风格,给人耳目一新的感觉。在原创新闻方面,发挥手机报媒体灵活的特点,以全方位的视角,为读者带来高品质的新闻。萧山手机报早报突出新闻性,网络萧山事、杭州事、天下事;晚报突出娱乐性,除当日发生的重大新闻事件外,大量的娱乐资讯让读者感受到手机媒体的“悦读”。

发送模式创新。手机媒体集各类媒体优势,可发布图文、视频等,用户可随时随地接收,与用户的个性紧密相连,其点对点、点对面的信息发布态势,颠覆传统媒体的信息传播格局。这种创新的优势在于,遇到突发事件,萧山手机报往往能抢在第一时间报道,颠覆了纸质媒体一天一期的局限,也突破了网络媒体对于硬件和环境的束缚。遇到热点事件时,如2009年日全食、八月十八潮等,萧山手机报还能同步直播,方便用户第一时间收看。

三、宣传报道

2010年1月18日起,萧山手机报开辟《两会专题》栏目,报道萧山两会动态,成为当年两会报道的新亮点。

2010年4月,萧山手机报加入上海《解放日报》世博报道联盟。这是由解放日报与全国30家省市党委机关报联合建立的全国省市党报世博稿件合作平台。萧山手机报与包括解放日报报业集团新媒体部旗下i-news上海手机报在内的众多手机媒体一起,通过深入合作,联合打造手机报世博报道合作圈。

2010年5月11日,萧山手机报首次举行大赛——首届萧山手机摄影大赛,读者参与热情很高,共收到参赛作品700多幅,通过读者评选和网络海选,16幅作品获奖。

2010年8月18日,萧山手机报成立"小梦帮忙团"。在共青团萧山区委号召下,邀请律师、医生、交通、社保、劳动等各行各业专业人士加入"小梦帮忙团",为读者排忧解难。《小梦帮忙》栏目成为萧山手机报人气最旺的互动板块。

2010年10月,萧山手机报推出"潮女街拍"活动,此后每年下半年都会举办,用网络、短信、报纸投票等方式评出年度萧山十佳"潮女",成为萧山手机报的一档明星活动。2014年11月17日,升级后的第五季"潮人街拍"新增潮男、情侣街拍,成为新亮点。

2011年2月19日,萧山手机报联合萧山区人力资源市场开展"新春送岗位"公益活动,推出岗位千余个。萧山手机报开放短信平台,为求职者开辟新渠道。该活动作为萧山手机报的常规活动之一,每年固定时间推出。

2011年,在纪念中国共产党建党90周年宣传报道中,萧山手机报开展"五红一心"系列活动,将以"发红信、看红书、听红歌、看红报、读红史""五红"为载体的手机红色文化点对点快速发布,"五红"汇聚"一心"(一心跟党走)的多样化传播,特别是原创红色短信得到数千人次参与,得到读者认可。

2011年9月,萧山手机报联合中国移动萧山分公司成立"手机报读者俱乐部"。每月初,俱乐部以抽奖形式产生幸运读者并派送礼品,月底则组织各类娱乐活动,如CS野外对抗赛、休闲鱼友会、徒步摄影采风、交友活动、给福利院孩子送书讲故事等。手机报读者俱乐部不仅在萧山手机报上介绍活动,还在萧山网湘湖社区论坛开辟俱乐部板块,吸引更多读者参与互动。

2012年3月,在纪念雷锋同志牺牲50周年之际,萧山日报制订全媒体"学雷锋"活动报道方案,萧山手机报与萧山日报官方微博同步发起"寻找身边的雷锋"活动、开设《雷锋的话》栏目,活动历时10个月。

2013年1月1日,瓜沥发生火灾,萧山手机报、湘湖手机报发挥手机媒体点对点传递的优势,分别以特刊、快讯等形式,向读者实时公布火灾现场近况和搜救、抢救过程,成为萧山区委、区政府对外发布的新闻平台。

2013年8月,萧山手机报成立4周年发起公益爱心助学活动。短短一周,萧山日报、萧山网、萧山日报官方微信、萧山手机报等多媒体联动跟进，让12名寒门学子圆了大学梦。通过萧山手机报牵线搭桥，3名学子结对成功，解决了大学学费问题。

2013年8月，萧山手机报订阅用户数达20万人，推出四周年《读者寄语》栏目，向读者征集想对萧山手机报说的话。

2013年9月，萧山手机报举办"手机拍萧山美景摄影大赛"，开设《手机摄影》栏目，每日挑选1幅参赛作品刊发。比赛持续一个月，收到参赛作品近800幅，最终评出一二三等奖。2015年7月，该大赛再次举办，征集具有浓郁生活气息、鲜明地域特点、真实生动反映萧山美丽点滴的照片，40多天共收到千余幅作品。

2014年11月24日，杭州地铁2号线东南段开通试运营，萧山日报推出"心驰朝阳·梦跃钱江——地铁2号线东南段开通试运营全媒体特别报道"，萧山手机报、湘湖手机报采用直播、专题报道、滚动报道等形式，将开通实况全方位、立体化地传递给读者。

2015年7月，台风"灿鸿"来袭。萧山手机报除了早、晚报播报台风情况外，还在台风登陆之时特别制作快讯速递报道台风登陆地及本地天气、交通、抗台等情况。

四、经营管理

2009年8月，萧山手机报正式开通，每月订阅资费5元。

2010年，萧山区总工会为100位劳模每人赠送一份萧山手机报。

2010年，萧山手机报和萧山区人力资源市场合作开设招聘栏目，每天提供4条至5条招聘信息，同时在萧山区劳动力市场、区人才资源市场张贴海报，吸引招工单位、应聘者订阅萧山手机报。

2012年8月6日，湘湖手机报上线，面向萧山区40万个电信手机用户，每月订阅资费5元。

2012年9月25日，由萧山区纪委、区监察局、萧山日报社联合主办的"萧然清风"萧山廉政手机报上线，至此，萧山日报社旗下手机媒体形成萧山手机报（中国移动网络）、湘湖手机报（中国电信网络）、"萧然清风"萧山廉政手机报（行业细分的手机报）的格局。

2013年5月，萧山手机报联合萧山日报、萧山网主办萧山区首届"移动手机嘉年华"，为期3天，20多个摊位划分成终端展示区、宽带区、存量区、游戏闯关区、4G展示区、信息化展区、领奖区等，吸引众多市民参与。

2013年8月，萧山手机报订阅用户数达20万人。

2013年11月8日，由萧山日报社和瓜沥镇联合打造的瓜沥手机报上线，是萧山首份小城市手机报，发布内容重点突出瓜沥小城市建设，每月两期，直接定向发送到瓜沥镇居民的手机上。

2014年1月,由萧山日报社和萧山区安监局联合打造的安监手机报(后更名为萧山安全生产手机报)上线,为萧山安全生产开辟一条新的宣传途径。2015年,该手机报从月刊变为旬刊。

2014年3月29日,萧山日报社旗下首份企业类分众手机报——传化手机报上线。

2018年1月,个私手机报上线。至2018年,萧山日报社旗下行业细分手机报还有妇联手机报、消费手机报、教育手机报、科普手机报。

历任主任:

金波,2009.12—2013.4

邱芳,2013.5—2014.6

金波,2014.7—2016.12

孟再励,2017.1—2017.12

金波,2018.1—2018.12

2009—2018年萧山手机报获得集体荣誉一览表

表4-7

年度	奖项	授奖单位
2009	萧山区宣传思想工作创新奖一等奖	萧山区委宣传部

第四节 萧山日报官方微博

一、发展历程

2010年6月10日17:40,随着第一条新浪微博"【豆粽价格赶上了肉粽】"的发布,萧山日报官方微博正式上线。微博名:萧山日报。创建初期,由手机媒体部运维。

2011年,萧山日报社全面启动全媒体战略转型,配置先进的全媒体采编设备,新添全媒体直播车。全体采编人员进行全媒体采集编发培训。萧山日报官方微博的编发仍由手机媒体部完成,根据报社全体采编人员提供的稿件,及时快速发布本土消息。

2012年4月,萧山日报官方微博粉丝数超过25000人。微博内容增加了"#早安#""#晚安#""#路况#"等话题,对一些重要活动进行直播,并组织线上活动增加互动。4月13日,萧山日报官方微博召开粉丝代表、微博达人座谈会,为之后的信息平台搭建、服务功能优化收集意见建议。

2012年，萧山日报官方微博在线维护时间从每天8小时延长至16小时，并开始尝试微博直播，进行高考微访谈、救助小烨琳等多次微直播。是年年底，萧山日报官方微博粉丝数为31000人。

2014年7月，萧山日报社调整机构设置，萧山日报官方微博所在的手机媒体部被撤销，采编业务归到新设立的全媒体发布中心。设立微博发布专员。

2014年9月1日，萧山日报社全媒体中央控制室正式启用，萧山日报官方微博小编“入驻”办公。

2016年12月，萧山日报社推进内容生产与媒体经营深度融合，实施新一轮组织机构和人事制度改革，新设立新媒体事业中心（新媒体运营中心），萧山日报官方微博的采编业务归入该中心。

至2017年年底，萧山日报官方微博粉丝数为502168人。

二、宣传报道

萧山日报官方微博上线初期，虽然每天只发送一条博文，却是萧山日报当天最出彩的新闻：简要的播报，配上图片，一般还有网址短链接，点击进去就直达萧山日报数字报，起到导读和推荐作用，满足网络读者“深阅读”需要。与之联动的是，在萧山日报《e动》版上开设《非常微博》栏目，专门向读者介绍当天微博上的热点话题，并刊登网友的精彩评论。

为了增加萧山日报官方微博本土信息量，2012年2月1日起，萧山日报官方微博和萧山区交管部门及出租车管理部门合作，开通“#路况#”话题，每天早、晚高峰播报路况信息。

2012年2月14—20日，萧山两会期间，萧山日报官方微博同步做好开幕式直播，及时发布重大新闻。此后每年萧山两会、萧山区委全会等重要会议，萧山日报官方微博都会进行专题策划，做好直播和政策报告解读，邀请萧山市民互动，及时快速传递会议信息。

2012年2月，萧山日报官方微博首次尝试报网互动融合。2月19日晚，有“台湾娱乐一哥”之称的吴宗宪发微博：“杭州萧山的朋友让人感动到涕泪俱下，一口气就干掉半瓶白兰地。”萧山日报官方微博第一时间转发、评论。借助微博力量，萧山日报记者很快找到了吴宗宪在萧山的行踪，在微博留下悬念：“本报已经找到吴宗宪，标题都做好了，明天萧山日报会给网友一个确切的消息。”第二天，萧山日报《e动》版报道该事。这是一次报纸和微博互动的成功实践，也是全媒体报道的一次展示。

2012年6月14日19:35,“重燃生命的希望——渝萧两地空运救治小烨琳造血干细胞暨移植手术”大型全媒体直播在杭州萧山国际机场接机大厅正式开机。这是萧山日报全媒体启动以来首次推出两地同步直播,参与采编人员30多人。萧山日报官方微博滚动播报手术前期准备至结束的全过程。

2013年1月1日,瓜沥发生火灾,萧山日报官方微博通过与现场记者、萧山官方、萧山消防通讯员连线,即时滚动播发事件最新进展,为公众提供真实、准确、权威的消息,避免了谣言和猜想,成为萧山区委、区政府对外发布的新闻平台。

2014年8月25日,萧山日报官方微博首次滚动直播萧山区委全会。现场记者将大会相关信息及时组织成140字的短平快简讯连同照片一起传回报社,由萧山日报官方微博即时编发滚动播报。会议期间共滚动播报31条相关信息,阅读量最高一条达12000次。

2014年11月24日,杭州地铁2号线东南段试运营,萧山日报推出“心驰朝阳·梦跃钱江——地铁2号线东南段开通试运营全媒体特别报道”,萧山日报官方微博除了采用直播、图文滚动报道外,还以年轻网友感兴趣的方式、流行的文体展现萧山12个站点,如“萧山12个站点都是什么星座?”根据站点地理位置和人文特点对号星座,深受网友欢迎。是日,推送相关微博近20条,总阅读量超过20万次。

2015年5月,7天时间,5支小分队,接力式采访,行进150公里,萧山日报策划推出“行走母亲河”——浦阳江生态带全媒体大型采访活动。萧山日报官方微博全程即时发布、滚动播报。

2015年7月,台风“灿鸿”过境前后,萧山日报通过全媒体矩阵及时发布信息,准确报道,全力做好防台抗台宣传报道和舆论引导工作。萧山日报官方微博及时发布消息的同时,在微博首页置顶链接专业权威的台风路径信息源发布平台内容,增加服务性。

2016年12月6日,萧山日报官方微博发布一则“寻找抗美援朝时期老战友”的消息,并配上老人的照片,让失联57年的老战友重逢。

2017年5月6日,萧山河上镇举办甑山庙会,萧山日报官方微博小编首次在现场尝试微直播,网友互动热烈。

历任主任:

金波,2010.6—2013.4

邱芳,2013.5—2014.6

金波,2014.7—2016.12

孟再励,2017.1—2017.12

金波,2018.1—2018.12

2010—2018年萧山日报官方微博获得集体荣誉一览表

表4-8

年度	奖项	授奖单位
2015	《"行走母亲河"全媒体活动报道》获全省县市区域报媒体融合报道2015年度一等奖	浙江省记协县市报工委

第五节　萧山广播电视台官方微博

一、发展历程

2011年4月9日，萧山广播电视台官方微博在新浪微博平台注册上线，微博名：萧山广播电视台。由萧山广播电视台新闻中心工作人员负责发布信息。

2011年4月13日20:13，萧山广播电视台官方微博发布了第一条微博。

2013年3月，萧山广播电视台成立新媒体中心，统筹发展广电新媒体。

2013年4月，萧山广播电视台官方微博建立编辑组4人，发布内容由新媒体中心主任负责审核。此后，萧山广播电视台官方微博实时发布与萧山有关的时政、民生类信息，积极与粉丝互动。与萧山广播电视台官方微信同步推出大量福利活动进行吸粉，如"最美老板娘""最美萧山人""美德标兵"等投票，送自助餐券、景区门票、下午茶、多肉盆栽等。

至2017年12月，萧山广播电视台官方微博粉丝数为410918人。

萧山广播电视台官方微博拥有专业运营团队。2015年起，萧山广播电视台官方微博编辑组帮助萧山众多镇街和部门注册、上线、认证新浪和腾讯政务微博，其中有相当部分镇街、部门把政务微博的日常采编发工作委托给编辑组，从而形成一个集新闻和政务发布为一体的微博矩阵。

二、宣传报道

萧山广播电视台官方微博自注册上线以来，定期发布各种专题报道，如人物篇：咏春传人钟义、养蜂达人洪德兴、亚太集团董事长黄来兴等；美食篇：义桥羊肉、公泰朝糕、油墩儿、益农南瓜花等。发布内容充分体现萧山风土人情，很接地气，受到网友关注。

每年萧山两会，萧山广播电视台官方微博及时滚动发布会议动态，就两会话题与网友展开互动。

2014年12月5日，作为第二十届中国国际羽绒博览会暨第六届萧山国际羽绒节系列活动之一的“2014中国羽绒服装发展论坛”在萧山举行，萧山广播电视台官方微博图文直播，为网友传递羽博会的盛况。

2015年9月17日，萧山广播电视台官方微信收到一封来自萧山环卫工人的求助信，称家中八个月大的孩子严重烫伤，需要帮助。随后推出系列报道《有人@你》。萧山广播电视台官方微博同步发布报道，呼吁网友伸出援手。

2015年11月，萧山广播电视台官方微博对萧山区首届“律界俏佳人”评选活动进行图文直播，展现萧山女律师的巾帼风采。

2016年7月，萧山广播电视台官方微博对中信银行杯“喜迎峰会·舞动萧然”萧山区第五届排舞大赛进行图文直播，展现萧山人民在推动文化大发展大繁荣中的积极探索，以及民众自发开展文化活动的强烈愿望。

2016年9月4—5日，萧山广播电视台官方微博实时滚动发布G20杭州峰会内容，获得不少网友评论与点赞。

2016年10月7日，萧山广播电视台官方微博图文直播“圆梦湘湖”全球、全景、全天候直播Show。从清晨到深夜，萧山广播电视台官方微博每隔1小时左右进行实时图文滚动，与网友分享湘湖的美景。

历任负责人：

苏昭军，2013.4—

第六节　萧山日报官方微信

一、发展历程

2013年7月，萧山日报官方微信（订阅号）正式上线，微信名：萧山日报，微信号：xiaoshanribao，由此拉开萧山日报“微时代”的大幕。萧山日报官方微信定位“深度、原创、好看”，以本地新闻带动阅读，目标受众是本地18~45周岁人群。创建初期，由手机媒体部运维。

2014年7月，萧山日报社调整机构设置，萧山日报官方微信所在的手机媒体部被撤销，采编业务归到新设立的全媒体发布中心，建立起以报纸、网络、手机报、微博、微信、无线萧山App等全媒体集群发布平台。设立微信发布专员。

2014年9月1日，萧山日报社全媒体中央控制室启用，萧山日报官方微信专员“入驻”办公。

2015年6月，萧山日报“微信小编沙龙”推出第一期活动，主题是“好用的编辑器，让微信靓起来”。

2015年，为了丰富新媒体产品类型，新媒体小编和记者们自编自导、自拍自剪，推出短剧《屌丝couple》《萧咖秀》等，每周五在萧山日报官方微信推送。

2015年年底，萧山日报官方微信粉丝数突破5万人。

2016年12月，萧山日报社推进内容生产与媒体经营深度融合，实施新一轮组织机构和人事制度改革，新设立新媒体事业中心（新媒体运营中心），萧山日报官方微信的采编业务归入该中心。

2017年年底，萧山日报官方微信订阅粉丝数达130194人。

萧山日报社旗下各个部门自2013年起陆续建起微信公众号，至2017年年底，除萧山日报官方微信外，还有萧山投资理财俱乐部、今日大江东、无线萧山美食攻略、萧报小记者、萧伢儿、钱塘会等18个微信公众号，形成萧山日报微信公众号新闻资讯发布矩阵。同期，由萧山日报社代维的镇街部门微信公众号共20个，萧山日报社旗下微信形成微矩阵。

二、宣传报道

萧山日报官方微信定位“深度、原创、好看”，以本地新闻带动阅读，致力于打造权威、本土、亲近的新媒体。

2015年7月，台风“灿鸿”来袭，在台风过境前后，萧山日报通过全媒体矩阵及时发布信息，准确报道，全力做好防台抗台宣传报道和舆论引导工作。萧山日报官方微信紧密关注台风动向，即时发布台风信息和预警提醒，总阅读量40000次，分享量过千次。

2015年8月，萧山日报官方微信推出“童声读诗，熏枣‘诗意’的孩子”活动，择优刊发读诗音频，活动持续一年。

2015年，萧山日报官方微信举办“纪念中国人民抗日战争暨世界反法西斯战争胜利70周年知识竞赛”，一周时间，千余人竞答。9月3日阅兵仪式当天，萧山日报官方微信和官方微博、无线萧山App一同实时跟进发布，全面展现阅兵盛况和萧山市民的自豪心情，用“致敬”“独家”“人物”“全景”“史实”“活动”共6篇微信内容纪念胜利日，其中，“致敬”“独家”为原创内容。

2015年10月9日晚，得知湘湖旅游度假区被评为国家级旅游度假区的消息后，因当天萧山日报官方微信已推送，为及时传播该消息，萧山日报新媒体转而采用H5微秀的形式在微信朋友圈发布。《湘湖，我为你骄傲》H5推送后，4天阅读量超过40万次，得到杭州市委常委、宣传部部长翁卫军的批示肯定。

2015年10月，萧山日报官方微信推送原创内容《萧山奶奶教孙子看图识字，笑炸了……》，阅读量14.9万次，创历史新高。

2015年10月，得知萧山一家极具文化气息的书店要关门，萧山日报官方微信连发两篇独家报道，引发市民共鸣，省市媒体随后跟进报道。在萧山日报官方微信的牵线搭桥下，书店老板整理出一批适合中小学生的图书，和社会各界捐赠的800多册图书一起被送到萧山金迪民工子弟学校，建起一个爱心图书室。

2015年年底，萧山日报官方微信推出“2016年新年梦想我来画”主题绘画大赛，20多天收到140多名孩子的画作。孩子们的画作分别在湘湖美术馆和地铁2号线杭发厂站展出。

2016年1月下旬，萧山遭遇30年一遇的寒潮。萧山日报官方微信通过微信编辑器首次推出“萧报直播”，以滚动图文形式在微信朋友圈转发扩散，7天、120小时滚动直播，52名采编人员参与，及时播报来自一线的寒潮、雨雪情况内容达600多条，总阅读量达60万次以上。

2016年4月1日，微电影《思念深深》上线，这是萧山日报创作的首部公益微电影，以“思念”为主题，旨在弘扬和谐清明文化，传播见义勇为的正能量。该微电影在萧山日报官方微信首发，上线两周，总点击量超13万次。

2016年5月，原创微信《今天萧山马路上，这位姑娘的一个举动太让人暖心！》被人民日报等权威媒体转载，总阅读量超1000万次，获杭报集团总编辑嘉奖。

2016年8月30日—9月6日，萧山日报官方微信全面启动“G20模式”，平均每日推送G20杭州峰会相关内容5条。9月2日《10国领导人陆续抵达，萧山机场停了好多总统专机！明天还有一波》阅读量创历史性的35万次以上，点赞数超3000次。

2017年7月，萧山日报官方微信首推《萧山方言秀》《火星街访》栏目。《萧山方言秀》是主打萧山话的栏目，以音频为主要表现形式，方言类打趣产品深得读者喜爱；《火星街访》则是选取热门话题，走上街头，寻找出其不意的回答，通过视频传递给网友。

2017年9月，萧山日报官方微信第一次尝试自己编程制作H5。用户只要上传老师照片，输入推送名字和祝福语，就能生成一份独一无二的《萧山日报》，这个H5在教师节推出，获得不错的传播效果。

2017年10月，为了让更多市民了解中共十九大、营造喜迎中共十九大氛围，萧山日报官方微信除发布相关新闻报道外，推出H5《@全体萧山人，这里有一封和你我都有关的信》，通过数据图表、图文等形式，全面展示萧山五年来的成就，其中“点亮萧山”线上互动H5，点燃萧山市民的热情。

2017年11月，首届萧山人大会召开，为期两天的大会中，从全国各地和世界各国赶来的萧山乡贤相聚钱塘江畔，共叙家乡情，喜看新变化。萧山日报官方微信借助秀米编辑器在微信朋友圈开始一场图文直播，实时追踪现场，并在文末推出"我为萧山送祝福"H5二维码，与网友互动。

历任主任：

邱芳，2013.7—2014.6

金波，2014.7—2016.12

孟再励，2017.1—2017.12

金波，2018.1—2018.12

2014—2017年萧山日报官方微信获得集体荣誉一览表

表4-9

年度	奖项	授奖单位
2014	杭州市创新重大主题报道奖——优秀新媒体融合成果奖	杭州市委宣传部、杭州市新闻工作者协会
	《"心驰朝阳·梦跃钱江"——地铁2号线东南段开通试运营》全媒体特别报道获浙江省媒体融合报道大赛三等奖	浙江省新闻工作者协会、浙江传媒研究院
2015	《萧山一家最具文化气息的书店要关门了》系列报道获杭州新闻奖公共服务类二等奖	杭州市新闻工作者协会
	《"行走母亲河"全媒体活动报道》获全省县市区域报媒体融合报道2015年度一等奖	浙江省记协县市区域报工作委员会
	《杭州赢得2022亚运会举办权，萧山人最想说的是……》系列报道获中国县市区域报新闻奖2015年度一等奖	中国县市报研究会
2016	《今天萧山马路上，这位姑娘的一个举动太让人暖心！》获中国县市区域报新闻奖2016年度二等奖	中国县市报研究会
2017	《@全体萧山人，这里有一封和你我都有关的信！》获2017年度杭州新闻奖新媒体类界面设计奖二等奖、浙江省县市区域报新闻奖新媒体界面设计二等奖	杭州市新闻工作者协会 浙江省记协县市区域报工作委员会

续表4-9

年度	奖项	授奖单位
2017	《“英雄林”》全媒体系列报道获2018年度杭州创新重大主题报道优秀新闻作品三等奖	杭州市委宣传部、杭州市新闻工作者协会
	《萧山人大会》获浙江省县市区域报新闻奖一等奖	浙江省记协县市区域报工作委员会

第七节　萧山广播电视台官方微信

一、发展历程

2013年3月，萧山广播电视台成立新媒体中心，统筹发展广电新媒体。

2013年4月，萧山广播电视台官方微信成功注册上线。微信名：萧山广播电视台，微信号：xsgbdst。萧山广播电视台官方微信由新媒体中心负责运营，建立编辑组，发布内容由新媒体中心主任负责审核。

2013年4月18日，萧山广播电视台官方微信首次推送内容，共5条。

2013年6月18日，萧山广播电视台官方微信第一次改版，并定位为“萧山微报”，确定多个子栏目。《疯狂猜猜猜》主要放置答题类内容与粉丝互动；《文字八卦掌》主要放置短篇冷笑话之类的文字游戏；《卖萌最漫画》主要放置流行漫画供网友欣赏；《微信送福利》主要放置粉丝通过参与活动的互动内容。同时，还有一条每天固定原创栏目《微周刊》，周一至周日分别为美人计、美食计、酷车计、养生计、视听计、淘宝计、旅友计，丰富的内容，受到粉丝好评。

2014年12月，萧山广播电视台官方微信调整编辑组成员，发布内容审核改由新媒体中心主任助理初审，新媒体中心主任终审，遇重大事件或涉及舆情内容由萧山广播电视台副台长终审。

萧山广播电视台官方微信是萧山第一个加V认证、上线自定义菜单、推出微网站的微信公众号。

本着“权威发布、服务为民”的原则，萧山广播电视台官方微信立足本地，以图文并茂的方式，每天推送萧山及国内外各类最新信息，内容涵盖萧山要闻、民生资讯、政策公告等。粉丝迅速增加。2014年6月9日，粉丝数突破1万人大关。2015年9月25

日，粉丝数突破10万人大关。随后，萧山广播电视台官方微信推出大量吸粉活动，如“最美老板娘”“最美萧山人”“美德标兵”等投票，送自助餐券、景区门票、下午茶、多肉盆栽等福利活动。2016年2月1日，粉丝数突破20万人。

2017年10月，萧山广播电视台官方微信编辑组成员再次调整，微信内容主要来源萧山广播电视台新闻中心原创新闻、各镇街微信、其他微信公众号、网络等。

萧山广播电视台官方微信拥有专业运营团队。2015年起，萧山广播电视台官方微信编辑组帮助萧山众多镇街和部门注册、上线、认证政务微信，相当部分的镇街、部门把政务微信的日常采编发工作委托给编辑组，从而形成一个集新闻和政务发布为一体的微信矩阵。

二、宣传报道

萧山广播电视台官方微信自注册上线以来，策划并推出各种专题报道。如人物篇：咏春传人钟义、养蜂达人洪德兴、亚太集团董事长黄来兴等；美食篇：义桥羊肉、公泰朝糕、油墩儿、益农南瓜花等，为微信增粉，大量粉丝互动留言。

每年萧山两会，萧山广播电视台官方微信均开展专题策划，邀请市民参与两会话题讨论，成为萧山市民了解萧山两会的主要平台之一。

2015年，萧山广播电视台官方微信推出系列报道《有人@你》，获2015年度浙江省音视频网络新闻奖连续报道三等奖。9月17日，萧山广播电视台官方微信编辑收到一封来自萧山环卫工人的求助信，称家中八个月大的孩子严重烫伤，需要帮助。在核准事情属实后，萧山广播电视台官方微信推出系列报道，并为孩子募得49691.5元爱心款。系列报道包括：2015年9月17日，[有人@你]您有一封来自萧山环卫工全家的求助信：八个月大孩子严重烫伤，求转发扩散！2015年9月18日，[有人@你]您有一封来自萧山环卫工全家的求助信：12小时内广电粉丝为女孩捐款49691.5元！2015年9月19日，[有人@你]您有一封来自萧山环卫工全家的求助信：烧伤小春燕，我们来帮你！

2015年9月，由萧山区委宣传部、萧山广播电视台、区教育局主办，萧山广播电视台官方微信承办的喜迎G20“长龙杯”萧山区中小学生绘画大赛开赛，全区中小学生踊跃参加。

2016年10月7日，萧山广播电视台官方微信编辑使用专用编辑器，以图文形式在微信头条发布了“圆梦湘湖”全球、全景、全天候直播Show的活动内容，并在“阅读原文”中链接活动专题，使网友可以实时了解直播。

2016年9月4—5日，G20杭州峰会期间，萧山广播电视台官方微信策划推出喜迎G20特刊专辑，《迎“峰”而上展“峰”姿！一个月后，世界将邂逅不一样的萧山》《炸了！

萧山8大颜值主播献唱〈我们欢迎你〉！刷爆萧山人的朋友圈！》等专题报道。发布“【震撼视频】萧山夜景3.0豪华升级版，帝国的夜景让人惊叹！”等特色视频，展示开放的萧山、文明的萧山、幸福的萧山、精彩的萧山。特别策划“蝶变萧山 发现家乡美”全民街拍活动、“萧山人·萧山事·萧山美”大型全媒体报道等主题活动，引导市民“寻找萧山之变”，用手机或相机记录身边的新变化；聚焦萧山经济和文化视角，讲好萧山人的故事、萧山发展的故事和美丽萧山的故事，传播萧山发展和萧山形象。

2017年5月，萧山广播电视台官方微信策划举办以“依法保护鸟类，守护绿色家园”为主题的“寻找最美精灵”野生动物摄影比赛，共征集到照片200余张，其中包括难得一见的野生动物照片。通过微信展示，呼吁市民一起保护生态环境。

2017年10月18日，中国共产党第十九次全国代表大会开幕，萧山广播电视台官方微信策划开展“喜迎十九大，为萧山点赞”海采，萧山市民通过萧山广播电视台官方微信，畅谈五年来萧山发生的变化和对未来的期许。最高一条网友留言获赞172次。

三、技术设施

萧山广播电视台官方微信使用腾讯微信公众平台后台功能进行日常编发工作。

在运营初期，主要采用引入第三方平台服务萧山广播电视台官方微信的方式，保证其独立性、安全性及可控性。使用第三方系统模块，如大转盘、刮刮卡、微投票、答题红包、微网站等，满足初期微信活动需求。但系统自带的应用无法满足个性化需求，于是，技术团队基于第三方开发框架、文档，对原有模块进行修改和开发，搭建在萧山广播电视台新媒体中心服务器上。同时，针对微信应用个性化、互动个性化需求，萧山广播电视台新媒体中心专门研究微信各种开放接口，在此基础上，技术团队开发出个性化大转盘，用于微信用户抽奖活动；开发出个性化微信投票，并可防止刷票行为；为湘湖智慧旅游公众号开发出湘湖旅游公厕导航、湘湖停车位查询、湘湖景点语音介绍、湘湖旅游攻略、在园人数等功能模块；开发纪委微信移动端违纪行为举报；开发改革开放40周年全景图等各种系统，满足萧山广播电视台官方微信及其他代运维微信公众号的互动和服务需求。针对微信和移动互联网的需要，满足软件项目开发对技术团队的需求，建立完整的软件项目开发团队，项目经理、UI设计师、H5前端工程师、PHP后端工程师、系统运维等各岗位均配备1~2名人员。

2017年10月，萧山广播电视台官方微信编辑组有4人，负责日常编辑发布工作。萧山广播电视台官方微信经营管理隶属杭州萧山九天传媒有限公司。

历任负责人：

苏昭军，2013.4—

2013—2018年萧山广播电视台官方微信获得集体荣誉一览表

表4-10

年度	奖项	授奖单位
2013	萧山区互联网站优秀品牌栏目(活动)	萧山区委对外宣传工作领导小组、萧山区互联网宣传管理工作领导小组
2015	《您有一封来自萧山环卫工全家的求助信》微信连续报道荣获杭州市广播影视政府奖音视频网络新闻奖连续报道二等奖	杭州市文化广电新闻出版局、杭州市广播电视学会
	《有人@你》微信连续报道荣获浙江省广播影视政府奖音视频网络新闻奖连续报道三等奖	浙江省新闻出版广电局

第八节　手机萧山网

一、发展历程

2016年5月20日上午10点08分,萧山网旗下手机门户网站——手机萧山网正式上线。手机萧山网是萧山网加快推进全媒体进程的又一举措。其秉承萧山网“三网合一　三级办网　打造垂直性大区域网”的办网理念,依托萧山网即时、丰富、接地气的内容资源,结合移动互联网接收终端便携、即时等传播优势,为更多的手机用户提供最新、最全的本地新闻资讯。

手机萧山网包含新闻、镇街、部门、视频、互动等精选栏目,每天24小时实时更新,第一时间、第一观点、第一现场,及时发布萧山政府部门、镇街和村社的最新动向,网罗最新最热视频资讯,实时更新萧山网独家视频节目,提供各类本地实用性商业资讯和为商家提供网上品牌展示,还有手机社区等特色产品,均与互联网实时互通,让网友随时随地乐享移动互联生活、“玩”转萧山。手机萧山网上线当天浏览量达11.8万次。

2017年年初,手机萧山网推出手机问政、手机房产、手机理财等栏目,在加强新闻信息发布的同时,进一步提高其运用性、实用性。

2017年6月29日,手机萧山网推出《新闻早班车》栏目,每天早上8点左右发布本地新闻及国内外重大新闻资讯,是手机萧山网重点打造的一个核心栏目。

二、媒体特色

1. 打造品牌栏目，主推《新闻早班车》

《新闻早班车》是手机萧山网主打品牌栏目，每天早上8点推送，主要有五个板块。本地新闻：发布萧山、杭州本地新闻信息，地域上的接近性让读者产生共鸣。镇街新闻：发布萧山区内各镇街的新闻信息。热点新闻：以国内外大事、热点新闻为主，让读者打开早班车就可知晓天下事。养生课堂：每天推送一个养生小窍门，学点养生小知识。今日天气：晴雨预报事关老百姓的切身利益，看似小事，实则是关乎民生的大事。

《新闻早班车》的内容选择、编辑注重三个“力求”。新闻篇幅力求长短结合，以短为主，每条信息浏览时间控制在30秒内，新闻条数控制在15条，让受众快速浏览当日最新最热的新闻；新闻信息力求大视野与小角度统一，新闻的采集尽可能广泛、丰富，国内外大事、市井百姓小事都是新闻素材；新闻时效上力求时新性，每天都是最新最及时的内容，让受众在几分钟之内获取大量的新闻资讯，知晓大事小情。

2. 24小时滚动发布，第一时间掌握“话语权”

手机萧山网助力萧山网新闻“第一时间”的优势得到更好发挥。突发新闻随时滚动，并通过萧山网微信、微博及时分享，牢牢掌握本地权威媒体的“话语权”。

重大新闻抢先发布。发生重大新闻时，手机萧山网成为最优最快发布平台。如2017年中高考期间，手机萧山网第一时间发布中考试题和答案、高考语文作文题目，第一时间发布中高考各种分数线，第一时间发布本地中高考状元独家采访报道及视频等。

突发新闻滚动发声。对突发新闻，手机萧山网从服务角度滚动发声。2017年4月，得知萧山一职旁高架发生断裂的消息后，手机萧山网立即滚动发布，让用户及时了解现场动态及相关临时交通管制等便民实用信息。

负面新闻主动发声。2017年6月，杭州蓝色钱江一高层住宅发生火灾。手机萧山网对事件的最新动态进行及时、全面、公正的发布，避免谣言的产生。

3. 手机问政、手机房产、手机理财，不断追求实用性

手机萧山网在为读者及时提供丰富资讯的同时，推出手机问政、手机房产、手机理财等栏目，强调平台实用性。

手机问政：是对萧山网PC端“萧山网络问政平台”的精简版，主要推送用户关注、与用户切身利益相关的民生热点问题，便于查询与阅读。

手机房产：本着合作互利、便商便民，促进房地产行业发展的目的，为房地产企业

商家搭建一个相互交流以及产品展示的平台，为普通用户提供一个了解房产信息的平台。

手机理财：打造一个专业化、集中化的实用型服务平台，用浅显易懂的语言让用户了解相关理财产品、理财政策和资讯。

历任总编辑：

金烽，2016.5—2018.11

陈蓉，2018.11—

2016—2018年手机萧山网获得集体荣誉一览表

表4-11

年份	奖项	授奖单位
2016	全国地方网络媒体优秀手机客户端	中国地市新闻网联盟
2017	全国地市网络媒体手机客户端综合实力十强品牌	中国地市新闻网联盟

第九节　萧山手机台App

一、发展历程

萧山手机台App由萧山广播电视台新媒体中心团队负责设计、开发及日常运维。

2014年1月25日，按照手机电视的定位，萧山手机台1.0版本在苹果和安卓市场上线。开发之初，为了体现媒体融合的思路，萧山手机台的后台与湘湖网的后台进行了融合整体开发，整合了发布资源。

萧山手机台1.0版本的视频栏目主要有萧山新闻、热线188、社会聚焦、萧山党建、健康生活、萧然警界、教育天地、人力资源和社会保障、政情民意直通车等；新闻资讯栏目主要有看萧山、看周边、看中国、看世界、看健康、看教育、财经、娱乐等；电视直播主要有萧山综合频道、萧山生活频道、浙江卫视、浙江经视、钱江频道、教育科技、6频道等浙江省台节目；广播直播主要有调频FM107.9、萧山有线广播等。

萧山手机台上线后，承接萧山杨梅节开幕式直播、政情民意直通车全年直播、萧山人大会开幕式直播等重大活动。

2014年3月25日，随着内容和用户的增加，萧山手机台推出1.2版本，新增爆料、空中课堂等模块，修复直播不能播放的问题。用户通过爆料后台，可以第一时间向编辑提供视频、图文等信息。空中课堂将全区优秀中小学课程以视频点播形式展示，其中，初中数学、科学课程在推出1个月后，播放量达到5万余次，赢得学生及家长的好评。

2014年5月24日，萧山手机台1.3版本主要修复BUG，并增加推送功能。

2014年6月5日，为方便用户登录，萧山手机台推出1.4版本，实现QQ、新浪微博等第三方登录及分享功能。

2014年6月27日，萧山手机台1.5版本发布。增加拍客视频模块、广播后台播放功能、开机广告功能，将萧山手机台从“看”延伸到了“听”，内容大为丰富。

2014年11月11日，萧山手机台1.6.3版本发布。为了加强与镇街的联系，同步湘湖网的镇街信息，萧山手机台在该版本中加入镇街模块，各镇街有了自己的移动平台。

2015年1月17日，萧山手机台1.6.4版本发布。修复BUG，进一步优化。

2016年6月15日，萧山手机台1.6.5版本发布。重构镇街部门页面和推送功能，修复评论页面和“我的收藏”“我的评论”的部分BUG，优化新闻列表页面的UI设计。

2016年8月24日，萧山手机台1.6.9版本发布。调整整体UI设计，个人中心改变新的UI，增加缓存清理、新闻页面个人评论和分享、新闻已阅缓存、新闻内容缓存和缓存清理、评论昵称安全显示、网络状态的监控、广播直播音量控制、界面旋转等功能。

2016年9月14日，萧山手机台推出功能更为强大的1.7.0版本，App打开速度提升近30%，新闻内页打开速度提升18%，良好的用户体验赢得广大用户的好评。在该版本中，新闻界面优化，功能更大；更换开机启动页壁纸，增加新闻打开等待页动画；增加弹框提示功能；修复部分BUG。

2016年10月26日，萧山手机台1.7.1版本发布。为了更好地适配iOS不断升级的版本，萧山手机台在该版本中做了很多努力，将兼容性做到极致，同时还支持打开外链H5界面、全景展示H5等功能。

2016年12月28日，萧山手机台2.1.0版本发布。在总结吸取前期经验后，修复部分视频播放和页面显示的BUG；增加网络检测，播放视频提示网络状态；界面全新改版，看起来更美观；注册页面增加再次输入密码，确保密码正确输入。

2017年7月，随着云服务器的普及，萧山手机台将全系统迁移至阿里云服务器，实现云存储和云计算。

2018年年底，萧山手机台累计下载量超过5万次。

二、媒体特色

1.移动特色

萧山手机台将萧山广播电视台电视直播、广播直播接入移动互联网，可以随时随地通过手机收看萧山电视台的直播节目，点播萧山台新闻、专题及其他原创视频等，实现“手机看电视，掌上看萧山”的功能。

萧山手机台和湘湖网新闻同步，用户可以实时浏览湘湖网上的新闻资讯。

萧山手机台拥有精致的UI设计，完美的手机适配性，高效的展示，清晰的媒资分类。

萧山手机台是萧山第一个手机电视。

2.视频特色

萧山手机台是萧山第一个实现高清视频直播、视频多码流直播和点播的手机App。

通过萧山手机台，用户可以点播萧山电视台所有的电视新闻、专题栏目、原创视频，还能随时随地延时、不卡顿观看浙江省台节目、高清电视直播等。全部点播和直播视频提供全球CDN加速。

历任负责人：苏昭军，2014.1—

第十节　镇街场微信公众号

萧山各镇街场积极拥抱新媒体、发展新媒体、用好新媒体。20世纪末至2010年，各镇街场先后借助湘湖网、萧山网、萧然在线三家网站平台优势建起镇街网。2010年起，各镇街场又主动与萧山日报社政务中心、湘湖网、萧山网、萧然在线等合作，创办微信公众号，围绕不同时期的中心工作，及时推送发布镇街场的重要新闻和信息。稿件及信息的采编和推送（发布），基本上由镇街场文化广播站负责，有的则由镇街广播站和区级媒体一起完成。

2017年年底萧山各镇街场微信公众号一览表

表4-12

序号	微信公众号	粉丝量（个）	发布量（条）	阅读量（人次）
1	楼塔镇	4594	177	292775
2	河上镇	7732	293	713000

续表4-12

序号	微信公众号	粉丝量(个)	发布量(条)	阅读量(人次)
3	戴村镇	11781	349	480000+
4	临浦镇	64000	299	450000
5	浦阳镇	23944	230	184000
6	进化镇	3985	282	306229
7	所前镇	3868	331	200000
8	义桥镇	33113	195	330000+
9	闻堰街道	4800	600	80000
10	宁围街道	5042	108	43523
11	新街街道	7548	442	210000
12	衙前镇	2679	251	91672
13	瓜沥镇	22600	571	420000
14	益农镇	7379	209	313500
15	党湾镇	14924	315	220500
16	城厢街道	935	118	30010
17	北干街道	5910	234	85076
18	蜀山街道	9492	272	190000
19	新塘街道	3869	195	110000
20	靖江街道	5101	331	376351
21	南阳街道	2481	199	69849
22	义蓬街道	2165	255	215000
23	河庄街道	1391	312	84240
24	新湾街道	—	108	50058
25	临江街道（临江工业园区）	965	100	6000
26	前进街道	2017年下半年开始试运行		
27	红山农场	1500	181	54300

第十一节　企业报微信公众号

互联网对推动企业转型升级，促进企业高质量发展起到了重要作用，同时也给企业报的生产方式、传播方式、生存方式带来了颠覆性的变革。萧山的企业报主动迎接新媒体的挑战，积极谋求转型发展。21世纪以来，很多企业报相继停止出版纸质报，先是推出数字报（或网络版或电子版），接着又运营企业的微信公众号，为企业改革创新、鼓舞员工斗志呐喊助威、加油鼓劲，为展示企业新形象营造舆论氛围，深受员工喜爱。

萧山企业微信公众号基本以企业名称注册，微信运营大多由企业报采编人员完成。

2018年年底萧山企业报微信公众号一览表

表4-13

序号	微信公众号	粉丝量（个）	发布量（条）	阅读量（人次）
1	开元旅业集团有限公司	27519	1058	2645000
2	浙江正凯集团有限公司	1541	287	288000
3	杭州东方文化园旅业集团	2023	311	35742
4	传化集团有限公司	61020	233	416689
5	浙江恒逸集团有限公司	12000	400	1500000
6	杭州前进齿轮箱集团有限公司	1200	60	30000
7	荣盛控股集团	6419	450	1721110
8	浙江萧山医院	128563	54	320000
9	富丽达集团控股有限公司	2015	282	25600
10	德意电器	138293	720	1560000
11	浙江圣奥家具制造有限公司	20723	471	773947
12	三元控股集团有限公司	–	–	–
13	萧山农商银行	37410	360	357951
14	亚太机电集团有限公司(亚太新闻资讯)	3750	464	1302230
15	圣山集团有限公司	125	48	18538
16	万向集团公司	9318	162	740004
17	萧山区供销合作社联合社(万丰)	9000	1000	200万
18	杭州新天元织造有限公司	739	365	28557
19	海盟控股集团	840	295	75181
20	浙江鑫福控股集团有限公司	405	65	12500

第三章 户外媒体

第一节 萧山日报阅报栏

一、发展历程

萧山日报社将阅报栏建设工程作为一项占领宣传阵地、丰富人民群众精神文化生活的实事来抓，从2005年下半年开始实施建设，通过市场化运作在萧山城乡街头设置并改造高档次滚动灯箱式多媒体阅报栏450多座，成为当地传播精神文明建设的重要窗口。

在此之前，萧山的阅报栏不仅点少面稀，且长年失修、缺乏管理，严重影响城市品位和形象，尤其在农村还处于空白状态。按照萧山区委、区政府提出的创建"一名四强"和"打造生活品质之区"的精神文明建设目标，对萧山区的阅报栏进行整体改造，建设一批高起点、高品位的萧山日报阅报栏成为迫在眉睫的大事。对此，时任萧山区委副书记、区长郑荣胜专门对阅报栏建设作出批示："这是一件好事、实事，请相关部门给予大力支持。"时任萧山区委副书记朱华批示："改造建设阅报栏，既有利于占领和巩固宣传阵地，丰富群众的精神文化生活，也有助于亮化、美化城市，提升城市品位，一举两得。请区委宣传部牵头，把好事办实。"

按照这一要求，萧山区委宣传部专门组织考察各地阅报栏建设经验。2005年9月，萧山区委宣传部、萧山日报社相关负责人专程赴河南考察河南日报阅报栏建设和营运情况，考察阅报栏生产厂家许昌通达科技有限公司。12月26日，萧山区委宣传部组织召开由萧山区委宣传部、萧山日报社、区城市管理局、区建设局、区供电局负责人参加的阅报栏建设协调会，明确由萧山区委宣传部牵头协调，萧山日报社具体实施阅报栏改造建设。

萧山日报社以占领思想文化阵地为宗旨，以便民利民为目的，从优化报刊网络资源的角度对全区阅报栏建设实行统一规划、分步实施。一方面对原有的档次低、设置乱、布局不合理的阅报栏进行拆除或改造，另一方面在城区和镇街的主要道路以及村、社区新设置一批高技术、高档次、高性能、多功能的新型萧山日报阅报栏。这种阅报栏采用当时技术最先进的微电脑多画面滚动技术，分上、下两层，下半部分为全天候阅报栏，用于张挂《萧山日报》，24小时供人阅报，让中央和当地党委政府的声音进入千家万户；上半部分为内打灯光多画面滚动灯箱，主要用于配合当地的思想政治宣传、形象宣传以及企业宣传、商业广告等，以提升城市形象，优化萧山招商引资环境。

2006年1月，萧山日报阅报栏建成30个试点，时任萧山区委书记王金财实地查看萧山日报阅报栏，要求加快建设步伐，在全区推开。4月，由萧山日报社、许昌通达科技有限公司共同出资成立杭州风盛新传媒广告有限公司，具体负责阅报栏的建设、经营和管理。6月，萧山城区设置萧山日报阅报栏达到230座。

2006年3月，萧山区委常委会提出，社会主义新农村建设要与萧山日报阅报栏建设工作紧密结合，加快新农村阅报栏建设步伐。萧山区委宣传部把建设农村阅报栏列入2007年宣传思想工作"十件大事"，专门出台《关于进一步推进农村阅报栏建设工作的意见》。按照萧山区委要求，萧山日报社加快阅报栏"到镇进村"工作，先在镇街统一竖立，逐步进入新农村，并与新农村规划相结合，对镇街阅报栏实行统一规划，统一样式，统一制作，统一安装，循序渐进，使之成为宣传萧山文明、展示新农村形象、美化新农村环境的重要工具和阵地。至2007年，全区镇街(场)累计设置萧山日报阅报栏150多座。

至2008年年底，杭州风盛新传媒广告有限公司共投资1350万元在全区设置萧山日报阅报栏450座，形成了一张覆盖萧山城乡的户外媒体阅读网络。

2010年起，萧山日报阅报栏开始更新换代，新引入LED游动字幕技术，实现多媒体信息发布。至2016年G20杭州峰会召开前，城区300座阅报栏及各镇街(场)150座阅报栏完成改造。该次更新改造总投入1500万元，全部由杭州风盛新传媒广告有限公司自筹资金。

二、媒体特色

1.市场化运作模式

以市场化运作模式解决公益阅报栏建设和管理中遇到的问题，是萧山文化体制改革的探索和尝试，也是萧山日报社围绕萧山区委、区政府中心工作开展宣传思想工作的一项创新手段。由于新型阅报栏制作费用较大、运营成本较高，为实现阅报栏"以栏养栏，自我发展"，经时任萧山区委常委、常务副区长谭勤奋，副区长朱党其批示，萧山日报社对阅报栏实行市场化运作。

一是组建阅报栏经营管理公司。2006年，由萧山日报社、许昌通达科技有限公司共同出资成立杭州风盛新传媒广告有限公司，注册资金300万元，萧山日报社以55%

的股份控股。在初期投资300多万元的基础上，通过银行借贷等融资手段，确保阅报栏的建设。

二是在确保公益广告数量的前提下（每个阅报栏有2个公益广告位），对阅报栏进行商业广告位市场化运作。通过在阅报栏上发布广告，每年实现广告收入1000万元左右。广告经营所得由杭州风盛新传媒广告有限公司用作阅报栏的建设、折旧、维护等各项开支。

三是杭州风盛新传媒广告有限公司自主承担阅报栏融资、建设、巡回检修、安全保护、日常保洁维护，以及报纸更换、广告上栏发布等各项工作，彻底解决以往公益事业政府包办和建后失管的难题。

2. 兼顾社会效益和经济效益

经过10年的市场化运作，萧山日报阅报栏成为当地的品牌，不仅得到各级领导的高度评价，也得到了广大市民的一致好评，成为萧山建设和谐社会、打造生活品质之城的重要载体。

萧山日报阅报栏市场化成功运作，真正实现社会效益与经济效益的有机结合，产生的影响和意义深远。

一是占领宣传阵地，丰富群众的精神文化生活。无论是早晨外出锻炼，还是晚上漫步街头，随时可见驻足在阅报栏前的身影。阅报栏让党和政府的决策精神传遍千家万户，从而增强党和政府宣传工作的针对性、实效性。阅报栏引导市民的读报习惯，丰富市民的精神文化生活，开阔市民的文化视野，提升市民的文化素质，成为传播精神文明的重要窗口，占领和巩固城区、农村文化阵地的有效武器。

二是美化城市，提高城市品位。阅报栏漂亮的滚动画面，美丽的灯柱灯箱，成为萧山城乡街头一道亮丽的风景，提升城市的现代化品位。公司化运作模式的管理机制保证了阅报栏的整洁和完好，杜绝了街头小广告，成为城市管理一大亮点。2006年，在萧山区创建全国文明示范城区活动验收中，阅报栏获得国家文明委检查组的好评和加分。

三是配合党委、政府的中心工作，推进城市文明。阅报栏积极配合萧山区委区政府中心二作开展公益广告宣传。2006年至2019年，共设计、发布文明城市创建活动、休博会宣传、社会主义荣辱观教育、新中国成立60周年、G20杭州峰会、新中国成立70周年、中国梦、“五水共治”等公益宣传画面累计20000多幅，在LED滚动字幕上发布公益宣传信息100多万条，在全国示范文明城市创建活动以及文明市民素质教育中，营造了浓厚的社会氛围，发挥了重要作用。

四是扩大读者群体，提高报纸的影响力和传播力。450座阅报栏延伸萧山日报的读者群，进一步扩大报纸的覆盖面，进一步提升萧山日报新闻的传播力和社会影响力，同时也增加了报纸广告效应。

五是拓展报业多元经营，提高经济效益。自杭州风盛新传媒广告有限公司成立以来，户外媒体广告业务每年稳定在1000万元左右。2014年，阅报栏户外广告实现营业收入1300多万元，阅报栏10年来广告营业额累计超过1亿元，连续10年实现盈利目标。

3.资源整合、资本上市

2012年，杭州日报报业集团对杭州风盛新传媒广告有限公司进行资源整合，由萧山日报社控股，杭州日报、都市快报参股，注册资金1001万元组建浙江风盛传媒有限公司，负责杭州市社区党报阅报栏及富阳、余杭等地的阅报栏建设、管理和市场化运作，并大力拓展杭州地铁、公交候车亭等户外媒体的商业运作。浙江风盛传媒有限公司在萧山日报社办公大楼内设办事机构，负责开展萧山区内的户外广告经营，经常与萧山日报开展全媒体互动及经营策划活动等。

2014年，浙江风盛传媒有限公司实现营业收入5500万元，成为当地广告行业中的佼佼者。

2015年9月，浙江风盛传媒有限公司中标杭州地铁2号线、4号线全线广告独家经营权，开创了杭州报业媒体地铁广告新纪元。

2016年7月，浙江风盛传媒有限公司在全国中小企业股份转让系统挂牌，更名为“浙江风盛传媒股份有限公司”，股票代码838071。

2016年8月，浙江风盛传媒股份有限公司在位于杭州武林广场的浙江国大武林广场大厦设置880平方米高清LED电子屏，为当时全省最大的户外LED电子屏。

2016年12月，浙江风盛传媒股份有限公司中标杭州地铁1号线全线广告独家经营权。

2017年4月，浙江风盛传媒股份有限公司中标福州地铁语音广告经营权，实现跨省经营。是年，浙江风盛传媒股份有限公司实现营业收入2.52亿元，归属公司净利润2089万元。

300多个省级、地市级、县区级报社及政府部门考察萧山日报阅报栏建设和管理经验。《中国报业》《中国地市报人》等刊物专门介绍萧山日报阅报栏市场化运作模式的经验。

历任董事长：

孙焕林，杭州风盛，2006.6—2012.11

鲍林强，浙江风盛，2012.11—2015.5

张绍衡，浙江风盛，2015.5—

历任总经理：

夏杰，杭州风盛，2006.6—2016.11

王峰，浙江风盛，2016.11—

2006—2018年萧山日报阅报栏获得集体荣誉一览表

表4-14

年度	奖项	授奖单位
2008	萧山日报阅报栏获首届中国报业党报阅报栏“中国报业户外媒体创新奖”	中国报业党报阅报栏协作网大会
2009	萧山日报阅报栏获第二届中国报业党报阅报栏“中国报业户外媒体创新奖”	中国报业党报阅报栏协作网大会
2011	萧山日报“风盛新传媒广告公司阅报栏销售全国总代理”项目获杭州日报报业集团创新奖二等奖	杭州日报报业集团
2013	浙江风盛传媒有限公司被授予“全国阅报栏(屏)示范单位”	国家新闻出版广电总局报刊司
2015	被评为“中国区域十大公交媒体”、中国百强户外媒体排名第64位	亚洲户外媒体峰会

第二节　萧山日报城市电视

2009年，萧山日报社开始构建以户外LED电子屏为基础的萧山日报城市电视。具体由杭州风盛新传媒广告有限公司负责运营。

2011年，杭州风盛新传媒广告有限公司投资225万元在杭州开元加州阳光LSE城市生活广场楼体设置150平方米LED电子屏，并于2012年8月建成启用。同时，租赁、代理萧山区内的汇宇大厦、恒隆广场、绿都世贸广场、人民广场等6块户外LED电子屏进行联播。

至2015年，萧山日报城市电视通过户外LED电子屏联播等形式播发本地新闻和转播央视新闻，同时播发平安萧山、市场监管、安全生产、文明创建等各类公益视频广告300余条。此外，萧山日报城市电视还举办了一系列线下活动，包括“家有大厨”厨艺大赛4届、啤酒节3期、各类文艺活动10多次，丰富广大市民的精神文化生活和业余生活，促进两个文明建设。

2015年12月，因LED电子屏租金、电费等运作成本较高，萧山日报城市电视的市场化运作面临入不敷出的状况，浙江风盛传媒有限公司与几家单位解除租赁协议，只保留杭州开元加州阳光LSE城市生活广场150平方米LED电子屏作为萧山日报城市电视的发布平台。

历任董事长：

孙焕林，杭州风盛，2006.6—2012.11

鲍林强，浙江风盛，2012.11—2015.5

张绍衡，浙江风盛，2015.5—

历任总经理：

夏杰，杭州风盛，2006.6—2016.11

王峰，浙江风盛，2016.11—

第五编
新闻管理　新闻团体

概　述

萧山新闻事业的起步，可以追溯到二十世纪二三十年代，随着《责任》和《民治日报》的创刊，带动了萧山新闻事业的发展。之后，《萧山公报》《萧声报》《萧山民报》《萧山新闻》《浙东公报》《萧山县商报》等纸质媒体陆续创刊出版。萧山的新闻管理亦即从那时起，就基本上同步产生。

中华人民共和国成立前，萧山的新闻管理基本都由国民党萧山县党部管理，但无审批权限，报纸的审批均经过国民党萧山县党部呈报浙江省党部批准。当时没有专门的管理机构和人员，加上大多报纸寿命短暂，故基本上处于自生自灭的状态。

中华人民共和国成立后，新闻管理由中共萧山县（市、区）委宣传部专门管理。至1981年3月，萧山县人民政府专门设立萧山县广播事业局，与萧山人民广播站实行局站合一体制，才开始对全县的广播宣传和广播事业建设实施全方位管理。依然没有专门机构管理新闻出版，仍由党委宣传部门管理。

2005年3月，根据上级统一部署，全国范围实行文化体制改革，原有的萧山区文化体育局改名为萧山区文化广电新闻出版局（同时挂萧山区体育局牌子，实行两块牌子、一套班子），这时才有了政府序列专门从事新闻管理的机构。但因2003年全国报刊整顿，2004年1月1日，萧山日报社正式加盟杭州日报报业集团，划归杭州日报报业集团管理。新设立的萧山区文化广电新闻出版局实际上负责萧山未公开出版且取得浙江省内部刊号的报刊如企业报刊、社会团体报刊的管理，负责全区广播电视部分工作的行政管理。

改革开放以后，萧山县（市、区）委宣传部负责全县（市、区）的新闻宣传工作。萧山日报社加盟杭州日报报业集团后，《萧山日报》及其新媒体的新闻宣传和信息资讯服务工作，接受杭州日报报业集团的领导和萧山区委宣传部的指导。

萧山的新闻团体是伴随着萧山新闻事业的发展而发展起来的。

中华民国时期，萧山先后创办了《责任》《民治日报》《萧山公报》《萧山日报》《萧山民国日报》等10多种报刊。为了加强行业自律和业务交流，民国36年（1947年）5月29日，萧山县记者公会成立，吸收会员60多人。

中华人民共和国成立后，萧山的新闻事业快速发展，传统媒体报纸、广播电视发展壮大，新兴媒体快速崛起。为了加强行业管理，促进行业交流，提升从业人员素质，萧山先后成立了三家新闻团体。第一家新闻团体是萧山县秘书新闻协会,1984年11月成立时,有个人会员156人,团体会员70个。第二家新闻团体是浙江省记协县市区域报工作委员会、浙江省报协县市报委员会,分别于1998年7月、2000年年底成立。第三家新闻团体是杭州市萧山区新闻工作者协会,2011年3月成立时,拥有团体会员61个、从业人员达2000多人。

第一章 中华人民共和国成立前萧山的新闻管理机构及措施

中华民国早期，浙江仍无新闻管理专职部门，省内报馆、通讯社的创设，当局仅规定向所属警察官署立案。民国16年(1927年)春，才明令警察官署之外，须报经国民党浙江省党部允准，从此，国民党浙江省党部宣传部实际上成了省内主要新闻管理机构。民国17年10月，关于杭州各报馆、通讯社"取缔办法"6条，即由该部第二十二次部务会议议决后公布施行。到民国22年，国民党政府公布《出版法实施细则》，浙江省在杭州设立新闻检查所，专职检查管理杭州出版的各种报纸。

日军侵华战争爆发后，民国28年4月，浙江省战时新闻检查处成立(隶属于国民党中央军事委员会)，同时并入杭州新闻检查所，随国民党省政府机关进退，对辖区内出版的报纸进行刊前或刊后检查。民国36年，国民党浙江省政府设置新闻处，作为新闻业的行政主管机构，协同党、警、军各方，管理报馆、广播电台和通讯社的登记及宣传报道等相关事宜，以谋求达到控制舆论的目的。

由于当时的报纸审批管理权限在省里，加之受多种原因制约，县一级新闻事业发展相对比较薄弱。因此，中华民国时期，萧山县没有专门的新闻管理机构，基本上都由省一级地方当局直接监控。

第二章 中华人民共和国成立后萧山的新闻管理机构及职能

中华人民共和国成立后，新闻事业的宏观管理由中共萧山县(市、区)委宣传部负责。2003年前，《萧山报(萧山日报)》作为地方党报，一直由宣传部管理。2003年后，《萧山日报》正式划归杭州日报报业集团管理，萧山区委宣传部协助集团做好宏观管理指导工作。2005年前，县(市、区)一级没有新闻出版管理机构，县(市、区)委宣传部对广播电视代行新闻方面的宏观管理权。

2005年3月，实行文化体制改革，撤销区文化体育局、区广播电视局，设立区文化广电新闻出版局。区文化广电新闻出版局负责对萧山未公开出版且取得浙江省内部刊号的报刊如企业报刊、社会团体报刊的管理，负责全区广播电视部分工作的行政管理。

第一节 萧山区(县、市)委宣传部

1949年5月，萧山解放。中国共产党萧山县委员会于5月16日正式宣告成立，县委下设秘书处、组织部、宣传部和民运部四个部门。宣传部时任部长李宗海。

1957年，县委文教部并入宣传部。

1966年，“文化大革命”开始，各级党组织和政府机关处于瘫痪、半瘫痪状态，宣传部亦如此。

1968年，县革命委员会建立，原宣传部部分工作，一度由县革命委员会政治工作组宣传办公室办理。

1977年，县委工作机构恢复正常。4月重设中共萧山县委宣传部，孙恪懋为部长。

1988年1月更名为中共萧山市委宣传部，内设一室两科，即办公室、宣传科和理论科。

2001年，经国务院批准，撤销县级萧山市，成立杭州市萧山区。

1949—2018年萧山县(市、区)委宣传部部长副部长一览表

表5-1

职务	姓名	任职起讫时间
部长	李宗海	1949
	冯惠民	1949.12—1951.5
	钟　儒	1951.5—1952.12
	杨玉坤(兼)	1952.12—1953.2
	孔昭文	1953.2—1954.7
	周　群	1956.6——1958.6
	徐文强	1958.6—1962.1
	孙庆华	1962.1——1962.8
	钱治华	1963.2—1966.4
	孙恪懋	1966.4—1968.3
1966年,"文化大革命"开始,各级党组织和政府机关处于瘫痪、半瘫痪状态,宣传部亦如此。1968年,县革命委员会建立,下设政治工作组,代行原宣传部部分工作职能。1977年,县委工作机构恢复正常,4月重设宣传部		
部长	孙恪懋	1977.4—1985.1
	丁福南	1985.1—1985.10
	赵纪来	1985.10—1987.3,1988—1995.1
	王玉明	1995.1—2000.2
	汪柏遂	2000.2—2007.1
	裘　超	2007.1—2011.12
	叶建宏	2011.12—2015.12
	赵文虎	2015.12—
副部长	刘俊民	1953.1—1956.6
	马保山	1954.7—1956.6
	金其法	1956.7—1959.10
	李守全	1959.8—1960.6
	陈望云	1959.12—1963.1
	周仁水	1960.4—1963.1

续表5-1

职务	姓名	任职起讫时间
副部长	孙恪懋	1965.11—1966.4
	沈吾泉	1965.11—1968.3
	朱宏甫	1997.6—1998.4
	马　骕	1978.2—1980.8
	杨许尧	1978.2—1984.1
	王天保	1979.9—1986.1
	孙达山	1984.1—1985.10
	许迈永	1985.10—1987.2
	郑吾法	1986.1—1994.11
	何跃新	1988.9—1989.9
	施关松	1992.6—1993.5
	熊德利	1993.6—1998.3
	孙焕林	1994.8—1996.7
	洪献耕	1994.11—1996.12
	于章木	1996.10—2000.8
	缪锦渭	1998.3—2003.3
	杨绍华	1998.10—1999.1
	葛文娟	2000.8—2003.4
	赵　莉	2003.3—2006.8
	赵岳松	2003.5—2006.8
	汪堃涵	2003.5—2009.10
	沈志刚	2007.1—2019.1
	来宏明(兼)	2007.3—2014.6
	钱荣根	2009.10—2011.1
	陆伟刚	2011.1—2014.8
	邵　宏	2012.10—2014.11
	高家萍	2014.4—2017.4
	尹哲军	2014.8—

第二节　萧山区文化广电新闻出版局(体育局)

萧山区文化广电新闻出版局(体育局),成立于2005年3月4日。当时,区委办公室下发《区委办公室、区政府办公室关于印发〈萧山区文化市场综合执法机构改革总体方案〉的通知》。方案明确,调整、归并文化、广电新闻出版行政管理机构,撤销区文化体育局、区广播电视局,设立区文化广电新闻出版局,新建区体育局。区文化广电新闻出版局与区体育局合署办公,为区人民政府对全区文化、文物、广播电视、新闻、出版、体育事业实行行政管理的职能机构,统一履行原区文化体育局、区广播电视局和新闻出版的行政管理职能。建立集中统一的文化市场综合执法队伍——萧山区文化市场行政执法大队。该大队为萧山区文化广电新闻出版局(体育局)所属的事业单位,依照公务员法管理,以区文化广电新闻出版局(体育局)的名义,对属地实施综合执法,统一行使文化、体育、广播电视、新闻出版等行政处罚以及相关的行政强制、监督检查职能。与此同时,加快推进文化广电系统政事分开,管办分离,并按照这一原则组建新的萧山广播电视台,统一管理运行电台、电视台、有线广播电视网络,并承担"村村通广播电视"的工作任务。同时进一步调整和理顺文化工作领导体制和管理体制,原区社会文化管理委员会改名为文化市场管理工作领导小组,领导小组办公室设在区文化广电新闻出版局(体育局),广播电视台则归口区委宣传部管理。

萧山区文化广电新闻出版局成立后,其对新闻出版的管理职责,主要增加加强对信息网络视听服务和公共视听载体等新型传播节目业务监督的职责;加强对从事广播电影电视节目制作、出版活动的民办机构进行监管的职责;加强对著作权管理的职责等。重点是贯彻执行党和国家有关文化艺术、广播影视、新闻出版、版权、文物、体育管理工作的法律法规和方针政策;组织拟订全区文化艺术、广播影视、新闻出版、版权、文物、体育事业的发展规划并组织实施;组织推进全区文化艺术、广播影视、新闻出版领域的公共服务;履行广播电视行政管理和监督职能;承担安全播出领导协调机构的日常工作,在上级广电部门的指导下,承担对本行政辖区内广播电视播出机构、有线广播电视传输机构、有关社会组织的安全播出的监督、指导、管理工作;负责广播电影电视节目、信息网络视听节目和公共视听载体播放视听节目的监管;负责全区文化艺术、广播影视、新闻出版、版权、文物、体育行政(行业)管理,依法实施相关的行政许可;负责全区文化、文物市场综合行政执法工作;依法办理行政复议案件;负责全区文化艺术、广播影视、新闻出版、体育市场管理队伍建设;承担对从事演艺活动、广播电影电视节目制作、出版活动的民办机构进行监管的职责。

根据上述职责,区文化广电新闻出版局(体育局)共设7个内设机构:办公室、人事科(挂法制科牌子)、社会文化艺术科(挂非物质文化遗产科牌子)、市场管理科(挂行政审批科牌子)、文物科、广电新闻出版科(挂文化产业科牌子)、体育科。

萧山区文化广电新闻出版局(体育局)行政编制23名,其中局级领导职数正职1名、副职4名,科级领导职数8名。纪检、监察机构的设置、人员编制和领导职数按有关文件规定执行。

2015—2018年萧山区文化广电新闻出版局领导班子一览表

表5-2

职务	姓名	任职起讫时间
党委书记	沈亚平	2007.3—2010.3
	任关甫	2010.3—2012.10
	赵岳松	2012.10—2014.6
	吴文斌	2014.11—2017.3
	张云发	2017.3—
党委副书记	来宏明	2001.11—2006.12
	任关甫	2007.3—2009.10
	余汉老	2009.10—2015.4
局长	来宏明	2003.4—2007.3
	任关甫	2007.3—2012.10
	董茶仙	2012.10—
党委委员、副局长	李凌峰	2000.6—2007.10
	赵传土	2005.4—2011.8
	金宝贤	2005.4—2014.11
	方铁利	2005.4—2010.3
	任张标	2007.9—2015.5
	钟　铭	2010.7—2013.2
	马建国	2011.9—2017.12
	周效初	2013.2—

续表5-2

职务	姓名	任职起讫时间
党委委员、副局长	吕小松	2015.5—
	汪春霞	2015.12—
	于中华	2016.12—
	赵益敏	2017.12—
纪委书记	金宝贤	2001.11—2005.4
	杜迪军	2004.10—2009.10
	张利平	2009.10—2014.2
	汪春霞	2014.2—2015

说明:2005年3月4日前,因文化体育局的管理职能与新闻无关,故未列入

第三章 新闻团体

第一节 萧山县新闻记者公会

民国36年(1947年)5月29日成立。成立大会召开时,浙江省记者公会和县政府均派员参加。有会员60多人。设监事会监事3人;理事会理事7人,其中常务理事3人,韩耀邦为理事长。萧山解放前夕解体。

第二节 萧山县秘书新闻学会

萧山县秘书新闻学会成立于1984年11月13日,是由萧山县机关各部门和各条战线从事秘书新闻工作人员组成的学术团体。成立大会召开时,省、市新闻单位,省委办公厅和县委、县人大常委会、县政府、县政协及有关部门负责人参加会议。

有个人会员156人,团体会员70个。成立时,学会聘请金其法(中共萧山县委副书记)为名誉会长。有理事会理事13人,沈吾泉为首任理事长。学会设秘书长1人、副秘书长3人。会址设在萧山县(市、区)委办公室内。

当时学会的基本任务是:组织会员学习马克思列宁主义、毛泽东思想,学习党的路线、方针、政策,开展秘书新闻业务研究和学术交流,发展萧山的秘书、新闻事业。其工作内容是举行学术讲座、讨论会、报告会、培训班;接受机关和企事业单位的委托,开展咨询服务工作;组织会员参加上级有关单位的学术交流和联谊活动;按照有关部门的规定,参与秘书新闻工作者的职称评定。

1985年6月,创办学会会刊《秘书与新闻》。会刊为16开本,铅印,不定期,赠阅。是秘书、新闻工作者探讨学术、交流经验的平台。后停办。

2011年3月30日萧山区新闻工作者协会成立后,将萧山区秘书新闻学会中新闻方面的职能划归萧山区新闻工作者协会,全区新闻单位、镇街(场)文化广播站随之加入萧山区新闻工作者协会。

历任理事长:沈吾泉、施剑行、汪柏遂、邱有来。

历任副理事长:钱志均、陈传忠、孔吾德、叶永浩、缪锦渭、孙焕林、洪佳士等。

第三节　萧山区新闻工作者协会

一、发展历程

萧山区新闻工作者协会(以下简称萧山区记协)于2010年下半年筹建。2011年3月30日举行萧山区新闻工作者协会成立大会,浙江省新闻工作者协会副主席、杭州市新闻工作者协会主席、杭州日报社社长、总编辑赵晴,萧山区委常委、宣传部部长裘超,萧山区人大常委会副主任周红英,萧山区人民政府副区长张爱莲等领导出席成立大会。赵晴、裘超分别讲话,勉励协会发挥好萧山新闻界人民团体的作用,当好萧山区委区政府密切联系全区新闻界的桥梁和纽带,带领全区新闻界加强新闻理论研讨、业务交流,不断提高新闻宣传队伍的政治素质、思想素质、业务素质。希望全区新闻宣传工作者强化学习,多深入基层,深入社会一线,讴歌火热的社会生活,力争多出"贴近实际、贴近生活、贴近群众"的精品佳作,为萧山经济社会发展贡献力量。

大会宣读萧山区民政局同意协会成立的批复,报告协会筹备情况。审议通过协会章程,选举协会理事会、常务理事会和主席、副主席、秘书长。萧山区人大常委会副主任周红英、萧山区人民政府副区长张爱莲向新任协会主席孙焕林颁授"杭州市萧山区新闻工作者协会"铜匾。协会聘请萧山广播电视台台长来宏明、萧山日报社社长宣舒平为名誉主席。新任协会主席孙焕林代表协会理事会作表态发言。

1.协会宗旨

团结引领全区新闻工作者,紧密团结在以习近平同志为核心的中共中央周围,高举中国特色社会主义伟大旗帜,坚持以马克思列宁主义、毛泽东思想、邓小平理论、"三个代表"重要思想、科学发展观、习近平新时期中国特色社会主义思想为指导,深入贯彻习近平总书记系列重要讲话精神和治国理政新理念新思想新战略,高举旗帜、引领导向,围绕中心、服务大局,团结人民、鼓舞士气,成风化人、凝心聚力,澄清谬误、明辨是非,坚持正确的政治方向、舆论导向、新闻志向、工作取向,做政治坚定、导向正确、业务精湛、作风优良、党和人民信赖的新闻工作者,为繁荣和发展萧山新闻事业努力奋斗,为萧山经济社会发展提供舆论支持、营造舆论氛围。

2.协会职责

遵守宪法和法律法规,坚定不移走中国特色社会主义群团发展道路,保持和增强政治性、先进性和群众性。组织、引导全区新闻单位和新闻工作者开展好教育培训、媒体服务、行业自律、权益保障、评选表彰、交流合作等工作,发挥好提供服务、反映诉求、规范行为、参与管理的作用，加强同兄弟县、市、区记协的交流，真正把协会办成新闻工作者之家。

3. 协会会员

协会的会员主要由四个方面组成：一是传统媒体，包括萧山日报、萧山广播电视台，以及具有浙江省“内部报刊准印证”的企业报刊；二是新兴媒体，包括网络媒体萧山网、湘湖网、萧然在线，户外媒体风盛公司（户外阅报栏、LED城市电视）；三是报道组、记者站，包括萧山区委报道组、杭州日报萧山分社；四是各镇街（场）文化广播站。协会成立时，拥有团体会员61个、从业人员达2000多人。尤其是协会吸收镇街（场）文化广播站和部分企业报刊作为团体会员，成为杭州市乃至浙江省内县市区记协的一大创新。

4. 协会内设机构

为了有效开展工作，加强与会员之间的联系，协会下设一处七委，即一个秘书处，以及新闻采编、广播电视、镇街广播、企业报刊、经营管理、播音主持、网络和技术共七个专业委员会。

协会每届任期5年。至2019年年底，萧山区记协共产生两届。2011年3月30日选举产生第一届理事会，2016年3月30日选举产生第二届理事会。

二、协会主要工作

萧山区记协成立9年来，组织、联合全区新闻界，团结、带领全区新闻宣传工作者，有效开展9项工作，充分发挥记协紧密联系党和政府、紧密联系人民群众、紧密联系新闻界、紧密联系新闻工作者的职能作用。

开展政治理论学习活动。主要学习马克思列宁主义、毛泽东思想、邓小平理论、“三个代表”重要思想、科学发展观、习近平新时代中国特色社会主义思想，深入学习党的路线、方针、政策，深入贯彻学习习近平总书记系列重要讲话精神和治国理政新理念、新思想、新战略。这是加强新闻队伍建设的头等重要的工作。萧山区记协通过举办专题报告会、座谈会、协调会、研讨会等多种形式，推进全区新闻界和全体新闻工作者抓好理论学习，联系实际，总结经验，牢固树立政治意识、大局意识、核心意识、看齐意识，为做好新闻宣传工作提供保障。

开展职业道德教育。萧山区记协主动配合理事单位，坚持开展职业道德教育活动，每年重点举办一两次专题讲座，邀请省委党校、市委党校教授和新闻专家前去授课，教育、引导全区新闻宣传工作者，坚持党对新闻工作的绝对领导，坚持正确的政治方向，坚持从全局出发把握新闻舆论工作，坚守宣传纪律，坚守新闻理想，坚守职业道德。

开展“十佳”评选活动。萧山区记协成立后,根据区委要求和区委宣传部安排,由区记协负责组织实施萧山区“十佳新闻宣传工作者”评选活动。区记协2011年开始评选首届“十佳”,各理事单位高度重视,通过层层选拔、媒体公示、评委评定、上级审定等环节,2012年后,每两年评选一次,至2018年底,评选表彰四届共40名“十佳”和40名提名奖。萧山日报、萧山广播电视台对每届“十佳”进行专题宣传,在全区新闻宣传工作者中营造学习先进、争创一流的良好氛围。2017年4月27日,协会举办以“坚守责任传递正能量,弘扬正气成就梦想”为主题的“十佳”新闻宣传工作者座谈会,畅谈体会、憧憬未来。

萧山区历届“十佳”新闻宣传工作者

2011年度(第一届)

萧山日报社:赵邱峰、姚建玲、钱嫣

萧山广播电视台:吴松根、周少伟、倪兴康、黄立

镇街文化广播站:沈国强(瓜沥)

企业报刊:余观祥(富丽达报)

网站:程栋(萧山网)

2012/2013年度(第二届)

萧山日报社:周喆、郑岚、黄秋萍

萧山广播电视台:刘鹏、陈国、莫利锋

镇街文化广播站:孔春燕(临浦)、叶梦飞(城厢)

企业报刊:吴林萍(华东钢业)

网站:郑海龙(萧山网)

2014/2015年度(第三届)

萧山日报社:曲行森、陆丽萍、范方斌

萧山广播电视台:朱丹、李倩、倪佳成

镇街文化广播站:吴利萍(戴村)、应长根(新街)

企业报刊:杨华东(开元旅业报)

网站:苏昭军(九天传媒)

2016/2017年度(第四届)

萧山日报社:邱芳、周颖、茅徐锃

萧山广播电视台:刘慧、俞建昌、徐寒

镇街文化广播站:黄坚毅(义桥)

企业报刊:黄莹(恒逸报)

网站:林佳杰(萧山网)、张丽丹(九天传媒)

开展一年一度企业报好新闻评选活动。开展企业报年度好新闻评选,是一项有利于企业报新闻工作者相互学习、共同提高业务水平的有益活动,对检验企业报办报成果、加强业务交流、提升办报质量、提高采编人员业务技能具有促进作用。区记协2011年开始,坚持每年组织一届企业报刊好新闻评选,到2018年,共开展8届企业报好新闻评选活动,共收到消息、通讯、言论、图片、标题、副刊作品六大类参选作品822件,共评出一、二、三等奖498篇。

开展业务培训。为进一步提高全区新闻从业人员业务素质,区记协每年组织业务培训。先后举办新闻写作、播音主持、摄影创作、新媒体和微视频制作等培训。围绕"企业报刊如何直面新媒体的挑战"主题,举办两次企业报刊主编论坛,为企业报刊的发展提供新思路。协会负责人还主动到理事单位开展新闻业务培训。

举办趣味运动会。到2018年年底,区记协共组织8届萧山区新闻界趣味运动会,比赛项目包括查找错别字、偏旁部首写字、红五星、双扣、立定投篮、趣味乒乓球、飞镖、巧算24点、最强大脑PK、最佳判手、修改文章、写字、乒乓球、跳绳等近20项,累计有1500多人次参赛,丰富新闻工作者的业余文化生活。

编纂《萧山新闻志》。根据区委宣传部要求,萧山区记协承担《萧山新闻志》编纂任务。《萧山新闻志》编纂工作于2016年下半年启动,建立《萧山新闻志》编纂委员会、编纂委员会办公室和编辑部。通过外出考察调研、草拟编纂方案等环节,历经多次座谈商讨、修改完善,2017年6月制定《萧山新闻志编纂方案》,并召集整理单位人力征集编纂资料。根据《萧山新闻志编纂方案》的要求,《萧山新闻志》共分9编、约120万字。《萧山新闻志》以民国11年(1922年)11月27日《责任》在萧山创刊为起点,修至2018年年底,上下近一个世纪。经过3年多的努力,于2020年11月8日记者节前夕面世。

开展采风活动。区记协每年组织理事单位外出考察和异地采风活动,并与相关业务培训和竞赛活动相结合,如摄影比赛、企业报刊副刊作品大赛等,既开阔了视野,学到了真经,又锻炼了队伍,培养了技能。

参加上级开展的活动。区记协积极组织力量参与上级开展的活动。选派选手在杭州新闻界"好记者讲好故事"演讲比赛中胜出后,代表杭州市新闻界参加全省新闻战线"好记者讲好故事"演讲比赛,荣获优秀奖。积极参加杭州市新闻界体育运动会和体育赛事,取得了较好成绩。

萧山区记协办公地点设在萧山区城河街88号萧山日报社内。

历任名誉主席：来宏明、宣舒平、王平、张剑秋、沈志刚。

历任主席：孙焕林。

历任副主席：李凌峰、王柏华、赵国良、吕耀明、吕小松、陈默、陈蓉、金烽。

历任秘书长：李凌峰、李乍虹。

第四节 浙江省记协县市区域报工作委员会、浙江省报协县市报委员会

一、历史沿革

20世纪90年代，随着改革的深化和经济的发展，浙江省除了舟山市和温州市的洞头等海岛县以外，全省几乎所有县市先后恢复或创办党报，并在全国县市报中具较大影响。为了推动浙江省县市党报健康发展，加强县市党报之间的交流，1998年浙江省记协研究决定，成立浙江省记协县市党报工作委员会。

省记协县市党报工作委员会于1998年7月21日在萧山举行成立大会。参加成立大会的有全省21家具有国内统一刊号的县市党报。另有30多家具有省内统一刊号的县市党报列席会议。大会通过协商、推荐，决定萧山日报社为浙江省县市党报工作委员会主任、秘书长单位。萧山日报总编辑洪佳士担任主任，副总编张有理担任秘书长。大会通过《浙江省记协县市党报工作委员会工作规则（修改稿）》，并决定每年召开一次年会。

鉴于浙江省县市党报在办报质量不断提高的同时，报业经营长足发展，经济实力大为增强，2000年年底浙江省报协经研究决定，成立浙江省报协县市报委员会，由萧山日报社作为主任单位，《萧山日报》副总编张有理担任主任。2001年3月28日，在瑞安召开浙江省报协县市报委员会第一次年会。

此后，省报协县市报委员会的年会与省记协县市党报工作委员会的年会每年同时同地举行。

2003年因“非典”，省记协县市党报工作委员会年会临时取消。因“非典”和2004年报刊整顿两个原因，省记协县市党报工作委员会、省报协县市报委员会的活动停顿两年。

2005年7月6日，省记协县市区域报工作委员会召开主任会议。会议决定：根据全国报刊整顿后的实际情况，省记协原县市党报工作委员会改名为省记协县市区域报工作委员会。同年9月2日，浙江省记协县市区域报工作委员会第五次年会在萧山

召开，与会代表通过新一届领导班子调整方案，萧山日报社社长兼总编辑孙焕林担任工委主任，萧山日报副总编宣舒平担任工委秘书长。更名后的省记协县市区域报工作委员会由全省各县市的新闻网站、内部资料和隶属于浙江三大报业集团（浙江日报报业集团、杭州日报报业集团、宁波日报报业集团）的县市区域报共57家单位组成。

2011年6月3—4日，省记协县市区域报工作委员会、省报协县市报委员会（以下简称两委会）主任会议在余杭召开。省记协秘书长陈建华、省报协秘书长曲宝库分别宣读省记协、省报协关于调整县市区域报工作委员会组成人员的批复。萧山日报社社长兼总编辑宣舒平担任两委会主任，萧山日报社副总编王柏华担任两委会秘书长。

2016年4月，省记协县市区域报工作委员会第15次年会、省报协县市报委员会第13次年会在萧山召开。萧山日报社社长兼总编辑王平担任两委会主任，萧山日报副总编陈蓉担任两委会秘书长。

2018年4月8日，省记协县市区域报工作委员会、省报协县市报委员会主任会议在萧山举行。经报省记协、省报协同意，任命杭报集团党委委员、华媒控股总经理、萧报传媒董事长张剑秋担任两委会主任，萧山日报副总编陈蓉担任两委会秘书长。

二、主要职能

县市区域报的发展与经济文化发达有着非常紧密的关系，是经济社会发展带来的必然结果。省记协县市区域报工作委员会、省报协县市报委员会的主要任务是：发挥桥梁和纽带作用，组织开展提高办报质量、抓好队伍建设、发展报业经营、经验交流活动，及时向上级记协、报协反映各县市区域报的新风貌、新气象，着力解决县市区域报发展中存在的问题，推动全省县市党报的健康发展。

两委会重点做好以下五项工作。

一是开展交流活动，加强全省县市报之间的联系。通过召开各种会议、组织各类活动，加强成员单位间的交流，总结成功经验，推进县市区域报健康发展。办好年会，开好常务委员会议（1998—2003）、主任会议。至2018年4月，省记协县市区域报工作委员会召开年会16次，省报协县市报委员会召开年会14次。

二是组织新闻竞赛，做好各类奖项的评比报送工作。1998年到2003年，组织全省县市报现场短新闻竞赛、新闻摄影竞赛、好消息竞赛、新闻论文评选和浙江省县市报年度好新闻评选。2006年开始恢复一年一度的新闻奖评选（面向具有国内统一刊号报纸）、好新闻奖的评选（面向无国内统一刊号的报纸），同时向浙江省记协推荐优秀作品参评浙江省新闻奖。2013年开始进行每两年一次的集体单项奖评选，2014年开始进行每两年一次的“十佳”人物奖评选，2016年举办首届浙江县市区域报媒体融合报道奖评选。

三是开展新闻研讨,做好业务培训、考察工作。每年开展各类业务培训,每年开展兄弟报社的考察学习活动,学习了解兄弟省市的县市区域报先进经验,推介浙江省县市区域报发展情况,较好地发挥互通信息、互相学习的桥梁和纽带作用。

四是积极向上级反映全省县市报发展态势,完成省记协、省报协交办的各项任务。在2003年的全国报刊治理整顿中,县市报工委积极向省委宣传部、省新闻出版局和国家新闻出版总署提交《浙江省县级党报的历史沿革、现状和发展对策》的情况汇报,全面反映浙江县报整体情况,争取上级支持。2003年9月底,在国家新闻出版总署发文同意保留的39家全国县市区域报中,浙江省占15家。2013年,县市报两委会向上级提交的调研报告《浙江省"今日系列"报刊生存现状及发展调研报告》,得到时任省委常委、宣传部部长葛慧君,时任省委宣传部副部长鲍洪俊以及时任省新闻出版局局长陈昆忠的批示肯定。2002年,经省记协县市报工委推荐,全省县市党报中,有一人获全国百佳新闻工作者和浙江省飘萍新闻奖,一人获省飘萍新闻奖提名奖。

五是做好服务工作。定期出版《浙江县域传媒》,2015年8月开设微信公众号"浙江县域传媒",宣传推介县市报的好经验好做法,分享行业最新动向。充分利用QQ群、微信群等渠道,加强两委会成员单位之间的联系与沟通。

历任两委会主任:

萧山日报:洪佳士、张有理、孙焕林、宣舒平、王平、张剑秋

历任省记协县市区域报工作委员会副主任:

绍兴县报:李武军、严国庆

鄞县日报:张祥仙、任志甫、郭靖、邵波

永康日报:吕子尚、胡高进

乐清日报:陈华荣、瞿维妙、俞佳友

诸暨日报:钱卫星、石坚钢

海宁日报:汪文奎、张建仑、周建国、朱瑞庭

德清新闻中心:张志鸣、叶国强

天台新闻中心:王道林、张树荣、丁必裕

历任省报协县市报委员会副主任:

慈溪日报:许钰染、王迪

瑞安日报社:徐德友、周小勇

义乌商报社:胡滨、方维华、俞佳友

余杭晨报:李国平、徐伟龙

东阳日报社:赵志强

历任两委会秘书长:

萧山日报:张有理、宣舒平、王柏华、陈蓉

第六编　队伍建设

概　述

萧山的新闻队伍建设是从1949年萧山解放后开始的。20世纪50年代初，随着萧山人民广播站和《萧山报》的创办，萧山县委、县政府十分重视新闻队伍建设。特别是改革开放以来，萧山县（市、区）委高度重视新闻机构及其领导班子和新闻队伍建设，萧山新闻界高度重视自身队伍建设，致力于提升队伍整体素质，从而卓有成效地推进社会主义新闻事业蓬勃发展。

早在中华民国时期，萧山的新闻队伍实际上处于一种自生自长的状态，只有量的扩张，谈不上质的建设。萧山最早的报刊中，如民国县政府及国民党县党部报纸《萧山日报》，设有社长、副社长，配备编辑、记者、经理、营业员等最多不超过10人；早期宣传共产主义报刊《责任》，是由受到中国共产党或社会主义青年团的影响而成长起来的几位青年创办的；民国时期那些民办报纸，包括主编或主笔在内一般只有四五人。由于处于动荡年代，这些新闻从业人员没有接受正规教育的机会。

中华人民共和国成立后，1954年12月，中国共产党萧山县委员会作出《关于创办〈萧山报〉的决定》。是年12月11日，新中国成立后第一张《萧山报》面世。1955年3月29日，萧山有线广播站正式建立并开始播音，标志着萧山人民广播事业正式创立。拥有了报纸和广播，既预示着萧山社会主义新闻事业的诞生，也表明萧山县开始建立起自己的新闻队伍。随后，萧山县委、县政府坚持并加强对新闻单位和新闻队伍的领导，萧山新闻界也把加强自身队伍建设工作列入重要议事日程并付诸实施，面对当时的宣传形势和任务，新闻单位主要是通过学习教育，引导新闻从业人员继承和发扬党的新闻工作优良传统，树立为人民服务的思想，努力使自己成为党和人民的新闻工作者。

“文化大革命”结束后，特别是改革开放以来，随着1983年6月《萧山农科报》的创刊，萧山的报纸、广播新闻宣传工作重回到正确的路线上来。萧山县（市、区）委、政府进一步强化对新闻事业的领导和新闻单位的建设。各新闻单位大胆改革，锐意进取，逐步改革人事管理制度，拓宽选人用人渠道，先是公开向社会招聘采编人员，继而在用人方面引进竞争机制，双向选择，择优聘用，并鼓励参加新闻专业职称评定，激发新闻从业人员的工作积极性、创造性。萧山新闻界致力于队伍的思想政治建设，重申并强化“政治家办报（台、网）”“新闻立报（台、网）”和坚持党性原则，同时广泛开展评先进、学先进、赶先进活动，推动采编人员提高从业能力和业务水平。进入20世纪90年代以后，各报、台、网鉴于处在社会主义市场经济环境，强调发扬党的新闻工作优良作风，进一步加强新闻从业人员的工作作风和职业道德建设。

20世纪90年代后，萧山的新闻事业驶入发展快车道，报纸、广播事业不断壮大，以互联网技术为支撑的新兴媒体迅速发展，新闻队伍更是以空前的规模发展起来。在新的历史条件下，萧山新闻宣传主管部门健全宏观管理网络，积极推动萧山新闻界着眼于改革、发展、稳定大局，明确凸显政治优势为首要任务，全方位加强队伍建设，力求造就一支“政治强、业务精、作风正、纪律严”的高素质新闻队伍。在萧山新闻队伍中，坚持社会主义新闻事业党性原则的科学性进一步增强，把握正确舆论导向、恪守新闻职业道德已经成为广大新闻工作者的自律风尚，并在业务上弘扬创新精神和精品意识，在全市全省乃至全国好新闻评选中涌现出了一大批精品力作。

中华人民共和国成立以来，萧山的新闻工作者，围绕萧山各个不同时期的中心工作、发展要求鼓与呼，特别是改革开放以来，积极为萧山的经济发展、社会和谐、文明进步营造良好的舆论环境。萧山的全面发展推动着新闻界的快步前进，新闻从业人员同心协力，开拓创新，成效显著，涌现出一大批名记者、名编辑、名播音员（主持人），不少新闻从业人员荣获全市全省全国先进工作者称号。

第一章 萧山日报社队伍建设

队伍建设是萧山日报社一项重要的基础工程，建设一支高素质的新闻队伍，是贯彻萧山日报社的办报方针，实现办报目标的重要保证。

1954年，中共萧山县委机关报《萧山报》创刊时，调县委秘书周群任报社主编，选调3位高中以上（其中一人系大学新闻系毕业生）文化程度的党、团员到报社任编辑、记者。采访、编辑、通联等工作都没有严格分工，人人兼而为之。

至1958年6月1日，《萧山报》改为《萧山日报》，由于刊期明显缩短、版面大为增加，编辑、记者增至12人，后又增到13人。采编人员特别是记者深入实际、调查研究，自觉密切与群众的联系。

20世纪60年代初，国家遭遇严重经济困难，中共中央号召大力精简机构，下放干部，贯彻"调整、巩固、充实、提高"的方针，萧山县委决定《萧山日报》出版至1961年2月1日，2月2日起停刊，报社撤销，采编队伍解散，报社全体人员由县委组织部门重新安排工作。

为了适应农村的发展和改革需要，《萧山农科报》于1983年6月创刊。报社创立之初，采编人员由县人事部门从农机部门选调，都具有较强的农业科技业务能力，报纸内容贴近农村、贴近农民、贴近生活，具有很强的实用性，颇受读者欢迎。

随着经济体制和政治体制改革的深化，萧山经济的发展，农村产业结构的变化，乡镇企业的崛起，新闻媒体也因势利导，1988年7月1日起，原《萧山农科报》经批准更名为《萧山经济报》。更名后，报社的组织和人员仍为原来班底，但办报方针和报道重点有所调整，到后期采编人员有10余人。

进入20世纪90年代后，为了更好地宣传贯彻党的路线、方针和政策，传达党委、政府各个时期的中心任务，及时反映广大干部群众的愿望和要求，进一步为社会主义建设服务，《萧山经济报》于1991年9月29日改为《萧山报》。随着社会各项事业的不断发展，萧山新闻事业迅速兴旺，报纸年年扩版改版，采编人员不断递增，队伍日益壮大。1995年1月1日，经国家新闻出版署批准，《萧山日报》复刊。在新的历史条件下，萧山日报积极探索推进队伍建设工作，力求打造一支"政治强、业务精、作风正、纪律严"的高素质现代传媒队伍。

进入21世纪后，萧山日报把队伍建设作为报社发展的第一推动力，不断改革用人制度，重视培训进修，加强工作作风和职业道德建设，涌现了一批优秀人才，许多好新闻好版面和好言论作品获得省级乃至国家级奖励，推动萧山日报成为萧山综合实力领先的文化企业，综合实力连续多年保持全国县市区域报第一位。

至2017年年底，萧山日报社及杭州萧山日报传媒有限公司（以下简称萧报传媒）有员工183人，其中新闻专业及报业经营队伍140人，占员工队伍总数的74%，报社队伍的总体素质良好，但从转型升级、积极探索融媒体之路来看，融媒体队伍还需进一步的优化。

第一节 组织建设

一、领导体制

1954年12月11日，中共萧山县委机关报《萧山报》创刊。县委调周群（时任县委秘书）任报社主编。当时记者、编辑为3人，采编合一。

1955年11月19日，县委作出决定：由当时县委副书记等5人组成党报工作委员会，负责领导报纸工作。随着报纸的扩版和改版，陆续充实、调整编辑和记者的力量，先后调入6人任记者编辑。仍实行采编合一，只分版面。

1958年6月1日，《萧山报》改为《萧山日报》。当时编辑、记者12人。先后任主编的有陈旺贵、陈望云、周仁水。编（辑）通（联）合一，一专多能，只设编辑部。后因国家遭遇严重困难，遂于1961年2月2日停刊。

1983年6月1日《萧山农科报》创刊。主编为许雪光、副主编诸九思。设编辑部。创办之初，编辑3人，后为4人。编辑从组稿、采访、编稿、划版到签大样可谓“一手落”。当时按版面分工，各版按编好的稿子归类后分版。

1988年7月1日，《萧山农科报》更名为《萧山经济报》，主编方介兴，副主编韩惠民。报社人员为10人，内设编辑部和服务部两个部门。1988年10月12日，中共萧山市级机关委员会通知，同意建立萧山经济报社机关党支部，韩惠民任书记。

1991年9月29日，《萧山报》在党报停刊30年后正式复刊。复刊时任命洪佳士为总编。1992年下半年任命方介兴、韩惠民为副总编。应报社宣传、行政、后勤等各项工作的需要，经报社研究后报经萧山市编制委员会批复同意，内设机构定为“一室三部”：总编办公室、新闻部、专栏部、广告服务部。总编办公室，负责处理日常编务、行政事务、财务、后勤等工作，设副主任一名；新闻部，负责报纸的第一、二版，组编新闻，做好群众通联工作，设主任一名；专栏部，负责报纸的第三、四版，组编专栏、广告，处理读者来信来访，设副主任一名；广告服务部，负责报纸广告工作，做好服务部的经营管理，抓好预算外收入。

1991年《萧山报》复刊时，报社为副科级单位；1995年9月25日，经杭州市编制委员会审核批准，萧山日报社升格为正科级单位。2001年3月撤市设区后，报社升格为正处级单位。

1999年12月7日，报社成立编辑委员会，编委会由总编、副总编、编委组成，编制为6人。首届编委会成员为洪佳士、李凌峰、张有理、宣舒平。

2000年8月31日，中共萧山市委决定建立中共萧山日报社党组，党组成员盛小龙、洪佳士、张有理，盛小龙任书记，洪佳士任副书记。

2003年3月，萧山区委决定萧山日报社实行社长负责制。报社主要领导作出调整：孙焕林任萧山日报社党组成员、书记、社长；缪锦渭任萧山日报社党组成员、副书记、总编辑。同年5月，宣舒平任萧山日报社党组成员、副总编辑。

2003年，中共中央对全国报刊进行全面的清理与整顿，萧山日报得以保留，并于2003年年底，加盟杭州日报报业集团，从一张萧山区委机关报变为区域报，人、财、物全部进入杭报集团，仍延续实行社长负责制。2003年12月，萧山日报社党组成员为孙焕林、宣舒平、王平、张剑秋。孙焕林任书记。

2004年6月16日，杭州市机构编制委员会发文《关于调整萧山日报社、富阳日报社隶属关系的批复》，同意萧山日报社的主管部门由萧山区委变更为杭州日报报业集团，萧山日报社为准公益类事业单位，经费预算形式为企业化管理，机构规格相当于萧山的正局级，编制数维持原有的59名不变。

2007年，报社领导机构从党组领导下的社长负责制改为社委会领导下的社长负责制，报社党组织关系进入杭报集团，报社成立社委会，改选编委会。历任社长孙焕林、宣舒平、王柏华、王平。历任副总编辑金烽、董建中、陈蓉、孟再励。

2008年12月19日，杭州萧山日报传媒有限公司正式成立。自此，萧山日报在业务模块上实行两条线并线运行，一条以新闻宣传为主线，由萧山日报社主导；一条以报业经营为主线，由萧报传媒主导。历任总经理宣舒平、王柏华、王丽芳。历任副总经理张五一。

二、机构变迁

报社成立之初，只设编辑部，采编合一。一年后，从3人的编辑部增加到6人，仍实行采编合一，只分版面。1958年6月1日，《萧山报》改出《萧山日报》。当时编辑、记者12人。仍只设编辑部。后因国家遭遇严重经济困难，遂于1961年2月2日停刊。

1991年复刊时，采编合一。

1992年4月，首次实行部室分设，设立总编办公室、新闻部、专栏部。

1992年12月起调整为总编办公室、新闻部、专栏部、轻纺部、新闻实业公司、广告部(后三个部为报业经营部门)。

1993年12月起，采编合一，设立总编办公室、新闻部、专栏部、广告部。

1994年12月8日起，采编分离，设立总编办公室、新闻部、记者部、副刊部、夜编部、广告部、发行部(发行部为兼设，不设专职人员)。

1995年6月1日起，采编合一，设立总编办公室、要闻部、综合新闻部、副刊部、出版部、广告部，后又撤销出版部，增设夜编部和新闻研究室。8月31日增设摄影美术部，负责采编各版所需的新闻(艺术)照片和版面的美术设计。增设发行部，以加强发行力量，方便对外联系。

1999年1月22日起，采编分离，设立总编办、新闻部、记者部、副刊部、夜编部、广告部、发行部、新闻研究室。

2001年9月，记者部又分为党群政法部、经济部。

2002年6月，为适应新闻报道的需要，决定成立社会新闻部。其时，各部室调整后的机构分设为：办公室、新闻部、党群部、经济部、社会新闻部、副刊部、夜编部、发行部。

2003年12月，版面作出较大调整，出版数量增加，采编人员增多，报社发展更加迅猛，原有机构设置随之调整。报社党组、编委会为报社领导机构，下设三个办公室(党政办公室、总编办公室、经营管理办公室)、两个中心(新闻采访中心、新闻编辑中心)、三个部(专刊部、广告部、网络部)。

2004年6月，为加快新闻改革步伐，创新用人机制，提高办报质量，报社设立热线新闻部。2006年，根据报社发展需要，设立专副刊中心、广告中心和发行中心，并设立教育周刊编辑部、财经周刊编辑部、大城区周刊编辑部和专版策划工作室、汽车家装工作室，周刊编辑部和专版策划工作室的采编业务及行政职能归属专副刊中心管理，经营工作由广告中心管理。汽车家装工作室归属广告中心管理。

2008年12月，为顺应体制的变化，以更好、更合理的机制应对日趋激烈的报业竞争，报社内设机构重新调整，调整后的内设机构为办公室、总编辑办公室、经营管理办公室、时政经济部、社会民生部、周刊副刊部、信息技术部。

2009年9月，成立视觉中心，加强对图片、版式等视觉工作的管理，统筹新闻图片采编和版式管理工作。

2014年6月，为进一步构建全媒体、融媒体运作体系，深入推进党风廉政建设，对报社内设机构进行调整，撤销萧山日报总编办、经管办、信息技术部、时政经济部、社会民生部、副刊部、视觉中心、手机媒体部，成立萧山日报纪检监察室、全媒体管理中心、全媒体采集中心、全媒体发布中心、全媒体技术中心。

2016年12月，为顺应新的传播形态，推进内容生产与媒体经营的深度融合，萧山日报再次对内设机构进行调整，设立社委会办公室，编辑出版委员会办公室，经营管理委员会办公室，党群工作部，纪检监察审计室（监察审计室），财务部（资产运营投资中心），全媒体新闻中心（政务形象运营中心），新媒体事业中心（新媒体运营中心），品牌运营中心（全媒体经营中心），传媒研究所（传媒研究发展中心），全媒体技术中心（传媒技术研发中心），事业发展部（项目拓展孵化中心）。2017年12月，进一步优化内部机构，设立城市文化中心、滨江新闻中心，全媒体新闻中心与政务形象运营中心实行“合署办公”管理机制，总编办与传媒研究所（传媒研究发展中心）合并设立。

三、人员构成

《萧山报》创刊时，属于中共萧山县委机关报，当时的采编人员均由县委组织部门选调。选调的干部要求德才兼备，具有一定文化程度（高中以上），并有写作能力的党、团员。选调到报社的采编人员，大多非新闻专业科班出身，对新闻工作较为陌生。他们在干中学、在学中干，不断提高业务能力。1958年6月，《萧山报》改出《萧山日报》，由于刊期明显缩短、版面大为增加，编辑、记者增至13人。是时，县委组织部门从其他单位选调两名干部进入杭州大学新闻系就读，以便今后充实报社的采编力量。

20世纪60年代初，国家遭遇严重经济困难，中共中央号召大力精简机构，下放干部，贯彻“调整、巩固、充实、提高”的方针，县委决定《萧山日报》出版至1961年2月1日，2月2日停刊，报社撤销，采编队伍解散，报社全体人员由县委组织部门重新安排工作。

为适应农村发展和改革的需要，《萧山农科报》于1983年6月创刊。报社创立之初，采编人员由县人事部门从农技部门选调。1988年7月1日起，原《萧山农科报》经批准，更名为《萧山经济报》。更名后，报社的组织和人员仍为原来班底。

1991年9月29日，《萧山经济报》改为《萧山报》，由政府主办改为党委主办，作为中共萧山市委机关报，报社的组织和人员基本未作变动，采编人员仍为原班人马。

1991年10月，萧山报社首次公开向社会招考，先从本市通过考试选拔人才，从1991年12月1日起，4名新招收的采编人员陆续走上岗位。1992年10月，萧山市委研究决定，从次年1月1日起，《萧山报》由周二报增为周三报。经市委组织部、市人事局批准，决定招收8名工作人员。同年10月8日，报社张贴招考工作人员的海报，同时在《萧山报》上刊出招考启事，先后有41名有志者报名。11月组织笔试，通过初试、体检、复试、考核、录取，确定8名为选调对象。

此后，报社陆续多次面向全国招聘优秀人才。2000年1月，第一次面向全国招聘地市级以上报社中中级职称以上的编辑记者，共有来自全国各地地市党报的40余名采编人员前去应聘，最终录用1名。2003年5月，面向全国招聘优秀人才，全国各地160多名采编人员应聘，最终录用7名。2004年，萧山日报面向社会公开招聘合同制新闻采编人员，最终从30余名报名者中录用8名。

2008年12月，萧山日报社成立杭州萧山日报传媒有限公司，至此，吸纳人才又多了一条途径。萧山日报的人员结构也呈多元化发展。

2013年11月8日，第十四个中国记者节，萧山日报记者站——瓜沥、临浦记者站在萧山东片南片正式成立。成立后的记者站，围绕当地党委、政府的中心工作，采写出当地最权威最及时的新闻报道，同时整合萧报全媒体的采编力量，担负起文字、图片、视频等立体式的信息采集工作，并配合做好通讯员培训工作以及向上级媒体发稿等任务。

培养建立一支强有力的通讯员队伍，是报社密切联系群众、听取办报意见、获取新闻线索的重要渠道之一。萧山日报自创刊以来，十分注重通讯员队伍的培育，除了平时加强与通讯员联系外，每年都会召开一年一度的通讯员工作会议，由总编辑作报告，总结一年来的工作，布置新一年的宣传报道任务，同时表彰一批优秀的通讯员，进一步激励和发挥通讯员的作用。

第二节　作风建设

一、强化职业道德，抓好队伍作风

报社一直致力于建设一支具有较高政治业务素质的编辑记者队伍，完成区委、区政府各个时期中心工作的宣传报道，在萧山的精神文明建设中发挥应有的舆论宣传作用。报社要求全体编辑记者及其他工作人员认真学习和贯彻执行《中国新闻工作者职业道德准则》《关于禁止有偿新闻的若干规定》《新闻工作者接受社会监督制度》等。结合报社实际，1997年3月，报社作出《关于加强编辑记者职业道德的决定》，以文件形式发给报社全体人员学习与执行。

2007年，报社将多年的制度建设的成果，进行整理修订，形成报社制度汇编，人手一册，作为全体人员的工作准则。2013年和2017年，为适应新形势、新要求，分别再次进行制度汇编，制度成册，遵章执行。

新闻从业人员应是一支有较好政治业务素质、富有奉献精神、有战斗力的队伍。

为了更好地发挥党报喉舌和桥梁作用,拉近与读者的距离,及时报道广大读者关心的热点、难点问题,反映读者的呼声,为读者排忧解难,同时接受社会监督,1996年6月27日,报社正式开通“读者专线”。2002年7月1日,推出“新闻热线”,10月1日,为便于广大读者熟记,新闻热线电话号码改为“82654321”,并一直延续至2018年。至2018年年底,接受读者监督报料的平台,除了热线电话外,还有热线QQ群、萧报君微信号、手机报热线、网站等。

二、改革用人制度,做到“人尽其才”

萧山日报社作为萧山行政事业单位人事制度改革的试点单位。1998年年底,率先实行中层干部竞争上岗、一般干部(主要是采编人员)双向选择的用人制度。这一制度延续至2018年,较好地发挥人才的潜能。

2007年11月,萧山日报社建立业务阶梯制度,为骨干采编人员提供更广阔的成长空间,设立首席记者岗位,同年聘任两位优秀记者为首批首席记者。2008年,首席制扩大到编辑队伍,到2017年年底,萧山日报首编首记达19人。

2015年1月初,萧山日报实施智库计划,重点培养拔尖人才、复合型人才,建设具有萧报特色的人才梯队。经过个人报名、部门推荐、社委会讨论确定第一批入库人员共32名。

2016年年底,为顺应新的传播形态,启动新一轮报社机构改革。严格遵循深度融合、效益优先、合理配置、强化平台、淡化身份、孵化创新六大原则,制定出台《萧山日报社、杭州萧山日报传媒有限公司机构改革和定员定岗方案》,在坚持各部门内部采编和经营岗位分开设置、兼顾上市公司法人治理规范运作的大前提下,以全媒体新闻中心(政务形象运营中心)为改革试点,积极探索内容生产、内部管理和媒体经营深度融合的运营新体制,建立起适应融媒体时代科学、高效的管理架构和管理机制。同时,制定出台《中层干部选任工作实施方案》《员工岗位双向选择实施方案》,完善从严管理干部队伍制度体系,优化人力资源配置,稳步推进转型升级和融合发展。

第三节 业务建设

一、坚持“三贴近”原则

贴近实际,贴近生活,贴近群众,是党报必须坚持和不断深化的宣传准则。《萧山日报》自复刊以来,一直将坚持“三贴近”原则贯穿在办报各项工作中。

创办初期通过实践，意识到“全党办报”“群众办报”的重要性，加强通联工作，确定专人负责，积极发展通讯员，制订通讯员条例，报社平均每天收到通讯员稿件30余篇，许多通讯员稿件反映的情况鲜活、真实，提出的意见诚恳、深刻，语言表达淳朴、生动，使报纸充满生活气息。1956年8月9日的《人民日报》以《办县报要做好农民通讯员的工作》为题，介绍《萧山报》开展工农通讯员工作的经验。

1991年11月30日，创办内部刊物《萧山报通讯》，该刊物是报社编辑部联系广大通讯员的桥梁和纽带，是编辑、记者和作者交流思想、切磋写作、互通情况、共同提高的园地和平台。2005年1月，《萧山日报通讯》改版，改版后的通讯突出时效性，从原来的每月一期改为每周一期，成为报社员工交流的平台。2016年起，《萧报传媒》改为半月刊，至2017年12月共编辑出版744期。

为了更好地服务读者、方便读者，2005年，萧山日报把与读者联系最为密切的三个部门广告部、热线工作室和发行投诉集中在一起，建成读者服务中心和广告接待中心，为读者提供“一站式、一条龙”的规范服务。同年，萧山日报举办首届“书香萧山”读者节，打响“因为本土，所以亲近”的萧报品牌。从2005年开始，萧山日报每年都在深秋时节举办读者节。从“书香萧山”“休闲萧山”“品质萧山”“创业萧山”“动感萧山”“唱响萧山”“温暖同行”，再到2017年的“与萧山共成长　让生活更美好”，读者节成为萧山日报的一个品牌活动，通过举办读者节，架起媒体与读者沟通的桥梁。

2006年3月14日，在衙前镇举办了由萧山日报策划的萧山区建设社会主义新农村大型主题采访活动启动仪式，同日，萧山日报“50名记者萧山百村行”活动启动。记者分批赴农村采访，头版开设“百村行”专栏，全方位地反映萧山区新农村建设的新成就、新气象、新风貌。至2017年年底，共持续11年。

把读者请进来，将报纸办到现场去。2006年3月起，萧山日报确定每月的15日为“新闻热线进社区”，热线记者和志愿者一起进社区，与居民互动，服务百姓，倾听居民呼声。

2011年起，每年从萧山日报社、萧山网、萧山手机报等媒体中选派10名骨干记者，分别到10个行政村（社区）担任“见习村主任”，在一年聘期内，安排时间到驻点村开展日常工作，住农家房、吃农家饭、聊农家话、写农家事，全方位报道萧山农村的巨大变化和新农村建设中的典型经验、典型事迹、典型人物，并为联系村解决了一系列实际问题。

二、重视培训进修

早在报社创刊初期，就十分注重学习。当时编辑部规定每周召开一次例会，学习政治和业务，讨论交流工作。

至20世纪90年代，萧山日报更是不遗余力地培养人才。制定学习制度，提高政治思想素质和采编人员的职业道德。报社结合采编实际制订一系列规章制度，认真贯彻执行《中国新闻工作者职业道德准则》《关于禁止有偿新闻的若干规定》《新闻工作者接受社会监督制度》。

通过业务交流、培训进修等方式，不断改善报社采编人员的知识结构和业务能力。每年，报社都制订并部署年度培训计划，根据不同岗位的特点，采取走出去、请进来和内部交流的办法，有针对性地开展多层次、多类型的岗位培训。

走出去：报社每年不定期将采编人员送到中央、省市媒体和新闻出版管理部门举办的各种新闻业务培训班进行理论培训、深造，组织到各级报社参观考察、蹲点学习，取他山之石，用以攻玉。每年培训数十人次。2011年，报社全面启动全媒体战略转型3年行动计划，4月起，全体人员分五批，到南京大学金陵学院参加为期1个月的全媒体集中培训。

请进来：萧报大讲堂在萧山日报是传统项目，从20世纪90年代开始，每年报社都会邀请中央和省市媒体的专家，或是大学教授到报社为全体采编人员传授采编业务知识和技能。随着时代的变迁，萧报大讲堂与时俱进。2017年，AI风靡，萧山日报大讲堂请到解放军报社的专家，专门讲解全媒体采编系统的智能化技术。

内部交流：报社注重在基层和实践中培养人才，通过采取多岗位锻炼、轮岗交流、基层蹲点、评报会等多种形式，丰富阅历，增长才干。

三、实施“四品工程”

进入21世纪，特别是开启传统媒体转型融合升级之时，萧山日报社以“打造中国最好的县市区域现代传媒集群”为目标，全面实施“四品工程”——品牌新媒、品牌栏目、品牌记者（编辑）、品牌活动，从而造就一支业务优良、作风过硬的现代传媒队伍。

品牌新媒：在做好萧山日报纸媒的基础上，强调“融媒体”概念，重点推广新媒客户端，如萧山日报微信公众号、无线萧山等。

品牌栏目：已经打造或下一步拟重点打造的栏目，如评论栏目“湘湖时评”、深度报道版面、“萧暖暖”公益服务栏目。

品牌记者（编辑）：从中国新闻奖获得者、浙江省新闻奖获得者、年度考核优胜人才名录中择优录取，注重对主流人群关注的新媒人才、记者和编辑的培养。

品牌活动：重点拓展领域的大型节展活动。如，传媒创新大会、婚博会、老博会、爸妈达人秀、网络歌手大赛、年历宝宝评选等。

第二章 萧山广播电视台队伍建设

萧山发展广播电视事业60多年来，历届领导坚持以组织建设、作风建设、业务建设为抓手，积极推进队伍建设，在广播电视从业人员不断壮大的情况下，队伍结构不断优化，人员素质不断提高，工作作风不断改进，业务水平不断提升。

1955年3月，萧山县有线广播站成立，有职工5人（站负责人、技术员、播音员各1人，线务员2人）。后随着事业的发展，队伍不断发展变化。1961年，编辑增加到5人，线务员增加到23人，全站有职工32人。1962年精兵简政，职工减少到15人。

1965年10月，因建转播站需要，招收集体编制职工18人。1970年9月，县革命委员会政工组给县广播站定编28人。当时，县站共有职工42人，超编14人先后外调。1972—1986年，先后分配和调入大学毕业生8人（技术员7人、编辑1人）、浙江省广播电视学校毕业生（中专）4人（技术员1人、编辑3人）。

1979年，萧山广播站创办萧山县广播电视修配厂，招收集体编制职工14人（后增加到20人）。1982年，建立萧山县广播电视服务公司，先后招收集体编制职工30人。

1984年，萧山人民广播站定编52人。1986年年底，有职工51人（干部编制16人、全民编制职工22人、集体编制职工7人、合同制职工5人、聘用工1人）。

1991年年初，萧山人民广播站改称萧山人民广播电台，次年1月开办调频广播，人员不断增加，到1996年有职工51人。

1987年6月，建立萧山电视台，属全民事业单位，定编20人。1991年增加编制10人。1996年年底，有职工46人。

1994年12月，建立萧山有线电视台，属全民事业单位，定编24人。1996年年底，有职工33人。

1997年5月，“局台合一、广播电视合一”，定编161人。2000年年底，萧山市广播电视局（台）在编职工157人。

萧山广播电视队伍的文化素质和专业技术结构得到长足的发展。20世纪80年代以前，广播电视工作人员中，文化程度较低，专业人员更为缺乏，此后，通过从外面引进、招收大、中专院校毕业生、在职培训等方式，逐步改变人员结构。1997年以后，在加强人才引进的同时，强化在职人员的专业知识培训，1998年开始，3年间共投资近50万元，分期分批送员工到北京广播学院、中央电视台、浙江广播电视高等专科学校和浙江省广播电视厅参加学习培训。至2000年年底,大部分在职的新闻采编人员、工程技术人员都接受专业业务知识的系统培训。1999年,与北京广播学院成人教育学院联合开办“北广萧山大专班”,通过入学考试,有35名广播电视从业人员接受3年的系统学习。到2000年,全市广播电视队伍发展到358人(含镇、乡广播电视站人员和企业人员201人),是年年底,市广播电视局聘任的各类专业技术人员共有77人。

萧山广播电视队伍建设获得多项荣誉,先后有150多人次获得萧山县(市、区)及其以上的个人荣誉。全系统获得从中央到萧山县(市、区)的各级各类先进集体荣誉称号80多项。1997年以后,接连获得萧山市(区)级机关“最佳”领导班子、浙江省广播电视先进县(市)、全国广播电影电视系统先进集体等多项荣誉。

第一节　组织建设

组织建设是广电事业发展的重要保障,是建设一支高素质队伍的基石。萧山广播电视局(台)历届班子都把组织建设放在十分重要的位置。60多年来,领导班子从自身建设抓起,切实加强中层干部队伍及员工队伍建设,努力做到在干事成事中壮大队伍,在成果经验中建章立制,在合力发展中凝聚人才,使萧山广电步入良性发展轨道。特别是推行课题调研与任务分解考核制,实现广电事业各项目标的科学决策和有效管理,提高工作效率;实行中层干部公开竞聘、广告经营权公开竞聘,拓宽选人用人渠道,使一大批人才脱颖而出,在各类岗位施展才华,实现人生价值;加强聘用制人员的聘用和管理,实现人才困境的突围,调动从业人员的工作积极性和工作目标感;完善一系列新闻采编和管理制度,增强从业人员的责任和能力;开展节目监听监视与评议,提升广电的社会参与性和人民满意度。60多年来,坚强有力的组织建设,让全体员工在竞争交流中提升素质,更让广电事业在探索实践中保持活力。

萧山广播电视创建以来,经过不断探索实践、补充完善,逐步形成一整套完备的组织保障机制。

一、加强理论学习,提供组织保障

坚持开展理论学习中心组学习教育,是提高萧山广播电视台党员干部政治理论素质的重要载体,是坚持“政治家办台”的现实需要。从2006年开始,理论中心学习组做到年初有计划,年底有总结,坚持每月一次的集中学习和座谈讨论。学习分为中层以上干部和普通党员两个层面。中层以上干部层面,集中学习前先确定专题发言人,然后对发言人的心得体会展开讨论,提高学习的针对性和实效性。普通党员层面,理论学习中心组将中层以上干部每月一次的学习内容、讨论议题及学习成果传达到全体党员，要求每个党员定期不定期写出体会文章，不断提高全体党员的政治思想素质、舆论引导水平、宗旨服务意识和事业拓展能力。理论学习中心组把学习活动与广播电视的具体工作实践紧密结合起来，通过学习，不断发现广播电视工作中的新情况，解决广播电视发展进程中出现的新问题，进一步加强党员干部的政治理论建设，特别是提升中层以上干部、党员骨干的理论水平和思想政治素质，为打造“三强广电”提供强有力的政治保证。

萧山广播电视台把理论学习和经常性教育贯穿于理论学习中心组学习教育活动的始终。理论学习的主要内容包括党的历代领导人的重要论述以及中国共产党史等著作，引导大家全面了解和正确认识党的光辉历史、伟大成就、宝贵经验、光荣传统和优良作风，加深对党章、党的理论和路线方针政策的理解，增强党性观念，加强党性修养，发扬优良作风，提升思想素质和道德情操。2016年是理论学习中心组最有成效的一年，从台班子成员到普通党员通过“两学一做”学习教育，结合自身岗位，广大党员从思想认识、理想信念、遵守党的纪律和规定方面，进行自我剖析，对如何履行媒体人应尽的职责、担负起媒体舆论宣传的重任提出努力方向，树立全新的舆论宣传教育观。

经常性教育包括抓好以人为本、执政为民教育。运用不同形式，利用有效载体，认真开展执政为民理念教育。通过教育，不断增强宗旨意识、公仆意识和服务意识，不断增强以人为本、执政为民的理念，切实转变机关思想作风和工作作风。同时抓好法纪教育。结合普法教育和岗位廉政教育开展法纪教育，合理安排教育内容，运用生动活泼的教育形式，增强法纪教育效果。学习有关广播电视的法律、法规和政策，广泛开展广播电视理论研究和业务研讨，进一步提高党员干部的综合素质。通过加强经常性学习，不断提高思想认识，不断丰富科学知识，为圆满完成广播电视宣传工作奠定基础。

自2006年以来，理论中心学习组成员撰写论文及学习体会文章905篇，其中50多篇论文和学习体会文章在省市区各级刊物上发表，21篇在杭州市和萧山区获奖，《践行群众路线是基层广电媒体发展的必由之路》一文载入2014《中国广播电视学刊》。

二、加强组织领导，搞好课题调研

1. 重点课题调研

萧山广播电视台从2006年开始不断改革管理体制，实行重点课题调研制。对于每一个重大决策、每个年度目标，在制订和实施前，都要有半年时间的深入调研过程，一般从本年度下半年开始就下一年目标任务进行调研。调研课题内容事关萧山广电事业的进一步发展,各课题组在深入调研的基础上,提出符合萧山广电发展实际的可操作性方案,为台里的科学决策建言献策,提供依据。调研课题由各分管领导牵头,负责课题的协调和督促,相关责任部门和责任人为实施主体。调研过程中,各部室组织精兵强将,积极主动地做好调查研究、材料收集、撰写报告,确保课题顺利完成,使调研报告具有可操作性。台里在形成调研报告的基础上制订目标任务,从而避免决策的盲目性。自2006年以来,共调研有关课题81个,内容涉及新闻立台、节目改革、经营拓展、人才培养、媒体融合、基础建设等广电事业发展的方方面面,调研所形成的结论和获得的成果成为下一阶段的努力方向和奋斗目标。如2003年的"三强广电"系列课题、2009年的"打造传媒综合体"系列课题、"强化新闻立台工作的措施"系列课题,对广电事业发展具有里程碑式的意义。在每年调研的基础上,经过反复讨论,形成年度十大目标任务。

2.目标任务分解与考核

全台目标任务制订后,接着把目标任务再细分为各项具体指标,落实到各个部室,并实行分管台长分片负责、部室主任分项负责制。为进一步强化目标管理,落实岗位职责,提升真抓实干的能力和水平,营造爱岗敬业、争先创优的良好氛围,确保各中心、部室年度工作目标任务的圆满完成,萧山广播电视台把目标的完成情况按百分制进行量化考核,并与部室年终奖挂钩。台里在每月、每半年及年底对照检查落实情况。

考核内容分共性考核指标和各中心、部室个性考核指标。共性考核指标,一般是指全员参与的学习教育活动和全体遵守的规章制度;个性考核指标,是指各中心、部室业务相关的指标。考核方式是成立台考核领导小组,由台长任组长,台班子成员任副组长,各中心、部室和台机关纪委负责人为成员。年度考核以100分为基数,其中共性考核指标占总考核分的30%,个性考核指标占总考核分的70%。考核实行自评与考核小组考评相结合的方式进行。在各中心、部室根据工作目标任务完成情况进行自评打分的基础上,由台考核领导小组组织进行考核打分。共性考核指标由对应检查部门进行考核打分,如,劳动纪律执行情况由台人事办打分,集中学习情况由台办公室打分,设备维护情况由台技术中心打分,依据为平时抽查情况与年终检查结果。个性考核指标由各分管领导率领的考核小组进行交叉打分,依据为该部门各项工作目标任务具体完成情况和群众满意度。

重点课题调研和目标任务分解与考核的实施,形成自上而下的任务链和工作链,使全年各项目标任务在分解落实中提升效率,在整体协调中稳步推进。

三、加强干部管理，配强中层干部

1. 中层干部竞聘

为进一步推进干部人事制度改革，拓宽选人用人渠道，努力建设高素质干部队伍，从2003年开始，萧山广播电视台的中层干部面向全台公开竞聘。竞聘人员资格条件：具有履行职责所需要的政治理论和政策水平，坚决执行党的基本路线、方针、政策、上级精神和台里的决策，有强烈的事业心、责任心、进取心；具有胜任拟担任职务所必备的专业技术知识、工作经验、内外协调能力；身体健康，年龄在45周岁以下的在职人员。竞聘采用个人自荐和组织推荐的方式公开报名。按照竞聘上岗的条件，由台人事办对报名人员进行资格审查。

竞聘演讲是中层干部竞聘的重要环节，演讲包括三个方面，一是对个人专业知识和业务能力的评估，二是个人能够胜任所竞岗位的优势，三是聘任后所要做的工作举措与产生的短期长期效果。参加竞聘演讲民主评议的人员为台科长（首席）以上人员和群众代表，评议的内容和范围分德、能、勤、绩四个层面的9个指标。在竞聘演讲基础上，由台班子会议根据评议和考察结果确定拟聘用人选，在台办公网上进行公示，公示完毕后按规定程序办理聘任手续。

2. 中层干部续聘

萧山广播电视台中层干部实行两年一聘，续聘前需对现任的中层干部进行一次全面的述职和测评，中层干部首先在述职测评会上汇报两年来在本岗位上的工作情况，提出下一步的工作思路和目标，参加述职测评会的科长（首席）以上干部和职工代表对中层干部两年来的工作从德、勤、能三个层面进行打分，台党组根据民主测评情况确定现任中层干部的续聘人员。原则上按“履职优良率”达80%以上、“不能胜任率”低于30%的现任中层干部予以续聘。该举打破一旦聘任就主动延续的岗位终身制，进一步优化了中层队伍结构。

四、加强经营管理，用活经营人才

1. 总经理竞聘

为确保广播电视广告健康、稳定发展，萧山广播电视台从2004年开始对广告部（广告经营中心）总经理进行公开竞聘，竞聘人员资格条件是政治素质过硬，能严格遵守党纪国法的中层副职以上人员；有一定的客户资源、创收基础和良好的社交能力；事业心、责任心强，有较好的心理承受能力；有较好的经营思路和较强的创新能力。

竞聘指标分必达目标和建奖目标。必达目标和建奖目标的数额由台班子领导根据上一年的完成情况和当年广告市场的景气度决定，奖惩政策是完成广告必达目标的，按当年度台基础奖金的10%进行再奖励；达到建奖指标的，超额完成（必达目标）20%以内，按超额部分的3%进行再奖励；超额完成20%以上部分，不再进行再奖励。未完成必达目标的，不足部分在20%以内，按不足部分的3%进行扣罚；不足部分在20%以上部分，不再进行扣罚。

竞聘方法和步骤是发布竞聘公告后，按照竞聘上岗的条件，由台人事办对报名人员进行资格审查。竞聘人在竞聘演讲基础上，由台班子研究确定总经理人选，按规定程序办理聘任手续，聘期为一年。自总经理公开竞聘以来，先后有3名中层干部担任广告部总经理。

2. 行业线经理竞聘

广告部总经理聘任后，接着广告部内部进行分片分线承包，对各行业线和相关部室广告进行公开竞标，聘任分线经理。

具体架设为"一个经营中心十个广告部"。经营中心主要负责：药品、保健品、化妆品、通讯、食品、酒类、肯德基等部分大客户和公益广告业务；图文、购物两个频道的广告业务，承担上门广告的接洽和日常运行。经营中心业务由总经理负责。广告经营中心下设：电视广告一部、电视广告二部、电视广告三部、电视广告四部、电视广告五部、电视广告六部、电视广告七部、电视广告八部、电视广告九部、杂志、广播广告部，每个部都划定了主要业余范围及全年的必达目标和建奖目标。竞聘人员根据所竞广告部的年度目标提出完成任务的举措，也可自行提出更高的完成目标，同等条件下，竞标高者优先。

自2004年分线承包公开竞标以来，共有25位职工先后担任广告经营中心下属的广告部行业线经理，使一批广告经营人才脱颖而出。该做法既培养了一批广告经营人才，又使得在传统媒体广告滑坡的大气候下经营创收站稳了脚跟，促进了广电事业发展。

3. 栏目制片人竞聘

从2009年开始，萧山广播电视台推出栏目制片人制度，对部分适合创收的电视栏目实行制片人公开竞聘。公开竞聘的电视栏目以生活类和娱乐类为主，竞聘程序分公开报名、资格审查、竞聘演讲、确定人选、颁发聘书等环节。

聘任后的电视栏目制片人受广告部和栏目部室的双重领导，既负责栏目的制作与日常营运，也承包栏目广告经营。上岗的制片人享受科长待遇，同时也参照广告行业线经理设定指标任务，实行奖惩。

实行栏目制片人竞聘上岗制度，充分挖掘了潜在的广告创收人力资源，拓宽了广告客户面，特别是生活服务类的客户面，促进了电视栏目资源的深层次开发，实现了经济效益和社会效益双丰收。

2009年以来，面向全体职工竞聘14个电视栏目的制片人。

五、加强全员管理，建立激励机制

1.出台聘用规定

做好员工聘用和管理，是广电队伍建设的重要一环。随着萧山广播电视事业的发展，2006年至2008年，萧山广播电视台聘用人员（不包括临时工）从原来50多人增加到70多人。2008年开始，萧山广播电视台积极探索聘用制人员的聘用和管理制度，推出《萧山广播电视台员工聘用规定》（以下简称《规定》），将聘用制人员分为四个档次：特聘、台聘、部聘和栏目聘，并设置各个档次的福利待遇以及晋升或降级的条件，该《规定》自2008年8月起执行，并根据新情况使这项制度不断完善和优化。

2.聘用员工待遇

萧山广播电视台员工聘用从上到下分特聘、台聘、部聘和栏目聘四个档次。特聘人员必须由台聘人员晋升或是引进的特殊人才，年薪（含奖金和补贴）不低于8万元人民币。台聘人员向社会公开招聘或由部聘晋升，年薪（含奖金和补贴）不低于6万元人民币。部聘人员年薪（含奖金和补贴）不低于4万元人民币。栏目聘年薪（含奖金和补贴）不低于3万元人民币。四级聘用人员均予购买各项社会保险，包括养老保险、失业保险、医疗保险、工伤保险以及生育保险。特聘、台聘、部聘、栏目聘人员的福利参照事业人员待遇执行。

3.聘用员工考核

为进一步规范聘用人员管理，萧山广播电视台实施聘用人员考核办法。考核内容为德、能、勤、绩四个方面。重点是对全年工作任务完成情况进行绩效评估，并强化对工作人员的政治思想、业务素质、工作作风和廉洁自律情况的考核。考核标准以工作人员的岗位职责和工作任务为基本依据。考核分四个等级，90分以上为优秀，70~90分为合格，60~70分为基本合格，60分以下为不合格。优秀等次人数比例不得超过本部门实际参加考核人数的14%。

4.晋升降级条件

为充分调动聘用制人员的工作积极性，萧山广播电视台对聘用制人员有严格的晋升与降级规定。

栏目聘需在本单位工作1年以上，在工作中没有发生责任事故（差错）。根据工作需要，经考核可晋升为部聘人员。

部聘人员晋升的主要条件是:需在本单位部聘岗位工作3年以上。新闻业务人员3年中获得市级(政府奖)作品2件以上,在市级以上刊物发表学术论文1篇以上(必须是主创作品),或获得中级技术职称。技术业务人员3年中获得市级(政府奖)一等奖以上1件,在市级以上刊物发表学术论文1篇以上(必须是主创作品),或获得中级技术职称。工作连续3年没有发生责任事故(差错)。年度考核连续3年均在合格以上。根据工作需要,经考核可晋升为台聘人员。

台聘人员晋升的主要条件是:在本单位台聘岗位工作3年以上。新闻业务人员3年中获得省级(政府奖)二等奖作品1件以上,市级(政府奖)一等奖作品2件以上(必须是主创作品),或担任首席岗位、制片人职务,或获得高级技术职称。技术业务人员3年中获得省级(政府奖)二等奖1件以上,在省级以上刊物发表学术论文1篇以上(必须是主创作品),或获得高级技术职称。工作连续3年没有发生责任事故(差错)。年度考核连续3年均在合格以上。根据工作需要,经考核可晋升为特聘人员。

凡工作表现较差,一年中有两次以上由于工作不负责任发生责任事故(差错)者,将降级处理,情节严重的将予以辞退。

晋升人员由部室提名,经台组织人事办公室审核考察,报台党组研究决定。每年晋升名额控制在10%以内。

5.聘档的细分

根据《萧山广播电视台员工聘用规定》,2009年有4位员工获得晋升,以当年的聘用人员为基数,晋升率仅为4%。为了进一步扩大晋升面,提高员工积极性,让新政策惠及更多的员工,2010年5月,台里修改晋升办法,将聘用人员档次细分为栏目聘1档、栏目聘2档、部聘1档、部聘2档、部聘3档、台聘1档、台聘2档、台聘3档、特聘1档、特聘2档共10个聘用档次。每年每个部室有30%的聘用人员可以向上晋升一个级别。是年6月,有30位表现优秀的员工获得晋升。

六、加强采编管理,确保宣传安全

1.分线分片采访制

萧山广播电视台从1985年开始实施分线分片采访制。分线分片采访有利于进一步加强与上级及兄弟部门的联系,及时为镇街、区级机关和部门做好宣传工作。分线一般分为工业、农业、党政机关、公检法、科学、教育、文化、卫生等采访线,由1~2名记者分管一条线。分片则按乡镇(街道)划片,记者在管线的同时也有自己的采访片。分线分片采访制的实施,提高了广播电视新闻记者的责任意识、服务意识与业务水平,使记者能更加深入地了解所联系的线、片情况,写出有深度、有影响的报道,提高广播电视媒体的舆论引导水平。

2. 新闻策划、发稿审稿制

从1980年起,萧山广播站已有一套新闻策划、发稿审稿规定。后经不断修正于1997年"局台合一"后逐步完善,形成萧山广播电视台较为配套的新闻策划、发稿审稿制度。

如,在新闻策划上,由新闻中心(部)具体负责,策划内容包括选题、讨论、报审等。即记者在发现新闻线索后,收集相关资料,向值班主任、值班编辑报选题;值班主任、值班编辑针对选题作价值评估,讨论报道计划;重大选题在讨论形成报道计划后报台领导审查。

为了提高新闻策划效率,新闻中心实行"三会制",即每周工作例会,每日编前会,每月评审会。每周工作例会参加对象是全体记者编辑,会议内容为报告上周的新闻情况、本周的新闻计划;组织策划重大、重点选题。每日编前会参加对象是中心主任、副主任、编辑,会议内容有当班主任部署采制、编排重点,通报宣传口径,协调栏目间关系,组织各类新闻稿件,确保热点新闻无遗漏和不偏离等。每月1日的节目评审会,由全体采编播人员对上月的节目进行评审,对发现的问题反思发生的原因并提出整改方案,确保同一问题不再发生。

发稿审稿规定记者采访完成后,必须在第一时间交稿。区领导活动和其他时效性强的稿件,必须当天交稿。新闻稿件一般由广播、电视值班(责任)编辑编辑后,交值班主任编审。问题性、批评性稿件一般由中心(部)主任审稿。对于难以把握的稿件经部主任审稿后,交台领导审签。电视《萧山新闻》《热线188》《社会聚焦》由台领导、值班主任、值班(责任)编辑、播音员、制作人员组成的审片组集体审看后才可播出。广播《萧山新闻》由值班主任、值班(责任)编辑、播音员审听后才能播出。

3. 重大突发事件报道制度

为规范重大突发事件新闻宣传报道工作,萧山广播电视台从2007年起建立重大突发事件新闻报道工作预案。预案分快速报告、火速采访、及时播出三个环节。

快速报告规定,本台全体人员在获取突发事件消息时,以最快速度通报新闻中心(部)值班主任,新闻中心(部)及时组织人员赶赴现场采访。与此同时,新闻中心(部)负责人在接到突发事件信息后,立即报告分管台长,由分管台长协调各部门做好应急准备工作。

火速采访规定,台领导和值班领导应在第一时间上岗指挥,协调采访和播出工作。新闻中心(部)负责人应在最快时间内赶赴现场指挥采访。为抢时间,也可调动在突发事件附近采访的记者及时前往突发事件地点采访。记者到现场后,应以电话口播连线或手机短信的形式，及时向中心(部)值班主任报告突发事件情况。

及时播出规定，新闻中心及时与广播中心联系，在调频节目中插播与记者的电话连线报道或文字消息。电视则以游字形式，提供给播出部，由播出部负责在电视主频道插播。湘湖网则及时上载相关文字、图片和视频新闻。

新闻中心还根据事件情况，及时策划整体报道工作，经台分管领导同意后组织实施。在广播的《整点新闻》《萧山新闻》，电视的《萧山新闻》《热线188》等新闻节目中和湘湖网及时播发突发事件的详尽消息和有关部门做好善后工作的报道，以正视听，引导舆论。对特别重大事件，经台班子研究后，报区分管领导同意，可中断正常节目的播出，实施广播、电视、网络直播。

重大突发事件新闻报道工作预案出台以来，萧山广播电视台各媒体平台报道风情大道地铁一号线发生塌陷事故、抗台救灾、抗洪救灾等重大突发事件33起，发布各类新闻、信息230多条。这些及时、准确、有效的重大突发事件新闻宣传报道，提高了广播电视主流媒体的舆论引导能力，为妥善处置突发事件营造良好的舆论环境。

第二节　作风建设

萧山广播电视台把作风建设放在重要位置，致力于建设一支作风过硬、办事高效的团队。按照上级要求，根据各个时期发展目标和工作重心，结合广电自身实际，强化作风建设的顶层设计和具体实践。特别是2000年以来，历届领导班子建立理论学习中心组、党内"双评"、党风廉政建设责任制等一系列规章制度，实现作风建设的长效管理。同时，通过开展"五比五创"系列活动、"党员记者在一线"活动、"记者进百村"活动、"走基层、转作风、改文风"活动、治庸治懒治散"效能亮剑"专项行动、打造人民满意广电等系列活动，逐步使作风建设成为自上而下的自觉行为。到2016年，萧山广播电视台已逐步形成了从班子成员到普通员工、从党内先行到党外铺开、从制度机制到系列活动、从理论引导到实践转化的一整套具有广电特色的作风建设体系。过硬的作风建设锤炼了广电队伍素质，助推了广电品牌建设，从而保证了在坚持正确舆论导向的同时，让广电的宣传报道和节目、栏目为群众所喜闻乐见，促进了广电事业快速、健康发展。几十年来，萧山广播电视台的作风建设在实践的基础上，认真总结推广深入基层、服务群众的好经验、好做法，让员工经常受教育，始终把群众放在心上、把足迹留在基层、把服务落到实处。

萧山广播电视台始终坚持"党要管党，从严治党"，通过不断创新活动载体，健全作风务实机制，充分发挥各级党组织的战斗堡垒作用、全体党员的先锋模范作用和全体员工的主人翁作用,带出了一支作风务实、处事严谨、办事高效的铁军队伍,树立萧山广电良好的社会形象。

一、抓好党内“双评”工作

萧山广播电视台党内“双评”每年开展一次,按照党章规定的要求,坚持“党要管党,从严治党”的方针,结合打造“三强广电”主题教育活动,认真开展批评与自我批评,严肃处置不合格党员,加强教育,完善制度,纯洁党员队伍,保持先进性,增强党组织的凝聚力和战斗力,对问题较多的支部提出限期整改意见,对不合格党员提出处置意见。

党内“双评”采取党内评议和群众评议相结合的方式进行。民主评议党支部、民主评议党员的基本方法是支部分三类,即五好、合格、不合格支部,党组在各支部评定的基础上召开党支部书记会议,进行汇总、联评,划出一、二、三类支部,报区级机关党工委审定。党员评两头即党员积极分子和不合格党员。党员个人对照党员标准和争当优秀党员目标进行自我小结,肯定成绩,找出问题,搞好自评。邀请群众代表参加评议,根据每个党员的平时表现,给每个党员打分。支委会对党员评议和测评情况进行分析,对评出的不合格党员,形成支部意见报台党组。

党员积极分子评比,按支部党员总数10%的比例,在民主评议基础上进行民主推荐,按照得票多少确定党员积极分子对象,经台党组研究,报区级机关党工委审批。整个党内“双评”工作在台党组领导下,以支部为单位,有计划、有步骤地进行。

党内“双评”是萧山广播电视台加强党的组织建设,加强党员教育管理,增强党性意识的重要环节。每年的党内“双评”党员参加学习和评议均达到95%以上。党员领导干部带头参加所在支部的民主评议,带头开展批评和自我批评,以达到“锻炼党性、提高素质、纯洁队伍”的目的。

在开展党内“双评”工作中,除了对“五好党支部”和党员积极分子进行表彰,还对2名严重违法违纪党员作出开除党籍处分。

二、完善党风廉政建设责任制

萧山广播电视台高度重视党风廉政建设和反腐败工作,自2012年以来,把党风廉政建设责任制的落实与广电工作实际紧密结合起来,列入重要议事日程,及时制定工作计划,进行目标分解,并由班子“一把手”负总责,分管领导具体抓,一级抓一级,一级带一级,层层抓落实,全台上下形成了党政主要领导亲自抓、班子成员合力抓和部门负责人具体抓的工作新格局。

在落实党风廉政建设责任制工作中,着重做好“四个结合”,全面推进工作的开展。把落实党风廉政建设责任制与加强和改进党的作风建设紧密结合起来,把解决党的思想作风、学习作风、工作作风、领导作风和干部生活作风等方面存在的问题,列入领导班子和党员干部的重要责任范围和工作内容;把落实党风廉政建设责任制与加强监督检查紧密结合起来,着重抓好责任制执行情况的日常监督、年中检查、年度考核;把落实党风廉政建设责任制与制度建设紧密结合起来,通过《招投标管理办法》《禁止有偿新闻的若干规定》《广告经营管理规定》《播音员、主持人管理办法》《聘用人员管理办法》等一系列规章制度,推行公开办事、阳光政务,打造“廉洁广电”;把落实党风廉政建设责任制与责任追究紧密结合起来,出台《萧山广播电视台综合检查问责办法》,按照有关规定,凡职责范围内发生严重违反党风廉政建设责任制有关规定的行为,给予组织处理或党纪处分,以维护党风廉政建设责任制的严肃性。

为更好地落实党风廉政建设责任制,台班子成员及中层干部每年赴省法纪教育基地——杭州市南郊监狱开展警示教育活动;开展“廉政文化进家庭”宣传教育活动,发出以“倡导清廉家长、建设幸福家庭”为主题的倡议书,积极参加萧山区纪委举办的“廉政摄影展评”,台职工周少伟创作的作品“清莲”获得二等奖。通过这些活动,教育了干部职工,提高了廉政意识。同时,萧山广播电视台全面加强中层干部的廉政监督管理工作,主要通过建立廉政档案、组织廉政承诺、开展廉政谈话、进行述职述廉等措施,在加强干部思想政治状况和工作勤廉情况等日常监督的基础上,重点突出个人重大事项的动态监督和“八小时之外”的延伸监督,全面、深入、准确地掌握总体情况,促进中层干部廉洁自律,增强拒腐防变能力。

在落实党风廉政建设责任制过程中,台领导班子做到严于律己、以身作则,按照“为民、务实、清廉”的要求,树立正确的政绩观,实行“一岗双责”,把业务工作和党建工作有机结合起来,加强调查研究、拓展思路、创新方法,推动全台工作开展。在台领导的带头示范下,全台上下紧紧围绕现代传媒综合体建设,朝着做一名政治强、业务精、作风正、纪律严的新闻工作者的方向共同努力,有效地增强了队伍的凝聚力和战斗力,推动了萧山广播电视持续和谐发展。

三、开展“五比五创”系列活动

“五比五创”系列活动是萧山广播电视台作风建设的重要载体。自2012年以来,萧山广播电视台党组紧密结合新闻宣传工作特点,深入开展“五比五创”系列活动,采取全方位、多层次、多类型的群众参与方式,使每个党支部和党员群众都积极关注和踊跃参与进来,并充分利用电视、广播、网络三大传媒平台的优势,加大宣传力度,努力以丰富的内容形式推进主题活动的开展。

比党建基础，创“五好”党支部。台机关党委各党支部以“领导班子好，党员队伍好，制度建设好，工作业绩好，群众反映好”为标准，努力争创“五好”党支部，不断推进全台党建工作科学化、制度化和规范化。各支部根据自身特点，纷纷推出富有特色的实践载体。如新闻中心支部推出“党员记者在一线”，广播电视中心支部充分发挥主持人、播音员党员的模范带头作用等，以此推进主题活动的开展。

比素质提升，创“学习型党支部”。结合实际，各支部认真制定学习方案并组织实施，党员干部及时制定个人学习方案，认真拟定读书计划。通过支委会、党员大会、党小组会议，对主题活动进行层层部署。为保证学习效果，还将学习要求以“五个一”形式来体现，即记好一本读书笔记、每天学习一个小时、每月读一本书、每月进行一次集中学习、每季度举办一次讲座，努力营造学习氛围，不断增强党员干部的学习能力、工作能力和服务水平。

比廉洁自律，创“廉政文化示范点”。为进一步增强廉政文化的影响力、吸引力和渗透力，萧山广播电视台面向全体员工开展岗位廉政教育问卷调查，调查围绕岗位职责、廉政风险、有效防范措施、廉政承诺等方面进行，为落实廉政风险教育积累了丰富的第一手资料。同时，推出领导干部联系点制度，台领导班子每人联系一个或几个部门，深入联系点宣讲廉政文化建设的意义，研究分析活动中出现的新情况、新问题，指导联系点有针对性地开展创先争优和防腐倡廉活动，帮助联系点查找解决影响和制约实施“廉政文化”过程中的突出问题，从而创建一批有特色的廉政文化示范点。

比活动方式，创“最佳党日范例”。各支部结合工作实际大胆探索党日活动新形式、新方法，创新活动方式，精心设计有特色的组织生活方案，创“最佳党日范例”，使党员在活动中获得启迪，受到教育，得到提高。新闻中心支部多次推出“平安萧山·快乐周末·热线188记者与您在一起”党日活动，利用周末在城区、镇街文化广场开展便民服务活动。通过警察、记者演出与群众性娱乐活动相结合，在丰富市民夏日文化生活的同时，宣传“平安萧山”创建，倾听群众呼声，并积极为群众排忧解难。

比贡献大小，创“一流工作业绩”。广大党员立足本职岗位，创造性地开展工作。在重大主题宣传、民生热点报道、节目创优、经济创收等方面勇挑重担。在策划一些社会关注度高、舆论引导力强、群众反响强烈的新闻行动中，党员更是走在前、抢在先。通过“比、赶、超”，努力增强广大党员服务科学发展、服务基层群众的能力，打造一支以党员为骨干的作风正、纪律严、业务精的新闻工作者队伍。

四、开展“党员记者在一线”活动

“党员记者在一线”活动先试点于新闻中心，后全面铺开。2012年以来，萧山广播电视台坚持全年度开展“党员记者在一线”活动。活动中，党员记者带头策划重大主题报道，争做重大系列、连续报道的头条，为其他记者树立样板、标杆。带头深入基层，倾听群众心声，努力为群众排忧解难。同时，党员记者切实做好民生新闻报道，强化舆论引导，为萧山发展营造良好的舆论氛围。

“党员记者在一线”活动，营造全体采编人员“走转改”的工作氛围。在突发新闻事件面前，党员记者充分发挥模范带头作用，克服困难上，迎着危险上，保持清醒头脑，用事实说话，保证了新闻事实的客观准确。走基层、到现场、听民声、问民意，成为记者的广泛共识和自觉行动。策划《记者在基层》《广电进农村》等系列活动，并在广播和电视中开设《来自基层的风采》《创业创新在萧山》《小人物大作为》《新萧山新发现》等栏目，采播大量来自基层的鲜活报道。随着这些活动的制度化，栏目的常态化，在整个广电宣传中，一些凝聚着群众聪明才智的内容也从过去的配角变为主角，在节目和报道中占了一席之地。2011年以来，各档新闻、专题节目中来自一线的报道以每年15%数量递增，且质量明显提高；热线提供的新闻线索出访率，从2000年50%增加2016年的91%。

同时，党员记者紧紧围绕区委、区政府中心工作，围绕萧山城市品牌宣传萧山，带头向上级台发稿，使萧山广播电视台在中国之声、中央电视台等主流媒体的发稿量居全省同行前列，扩大了萧山的知名度、影响力。

五、开展“记者进百村”活动

2010年以来，萧山广播电视台按照“高举旗帜、围绕大局、服务人民、改革创新”的总要求，坚持“三贴近”，坚持新闻立台，以开展“杜绝虚假报道、增强社会责任、加强新闻职业道德建设”专项教育活动为契机，开展一年一度的“记者进百村”活动。“记者进百村”要求记者深入基层、研究基层、报道基层，密切联系群众，体验基层甘苦，收集社情民意，反映广大人民群众的心声和期待，在基层实践中磨炼思想、磨砺作风、增长本领，以丰硕的活动成果来丰富节目，推动现代传媒综合体建设，提升萧山广播电视的公信力和美誉度。

“记者进百村”活动，重点做好“三农”报道和反映“三农”问题，积极为农村群众排忧解难，丰富了新闻和专题节目报道内容。为配合“记者进百村”活动，萧山广播电视台在调频107.9开设“1079帮忙团”，在对农广播《农村大世界》栏目开设“记者帮你忙”、在电视对农栏目《金色大地》开设《带你走市场》等小栏目，并从节目时间、人员配备、工作考核等方面保证帮忙平台有序运作，坚持做到对村民的请求有求必应，以最快的速度免费为他们发布购销信息、招工就业动态等。许多记者深入山乡、社区，奔跑于田间地头、商贸市场和职能部门之间，通过帮助举办促销会、对接会、咨询会等形式，实地为农村群众解决“买难卖难”“招工就业”等问题，受到群众的好评。走百村记者所在的栏目组通过独立或与相关部门、机构合作的方式举办各类走乡村活动，让市民走进新农村，感受农民的生产生活，从而开辟一条农村与城市互动互利的通道。专门为农村和城市居民牵线搭桥的活动，不仅有可上山自采的春笋节，可现场采摘现场品尝的葡萄节，既可钓鱼又可网鱼的水族节，还有与旅游部门合办的“乡村自驾游”，区餐饮协会参与的“美味农家乐”等，通过举办这些活动，在服务城市居民的同时更服务了农民，在满足了城市居民需求的同时也让村民得到了实实在在的好处，工农之间、城乡之间在一个节目以及节目延伸的活动中得到了物质和情感上的双重融合。

“记者进百村”活动，还在为群众维权上做到该出手时就出手。萧山广播电视台调频107.9《空中315》《走进法律》配合“记者进百村”活动，邀请律师坐镇栏目开展服务，及时为村民在土地纠纷、环境污染、遭遇假冒伪劣产品等方面的投诉维权支招。为了提高问题的解决率，“记者进百村”活动栏目组人员从线上答疑走到线下服务，组织由记者、律师和当事人参加的媒体维权团，向有关部门和企业开展事件追踪，在群众最需要时伸出援手，助他们一臂之力，从而让群众看到广电媒体在患难中的真情。

据初步统计，“记者进百村”活动开展6年来，有420个村（社区）分别在广播、电视、网络里作了专题报道，有171个农产品在广电和网络得到推介，并为村民解决纠纷、维权251起。

六、开展“走基层、转作风、改文风”系列活动

2011年以来，萧山广播电视台开展“走基层、转作风、改文风”十项活动。全体从业人员以解决突出问题为目标，以实践为课堂，拜群众为师，从群众的实践中汲取智慧和营养，改进学风和文风，全面推进队伍作风建设呈现出新气象、新变化。

一是开展学习教育大讨论活动。通过学习中央领导同志关于党的群众工作的重要论述，学习党的新闻工作优良传统，学习《中国新闻工作者职业道德准则》，扎实开展国情、省情、市情、区情教育和形势政策教育，围绕新闻战线在新形势下如何坚持“走基层、转作风、改文风”开展交流研讨活动，进一步端正新闻工作指导思想。

二是开展“你挑刺、我改进”改文风百日纠查专项行动。开展以范文学习、案例分析、群众评议、业务竞赛等为主要内容的“你挑刺、我改进”改文风百日纠查专项行动，严格限定整改期限，大力倡导“短、新、实”的清新文风，切实提高新闻报道的公信力、亲和力、吸引力、感染力。积极鼓励新闻工作者在密切联系群众中学习群众语言、熟悉群众语言、善用群众语言，拉近新闻报道与人民群众的距离，使群众能听得明白、听

得进去，提高了宣传群众、组织群众的本领。

三是进一步办好面向基层、服务群众的专栏、专题。发挥广播、电视、湘湖网、《湘湖视听》四大宣传平台优势，立足《萧山新闻》《热线188》《社会聚焦》《政情民意直通车》《百姓议事厅》等栏目和各类专题，精心策划选题视角，以小见大，以点带面，加强沟通交流，充分展现记者深入基层、深入一线的成果。在广播电视《萧山新闻》和各个栏目中新开设《在基层》专栏，开展面向基层，服务基层的“三进三同听民声”活动。每位编辑、记者和播音员、主持人联系一个行政村、一个社区、一家企业、一位贫困户和一位外来务工人员，并在联系的行政村、社区、企业、贫困户和外来务工人员家中蹲点，与基层群众同吃、同劳动，宣传党的政策，真情倾听民生，真切体验疾苦，真实记录变迁，积极寻找基层的闪光点、老百姓的需求点和工作的着力点。

四是开展“送法下乡”活动。联合区司法局、萧山律师事务所等单位开展“送法下乡”活动。记者、主持人和法律工作者一起，深入田间地头，在农家院落设立咨询台，主持人和律师面对面接受农民的投诉和咨询。通过各种形式在农村开展普法宣传教育，营造干群群众知法懂法、学法用法的氛围。

五是推出服务“三农”信息交流平台。广播电视对农节目以“农民信箱”为载体，推出服务“三农”信息交流平台，采撷发自农村最基层的声音，帮助解决农民普遍需要解决的问题。如针对农产品卖难、融资难的实际，开展“你有难我来帮”活动，专门解答和解决农民在种养和经营过程中碰到的具体问题；制作一批农产品销售免费广告在节目中播放，有针对性地开展“三农”服务。

六是开展播音员、主持人送课下乡活动。每月组织播音员、主持人到乡村学校、民工子弟学校，推广普通话，传授播音主持知识。

七是开展广电艺术团送戏下乡活动。扩充广电艺术团队伍，根据蹲点调研收集的信息，组织排演群众喜闻乐见的节目，每两个月开展一次送戏下乡活动，丰富乡村精神文化生活。

八是举办首届乡村舞蹈大赛。针对全区上下广泛开展的健身舞活动，举办首届乡村舞蹈大赛，为村、社区民间健身舞蹈队提供展示风采的舞台，促进群众性健身活动的开展。

九是开展寻访第一代围垦建设者活动。利用平台优势，发起寻找第一代围垦建设者活动，采访50名代表性人物。通过宣传他们的奋斗经历，进一步弘扬勇立潮头的萧山精神，激发全区上下共建更高水平小康社会的热情和力量。

十是开设188留言板。依托《热线188》栏目，开设188留言板。派出记者，在城区和农村固定地点、固定时间接受观众投诉，听取观众意见，利用新闻力量，帮助观众解决实际问题。

萧山广播电视台“走基层、转作风、改文风”十项活动坚持统筹安排，把学习教育和大讨论贯穿活动全过程，把深入群众、服务群众贯穿活动全过程，把解决问题、改进工作贯穿活动全过程，把理论研究、制度创新贯穿活动全过程，确保活动取得实效。

七、开展治庸治懒治散“效能亮剑”专项行动

为进一步加强作风建设，切实解决部分干部职工中存在的“庸、懒、散”问题，2011年，萧山广播电视台开展深化作风建设治庸治懒治散“效能亮剑”专项行动，旨在整治部分干部职工身上存在的业务不精、精神不振、工作推诿扯皮、纪律松懈，责任心、事业心、进取心不强等问题，引导干部职工把思想和精力集中到干事创业上来。

为确保专项行动有效推进，台成立“效能亮剑”专项行动工作领导小组，下设办公室，建立起“‘一把手’负总责，领导小组牵头协调，各部门具体落实，全台干部职工积极参与”的领导体制和工作机制。

专项行动从5月底开始启动，首先是开展自查自纠。全台干部职工全面查找自身在思想觉悟、能力素质、工作作风、办事效率等方面存在的“庸、懒、散”等问题，进行自我剖析，自我纠正，自我完善。各中心、部室、公司在组织自查自纠的基础上，认真抓好本部门内部管理制度的完善和队伍建设。其次是签订作风和效能自律承诺书。全体干部职工从服务中心大局、改进工作作风、增强服务意识、加强行业自律、提升业务水平共五大方面向社会作出明确承诺，并签订作风和效能自律承诺书。最后是开展监督检查。台综合检查组坚持定期或不定期对本台重点工作、劳动纪律、后勤服务等各方面情况进行全面监督检查，重点检查因干部职工“庸、懒、散”导致工作上的纰漏和不足，并将检查结果及时公布在台办公网上。对检查中发现的问题实行抄告制度，责令有关部门限期整改。

萧山广播电视台强化效能问责，对专项行动中发现的各类问题，实行“六个一律”：对台综合检查组明察暗访发现的问题，一律快查快处；问题查实的，一律依纪依规处理到位；造成较大影响的，一律全台通报批评；本年度受到两次以上处理的，一律取消评先评优资格，并根据相关规定作出严肃处理；部门两人次及以上受区级作风和效能问责的，一律给予部门主要负责人停职处理；对发现问题该查不查、该处理不处理、该整改不整改的，一律追究部门负责人领导责任。

当年“效能亮剑”专项行动工作领导小组向个别部门下发了问题抄告单，对存在“庸、懒、散”问题的职工在台办公网上曝光，还有人被取消评先评优资格，有人受到降级处分。

八、打造人民满意广电

1. 下基层走访服务

针对2010年度满意单位不满意单位评选中社会各界对广播电视工作的意见建议，认真做好落实整改和答复工作。组织党员干部深入群众、深入基层开展调研，及时听取广电行风监督员和广大群众的意见建议，增强服务意识，提升服务质量。同时，通过举办"市民进广播""观众节"等活动，大力加强对自身的推广宣传，让广大人民群众熟悉、了解广播电视工作，增进理解，不断提高人民群众的满意度。2012年，萧山广播电视台认真总结"走转改"活动开展以来的经验，采取切实有效措施，在不断深化上下功夫，推动活动持续深入开展。积极开展"进村入户"大走访活动，台班子成员分组前往河上镇紫霞村、下门村以及城厢街道部分社区，走村入户，听民声、察民情、解民忧。走访中，共召开座谈会3次，收集到各类问题和意见建议20条。对这些问题和意见建议，台活动领导小组进行全面的梳理分析，并和村、镇以及有关职能部门进行联系沟通，提出具体解决方案。

2014年4月，为贯彻落实"民情联系服务月"实施意见，萧山广播电视台开展"五进五联走基层"活动。由台领导班子成员分组带队，扎实有效地开展富有广电特色的"五进五联走基层"活动。"五进"是指进村庄、进海涂、进社区、进工地（重点建设工地）、进一线（中心工作现场）；"五联"是指相关领导和记者挂钩联系一个村庄、一个农业大户、一个社区、一个工地、一个中心工作项目，并建立"联系点+驻点记者"模式，做到"进有方向、进有目的、进有成效"。在台领导带领下，广大党员干部和记者深入基层倾听群众对广电工作的意见和要求，开展"新闻推动、新闻帮困、新闻解难、新闻救急、新闻监督"等服务活动。

"民情联系服务月"活动期间，萧山广播电视台聚焦"四风"问题，真心实意听取党员群众对台领导班子和领导干部在"四风"方面突出问题的反映，听取反映"四风"和践行党的群众路线方面的意见建议以及对新闻宣传、节目内容、事业建设、人才队伍等方面的意见建议。台党员干部重点从联系点、联系镇街、服务对象、监督员和老党员中听取意见，通过召开座谈会、个别访谈、发放意见征集表、开设热线电话、微博、微信等多种渠道进行征集。

全体在职党员以"进社区、作奉献"为主题，主动到社区领办服务项目。在本单位结对共建社区，在职党员根据个人特长和实际能力，参加一个服务岗位或服务项目，做力所能及的志愿服务工作。

2011年，萧山广播电视台推出"激情干事、比学赶超"系列活动。结合工作实际，通过开展"学一学、强责任""议一议、认形势""亮一亮、践承诺""找一找、改作风""练一练、提素质""走一走、优服务""比一比、创佳绩""变一变、增动力""评一评、促提升"共九大行动，干部职工的服务水平和人民群众对广电工作的满意度显著提升。

2. 廉洁从业"九个严禁"

为进一步规范新闻采编人员的职业行为，萧山广播电视台于2014年制定新闻采编人员廉洁从业"九个严禁"的规定，进一步强化对新闻采编人员管理和纪律约束，增强采编人员廉洁从业意识，自觉遵守新闻宣传纪律，恪守职业道德，有效防范从业风险。

"九个严禁"包括严禁以任何名义接收、索取采访报道对象的礼金、礼卡、有价证券和贵重物品，不得收取"车马费"；严禁以任何形式向采访报道对象借用钱款、车辆、住房等财物，不得向采访报道对象报销各种应由个人支付的费用，不得参加采访报道对象安排的旅游考察活动；严禁利用批评报道、负面报道进行新闻敲诈；严禁接受利益托请，对采访报道内容进行造假和歪曲，中止或改变新闻报道，以及选用没有消息来源的转载稿件；严禁编发公关公司、广告公司等营利性机构直接提供的稿件；严禁未经批准参加企业举办的开业、庆典、新产品上市等新闻发布活动；严禁以配合广告或发行等经营活动的名义获取不正当个人利益；严禁从事与职业有关的有偿中介活动及商业运作，不得在公关公司、广告公司或采访报道单位等利益关联方兼职获取报酬；严禁擅自动用新闻宣传资源从事其他获取个人利益的活动。

"九个严禁"面向广播、电视、网站、微博、微信、杂志等各类媒体平台从业人员，是萧山广播电视台新闻采访、广告经营等业务行为中必须坚守的"底线"。对违反规定的人员，除没收其违纪违法所得外，还将严格按照相关规定给予批评教育、经济处罚或党纪政纪处分。涉嫌犯罪的，依法移送司法机关追究刑事责任。同时，视情况追究相关领导责任。

"九个严禁"实施后，萧山广播电视台没有出现一起违反"九个严禁"的人和事。

第三节　业务建设

萧山广播电视发展的各个时期都十分重视业务建设。广播事业创建初期，编播人员多来自机关和学校，线务技术人员来自农村和相关行业，普遍没有经过专业训练，文化程度不高。直到1983年，在广播电视第一线专业人员中，大专以上文化程度的仅5人。1997年，"局台合一、广播电视合一"后，采取多种形式、多种途径培训专业人才。进入21世纪，随着广电事业的迅猛发展，各届广电领导班子都把以提升能力和素质为核心的业务建设放在十分重要的位置。立足岗位，多管齐下，创造出一套具有基层广电特色、适应自身发展需要的人才制度，全方位、多步骤务实抓好人才培养工作，推进了广电业务迈上更高的台阶。师徒式带教，实现新老之间的业务传承；开放式学习，让人才在不断充电中永葆活力；招聘和引进，补齐了人才的短板，实现了人才队伍的跨越式发展；县（市、区）广电媒体横向合作，拓展了业务视野；首席岗位的评聘、一系列岗位竞赛、岗位争优，让员工在业务上学有标杆，追有方向，超有目标；一整套业务奖励机制，调动了从业人员出好作品、做好节目的积极性；名主持人与名栏目的打造，提高萧山广播电视的品牌影响力和文化辐射力。

萧山广播电视台紧跟时代发展步伐，自觉适应媒体变革需求，通过多种形式、多条途径丰富业务提升机制，致力于培养、打造一支业务精良、能征善战、执行有力的优秀团队，助推媒体加快转型升级，促进萧山广电事业健康发展。

一、师徒式带教

师傅带徒弟是萧山广电加强业务建设、培养专业人才的优良传统，在广播电视发展的60多年间，这种师徒式带教不断与时俱进，发扬光大。进入21世纪以来，针对基层媒体人才参差不齐的现状，为了让优秀人才和有经验的老同志最大限度地发挥引导示范作用，为他们落实1~2名徒弟进行手把手带教，可以尽快让年轻人适应岗位并进入优秀行列。

萧山广播电视台的师徒式带教于2007年年底形成制度，当年在台广播中心试点后在全台推开，并编写《新员工工作手册》，加强对新员工的入职培训和传帮带教。2007年6月，全台31名各个岗位上的业务尖子经过自己配对和组织安排，都有了徒弟，台里用书面形式让师徒双方签订承诺，规定双方的责任和义务，举行全体职工见证下的拜师仪式，师徒代表上台表态，提出近期和远期学习目标；到了年底评选出“称职师傅”“优秀徒弟”，和其他先进一起表彰，从而增强师傅认真教带的责任心，激发徒弟用心学习的紧迫感。通过这种师徒双方都有压力的带教，让优秀人才感到后有追兵，让新手和平时安于现状的职工觉得有了努力方向，既可以让单位优势和亮点最大化，也推动了本单位人才梯队建设。经过8年努力，全台业务骨干从原来的10%增加到35%，各个岗位呈现出后继有人的良好局面。

二、开放式学习

1.请进来传授

萧山广播电视台不断加强对新闻从业人员和技术岗位人员的专业培训，请进来传授是萧山广播电视台多年来提升员工素质的有效手段。1997年"局台合一、广播电视合一"后，采取多种形式、多种途径请进来传授，培训专业人才。1998年，全年投入培训经费20余万元，举办中层干部参加的电视工程技术讲座4期。中国传媒大学教授高晓虹受邀到萧山进行为期一天的讲课，她以自己的研究成果分析国际国内传媒业的发展趋势和应对方向，让从业者受益匪浅。台里每年都会邀请浙江传媒学院教授及省市广电集团专家到台授课，特别是利用年底的节目创优时机，邀请专家就具体节目进行分析、点评，找出作品亮点和不足，增强从业人员实践和理论的双重体验。2005年至2016年，萧山广播电视台每年请各级专家到萧山授课时间达110多课时。

2.走出去交流

除了请进来传授，走出去交流也是萧山广电增强人才活力的一项有力举措。1998年，选送29名采、编、播和工程专业技术人员，分别去北京广播学院、中央电视台、浙江广播电视高等专科学校和浙江省广播电视厅培训班学习培训；组织16名播音员、主持人参加省广播系统普通话测试培训。1999年，萧山市广播电视局与北京广播学院成人教育学院合作，开办北京广播学院萧山大专班，有35人经考试合格成为首批学员，学习期限3年。

走出去交流学习贯穿于萧山广播电视60多年发展历程。20世纪90年代，广播直播形态开始之时，调频107.9就派员到"西湖之声"广播电台学习节目直播，并学以致用，走出了一条兼容城乡听众的广播之路。到了移动收听时代，出现了像路况播报、现场维权等更多节目形态，调频107.9又把学习的目光瞄准了杭州交通91.8等城市电台，选派主持人、编辑跟班观摩，潜心学习，回来后结合自身优势创立了"开心方向盘""天天315"等适合移动收听的节目，在广播媒体的竞争中占得了一席之地。电视人才的外出学习交流，主要从2000年开始在中国传媒大学进行定向培训，先后有16位专业人员完成中国传媒大学的培训，并取得结业证书。2006年，对专业技术骨干和刚进台不久的技术新手，分新闻采编、播音主持、电视编导、广电技术4个专业，先后8期共51人送到浙江传媒学院进行封闭式培训。与杭州卫视、浙江卫视等上级台联系，不定期选派记者去跟班实习。

三、招引专业人才

进入21世纪，萧山广播电视台十分注重人才引进的针对性和实用性。从2005年至2016年的11年间，采取"进高校直招，赴各地选聘"的方法，在全国范围内公开招聘一批新闻采编播和计算机数字技术网管等专业人才，对引进的专业人才，分配上打破过去的录用终身制，全部采用聘用合同制和年薪制的做法，拉开不同档次的分配收入，培养了一批能独当一面的业务骨干。通过加大“精英型”人才引进培养力度，逐步建立起了一支优秀的创作、策划、采编队伍。

引进不同专业人才，打造一支不同专业知识背景互为合作、相融相通、生产精品的团队。萧山广播电视台从2005开始，在人才的多专业容纳上做了有益探索。首先，在人才招引上一改过去只招收新闻、中文、播音主持专业的毕业生，而是兼顾了法律、心理学、农业、经贸等专业，改变了单一的人才结构，确保了团队人才的多样性，使节目面貌焕然一新。如对农栏目有了学作物栽培专业的毕业生，使节目有了专业知识的厚重感，让受众在信息和知识的获取上从普及走向了提高。法律节目有了政法大学的毕业生，栏目组与律师沟通更方便了，对受众的咨询更专业了，在帮助民工维权方面更有作为了。电视纪录片制作招收中国美院艺术设计专业的毕业生，使节目的画面更具有了美感。萧山广播电视台根据不同节目的需要，对媒体从业人员进行多专业、多学科的培训，一改以前职工充电必须是所学专业与现从事职业对口的现状。从2005年开始，近10年间，萧山广播电视台有50%的从业人员在原有专业的基础上又自学了城市管理、法律、旅游、食品营养等课程和专业，单位对第二专业的学历和文凭同样给予认可，在报销学习费用的额度上与“对口专业”的学习培训一视同仁，从而激发了基层广电媒体人员做“精通多个专业、拥有多张文凭”的杂家，这样的多专业容纳无疑为广电团队注入了活力。

四、加强协作交流

为了加强县(市、区)广电媒体间的横向合作，实现信息共享、经验互鉴，江浙沪经济强县(市、区)广播电视协作网，于2000年4月在萧山成立。参加协作网的首批理事台有浙江、江苏、上海经济强县(市、区)的14个广播电视台。江浙沪经济强县(市、区)广播电视协作网各成员台遵守协作章程，以理事长台——萧山广播电视台为节目集散点，通过邮寄和网传的方式，每月两次交流新闻、专题近150条。江浙沪经济强县市区作为长江三角洲地区最具活力的经济板块，改革开放的前沿阵地，在新闻报道上也显示出不同一般的经济活力和文明程度。从新闻交流的内容归类，既有当地改革开放经济发展的先进经验，又有精神文明建设中涌现出来的新人、新事、新风尚，更有颇具特色的地域文化、特色产品，通过协作网这个平台得以传播。县(市、区)的改革举措、产业创新亮点在新闻交流中得到认可和借鉴，一些传统的特色产品在交流中打出了品牌，扩大了影响，提高了知名度，而来自他乡的奇闻趣事也让本地听众、观众耳目一新，既丰富了成员台的节目内容，又为当地经济和社会各项事业的发展起到了积极的推动作用和良好的舆论引导作用。

为进一步拓宽协作渠道，协作网在带子来往、图像传输的基础上，还不定期开展异地采访活动。制片人、编辑、记者之间开展多种形式的业务交流活动，在互通信息、全方位交流的同时，促进整体业务水平的提升。协作网章程规定，每年举行两次年会或业务研讨会，由各成员台轮流任主办单位，会议内容有局长之间、台长之间和业务主任之间的交流，基层广电传媒改革发展的课题研讨等，有思想的展示、观点的交锋，更有来自基层鲜活的实践感悟，让各成员台相互学习借鉴改革经验，共同得到提高。

五、开展争先创优

1.全员竞赛

2007年，萧山广播电视台经过多方调研后认为：广电队伍不少岗位存在着新老交替失衡，梯队建设乏力的状况。具体表现在，老职工虽经验丰富，但专业知识相对匮乏，创新精神不足；新员工有一定的业务理论水平，但实际能力不强，处理问题缺乏经验，包括主持人的语言应变能力，记者的选题、采访、撰稿能力，编辑对稿件的选择加工把关能力，播音员对稿件的理解把握能力，广告作品制作能力，技术人员的实际操作和设备保障能力等，都有待提高。因此，建立在争先争优中成才的激励机制是基层广电媒体面临的一大任务。

为了深入开展"创建学习型团队，争做创新型人才"活动，引导广电干部职工树立正确的学习理念，结合工作实际，进一步提升专业业务技能和实际工作水平，为打造"三强广电"做出新的贡献，萧山广播电视台从2003年开始，每年都举办一次岗位竞赛活动，竞赛分广播电视采编播类和广播电视技术类。采编播类包括广播新闻竞赛、电视新闻竞赛、广播电视播音主持竞赛、广告创意竞赛、电视节目制作竞赛。技术类包括网页设计竞赛、广播技术竞赛、电视技术竞赛、电视播出技术竞赛、高配技术竞赛等项目。参赛者在规定时间内完成各个项目的作品，交由评委会评定一、二、三等奖，优胜者除获得一定数量的奖金外，其成绩还记入人事部门的档案，作为晋升和提拔的参考依据。至2016年年底，已有98名员工在全台岗位竞赛中获奖，不少新员工在竞赛中脱颖而出，成为各自岗位上的业务骨干，还有多人并被聘为首席员工和中层干部。

2.岗位争优

在全台岗位竞赛的基础上，2008年以来，萧山人民广播电台调频107.9又推出"岗位星级"争创机制，开展本季、本月、本周"最美主持人""最动听节目""湘湖好声音""最佳板块""最潮创意""安全播出守护员"的评选，听众通过短信、网络、热线电话等手段评选自己心中的最爱，从而让主持人、记者、编辑、导播等进入争先争优的内部竞争之中。通过听众的好评、荣誉的获得，使每个人都能感受到来自岗位的魅力，而从业人员在这种体现个人成就感的争优模式中，知识不断刷新，业务快速提高。萧山广电这种“协作中竞争，岗位上成长”的人才培养机制，增强从业人员敬业爱岗、创新创业的精神，助推着广电从业人员以极大的热情为听众、观众打造出创意独到、内容精彩、形式活泼的广播电视节目。

六、推行首席岗位制

为了更好地实施“名人工程”和“人才强台”战略，推进广电从业人员的职业化、专业化、制度化建设，进一步发挥业务骨干的引领作用，促进广播电视节目质量的提高，萧山广播电视台于2006年开始，面向新闻采编、播音主持等一线岗位人员推出《萧山广播电视台首席岗位评聘试行办法》，在从业人员中推行首席岗位制，2008年又从技术岗位上增加首席工程师一职。首席人员的要求是：政治强、业务精、纪律严、作风正，群众公认的一线业务骨干，在该台工作3年以上。具体考核要求主要包括政治思想素质、日常工作表现、业务创新创优三个方面。其中日常工作表现的要求为工作数量和工作质量必须是岗位同行中的佼佼者。首席编辑首席记者获奖作品率高，作品质量过硬；首席播音员首席主持人的播音、主持水平要求为受众喜爱和认可，有广泛的认知度。业务创新创优的要求为具有较强的业务创新创优能力。能独立策划组织和实施重大报道、活动；经济创收中成效显著。作品获市级政府一等奖1件以上（主创作品），或两年内在市级以上的专业刊物上至少发表一篇独立完成的业务论文。

相关部室按照评选要求推荐出候选人，以书面形式上报台组织人事办公室，经资格初审，交台党组讨论确定。首席人员实行公示制度，接受群众监督。政治思想和道德品质实行一票否决制。凡发现有违法违纪问题的有关人员不能推荐为首席候选人。首席人员一年一评，可连续评聘。任期内，享受科长待遇。在广播电视节目或文章中注明首席身份，在学习、考察、培训时优先考虑。连续三届获得首席资格的，酌情再给予一定的奖励。从2006到2017年的11年间共评聘10届，先后有60名员工成为首席编辑（记者）、首席播音员（主持人）、首席工程师。岗位首席制度的推行，为业务骨干的成长起到良好的示范和促进作用。

七、建立业务奖励机制

为进一步调动广大职工的工作积极性和创造性，促进广播电视工作不断上档次、上水平，2008年开始，萧山广播电视台实行好稿评比和奖励制度。好稿评比和奖励首先在台一级层面开始。台每季度评选一次优秀作品。评选时间为每年4月、7月、10

月上旬评选上一季度的优秀作品。每年1月份评选推荐上一年的年度优秀作品。参评作品体裁包括消息、新闻专题、连续(系列)报道、评论和社教专题、少儿节目、文艺节目、广告节目等。奖励标准为优秀作品设一、二、三等奖若干个,奖金分别为一等奖400元、二等奖300元、三等奖200元。同时获季度优秀作品和年度优秀作品的,只奖励一次。为加强对评奖的统一管理,凡参评市级政府奖以上节目、作品,均须经台评审认定后方可上报,不得擅自越级上报或直接送评。

在台一级评优奖励的基础上,萧山广播电视台对各级获奖作品设立统一的奖励标准。获中国新闻奖,一等奖奖励人民币30000元,二等奖奖励人民币20000元,三等奖奖励人民币10000元。获中国广播影视政府奖,一等奖奖励人民币26000元,二等奖奖励人民币16000元,三等奖奖励人民币6000元。获浙江省广播电视奖或浙江省新闻奖,一等奖奖励人民币2000元,二等奖奖励人民币1500元,三等奖奖励人民币1000元。获杭州市广播电视奖或杭州市新闻奖,一等奖奖励人民币800元,二等奖奖励人民币600元,三等奖奖励人民币400元。获"五个一"工程奖的按同级一等奖标准奖励。获全省对农节目考核优秀的按省级一等奖标准奖励。工程技术类项目获奖和论文奖,参照执行。采编人员获各级政府奖奖项情况将作为年度岗位考核、评聘、晋升的参考依据。

好稿评比和奖励制度充分调动了从业人员的作品创优积极性,从2008年至2018年,一批优秀作品分别在中央、省、市的政府新闻奖和"五个一"工程奖评选中获奖。

与《萧山广播电视台创优和奖励规定》相配套的还有2011年出台的《萧山广播电视台新闻宣传、优秀节目(栏目)、重大活动、技术创新奖励办法》。该办法主要是对各级获奖以外的新闻宣传、优秀节目(栏目)、重大活动、技术创新进行奖励。其中新闻宣传的获奖要求是获得上级领导的高度评价或产生重大影响的新闻报道;促成老百姓解决重要实际问题的新闻报道;在中央、省级主流媒体发稿成绩显著,受到表彰。优秀节目(栏目)的要求是导向正确,内容健康,形式新颖,观众评价好,影响大,经济和社会效益显著的广播电视节目(栏目)。重大活动的要求是配合中心工作密切,活动质量高,受众参与度高,社会影响大,具有较好的社会效益和经济效益的广播电视活动。技术创新的要求是为台里带来明显经济效益和社会效益的技术创新和技术改造项目。该项奖励每年一次,年终表彰。每年的年终总结会上宣布获奖作品和项目,台领导为获奖者颁奖。

2011年以来,有29篇新闻报道、17个优秀节目(栏目)、15项重大活动、13项技术创新获奖。还有多篇论文公开发表。

八、培养名主持人与名栏目

萧山广播电视台一直致力于名主持人与名栏目的培养，用优秀节目主持人的自身魅力和知名度引领节目，用优秀节目造就主持人，实现相互促进、相得益彰。

具体要求是，党员播音主持人在全区和台里的重大活动、重点报道中，以严格的政治标准、精良的业务技能、过硬的工作作风，勇于担当急、难、险、重工作任务，以高质量的工作业绩，为重大活动、重点报道增色添彩，在提高萧山广播电视的品牌影响力和文化辐射力中发挥积极作用。要求党员主播在宣传创新、节目创优上挑大梁。党员主播要充分发挥主观能动性，主动参与到日常新闻、专题节目的创新、创优中去，发挥好播音主持工作在广播电视宣传中的纽带、点睛和再创作用，为推进宣传创新、提升舆论引导水平和打造"绿色视听"做出贡献。要求党员播音主持人结合各自的工作岗位，结合各自所负责的节目，走出演播厅、直播室，深入基层，深入一线，倾听最生动的声音，采撷最鲜活的素材。同时，广泛吸收群众参与，虚心听取群众意见，主动接受群众评判，最大限度地把群众的智慧和力量凝聚到推动萧山区经济社会科学发展上来。通过一系列室外室内活动，通过与听众、观众和网友的互动和联系，一些主持人走进听众和观众的心里，大家通过喜爱主持人本人也喜爱上栏目。

为提高播音主持人的业务素质，争做名播音名主持人，2003年10月，萧山区广播电视局首次在全区范围内开展"我最喜爱的萧山广播电视播音员（主持人）"评选活动。

萧山广播电视台在队伍建设上围绕工作决策、政策措施、制度保障、载体平台等方面，着力构建富有针对性、科学性、实效性的长效机制，不断巩固、深化和拓展建设成果，开创了萧山广播电视发展的新局面。

萧山广播电视台取得了一大批业务研究成果。2012年，萧山广播电视台论文《打造区域性传媒综合体的思考与实践》在国家新闻出版广电总局刊物《中国广播电视学刊》发表，《新时期农村有线广播大有可为——杭州市萧山区有线广播建设的实践与思考》在国家新闻出版广电总局刊物《广播电影电视决策参考》和《中国广播电视学刊》发表。2013年，反映萧山广播电视台影视产业发展的《拓展影视产业、突破发展瓶颈——萧山广播电视台积极探索影视领域成效明显》一文在《广播电影电视决策参考》刊登。反映萧山广播电视台"三贴近"传承的《践行群众路线是基层广电媒体发展的必由之路》一文在《中国广播电视学刊》第7期刊登。反映萧山广播电视台服务"三农"节目的《对农节目如何让城里人也喜爱——新时期对农节目延伸服务初探》一文在《中国记者》第2期刊登。

九、抓好节目监听监视与评议

1.监听监视的运作

萧山广播电视台监听监视制度始于2000年,后逐步完善。监听监视人员为全台全体工作人员,也聘请由各界人士组成的社会监听监视员,至2016年,聘请的社会监听监视员共有15人。监听监视的内容主要有五个方面:(1)节目的导向、内容、形式、编排,可听性、可看性,表现主题的技巧、语言与画面结合等。(2)有否紧密配合中心工作,有否违反禁止有偿新闻的规定。(3)节目内容是否健康,广告是否符合广告法。(4)画面是否清晰,文字(字幕)有否语病等。(5)播出有否差错、信号是否中断等。

监听监视运作由台分管领导负责指导,台总编室负责日常具体工作。该台工作人员对节目监听监视中发现的问题和意见,要求第一时间在局域网发布。社会监听监视员反映的问题和意见,由总编室核实后统一在局域网发布。对较为严重的问题和事故,总编室立即通知相关部室处置,并向台分管领导汇报。总编室负责每月召开一次社会监听监视员会议,将其所监听监视的意见建议进行整理汇总。总编室每月编辑一期《监听监视月报》,对监听监视发现并核实的问题进行汇总及反馈,对于好的节目、栏目及时总结经验,对于发生的差错、问题及时提出改进意见。对监听监视指出的问题,有关部门在当天将整改结果报台分管领导,并反馈给总编室,并在局域网上公布。

2.监听监视的奖罚办法

监听监视有严格的奖罚办法,凡该台工作人员发现并第一时间在局域网反映监听监视问题,经总编室核准后,由台考核组报台领导审批,给予发现问题人员以50~200元的奖励,发现重大问题报台领导研究另行重奖。对一般技术性差错,如写错,读错字、词、句,以及漏字、掉段、多字等,扣直接责任人20~100元。对新闻失实性差错,如搞错被采访对象人名、称谓、地名、单位名、时间、新闻事实以及画面张冠李戴,把区四套班子以上领导的名字、排序搞错的等,分别扣有关责任人、部门负责人100~1000元。对政治、导向性差错,如违反宣传纪律,在报道、节目中出现与党和国家的路线、方针、政策、法律不一致,甚至相违背的错误观点和提法等,分别扣直接责任人、部门负责人及台领导1000~5000元。性质严重的按有关规定另行处理。对发生播出差错及信号不稳、中断等事故的,按台安全播出有关规定另行处理。

对一般性差错,由相关部门负责对直接责任人处罚;对失实性差错和政治、导向性及播出信号中断等差错、事故,由台考核组对有关部门负责人和直接责任人处罚;对性质严重的重大差错、事故,由台领导专题研究处理。

3.视听评议系统

萧山广播电视台视听评议系统自2015年4月试用,到2016年年底,实现萧山广播电视台监听监视制度的网络化、规范化和便捷化。自2015年4月到2017年10月,包括该台员工和社会监听监视员共发帖约7000条,参与人数约300人。评议系统管理员每天逐条浏览帖子内容,对相关内容提醒有关部门进行回复,对节目中存在的问题及时联系各部门核对修正,对不符合要求的帖子予以删除。每月定期进行考核,并与奖惩挂钩,对核实的差错予以扣罚,精品的建议予以奖励。对于特别需要关注的事项和评议建议,台总编室每月定期整理提交以便台里统筹处理,并下发各部门查阅。视听评议系统的运行,进一步加强对广播电视及网站节目的监管,增强从业人员的工作责任感。

第三章 通讯报道网络及通讯员队伍建设

第一节 建立通讯报道网络

中华人民共和国成立后，萧山的通讯报道工作，受到各级党政部门的重视。中华人民共和国初期，萧山县委宣传部设通讯干事1人，负责全县通讯报道工作。省、市报社和电台先后在萧山县干部、职工中发展通讯员100余人。

一、领导带头写稿

《萧山报》创办后，特别是1955年6月，全省县报工作会议后，贯彻“全党办报”的方针，经过两年多时间，全县通讯网基本形成。通讯员队伍稳定在800人左右，通讯员每年向新闻单位发稿达1万篇以上。《人民日报》和《浙江日报》分别以文章和评论介绍萧山县重视抓好工农通讯员工作的事迹。

萧山县委在报纸的创刊、扩版、改刊等决定中，都要求各级党组织和党员、干部要贯彻“全党办报”的方针，带头给报纸写稿，抓好通讯报道工作。1958年5月27日，县委在《萧山报》改出《萧山日报》的决定中强调指出：“今后县、区、乡、社的各级党组织和各部门的领导同志，必须经常为报纸写稿、写信，逐步提高自己的写作能力，每月至少写一二篇目。……以自己的带头，带动大家为报纸写稿、写信、反映情况。”当时的县委书记牛树桢带头给报纸写文章、写言论。据报纸创刊后3年的统计，县委委员给报纸写稿67篇目，各区区委书记写稿100多篇。

二、建立报道组

20世纪50年代中期，县委、县人民政府、区委、区公所和规模较大的企事业单位，不仅有通讯员，而且有报道组。

当初，这些机关和单位，都是先有通讯员，后建报道组的。通讯员是逐个发展的，分散在各个不同部门，后来由于工作变动，有的集中到某一部门。由于工作的局限性，他们写的稿件，缺乏深意、新意。有时出于政治任务的需要，要报道重大题材，非一两个通讯员的能力所能完成，于是单位调整力量，另建报道组，或者由报社通过其单位，将原有通讯员组织起来，并增加新成员，建立报道组。建立报道组，既有利于集中通讯员队伍的集体智慧和力量，做深入的采访和报道，又有利于按照党的中心工作写出有深度和分量的报道文章。

建立报道组的部门或单位，凡有可供报道的材料，往往先由个人执笔成稿，再经全组人员共同讨论，修改定稿，然后经领导审阅认可，加盖公章，并以报道组名义发稿，以示负责。以报道组名义发的稿件，在特定条件下采用率往往较高。

1961年2月，县报停刊后，许多通讯组织涣散，通讯员减少，发稿量比原来减少80%左右。1962年2月，萧山县委宣传部发出通知，要求各地建立与健全通讯组织，各区委成立中心通讯组，公社建立通讯小组，大队有通讯员。各区、公社根据宣传部的通知精神，加强对通讯报道工作的领导，整顿和发展通讯员队伍。义蓬区经过整顿，区委成立中心通讯组，9个公社都建立通讯小组，大部分生产大队发展通讯员，全区共有通讯员134人。

1964年3月29日至31日，萧山县召开第一次通讯员代表会议，到会代表44人。县委宣传部负责人向到会代表作政治报告，最后又作总结发言。会议总结交流通讯工作经验，评选出3个优秀通讯组（县农业局、瓜沥区委、西兴区委通讯组）和21名优秀通讯员。会议代表发出倡议：在全县通讯员中开展“比、学、赶、帮”竞赛，争当“五好”通讯员。“五好”：政治思想好；经常写稿，反映情况好；钻研业务，提高报道质量好；深入群众，调查研究好；组织读报和收听广播好。会后，全县各区、社普遍贯彻执行会议精神，发展通讯员，建立和健全通讯组织，开展通讯报道竞赛活动，使全县的通讯员恢复到700名左右。1964—1966年，年均发稿6000多篇。

1969年开始，在县党政领导下，县广播站和县报道组共同负责全县通讯报道工作。是年下半年，公社广播站配备专职编辑，兼管公社通讯报道。从此，公社通讯报道工作有专人具体负责抓。县、社两级经常举办通讯员学习班，逐步建立通讯员会议制度，发展和培训通讯员。县通讯员学习班由县报道组和县广播站具体负责，1968年9月30日至10月初，举办第一期工农兵通讯员学习班，73人参加；1969年3月6日第二期学习班，时间15天，130多人参加；同年6月底至7月初，举办第三期学习班，时间10天，人数超100人。1969年4月，县广播站单独举办第一期通讯员学习班，参加者5人，时间100天。1971年10月10日开始，县广播站对各公社广播站编辑和部分大队的骨干通讯员进行分批培训。各公社广播站举办通讯员学习班，每年一般4期以上，使更多通讯员有机会参加学习通讯报道业务知识。至1972年，全县建立和健全拥有1000多人的县、区、社、队四级通讯报道网。

1978年后，经过拨乱反正，各级党政部门加强对通讯报道的领导，这支队伍虽然人员经常变动，但数量一直比较稳定，素质也不断提高。至1986年，县、区、乡镇、村四级通讯网，仍有业余通讯员800余人。

按照县（市、区）委和县（市、区）委宣传部的要求，县（市、区）新闻单位在每年年终总结评选积极通讯组和通讯员进行表彰奖励。一般在下年春季召开表彰大会，对积极通讯组和积极通讯员发给奖状和奖品。公社广播站配备专职编辑后，也开展总结评选积极通讯员活动，从公社评出的积极通讯员中，再评出县积极通讯员。公社对积极通讯员也进行表彰奖励。县报社和县广播站派编辑或记者参加公社广播站召开的通讯员会议。

三、编印业务刊物

县新闻单位编印通讯业务刊物，为通讯员提供业务学习资料。从1955年10月至1957年，萧山报社编印《通讯与读报》刊物20多期。1958年起，《宁波大众》报社与各县报合编《浙东通讯员》（当时萧山县属宁波地区）。以后，在《萧山日报》第三版开辟《通讯与读报》专栏。1959年起，报社编印《萧山日报通讯》月刊，十六开四版，铅印；同年12月至1961年1月，报社与县广播站合编《报纸与广播》月刊。1962年起，县广播站编印《萧山广播》月刊，十六开四版，铅印；1964年4月起，县广播站与县委通讯站合编，改名为《萧山通讯》月刊，十六开四版，铅印；同年5月起，改出三十二开本，双月刊。1965年4月起，由县广播站单独编印，改名为《萧山广播》，三十二开本。1969年10月起，县广播站与县报道组合编，改名为《工农兵通讯员》，三十二开本，双月刊。1971年，县报道组编印《学习与报道》，三十二开本，铅印，不定期。1973年1月起，县广播站编印《广播通讯》，三十二开本，不定期。1981年起，改名为《萧山广播》，十六开四版，铅印；4月起，由县广播事业局编印。1983年5月，停刊。上述刊物每期发行量由800多份增至1500多份，均系赠阅。

1970年4月至1972年7月，县报道组和县广播站先后合编出版《稿件选编》4本（选编在各级报纸和广播采用的该县较好的稿件），供通讯员学习。

1983年6月1日，《萧山农科报》创刊。1988年7月1日，更名为《萧山经济报》。1991年3月26日，《萧山经济报》更名为《萧山报》。1995年1月1日，《萧山日报》复刊。除了召开一年一度的优秀通讯员、发行员表彰会议，《萧山农科报》《萧山经济报》《萧山报》分别在四版开辟《评报与发行》专栏，每月一期。以后，随着《萧山报》刊期的增多，直到后来的《萧山日报》，报社编印《萧山报通讯》《萧山日报通讯》《萧报传媒周刊》《萧报传媒》（半月刊），特别是《萧山日报通讯》《萧报传媒周刊》《萧报传媒》（半月刊），刊发有优秀和积极通讯员的体会文章、杭报集团评报员和社会评报员的评报文章、月度好稿评选等文章，每期500份左右，最高时达到750份，向萧山县(市、区)四套班子主要领导，部办委局“一把手”，镇街书记、镇长(主任)和宣统委员，优秀和积极通讯员等免费赠阅。报社每年还举办一次优秀和积极通讯员外出采风活动，一次副刊优秀作者外出采风活动，时间一般3天至一周。

通过编印业务学习刊物、赠送新闻写作知识专业书籍和组织外出采风活动，报社和广播电视台(广播站)加强与通讯报道组、镇街文化广播站、通讯员、作者的联系，加强对通讯报道工作的指导，为通讯员提供学习交流经验、探讨新闻业务、提高采写技能的园地，搭建了传递信息、加强联络、增进友谊的平台。

第二节　萧山日报通讯员队伍建设

报社编辑部培养与建立一支强有力的通讯员队伍，是报社密切联系群众，听取办报意见，获取多种新闻线索，争取较固定稿源，体现群众办报，发现并培养业余写作队伍的重要方式。

一、发展通讯员

《萧山报》与《萧山日报》创刊初期发展通讯员，其对象主要有二：一是党政机关干部；二是工农分子。

党政干部中发展通讯员。早在报纸出版筹备期间，即由报社提出条件与分配数额，然后通过县委宣传部分配至县级机关各部门和各区乡机关，然后由县级机关各部门和区乡机关根据各自情况，推荐部分政治条件较好、文化水平较高，又喜欢写作的人担任通讯员，这是干部通讯员。同时，通过各部门和区乡机关，再在所属单位布置推荐若干名通讯员。各部门所属单位推荐的通讯员名单经报社认可，便是基层通讯员。党政干部中的通讯员，往往承担某种职务，或负责某项业务，因此，他们除撰写本部门的工作报道外，还深入基层，帮助基层通讯员采写能反映系统和下属单位工作情况的报道。

工农分子中发展通讯员，特别强调出身成分。所以首批工农通讯员大多是在各级人民代表和劳动模范中物色的。有的劳动模范文化水平较低，自己不会写，也可以当通讯员，因为他们可以请当地文化水平较高的干部或小学老师代笔。

1955年6月，报社编辑部明确贯彻“全党办报”“群众办报”的方针，加强通联工作，确定专人负责，积极发展通讯员队伍，制订通讯员条例。通讯员由原先的100多名，增加到700多名，其中农民通讯员达400多名。

1956年8月9日,《人民日报》以《办县报要做好农民通讯员的工作》为题,介绍了《萧山报》开展工农通讯员工作的经验。

1958年8月14日,县委发出《关于建立报纸通讯网和加强通讯报道工作的通知》,明确提出三点要求:第一,必须明确加强党报通讯工作的重要性,积极写稿,这是各级党组织和每个党员的一项不容推辞的政治任务。第二,建立报纸通讯网,加强党对通讯报道的具体领导。第三,县委宣传部和萧山日报社应该加强对报纸通讯工作的具体指导。

报社非常重视通联工作,有专人负责,编辑、记者分片落实。定期召开通讯员座谈会,听取对报纸的意见、建议,传达报纸一个时期的报道意图,组织开展写稿竞赛。到1958年年底,通讯员队伍发展较快,基本达到区、乡都有通讯小组,农业生产合作社都有通讯员,全县通讯网基本建成,每天来稿在100篇以上,报纸选编后多余部分往往提供给萧山广播站编用。

报社要求通讯员,每月至少向报社写稿或写信反映情况一次至两次。部分通讯员坚持常年写稿,保持与编辑部的密切联系,在不断写稿的实践中,激发了写作热情,提高了写作水平,见报率较高,经常被报社评为积极通讯员。

报社为扩充通讯员队伍,编辑们往往从自由来稿中发掘优秀撰稿员,然后通过有意识地约稿等形式,予以鼓励和培养,在征得当事人单位同意后,吸收为通讯员。

当时通讯员向报社写信寄稿,邮资总付,作者可以免贴邮票。报社为鼓励通讯员写信写稿,初次聘为通讯员时,每人赠发报社统一印制的、标明"邮资总付"字样信封若干。以后,报社在每次回信时,往往附赠这类信封一只至两只。

为鼓励通讯员撰稿,报社每年评比积极通讯员或优秀通讯员一次,给予奖状、纪念册等奖励。

《萧山农科报》与《萧山经济报》时期,发展的通讯员,除部分县区乡党政干部外,注重从农业科技人员和农村基层干部与金融、财贸企业等单位的工作人员中发展。报社始终遵循"群众办报"的方针,通讯员积极来信、来稿,每年平均5000多件,使报纸内容更加贴近社会,贴近农民,贴近生产。

1988年,以市委报道组为主,与广播站、萧山经济报联合举办"萧山市首届好新闻"评选活动。有近百名通讯员200多篇作品参加评选。经省有关专家、学者评定,评出一等奖5篇、二等奖10篇、三等奖15篇,并出版《萧山市首届好新闻》专集。

《萧山报》与《萧山日报》先后复刊,报纸版面扩充,需稿量大增,通讯员队伍也随之扩大。当时通讯员中的骨干,主要是各级机关办公室主任和各镇、乡、场广播电视站的编辑。

报社重视抓好通讯员队伍建设，建立通讯员档案。通讯员的管理，1954年创刊时由萧山报编辑部管理，1991年《萧山报》复刊后由总编办管理，1997年至2002年归口新闻研究室管理，2003年至2013年归口总编办管理，2014年至2016年归口全媒体管理中心管理，2017年归口总编办管理。

为使通讯员适应萧山日报体制转型和改版后对稿件的要求，2004年年初，萧山日报社党组、编委会就如何提高通讯员队伍的整体素质进行专题研究，开始从制度上着手完善通讯员网络。重新明确管理部门，对通讯员队伍重新进行梳理，建立档案，为通讯员建好“娘家”。建立每周必问制，为通讯员撰写的好稿、重点稿、独家新闻、昨日新闻开设“绿色通道”。对通讯员稿件实行质量评比、点评，并作为今后评比优秀通讯员的条件之一。抓好通讯员队伍的业务指导工作，组织通讯员外出采风，增长见识。2004年3月12日，报社对100多名通讯员进行新闻业务培训。这是《萧山日报》创刊以来首次大规模组织通讯员开展新闻业务研讨活动。

为加快稿件的传递和采用速度，确保新闻的时效性，通讯员的新闻稿件主要通过萧山日报网上投稿中心发送到报社。无特殊情况，通讯员的新闻稿件不再采取传真、邮递方法。报社对网上投稿中心的来稿进行统一管理。

报社建立起了一支相对稳定的通讯员队伍，建档通讯员150余人。他们积极撰写稿件，提供新闻线索，陪同记者采访，为《萧山日报》提高办报质量做出贡献。像区教育局的优秀通讯员，除了写教育系统的宏观消息外，还经常到全区各学校去挖掘新闻，2003年发稿量达到194篇，每1.88天就见报一篇。劳动保障局的优秀通讯员，2003年发稿117篇。不少通讯员每年人均发稿达到50篇以上。从2007年至2017年，萧山日报通讯员发稿达到46796篇。

报社为帮助通讯员提高业务水平，撰写符合要求的文章，每月编发一期《萧山日报通讯》，既有报道要点，又有业务学习资料、通讯员经验交流等，受到通讯员的欢迎。

自《萧山报》复刊后，每年都进行优秀和积极通讯员评选和表彰活动。优秀及积极通讯员的评选程序为：由各通讯员将所发表的稿件统计上报给报社总编办，经核实后，根据通讯员所发表作品的数量和所发表稿件在社会上的影响，由总编办提出优秀和积极通讯员建议名单，交报社编委会讨论决定。优秀通讯员一般控制在30名左右，积极通讯员一般控制在40名左右。报社除每年评比优秀通讯员与积极通讯员并给予一定奖励，同时向优秀通讯员寄发《新闻实践》等业务书刊，以提高通讯员的业务素养。2007年开始，在评选优秀和积极通讯员的基础上，增设优秀副刊作者的评选，一般控制在10名以内。2008年开始，增设十佳特约通讯员的评选，2010年调整为十佳通讯员的评选。每年总表彰人数达90人。

为鼓励通讯员积极写稿，报社要求编辑人员对通讯员的来稿精心修改编辑；稿件见报后，及时寄送样报和稿费。同时也采取一些交流措施。一是向通讯员发出征稿信、征稿电话，给通讯员出点子；二是到通讯员工作单位登门拜访，与他们共同探讨办好版面的良策；三是不定期召开座谈会，征求对办好报纸的意见。这些交流措施加深了双方的了解，彼此之间架起了感情的桥梁，使得通讯员队伍不断壮大。

编辑部还在报纸上开展各类竞赛（包括新闻竞赛、言论竞赛、副刊作品竞赛），吸引通讯员来稿。通过竞赛活动，既丰富了报纸的内容，活跃了版面，也引导通讯员撰写有关文章，密切了通讯员与报社的联系。

报社为进一步加强对通讯员的管理，充分发挥通讯员的工作积极性，经报社编委会研究决定，从2000年起，聘用历年来在萧山日报发展过程中做出突出成绩的通讯员和业余作者为萧山日报特约通讯员，并向他们颁发萧山日报特约通讯员证。

特约通讯员的聘用条件：

1.凡萧山市境内有志于新闻事业的具有相当于高中文化程度的在职干部、职工、农民、教师、学生及其他人员，累计两次获得萧山日报优秀通讯员称号，或者一次优秀通讯员、两次积极通讯员称号，或者四次积极通讯员称号的通讯员和业余作者。

2.自觉遵守《中国新闻工作者职业道德准则》《新闻工作者接受社会监督制度》，努力培养新闻工作者必须具备的五个根底和六大作风，认真履行《萧山日报特约通讯员职责》。

3.每年在《萧山日报》上发表作品不少于30篇。

4.一年内所发稿件无重大政治性错误或者足以造成较大社会影响的导向性、事实性差错。

5.无特殊原因未出现连续三个月不向报社发稿的情况。

6.积极为报社的发展出谋划策、协助报社做好有关工作并取得显著成绩的。

特约通讯员职责：

1.认真学习马克思列宁主义、毛泽东思想和邓小平理论，思想上、政治上、行动上与党中央保持高度一致，努力培养自己作为特约通讯员应当具备的五个根底、六大作风。

2.坚持正确的舆论导向，坚持以正面报道为主的方针，坚持新闻报道的客观、公正、准确。

3.坚守新闻工作者职业道德准则，自觉接受社会监督，不弄虚作假，不以稿谋私，切实维护党报声誉。

4.努力钻研新闻业务，不断提高新闻工作能力，积极主动地为报纸提供稿件和信息。

5.关心报社的整体发展,积极为报社的办报思路、采编业务、报纸发行、报业发展等出谋划策,协助报社做好有关工作。

《萧山日报》首批特约通讯员名单(2000年)

沈　讯	党山镇广电站	汪海山	新湾镇广电站
曹利红	来苏乡广电站	张祥荣	前进乡广电站
朱悦康	南阳镇广电站	沈亦航	萧山国际酒店
来公才	义桥镇广电站	高吉利	瓜沥镇广电站
许元灿	宁围镇广电站	朱　丹	市公安局
孙国铭	市卫生局	王　建	万向集团
郭维亮	城厢镇广电站	施刚毅	坎山综合高中
田何兴	欢潭乡广电站	邵兴良	许贤乡农办
邵刚亮	市委办公室	方　园	萧山第一人民医院
黄坚毅	许贤乡广电站	应长根	新街镇广电站

2005年5月下旬,萧山日报出台《建立特约通讯员队伍意见》,确定43名政治素质较高、有一定写作水平的人员成为特约通讯员。2008年3月,修订完善《关于加强特约通讯员队伍建设的实施办法》,特约通讯员由一年一聘改为两年一聘。2009年9月,为配合新一轮报纸改版,强化摄影采编队伍,选聘3名特约摄影通讯员。之后,根据报社的发展,多次对通讯员管理办法进行修订完善。

特约通讯员的基本要求:

1.热爱新闻事业,对报社忠诚,政治素质较高。

2.目前从事与新闻宣传有关的工作。

3.有一定的新闻写作或新闻摄影水平,发稿较多、质量较高。

4.多年被评为本报优秀、积极通讯员。

特约通讯员的职责:

1.积极向本报投稿。每年应确保向本报提供一定数量的新闻(图片)稿件。同时,确保首先向本报投稿,在本报已经发表或确定不予刊用的情况下,才向其他媒体投稿。

2.及时向本报提供新闻线索。

3.有新闻线索时,在第一时间向本报提供。

4.认真配合本报记者的采访活动。做好联络、协调、组织工作,并参与具体采访活动。

5.主动协助本报开展发行、广告等报业经营活动。

特约通讯员主要面向镇街(场),一经录用,报社即向每位特约通讯员颁发《特约通讯员聘书》。如特约通讯员工作岗位变动或调离本人所在单位,则自动解聘。每年上半年举办萧山日报通讯员表彰大会,组织优秀通讯员外出采风培训,不定期分片区召开特约通讯员会议,进基层举办各种形式的业务培训讲座。

至2017年年末,萧山日报共有特约通讯员38人,其中南片组12人、东片组14人、中片组12人,有3名为摄影特约通讯员。

部分年份受到表彰的通讯员名单

1956—1957年度《萧山报》积极通讯员名单

于富兴 来皆钜 傅善荣 郭忠绥 王叶铨 朱鼎立 陈笃凯
戴宗贵 李纲德 陈曹兴 裘子水 王仁庆 来幼瑜 楼健康
章润堂 边更生 汪裕樵 漏利根 宋鹤龄 蒋厚发 单万松
蔡传生 高德先 孙建青 方毓刚 洪介眉 王保坤 陈秀臣
倪仲敏 周东亮 赵承发

2002年度《萧山日报》优秀通讯员、积极通讯员名单

一、优秀通讯员(30名)

柳田兴 郭亚萍 张祥荣 孔春燕 邵福勤 孟德红 吴春友
黄坚毅 张尔波 应长根 毕 迪 王栋良 肖红安 吴利萍
肖国林 沈国强 高宜耀 田何兴 孔 林 李 杰 吕校忠
陈剑峰 王富良 王菊红 沈亦航 俞金贤 顾立军 王新江
孔耀祥 陈剑峰

二、积极通讯员(35名)

沈 尧 王国灿 沈志放 周 俊 俞翰成 金阿根 胡祖民
洪利民 朱悦康 曹利红 刘宪康 范张友 韩利民 施刚毅
朱淼水 马良敖 陈 曦 王炜常 陈晓旺 王啸虎 熊得利
孙明明 何建飞 刘振平 马毓敏 王建欢 潘风香 高柏林
金仲侯 陈兴昌 朱英梅 徐树林 张寿增 范传英 陈荣甫

2003年度《萧山日报》优秀通讯员、积极通讯员名单

一、优秀通讯员(35名)

郭亚萍 柳田兴 张祥荣 孔春燕 高宾琪 张尔波 邵福勤

唐伟利 吴利萍 毕 迪 黄坚毅 应长根 朱悦康 陈 曦
韩利明 王新江 沈志芳 肖国林 肖红安 田何兴 沈国强
沈亦航 周 俊 李 杰 刘宪康 刘振平 吴春友 沈 尧
张肖乐 陈剑峰 王栋良 马毓敏 王建欢 夏雪勤 王炜常

二、积极通讯员(41名)

王富良 丁水富 金阿根 孔 林 王菊红 吕校忠 张渭传
单振东 朱 林 高柏林 施刚毅 张艾理 施海军 王啸虎
俞翰成 俞洪锋 诸灿祥 沈 莹 范张友 徐亚平 朱华贤
叶贤水 孙明明 李吕风 高宜耀 孔耀祥 陈宝兴 张水明
陈贤根 汪春霞 曹利红 马伟芬 邵东升 陈荣甫 徐 剑
傅浩军 赵一凡 徐树林 龚锡伟 潘风香 朱振祥

2017年度《萧山日报》十佳、优秀、积极通讯员名单

一、十佳通讯员(10名)

缪 妙 应长根 袁 园 张祥荣 黄坚毅 胡丹凤 沈国强
孔耀祥 张肖乐 黄晓东

二、优秀通讯员(29名)

沈 镇 华兴桥 潘东卫 李永水 王兴江 吴 洁 葛城城
沃宏英 高佳美 冯婷婷 邵福勤 朱 林 许可达 吴春友
张 琼 田何兴 李 杰 丁水富 曹开宇 徐 军 沈 雷
傅灿良 王耿强 王啸虎 陆 锋 赵伟华 苏 军 杨忠良
周文博

三、积极通讯员(21名)

章茹江 孔 林 洪 敏 夏 丹 潘燕萍 韩惠娜 来静怡
沈志芳 高宜耀 金阿根 马毓敏 钱 宽 贾 伟 姚坚定
杨贤兴 杨 颖 陈霏斐 裘琳娜 韩天虹 严 亚 傅潇霞

二、加强与读者互动

报纸的生命,在于群众的喜爱与信任。相信群众与依靠群众,是办好报纸的必要条件。

萧山报创刊初期,在条件十分简陋的情况下,报社全体工作人员十分注重与群众的密切联系。记者下乡采访,往往深入田间地头,看群众干,听群众说,有时还与群众

一起劳动,并在群众家搭伙住宿,与群众亲如家人。报上许多鲜活的材料与生动的语言,都是从群众口中得来的。

由于报纸能反映群众的情况,成了真正意义上的人民的"代言人",部分群众又与记者建立了联系制度,产生了感情,他们到县城开会或办事,便到报社坐坐,也有的通过写信反映情况。报社当时虽然人手少,工作繁忙,仍然热情接待,对他们反映的情况和提出的具体问题和意见,都能认真对待。凡属反映个别地方的个别意见,则通过一定渠道与区乡干部沟通,按有关政策妥善处理;凡属一般情况与共性问题,则通过编写读者来信或言论稿件予以发表,以引起大家注意。

创办于20世纪90年代的《萧山农科报》与《萧山经济报》,继承与保持原《萧山报》与《萧山日报》的优良传统,注重与人民群众的密切联系。

农业科技知识,是帮助农业增产、农民致富的重要条件。报社为使报纸真正成为农村的技术指导员,坚持拜专家为师,以老农为友,先期做好编辑规划,提前为农民提供增产技术与措施,深受农民欢迎,订阅量最高时突破十万份。

《萧山经济报》创刊时,正值萧山乡镇企业展翅欲飞之时。该报既面向农业农村农民又面向乡镇企业,它对推动全县工农业生产的快速发展,具有促进意义和一定的催化作用,特别受到企业职工的欢迎。由于当时经济正处于转型时期,面对经济领域出现的各种问题,许多职工一时接受不了,来信来访反映情况和问题的人络绎不绝。为此,报社安排人员定时接待和处理。凡可办的办,不可办的则请有关部门给予答复处理。

进入20世纪90年代,《萧山报》与《萧山日报》先后复刊。随着全市经济与社会的发展,报社条件也有所改善。1996年6月27日,报社正式开通"读者专线",读者有意见与要求,可以随时向报社反映,不仅拉近了报社与读者的距离,而且便于报纸及时报道广大读者关心的热点难点问题,反映他们的呼声,帮助他们排忧解难。2002年7月1日,报社社会新闻部在读者专线的基础上推出新闻热线"82654321",除继续倾听读者呼声,帮助读者与有关部门沟通,为读者解答疑难问题外,重点是向社会有奖征集新闻报料,并设专栏予以刊登,很受读者欢迎。

萧山日报接待和处理读者来信来访来电的程序为:当读者反映问题以后,由值班记者与问题的有关单位、部门联系,进一步了解事实,并寻求解决的方法。每年接待读者来信、来访、来电数千起,通过采编人员的努力得以解决。一时解决不了的也予以答复或帮助转至有关部门继续解决。

2004年元旦,《萧山日报》进行全新改版。报社增设《读者》专版。读者版的功能:给读者充分的话语权;读者对该报所发文章的看法、意见和建议;读者对社会现象提出自己的观点；读者的困难和困惑；编辑部的故事等。版面开设栏目有《采编往来》《编辑部的故事》《读者之声》《我有话说》等。

为了更好地服务读者、方便读者，2005年，萧山日报把与读者联系最为密切的三个部门广告部、热线工作室和发行投诉集中在一起，建成读者服务中心和广告接待中心，为读者提供“一站式、一条龙”的规范服务。是年10月29日，萧山日报举办该报首届读者节暨“书香萧山”大型书市活动，设在报社大楼底层的读者服务中心同时揭牌、广告接待中心落成启用，打响“因为本土，所以亲近”的萧报品牌。报社组织一次大型读者问卷调查活动，共有2580名读者参与，从中随机抽选出15位读者作为首届读者节代表参观了报社报纸编辑出版流程。

从2005年开始，萧山日报几乎每年都举办读者节，向读者代表赠送《萧山日报》。2006年9月23日—10月15日，举行萧山日报第二届读者节暨“新世纪琴行”休闲萧山民间嘉年华，推出富有“娱乐化、民间化、时尚化”特色的八项系列活动。2007年10月13日，举行萧山日报第三届读者节，以“品质萧山——幸福产业联盟大汇展暨‘四报一刊’广场服务活动”为主题，两天时间共开展八项活动，参加活动的读者超过2万人次。2008年10月19日，“创业萧山”萧山日报第四届读者节启动，恰逢改革开放30周年“寻访天南地北萧山人”大型采访活动同时启动。在10月21日的读者恳谈会上，萧山日报向10名市民记者颁发萧山日报市民记者聘书，并邀请2位市民记者参加寻访活动。2009年11月27日，萧山日报第五届读者节暨“动感萧山”嘉年华隆重举行，读者节历时3天，邀请读者参与五项公益活动及十多项服务类主题活动，向4所民工子弟学校捐赠图书4000多册。2010年11月12日，以“我和你，心连心”为主题的萧山日报第六届读者节暨萧山日报艺术团走进瓜沥专场晚会在瓜沥镇体育中心隆重举行，第一次把读者节办到镇街，萧山日报首个镇街文化共建基地落成。2011年11月11日，“温暖深秋”萧山日报第七届读者节暨第11届萧山房交会在休博园会展中心隆重开幕，秀在萧山、爱在萧山、住在萧山、阅在萧山、购在萧山、游在萧山、学在萧山、美在萧山等十大板块活动回馈读者，向50名读者代表赠送大礼包。发动热心企业、读者捐款，为义桥镇罗幕村不幸患上白血病的6岁女孩小烨琳送上爱心款10万元。2012年11月16日，举办“温暖深秋”萧山日报第八届读者节暨第13届萧山房交会，推出200名市民免费一日游、回馈读者订报大优惠、秋季名特优农产品优惠展销等十大活动。2013年11月8日记者节，举办“爱在深秋”萧山日报第九届读者节，首次评选出萧报首位终身读者、首批十大忠诚读者，并在开幕式上进行表彰和奖励。为民工子弟学校捐建10所图书室、助读者圆十个梦、“爱心结对”资助困难学子。2014年10月14日，萧山日报分别在报纸版面、数字报、萧山网、萧报官方微博、萧报微信公众号等媒体推出

《读者问卷调查》,了解读者对萧报版面及报道内容的意见建议。活动为期5天,共有525位读者参与。是年11月8日,举办“一路同行,感谢有你”萧山日报第十届读者节暨第十五个记者节,成立萧报读者俱乐部,评选出十大热心读者、十大忠诚读者和一名终身荣誉读者,200名萧报读者与萧报记者编辑一起参加环湘湖毅行。2015年11月,“一路有你”萧山日报第十一届读者节,除表彰《萧山日报》的忠诚读者外,还表彰了分众报的忠诚读者、萧山日报新媒体的活跃粉丝,并从中评选1名终身荣誉读者。2017年11月25日,萧山日报第十二届读者节在江寺公园北广场举行,以公益慈善为主题,推出了忠诚读者评选、爱心众筹超市、慈善嘉年华、便民服务、城市定向赛、我要上封面等活动。虽然每年读者节的主题在变,活动内容各具特色,但萧山日报感恩社会、传递爱心、服务读者的理念一直没有变。到2017年,共举办12届的读者节已成为萧山日报的一个品牌活动,架起媒体与读者沟通的桥梁。

开门办报,推出“公众开放日”和《读者特刊》。2010年记者节前夕首推“公众开放日”,邀请11名市民担任临时记者、编辑,体验采访、编辑、排版、校对等工作,在11月8日记者节当天推出特别专版《我当一天记者》。2012年、2013年继续推出“读者互动日”,编读互动的《读者特刊》。2015年组织“公众开放日”系列活动,招募10名市民记者、市民编辑,参与了11月8日“头版”“你拍我拍”“湘里坊”“小记者”4个版面的主题策划、采访、编辑等工作,办一张真正的市民报。萧山网还组织网友走进网络问政。2017年记者节前,邀请了18名市民参与萧山日报、萧山网、新媒体的新闻采写与编辑,与采编人员面对面,体会采编工作的点点滴滴,记者节当天推出4个版的《读者特刊》。

2006年3月,萧山日报推出“热线进社区”活动,同步在《热线》版开设《热线进社区》栏目。热线记者带着采访本走进社区,在交流中倾听民声,发现新闻,帮助居民解决了不少实实在在的问题。“热线进社区”坚持至2018年,活动不断升级更新:2008年,成立拥有15支服务队的“萧报热线服务团队”,居民需要怎样的服务,可以随时来电点单;2009年,推出“助你就业”“帮你理财”“为你维权”等关注民生的便民服务;2010年,成立一支“萧报义工社”,进社区为市民提供修鞋、修伞、修自行车、理发、磨刀、修家电等便民服务,将服务送进千家万户。多年来,热线记者送出的是温暖贴心的服务,收获的是丰富的新闻素材和百姓的信赖。“热线进社区”活动的足迹从城区所有社区,一直延伸到乡镇的社区(村),不仅树立了报社品牌形象,更拉近了与读者的距离。

随着互联网时代的来临,除了萧报热线电话“82654321”,萧山日报通过打造全媒体的沟通平台,服务读者需求。通过QQ群(19402723)、萧山日报官方微博、萧山日报微信公众号、萧山手机报、无线萧山App、萧山网络问政等平台,倾听读者心声,积极为广大读者和市民、外来人员排忧解难。2017年5月,萧山日报搭建信息舆情报料平台

QQ群(334914852),规范读者投诉、新闻爆料等的报送流程,减少漏发新闻、漏报舆情等现象。通过萧山日报热线电话“82654321”、萧山日报微信“萧报君”、萧山日报官方微博、周刊(工作室)各平台微博微信等途径接收到的信息、舆情、新闻报料等,由接收人(当日轮值记者、编辑)及时上传至“信息报料平台”QQ群,当天上报的信息由各媒体平台分管主任进行分析,妥善处理:适合新闻报道的内容,由记者进行采访;不适合公开报道的内容,制作内参或专报;符合网络问政推送要求的内容,经分管主任同意,按网络问政流程进行推送;涉及对部门的意见建议类的内容,由分管主任传达至连线记者,连线记者向相关通讯员反映解决;涉及对报社意见建议的内容,由相关部门受理;一些重大的舆情信息由网络问政平台对接处理;其他内容根据实际情况,在分管主任的指导下由接收人进行合理回复。当日信息报料平台上报的信息,汇总后由当日值班总编审核,对重要的信息、舆情或报料提出处理意见。敏感信息或难以把握的重大事件,由轮值总编向社长、总编辑汇报处理。总编办负责信息报料平台的协调工作。

由于认真及时处理好读者来信来访来电,使得群众的许多难题得以顺利解决,许多疑惑得到解答,许多问题得以与有关部门沟通,为社会稳定做出了贡献。

三、建立萧山市民摄影联合会

随着互联网的发展和智能手机的普及,新媒体自媒体的强势崛起,如今社会进入到读图时代和“全民摄影时代”。为了保证封面大图良好的视觉效果,拓宽新闻图片的来源,发动广大拍客参与拍摄、提供稿源,合力推进萧山日报新闻图片创新工程。同时,作为萧山主流媒体,有义务、有责任把摄影爱好者组织起来,为推动萧山摄影事业的繁荣和发展做出贡献。

2014年3月,经社委会、编委会研究决定成立萧山市民摄影联合会,旨在将萧山区广大摄影爱好者组织起来,定期举办摄影创作、学习交流、评比竞赛等活动,提升新闻摄影和纪实摄影的素养,成为萧山日报加强与基层摄影爱好者联系的桥梁和纽带。同年5月24日,萧山市民摄影联合会正式成立,这是浙江省内第二家由媒体牵头、市民自愿组成的群众性摄影团体。经过半个多月的会员招募,共吸收会员192名。2014年3月至2017年12月,摄联会组织各类摄影采风、摄影比赛、作品成果展、摄影讲座等活动40多场(次),摄联会会员在萧山日报上刊发图片1300多幅。

第三节　萧山广播电视台通讯员队伍建设

萧山人民广播电台通联工作始于20世纪60年代初期,主要内容是建立通讯员队伍和对广播节目进行监听监督。

一、发展通讯员

1964年3月召开全县第一次通讯员代表会议，是年，全县通讯员发展到700人左右，其成员为农村青年积极分子、小学教师和区、社干部，通讯员的发稿量也大幅度上升，1964年至1966年，每年的发稿量在6000篇以上。1969年，各公社广播站配备专职编辑，至1972年，全县县、区、社、队四级通讯员1000多人，其成员除公社广播站编辑外，主要是下乡知青和公社干部。

20世纪80年代中期开始，萧山人民广播站把通讯员工作列入各公社广播站工作的重要考核内容。据不完全统计，在80年代中期有线广播发展的鼎盛时期，听众收听有线广播并参与投稿的积极性空前高涨，仅1986年一年，以通讯员为主的受众代表累计被萧山人民广播站及上级电台、报刊采用的稿件达2万多篇，列全省各县市首位。

1992年，萧山人民广播电台调频台开播，许多节目开通热线电话让听众参与，以后随着短信和微博的开通，许多听众既是收听者也是信息提供者，新闻报料人开始出现。

1997年“局台合一，广播电视合一”后，通讯员不再分广播和电视，既为广播写稿，又为电视送片或提供新闻线索。此后，台里建立农村以镇乡广播电视站编辑为骨干，城区以机关部门和企事业单位的积极通讯员为骨干的通讯员队伍，每年召开表彰会，表彰奖励优秀通讯员和积极通讯员。

2000年，建立镇乡编辑分片学习制度，每季度1次，及时传达中央和市委有关重要会议精神，把握宣传报道口径，开展好新闻评选活动。

二、加强互动交流

2000年以后，广播通讯员队伍建设突破传统的写稿发稿思路，通过各类活动不断增强广播媒体在听众中的影响力，让“看得见的广播”和听众充分互动，吸引听众成为节目的参与者和服务者。2003年，《太阳花》《走进法律》等栏目多次走出演播室，进行广播户外直播、录播活动。2005年，筹备并开通“萧山广电网”，为广播电视和听众之间架起新的交流互动平台。2007年7月，萧山广播电视台举办首届萧山电视观众节，广播听众参与其中，十五天时间，23000多名观众、听众直接参与首届萧山电视观众节。2008年，以纪念改革开放30周年活动为契机，在广播节目中举办“我和越剧30年”“说说我身边的新鲜事”等活动，实现节目与听众的互动。这些活动为扩大通讯员队伍、提升通讯员队伍素质提供了全新的土壤和基础，许多听众终身以广播为伴，常年为广播节目提供线索或走进直播室担任节目嘉宾，使通讯员队伍的面貌焕然一新。

2015年，萧山广播通过建微信群的方法吸引听众成为忠实“粉丝”，并在群里物色、培养信息员，及时为各档专题节目提供信息和素材，输送合适的采访对象，从而走出了一条从听众到“粉丝”，从“粉丝”到“民间信息员”“节目评论员”“节目访谈者”的广播通联新途径。到2016年，萧山广播通过特色节目、品牌节目培育和发展一支嘉宾队伍。是年，与之经常联系和参与节目的嘉宾团队有5个计100多人。《走进法律》节目的嘉宾由律师队伍组成，他们不但坐镇节目为听众排忧解难，还和栏目组一起开展为民工讨薪；少儿节目《太阳花》的嘉宾来自各个学校，通过小嘉宾的带动扩大了校园收听群；《梨园青草地》的嘉宾是中老年戏迷，有她们参与的节目，让广播戏曲魅力经久不衰；《萧然新农村》的嘉宾是农业科技人员和农业专业大户；《名医在线》邀请萧山各大医院的名医走进直播室，面对面为听众服务；《1079帮忙团》周围聚集了一批各行各业的行家里手，从线上到线下为群众排忧解难；《政情民意直通车》由党政机关主要负责人的轮番做客、多次做客，更是通讯工作的一个创新。从2007年到2016年的十年间，各类嘉宾坐堂或做客广播节目达2500人次。

三、建立路况信息员

2009年，传统通讯员队伍出现另一股新的力量，那就是路况信息员。是年5月，萧山人民广播电台联合区交巡警大队、区运管所，面向社会公开招募路况信息员。90名责任心强、热心公益事业、有一定文字或口头表达能力的出租车司机正式成为路况信息员。路况信息员队伍成立之后，萧山人民广播电台结合调频节目的整体调改，强化交通信息服务，为听众朋友提供及时、准确的路况信息，构筑起一个传递真情、奉献爱心、服务社会的流动平台。以后路况信息员队伍每年举行会议，多次换届选举，其成员类别不断增加，不但有出租车司机，也有网约车司机。到2013年，共有120名以出租车司机为主、兼顾各行各业的路况信息员流动在城市、农村，通过手机微信等手段，及时提供路况信息，对交通事故、灾害天气、突发事件等进行及时传送。2016年调频107.9的路况记者、有关交警也通过建群参与其中，使路况信息员的报料和现场连线成为萧山广播新闻、信息的一项重要内容。仅2015年的统计，路况信息员发送新闻、信息近8000条，其中微信3000多条。同时，2000年开始，路况信息员队伍还每年组织开展中考高考爱心送达活动、爱心车助老出行活动，每年有300名爱心司机到考点、敬老院等地服务。

四、开展公益服务活动

2017年10月28日，萧山人民广播电台1079帮忙团公益联盟举行成立仪式。这个联盟由法律援助队、专家医疗队、生活服务队、帮忙车队四支队伍组成,近200名队员都是萧山人民广播电台的热心听众,而很多来自主持嘉宾和路况信息员。联盟成立后,不定期组织各类便民服务活动。

五、聘请监听监视员

对广播节目进行监听监督始于建站初期,到1975年正式形成制度,是年,萧山人民广播站在农村和城镇的积极通讯员中,挑选8人,聘任为监听员,和他们建立定期联系制度。1997年"局台合一,广播电视合一"后,由总编室负责广播电视的监听监视工作。2004年,通过聘请社会监督员建立起广播电视节目社会监督评价机制,对监听监视员发现的差错,由总编室进行查实,整改情况及时反馈。台总编室每月召开一次监听监视员会议,会上,大家提出意见,递交当月监听监视相关业务文章,汇总后,由总编室编印内部专刊《监听监视月报》。到2015年4月,萧山广播电视台视听评议系统开通运营,相关监听监督业务都在网上进行,实现了监听监视制度的网络化。

六、通讯员素质能力建设

萧山电视台试播初期,有1人兼通联工作和通讯员来稿登记。每年评出年度优秀通讯员和积极通讯员,并召开会议进行表彰。其时,社会上摄像机很少,通讯员主要是向电视台提供新闻线索和文字稿,在新闻节目中以口播的形式播出。也有一些通讯员将新闻照片送到萧山电视台,编辑用摄像机翻拍,将照片一张张连接起来,编成新闻搬上电视屏幕。20世纪80年代末,杭州发电设备厂、萧山市公安局、市人民医院、市工商银行、城厢镇、红山农场、宁围乡等单位先后购置家用摄像机,向萧山电视台发图像稿,但图像质量较差。1995年后,萧山市电化教育中心、红山农场等单位先后购置索尼BETACAM摄像机,图像稿质量明显提高。1992年,萧山电视台有通讯员81人,1993年有95人。

1993年10月3日下午,围垦指挥部的通讯员给台值班领导发来传呼,说东江围垦20工段非观潮点发生重大观潮事故。台领导得知信息后及时组织记者打出租车到事故地点采访。该报道及时在萧山电视台播出的同时,还在浙江电视台和中央电视台播出。

1994年5月,举办通讯员培训班,组织通讯员学习电视新闻的采访和电视摄像技巧。是年,通讯员发稿量明显增加,其中,各镇、乡广播电视站发稿219条,有许多稿件还被省、市电视台采用,其中闻堰镇广播电视站配合萧山电视台摄制的消息"湘湖莼菜出口不断增加"在中央电视台播出。

1995年下半年，建立特约通讯员队伍，向30名优秀通讯员颁发特约通讯员证，并组织他们到诸暨县和江苏宜兴等地的乡镇广电站学习参观。1996年，通讯员队伍建设进一步加强，通讯员发稿积极性明显增强，《萧山新闻》节目中通讯员用稿量较往年大幅度增加，全年共采用通讯员稿件400余条。是年，首次举办通讯员电视好新闻评比，入选好新闻18篇，评出一等奖1篇，二等奖2篇，三等奖4篇，并写出优秀作品评析材料，分发给各镇、乡（场）、机关单位的通讯员。

1997年，"局台合一、广播电视合一"后，进一步加强与基层通讯员的联系，确定1名通联编辑专门负责与通讯员的联络。是年，中共十五大召开，萧山广播电视台记者与各镇、乡（场）、机关、企事业单位通讯员一起采拍学习、贯彻中共十五大精神的新闻，推出《旗帜篇》《国情篇》《改革篇》《党建篇》《文化篇》《民主法制篇》等10组系列报道。是年，萧山遭遇"7·9"洪灾和11号台风袭击，许多通讯员拍摄到灾情和抢险的新闻在《萧山新闻》节目中播出。1998年，全市各镇、乡（场）广播电视站基本配齐摄像机。是年，第二次举办通讯员电视新闻采访培训班，邀请浙江卫视高级记者为通讯员上课辅导。

1998年9月9日，上百名观潮者不顾禁令标志和周围群众的劝阻，在南阳美女坝非观潮点观潮时，被回头潮卷入内河。市公安局的通讯员与萧山电视台记者一起抓拍到悲剧发生及附近群众救助落水、受伤人员的全过程，并及时制成新闻《美女坝发生观潮悲剧》。该新闻成为警示观潮者的生动教材，一些镜头被中央电视台及省市等台多次采用，重复播出。

1999年5月11日下午，新闻部接到热线电话说，中国驻南斯拉夫大使馆武官任宝凯是新塘乡东京钱村人。得知这一情况后，新闻部及时与新塘乡的通讯员联系核实，并派记者与通讯员一起到新塘乡东京钱村采访。制作的消息"任宝凯，家乡人民牵挂你"，在当天晚上的萧山电视台和浙江卫视的新闻节目中播出。是年，共录用通讯员稿件458条（篇），其中图像稿432条。

2000年5月，开办以社会新闻为主的《新闻十分》节目，萧山电视台与基层广播电视站及市有关部门、企事业单位的通讯员联系更加密切。是年，共录用通讯员稿件467条，部分作品在省、市电视台播出及评比中获奖。

七、改进视频传稿系统

2009年上半年，萧山广播电视台投入约13万元建立台与镇街广电站视频传稿（终端）系统，大多数镇街广电站投入2万余元建立起视频传稿系统的前端。自此，镇街广电站通讯员开始在互联网上直接传送视频和文稿，结束原来用车子来回送磁带的历史，既提高了发稿时效，也降低了成本，受到镇街广电站通讯员的欢迎。

2010年录用各广电站和通讯员独立拍摄电视新闻545条，配合记者采访拍摄407条，共计录用电视新闻稿952条，为丰富萧山台新闻节目发挥重要作用。

从2000年起，随着家用DV摄像机、照相机的兴起，社会上陆续出现了摄像、摄影爱好者。他们将拍摄到的社会新闻及趣事送到萧山电视台播出。2004年台新闻中心与区电影电视家协会合作，组织社会上的DV爱好者进行摄像培训，并开展DV大赛。在萧山电视台的号召和鼓励下，DV爱好者和热心市民把随机拍到的图像、照片送到电视台越来越多。这些视频、照片主要是对车祸等人为事故和自然灾害等突发事件的及时记录，对社会上不文明现象的曝光，其中的不少视频画面被《新闻十分》《热线188》等节目采用。自2006年起，电视台向提供图像的热心市民发放100元至200元不等的稿费，许多热心市民由此成为电视台长期报料者和视频提供者。摄录设备的家庭化一改过去电视通讯员由乡镇广电站、企事业单位通讯员担任的局面，使电视通讯员队伍建设出现新变化。以后随着数字相机和智能手机的兴起及普及，有更多的市民加入了随机拍、大家拍的行列，并通过网络传送向萧山广播电视台提供珍贵视频、图片。2006年到2016年，有600多组（张）市民提供的视频和图片被萧山广播电视台各档电视和网络栏目采用。

部分年份获奖单位和个人名单

2008年度萧山广播电视台优秀、积极通讯员名单

优秀通讯员（38名）

孔春燕　俞翰成　王栋良　毕　迪　邵福勤　吕校忠　田何兴
黄坚毅　高宜耀　王啸虎　张祥荣　沈国强　金利萍　王新江
张渭传　吴利萍　王　超　郭亚萍　高宾琪　林鲁伊　张艾理
施海军　章桂素　张　瑜　袁小霞　陈仲华　蒋柏年　陈贤根
萧公宣　汪建华　王　欢　金德华　杨洪秀　邵连生　赵东方
董丽鸿　李伯恩　于小明

积极通讯员（33名）

陈狄锋　张寿增　季必发　金　丹　沈志芳　应长根　李　杰
肖国林　周　俊　沈　莹　张肖乐　陈剑锋　孔耀祥　莫小平
诸国锋　张刚强　汪建华　严水明　章雁中　王华儿　吴春友
凌校铨　鲍燕娜　冯霄飞　徐　鹏　金建武　凌国泉　李盛娴
唐宇船　徐治平　朱建美　许利刚　李　凯

2008年度萧山广播电视工作先进集体

临浦镇广播电视站	义桥镇广播电视站
党山镇广播电视站	党湾镇广播电视站
新街镇广播电视站	衙前镇广播电视站
新塘街道广播电视站	

2008年下半年镇街场电视摄像作品评比先进站

一等奖：瓜沥站、义桥站、红山站、党山站

二等奖：进化站、衙前站、楼塔站、北干站、新街站、浦阳站

三等奖：河上站、闻堰站、河庄站、党湾站、新塘站

2009年上半年度镇街场广播编辑竞赛获奖名单

一等奖

党山镇广播电视站	邵福勤	坎山镇广播电视站	范张友
河上镇广播电视站	王　超	临浦镇广播电视站	孔令锋
义桥镇广播电视站	黄坚毅	进化镇广播电视站	田何兴

二等奖

河庄镇广播电视站	陈狄锋	党湾镇广播电视站	王啸虎
新街镇广播电视站	应长根	蜀山街道广播电视站	丁水富
楼塔镇广播电视站	王新江	戴村镇广播电视站	吴利萍
浦阳镇广播电视站	王栋良		

三等奖

瓜沥镇广播电视站	沈国强	南阳镇广播电视站	张肖乐
衙前镇广播电视站	毕　迪	红山农场广播电视站	朱　林
新塘镇广播电视站	吕校忠	北干街道广播电视站	张祥荣

2015年度萧山广播电视台优秀、积极通讯员名单

优秀通讯员（50名）

沈国强　章茹江　邵福勤　孙建清　夏　丹　孔红红　杜杭杰

胡祖民　华兴桥　田何兴　黄坚毅　葛城城　吴利萍　钱信芳

王啸虎　张肖乐　黄俊男　王栋良　沈红艳　丁水富　张增山

朱 杯 单 峰 张祥荣 杨忠良 李永水 徐治平 曹开宇
杨 勇 方家豪 来燕妮 朱建美 沈佳明 王 利 金钟辉
王媛孔 林华盈 李伯恩 吕金红 李志平 徐红丽 金钟强
王 勇 任小青 周 瑾 徐 俊 毛纬武 金德华 邵连生
来妙龙

积极通讯员(45名)

王新江 傅梦迪 王丽利 潘东卫 徐国钦 沈 镇 高佳美
徐王剑 陶韶华 应长根 王国芳 洪 敏 李 杰 袁 园
徐颖石 何仲南 孔耀祥 寿飞燕 郭露艳 魏磊红 韩惠娜
叶梦飞 谭小锋 苏 军 曹丹丹 高宜耀 沈志芳 孙 娟
张科顶 瞿 波 高芸芸 王 挺 来晓伟 余 聆 周吕峰
章燕忠 林 江 吴春友 张艾理 徐志扬 吴贞科 王锡才
李乍虹 陆觉焕 吕校忠

2016年度萧山广播电视台优秀、积极通讯员名单

优秀通讯员(45名)

沈国弨 章茹江 邵福勤 黄坚毅 葛城城 徐国钦 孙建清
夏 丹 缪 妙 华兴桥 王啸虎 丁水富 张祥荣 胡燕飞
高佳美 王栋良 俞夏炜 潘燕萍 李永水 李 杰 杨忠良
冯 翔 朱建美 姜灿锋 钟 辉 王 磊 陈凌丽 金建明
王利金 徐治平 瞿 波 孔 林 华 盈 李伯恩 吕金红
李志平 徐红丽 金钟强 倪建萍 徐 俊 孙 娟 毛纬武
金德华 邵连生 来妙龙

积极通讯员(50名)

邵 威 潘东卫 冯婷婷 胡祖民 钱信芳 丁徐琦 洪善梅
张肖乐 黄俊男 陈 芳 沈 镇 任舒婷 张增山 朱 林
田何兴 张 帆 傅梦迪 王新江 陶韶华 应长根 孔耀祥
魏磊红 韩惠娜 袁 园 寿飞燕 陈佳男 王国芳 洪 敏
谭小锃 高宜耀 沈志芳 苏 军 陆 锋 张科顶 杨 勇
朱富弨 余 聆 王 勇 周吕峰 李 斌 冯 洁 徐志扬
陈 浯 朱钰军 陈奕正 张月明 王锡才 李乍虹 陆觉焕
吕校忠

第四节 新媒体通讯员队伍建设

一、萧山网通讯员队伍建设

从建网开始，萧山网高度重视通讯员队伍建设。萧山网负责运行的26家镇街网、40多家部门网、300家村（社区）网，以及10大商业频道，都建起了稳定的通讯员队伍，共计600余人。广大通讯员为萧山网三级网垂直式、全覆盖的传播体系的建立，为提升萧山网的传播力和影响力，发挥了积极作用。

广大通讯员和萧山网一起，认真贯彻落实全国和省、市、区宣传思想工作会议精神，积极践行"忠诚、担当、创新、廉洁、团结、奉献"的网信精神，重点实施网上新闻宣传创新、网上文化家园创建、网上舆情应对体系建设、网军队伍素质提升、网络管理协作机制建设等，着力增强网上正能量传播力和网上负能量管控力，为萧山经济社会发展营造良好的网上舆论环境。

萧山网通讯员灵活应用新媒体，成为萧山新媒体工作的主力军之一。一是充分利用新媒体这一平台，大力宣传萧山，展现萧山各镇街、部门、村的新面貌、新风尚。萧山网广大通讯员辛勤耕耘、笔耕不辍，贴近基层、贴近群众，采写了大量反映和展现文明幸福新萧山的宣传稿件。二是充分重视新媒体作为思想文化和社会舆论集散地，用好新媒体"核心价值新高地"，加强线上互动、线下沟通，共同在净化网络空间、弘扬主旋律等方面展现正能量。三是借助新媒体"民意库"把好"民生脉"，充分用好新媒体"社情民意直通车"的功能，加强对各大网站、微博、微信等舆情信息的监测，持续跟踪网民思想情绪的波动变化，多角度、多侧面掌握群众思想动态并进行分析判断，确保第一时间发现危机舆情征兆，掌握舆情背后的深层次矛盾，让新媒体成为"社会矛盾减震器"。

萧山网注重与通讯员共同学习、共同成长。一方面加强学习，不断提升广大通讯员掌握新媒体相关知识技能，注重锻炼对新媒体的感受力和观察力，学会判断媒介信息的价值大小，及时进行收集、筛选、交流和使用；另一方面正确引导，不断提高广大通讯员对新媒体构成群体、新媒体舆论形成过程和存在风险的认识。直面国内外新媒体的现状和发展趋势，把握新媒体环境下形势变化发展的规律，与时俱进，因势利导，利用新媒体积极做好基层外宣工作，传播正能量。

2016年度萧山网优秀、积极通联工作者

一、优秀通联工作者(共59名)

张祥荣	金嘉琳	夏　丹	沈红艳	孔耀祥	娄　玲	徐　斌
应长根	华兴桥	洪　敏	沈国强	王新江	韩惠娜	邵　威
田何兴	李　杰	王栋良	黄坚毅	潘燕萍	张肖乐	王啸虎
沈志芳	高宜耀	陆　锋	李亚军	苏　军	詹乐仙	高潇潇
周纹博	吕爱军	任　元	朱旭东	范小亮	傅潇侠	冯　洁
王　勇	徐志杨	杨丹娜	王凯尔	宣盈锋	金雅军	沈佳明
凌佳轲	朱迪岚	王利金	肖霁霁	何东明	郑东初	倪欢章
来　佳	吴利萍	朱文华	余正明	孔　林	黄　洁	娄　英
沈小君	傅灿亮	王柏民				

二、积极通讯员(共36名)

管卫明	丁水富	翟文斌	沈　镇	章茹江	邵福勤	葛城城
高佳美	倪建萍	瞿　波	何　玲	高海霞	胡克明	余水军
傅　超	吕金红	汪建华	占月华	王立权	陈凌丽	矫正彦
孙珍红	寿伯良	顾丽娜	裘海洪	方建锋	姚云祥	王耿强
周卫元	闻志明	苏　雯	高德庆	叶　橹	王一沣	周丹丹
龚　洁						

二、萧山广电新媒体通讯员队伍建设

从建网开始,萧山广播电视台新媒体中心就深知建立一支具有现代新闻理念,熟悉运用信息传播、传送手段和技术稳定的全媒体通讯员队伍,是适应媒体融合时代、着眼未来发展的需要。在萧山广播电视台新媒体中心通讯员队伍建设方面,主要经历了三个阶段。

1.起步阶段(2009—2012)

2009年1月9日,萧山广电网改域名为:xianghunet.com,正式更名为湘湖网,办公地点在萧山区道源路188号广电大楼7楼。自此,湘湖网有了自己独立的采编队伍,也有了独立的通讯员队伍,主要是各镇街和部门负责宣传工作的人员,由各连片记者负责联系。

2.快速完善阶段(2013—2014)

2013年,萧山广播电视台新媒体中心成立,湘湖网加大与各镇街、部门的联系,召开镇街、部门通讯员大会,让记者与通讯员面对面交流,并为以后的通讯工作开展打

下基础，湘湖网的通讯员队伍遍及萧山每个镇街、部门。

通讯员工作由单一文字向全媒体、融媒体转变，由内容合作向活动合作转变。

在湘湖网（萧山网络电视台）上，通讯员稿件采用率达到100%，月发稿量约200多条，且呈不断上升趋势，连片连线记者每月部门、镇街服务报道采访量近百条。通讯员发来的稿件大多是图文结合的形式，再适当配上视频，使稿件质量大大提升。

3.稳步提升阶段（2015— ）

各部门、镇街通讯员根据不同时期的新闻宣传重点，第一时间上传本部门、镇街的重大活动稿件，在萧山广播电视台新媒体七大平台宣传报道。

除了日常的宣传报道外，新媒体中心与各层面通讯员开展紧密的互动合作，不少社会信息线索由通讯员提供，并及时发布最新消息。

教育局通讯员及时报料关于学区划分、寒暑假时间安排等信息，市民比较关心，广电新媒体中心及时在广电官微头条和智慧萧山App、湘湖网“看新闻”板块发布。

关于拆迁和老旧小区改造的问题，新媒体中心编辑会第一时间与城乡一体办通讯员取得联系，核实情况，把有关政策准确地传递给老百姓。

随着新媒体的快速发展，还涌现出一大批网友为萧山广电新媒体中心爆料。一些突发事件，如工人路高架桥坍塌、河道现浮尸、车祸等，都有热心网友通过智慧萧山App、萧山广电官方微信微博、湘湖网等平台爆料，由记者进行核实后，第一时间发布到各平台。

2016年度萧山广电新媒体通讯员表彰名单

优秀通讯员：倪建萍（发改局）、徐俊（民政局）

积极通讯员：陈亦正（新希望公益）、潇洒（阳光爱心）

第四章 镇街场文化广播站队伍建设

中华人民共和国成立后，萧山县委、县政府狠抓基层广播事业建设。1959年年底，全县12个人民公社建立广播站，每站配备机线员和值机员2~3人。至1969年，全县各公社、镇都建立广播站。为了满足各站自办节目的需要，1969年7月，全县27个公社、3个镇广播站除了站长，机线员和值机员2~3人外，又先后配备编辑1人，是年年底，共有职工101人。至1971年年底，全县共有公社、镇广播站60个，职工171人。

改革开放以后，萧山县（市、区）广播电视事业快速发展。乡镇几经撤扩并等机构改革，乡镇场广播站先后改名为广播电视站、文化广播站。到2000年年底，萧山市共有乡镇场广播电视站32个，办事处转播站4个，共有职工183人。

针对镇街场广播电视站机构建制取消、职能弱化等问题，在深入调研的基础上，2010年，萧山区委办公室、区政府办公室联合发文《关于进一步加强镇街文化广播站建设的若干意见》，对镇街场文化广播站总体目标、设施建设、职能范国、设备配备、组织机构、管理体制、队伍建设、资源整合、后勤保障、资产管理、考核验收等方面进行明确的规定，为推进镇街场广电事业发展提供全面的政策支持，明确规定站长享受中层干部（正科级）待遇，配备人员3~5人，分别担任站长、文化员、编辑、播音等工作，全区所有镇街场均建成标准的文化广播站。

区记办成立后，设立镇街场广播专业委员会，加强与镇街场文化广播站的联系，主动做好业务培训工作，帮助提高文化广播站采编人员的素质。举办文化广播站采编人员新媒体业务知识、现场采访技巧等方面的培训班，邀请省、市相关专家及报社、广播电视台等区级媒体专业人士，讲授微信制作、视频拍摄等方面的技巧。通过举办微视频制作比赛，评选获奖作品，组织交流学习，检验培训效果。

第五章 企业报刊队伍建设

为办好企业报刊，萧山各企业非常重视建立一支专职或兼职的采编队伍、通讯员队伍。首先是选好“把关人”。在企业报刊负责人的选用上，主办单位通常会挑选该单位党组织书记或行政副总担任总编或主编，负责企业报刊的宣传导向、报道策划、重大选题、编辑出版等方面的总把关。其次是选用“专业人”。一方面在本单位内部“选才”，把喜欢写作、热爱新闻的职工选拔到企业报刊来工作，充分发挥其一技之长；另一方面面向社会“招才”，公开招聘新闻专业、汉语言文字专业毕业的大学生担任企业报刊的编辑、记者。最后是培训“明白人”。所有企业报刊都建立自己的通讯员队伍，加强新闻业务培训，采用举办新闻培训班的形式，邀请新闻媒体的资深编辑、记者讲授新闻采访、写作、图片摄影和版式设计等方面的技巧和方法，培养了一大批热爱企业、热心新闻报道工作的忠实“粉丝”。《今日传化》编辑部坚持每月召开宣传例会，通报与通讯员的联系情况、获得有价值的信息，交流宣传热点，保证了《今日传化》每期的高质量、高效率、高水平运作。从1988年开始创办《萧山合作金融》时，萧山农村信用合作社就开始建立自己的通讯员队伍，当年聘用通讯员41名；1991年8月又增聘33名。后来，萧山农村信用合作社随着发展需要多次更名，企业报也随之更名，但始终抓好通讯员队伍建设。2014年12月，萧山农商银行成立，2015年1月出版《萧山农商银行》，2017年9月22日，召开年度通讯员会议，重新组建通讯员队伍，聘用通讯员78人。《圣山报》不断加强业余通讯员队伍建设，坚持每季度培训业余通讯员，邀请媒体专家进行指导，对调动业余通讯员的工作热情、提高采访写作水平起到了促进作用。

区记协成立后，设立企业报刊专业委员会，加强与企业报的联系，积极组织企业报抓好业务培训。先后举办企业报主编论坛，围绕“企业报如何应对新媒体挑战实现转型发展”的主题展开探讨交流，帮助主编们理清思路，坚定信心；根据企业报的需求，举办新媒体业务知识培训班，邀请相关专业人士讲解微信制作、发布，文字、视频编辑等实际操作技巧，帮助提高办报人员的业务水平。

第六章 获奖情况

个人专业荣誉以及获奖作品，既是衡量媒体队伍建设的重要依据，也是检验新闻从业人员职业素养和业务能力的主要标准。萧山各个媒体始终坚持新闻理想不动摇，持之以恒地抓好新闻队伍的组织建设、作风建设和业务建设，坚持不懈地抓好“四名工程”(培养名编辑、名记者、名栏目、名主持人)，取得较好成效。

本章分为“获奖个人名录”“获奖作品名录”和“新媒体获奖情况”三节，收录截止时间为2018年年底。

“获奖个人名录”“获奖作品名录”包括“党委政府系列奖项”和“行业奖项”，主要收录的是萧山日报社、萧山广播电视台两家媒体单位和个人(含其下属新媒体及其新闻从业人员)受到区级以上表彰的有关新闻方面荣誉。

在“获奖作品名录”中，收录标准有三个：一是中国新闻奖，中国广播奖、中国电视奖，全国对农广播优秀作品奖，浙江新闻奖，浙江广播奖、浙江电视奖、浙江电视牡丹奖，浙江省、杭州市“五个一”工程奖，全部收录；二是杭州新闻奖、杭州市重大主题报道奖，中国城市党报新闻(论文)奖，全国全省副刊作品奖，中国地市报新闻奖，中国县市报新闻奖，各类业务论文奖，播音奖，科技成果(技术质量)奖，二等奖以上收录其中；三是新华社浙江分社精编奖，浙江省县市党报(县市区域报)新闻奖，浙江省县(市)级广播电视节目抽查评比，广播电视学会及其他部门奖，杭州市县市报新闻奖，摄影作品奖，广告类作品奖，杭州市人大好新闻奖，残疾人事业好新闻奖，环保、工业兴市好新闻奖，只收录一等奖。

从收录的获奖情况看，获奖个人中，有2人被评为全国广播电视系统先进个人，还有受到各级表彰的“十佳”编辑记者或名主持人等。获奖作品中，有一个中国新闻一等奖，一个中国新闻二等奖。

第一节 获奖个人名录

一、萧山日报社

1.党委政府系列奖项

1998—2018年萧山日报社获得萧山区级以上先进个人一览表

表6-1

年度	授奖单位	授奖名称	获奖者
1998	杭州市委宣传部、市记协	杭州市十佳新闻工作者	洪佳士
	萧山市委、市政府	萧山"百佳"干部	上官高峰
2000	萧山市委宣传部	萧山市首届"十佳新闻工作者"	洪佳士 王 平 金 烽 李乍虹 夏 杰
2002	浙江省新闻工作者协会	浙江省首届"飘萍新闻奖"提名奖	洪佳士
	杭州市委宣传部、市记协	首届杭州新闻(人物)奖	金 烽
2004	杭州市委宣传部、市记协	第三届杭州新闻(人物)奖	李剑平
2006	杭州市委宣传部、市记协	第五届杭州新闻(人物)奖	王柏华
2007	杭州市委宣传部、市记协	第六届杭州新闻(人物)奖	童伟民
2009	杭州市委宣传部、市记协	第八届杭州新闻(人物)奖	孟再励
2010	杭州市委、市政府	杭州市优秀党员	宣舒平
	萧山区政府、区委宣传部	萧山区优秀宣传思想工作者	宣舒平
2011	杭州市委宣传部、市记协	杭州市名记者	金 波
	萧山区委宣传部、区记协	萧山区首届"十佳新闻宣传工作者"	赵邱峰 钱 嫣 姚建玲
2012	杭州市委宣传部、市记协	第十一届杭州新闻(人物)奖	陈 蓉
2013	萧山区委宣传部、区记协	2012—2013年度萧山区"十佳新闻宣传工作者"	周 喆 郑 岚 黄秋萍 郑海龙

续表6-1

年度	授奖单位	授奖名称	获奖者
2014	杭州市委宣传部	第五批杭州市宣传文化系统“五个一”人才	王　平
	杭州市委、市政府	杭州市维护稳定工作先进个人	王柏华
2015	杭州市委宣传部	杭州市优秀新闻工作者	王　平
	浙江省新闻工作者协会	浙江省“好记者讲好故事”演讲比赛二等奖	赵　菲
	萧山区委宣传部、区记协	2014—2015年度萧山区“十佳新闻宣传工作者”	曲行森　陆丽萍 范方斌
2016	浙江省委、浙江省人民政府	浙江省服务保障G20杭州峰会先进个人	王　平　金　烽 董建中　孟再励 刘斌云　金　波 何学仁　范方斌 周　颖　李文杰 黄旭锋　俞海波 王　勇　陈　玺
	杭州市委、市政府	杭州市服务保障G20杭州峰会先进个人	朱琳锃　赵邱峰 李　莎　茅徐锃
	浙江省委办公厅	浙江省“五水共治”信息工作先进个人	陈　玺
	杭州市委宣传部	杭州市优秀新闻工作者	金　烽
	杭州市委、市政府、市工会	杭州市直属工会G20先进个人	陆丽萍
	萧山区委、区政府	萧山区G20峰会优秀信息工作者	任卓琼
	大江东管委会	大江东服务保障G20杭州峰会先进个人	丁丹丹
	萧山区委、区政府	萧山区劳动模范	范方斌
2017	萧山区委宣传部、区记协	2016—2017年度萧山区“十佳新闻宣传工作者”	邱　芳　周　颖 茅徐锃
2018	杭州市委宣传部、市记协	杭州市优秀新闻工作者	邱　芳

2.行业奖项

2010—2018年萧山日报社获得杭州市级以上行业奖先进个人一览表

表6-2

年度	授奖单位	授奖名称	获奖者
2010	中国报业协会	中国报业户外媒体创新奖	夏　杰
2011	中国地市报研究会	第二届中国地方都市类报纸十佳总编辑	宣舒平
	中国地市报研究会	中国地市报“十大广告经营风云人物”	王柏华
	中国地市报研究会	中国地市报“十大广告精英”奖	叶建英　姚建玲
	杭州市新闻工作者协会	杭州市新闻单位“走转改”先进个人	陈　蓉
2012	中国报业协会	中国报业经营管理先进个人	宣舒平
		中国户外媒体领军人物	夏　杰
2013	中国地市报研究会	全国地市报优秀新闻工作者(优秀编辑)	孙道荣
		全国地市报优秀新闻工作者(优秀记者)	孟再励
	浙江省新闻工作者协会	浙江省优秀新闻技术工作者	黄旭锋
	浙江报业协会	首届浙江报业杰出广告人	王柏华
2014	中国报业协会	2013—2014中国报业融合发展十大新锐人物	王柏华
		2013—2014中国报业融合发展十大创新人物提名奖	金　烽
	中国广告协会报刊分会	全国报刊广告“金推手”奖(品牌建设功勋奖)	王柏华
	浙江省新闻工作者协会	浙江省优秀新闻技术工作者	杜陈义
	中国记协	全国新闻界围棋赛平面媒体组个人赛第三名	张　磊
2015	中国县市报研究会	首届全国县市区域报“百佳优秀报人”	王　平　王丽芳
	中国县市传媒摄影学会	首届全国县市传媒“十佳”摄影记者	范方斌

续表6-2

年度	授奖单位	授奖名称	获奖者
2015	杭州市工会	杭州市直属工会优秀工会积极分子	陈茁扬
	浙江省县市区域报协	浙江省县市区域报“十佳先进”	董建中　邱　芳
2016	杭州市工会	杭州市直属工会优秀工会积极分子	李乍虹
	中国县市报研究会	第二届全国县市区域报“百佳优秀报人”	周　颖　曲行森
2017	中国县市报研究会	第三届全国县市区域报“百佳优秀报人”	施丹丹　茅徐锃
	杭州市宣文卫工会	杭州市宣文卫工会积极分子	李乍虹
2018	中国报协	改革开放40周年·报业经营管理先进个人	张剑秋
	中国县市报研究会	第四届全国县市区域报“百佳优秀报人”	姚建玲　卢卓琳

二、萧山广播电视台

1.党委政府系列奖项

1984—2016年萧山广播电视台获得萧山区级以上先进个人一览表

表6-3

年度	授奖单位	授奖名称	获奖者
1984	浙江省广播电视厅	浙江省广播电视系统先进个人	孔吾德　王来法
1988	萧山市委、市政府	萧山市先进个人	汪柏遂　汪耀铨　吴　康　徐云来　韩伯牛　屠子根
1989	萧山市委、市政府	萧山市先进个人	汪柏遂　陈玉良　吴　康　徐云来　屠子根
1990	杭州市广播电视局	杭州市广播电视系统先进个人	姚国平　徐云来　任张标
	萧山市委、市政府	萧山市先进个人	汪耀铨　赵明中　孟幼珍　徐云来　来利法
	萧山市委、市政府	萧山市劳动模范	吴　康

续表6-3

年度	授奖单位	授奖名称	获奖者
1991	浙江省广播电视厅、省劳动人事厅	浙江省广播电视系统先进个人	汪耀铨　俞成浩
	杭州市广播电视局	杭州市广播电视系统先进个人	汪耀铨　吴　康　李伯恩
	萧山市委、萧山市政府	萧山市先进个人	孟幼珍　王兴源　陈传荣　徐云来　韩　铨　胡天荣
	萧山市委	萧山市优秀党员(优秀党务工作者)	姚国平
1992	萧山市委、市政府	萧山市先进个人	吴　康　蒋泉康　谢继新　钱仁裕
1993	杭州市广播电视局	杭州市广播电视系统先进个人	汪耀铨　蒋泉康　冯宝灿
	萧山市委、市政府	萧山市先进个人	赵岳松　姚国平　吴　康　徐云来　汤树勇　王美芬
1994	萧山市委、市政府	萧山市先进个人	陈玉良　吴　康　徐云来　孙维加　张晓晖　赵定甫　蒋泉康
	萧山市委	萧山市优秀党员(优秀党务工作者)	赵明中
1995	国家广播电影电视部、人事部	全国广播电影电视系统先进个人	孔吾德
	浙江省广播电视厅	浙江省广播电视系统先进个人	谢继新　戴美华
	杭州市委宣传部、杭州新闻工作者协会	杭州市新闻奖(人物奖)	吴　康
	萧山市委	萧山市优秀党员(优秀党务工作者)	赵明中
1996	萧山市委	萧山市优秀党员(优秀党务工作者)	赵明中　赵岳松
1997	萧山市委	萧山市优秀党员(优秀党务工作者)	葛文娟　赵岳松
	萧山市委、市政府	萧山市“十佳”干部	陈小芸
1998	浙江省广播电视厅	全省有线广播电视主干传输网建设先进个人	蒋泉康　徐云来
	萧山市政府	有线广播电视联网工作先进个人	蒋泉康

续表6-3

年度	授奖单位	授奖名称	获奖者
1998	浙江省广播电视厅	音像影视管理工作先进个人	孔笑林
	浙江省广播电视厅	技术维护二等奖	韩 铨
	萧山市委、市政府	萧山市百佳干部	孙焕林
	萧山市委	萧山市优秀党员(优秀党务工作者)	赵国良
2000	国家广播电影电视总局	技术维护三等奖	姚国平
	浙江省广播电视局	技术维护一等奖	姚国平
	杭州市广播电视局	数字环网工程建设先进个人	蒋泉康 徐云来
	萧山市委、市政府	先进个人	蒋泉康
	萧山市委宣传部	萧山市首届十佳新闻工作者	陈 勇 陈传荣 徐 凌
2002	萧山区委、区政府	先进个人	朱伟民
2006	浙江省广播电视局	广播电视安全播出先进个人	黄俊臣
	浙江省广播电视局	广播电视技术维护先进个人	孔笑林
2008	杭州市委宣传部、杭州新闻工作者协会	杭州市新闻奖(人物奖)	陈 勇 热线188栏目组成员
2009	国家广电总局	广播电视技术维护先进个人	韩列平
	国家广电总局	十七大安全播出先进个人	龚晓鸣
	萧山区委	萧山市优秀党员(优秀党务工作者)	朱伟民
2010	杭州市委宣传部、杭州新闻工作者协会	杭州市新闻奖(人物奖)	顾华夏
	萧山区委、区政府	萧山区劳动模范	顾华夏
	萧山区委	萧山区服务科学发展十佳个人	陈 默
2011	浙江省广播电影电视局	广播电视安全播出先进个人	龚晓鸣

续表6-3

年度	授奖单位	授奖名称	获奖者
2011	杭州市委宣传部、杭州新闻工作者协会	杭州市“走转改”活动先进个人	胡彩娟
2012	浙江省广播电影电视局	信息工作先进个人	陈劲林
	杭州市委、市政府	杭州市劳动模范	新闻中心(集体)
	人力资源社会保障部、国家广播电影电视总局	先进个人	来宏明
	萧山区委、区政府	萧山区劳动模范	陈　默
	萧山区委宣传部	萧山区十佳新闻宣传工作者	吴松根　周少伟　倪兴康　黄　立
2014	萧山区委宣传部	萧山区十佳新闻宣传工作者	刘　鹏　陈　国　莫利锋
2016	浙江省委、省政府	浙江省服务保障G20杭州峰会先进个人	来宏明　陈　默　黄　琪　倪兴康　龚晓鸣　苏昭军　莫利锋
	浙江省新闻出版广电局	浙江省新闻出版广播影视系统G20杭州峰会维稳安保工作先进个人	毛　雷
	杭州市委、市政府	杭州市服务保障G20杭州峰会先进个人	叶卓明　孙　伟　宋卫军
	萧山区委、区政府	萧山区服务保障G20杭州峰会先进个人	祝　春　张丽丹　韩列平

2.行业奖项

2002—2015年萧山广播电视台获得杭州市级以上行业奖先进个人一览表

表6-4

年度	授奖单位	授奖名称	获奖者
2002	浙江广电集团	全省电视新闻协作先进个人	陈　默
2003	浙江广电集团	全省电视新闻协作先进个人	陈　默
2004	浙江广电集团	全省电视新闻协作先进个人	陈　默

续表 6-4

年度	授奖单位	授奖名称	获奖者
2005	浙江广电集团	全省电视新闻协作先进个人	陈　默
2006	浙江广电集团	全省电视新闻协作先进个人	陈　默
2007	浙江人民广播电台	通联工作先进个人	徐　凌
	浙江电视台	通联工作先进个人	顾华夏
2008	全国县(市、区)级台播音员大赛组委会	全国县(市、区)级台优秀播音员	郑　健
2009	浙江省新闻工作者协会	全省模范新闻工作者	朱伟民
2010	浙江广电集团	全省电视新闻协作先进个人	顾华夏
	浙江广电集团	全省广播新闻协作先进个人	胡彩娟
2011	浙江广电集团	全省电视新闻协作先进个人	顾华夏
	浙江广电集团	全省广播新闻协作先进个人	胡彩娟
2012	浙江广电集团	全省电视新闻协作先进个人	倪佳君
	浙江广电集团	全省广播新闻协作先进个人	胡彩娟
2015	浙江广电集团	全省电视新闻协作先进个人	倪佳君
	浙江广电集团	全省广播新闻协作先进个人	胡彩娟

第二节　获奖作品名录

一、萧山日报社

1.政府系列奖

萧山日报社获得中国新闻奖作品一览表

表 6-5

等级	年度	标题	作者	编辑
二等奖	2009	副刊《颈椎病的非医学因素》	孙道荣	朱琳铿

1995—2018年萧山日报社获得浙江新闻奖作品一览表

表6-6

等级	年度	标题	作者	编辑
一等奖	1995	通讯《钱啤人说:不》	金　烽	
二等奖	1993	消息《是“反倾销”,还是保护垄断?》	洪佳士	
	1997	通讯《二换课堂》	鲍一飞	
	1998	消息《庄稼汉走进古籍市场　“孤本”里做出热门文章》	鲍一飞　林鲁伊	
	2000	论文《地县两级党报关系及发展策略》	洪佳士	
		消息《国际酒店竟上演〈新编红岩〉》闹剧	鲍一飞	
	2001	言论《跨湖桥的叹息》	张剑秋	陈　蓉
	2006	《萧山民企创全省事业两个“第一”》	孟再励　朱劲蕾	汪少一
	2007	《河上“留守儿童”有了“代理家长”》	金建武　王　超	徐桂龙
	2008	网络作品《“新一轮解放思想网上大讨论　加快萧山经济转型升级”系列访谈》	程　栋　徐丽荣	俞　哲 励俊虹
	2012	系列图文报道《重燃生命的希望——拯救小烨琳》	钱　嫣　彭　鹏	董建中 陆丽萍
	2013	摄影《彩虹向英雄致敬》	范方斌	金　烽
	2015	热点引导与舆论监督报道《航坞山消防英雄铜像被踩事件　四名当事人公开道歉》	张　磊	董建中 徐桂龙
	2017	新媒体作品《致敬,萧山第一代改革者　今天,我们一起送别鲁冠球》	金　烽　姚晨曦 钱　嫣　周　喆 沈　益	
三等奖	1992	《四千职工将乘飞机回乡欢度春节》	洪佳士	
	2000	摄影《柴松岳省长喜坐试航班机》	丁　力	
		通讯《萝卜干扮靓不愁“价”》	郑　岚　夏　杰	

续表6-6

等级	年度	标题	作者	编辑
三等奖	2001	副刊《从此，我就成了萧山人》	傅展学　孙道荣	
	2002	《世界最古老的造船作坊现世》	傅宇飞	
		摄影《六千英才昨挤爆两千岗位》	丁　力	
	2004	通讯《一根绣花线减少污水排放千万吨》	李剑平	李剑平
		网络专题《2004年世界杯乒乓球赛》	徐丽荣　赵麟溢 任柳萌　王　鹰 谢筱园	萧山网
	2005	连续报道《我区惊现两千本“错版”结婚证》	孟再励　金　波 袁少平　於立英	郭　燕
	2006	网络新闻：2006世界休闲博览会报道专题代表作《八大古都文化使者湘湖论道》	集　体	萧山网
	2007	网络作品：与潮同行——全国网络媒体萧山行	集　体	萧山网
	2008	消息《萧山：为27只“熊猫灾民”建新家》	项亚琼	汤青华 金　烽
	2009	消息《八旬老人一条建议，让临浦节电13万元》	张　婷　孔春燕 孔令锋	宣舒平 王　平 龚　洁
		副刊《颈椎病的非医学因素》	孙道荣	朱琳锃
		论文《多元，细分：县市报危机下求变》	宣舒平　孙道荣	
		网络作品：《城乡儿童比活力赛文明，萧山学前教育大检阅——2010萧山年历宝宝评选》	徐丽荣　吴新红 李小娥　赵　菲	蒋立红 周　丽
	2010	系列报道《我抱着我的兄弟上大学》	洪　斐　孟再励 周　喆	
		副刊《本能的变迁》	孙道荣	
		网络作品《同学抱我上大学》	缪承林　马艳敏 周　婷	金　烽 郑海龙

续表6-6

等级	年度	标题	作者	编辑
三等奖	2012	副刊《钱能买走你什么》	孙道荣	王玉国
	2013	消息《一人管九国机器　土发明家揽“金锤奖”》	徐文燕	王　平 徐桂龙
	2014	系列报道《“饭店建在江上　这个污染为啥不整治”》	胡吉楠	王　平 李慧强
	2016	系列报道《G20峰会》	金　烽　刘斌云 金　波　周　颖 龚　洁	
		版面2016年9月5日封面版《从钱塘江畔再次扬帆启航》		李　健 金　烽 金　波
		网络新闻专题《“G20”，萧山这一天》	金　烽　金春燕 姚晨曦　李　莎 夏燕云　陈茜如	萧山网
优秀版面	2001	萧山日报5月1日1版	戴虹红	

1990—2018年《萧山经济报》《萧山报》《萧山日报》获得杭州新闻奖作品一览表

表6-7

萧山经济报

等级	年度	标题	作者	编辑
一等奖	1990	《法国友人逛灯会》	洪佳士	
	1991	《三桩奇事显真经》	洪佳士	
二等奖	1991	《使泥土变黄金的人——记杭州瓷厂南宋官窑研究所所长叶国珍》	傅嘉宾　汪中国	

萧山报

等级	年度	标题	作者	编辑
一等奖	1993	《是“反倾销”，还是保护垄断？》	洪佳士	
	1994	《后新庙村自筹资金为先烈树碑立传》	孙伊田	
二等奖	1993	《农民的胸怀——大庄支持重点工程二三事》	傅嘉宾	
	1994	《萧山出现大型农机购买热》	董国栋	

续表6-7

萧山日报

等级	年度	类别	标题	作者	编辑
一等奖	1995	通讯	《钱啤人说:不》	金　烽	
	1996		《势在必行的选择——关于完善农业大田生产责任制的报道(一)》	夏　杰	
	1997	通讯	《二换课堂》	鲍一飞	
			《"拉动型现象"的魅力——关于爱迪尔公司技改经验的思考(上)》	宣舒平 金　烽	
	1998	消息	《庄稼汉走进古籍市场　"孤本"里做出热门文章》	鲍一飞 林鲁伊	
			《市场不分籍贯　竞争无法回避》	张有理	
	1999		《"萧山三黄鸡"回家了》	金　烽 裴建林	
	2000		《龚老汉中华鳖走出深闺有人识》	王　平	
		消息	《国际酒店竟上演〈新编红岩〉闹剧》	鲍一飞	
	2001	言论	《跨湖桥的叹息》	张剑秋	陈　蓉
	2002	消息	《世界最古老的造船作坊现世?》	傅宇飞	姚建玲
	2003		《徐冠巨当选省政协副主席》	金　烽	潘亚青
	2004	通讯	《一根绣花线减少污水排放千万吨》	李剑平	李剑平
	2005	策划创意	《"助民工回家"爱心班车》	童志辉 於立英 朱林飞 陆丽萍	潘亚青 叶建英
		通讯	《一位普通党员的最后愿望》	陈　蓉	汪少一
	2006	策划	《八大古都文化使者湘湖论道》	金　烽	姚建玲 汪少一
			《七勇士救人不留名》	姚一青 陆丽萍 於立英 徐桂龙	卢卓琳
	2007	消息	《萧山门诊费多年来首次负增长》	孟再励	许益飞
		网络作品	萧山日报多媒体数字报	集　体	

续表6-7

等级	年度	类别	标题	作者	编辑
一等奖	2008	通讯	《30小时,4幢楼夷为平地》	金　波	王　平 汤青华
		突发事件报道	《"11.15"救援系列报道》	集　体	王　平 李家连 何可人 王肖君 汤青华
		报告文学	《志愿者邹铮千里送大爱》	李　华	朱琳锃
		网络作品	《"杭州地铁工地塌陷　各方全力大施救"》专题报道	谢筱园 朱　炜 赵麟溢 王　鹰	金　烽 程　栋 徐丽荣
	2009	通讯	《40天,我们"潜伏"的故事》	金春燕 周　颖 刘星辰 郭庚新	金　烽 卢卓琳
		副刊作品	《颈椎病的非医学因素》	孙道荣	朱琳锃
	2010	通讯	《建一村,15年太平无事》	刘殿君 陈狄锋	金　烽 周大伟
		典型报道	《我要抱着我的好兄弟上大学》	孟再励 洪　斐 周　喆	徐桂龙 周大伟 宣舒平 王　平 金　烽
		副刊	《称谓》	宣舒平	何春洪 董建中
		摄影	《抱着兄弟上大学》	曹　辉	金　烽 周大伟
		网络作品	《支部建在江上　网站建在村上》	谭佳娜 马艳敏 任柳萌	金　烽 郑海龙 徐丽荣
	2011	通讯	《萧山本土文化"潜"入中小学课堂教育》	洪　斐 郭亚萍	王　平 洪　科
		副刊	《一只鸡蛋的温暖》	孙道荣	郑文静
		网络作品	《"走基层、转作风、改文风"报道专题——"村官一日"》	马艳敏 许　燕 洪美娜	谭佳娜 孔徐冰

续表6-7

等级	年度	类别	标题	作者	编辑
一等奖	2012	通讯	《新萧山人用新方法种出“神奇”蔬菜》	周 颖	董建中 郭庚新
		漫画	《护工手指被病人咬破感染了艾滋》	张 培	金 烽 郭庚新
		网络作品	《线上有答复 线下面对面——网络问政平台畅通萧山政情民意》	金 烽 郑海龙 励俊虹	林佳杰 漏鑫瑞
	2013	消息	《一人管九国机器 土发明家揽“金锤奖”》	徐文燕	王 平 徐桂龙 王肖君
		通讯	《三问家庭农场 如何摸着石头前行》	集 体	王 平 姚潮龙
		副刊	《世界上最远的距离》	孙道荣	王玉国
		版面	11月13日封面导读版《改革再出发》	李 健	王 平 袁少平
		标题	《香樟落叶人加衣 似秋似冬却是春》	郭庚新	王 平
		网络作品	《2013年第一天·我们记住这三位英雄》	集 体	萧山网
	2014	副刊	《七年之痒》	孙道荣	王 平 王玉国
		网络作品	《第五届世界太极拳健康大会》	金 烽 孟再励 金春燕 何可人 姚晨曦	萧山网
	2015	消息	《航坞山消防英雄铜像被踩事件 四名当事人公开道歉》	张 磊 杨 勇	董建中 徐桂龙
		评论	《打一场泽被子孙的“治水持久战”》	赵邱峰	董建中 李家连
		热点引导与舆论监督	《都是贴息惹的祸》	王建平 郑舒铭	郑舒铭 何学仁
		副刊	《公私之心 在于泾渭》	孙道荣	王 平
		漫画	《一罚了之》	张 培	何学仁

续表6-7

等级	年度	类别	标题	作者	编辑
一等奖	2015	网络作品	《市民投诉岂容敷衍？萧山网络问政现场“拷问”12位镇街部门负责人》	姚晨曦 励俊虹 沈建军 陈世超	萧山网
	2016	副刊	《且做且慎重》	李乍虹	徐益欣
		摄影	《天眼》	金澍杰	傅展学
		漫画	《只见“树木”，不见“树根”》	张　培	何学仁
	2017	副刊	《我就是个残疾人》	孙道荣	徐益欣
		摄影	《托起心中的太阳》	金澍杰	高　宇
		漫画	《圆珠笔头重新点亮工匠精神》	张　培	何学仁
二等奖	1995	通讯	《“煤耗子”如此生财　霸道！　国家财产大量流失　谁管？（外一篇）》	夏　杰 黄保才	
		副刊	《我要回家！》	华　燕	
	1996	通讯	《一曲弘扬社会公德的颂歌》	洪佳士	
		评论	《牵住投资主体重组这个“牛鼻子”	张有理	
		系列报道	《请给劳模更多的关心和爱护》（寻访劳模系列报道）	金　烽 华　燕	
	1997	消息	《前进乡农户踊跃缴纳农业承包款》	夏　杰 张祥荣	
		评论	《把外向型经济推上新台阶》	张有理	
		摄影	《深夜救孤老》	傅宇飞	
	1998	消息	《红山农场出现工农“倒剪刀差”》	王建平	
		消息	《种粮户着急：季节不等人　缺钱买农资　镇政府解难：春日打“白条”秋后再结账》	鲍一飞	
	1999	消息	《龚老汉7万只“金达鳖”爬向何方？》	王　平	
		通讯	《追求的延续与升华——私营企业传化集团党建工作纪实》	上官高峰 金　烽 王　平	
	2000	通讯	《一个中华女儿的赤子情——访著名社会活动家美籍华人陈香梅女士》	许益飞 戴虹红	
		通讯	《萝卜干扮靓不愁“价”》	郑　岚 夏　杰	

续表6-7

等级	年度	类别	标题	作者	编辑
二等奖	2001	消息	《东郊公墓一座“亭子”竞卖十万》	夏　杰 傅展学	张朝晖
		消息	《“市场化”治污企业悄然登场》	林鲁伊	戴虹红
	2002	消息	《快过年了,别让家人牵挂!》	唐海祥	金建武
		言论	《“你距离破产只有十八个月”》	赵玉福	
	2003	消息	《“洋打工”受到总理接见　万向员工盖瑞获中国政府“友谊奖”》	夏　杰	姚建玲
		消息	《重温入党誓词　了解思想动态　解决实际困难　城厢街道为党员过“政治生日”》	郑　岚 金建武	潘亚青
		副刊专刊特写	《锅碗锅进央视演播室》	郭　燕	孙建森
	2004	通讯	《民企区外“攻城略地”　总部经济“显山露水”》	金　烽	刘斌云
		通讯	《生死较量的一刻》	姚一青	徐丽荣
		连续报道	《为民工子弟学校建一座图书馆》	集　体	
	2005	言论	《知情权何须花钱买》	姚建玲	汪少一
		通讯	《我想做一名“交通劝导员”》	陆丽萍 姚一青 於立英	汪少一 郭　燕
		摄影	《81岁徐华水老人挑水喝》	傅展学	
		版面	8月7日《要闻》版		刘斌云
	2006	消息	《这本礼仪〈规范〉成了省高院“蓝本”》	姚一青 傅展学	汪少一
		消息	《萧山生产绍兴酒名正言顺了》	王建平	武维春
		消息	《农民企业家买下杭州百年老店招牌“素春斋”将落户萧山》	金　波 金春燕	刘斌云
		通讯	《一个农民的记账生活》	钱　芳 施玲燕	钱　芳
		论文	《县市区域报业发展的风险与对策》	李剑平	
		漫画	《转变》	赵雪峰	朱颖华
		版面	4月21日《休博专版》		姚建玲 卢卓琳
		网络作品	萧山休博会专题报道	集　体	萧山网

续表6-7

等级	年度	类别	标题	作者	编辑
二等奖	2007	通讯	《只为天下无贼——记反扒英雄丁有富》	陈　蓉 金春燕 姚一青	姚建玲
		评论	《不希望只是整治》	王肖君	李家连
		系列报道	《市人大代表徐传友向市民征集"金点子"》	孟再励	徐桂龙
		系列报道	《走进萧山民企500强》	孟再励 刘殿君	刘斌云
		重大主题报道	《不是随便讲的,讲出来就要做到》	刘殿君 孔春燕	郭　燕
		公共服务	《萧山流浪精神病人"收治"三难!》	李　华	姚建玲
		策划创新	《小记者团邀请宁夏"萧山希望小学"学生来萧体验活动》	许益飞 王丽芳 孟再励 金　波	
		摄影	《坍塌的水泥楼面,瞬间吞噬了他》	高　宇	卢卓琳
		漫画	《昨日,两小时惊魂》	赵雪峰	卢卓琳
		副刊特写	《细菌战在萧山的民间记忆》	朱琳锃	
		网络作品	《"与潮同行——全国网络媒体萧山行"》专题报道	集　体	萧山网
		论文	《县市区域党报面临发展的新时代——从萧山日报三年实践看县市区域报生存和发展》	孙焕林 董建中	
	2008	消息	《萧山民企叫板欧盟标准》	金建武	王　平 李家连
		通讯	《一条短信建议"紧急"写入〈政府工作报告〉》	许益飞	金　烽 赵雪峰
		评论	《这座城市容得下民工的包裹》	汪少一	周　喆
		系列连续报道	《2008年全球金融风暴下的萧山民企》	孟再励 邱　芳 刘殿君	王　平 汤青华 徐桂龙
		典型报道	《那13个难忘的日日夜夜——萧山民办消防队11勇士赴川救援记》	金春燕 周　颖	王　平 姚建玲
		论文	《打造区域传媒产业是县市区域报发展的根本出路》	宣舒平 孙道荣	

续表6-7

等级	年度	类别	标题	作者	编辑
二等奖	2008	版面	1月30日《萧山日报》第3版		何可人 金　烽
		漫画	《图说2008年十件实事》	赵雪峰	
		摄影	《大水困学》	高　宇	何可人
		网络作品	《"萧山十景"评选海选网络视频秀》	程　栋 徐丽荣	顾俊虹 王　鹰
	2009	消息	《我区农村出现"抢田种粮"现象》	姚一青	宣舒平 周　喆
		通讯	《萧山有个特殊的大学生党支部》	刘殿君 吕校忠	王　平 周　喆
		热点引导	《杭齿隧道光线昏暗　开车行走不安全》	周　颖	金　烽 何可人
		公共服务	《桑果狂欢节》系列报道	集　体	王　平 卢卓琳
		摄影	《世博园"阳光谷"萧山造》	丁　力	徐桂龙
		论文	《多元,细分:县市报危机下求变》	宣舒平 孙道荣	
	2010	消息	《跨湖桥遗址首度写入中学教科书》	张　婷	宣舒平 金　烽 徐桂龙
		评论	《新十年,我们再上路》	汪少一	王　平 徐桂龙
		系列报道	《解读"传化经验"》	孟再励 邱　芳 田　琼	宣舒平 董建中
		系列报道	《一双小手,如何能够撑住这个家》	金春燕 周　颖	王　平 何可人
		重大主题报道	《金融危机下,萧山经济化危为机的精彩答卷》	孟再励	王　平 孟再励 洪　科
		标题	《韩国"泡菜危机"带来萧山"萝卜商机"　萝卜还在"闺中"就被日韩"婆家"相中》	姚一青 龚　洁	龚　洁 董建中
		漫画	《点燃氧气、"老烟枪"病人差点毁了容》	张　培	陆丽萍

续表6-7

等级	年度	类别	标题	作者	编辑
二等奖	2010	网络作品	《同学抱我上大学》	缪承林 马艳敏 周　婷	萧山网
		论文	《县市区域报的全媒体构想》	宣舒平 孙道荣	
	2011	消息	《小小风门一改进　一年能省百余万》	赵邱峰 杨炳芳 吴利萍	董建中 赵邱峰
		通讯	《四问大学生村官之路》	洪　科 朱　展 沈志芳 胡飞洋	金　烽 洪　科
		通讯	《一位“外来社区官”眼中的“凤凰模式”》	董建中 孟再励 田　琼	徐桂龙
		系列报道	《见习村主任深度调查》	集　体	
		评论	《期待追溯体系追回失落的人心》	赵邱峰	金　烽 徐桂龙
		典型报道	《义士章国忠一路走好》	钱　嫣 高宜耀 陈狄锋	陆丽萍 周大伟
		突发事件	《金利浦9名消防队员4小时后赶到温州救援》	茅徐锃 於立英 王栋良	汪少一
		公共服务	《萧山10万吨大萝卜上市遭遇卖难》	姚一青 葛　峰 姜松法	徐桂龙 李晨曦
		热点引导	《整治工程车》系列报道	周　颖 董锦哲 於立英 王启俊	郭庚新
		网络作品	《萧民300万自建民间“红色革命纪念馆”》系列报道	马艳敏 赵　菲 詹星玮	程　栋 郑海龙
		摄影	《生猛钱江潮》	沈　雷	徐桂龙
		漫画	《我们身边的文明》	张　培 彭　鹏	徐文燕
		论文	《重大成就报道中的大与小》	李家连	

续表6-7

等级	年度	类别	标题	作者	编辑
二等奖	2012	消息	《高墙外的特殊婚礼》	周 颖 李志平	董建中 郭庚新
		消息	《37张标准图　萧山农民看图生产》	史健岚 冯俏蕾 张艾理 阮丽萍	金 烽 何学仁
		通讯	《益农建"田间档案"　从田间到餐桌质量可追溯》	陈赛男 洪 敏	金 烽 李晨曦
		系列报道	《抗击"海葵"》	集 体	集 体
		系列报道	《关注独居老人养老》	项亚琼	董建中 李慧强
		图文系列报道	《"重燃生命的希望——拯救小烨琳"》	钱 嫣 彭 鹏	董建中 陆丽萍
		典型报道	《"援疆天使"欧阳栋》系列报道	王 平 王肖君 施丹丹 洪 科	赵邱峰 何学仁 姚潮龙
		评论	《网络问政要"接力"中走得更远》	赵邱峰	王 平 赵邱峰
		版面	6月15日《拯救小烨琳专版》	董建中 陆丽萍	李 健
		摄影	《洪德兴:"蜂王"缔造者(组图)》	葛亚琪	王柏华 傅展学
		论文	《抢占先机,全面实施全媒体经营战略》	宣舒平 王柏华 徐丽荣 汪少一	
		标题	《外地螃蟹抢先爬上餐桌　南美白对虾上演"逼宫"大戏　萧山本地螃蟹快要"靠边站"了》	史健岚	董建中 王肖君 刘殿君
		副刊	《钱能买走什么》	孙道荣	董建中 王玉国
		网络作品	《文明幸福萧山行·首届全国知名论坛博主版主铿锵笔会》	吴新红 沈幼玲	许 燕 许益飞
	2013	消息	《萧山4家非公企业党委　获审批发展党员授权》	童志辉	金 烽 何学仁

续表6-7

等级	年度	类别	标题	作者	编辑
二等奖	2013	通讯	《走出高墙路在前方》	周　颖 俞晓蓉	王　平 郭庚新
		评论	《忌惮微博　不如敬畏规则》	赵邱峰	王柏华 赵邱峰
		公共服务	《温暖贵州行之帮扶贫困学生》系列报道	何文静 范方斌	王　平 陆丽萍
		重大主题	《新型城市化》系列报道	集　体	
		摄影	《彩虹向英雄致敬》	范方斌	金　烽 赵邱峰 孟再励
		漫画	《暑期儿童意外伤亡原因》	张　培	姚潮龙
		网络作品	《政企面对面》	周亚明 陈菲丽 郑海龙	萧山网
	2014	消息	《萧山首个警务微信商圈试水》	张　磊	王　平 郭庚新
		通讯	《最“土”的产业和最“洋”的技术联姻》	史健岚	董建中 李晨曦
		评论	《迷信“根除网瘾”也是一种瘾》	赵邱峰	王　平 赵邱峰
		系列报道	《一张报纸与一座城市的60个故事》大型全媒体报道	集　体	
		热点引导	《饭店建在江上　这个污染为啥不整治》	胡吉楠	王　平 李慧强
		典型报道	《卸不了任的老支书》	洪　凯 刘斌云	何学仁
	2015	消息	《行政审批串联变并联　50天留住了“宝马”》	徐文燕	陈　蓉 徐桂龙
		公共服务	《萧山最具人文气息的书店关门事件》	陈　蓉 邱　芳 俞海波	
		摄影	《法庭“入”户》	范方斌	王　平
		论文	《新常态　新平台　新发展——萧山日报全媒体转型的探索与实践》	王　平	
		网络作品	《黄师傅，你的幸福我们感受到了》	金　烽 金　波 洪美娜	萧山网

续表6-7

等级	年度	类别	标题	作者	编辑
二等奖	2016	消息	《干部和群众在一条凳子上说话了吗?》	龚　洁 应长根	陈　蓉 何学仁
		评论	《立法护文明　萧山可有勇气开出首张罚单》	赵邱峰	王　平 何学仁
		系列报道	《G20时间:这一天》	集　体	
		热点引导	《姑娘真美》	俞海波 邱　芳	李　健 刘星辰
		副刊	《成事容易成功难》	孙道荣	徐益欣
		版面	《萧山日报》9月5日头版		李　健 金　烽 金　波
	2017	消息	《老孔放生江豚　政府首次为渔民颁奖送锦旗》	龚　洁 傅潇霞	徐桂龙 赵邱峰
		评论	《最生动的实践》	赵邱峰	金　烽 何学仁
		系列报道	《致敬,萧山这五年》	集　体	
		摄影	《剿劣全面推开》	金澍杰	丁　力
		版面	《萧山日报》10月30日8~9版		金　烽 郭庚新 李　健

2010—2016年《萧山日报》获得杭州市重大主题报道奖作品一览表

表6-8

等级	年度	标题	作者
一等奖	2016	系列报道《G20,遇上萧山》	集　体
二等奖	2010	系列报道《转型升级话萧山》	邱　芳　王宽和 金建武　施丹丹 洪　科
优秀新媒体融合成果奖	2015	《"心驰朝阳·梦跃钱江"——地铁2号线东南段开通试运营》全媒体特别报道	集　体

2000—2015年《萧山日报》获得中国城市党报新闻奖、论文奖作品一览表

表6-9

等级	年度	类别	标题	作者	编辑
一等奖	2008	中国城市党报论文奖	《四位一体打造高品位活动》	王　平 李家连	
	2009	中国城市党报副刊、专刊奖	《总是站起来的那个人》	孙道荣	朱琳锃
	2013	中国城市党报新闻奖	通讯《"一事一议"筹资筹劳　扩容村级公益事业》	史健岚 龚　洁	王　平 何学仁 刘斌云
		中国城市党报新闻奖	评论《忌惮微博　不如敬畏规则》	赵邱峰	王柏华 赵邱峰
	2014	中国城市党报新闻奖	消息《〈尖山下,我的家〉萧山村歌获全国四大奖》	张　婷	李　华
		中国城市党报新闻奖	摄影《寻访抗战老兵》	葛亚琪	王　平 傅展学
	2015	中国城市党报新闻奖	系列报道《喜迎G20峰会》	集　体	集　体
		中国城市党报新闻奖	副刊《和父亲坐一条板凳》	孙道荣	王　平
二等奖	2008	中国城市党报论文奖	《从汶川地震看政府在舆论热点引导中的五大作用》	李家连	
		中国城市党报论文奖	《县市区域报是做好新农村报道的桥头堡》	宣舒平 孙道荣	
		中国城市党报论文奖	《坚持"三个为王"　提升"落地"效应》	李家连	

续表6-9

等级	年度	类别	标题	作者	编辑
二等奖	2009	中国城市党报副刊、专刊奖	《古北海塘的民间记忆》	王建欢 朱琳锃	孙道荣
	2013	中国城市党报新闻奖	消息《萧山4家非公企业党委　获审批发展党员授权》	童志辉	金　烽 何学仁
		中国城市党报新闻奖	系列报道《“瓜沥火灾　三位救火英雄”系列报道》	集　体	
		中国城市党报新闻奖	通讯《三问家庭农场　如何摸着石头前行》	洪　科 刘星辰 史健岚 姚潮龙	王　平 王肖君 姚潮龙
		中国城市党报新闻奖	通讯《民告官,公安局长出庭应诉》	周　颖	金　烽 郭庚新
		中国城市党报新闻奖	摄影《彩虹向英雄致敬》	范方斌	金　烽 孟再励 赵邱峰
	2014	中国城市党报新闻奖	消息《进化青梅才开花　国外订单已“排队”》	龚　洁 田何兴	金　烽 徐桂龙
		中国城市党报新闻奖	通讯《最“土”的产业和最“洋”的技术联姻》	史健岚	董建中 李晨曦
		中国城市党报新闻奖	系列报道《温暖贵州行·萧山希望小学竣工》	钱　嫣 何文静	刘斌云 汪少一
		中国城市党报新闻奖	摄影《乐在“骑”中》	傅展学	李　健

续表6-9

等级	年度	类别	标题	作者	编辑
二等奖	2014	中国城市党报新闻奖	副刊《桂花颂》	王玉国	王　平 孙道荣
	2015	中国城市党报新闻奖	消息《衺江新村一村民捐资千万元"治水"》	刘殿君 夏　丹	王　平 李家连
		中国城市党报新闻奖	通讯《传化杭州公路港党支部派出"红色老娘舅"》	洪　凯 王　挺	陈　蓉 李晨曦
		中国城市党报新闻奖	副刊《坚守只等你的醒来》	李乍虹	徐益欣

2.行业奖项

2001—2017年《萧山日报》获得全国全省报纸副刊作品奖作品一览表

表6-10

等级	年度	类别	标题	作者	编辑
金　奖	2009	全国报纸副刊作品年赛	杂文《颈椎病的非医学因素》	孙道荣	朱琳锃
	2012	全国报纸副刊年赛	随笔《天边与身边》	孙道荣	
一等奖	2001	全省县市党报副刊作品奖	副刊《从此,我就成了萧山人》	傅展学 孙道荣	
	2003	全国报纸副刊专栏年赛	专栏《倾听》		郭　燕
	2005	全国报纸副刊获奖作品	副刊《车子里的哲学》	孙道荣	徐益欣
	2007	全国报纸副刊作品年赛	报告文学《只为天下无贼》	陈　蓉 金春燕 姚一青	姚建玲
	2009	全国报纸副刊作品年赛	专栏《夜航船》		朱琳锃
	2013	全国报纸副刊年赛	副刊《装睡的人叫不醒》	孙道荣	王　平 王玉国

续表6-10

等级	年度	类别	标题	作者	编辑
二等奖	2000	全国报纸副刊作品年赛	专栏《调查》		许益飞
	2003	全国报纸副刊专栏年赛	随笔《幽默的极致》	宣舒平	徐益欣
	2004	全国报纸副刊作品年赛	杂文《乳房对称与否与当公务员无关》	李剑平	李剑平
	2005	全国报纸副刊获奖作品	专栏《夜航船》		武维春
		全国报纸副刊获奖作品	版面7月6日《万家灯火》		朱琳锃
	2007	全国报纸副刊作品年赛	专栏《萬浪滩头》	朱琳锃	
		全国报纸副刊作品年赛	版面:2007年4月22日第三版《湘湖副刊·倾诉》	朱琳锃	
	2008	全国报纸副刊复评暨年赛奖	散文《搓搓你的手》	孙道荣	朱琳锃
		全国报纸副刊复评暨年赛奖	副刊版面2008年7月26日《湘湖周刊》一版		朱琳锃 金　烽
	2009	全国报纸副刊作品年赛	5月22日副刊一版《倾诉》		王　平 朱琳锃
	2010	全国报纸副刊作品年赛	专栏《城市记忆》		孙道荣
	2012	全国报纸副刊年赛	版面12月29日《倾诉》版		王玉国
	2014	全国报纸副刊奖	杂文《时间去哪儿了》	孙道荣	王　平 王玉国
	2015	全国报纸副刊奖年度奖	杂文《被强奸的"国民"民意》	孙道荣	
	2017	全国报纸副刊奖年度奖	杂文《想不开之时》	孙道荣	徐益欣
好专栏	2004	全国报纸副刊作品年赛	专栏《居民发言》		赵雪峰 武维春

续表6-10

等级	年度	类别	标题	作者	编辑
最佳版面	2013	全国报纸副刊年赛	2013年4月27日第8版		王　平 王玉国
	2014	全国报纸副刊奖	2014年12月29日A8版		孙道荣 王玉国

1997—2014年《萧山日报》获得中国地市报新闻奖作品一览表

表6-11

等级	年度	标题	作者	编辑
一等奖	2008	系列报道《2008全球金融风暴下的萧山民生》	集　体	王　平 王肖君
	2010	系列报道《我要抱着我的兄弟上大学》	洪　斐　孟再励 周　喆	宣舒平　金　烽 徐桂龙　周大伟
		杂文《称谓》	宣舒平	何春洪　董建中
		论文《县市区域报的全媒体构想》	宣舒平　孙道荣	
	2011	论文《县域媒体品牌化运作启示》	宣舒平	
	2012	论文《转型升级集群发展——萧山日报社多元产业的探索和实践》	宣舒平	
	2013	摄影《大爱留人间》	傅展学	董建中　李　健
		网络新闻《2013年的第一天·我们记住这三位英雄》	章子林	张　伟　章子林
	2014	专栏《见习村(社区)主任》	集　体	
二等奖	1997	《"紫荆花上皇冠"的警示》	张剑秋	
	2008	消息《萧山民企叫板欧盟标准》	金建武	王　平 李家连
		系列报道《2008年全球金融风暴下的萧山民企》	孟再励　邱　芳 刘殿军	汤青华 徐桂龙

续表6-11

等级	年度	标题	作者	编辑
二等奖	2010	消息《跨湖桥遗址首度写入中学教科书》	张　婷	宣舒平　金　烽 徐桂龙
		通讯《一双小手,如何能撑住这个家》	金春燕　周　颖	王　平　何可人
		重大主题报道《解读传化经验系列报道》	孟再励　邱　芳 田　琼	宣舒平　董建中
		摄影《世博会上,郎朗来佳俊明星对上眼》	傅宇飞	
		摄影《这个车间就我一个人》	傅展学　毕　迪	
		摄影《跨越一个世纪的老人》	张　培	
		论文《打造中国一流县市区域报》	宣舒平	
		论文《从萧山日报"百村行"报道浅析新时期三农报道的新特点》	金　烽	
		论文《县市区域报公司制经营的操作路径》	王柏华 李家连	
		论文《社会效益和经济效益的有机结合　——萧山日报阅报栏市场化运作的实践》	夏　杰	
		论著《萧山,是个谜》	金　烽	
		内部刊物《萧报传媒周刊》		李家连　贺一萍 郑　岚
		广告专题《成立萧山区首届百家诚信企业联盟》	王柏华　张五一	
		广告版面《虎年　虎翼》	杨　琪	
	2011	论文《地方报纸纪念性报道活动的分众化特色》	李家连	
		论文《在夹缝中拓展生存空间》	郭　燕	

续表 6-11

等级	年度	标题	作者	编辑
二等奖	2012	消息《37张标准图　萧山农民看图生产》	史健岚　冯俏蕾 张艾理　阮丽萍	金　烽　何学仁 王肖君
		通讯《全国2000多个花木村　新街人打理》	徐文燕	金　烽　李晨曦
		通讯《"喝"着水　"听"着歌,这些蔬菜多"快乐"　新萧山人用新方法种出"神奇"蔬菜》	周　颖	董建中　郭庚新
		通讯《原本是"鸡肋"的夏秋茶变身茶枕头　萧山茶农找到"点茶成金"之道》	史健岚　李水凤 张艾理	王　平　李晨曦
		深度报道《"萧山百岁老人"系列报道》	集　体	集　体
		散文《老糊涂》	孙道荣	董建中　王玉国
		网络新闻《线上有答复　线下面对面》	金　烽　郑海龙 励俊虹	林佳杰　漏鑫瑞
		摄影《钱小占　翻出人生精彩》	丁　力	董建中
		摄影《他的房间在空中260米》	葛亚琪	王柏华
		摄影《洪德兴:"蜂王"缔造者》	葛亚琪	王柏华
		论文《在浪尖上奔跑　在梦想中超越——萧山日报全媒体经营的实践与探索》	宣舒平　王柏华	
		论文《县市报的本土新闻和多元经营》	宣舒平　陈　蓉	
		论文《地方报纸破解农产品卖难报道的创新》	李家连　郭　燕	
	2013	消息《萧山4家非公企业党委　获审批发展党员授权》	童志辉	金　烽　何学仁

续表 6-11

等级	年度	标题	作者	编辑
二等奖	2013	通讯《八旬老人六年义务编写80万字村志》	龚 洁 田何兴	王 平 孟再励 李 华
		言论《忌惮微博，不如敬畏规则》	赵邱峰	王柏华 赵邱峰
		言论《比井水变红更可怕的是官员脸不红》	徐桂龙	王 平 徐桂龙
		系列报道《温暖贵州行之帮扶贫困学生》	何文静 范方斌	王 平 陆丽萍
		专栏《百村行》	集 体	集 体
		网络新闻《八千年历史的继承和发扬，说说我眼中的萧山传统文化》	俞超雄	何可人
		美术《暑期儿童意外伤亡原因》	张 培	王 平 孟再励 王宽和
		摄影《"哈雷骑士"巡游湘湖》	葛亚琪	王 平 高 宇
		摄影《"折翼天使"也能飞翔》	范方斌	董建中 徐桂龙
	2014	通讯《楼塔农家新鲜事 给鸡戴上塑料眼镜》	金建武 王新江	王 平 李 华

1996—2016年《萧山日报》获得中国县市报新闻奖作品一览表

表 6-12

等级	年度	标题	作者	编辑
一等奖	1996	《萧山，呼唤城雕》	张剑秋	
		摄影《厂长，你心中有〈劳动法〉吗?》	董建中 丁志伟	
	1997	《子夜换牌人》	张剑秋	
	1999	《昔日进城打工 如今上城招工 农民"伯乐"设摊竞相"千里马"》	王 平	
	2000	《江阴告诉我们什么》	上官高峰 鲍一飞	

续表6-12

等级	年度	标题	作者	编辑
一等奖	2000	《首架飞机降落杭州萧山机场》	金　烽	
		《出墙红杏更娇艳》	楼渭球	
		《消费者坐上经理椅》	宣舒平	
		《萧山自主开发三软件推向全国》	林鲁伊　陈　蓉	
	2004	消息《我区首次对欠薪企业亮出红牌》	张五一	
		通讯《萧山羽绒业"危机公关"赢了一局》	赵玉福	
		照片《萧山人挥泪别英雄》	丁　力	
	2007	消息《萧山门诊费10多年来首次负增长》	孟再励	
		通讯《克隆:让纺织品成"星期布"》	傅展学　毕　迪	
		系列报道《小记者邀请宁夏南都希望小学学生来萧体验活动》	集　体	
		版面2007年6月10日1版《要闻》		徐桂龙
		摄影《外来务工者提前领到工资返乡过年》	丁　力　朱　林	
	2008	消息《总理抱过的8岁女孩想在萧山上学》	朱林飞	汤青华 金　烽
		通讯《一条短信建议"紧急"写入〈政府工作报告〉》	许益飞	赵雪峰 金　烽
		系列报道《2008全球金融风暴下的萧山民企》	孟再励　刘殿君 邱　芳	王　平 徐桂龙 汤青华
		系列报道《"11·15"救援》	集　体	集　体
		摄影《杭州地铁湘湖段塌方萧山全力抢救(组照)》	丁　力　赵麟溢	徐桂龙 汤青华
		版面8月8日《奥运天天报》第1、2、4、5、7版		集　体
	2009	消息《八旬老人一条建议,让临浦节电13万元》	张　婷　孔春燕 孔令锋	宣舒平 王　平 龚　洁

续表6-12

等级	年度	标题	作者	编辑
一等奖	2009	通讯《我的中国心》	金　烽	汪少一
		系列报道《桑果狂欢节》	傅宇飞　周　颖 刘斌云　钱　嫣 项亚琼　任　韧	王　平 卢卓琳 龚　洁 汤青华
		新闻照片《九旬老兵的心愿》	高　宇	汪少一
	2010	消息《跨湖桥遗址首度写入中学教科书》	张　婷	金　烽 徐桂龙
		通讯《平静水面下，隐藏着夏日"杀手"》	金春燕　周　颖 李慧强　胡　笳 尚倩倩	王　平 郭庚新
		系列报道《解读"传化经验"系列报道》	孟再励　邱　芳 田　琼	宣舒平 董建中 周大伟 徐桂龙
		言论《新十年，我们再上路》	汪少一	金　烽
		摄影《跨越一个世纪的老人》	张　培	高　宇
		摄影《"阳光"求学路》	曹　辉	赵邱峰
	2011	通讯《一位"外来社区官"眼中的"凤凰模式"》	董建中　孟再励 田　琼	徐桂龙
		言论《期待追溯体系追回失落的人心》	赵邱峰	金　烽 徐桂龙
		系列报道《见习村主任调查系列报道》	集　体	
		摄影《爱画画的6岁女孩患上白血病》	彭　鹏	陆丽萍
	2012	消息《全国首例"零佣金"不动产网络司法拍卖顺利成交》	周　颖　田群超	董建中 郭庚新
		通讯《献血冠军冯坚强：13年间，他已献血100次》	史健岚	李晨曦
		图文系列报道《重燃生命的希望——拯救小烨琳》	钱　嫣　彭　鹏	董建中 陆丽萍
		摄影《他的房间在空中260米》	葛亚琪	傅展学

续表6-12

等级	年度	标题	作者	编辑
一等奖	2012	摄影《香港旅客突发脑溢血　救护车直送停机坪》	张　迪	董建中
	2014	通讯《最“土”的产业和最“洋”的技术联姻》	史健岚	董建中 李晨曦
		系列报道《温暖贵州行·萧山希望小学竣工》	钱　嫣　何文静	王　平 汪少一
		评论《不蘸权力之墨　丹青才更风雅》	赵邱峰	董建中 李慧强
		论文《注重“顶层设计”　力促深度融合的萧山实践》	王柏华　陈　蓉	
		副刊《谁关注你的背影》	孙道荣	王　平 王玉国
		摄影《同窗的你》	彭　鹏	王　平 李　健
	2015	消息《航坞山消防英雄铜像被踩事件　四名当事人公开道歉》	张　磊　杨　勇	董建中 徐桂龙
		评论《打一场泽被子孙的“治水持久战”》	赵邱峰	董建中 李家连
		副刊《餐桌是最好的课桌》	孙道荣	王玉国
		摄影《“惊”涛》	丁　毅	高　宇
		版面5月25日封二版《特别报道——行走母亲河》		何学仁
		微信《“杭州赢得2022亚运会举办权，萧山人最想说的是……”系列报道》	俞海波　彭　鹏 沈　昊	
	2016	消息《“天眼”铝合金背架由东南网架制造并拼装》	周　喆	金　烽 李家连
		通讯《压不垮的脊梁》	童志辉　袁　园	刘斌云 徐桂龙
		系列报道《“G20峰会”》	金　烽　刘斌云 金　波　周　颖 龚　洁	李家连 李晨曦
		副刊《锅留余香》	孙道荣	徐益欣
		摄影《天眼(组照)》	金澍杰	傅展学

续表6-12

等级	年度	标题	作者	编辑
一等奖	2016	摄影《机场公路高架今日通车》	范方斌	傅展学
		摄影《一个人的考场》	范方斌	傅展学
		版面2016年9月5日第五版《G20遇上萧山:这一天,一家人记一辈子》		郭庚新
		专栏《萧报公益——萧暖暖》	集　体	李慧强
		论文《依托小记者虚拟社群　搭建多方参与共赢的经营平台——以〈萧山日报〉为例》	王　平	
		网络新闻《G20,萧山这一天》	金　烽　金春燕　姚晨曦　李　莎　夏燕云　陈茜如　臧一平	
二等奖	1996	《"树""巢""鸟"之缘》	方介兴	
		《摄影《欢送第一批赴藏新兵》》	傅宇飞	
	1997	《这笔多收的医疗费何日能退还》	张朝晖　董建中	
		《农技专家下乡来》	夏　杰	
	1998	《市政府主动上门恳请农民填写收费登记卡》	鲍一飞	
		《15个市重点工业项目建设基本不占耕地》	王建平	
		《萧山"万隆"该出手时就出手》	金　烽	
	1999	《祸起婚外情》	唐海祥	
	2000	《我市日增私家车25辆》	王柏华	
	2001	言论《为诚信喝彩》	上官高峰	
		消息《一张67年前的萧山报纸》	林鲁伊	
		通讯《靖江农户有了诚信档案》	林鲁伊	
	2004	消息《长途班车农村公交装上"黑匣子"》	金建武	
		通讯《民企"二次创业"引起关注》	金　烽	
		通讯《非公企业的党员听证会》	孟再励　张渭传	
		系列报道《准大学生被困佛山》	陆丽萍	

续表6-12

等级	年度	标题	作者	编辑
二等奖	2007	言论《期待更多的“通办”》	王宽和	
		系列报道《人大代表徐传友向市民征集“金点子”》	孟再励	
		消息《资本市场关注“萧山现象”》	孟再励	
		消息《传化请专家修补“传家宝”》	邱　芳	
		通讯《王厂长“下岗”,王书记“上岗”》	金　波	
		摄影《遇难者被挖出后亲友悲痛欲绝》	高　宇	
		栏目《今日帮办》	王肖君　何可人	
	2008	消息《萧山民企叫板欧盟标准》	金建武	李家连 王　平
		通讯《来自海峡彼岸的爱心,能否顺利抵达萧山?》	麻雪莲	汤青华 宣舒平
		通讯《30小时,4幢楼房夷为平地》	金　波	汤青华 王　平
		摄影《再大的风雪,也要把货物运进城》	傅展学	汤青华
		摄影《电力工人肩扛手推运送电缆上山》	傅展学　陈　雄	王肖君
		版面1月30日《雪袭年关》二、三、四、五、六版		集　体
	2009	消息《萧山有了首个区域性职代会对等谈判机构》	李　华　张　波 陈水泉	宣舒平 周　喆
		通讯《萧山有个特殊的大学生党支部》	刘殿君　吕校忠	周　喆
		系列报道《杭齿隧道光线昏暗　开车行走不安全》	周　颖　周　婷	汤青华
		版面2009年9月21日《要闻版》		金　烽 徐桂龙

续表6-12

等级	年度	标题	作者	编辑
二等奖	2010	消息《12年来,农村居民收入增速首次领跑城镇居民》	钱　芳	金　烽 赵邱峰
		通讯《建一村,15年太平无事》	刘殿君　陈狄锋	金　烽 周大伟
		系列报道《我要抱着我的兄弟上大学》	洪　斐　孟再励 周　喆	宣舒平 金　烽 徐桂龙 周大伟
	2011	消息《萧山农民筹资千万建民间“红色革命纪念馆”》	刘殿君　高宜耀 陈狄锋	金　烽 周大伟
		通讯《春天里的流水账》	洪　斐　洪　科	赵邱峰
		通讯《萧山本土文化“潜”入中小学课堂教育》	洪　斐　郭亚萍	洪　科
		系列报道《微博问政　萧山在路上》	张　磊	王　平 李慧强
		摄影《“春泥计划”扎根萧山镇街》	高　宇	徐桂龙
		专栏《百村行》	集　体	
	2012	消息《萧山“心灵援助”帮教志愿服务队全省首创》	冯俏蕾	金　烽 徐桂龙
		消息《职教新鲜事:校舍变身“实训车间”》	洪　斐　傅展学	董建中 王肖君 李晨曦
		评论《网络问政　在“接力”中走得更远》	赵邱峰	王　平 赵邱峰
		系列报道《“援疆天使”欧阳栋》	王　平　王肖君 施丹丹　洪　科	赵邱峰 何学仁 姚潮龙
		版面:《抗击海葵》系列版面		集　体
		摄影《洪德兴:“蜂王”缔造者》	葛亚琪	傅展学

续表6-12

等级	年度	标题	作者	编辑
二等奖	2014	消息《"尖山下,我的家"萧山村歌获全国四大奖》	张　婷	李　华
		消息《进化青梅才开花　国外订单已"排队"》	龚　洁　田何兴	金　烽 徐桂龙
		通讯《5岁孩子17楼坠亡　父母强忍悲痛捐献孩子眼角膜》	张　磊　周　颖	董建中 郭庚新
		版面《地铁开通特别报道》		董建中 郑海龙 刘星辰
		摄影《最后的渔佬儿》	范方斌	王　平
		摄影《乐在"骑"中》	傅展学	李　健
		摄影《寻访抗战老兵》	葛亚琪	傅展学
		摄影《13位盲人"看"电影》	张　迪	傅展学
		论文《"三网合一"　打造强势区域新闻网站》	金　烽	
	2015	论文《"一行业一公司":链式重构激发报业新活力》	陈　蓉	
		论文《区域纸媒如何变"后发"劣势为"厚发"攻势》	李家连	
		摄影《机场高速建设者(组照)》	金澍杰	王　平 傅展学
		网络新闻《黄师傅,你的幸福我们感受到了》	金　烽　金　波 洪美娜　詹星玮	
	2016	消息《萧山一企业因环境违法行为向全区人民致歉》	周　喆　陈　霞	徐桂龙
		消息《"江南小舟"划进G20峰会主会场》	张　婷	金　烽 徐桂龙
		通讯《萧山老兵孙取候走了　留下一生荣耀捐抗战纪念馆》	曹涵翎	李慧强
		评论《"全家腐"换来"全家福"?》	何学仁	何学仁
		微信作品《今天萧山马路上,这位姑娘的一个举动太让人暖心!》	俞海波	

1997—2009年《萧山日报》获得新华社浙江分社精编奖作品一览表

表6-13

等级	年度	标题	作者	编辑
一等奖	1997	专栏《体育》		金建武
		版面《国内国际》		董国栋
		版面《国际·体育》		赵玉福
	1999—2000	好版面(4个)		集 体
	2005	版面8月7日《国内国际》版		李 健
		9月16日《国内新闻》版		赵玉福
	2009	2月5日《国内国际》		赵雪峰

2000—2016年《萧山日报》获得浙江省县市党报(县市区域报)新闻奖作品一览表

表6-14

等级	年度	标题	作者	编辑
一等奖	2000	言论《杭州产品(昆明)展销会暨经贸洽谈会启示(2篇)》	余汉老	
	2001	言论《不要停留于杨梅节》	张有理	
	2005	消息《思想疙瘩和生活难处来这里说说》	傅展学	
		消息《萧山90万农民基本医疗有保障》	孟再励	
		连续报道《我区惊现两千本"错版"结婚证》	孟再励 金 波 袁少萍 於立英	
		标题《河道因城市而改变 城市因河道而增色》	汪少一	
		版面5月31日6版《国际新闻》		李 健
	2006	消息《萧山民企创全省慈善事业两个"第一"》	孟再励 朱劲蕾	
		通讯《三峡移民的萧山幸福生活》	孟再励 朱劲蕾	
		标题《一千年前兵戎相见 一千年后共话休闲;金源文化牵手吴越文化》	金 波	
		版面5月15日5版《社会新闻》		卢卓琳

续表6-14

等级	年度	标题	作者	编辑
一等奖	2007	消息《河上"留守儿童"有了"代理家长"》	金建武	徐桂龙
		通讯《上岗首日,喝了三杯农家茶》	孟再励	姚建玲
	2008	消息《萧山:为27只"熊猫灾民"建新家》	项亚琼	金　烽 汤青华
		系列报道《"留守儿童的暑期生活"调查》	集　体	金　烽 王肖君
	2009	消息《八旬老人一条建议,让临浦节电13万元》	张　婷　孔春燕 孔令锋	宣舒平 王　平 龚　洁
		副刊作品《古北海塘的民间记忆》	王建欢　朱琳锃	王　平 朱琳锃
		摄影《九旬老兵的心愿》	高　宇	汪少一
	2010	消息《萧山在全省率先完成援川建设任务》	李　华　洪　科	金　烽 徐桂龙
		通讯《建一村,15年太平无事》	刘殿君　陈狄锋	金　烽 周大伟
		典型报道《我要抱着我的兄弟上大学》	洪　斐　孟再励 周　喆	宣舒平 金　烽 徐桂龙 周大伟
		系列报道《解读传化经验系列报道》	孟再励　邱　芳 田　琼	宣舒平 董建中 周大伟 徐桂龙
		摄影《大搜救》	傅展学	董建中
	2011	通讯《还记得吗?那些消失于民间的萧山良种》	姚一青　郑舒铭	周大伟
		副刊《拜托,别让它们飞》	赵雪峰	郑文静
		评论《期待追溯体系追回失落的人心》	赵邱峰	金　烽 徐桂龙
		典型报道《义士章国忠,一路走好》	钱　嫣　高宜耀 陈狄锋	陆丽萍 周大伟
		重大主题报道《萧山农民筹资千万建民间"红色革命纪念馆"》	刘殿君　高宜耀 陈狄锋	金　烽 周大伟

续表 6-14

等级	年度	标题	作者	编辑
一等奖	2012	消息《萧山民营资本竞相投入农业“怀抱”》	史健岚　张艾理 余水军	徐桂龙 王柏华
		系列报道《“重燃生命的希望——拯救小烨琳”图文系列报道》	钱　嫣　彭　鹏	陆丽萍 董建中
		突发性事件报道《“抗击海葵”系列报道》	集　体	集　体
		典型报道《“援疆天使”阳栋系列报道》	王　平　王肖君 施丹丹　洪　科	赵邱峰 何学仁 姚潮龙
		副刊《不搭调》	孙道荣	王玉国 董建中
	2013	消息《一人管九国机器　土发明家揽“金锤奖”》	徐文燕	王　平 徐桂龙 刘斌云 王肖君
		通讯《民告官　公安局长出庭应诉》	周　颖　萧　法	金　烽 郭庚新
		突发事件报道《“瓜沥火灾，三位救火英雄”系列报道》	集　体	集　体
		重大主题报道《“新型城市化”系列报道》	集　体	集　体
		副刊《欢潭五记》	王玉国	董建中 孙道荣
	2014	热点引导《饭店建在江上　这个污染为啥不整治》	胡吉楠	王　平 李慧强
		评论《迷信“根除网瘾”也是一种瘾》	赵邱峰	王　平 何学仁
		论文《以深度融合促“四力”增长》	陈　蓉　朱琳锃	
	2015	消息《衰江新村一村民捐资千万元“治水”》	刘殿君	王　平 李家连
		评论《打一场泽被子孙的“治水持久战”》	赵邱峰	李家连
		系列报道《三生融合萧山进行时》	集　体	何学仁 李慧强
		热点引导《航坞山消防英雄铜像被踩事件　四名当事人公开道歉》	张　磊　杨　勇	董建中 徐桂龙

续表6-14

等级	年度	标题	作者	编辑
一等奖	2015	版面《不能忘却的记忆》		郭庚新
		媒体融合报道《"行走母亲河"全媒体活动报道》	集　体	
	2016	消息《"江南小舟"划进G20峰会主会场》	张　婷	金　烽 徐桂龙
		评论《立法护文明　萧山可有勇气开出首张罚单?》	赵邱峰	王　平 何学仁
		副刊《善遇见良》	孙道荣	徐益欣
		重大主题报道奖《G20峰会系列报道》	金　烽　刘斌云 金　波　周　颖 施丹丹　何学仁 郭庚新	

1997—2000年《萧山日报》获得杭州市县市报新闻奖作品一览表

表6-15

等级	年度	标题	作者	编辑
一等奖	1997	《关于城市环境建设系列报道》（共10篇）	夏　杰	
	1998	《再就业即时服务遭遇尴尬》	王　平	
		《外地打工者坠楼以后……》	夏　杰	
新闻竞赛一等奖	1998	言论《公开了还要明白》	童伟民	
	1999	现场短新闻《抢订合同》	王立加	
一等奖	1999	《"新世纪"：何日还广场于民?》	金　烽 何春洪	
	2000	《这些中小学生命悬"黄鱼车"》	夏　杰	
新闻竞赛一等奖	2000	凡人写真《水上铜匠王井荣》	李乍虹	

2012—2016年《萧山日报》获得摄影作品奖作品一览表

表6-16

类别、等级	年度	标题	作者	编辑
中国县市传媒新闻奖（摄影类）一等奖	2012	《地铁来了》	张　培	傅展学
		《他的房间在空中260米》	葛亚琪	傅展学
		《钱小占　翻出人生精彩》	丁　力	傅展学
		2012年1月21日6版摄影专版		高　宇
	2013	《彩虹向英雄致敬》	范方斌	金　烽 赵邱峰 孟再励
		《“的哥英语”，扒饭时抢着学》	张　培	王　平 陈　蓉 王肖君
		《屋顶菜园每天开摘200多公斤蔬菜》	丁　力	金　烽 徐桂龙
	2014	《同桌的你》	彭　鹏	王　平 李　健
		《寻访抗战老兵》	葛亚琪	王　平 傅展学
		《乐在“骑”中》	傅展学	董建中 李　健
		《记忆中的杭州南站》	彭　鹏	李　健
		版面《清凉一夏》		高　宇 傅展学
	2015	《法庭“入”户》	范方斌	王　平
		《惊涛》	丁　毅	高　宇
		《机场高速建设者》	金澍杰	傅展学
	2016	《开镰》	唐　柯	
		《自造飞机干农活》	高　宇	徐桂龙
浙江省新闻摄影年赛金奖	2013	《彩虹向英雄致敬》	范方斌	

1999—2011年《萧山日报》获得广告类作品奖作品一览表

表6-17

等级	年度	标题	作者
中国报业优秀户外广告作品一等奖(平面类)	2010	《湘湖篇》	风盛公司集体
中国地市报优秀广告作品奖一等奖	2011	广告版面《贪得无“叶”》	张利明
浙江省报纸广告优秀作品奖一等奖	1999	公益广告《萧山,不是肖山》	董建中
	2000	《萧山楼市》	董建中

2006—2013年《萧山日报》获得残疾人事业好新闻奖作品一览表

表6-18

等级	年度	标题	作者
浙江省残疾人事业好新闻一等奖	2006	系列报道《助残日,考验公德心》	孟再励 陆丽萍 於立英 傅展学
杭州市残疾人事业好新闻一等奖	2007	系列报道《聋哑画家徐军圆梦》	周 颖 陈 蕾 卢卓琳 项亚琼
	2010	系列报道《“阳光”兄弟求学路》	洪 斐 孟再励 周 喆
	2012—2013	摄影《折翼的天使也能飞翔》	范方斌
全国残疾人事业好新闻优秀奖	2006	系列报道《助残日,考验公德心》	孟再励 陆丽萍 於立英 傅展学

1997—2007年《萧山日报》获得杭州市人大好新闻奖作品一览表

表6-19

等级	年度	标题	作者
杭州市宣传人大好新闻奖一等奖	1997	《一只特别的流动票箱》	王 平 王立加
杭州市人大好新闻一等奖	2007	《市人大代表徐传友向市民征集“金点子”》	孟再励

2004年《萧山日报》获得杭州市环保、工业兴市好新闻奖作品一览表

表6-20

等级	年度	标题	作者
杭州市“十大环保好新闻”一等奖	2004	通讯《扔了七八年垃圾为哪般》	朱林飞

1998—2012年《萧山日报》获得各类业务论文奖作品一览表

表6-21

年度(届别)、等级	标题	作者
2012中国报业党建征文活动一等奖	《强化支撑点　寻求突破点　夯实落脚点》	宣舒平 王　平 李家连
中国县市报研究会“走转改”主题论文奖一等奖	《领导带头　全员参与　机制保障——萧山日报开展“走转改”活动探讨》	金　烽 陈　蓉 何春洪
浙江省第二届报业经营管理优秀论文评选一等奖	《浙江省县报广告快速增长的启示》	洪佳士
浙江媒体多用用好新华社电讯论文评比一等奖	《萧山日报刊用新华社电讯稿的情况及存在的问题》	洪佳士
浙江省县市党报第一届新闻论文评选一等奖	《舆论监督要有纪律观念》	张有理
浙江省县市党报第三届(2001)新闻论文奖一等奖	《新闻图表:一表胜千言》	董国栋
2000年度浙江省地市党报新闻论文奖一等奖	《市县两级党报关系及发展策略》	洪佳士
中国报业经营管理优秀论文奖二等奖	《实施全媒体经营战略　从传统报业向现代传媒转型——萧山日报开展全媒体经营的实践与探索》	宣舒平 王柏华 徐丽荣 汪少一
浙江省新闻业务论文评选二等奖	《地县两级党报关系及发展策略》	洪佳士
浙江省第三届新闻业务论文评选二等奖	《县市党报如何抓好广告经营》	洪佳士
浙江省第一届(1998)报业经营管理优秀论文评选二等奖	《浅谈县市报的报业经营》	张有理
1999年度浙江省报纸广告优秀论文评选二等奖	《县市报广告经营策略初探》	董建中

续表6-21

年度(届别)、等级	标题	作者
浙江省县市党报第二届新闻论文评选二等奖	《百个特色村是这样写出来的》	李乍虹
浙江省县市党报第二届(2001)报业论文奖二等奖	《一家县级报的信息化历程》	洪佳士 楼忠兵
第三届(2004)全省报业经营管理优秀论文二等奖	《寻找新坐标——萧山日报区域性报纸定位的探索与实践》	董建中

二、萧山广播电视台

1.政府系列奖项

2000年萧山广播电视台获得中国新闻奖作品一览表

表6-22

等级	年度	类别	内　容	作　者	播出媒体
一等奖	2000	直播节目	2000年钱塘江潮	中央电视台、浙江电视台、萧山电视台(孙焕林、赵岳松、朱伟民、钱荣根)	中央电视台 浙江电视台 萧山电视台

1994—2008年萧山广播电视台获得中国广播奖作品一览表

表6-23

等级	年度	类别	内容	作者	播出媒体
二等奖	1994	广播新闻	农民家庭请律师	吴　康　赵国良 来妙龙	萧山人民广播电台
三等奖	1995	对农广播	农村新天地	吴　康　孙维加 来妙龙	萧山人民广播电台
	2004	广播文艺	三女闹新房	孙园园	萧山人民广播电台
	2005	广播文艺	回娘家	孙园园	萧山人民广播电台
	2008	少儿文艺	小山雀——山乡未来	孙园园	萧山人民广播电台

2000年萧山广播电视台获得中国电视奖作品一览表

表6-24

等级	年度	类别	篇目	作者	刊播媒体
一等奖	2000	直播节目	2000年钱塘江潮	中央电视台、浙江电视台、萧山电视台(孙焕林、赵岳松、朱伟民、钱荣根)	中央电视台、浙江电视台、萧山电视台

1990—1996年年萧山广播电视台获得全国对农广播优秀作品奖作品一览表

表6-25

等级	年度	类别	篇目	作者	刊播媒体
一等奖	1990	对农广播	鲁冠球和农村青年谈理想和事业的成功	吴 康	萧山人民广播站
二等奖	1995	对农广播	农村新天地	吴 康 孙维加 来妙龙	萧山人民广播电台
三等奖	1996	对农广播	农村大世界	孙维加 赵国良 来妙龙 吴 康	萧山人民广播电台

1994—2017年萧山广播电视台获得浙江新闻奖作品一览表

表6-26

等级	年度	类别	篇目	作者	编辑	刊播媒体
一等奖	1994	电视新闻专题	人间自有真情在	赵岳松 朱伟民 钱荣根 陆伟岗 张晓辉		萧山电视台
	2005	电视新闻	认识禽流感 防治禽流感	周效初		萧山电视台
		广播新闻专题	农村专业户家的城里保姆	陈 勇 徐 凌 陈国伟	来妙龙 朱伟民	萧山人民广播电台
二等奖	2008	广播连续报道	风情大道地铁一号线发生塌陷事故	徐 凌 陈 勇 来佩华 胡彩娟		萧山人民广播电台
		电视短消息	杭州地铁一号线湘湖站工地发生塌方	朱伟民 陈 默 余益丽 韩 杰		萧山电视台

续表6-26

等级	年度	类别	篇目	作者	编辑	刊播媒体
二等奖	2008	广播文艺	来自老父老母的生存报告	曲　兰　孙园园 郑　健		萧山人民广播电台
	2009	广播新闻专题	平民英雄李立兴	祝　春　汪　剑 余纪勤		萧山人民广播电台
	2013	广播消息	萧山取消14个镇街招引外资考核任务	来宏明　陈　默 莫利锋　沈　莉 薛张亮　韩　杰 纪晓冬　吴立萍		萧山人民广播电台
	2016	电视新闻专题	违建迟迟未拆,法院裁定书不知去向	叶卓明　吴松根 吴　斐　孟飒霏 郑　健		萧山电视台
三等奖	1995	电视评论	岂能如此促销	朱伟民　朱良伟 张晓晖		萧山电视台
	2007	广播消息	一次半途而返的民工旅游	徐　凌　汪　剑 余纪勤　余淑燕	陈　勇	萧山人民广播电台
		广播连续报道	杭甬运河遭填埋	徐　凌　陈　勇 张笑歌	来妙龙	萧山人民广播电台
	2009	电视消息	两岸飞架空中桥　血脉亲情一线牵	徐纳新　顾华夏 李　倩　俞世杰		萧山电视台
	2011	广播消息	萧山五万亩虾塘成菜地	陈　默　胡彩娟 朱　丹　戴晓青		萧山人民广播电台
		电视新闻	民企传化集团构建和谐劳动关系	陈　默　顾华夏 莫利锋　纪晓冬		萧山电视台
	2012	电视消息	“十万美国学生在中国”首个合作项目在萧山启动	陈　默　朱　丹 戴晓青　胡彩娟		萧山电视台
		广播系列报道	身边的感动	胡彩娟　陈　默 顾华夏		萧山人民广播电台
		新闻专题	医保卡变成“购物卡”	陈　默　苏昭军 张丽丹　胡彩娟		萧山电视台
		广播青少专题	我是小孩　我爱唱大戏	戚芬芳　陈　勇		萧山人民广播电台

续表 6-26

等级	年度	类别	篇目	作者	编辑	刊播媒体
三等奖	2013	广播新闻专题	援疆医生欧阳栋:扎根天山 甘做南疆红柳	来宏明 顾华夏 胡彩娟 吴松根 韩 杰		萧山人民广播电台
		电视新闻专题	寻找眼镜哥	陈少敏 黄 立 金 鑫 汪 乐		萧山电视台
	2014	广播新闻	萧山农民养甲鱼夺得国家科技进步大奖	张晔涛 莫利锋 胡彩娟		萧山人民广播电台
	2017	广播新闻专题	鲁冠球:战士走到终点 精神长存人间	吴松根 吴 斐 王 荣 汤嘉旸 胡彩娟		萧山人民广播电台

1988—2016年萧山广播电视台获得浙江广播奖作品一览表

表 6-27

等级	年度	类别	篇目	作者	刊播媒体
一等奖	1989	对农广播	鲁冠球谈乡镇企业的现状和未来	吴 康 谢 农	萧山人民广播站
	1994	广播新闻	农民家庭请律师	吴 康 赵国良 来妙龙	萧山人民广播电台
		广播评论	发得快与找老外	吴 康 赵国良 来妙龙	萧山人民广播电台
	1995	广播新闻	大路歌	孙维加 来妙龙	萧山人民广播电台
	1997	对农广播	农村大世界	张成龙 谢 农 任张标	萧山人民广播电台
	2008	广播新闻	风情大道地铁一号线发生塌陷事故	徐 凌 陈 勇 来佩华 胡彩娟	萧山人民广播电台
	2010	对农广播	农村大世界	陈 勇 来佩华 倪兴康 张笑歌	萧山人民广播电台
	2016	对农活动	治水再出发——浦阳江全流域新闻行动	诸暨广播电视台、萧山广播电视台、浦江广播电视台	诸暨广播电视台、萧山广播电视台、浦江广播电视台

续表6-27

等级	年度	类别	篇目	作者	刊播媒体
二等奖	1989	广播节目	萧山新闻	吴　康	萧山人民广播站
	1990	广播理论	鲁冠球和农村青年谈理想和事业的成功	吴　康	萧山人民广播站
	1994	广播新闻	叶国珍使南宋官窑一步跨越700年	倪兴康　孙维加	萧山人民广播电台
		广播社教	走上世界医学讲坛的乡村医生	王刚强　孙维加　来妙龙	萧山人民广播电台
	1995	广播新闻	南阳镇农民给教授发聘书	吴　康　孙维加　赵国良　朱悦康	萧山人民广播电台
		广播社教	重视预防碘缺乏病	王刚强　倪兴康	萧山人民广播电台
		广播综艺	走进历史	孙园园	萧山人民广播电台 浙江人民广播电台
	1996	广播新闻	他们播撒文明	孙维加　赵国良　来妙龙	萧山人民广播电台
		广播社教	吸毒对人体的危害	倪兴康	萧山人民广播电台
	1997	广播社教	丰北效应	来妙龙　钱荣根　周建军	萧山人民广播电台
	1998	广播理论	关于合作社、合作经济的思考	来妙龙　钱荣根	萧山人民广播电台
	1999	广播新闻	萝卜“拍卖”“一槌”三万	徐　凌　吴松根　胡彩娟	萧山人民广播电台
	2003	广播少儿	太阳花	戚芬芳	萧山人民广播电台
	2004	广播新闻	萧山苗农控股上海国企	钱荣根　陈　默　应长根　朱伟民	萧山人民广播电台
		广播文艺	校园课本剧《礼物》	孙园园	萧山人民广播电台
	2005	新闻专题	农村专业户家的城里保姆	陈　勇　徐　凌　陈国伟　来妙龙　朱伟民	萧山人民广播电台

续表 6-27

等级	年度	类别	篇目	作者	刊播媒体
二等奖	2006	广播文艺	儿童剧《义鼠》	孙园园	萧山人民广播电台
	2008	广播新闻	杭州—台湾开通两岸直航	李　倩　徐　凌　陈　勇	萧山人民广播电台
	2011	广播对农	农村大世界	陈　勇　倪兴康　来佩华　张笑歌	萧山人民广播电台
	2013	广播对农	凤凰新盛泳池开张引出的话题	陈　勇　戴叶芳　倪兴康　李　倩　张笑歌	萧山人民广播电台
三等奖	1988	广播新闻	鲁冠球招架不住了	胡　飞　吴　康　陈传荣　孙维加	萧山人民广播站
	1990	广播新闻	浦沿一百多青年农民上夜校	周善明　吴　康　谢　农	萧山人民广播站
		广播节目	萧山新闻	吴　康	萧山人民广播站
	1993	广播新闻	萧山宾馆重奖一线职工	余纪勤	萧山人民广播电台
		广播社教	谈谈中学生的高消费问题	孙维加　吴　康　张笑歌	萧山人民广播电台
	1994	广播社教	点亮经济发展道路的火炬	陈　勇	萧山人民广播电台
	1995	广播社教	无形资产，企业的“软黄金”	徐　凌　来妙龙	萧山人民广播电台
	1996	广播新闻	500亩围垦土地经营权落入大企业集团之手	余纪勤　来妙龙	萧山人民广播电台
		广播社教	大企业热衷我市农业开发	徐　凌　孙维加　来妙龙	萧山人民广播电台
	1997	广播社教	谈淡艾滋病的预防	张成龙　谢　农	萧山人民广播电台
		广播文艺	梨园青草地	江　玲	萧山人民广播电台

续表 6-27

等级	年度	类别	篇目	作者	刊播媒体
三等奖	1998	广播新闻	万向集团九名一线职工端上“铁饭碗”	陈　勇　陈于晓　陈传荣	萧山人民广播电台
		对农广播	农村大世界	张成龙　来妙龙	萧山人民广播电台
	1999	广播社教	关注职工基本养老保险	孙维加　何　骏　陈国伟	萧山人民广播电台
		对农广播	农村大世界	张成龙　谢志荣　孙维加	萧山人民广播电台
		广播文艺	竺小招和她的唱腔	江　玲	萧山人民广播电台
	2001	广播新闻	徐传化三交入党志愿书	朱伟民　来佩华　陈　勇　郑　健	萧山人民广播电台
		论文	主持人现场访谈的把握	孙园园	视听纵横
	2002	广播文艺	二千元钱一只缸	孙园园	萧山人民广播电台
	2003	广播文艺	广播剧《跨国传奇》	孙焕林　赵岳松　孙维加　沈贻伟　王　波	萧山人民广播电台
		广播对农	农村大世界	来妙龙　孙维加　张成龙　金　波　应长根　郑　健　林　青	萧山人民广播电台
	2005	广播对农	“萧山农业外建基地”	盛　蓉　来妙龙　刘　鹏	萧山人民广播电台
		广播文艺	我唱莲花落	孙园园	萧山人民广播电台
	2006	广播文艺	长篇连播《艾滋病离我们有多远》	孙园园　张兆青	萧山人民广播电台
		对农广播	农村大世界	陈　勇　陈国伟　徐　凌　来妙龙	萧山人民广播电台

续表6-27

等级	年度	类别	篇目	作者	刊播媒体
三等奖	2006	广播播音	白居易的《春题湖上》赏析	郑　健	萧山人民广播电台
	2008	广播新闻	千企结百对，共建新农村	来佩华　徐凌　来妙龙　陈勇	萧山人民广播电台
		广播新闻	走进法律——关注农民工工伤私了现象	祝　春　余纪勤	萧山人民广播电台
		广播内参	外来孕妇险遭不测的背后	陈　勇　来妙龙　徐　凌	广电内部通讯
		广播文艺	小山雀之三——咱们一条心	孙园园	萧山人民广播电台
		广播文艺	梦想飞扬	戴叶芳　余纪勤	萧山人民广播电台
		广播文艺	山丹丹花开	孙园园	萧山人民广播电台
	2009	对农广播	农村大世界	陈　勇　陈国伟　徐　凌　来妙龙	萧山人民广播电台
	2010	广播新闻	萧山五万亩虾塘成菜地	陈　默　胡彩娟　朱　丹　戴晓青	萧山人民广播电台
	2012	广播公益广告	爱的链条	张　伟　王雪娇　薛　诚　傅潇侠	萧山人民广播电台
		广播对农	农村大世界	陈　勇　倪兴康　李　倩　戴叶芳　陈国伟	萧山人民广播电台
		广播文艺	鸾凤和鸣	戴叶芳　倪兴康　陈　勇	萧山人民广播电台
	2013	广播新闻播音	常回家看看	黄　立	萧山广播电视台
	2014	广播少儿	让垃圾分开去旅行	戴叶芳　陈　勇　戚芬芳	萧山人民广播电台

续表6-27

等级	年度	类别	篇目	作者	刊播媒体
三等奖	2014	广播新闻	萧山农民养甲鱼夺得国家科技进步大奖	张晔涛　莫利锋 胡彩娟	萧山人民广播电台
		论文	县级台建设媒资系统应把握的几个问题	朱伟民	萧山广播电视台
	2015	广播对农	富裕村里的节俭事	李　倩　戴叶芳 孙　欣	萧山广播电视台
		广播广告	酸菜鱼	汪　乐　刘　慧 傅潇侠	萧山人民广播电台
	2016	广播新闻	《萧山戴村镇小营养午餐调查》	朱　丹　王争青 倪佳君　张　磊 陈　默　叶卓明 汪　乐	萧山人民广播电台
		公益广告	妈妈,那我怎么亲你	金璐佳　龚潇栋 朱　颖	
		商业广告	顺丰快递"即日到"业务	汪　乐　刘　鹏	萧山人民广播电台
优秀栏目奖	2008	广播少儿	太阳花	广播部	萧山人民广播电台

1989—2016年萧山广播电视台获得浙江电视奖作品一览表

表6-28

等级	年度	类别	篇目	作者	刊播媒体
一等奖	1994	电视新闻	我市农业开发实行公开招标	华保华　徐纳新 张晓晖　赵定甫	萧山电视台
		电视新闻专题	人间自有真情在	钱荣根　陆伟岗 张晓晖　朱伟民 赵岳松	萧山电视台

续表6-28

等级	年度	类别	篇目	作者	刊播媒体
一等奖	2000	直播节目	一起飞翔	浙江电视台、萧山电视台(孙焕林、赵岳松、朱伟民、钱荣根、周效初、顾华夏、唐靓)	浙江电视台 萧山电视台
		电视文艺	龙舞萧山——2000年春节晚会	赵岳松 陆伟岗 张 力 陈 晖 许宏雁	萧山电视台
	2008	电视新闻	13个难忘的日日夜夜——萧山民办消防队十一勇士赴川救援记	朱伟民 顾华夏 徐纳新 徐 寒 乔 冲 薛张亮	浙江电视台 萧山电视台
二等奖	1993	电视新闻	全省围垦大规模机械化施工在萧山获得成功	任张标 徐纳新 张 月	萧山电视台
	1998	电视新闻	美女坝发生观潮悲剧	朱伟民 钱荣根 唐 靓	萧山电视台 中央电视台
	2003	电视新闻	追踪死鸡	朱伟民 苏昭军 吴松根 任 慧	萧山电视台
		电视新闻	跨湖桥发掘中华第一船	徐 凌 陈 默 黄 立	萧山电视台
	2004	电视文艺	千古情缘	裘 超 陆伟岗 张家和 吕 峰	萧山电视台
		电视新闻	英雄张叶良	朱伟民 钱荣根 任 慧 陈 勇 顾华夏 陈 晖 陈 默 苏昭军 吴松根 徐 寒 陈少敏	萧山电视台
	2008	电视文艺	“我们一起走过”——萧山区纪念改革开放三十周年大型晚会	裘 超 汪垤涵 来宏明 钱荣根 赵国良 张 月 吕 峰	萧山电视台

续表6-28

等级	年度	类别	篇目	作者	刊播媒体
二等奖	2010	电视文艺	跨湖桥传奇	裘　超　来宏明 赵国良　张　月 倪佳成　吕　峰	萧山电视台
		对农电视	滴灌引领农业技术革命	《金色大地》栏目组	萧山电视台
	2016	电视专题	违建迟迟未拆，法院裁定书不知去向	叶卓明　吴松根 吴　斐　孟飒霏 郑　健	萧山电视台
三等奖	1989	电视新闻	施生根主动向国家投售商品粮23万公斤	华保华	萧山电视台
	1991	电视新闻	拆开院墙修水利	来　晓　石银双	萧山电视台
	1992	电视新闻	农民股份制企业活力强	来　晓	萧山电视台
	1995	电视新闻	萧山出现田头劳务市场	任张标　张　月	萧山电视台
		电视评论	岂能如此促销	朱伟民　朱良伟 张晓晖	萧山电视台
	1997	电视新闻	变脸的广告牌	来妙龙　钱荣根	萧山电视台
	1998	电视节目	萧山新闻	赵岳松　朱伟民 陈传荣　黄宪荣	萧山电视台
		电视社教	邵家故事(同时获金鸽奖三等奖)	陆伟岗　陈　晖 任张标	萧山电视台
		电视文艺	为党旗增辉	陆伟岗　张家和 张　力	萧山电视台
	1999	电视文艺	春满萧然——萧山市1999年春节晚会	赵岳松　陆伟岗 张　力　张家和 许宏雁	萧山电视台
		电视新闻	任宝凯,故乡人民为你骄傲	朱伟民　黄宪荣	萧山电视台

续表 6-28

等级	年度	类别	篇目	作者	刊播媒体
三等奖	1999	电视理论	党旗在这里高扬——传化集团抓党建的启示	任张标 陆伟岗 张晔涛 顾华夏	萧山电视台
		电视社教	冯耀忠的微雕艺术(同时获金鸽奖三等奖)	陆伟岗 任 慧 倪佳成 任张标 陈 晖	萧山电视台
	2000	电视社教	南宋官窑(同时获金鸽奖三等奖)	陈 晖 汪晓可 陆伟岗	萧山电视台
	2001	电视文艺	萧然春潮——2001年春节晚会	萧山电视台	萧山电视台
	2002	电视新闻	村民的民主权利不容践踏	顾华夏 陈 勇 黄 立 林 青	萧山电视台
	2003	电视社教	接班	陆伟岗 倪佳成 袁 剑 吕 锋	萧山电视台
	2004	电视社教	新360行	陆伟岗 袁 剑 汪晓可 汪 乐	萧山电视台
		电视青少	走进沙地	陆伟岗 袁 剑 汪晓可	萧山电视台
	2005	电视新闻	认识禽流感 防治禽流感	周效初	萧山电视台
		电视对农	金色大地	张 月 陈 健 张家和 吕 峰	萧山电视台
	2008	电视新闻	杭州地铁一号线湘湖站工地发生塌方	朱伟民 陈 默 余益丽 韩 杰	萧山电视台
		电视新闻	转型升级让萧山经济转“危”为“机”	朱伟民 来妙龙 徐纳新 陈 默 苏昭军 王 荣 张丽丹 纪晓冬 薛张亮 乔 冲	萧山电视台
	2009	电视文艺	“唱响我家乡”镇街品牌文化艺术团欢乐秀决赛	萧山电视台	

续表6-28

等级	年度	类别	篇目	作者	刊播媒体
三等奖	2010	纪录片	义工上岛	陈　默　顾华夏 吕　晗　徐　寒 戴晓青　薛　诚	萧山电视台
		电视新闻	民企传化集团构建和谐劳动关系	陈　默　顾华夏 莫利锋　纪晓冬	萧山电视台
		电视社教	牵挂	张　月　周少伟 胡　勇　梅　丽	萧山电视台
	2011	电视文艺	唱游浙江——谁是麦霸主持人挑战赛	黄　立　袁　剑 胡耀琪　倪佳成 李　丹	萧山电视台
	2013	电视少儿	学游泳	黄　立　倪佳成 陈少敏　王丁旻 贾晓婉	萧山电视台
		公益广告	感恩父母　从心开始	黄　立　贾晓婉 王丁旻　梅　丽	萧山电视台
		纪录片	烽火湘师路	陈　晖　钱佳音 许益飞　金　鑫 黄　立　王　强	萧山电视台
	2014	电视新闻	咏春传人钟义的慈善梦	钱莹莹　汪震宇 富春江　苏昭军	萧山电视台

2004—2013年萧山广播电视台获得浙江电视牡丹奖作品一览表

表6-29

等级	年度	类别	篇目	作者	刊播媒体
一等奖	2005	综艺节目	萧然春潮——2005春节联欢晚会	裘　超　张　月 张家和　倪佳成	萧山电视台
二等奖	2004	综艺节目	萧然春潮——2004年春节联欢晚会	萧山广播电视台	萧山电视台
	2005	综艺节目	最佳主持人奖	韩　珺　汪　乐	萧山电视台

续表6-29

等级	年度	类别	篇目	作者	刊播媒体
二等奖	2012	综艺节目	向文明幸福进发——2012年春节联欢晚会	来宏明 张 月 倪佳成 陈 勇 吕 峰	萧山电视台
	2013	纪录片	烽火湘师路	陈 晖 钱佳音 许益飞 金 鑫 黄 立 王 强	萧山电视台
		电视节目	电视节目主持人	黄 立	萧山电视台
三等奖	2005	纪录短片	老李的新天地	陆伟岗 倪兴康 倪佳成 袁 剑 吕 峰	萧山电视台
	2012	纪录短片	中国萧山	萧山广播电视台	海外展播

2001—2013年萧山广播电视台获得浙江省、杭州市"五个一"工程奖作品一览表

表6-30

等级	年度	类别	篇目	作者	刊播媒体
省"五个一"工程奖	2003	广播文艺	广播剧《跨国传奇》	孙焕林 赵岳松 孙维加 沈贻伟 王 波	萧山人民广播电台
市"五个一"工程奖	2001	电视理论	党旗——在这里高扬	任张标 陆伟岗 张 月 顾华夏	萧山广播电视台
	2005	电视专题	热血忠魂	朱伟民 任 慧 苏昭军 吴松根	萧山电视台
	2008	广播文艺	小山雀	孙园园	萧山人民广播电台
	2013	纪录片	烽火湘师路	陈 晖 钱佳音 许益飞 金 鑫 黄 立 王 强	萧山电视台
		广播文艺	广播剧《暖洋洋的日子》	孙园园	萧山人民广播电台

1995—2017年萧山广播电视台获得杭州新闻奖作品一览表

表6-31

等级	年度	类别	篇目	作者(编辑)	刊播媒体
一等奖	1995	电视新闻	萧山出现田头劳务市场	任张标　张　月	萧山电视台
	1997	电视新闻	为再就业剪彩	钱忠苗　张　月 陈　勇	萧山电视台
	2000	广播新闻	“徒弟”击败“洋师傅”——万向集团成功收购美国舍勒公司	徐　凌　黄宪荣	萧山广播电视台
	2001	广播新闻	万向成功收购美国一家上市公司	徐　凌　黄宪荣 王　宽	萧山广播电视台
	2002	电视新闻	跨湖桥发掘中华第一船	徐　凌　陈　默	萧山广播电视台
	2004	电视新闻	结缘世界杯 小镇办大赛	徐　凌　顾华夏 朱伟民　温华林 葛　晨　纪晓冬	萧山广播电视台
			科学发展和谐发展	朱伟民　钱荣根 徐　凌　陈　默	萧山广播电视台
	2005	广播专题	农村专业户家里的城里保姆	陈　勇　徐　凌 陈国伟　朱伟民 来妙龙	萧山广播电视台
	2007	电视评论	牛市内幕交易第一案引发的反思	苏昭军　陈　默	萧山广播电视台
		广播新闻	一次半途而返的民工旅游	徐　凌　余淑燕 汪　剑　余纪勤	
			杭甬运河遭填埋	徐　凌　陈　勇 张笑歌	
			千企结百村 共建新农村	徐　凌　陈　勇 来佩华	
	2008	电视栏目	热线188	栏目组成员	萧山广播电视台
		广播新闻	风情大道地铁一号线湘湖站发生塌方	徐　凌　陈　勇 来佩华　胡彩娟	萧山广播电视台
		电视新闻	风情大道地铁一号线湘湖站发生塌方	陈　默　余益丽 韩　杰	萧山人民广播电台

续表 6-31

等级	年度	类别	篇目	作者(编辑)	刊播媒体
一等奖	2008	电视新闻	转型升级让萧山经济转“危”为“机”系列报道	来妙龙 徐纳新 陈 默 苏昭军 王 荣 张丽丹 纪晓冬 薛张亮 乔 冲	萧山人民广播电台
	2009	广播新闻	创新发展 转危为机系列报道	徐 凌 李 倩 沈 霏 胡彩娟	萧山广播电视台
	2010	广播新闻	萧山五万亩虾塘成菜地	陈 默 胡彩娟 朱 丹 戴晓青	萧山人民广播电台
	2011	广播新闻	医保卡变成“购物卡”	陈 默 苏昭军 张丽丹 胡彩娟	萧山人民广播电台
		广播新闻	给员工吃“定心丸” 萧山企业不缺工	陈 默 苏昭军 莫利锋 俞建昌	萧山人民广播电台
	2013	广播新闻专题	远离负能量——萧山瓜沥1·1特大纵火案引发的思考	陈 勇 李 倩 沈晶晶 汪 乐 倪兴康	萧山人民广播电台
	2014	广播新闻	萧山农民养甲鱼独得国家科技进步大奖	张 月 莫利锋 胡彩娟	萧山人民广播电台
		电视新闻	闻堰镇321户拆迁户喜获江景房	张 月 戴晓青等	萧山广播电视台
	2015	电视新闻	凤凰村实施村民股金改革	张 月 莫利锋 薛张亮	萧山电视台
		电视新闻	收购菲斯特获批,万向成功打通新能源汽车产业链	张 月 戴晓青	萧山电视台
		电视新闻	画坛圣手任伯年	任 慧 徐 凌 朱伟民 王东初 李 响	萧山电视台
	2016	广播新闻专题	违建迟迟未拆,法院裁定书不知去向	吴松根 吴 斐 孟飒霏 郑 健	萧山人民广播电台
		直播专题	湘湖国际铁人三项赛现场直播(节选)	集 体	萧山广播电视台

续表6-31

等级	年度	类别	篇目	作者(编辑)	刊播媒体
一等奖	2016	广播作品	“小蘑菇”回家记	叶卓明 汤嘉旸 孙洁晶 莫晨涛 陆科怡 俞张磊	萧山广播电视台
二等奖	1997	电视新闻	难忘的48小时——东江围垦抗台抢险纪实	黄宪荣 朱伟民 徐 凌	萧山电视台
	1998	电视新闻	拆表停水为哪桩	新闻中心	萧山电视台
	1999	广播新闻	萝卜“拍卖”一“槌”三万	徐 凌 吴松根 胡彩娟	萧山人民广播电台
		电视新闻	航民村村民变股东	徐纳新 徐 凌	萧山电视台
	2000	广播新闻	纳米技术进农家	徐 凌 来佩华 陈 默	萧山人民广播电台
	2005	广播新闻	衙前镇4000多名外来职工享受统筹医疗	来佩华 徐 凌 来妙龙 毕 迪	萧山人民广播电台
		广播新闻	自主创新在萧山	徐 凌 沈 展 黄宪荣 朱伟民	萧山人民广播电台
		广播新闻	外来民工子女教育呼唤平等待遇	徐 凌 来妙龙 张笑歌 陈 勇	萧山人民广播电台
		广播新闻	翁仁康和他的莲花落	孙园园	萧山人民广播电台
	2006	广播专题	农村大世界	徐 凌 陈 勇 来妙龙 陈国伟	萧山人民广播电台
		广播新闻	裘德道:要做中国的比尔·盖茨	徐 凌 来妙龙 陈 勇	萧山人民广播电台
		广播专题	老典型的新追求	陈 勇 徐 凌 来妙龙 朱伟民	萧山人民广播电台
		广播评论	生态旅游开发不要破坏生态	徐 凌 陈 勇 胡彩娟	萧山人民广播电台
	2007	广播专题	葛老板助学的N个理由	陈 勇 徐 凌	萧山人民广播电台

续表6-31

等级	年度	类别	篇目	作者(编辑)	刊播媒体
二等奖	2008	电视新闻	卖毒狗肉为何无人管	朱伟民 陈 默 苏昭军 王 荣 张丽丹	萧山电视台
		广播专题	施家渡村民的种菜秘笈	陈 勇 徐 凌	萧山人民广播电台
		广播专题	水知道答案	孙园园	萧山人民广播电台
		电视综艺	2008萧山“绿色生活创意大赛”颁奖典礼	任 慧 徐 寒 韩 珺 葛 晨 陆荣尧 孙 俊	萧山电视台
	2009	电视文艺	“祖国颂”大型组歌舞蹈史诗晚会	倪佳成 黄 立 张 月 袁 剑 孙利萍 陈少敏 李 丹	萧山电视台
		社会活动奖	唱响我家乡——2009镇街品牌文化艺术团欢乐秀	电视专栏(活动)部	萧山电视台
		广播新闻	创新发展 转危为机系列报道	胡彩娟 李 倩 沈 霏 徐 凌 黄宪荣 (陈勇)	萧山人民广播电台
		广播新闻	总理为万向加油鼓劲	沈 霏 徐 凌 黄宪荣 莫小平 (陈勇)	萧山人民广播电台
		广播新闻	徐钟渭:走进艾滋病感染的高危人群	陈 勇 陈懿颖 徐 凌 (陈传荣)	萧山人民广播电台
		广播专题	拐杖撑起的自强人生——记全国自强模范徐传友	祝 春 倪兴康 于海涛 张 英	萧山人民广播电台
		广播专题	劳资同心,共克时艰	吴松根 王 荣 汤嘉旸 王英特 胡 翀 赵 巍	萧山电视台
		广播专题	走进法律——关注农民工职业病维权	祝 春 倪兴康 金璐佳 陈 钟	萧山人民广播电台
		电视新闻	代办凭证 骗取补贴	陈 默 汤嘉旸 吴松根 陈 洁 赵 巍 葛亚琪	萧山电视台

续表6-31

等级	年度	类别	篇目	作者(编辑)	刊播媒体
二等奖	2009	电视新闻	萧山企业在经济冷周期里掀起转型升级热	陈　默　苏昭军 莫利锋	萧山电视台
	2010	广播新闻	钱塘江发生潮水卷人事件	胡彩娟　高　洁 赵　巍	萧山人民广播电台
		电视新闻	“大手牵小手”情系玉树藏族地震孤儿	顾华夏　吕　晗 戴晓青　乔　冲 薛张亮　莫利锋	萧山电视台
		纪录片	义工上岛	陈　默　顾华夏 徐　寒　吕　晗 戴晓青　薛　诚	萧山电视台
		广播评论	萧山萝卜干该统一内外销标准了	陈　默　陈　如 倪佳君　赵　巍 胡金子	萧山人民广播电台
		电视专题	民企传化集团构建和谐劳动关系:我的企业我的家	陈　默　顾华夏 莫利锋	萧山电视台
		新闻专栏	热线188	陈　默　汤嘉旸 吴松根	萧山电视台
		广播新闻	我们共同的家	陈　默　顾华夏 莫利锋　胡彩娟 高　洁　郑　健	萧山人民广播电台
	2011	广播新闻	萧山建立工资保障金制度　杜绝欠薪	陈　默　胡彩娟 韩　杰	萧山人民广播电台
		广播新闻	身边的感动	胡彩娟　陈　默 顾华夏	萧山人民广播电台
		广播专题	龚德权:见义勇为没商量	陈　勇　李　倩 汪　乐　倪兴康	萧山人民广播电台
	2013	广播新闻	临一村:民主拆迁得民心	顾华夏　胡彩娟 朱　丹　郑　健	萧山人民广播电台
	2016	广播新闻	东南网架承建的射电望远镜顺利完工	沈　菲　胡彩娟 王　荣　叶卓明	萧山人民广播电台

续表6-31

等级	年度	类别	篇目	作者(编辑)	刊播媒体
一等奖	2017	广播新闻	“五和众联”开创乡村治理新模式	吴 斐 莫晨涛 方 乔 俞建昌	萧山人民广播电台
		广播新闻	连续报道:母亲当街脚踩女儿	叶卓明 吴松根 胡彩娟 陈于晓 孙洁晶 高圣威 王晴川	萧山人民广播电台
		新媒体作品	萧山街头女子用脚猛踹女儿事件	苏昭军 张丽丹 商碧云 孙丽娟	湘湖网
		广播新闻	世界旅游联盟(WTA)总部正式落户萧山湘湖	新闻中心	萧山人民广播电台
		广播新闻专题	鲁冠球:战士走到终点 精神长存人间	吴松根 吴 斐 王 荣 汤嘉旸 胡彩娟	萧山人民广播电台

1985—2017年萧山广播电视台获得杭州广播奖(政府奖)作品一览表

表6-32

等级	年度	类别	篇目	作者	刊播媒体
一等奖	1988	广播新闻	鲁冠球招架不住了	胡 飞 吴 康 陈传荣 孙维加	萧山人民广播电台
	1989	对农广播	鲁冠球谈乡镇企业的现状和未来	吴 康 谢 农	萧山人民广播电台
		广播节目	萧山新闻	吴 康	萧山人民广播电台
	1990	广播理论	鲁冠球和农村青年谈理想和事业的成功	吴 康	萧山人民广播电台
		广播新闻	浦沿一百青年农民上夜校	周善明 吴 康 谢 农	萧山人民广播电台

续表6-32

等级	年度	类别	篇目	作者	刊播媒体
一等奖	1990	广播节目	萧山新闻	吴　康	萧山人民广播电台
	1993	广播新闻	萧山宾馆重奖一线职工	余纪勤	萧山人民广播电台
		广播社教	谈谈中学生的高消费问题	孙维加　吴　康　张笑歌	萧山人民广播电台
	1994	广播新闻	农民家庭请律师	吴　康　赵国良　来妙龙	萧山人民广播电台
		广播评论	发得快与找老外	吴　康　赵国良　来妙龙	萧山人民广播电台
		广播新闻	叶国珍使南宋官窑一步跨越700年	倪兴康　孙维加	萧山人民广播电台
		广播社教	走上世界医学讲坛的乡村医生	王刚强　孙维加　来妙龙	萧山人民广播电台
		广播社教	点亮经济发展道路的火炬	陈　勇	萧山人民广播电台
		广播专题	来自广阔土地的呼唤	陈　勇	萧山人民广播电台
	1995	广播新闻	大路歌	孙维加　来妙龙	萧山人民广播电台
		广播新闻	南阳镇农民给教授发聘书	吴　康　孙维加　赵国良　朱悦康	萧山人民广播电台
		广播社教	重视预防碘缺乏病	王刚强　倪兴康	萧山人民广播电台
		广播社教	无形资产，企业的“软黄金”	徐　凌　来妙龙	萧山人民广播电台
		广播综艺	走进历史	孙园园	萧山人民广播电台　浙江人民广播电台

续表 6-32

等级	年度	类别	篇目	作者	刊播媒体
一等奖	1996	广播新闻	他们播撒文明	孙维加 赵国良 来妙龙	萧山人民广播电台
		广播社教	吸毒对人体的危害	倪兴康	萧山人民广播电台
		广播新闻	500亩围垦土地经营权落入大企业集团之手	余纪勤 来妙龙	萧山人民广播电台
		广播社教	大企业热衷我市农业开发	徐凌 孙维加 来妙龙	萧山人民广播电台
	1997	对农广播	农村大世界	张成龙 谢农 任张标	萧山人民广播电台
		广播社教	丰北效应	来妙龙 钱荣根 周建军	萧山人民广播电台
		广播社教	谈谈艾滋病的预防	张成龙 谢农	萧山人民广播电台
		广播文艺	梨园青草地	江铃	萧山人民广播电台
	1998	广播理论	关于合作社、合作经济的思考	来妙龙 钱荣根	萧山人民广播电台
		广播新闻	万向集团九名一线职工端上"铁饭碗"	陈勇 陈于晓 陈传荣	萧山人民广播电台
		对农广播	农村大世界	张成龙 来妙龙	萧山人民广播电台
	1999	广播新闻	萝卜"拍卖""一槌"三万	徐凌 吴松根 胡彩娟	萧山人民广播电台
		广播社教	关注职工基本养老保险	孙维加 何骏 陈国伟	萧山人民广播电台
		对农广播	农村大世界	张成龙 谢志荣 孙维加	萧山人民广播电台
		广播文艺	竺小招和她的唱腔	江铃	萧山人民广播电台

续表6-32

等级	年度	类别	篇目	作者	刊播媒体
一等奖	1999	广播文艺	乡土奇葩	孙园园	萧山人民广播电台
	2000	广播新闻	“徒弟”击败“洋师傅”——万向集团成功收购美国舍勒公司	徐　凌　黄宪荣	萧山人民广播电台
	2001	广播新闻	万向集团成功收购美国一家上市公司	徐　凌　黄宪荣　王　宽	萧山人民广播电台
		广播新闻	徐传化三交入党申请书	朱伟民　来佩华　陈　勇　郑　健	萧山人民广播电台
		音乐节目	王强和他创作的新歌——问一声老汉	孙园园	萧山人民广播电台
	2002	广播文艺	二千元钱一只缸	孙园园	萧山人民广播电台
		音乐节目	歌曲园地	孙园园	萧山人民广播电台
		广播文艺	千古情缘	孙园园	萧山人民广播电台
	2003	广播文艺	广播剧《跨国传奇》	孙焕林　赵岳松　孙维加　沈贻伟　王　波	萧山人民广播电台
		广播少儿	太阳花	戚芬芳	萧山人民广播电台
		对农广播	农村大世界	来妙龙　孙维加　张成龙　金　波　应长根　郑　健　林　青	萧山人民广播电台
	2004	广播新闻	萧山苗农控股上海国企	钱荣根　陈　默　应长根	萧山人民广播电台
		广播文艺	校园课本剧《礼物》	孙园园	萧山人民广播电台
		音乐节目	小魔笛	孙园园	萧山人民广播电台

续表6-32

等级	年度	类别	篇目	作者	刊播媒体
一等奖	2005	新闻专题	农村专业户家的城里保姆	陈　勇　徐　凌 陈国伟　来妙龙	萧山人民广播电台
		对农广播	萧山农业外建基地	盛　蓉　来妙龙 刘　鹏	萧山人民广播电台
		广播文艺	我唱莲花落	孙园园	萧山人民广播电台
		文艺制作	细十番	孙园园	萧山人民广播电台
		广播少儿	小鬼当家	孙园园	萧山人民广播电台
		广播文艺	王选的八年抗战	孙园园	萧山人民广播电台
		曲艺节目	三女闹新房	孙园园	萧山人民广播电台
	2006	广播新闻	农村大世界	陈　勇　陈国伟 徐　凌　来妙龙	萧山人民广播电台
		广播专题	讨薪,务必拿起法律武器	祝　春　余纪勤	萧山人民广播电台
		戏曲曲艺	梨园青草地	戴叶芳　余纪勤	萧山人民广播电台
		长篇连播	艾滋病离我们有多远	孙园园　张兆青	萧山人民广播电台
		广播剧	义鼠	孙园园　张兆青	萧山人民广播电台
		制作艺术	义鼠	孙园园　张兆青	萧山人民广播电台
	2007	广播文艺	来自老父老母的生存报告	孙园园　郑　健	萧山人民广播电台
		广播新闻	一次半途返回的员工旅游	徐　凌　余淑燕 汪　剑　余纪勤 陈　勇	萧山人民广播电台
		广播新闻	千企结百对,共建新农村	来佩华　徐　凌 来妙龙　陈　勇	萧山人民广播电台
		广播文艺	梦想飞扬	戴叶芳　余纪勤	萧山人民广播电台

续表 6-32

等级	年度	类别	篇目	作者	刊播媒体
一等奖	2007	广播文艺	山丹丹花开	孙园园	萧山人民广播电台
		广播新闻	杭甬运河遭填埋	徐　凌　陈　勇 张笑歌　来妙龙	萧山人民广播电台
		广播新闻	北干街道明星村2000亩土地征迁“零上访”	来妙龙　徐　凌 陈　勇　沈　霏	萧山人民广播电台
		对农广播	农村大世界	陈　勇　陈国伟 徐　凌　来妙龙	萧山人民广播电台
		优秀播音主持	媒体纵览	郑　健	萧山人民广播电台
	2008	桂花奖	广播文艺:小山雀	孙园园	萧山人民广播电台
		重大主题报道	应对经济寒冬系列报道	徐　凌　沈　霏 陈　勇	萧山人民广播电台
		广播新闻	风情大道地铁一号线发生塌陷事故	徐　凌　陈　勇 来佩华　胡彩娟	萧山人民广播电台
		广播专题	走进法律——关注农民工工伤私了现象	祝　春　余纪勤	萧山人民广播电台
		对农广播	施家渡村民的种菜秘籍	陈　勇　徐　凌	萧山人民广播电台
		青少专题	别再叫我民主子女	戚芬芳　俞可嘉 王泽凯　余纪勤	萧山人民广播电台
		广播文艺	孝心不能等待	孙园园　张兆青	萧山人民广播电台
		对农广播	农村大世界	陈　勇　徐　凌 张笑歌	萧山人民广播电台
		先进典型	人生,在救灾中闪光	来佩华　徐　凌 陈　勇	萧山人民广播电台
		广播文艺	山丹丹花开	孙园园	萧山人民广播电台

续表 6-32

等级	年度	类别	篇目	作者	刊播媒体
一等奖	2009	广播新闻	创新发展　转危为机系列报道	胡彩娟　李　倩 沈　霏　徐　凌 黄宪荣　陈　勇	萧山人民广播电台
		广播专题	农村大世界	广播中心	萧山人民广播电台
		广播新闻	总理为万向加油鼓劲	沈　霏　徐　凌 黄宪荣　陈　勇 莫小平	萧山人民广播电台
		广播新闻	徐钟渭:走进艾滋病感染的高危人群	陈　勇　陈懿颖 徐　凌　陈传荣	萧山人民广播电台
	2010	广播专题	太阳花	戚芬芳	萧山人民广播电台
		戏曲曲艺	花落民间　香飘大地	戴叶芳　顾华夏 陈　勇	萧山人民广播电台
		广播播音	时事快评	郑　健	萧山人民广播电台
		长篇联播	拯救折翅的天使	孙园园　张兆青	萧山人民广播电台
		儿童剧	暖洋洋的好日子	孙园园	萧山人民广播电台
	2011	广播新闻	萧山五万亩虾塘成菜地	陈　默　胡彩娟 朱　丹　戴晓青	萧山人民广播电台
		对农广播	农村大世界	广播中心	萧山人民广播电台
		广播新闻	医保卡变成“购物卡”	陈　默　苏昭军 张丽丹　胡彩娟	萧山人民广播电台
		公益广告	爱的链条	张　伟　王雪娇 刘　鹏　傅潇侠	萧山人民广播电台
	2012	对农广播	萧山蔬菜销售新模式——“农居对接”	李　倩　陈　勇 倪兴康	萧山人民广播电台
		广播文艺	音乐蒙太奇	刘　鹏　陈　勇	萧山人民广播电台
		公益广告	卓成二手车	傅潇侠　汪　乐 汪　剑	萧山人民广播电台

续表6-32

等级	年度	类别	篇目	作者	刊播媒体
一等奖	2012	广播技术质量	最环保的车	朱海水 黄 琪 祝国钢	萧山人民广播电台
		广播技术质量	杜十娘	韩 磊 沈肖立 俞 扬	萧山人民广播电台
		节目制作	新闻深一度	张伟明 范见华 郑 健	萧山人民广播电台
		节目制作	绍剧《传人》	祝国钢 俞 扬 韩 磊	萧山人民广播电台
		节目制作	莲花落《弄虚作假》	范见华 倪兴康 张伟明	萧山人民广播电台
		节目制作	幸福生活相伴	朱海水 祝国钢 金璐佳	萧山人民广播电台
		节目制作	华表下的思考	韩 磊 俞 扬 沈肖立	萧山人民广播电台
	2013	广播新闻	萧山农民养甲鱼夺得国家科技进步大奖	来宏明 张 月 莫利锋 胡彩娟	萧山人民广播电台
		对农广播	远离负能量——萧山瓜沥"1·1"特大纵火案引发的思考	陈 勇 李 倩 沈晶晶 汪 乐 倪兴康	萧山人民广播电台
	2015	商业广告	酸菜鱼	汪 乐 刘 慧 傅潇侠	萧山人民广播电台
		广播青少	让垃圾分开旅行	戴叶芳 陈 勇 戚芬芳	萧山人民广播电台
	2016	对农活动	治水再出发——浦阳江全域新闻行动	广播中心 新闻中心	萧山人民广播电台
		对农节目	"上山下乡"争做新创客	戴叶芳 倪兴康 陈 勇 祝 春 李 倩	萧山人民广播电台
		文字内参	从蓝色到灰色的高昂代价	李 倩 陈 勇	萧山人民广播电台
		公益广告	妈妈,那我怎么亲你	金璐佳 龚潇栋 朱 颖	萧山人民广播电台

续表 6-32

等级	年度	类别	篇目	作者	刊播媒体
一等奖	2016	播音主持	一路阳光	刘　鹏　龚潇栋	萧山人民广播电台
一等奖	2016	广播新闻	“小蘑菇”回家记	叶卓明　汤嘉旸 孙洁晶　莫晨涛 陆科怡　俞张磊	萧山人民广播电台
一等奖	2016	广播新闻	违建迟迟未拆，法院裁定书不知去向	吴松根　吴　斐 孟飒霏　郑　健	萧山人民广播电台
一等奖	2016	优秀播音主持	汤嘉旸作品	汤嘉旸	萧山人民广播电台
一等奖	2017	广播新闻	工人路高架坍塌事故直播	李　倩　祝　春 戴叶芳　孙　欣 刘　慧　刘　鹏	萧山人民广播电台
二等奖	1985	播音作品	杜枝梅给孤寡鳏独老人送棉衣	孙园园	萧山人民广播电台
二等奖	1987		改革之声	孙园园	萧山人民广播电台
二等奖	1988	播音作品	鲁冠球招架不住了	孙园园	萧山人民广播电台
二等奖	1999	广播文艺	金秋放歌	孙园园	萧山人民广播电台
二等奖	2000		纳米技术进农家	徐　凌　来佩华 陈　默	萧山人民广播电台
二等奖	2001	播音主持论文	主持人现场访谈的把握	孙园园	萧山人民广播电台
二等奖	2002	广播戏曲	天石梦	孙园园	萧山人民广播电台
二等奖	2003	原创歌曲	赞自强不息，歌盛世辉煌	孙园园	萧山人民广播电台

续表6-32

等级	年度	类别	篇目	作者	刊播媒体
二等奖	2004	广播新闻	“跨湖桥文化”正式命名,萧山成为浙江文明最早发祥地	朱伟民 来佩华 黄宪荣 陈 默	萧山人民广播电台
		广播评论	村民离选民还有多远	陈 勇 陈 默	萧山人民广播电台
		广播专题	含泪送英雄	朱伟民 陈 勇 陈 晖	萧山人民广播电台
		广播专题	青春热线	张笑歌 刘 鹏	萧山人民广播电台
		长篇连播	热血丰碑	孙园园 张兆青	萧山人民广播电台
		广播少儿	太阳花·大家来帮忙	来妙龙 戚芬芳	萧山人民广播电台
	2005	广播新闻	衙前镇4000多名外来职工享受统筹	来佩华 徐 凌 来妙龙 毕 迪	萧山人民广播电台
		广播评论	外来民工子女教育呼唤平等待遇	徐 凌 来妙龙 张笑歌 陈 勇	萧山人民广播电台
		广播系列报道	自主创新在萧山	徐 凌 沈 展 黄宪荣 朱伟民	萧山人民广播电台
		广播戏曲	萧山农业气象新	孙园园	萧山人民广播电台
	2006	广播专题	老典型的新追求——来自瓜沥镇航民村的报道	陈 勇 徐 凌 朱伟民 来妙龙	萧山人民广播电台
		广播新闻	萧山12名民企老总赴美国休斯顿大学深造	沈 霏 陈 勇 张笑歌 余淑燕	萧山人民广播电台
		广播新闻	裘德道:要做中国的比尔·盖茨	陈 勇 来佩华 徐 凌	萧山人民广播电台

续表6-32

等级	年度	类别	篇目	作者	刊播媒体
二等奖	2007	广播播音	春题湖上	郑　健	萧山人民广播电台
		广播专题	知识性节目《马路上的隐形杀手——汽车尾气》	张　伟	萧山人民广播电台
		广播专题	让我们快乐学习	戚芬芳　余纪勤　孙　悦	萧山人民广播电台
		广播文艺	课本剧《小山雀》	孙园园	萧山人民广播电台
		广播文艺	光荣与梦想	戚芬芳　祝　春　余纪勤　王　宇	萧山人民广播电台
		广播新闻	生态旅游不要破坏生态	陈　勇　来妙龙　徐　凌　胡彩娟	萧山人民广播电台
		广播新闻	葛老板助学的N个理由	陈　勇　徐　凌	萧山人民广播电台
		广播专题	关注老年人的精神赡养	祝　春　余纪勤	萧山人民广播电台
		广播播音	关注老父老母的生存状况	郑　健	萧山人民广播电台
		广播音乐	走过2007,春夏秋冬	戴叶芳　刘　鹏　王　战　黄　琪	萧山人民广播电台
		长篇连播	中国生态报告之龙困浅滩、沙龙肆虐	孙园园　张兆青	萧山人民广播电台
	2008	广播专题	别再叫我民工子女	戚芬芳　俞可嘉　王泽凯　余纪勤	萧山人民广播电台
		广播新闻	杭州——台湾开通两岸直航	李　倩　徐　凌　陈　勇	萧山人民广播电台
		广播新闻	天海公司以信息化开创我国水产品行业食品安全溯源先河	陈　勇　徐　凌	萧山人民广播电台
		广播新闻	奥运会上的萧山风景	陈　勇　徐　凌　张笑歌　李　倩	萧山人民广播电台

续表6-32

等级	年度	类别	篇目	作者	刊播媒体
二等奖	2008	广播专题	科普星光——“水田怪病”之谜	闻　达　王英特	萧山人民广播电台
		广播专题	青年之友——讲述平民英雄李立兴的故事	祝　春　汪　剑　余纪勤	萧山人民广播电台
		广播文艺	经典老CD	刘　鹏　金璐佳　张全权　余纪勤	萧山人民广播电台
		制作艺术	小山雀之三——咱们一条心	孙园园	萧山人民广播电台
		广播文艺	乡土奇葩——朱关成和他的三江越剧团	戴叶芳　余纪勤　黄　琪	萧山人民广播电台
		技术质量	四季韵律	朱海水　祝国钢	萧山人民广播电台
	2009	广播专题	拐杖撑起的自强人生——记全国自强模范徐传友	祝　春　倪兴康　于海涛　张　英	萧山人民广播电台
		广播专题	走进法律——关注农民工职业病维权	祝　春　倪兴康　金璐佳　陈　钟	萧山人民广播电台
		广播文艺	礼物	孙园园	萧山人民广播电台
		广播新闻	张进才夫妇三进“扫盲班”	陈　勇　徐　凌	萧山人民广播电台
		广播新闻	两起截然不同的征迁案引起的思考	倪兴康　祝　春　李志伟	萧山人民广播电台
		广播广告	澳门豆捞	倪兴康　刘　鹏　汪　乐	萧山人民广播电台
		公益广告	别在公共场所吸烟	刘　鹏　戴叶芳　汪　乐	萧山人民广播电台

续表 6-32

等级	年度	类别	篇目	作者	刊播媒体
二等奖	2010	广播青少专题	家乡的童谣	戚芬芳　张笑歌	萧山人民广播电台
		广播青少	我们都爱童话剧	戚芬芳	萧山人民广播电台
		广播文艺	圆梦湘湖　诗意湘湖	于海涛	萧山人民广播电台
		广播原创歌曲	闻堰之歌	朱海水　倪兴康　刘鹏	萧山人民广播电台
		录音制作	让我也抱抱你	孙园园	萧山人民广播电台
		广播广告	平安车险	刘　鹏　张　伟　傅潇侠	萧山人民广播电台
		广播新闻	钱塘江发生潮水卷人事件	胡彩娟　高　洁　赵　巍	萧山人民广播电台
		广播评论	萧山萝卜干该统一内外销标准了	陈　默　陈　如　倪佳君　赵　巍　胡金子	萧山人民广播电台
	2011	广播新闻	萧山建立工资保障金制度　杜绝欠薪	陈　默　胡彩娟　韩　杰	萧山人民广播电台
		广播专题	我们共同的家	陈　默　顾华夏　莫利锋　胡彩娟　高　洁　郑　健	萧山人民广播电台
		广播新闻	身边的感动	陈　默　顾华夏　胡彩娟	萧山人民广播电台
		广播专题	龚德权:见义勇为没商量	倪兴康　陈　勇　李　倩　汪　乐	萧山人民广播电台
		广播广告	小肥羊火锅	傅潇侠　汪　乐　刘　鹏	萧山人民广播电台
	2012	广播专题	援疆医生欧阳栋:扎根天山　甘做南疆红柳	来宏明　顾华夏　胡彩娟　吴松根　韩　杰	萧山人民广播电台

续表6-32

等级	年度	类别	篇目	作者	刊播媒体
二等奖	2012	广播专题	寒风里40分钟　6位村民撑起救援空间	胡彩娟　高　洁	萧山人民广播电台
		广播专题	伴着课本游山水——走进金华双龙洞	戚芬芳　陈　勇 郑　健　黄　立 胡耀琪　潘　琦	萧山人民广播电台
		广播文艺	鸾凤和鸣	戴叶芳　倪兴康 陈　勇	萧山人民广播电台
		广播主持	2012大搜索之十大网络流行语	汪　乐	萧山人民广播电台
		广播广告	萧山湘湖旅游公司(分团游篇)	刘　鹏　汪　乐 汪　剑　傅潇侠	萧山人民广播电台
		节目制作	城市零距离	俞　扬　范见华 刘　鹏	萧山人民广播电台
		节目制作	在文明幸福的大道上	黄　琪　朱海水 祝国钢	萧山人民广播电台
	2013	广播新闻	三名消防战士殉职瓜沥火场	汤嘉旸　吴松根 高　洁　张　磊 沈　童	萧山人民广播电台
	2014	广播对农	农村大世界	陈　勇　陈国伟 戴叶芳　倪兴康	萧山人民广播电台
		广播专题	假如我被选中	陈　勇　戴叶芳	萧山人民广播电台
		论文	对农节目,让城里人也喜爱——新时期下对农节目延伸服务初探	陈　勇	中国记者
		广播文艺	梦想像莲花一样开放	戴叶芳　陈　勇	萧山人民广播电台
		广播新闻	从“三高”看临江	吴松根　赵洪河 朱　丹　高　洁 郑　健　胡彩娟	萧山人民广播电台

续表 6-32

等级	年度	类别	篇目	作者	刊播媒体
二等奖	2015	广播专题	政情民意直通车	汪　乐　倪兴康 张　英	萧山人民广播电台
		广播对农	富裕村里的节俭事	陈　勇　倪兴康 李　倩　戴叶芳 孙　欣	萧山人民广播电台
		广播专题	家风是什么	汪菲菲	萧山人民广播电台
		广播专题	寻找萧山大家族的故事	郑　健　戚芬芳	萧山人民广播电台
	2016	广播文艺	绍剧传承人施东红的“坚”与“守”	戴叶芳　祝　春	萧山人民广播电台
		广播广告	顺丰“即日到”	汪　乐　刘　鹏	萧山人民广播电台
		广播少儿	太阳花	汪菲菲　祝　春 倪兴康　龚潇栋 黄舒眉	萧山人民广播电台
		广播新闻	东南网架承建的射电望远镜顺利完工	沈　霏　胡彩娟 王　荣　叶卓明	萧山人民广播电台
		广播新闻	小手拉小手爱心助学行动	李　倩　倪兴康 祝　春　任　慧 孙　欣　戴叶芳 周少伟　顾晓林 刘　慧	萧山人民广播电台
	2017	广播新闻	“五和众联”开创乡村治理新模式	吴　斐　莫晨涛 方　乔　俞建昌	萧山人民广播电台
		广播新闻	母亲当街脚踩女儿	叶卓明　吴松根 胡彩娟　陈于晓 孙洁晶　高圣威 王晴川	萧山人民广播电台
		广播对农	萧然新农村	广播中心	萧山人民广播电台
		广播少儿活动	萧山广电第二届少儿故事大赛	广播中心	萧山人民广播电台

1995—2017年萧山广播电视台获得杭州电视奖(政府奖)作品一览表

表6-33

等级	年度	类别	篇目	作者(编辑)	刊播媒体
一等奖	1989	电视新闻	施生根主动向国家投售商品粮23万公斤	华保华	萧山电视台
	1991	电视新闻	拆开院墙修水利	来　晓　石银双	萧山电视台
	1992	电视新闻	农民股份制企业活力强	来　晓	萧山电视台
	1993	电视新闻	全省围垦大规模机械化施工在萧山获得成功	任张标　徐纳新　张　月	萧山电视台
	1994	电视新闻	我市农业开发实行公开招标	华保华　徐纳新　张晓晖　赵定甫	萧山电视台
		电视社教	人间自有真情在	钱荣根　陆伟岗　张晓晖　朱伟民　赵岳松	萧山电视台
	1995	电视新闻	萧山出现田头劳务市场	任张标　张　月	萧山电视台
		电视评论	岂能如此促销	朱伟民　朱良伟　张晓晖	萧山电视台
	1997	电视新闻	为再就业剪彩	钱忠苗　张　月　陈　勇	萧山电视台
		电视新闻	变脸的广告牌	来妙龙　钱荣根	萧山电视台
	1998	电视新闻	美女坝发生观潮悲剧	朱伟民　钱荣根　唐　靓	萧山电视台
		电视节目	萧山新闻	赵岳松　朱伟民　陈传荣　黄宪荣	萧山电视台
		电视社教	邵家故事	陆伟岗　陈　晖　任张标	萧山电视台
		电视文艺	为党旗增辉	陆伟岗　张家和　张　力	萧山电视台

续表6-33

等级	年度	类别	篇目	作者(编辑)	刊播媒体
一等奖	1999	电视文艺	春满萧然——萧山市1999年春节晚会	赵岳松 陆伟岗 张 力 张家和 许宏雁	萧山电视台
		电视新闻	任宝凯,故乡人民为你骄傲	朱伟民 黄宪荣	萧山电视台
		电视理论	党旗在这里高扬——传化集团抓党建的启示	任张标 陆伟岗 张 月 顾华夏	萧山电视台
		电视社教	冯耀忠的微雕艺术	陆伟岗 任 慧 倪佳成 任张标 陈 晖	萧山电视台
	2000	直播节目	一起飞翔	孙焕林 赵岳松 朱伟民 钱荣根 周效初 顾华夏 唐 靓	浙江电视台 萧山电视台
		电视文艺	龙舞萧山——2000年春节晚会	赵岳松 陆伟岗 张 力 陈 晖 许宏雁	萧山电视台
		电视社教	南宋官窑	陈 晖 汪晓可 陆伟岗	萧山电视台
	2001	电视文艺	萧然春潮——2001年春节晚会	集体	萧山电视台
	2002	电视新闻	村民的民主权利不容践踏	顾华夏 陈 勇 黄 立 林 青	萧山电视台
	2003	电视新闻	追踪死鸡	朱伟民 苏昭军 吴松根 任 慧	萧山电视台
		电视新闻	跨湖桥发掘中华第一船	徐 凌 陈 默 黄 立	萧山电视台
		电视社教	接班	陆伟岗 倪佳成 袁 剑 吕 峰	萧山电视台
	2004	电视文艺	千古情缘	裘 超 陆伟岗 张家和 吕 峰	萧山电视台
		电视社教	新360行	陆伟岗 袁 剑 汪晓可 汪 乐	萧山电视台

续表6-33

等级	年度	类别	篇目	作者(编辑)	刊播媒体
一等奖	2004	电视青少	走进沙地	陆伟岗　袁　剑 汪晓可	萧山电视台
		电视新闻	英雄张叶良	朱伟民　钱荣根 陈　勇　顾华夏 陈　晖　陈　默 苏昭军　徐　寒 陈少敏	萧山电视台
		电视对农	金色大地	张　月　张家和 陈　健　吕　峰	萧山电视台
		电视专题	热血忠魂	朱伟民　任　慧 苏昭军　吴松根	萧山电视台
	2005	电视新闻	认识禽流感　防治禽流感	周效初	萧山电视台
	2006	电视新闻	循环经济在萧山	苏昭军　汤嘉旸 徐纳新	萧山电视台
	2007	电视评论	牛市内幕交易第一案引发的反思	苏昭军　陈　默	萧山电视台
		电视综艺	萧山骄傲——“三十大”评选颁奖典礼	来宏明　赵国良 张　月　陈　勇 吕　峰　陈少敏 周少伟　梅　丽	萧山电视台
		桂花奖	文艺制作:“三十大”表彰大会	制片部	萧山电视台
		品牌活动奖	欢乐今宵 农村文艺联欢晚会	倪佳成　汤嘉旸 韩　君　钱兴芬 徐国庆	萧山电视台
		优秀栏目奖	萧然警界	倪佳成　高宾琪 陈　洁　毛莉玫 胡早玲　张永发 项建锋	萧山电视台
	2008	重大主题报道	转型升级让萧山经济转“危”为“机”	来妙龙　徐纳新 陈　默　苏昭军 王　荣　张丽丹 纪晓东　薛张亮 乔　冲	萧山电视台

续表6-33

等级	年度	类别	篇目	作者(编辑)	刊播媒体
一等奖	2008	电视新闻	杭州地铁一号线湘湖站工地发生塌方	陈　默　余益丽 韩　杰	萧山电视台
		优秀栏目奖	热线188	汤嘉旸　纪晓冬 周　舒　高　洁	萧山电视台
		优秀播音主持人奖	袁剑播音主持	袁　剑	萧山电视台
		电视综艺	“我们一起走过”——萧山区纪念改革开放三十周年大型晚会	裘　超　汪垤涵 来宏明　钱荣根 赵国良　张　月 吕　峰	萧山电视台
		电视专题	了解甲流,预防甲流	陈　默　王英特 胡　翀　高　洁	萧山电视台
		电视文艺	神奇萧山	张　月　吕　峰	萧山电视台
	2009	电视综艺	“唱响我家乡”镇街品牌文化艺术团欢乐秀决赛	黄　立　倪佳成 袁　剑　汪　乐 李　丹　钱兴芬	萧山电视台
		纪录片	义工上岛	陈　默　顾华夏 徐　寒　吕　晗 戴晓青　薛　诚	萧山电视台
	2010	电视歌舞+灯光	跨湖桥传奇	裘　超　来宏明 赵国良　张　月 倪佳成　吕　峰	萧山电视台
		电视原创歌曲	闻堰之歌	黄　立　胡耀琪 楼承天　金　鑫 陈少敏　钱兴芬	萧山电视台
		电视商业广告	徐同泰酱油	徐　寒　韩　珺 汪　乐　任　慧	萧山电视台

续表6-33

等级	年度	类别	篇目	作者(编辑)	刊播媒体
一等奖	2011	电视新闻	给员工吃“定心丸”萧山企业不缺工	陈默 苏昭军 莫利锋 俞建昌	萧山电视台
		电视新闻	2011爱心夏令营——我的成长记忆	何莉 汪晓可 陈国 陈彦 叶林洁	萧山电视台
		电视原创歌曲	家在湘湖边	张月 周少伟 梅丽 胡勇	萧山电视台
		电视文艺	欢乐今宵	黄立 倪佳成 袁剑 胡耀琪 钱兴芬 李丹 余淑燕	萧山电视台
		电视技术质量	我们的家园	周宏波 来燕 孙涛 金可	萧山电视台
	2012	电视技术质量	社会聚焦	沈玉夫 丁少利 张玉明 赵军	萧山电视台
		电视专题	珍爱生命　远离溺水	何莉 汪晓可 袁剑 梅丽 钱兴芬	萧山电视台
		电视技术质量	同商文明大计　共谋幸福篇章	赵军 李磊 来念耕 张玉明	萧山电视台
		电视技术质量	向文明幸福迈进	石澜 金可 赵军 李磊 来燕 周宏波 高伟良 张玉明	萧山电视台
		电视技术质量	萧山法治	孔笑林 周豪建 沈玉夫 来燕	萧山电视台
		电视技术质量	大美临江	周豪建 沈玉夫 来燕 高伟良	萧山电视台

续表6-33

等级	年度	类别	篇目	作者(编辑)	刊播媒体
一等奖	2014	播音主持	萧山新闻	薛张亮	萧山电视台
	2015	电视新闻	收购菲斯特获批,万向成功打通新能源汽车产业链	张晔涛 戴晓青	萧山电视台
		电视新闻	凤凰村实施村民股金改革	张晔涛 莫利锋 薛张亮	萧山电视台
	2016	电视专题	萧山首届汉字听写大赛	黄立 胡耀琪 戴倩男 潘琦 刘睿 楼承天	萧山电视台
		纪录片	画坛圣手任伯年	任慧 徐凌 朱伟民 王冬初 李响	萧山电视台
		电视少儿活动	喜迎G20·萧山区第二届汉字听写大赛	黄立 胡耀琪 潘琦 楼承天 胡波洋 李丹	萧山电视台
		电视专题	一姓一传奇,一家一故事	戚芬芳 陈国 徐寒 朱世恩 郭雨晨	萧山电视台
		电视新闻	萧山戴村镇小营养午餐调查	朱丹 王争青 倪佳君 张磊 陈默 叶卓明 汪乐	萧山电视台
		电视新闻	萧山新闻	石澜 高洁 赵军 李磊	萧山电视台
		音视频网络新闻	该给网络募捐戴上“紧箍咒”了	苏昭军 张丽丹 商碧芸	萧山广播电视台新媒体中心
		网络直播新闻	“圆梦湘湖”全球、全景、全天候直播Show	集体	萧山广播电视台
		新闻现场直播	湘湖国际铁人三项赛	集体	萧山广播电视台

续表6-33

等级	年度	类别	篇目	作者(编辑)	刊播媒体
一等奖	2016	优秀主持人	2016年度杭州市电视类优秀主持人	汤嘉旸	萧山广播电视台
	2017	电视技术质量	夜读1079	俞　洋　祝国钢 张锋梁	萧山广播电视台
		新闻名专栏	今日关注	王争春　王　荣 汪　超　叶卓明 吴松根　莫利锋	萧山广播电视台
		论文	萧山广播电视台媒体融合探索与实践	来宏明	中国广播电视学刊
二等奖	2004	电视新闻	没有数字指标的数字分解会	朱伟民　钱荣根 陈　默	萧山电视台
			世界杯乒乓球赛	陆伟岗　倪佳成 陈　洁　吕　峰 姚国平	萧山电视台
		电视综艺	欢乐今宵·青春中国音乐诗会	倪佳成　汤嘉旸 韩　君　何　莉 钱兴芬　徐国庆	萧山电视台
		电视主持	生活新主张——健身误区要注意	汤嘉旸	萧山电视台
	2005	电视综艺	萧然春潮——2005年萧山区春节联欢晚会	集体	萧山电视台
	2006	电视新闻	我区率先在全省启动司法救助制度	徐纳新　温华林 俞世杰	萧山电视台
		电视新闻	“传化生物”冲破日本贸易壁垒	钱荣根　陈　默 汤嘉旸	萧山电视台
		电视新闻	春满新农村:民主管理出新招	钱荣根　陈　默 汤嘉旸	萧山电视台
		电视新闻	火灾发生以后	朱伟民　任　慧 吴松根　徐　寒	萧山电视台
		电视评论	大学生为啥不能当“农民”	钱荣根　陈　默 杨春峰　袁　剑 胡金子	萧山电视台

续表6-33

等级	年度	类别	篇目	作者(编辑)	刊播媒体
二等奖	2006	短纪录片	浮桥	陈 晖 郑 健 袁 剑	萧山电视台
		电视综艺	2006年全国特色文化广场展示开幕式"相约临浦"晚会	倪佳成 陈 国 袁 剑 楼承天	萧山电视台
		电视综艺	光荣与梦想	裘 超 来宏明 赵国良 张 月 陈 勇 来妙龙 陈 默 吕 峰	萧山电视台
		舞美	光荣与梦想	张 月 周少伟	萧山电视台
		电视专题	留守孩子与老师妈妈	汪 乐 孙 俊	萧山电视台
		电视综艺	萧山区第四届中小学生艺术节闭幕式	倪佳成 楼承天 钱兴芬 徐国庆	萧山电视台
		电视综艺	我长大了	倪佳成 楼承天	萧山电视台
	2007	播音艺术	5·12国际护士节特别节目	汤嘉旸	萧山电视台
		电视新闻	萧山成立全省首个台商法律顾问团	顾华夏 乔 冲	萧山电视台
		电视新闻	把光明留在人间	任 慧 吴松根 徐 寒 汤嘉旸	萧山电视台
		电视艺术片	湘湖	张 月 周少伟 吕 峰 梅 丽	萧山电视台
		电视对农	金色大地	倪佳成 汪晓可 陈 健 袁 剑 步建国 王丁旻	萧山电视台
		电视综艺	欢乐今宵观众节文艺晚会	倪佳成 陈 彦 袁 剑 叶林洁	萧山电视台

续表6-33

等级	年度	类别	篇目	作者(编辑)	刊播媒体
二等奖	2007	技术质量	金色大地	石　澜　周豪建　孙　涛　张玉明	萧山电视台
		技术质量	萧然春潮——2007年春节联欢晚会	孔笑林　吕　峰　高伟良　何　莉	萧山电视台
	2008	先进典型	3个难忘的日日夜夜——萧山民办消防队11勇士赴川救援记	朱伟民　徐纳新　顾华夏　徐　寒　乔　冲	萧山电视台
		舆论监督	卖毒狗肉为何无人管	朱伟民　陈　默　苏昭军　王　荣　张丽丹	萧山电视台
		电视新闻	两岸飞架空中桥　血脉亲情一线牵	顾华夏　李　倩　俞世杰	萧山电视台
		电视新闻	漫漫寻亲路	朱伟民　任　慧　徐　寒　吴松根　王　荣	萧山电视台
		电视文艺	“萧然春潮”2008萧山区春节联欢晚会	倪佳成　吕　峰　陈　彦　叶林洁	萧山电视台
		技术质量	金色大地	孔笑林　高伟良　张玉明　孙　涛	萧山电视台
		技术质量	2008春节晚会	孔笑林　周豪建　沈玉夫　张玉明　来念耕　孙　涛　周宏波　丁少利	萧山电视台
		播音主持	激情飞跃	袁　剑	萧山电视台
		技术质量	萧山新闻	石　澜　高伟良　沈玉夫　钱　钕	萧山电视台

续表 6-33

等级	年度	类别	篇目	作者(编辑)	刊播媒体
二等奖	2009	电视新闻	代办凭证　骗取补贴	陈　默　汤嘉旸 吴松根　陈　洁 赵　巍　葛亚琪	萧山电视台
		电视新闻	劳资同心,共克时艰	吴松根　王　荣 汤嘉旸　王英特 胡　翀　赵　巍	萧山电视台
		电视新闻	萧山企业在经济冷周期里掀起转型升级热	陈　默　苏昭军 莫利锋	萧山电视台
		电视文艺	萧山区首届小主持人大赛	黄　立　倪佳成 倪兴康　黄　琪 戚芬芳　李　丹	萧山电视台
		电视新闻	合作社里签约　蜜梨销售不愁	薛国建　陈　晖 陈　彦	萧山电视台
		电视专题	关爱老人——居家养老篇	叶卓明　陈　晖 陈　彦　陈　国	萧山电视台
		论文	电视新闻要注重应用“字幕”增强传媒效果	苏昭军	视听纵横
		论文	浅议电视综艺节目主持人的魅力风格	韩　君	视听纵横
	2010	纪录片	萧绍运河	张　月　周少伟 梅　丽　胡　勇 余益丽	萧山电视台
		电视对农	滴灌引领农业技术革命	制作部对农栏目组	萧山电视台
		电视新闻	“大手牵小手”情系玉树藏族地震孤儿	顾华夏　吕　晗 戴晓青　乔　冲 薛张亮　莫利锋	萧山电视台
		电视专题	民企传化集团构建和谐劳动关系:我的企业我的家	陈　默　顾华夏 莫利锋	萧山电视台
		新闻专栏	热线188	陈　默　汤嘉旸 吴松根	萧山电视台

续表6-33

等级	年度	类别	篇目	作者(编辑)	刊播媒体
二等奖	2010	技术质量	华人歌唱家颂祖国	高伟良 来念耕 丁少利 孙 涛	萧山电视台
	2011	纪录片	环法骑行的日子	顾华夏 陈 如 赵 巍 吕 晗	萧山电视台
		电视文艺	我爱唱红歌	黄 立 倪佳成 袁 剑 钱兴芬 胡耀琪 李 丹	萧山电视台
		电视综艺	“颂歌献给党”晚会	张 月 倪佳成 吕 峰 梅 丽 胡 勇	萧山电视台
		电视文艺	舞动萧然——首届镇街舞蹈大赛	黄 立 倪佳成 胡耀琪 李 丹 余淑燕 潘 琦	萧山电视台
		电视主持	“我爱唱红歌”总决赛	袁 剑	萧山电视台
		技术质量	金色大地	孙 涛 来念耕 许红艳 来 燕	萧山电视台
	2012	电视新闻	萧山取消14个镇街招引外资考核任务	来宏明 陈 默 莫利锋 沈 莉 薛张亮 韩 杰 纪晓冬 吴立萍	萧山电视台
		电视专题	寻找眼镜哥	陈少敏 黄 立 金 鑫 汪 乐	萧山电视台
		电视新闻	工程泥浆倒入江 饮用水源地遭破坏	汤嘉旸 张丽丹 戴超超 赵 巍	萧山电视台
		播音主持	常回家看看	黄 立	萧山电视台
		电视文艺	闪亮我舞台第二季“舞动萧然”萧山区第二届镇街舞蹈大赛总决赛	黄 立 倪佳成 袁 剑 胡耀琪 余淑燕 胡波洋 潘 琦 汪 乐 孔 婷	萧山电视台
		公益广告	人生大舞台 清廉走一生	张 月 周少伟 胡 勇	萧山电视台

续表6-33

等级	年度	类别	篇目	作者(编辑)	刊播媒体
二等奖	2012	商业广告	美浓小镇	陈彦 陈国 葛晨	萧山电视台
		技术质量	热线188	金可 赵军 来念耕 周宏波	萧山电视台
		技术质量	美德力量	石澜 丁少利 金可 孙涛	萧山电视台
	2013	电视专题	常回家看看	陈少敏 金鑫 温华林 黄立 梅丽	萧山电视台
		电视专题	诗意蜀山	黄立 胡耀琪 陈少敏 金鑫 金丽娜	萧山电视台
		论文	打造区域性传媒综合体的思考与实践	来宏明	中国广播电视学刊
		论文	拓展影视产业 突破发展瓶颈	来宏明	中国广播电视学刊
	2014	电视新闻	行政“一把手”出庭应诉应成为常态	汤嘉旸 高正浩 胡翀	萧山电视台
		播音主持	闪亮我舞台	孔婷 汪乐	萧山电视台
		电视少儿	少年剑客	陈少敏 黄立 倪佳成 金鑫 王丁旻 贾晓婉	萧山电视台
	2015	新闻作品	楼塔:乡村马拉松在最美村道起跑	苏昭军 张丽丹 项丹 倪丽娜 汪震宇	萧山电视台
		电视新闻	建筑垃圾减量化,萧山打出组合拳	朱丹 项哲斌 张磊 叶卓明 陈默 莫利锋	萧山电视台

续表6-33

等级	年度	类别	篇目	作者(编辑)	刊播媒体
二等奖	2015	电视新闻	区公安分局推出"市民举报"微信红包奖励平台	吴松根　吴哲文　高潞平	萧山电视台
		电视新闻	轻微交通事故　可用微信快处快赔	吴松根　王争青　莫晨涛	萧山电视台
		网络新闻	你有一封来自萧山环卫工人全家的求助信	苏昭军　张丽丹　孙佳娣　傅春江　孙丽娟　金美意	萧山电视台
		电视新闻	记者暗访揪出网络订餐黑作坊	陈　默　莫利锋　王丁旻　薛张亮	萧山电视台
		论文	公共服务:县级广播电视台的突围与再出发	来宏明	萧山电视台
	2016	网络新闻	峰会上的萧山故事	苏昭军　张丽丹　项　丹　孙丽娟	萧山电视台
		社会活动	萧山汉字听写大赛	黄　立　胡耀琪　戴倩男　潘　琦　胡波洋　李　丹　楼承天	萧山电视台
	2017	创新重大主题报道	弄潮儿向涛头立——喜迎"十九大"系列报道	吴　斐　王争春　韩　杰　莫晨涛　周　舒	萧山电视台
		电视新闻	世界旅游联盟(WTA)总部正式落户萧山湘湖	陈　默　苏昭军　张丽丹　项　丹　王争春　陈伟聪	萧山电视台
		电视少儿综艺	"童心璀璨夜　花儿迎新春"2017萧山少儿迎春晚会	集　体	萧山电视台

2. 行业奖项

1990—2003年萧山广播电视台获得浙江省县(市)级广播电视节目抽查评比奖一览表

表6-34

等级	年度	类别	篇目	作者	编辑	刊播媒体
一等奖	1990	广播新闻	萧山新闻	新闻部记者	吴　康	萧山人民广播站
	1991	广播新闻	萧山新闻	新闻部记者	吴　康	萧山人民广播电台
十　佳	1994	电视新闻	萧山新闻	新闻部记者	赵岳松　朱伟民　华保华　任张标	萧山电视台
	1995	电视新闻	萧山新闻	新闻部记者	赵岳松　朱伟民　任张标　陈　丹	萧山电视台
	1996	电视新闻	萧山新闻	新闻部记者	赵岳松　朱伟民　任张标　陈　丹	萧山电视台
		对农广播	农村大世界	吴　康　孙维加　赵国良　来妙龙		萧山人民广播电台
	1997	对农广播	农村大世界	赵岳松　张成龙　谢　农　任张标		萧山人民广播电台
双十佳	1999	广播电视新闻	萧山新闻	新闻部记者	孙焕林　赵岳松　朱伟民　陈传荣	萧山广播电视台
	2001	广播电视新闻	萧山新闻	新闻部记者	孙焕林　赵岳松　朱伟民　陈传荣　钱荣根	萧山广播电视台
	2003	广播电视新闻	萧山新闻	新闻部记者	裘　超　朱伟民　钱荣根　徐　凌	萧山广播电视台

1992—2014年萧山广播电视台获得广播电视学会和其他部门奖一览表

表6-35

等级	年度	类别	篇目	作者	刊播媒体
一等奖	1992	浙江省现场录音短新闻评选	村办厂办起外语夜校	陈勇	萧山人民广播电台
	1996	浙江省有线电视新闻协作奖	钱啤人的品牌战略	陈传荣 陈于晓	萧山有线电视台
	1998	县(市)级广播电视奖电视新闻	美女坝发生观潮悲剧	朱伟民 钱荣根 唐靓	萧山电视台、中央电视台
	2000	首届全国电视纪录片《中华荟萃》中国广播电视学会奖	冯耀忠的微雕艺术	陆伟岗 倪佳成 陈晖 任张标 任慧	
		中国广播电视学会优秀节目	萝卜“拍卖”一“槌”三万	徐凌 吴松根 胡彩娟	萧山人民广播电台
		新华社浙江分社“好栏目、好节目”评选	国内外简讯	叶卓明	萧山人民广播电台
	2008	中国广播电视学会创优奖评选	杭州—台湾开通两岸直航	李倩 徐凌 陈勇	萧山人民广播电台
	2009	浙江“农博杯”对农宣传集中采访竞赛	省农博会上的“暗战”	陈勇 来佩华 徐凌	萧山人民广播电台
	2012	中国电视新闻协作网年度优秀节目	“钱塘追潮”大型直播报道	萧山电视台	中央电视台、萧山电视台
	2014	浙江省新闻出版广电局、浙江省农业厅农作制度创新模式电视节目竞赛	大棚菜稻轮作今年喜获丰收	黄立 余益丽 孙犇 陈少敏 孔婷	萧山电视台
二等奖	1997	县(市)级广播电视奖电视新闻	为再就业剪彩	张月 陈勇	萧山电视台
	1998	浙江省公安系统电视专题片	围剿“狼群”	顾华夏 赵晓曼	萧山电视台

续表6-35

等级	年度	类别	篇目	作者	刊播媒体
二等奖	1998	县(市)级广播电视奖广播新闻	新湾农民种菜按订单	来妙龙 钱荣根 来佩华	萧山人民广播电台
	1999	对外电视栏目“彩桥奖”	邵家故事	陆伟岗 陈　晖 任张标	萧山电视台
		中国广播电视学会电视专题	冯耀忠的微雕艺术	陆伟岗 倪佳成 陈　晖 任张标 任　慧	萧山电视台
	2000	中国广播电视学会优秀节目	沧海桑田	陈　晖 陆伟岗 任张标 任　慧	萧山电视台
	2001	中国广播电视学会、全国县市广播电视协会优秀节目评选	徐传化:富了还要向前走	陈　勇 倪兴康 朱伟民 陈传荣	萧山人民广播电台
	2003	浙江省宣传人民代表制度好新闻奖	人大代表过年送连心名片	陈　默	萧山广播电视台
	2009	浙江“农博杯”对农宣传集中采访竞赛	晒一晒过程,让消费者更放心	陈　勇 张笑歌 徐　凌	萧山人民广播电台
	2010	省电视艺术家协会最佳优秀节目主持人	文艺晚会节目主持	黄　立	萧山人民广播电台
	2012	首届浙江省数字影像大赛	家在湘湖边	萧山电视台	
	2013	第二届“全国市县电视台推优活动”电视栏目	金色大地	黄　立 余益丽 孙圆圆 刘　阳	萧山电视台
最佳网络剧奖	2011	全国首届“大众网络剧奖”评比	网络剧《我为天使狂》	编剧:唐海祥 导演:吴东林	湘湖网及有关网站

1997—2014年萧山广播电视台获得各类业务论文奖作品一览表

表6-36

等级	年度	类别	篇目	作者	刊播媒体
一等奖	2008	中国录音师协会年度广播电视技术论文评比	谈谈萧山广播电视台调频广播天线的改造	陆　均 龚晓鸣	
	2009	浙江省广播电视技术质量论文奖	白光LED在电视新闻摄灯的应用	陆　均	
二等奖	1997	浙江省广播电视播音论文	规整性——播音创作的基石	张　月	视听纵横
	1998	全国县级电视台论文	规整性——播音创作的基石	张　月	视听纵横
	2008	中国录音师协会年度广播电视技术论文评比	有线数字电视故障分析与检修	傅崇明 陆　均	
		中国录音师协会年度广播电视技术论文评比	萧山电视台硬盘播出系统常见故障与处理	陆　均 傅崇明	
		中国录音师协会年度广播电视技术论文评比	DVB-T/H调制系统分析	傅崇明 龚晓鸣	
	2013	全省广播电视对农宣传论文大赛	提高对农节目可听性“三大原则”	陈　勇 朱伟民	视听纵横
	2014	全省广播电视对农宣传论文大赛	对农节目要让城里人也喜爱	陈　勇	中国记者 视听纵横

1988—2005年萧山广播电视台获得播音奖一览表

表6-37

等级	年度	类别	作者	单位
新闻播音一等奖	1990	浙江省首届好播音评比	谢　农	萧山广播电视台
新闻播音二等奖	1988	浙江省播音大奖赛	王　宽	萧山广播电视台
新闻播音二等奖	1996	浙江省第四届优秀作品奖	王　宽	萧山广播电视台
播音专题二等奖	2005	浙江省广播作品奖	郑　健	萧山广播电视台

1999—2017年萧山广播电视台获得科技成果(技术质量)奖一览表

表6-38

等级	年度	类别	科技成果(技术质量)	作者
二等奖	1999	浙江省广播电视厅科技进步奖	萧山广电大楼600平方米演播厅工程	谢继新　姚国平 童保权　金国强 沈玉夫　金志坚
二等奖	2011	浙江省广播电视技术质量奖	自食其果	张伟明　龚晓鸣 祝国钢
二等奖	2012	浙江省广播电视(发射系统)技术能手竞赛	调频广播	陆　均
二等奖	2015	浙江省广播电视技术能手竞赛	广播节目	陆　均
二等奖	2017	浙江省广播电视技术质量奖	我们欢迎你	丁少利　梅　丽 李　磊
			公益广告《等待》	朱海水　范见华 金璐佳

第三节　新媒体获奖情况

一、萧山日报新媒体

1.获奖个人

(1)萧山网

2014—2017年萧山网获得网络媒体先进个人一览表

表6-39

年度	授奖单位	授奖名称	获奖者
2014	中国城市新闻网盟	中国城市网盟年度个人奖	金　烽
	全国地方新闻网协会	全国地方新媒体十大领军人物	金　烽
2015	全国地市新闻网联盟	全国地方网络媒体十大领军人物	金　烽
	全国网络媒体联盟	中国网络媒体创新发展品牌人物奖	金　烽
2016	中国地市新闻网联盟	全国地市网络媒体十大领军人物	金　烽
	中国城市新闻网盟	全国地方网络媒体十大年度人物	金　烽
2017	中国地市新闻网联盟	全国地市网络媒体十大领军人物	金　烽

（2）萧山日报新媒体中心

2012—2017年萧山日报新媒体中心获得先进个人一览表

表6-40

年度	授奖单位	授奖名称	获奖者
2010	中国报业协会	中国报业户外媒体创新奖	夏　杰
2012	中国报业协会	中国户外媒体领军人物	夏　杰
2017	萧山区委外宣办、区网信办	萧山发布政务平台工作先进个人	於立英　任卓琮　李沅哲

2.获奖作品

（1）萧山网

2004—2017年萧山网获得浙江新闻奖作品一览表

表6-41

等级	年度	类别	篇目	作者	编辑
二等奖	2008	网络作品	“新一轮解放思想网上大讨论　加快萧山经济转型升级”系列访谈	程　栋　徐丽荣	俞　哲　励俊虹
	2017	新媒体作品	致敬，萧山第一代改革者　今天，我们一起送别鲁冠球	金　烽　姚晨曦　钱　嫣　周　喆　沈　益	
三等奖	2004	网络专题	2004年世界杯乒乓球赛	徐丽荣　赵麟溢　任柳萌	王　鹰　谢筱园
	2006	网络新闻	八大古都文化使者湘湖论道	集体	
	2007	网络作品	与潮同行——全国网络媒体萧山行	集体	
	2009	网络作品	城乡儿童比活力赛文明，萧山学前教育大检阅——2010萧山年历宝宝评选	徐丽荣　吴新红　李小娥　赵　菲	蒋立红　周　丽
	2010	网络作品	同学抱我上大学	缪承林　马艳敏　周　婷	金　烽　郑海龙
	2016	网络新闻专题	“G20”，萧山这一天	金　烽　金春燕　姚晨曦　李　莎　夏燕云　陈茜如	

2006—2017年萧山网获得杭州新闻奖作品一览表

表6-42

等级	年度	类别	篇目	作者	编辑
一等奖	2007	网络作品	萧山日报多媒体数字报	集 体	
	2008	网络作品	“杭州地铁工地塌陷 各方全力大施救”专题报道	谢筱园 朱 炜 赵麟溢 王 鹰	金 烽 程 栋 徐丽荣
	2009	新闻网络作品	城乡儿童比活力赛文明，萧山学前教育大检阅——2010萧山年历宝宝评选	徐丽荣 吴新红 李小娥 赵 菲	蒋立红 周 丽
	2010	网络作品	支部建在连上 网站建在村上	谭佳娜 马艳敏 任柳萌	金 烽 郑海龙 徐丽荣
	2011	网络专题	“走基层、转作风、改文风”报道专题——“村官一日”	马艳敏 许 燕 洪美娜	谭佳娜 孔徐冰
	2012	网络作品	线上有答复 线下面对面——网络问政平台畅通萧山政情民意	金 烽 郑海龙 励俊虹	林佳杰 漏鑫瑞
	2013	网络作品	2013年第一天·我们记住这三位英雄	集体	
	2014	网络作品	第五届世界太极拳健康大会	金 烽 孟再励 金春燕 何可人 姚晨曦	
	2015	网络作品	市民投诉岂容敷衍？萧山网络问政现场“拷问”12位镇街部门负责人	姚晨曦 励俊虹 沈建军 陈世超	
	2017	新闻专题	今天，我们一起送别鲁冠球；致敬，萧山第一代改革者	金 烽 姚晨曦 钱 嫣 周 喆 沈 益	
		数据新闻	萧山网络问政助力萧山“最多跑一次”	金 烽 励俊虹 林佳杰 楼 诚 汪 潇	
二等奖	2006	网络作品	萧山休博会专题报道	集体	
	2007	网络作品	“与潮同行——全国网络媒体萧山行”专题报道	集体	

续表6-42

等级	年度	类别	篇目	作者	编辑
二等奖	2008	网络作品	“萧山十景”评选海选网络视频秀	程　东　徐丽荣	励俊虹 王　鹰
	2010	网络作品	同学抱我上大学	缪承林　马艳敏 周　婷	金　烽 郑海龙
	2011	网络作品重大主题	萧民300万自建民间“红色革命纪念馆”系列报道	马艳敏　赵　菲 詹星玮	程　栋 郑海龙
	2012	网络作品	文明幸福萧山行·首届全国知名论坛博主版主铿锵笔会	吴新红　沈幼玲	许　燕 许益飞
	2013	网络作品	政企面对面	周亚明　陈菲丽	郑海龙
	2015	网络作品	黄师傅，你的幸福我们感受到了	金　烽　金　波 洪美娜　詹星玮	

2012—2013年萧山网获得中国地市报新闻奖作品一览表

表6-43

等级	年度	类别	篇目	作者	编辑
一等奖	2013	网络新闻	2013年的第一天·我们记住这三位英雄	章子林	张　伟
二等奖	2012	网络新闻	线上有答复　线下面对面	金　烽　郑海龙 励俊虹	林佳杰 漏鑫瑞
	2013	网络新闻	八千年历史的继承和发扬，说说我眼中的萧山传统文化	俞超雄	何可人

2015—2017年萧山网获得中国县市区域报新闻奖作品一览表

表6-44

等级	年度	类别	篇目	作者	编辑
一等奖	2015	网络新闻	黄师傅,你的幸福我们感受到了	金　烽　金　波　洪美娜	
	2016	网络新闻	G20,萧山这一天	金　烽　金春燕　姚晨曦　李　莎　夏燕云　陈茜如　臧一平	
	2017	新媒体作品	今天,我们一起送别鲁冠球;致敬,萧山第一代改革者	金　烽　姚晨曦　钱　嫣　周　喆　沈　益	

2016年萧山网获得全国地方网络媒体奖作品一览表

表6-45

等级	年度	类别	篇目	作者	编辑
最佳新闻奖	2016	网络新闻	G20峰会落户杭州　关于萧山的N个猜想	张　伟　姚晨曦　陈茜如	李　莎

2016年萧山网获得中国地市新闻网联盟奖作品一览表

表6-46

等级	年度	类别	篇目	作者	编辑
最佳新闻奖	2016	网络作品	G20峰会落户杭州　关于萧山的N个猜想	金　烽　金春燕　姚晨曦　陈茜如	李　莎　方利利

(2)萧山日报新媒体中心

2014—2017年萧山日报新媒体中心获得新闻奖作品一览表

表6-47

等级	年度	奖　项	获奖内容
一等奖	2015	中国县市区域报新闻奖	“杭州赢得2022亚运会举办权，萧山人最想说的是……”系列报道
		杭报集团新闻奖	“行走母亲河”全媒体活动报道
	2017	中国县市区域报新闻奖	今天，我们一起送别鲁冠球；致敬，萧山第一代改革者
		浙江省县市区域报新闻奖	新媒体报道《萧山人大会》
		杭州新闻奖新媒体类	今天，我们一起送别鲁冠球；致敬，萧山第一代改革者
			萧山网络问政助力萧山“最多跑一次”
二等奖	2016	中国县市区域报新闻奖	今天萧山马路上，这位姑娘的一个举动太让人暖心！
		杭报集团新闻奖	今天萧山马路上，这位姑娘的一个举动太让人暖心！
	2017	浙江新闻奖	今天，我们一起送别鲁冠球；致敬，萧山第一代改革者
		浙江省县市区域报新闻奖	新媒体短视(音)频《萧山工匠》
			新媒体界面设计《@全体萧山人，这里有一封和你我都有关的信！》
		杭州新闻奖新媒体类	界面设计《@全体萧山人，这里有一封和你我都有关的信！》
		杭报集团新闻奖	新媒体新闻专题奖《一湾清水穿村过 萧山镇街剿劣治水H5系列作品》
			新媒体界面设计奖《@全体萧山人，这里有一封和你我都有关的信！》
三等奖	2014	浙江省媒体融合报道大赛	“心驰朝阳　梦跃钱江”——地铁2号线东南段开通试运营全媒体特别报道
优秀新媒体融合成果奖	2014	杭州市创新重大主题报道奖	“心驰朝阳　梦跃钱江”——地铁2号线东南段开通试运营全媒体特别报道

续表6-47

等级	年度	奖　项	获奖内容
三等奖	2015	中国县市区域报新闻奖	“萧山最具人文气息的书店关门事件”连续报道
		杭报集团新闻奖	湘湖,我为你骄傲!
			“杭州赢得2022亚运会举办权,萧山人最想说的是……”系列报道
	2016	中国县市区域报新闻奖	“我为家乡点赞”系列报道
		杭报集团新闻奖	“我为家乡点赞”系列报道
	2017	中国县市区域报新闻奖	网络作品《一只猴子与萧山的三天相处》
			微信作品《鲁老,回家的路,请走好!》
			微信作品《封顶价20059元/平方米　绿城“大雪”斩获城南百亩宅地》
			微信作品《萧山人大会》
			微信作品《萧山一体育老师搞创作,还被评上了非遗!你的孩子也许正在上他的课》
		杭州新闻奖新媒体类	短视(音)频奖《萧山工匠》
			界面设计《一湾清水穿村过——萧山镇街剿劣治水H5系列作品》
		杭报集团新闻奖	新媒体短视频《萧山工匠》
			新媒体数据新闻奖《萧山网络问政助力“最多跑一次”》
			新媒体访谈类节目《火星街访》
			新媒体短视频《萧山一体育老师搞创作,还被评上了非遗!你的孩子也许正在上他的课》
			新媒体新闻专题《萧山人大会融媒体报道》

二、萧山广播电视台新媒体

2013—2017年萧山广播电视台新媒体获得新闻奖作品一览表

表6-48

等级	年度	奖项	获奖内容
一等奖	2016	杭州市广播影视政府奖音视频网络新闻奖网络直播新闻	“圆梦湘湖”全球、全景、全天候直播Show
		杭州市广播影视政府奖音视频网络新闻奖网络新闻评论	该给网络募捐戴上“紧箍咒”了!
二等奖	2015	杭州市广播影视政府奖音视频网络新闻奖连续报道	你有一封来自萧山环卫工全家的求助信
	2016	杭州市广播电视政府奖音视频网络新闻奖新闻专题	峰会上的萧山故事
	2017	浙江省广播电视新媒体奖短视(音)频新闻	他走了,却留下一个时代
		杭州新闻奖新媒体作品	萧山街头女子用脚猛踹女儿事件
三等奖	2013	浙江省广播电视网络(音视频)新闻奖新闻专题	咏春传人钟义的慈善梦
	2015	杭州市广播影视政府奖音视频网络新闻奖单条新闻	G20峰会让我们相约杭州
		浙江省音视频网络新闻奖连续报道	有人@你
		浙江省数字出版网络视听新媒体创新大赛	《终于等到你》栏目
	2017	浙江省数字出版网络视听新媒体创新大赛行业创新	“湘湖会”网络公益联盟
		浙江省数字出版网络视听新媒体创新大赛技术创新	智慧萧山(手机门户)
优秀新媒体成果奖	2015	杭州市“创新重大主题报道”	“智慧萧山”手机门户报道

第四节 萧山区企业报刊好新闻一等奖获奖作品

2011—2017年萧山区企业报刊好新闻一等奖作品一览表

表6-49

年度	类别	篇目	作者	送评单位
2011	消息	怀的是双胎,到分娩时却只有一胎	武鹤立	萧山医院报
		千年古樟住进“空调房”	王　琳	东方文化园
		职代会现场办理职工提案	俞　全	中球冠报
	通讯	艰辛的车轮,浪漫的行歌	李明强	开元旅业报
		最近,徐州名都低调的赵师傅“火”了	李胜南	开元旅业报
		在寂寞里守望未来	俞　全	中球冠报
	言论	岁末,请发一份“精神红包”	宋　晶	开元旅业集团报
	副刊	“四品”姑苏城	丁海霞	开元旅业集团报
	图片	怀孕的护士非常漂亮	赵婷婷	萧山医院报
	版面	《萧山医院》第10期头版	赵婷婷	萧山医院报
		《开元旅业报》10月21日第二版	程敏祥	开元旅业集团报
		《富丽达报》11月28日第11期要闻版	宋有常	富丽达报
2012	消息	员工子女就学的事就是工会的事　集团工会安排咨询会为远路员工子女就学答疑解惑	杨德品	荣盛报
		让菜食更安全,让顾客更放心　开元酒店有了自己的无公害蔬菜基地	戴玲隽	开元旅业报
		化纤公司推进“5S”　管理出新招 评文明宿舍　建和谐家园	黄晶晶	恒逸报
	通讯	忠诚谱写抗洪曲	周法林 孙溢青	中球冠报
		无私白衣天使　情洒第二故乡	赵婷婷	萧山医院报
		错不在你,无须自责	邓姣娣	高运报

续表6-49

年度	类别	篇目	作者	送评单位
2012	言论	"好戏"也要做在前头	宋 晶	开元旅业报
		医务人员要"金口"常开	孔 林	萧山医院报
	副刊	天落水	余观祥	富丽达报
		父亲	赵明宇	今日传化
	图片	心有方向,我们永远不会老 开元九龙湖"二十年的青春和往昔"音乐节掠影	黄友平 贾 明 徐晓明	开元旅业报
	标题	"玉帛"送在"干戈"之前	李胜南	开元旅业报
2013	消息	中共中央总书记习近平接见徐冠巨董事长 勉励传化为全国做出了典范	周升学	今日传化
		恒逸成为萧山首家中国民营外贸前十强	何邦阳	恒逸报
		开元酒店品牌进驻德国法兰克福 我集团成功收购法兰克福金郁金香饭店,美因河畔将矗立起开元大酒店	戴建林	开元旅业报
		三会合一 务实高效 朴素简约	方贤满	万丰报
	通讯	春节,他们坚守在岗位上	孙溢青	中球冠报
		石化梦 传化梦	王丽佳	今日传化
		安全生产的"婆婆嘴"——记荣盛石化聚合部兼职安全员俞张炯	胡杏芬	荣盛报
		骑行,他们把"菲特"抛在了车轮后	杨华东	开元旅业报
	言论	亲属共事应有"间"	孙 勇	恒逸报
		请向"小人物们"致敬	宋 晶	开元旅业报
	副刊	灶头	陆亚芳	今日传化
		古龙的热血与寂寞	杨华东	开元旅业报
	图片	中球冠员工为农家贴春联	盛仁昌	中球冠报
	标题	"粽情"系端午 "饼香"飘中秋	孙溢青	中球冠报
2014	消息	iphone6上有了"三元制造"	范伟平	三元报
		营销采购中心8090club火热蹿红	林能飞 黄迪佳	恒逸报
		充分显示圣山在业界的专业性权威性地位 我集团参与国家日用防雨品行业标准制定	李成亮	圣山报

续表6-49

年度	类别	篇目	作者	送评单位
2014	通讯	新藏行，不是结束的终点——“开元新藏行”骑行记(四)	杨华东	开元旅业报
		28岁小伙罹患尿毒症　医护爱心援手暖人心	赵婷婷	萧山医院报
		正能量在高温下传递	黄　莹	恒逸报
	言论	医生，别再写“天书”了	顾俊楠	萧山医院报
	副刊	苕溪河的蚌	张　沁	开元旅业报
		揪痧	余观祥	富丽达报
	图片	我们和“星星的孩子”有个约会	朱　大	开元旅业报
	标题	“小”平台派上大用场　“微”信激活沟通渠道	宋有常 秦国跃	富丽达报
2015	消息	站着、坐着、趴着也可以生孩子了 产妇通过自由体位成功分娩	张佳娜	萧山医院报
		亚太股份布局汽车智能驾驶领域	汪学尧	亚太集团报
		“1+1＞2”：巴陵恒逸“混”出一片新天地	何邦阳	恒逸报
	通讯	“背上”的开元关怀	张　琦	开元旅业报
		百搭“财神”	毛建生	恒逸报
		一场静悄悄的“搏杀”	沈燕子	圣山报
	言论	盯好最后“一级台阶”	马　纪	圣奥报
		亚太制造需要“工匠精神”	汪学尧	亚太集团报
	副刊	搁浅的记忆	张　沁	开元旅业报
	标题	不能让制度成为热带的棉衣	马　纪	圣奥报
2016	消息	以“工匠”精神打造“亚太制造” 吴兴尧荣获“全国技术能手”称号	程锦华	亚太集团报
		千百年来传统求医模式被医企联手打破　圣山科纺为800多员工提供签约家庭医生服务	沈燕子 靳媛如 赵克庆	圣山报
		计算机导航开启精准手术新纪元　骨关节科完成首例导航下关节置换术	叶福生	萧山医院报
	通讯	“75升的办公室”	董晓明	今日杭齿报
		让生命更有价值	卜燕敏	萧山农商银行

续表6-49

年度	类别	篇目	作者	送评单位
2016	通讯	为国添彩，为开元争光——记杭州G20峰会国宴上的五位开元高级宴会服务师	赵丽青 诸寅楠 章　欢	开元旅业报
	言论	牢固树立“一盘棋”思想	何邦阳	恒逸报
	副刊	草原不思索	施加勇	开元旅业报
		陈伯的草帽	余观祥	富丽达报
	图片	暖胃更暖心	单忠民	恒逸报
	标题	比“洪荒之力”更给力　恒逸人爱心演绎“热血传奇”	何邦阳	恒逸报
2017	消息	“留点时间给自己，留点空间给后人，愿开元有一个更美好的前景”　开元创始人陈妙林正式宣布自己退休	徐晓明	开元旅业报
		“亚太制造”亮相沙场阅兵	施　捷 李艳芳	亚太集团报
	通讯	规格最高　变化最多　战线最长　时间最紧——开封开元名都接待李克强总理一行服务侧记	刘俊宏 程　园	开元旅业报
		“工匠是这样炼成的”——记全国技术能手杭州亚太智能装备有限公司总经理吴兴尧	汪　雪 程锦华	亚太集团报
		“员工喜爱企业”是如何炼成的？	沈　闻	荣盛报
	言论	且为人生留晚晴——致敬陈妙林	徐晓明	开元旅业报
		破除谣言，需要你我明“ZHI”	孙国明	荣盛报
	副刊	一块“惊堂木”	何邦阳	恒逸报
		工作中的男人	金小萍	今日杭齿报
	图片	不失毫厘——开元高宴师在培训中	项治文	开元旅业报

第七编　人物

概　述

萧山文化底蕴深厚，自古人才辈出。萧山的新闻事业也是如此。自民国萧山创办第一份报纸，到2019年年底，随着新闻事业的不断发展，萧山的报纸、广播、电视和新兴媒体得到快速发展，新闻从业人员不断扩大。在萧山新闻界或在外地工作的萧山籍新闻人中，涌现出了一批在全省乃至全国有一定影响力的著名记者、编辑和新闻事业的领头人。

本编设三章。

第一章为《人物传略》，收录对象为，自民国至2019年在全国新闻界有一定影响且已故的萧山籍人物。收录要求：概括其一生经历，包括姓名，主要业绩或事迹，不超过500字。本章收录5名萧山籍专职新闻工作者。

第二章为《人物简介》，收录对象为，至2019年年底，有一定影响的萧山籍新闻工作者（含在外地从事新闻工作者）以及在萧山新闻媒体工作的客籍人士。收录对象须符合四个条件之一：（1）在地市级新闻媒体担任正职（党委党组书记、社长、总编辑、董事长、总经理）；（2）新闻专业职称正高级以上；（3）荣获全国五一劳动奖章、全国三八红旗手等同等级别奖励获得者，中国新闻奖一等奖、二等奖作品作者；（4）从萧山媒体主要领导岗位提拔为萧山区四套领导班子成员，以及全省全市文化艺术界名人特聘担任媒体新闻栏目主持人。收录要求：概括新闻工作简要经历，包括姓名，从业起止时间，主要业绩或事迹，300字左右。本章收录35名。

第三章为《人物名录》，收录对象为，中华人民共和国成立后至2019年年底符合一定条件的萧山籍新闻工作者（含在外地从事新闻工作者）以及萧山新闻界的客籍人士。收录对象须符合三个条件之一：（1）在县市区级新闻媒体担任正职；在其他媒体担任正处以上职务；（2）新闻媒体单位具有主任记者、主任编辑专业技术职务的人员；（3）中国新闻奖一等奖、二等奖作品编辑。收录要求：姓名，性别，出生年份，籍贯，职务或职称，工作单位。本章收录50名。

第一章 人物传略

周大煜(1915—1997)

浙江萧山人。

曾在临浦临江中学教书。民国23年(1934年),任上海《市民日报》校对员,后到杭州东南日报社工作,抗战时随报社到金华、福建南平。抗战结束后,又到上海市民日报社任校对科科长,一直到该报解散。中华人民共和国成立后至“文化大革命”前夕,担任上海新民晚报社校对科科长,任职期间,该报属于校对范围的错字率保持在一月一字。“文化大革命”中受迫害,在上海市新闻出版“五七”干校劳动。后回到上海参加二十四史、《毛泽东选集》大字本三卷、《毛泽东选集》五卷的校对工作。1982年,与新民晚报社社长林放一起筹建上海辞书出版社。1983年退休以后,继续参加《辞海》1979年版及繁体字版的校对工作。

高帆(1922—2004)

浙江萧山人。

原名冯声亮。中国摄影家协会原主席,是我国著名的画报专家、摄影艺术理论和军事摄影报道工作的实践者和组织者。1938年先后入陕北公学、延安抗大学习。1942年加入中国共产党。曾任八路军一二九师政治部宣传干事、晋冀鲁豫军区政治部宣传科科长、华北军区华北画报社副主任。参加上党、定陶、临汾、晋中等战役。1946年立大功一次。中华人民共和国成立后,历任西南军区《西南画报》主编,解放军画报社副总编辑、总编辑、社长,《中国摄影》主编,中国文联第四届委员,中国摄影家协会第一、二届常务理事和第三、四届副主席。1987年12月,离休。1991年,在中国摄影家协会第五次会员代表大会上当选为主席。2001年12月,被推选为中国摄影家协会名誉主席。作品有《攻击北流寺日军》《开赴前线》《进军西南》《毛主席西苑检阅》《藏族民兵》《美丽的集邮册》等。主编大型彩色画册《中华腾飞》。《美丽的集邮册》被编入九年义务教育课程标准教科书(四年级上册)。

孔子贤(1923—1996)

浙江萧山人。

高中文化。中共党员。1949年12月,参加工作。历任临浦区供销合作社、萧山县供销合作社营业员、社务员、秘书科副科长。1957年2月,调入萧山报社任编辑。1961

年2月，调入萧山县广播站，历任编辑、编辑部主任、副站长、站党支部副书记。参与编纂《萧山县志》《中共萧山县组织史》和《杭州广播电视年鉴》等。“文化大革命”期间，顶住各种压力，坚守岗位，保证广播节目正常播出。1958年，被评为萧山县文教战线社会主义建设积极分子。1959年，被评为萧山县、杭州市、浙江省文教战线社会主义建设先进工作者。1979年，负责的萧山人民广播站编辑组被评为杭州市先进集体。1980年退休。1991年7月，享受萧山市政府特殊贡献人员津贴。

周祖赓（1931—2019）

浙江萧山人。

1956年毕业于浙江农学院。毕业后留校工作，先后任院党委秘书、人事干事、系政治协理员、系党总支负责人等。1978年1月，调任浙江日报副总编辑，先后负责分管夜班编辑出版工作，党群、政法、文教、理论等方面的宣传报道和报社组织人事、经营管理。曾在《浙江日报》发表过《访日散记》。1987年7月，调任浙江省新闻出版局局长，浙江省新闻出版局、出版总社党组书记。1998年2月卸任后，从事报纸审读工作，写过报纸审读评述意见多篇。曾任省政协第七届委员会委员、文史资料委员会副主任，省新闻工作者协会副主席，省出版工作者协会副主席、《浙江省出版志》主编，省企业报协会会长。

徐锡安（1945—2017）

浙江萧山人。

高级工程师、教授。第十届全国政协委员。曾获“北京市优秀思想政治工作者”“全国优秀思想政治工作者”等称号，1995年破例享受国务院特殊津贴。1962年7月至1968年12月，在清华大学土木建筑系工业与民用建筑专业学习。1968年12月，被分配到国家建委，到解放军南京军区6413部队锻炼。1970年5月，任国家建委一局三处技术员。1972年9月，到铁道部眉山车辆厂工作，历任基建设备科技术员、副科长、厂长、党委书记。1986年9月，任铁道部工业总局副局长、中国铁路机车车辆工业总公司副总经理。1987年9月至1988年7月，中央党校1987级中青班学习。1988年8月，到北方交通大学工作，历任党委副书记、纪委书记、党委书记。1995年12月，任北京市委教育工委副书记，市教育委员会党组书记、主任，市政府教育督导室主任。1997年12月，任北京市委常委、教育工委书记。2001年11月至2005年5月，任新华通讯社党组副书记、副社长。曾担任多年清华校友总会理事。2009年6月退休。

第二章 人物简介

韩仁煦(1922—)

浙江萧山人。

笔名吴玫、萧然。中共党员,高级编辑,离休干部。曾任福建省委宣传部、省新闻出版局联合聘请的报刊审读员,福建新闻学会常务理事,福建省科普作家协会名誉理事长。1949年中华工商专科学校毕业,华东新闻学院讲习班结业。1949年至1977年,在《福建日报》工作,历任读者来信部、群众工作部、采通部、工商部、农业部、总编辑办公室副主任。1978年,创办《福建科技报》并任总编辑,同时主持该报《科学茶室》专栏,采写的科技杂谈三次获福建省好新闻奖。1982年,被评为福建省优秀新闻工作者。1984年,获中国科技研究会奖励。参与创办《福建老年报》并为负责人之一。此后曾任《当代福建科技名人》一书常务副主编。1990年,受中国科普作协表彰,同年被评为福建省科协系统先进工作者。

孔吾德(1937—)

浙江萧山人。

中共党员。1958年起,在萧山从事广播电视工作,历任站长、副局长、党委副书记等职务。多次被评为县(市)先进工作者和杭州市、浙江省广播电视系统先进工作者。1996年3月,被人事部、国家广播电影电视部授予全国广播电视系统先进工作者称号。撰写的《抓住机遇实行全方位改革》《略论听众参与的重要性》《外具动力内有潜力 广播事业充满活力》《营造良好的宣传氛围 努力提高宣传效果》等10多篇论文,分别在《中国广播电视学刊》、广电部《决策与参考》、《北京广播学院学报》、浙江《视听纵横》等刊物发表。其中《抓住机遇 实行全方位改革》一文载入中国文联出版社出版发行的《中国改革开放的理论和实践(下)》一书。

瞿祖赓(1939—)

浙江萧山人。

笔名钱塘、萧然、俏山。高级编辑。享受国务院特殊津贴。1960年5月在化工学院读大二时被抽调化工部参与创办《化工报》,后报纸停办调入部调查研究室。1980年12月,调入工人日报社任北京记者站记者。1982年后任记者部副主任,时事政治部、新闻部主任。1984年,任报社党组副书记兼副总编辑,主管日常编务。1991年担任党组副书记兼总编辑。1994年起任党组书记、社长兼总编辑，后卸任总编辑。有多篇作品获中国新闻奖。曾当选为中共十三大代表，中华全国总工会主席团委员，中国报业协会副主席，中国新闻工作者协会常务理事。2000年后，被聘任中宣部、司法部新闻阅评员，任《中华新闻报》《京华时报》等报刊顾问、专家组成员、审读。参与撰写中宣部组织的《新闻阅评学》一书，2009年由中国人民大学出版社出版发行。

龚心瀚（1940— ）

籍贯浙江萧山。

中共党员。1959年考入上海复旦大学新闻学系（现为新闻学院）。1964年，大学毕业后进入上海《解放日报》社工作，先后任华东新闻部编辑、农村新闻部编辑、评论部评论员、国际版编辑、第一版责任编辑、农村新闻部兼市郊版编辑部负责人。1980年，任上海市委《支部生活》杂志编辑部负责人和党支部书记。1983年，任上海市委宣传部常务副部长。1987年，兼任上海市新闻高级专业技术职务资格评审委员会主任委员。1988年，被评定为新闻专业高级职称。1993年，任中共中央宣传部副部长，兼任全国双拥工作领导小组副组长。2003年，任第十届全国政协文史委员会副主任。2009年退休。曾任中国画报协会首任会长，兼任复旦大学新闻学系教授。长期从事新闻出版、文化和文化产业的研究，发表专论、评论和散文等数十万字。2019年上海文化出版社出版《龚心瀚摄影书法作品集》。

洪佳士（1947— ）

籍贯浙江温州。

高级编辑。1968年，上山下乡到宁夏六盘山地区。1977年，考入宁夏大学。1982年1月，分配到宁夏教育杂志社担任编辑。1986年被评为宁夏回族自治区优秀编辑，同年任宁夏教育厅副处长、主持工作。1991年至2003年3月，任萧山日报（萧山报）总编辑。1996—2003年，兼任杭州市记协副主席。1997年8月，被聘为浙江大学中文系客座教授。1998年，被评为杭州市十佳新闻工作者。1998—2003年，兼任浙江省记协县市党报工作委员会首任主任。2003年6月起，任浙江省记协副秘书长。2008年1月起，被聘为浙江树人大学人文学院教授、新闻专业负责人。2012年4月起，担任《浙江通志·报业志》副主编。发表的《地市报与县报共同发展的“养鱼理论”》，被新华社新闻研究所编入《二〇〇〇年新闻观点辑览》。发表的《县市报发展40年》，被收入《中国报业40年》一书。

赵雪峰（1952— ）

吉林四平人。

高级编辑。毕业于吉林师范大学中文系、吉林艺术学院油画系。曾任吉林师范大学文学院兼职教授，杭州市文艺人才库成员，吉林美术家协会理事。1986年开始从事报纸编辑工作，曾任四平日报都市刊部主任兼美术部主任等职，创办并主编《都市刊》，四平日报《就事儿说》时评专栏、《周末调味》专栏作者，吉林省双十佳新闻工作者。2003年，调入萧山日报担任编辑，开办《市井百态》专栏。在《人民日报》《中国青年报》等国内300多种报刊上发表时评、散文、美术作品4000多篇（件）。获得吉林省新闻奖二等奖、中国新闻奖漫画铜奖、浙江省时事新闻编辑一等奖，有作品参加“第八届全国美展”。出版发行《赵雪峰漫画集》《名人漫像》。有30余篇新闻论文在《新闻战线》《新闻记者》等省级以上专业刊物发表。

王玉明（1952— ）

浙江萧山人。

大学学历。曾任萧山市教育局局长，萧山市委常委、宣传部部长，杭州市委宣传部常务副部长，西林印社社务委员会主任，杭州文化广播电视集团董事长，政协杭州市第九届委员会秘书长。任萧山市委宣传部部长期间，领导推出每日对开八版的萧山日报，为当时全国县市唯一，还牵头组建了长三角县市广播电视台新闻协作区。筹建杭州市文化广播电视集团，任董事长期间，不断优化提升广播电视节目的内容和形式，众多栏目至今播出依然为受众喜闻乐见。广播剧《为了0.5克的挚爱》和电视剧《星火》获中宣部“五个一工程奖”，广播电视直播节目《抗击台风“罗莎”》获中国新闻奖一等奖。通过改制组建数字电视有限公司。筹建杭州爱乐乐团。利用集团经营利润，自筹资金8亿多元，建成杭州广播电视中心。

孙焕林（1952— ）

浙江萧山人。

中共党员。大专。1999年被评为萧山市“百佳”干部。1968年11月，在萧山县浦沿中心小学任教。1970年12月入伍，历任班长、分队长、中队长、空军第一试验训练基地四站副参谋长、参谋长、站长。1994年9月，任萧山市委宣传部常务副部长。1996年7月，任萧山市文化局、广播电视局党委书记、局长。1996年12月，任萧山市广播电视局党委书记、局长。1998年5月，兼任萧山市广播电视台台长。2003年3月，任萧山日报社社长，12月兼任总编辑。2007年8月任杭州日报报业集团编委。曾兼任江浙两省经济强县市广播电视新闻协作网理事长，中国记协县市报研究会副会长，省记协省报协县市报工作委员会主任等职。参与作品直播《钱塘江潮》获2000年中国新闻奖一等奖、中国广播电视新闻奖一等奖。主创的《萧山日报社置建全区阅报栏》《萧山日报社跨地域全权代理〈三门峡日报〉广告》荣获浙江省报业首批自主创新项目。2011年3月起，任萧山区新闻工作者协会主席。

董惠铭(1953—)

浙江萧山人。

编审。现兼任省人民政府督学、省教育学会副会长等职。杭州大学毕业,英语教师出身,曾任萧山中学党总支书记、萧山市教育局局长兼党委书记、浙江省教育厅基础教育处处长、浙江教育报刊总社社长兼总编辑等职。曾兼任中国期刊协会理事及教育期刊分会副会长、省期刊协会副会长及社科类期刊专委会主任、省新闻工作者协会理事、省报业协会理事及经济研究工作委员会副主任、省中小学书法教育研究会副会长、华东师大特聘教授、浙江大学名师名校长导师等职。在各种报刊发表多篇针砭媒体界时弊的论文,其中《坚持教育报刊的社会主义先进文化前进方向》一文,受到全国教育报刊界高度赞扬,被赞誉为"董九条"。利用业余时间,翻译出版约1000万字的英美文学作品。

来永祥(1953—)

浙江萧山人。

中共党员。高级编辑。研究生学历。第七、第八届省政协委员。1997年9月,赴中央党校中青年理宣班学习一年。曾任浙江日报报业集团编委,集团总编辑助理,集团总编办主任,钱江晚报创始人、常务副总编,今日早报总编辑,省作协主席团成员、省记协常务理事等。中央党校毕业论文《关于组建中国特色报业集团的思考》在中宣部《决策参考》发表,《新闻战线》转载,被收入中宣部学习出版社《新时期文化建设论》一书。论文《更新晚报观念,拓展传媒功能》被收入"国家社会科学基金项目研究新成果"。策划系列报道《背着母亲上大学》和《17岁杭州女孩发现小行星》分获中国新闻奖二等奖、三等奖;采编作品获浙江新闻奖一等奖7次,二等奖9次,三等奖3次。著有散文、报告文学集《岁月留痕》《一笔勾住过往》等。

周羽强(1954—)

籍贯浙江萧山。

杭州大学中文系毕业。中共党员。一级导演。曾任浙江电视台副总编辑、副台长,浙江影视集团董事长、总经理,浙江广播电视集团编委会委员、浙江电视台副台长、大型活动艺术总监。兼任中国广播电视学会电视文艺研究会副会长、电视制作协会副会长、浙江省音乐家协会副主席,浙江广播电视研究院研究员等。先后执导大型文艺晚会和专题节目百余部,获国家政府奖20余部,省级政府奖50余部,并获全国最佳音乐电视(MTV)《唤一声西子踏青去》创意(个人)奖、首届中国电视金鹰奖论文奖。1988年起,连续担任CCTV全国青年歌手电视大奖赛浙江赛区组委会、评委会主任,2010年担任CCTV青年歌手电视大奖赛全国评委。2000年荣获全国德艺双馨电视艺术工作者(百佳)荣誉称号。2001—2013年任浙江省艺术高级职称(正高级)评委会委员。

汤水富(1955—)

浙江萧山人。

高级记者。2017年任新华社国际部部务会成员(副厅级)。北京第二外国语学院大学本科学历。1978年2月进入新华社国际部工作,其间,在中央党校中央直属机关分校和清华大学继续深造。曾任新华社国际部英文编辑室主任、国际部新闻编辑委员会委员,新华社伊斯兰堡分社记者、华盛顿分社记者,新华社首尔分社首席记者,新华社欧洲总分社副社长、非洲总分社社长。先后组织策划一系列重大国际事件报道,足迹遍及亚洲、美洲、欧洲和非洲20多个国家和地区,多篇稿件被评为新华社优秀作品。中央高层领导人出国访问,多次作为随团记者进行采访报道。1983年,被评为新华社先进工作者。1995年起,五次被评为新华社优秀驻外人员。2012年,作为新华社17名当选代表之一,出席中央直属机关党代会。

汪柏遂(1955—)

浙江萧山人。

硕士研究生学历。1977年7月,分配到萧山县委办公室从事秘书和新闻报道工作。1984年7月,任"文化大革命"后恢复的县委报道组首任组长。1987年6月,任县文广局党委委员、萧山电视台首任书记、台长。1990年8月,任萧山市委办公室副主任、报道组组长,兼任萧山电视台书记、台长。1995年11月,任市委办公室主任。1999年12月,任萧山市委常委、宣传部部长。2007年12月,任萧山区人大常委会党组副书记、副主任。2013年起,任萧山区慈善总会会长。任报道组组长期间,共有800多篇报道被中央和省市级媒体采用,年年被评为省市优秀报道组。任电视台台长期间,1987年7月1日试播《萧山新闻》和专题广告节目,1988年7月1日正式开播并逐步走上正轨。在浙江省县(市)电视新闻节目抽查评比中4次获得"十佳"称号,连续被省广电厅、浙江电视台、杭州电视台评为新闻协作先进集体、新闻宣传先进集体,个人多次获得省市先进电视工作者。

朱伟民(1956—)

浙江萧山人。

中共党员。大学文化。主任编辑。1974年参加工作。1993年年初,任萧山电视台副台长。1997年4月局台合一、三台合一后,历任萧山广播电视台(局)新闻部主任、新闻总监兼新闻中心主任、新闻总监兼总编室主任。主创和参与的数十件广播电视作品获国家及省级奖。其中参与作品直播《钱塘江潮》获2000年中国新闻奖一等奖、中国广播电视新闻奖一等奖。论文《践行群众路线是基层广电媒体发展进步的必由之路》《关于对浙江萧山农村有线广播发展的调查》《县级台建设媒资系统应把握的几个问题》,分别在《中国广播电视学刊》《中国广播》等刊物发表并获奖。2009年,被浙江省新闻工作者协会授予浙江省模范新闻工作者称号。

黄柏青(1956—)

浙江萧山人。

1982年7月毕业于杭州大学中文系。后分配至建德县人事局工作。1984年4月调浙江省出版总社,先后任浙江新闻出版局(出版总社)办公室副主任、出版研究室主任、图书管理处处长、报纸期刊管理处处长等职。2012年1月起,任浙江省新闻出版局副局长、浙江省新闻出版广电局副局长、浙江省期刊协会会长、浙江省报业协会会长、《浙江通志·报业卷》主编。其间,参加浙江报刊业体制改革调研和有关方案的制定,举办"浙江报业发展论坛",组织开展全省报业经营优秀项目评选,完成有关报业融媒体建设、长三角期刊发展比较、专业报发展趋势研究和浙江省网络视频直播行业发展等调研课题。

夏燕平(1958—)

籍贯浙江萧山。

高级编辑。先后就读北京广播学院(今中国传媒大学)新闻编采专业、中央戏剧学院戏剧文学系、浙江大学新闻学方向。曾担任浙江电视台编导、制片人、总制片人、浙江卫视研发中心主任等职。主要从事电视文艺和电视纪录片的创作。创办浙江电视台最早的文艺栏目《艺术长廊》;主创中国最早音乐电视片《太阳·大地·我们》——太阳畅想曲;主创与中央电视台合办的全国越剧青年演员电视大奖赛;主办《只要你过得好》《生活》《纪录》《生活新主张》《看法》《帮助》《田野的风》《气象万千》等栏目。作品先后获得浙江电视奖一等奖、特别奖,中国电视奖一、二等奖,中国电视星光奖、中宣部"五个一"工程奖等。获首届浙江省电视艺术家贡献奖,首届浙江省"双十佳"新闻工作者等荣誉称号。

蔡小伟(1959—)

籍贯浙江萧山。

高级编辑。2017年任福建省委宣传部常务副部长,省记协主席。曾任湖州日报社党委书记、社长、总编辑,采写的《为了太湖不再倾斜》《益民路向何处去》分别获中国新闻奖二等奖、三等奖;连续6年每年有1件作品获浙江省好新闻一等奖;获湖州市委、市政府"有突出贡献专业技术人才"荣誉称号。1996年,获浙江省"双十佳"新闻工作者称号。1998年,获范长江新闻奖提名奖。1999年,获《中国报刊月报》"每周一星"

封面照。2001年2月，调入人民日报社，历任记者部编辑、安徽记者站采编部主任、福建记者站站长，每年刊发头条稿件15件以上。2007年，调入福建日报报业集团，后任省委宣传部副部长兼福建日报报业集团党组书记、社长。2008年享受国务院特殊津贴。获全国新闻出版行业领军人才称号、中国杰出报人奖。

陈静（1959— ）

浙江萧山人。

中共党员。高级编辑。浙江日报报业集团总编办内参工作室负责人。1980年浙江广播电视学校新闻专业毕业，1987年北京广播学院（函授）新闻编采专业毕业，1992年浙江广播电视大学人事管理专业毕业。1980年进萧山广播站工作。1991年调入萧山县委报道组工作，任县委办公室新闻科科长、报道组副组长。1996年调入浙江日报工作。1997—2018年，编发浙江日报内参3603期，领导批示1245人次，其中时任浙江省委书记习近平批示19篇，时任国务院总理朱镕基批示1篇，使基层群体反映强烈的环境污染、食品安全等问题得到了较好的解决。获浙江新闻奖26篇，其中一等奖10篇；获人民日报优秀内参奖21篇，其中一等奖3篇。曾被评为浙报集团"十佳编辑"，多次荣获"浙报先锋"称号。2015年，被中华全国新闻工作者协会聘请担任第二十五届中国新闻奖评委。

赵岳松（1959— ）

浙江萧山人。

大学文化。中共党员。1981年参加工作。1992年由萧山市委办公室调任萧山文化广播电视局党委委员、副局长兼萧山电视台台长。2003年起，历任萧山区委宣传部副部长、区委办公室副主任、区委政策研究室主任、区文化广播电视新闻出版局（体育局）党委书记。多次荣获萧山区先进工作者、优秀党员、优秀党务工作者等称号。在广播电视系统工作期间，多篇新闻、专题作品获得国家、省、市优秀作品政府奖，其中参与作品直播《钱塘江潮》获2000年中国新闻奖一等奖、中国广播电视新闻奖一等奖。撰写的多篇论文在省级刊物上发表并获奖。

谢正法（1960— ）

浙江萧山人。

丽水师专毕业。历任庆元二中校长、庆元县教育局局长、丽水地区教委人事科长、丽水市委党校副校长、丽水市委宣传部副部长。2004年2月，任丽水日报社社长、总编辑，提出"日清、日省、日新"社训，在全省地市级党报中最早实行全员聘任、薪酬浮动、评聘分离、竞争上岗，报社企业文化建设项目获浙江省报业创新奖。2008年6月，调入浙江日报报业集团，担任浙江日报评论理论部主任。2017年4月，转任浙江日报全媒体评论理论部总监，致力于品牌培育，主创的浙江日报《之江观察》评论栏目，被评为2017年中国新闻奖一等奖；《之江平》评论栏目成为全国省级党报有较大影响力的评论栏目；《浙江新论》被评为全省理论宣传名栏目，理论报道经验在2016年中宣部全国理论宣传座谈会上交流。所策划、编辑的评论文章，多篇被评为浙江省新闻一等奖（特别奖）。

翁仁康（1960— ）

浙江萧山人。

2017年任中国曲艺家协会副主席、浙江省文联副主席、浙江省曲艺家协会主席。12岁从事曲艺表演。1981年，萧山县文教局组建青年曲艺队任队长。1985年12月，获文化部曲艺创作、表演大奖，被特招进萧山文化馆工作。参加第二届中国艺术节和首届、三届、四届、五届中国曲艺节，分别表演绍兴莲花落《糊涂村长》《新乡长上任》《分爹》《说也说不清楚》《三个巴掌》。1999年，被中国文联授予“全国百名优秀青年文艺家”。2000年，获中国曲艺牡丹奖。2001年，获全国第十一届群星奖金奖。2004年，获全国“德艺双馨”曲艺家称号。2016年，批准享受国务院特殊津贴。1993年，被浙江人民广播电台聘为《可口可乐》主持人，在杭州电视台西湖明珠频道主持的《莲花剧场》获浙江省广电局2008年度优秀品牌栏目，2004年4月起在杭州电视台生活频道创办主持《我和你说》栏目受到观众喜爱。

裘超（1962— ）

浙江萧山人。

研究生学历。历任萧山广播电视局（台）长，萧山区委常委、宣传部部长，萧山区委常委、萧山经济技术开发区党工委书记、管委会主任，萧山区委副书记。2017年任萧山区人大常委会党组书记、主任。担任萧山广播电视局（台）长期间，围绕区委、区政府中心工作，充分发挥党的喉舌和主阵地作用，推出“强音广电、强队广电、强势广电”建设，节目质量、队伍素质及经营性收入等进一步提升。在全国县级广电媒体中，率先进行局台分离、网台分离等体制改革；首次实现广播移动直播和电视现场直播；首次拓展媒体外延，与中央电视台、中国乒协等单位合作，在临浦镇举办2004世界杯乒乓球赛，有效地宣传和推介萧山。

来宏明（1962— ）

浙江萧山人。

中共党员。大学文化。历任萧山区（市）委办公室副主任，萧山区文体局（文广新局）副书记、局长，萧山区委宣传部副部长、萧山广播电视台党组书记、台长。2006—2018年担任萧山广播电视台台长期间，积极顺应时代变革浪潮，提出建设现代传媒综合体和打造公共服务大平台两大理念，2009年成立统一的新闻中心，率先进行媒体融合的实践和探索。《打造区域性传媒综合体的思考与实践》《公共服务：县级广播电视台的突围与再出发》《媒体融合正当时——萧山广播电视台的探索与实践》等十余篇论文在《广播电影电视决策参考》《中国广播电视学刊》等刊物发表，主编《巨变中的记忆》《现代传媒综合体的创新与实践》由中国广播电视出版社出版。2012年，被评为全国广播电影电视系统先进工作者。

钱荣根（1963— ）

浙江萧山人。

中共党员。大学文化。1980年参加工作。1994年部队转业到萧山电视台工作，历任记者、新闻部副主任、电视新闻部主任职务。2007年起，历任萧山区委宣传部部务会议成员、宣传科科长，宣传部副部长、区文化创意产业办公室副主任、主任等职务。部队期间，因宣传报道工作突出多次立功受奖。进入萧山广播电视台后，多次荣获萧山区优秀共产党员，省、市广电系统先进工作者等荣誉，列入杭州市首批文化人才。先后有30多篇新闻、专题作品获得国家、省、市优秀作品政府奖，其中参与作品直播《钱塘江潮》获2000年中国新闻奖一等奖、中国广播电视新闻奖一等奖。多篇论文在省、市级刊物上发表。

冯钟鸣（1963— ）

浙江萧山人。

中共党员。主任记者。2019年任浙江广播电视集团党委委员、副总裁。1982年8月毕业于浙江广播电视学校新闻专业，先后担任浙江省广播电视厅办公室秘书；浙江电视台新闻中心记者，采访部副主任、主任，新闻中心主任助理；浙江广播电视集团电视公共频道副总监、电视少儿频道总监；浙江广播电视集团计划财务部主任，集团管委委员、计划财务部主任。系浙江省宣传文化系统“五个一批”人才。参与组织开展《全国两会北京直播室》《走南闯北看浙货》《市场问潮看浙货》多个有较大影响的大型时政和经济报道，有多篇电视作品在省里和全国获得大奖。积极探索省级广播电视媒体影响力培育、经营创收协同机制和管理手段，为集团发展提供保障。

赵剑英（1964— ）

浙江萧山人。

哲学博士。享受国务院特殊津贴专家。曾任中国社会科学杂志社副总编辑、机关党委书记，中国社会科学出版社总编辑、社长兼总编辑，现任中国社会科学出版社党委书记、社长，二级教授。中国社会科学院大学哲学系教授、博士生导师、博士后合作导师。全国新闻出版行业领军人才，国家百千万人才暨“有突出贡献中青年专家”，全国文化名家暨“四个一批”人才工程。在《中国社会科学》《人民日报》等报刊上发表论文和文章近百篇。著有《21世纪中国的马克思主义》《时代的哲学回声——赵剑英学术自选集》等。主编或参与主编《论中国模式》《马克思哲学论坛文丛》(共7卷)等。策划出版了《习近平新时代中国特色社会主义思想学习丛书》《中国制度》等大型丛书。2017年,获新闻出版广电总局“图书版权输出奖励计划典型人物”奖。

金烽(1964—　)

浙江绍兴人。

中共党员。高级编辑。大学本科。1992年考入萧山日报社,历任首席记者、采访中心主任、编委、副总编辑,萧山网总编。任中国地市新闻网盟副会长,浙江省记协县市报工委副主任、秘书长,浙江省新媒体专业委员会委员,萧山区记协副主席。获杭州市首届年度十大新闻(人物),杭州市优秀新闻工作者,G20浙江省先进个人,全国地市网媒“十大领军人物”,中国网络媒体品牌人物奖。主导“区域党报、品质萧报”改版,从大众传媒向分众传媒转型。20多件作品刊发于《人民日报》。通讯《钱啤人说:不》获浙江省新闻一等奖。专著《萧山是个谜》获全国地市报论著二等奖。创建萧山网“三网合一,三级办网”垂直式“大萧山网”发展模式,主导平台化、移动化、社群化、活动化“四化工程”,受到中宣部、国新办、省外宣办的肯定和推介。

王水明(1965—　)

浙江萧山人。

高级记者。享受国务院特殊津贴专家。2019年任浙江日报报业集团党委委员、副总编辑。北京广播学院新闻系毕业,法学学士。曾任浙江电视台新闻中心副主任,浙江省委宣传部新闻出版处副处长,浙江卫视新闻中心主任,浙江卫视副总监、总编辑,浙江广电集团编委、浙江之声总监。深化浙江广播电视《浙江新闻联播》《浙广早新闻》的改版、创新。策划制作了浙江卫视《黄金时间》《新闻现场》等新闻栏目。组织实施“钱塘江大潮”“杭州地铁塌陷事件”“‘7·23’甬温线动车追尾事件”等大型新闻直播。广播文化节目《星空朗读》获全省宣传思想文化工作创新奖。30多件作品分获中国新闻奖、中国广播电视奖和浙江新闻奖、浙江广播电视奖。浙江省“双十佳”新闻工作者、浙江省宣传文化系统首批“五个一”人才。荣获第十届长江韬奋奖(长江系列),第六届全国德艺双馨电视艺术工作者。入选浙江省“万人计划”人文社科领军人才。

俞力培(1965—　)

浙江萧山人。

主任记者。1986年起,在省旅游局和杭州市文联参与编辑报刊。1992年,调入浙江日报社,在钱江晚报担任文化、政法、社会、经济等领域的记者、编辑,评论、专栏的撰稿及国内国际新闻编辑，曾采访过作曲家王西麟，作家莫言、麦家，歌唱家王昆、殷秀梅，企业家冯根生，画家何水法等名人，采写各类新闻数百篇。策划组织由报社和中央有关部门参与的主旋律故事片《孔繁森》《赢家》，纪录片《毛泽东在浙江》，大型活动《百部爱国主义影片献映杭州》《百名著名歌唱家演唱会》等，其中电影《孔繁森》《赢家》荣获中宣部“五个一”工程奖。采写的《文化消费面面观》获中国新闻奖三等奖，《谁动了河边的绿地》获浙江省新闻奖一等奖，还荣获浙江省新闻奖二等奖和全国晚报好新闻特等奖、一等奖十余次。

孙道荣（1966— ）

安徽和县人。

主任编辑。1989年7月毕业于安徽大学中文系，先后在安徽省马鞍山市公安局、皖江晚报、马鞍山日报社任职。2000年7月调萧山日报社工作，先后任副刊部、总编办主任。杭州日报报业集团专业带头人，浙江省作家协会会员，浙江省杂文学会理事，浙江省散文学会理事，读者、青年文摘、经典、特别关注等杂志签约作家。新闻和副刊作品分别获得6次浙江省新闻奖、4次安徽省新闻奖、1次河北省新闻奖；4次获得全国报纸副刊金奖；2009年作品《颈椎病的非医学因素》获得中国新闻奖二等奖。2015年，获全国地市党报优秀编辑称号。在全国各大报刊发表文章近两千篇，出版个人散文集、杂文集、小小说集共14部。

王永平（1968— ）

浙江萧山人。

中共党员。研究生。2017年任中国商业地产联盟副会长、秘书长，商业时代杂志社总编辑。兼任商务部市场运行专家，浙江工商大学、哈尔滨工业大学管理学院客座教授，是国内商业地产领域主要代表人物之一。曾担任中国城市商业网点建设管理联合会副会长兼秘书长，商务部国内贸易“十一五”规划课题组成员，中国社会科学院“十一五时期中国现代流通服务业影响力实证研究”重点课题组成员，博鳌亚洲论坛2010年会演讲嘉宾，并主持编写《中国商业地产年度发展报告》。出版《商业地产赢家战略》等专著。曾获中国商业地产行业推动人物奖，内贸部办公厅、中国记协等单位评选的“全国优秀商业新闻工作者”称号。

张燕（1968— ）

浙江萧山人。

高级记者。1990年8月，上海复旦大学新闻系毕业后进入浙江日报社。2000—2011年12月，先后担任浙江日报经济新闻部副主任、科教文卫部副主任、经济新闻部主任、采访中心主任、浙江日报报业集团编委、副总编辑。2012年1月至2015年6月，担任台州市委常委、宣传部部长。2015年6月至2018年3月，担任浙江日报报业集团副总编辑。2018年3月起，任浙江日报报业集团总编辑、党委副书记，其间2015年6月至2019年1月，兼任浙江在线新闻网站董事长、总编辑。长期从事新闻宣传工作，采写和编辑的作品曾多次获得浙江省好新闻奖、中国新闻奖。曾获得浙江省“五个一批”人才、浙江省优秀共产党员、全国优秀新闻工作者、全国新闻出版行业领军人物等荣誉称号。

王平（1971— ）

浙江新昌人。

高级编辑。硕士研究生。杭州市“五个一批”人才。1997年8月至2017年12月，萧山日报工作，其间，2006年1月至2007年8月，杭州市委公派赴英国留学，2007年11月，获英国诺丁汉特伦特大学MPA公共管理硕士研究生学历。2013年11月至2017年12月，先后担任萧山日报总编辑、社长。2018年1月，离职创业，从事新闻大数据行业。出版个人专著两本，其中2009年年底，出版22万字的新闻业务专著《中国县市区域报的“浴火重生”》（浙江大学出版社），系中国县市区域报改革整顿后第一部论述县（区）级媒体新闻业务与经营发展的专著；2017年7月，在中国传统媒体经营“断崖式”下滑背景下，再次出版业界专著《区域传统媒体如何救亡图存》（中国广播影视出版社），共40万字。

董悦（1972— ）

浙江萧山人。

浙江医科大学毕业。1996年11月至2008年8月，历任共青团萧山市（区）委副书记、书记、党组书记，共青团杭州市委副书记、书记、青联主席、团中央委员。2002年9月至2006年7月，在中央党校经济管理专业研究生班学习；2003年12月至2004年9月，赴美国肯尼索州立大学MPA班学习，获硕士学位。2008年8月至2011年11月，先后任建德市委副书记、政法委书记、市长、市委书记。2014年1月起，先后任杭州市委副秘书长、宣传部副部长、市文明办和节展办主任。2017年3月起，任杭州日报报业集团党委书记、社长，杭州市委委员。带领杭报集团6000名员工做好新时期国有传媒文化集团改革工作，并获中宣部刊文肯定。杭报集团荣膺全国首个副省级城市党媒“全国文明单位”荣誉，连续五年入选“世界媒体500强”。个人获“2017年中国产学研合作促进奖”“2018年杭州市五一劳动奖章”。

赵风云（1974— ）

浙江萧山人。

现为副师职大校。安徽师范大学中文系毕业后携笔从戎，求学于解放军南京政治学院新闻系，获新闻学硕士学位。入职解放军报，历任驻站记者、编辑、业务处长、记者部副主任、政工部副主任等职。2017年任解放军新闻传播中心综合协调办公室副主任，具体担纲深化媒体融合的探索。曾参加解放军报春节走边关活动，作品获中国新闻奖二等奖；曾作为首批进驻并亲历小汤山非典医院的军事记者，被中宣部表彰为"全国抗击非典优秀新闻工作者"；曾参加全国重大典型——导弹司令杨业功的策划宣传及采访写作，作品获中国新闻奖二等奖；曾策划主笔系列新闻调查《2016，我们怎样迎接改革大考——强军兴军心灵实录》，在军内外引起强烈反响。荣立个人二等功一次，三等功一次。

第三章 人物名录

周群,男,1930年生。浙江嵊州人。1954年12月—1956年6月,任《萧山报》主编。

陈时贵,男,1930年生。浙江萧山人。1956年7月—1958年1月,任《萧山报》主编。

陈望云,男,1932年生。浙江萧山人。1958年2月—1960年4月,任《萧山报》《萧山日报》主编。

周仁水,男,1928年生。浙江萧山人。1960年5月—1961年2月,任《萧山日报》主编。

许雪光,男,1933年生。浙江萧山人。1983年5月—1988年1月,任《萧山农科报》主编。

方介兴,男,1938年生。浙江萧山人。1988年7月—1991年9月,任《萧山经济报》主编。

盛小龙,男,1947年生。浙江萧山人。2000年8月—2003年3月,任萧山日报社党组书记。

缪锦渭,男,1955年生。浙江萧山人。2003年3月—2003年12月,任《萧山日报》总编辑。

宣舒平,男,1957年生。浙江杭州人。2007年7月—2008年3月,任《萧山日报》总编辑。2008年3月—2013年2月,任萧山日报社社长、总编辑。

王柏华,男,1969年生。浙江萧山人。2013年3月—2016年1月,任萧山日报社社长。

王丽芳,女,1979年生。吉林省吉林市人。2015年6月起,任杭州萧山日报传媒有限公司总经理。

张剑秋,男,1972年生。浙江萧山人。2015年5月起,任华媒控股总经理;2017年9月起任杭州日报报业集团党委委员。

杨许尧,男,1933年生。浙江诸暨人。1984年2月—1986年2月,任萧山县文化广播电视局党委书记、局长。

沈枝根,男,1937年生。浙江萧山人。1986年1月—1996年7月,任萧山县(市)文化广播电视局党委书记、局长。

陆伟岗,男,1969年生。浙江萧山人。1994年12月—1997年5月,任萧山有线电视台党支部书记、台长。2019年起,任萧山日报副社长、总编辑。

陈水源,男,1955年生。浙江萧山人。2007年3月—2010年8月,任萧山广播电视台党组书记。

钱忠苗,男,1965年生。浙江萧山人。2010年10月—2014年3月,任萧山广播电视台党组书记。

沈志刚,男,1965年生。浙江萧山人,2019年起,任萧山广播电视台党组书记、台长。

孔卫明,男,1967年生。浙江萧山人。现任宁波日报报业集团副总经理。

吕耀明,男,1963年生。浙江永康人。1999年1月任萧山市委报道组副组长。2005年8月任萧山区委报道组组长。2015年,任萧山区委办公室副主任兼报道组组长。

郭燕,女,1969年生。浙江诸暨人。2013年5月起,任杭州日报萧山分社社长。

胡仑章,男,1928年生。浙江萧山人。主任记者,杭州日报社。

陆维中,男,1931年生。籍贯浙江萧山。主任编辑,浙江省广播电视学会。

田谷人,女,1934年生,浙江萧山人。主任编辑,浙江日报社。

王国斌,男,1938年生,浙江萧山人。主任编辑,桐庐广播电台。

董国栋,男,1945年生。浙江萧山人。主任编辑,萧山日报社。

吴康,男,1946年生。浙江萧山人。主任编辑,萧山广播电视台。

张有理,男,1948年生。浙江杭州人。主任编辑,萧山日报社。

朱成方,男,1951年生,浙江萧山人。主任记者,钱江晚报社。

陈传荣,男,1955年生。浙江萧山人。主任编辑,萧山广播电视台。

陈建生,男,1957年生,籍贯浙江萧山。主任编辑,浙江卫视。

李乍虹,女,1958年生。浙江绍兴人。主任记者,萧山日报社。

孙维加,男,1961年生。浙江萧山人。主任编辑,萧山广播电视台。

孙园园,女,1961年生。山东济宁人。主任编辑,萧山广播电视台。

陈勇,男,1961年生。浙江萧山人。主任编辑,萧山广播电视台。

李家连,男,1962年生。湖北襄阳人。主任编辑,萧山日报社。

徐丽荣,女,1963年生。湖北大冶人。主任编辑,萧山日报社。

姚建玲,女,1963年生。浙江萧山人。主任编辑,萧山日报社。

董建中,男,1963年生。浙江绍兴人。主任编辑,萧山日报社。

来佩华,女,1963年生。浙江萧山人。主任编辑,萧山广播电视台。

董碧水，男，1965年生。浙江萧山人。主任记者，中国青年报浙江记者站。

胡彩娟，女，1966年生。浙江萧山人。主任编辑，萧山广播电视台。

张晔涛（张月），男，1968年生。浙江萧山人。主任编辑，萧山广播电视台。

李燕，女，1968年生。浙江萧山人。主任记者，浙江日报社。

陈默，男，1970年生。浙江萧山人。主任记者，萧山广播电视台。

徐凌，女，1972年生。浙江萧山人。主任编辑，萧山广播电视台。

董洁心，女，1978年生。浙江萧山人。国家二级导演，上海电视台。

俞岚，女，1979年生。浙江萧山人。主任记者，中国新闻社。

李霞，女，1983年生。籍贯浙江萧山。主任记者，浙江电视台。

朱琳锃，女，1977年生。浙江萧山人。2009年，编辑作品《颈椎病的非医学因素》获中国新闻奖二等奖。萧山日报社。

第八编　萧山媒体报道的萧山重要新闻事件

概　述

从20世纪20年代到2018年的近百年间，萧山发生了翻天覆地的变化，与全国一样，经历了抗日战争、解放战争、中华人民共和国成立、社会主义建设、改革开放等中华民族的复兴历程。萧山媒体承担记录者、见证者、参与者的职责，对萧山发生的重要事件进行宣传报道。

一、本编所指的萧山媒体为：

1.报纸：中华人民共和国成立前萧山创办的《萧山报》《萧山日报》等官办民办报纸；中华人民共和国成立后萧山创办、20世纪60年代停刊的《萧山报》《萧山日报》；20世纪80年代萧山创办的《萧山农科报》《萧山经济报》；20世纪90年代萧山复刊的《萧山报》《萧山日报》。

2.广播电视：萧山人民广播站，萧山人民广播电台，萧山电视台，萧山有线电视台，萧山广播电视台。

3.新媒体：萧山网、湘湖网、萧山手机报、萧山发布等。

二、本编所列入的重要新闻事件为：

1.在萧山发生并在萧山媒体上报道的重要新闻事件。

2.虽在萧山发生，但由于各种历史原因萧山媒体未报道的，未列入。

3.在萧山发生并在萧山媒体报道的，但相对不重要或重复的，未列入。

三、本编所指的重要新闻事件为近百年来萧山发生的政治、经济、社会、文化、民生等诸方面的重要新闻事件，包括：

1.领导考察调研：到萧山考察调研的国家级领导人。

2.萧山解放：萧山抗日战争、解放战争、萧山解放等重要新闻事件。

3.行政区划：萧山管辖变更、行政区划变更、行政建制变更等重要新闻事件。

4.综合实力：萧山获得的国家级荣誉，萧山在全国县、县级市、区的综合实力排名等重要新闻事件。

5.工业经济：萧山国有企业、乡镇企业、民营企业、外资企业等重要新闻事件。

6.农业农村农民：萧山“三农”的重要新闻事件。

7.开发区：国家级开发区萧山经济技术开发区、钱江外商台商投资区的重要新闻事件。

8. 新城建设：萧山将行政管理、经济开发、城市建设相融合的新城建设的重要新闻事件。

9. 新经济：萧山互联网技术、软件、信息、电子商务、智能、机器人、互联网金融、互联网消费等新兴产业的重要新闻事件。

10. 围垦：萧山围涂造田的重要新闻事件。

11. 国际交流：在萧山召开的G20峰会，到萧山考察的外国政府、外商、外国友人等重要新闻事件。

12. 公共交通：萧山机场、铁路、地铁、公路、高速、大桥、隧道等公共交通建设的重要新闻事件。

13. 商业贸易：萧山酒店、商场、市场等商业建设和商贸活动的重要新闻事件。

14. 民生：萧山事关民生的重要新闻事件。

15. 文化旅游：萧山文化、旅游的重要新闻事件。

16. 体育：萧山体育事业发展的新闻事件，在萧山举办的世界级、洲际、国家级赛事的重要新闻事件。

17. 改革开放三大典型：萧山改革开放涌现出来的万向集团、瓜沥镇航民村、红山农场三大典型的重要新闻事件。

18. 先进人物：获得各级荣誉的萧山本土、萧山籍先进人物。

19. 自然灾害：萧山抗击自然灾害的重要新闻事件。

20. 突发事件：萧山处置突发事件的重要新闻事件。

四、本编编排方式：

本编各章内容有明显内容区分的，以节为序；各节的内容以新闻事件发生的时间为序。各章内容无明显内容区分的，以新闻事件发生的时间为序。

第一章 领导考察调研

本章记录萧山媒体报道的，到萧山考察调研的党和国家领导人。省部级及以下领导一般不列入，在其他相关章节中体现。

1958年9月25日：中共中央政治局委员、书记处书记谭震林到浦沿乡浦联农业社（现滨江区）视察。

1959年8月22日：主席毛泽东至长河公社西兴管理区杜湖村视察农田。

1966年1月28日：委员长朱德偕夫人康克清视察东方红公社（原西兴公社）。

1975年4月12日：国务院副总理陈永贵视察围垦6工段等地。

1985年2月24日：全国人大常委会委员长彭真视察红山农场，并为红山农场题词。

1986年1月8日：中共中央政治局委员胡乔木视察杭州万向节厂。

1986年2月25日：全国政协副主席、民盟中央副主席、社会学家费孝通视察杭州万向节厂。

1987年9月14日：中央政治局委员、书记处书记、国务院副总理乔石视察红山农场和杭州万向节厂。

1988年12月23日：国务院副总理姬鹏飞视察红山农场。

1989年11月12日：全国人大常委会副委员长朱学范视察杭州万向节总厂和红山农场。

1990年10月12日：国务院副总理吴学谦视察红山农场。

1991年5月20日：中共中央政治局常委、书记处书记李瑞环视察瓜沥镇航民村。

1991年10月25日：中共中央总书记江泽民视察萧山市瓜沥镇航民村，并听取村党总支书记朱重庆的汇报，详细询问村党组织建设情况，走访村民家庭。

1992年1月25日：中共中央政治局委员、全国人大常委会委员长万里视察瓜沥镇航民村。

1992年5月6日：中共中央政治局常委、国务院总理李鹏视察杭州钱江外商台商投资区市北区块。

1993年1月19日：中共中央政治局常委乔石视察瓜沥镇航民村、浙江北天鹅羽绒制品有限公司。

1993年5月7日：全国人大常委会副委员长陈慕华视察中外合资杭州汇丽绣花制衣有限公司、萧山花边总厂、萧山伞面绸厂。

1993年11月23日：中共中央政治局常委、书记处书记胡锦涛视察红山农场。

1995年5月15日：中共中央总书记、国家主席江泽民视察万向集团。

1995年6月2日：中共中央政治局常委、全国人大常务委员会委员长乔石视察红山农场。

1995年9月19日：全国人大常委会副委员长倪志福视察万向集团。

1996年11月2日：中共中央政治局委员、书记处书记、国务院副总理姜春云视察万向集团、红山农场。

1997年11月14日：全国人大常委会副委员长李锡铭视察萧山经济技术开发区。

1998年9月17日：全国政协副主席钱伟长视察万向集团。

1999年5月18日：全国人大常委会副委员长、全国妇联主席彭珮云视察万向集团、宁围镇妇女“双学双比”基地和瓜沥镇航民村。

2000年2月23日：中共中央政治局常委、全国政协主席李瑞环视察万向集团、新街镇苗木基地。

2000年3月30日：中共中央政治局常委、全国人大常委会委员长李鹏视察万向集团。

2000年4月25日：中国科学院院长路甬祥考察萧山经济社会发展情况。

2000年5月11日：中共中央总书记、国家主席、中央军委主席江泽民视察浙江传化集团、杭州大地网架制造有限公司。

2000年9月17日：中共中央政治局委员、国务院副总理吴邦国视察浙江传化集团。

2000年12月12日：中共中央政治局常委、国务院总理朱镕基视察萧山宁围中心信用社。

2003年1月4日：全国人大常委会副委员长姜春云一行在省、市、区领导的陪同下视察传化大地现代农业园区和杭州汇丽绣花制衣有限公司。

2004年7月12日：省委书记、省人大常委会主任习近平到萧山调研，并考察航民村、杭萧钢构股份有限公司、浙江德意集团、浙江柳桥羽毛有限公司和杭州东方文化园。

2005年4月8日：省委书记习近平一行到萧山区专题调研文化工作，先后参观在建的中国水利博物馆、省体育职业技术学院、浙江天创光电有限公司、跨湖桥遗址、萧山江寺民俗文化园和天石微雕艺术馆等。

2006年4月14日:省委书记习近平、省长吕祖善检查萧山区“一湖三园”建设进展情况。

2006年4月25日:全国政协副主席、前香港特区行政长官董建华视察萧山,并参观休博园。

2008年1月25日:全国人大常委会副委员长、中国科学院院长路甬祥视察万向集团、杭州前进齿轮箱集团。

2008年7月7日:中共中央政治局常委、国务院副总理李克强视察万向集团。

2009年2月8日:中共中央政治局常委、全国人大常委会委员长吴邦国视察中国重汽集团杭州发动机有限公司、达利(中国)有限公司。

2009年4月25日:全国政协副主席、科技部部长万钢视察万向集团,出席万向纯电动汽车·锂电池生产基地奠基暨杭州市节能与新能源汽车示范推广试点启动仪式。

2010年3月28日:中共中央政治局常委、中央纪委书记贺国强视察传化花卉基地。

2010年6月25日:中共中央政治局常委、国务院总理温家宝视察杭州祥润制衣有限公司。

2010年11月26日:中共中央政治局委员、全国人大常委会副委员长、中华全国总工会主席王兆国视察传化集团和谐劳动关系建设工作。

2011年8月24日:全国政协副主席董建华视察万向集团发展情况。

2013年4月9日:全国政协副主席、全国工商联主席王钦敏带领调研组到萧山,就萧山区民营企业发展状况进行考察调研。

2016年9月3日:国家主席习近平出席B20杭州峰会开幕式并发表主旨演讲。

2016年9月4日:G20杭州峰会举行,国家主席习近平主持会议并致开幕辞。

第二章 萧山解放

本章记录萧山媒体报道的,从共产党在萧山组织衙前农民协会开始,到纪念萧山解放50周年止涉及萧山解放的重要新闻事件。

1921年9月27日:沈定一、宣中华等倡导发起的衙前农民协会成立,发表宣言和章程。这是中国共产党领导的最早成立的农民协会,领导农民开展减租反霸斗争。在它的影响下,萧绍平原80余个村成立农民协会。

1921年12月27日:衙前农协委员李成虎被军阀政府逮捕,于下年1月24日在萧山狱中被凌虐致死。后葬于衙前凤凰山。

1925年7月5日:国民党临时省党部执委会全体(扩大)会议在衙前沈定一家举行(史称衙前会议),国民党中央执委戴季陶出席。会上,戴、沈公开主张"分共",宣中华等共产党人和国民党左派与之开展坚决斗争。

1928年4月1日:共产主义青年团萧山县委首次团员代表大会召开,作出《萧山CY目前任务决议案》。

1929年6月12日:中共萧山县委遭破坏,9名委员中7名先后被捕,全县多数党员停止活动。下年2月,在云石乡上堡村召开中共萧山代表会议,重建中共县委,属杭州市委。

1937年11月11日:一架日机飞蹿县城上空,投掷炸弹多枚,炸毁竣工不久的萧山火车站。此后,日机不断空袭本县。至1939年9月,日本侵略军先后共出动飞机73次,投弹530多枚,炸死无辜平民605人,伤2227人,毁屋4485间。

1937年12月30日:为抵御日本侵略军南下,国民党军队某部炸断钱塘江大桥。

1937年12月31日:日军分乘200余艘汽艇,在炮火掩护下,再次企图强渡钱塘江,驻萧守军奋起阻击,多次打退敌人,守住了萧山防线。

1939年6月7日:日军在头蓬、南阳、靖江、坎山等地投掷细菌弹,乡民中毒者甚多。

1940年1月22日:日军偷渡钱塘江,县城沦陷。日军侵占城厢镇后,县政府撤至河上店。日伪"萧山维持会"在县城成立。日本侵略军在主要集镇、道口和铁路桥梁处驻扎部队,到处奸淫掳掠,杀人放火。到1945年8月15日日本投降为止,全县被日本侵略军烧毁房屋38429间，被焚村镇40余处，人民损失财产达5亿多元（以1945年法币计算），人员伤亡不计其数。

1941年4月17日：日军为摧毁国民党萧山县政府，从义桥、临浦、楼塔、许贤等地分3路包抄河上镇。次日，国民党县政府随守军转移，一直流亡至东阳。5月14日，日军出动飞机狂轰滥炸，县府警察队和国民党自卫队奋力抵抗，损失惨重。是役，许多村庄被洗劫一空。

1942年6月1日：汪伪萧山县政府建立。至1945年8月，日军投降时瓦解。

1945年5月21日：新四军苏浙军区第四纵队十一支队南下，进驻河上镇。次日晨，遭日军袭击，突围时4名战士英勇牺牲。

1945年8月15日：日本宣布无条件投降。20日，国民党萧山县政府迁回城厢镇。

1945年10月27日：国民党第三战区第一接管组在萧山接受日本侵略军投降。受降日军7000余名，收缴大小炮13门，步骑枪4000支，轻重机枪200余挺，枪弹50万发，骡马400余匹，汽车40余辆。均用专车运往嘉兴。

1949年3月28日：召开萧山县首届一次各界人民代表会议。会议至30日结束。该届共举行七次会议。

1949年4月25日：国民党县党部书记长楼麟元烧毁县党部全部档案，潜逃。

1949年5月5日：金萧支队萧山办事处奉命接管萧山。是日下午，与中国人民解放军二十一军先遣队会师。萧山解放。

1949年5月16日：中共浙江省委派沈芸等70余名干部到萧山，与金萧支队萧山办事处会合。是月，成立中共萧山县委。

1949年6月5日：萧山县人民政府成立。本县为省直属县。

1949年7月9日：驻萧中国人民解放军三一〇团配合有关部门在临浦擒获“诸绍萧联防剿共指挥部”匪首俞继鹏等，旋解往城厢镇处决。自是年5月下旬至下年12月，萧山境内的土匪部队除投诚外，基本剿灭。

1949年10月2日：县城5000余人集会，庆祝中华人民共和国成立，举行国旗升旗典礼。会后举行游行。

1950年10月13日：进行土地改革试点，12月下旬起，土地改革运动在全县普遍展开。至下年5月，土改基本结束。

1950年11月10日：全县镇压反革命运动开始。至下年1月6日，县公安局办理登记各类反动人员1662人。1951年年初起，逮捕惩办各类反革命分子2000余人，其中处决数百名罪大恶极者；取缔14种反动会道门、359处坛堂。至1953年6月，镇反运动基本结束。

1951年2月9日：中国抗美援朝总会萧山分会成立，全县抗美援朝运动开始。至7月底，共捐献90余亿元(旧人民币)，可购买飞机6架。有6000余名青年报名参军，批准入伍1257名。

1952年8月6日：台湾国民党飞机窜扰临浦、戴村等4区22乡，空投反动传单及大批苍蝇、死老鼠等有毒物品。县卫生院即派出机动队与当地的防疫队一起，赴现场清除、消毒。

1956年6月2日：中国共产党萧山县第一次代表大会召开，选举产生中共萧山县委第一届领导。

1999年5月4日：举行萧山解放50周年纪念大会。

第三章 行政区划

本章记录萧山媒体报道的，中华人民共和国成立后萧山行政管辖、行政区划、行政建制的调整情况。

1949年6月5日：萧山县人民政府成立。

1949年6月中旬：萧山县属绍兴专区管辖。

1952年1月26日：撤销绍兴专区，萧山由省府直接领导。

1957年8月19日：萧山县改属宁波专区。

1959年1月3日：萧山县改属杭州市。

1987年11月27日：国务院批复：同意撤销萧山县，设立萧山市（县级）。

1987年12月16日：省人民政府转发“国务院关于同意浙江省撤销萧山县设立萧山市的批复”，同意撤销萧山县，设立萧山市（县级）。

1987年12月31日：萧山撤县设市大会上午在萧山电影院举行。

1988年1月1日：萧山县正式称为萧山市。

1992年5月17日：杭州市民政局批准，撤销戴村、临浦、城南、城北、瓜沥、义蓬6个区公所建制，将原25个镇、42个乡调整为27个镇、4个乡。

1996年5月1日：萧山市浦沿、长河、西兴三镇划归杭州市西湖区；西兴镇的东湘、杜湖、湖头陈村归属萧山市城厢镇。

1996年5月9日：省政府批复同意将萧山市的浦沿镇、长河镇、西兴镇划入杭州市西湖区管辖。

1996年5月24日：省民政厅批复同意将杭州市西湖区西兴镇的东湖、杜湖、湖头陈三村划归萧山市城厢镇。

1996年12月12日：经国务院批准设立杭州市滨江区，管辖浦沿镇、长河镇、西兴镇。

1997年4月30日：萧山市城市规划区域由87.8平方公里扩至200平方公里。城市人口超过40万人，城市定位为工贸旅结合的现代化新兴中等城市。

1997年5月5日：省政府批准，萧山市试行享受市地级部分经济管理权限。

2001年2月2日：国务院批复同意撤销县级萧山市，设立杭州市萧山区。

2001年3月25日:萧山撤市设区挂牌仪式在行政中心南大门举行。

2015年1月5日:杭州市出台《进一步加快萧山区余杭区与主城区一体化发展的若干意见》,萧山在户籍管理、就业和社保、社会救助、教育等九大重点领域接轨主城区,实现同城同待遇。

2015年9月20日:杭州市政府发布《杭州市人民政府办公厅关于印发杭州市经济体制改革"十三五"规划的通知》,该通知明确萧山、余杭、富阳与主城区"同城同待遇"的时间表。至2018年,萧山以户籍、就业和社保、社会救助、教育、公共卫生、市民卡服务、公积金制度、公交、产业政策等领域为重点,全面融入主城区,实现"同城同待遇"。

第四章　综合实力

本章记录萧山媒体报道的，萧山获得国家级荣誉、在全国县市区级中综合实力排名的重要新闻事件。

1988年3月30日：国务院批准萧山为沿海经济开放区。

1989年10月7日：萧山被水利部评为全国水利建设先进县（市）。

1990年12月22日：萧山被国家爱卫会命名为全国十佳卫生城市（县级市）。

1992年7月6日：国家统计局依据1991年有关经济和社会发展的12项指标，逐一测算打分，排定"中国农村综合实力百强县（市）"，萧山名列第十位。

1992年12月17日：萧山市被国家体委列为全国体育先进县（市）。

1993年11月25日：经中国明星县（市）评审委员会评定，萧山获中国明星县（市）称号，名列省内榜首。

1993年9月6日：萧山被国家体育运动委员会命名为全国体育先进县（市）。

1993年9月16日：萧山被国家计划生育委员会命名为全国计划生育先进县（市）。

1995年12月25日：萧山被全国爱卫会命名为国家卫生城市。

1996年6月28日：萧山被国家教育委员会评为全国幼儿教育先进县（市）。

1996年7月17日：萧山被国家教育委员会、民政部、中国残疾人联合会评为全国特殊教育先进县（市）。

1998年6月6日：萧山被国际羽绒羽毛局命名为中国羽绒之都。

1998年7月22日：萧山被中国科学技术协会命名为全国首批科普工作示范县（市）。

1999年10月26日：临浦镇被国务院体制改革办公室列为全国小城镇综合改革试点镇。

2000年12月8日：萧山星火技术密集区通过验收，成为省首个国家级星火技术密集区。

2002年12月24日：萧山被中国纺织工业协会命名为中国纺织产业基地。

2003年9月13日：萧山被台湾电机电子工业同业公会评为大陆极力推荐投资城市首位。

2004年8月27日:台湾电机电子工业同业公会公布2004年大陆投资环境调查结果,萧山区再次获得台商极力推荐的首选投资城市(区)荣誉。

2004年9月25日:国家统计局农调总队公布2003年度最发达100个县(市、区)名单,萧山区继续位列第七。

2004年11月25日:萧山被中国轻工业联合会、中国羽绒行业协会授予中国羽绒之都。

2005年9月21日:萧山被中国建筑金属结构协会授予中国钢结构产业基地,萧山成为全国唯一的钢构产业基地。

2005年12月16日:萧山被文化部和文物局评为2005年全国文物工作先进县。

2006年6月11日:中国汽车工业协会授予萧山中国汽车零部件产业基地称号。

2006年9月17日:在2006中国发达县域经济论坛上,萧山第五次蝉联全国十强县(市、区)第七名,连续六次上榜全国十强县(市、区)。

2006年12月28日:中国风景园林协会授予萧山中国园林绿化产业新兴产业基地称号。

2007年9月11日:在中国名牌产品暨中国世界名牌产品表彰大会上,萧山有9只产品获中国名牌产品称号,1只产品获中国世界名牌产品称号。

2007年12月9日:在北京举行的中国制造业论坛年会上,萧山区荣获2007中国制造业十佳投资城市称号。萧山同时成为亚洲制造业协会授予的首批亚洲制造业示范基地称号。

2011年10月17日:瓜沥小城市培育试点暨“百亿百项”工程启动。

2013年12月21日,国家发改委副主任徐宪平一行到萧山调研瓜沥小城市建设。

2015年5月27日:萧山通过国家级生态区创建考核组验收。

第五章 工业经济

本章记录萧山媒体报道的,萧山国有、乡镇、民营、联营、股份、外资工业企业发展的重要新闻事件。

1956年5月1日:浙江电机厂在城厢镇西建立,后改称杭州发电设备厂,杭州市属国有企业。

1958年4月1日:萧山棉纺织厂在城厢镇北郊动工兴建。下年2月投产。后改称杭州第二棉纺织厂,杭州市属国有企业,为国内大型棉纺织企业之一。

1965年12月26日:杭州齿轮箱厂在城厢镇西建成投产。为国内规模最大的制造船用齿轮箱、农机齿轮和粉末冶金磨擦片的专业工厂。杭州市属国有企业。

1985年3月1日:县政府批准萧山齿轮箱厂、杭州柴油机总厂、萧山印刷厂、萧山绸厂、钱江啤酒厂共5个单位,为全县首批推行厂长(经理)负责制试点单位。

1985年9月2日:萧山无线电厂试制LYC－1型数字式钢丝应力测力仪获得成功,通过省建材公司鉴定。年底,荣获省优秀新产品奖。并被国家建筑工程质量检测中心定为混凝土预制构件生产单位必备仪器。

1985年10月21日:在杭州召开的全国农垦系统啤酒技术交流会上,钱江啤酒厂生产的12°普通啤酒和12°特制啤酒均被评为质量第一。

1986年10月23日:杭州钱江味精厂(即萧山味精厂)生产的可得福大颗粒结晶味精,在巴黎第十二届国际食品博览会上获得金奖。是年11月29日,省人民政府在杭州大华饭店表彰。

1987年9月22日:首批国营工业企业签订承包合同。同年11月27日,国营商业企业签订承包合同。

1987年11月9日:萧山县第一个中外合资的乡镇企业——杭州泰康食品有限公司和泰国马特有限公司在杭州举行签订合同仪式。

1987年12月4日:杭州万向节厂通过国家二级企业验收,成为目前全国乡镇企业唯一的国家二级企业。

1988年5月21日:萧山三利棉纺织厂举行开工典礼。

1989年8月1日:在北京国际博览会上,萧山花边总厂生产的玫瑰牌萧山花边获该届博览会金奖。这是萧山花边10年来第十次获得国家级金奖。

1990年5月18日：萧山被省政府列为全省乡镇企业年产值10亿元以上的重点县(市)。

1990年8月18日：杭州万向节总厂通过国家一级企业正式考评，成为我国乡镇企业首家国一级企业。

1991年2月11日：杭州万向节总厂厂长鲁冠球在北京出席国务院召开的一级企业命名大会，领取国家一级企业证书。

1991年3月13日：省政府批复市政府，同意以萧山五金工具厂为核心，联合其他有关单位，组建浙江万达工具集团。

1991年6月15日：在北京举行的首届中国国货精品博览会上，浙江北天鹅羽绒制品有限公司送展的羽绒系列制品获博览会金奖。

1992年2月22日：萧山市首家中日合资的浙江友成塑料模具有限公司正式成立。

1992年6月3日：省政府批准杭州万向节总厂为全省首家乡镇企业股份制试点企业。

1992年12月12日：萧山市浙江钱江啤酒厂生产的"中华啤酒"，获1992年巴黎国际名酒会持别金奖。

1993年4月19日：日本索尼萧山部品工业团地项目土地出让签字仪式在萧山宾馆举行。该项目总占地面积12.08万平方米，将由日本索尼公司的协力厂家为主在杭州钱江投资区市北区块独资建立一个电子零部件工业团地。

1994年1月10日：万向钱潮股份有限公司公开发行的"万向钱潮"A股股票在深圳上市。

1994年12月1日：浙江省首次经营大师授奖大会在萧山市举行。在11位受到表彰的经营大师中，萧山市钱江啤酒集团公司总经理黄伟成、浙江万达集团公司总经理陈张海和浙江双飞集团公司总经理王志杰榜上有名。

1995年1月17日：万向钱潮股份有限公司通过IS0 9000质量体系认证，为省内第一家通过IS0 9000质量体系认证的上市公司。

1995年3月6日：农业部评出首批200个中国乡镇企业名牌产品，万向钱潮股份有限公司的"钱潮牌万向节十字轴总成"、万达集团公司的"万达牌花色钳"名列其中。

1995年9月12日：由国务院授权的'95中国轻工10种产品排行榜公布，中华啤酒在啤酒类品牌中名列第五。

1995年11月8日：农业部公布全国乡镇企业集团327家，万向集团、浙江万达集团进入全国首批乡镇企业集团行列。

1995年12月27日：浙江传化集团总裁徐冠巨被评为“全国优秀民营企业家”。

1996年8月1日：万向集团、万达集团被农业部列为全国大型一档乡镇企业。

1998年3月5日：杭州杭萧钢结构有限公司在芜湖建成全国面积最大的轻钢结构厂房，总面积7.56万平方米。

1998年7月24日：浙江金义集团有限公司与万向集团、中国（杭州）青春宝集团公司合作，在萧山经济技术开发区设立食品饮料集团有限公司，首期投资项目人民币1亿元。

1998年10月8日：日本雅马哈株式会社在中国的第一家独资企业——萧山雅马哈乐器有限公司，在经济技术开发区正式开业。

1999年3月21日：总投资为3亿元人民币的浙江胜达包装集团第三生产基地在市经济技术开发区奠基。

2001年4月3日：首个国家级染整工程技术研究中心落户萧山富丽达纺织有限公司。该中心系国家科委、教育部委托东华大学建设。

2001年8月28日：美国当地时间8月28日，万向集团成功收购美国纳斯达克上市公司UAI公司，开创了中国乡镇企业收购海外上市公司的先河。

2002年5月19日：由萧山区浙江胜达包装集团投资5亿元的化纺项目举行奠基仪式，这是萧山区南部当时最大的投资项目。

2002年11月4日：世界500强企业之一的日本花王株式会社与浙江传化集团出资3870万美元组建的杭州传化花王有限公司正式成立。

2002年12月16日：杭州（中国）女装产业园隆重开园。该女装产业园区规划面积3.3平方公里。

2003年2月10日：萧山区隆重举行全区工业冲千亿元暨2002年度总结表彰大会，隆重表彰18家突出贡献企业、50名突出贡献企业家及2002年度各项先进。

2003年7月16日：世界著名汽车零部件供应商——德国FTE汽车技术公司与萧山区浙江亚太机电股份有限公司合资成立杭州亚太埃伯恩汽车部件有限公司。

2003年7月17日：全球500强企业——日本三菱重工业株式会社与杭州佳农机械制造有限公司合作的注塑机委托制造工厂正式开业。

2003年9月19日：通用亚洲水电设备有限公司在萧山经济技术开发区桥南区块举行奠基仪式。

2003年11月5日：全球500强企业日本爱信精机株式会社与该株式会社在中国台湾的全资子公司慧国工业股份有限公司合资的浙江爱信慧国机电有限公司，在萧山经济技术开发区投产。

2003年11月10日:浙江杭萧钢构股份有限公司2500万股A股在上海证交所挂牌上市,成为全国钢结构行业首家上市公司。

2004年6月29日:浙江传化股份有限公司在深圳证券交易所中小企业板上市,成功发行A股2000万股。

2004年8月18日:浙江航民股份有限公司在上海证券交易所上市,8500万股A股挂牌上市。

2005年5月10日:由日本五大食品企业集团之一——日本不二家株式会社投资的不二家(杭州)食品有限公司落户萧山。

2005年9月1日:在2005年中国名牌产品暨中国世界名牌产品表彰大会上,萧山区8只产品夺得中国名牌产品称号,夺牌数量名列全国县(市、区)前列。

2005年10月13日:浙江友成塑料模具有限公司"友成控股"在香港创业板成功上市,实现萧山区外资企业上市和外资企业海外上市两个零的突破。

2005年10月28日:世界500强美国通用电气集团GE能源公司在萧山区的投资项目——美国通用电气亚洲水电设备有限公司建成投产,成为萧山当时最大的招商引资项目。该项目总投资7983万美元,注册资金5229万美元。

2006年1月11日:杭州友佳精密机械有限公司"友佳国际控股"在香港主板上市,这是香港股市2006年发行的第一只股票。

2006年3月17日:全球最大的钢球生产企业日本大阪株式会社天辻钢球制作所爱克斯精密钢球(杭州)有限公司举行开工仪式。

2006年6月26日:落户萧山经济技术开发区桥南区的世界500强企业之一的德国ZF集团公司在中国的第17家分公司——采埃孚传动技术(杭州)有限公司正式开工。

2006年6月28日:由中国羽绒工业协会、浙江理工大学、浙江天翔集团合作创建的中国羽绒制品研发中心正式落户萧山区。

2006年8月5日:联合国ITC师资培训基地在萧山区传化物流基地正式授牌,这是国内第一个ITC师资培训基地。

2006年11月20日:杭州网迅硅谷科技园在闻堰镇奠基。

2007年5月30日:浙江东南网架股份有限公司在深圳证券交易所上市。

2007年12月11日:美丝邦中国锦纶有限公司在澳大利亚阿德莱德市挂牌上市。美丝邦该次成功发行股票4000万股,是萧山区在国外上市的第一家企业。

2007年12月27日:中国共产党杭州市萧山区第十三届委员会第三次全体会议讨论坚持科学发展、推进创业创新的重大问题,提出2008年"全区生产总值冲千亿、人均生产总值破万(美)元"的目标。

2008年5月24日：中国·青年汽车集团汽车及发动机(杭州)项目开工仪式举行。

2008年6月5日：萧山区政府、浙江清华长三角研究院和传化集团有限公司三方正式签订生物工程中心合作项目。

2008年12月16日：由台湾裕隆集团与萧山企业共同投资的纳智捷汽车全球制造基地在临江工业园区举行揭碑仪式。

2009年3月20日：世界500强企业卡特彼勒在浙江的独家代理商——利星行机械(杭州)有限公司在萧山经济技术开发区正式开业。

2009年5月25日：吉奥汽车萧山制造基地启动，第一辆萧山本土制造的成品车下线。

2009年8月28日：浙江亚太机电股份有限公司在深圳证券交易所上市，发行A股2400万股，募集资金4.5亿元。

2010年2月26日：浙江吉利控股集团和浙江中誉(控股)集团有限公司签订协议，吉利集团收购中誉汽车有限公司，并正式入驻临江，同时在临江新城设立研发中心。

2010年10月11日：萧山唯一一家国有控股企业杭州前进齿轮箱集团股份有限公司在上海证券交易所上市。

2010年11月2日：荣盛石化在深交所挂牌上市。

2011年9月16日：从事高效率太阳能电池生产的杭州赛昂电力有限公司在江东新城开工建设。

2011年10月18日：区委、区政府联合下发《关于进一步促进中小企业平稳健康发展的若干政策意见(试行)》，从解决融资难与融资成本高、加大帮扶力度、减轻企业负担、支持企业创业创新、优化企业经营环境共5个方面推出帮扶中小企业发展的25条政策措施。

2011年12月6日：由中国石化与恒逸集团共同组建的浙江巴陵恒逸己内酰胺有限责任公司成立。

2012年4月28日：浙江南车轨道车辆产业园在空港经济区开工奠基。

2012年8月29日：长安福特马自达汽车公司杭州新整车工厂在前进园区破土动工。

2012年12月11日：浙江省转型升级领导小组办公室对萧山区申报省工业强区建设试点进行了批复，萧山工业强区建设规划正式获得批准。

2013年12月22日：永盛新材料有限公司香港成功上市发布会在萧山召开。

2014年4月9日，全国政协常委、海峡两岸关系协会会长陈德铭到萧山调研台资企业发展情况。

2016年10月19日：萧山区第三批重大项目暨长龙航空总部基地项目集中开工。

2017年3月7日，中华全国总工会书记处书记、党组成员张茂华到萧山调研传化集团民主管理工作。

2018年10月20日：萧山在南海之滨深圳，正式发布"1+4+X"新一轮产业规划。所谓"1+4+X"，"1"是指"两带两廊"。"两带两廊"的布局契合萧山发展实际，狠抓"两带两廊"重要节点建设，加快项目落地。"4"是指经济技术开发区（萧山科技城）、钱江世纪城、空港经济区、湘湖国家旅游度假区四个全区最重要的平台。"X"是指"四大产业新城、两大产业基地、八个重点特色小镇、六个重点产业社区"的"4286"重点产业载体。

第六章　农业农村农民

本章记录萧山媒体报道的，萧山农业农村农民的重要新闻事件。

1952年2月12日：浦阳江茅潭江截弯取直工程开工，至5月4日竣工。临浦、进化等6个区共投工61.7万余个。为萧山县解放后第一个大型水利工程。

1953年11月16日：全县实行粮食统购统销。至1985年3月10日，取消粮食统派购，实行合同定购。

1957年6月16日：苏联农业部副部长格·格彼得洛夫率苏联参观中国农业展览会代表团38人，到萧山县长河区参观农业生产合作社。

1960年7月18日：浙江省民航局派飞机为城北公社一带棉田治虫，为萧山县首次使用飞机治虫。

1981年1月15日：成立萧山县科技情报研究所，为本省第一个县级科技情报研究所。

1981年11月17日：联合国粮农组织水利考察团23人，至钱塘江排灌总站参观。

1985年3月6日：美国世界资源研究所代表团考察长河乡山一村环境保护工作。

1985年3月10日：为贯彻中共中央、国务院关于进一步活跃农村经济的十项政策，取消粮食统派购，实行合同定购，抽调县级机关各部门干部426名分赴乡镇指导工作。

1986年3月3日：县委、县府抽调县级机关干部400余人，到各乡、镇，向农民宣传中共中央、国务院关于1986年农村工作的部署，落实粮、棉、麻和生猪定（订）购合同，帮助研究以工补农、以工建农措施。

1986年8月21日：县府决定采取一系列经济政策，扶持家禽基地、水产基地、水果基地、蔬菜基地、桑蚕基地、西瓜基地、花木基地、种苗基地八大商品生产基地。

1986年9月11日：联合国粮农组织荷兰籍经济学家史兰根考察长河络麻生产经营情况。

1987年1月24日：15工段排涝闸建成，开坝放水。该闸为5孔，可解决益农、夹灶等乡10余万亩低洼地的排涝。

1987年3月4日：浦沿镇新浦河开挖工程全面动工，共出动3000余名劳力。该河道全长2600米,面宽24米,底宽3.5米,深4.6米,共挖土18万立方米。

1987年8月21日:县委、县政府出台《关于扶持集体经济薄弱村的若干规定》,争取用两三年时间改变集体经济薄弱村面貌。

1987年9月15日:湘湖农场利用奶牛粪中温发酵并集中供气工程竣工投产。该工程是当时全省最大的沼气供气项目。

1988年8月30日:萧山市委、市政府召开关于做好粮食供应工作紧急电话会议,宣布对全国粮票购粮采取凭证限量的决定。

1988年10月7日:联合国粮农组织研究室主任约·坦极尔及夫人,考察萧山市长河镇山一村生态农业。

1989年6月20日:萧山市去冬今春农村水利建设成果显著,被省水利厅评为全省两个先进县市(一等奖)。

1989年10月8日:联合国环境署生态农业考察团,考察长河镇山一村生态环境。

1990年5月16日:新江岭乡小满村、径游乡新塘村和下亭村的412亩桑园受附近砖瓦窑氟化物污染,致使325.5张春蚕食叶中毒,损失蚕茧10余吨。

1990年8月11日:萧山市委、市政府抽调市级机关15个部门的30名干部,围绕村级组织建设、科技兴农、深化农村改革等10个专题,进行为期半个月的调查。

1990年11月8日:农业部确认萧山市火鸡良种场为中国农垦系统火鸡保种单位。同时,该场与杭州罐头食品厂联合开发的西湖牌香菇火鸡罐头获农业部颁发的"绿色食品"证书。

1991年1月23日:萧山被国务院授予"1990年全国粮食生产先进单位"称号。

1991年3月23日:省农业厅土肥站、省化肥农药工业公司、省农业生产资料公司第二次联席会议确定:萧山市为第一批农工商联合开展农业生产资料社会化技术服务的试点县(市)。

1991年3月25日:临浦区农技站与临浦供销社联办的"临浦植物医院"开业。这是市内第一家植物医院。

1991年4月14日:在农业部和中国科协举办的"全国菜篮子工程观摩及技术交易会"上,萧山送展的萧山青梅及其制品,获农业部、中国科协园艺铜奖。

1991年6月22日:萧山被评为省级农田水利基本建设先进县(市)。

1991年6月24日:世界银行检查组组长希尔夫人(美籍)等到萧山检查世界银行贷款发展淡水养鱼项目的执行情况。

1991年7月1日:萧山市郊城南、裘江等地,因受钱江味精厂废水为主的城厢镇综合污水污染,造成大量死鱼。

1992年2月27日：以山板荣司率领的日本国水稻技术访华团一行4人，考察萧山市农业技术推广中心。

1992年6月11日：萧山被商业部列为农业生产资料社会化服务体系和黄红麻社会化服务体系示范县(市)。

1992年8月13日：萧山市被评为浙江省农田水利基本建设先进县(市)。

1992年9月29日：国际黄麻组织考察团一行11人考察萧山棉麻试验场。

1994年4月20日：省政府同意在萧山市围垦区建立农业对外综合开发区，南起十四工段横湾，北至十二工段横堤，西起城北东江围垦西堤、十七工段大堤，东临杭州湾，总面积24.2平方公里。

1995年3月24日：市委、市政府为稳定粮食生产，鼓励农户多种粮、种好粮，出台定购粮食价外加价，实行粮肥挂钩，扶持、奖励售粮大户，支持推进粮田适度规模经营，扶持科技兴农，扶持配套服务等一系列扶持粮食生产的政策。

1995年4月26日：党山镇沙北村种养殖专业户尚舒兰(女)获得全国劳动模范称号。

1995年7月14日：国家计委批准设立萧山现代农业开发区，为省内第一个国家级农业开发区。

1995年8月12日：萧山被列为“八五”时期第四批国家级商品粮基地县(市)。、

1996年2月2日：峙山闸改建工程竣工，举行通水典礼。

1996年1月12日：市政府出台切实加强耕地保护的一系列政策性文件，包括《关于加强耕地保护工作的通知》《关于加强农村私人建房管理的若干意见》《关于进一步整顿规范个体工商户、私营企业用地的通知》《关于加强镇乡工业小区建设管理的若干规定(暂行)》和《关于调整国有土地级差地租(暂行)标准的批复》等。

1996年4月15日：全省首次大规模农业普查工作在萧山市开展，萧山为全省唯一试点县(市)。

1996年5月8日：国务院总理李鹏为萧山现代农业开发区题名。

1996年5月17日：省长万学远考察萧山现代农业开发区。

1996年8月13日：萧山市委、市政府决定在全市开展完善农业大田生产责任制工作。

1996年10月22日：市委市府发文，加强村级集体资产管理。

1997年2月27日：党山镇沙北村尚舒兰赴京参加全国妇联“巾帼系列行动”报告团演讲活动。

1997年3月7日：尚舒兰被全国妇女联合会评为全国三八红旗手。

1997年5月5日：国家农业综合开发第三期1.15万亩开荒造田和第三期新增2.8万亩开荒造田、0.5万亩低产田改造共3个项目，通过国家验收。

1997年5月6日：萧山市50万亩垦区第三期农业综合开发项目通过国家级验收。

1997年6月1日：水利部部长钮茂生考察萧山排灌闸站。

1998年6月9日：国家重点水利工程——钱塘江南岸西江塘义桥段1000米标准塘竣工。共投入土石方4万立方米，投资400余万元。

1999年3月9日：市政府发出通知，要求从是年起至2001年，全市必须完成1.1万名农民"绿色证书"培训任务，力争到2005年，全市各镇乡村村建立起"绿色证书"制度。

1999年3月10日：完善第二轮土地承包责任制试点在党山、闻堰镇展开。

1999年9月13日：参加中国—非洲经济管理官员研修班的尼日利亚、加纳、毛里求斯等12个非洲国家的35名外交官员参观新街花木生产基地。

1999年12月26日：在全省第五届水利"大禹杯"竞赛中，萧山市首次获金杯奖。

2000年2月22日：省政府批准，在萧山建设浙江省农业高科技示范园区，占地333.34万平方米。

2000年4月30日：位于宁围镇的萧山市首家花木专业市场——萧山市农产品（花卉）综合市场一期工程建成并投入使用。

2000年9月19日：浙江省农业高科技示范园区奠基暨首期项目开工。

2001年6月15日：全区十大工程之一的浙江（中国）花木城破土动工。

2001年9月25日：省委、省政府授予萧山区政府"浙江省千里海塘建设先进集体"称号。

2001年11月5日：区政府出台建立土地经营权流转机制的若干意见，全面推进农村承包土地经营权流转。

2002年4月5日：萧山区在北京首都大酒店举行向国家体育总局、中国奥委会捐赠园林花卉苗木仪式。萧山区凌飞环境绿化有限公司捐赠价值128万元的苗木，萧山宁围丰北综合苗场捐赠10万株苗木。

2002年5月1日：浙江（中国）花木城隆重开城。开城的一期工程占地400亩，总投资1.3亿元，内设花卉、盆景、行道苗木、鲜切花交易区、种苗栽培交易区、生产资料交易区、配套服务区等。

2002年5月28日：萧山农业信息网（http://www.goldagri.com.cn）正式开通，这是萧山区仅次于政府网"萧山信息港"的第二大网站。该信息网重点开展农业招商引资、供求信息、政策法规和农技110信息咨询等服务。

2002年8月13日：萧山区第一期新任村党支部书记、村委会主任上岗培训班正式开学。600多名新任村干部分6期进行集中封闭培训。

2002年9月28日：由萧山区承办的省首届花卉苗木博览会在浙江（中国）花木城开幕。

2003年1月8日：召开全区水利工作会议，对此后五年水利工作进行部署。

2004年3月8日：萧山区举办首届"浙江萧山花木节"。

2005年4月23日：由国防部外事办组织的驻华武官访问团到萧山区考察，参观省农业高科技示范园区和航民村。

2005年4月29日：土耳其副总理阿里·沙辛一行专程到萧山区考察，并参观省农业高科技示范园区。

2005年5月8日：萧山村规模调整工作启动。这是继家庭联产承包责任制后萧山农村基层体制又一重大改革。

2006年10月8日：浙江省食用菌良种繁育中心项目在萧山农业开发区正式奠基。

2008年1月25日：水利部部长陈雷考察萧山水利工作，并参观义桥镇黄石垄水库、闻家堰水文站、省水文局直属之江水文站、湘湖和萧山城市规划展示馆。

2008年5月12日：联合国粮农组织政府间茶叶工作组第18届会议开幕式在萧山举行。

2008年7月16日：杭州市农民教育培训示范基地授牌仪式暨经验交流大会在萧山举行。

2008年7月21日：区农业标准化建设领导小组举行工作会议，初步通过萧山区2008—2010年农业标准化行动计划。

2009年1月5日：萧山区出台多项强农惠农政策，进一步加大区财政对"三农"的支持力度。

2009年8月18日：省委副书记夏宝龙到萧山调研现代渔业基地建设情况，先后察看海天养殖有限公司、大洋水产养殖有限公司、跃腾水产食品有限公司和金达龚老汉特种水产有限公司。

2009年10月30日：全国首个农业总部大楼——萧山农业发展大厦正式开工建设。

2010年12月7日：农业部部长韩长赋到萧山调研农业生产情况，并实地考察浙江北极品水产有限公司和省农业高科技示范园区。

2010年12月27日：萧山国家粮食储备库迁（扩）建工程举行开工奠基仪式。

2011年3月19日：区政府出台《关于鼓励和支持大学毕业生从事现代农业的若干意见》。

2013年3月12日:萧山区出台《关于2013年统筹城乡区域发展建设文明幸福社会主义新农村的若干意见》等七项政策文件。

2013年3月20日:萧山区编制完成“美丽乡村”总体规划。从2013年开始,区财政将每年安排专项资金1亿元以上用于“美丽乡村”建设。

2013年10月16日:《杭州市萧山区农村住房建设管理暂行方法》出台。

2014年11月7日:萧山区召开农村宅基地、住房确权登记发证工作动员会。

2016年1月19日:萧山区出台《关于进一步加强村级留用地管理的意见》。

2016年11月7日:萧山区农民合作经济组织联合会正式成立并举行第一届会员大会。

第七章 开发区

本章记录的是萧山媒体报道的，钱江外商台商投资区、萧山经济技术开发区的重要新闻事件，侧重于开发区的设立、重大事项等，领导考察和工业企业落户等情况在相关章节中体现。大江东、临江、空港等开发区，在《新城建设》章节中体现。

第一节 钱江外商台商投资区

1989年12月6日：省经济建设规划院专门组织省级有关专家、学者、领导干部，评估萧山市在钱塘江大桥和正在兴建的钱江二桥之间的开发区规划。会后确定该开发区暂定名为：杭州钱江南岸经济技术开发区。总地域面积为90平方公里，其中之江、市北、桥南3个开发小区为24平方公里。

1990年6月17日：省政府批准，建立杭州钱江外商台商投资区。投资区范围：钱塘江北岸下沙、滨江区块为江北区块，南岸的之江、桥南、市北区块为江南区块。

1990年6月27日：中共杭州市委决定，建立杭州钱江外商台商投资区江南管委会。

1991年6月30日：杭州钱江外商台商投资区江南管委会为市北区一期工程举行奠基仪式。

1991年8月30日：萧山市政府召开杭州钱江外商台商投资区江南区块市北区规划评审会议。市北区位于城厢镇北面3公里处，面积9.2平方公里。规划该区以轻纺、机电零部件加工为主，其他工业一起发展的劳动密集型工业与居住综合区，也是杭州钱江投资区江南区块的行政和经济管理中心。

1992年6月18日：杭州钱江外商台商投资区江南区块之江区土地成片出让合同签字仪式在萧山市体育馆举行。该土地受让方为澳门贺田工业有限公司，总面积为128.8公顷。

第二节 萧山经济技术开发区

1993年5月17日：国务院同意设立萧山经济技术开发区，东至新浙赣铁路，南至北塘河，西至城厢镇兴议村，北至解放河，面积9.2平方公里，首期开发3平方公里。

1993年6月23日：萧山市委、市政府在杭州举行国务院批准设立萧山经济技术开发区新闻发布会暨杭州钱江城发展有限公司成立仪式，同时举行12个项目奠基、开业、投产仪式。

1994年9月18日：投资2400多万元的萧山经济技术开发区管委会办公大楼基本竣工。管委会机关迁入新大楼办公。

1994年11月3日：萧山经济技术开发区管委会与日本电石工业株式会社签订275亩（桥南区块）土地使用出让合同，日方将用于投资建设反光膜等项目。

1995年1月12日：萧山经济技术开发区管委会与日本静冈县日中友好协议会，在日本静冈县签署在萧山经济技术开发区《建设日本静冈工业团地协议书》。

1999年8月8日：萧山经济技术开发区综合服务大楼在市心北路与开发区建设二路交叉口奠基，该楼计划投资4000万元，主楼13层，建筑面积21000平方米。

2001年10月28日：萧山经济技术开发区临浦配套园区开园。

2003年1月13日：由萧山区浙江国泰建设集团承建的萧山经济技术开发区综合服务大楼工程荣获2002年度中国建筑工程鲁班奖，实现萧山区建筑史上最高奖零的突破。

2003年9月18日：萧山区举行国家级萧山经济技术开发区十周年庆典暨江东工业区项目签约奠基仪式。

2009年6月20日：浙江省青年企业家协会与萧山经济技术开发区管委会签订创业创新基地战略合作框架协议。

第八章 新城建设

从2006年起,萧山开始一轮新城建设高潮。本章记录萧山媒体报道的,钱江世纪城、湘湖新城、空港新城、大江东新城、临江新城、科技城、奥体博览城等行政管理、经济开发、城市建设相融合的新城建设的重要新闻事件。

第一节 钱江世纪城

2003年7月22日:《萧山沿江区域未来发展思路研究》通过有关专家论证。打造中的环杭州湾产业带核心区,涉及沿江区域总面积515平方公里。萧山沿江发展的目标:环杭州湾产业带的核心区。沿江发展战略:工业化城市化联动互进。沿江发展四大板块:江东工业城板块、文化科技城板块、钱江世纪城板块、湘湖旅游城板块。

2003年11月19日:杭州市人民政府正式批准同意《钱江世纪城控制性规划》,钱江世纪城蓝图基本绘就。

2005年12月10日:钱江世纪城和宁围镇正式合并,实行两块牌子、一套班子的管理体制。

2006年1月10日:钱江世纪城开发建设指挥部成立。

2006年3月22日:钱江世纪城征迁动员大会召开,标志着钱江世纪城建设进入一个新阶段。

2007年6月8日:"三路一小区"工程举行开工奠基仪式,标志着钱江世纪城开发建设迈出实质性的第一步。

2007年12月18日:由中国化纤工业协会、荣盛控股集团联合开发的中国(国际)化纤产业总部及研发基地项目落户钱江世纪城。

2008年3月18日:钱江世纪城"33811"工程开工典礼举行。

2012年10月30日:浙江大学医学院附属妇产科医院迁建钱江世纪城项目举行签约仪式。

2016年1月26日:钱江世纪城"杭州市学军中学附属文渊中学"签约仪式举行。

第二节 湘湖新城

2008年10月24日：省委常委、市委书记王国平调研湘湖新城、出海码头、机场路改造等工程进展情况。

2011年9月14日：省委书记、省人大常委会主任赵洪祝一行考察新湘湖建设情况。

2012年7月16日：浙江湘湖旅游度假区（湘湖新城）正式挂牌。

2016年4月25日：副省长朱从玖率调研组一行到萧山区调研湘湖金融小镇建设工作。

第三节 空港新城

2008年1月10日：萧山区委、区政府与杭州萧山国际机场联合举行空港经济座谈会，共商发展空港经济的政策。

2008年11月5日：萧山投资环境暨空港经济推介会在广东珠海举行。

2010年9月20日：杭州空港新城举行"双十大"建设项目启动仪式。

2012年5月29日：空港新城青少年宫签约仪式暨社会教育高端论坛举行。

2012年8月17日：空港新城与上海圆通蛟龙投资发展（集团）有限公司（上海圆通速递有限公司）举行项目签约仪式。

2013年9月26日：萧山召开空港新城·南阳街道体制调整大会。

第四节 大江东新城

2002年9月18日：杭州市萧山江东工业区正式开园。列为市"十大工程"之一的江东工业区，规划总面积88平方公里，将建成一流的制造业基地。

2002年11月10日：由杭州市规划设计研究院编制的《江东工业新城分区规划方案》不久前基本成形。它的功能定位是：以现代制造业为基础，高新技术产业和先进适用性技术为先导，集工业、居住、旅游、物流于一体，具有强大磁力和可持续发展力的现代化生态型工业新城。规划中的江东新城的人口规模将达到32人万左右。

2009年8月23日：大江东新城开发建设誓师大会召开，大江东新城开发建设正式启动。

2010年2月21日:省委常委、市委书记黄坤明一行,到萧山调研大江东新城规划建设情况,并察看空港新城、江东新城、前进工业园区、临江新城建设情况,以及青年汽车集团萧山基地和东风裕隆杭州汽车有限公司发展情况。

2010年7月9日:省委书记、省人大常委会主任赵洪祝,到萧山专题调研大平台建设,察看空港经济区、江东工业园区、前进工业园区、临江工业园区的基础设施建设情况,考察浙江青年汽车集团萧山基地、东方电气杭州新能源有限公司、东风裕隆汽车杭州有限公司等企业,并听取萧山关于大江东规划情况的汇报。

2010年7月29日:萧山举行江东新城十五大产业项目、八大基础设施项目开工仪式。

2011年2月21日:副省长毛光烈到萧山调研大江东产业集聚区规划建设和发展大产业、培育战略性新兴产业的相关情况。

2011年4月22日:省委副书记、省长吕祖善一行到大江东产业集聚区,考察东风裕隆汽车有限公司、东方电气新能源设备(杭州)有限公司、万向电动汽车有限公司等企业和机构,并召开座谈会。

2011年9月2日:大江东新城江海湿地概念性规划评审会议召开。

2011年9月16日:从事高效率太阳能电池生产的杭州赛昂电力有限公司在江东新城开工建设。

2012年3月13日:省委常委、市委书记黄坤明一行,到萧山调研大江东产业集聚区、钱江世纪城建设情况。

2012年3月22日:省委书记、省人大常委会主任赵洪祝调研省级产业集聚区建设和大项目进展情况。在杭州大江东产业集聚区,赵洪祝考察临江片区的江海湿地保护规划情况、富丽达集团控股有限公司、前进片区的城市综合体项目、江东片区的浙江永杰铝业有限公司和空港片区的杭州保税物流中心,听取杭州市工作汇报和杭州大江东产业集聚区开发建设情况汇报。

2012年10月18日:杭州大江东产业集聚区开发建设领导小组会议暨大江东产业集聚区管委会授牌仪式举行。

2013年7月4日:副省长熊建平到萧山调研杭州大江东产业集聚区规划和建设工作。

2013年7月11日:副省长朱从玖到萧山调研杭州大江东产业集聚区建设情况。

2014年8月29日:萧山区召开大江东体制调整工作情况通报会。

2015年7月22日:省委书记、省人大常委会主任夏宝龙赴杭州大江东产业集聚区和萧山区调研。

第五节 临江新城

2007年3月29日：省委常委、市委书记、市人大常委会主任王国平到萧山考察，听取临江工业园区建设情况汇报，并参观中国水博园，参加浙江东南网架集团金属薄板一期项目投产仪式，考察浙江东南铝业有限公司。

2007年12月14日：杭州萧山临江工业园区二十大工业项目暨浙江恒逸集团己内酰胺项目开工奠基典礼举行。

2008年2月24日：台湾裕隆集团总部落户临江工业园区，并与浙江中誉集团举行汽车生产项目签约仪式。

2009年5月21日：中国兵器工业集团与杭州市政府在萧山举行军民结合产业合作对接会。

2009年6月15日：临江工业园区十二大工业项目开竣工仪式举行。

2010年2月26日：浙江吉利控股集团和浙江中誉（控股）集团有限公司签订协议，吉利集团收购中誉汽车有限公司，并正式入驻临江，同时在临江新城设立研发中心。

2011年9月16日：临江工业园区举行二十大重点项目开工竣工仪式暨新松南方创新研究中心及产业化基地开工典礼。

2013年10月30日：科技部专家组调研临江高新技术产业园区并召开研审会，为临江升级为国家高新区出谋划策。

2013年11月5日，科技部副部长曹建林莅临萧山，考察指导临江升级国家高新区工作。

2014年3月19日：副省长毛光烈一行到萧山调研临江高新区创建国家高新区工作。

第六节 科技城

2013年8月28日：萧山科技城挂牌成立。

2014年11月26日：萧山区召开“中国萧山科技城规划”评审会。

第七节 奥体博览城

2008年6月18日：杭州奥体博览中心基础设施工程开工仪式举行。

2009年10月28日：杭州奥体博览城重要组成部分——国际博览中心在萧山动工。

2011年10月16日:杭州市委副书记、市长邵占维赴奥体博览城项目调研,在七甲船闸考察奥体博览城与钱江新城的对应关系,察看国际博览中心和主体育场项目施工现场,并召开会议听取相关情况汇报。

2014年5月29日:市委副书记、市长张鸿铭调研杭州奥体博览城建设情况。

第九章 新经济

本章记录萧山媒体报道的,萧山在互联网技术、软件、信息、电子商务、智能、机器人、互联网金融、互联网消费等新兴产业发生的重要新闻事件。

2003年7月13日:区政府出台《关于加快推进企业信息化的若干意见》,提出这一工作的近期目标和主要任务。

2004年11月15日:杭州国家软件产业基地萧山扩展区块在萧山经济技术开发区内挂牌。

2006年2月18日:萧山区高科技产业的高新项目孵化器——萧山国际创业中心挂牌。

2008年8月12日:省委常委、市委书记王国平到萧山调研高新技术产业由点到面发展情况,并到国际创业中心考察绿线(杭州)信息技术有限公司和杭州信核数据有限公司。

2009年9月9日:国内规模最大的民营快递公司申通快递华东分拨中心在萧山落成。

2011年3月20日:“十二五”期间,萧山区计划实施“十百千万科技专项计划”。这个计划包括实施十大社会发展科技支撑计划、百项重大科技项目攻关计划、千家创新型科技企业培育计划、万件授权专利突破计划。

2011年10月17日:《杭州市萧山区十大产业发展总体规划》正式出台,萧山区作出大力发展新能源、新材料、先进装备制造、新一代信息技术、生物、文化创意、旅游休闲、金融服务、现代商贸、现代物流等十大产业的战略决策。

2012年9月19日:萧山海创会会所启用。

2013年4月2日:萧山区启动动漫衍生品产业基地打造工程,出台《关于鼓励和促进动漫衍生品产业发展的实施细则》,从动漫衍生品的设计研发、销售、出版、电影、舞台剧、项目扶持、授权费用等方面予以优惠扶持。

2013年7月17日:萧山金融创新中心开园暨金融推介会举行。

2013年9月23日:《萧山金融集聚区总体规划》通过专家组评审。根据规划,萧山将打造“一核两点”多区域联动发展的金融产业发展走廊,逐步确立金融业在萧山服务业中的主体地位,打造长三角南翼金融副中心。一核两点:一核即钱塘江财富管理中心；增长点一为湘湖金融岛，增长点二为江南金融科技产业园。

2013年11月15日：位于开发区的杭州软件新城首个产业集聚平台——杭州湾信息港正式开园。

2013年12月9日：萧山区召开“加快创新驱动、建设科技创新园”动员大会，全面部署科技创新园建设各项工作。会议下发《关于进一步加快创新驱动　推进科技创新园建设的实施意见》，明确科创园建设“253”计划。

2014年1月6日：萧山区出台《杭州市萧山区文化创意产业园区管理办法》，绘就文化创意产业新蓝图，完善政策助力。

2014年4月24日：全省高新区推进装备电子（软件）产业技术创新座谈会在萧山举行。

2014年6月6日：“口袋购物”项目正式落户开发区。

2014年6月24日：省委副书记、省长李强到萧山调研杭州华澜微科技有限公司。

2014年9月6日：区政府与上海陆家嘴金融发展有限公司、传化集团签署萧山科技城核心区整体合作开发三方协议。

2015年2月9日：萧山区人民政府与京东集团签订战略合作协议，双方计划在跨境电商、区域贸易结算、物流技术示范等多个领域开展深度合作。

2015年2月9日：中国（杭州）跨境电子商务·空港园区在空港经济区·南阳街道正式开园。

2015年3月25日：萧山区与上海易贸集团、浙江泽大合润投资管理有限公司签订合作协议，联手打造低碳产业互联网金融综合服务平台。

2015年5月8日：萧山区举行“互联网+新金融”专题报告会，赛富亚洲投资基金首席合伙人阎焱作“经济前沿和热点领域”专题报告。

2015年5月28日：浙江机器人与应用研究院产业化项目和杭州市质量技术监督局机器人产业计量测试中心项目落户萧山经济技术开发区。

2015年7月1日：省长李强调研萧山机器人小镇，走访全球机器人领军企业ABB和安川、凯尔达公司、兆丰机电公司等地。

2015年7月6日：萧山区与嘉凯城集团签订战略合作框架协议，打造新型城镇文化与生活服务平台——城市客厅项目。

2015年7月22日：萧山区农业电商孵化园开园暨农产品电子商务现场会举行。

2015年7月28日：萧山区举办金融项目签约活动，目标规模10亿元人民币的萧山产业投资基金成立运营，红杉资本中国基金、赛优基金、东方富海、盛世投资、合力投资、华映资本6家金融机构与区政府正式签约。

2015年8月26日:举行全区领导干部“互联网+”讲座,邀请商务部内贸专家、浙江省电子商务研究院院长郑勇军作题为“网络经济与区域经济发展”的专题讲座。

2015年9月28日:跨境电商B2B平台大龙网华东总部落户萧山经济技术开发区。

2015年12月8日:中国(杭州)跨境电子商务综合试验区·萧山园区开发区产业园正式开园。

2016年3月18日:萧山信息港小镇开镇。

2016年4月18日:萧山区发布《关于发展信息经济促进智慧应用三年行动计划(2016—2018年)通知》,为外界描绘一幅“智慧蓝图”。

2016年5月31日:首届中国(杭州)工业大数据产业发展高峰论坛在萧山召开。

2016年12月14日:省委常委、市委书记赵一德赴萧山区企业调研智能制造发展情况,走访迪安派登洋服(杭州)有限公司、浙江万向精工有限公司等地。

2017年4月11日:萧山区发布《萧山区“十三五”现代物流业发展规划》。规划提出,到2020年,基本建立布局合理、技术先进、便捷高效、绿色环保、安全有序的现代物流服务体系,在萧山服务业中的优势地位和国民经济中的基础性作用进一步凸显,将萧山打造成“杭州现代物流创新发展试点城市”的核心区。

2017年5月17日:萧山区发布《杭州市萧山区智能制造三年行动计划(2017—2019年)》。计划指出,萧山区将以制造业创新发展为主线,加快推进新一代信息技术与制造业深度融合,大力实施“6521”工程,培育一批智能制造示范企业,引进一批智能制造重点项目,打造一批智能制造数字车间和智能工厂。

2018年11月21日:全区数字经济发展大会召开,《萧山区数字经济发展四年双倍增行动计划(2019—2022年)》正式对外发布,全面推进数字经济“一号工程”。

第十章 围垦

本章记录萧山媒体报道的，从1965年秋首次围垦至2007年最后一次围垦止的42年间，萧山在围垦江涂中发生的重要新闻事件。

1965年秋至1966年春：省、市、县三级联合在九号坝下游组织围垦2.25万亩，拉开萧山大规模围垦的序幕。

1966年11月：益农组织一围，围涂0.90亩。至1973年9月，共成功围涂益农四围，共围垦土地5.1亩。

1968年6月：成立瓜沥地区围垦指挥部，次年改为萧山县围垦指挥部。

1968年7月至11月：组织4万人在白虎山以东到新湾一带抢围3.6万亩。1970年11月与部队一起联合围涂10万亩。

1968年：城北区的宁围、盈丰组成顺坝围垦指挥部，在顺坝以北进行围涂，共围涂1.25亩。1976年11月至1977年11月，东江围垦4.1万亩。

1975年12月：义蓬围涂0.7万亩。至1979年11月，义蓬、瓜沥共围涂4万亩。

1977年7月23日："萧山围涂造田"资料，被列为全国水利展览项目。

1986年1月9日：城北区组织2万余名民工，在钱塘江顺坝地段筑堤围住江涂4000亩。

1986年11月23日：来自义蓬、瓜沥、城北、城南4个区所属43个乡镇的15万余名民工，参加江涂围垦工程，计划围涂5.2万亩。县委、县府为此建立新围江涂总指挥部。

1986年11月29日：新围江涂5.2万亩第一期工程经过7个昼夜的奋战，在下午4时开坝放水，胜利竣工。

1987年1月6日：由义蓬、瓜沥、城北、城南4个区的43个乡镇承担的新围江涂5.2万亩二期工程动工，共出动8.13万名民工，到11日全面竣工，2.7公里长的大堤从吴淞5米高度加高到9米，新挖河道6.4公里。

1987年1月9日：县政府在十二工段召开5.2万亩围垦工程祝捷大会，分别向义蓬、瓜沥、城北、城南4个区和县围垦指挥部授旗。

1987年1月24日：十五工段排涝闸建成，开坝放水。该闸为5孔，可解决益农、夹灶等乡10余万亩低洼地的排涝。

1993年10月20日：新围1.3万亩（886.67万平方米）海涂开工，首次采用机械化施工。

1994年4月18日：新围1.3万亩中的5500亩种植区承包经营首次招标。

1994年4月20日：省政府同意在萧山市围垦区建立农业对外综合开发区。南起十四工段横湾，北至十二工段横堤，西起城北东江围垦西堤、十七工段大堤，东临杭州湾，总面积24.2平方公里。

1994年11月20日：位于十六工段的1.9万亩（1266.67万平方米）滩涂围垦动工。

1995年3月20日：第28次围涂——新围江涂1.46万亩工程通过验收。

1995年11月26日：第29期围涂0.5万亩工程开工，本期围涂采用泥浆泵机械化作业。

1995年12月15日：0.5万亩围涂第二期工程开工，再次采用泥浆泵机械化作业。

1997年5月6日：萧山市50万亩垦区第三期农业综合开发项目通过国家级验收。

1998年5月15日：围垦东线标准塘建设开工。全长4.5公里，按20年一遇标准建设，总投资2158万元。

1998年7月24日：围垦标准塘主体工程全线竣工。

1999年11月25日：顺坝围涂工程开工。筑堤7.2公里，围涂7000亩（466.67万平方米）。

2000年6月2日：顺坝围涂工程告捷。

2001年6月20日：钱塘江赭山湾钱江观潮城戍人岙段6.67公顷（100亩）围涂工程结束。

2002年12月11日：启动新围2000亩治江围涂工程。该工程位于围垦外六工段与外八工段之间，将新筑大堤3900米，全面实施标准塘建设根治涌潮水患，其土石方投资约7300万元。

2005年12月22日：萧围东线治江围涂一期工程开工。

2006年7月5日：萧围东线治江围涂第一期试验期工程1号、2号区块泥坝子堰封堵抢围成功，这标志着围涂工程第一期试验期3467公顷土地基本圈围成功。

2006年10月18日：萧山举行萧围东线治江围涂二期工程开工仪式。

2007年12月6日：萧围东线治江围涂工程最后区块1614公顷土地石坝成功合龙，标志着11867公顷围涂全面圈围到位，实现了整个治江围涂工程4年圈围任务两年完成的建设目标。

2008年1月10日：萧围东线治江围涂工程总结表彰会召开。

第十一章　国际交流

本章记录萧山媒体报道的，在萧山召开的G20峰会、国际友人到萧山考察的重要新闻事件。

第一节　G20

2016年2月14日：全区“办好G20、当好东道主、走在最前列”誓师大会召开。

2016年2月26日：“办好G20，当好东道主，百万市民文明迎嘉宾”活动启动仪式在萧山剧院广场举行。

2016年3月7日：萧山区召开“服务G20·巾帼在行动”誓师大会。

2016年4月27日：萧山区G20杭州峰会安全生产工作推进会议、萧山区G20杭州峰会环境质量保障工作会议分别召开。

2016年9月4—5日：G20杭州峰会在位于萧山区钱江世纪城的杭州国际博览中心召开。

2016年9月25日：G20杭州峰会主场馆——杭州国际博览中心对公众开放。

第二节　国际交流

1985年5月22日：斐济总理卡米塞塞·马拉访问红山农场。

1985年4月18日：苏联、南斯拉夫、美国 、英国、法国、联邦德国、印度等25个国家驻华武官参观红山农场。

1986年4月18日：美国、英国、苏联、法国、德国、日本等12个国家驻京记者团一行57人，参观访问萧山红山农场、杭州万向节厂。

1986年6月11日：扎伊尔共和国第一国务委员肯戈参观红山农场。

1986年9月11日：联合国粮农组织荷兰经济学家史兰根考察长河镇络麻生产经营情况。

1987年2月26日：我国驻比利时、利比亚、荷兰、加拿大、美国、津巴布韦等29个国家大使、参赞、领事和外交部有关人员，参观红山农场、杭州万向节厂、萧山花边总厂。

1987年4月14日：冈比亚共和国总统贾瓦拉及夫人一行19人，参观红山农场。

1987年10月24日：联合国环境署驻亚太地区办公室主任、博士奈通，考察长河镇山一村。

1988年3月19日：民主柬埔寨主席西哈努克亲王和夫人，访问红山农场。

1988年4月9日：日本静冈县日中友好访问团一行28人，参观杭州万向节总厂、红山农场。

1988年6月25日：埃塞俄比亚人民民主共和国总统、埃塞俄比亚工人党总书记、革命武装部队总司令门格斯图·海尔·马里亚姆一行50人，参观杭州万向节厂和红山农场。

1988年10月7日：联合国粮农组织研究室主任约·坦极尔及夫人，参观长河镇山一村。

1988年10月31日：保加利亚供销合作社中央联社主席伊凡·佩赫里万诺夫和驻华大使代表团一行7人，参观商业机械厂、西兴棉纺织厂、浦沿供销社之江商业大楼商场。

1988年11月9日：日本静冈县乡镇企业考察交流团成员长泉町町长高桥正二、东平商会社长山本英一和长泉町级场总务课企划系系长杉山喜沃3人，参观访问楼塔镇晶体管厂。

1989年9月15日：9个国家的19家通讯社22名驻京记者采访红山农场。

1989年9月26日：以澳大利亚合作社协会国际部主任布鲁斯干为团长的澳大利亚合作社访华团一行6人，参观江南大厦。

1990年3月28日：国际劳工组织亚洲就业署官员伊斯拉姆、荷兰海牙社会研究所教授塞斯、瑞典斯德哥尔摩经济学院教授伦纳斯，参观杭州万向节总厂、红山农场、杭州江南丝绸印花厂。

1990年3月31日：毛里塔尼亚农业发展部部长哈默德–乌尔德·埃利、毛里塔尼亚驻华大使塔基·乌尔德·西迪、毛里塔尼亚农业发展公司总经理穆斯塔法·乌尔德·玛乌路德和姆颇利农场场长穆巴莱克·乌尔德·穆路，参观杭州柴油机总厂、萧山速冻厂。

1990年5月26日：以菲律宾土地银行副行长助理罗莎琳娜·德拉帕斯·马加特为团长的菲律宾土地银行培训团一行6人，考察信用合作社联合社，参观市农业银行、市信用社联合社、西子文化用品厂、江南丝织厂和杭州万向节总厂。

1990年6月13日：叙利亚共和国副总统、全国进步阵线副主席穆罕默德·祖海尔·莫沙拉克一行11人，参观红山农场、杭州方向节总厂养鳗场。

1991年4月7日:斐济初级产品合作社部长冈内列岛一行6人,参观红山农场。

1991年5月20日:朝鲜青年中央委员会副委员长李永德率青年友好代表团一行50人,参观瓜沥镇航民村。

1991年11月7日:日本山梨市议会议长雨宫唯信为团长、山梨市国际交流促进会副会长佐久间恒幸为副团长的山梨市友好访问团一行11人,参观体育路小学、红山农场、杭州瓷厂、萧山速冻厂。

1992年3月7日:匈牙利工人党主席蒂尔迈久洛访问红山农场。

1992年4月9日:哈萨克斯坦共和国代表团一行5人访问红山农场。

1992年5月31日:日本国静冈县友好代表团一行29人,参观杭州钱江外商台商投资区江南区块市北区。

1992年6月10日:尼泊尔王国议长德曼·纳特·东加纳一行19人,访问杭州万向节总厂。

1992年7月1日:厄瓜多尔工人联合会主席埃德加·庞塞、乌拉圭工会法律顾问劳尔,访问萧山市总工会,参观瓜沥镇航民村。

1993年7月20日:外交部批准,萧山市与日本山梨市缔结友好城市关系。

1993年11月27日:新加坡内阁资政李光耀访问红山农场。

1994年10月31日:加拿大南北研究所妇女进步项目主任乔安娜·柯尔到萧山考察妇女就业和社会地位情况。

1996年9月6日:赤道几内亚总统特奥多罗·奥比昂·恩圭马·姆巴索戈及夫人,访问萧山经济技术开发区。

1996年9月14日:西班牙华侨、华人妇女联合会代表团一行6人到萧山进行友好访问。

1998年5月20日:荷兰费列瓦兰德省阿尔默市政府代表团一行3人访问萧山市,双方签署建立两市经济合作关系意向书。

1998年11月1日:拉丁美洲、加勒比地区及南亚地区12个国家驻华使节和经贸组织官员考察新街镇花木生产。

1999年7月17日:朝鲜祖国战线中央委员会议长康连鹤率朝鲜祖国战线代表团一行6人,访问浙江传化集团。

1999年9月13日:参加中国—非洲经济管理官员研修班的尼日利亚、加纳、毛里求斯等12个非洲国家的35名外交官员,参观新街花木生产基地。

1999年9月25日:美籍华人、美国福州十邑同乡会主席林天钦一行考察投资环境。

2005年4月29日:土耳其副总理阿里·沙辛一行专程到萧山区考察,并参观省农业高科技示范园区。

2007年10月25日：2007中韩（萧山）企业经贸合作交流会举行。由韩国经济新闻社中小企业研究所所长李致九率领的韩国经济新闻企业家代表团一行30多人，与萧山20家民营企业代表开展合作交流。

2008年6月20日：来自澳大利亚、泰国、美国、法国、日本等13个国家和地区的20家海外华文媒体的社长、总编和记者到萧山采访。

第十二章 公共交通

本章记录萧山媒体报道的，萧山机场、铁路、地铁、公路、高速、大桥、隧道等公共交通建设的重要新闻事件。

第一节 机场

1994年6月30日：省政府成立杭州萧山机场建设领导小组。

1997年1月30日：萧山市政府与有关镇签订机场征迁安置工作责任书，杭州萧山国际机场的征迁安置工作全面启动。

1997年9月10日：杭州萧山国际机场征迁工作通过验收。

1997年11月15日：萧山机场施工便道动工建设。

1999年1月27日：国务院总理办公室会议同意杭州萧山国际机场项目开工。

1999年6月5日：杭州萧山国际机场专用公路开工兴建，全长18.66公里，造价近7亿元。

2000年12月28日：萧山国际机场首航成功，省长柴松岳等出席首航仪式，并为机场竣工通航剪彩。同时，杭州萧山国际机场公路全线通车。

2007年11月8日：萧山国际机场二期项目开工。

2009年1月21日：机场二期征迁工作总结表彰大会在萧山剧院举行。

2012年12月30日：机场二期建成航站楼正式启用。

2014年5月5日：萧山区举行机场公路改建工程(萧山段)开工誓师大会。

2016年5月3日："省门第一路"萧山国际机场公路高架主线正式通车。

2016年8月22日：萧山国际机场城市大道正式通车。

2016年10月18日：杭州萧山国际机场口岸启用出入境自动通关设施。

2018年10月19日：萧山国际机场三期项目开工。

2019年3月29日：机场三期工程新建高架南侧段通车。

2019年4月19日：杭州萧山国际机场三期项目新建航站楼及陆侧交通中心工程初步设计方案获批。

2019年5月28日：《杭州临空经济示范区发展规划》正式获省政府批复，进一步明确空港示范区的战略定位和发展目标。总投资270亿元、总面积145万平方米的萧山国际机场三期扩建工程目前正式启动。

2019年6月24日：杭州萧山国际机场三期项目核心工程——新建航站楼(T4)及陆侧交通中心工程进入桩基阶段。

第二节 铁路

1930年2月22日：杭江铁路(杭州至江山)动工兴建。下年7月，江边至诸暨段建成通车，县境内始通火车。1937年9月，线路延伸至南昌，改称浙赣铁路，县境内长40.1公里。

1991年7月1日：萧山火车站升格为萧山车务段，直属杭州铁路分局，管辖萧山境内所有的铁路车站。

1991年12月7日：萧甬铁路萧山西站(老站)至新建的萧山火车站联络线开通使用。

1991年12月20日：新建的萧山火车站通过竣工初验。

1992年6月11日：萧山火车新客站建成启用。车站大楼建筑面积3642平方米，站前广场面积27972平方米，投资500万元。

1995年3月24日：萧甬铁路复线萧山段动工兴建。萧山火车站至绍兴钱清全长17.25公里，总投资8000余万元。

1999年6月4日：国家"九五"时期铁路重点工程建设项目控制工程——萧甬复线曲线型新塘特大桥建成通车。

2013年7月1日：萧山火车站(杭州南站)正式关闭，进行改造升级。

2014年5月20日：铁路杭州南站扩建改造工程动工。

2014年9月13日：铁路杭州南站东、西广场设计方案通过可研评审。杭州南站站房及相关工程施工开始对外招标。

2016年4月18日：铁路杭州南站西广场开工建设。

2016年10月20日：铁路杭州南站站房工程完成65%，东广场进场施工，西广场完成30%。

2016年12月：铁路杭州南站东广场开工建设。

2017年1月9日：铁路杭州南站西广场结构封底。

2017年4月22日：铁路杭州南站西广场结构封顶。

2017年8月2日：铁路杭州南站西广场试亮灯。

2017年8月31日:铁路杭州南站西广场机电装修完工。

2017年9月30日:铁路杭州南站西广场景观绿化完工。

2017年12月5日:铁路杭州南站综合交通枢纽项目站房工程竣工。

2017年12月28日:铁路杭州南站综合交通枢纽项目西广场完成单位工程竣工验收,具备开通运营条件。

2018年11月3日 :铁路杭州南站正式移交上海铁路局。

第三节　地铁

2007年3月28日:杭州地铁1号线一期工程正式开工。

2008年9月28日:杭州地铁2号线工程萧山段开工。

2012年11月24日:杭州地铁1号线开通运营一期工程(湘湖站至临平站)。

2014年11月24日:杭州地铁2号线(东南段)开通运营。

2015年11月24日:杭州地铁1号线二期工程(客运中心站至下沙江滨站)开通运营。

第四节　公路

1926年3月1日:浙江省第一条省营公路路线萧绍段全线通车。萧绍段自杭州钱塘江南岸江边起,经过西兴、萧山至绍兴北海坂,路长48.58公里,是沟通杭绍两地的交通要道。

1986年2月28日:钱塘江汽车轮渡码头南岸接线公路通过竣工验收。该公路从码头南岸至西兴叉口,全长4.1公里,与杭温公路相连接,为二级公路,总投资172万元。

1987年10月1日:经过10个月建设,永富公路(永兴乡石码头村至许贤乡富春村)建成通车,标志着全县乡乡镇镇通公路目标的实现。该条公路从萧山的永兴至富阳县富春,经永兴、许贤、朱村桥的3个乡、32个村,全长12公里,为3级公路。

1990年7月5日:萧山市委、市政府召开104国道城厢段(钱江饭店至待建的城东立交桥段)拓宽改造工程动员大会。拓宽工程全长2.7公里,路面红线宽度36米(原为18米),总投资估算1900万元,计划1991年年底竣工。

1991年11月9日:萧山市汽车客运新站开工。一期工程征地23.76亩,建筑面积4400平方米,候车厅1487平方米,内外停车场1万平方米。投资402.8万元。

1992年8月18日:萧山汽车客运新站落成启用。

1992年8月31日:104国道萧山境内城厢镇段拓宽改造工程完工,是日正式交付使用。

1993年6月5日:杭金线(03省道)萧山至次坞段改建工程开工,全长32.24公里,投资1.10亿元。

1994年10月28日:杭金线(03省道)萧山至茨坞段改建工程竣工通车。

1995年5月28日:市心中路建成通车。全长2970米,宽58米,总投资1.6亿元。

1996年11月7日:104国道、03省道萧山段文明样板路创建工作通过省级验收。

1998年5月28日:萧山市新区主干道金城路一期工程建成通车。

1999年1月21日:萧山汽车东站一期工程建成启用。车站占地50亩,投资844.45万元,可容纳230余辆汽车。

1999年6月:金城路二期工程(市心中路至通惠路)动工,全长1700米,宽58米,总投资6578万元。

2000年1月10日:湘湖风情大道开工,全长3970米,宽36米。

2000年1月20日:闻戴公路等7项工程举行通车典礼。

2000年7月:育才中路(金城路至北山隧道)动工,长790米,宽38米,投资1727万元。

2001年1月22日:城市新区金城路、育才中路正式通车。

2001年1月16日:104国道萧山段改建工程全线通车。该工程西起新街镇同兴村,东至绍兴县。萧山境内全长22.778公里,总投资3.1亿元,其中主线工程10.5公里,路面宽25.5米,一级公路标准。

2001年4月24日:03省道萧山东复线全面开工。该工程主线和连接线全长45公里,按二级加宽公路标准建设,路宽18.5米,总投资5.46亿元。

2002年1月28日:市心路北伸工程开工。该工程南起机场路,北至后先锋河桥,总投资1.16亿元。

2002年3月26日:萧山区召开"1918"道路建设两年大会战动员大会。萧山区将建设好市心路北伸等18条市政道路及03省道东复线等19条公路工程,力争在5年内建立40分钟快速交通圈。

2002年4月3日:风情大道南伸、青六公路、来娘公路等工程开工,标志着"1918"道路建设两年大会战正式启动。

2002年9月27日:萧山区举行"1918"工程部分道路竣工、开工仪式。人民路东伸等5条道路的建设(改造)工程顺利竣工,新城路、蜀山路工程按期开工。

2003年1月13日：萧山区举行“1918”道路建设部分工程竣工、开工仪式。党山跨杭甬立交、市心路北伸等6项工程竣工通车，红十五线、风情大道北伸等12个项目开工。

2008年1月22日：人民路道口综合改造工程全面建成通车仪式举行。

2008年10月31日：西入城口整治等在内的12项市政道路工程开工。

2011年3月21日：东入城口环境综合整治暨彩虹大道工程开工。

2014年7月16日：萧山区通惠路（建设一路至金城路段）高架通车。

2016年6月28日：风情大道湘湖岭隧道、彩虹大道地面道路（风情大道至青年路）等市政道路通车。

第五节　高速

1990年4月2日：杭甬高速公路开工。

1991年6月4日：沪杭甬高速公路萧山段建设协调小组成立。

1991年12月17日：萧山市委、市政府召开杭甬高速公路萧山段征迁动员大会。

1992年4月1日：钱江二桥铁路和杭甬高速公路杭州至萧山段零时起开通使用。

1992年6月16日：沪杭甬高速公路萧山段土建工程承包签字仪式在萧山举行。该高速公路在萧山市境内全长25.39公里，于是年9月18日动工。

1995年11月20日：杭甬高速公路萧山段全线贯通。

1995年12月28日：杭甬高速公路萧山段全线开通。境内长25.4公里。

1998年11月10日：杭金衢高速公路萧山段征迁工作启动。

1999年7月30日：杭金衢高速公路开工，全长290公里。其中一期工程长236.57公里，萧山境内30.14公里。

2000年12月28日：杭州市绕城高速公路南线开工建设。

2002年12月28日：杭金衢高速公路一期工程运营通车。

2003年9月23日：杭金衢高速公路二期工程正式通车。

2003年12月28日：杭州市绕城高速公路南线正式通车。

2012年6月：杭金衢高速公路改扩建一期工程开工建设。

2012年9月4日：杭金衢高速公路杭州至金华段改扩建工程“工可”获国家发改委批复。

2014年10月13日：杭金衢高速公路杭州红垦至金华互通段改扩建工程已经国家批准建设，工程将全线动工。

2017年1月3日:杭州绕城高速公路西复线项目开工。

2017年7月3日:杭金衢张家畈互通连接线工程启动。

2017年10月19日:杭金衢高速公路桥下空间利用工程基本完工,包含羽毛球场、乒乓球场、儿童游乐场、跳舞文化广场及停车场等。

2017年12月26日:杭金衢高速公路改扩建二期工程先行段开工建设。

2018年9月21日:杭金衢改扩建一期工程全线通车。

第六节 跨江大桥

1934年11月11日:钱塘江大桥开工兴建,至1937年11月竣工。1937年12月23日,为抵御日军南下,当局自行炸毁刚建好的大桥,1944年10月修复。1947年3月公路层通车。

1988年4月21日:钱江二桥全面开工。大桥南端位于盈丰乡盈二村。该桥为公路铁路两用桥。

1991年12月21日:隆重举行钱江二桥建成典礼。

1993年12月18日:钱江三桥—西兴大桥动工兴建。北起杭州秋涛路和清江路交会处,南至萧山西兴镇星民村,主桥长1280米,桥宽29.5米,主墩塔高81米,双向六车道。

1996年12月底:钱江三桥—西兴大桥建成。

1997年3月20日:钱江三桥—西兴大桥投入试运营。

2000年12月28日:钱江五桥—袁浦大桥开工建设。

2002年3月28日:钱江四桥—复兴大桥正式开工建设。

2003年6月6日:钱江五桥—袁浦大桥合龙。

2003年12月:钱江五桥—袁浦大桥与杭州绕城高速公路南线同步建成通车。

2004年10月16日:钱江四桥—复兴大桥全线通车。

2005年9月1日,钱江三桥—西兴大桥进行大修。

2005年12月28日:钱江九桥—江东大桥开工建设。

2008年12月18日:钱江八桥—九堡大桥项目启动招标设计。

2008年12月26日:钱江九桥—江东大桥正式通车。

2009年3月16日:钱江八桥—九堡大桥动工兴建。

2010年11月8日:钱江八桥—九堡大桥完成南北主桥合龙工程。

2011年9月8日:钱江八桥—九堡大桥南接线与地面连接工程动工。

2012年2月:钱江八桥—九堡大桥主体完工,进行北接线与地面的连接工程动工;同年4月,九堡大桥北接线基本完工。

2012年7月2日:钱江八桥—九堡大桥及南北连接线正式通车。

2014年5月9日:钱江三桥—西兴大桥滨盛路匝道(萧山机场道路改建项目)改建项目开工。

第七节 隧道

1998年6月25日:城区西山隧道开工兴建。隧道长205米,宽14米,高4.5米 。

1998年7月22日:城区北干山隧道动工兴建。隧道长327米,宽14米,高4.5米。

1999年9月30日:北干山隧道建成通车。

2010年12月27日:庆春路过江隧道通车。

2016年6月28日:风情大道湘湖隧道通车。

2017年7月8日:博奥路隧道工程正式开工。

2018年9月:博奥路隧道工程江北段主体基坑开挖。

2018年11月28日:“拥江号”盾构始发掘进,博奥隧道工程西线隧道正式开挖。

2019年7月2日:博奥路隧道工程全线建设工程已完成主体的52%。

第八节 其他

1969年10月1日:临浦大桥建成。为萧山县最长的公路桥。

1985年2月1日:萧山县交通公司开办萧山至杭州线客车,开始客运业务。

1986年3月20日:投资1500多万元的钱塘江汽车轮渡正式通航。

1991年2月1日:萧山市长途汽车运输公司开通萧山至南京的客运班车。

1991年4月14日:萧山市长途汽车运输公司开通萧山至江苏省泰州市客运班车。

1991年8月12日:省交通厅批准萧山市新建临浦大桥及连接线公路工程。新建的临浦大桥长456.43米,连接线公路长1.153公里,按高速公路半幅设计,总投资1990万元。

1991年8月20日:萧山市首座新型的独柱悬臂梁版钭桥——云石桥动工建造。

1992年5月4日:萧山市政府决定成立萧山市城市公共交通公司。设线路2路:一路车为金鸡路至萧山火车站(新站),是年6月11日开通,9月9日起改为凌家桥至萧山火车站(新站)。二路车为儿童公园至萧山火车站(新站)。

1993年10月11日:临浦二桥建成通车。

1998年1月18日:萧山市联托运中心一期工程投入运营。中心开发120条线路,总投资1500万元。

1999年9月18日:北山通览主体工程完工。该工程由5500余根钢杆组成,总使用钢材1100余吨。

2001年1月7日:全省首家私营外运公司在萧山成立。该公司主要从事海运、空运、内陆运中转、仓储、报关等业务。

2001年1月12日:萧山市举行新增200辆客运出租汽车经营权竞拍,以最高限价20万元、底价15万元的增价拍卖方式进行,参与竞拍的有59个单位。

2001年5月1日:杭州市旅游专线车首次开通到义桥镇东方文化园的营运线路。

2005年7月15日:升级改造后的客运出租汽车投入运营。

2010年9月21日:公共自行车交通系统投入运营。

2016年3月28日:萧山区开始实施"错峰限行"交通管理措施。

第十三章 商业贸易

本章记录萧山媒体报道的，萧山商业、贸易的重要新闻事件。

第一节 酒店

1982年1月1日：钱江饭店在城厢镇建成，主楼7层，建筑面积5700平方米。

1987年10月1日：萧山商业大厦建成开业。大厦占地3513.7平方米，建筑面积14100平方米，21层，高67.5米，投资1200万元。

1987年12月30日：萧山宾馆竣工。宾馆占地面积3000平方米，建筑面积18000平方米，21层，高62米，投资1400万元，集旅馆、饭店、商场为一体。1993年1月，萧山宾馆贵宾楼竣工，建筑面积12000平方米。2000年，扩建大厅，建筑面积9850平方米，2002年6月竣工。

1988年1月：萧山宾馆建成开业。为萧山首家涉外酒店。自1995年起连续4年被评为省十佳饭店，1996年获“全国百优星级饭店”称号。

1991年6月21日：市政府报经省计经委正式批准，决定新建萧山商业城。萧山商业城位于城市东区，东起新河，西至裘江乡井头王村羽绒二厂，南起104国道线，北至站前路。东西宽250米，南北长800米，占地300亩。主要市场为轻纺市场、综合市场、生产资料市场、日用工业品市场、日用五金市场、粮食、农副土特产品市场、机电产品市场。

1992年4月1日：由萧山宾馆全权管理的杭州之江度假村开业，为浙江省首家度假酒店。1994年1月以四星标准扩建二期，是年7月竣工。1996年，被评为省内首家四星级度假酒店。

1992年6月24日：市委、市政府决定对引进外资，对外贸易、“三来一补”(来料加工、来料装配、来样加工和补偿贸易)，对外经济技术合作项目的引荐者实行奖励。

1992年10月14日：萧山市正式发布《中共萧山市委、萧山市人民政府关于加快发展第三产业的决定》。

1994年年初：开元旅业总公司成立，后改为开元旅业集团。至2017年年底，开元酒店集团旗下管辖酒店逾300家，客房规模达7万间，酒店规模列全球酒店集团第23

位、中国饭店集团60强，拥有12个品牌，酒店遍布全国及德国、荷兰等国家。

1996年5月24日：浙江金马饭店建成开业。饭店占地面积2.64万平方米，建筑面积5.2万平方米，主楼27层（含地下2层），高98.8米，投资3.50亿元。

1996年6月9日：萧山国际酒店建成开业。酒店占地面积5950平方米，建筑面积4.34万平方米，30层（地下2层），高109米，投资2.35亿元。

1998年6月11日：萧山开元旅业总公司兼并萧山商业大厦。

1999年8月28日：宁波开元大酒店开业，开创萧山市酒店业跨区域发展先河。

2004年4月1日：杭州千岛湖开元度假村开业，为开元旗下首家五星级酒店。

2005年1月1日：杭州开元名都大酒店开业。当时为杭州第一高楼，建筑面积10万平方米，拥有客房699间。

2006年4月8日：萧山旅游业引进的首个国际品牌——索菲特世外桃源度假酒店开业。

2008年1月8日：旅游"1010"工程——杭州大岩山风景区暨大岩山度假酒店工程项目开工。

2008年1月19日：位于萧山顺坝围垦的杭州中水博度假酒店开工。

2008年3月1日：2008北京国际新闻中心——北京歌华开元大酒店开业，为开元进驻北京的首家酒店、中国首家文化传媒主题酒店。

2009年4月16日：区政府办公室出台《萧山区农贸市场改造提升实施意见》，进一步明确农贸市场改造提升目标任务、时间要求和政策措施。

2012年9月9日：萧山区出台《关于进一步转变外贸增长方式，促进外贸转型升级的若干政策意见》，区财政将安排5000万元外贸发展资金，支持外贸出口企业实施科技兴贸、"走出来"等一系列战略。

2013年4月：开元旅业集团收购德国郁金香酒店，改名为法兰克福开元大酒店，为开元首次走出国门的酒店。2016年6月开业。

2015年9月25日：位于进化镇的杭州天域开元观堂开业。

第二节 市场商场

1985年3月1日：全县开展首届"五好"市场竞赛活动，城厢镇西门和瓜沥等4个市场被评为县"五好"市场，城厢镇西门和瓜沥镇两个市场被评为省、市"五好"市场。

1989年9月1日：江南大厦建成营业。大厦投资2000万元，商场建筑面积8000平方米。

1991年9月20日:崇化小商品综合市场开业。

1991年11月20日:萧山商业城奠基。

1992年1月4日:萧山商业城第一期轻纺市场、综合市场动工兴建,占地面积62267平方米,建筑面积72041平方米。

1992年3月30日:占地1470平方米、有70多个摊位的临浦粮油交易市场开业。

1992年7月31日:萧山商业城首期工程通过竣工验收。

1992年8月17日:萧山市政府首次命名市百货公司购物中心、百货大楼、江南大厦、朝阳商场、副食品商场、烟草公司醇味商店6家商业企业为无假冒伪劣商品合格单位。

1992年10月12日:萧山商业城开业。首期商业城交付使用的有轻纺、综合两市场,占地7.2万多平方米,有3000余间营业用房。

1997年5月22日:市心广场一期工程竣工。建筑面积9万平方米,投资3.60亿元。

2001年5月8日:萧山新世纪市场园区开工。该园区规划占地6000多亩,是一个融汽车、汽配、五金、建材、装饰产业于一体的超大型专业市场群。内设汽车市场、建材装饰城、家居城、农副产品市场等6个专业市场。

2002年12月18日:萧山新世纪市场园区开园。园区一期工程总占地680余亩,总投资近7亿元。浙江世纪汽车市场同时开业,并举行萧山首届大型汽车展。

2005年6月10日:中国纺织采购博览城授牌。

2006年5月31日:萧山区四大"百亿市场"之一的浙江萧然钢材物流中心正式开业。

2009年12月19日:浙江新农都现代农产品物流中心奠基开工。

2010年5月26日:世界500强企业、零售业巨头法国家乐福与浙江明铸置业有限公司正式签约,家乐福超市计划入驻萧山。

第三节　商贸活动

1986年:萧山举行第一届商品交易会。

2000年1月1日:萧山市首届汽车展在新世纪广场举行。

2009年9月:萧山举行第一届萧山购物节。

第四节　配套

1984年2月7日:县委决定增加开放100种工商企业定价的小商品价格。

1992年7月1日：萧山市政府批准物资局组建萧山市物资总公司。

1994年1月27日：萧山海关机构筹备处设立。

1995年4月18日：筹建中的杭州海关驻萧山办事处开始办理进出口货物通关手续、转关运输手续等业务。

2002年11月12日：杭州萧山陆路口岸建成，内有海关、检验检疫、报关行等机构，可完成“一关三检”的全部程序。

2009年5月24日：海关总署加工贸易司司长张皖生、杭州海关关长徐道文一行到萧山调研杭州保税物流中心（B型）移址工作暨杭州萧山综合保税区规划情况。

2011年6月9日：杭州保税物流中心（B型）通过国务院联合验收组的验收。

第十四章 民生

本章记录萧山媒体报道的,事关民生的重要新闻事件。

1935年8月15日:县立医院成立。至1940年,改名为萧山县卫生院。后几易其名,1956年为萧山县人民医院。

1957年2月15日:流行性脑脊髓膜类(以下简称流脑)流行,至月底发病206人,死亡45人。该病在1967年也流行一次,发病者多达6000余人,全县城乡设22个临时治疗点治疗。

1958年1月3日:疏浚城厢镇护城河及城河。

1958年1月26日:萧山县爱国卫生运动委员会发出《开展以除四害讲卫生为中心的爱国卫生运动》的指示,全县掀起大规模突击“除四害”(苍蝇、老鼠、蚊子、麻雀)运动。

1970年2月15日:试用流脑菌苗,控制暴发流行。至20世纪90年代初,发病率被控制在1/10万之下。

1975年11月22日:萧山县首次提出丧葬改革,大力推行火葬。1998年9月20日,全市全面实施殡葬改革,实行火化。

1985年1月1日:萧山县委、县府在戴村、临浦两个区的22个乡、镇,对农民实行“独女户”生育二胎政策。

1985年2月20日:萧山县劳动局开始办理农婚男知识青年随带1名15周岁以下子女转为居民户口的工作。至是年年底,与公安局、粮食局等部门共办理转迁手续1508人。

1985年6月30日:县邮电局3000门纵横制自动电话开通使用,此为本省采用五位制电话号码的第一个县局。

1986年3月12日:全县上万名干部群众参加义务植树活动纪念植树节,植树100余万株。

1986年6月3日:全县居民身份证发放工作在城厢镇进行试点。

1987年1月1日:萧山境内中央、省、市、县属全民和县以上集体企业、事业单位、中外合资企业的中方劳动合同制工人,实行退休养老基金社会统筹。

1987年1月24日：省计委批准萧山县新建两座1.2万千瓦火力发电机组，创办萧山发电厂。这是萧山县解决能源短缺的重点项目。

1987年3月5日：省计委批准建设萧山第二自来水厂。设计日供水能力6万吨，投资1400万元。

1988年6月15日：第一次市长接待日在信访办举行。全天共接待来访群众18批，30人次。此后，每月15日为市长接待日。

1989年9月15日：萧山市长接待日改为萧山市党政领导接待日。

1989年10月25日：萧山市第二自来水厂竣工试通水。

1990年3月11日：瓜沥人民医院正式投入使用，占地面积40亩，设床位208张。

1990年5月13日："西水东调"自来水供水工程第一期工程动工。该期工程的自来水管道铺设从萧山第二水厂始，途经西兴、城北、盈丰、宁围、长山5个乡（镇）至新街镇。解决沿线59个村、11.22万人的饮用水及企业用水。

1990年6月15日：萧山市党政领导接待日首次由在市信访办公室接待改为轮流到各区（城厢镇）接待来访群众。

1990年9月30日，"西水东调"自来水供水工程第一期工程全线通水。

1990年10月3日：萧山市中心血库竣工。该库建筑总面积1892平方米。

1990年11月20日："西水东调"自来水供水工程第二期工程动工。该期工程主要是解决红山农场、红垦农场、光明乡、赭山镇的供水。

1991年1月23日：市液化石油气公司江南贮灌站开业。贮气量800立方米，残液贮藏量100立方米，可供应5万户居民生活用气。

1991年2月14日："西水东调"第二期工程通水。

1991年2月26日：萧山市人民教育基金会正式成立。

1991年3月10日：西门农贸市场破土动工。

1991年3月18日：省建设厅召开萧山市污水综合治理一期工程初步设计会审会议。一期工程规模为6万吨／日（总规模为12万吨／日），城厢老城区采用截流式雨污合流的排水体制，新城区和城北工业区采用雨污分流的排水体制。入江口定在九号坝上游的1.2公里处。一期工程总建筑面积控制在4370平方米以内。总投资概算为3255.35万元。

1991年9月1日：萧山首期万门程控电话开通，电话号码由5位数升至6位数。

1991年12月10日：萧山市社会福利院正式开院。

1992年1月28日：萧山市老年活动中心大楼——老年宫落成。该项工程总投资450万元，建筑面积3160平方米。

1992年2月3日：投资650万元的瓜沥工业废水综合外排工程全线通水。该工程全长12.6公里，日排水量2万吨。

1992年3月25日：萧山西门农副产品综合市场建成营业。

1992年7月2日：萧山发电厂动工兴建，总投资6.85亿元。

1992年9月1日：国有企业、城镇集体企业、私营企业职工和外商投资企业中方职工实行工伤保险制度。

1993年1月7日：临浦人民医院迁建落成。医院占地面积3.01万平方米，建筑面积1.40万平方米。

1993年5月11日：市政府决定是年计划兴办20项涉及基础设施和人民生活的实事。

1993年6月1日：萧山市房改方案出台。

1993年7月29日：萧山电厂12.5万千瓦1号机组6月30日点火成功，经试运行1个月后于是日正式并网发电。

1993年10月7日：市长签发的萧山市人民政府令第1号《萧山市暂住人口户口管理规定》，经市人民政府审议通过，自发布之日起施行。

1994年1月31日：萧山市镇乡全部开通程控电话，交换机容量突破10万门，在全省县(市)中居领先地位。

1994年2月28日：萧山自来水公司与马来西亚客商签订合作协议，投资2.70亿美元，合资兴建萧山第三自来水厂。

1994年4月7日：总投资5.67亿元，装机容量25万千瓦的萧山电厂一期工程全部竣工。新建二号机组正式投入商业运行。

1994年6月25日：萧山与杭州电话网联网，全市电话号码由6位升至7位，无线寻呼号码也同时升至7位。

1994年6月28日：萧山市城区灭蝇工作通过考核鉴定，成为浙江省第一个“国家灭蝇先进城区”。

1994年10月26日：零时起，萧山市撤除人工电话长途台，完全实现程控化。这在全省县(市)中尚属首家。

1994年10月26日：云石乡狮山村第一批18户农家下山迁入新居。这是落实市委、市政府决策，对海拔500多米高山上的狮山村实行易地脱贫的第一步。

1994年11月26日，萧山市第三水厂工程通过立项评审。

1994年12月12日：萧山市老年基金会成立。

1995年5月1日：机关、社会团体等单位开始实行每周5日工作制，星期六和星期日为休息日。

1995年7月3日：新近组建的市巡(特)警大队开始上街巡逻。

1995年8月1日：全市国有、城镇企业开始推行职工大病医疗保险制度。

1995年9月19日：市委、市政府决定在全市广泛深入开展创建国家卫生城市宣传教育活动。

1995年10月18日：城区东门农副产品综合市场建成营业。

1995年11月7日：挪威克瓦纳水处理系统公司向萧山市提供日处理12万立方米的生化污水处理技术合同在京签署。

1995年12月20日，第三水厂动工兴建。

1996年1月22日：萧山市政府决定兴建北山公园，计划总投资1000万元。

1996年2月10日：市政府在95房改新闻发布会上宣布：1995年度(1995年—1996年6月30日)萧山市出售公有住房价格，定为每平方米建筑面积基价640元。

1996年4月26日：萧山农村开始推行社会养老保险制度。

1997年1月1日：萧山城乡居民推行最低生活保障制度。并于29日举行城乡居民最低生活保障救助金首发仪式。

1997年3月25日：萧山市行政管理中心动工兴建。中心南连人民广场，东邻市心中路，北靠金惠路。占地8.93万平方米，建筑面积4.95万平方米。

1997年5月6日：萧山城市污水处理厂动工兴建。总投资1.50亿元，日污水处理能力12万吨。

1997年9月20日：城厢镇等9个镇乡的行政区域正式推行殡葬改革。

1997年10月30日：第三自来水厂首期日供水10万吨工程通水。

1998年5月6日：萧山市发放首批52户困难家庭“特困证”。

1998年7月21日，第三水厂一期工程通过省计委组织的竣工验收。

1998年9月20日：萧山全面实施遗体火化殡葬改革。

1998年9月21日：萧山东片污水治理厂一期工程开工。污水处理厂设计规模24万吨/日，首期建设12万吨/日，途经8个镇乡，建造5座污水泵站、83座管桥、铺管84.6公里。东片25家印染企业污水全部纳入该工程管网集中处理，投资8600万元。

1999年4月2日：东片污水治理一期工程竣工启用。

1999年6月22日：占地面积6万平方米的人民广场动工兴建。

1999年8月12日：市物价局对瓶装液化气实行政府指导价管理。

2000年1月1日：市政府发出《关于调整和完善机关事业单位参保人员基本养老保险实施办法的通知》，从2000年1月1日起实行新的养老保险制度。

2000年1月15日：市政府出台《住房公积金个人购房贷款管理办法》，市住房资金管理中心将于春节后委托有关银行办理个人住房政策性抵押贷款业务。

2000年2月4日：《萧山市国家公务员住房分配货币化实施细则》和《萧山市国家公务员住房资金管理实施细则》正式出台。

2000年2月18日：全省乡镇企业社会养老保险工作在萧山试点。万向集团、浙江传化集团、杭州钱江电气股份有限公司被列为首批试点单位。

2000年7月15日：占地面积10.1万平方米的南江公园动工兴建。

2000年10月12日：萧山市首家心理咨询中心成立。

2001年1月1日：市政府出台的2000年公有住房出售政策正式实施。

2001年2月10日：三峡库区奉节县的首批93位移民到萧山市15个镇、街道、落户村实地考察并进行委托建房签约。

2001年2月11日：萧山市电信局宽带上网业务开通营运。

2001年3月8日：萧山发出《认养古树名木，保护秀美山川》倡议。据统计，全市有树龄达100～1000年的古树名木335棵。

2001年8月28日：萧山南片供水工程开工，该工程设计总供水规模为30万吨/日，首期建成10万吨/日能力。

2001年3月27日：萧山区和重庆市奉节县人民政府正式签订《三峡工程重庆库区农村移民出市外迁安置协议书》，萧山将安置近800名移民。

2001年4月28日：萧山老年颐乐园开园。

2001年4月29日，萧山第三水厂一期工程后10万吨/日工程建成通水。

2001年5月18日：萧山区的电话号码从7位升至8位数。

2001年8月12日：首批三峡移民共155户654人顺利抵萧，妥善安置在全区13个镇。

2001年8月28日：萧山南片供水工程开工，该工程设计总供水规模为30万吨/日，首期建成10万吨/日能力。

2001年8月28日：第二批三峡移民37户116人安全到萧山。

2001年9月10日：总投资6000多万元、日处理污水6万吨的萧山航民污水处理厂试运行。

2002年2月5日：杭州萧山剧院落成。

2002年8月21日：萧山区办事服务中心启用。

2002年10月10日：第三自来水厂二期20万吨/日供水工程开工。二期工程总投资5522万元，工程竣工后第三水厂日供水能力达到40万吨。

2002年12月31日：萧山南片供水一期工程通水。该供水工程总规模为30万吨/

日,一期工程规模为10万吨/日。

2003年1月9日:萧山区22个镇及4个街道的价格监督站成立,标志着萧山区在全省率先建立农村价格监督网络。

2003年1月31日:区委、区政府发布《关于进一步做好就业和再就业工作的意见》,提出2003年至2005年的工作目标。

2003年6月6日:广宁小区安居房建设工程正式动工。该工程总建筑面积近15万平方米,首期建设安居房10万余平方米共1218套,二期建设廉租房412套。

2003年6月16日:区委、区政府召开专题会议,就为民办实事工作作出部署,着力解决"八大难"(住房难、就业难、保障难、生活难、读书难、看病难、喝水难、维权难),为民办好十件事。

2003年7月4日,萧山第三水厂二期工程通水。

2003年10月1日:萧山区新型农村合作医疗制度正式实施。

2004年11月25日,红十五线一期等12项工程竣工和第三自来水厂扩建等10项工程奠基、开工。

2005年9月1日:萧山区残疾人扶助救助经济补助新标准开始施行。

2005年12月18日:萧山第一人民医院扩建工程奠基开工。

2005年12月20日:萧山农产品批发市场建成启用。

2005年12月26日:《萧山区城乡公共客运交通专业规划》出台,规划分近期规划(2005—2010年)和远期规划(2010—2020年)。

2006年3月10日:出台《萧山区社会医疗救助实施办法》。

2006年3月11日:区政府发出《关于将原征地农转非一次性安置人员纳入征地养老保障制度的通知》。

2006年4月28日:浙江萧山医院开业。

2006年9月21日:萧山东片大型污水处理厂通水。该污水处理厂总设计规模为日处理100万吨工业废水,首期建设规模为日处理30万吨,总投资6.335亿元,东片11个镇和江东、临江两个省级工业园区将从中受益。

2007年1月1日:区政府发出的《关于印发杭州市萧山区企业退休人员门诊医疗保险实施办法的通知》正式实施,萧山区企业退休人员门诊医疗与杭州市本级基本接轨。

2007年7月1日:《萧山区社会医疗救助实施办法》正式实施。

2008年1月1日:正式实施六项新政,即《萧山区城镇老年居民生活保障办法》《萧山区城镇居民基本医疗保险实施办法》《萧山区企业在职人员门诊医疗保险暂行办法》《萧山区关于完善征地农转非人员养老保障制度的通知》《萧山区关于做好农村低保家庭劳动力就业援助工作的实施意见》《萧山区农村居民养老保险实施办法》。

2008年1月8日：梅花楼"城中村"改造项目开工。

2008年3月27日：小东坡河沿线、南门江沿线、大浦河整治三项工程竣工暨知章公园开园。

2008年10月19日：东门农贸市场改造工程竣工。

2010年6月21日：萧山法律援助中心"升级"为萧山司法行政法律服务中心，成为杭州市首个司法行政法律服务中心。

2011年4月1日：萧山区决定，将高龄老人的政府津贴发放范围，从原来的90周岁以上老人，扩大至80周岁以上老人。高龄津贴的发放标准分为三个不同的档次。

2011年7月15日：萧山区市民卡发卡。

2013年2月8日：《萧山区基本医疗保险定点医疗机构结算管理暂行办法》开始实施。

2014年1月9日：萧山区召开湘湖三期征迁工作会议。

2014年1月15日：萧山区召开"五水共治"工作动员大会。

2014年3月19日：全区开展"万名党员干部清三河"集中活动。

2014年12月8日：萧山区市民服务中心正式建成启用。

2014年12月31日：萧山区"96345"便民服务分中心成立，"96345"便民服务热线同步开通。

2015年3月13日：杭州师范大学医学院附属萧山医院揭牌成立。

2015年4月7日：全省首家外资医疗养老机构"欧葆庭·紫荆国际老年康复中心"落户萧山。

2015年4月27日：城市公共服务无线应用平台"智慧萧山"手机门户正式上线。

2015年6月24日：浙医二院心脏中心萧山分中心落户区第一人民医院。

2015年9月25日：区办事服务中心审批窗口通过快递寄出全市第一单行政审批"网上申请"批文、证照，标志着证照办理"网络+快递"的模式在萧山区已成为现实。

2015年10月17日：萧山区老年大学新大楼正式启用。

2015年10月19日：萧山区首批两家预防接种示范教育基地在瓜沥和闻堰社区卫生服务中心成立。

2015年11月4日：萧山区社会工作者协会成立。

2015年11月13日：萧山区首批219套公租房进行公开选房。

2015年12月1日：杭州主城区、萧山、余杭、富阳的社会保险权益互查互认正式实施。

2015年12月12日：浦阳江治理工程启动，该举将带动浦阳江流域旅游生态经济区的大发展、大跨越。

2015年12月17日：萧山区首个城中村改造试点区块城厢街道梅花楼社区城中村改造项目安置房区块开始分房。

2016年5月17日：萧山区公交、地铁、出租车等公共交通已基本与主城区进行接轨，融入主城区的交通体系。

2016年6月11日：浙江省阳光公益发展中心在萧山区成立，现场义卖筹得近万元善款将全部用于资助贫困山区的学生和孤寡老人。

2016年6月9日：萧山区爱心互助中心南片服务站正式成立。

2016年12月3日：萧山区残疾人托养中心投入运行。

2016年12月17日：微医全科中心（杭州）平台启动。

2016年12月31日：杭州市第三人民医院萧山院区在萧山经济技术开发区医院揭牌。

2017年1月1日：萧山殡仪馆改扩建项目于2016年12月20日投入使用。

2017年3月30日：公布萧山区首批341项群众和企业到政府办事“最多跑一次”事项目录。

2017年4月17日：萧山老年社区学院挂牌成立，随后全区21个镇街的老年教育中心也挂牌成立。

2017年6月21日：全区首批6家爱心驿家正式启用，为户外劳动者搭建一线服务平台。

2017年7月1日：萧山区医保系统正式接入国家异地就医结算系统，实现全国联网运行。

2017年7月10日：萧山青少年宫瓜沥分宫正式启用。

2017年10月9日：萧山区内海拔最高的行政村——戴村骆家舍村通上公交车。

2018年1月20日：区十六届人大二次会议第三次全体会议上，373名人大代表通过“一人一票”形式，从12件候选项目中投票选出10件2018年度区政府民生实事项目。

2018年6月10日：萧山区投资建设的日处理4000吨市政污泥处理项目投入试运行。

2018年6月13日：杭州市首个“公建民营”殡仪服务项目——萧山殡仪服务中心启动运营。

2018年6月20日：萧山区首个慈善扶贫助残基地在益农镇三围村成立。

2018年6月29日：萧山区人民检察院公益损害与诉讼违法举报中心揭牌成立。

2018年9月18日：萧山区正式开通“最多跑一次”在线民意征集平台。

2018年9月30日：萧山区正式启动“政银通”便民服务工程，第一批“政银通”涵盖社保服务、不动产抵押、市场准入、公积金服务共4个领域的12大类事项。

第十五章 文化旅游

本章记录萧山媒体报道的,萧山文化、旅游的重要新闻事件。属文化部门的萧山日报、萧山广电、萧山网等媒体的重大事件,在相关章节中体现。

第一节 文化

1928年10月1日:浙江省立乡村师范学校在湘湖湘云寺建立。是年,人民教育家陶行知曾四次到湘湖参加该校筹建工作。1957年,该校更名为浙江省湘湖师范学校。

1949年6月10日:集资创设人民戏院。1955年,改为国营萧山剧院。1964年,扩建后,观众厅面积为1300平方米。

1960年2月21日:萧山县档案馆建立。1998年,该馆建立电子软件管理系统。2000年年底,收藏档案175个全宗,档案、资料85482卷(册)。

1961年4月6日:杭州市实验剧团所属绍剧队下放至萧山,建立萧山绍剧团。

1975年7月20日:建立萧山县卫生进修学校。

1979年8月1日:建立萧山县中等技工学校。

1981年2月15日:成立萧山县志编纂领导小组及其办事机构,并开始着手编纂工作。至1987年9月,新编《萧山县志》出版,全志90余万字。1993年9月,该志被评为全国新编地方志优秀成果一等奖。

1984年6月18日:萧山乡镇工业学校在城厢镇动工兴建,为浙江省第一所乡镇工业学校。

1985年6月30日:历时3年的文物普查工作结束,共查检文物点322处。

1985年10月5日:萧山青少年宫建成开放。青少年宫占地1800平方米,高7层,投资200万元。

1986年5月1日:建筑面积2151平方米的萧山图书馆建成开放。

1986年6月24日:萧山县首届文学艺术工作者代表大会在城厢镇召开。

1986年11月18日:杭州市老年大学萧山分校开学。

1988年1月28日:省民政厅将萧山市李成虎烈士墓列为第一批省重点烈士纪念建筑物保护单位。

1988年10月4日:萧山市聋哑学校开学。

1988年12月10日:经省地方志学会评定,新编《萧山县志》获一等奖。

1992年1月16日:萧山市委举行《中国共产党浙江省萧山市组织史资料》首发仪式。该资料记载自1921年7月至1987年12月期间,萧山党、政、军、群以及企事业单位的重要组织资料。全书58.7万字,共收录382个单位、10840个人名。

1992年4月3日:萧山市政府发文同意建立萧山市"燎原广播电视学校"。

1992年4月25日:省重点文物保护单位葛云飞墓被盗挖。是月30日,有关部门修复。

1992年8月30日:萧山市聋哑学校建成,建筑面积2190平方米。

1992年11月17日:萧山电影院放映收入上"百万元影院"行列,列全省同类影院首位。

1993年1月1日:在全国首届绝技表演暨竞技擂台赛中,萧山青年微雕书法能手冯耀忠在一根猪毛一半细的象牙丝上,不用放大镜雕刻出"天下奇人"4个字,一举夺冠,并被载入上海大世界吉尼斯纪录。

1993年3月23日:经省教委批准,萧山市成人中等专业学校成立。

1993年5月5日:萧山市政府在北京中国美术馆举办"萧山书画展"。

1994年4月6日:汤寿潜纪念碑重建奠基典礼在其原籍进化镇大汤坞村举行。汤寿潜是中国近代的一位重要历史人物。

1994年5月25日:总政歌剧团应邀首次到萧山演出革命传统剧《党的女儿》,共演出2场。

1994年10月26日:萧山市举行汤寿潜先生学术研讨会及纪念碑揭碑仪式。

1995年3月23日:萧山首部自编自拍电视连续剧《命运不是梦》在央视一套播出。

1995年4月5日:萧山革命烈士陵园工程奠基。

1995年4月11日:市委、市政府命名衙前农民协会旧址(包括李成虎烈士墓)、葛云飞故里表及墓、汤寿潜纪念碑、钟阿马烈士墓、傅永先烈士纪念碑6处为萧山市首批爱国主义教育基地。

1995年8月30日:萧山中学迁建新校竣工。学校占地面积10.41万平方米,建筑面积7.98万平方米。

1995年9月2日:由萧山市作者编剧、萧山绍剧团演出、南京电视台拍摄的全国第一部绍剧电视艺术片《济公新传》开机拍摄。

1995年12月18日:中央军委副主席、国防部部长迟浩田为萧山市革命烈士陵园题词——"革命烈士永垂不朽"。

1996年4月5日：萧山革命烈士纪念碑落成。

1998年2月15日：国内化纤行业最大信息网——中国化纤信息网投入运行。

1998年4月5日：萧山革命烈士陵园竣工，革命历史纪念馆落成。

1998年8月27日：萧山第五高级中学建成启用。学校占地面积9.87万平方米，建筑面积2.10万平方米，投资3000万元。

1998年11月19日：萧山市档案馆晋升为省一级馆。

1999年3月2日：始建于南朝（公元480年）的千年古寺江寺经整修后正式对外开放。

1999年3月20日：萧山中学通过省一级重点中学复查。

1999年9月25日：衙前农民运动纪念馆落成开馆。

1999年11月13日：萧山文化艺术团成立，首批成员有120人，分8个门类。

2000年11月25日：纪念中国近代著名画家任伯年诞辰160周年暨任伯年纪念碑揭幕仪式在瓜沥镇航坞公园举行。

2001年1月12日：全市首次引入社会资金建设的南阳镇文化中心落成。

2001年3月31日：杭州师范学院初等教育学院（湘湖校区）正式挂牌湘湖师范学校。

2001年4月5日：萧山籍编审周金品的数百件珍藏品捐献给萧山档案馆。周金品先后在中国科学院科学出版社、中国农业科学院、民政部募委会任职。

2001年5月21日：瓜沥镇长沙小学被省艺术研究所确定为全国首家尺八教学基地。

2001年7月3日：《中共萧山地方党史80周年大事记》出版发行，全书记述从1921年到2001年间中共萧山地方党组织发展的历程。

2001年7月22日：江寺公园建设项目拆迁动员大会召开。

2001年9月1日：衙前农村小学校修复，薄一波为该校题写校名。该校是1921年由中国共产党早期党员发起创办的中国第一所教育农民开展革命的农村小学校。该校被列为省级文物保护单位。

2001年9月27日：萧山衙前农民运动80周年纪念大会在衙前镇举行。

2001年12月21日：绍兴莲花落《说也说不清楚》在全国第十一届“群星奖”曲艺节目决赛中获金奖。

2001年12月28日：萧山区少体校及体育中心挂牌。

2002年2月5日：杭州萧山剧院落成。

2002年2月8日：萧山区祇园寺藏经阁和斋堂修复工程通过验收。这是萧山区历年来规模最大、投资最多的古迹修复工程。

2002年3月27日:萧山区举行湘湖跨湖桥遗址学术研讨会。据测定,该遗址的发现使浙江的文明史提前1000多年。

2002年4月13日:跨湖桥遗址列入2001年度“全国十大考古新发现评选”。

2002年5月8日:萧山区“钱江时代萧山人”主题教育活动启幕。该活动以振奋精神、加快发展为核心,开展“钱塘江时代”特征及内涵大讨论、“萧山精神”大提炼、“工业冲千亿”大擂台、“钱江时代萧山人”形象大展示等活动。

2002年6月18日:反映衙前农民运动的电视剧《衙前风雨灯》正式开机。

2002年7月8日:杭州市萧山区行政学校揭牌。

2002年8月6日:萧山区举行“萧山精神”高层论坛会,邀请省、市有关部门负责人及老领导,对“萧山精神”进行概括提炼。

2002年9月23日:中央电视台特别节目《潮涌萧山》大型演唱会在萧山区举行。

2002年9月27日:萧山区举行萧山精神史实图片展,全面展示萧山人民各个历史时期的精神风貌。

2003年1月9日:萧山区举行《中共萧山党史》(第一卷)首发仪式。

2004年4月9日:萧山区团校成立。

2004年4月11日;作曲家、民进中央副主席王立平,参观杭州天石微雕艺术馆。

2004年5月26日:萧山区社会主义学院挂牌。

2004年11月21日:萧山区首个以公办学校为主体、连锁民办学校的教育集团——高桥学前教育集团成立。

2004年12月17日:跨湖桥遗址考古学术研究会宣布命名“跨湖桥文化”。来自北京大学、浙江大学等8所大学以及中国社会科学院考古研究所、故宫博物院等11家博物馆和考古研究机构的35位专家学者参会。

2005年6月10日:杭州萧山南宋官窑艺术馆开馆,这是萧山区继微雕艺术馆、石雕艺术馆之后的第三家民间艺术馆。

2005年11月17日:“中国萧山”政府门户网站开通。

2006年5月28日:2006第一届中国中华老字号休闲文化节在萧山区开幕。

2006年12月10日:2006中国(国际)书法大会在萧山开幕。来自中国、韩国、日本、马来西亚、新加坡以及中国港、澳、台地区的百余名书法界艺术家参加大会。

2006年12月12日:萧山区城市规划展示馆开馆。

2007年2月1日:萧山区文化中心落成暨跨湖桥文化国际研究中心成立。

2007年6月18日:2007浙江国际文化创意产业高峰论坛暨浙江省文化创意产业实验区授牌,浙江省首个文化创意产业实验区落户萧山。

2008年1月3日:萧山区档案馆举行新馆开工仪式。

2008年4月28日:第四届中国国际动漫节在杭州休博园开幕。

2008年5月28日:“湘湖大讲堂”揭牌。

2008年12月30日:葛云飞纪念馆开馆。

2009年3月20日:萧山博物馆开馆。

2009年4月11日:全国文化信息资源共享工程培训基地落户萧山图书馆。

2009年9月28日:萧山跨湖桥遗址博物馆开馆。

2009年10月20日:萧山区政府与浙江海洋学院共建“浙江海洋学院萧山校区”签约。

2010年3月22日:纪念2010年“世界水日”“中国水周”主题活动暨中国水利博物馆开馆仪式在萧山举行。

2010年6月8日:浙江海洋学院萧山校区迁建工程奠基。

2010年7月17日:中央电视台新影制作中心大型电视专题片《中国当代画家》创作展览基地落户湘湖美术馆。

2010年8月31日:省政协主席周国富到萧山视察杭州天石微雕艺术馆。

2011年1月20日:萧山区档案馆新馆正式启用。

2011年6月7日:浙江省考古与文物保护萧山基地和杭州市文物考古所萧山工作站成立。

2011年6月26日:任伯年艺术研究院成立。

2011年9月27日:红色衙前展览馆开馆。

2011年10月8日:萧山老干部活动中心、老年大学举行奠基。

2012年4月21日:“纪念任伯年首届中国书画大展”开展。

2012年8月28日:萧山区少年儿童体育运动学校新校舍落成。

2012年10月18日: 萧山区青少年法制与廉洁教育馆开馆。

2014年8月23日:纪念金润泉先生逝世60周年暨金润泉先生陈列室启用仪式举行。

2014年12月18日:萧山区社会科学界联合会成立。

2015年3月24日:九三学社中央副主席武维华造访天石微雕馆。

2015年6月11日:萧山区青少年反邪教警示教育馆在青少年素质教育实践基地落成。

2015年6月12日:全国人大常委会副委员长严隽琪视察天石微雕馆。

2015年10月9日:萧山本土文创企业——新青年歌舞团股份有限公司新三板挂

牌仪式举行。

2015年12月25日:《萧山市志》首发式举行。

2016年1月26日:钱江世纪城“杭州市学军中学附属文渊中学”签约仪式举行。

2016年9月27日:纪念农民运动95周年暨衙前农民运动纪念馆新馆揭牌仪式在衙前镇举行。

第二节 旅游

1988年6月1日:萧山儿童公园建成开放。第一期工程占地31.6亩,建筑面积840平方米,活动场地1294平方米,投资100万元。

1993年9月18日:在市计委、城建局召开的规划评审会上初步确定湘湖风景旅游区总体规划。六大景区:城山怀古、湖光云影、农家风情、水上乐园、石岩秋望、康乐度假村。

1994年5月15日:南阳镇兴建钱江观潮城。观潮城占地面积4万平方米,建筑面积2436平方米,设座位12000个,投资600万元。

1994年9月22日:’94中国国际(萧山)钱江观潮节开幕。

1995年6月18日:浙江湘湖旅游度假区奠基。度假区位于萧山市区西南郊,东侧以山脊线为界,北起西山、柴岭山,南至城厢镇徐家河村;南侧东起徐家河村、跨湖村,西至长河镇汤家井村;西侧南起汤家井村、海山桥村,北至西白马湖;北侧西起西白马湖、东白马湖、里黄家坞、秋上王、松毛山、菊花山,东至西山。规划面积9.25平方公里。

1995年9月12日:省政府同意建立浙江省湘湖旅游度假区。

1998年9月23日:浙江湘湖旅游度假区总体规划通过专家论证。

1999年3月8日:占地2000余亩的华东地区最大主题公园杭州乐园开园。

1999年4月25日:湘湖旅游度假区主题公园——杭州乐园建成开园。

1999年6月20日:’99萧山(杜家)杨梅节在所前镇举行。此后,每年举办杨梅节。

1999年8月25日:东方文化园奠基兴建,园区规划用地55万平方米,投资5亿元。其中一期工程投资1.7亿元。

2000年9月16日:中央电视台首次现场直播钱江潮实况。

2000年9月25日:湘湖西南部的“杭州东方文化园”正式开园。

2001年5月26日:杭州世外桃源度假区奠基。该景区规划面积91万平方米,预算总投资2亿元。

2001年11月13日：中国休闲经济国际论坛在萧山举行。

2001年11月13日：总投资20亿元的杭州世界休闲博览园在萧山区湘湖旅游度假区奠基。

2002年8月12日：世界休闲组织理事会决定在杭州湘湖举办"2006年世界休闲博览会"。

2003年3月3日：杭州市萧山区十三届人大一次会议通过的"政府工作报告"决定"编制湘湖风景区规划"，作为区政府2003年为民办10件实事之一。

2003年7月3日：萧山区总商会旅游业商会成立。

2003年8月：萧山区人民政府组建"浙江湘湖旅游度假区管理委员会"。

2003年12月："萧山湘湖区块控制性规划"通过评审。湘湖区块规划范围：北至萧杭铁路，东至蜀山路，西至钱塘江，南至杭州绕城公路，总面积51.7平方公里。

2004年5月24日：区政府举行湘湖启动区块修建方案评审会。湘湖启动区块位于下湘湖，面积4.6平方公里，分为8大景观游览区和3个功能服务区，即德惠祠景区、跨湖桥景区、大小毛坞景区、越王城山景区、下孙景区、水漾湖景区、中心湖区、山林区和游客服务中心、办公管理区、休闲度假区。

2004年12月："浙江湘湖保护与开发启动区块修建性详细规划"通过评审。湘湖启动区块面积为4.64平方公里，将恢复湖面1200亩。

2005年2月："浙江湘湖启动区块一期湖堤、湖岸工程设计"通过评审。

2005年3月8日：湘湖启动区块一期湖堤、湖岸工程开工。

2005年8月25日：湘湖社区居民房屋拆迁签约，湘湖社区整体征迁进入实质性阶段。

2006年3月：成立湘湖经营管理公司。

2006年4月21日：2006杭州世界博览会主园区"一湖三园"开园仪式在休博园举行。

2006年4月21日：2006杭州世界休闲博览会百城馆萧山馆开馆。

2007年11月6日：举行萧山少儿公园开工仪式。

2008年5月28日：旅游"1010"重点工程之一的开元进化城山旅游度假区开工。

2008年9月24日：湘湖新城旅游概念性规划、休博园及东方文化园旅游综合体实施规划专题汇报会举行。

2008年9月28日：萧山少儿公园暨杭州极地海洋公园试开园。

2009年5月23日：杭州桃花源度假村项目开工、浦阳镇桃北新村开村。

2009年9月29日：下孙文化村开园。

2010年3月9日：湘湖二期暨越王路、湖山路建设开工。

2010年9月23日：中国国际(萧山)跨湖桥文化节暨第二届萧山国际旅游节、2010中国国际(萧山)钱江观潮节开幕。

2011年9月14日：湘湖二期开园。

2012年7月16日：浙江湘湖旅游度假区(湘湖新城)正式挂牌。

2012年11月19日：湘湖新城和湘湖旅游度假区总体规划概念方案出台，湘湖新城的城市化建设将迈入新纪元。

2014年1月9日：萧山区召开湘湖三期征迁工作会议。

2014年9月29日：湘湖创建国家级旅游度假区和国家AAAAA级旅游景区动员大会召开。

2015年10月9日：湘湖度假区被国家旅游局正式列为首批国家级旅游度假区。

2016年9月1日：湘湖三期试开园。

2016年9月30日：湘湖三期开园暨第七届萧山国际旅游节开幕式在湘湖定山广场举行。

2017年12月17日：世界旅游联盟(WTA)与浙江省政府在京共同签署关于开展战略合作的文件。合作文件签署后，WTA总部计划正式落户杭州萧山湘湖。

2018年11月7日：浙江省第十三届人民代表大会常务委员会第五次会议批准萧山第一部地方性法规《杭州市萧山湘湖旅游度假区条例》(以是称《条例》)，该《条例》涉及度假区管委会职责、核心保护区、产业准入、饮用水源保护等方面。从2019年1月1日起正式施行。

第十六章 体育

本章记录萧山媒体报道的,萧山体育事业发展、萧山籍运动员取得的优异成绩、在萧山举办的国家级以上赛事等重要新闻事件。

1937年5月19日:首届全县体育运动大会在北干山南麓运动场(1928年建)举行。

1989年5月9日:全国第二届城市职工男子篮球邀请赛在萧山体育馆开幕。

1989年11月2日:国际奥委会副主席、中国奥委会主席、国家体委副主任何振梁到萧山检查体育工作。

1993年9月6日:萧山被国家体育运动委员会命名为全国体育先进县(市)。

1994年4月10日:全国男子柔道锦标赛在萧山市举行。

1994年5月22日:'94中国萧山国际摔跤邀请赛举行。这是萧山市首次举办国际性体育比赛。

1994年5月26日:萧山体育场竣工。场内设观众席14074个,400米标准跑道,投资2000万元。

1994年9月7日:萧山籍运动员单莺在罗马举行的第七届世界游泳锦标赛上,与队友一起获得女子4×100米自由泳接力赛冠军。

1994年11月14日:全国古典式和自由式摔跤冠军赛在萧山市举行。

1996年4月3日:"浪潮杯"第11届亚洲摔跤锦标赛在萧山举行。

1996年7月22日:萧山籍运动员单莺在美国亚特兰大奥运会上,获得女子4×100米自由泳接力银牌和4×100米混合泳接力铜牌。

1997年12月28日:全国女排甲级联赛(萧山赛区)开幕式在萧山体育馆举行。

1998年4月11日:"东南网架"杯1997—1998赛季全国女排甲级联赛闭幕式在萧山体育馆举行。

1999年1月15日:萧山市残疾青年瞿红飞在世界第七届远南残疾人运动会上一举夺得女子羽毛球双打金牌和单打铜牌。

1999年6月19日:'99全国健美操锦标赛在萧山体育馆举行。

2000年5月13日:由萧山籍队员组成的浙江省男子坐式排球队,在全国第五届残疾人运动会上获男子坐式排球比赛第三名,并获"道德风尚奖"。

2000年11月28日：由萧山市队员组成的浙江省男子坐式排球队夺得“中残体协杯”全国坐式排球赛铜牌。

2001年6月14日：由国际乒联、中国乒协主办，萧山区人民政府承办的“全球通杯”第二届世界女子乒乓球俱乐部锦标赛在萧山举行。

2001年9月20日：2001年亚洲篮球超级联赛在萧山体育馆举行。

2004年10月27日：’2004世界杯乒乓球赛在萧山区临浦镇举行。

2005年4月28日：萧山向北京奥组委、首都博物馆捐赠萧山珍粟红石奥运冠军印章。

2005年7月29日：2005莱茵达·亚洲挑战杯男子排球赛在萧山区临浦镇体育馆举行。

2006年11月16日：国家女子围棋队入驻萧山训练选拔基地签约，暨萧山明仕棋院揭牌仪式举行，这是萧山首次成为国家队训练选拔基地。

2007年6月20日：2007年全国蹦床锦标赛在萧山举行。

2007年9月29日：2007—2008安踏全国女排联赛（萧山赛区）打响揭幕战。

2007年10月10日：2007全国女子围棋选拔赛在萧山拉开帷幕。

2008年6月18日：杭州奥体博览中心基础设施工程开工仪式举行。

2009年10月28日：杭州奥体博览城重要组成部分——国际博览中心在萧山动工。

2011年9月13日：2011年全国围棋锦标赛在萧山开赛。

2015年9月16日：2015年亚奥理事会宣布杭州获得2022年亚运会主办权。2018年2月12日，杭州亚组委正式公布2022年亚运会亚运村选址萧山钱江世纪城。规划中的亚运村核心区总面积113公顷，由运动员村、技术官员村、媒体村组成，可容纳1万余名运动员和随队官员、5000名媒体人员、4000名裁判员，并提供星级服务。亚运村计划于2021年底竣工，2022年3月全面投入试运行。与此同时，亚运会主场馆、游泳馆、区体育中心足球、举重馆以及瓜沥、临浦等体育馆建设全面开工。

第十七章　改革开放三大典型

本章记录萧山媒体报道的，萧山改革开放涌现出来的万向集团、瓜沥镇航民村、红山农场“三面红旗”获得各类荣誉的重要新闻事件。涉及领导考察调研、国际交流、工业经济等内容，在相关章节中体现。

第一节　万向集团

1984年4月22日：中共萧山县委、萧山县人民政府发出关于向勇于改革、办好企业的鲁冠球学习的决定。

1985年12月16日：浙江省人民政府决定授予杭州万向节厂厂长鲁冠球特等劳动模范称号。

1986年6月4日：由鲁冠球资助10万元建造的宁围乡中心学校教学楼落成。

1987年7月31日：由中央人民广播电台、中央电视台经济部和中国乡镇企业报联合举办的“当代中国优秀农民企业家评选活动”揭晓，杭州万向节厂厂长鲁冠球被评为全国十名最佳农民企业家。

1987年9月6日：杭州万向节厂厂长鲁冠球在京参加十名最佳农民企业家座谈会。

1988年2月13日：杭州万向节厂厂长鲁冠球获得全国首届“经济改革人才金杯奖”。该次评奖活动由环球杂志社、中国人才开发基金会等8个单位发起，全国共有15人获奖。

1990年3月6日：美国《时代周刊》北京分社主任博珊迪和该刊摄影记者采访杭州万向节总厂。

1992年6月25日：杭州万向节总厂厂长鲁冠球当选中国共产党第十四次全国代表大会代表。

1992年10月12日：鲁冠球赴京出席中国共产党第十四次全国代表大会。

1994年2月1日：农业部来电特邀万向集团董事长鲁冠球作为全国农业战线劳模代表，参加1994年中央电视台春节联欢晚会。

1994年5月9日：萧山市举行鲁冠球事迹报告会。市委、市政府作出《关于开展向鲁冠球同志学习的决定》。

1994年9月28日：应全国总工会邀请，万向集团公司董事局主席、全国劳动模范鲁冠球赴北京观赏国庆45周年典礼。

1998年1月20日：万向集团董事局主席鲁冠球当选第九届全国人民代表大会代表。

2005年4月25日：百余名全国人大代表到萧山区视察万向集团。

第二节 瓜沥镇航民村

1989年8月28日：瓜沥镇航民村被省城乡建设厅授予省级村镇建设文明村称号。

1991年10月7日：航民实业公司总经理朱重庆被评为“全国十大杰出青年”。

1993年1月14日：航民实业公司总经理朱重庆当选第八届全国人民代表大会代表。

1995年4月26日：航民集团总经理朱重庆被评为“全国劳动模范”。

1995年5月27日：中共航民实业公司委员会成立，为萧山首个村级党委。

第三节 红山农场

1988年1月31日：红山农场党委书记丁有根当选第七届全国人民代表大会代表。

1989年8月28日：红山农场场部被省城乡建设厅授予省级村镇建设文明村称号。

1989年9月15日：9个国家的19家通讯社22名驻京记者采访红山农场。

1991年8月22日：由香港两家电视台和15家报社组成的香港新闻界浙江访问团一行22人，采访红山农场。

1993年8月26日：香港东方报业集团主席马澄坤和香港《东方日报》10名编辑、记者在新华社香港分社副社长张浚生陪同下抵萧山考察，参观访问萧山经济技术开发区和红山农场等单位。

第十八章 先进人物

本章记录萧山媒体报道的，萧山本土、萧山籍先进人物。鲁冠球、朱重庆、丁有根、尚舒兰等先进人物在其他章节中体现。

1969年10月6日：县革命委员会党的核心小组追认为围垦献身的冯永川、陈宝土为中共党员。

1985年2月8日：中国人民解放军某部萧山籍连长傅永先，在云南老山前线对越自卫反击战中英勇牺牲。中央军委追授其“勇于献身的好连长”称号，云南前线司令部给予追记一等功，中共南京军区委员会追认他为“勇于自我牺牲的优秀共产党员”。省政府向傅永先烈士家属授予“人民功臣”荣誉匾。县委、县政府作出《关于学习傅永先烈士、朱仁昌同志英勇事迹的决定》，号召全县人民学英雄、见行动。

1989年9月20日：在全国先进基层党组织、优秀党务工作者表彰会上，萧山市瓜沥镇党委书记周来新被评为全国优秀党务工作者并受表彰。

1990年9月11日：红山农场副场长许锦芳被评为全国劳动模范。

1991年4月30日：闻堰供销社农机公司经理华水夫获得中华全国总工会授予的“全国优秀业务能手”和“全国五一劳动奖章”。

1991年12月17日：陈巨波在1991年12月17日凌晨扑灭安吉县双一村的李村扫把加工厂重大火灾中献身，被中国人民武装警察总部追授为革命烈士。陈巨波系萧山市大同坞村人。

1995年11月4日：是日，黄建文为制止肇事车辆不幸以身殉职。1996年1月9日，中共萧山市委追授以身殉职的交通协管员黄建文为“优秀共产党员”，3月22日，省政府授予黄建文革命烈士称号。

1998年1月13日：萧山市人民检察院被授予“全国模范检察院”称号，原检察长金福泉记个人一等功。

1999年5月16日：萧山市委、市政府组织人员赴北京慰问中国驻南斯拉夫联盟共和国大使馆萧山籍受伤武官任宝凯，带去百万名萧山人民的敬意。

2004年1月4日：民警张叶良在当晚抓捕犯罪嫌疑人过程中牺牲。1月6日，中共杭州市萧山区委发出关于开展向好党员、好干部、好民警张叶良学习活动的决定。1

月7日，杭州市、萧山区联合为张叶良举行追悼会。省委书记习近平等领导专门发去唁电，敬献花圈。省领导吕祖善、周国富、夏宝龙、王国平、王辉忠送去花圈。省、市领导王国平、王辉忠、茅临生、于辉达、王建满等及区四套班子领导参加追悼会。2月3日，张叶良同志英雄事迹巡回报告活动首场报告会在萧山剧院举行。2月4日，公安部追授张叶良全国公安系统一级英雄模范称号。

2008年5月21日：省委政法委、省人民检察院和杭州市委在萧山召开表彰大会，对被最高人民检察院授予“中国十大杰出检察官”荣誉称号的区人民检察院副检察长赵桔水记功表彰。

2010年7月12日：共青团杭州市萧山区委、杭州市萧山区青年联合会、杭州市萧山区志愿者协会向全区广大团员青年、少先队员发布《关于向“阳光”兄弟和援加纳志愿者张海江同志学习的倡议书》。

2013年1月1日：杭州消防支队萧山区大队3名消防战士尹进良、陈伟、尹智慧，在扑灭瓜沥镇临港工业园区杭州友成机工有限公司火灾过程中牺牲。2日，区领导俞志宏、李玲、王珠瑛、谭勤奋、许岳荣等相继赴萧山殡仪馆吊唁。3日，省委书记夏宝龙，省委副书记、代省长李强等前往萧山殡仪馆吊唁。4日，追悼会在萧山殡仪馆举行。18日，尹进良、陈伟、尹智慧烈士纪念铜像揭幕。

第十九章 自然灾害

本章记录萧山媒体报道的，萧山抗击自然灾害的重要新闻事件。

1930年2月4日：航坞山附近发生地震，约三四分钟之久，尤以坎山受震为最。

1956年8月1日：12号台风中心过境，最大风力12级以上，并伴有海啸。全县江塘决口166处，冲毁涵闸12个、堤坝263条，受淹农田72650亩，冲毁农田21565亩，倒坍房舍19744间、仓库74间，死亡49人、重伤291人。

1961年10月3日：受二十六号台风影响，萧山县暴雨成灾。坍塘16处，农田受淹36.189亩，房屋倒塌1058间，伤亡5人。

1977年4月14日：衙前、坎山、瓜沥、党湾等地遭受暴风雨和冰雹的袭击。受灾面积长约23.5公里，宽约3~4公里。瓦屋、草舍倒25806间，死24人，重伤124人。

1985年4月9日：闻堰祥大房村紫泥矿发生塌方，造成5死1伤，直接经济损失4万余元。

1985年7月13日：下午4时左右，县境西北至东北沿江地区受飑线风袭击，出现11~12级西北大风，南阳镇岩丰村及河庄乡伴有黄豆大的冰雹。损坏房屋1352间，草舍4786间；倒塌房屋176间，草舍2221间；农田受轻灾15万亩；重灾3万亩；死1人，伤76人。

1985年8月2日：因受6号台风影响，围垦东线15至17工段大堤出现险情。堤脚被潮水刷深至吴淞负2~3米，17工段顶坝坝头刷深到负8米以下，原堤脚的钢筋笼被冲走，坝头有2/5处于悬空，16工段以南有1公里大堤浆砌护坡被冲刷掉。县政府组织力量进行突击抢险。至10月中旬险情解除。

1985年9月14日：下午3时，党山、义盛、新湾、头蓬等乡镇遭受龙卷风和暴雨袭击，389户的1006间民房受到严重破坏，烧毁变压器5台，受伤3人。

1986年4月7日：是日起，全县连续低温多雨，总降水量达150多毫米，局部地区出现暴风和冰雹，江河水位上涨，全县春粮、油菜受淹严重的达82400亩，占种植面积的16%，早稻秧田受淹3065亩，占已播秧田的25%。有40多间房屋受损，50多根电杆刮倒，损失严重。

1987年7月14日：因受4号台风影响，新围二十工段涌潮高达7.88米，1号、2号两个丁坝沉井群中有3只沉井被冲破，沉井内数千立方米大块石被冲走，使大坝失去屏障，大堤临水面延长，护堤块石被冲走，坝脚迎潮面出现负3米的深潭，险情严重。

1987年9月10日：是日起连降大雨，造成河上镇塘口村后山滑坡，裂缝宽度25厘米，深7～8米，下滑40厘米，面积达4386平方米。5间民房和1间校舍倒塌，95间民房不同程度受损。

1987年10月30日：进化、城山、径游、桃源、新江岭5个乡的25个行政村遭受龙卷风袭击，有289户计706间房屋被吹倒、毁坏，4人受伤，6万余亩晚稻被风刮倒。

1987年11月1日：围垦北线外八工段至九工段大堤严重塌方，长度近600米，外八工段大堤转角顶部冲成70米左右的缺口。义蓬、瓜沥、围垦指挥部组织400多名民工抛石抢堵缺口，日出石量达2750立方米。

1988年8月8日：凌晨2时30分，7号台风袭击萧山，最大风力11级，风向东北偏北，至6时13分，台风出境。在近4小时中，降雨量达107.8毫米，造成萧山市直接经济损失11291万元。死亡9人，受伤131人。这是萧山市1956年受12号台风以来侵袭最大的一次。

1988年9月2日：西山北坡（城厢镇万寿桥居委会）发生一起泥石流，冲毁1～3号公房，造成死亡1人、受伤1人。

1989年9月16日：第23号台风袭击萧山。全市干部群众奋起抗台救灾。台风过境时，降雨113.8毫米，2.8万亩晚稻受淹，17.4万亩棉花络麻倒伏或折断，一些池塘、堤塘和农民住房及电力设施受损。

1990年8月31日：15号台风袭击萧山市，阵风11级，平均降雨量230毫米左右。全市因灾死亡3人，受伤40人，经济损失1.35亿元。大桥、进化两乡受灾尤重。

1991年9月17日：戴村、临浦两区的许贤、朱村桥、进化等15个乡（镇）遭特大暴雨侵袭，上午9时至下午3时，6小时雨量达250~300毫米，并多处出现山洪暴发、山体滑坡，造成罕见的泥水流，灾害严重。据市民政等部门统计，该次受灾农户近2万户，人口为6.94万人（成灾1.61万人）。其中，倒塌民房264户、1654间，严重损房285户、855间；死亡5人，重伤55人，无家可归的612人；受淹农田6.85万亩，受损山林3500亩，淹没鱼塘300亩；冲毁水库2座；受淹学校10所；毁坏道路15处、计1284米。直接经济损失达1.2亿元。

1993年7月8日：13—15时，特大暴雨侵袭欢潭、浦阳等乡镇，并引起山洪暴发。其中最严重的欢潭乡，2小时雨量达235毫米。据统计，共造成人员伤亡6人，其中死亡2人，受伤4人；山体滑坡130处，冲毁竹、木、茶、果等经济作物1200亩，冲毁桥梁27座，冲毁道路1万多米、堤塘350米和渠道5000多米；受淹早稻和晚稻秧田1万余亩

(其中冲毁500多亩);房屋进水1200余间,其中倒塌149间;企业、学校、机电等设施也遭受不同程度损坏,直接经济损失800余万元。

1993年10月7日:10月3日,萧山市围垦二十工段发生一起因观潮引起的灾难性事件。79名群众被汹涌而至的大潮卷入江中。截至6日下午4时,确认共伤亡52人,其中死亡24人,伤28人,另有27人下落不明。省、杭州市和萧山市委、市政府采取紧急抢救措施。

1997年8月19日:受11号强台风冲击,围垦地区外十八工段、外十七工段临江大堤决口。堤内5000亩区块和6000亩区块新围土地成为滩涂。至28日,决口合龙。

2003年4月22日:4月19日,杭州市发生3例输入性传染性非典型肺炎,4月20日凌晨杭州市召开非典型肺炎防治工作紧急会议,区委、区政府于4月20日上午8时召开全区非典型肺炎防治工作紧急会议,对全区防治工作进行全面部署。

2014年3月27日,国家防总副总指挥、水利部部长陈雷到萧山区调研防汛防台工作。

第二十章 突发事件

本章记录萧山媒体报道的,萧山发生的部分突发新闻事件。

1986年8月12日:益农乡三围村电影场在晚上电影放映不久,即发生爆炸,当场炸死2人,炸伤19人,其中重伤7人。据查,该次爆炸事件是该村7组胡某海因恋爱破裂,报复杀人,胡某海本人被当场炸死。

1987年7月28日:晚上9点10分,赭山农药厂精酯贮槽,因温度过高发生硫磷酯爆炸事故,造成4人受伤,1人死亡。

1987年11月18日:钱江啤酒厂清酒缸发生爆炸事故,死亡1人。

1988年2月10日:病毒性肝炎在上海、杭州等大中城市暴发流行。萧山市发病率呈急剧上升,1月份全市共发病136例,2月1日至7日发病数达153例,超过上月总数。

1990年11月9日:大桥造纸厂在清理发酵池过程中,发生硫化氢中毒事故,死亡2人。

1993年10月3日:中午12时20分许,萧山市围垦大堤22工段非观潮点自发聚集一大批观潮群众,其中一部分人不听劝告,站在伸入江中的二号顶坝上,因受涌潮突然袭击,即刻被卷入钱塘江中,或冲向坝旁的乱石堆,死亡49人,受伤28人,失踪2人。事故发生后,市党政领导赶赴现场,指挥营救抢救工作,慰问伤员和死难者家属,组织专门工作班子,开展打捞和处理善后工作;并对今后加强观潮安全与宣传普及潮汐知识等作出具体部署。

2008年11月15日:杭州地铁一号线湘湖站工地发生重大塌方事故。

2008年11月19日:安全生产工作会议召开,通报“11·15”杭州地铁一号线湘湖站施工地面坍塌事故情况,部署全区安全生产工作。

第九编　文献选录

概　述

中华人民共和国成立后，萧山的新闻事业得到很大发展。尤其是改革开放以来，萧山新闻界按照中国共产党和国家的新闻法律法规和各级文件、通知的要求，认真抓好新闻单位领导班子建设、采编经营队伍建设、报纸和广播电视事业建设，改革创新取得显著成效。

本编分为法律法规、文件文稿两章。

法律法规，主要是全文选录《报纸出版管理规定》《广播电视管理条例》《互联网信息服务管理办法》《中国新闻工作者职业道德准则》。《报纸出版管理规定》是根据国务院《出版管理条例》及相关法律法规制定的，旨在规范报纸出版活动，加强报纸出版管理，是办好报纸、繁荣报业的行动指南；《广播电视管理条例》是为了加强广播电视管理，发展广播电视事业而制定的，旨在规范广播电台、电视台的采编、制作、播放、传输广播电视节目等活动，是办好广播电视节目、繁荣广播电视事业的行动指南；《互联网信息服务管理办法》是为了规范互联网信息服务活动，促进互联网信息服务健康有序发展而制定的，旨在规范互联网信息服务活动，是办好网络媒体、繁荣基于互联网基础上的新兴媒体的行动指南；《中国新闻工作者职业道德准则》，要求每位新闻工作者，继承和发扬党的新闻工作优良传统，积极传播社会主义核心价值体系，努力践行社会主义荣辱观，恪守新闻职业道德，自觉承担社会责任，无愧于时代赋予新闻工作者“坚持为人民服务，坚持为社会主义服务，坚持正确的舆论导向”的神圣使命。

文件文稿，主要选录了上级有关单位、新闻主管部门对萧山媒体的批复、文件，萧山县（市、区）委主要领导对媒体的讲话及撰写的文稿，萧山县（市、区）委及宣传部下发的文件等。选录上述内容，目的是丰富存史资料，为后人研究萧山新闻发展史提供尽可能多的参考资料。

第一章 法律法规

报纸出版管理规定

（2005年9月30日中华人民共和国新闻出版总署令第32号公布）

第一章 总 则

第一条 为促进我国报业的发展与繁荣，规范报纸出版活动，加强报纸出版管理，根据国务院《出版管理条例》及相关法律法规，制定本规定。

第二条 在中华人民共和国境内从事报纸出版活动，适用本规定。

报纸由依法设立的报纸出版单位出版。报纸出版单位出版报纸，必须经新闻出版总署批准，持有国内统一连续出版物号，领取《报纸出版许可证》。

本规定所称报纸，是指有固定名称、刊期、开版，以新闻与时事评论为主要内容，每周至少出版一期的散页连续出版物。

本规定所称报纸出版单位，是指依照国家有关规定设立，经新闻出版总署批准并履行登记注册手续的报社。法人出版报纸不设立报社的，其设立的报纸编辑部视为报纸出版单位。

第三条 报纸出版必须坚持马克思列宁主义、毛泽东思想、邓小平理论和“三个代表”重要思想，坚持正确的舆论导向和出版方向，坚持把社会效益放在首位、社会效益和经济效益相统一和贴近实际、贴近群众、贴近生活的原则，为建设中国特色社会主义营造良好氛围，丰富广大人民群众的精神文化生活。

第四条 新闻出版总署负责全国报纸出版活动的监督管理工作，制定并实施全国报纸出版的总量、结构、布局的规划，建立健全报纸出版质量综合评估制度、报纸年度核验制度以及报纸出版退出机制等监督管理制度。

地方各级新闻出版行政部门负责本行政区域内的报纸出版活动的监督管理工作。

第五条 报纸出版单位负责报纸的编辑、出版等报纸出版活动。

报纸出版单位合法的出版活动受法律保护。任何组织和个人不得非法干扰、阻止、破坏报纸的出版。

第六条 新闻出版总署对为我国报业繁荣和发展做出突出贡献的报纸出版单位及个人实施奖励。

第七条 报纸出版行业的社会团体按照其章程，在新闻出版行政部门的指导下，实行自律管理。

第二章 报纸创办与报纸出版单位设立

第八条 创办报纸、设立报纸出版单位，应当具备下列条件：

（一）有确定的、不与已有报纸重复的名称；

（二）有报纸出版单位的名称、章程；

（三）有符合新闻出版总署认定条件的主管、主办单位；

（四）有确定的报纸出版业务范围；

（五）有30万元以上的注册资本；

（六）有适应业务范围需要的组织机构和符合国家规定资格条件的新闻采编专业人员；

（七）有与主办单位在同一行政区域的固定的工作场所；

（八）有符合规定的法定代表人或者主要负责人，该法定代表人或者主要负责人必须是在境内长久居住的中国公民；

（九）法律、行政法规规定的其他条件。

除前款所列条件外，还须符合国家对报纸及报纸出版单位总量、结构、布局的规划。

第九条 中央在京单位创办报纸并设立报纸出版单位，经主管单位同意后，由主办单位报新闻出版总署审批。

中国人民解放军和中国人民武装警察部队系统创办报纸并设立报纸出版单位，由中国人民解放军总政治部宣传部新闻出版局审核同意后报新闻出版总署审批。

其他单位创办报纸并设立报纸出版单位，经主管单位同意后，由主办单位向所在地省、自治区、直辖市新闻出版行政部门提出申请，省、自治区、直辖市新闻出版行政部门审核同意后，报新闻出版总署审批。

第十条 两个以上主办单位合办报纸，须确定一个主要主办单位，并由主要主办单位提出申请。

报纸的主要主办单位应为其主管单位的隶属单位。报纸出版单位和主要主办单位须在同一行政区域。

第十一条 创办报纸、设立报纸出版单位，由报纸出版单位的主办单位提出申请，并提交以下材料：

（一）按要求填写的《报纸出版申请表》；

（二）主办单位、主管单位的有关资质证明材料；

（三）拟任报纸出版单位法定代表人或者主要负责人的简历、身份证明文件及国家有关部门颁发的职业资格证书；

（四）新闻采编人员的职业资格证书；

（五）报纸出版单位办报资金来源及数额的相关证明文件；

（六）报纸出版单位的章程；

（七）工作场所使用证明；

（八）报纸出版可行性论证报告。

第十二条　新闻出版总署自收到创办报纸、设立报纸出版单位申请之日起90日内，作出批准或者不批准的决定，并直接或者由省、自治区、直辖市新闻出版行政部门书面通知主办单位；不批准的，应当说明理由。

第十三条　报纸主办单位应当自收到新闻出版总署批准决定之日起60日内办理注册登记手续：

（一）持批准文件到所在地省、自治区、直辖市新闻出版行政部门领取并填写《报纸出版登记表》，经主管单位审核签章后，报所在地省、自治区、直辖市新闻出版行政部门；

（二）《报纸出版登记表》一式五份，由报纸出版单位、主办单位、主管单位及省、自治区、直辖市新闻出版行政部门各存一份，另一份由省、自治区、直辖市新闻出版行政部门在15日内报送新闻出版总署备案；

（三）省、自治区、直辖市新闻出版行政部门对《报纸出版登记表》审核无误后，在10日内向主办单位发放《报纸出版许可证》，并编入国内统一连续出版物号；

（四）报纸出版单位持《报纸出版许可证》到工商行政管理部门办理登记手续，依法领取营业执照。

第十四条　报纸主办单位自收到新闻出版总署的批准文件之日起60日内未办理注册登记手续，批准文件自行失效，登记机关不再受理登记，报纸主办单位须把有关批准文件缴回新闻出版总署。

报纸出版单位自登记之日起满90日未出版报纸的，由新闻出版总署撤销《报纸出版许可证》，并由原登记的新闻出版行政部门注销登记。

因不可抗力或者其他正当理由发生前款所列情形的，报纸出版单位的主办单位可以向原登记的新闻出版行政部门申请延期。

第十五条　报社应当具备法人条件，经核准登记后，取得法人资格，以其全部法人财产独立承担民事责任。

报纸编辑部不具有法人资格，其民事责任由其主办单位承担。

第十六条 报纸出版单位变更名称、合并或者分立，改变资本结构，出版新的报纸，依照本规定第九条至第十三条的规定办理审批、登记手续。

第十七条 报纸变更名称、主办单位、主管单位、刊期、业务范围，依照本规定第九条至第十三条的规定办理审批、登记手续。

报纸变更刊期，新闻出版总署可以委托省、自治区、直辖市新闻出版行政部门审批。

本规定所称业务范围包括办报宗旨、文种。

第十八条 报纸变更开版，经主办单位审核同意后，由报纸出版单位报所在地省、自治区、直辖市新闻出版行政部门批准。

第十九条 报纸出版单位变更单位地址、法定代表人或者主要负责人、报纸承印单位，经其主办单位审核同意后，由报纸出版单位在15日内向所在地省、自治区、直辖市新闻出版行政部门备案。

第二十条 报纸休刊连续超过10日的，报纸出版单位须向所在地省、自治区、直辖市新闻出版行政部门办理休刊备案手续，说明休刊理由和休刊期限。

报纸休刊时间不得超过180日。报纸休刊超过180日仍不能正常出版的，由新闻出版总署撤销《报纸出版许可证》，并由所在地省、自治区、直辖市新闻出版行政部门注销登记。

第二十一条 报纸出版单位终止出版活动的，经主管单位同意后，由主办单位向所在地省、自治区、直辖市新闻出版行政部门办理注销登记，并由省、自治区、直辖市新闻出版行政部门报新闻出版总署备案。

第二十二条 报纸注销登记，以同一名称设立的报纸出版单位须与报纸同时注销，并到原登记的工商行政管理部门办理注销登记。

注销登记的报纸和报纸出版单位不得再以该名称从事出版、经营活动。

第二十三条 中央报纸出版单位组建报业集团，由新闻出版总署批准；地方报纸出版单位组建报业集团，向所在地省、自治区、直辖市新闻出版行政部门提出申请，经审核同意后，报新闻出版总署批准。

第三章 报纸的出版

第二十四条 报纸出版实行编辑责任制度，保障报纸刊载内容符合国家法律、法规的规定。

第二十五条 报纸不得刊载《出版管理条例》和其他有关法律、法规以及国家规定的禁止内容。

第二十六条 报纸开展新闻报道必须坚持真实、全面、客观、公正的原则，不得刊载虚假、失实报道。

报纸刊载虚假、失实报道，致使公民、法人或者其他组织的合法权益受到侵害的，其出版单位应当公开更正，消除影响，并依法承担相应民事责任。

报纸刊载虚假、失实报道，致使公民、法人或者其他组织的合法权益受到侵害的，当事人有权要求更正或者答辩，报纸应当予以发表；拒绝发表的，当事人可以向人民法院提出诉讼。

报纸因刊载虚假、失实报道而发表的更正或者答辩应自虚假、失实报道发现或者当事人要求之日起，在其最近出版的一期报纸的相同版位上发表。

报纸刊载虚假或者失实报道，损害公共利益的，新闻出版总署或者省、自治区、直辖市新闻出版行政部门可以责令该报纸出版单位更正。

第二十七条 报纸发表或者摘转涉及国家重大政策、民族宗教、外交、军事、保密等内容，应严格遵守有关规定。

报纸转载、摘编互联网上的内容，必须按照有关规定对其内容进行核实，并在刊发的明显位置标明下载文件网址、下载日期等。

第二十八条 报纸发表新闻报道，必须刊载作者的真实姓名。

第二十九条 报纸出版质量须符合国家标准和行业标准。报纸使用语言文字须符合国家有关规定。

第三十条 报纸出版须与《报纸出版许可证》的登记项目相符，变更登记项目须按本规定办理审批或者备案手续。

第三十一条 报纸出版时须在每期固定位置标示以下版本记录：

（一）报纸名称；

（二）报纸出版单位、主办单位、主管单位名称；

（三）国内统一连续出版物号；

（四）总编辑（社长）姓名；

（五）出版日期、总期号、版数、版序；

（六）报纸出版单位地址、电话、邮政编码；

（七）报纸定价（号外须注明“免费赠阅”字样）；

（八）印刷单位名称、地址；

（九）广告经营许可证号；

（十）国家规定的涉及公共利益或者行业标准的其他标识。

第三十二条　一个国内统一连续出版物号只能对应出版一种报纸，不得用同一国内统一连续出版物号出版不同版本的报纸。

出版报纸地方版、少数民族文字版、外文版等不同版本（文种）的报纸，须按创办新报纸办理审批手续。

第三十三条　同一种报纸不得以不同开版出版。

报纸所有版页须作为一个整体出版发行，各版页不得单独发行。

第三十四条　报纸专版、专刊的内容应与报纸的宗旨、业务范围相一致，专版、专刊的刊头字样不得明显于报纸名称。

第三十五条　报纸在正常刊期之外可出版增期。出版增期应按变更刊期办理审批手续。

增期的内容应与报纸的业务范围相一致；增期的开版、文种、发行范围、印数应与主报一致，并随主报发行。

第三十六条　报纸出版单位因重大事件可出版号外；出版号外须在报头注明“号外”字样，号外连续出版不得超过3天。

报纸出版单位须在号外出版后15日内向所在地省、自治区、直辖市新闻出版行政部门备案，并提交所有号外样报。

第三十七条　报纸出版单位不得出卖、出租、转让本单位名称及所出版报纸的刊号、名称、版面，不得转借、转让、出租和出卖《报纸出版许可证》。

第三十八条　报纸刊登广告须在报纸明显位置注明“广告”字样，不得以新闻形式刊登广告。

报纸出版单位发布广告应依据法律、行政法规查验有关证明文件，核实广告内容，不得刊登有害的、虚假的等违法广告。

报纸的广告经营者限于在合法授权范围内开展广告经营、代理业务，不得参与报纸的采访、编辑等出版活动。

第三十九条　报纸出版单位不得在报纸上刊登任何形式的有偿新闻。

报纸出版单位及其工作人员不得利用新闻报道牟取不正当利益，不得索取、接受采访报道对象及其利害关系人的财物或者其他利益。

第四十条　报纸采编业务和经营业务必须严格分开。

新闻采编业务部门及其工作人员不得从事报纸发行、广告等经营活动；经营部门及其工作人员不得介入新闻采编业务。

第四十一条　报纸出版单位的新闻采编人员从事新闻采访活动，必须持有新闻出版总署统一核发的新闻记者证，并遵守新闻出版总署《新闻记者证管理办法》的有关规定。

第四十二条 报纸出版单位根据新闻采访工作的需要,可以依照新闻出版总署《报社记者站管理办法》设立记者站,开展新闻业务活动。

第四十三条 报纸出版单位不得以不正当竞争行为或者方式开展经营活动,不得利用权力摊派发行报纸。

第四十四条 报纸出版单位须遵守国家统计法规,依法向新闻出版行政部门报送统计资料。

报纸出版单位应配合国家认定的出版物发行数据调查机构进行报纸发行量数据调查,提供真实的报纸发行数据。

第四十五条 报纸出版单位须按照国家有关规定向国家图书馆、中国版本图书馆和新闻出版总署以及所在地省、自治区、直辖市新闻出版行政部门缴送报纸样本。

第四章 监督管理

第四十六条 报纸出版活动的监督管理实行属地原则。

省、自治区、直辖市新闻出版行政部门依法负责本行政区域报纸和报纸出版单位的登记、年度核验、质量评估、行政处罚等工作,对本行政区域的报纸出版活动进行监督管理。

其他地方新闻出版行政部门依法对本行政区域内报纸出版单位及其报纸出版活动进行监督管理。

第四十七条 报纸出版管理实施报纸出版事后审读制度、报纸出版质量评估制度、报纸出版年度核验制度和报纸出版从业人员资格管理制度。

报纸出版单位应当按照新闻出版总署的规定,将从事报纸出版活动的情况向新闻出版行政部门提出书面报告。

第四十八条 新闻出版总署负责全国报纸审读工作。地方各级新闻出版行政部门负责对本行政区域内出版的报纸进行审读。下级新闻出版行政部门要定期向上一级新闻出版行政部门提交审读报告。

主管单位须对其主管的报纸进行审读,定期向所在地新闻出版行政部门报送审读报告。

报纸出版单位应建立报纸阅评制度,定期写出阅评报告。新闻出版行政部门根据管理工作需要,可以随时调阅、检查报纸出版单位的阅评报告。

第四十九条 新闻出版总署制定报纸出版质量综合评估标准体系,对报纸出版质量进行全面评估。

经报纸出版质量综合评估,报纸出版质量未达到规定标准或者不能维持正常出版活动的，由新闻出版总署撤销《报纸出版许可证》，所在地省、自治区、直辖市新闻出版行政部门注销登记。

第五十条 省、自治区、直辖市新闻出版行政部门负责对本行政区域的报纸出版单位实施年度核验。年度核验内容包括报纸出版单位及其所出版报纸登记项目、出版质量、遵纪守法情况、新闻记者证和记者站管理等。

第五十一条 年度核验按照以下程序进行：

（一）报纸出版单位提出年度自检报告，填写由新闻出版总署统一印制的《报纸出版年度核验表》，经报纸主办单位、主管单位审核盖章后，连同核验之日前连续出版的30期样报，在规定时间内报所在地省、自治区、直辖市新闻出版行政部门；

（二）省、自治区、直辖市新闻出版行政部门对报纸出版单位自检报告、《报纸出版年度核验表》等送检材料审核查验；

（三）经核验符合规定标准的，省、自治区、直辖市新闻出版行政部门在其《报纸出版许可证》上加盖年度核验章；《报纸出版许可证》上加盖年度核验章即为通过年度核验，报纸出版单位可以继续从事报纸出版活动；

（四）省、自治区、直辖市新闻出版行政部门自完成报纸出版年度核验工作后的30日内，向新闻出版总署提交报纸年度核验工作报告。

第五十二条 有下列情形之一的，暂缓年度核验：

（一）正在限期停刊整顿的；

（二）经审核发现有违法情况应予处罚的；

（三）主管单位、主办单位未履行管理责任，导致报纸出版管理混乱的；

（四）存在其他违法嫌疑需要进一步核查的。

暂缓年度核验的期限由省、自治区、直辖市新闻出版行政部门确定，报新闻出版总署备案。缓验期满，按照本规定第五十条、第五十一条重新办理年度核验。

第五十三条 有下列情形之一的，不予通过年度核验：

（一）违法行为被查处后拒不改正或者没有明显整改效果的；

（二）报纸出版质量长期达不到规定标准的；

（三）经营恶化已经资不抵债的；

（四）已经不具备本规定第八条规定条件的。

不予通过年度核验的，由新闻出版总署撤销《报纸出版许可证》，所在地省、自治区、直辖市新闻出版行政部门注销登记。

未通过年度核验的，报纸出版单位自第二年起停止出版该报纸。

第五十四条 《报纸出版许可证》加盖年度核验章后方可继续使用。有关部门在办理报纸出版、印刷、发行等手续时，对未加盖年度核验章的《报纸出版许可证》不予采用。

不按规定参加年度核验的报纸出版单位，经催告仍未参加年度核验的，由新闻出版总署撤销《报纸出版许可证》，所在地省、自治区、直辖市新闻出版行政部门注销登记。

第五十五条 年度核验结果，核验机关可以向社会公布。

第五十六条 报纸出版从业人员，应具备国家规定的新闻出版职业资格条件。

第五十七条 报纸出版单位的社长、总编辑须符合国家规定的任职资格和条件。

报纸出版单位的社长、总编辑须参加新闻出版行政部门组织的岗位培训。

报纸出版单位的新任社长、总编辑须经过岗位培训合格后才能上岗。

第五章 法律责任

第五十八条 报纸出版单位违反本规定的，新闻出版行政部门视其情节轻重，可采取下列行政措施：

（一）下达警示通知书；

（二）通报批评；

（三）责令公开检讨；

（四）责令改正；

（五）责令停止印制、发行报纸；

（六）责令收回报纸；

（七）责成主办单位、主管单位监督报纸出版单位整改。

警示通知书由新闻出版总署制定统一格式，由新闻出版总署或者省、自治区、直辖市新闻出版行政部门下达给违法的报纸出版单位，并抄送违法报纸出版单位的主办单位及其主管单位。

本条所列行政措施可以并用。

第五十九条 未经批准，擅自设立报纸出版单位，或者擅自从事报纸出版业务，假冒报纸出版单位名称或者伪造、假冒报纸名称出版报纸的，依照《出版管理条例》第五十五条处罚。

第六十条 出版含有《出版管理条例》和其他有关法律、法规以及国家规定禁载内容报纸的，依照《出版管理条例》第五十六条处罚。

第六十一条 报纸出版单位违反本规定第三十七条的，依照《出版管理条例》第六十条处罚。

报纸出版单位允许或者默认广告经营者参与报纸的采访、编辑等出版活动，按前款处罚。

第六十二条 报纸出版单位有下列行为之一的，依照《出版管理条例》第六十一条处罚：

（一）报纸出版单位变更名称、合并或者分立，改变资本结构，出版新的报纸，未依照本规定办理审批手续的；

（二）报纸变更名称、主办单位、主管单位、刊期、业务范围、开版，未依照本规定办理审批手续的；

（三）报纸出版单位未依照本规定缴送报纸样本的。

第六十三条 报纸出版单位有下列行为之一的，由新闻出版总署或者省、自治区、直辖市新闻出版行政部门给予警告，并处3万元以下罚款：

（一）报纸出版单位变更单位地址、法定代表人或者主要负责人、承印单位，未按照本规定第十九条报送备案的；

（二）报纸休刊，未按照本规定第二十条报送备案的；

（三）刊载损害公共利益的虚假或者失实报道，拒不执行新闻出版行政部门更正命令的；

（四）在其报纸上发表新闻报道未登载作者真实姓名的；

（五）违反本规定第二十七条发表或者摘转有关文章的；

（六）未按照本规定第三十一条刊登报纸版本记录的；

（七）违反本规定第三十二条，“一号多版”的；

（八）违反本规定第三十三条，出版不同开版的报纸或者部分版页单独发行的；

（九）违反本规定关于出版报纸专版、专刊、增期、号外的规定的；

（十）报纸刊登广告未在明显位置注明“广告”字样，或者以新闻形式刊登广告的；

（十一）刊登有偿新闻或者违反本规定第三十九条其他规定的；

（十二）违反本规定第四十三条，以不正当竞争行为开展经营活动或者利用权力摊派发行的。

第六十四条 报纸出版单位新闻采编人员违反新闻记者证的有关规定，依照新闻出版总署《新闻记者证管理办法》的规定处罚。

第六十五条 报纸出版单位违反报社记者站的有关规定，依照新闻出版总署《报社记者站管理办法》的规定处罚。

第六十六条 对报纸出版单位做出行政处罚，应告知其主办单位和主管单位，可以通过媒体向社会公布。

对报纸出版单位做出行政处罚，新闻出版行政部门可以建议其主办单位或者主管单位对直接责任人和主要负责人予以行政处分或者调离岗位。

第六章 附则

第六十七条 以非新闻性内容为主或者出版周期超过一周，持有国内统一连续出版物号的其他散页连续出版物，也适用本规定。

第六十八条 本规定施行后，新闻出版署《报纸管理暂行规定》同时废止，此前新闻出版行政部门对报纸出版活动的其他规定，凡与本规定不一致的，以本规定为准。

第六十九条 本规定自二〇〇五年十二月一日起施行。

广播电视管理条例

（1997年8月11日中华人民共和国国务院令第228号发布。根据2013年12月7日《国务院关于修改部分行政法规的决定》第一次修订。根据2017年3月1日《国务院关于修改和废止部分行政法规的决定》第二次修订）

第一章 总则

第一条 为了加强广播电视管理，发展广播电视事业，促进社会主义精神文明和物质文明建设，制定本条例。

第二条 本条例适用于在中华人民共和国境内设立广播电台、电视台和采编、制作、播放、传输广播电视节目等活动。

第三条 广播电视事业应当坚持为人民服务、为社会主义服务的方向，坚持正确的舆论导向。

第四条 国家发展广播电视事业。县级以上人民政府应当将广播电视事业纳入国民经济和社会发展规划，并根据需要和财力逐步增加投入，提高广播电视覆盖率。

国家支持农村广播电视事业的发展。

国家扶持民族自治地方和边远贫困地区发展广播电视事业。

第五条 国务院广播电视行政部门负责全国的广播电视管理工作。

县级以上地方人民政府负责广播电视行政管理工作的部门或者机构（以下统称广播电视行政部门）负责本行政区域内的广播电视管理工作。

第六条 全国性广播电视行业的社会团体按照其章程，实行自律管理，并在国务院广播电视行政部门的指导下开展活动。

第七条 国家对为广播电视事业发展做出显著贡献的单位和个人，给予奖励。

第二章 广播电台和电视台

第八条 国务院广播电视行政部门负责制定全国广播电台、电视台的设立规划,确定广播电台、电视台的总量、布局和结构。

本条例所称广播电台、电视台是指采编、制作并通过有线或者无线的方式播放广播电视节目的机构。

第九条 设立广播电台、电视台,应当具备下列条件:

(一)有符合国家规定的广播电视专业人员;

(二)有符合国家规定的广播电视技术设备;

(三)有必要的基本建设资金和稳定的资金保障;

(四)有必要的场所。

审批设立广播电台、电视台,除依照前款所列条件外,还应当符合国家的广播电视建设规划和技术发展规划。

第十条 广播电台、电视台由县、不设区的市以上人民政府广播电视行政部门设立,其中教育电视台可以由设区的市、自治州以上人民政府教育行政部门设立。其他任何单位和个人不得设立广播电台、电视台。

国家禁止设立外资经营、中外合资经营和中外合作经营的广播电台、电视台。

第十一条 中央的广播电台、电视台由国务院广播电视行政部门设立。地方设立广播电台、电视台的,由县、不设区的市以上地方人民政府广播电视行政部门提出申请,本级人民政府审查同意后,逐级上报,经国务院广播电视行政部门审查批准后,方可筹建。

中央的教育电视台由国务院教育行政部门设立,报国务院广播电视行政部门审查批准。地方设立教育电视台的,由设区的市、自治州以上地方人民政府教育行政部门提出申请,征得同级广播电视行政部门同意并经本级人民政府审查同意后,逐级上报,经国务院教育行政部门审核,由国务院广播电视行政部门审查批准后,方可筹建。

第十二条 经批准筹建的广播电台、电视台,应当按照国家规定的建设程序和广播电视技术标准进行工程建设。

建成的广播电台、电视台,经国务院广播电视行政部门审查符合条件的,发给广播电台、电视台许可证。广播电台、电视台应当按照许可证载明的台名、台标、节目设置范围和节目套数等事项制作、播放节目。

第十三条 广播电台、电视台变更台名、节目设置范围或者节目套数,省级以上人民政府广播电视行政部门设立的广播电台、电视台或者省级以上人民政府教育行政部门设立的电视台变更台标的,应当经国务院广播电视行政部门批准。

广播电台、电视台不得出租、转让播出时段。

第十四条 广播电台、电视台终止,应当按照原审批程序申报,其许可证由国务院广播电视行政部门收回。

广播电台、电视台因特殊情况需要暂时停止播出的,应当经省级以上人民政府广播电视行政部门同意;未经批准,连续停止播出超过30日的,视为终止,应当依照前款规定办理有关手续。

第十五条 乡、镇设立广播电视站的,由所在地县级以上人民政府广播电视行政部门负责审核,并按照国务院广播电视行政部门的有关规定审批。

机关、部队、团体、企业事业单位设立有线广播电视站的,按照国务院有关规定审批。

第十六条 任何单位和个人不得冲击广播电台、电视台,不得损坏广播电台、电视台的设施,不得危害其安全播出。

第三章 广播电视传输覆盖网

第十七条 国务院广播电视行政部门应当对全国广播电视传输覆盖网按照国家的统一标准实行统一规划,并实行分级建设和开发。县级以上地方人民政府广播电视行政部门应当按照国家有关规定,组建和管理本行政区域内的广播电视传输覆盖网。

组建广播电视传输覆盖网,包括充分利用国家现有的公用通信等各种网络资源,应当确保广播电视节目传输质量和畅通。

本条例所称广播电视传输覆盖网,由广播电视发射台、转播台(包括差转台、收转台,下同)、广播电视卫星、卫星上行站、卫星收转站、微波站、监测台(站)及有线广播电视传输覆盖网等构成。

第十八条 国务院广播电视行政部门负责指配广播电视专用频段的频率,并核发频率专用指配证明。

第十九条 设立广播电视发射台、转播台、微波站、卫星上行站,应当按照国家有关规定,持国务院广播电视行政部门核发的频率专用指配证明,向国家的或者省、自治区、直辖市的无线电管理机构办理审批手续,领取无线电台执照。

第二十条 广播电视发射台、转播台应当按照国务院广播电视行政部门的有关规定发射、转播广播电视节目。

广播电视发射台、转播台经核准使用的频率、频段不得出租、转让,已经批准的各项技术参数不得擅自变更。

第二十一条 广播电视发射台、转播台不得擅自播放自办节目和插播广告。

第二十二条 广播电视传输覆盖网的工程选址、设计、施工、安装，应当按照国家有关规定办理，并由依法取得相应资格证书的单位承担。

广播电视传输覆盖网的工程建设和使用的广播电视技术设备，应当符合国家标准、行业标准。工程竣工后，由广播电视行政部门组织验收，验收合格的，方可投入使用。

第二十三条 区域性有线广播电视传输覆盖网，由县级以上地方人民政府广播电视行政部门设立和管理。

区域性有线广播电视传输覆盖网的规划、建设方案，由县级人民政府或者设区的市、自治州人民政府的广播电视行政部门报省、自治区、直辖市人民政府广播电视行政部门批准后实施，或者由省、自治区、直辖市人民政府广播电视行政部门报国务院广播电视行政部门批准后实施。

同一行政区域只能设立一个区域性有线广播电视传输覆盖网。有线电视站应当按照规划与区域性有线电视传输覆盖网联网。

第二十四条 未经批准，任何单位和个人不得擅自利用有线广播电视传输覆盖网播放节目。

第二十五条 传输广播电视节目的卫星空间段资源的管理和使用，应当符合国家有关规定。

广播电台、电视台利用卫星方式传输广播电视节目，应当符合国家规定的条件，并经国务院广播电视行政部门审核批准。

第二十六条 安装和使用卫星广播电视地面接收设施，应当按照国家有关规定向省、自治区、直辖市人民政府广播电视行政部门申领许可证。进口境外卫星广播电视节目解码器、解压器及其他卫星广播电视地面接收设施，应当经国务院广播电视行政部门审查同意。

第二十七条 禁止任何单位和个人侵占、哄抢或者以其他方式破坏广播电视传输覆盖网的设施。

第二十八条 任何单位和个人不得侵占、干扰广播电视专用频率，不得擅自截传、干扰、解扰广播电视信号。

第二十九条 县级以上人民政府广播电视行政部门应当采取卫星传送、无线转播、有线广播、有线电视等多种方式，提高农村广播电视覆盖率。

第四章 广播电视节目

第三十条 广播电台、电视台应当按照国务院广播电视行政部门批准的节目设置范围开办节目。

第三十一条 广播电视节目由广播电台、电视台和省级以上人民政府广播电视行政部门批准设立的广播电视节目制作经营单位制作。广播电台、电视台不得播放未取得广播电视节目制作经营许可的单位制作的广播电视节目。

第三十二条 广播电台、电视台应当提高广播电视节目质量,增加国产优秀节目数量,禁止制作、播放载有下列内容的节目:

(一)危害国家的统一、主权和领土完整的;

(二)危害国家的安全、荣誉和利益的;

(三)煽动民族分裂,破坏民族团结的;

(四)泄露国家秘密的;

(五)诽谤、侮辱他人的;

(六)宣扬淫秽、迷信或者渲染暴力的;

(七)法律、行政法规规定禁止的其他内容。

第三十三条 广播电台、电视台对其播放的广播电视节目内容,应当依照本条例第三十二条的规定进行播前审查,重播重审。

第三十四条 广播电视新闻应当真实、公正。

第三十五条 设立电视剧制作单位,应当经国务院广播电视行政部门批准,取得电视剧制作许可证后,方可制作电视剧。

电视剧的制作和播出管理办法,由国务院广播电视行政部门规定。

第三十六条 广播电台、电视台应当使用规范的语言文字。

广播电台、电视台应当推广全国通用的普通话。

第三十七条 地方广播电台、电视台或者广播电视站,应当按照国务院广播电视行政部门的有关规定转播广播电视节目。

乡、镇设立的广播电视站不得自办电视节目。

第三十八条 广播电台、电视台应当按照节目预告播放广播电视节目;确需更换、调整原预告节目的,应当提前向公众告示。

第三十九条 用于广播电台、电视台播放的境外电影、电视剧,必须经国务院广播电视行政部门审查批准。用于广播电台、电视台播放的境外其他广播电视节目,必须经国务院广播电视行政部门或者其授权的机构审查批准。

向境外提供的广播电视节目,应当按照国家有关规定向省级以上人民政府广播电视行政部门备案。

第四十条 广播电台、电视台播放境外广播电视节目的时间与广播电视节目总播放时间的比例,由国务院广播电视行政部门规定。

第四十一条 广播电台、电视台以卫星等传输方式进口、转播境外广播电视节目,必须经国务院广播电视行政部门批准。

第四十二条 广播电台、电视台播放广告,不得超过国务院广播电视行政部门规定的时间。

广播电台、电视台应当播放公益性广告。

第四十三条 国务院广播电视行政部门在特殊情况下,可以作出停止播出、更换特定节目或者指定转播特定节目的决定。

第四十四条 教育电视台应当按照国家有关规定播放各类教育教学节目,不得播放与教学内容无关的电影、电视片。

第四十五条 举办国际性广播电视节目交流、交易活动,应当经国务院广播电视行政部门批准,并由指定的单位承办。举办国内区域性广播电视节目交流、交易活动,应当经举办地的省、自治区、直辖市人民政府广播电视行政部门批准,并由指定的单位承办。

第四十六条 对享有著作权的广播电视节目的播放和使用,依照《中华人民共和国著作权法》的规定办理。

第五章 罚则

第四十七条 违反本条例规定,擅自设立广播电台、电视台、教育电视台、有线广播电视传输覆盖网、广播电视站的,由县级以上人民政府广播电视行政部门予以取缔,没收其从事违法活动的设备,并处投资总额1倍以上2倍以下的罚款。

擅自设立广播电视发射台、转播台、微波站、卫星上行站的,由县级以上人民政府广播电视行政部门予以取缔,没收其从事违法活动的设备,并处投资总额1倍以上2倍以下的罚款;或者由无线电管理机构依照国家无线电管理的有关规定予以处罚。

第四十八条 违反本条例规定,擅自设立广播电视节目制作经营单位或者擅自制作电视剧及其他广播电视节目的,由县级以上人民政府广播电视行政部门予以取缔,没收其从事违法活动的专用工具、设备和节目载体,并处1万元以上5万元以下的罚款。

第四十九条 违反本条例规定,制作、播放、向境外提供含有本条例第三十二条规定禁止内容的节目的,由县级以上人民政府广播电视行政部门责令停止制作、播放、向境外提供,收缴其节目载体,并处1万元以上5万元以下的罚款;情节严重的,由原批准机关吊销许可证;违反治安管理规定的,由公安机关依法给予治安管理处罚;构成犯罪的,依法追究刑事责任。

第五十条 违反本条例规定,有下列行为之一的,由县级以上人民政府广播电视行政部门责令停止违法活动，给予警告，没收违法所得，可以并处2万元以下的罚款；情节严重的，由原批准机关吊销许可证：

（一）未经批准，擅自变更台名、台标、节目设置范围或者节目套数的；

（二）出租、转让播出时段的；

（三）转播、播放广播电视节目违反规定的；

（四）播放境外广播电视节目或者广告的时间超出规定的；

（五）播放未取得广播电视节目制作经营许可的单位制作的广播电视节目或者未取得电视剧制作许可的单位制作的电视剧的；

（六）播放未经批准的境外电影、电视剧和其他广播电视节目的；

（七）教育电视台播放本条例第四十四条规定禁止播放的节目的；

（八）未经批准，擅自举办广播电视节目交流、交易活动的。

第五十一条 违反本条例规定，有下列行为之一的，由县级以上人民政府广播电视行政部门责令停止违法活动，给予警告，没收违法所得和从事违法活动的专用工具、设备，可以并处2万元以下的罚款；情节严重的，由原批准机关吊销许可证：

（一）出租、转让频率、频段，擅自变更广播电视发射台、转播台技术参数的；

（二）广播电视发射台、转播台擅自播放自办节目、插播广告的；

（三）未经批准，擅自利用卫星方式传输广播电视节目的；

（四）未经批准，擅自以卫星等传输方式进口、转播境外广播电视节目的；

（五）未经批准，擅自利用有线广播电视传输覆盖网播放节目的；

（六）未经批准，擅自进行广播电视传输覆盖网的工程选址、设计、施工、安装的；

（七）侵占、干扰广播电视专用频率，擅自截传、干扰、解扰广播电视信号的。

第五十二条 违反本条例规定，危害广播电台、电视台安全播出的，破坏广播电视设施的，由县级以上人民政府广播电视行政部门责令停止违法活动；情节严重的，处2万元以上5万元以下的罚款；造成损害的，侵害人应当依法赔偿损失；构成犯罪的，依法追究刑事责任。

第五十三条 广播电视行政部门及其工作人员在广播电视管理工作中滥用职权、玩忽职守、徇私舞弊，构成犯罪的，依法追究刑事责任；尚不构成犯罪的，依法给予行政处分。

第六章 附则

第五十四条 本条例施行前已经设立的广播电台、电视台、教育电视台、广播电视发射台、转播台、广播电视节目制作经营单位，自本条例施行之日起6个月内，应当依照本条例的规定重新办理审核手续；不符合本条例规定的，予以撤销；已有的县级教育电视台可以与县级电视台合并，开办教育节目频道。

第五十五条 本条例自1997年9月1日起施行。

互联网信息服务管理办法

（2000年9月25日中华人民共和国国务院令第292号公布。根据2011年1月8日《国务院关于废止和修改部分行政法规的规定》修订）

第一条 为了规范互联网信息服务活动，促进互联网信息服务健康有序发展，制定本办法。

第二条 在中华人民共和国境内从事互联网信息服务活动，必须遵守本办法。

本办法所称互联网信息服务，是指通过互联网向上网用户提供信息的服务活动。

第三条 互联网信息服务分为经营性和非经营性两类。

经营性互联网信息服务，是指通过互联网向上网用户有偿提供信息或者网页制作等服务活动。

非经营性互联网信息服务，是指通过互联网向上网用户无偿提供具有公开性、共享性信息的服务活动。

第四条 国家对经营性互联网信息服务实行许可制度；对非经营性互联网信息服务实行备案制度。

未取得许可或者未履行备案手续的，不得从事互联网信息服务。

第五条 从事新闻、出版、教育、医疗保健、药品和医疗器械等互联网信息服务，依照法律、行政法规以及国家有关规定须经有关主管部门审核同意的，在申请经营许可或者履行备案手续前，应当依法经有关主管部门审核同意。

第六条 从事经营性互联网信息服务，除应当符合《中华人民共和国电信条例》规定的要求外，还应当具备下列条件：

（一）有业务发展计划及相关技术方案；

（二）有健全的网络与信息安全保障措施，包括网站安全保障措施、信息安全保密管理制度、用户信息安全管理制度；

（三）服务项目属于本办法第五条规定范围的，已取得有关主管部门同意的文件。

第七条 从事经营性互联网信息服务，应当向省、自治区、直辖市电信管理机构或者国务院信息产业主管部门申请办理互联网信息服务增值电信业务经营许可证（以下简称经营许可证）。

省、自治区、直辖市电信管理机构或者国务院信息产业主管部门应当自收到申请之日起60日内审查完毕，作出批准或者不予批准的决定。予以批准的，颁发经营许可证；不予批准的，应当书面通知申请人并说明理由。

申请人取得经营许可证后，应当持经营许可证向企业登记机关办理登记手续。

第八条 从事非经营性互联网信息服务，应当向省、自治区、直辖市电信管理机构或者国务院信息产业主管部门办理备案手续。办理备案时，应当提交下列材料：

（一）主办单位和网站负责人的基本情况；

（二）网站网址和服务项目；

（三）服务项目属于本办法第五条规定范围的，已取得有关主管部门的同意文件。

省、自治区、直辖市电信管理机构对备案材料齐全的，应当予以备案并编号。

第九条 从事互联网信息服务，拟开办电子公告服务的，应当在申请经营性互联网信息服务许可或者办理非经营性互联网信息服务备案时，按照国家有关规定提出专项申请或者专项备案。

第十条 省、自治区、直辖市电信管理机构和国务院信息产业主管部门应当公布取得经营许可证或者已履行备案手续的互联网信息服务提供者名单。

第十一条 互联网信息服务提供者应当按照经许可或者备案的项目提供服务，不得超出经许可或者备案的项目提供服务。

非经营性互联网信息服务提供者不得从事有偿服务。

互联网信息服务提供者变更服务项目、网站网址等事项的，应当提前30日向原审核、发证或者备案机关办理变更手续。

第十二条 互联网信息服务提供者应当在其网站主页的显著位置标明其经营许可证编号或者备案编号。

第十三条 互联网信息服务提供者应当向上网用户提供良好的服务，并保证所提供的信息内容合法。

第十四条 从事新闻、出版以及电子公告等服务项目的互联网信息服务提供者，应当记录提供的信息内容及其发布时间、互联网地址或者域名；互联网接入服务提供者应当记录上网用户的上网时间、用户账号、互联网地址或者域名、主叫电话号码等信息。

互联网信息服务提供者和互联网接入服务提供者的记录备份应当保存60日，并在国家有关机关依法查询时，予以提供。

第十五条 互联网信息服务提供者不得制作、复制、发布、传播含有下列内容的信息：

（一）反对宪法所确定的基本原则的；

(二)危害国家安全,泄露国家秘密,颠覆国家政权,破坏国家统一的;

(三)损害国家荣誉和利益的;

(四)煽动民族仇恨、民族歧视,破坏民族团结的;

(五)破坏国家宗教政策,宣扬邪教和封建迷信的;

(六)散布谣言,扰乱社会秩序,破坏社会稳定的;

(七)散布淫秽、色情、赌博、暴力、凶杀、恐怖或者教唆犯罪的;

(八)侮辱或者诽谤他人,侵害他人合法权益的;

(九)含有法律、行政法规禁止的其他内容的。

第十六条 互联网信息服务提供者发现其网站传输的信息明显属于本办法第十五条所列内容之一的,应当立即停止传输,保存有关记录,并向国家有关机关报告。

第十七条 经营性互联网信息服务提供者申请在境内境外上市或者同外商合资、合作,应当事先经国务院信息产业主管部门审查同意;其中,外商投资的比例应当符合有关法律、行政法规的规定。

第十八条 国务院信息产业主管部门和省、自治区、直辖市电信管理机构,依法对互联网信息服务实施监督管理。

新闻、出版、教育、卫生、药品监督管理、工商行政管理和公安、国家安全等有关主管部门,在各自职责范围内依法对互联网信息内容实施监督管理。

第十九条 违反本办法的规定,未取得经营许可证,擅自从事经营性互联网信息服务,或者超出许可的项目提供服务的,由省、自治区、直辖市电信管理机构责令限期改正,有违法所得的,没收违法所得,处违法所得3倍以上5倍以下的罚款;没有违法所得或者违法所得不足5万元的,处10万元以上100万元以下的罚款;情节严重的,责令关闭网站。

违反本办法的规定,未履行备案手续,擅自从事非经营性互联网信息服务,或者超出备案的项目提供服务的,由省、自治区、直辖市电信管理机构责令限期改正;拒不改正的,责令关闭网站。

第二十条 制作、复制、发布、传播本办法第十五条所列内容之一的信息,构成犯罪的,依法追究刑事责任;尚不构成犯罪的,由公安机关、国家安全机关依照《中华人民共和国治安管理处罚法》《计算机信息网络国际联网安全保护管理办法》等有关法律、行政法规的规定予以处罚;对经营性互联网信息服务提供者,并由发证机关责令停业整顿直至吊销经营许可证,通知企业登记机关;对非经营性互联网信息服务提供者,并由备案机关责令暂时关闭网站直至关闭网站。

第二十一条 未履行本办法第十四条规定的义务的,由省、自治区、直辖市电信管理机构责令改正；情节严重的，责令停业整顿或者暂时关闭网站。

第二十二条 违反本办法的规定，未在其网站主页上标明其经营许可证编号或者备案编号的，由省、自治区、直辖市电信管理机构责令改正，处5000元以上5万元以下的罚款。

第二十三条 违反本办法第十六条规定的义务的，由省、自治区、直辖市电信管理机构责令改正；情节严重的，对经营性互联网信息服务提供者，并由发证机关吊销经营许可证，对非经营性互联网信息服务提供者，并由备案机关责令关闭网站。

第二十四条 互联网信息服务提供者在其业务活动中，违反其他法律、法规的，由新闻、出版、教育、卫生、药品监督管理和工商行政管理等有关主管部门依照有关法律、法规的规定处罚。

第二十五条 电信管理机构和其他有关主管部门及其工作人员，玩忽职守、滥用职权、徇私舞弊，疏于对互联网信息服务的监督管理，造成严重后果，构成犯罪的，依法追究刑事责任；尚不构成犯罪的，对直接负责的主管人员和其他直接责任人员依法给予降级、撤职直至开除的行政处分。

第二十六条 在本办法公布前从事互联网信息服务的，应当自本办法公布之日起60日内依照本办法的有关规定补办有关手续。

第二十七条 本办法自公布之日起施行。

中国新闻工作者职业道德准则

（中华全国新闻工作者协会第九届全国理事会第五次常务理事会2019年11月7日修订）

中国新闻事业是中国共产党领导的中国特色社会主义事业的重要组成部分。新闻工作者坚持以马克思列宁主义、毛泽东思想、邓小平理论、“三个代表”重要思想、科学发展观、习近平新时代中国特色社会主义思想为指导，增强“四个意识”，坚定“四个自信”，做到“两个维护”，牢记党的新闻舆论工作职责使命，继承和发扬党的新闻舆论工作优良传统，坚持正确政治方向、舆论导向、新闻志向、工作取向，不断增强脚力、眼力、脑力、笔力，积极传播社会主义核心价值观，自觉遵守国家法律法规，恪守新闻职业道德，自觉承担社会责任，做政治坚定、引领时代、业务精湛、作风优良、党和人民信赖的新闻工作者。

第一条 全心全意为人民服务。忠于党、忠于祖国、忠于人民，把体现党的主张与反映人民心声统一起来，把坚持正确舆论导向与通达社情民意统一起来，把坚持正面宣传为主与正确开展舆论监督统一起来，发挥党和政府联系人民群众的桥梁纽带作用。

1.坚持用习近平新时代中国特色社会主义思想武装头脑，深入学习宣传贯彻党的路线方针政策，积极宣传中央重大决策部署，及时传播国内外各领域的信息，满足人民群众日益增长的新闻信息需求，保证人民群众的知情权、参与权、表达权、监督权；

2.坚持以人民为中心的工作导向，把人民群众作为报道主体、服务对象，多宣传基层群众的先进典型，多挖掘群众身边的具体事例，多反映平凡人物的工作生活，多运用群众的生动语言，丰富人民精神世界，增强人民精神力量，满足人民精神需求，使新闻报道为人民群众喜闻乐见；

3.保持人民情怀，积极反映人民群众的正确意见和呼声，及时回应人民群众的关切和期待，批评侵害人民利益的现象和行为，畅通人民群众表达意见的渠道，依法维护人民群众的正当权益。

第二条　坚持正确舆论导向。坚持团结稳定鼓劲、正面宣传为主，弘扬主旋律、传播正能量，不断巩固和壮大积极健康向上的主流思想舆论。

1.以经济建设为中心，服从服务于党和国家工作大局，贯彻新发展理念，为促进经济社会持续健康发展注入强大正能量；

2.宣传科学理论、传播先进文化、滋养美好心灵、弘扬社会正气，增强社会责任感，严守道德伦理底线，坚决抵制低俗、庸俗、媚俗的内容；

3.加强和改进舆论监督，着眼解决问题、推动工作，激浊扬清、针砭时弊，发表批评性报道要事实准确、分析客观，坚持科学监督、准确监督、依法监督、建设性监督；

4.采访报道突发事件坚持导向正确、及时准确、公开透明，全面客观报道事件动态及处置进程，推动事件的妥善处理，维护社会稳定和人心安定。

第三条　坚持新闻真实性原则。把真实作为新闻的生命，努力到一线、到现场采访核实，坚持深入调查研究，报道做到真实、准确、全面、客观。

1.通过合法途径和方式获取新闻素材，认真核实新闻信息来源，确保新闻要素及情节准确；

2.根据事实来描述事实，不夸大、不缩小、不歪曲事实，不摆布采访报道对象，禁止虚构或制造新闻，刊播新闻报道要署记者的真名；

3.摘转其他媒体的报道要把好事实关导向关，不刊播违背科学精神、伦理道德、生活常识的内容；

4.刊播了失实报道要勇于承担责任，及时更正致歉，消除不良影响；

5.坚持网上网下“一个标准、一把尺子、一条底线”，统一导向要求、管理要求。

第四条 发扬优良作风。树立正确的世界观、人生观、价值观,加强品德修养,提高综合素质,抵制不良风气,保持一身正气,接受社会监督。

1. 强化学习意识,养成学习习惯,不断增强政治素质,提高业务水平,掌握融合技能,努力成为全媒型、专家型新闻工作者;

2. 坚持走基层、转作风、改文风,练就过硬脚力、眼力、脑力、笔力,拜人民为师,向人民学习,深入了解社情民意,增进与群众的感情;

3. 坚决反对和抵制各种有偿新闻和有偿不闻行为,不利用职业之便谋取不正当利益,不利用新闻报道发泄私愤,不以任何名义索取、接受采访报道对象或利害关系人的财物或其他利益,不向采访报道对象提出工作以外的要求;

4. 严格执行新闻报道与经营活动"两分开"的规定,不以新闻报道形式做任何广告性质的宣传,编辑记者不得从事创收等经营性活动。

第五条 坚持改进创新。遵循新闻传播规律和新兴媒体发展规律,创新理念、内容、体裁、形式、方法、手段、业态等,做到体现时代性、把握规律性、富于创造性。

1. 适应分众化、差异化传播趋势,深入研究不同传播对象的接受习惯和信息需求,主动设置议题,善于因势利导,不断提高传播力、引导力、影响力、公信力;

2. 强化互联网思维,顺应全媒体发展要求,积极探索网络信息生产和传播的特点规律,深刻把握传统媒体和新兴媒体融合发展的趋势,善于运用网络新技术新应用,不断提高网上正面宣传和网络舆论引导水平;

3. 保持思维的敏锐性和开放度,认识新事物、把握新规律,敢于打破思维定式和路径依赖,认真研究传播艺术,采用受众听得懂、易接受的方式,增强新闻报道的亲和力、吸引力、感染力,采写更多有思想、有温度、有品质的精品佳作。

第六条 遵守法律纪律。增强法治观念,遵守宪法和法律法规,遵守党的新闻工作纪律,维护国家利益和安全,保守国家秘密。

1. 严格遵守和正确宣传国家各项政治制度和政策,切实维护国家政治安全、文化安全和社会稳定;

2. 维护采访报道对象的合法权益,尊重采访报道对象的正当要求,不揭个人隐私,不诽谤他人;

3. 保障妇女、儿童、老年人和残疾人的合法权益,注意保护其身心健康;

4. 维护司法尊严,依法做好案件报道,不干预依法进行的司法审判活动,在法庭判决前不做定性、定罪的报道和评论,不渲染凶杀、暴力、色情等;

5. 涉外报道要遵守我国涉外法律、对外政策和我国加入的国际条约;

6. 尊重和保护新闻媒体作品版权,反对抄袭、剽窃,抵制严重歪曲文章原意、断章取义等不当摘转行为；

7.严格遵守新闻采访规范，除确有必要的特殊拍摄采访外，新闻采访要出示合法有效的新闻记者证。

第七条 对外展示良好形象。努力培养世界眼光和国际视野，讲好中国故事，传播好中国声音，积极搭建中国与世界交流沟通的桥梁，展现真实、立体、全面的中国。

1.在国际交往中维护祖国尊严和国家利益，维护中国新闻工作者的形象；

2.生动诠释中国道路、中国理论、中国制度、中国文化，着重讲好中国的故事、中国共产党的故事、中国特色社会主义的故事、中国人民的故事，让世界更好地读懂中国；

3.积极传播中华民族的优秀文化，增进世界各国人民对中华文化的了解；

4.尊重各国主权、民族传统、宗教信仰和文化多样性，报道各国经济社会发展变化和优秀民族文化；

5.加强与各国媒体和国际（区域）新闻组织的交流合作，增进了解、加深友谊，为推动人类命运共同体建设多做工作。

对本《准则》，中国记协会员要结合实际制定相应实施细则，认真组织落实；全国新闻工作者包括新媒体新闻信息传播从业人员要自觉执行；各级地方记协、各类专业记协要积极宣传和推动；欢迎社会各界监督。

第二章 文件文稿

第一节 综合类

中共萧山县委关于建立报纸通讯网和加强通讯报道工作的指示

报纸是党的宣传武器，它不仅是为实现党的各项方针政策的宣传鼓动者，而且是实现党的各项任务的组织者。因此，必须贯彻全党全民办报的方针。办好党报是加强政治工作和思想工作的一个重要方面，为了加强党报的及时性和战斗性，决定建立报纸通讯网来加强通讯报道工作。下列意见，希认真研究贯彻。

第一，必须明确加强党报的通讯工作，积极为党报写稿，这是各级党组织和每个党员的一项义不容辞的政治任务。加强报纸通讯工作：1.将使党在各个时期的各项方针政策得到及时的正确的贯彻；2.能够迅速地反映全党全民为加速社会主义建设而斗争的精神面貌；3.用各个战线上的英雄模范人物的动人事例，以及先进经验和发明创造，以不断鼓舞人们昂首迈进。毫无疑问，加强报纸通讯工作，就能有效地推动工农业生产和其他各项工作的大跃进。目前，有少数同志，由于对做好报纸通讯工作的意义认识不足，他们把报纸通讯工作看作是“额外负担”，认为“工作忙，没有时间写稿”，有的迷信自己“写不好”，因而“不敢写”，致使许多工作经验、发明创造和英雄模范人物的事迹得不到及时传播和推广，起不到先进推动后进的作用，这对党的事业是一种很大的损失。今后，必须努力扭转这种局面。

第二，建立报纸通讯网，加强党对通讯报道工作的具体领导。各级党委（总支）的第一书记必须亲自挂帅，应当作为一项严肃的政治工作任务来对待。经研究确定，以区委会为核心，以区为单位建立一个通讯组，由区委第一书记兼任组长。各乡党委（总支）、工厂、企业、矿山、学校、机关单位亦均应建立通讯小组，由乡党委（总支）书记及各部门党组织的书记或负责人分别兼任小组长。通讯小组由各区、乡、各部门党员干部和报纸通讯员组成。通讯小组的任务主要是：经常把本区、本乡、本单位在政治挂帅、工作环节和生产技术措施上所创造的先进经验和各种先进人物，积极地毫不遗漏地向萧山日报、宁波大众、浙江日报、宁波报、人民日报写稿反映,每个通讯小组一月至少写稿三篇,多则更好。此外,还应经常注意反映群众对报纸的意见,关心报纸的发行和读报组的辅导工作。在八月底以前,各区乡、各县级单位和工厂、矿山、学校应将通讯组、通讯小组的建立情况报告县委宣传部。

第三,县委宣传部和萧山日报社应该加强对报纸通讯工作的具体指导。根据县委各个时期的工作部署,具体制订报道提示,加强与各通讯小组的经常联系;了解与总结各个通讯小组的工作情况和工作经验。并可根据各个时期的报道中心,向各通讯小组、特约通讯员、通讯员约稿。此外,萧山日报社还应加强有关写稿方面的业务指导,定期分发各种通讯员读物,以提高通讯员的写作能力。对于积极的通讯员、通讯小组,应当给予适当的奖励与表扬。

中共萧山县委

一九五八年八月十四日

中共萧山市委宣传部关于对报刊、电视、广播加强审读、审视、审听工作的意见

市广播电视局、萧山报社、萧山人民广播电台、萧山电视台、萧山有线电视台(筹):

为进一步加强对新闻舆论导向的把握,保证娱乐节目播出的健康方向,不断提高办报、办台质量,促进我市的“两个文明”建设,经研究,决定就加强我市报刊、电视、广播的审读、审视、审听(以下简称“三审”)工作提出以下意见。

一、加强对“三审”工作的领导

“三审”工作由市委宣传部牵头,并由熊德利副部长分管,日常工作由对外宣传科负责。

市广播电视局、萧山报社、萧山人民广播电台、萧山电视台、萧山有线电视台(筹)要明确一位主要领导分管此项工作。

从一九九四年十二月起,市委宣传部将按季召集各新闻单位召开专题性工作会议(必要时,邀请“三审”工作人员参加)。以便总结上一阶段工作,并对下一段“三审”工作的开展提出意见和要求。

二、明确“三审”工作的职责

《萧山报》发表的文章,萧山人民广播电台、萧山电视台、萧山有线电视台(筹)播出的节目均属“三审”工作的范围。

“三审”工作的主要任务,是对宣传口径是否符合党和国家现行的路线、方针、政

策、法令法规,娱乐节目的内容是否健康,播出质量是否符合要求,有否重大差错和违犯宣传纪律,是否有利于促进我市的改革开放和两个文明建设等社会效果进行事后检查,以便不断总结经验,并对存在问题予以及时纠正、调整。

广播电视的审听审视,由市广播电视局负责实施;《萧山报》的审读由萧山报社总编室负责实施;市委宣传部主要通过定期抓汇报和审阅有关书面材料,征求工作人员意见,进行总体评析和提出工作要求等形式,加强对这一工作的领导。

三、建立和完善"三审"工作制度

各新闻单位要根据各自媒体的特点建立一支"三审"工作队伍,并就工作任务、实施要求、队伍建设、经费保证、创造工作条件、工作人员报酬等一系列内容建立切实可行的制度,不断完善,以求不断提高这一工作的质量。

四、其他有关事项

各新闻单位要及时收集情况,于每月十日前将上月"三审"工作信息进行汇总,向市委宣传部提供书面报告。如发现重大问题,应迅即向市委宣传部汇报。

各新闻单位建立的"三审"工作队伍(人员)名单和工作制度请于十一月三十日前报对外宣传科。

中共萧山市委宣传部

一九九四年十一月十九日

中共萧山市委宣传部
关于改进新闻报道的几个有关问题的通知

萧山日报社、萧山人民广播电台、萧山电视台、萧山有线电视台:

新闻舆论工作是党的宣传思想工作的重要组成部分。加强新闻舆论工作的管理,改进新闻报道工作,是党和政府有关部门的重要职责,也是以正确的舆论引导人的内在要求和新闻舆论健康发展的重要保证。按照中共中央办公厅、中共中央宣传部关于各地"在党委领导下,党委宣传部负责指导本地区新闻舆论工作"和新闻单位要精简会议报道的指示精神,经听取各有关方面意见,现就改进新闻报道的几个有关问题作如下通知。

一、凡市委、市人大、市政府、市政协召开的全体会议和全市性大型会议(活动),各市级新闻单位必须落实专人,周密计划,认真安排,作好报道。对市党代会、市人代会(市人大常委会例会)、市政协会议(市政协常委会例会),要进行全程跟踪报道。

二、对重要的外事、统战活动，各市级新闻单位在接市级职能部门告知后，应列入新闻报道计划，及时做好报道工作。

三、市领导下基层调查研究、检查指导工作，凡对全局具有重要指导意义的，各市级新闻单位应作相应报道。此类稿件一般由有关秘书提供，或由有关职能部门、基层单位提供。如有关方面要求记者随行采访，一般情况下必须接市委、市人大、市政府、市政协办公室通知后指派人员采访。一般性的调研活动不作报道。

四、市级部门的工作会议、专业性会议，一般不作新闻报道。确需宣传报道的，只报道重大工作部署，不报道会议。

五、镇(办事处)、乡、农场的会议，一般不作报道。如认为对全局确有典型意义和指导作用，方可报道，报道重点应侧重于工作部署和工作经验。

六、对各个系统和部门(单位)各种不同类型的宣传周和集中宣传活动，均应由举办单位预先提出具体的书面报道计划和要求，并经市委宣传部审定。否则，各新闻单位一律不得予以报道。

七、任何单位和个人，凡要求举行新闻发布会和记者招待会的，如无市委宣传部(市政府新闻办公室)的统一通知，各新闻单位一律不得擅自采访，有关内容一律不得擅自报道。

八、对庆典、剪彩、办节之类的活动，如非外事、统战工作的需要，一般不予报道。如确需报道，由市委宣传部(市委外宣办)统一通知。否则，新闻单位应拒绝采访和报道。

九、未经市委、市政府批准的各类评比活动，不作报道。确需报道的，由市委宣传部批准或统一通知。

十、各新闻单位报道市领导在全市性大型会议(活动)或在有关场合的讲话，原则上须经领导本人审阅稿件。因其他原因本人审阅有困难的，由受委托的负责人审阅。

十一、由市委、市人大、市政府、市政协组织或批准的重要会议和活动，新闻报道稿件须经组织或批准的所属一家办公室负责人审阅。有必要请市领导审阅的，应请该办公室负责人提交市领导审阅。

中共萧山市委宣传部
一九九七年三月十四日

中共萧山市委宣传部
关于加强新闻系统职业道德建设　禁止有偿新闻的规定

市级各新闻单位：

为认真贯彻党的十五大精神，坚持新闻工作的党性原则，坚持正确舆论导向，严肃宣传纪律，建设高素质新闻队伍，保证新闻工作为党委、政府工作大局服务，根据中央、省委宣传部等部门有关文件精神，就加强我市新闻系统职业道德建设，禁止有偿新闻做以下规定：

一、新闻单位采集、编辑、发表新闻，不得以任何形式收取费用。新闻工作者不得以任何名义向采访报道对象索要钱物，不得接受采访报道对象以任何名义提供的钱物、有价证券、信用卡等。

二、新闻报道与广告必须严格区别。新闻采编播人员与广告经营人员严格分开，不给新闻专题采编人员下达广告任务。不得以新闻报道形式为企业或产品做广告。广告和信息类节目应按规定播发，并注明广告标识，与其他非广告信息相区别。

三、加强对联办版面、节目和栏目的管理，以防其混淆新闻报道与广告的界限。

四、新闻单位主要负责人和分管宣传报道的领导一般不参加企业举办的开业、庆典、新产品新闻发布会或其他商业性活动；采编部门负责人未经主管领导批准，记者、编辑未经本部门负责人批准，亦不参加企业上述活动，此类活动一般不报道，各新闻单位要严格把好关。

五、在采访和对外联系业务中，工作人员未经领导同意，不得以新闻单位名义对被采访（联系业务）单位或个人作出发稿等承诺；不得借采访、发稿之机公开或隐蔽地向被宣传单位、个人索要礼品礼金；不得利用手中“批评报道”，向被批评单位提出不合理要求；不得要求采访对象承担应由个人支付的款项。

六、新闻工作者不得以任何名义向采访报道对象借用、试用车辆、住房、家用电器、通信工具等物品。

七、新闻工作者个人不得擅自组团进行采访报道活动。

八、新闻从业人员不得从事商品经销等经营性活动，从中收取回扣、咨询费、劳务费、中介费。新闻单位因举办“征文”“竞赛”“专题节目”等得到的协办经费，纳入本单位财务统一管理，合理使用。

九、新闻工作人员不得从事第二职业，不得去企业兼职，参加企业活动获取报酬。未经单位主要领导批准，不得受聘担任其他新闻单位兼职记者、特约记者、特约撰稿人。不得私自外出从事节目主持、演出、撰稿等活动。

十、结合对报纸、电台、电视台日常阅评工作，把好禁止有偿新闻关。加强举报查处工作，健全社会监督机制，长年刊播举报电话号码。对重大举报要严肃查处，并及时向上级汇报查处结果。对违规人员，视情节轻重，给予批评教育，取消聘评专业技术职务资格直至吊销记者证处理。对集体违规，按有关条例、规定做出相应处罚。

以上规定，望遵照执行。

中共萧山市委宣传部

一九九八年五月十八日

中共杭州市萧山区委宣传部
关于深入开展“杜绝虚假报道　增强社会责任
加强新闻职业道德建设”专项教育活动的实施意见

区各新闻单位：

为进一步加强新闻管理和队伍建设，加快我区新闻事业繁荣健康发展，按照省市关于在新闻战线深入开展“杜绝虚假报道　增强社会责任　加强新闻职业道德建设”专项教育活动(视频)会议的要求，结合我区实际，制定我区开展“三项学习教育”活动的实施意见，具体方案如下：

一、工作目标

全面落实新闻报道真实、准确、全面、客观的原则，坚守新闻真实的生命线，坚决治理虚假报道问题，确保新闻信息来源真实可靠，确保新闻真实准确无误，杜绝虚假报道的产生传播，同时教育引导新闻从业人员增强社会责任意识，提升职业道德水平，树立正确的新闻价值观，从而提高新闻媒体的权威性、公信力，维护新闻工作的崇高社会声誉和新闻工作者的良好社会形象，确保新闻宣传工作坚持正确舆论导向。

二、工作安排

(一)动员部署(2011年2月中旬)

按照全国和省新闻战线“三项学习教育”活动领导小组动员会议精神，部署开展“杜绝虚假报道　增强社会责任　加强新闻职业道德建设”专项教育活动。各新闻单位要通过召开动员大会等形式，传达关于深入开展“杜绝虚假报道　增强社会责任　加强新闻职业道德建设”专项教育活动的通知精神，通报分析近期一些新闻单位因内部管理制度不健全，采编工作程序不规范，对新闻从业人员教育不力、管理不严，出现多起虚假报道、造成恶劣社会影响的情况；就开展专项教育活动的重要意义、必要性、紧迫性进行思想动员并部署活动安排。

（二）自查自纠（2011年2月下旬至2011年3月上旬）

各新闻单位要按照部署，认真检查各个环节、各个岗位、各个部门的管理情况，从选题策划、采访编辑到发稿审稿等各个流程环节，从采访、编辑、经营到管理等不同岗位，从领导干部到普通员工等不同层次，建立完善规章制度，强化内部规范管理；要查找分析虚假报道产生的思想根源、采访作风、业务管理、制度建设等方面存在的突出问题，对查出的虚假报道、失实报道、不准确报道进行集中治理；并围绕"坚持新闻真实性原则""加强新闻职业道德建设"等内容专题组织交流学习体会。

（三）征求意见（2011年3月中旬至2011年3月下旬）

要向社会各界征求关于开展专项教育活动的意见建议；要充分发挥党代表、人大代表、政协委员的作用，通过座谈会、调查问卷、个人访谈等形式广泛征求意见；要通过热线电话、网站互动等形式向广大群众征求意见建议。

（四）总结完善（2011年4月）

各单位要对查找出的问题和隐患进行梳理分类，对查出的虚假报道、失实报道、不准确报道，区别不同情况，分别给予批评和处分；根据新闻管理法规制度、宣传报道纪律要求、新闻职业道德准则进一步完善媒体采编工作守则，进一步完善工作机制。

三、工作措施

（一）健全工作机制。各新闻单位要切实加强舆论阵地管理，严格遵守新闻宣传纪律。在新闻队伍建设上，把好进入关、用人关和考核关。把杜绝虚假报道的相关要求，贯穿到整个采编规程和新闻规范中；要进一步完善纠错、更正、致歉机制及追究制度建设，做到有错必纠，有责必究。

（二）加强教育培训。通过定期对新闻从业人员开展理论知识培训，学习有关法律法规，突出加强价值观教育，引导新闻从业人员牢固树立马克思主义新闻观，树立崇高的职业精神和职业道德，形成正确的价值判断和职业追求；大力开展专业知识技能培训，提高新闻从业人员综合素质，避免因知识结构缺陷和业务能力不足导致虚假报道。

（三）强化监督机制。各新闻单位要在报纸、广播、电视、网站上公布举报方式，接受社会各界监督；要选派专人负责受理举报，并对举报内容进行调查、核实、处理；举报的问题经调查核实后，要将情况及时报告，并视情况向社会公布查处结果。

（四）完善考核制度。新闻单位要建立相关的考核奖惩制度，强化防止和遏制虚假报道的相关内容和处罚办法；采编、刊播虚假报道必须向社会公开更正并道歉；对于因疏于管理刊播虚假新闻，造成恶劣社会影响和严重后果的要追究单位负责人责任。

四、工作要求

（一）高度重视。开展“杜绝虚假报道　增强社会责任　加强新闻职业道德建设”专项教育活动，是新闻战线“三项学习教育”活动的重要工作。各新闻单位要高度重视，主要负责人要切实负起责任，牵头组建工作班子，摆上重要工作日程，积极推动专项教育活动，力争解决突出问题；要结合本部门、本单位实际，制定工作方案，细化具体措施，认真组织实施，及时上报活动进展和出现的情况问题，确保各项工作落到实处。

（二）精心组织。各新闻单位要精心设计载体，丰富教育手段，切实抓好虚假报道治理工作；要不定期召开工作会议，通报工作进展，研究解决问题；要通过开辟专页、专题，介绍、推荐各新闻单位在开展专项教育活动中好的做法和取得的制度性成果。

（三）着力治本。要通过专项学习教育活动，不断完善全区新闻从业人员管理机制、责任追究机制、社会监督机制等，建立防范和治理虚假报道长效机制；各新闻单位要加强职业精神、职业道德教育，引导新闻从业人员像爱护生命一样捍卫新闻真实，自觉抵制虚假报道。

中共杭州市萧山区委宣传部

二○一一年一月二十五日

第二节　报纸工作

中国共产党萧山县委员会关于创办《萧山报》的决定

中国共产党萧山县委员会的机关报——《萧山报》，定于十二月十一日创刊。它的主要对象是人民群众。特别是组织起来的农民，以及工厂、企业、手工业组织，其次是各级党、政府、群众团体的干部，党的基层组织，和农村经济工作者、文教工作者。《萧山报》的主要任务，是通俗地、经常地、系统地宣传党在过渡时期的总路线及各项政策，加强对党员、干部和广大人民群众的政治思想教育，反映与指导党的组织和人民群众的生产、生活与学习，总结交流各项工作经验，普及农业科学技术和文教卫生知识教育，为动员全县人民积极投入国家社会主义建设而奋斗。

《萧山报》暂定五天一期，每期八开二版，用五号活体字排印。报纸内容，应以反映本县人民群众的政治、经济、文化生活的新闻报道为主，国内外及本省的新闻报道为辅；编排方面应力求通俗，使粗识字的人看得懂，不识字的人听得懂，同时，要大力开展工农通讯工作，组织工人、农民写稿，使报纸密切与群众的联系，充满群众的声音。

要办好报纸，必须贯彻"全党办报"的方针。为此，县委决定成立《萧山报》编辑委员会，加强对报纸工作的领导。编委会要定期地讨论制定报道方针、任务及具体的报道计划，经常地检查、督促、改进编辑部工作。县级机关各部门应经常运用报纸宣传解释有关政策法令、方针、任务，总结交流经验，指导各项工作。区委、党支部应将动员教育党员、干部积极宣传推广报纸，组织通讯员读报活动列为经常工作之一。

（原载于1954年12月11日《萧山报》创刊号）

中国共产党萧山县委员会关于创办《萧山报》从六月一日起改出《萧山日报》的决定

党中央和毛主席向全党和全国人民提出了多快好省，鼓足干劲，力争上游的社会主义建设路线。在这条正确路线的领导下，我们在工农业生产方面以及其他各个方面已取得了辉煌的成就。今后，随着这条建设路线的深入贯彻，工农业生产和其他各个方面的事业必将有新的更快速度的跃进。作为党的最有力的宣传武器——报纸，必须迅速、正确、及时地反映和指导工农业生产的新高潮，动员与组织全县人民，为正确贯彻和彻底实现社会主义建设路线和第二个五年计划而奋斗。因此，县委决定自一九五八年六月一日起，将《萧山报》由现在的四开隔日刊改为《萧山日报》。

《萧山报》改为日报后的办报方针和服务对象仍执行县委过去所作的决定。但鉴于地方工业大量发展这一新情况，今后将以一定篇幅报道地方工业和财贸等项工作。

《萧山报》改为日报后，必须进一步贯彻"全党办报"和"群众办报"的方针，使党报成为真正的集体的宣传者和组织者。党报和党报工作人员不但要忠实于党的总路线、总方向，坚决服从党的领导，而且要与党的领导机关的意志呼吸相关、息息相通，这是办好党报的一个方面。我们党的各级领导机关的领导者和全体党员对于党报也要非常关心，经常监督与支持党的机关报，这是办好党报的另一方面。今后县、区、乡、社的各级党组织和各部门的领导同志，必须经常的为报纸写稿、写信，逐步提高自己的写作能力，每月至少写一到两篇。并经常供给报社编辑部有关情况与资料，支持报上开展批评，吸收报社干部参加有关会议。以自己的带头行动，发动大家都为报纸写稿、写信，反映情况。

《萧山报》改为日报后，宣传部门必须订出扩大发行份数、建立健全的读报组织的计划。各地党组织，必须动员教育群众；并积极支持与协助邮电局，做好报纸的发行工作，要求巩固老订户，发展新订户，一定做到农业社各生产小队，工厂各车间、生产小组，各机关科室、学校、商店都订《萧山日报》；农村基层干部、下放干部、机关干部、工厂干部人人都订《萧山日报》。在订报后，必须加强读报，使之推动工农业生产。

由于印刷等条件的关系，六、七两个月出报版面暂时决定为单日四开四版，双日八开二版，即二天出六版，从八月一日起正式改为每天四开四版日报。

报社、印刷厂在一般情况下要保证日报的出版时间，不得无故误期。邮局要大力组织收订，积极改进投递，要求当天一定送到读者手里。报社、印刷厂、邮电局三个部门应加强协作，努力办好党报。

（原载于1958年5月27日《萧山报》）

萧山县人民政府关于筹备出版《萧山农科报》的通知

各区公所、公社管委会、镇人民政府，县府各委、办、局（行、社），县直属各单位：

根据县七届人代会三次会议中提出的改革科技工作的要求，经研究决定筹备出版《萧山农科报》。

《萧山农科报》的任务是：向广大农村基层干部和农民群众宣传党的农副业科技政策和科技知识，交流技术经验，适当兼顾农村其他方面一些科技和经营管理知识的宣传，以促进农业科技知识的普及，提高农业经济效果，促进农村商品生产的发展。

《萧山农科报》暂定每月三期，争取五月底出报。望县级各有关部门和区、社、镇各级政府积极支持，办好这张报纸。

一九八三年五月四日

让农村开遍科技花

——祝贺《萧山农科报》创刊

中共萧山县委副书记　虞荣仁

《萧山农科报》创刊了。这是一桩值得庆贺的事情。我们衷心地期望她在宣传、普及农业科技知识,推动科学种田,开创我县农业新局面中作出积极的贡献!

振兴农业,一靠政策,二靠科学。靠政策调动农民的积极性有很大的增产潜力,但毕竟是有限度的,而科学技术对农业生产力的促进和发展,是无穷无尽的。党的十一届三中全会以来,党中央实行了一系列的促农、富农政策,农村出现了方兴未艾的大好局面,也给农业科技工作提出了更高的要求和崭新的课题。随着农业家庭联产承包责任制的普遍推行,农民科学种田的积极性很高,迫切要求学习、掌握现代农业科学技术,拿起科学技术的“金钥匙”,打开发展生产致富的大门。因此,有一张报纸,作为全县农业科技的一个阵地,是十分必要的。《萧山农科报》的任务,就是宣传党对发展农业生产,搞好农业科技的方针、政策;介绍、传播农业生产和经营管理,以及医疗卫生、计划生育等方面的科学知识;总结交流和推广发展农、工、副各业生产的先进经验和现代技术,以提高农业经营效果,促进农村商品生产的发展。

办好《萧山农科报》,要坚持群众办报的方针,面向农村,面向广大干部、社员,面向专业户、重点户,力求地方化、大众化、通俗化。我们殷切地希望广大读者、各级干部,特别是各条战线上的科技人员,都来关心和扶持《萧山农科报》,积极地为她撰写稿件,做好发行工作,使她办得生动活泼、丰富多彩、富有实效,让农业科技之花,在萧山农村遍地盛开!

(原载于1983年6月1日《萧山农科报》创刊号)

新的起点　新的希望

——祝贺《萧山农科报》创刊一周年

中共萧山县委书记　费根楠

《萧山农科报》创刊一周年了。这是值得祝贺的一件喜事。

在这短短的一年里,我县农村的政治和经济迅猛发展,农业内部的结构又有新的变化,农民中特别是“两户”学习、运用农业科技、发展商品生产的劲头越来越高。作为农村科技号角的《萧山农科报》,顺应这种需要,以独特的内容和形式,宣传马列主义、毛泽东思想和党的农业科技政策,推广了一批适应我县农业的农科技术,讴歌了农村的新人新事,起到了宣传群众,组织农民学科学、用科学,大力发展农村商品生产的作用,受到了“两户”和广大农民的好评。在此,我代表县委,向报社辛勤工作的同志,向广大的通讯员和出版、发行的同志,向支持办好这张报纸的各级领导和广大农业科技人员表示祝贺和慰问!

当今的农村，正处在深入改革，阔步前进的黄金时代。《萧山农科报》要认清这个形势，做农业科技改革的促进派。

《萧山农科报》要办出自己的特色，要有姓“农”的个性。要大力宣传现代农业科技的新内容。现在农业科技的领域已远远超出我们原来传统习惯的范围。大力发展商品生产，农民进入流通领域，加工业、运输业、饲料业和食品工业等许多方面，都有一个运用科学技术，争取最好经济效益、社会效益和生态效益的问题。多层次、多内容、多结构的农村经济实体，需要我们多种科技信息的传播，多样科技知识的普及，多项科技成果的推广。只有努力适应农村这种新的变化，满足农民这样新的需求，我们的报纸才能真正成为农民群众的良师益友。

《萧山农科报》要相应地拓宽宣传面，加强党的农村经济政策的宣传。对县委一些重大部署要适当报道。在突出农业科技宣传的同时，对乡镇企业、各种经济联合体、家庭工业等也要适当地宣传，要大力宣传和支持改革者，鼓舞广大群众满怀信心地去实现新的奋斗目标。

《萧山农科报》是目前本县唯一的一张小报，它的内容是农业科技，订阅在户里，读者是农民。因此，文章要通俗短小，形式要活泼多样，使农民喜闻乐见。要注意学习其他农村小报之长，补己之短。

当前还要解决一个发行问题。县委去年就提出要求，至少有30%的农户能够订阅。现在有的区、乡已达到或超过这个要求，但多数区、乡尚未达到，希望各地领导能抓一抓。花订报这点钱，从目前生产需要和长远智力投资来看，都是合算的。

《萧山农科报》创刊一年，各方面都在健康成长。只要各级党委大力支持，各方面密切配合，相信她一定能够作出新的贡献！

（原载于1984年6月1日《萧山农科报》）

努力办好报纸　振兴萧山经济

——祝贺《萧山经济报》创刊

萧山市市长　马友梓

今天，是伟大的中国共产党诞生67周年。在这样一个具有伟大意义的日子里，《萧山经济报》创刊了，她不仅为我市的新闻战线增添了一支生力军，也将为我市的两个文明建设带来新的动力。

《萧山经济报》是一张以反映经济建设为中心,服务于我市经济建设的报纸。党的十一届三中全会以来,特别是近几年来,萧山百万人民,以艰苦奋斗、开拓创新的精神,在萧山大地上辛勤耕耘,努力工作,创造了引人注目的业绩,跃入了全国十大"财神"县的行列,经济建设正在由田间奔向世界。

当前我国的经济体制改革已经进入到一个决定性的阶段,我市的经济发展也面临着新的形势和考验。在这样关键时刻创刊的《萧山经济报》,要以大力推进经济体制改革为已任,通过宣传党的以经济建设为中心的路线、方针和政策,提高全市人民的改革觉悟,增强全市人民的改革意识,热情地传播我市经济建设中的新成就、新经验,发挥新闻舆论的鼓舞、激励、鞭策作用,促进萧山经济的健康发展。

实事求是,是党的思想路线,也是党的优良传统,更是新闻工作必须遵循的原则。新创刊的《萧山经济报》,应遵循求实、创新、开拓、奋进的要求,既热情歌颂改革、建设中的新经验、新成就,也要重视和反映改革、建设中出现的问题,既报喜,也报忧,其目的是使全市人民团结向上,保持清醒头脑,扎实奋进。

办报纸,也和办任何事情一样,一靠领导的重视,二靠群众的支持。《萧山经济报》办起来了,要办好它,也离不开这两条。各级干部在领导经济工作中,要善于运用新闻媒介,发挥报纸、广播、电视的作用,要重视报纸的发行工作,让《萧山经济报》深入到千家万户,成为各级干部工作中的助手。读者是报纸的主人,群众的支持,是办好报纸的基础。我们要依靠群众,让群众的呼声在报纸上体现,通过报纸,体现群众的监督作用,使报纸成为人民群众的代言人。

愿《萧山经济报》迎着改革的阳光,顶着开拓的风浪,茁壮成长!

(原载于1988年7月1日《萧山经济报》创刊号)

关于同意《萧山经济报》更名的批复

(91)新出报字第257号

浙江省新闻出版局:

浙新出报刊(1991)10号文悉。经研究,同意《萧山经济报》更名为《萧山报》。该报为周二报、四开四版,由中共浙江省萧山市委主办。

请为《萧山报》办理有关变更登记。

新闻出版署

一九九一年三月二十六日

关于同意《萧山报》更名为《萧山日报》的批复

浙新出报刊(1994)338号

中共萧山市委:

根据新闻出版署新出报{1994}1010号文件精神,同意《萧山报》从1995年1月起,更名为《萧山日报》,同时刊期改为周六刊,其他登记项目不变。

请向我局报刊管理处办理变更登记手续。

浙江省新闻出版局

一九九四年十二月二十九日

办好《萧山日报》 推进萧山经济和社会发展

中共萧山市委书记 杨仲彦

《萧山日报》今天复刊了。这是我市宣传舆论战线上的一件大事。作为市委的机关报,她的复刊,对于推进我市社会主义物质文明建设和精神文明建设,早日把萧山建设成为现代化的新兴中等城市,必将产生积极的作用。

我们的党,是代表着广大人民群众利益的党。我们的事业,是人民群众的事业。党报的首要任务,就是要大力宣传党的路线、方针、政策,善于使党的政策变为群众的自觉行动。当前,我们正处在由高度集中的计划经济体制向社会主义市场经济体制转换的时期。在刚刚结束的市委十届三次全体(扩大)会议上,市委提出了要在邓小平同志建设有中国特色社会主义理论和党的基本路线指导下,在建立社会主义市场经济体制新时期再创新业、再立新功,尽快把萧山建设成为现代化的新兴中等城市的要求。这个任务是相当光荣的,也是非常艰巨的。要实现这个目标,需要全市人民进一步发扬艰苦创业的精神,齐心合力来干。为此,我们的报纸和电视、广播等所有舆论工具,都要利用自己的阵地,为深入持久地宣传邓小平同志建设有中国特色社会主义理论,宣传党的基本路线,宣传我市经济和社会发展的目标、任务而努力奋斗。

建设有中国特色的社会主义,建立社会主义市场经济体制,是一项全新的事业。我们有决心把事情办好,但在工作中难免会有失误。因此,我们一定要密切联系群众,倾听群众的呼声,同时也真切地欢迎人民群众的监督和舆论的监督。《萧山日报》要以真实反映群众心声为己任,积极大胆地报道广大人民群众关心的重点、热点、难点问题，帮助党委、政府改进工作，同时又要把党委、政府为解决这些重点、热点、难点问题所做的工作，实事求是告诉群众，充分发挥报纸作为党委、政府联系群众的“桥梁”和“纽带”的作用，使群众认识自己的根本利益、长远利益，从而关心改革、支持改革、参与改革，推进萧山的经济和社会发展。

报纸要讲求宣传效果，既要有鲜明的政治性，又要有很强的可读性。报社的记者、编辑，一定要加强学习，深入实际，努力提高自己的政治素质、理论素质、业务素质、作风素质。办报纸是很辛苦的，办报的同志一定要有强烈的事业心和责任心，以对党、对人民高度负责精神，勤奋学习、不耻下问的精神，任劳任怨、乐于奉献的精神，全身心投入到工作中去，为贯彻落实江泽民同志提出的“以科学的理论武装人，以正确的舆论引导人，以高尚的精神塑造人，以优秀的作品鼓舞人”的要求作出自己应有的贡献。

祝愿《萧山日报》越办越好。

（原载于1995年1月1日《萧山日报》）

站在新起点　更上一层楼

——祝贺《萧山日报》复刊五周年

中共杭州市委副书记、萧山市委书记　吴键

在《萧山日报》迎来复刊五周年的喜庆日子里，我谨代表市委对《萧山日报》五年来所取得的成绩表示热烈祝贺，并向报社全体工作人员致以亲切的问候。

复刊五年来，《萧山日报》始终坚持了正确的舆论导向和办报方针，充分发挥了党和政府的“喉舌”和“耳目”作用，积极宣传党的路线、方针、政策；围绕市委的中心工作，反映萧山改革开放和经济社会发展取得的巨大成就，引导人民群众投身于建设现代化新萧山的伟业，为我市的物质文明和精神文明建设起到了积极的推动作用。你们取得的成绩，倾注了各级领导和广大读者的爱心，凝聚着报社工作人员和广大新闻工作者的辛劳，也标志着我市新闻事业进入了新的发展时期。

复刊五周年，对于《萧山日报》来说，既是一种收获，也是一个新的起点。要把《萧山日报》办得更好，使之成为一张更有生命力的报纸，必须时刻牢记《萧山日报》是一张党报，是党的重要宣传舆论阵地。报社的全体工作人员，一定要以对党和人民的事业高度负责的态度，站在讲政治的高度，努力适应新的形势，提高政治鉴别力和敏锐性，兢兢业业地办好报纸。要充分发挥党报“以正确的舆论引导人”的主导作用，坚持团结、稳定、鼓劲的宣传基调，紧紧围绕市委的中心工作，大力宣传有中国特色的社会主义理论和党的基本路线，热情讴歌各行各业的先进模范人物，把广大干部群众的思想统一到党的方针、政策上来，引导到更好地为大局服务，为实现萧山跨世纪宏伟蓝图服务上来。要不断研究和探索宣传艺术，贴近社会，贴近群众，弘扬正气，针砭时弊，使新闻报道更有吸引力、号召力和说服力，让读者喜闻乐见，入眼入脑。报社要坚持不懈地对工作人员进行政治教育、纪律教育和业务教育，努力培养一支政治强、业务精、作风正的新闻队伍，从而使全社上下形成合力，把《萧山日报》办成一流的报纸。

欲穷千里目，更上一层楼。望《萧山日报》不断进步，不断发展，为我市各项事业的发展作出更大的贡献。

发挥党报喉舌作用　担当历史发展重任

中共杭州市委常委、萧山市委书记　史久武

《萧山日报》从今天起试刊、明年元旦正式扩为对开大报，这是我市新闻事业发展史上的一件大事。《萧山日报》的扩版，对促进我市经济建设和精神文明建设，加快现代化新兴中等城市建设步伐，必将发挥积极的作用。

作为市委机关报，《萧山日报》肩负着宣传党的路线、方针、政策，贯彻市委市政府决定，反映全市改革开放和两个文明建设成就，服务于广大人民群众的历史重任。《萧山日报》自1995年复刊以来，紧紧围绕市委市政府的中心工作，牢牢把握正确的舆论导向，不断提高新闻宣传水平，为我市推进改革开放和现代化建设进程，推动民主和法制建设，保持安定团结的政治局面，给予了有力的舆论支持，《萧山日报》自身也有了长足的发展。在此，我代表萧山市委、市政府，对《萧山日报》所取得的成就表示祝贺。

建设一个经济繁荣、科教发达、环境优美、社会文明、人民富裕的现代化新兴中等城市，是全市人民跨入二十一世纪的奋斗目标。全市党员干部和广大人民群众，都在为实现这个目标而努力。当前，我市正处于改革和发展的关键时期，面临着前所未有的良机和严峻的挑战。这就需要我们在邓小平理论和党的基本路线的指导下，振奋精神，精诚团结，艰苦奋斗，再创新业，再立新功。

新形势下，我市的报纸、广播、电视等新闻舆论工具，应肩负起“以科学的理论武装人，以正确的舆论引导人，以高尚的精神塑造人，以优秀的作品鼓舞人”的重任，成为党和政府联系群众的“纽带”和“桥梁”。我们要通过新闻舆论工具的有效宣传，进一步统一全市人民的思想，激发全市人民的工作热情，为加快实现现代化新兴中等城市的目标共同努力奋斗。

新闻单位肩负起这个重任，首要的一条，是必须坚持正确的舆论导向，围绕经济建设这个中心，服从服务于加快经济发展的大局。江泽民总书记强调，舆论导向正确，是党和人民之福；舆论导向错误，是党和人民之祸。我市的新闻工作者，必须在思想上确立这个“福祸观”。要通过我们的工作，为维护和促进社会稳定，搞好经济建设创造一个良好的舆论环境。要坚持正面宣传为主的方针，弘扬主旋律，从各个角度反映我市改革开放的新成果、新经验、新思路、新方法。要注意发挥舆论监督的作用，使之成为各级党委政府改进工作、解决问题的工具。

新闻单位要肩负起这个重任，必须树立起对党、对人民高度负责的政治责任感和敬业爱岗、乐于奉献的精神。要研究新闻规律，注重宣传效果，不断提高新闻工作者的政治素质、业务素质。只有建立一支素质高、业务精、纪律严、作风正的新闻队伍，才能胜任党和人民所赋予的历史使命。

祝愿《萧山日报》与二十一世纪的萧山共创辉煌。

（原载1998年12月18日《萧山日报》）

中共杭州市委常委、萧山市委书记王建满要求萧山日报

主动为发展服务　在服务中壮大自己

“主动为发展服务，在服务中壮大自己。”这是杭州市委常委、萧山区委书记王建满2001年12月17日在萧山日报复刊十周年庆祝大会上提出的要求。

王建满说，报纸是社会进步的一面镜子。萧山日报的发展依赖于萧山经济和社会的快速发展，而当前人民群众最根本的利益、最大的意愿是发展。因此，今后萧山日报一方面要继续坚持为发展服务的办报思想，主动地为发展服务。要围绕党和政府的中心工作，紧贴群众、紧贴发展，为发展而鼓，为发展而呼，为发展而擂。只有坚定不移地为发展鼓、呼、擂，不断提高鼓、呼、擂的水平，报纸才有生命力，才能适应新的形势；另一方面，萧山日报要在服务中发展自己，壮大自己。明年我区要实现工业“冲千亿”的目标，萧山日报既要为“冲千亿”服务，又要抓住机遇，在“冲千亿”中发展自己。同时要以搬入新办公大楼为契机，加强新闻队伍建设，进一步提高办报质量。

中共杭州市萧山区委宣传部
关于将萧山日报电子版更名为萧山网的请示

中共杭州市委宣传部：

萧山日报电子版是萧山区唯一一家经省委外宣办批准可以登载新闻的网页，自1999年9月开通以来，每天更新新闻100多条，并配合萧山日报制作了大量的专题，日访问量已达到5000次左右，有了较大的社会影响。已成为萧山对外开放的一个重要窗口。

根据萧山经济和社会各项事业发展的情况，为进一步加强网络宣传工作，我们请求将萧山日报电子版更名为萧山网。

特此请示，请予批复。

中共杭州市萧山区委宣传部

二〇〇三年五月二十八日

浙江省人民政府新闻办公室
关于同意萧山日报电子版更名为萧山网的复函

杭州市人民政府新闻办公室：

你办《关于将萧山日报电子版更名为萧山网的请示》悉。经研究，同意萧山日报电子版更名为萧山网，其新闻网页性质不变。

浙江省人民政府新闻办公室

二〇〇三年六月十二日

关于调整萧山日报社、富阳日报社隶属关系的批复

杭州日报报业集团：

集团〔2004〕11号请示悉。根据中央治理党政部门报刊散滥和利用职权发行工作协调领导小组办公室《关于浙江省报刊治理工作方案的批复》（中央报刊治理办〔2003〕11号）中关于"《萧山日报》《富阳日报》等15种报纸保留后由省、地党报（报业集团）有偿兼并"的有关规定，经研究，批复如下：

一、鉴于杭州日报报业集团有偿兼并萧山日报社、富阳日报社的工作已完成，同意萧山日报社、富阳日报社的主管部门由萧山区委、富阳市委变更为杭州日报报业集团。

二、萧山日报社、富阳日报社均为准公益类事业单位，其经费预算形式为企业化管理，机构规格分别为相当萧山、富阳的正局级。

三、萧山日报社、富阳日报社的编制数仍维持原有的59名、28名不变。

四、核定萧山日报社单位领导职数5名，内设机构数7个，中层领导职数14名；富阳日报社单位领导职数4名，内设机构数5个，中层领导职数10名。

请在十日内，按规定办理事业单位变更登记手续。

杭州市机构编制委员会

二〇〇四年六月十六日

第三节　广播电视工作

萧山县人民委员会批转县广播站“关于实行有线广播使用管理暂行规则的报告”

各区公所、人民公社：

县人委同意县广播站“关于实行有线广播使用管理暂行规则的报告”和“萧山县有线广播装置和使用管理暂行规则”，批转各地试行。

有线广播的发展，对宣传党和政府的政策、方针，传播科学技术知识，预报气象消息，活跃农村文娱生活等方面起了不少作用，是一种向人民群众进行社会主义教育的有力的宣传工具，它的设备，都是国家和人民的公共财产，应该教育群众都要爱护，不得破坏。

一九六三年五月二十一日

附：

萧山县广播站关于实行有线广播使用管理暂行规则的报告

县人委：

随着社会主义建设事业的发展，本县的有线广播事业也有了很大发展，这是党加强对农民群众进行社会主义、爱国主义、集体主义教育有力的宣传工具。几年来，广播事业的发展对于满足城乡人民群众的收听广播,提高政治、文化水平的要求和广播工作为生产、为社会主义建设服务方面都发挥了积极的作用,并深受群众的欢迎。但是,在当前农村有线广播管理工作中,亦出现了不少问题,如未经同意私装广播喇叭,私搬线路,搭挂干线,部分地区乱拆乱剪广播线,擅自将广播线改作电灯、电话线。近来有些地方甚至发生严重的偷窃广播木杆的违法行为。这些不良现象的发生,造成广播线路不通,喇叭不响,严重影响了党的广播宣传工作的正常进行,影响了群众的经常收听,同时,还发生了不少意外事故,造成了很多不应有的损失。

为了确保党的广播宣传工作的正常进行,保障广大群众的利益,严防一切意外事故的发生,不使国家财产遭受损失,除县广播站应加强对广播网路的维护管理工作外,特拟定了一个萧山县有线广播网装置和使用管理暂行规则(附后)。如无不当,请批转各地执行。

萧山县广播站

一九六三年五月十日

萧山县有线广播网装置和使用管理暂行规则

一、有线广播是党的重要宣传武器。为了充分发挥它的作用,提高广播的音质音量,保证广播宣传的正常进行,特制订本规则。

二、各单位或个人,凡装置广播喇叭,必须事先向广播站提出申请,经同意后,由广播站列入规划,负责安装。

三、有线广播所采用的喇叭,由广播站统一规格和供应。如用户已经自购喇叭,必须经广播站检查,合乎规格后由广播站派员(或委托该地区业余广播线务员)负责安装,并发给合格证。

四、迁移或拆装广播喇叭,用户必须提出申请,经广播站同意,并由广播站派员进行迁移或拆装。

五、架设、装置广播线路、喇叭,其一切费用均由用户负责。

六、全县广播网路是一个统一的整体,一切广播线路和设备装置后,均由广播站统一管理,用户只有喇叭使用权。未经广播站同意,任何单位或个人,不得擅自拆移或动用广播线路及其一切设备。

七、用户必须按照规定交纳喇叭收听电费。

八、不准在广播线路上私搭喇叭,矿石收音机、耳机、高音喇叭和其他障碍物。如有擅自搭挂,广播站有权进行处理。由于私搭喇叭、矿石机等障碍物所造成的一切损失，均由搭挂者负责。

九、广播线路和一切设备，是国家和人民的公共财产，人人有责保护，严禁偷窃破坏。对于偷窃破坏广播线路、设备的行为，人人有权检举。对维护广播线路、设备有显著成绩的单位或个人，可给予表扬。对损害和破坏行为，根据情节轻重，分别给予处理。

十、本规则自一九六三年六月一日起执行。

关于批转县革委会政工组《关于进一步加强公社广播站领导的报告》的通知

各区委、公社、镇党委：

县委同意县革委会政工组“关于进一步加强公社广播站领导的报告”，希研究贯彻执行。

公社、镇党委要切实加强对所属广播站的领导，严格宣传纪律，准确地宣传党的路线、方针、政策。经费开支要坚持勤俭的原则，厉行节约，反对浪费。广播站人员的计酬方法，要走群众路线，切实解决好。

中国共产党萧山县委员会

一九七二年七月二十一日

附：

关于进一步加强公社广播站领导的报告

县委：

在毛主席“努力办好广播，为全中国人民和全世界人民服务”的思想指引下，我县农村广播事业迅速发展。全县已有五十八个公社（镇）建立了广播站，配有专职人员一百六十九名。广播喇叭已发展到十二万只以上，这对向广大群众宣传毛泽东思想，推动革命和生产的发展起了很大的作用。

广播是无产阶级专政的重要工具。公社广播站是全国农村广播网的重要组成部分，肩负着向广大社员群众传播马列主义、毛泽东思想的重任，是无产阶级在农村思想领域里的前哨阵地。

几年来，全县各公社（镇）广播站在保证转播好中央人民广播电台、省人民广播电台和县广播站节目的同时，紧密结合当地三大革命斗争的实际，积极宣传马列主义、毛泽东思想,宣传党的路线、方针、政策,宣传新人新事,有力地推动了农村大好形势的发展。实践证明,办好公社广播站是阶级斗争、路线斗争的需要,是抓革命、促生产的需要,是加强战备的需要,是巩固无产阶级专政的需要,也是广大贫下中农的强烈愿望。

为了适应形势发展的需要,进一步发挥有线广播的战斗作用,把全县的广播工作搞得更好,提出如下意见:

一、切实加强党对公社广播站的领导。

办好广播事业,是党的一项重要任务。公社(镇)广播站是公社(镇)党委的重要宣传工具,党委应加强对广播站工作人员的思想建设和组织建设。

公社(镇)广播站人员列入正式集体编制,给予相对稳定。任用和调动人员要经公社(镇)党委审查,报县革委会政工组批准。为了加强党对公社(镇)广播站的组织领导,公社(镇)党委应有一名委员或党员干部兼任广播站的站长,选择一名广播人员担任副职,负责具体工作。

公社(镇)广播站工作人员要认真读马列的书,读毛主席的书,努力改造世界观。密切联系群众,加强调查研究,做好本职工作。

二、积极做好广播宣传工作,不断提高宣传质量。

公社(镇)广播站的宣传任务主要是转播上级广播台、站的节目。自办节目要少而精,要准确地宣传党的路线、方针、政策。自编稿件要经公社(镇)党委审查批准。

公社(镇)广播站必须严格宣传纪律,统一宣传口径,不得任意中断上级台、站节目。不准随便把广播当作通知、寻物的工具。广播站必须加强政治责任感,提高革命警惕,坚守工作岗位,坚决杜绝错转敌台等政治事故。

三、切实解决广播站的经费开支问题。

为了落实毛主席亲自批示照发的中共中央(1971)82号文件精神,减轻社员群众负担,公社(镇)广播站的日常事业经费,应按中国人民解放军财政部军事管制委员会、中国人民解放军中央广播事业局军事管制组一九六九年一月十三日关于"农村广播网经费开支问题的通知"精神执行。即由地方财政解决。

当前,站内设备添置的费用由社办企业的积累资金中解决。公社到大队的广播线路建设与维修,一般按谁受益、谁负责的原则处理,也可以根据各地情况,采取其他合理的办法解决。但不得以任何借口,向生产队收取广播费,增加社员群众负担。

切实解决好公社(镇)广播站人员的报酬。由于我县地区间经济收入差别较大,广播站人员的报酬,可以发固定工资,由所在生产队按同等劳动力口粮标准(即包括按劳部分)供应口粮和其他副产品;也可以工资交队,适当补贴(一般补贴工资总额的百分之二十至三十),由所在生产队按同等劳力(全年)记工,参加分配。如果双方同意,还可以采取其他适当方法。

公社广播站的劳保福利、工资标准,一般参照县站标准处理(具体标准另定)。

各项费用开支,应坚决贯彻毛主席关于“要节约闹革命”的指示,严格财务制度,厉行节约,反对浪费,力争做到少花钱、多办事,努力办好广播,为全中国人民和全世界人民服务。

以上报告,当否,请批转各地。

萧山县革命委员会政治工作组

一九七二年六月二十八日

萧山市人民政府办公室
转发市广播电视局关于萧山市有线电视总体规划的通知

各镇乡人民政府,市政府直属各单位:

市广播电视局制订的《萧山市有线电视总体规划》已经市政府同意,现转发给你们,请认真贯彻实施。

为加强我市有线电视工程建设工作的领导,市政府决定,建立萧山市有线电视工程领导小组。领导小组由许申敏、郑观水、施关松、沈枝根、于成德、孟梓贤、王伟民、韩宗宇、祝正土、黄欣、王仁庆、王兴珑等同志组成,许申敏同志任组长,郑观水、施关松、沈枝根同志任副组长。

萧山市人民政府办公室

一九九二年十月二十一日

附:

萧山市有线电视总体规划

萧山市广播电视局

(一九九二年八月十四日)

有线电视是无线电视的延伸和补充,它以频道容量大,信号质量好,服务功能多等优点,在国内外迅速发展。

我市的有线电视近几年也有一定发展,但由于缺乏系统规划和管理,现在的状况是规模小、技术层次低、维修不落实,问题不少。

为使我市的有线电视事业走上健康发展的道路,根据国家有关政策规定,结合萧山市实际情况制订本规划。

一、总则

萧山市有线电视网是扩大无线广播、无线电视的有效覆盖,提高节目收听收视质量的重要手段,同样是党和政府的喉舌,社会主义意识形态的重要阵地,是我市广播电视事业的重要组成部分。其事业建设、宣传工作和技术维护,均与无线电视一样,纳入我市广播电视事业的总体规划和系统管理。

萧山市广播电视局负责全市范围内有线电视的管理工作和事业发展规划,并接受上级广播电视行政管理部门的监督、检查。

萧山市建立行政区域性的有线电视台,负责全市范围内有线电视事业建设、节目播放、系统并网、维修服务等工作的具体实施。在萧山市行政区域范围内,除萧山有线电视台外,不再另行开办行政区域性的有线电视台。

各镇(乡)的有线电视按本规划的规定,进行规划、申请、审批、建设和管理工作。各镇(乡)的具体规划应与本规划相配套。

萧山市有线电视网络规模大,涉及面广。要收到预期效果,必须精心设计和施工,以技术先进,经济合理,安全适用,质量优良为规划设计的指导原则。由于节目播出和网络建设不可能一步到位,因此,规划设计既要依据目前条件,又要考虑10—20年内的发展,采取一次规划,分步实施的方针。立足全市,突出集镇,以城厢镇为基础,辐射全市。

二、节目源

本系统以完整地转播中央电视台、中国教育电视台、浙江电视台、杭州电视台、萧山电视台及其他城市电视台节目为主,同时发挥有线电视的特点,开办适合社会不同层次需要的综合节目、文艺节目及专门频道,以取得最大的社会效益。其节目源如下:

1.卫星信号

中央电视台一、二套;中国教育台一、二套;云南、贵州、新疆台;西藏、四川台。共六个频道电视节目。随着事业的发展,还将增加即将上卫星的其他电视节目。

中央人民广播电台一、二、三套广播节目和中国国际广播电台的外语节目等也将通过卫星收转。

2.收转信号

浙江电视台一、二套,杭州电视台一、二套,萧山电视台,共5套节目。浙江广播电台,浙江经济电台,杭州广播电台一、二套,萧山广播电台等5套广播节目。

3. 自办节目

工程初期开办一套以文艺节目为主的综合节目。并将逐步开办图文电视、服务、影视、新闻、教育等专门节目。

开办一套镇办电视节目和一套镇办广播节目。

4. 其他

根据条件可能,采用微波、光缆等技术手段收转上海电视台一、二套节目和中央、省、杭州等有线电视台节目以及附近市、县的电视台节目。

三、实施步骤

萧山市有线电视工程规模较大,无论是用户数和作用频道及其他功能都必须分步实施逐步发展,大致分为三个阶段。

1. 筹备阶段(1992.7—1992.12):初步建好前端,开始试播,传送10个频道电视节目,3套调频广播节目,发展用户1千户左右。

2. 试播建设阶段(1993—1994):进一步完善前端设备,城区网络基本形成,发展用户1万户,初步达到自办和自制节目能力。

3. 发展阶段:从1995年开始到"九五"期末,继续普及城厢镇及其附近镇用户。同时通过微波或光缆与全市各镇(乡)已建有线电视系统联网,以建成全市性的有线电视网络。

四、机构设置和管理

萧山有线电视台(筹)是全市有线电视系统的中心,属全民所有制事业单位,实行自收自支,工作人员按有关规定和实际需要逐年配备。

系统建设前期成立由市政府有关领导挂帅,城建、财税、电力、邮电、公安、物价、城厢镇、广播电视等部门负责人组成的萧山市有线电视工程领导小组,负责指导、协调和处理工程中的重大问题。市广播电视局设立筹建工作班子,即萧山有线电视台(筹),负责有关筹建的各项具体工作。

整个系统的管理体制按统分结合的原则,采取直接管理与委托管理相结合的形式来进行设置。市有线电视台负责萧山市有线电视系统网络、设备的规划、建设管理和器材供应,负责系统内各级管理、维修服务、收费的业务领导和协调工作,城厢镇的有线电视由市有线电视台负责组织建设和管理。其余镇(乡)视条件设立分前端或有线电视站,其职责是配合市有线电视台实施本镇(乡)范围内的有线电视事业建设、系统管理和维修等工作。

建立有线电视站的镇(乡),由各镇(乡)广播电视站负责建设和管理,应根据需要配备专职维修和管理人员，其人员编制应在现有广播电视站正式编制的基础上适当扩编。一般每1000~1500户配备1名维修人员。

五、经费概算及来源

估测系统发展到8000户能基本收回投资，初步达到收支平衡，正常运转的规模效益，估计约需二年时间。

建网经费按8000户系统估算，总投资约需200万元。系统折旧按6年计算，每年折旧约33万元，用于网络的维护和改造；初步自办一套电视节目的事业经费约需15万元。两项合计每年约需开支48万元。

有线电视工程是社会公益事业，本着“社会事业社会办”的精神，有线电视网的经费来源按“取之于民，用之于民”的原则，主要向用户收取。建设时收取安装费，网络开通后，每个用户每月交纳一定的收视维护费。

考虑到城厢镇共用天线多头进行，管理杂乱，用户重复投资，负担加重的实际情况，工程初期要求政府拨一部分启动资金，用户所在单位可酌情承担部分甚至全部费用，以减轻群众负担。

向用户收取的安装费和收视维护费，免征税收。

六、其他

根据统一规划，加强管理的要求，市有线电视台开通以后，全市范围内其他有线电视系统（包括机关、团体、企事业单位等已办或将要办的所有共用天线系统、有线电视站包括闭路电视系统）都必须按本规划的技术要求，逐步改造后联网，并纳入市有线电视台系统，服从市有线电视台的业务管理。

在城厢镇范围内，从即日起停止其他独立有线电视小系统的建设和扩展用户，一个月内自行拆除各已建有线电视单位在本单位区域以外连接的用户。

今后凡建设居民住宅楼，应根据本规划要求加入有线电视的建设项目，并一次性安装铺设有线电视设施，由萧山市有线电视台负责设计和安装，纳入萧山有线电视系统。

从事有线电视设计、施工的单位必须持有省广播电视厅核发的许可证。进入萧山市有线电视网的器材和设备，必须是省级以上广播电视行政管理部门根据国家有关技术标准认定合格并经市广播电视局认可的。

本规划自发布之日起执行，对违反本规划的单位、个人，将根据广电部“2号令”“5号令”和“7号令”的有关规定依法查处。

本规划由萧山市广播电视局负责解释。

区委办公室 区政府办公室
转发萧山广播电视台《关于开展“广播发展年”活动的实施意见》的通知

各镇党委、政府,各街道党工委、办事处,区级机关各部门,区直属各单位:

萧山广播电视台《关于开展“广播发展年”活动的实施意见》已经区委、区政府研究同意,现转发给你们,请认真组织实施。

中共杭州市萧山区委办公室

杭州市萧山区人民政府办公室

二〇〇六年六月一日

附:

关于开展“广播发展年”活动的实施意见

萧山广播电视台

(二〇〇六年五月三十一日)

有线广播是推进社会主义新农村建设的重要宣传舆论工具,也是宣传思想战线的重要阵地。我区有线广播经过50年的建设取得了长足的发展,并且受到全区人民特别是广大农民群众的普遍欢迎。近几年来,由于受广播电视管理体制变化等外部因素的影响,我区有线广播的入户率、通响率有所下降,总体发展也呈下滑趋势。为保障我区有线广播事业的健康发展,决定在全区范围内开展“广播发展年”活动,通过加大资金投入,提升网络质量,加强队伍建设,理顺管理机制等途径,促进我区有线广播的新发展。现就开展“广播发展年”活动提出以下实施意见:

一、指导思想

以邓小平理论和“三个代表”重要思想为指导,以创建省级示范文明城区为契机,把有线广播建设作为打造“文化名区”的重要内容,求真务实、真抓实干,切实巩固我区有线广播的建设和发展成果,使有线广播在新时期更好地服务“三农”,服务社会主义新农村建设。

二、建设目标

自今年起用两年左右的时间,实现区级广播播出数字化、镇街(场)广播机房播出电脑化;在区台到各镇街(场)广播信号光缆传输的基础上,镇街(场)到村实现干线传输电缆化、村(社区)级网络标准化;村(社区)广播网要按照《萧山区农村有线广播网升级改造技术标准》进行改造,村广播入户率达到85%以上,通响率98%,有完整的村广播室和管理制度,并符合有关技术标准。

三、实施步骤

1.制定计划、落实试点阶段(2006年1月至6月)

对全区有线广播的发展现状进行全面的调查摸底,提出有线广播建设的技术标准;制订有线广播标准化建设的奖励标准;召开“广播发展年”活动动员会,对“广播发展年”活动进行全面部署。区和镇街(场)根据“广播发展年”的总体要求,制定“广播发展年”实施计划并组织实施。萧山广播电视台根据全区有线广播发展的情况,落实一个以上镇街作为试点单位。运用试点经验,指导面上工作。

2.面上推开、重点建设阶段(2006年7月至12月)

各镇街(场)广播电视站根据有线广播建设的技术要求,全面实施有线广播从播出、网络传输到进村入户的升级改造工作。

3.查漏补缺、巩固完善阶段(2007年1月至7月)

各镇街(场)广播电视站在重点建设的基础上,对照标准要求作一次“回头看”,查漏补缺解决一些尚未完善的问题,并建立相应的工作机制和管理机制。

4.检查验收、考核兑现阶段(2007年8月至12月)

组建检查验收班子,对各镇街(场)的“广播发展年”工作进行实地检查验收,并根据考核验收情况兑现奖励。同时,召开“广播发展年”活动总结表彰大会,对在活动中成绩显著的单位和个人进行表彰奖励。

四、奖励标准

为鼓励各镇街(场)积极开展“广播发展年”活动,萧山广播电视台将在网络事业建设经费中拨出专款,对按标准实施有线广播改造、建设和发展的镇街(场)进行奖励,具体标准如下:

1.2006年完成村(社区)级网络标准化改造50%以上,2007年完成100%的,经验收合格,按每个村(社区)一万元的标准予以奖励。

2.2006年村(社区)级网络标准化改造不到50%,2007年底前完成100%的,按每个村(社区)八千元的标准予以奖励。

3.2007年底村(社区)网络标准化改造达到50%以上的,按每个村(社区)五千元的标准予以奖励。

4.2007年底村(社区)网络标准化改造不到50%的不予奖励。

5.城区、集镇居民社区开通有线广播(含调频有线广播)、楼道广播或草坪广播,并按时传送萧山电台节目,人口覆盖率达到85%以上的,奖励一万元。

奖励资金用于广播事业建设,不得挪作他用。奖励制度由萧山广播电视台负责解释。

五、工作要求

1.高度重视,积极参与

开展“广播发展年”活动是一项惠及千家万户的德政工程、民心工程,各镇、街道(场)及所属广播电视站一定要高度重视,把它作为推进社会主义新农村建设的一项重要工作来抓。要从巩固宣传思想阵地的高度来指导开展“广播发展年”活动,及早参与,落实措施,抓出成效。

2.加大投入,全面建设

充分利用好网络整合的收购资金,专款专用,确保“广播发展年”活动的扎实有效开展。争取多方支持和参与,通过区、镇街(场)和村(社区)三级联动,确保我区有线广播的建设和发展,不仅在入户率、通响率方面有一个量的提升,而且在播出和网络传输上有一个质的提高。

3.创新思路,加快发展

因地制宜创新思路,积极探索切合本地实际的发展新路。要把广播发展的触角延伸到小区、新农居点和集镇居民社区。要创造条件,做好安装公园草坪广播、小区楼道广播和发展有线调频广播等工作,千方百计提高有线广播的入户率和通响率。

4.建设队伍,强化管理

要在抓提高入户率、通响率和提升网络质量、优化播出手段的同时,进一步探索日常维护管理的长效机制,要建立和健全镇街(场)、村(社区)两级线务员队伍,落实职责和报酬,确保有线广播的正常播出、随时通响。要强化有线广播的用户管理,建立有线广播的技术用户档案,通过实行科学管理,规范管理,使我区的有线广播得到更健康的发展。

萧山区农村有线广播网升级改造技术标准

为全面提升农村有线广播网络质量,统一建设标准,根据国家有关广播电视技术规范特制订本标准。本标准中所指村包括行政村、转制村和农村社区。

一、网络设施标准

1.村级有线广播网建设应符合GY46-87《农村有线广播线路设计和施工技术规范》,采用有线调频广播技术的应符合GY/T106-1999《有线电视广播系统技术规范》。

2. 广播信号从镇(街道)到村实现电缆传输,有线调频广播采用光缆传输。广播变压器布局合理,一般每只变压器(40W)覆盖最高不超过250只广播,功率线负载平衡,地线良好,匹配变压器工作接地电阻小于负载阻抗的10%或在传输1KHz信号时工作地线电压降不大于次级输出电压的10%。

3. 传输网要有良好的衰减特性,馈电线不大于3dB,用户线不大于3dB,信噪比大于46dB。

4. 村级网络架设应做到线路短直、安全、可靠,远离高压线路,与电力线同杆架设时,要保持1.5米安全垂直距离。村级线路架设离地面不小于3.5米,跨越公路时不小于4.5米。

5. 村级广播支线可采用R16以上标准的铝线或护套电缆线。广播入户线应接保护电阻,电阻值为音箱额定输入阻抗的10%,电阻功率大于125mW,防止线路因雷击、短路等故障引起整片广播故障。

6. 用户线进入房屋时,可穿管敷设,也可明敷在墙壁上,用线卡固定,做到牢固、安全、美观,横平竖直,双线入户,用户电压不低于20伏。

7. 新农居(小区)做到有线广播和有线电视共同入户。

8. 有线广播音箱(含有线调频音箱)指标要达到部颁乙级以上,音箱安装高度离地1.6米以上,避免日晒雨淋。

9. 有线广播(含有线调频音箱)的入户率在85%以上,广播通响率98%。

二、村广播室标准

1. 有独立的村广播室,环境噪声低,电气干扰小,面积在8平方米以上。室内保持整洁卫生,有一定的声学装修。

2. 配备完整的广播转播设施(含有线调频广播),包括扩音机、数字收音调谐器、录音卡座、碟机(CD或DVD)、播出话筒、调音台和控制柜。

3. 配有安全绝缘的电源线和接地良好的保护地线,机房内线路安装坚固耐用,整齐美观,每路进出线应标注清楚,方便检修。

4. 各类设备配线应尽量短,设备之间有适当的间隔,机柜四周应保留不小于0.7米的维修空间,便于散热和检修。

5. 有健全的管理制度和网络档案资料,上墙公示,并落实专人管理。

6. 村委班子落实专人负责宣传工作,积极支持有线广播电视事业,落实广播专项经费,确保村级广播事业年年有投入,并配有村级线务员或管理员。

中共杭州市萧山区委宣传部
关于对萧山广播电视台2008年度
对外宣传和节目创优工作进行通报表扬的决定

各镇党委、街道党工委,区级机关各部门党组织:

近年来,萧山广播电视台紧紧围绕区委、区政府中心工作,坚持新闻宣传“三贴近”原则,注重节目创优,加强采编队伍建设,建立对外宣传长效机制,大力加强广播、电视、网络三大平台建设,取得了可喜成绩。2008年度,在中央电视台播出新闻70条、在浙江电视台卫视频道播出稿件291条、在杭州电视台播出稿件247条。有9件作品获得全省广播电视新闻类政府奖,其中一等奖2件,获奖率及获奖档次居全省同级台之首;有23件作品获杭州市政府奖,其中一等奖7件,奖项和获奖档次均居杭州地区首位。此外,在美国斯科拉电视网播出电视外宣专题栏目《今日萧山》11期,扩大了萧山在国外的影响。在节目创优方面,广播《农村大世界》节目被评为全省对农十大优秀栏目;广播《太阳花》栏目获得2008年度浙江省优秀栏目扶持奖;电视《热线188》被评为杭州新闻名栏目和杭州市政府品牌栏目建设优秀栏目奖。

鉴于以上突出成绩,经研究,决定对萧山广播电视合2008年度对外宣传和节目创优工作予以通报表扬。希望萧山广播电视台珍惜荣誉,再接再厉,再创佳绩。希望各有关单位和部门以此为榜样,注重创新创优,强化外宣工作,为进一步扩大我区在海内外的知名度和影响力作出贡献。

中共杭州市萧山区委宣传部

二〇〇九年六月一日

补　记

随着新闻事业的发展，新媒体的快速成长，传统媒体与新媒体的融合步伐进一步加快。为认真贯彻落实中共中央总书记习近平关于媒体融合发展的重要讲话精神，按照中宣部和省、市要求，萧山区高度重视，在杭州地区率先启动萧山区融媒体中心建设，并于2019年1月9日正式启用。2019年11月，经杭州市委编委办批复，萧山广播电视台正式更名为杭州市萧山区融媒体中心（杭州市萧山广播电视台）。因为本志时间下限为2018年年底，这里特作补记。

萧山区融媒体中心

一、领导重视融媒体中心建设

2017年8月，时任杭州市委常委、萧山区委书记盛阅春在区委宣传部上报的《关于萧山区全媒体建设方案的报告》上批复："同意，请相关部门支持。"

2018年12月，时任萧山区人民政府区长王敏在《关于推进"一心两翼九端千点"全媒体融合矩阵项目的情况报告》上批示："同意。"

2018年3月，正式向萧山区发改局提交项目建议书申报表，要求立项，并收到项目建议书批复。

2018年6月，通过初步设计专家评审。

2018年7月，收到萧山区财政局审价意见，并发出公开招标公告。

2018年8月，通过公开招投标。8月27日，正式进入施工阶段。

2018年11月底完成建设。12月7日，组织初步验收。

2018年12月24日，时任杭州市委常委、萧山区委书记佟桂莉考察调研萧山区融媒体中心，了解萧山区融媒体中心试运行情况，要求有关部门保障融媒体中心的建设和运行。

2019年1月9日，萧山区融媒体中心启用仪式隆重举行。杭州市委常委、萧山区委书记佟桂莉出席并讲话。佟桂莉指出，萧山区融媒体中心启用等创新举措，充分显示萧山新闻宣传工作的新成效，必将推动萧山新闻宣传工作的新发展。要以萧山融媒体中心启用为契机，推动传统媒体和新兴媒体融合发展，着力增强主流媒体的传播力、引导力、影响力和公信力。要努力打造更优质的新闻产品、更一致的全媒体话语体系、更高效的一站式传媒格局，展现萧山的新形象、唱出萧山好声音、讲好萧山新故事，使主旋律与正能量在萧然大地上蓬勃生长。

2019年10月26日，萧山区委理论学习中心组（扩大）学习会，萧山区委常委、宣传部赵文虎专题汇报融媒体中心工作。

2019年11月25日，萧山区委理论学习中心组专题学习中共中央总书记习近平关于媒体融合发展的重要讲话精神。

2019年12月12日，杭州市委常委、宣传部部长戚哮虎调研萧山区融媒体中心建设情况。

2020年5月14日，萧山区委全面深化改革委员会听取区融媒体中心改革方案。

二、融媒体中心初期建设理念

萧山区融媒体中心建设初期以区委宣传部为主体，建设理念为：萧山区“一心两翼九端千点”的“舰队式”全媒体融合矩阵模式。

“一心”：指萧山区全媒体指挥中心。

“两翼”：指萧山日报和萧山广播电视台两大主流媒体。

“九端”：指九个主要发布平台和端口。(1)平面媒体：萧山日报；(2)广播：萧山广播电台；(3)电视：萧山电视台；(4)政务端：报道组、信息中心；(5)网络：萧山网(为龙头)；(6)App：“智慧萧山”(为龙头)；(7)微博微信：萧山发布(为龙头)；(8)手机报：萧山日报手机报；(9)手机台：萧山手机台(萧山网络电视台)。

“千点”：指以上九个发布端口的二级发布端口，约1000家，主要包括萧山日报、萧山广播电视台、萧山网所属的多个微博、微信平台；区级各镇街、各部门的网站、微博、微信等。

其中，“一心”是管理中心；“两翼”是新闻源，既自成小系统，又通过“一心”连接形成大系统；“九端”是最重要的发布端口，分别与“一心两翼”核心平台对接；“千点”是汇总全区所有发布平台，进行统一指挥。

2019年11月，按照省市关心融媒体中心实体化的要求，经萧山区委编委办同意并报请杭州市委编委办批复，萧山广播电视台正式更名为杭州市萧山区融媒体中心(杭州市萧山广播电视台)。

三、融媒体中心运行情况

萧山区融媒体中心启动运行后，重构采编发网络，再造了采编发流程，设立统一的新闻信息采集中心、编辑中心，建成“一次采集、多种生成、多元传播”的全媒体内容生产分发系统。

设立统一的新闻信息采集中心。融媒体中心每天上午召开新闻编前会，由分管领导、新闻中心、广播中心、新媒体中心等人员参加，选定每天的新闻选题，安排新闻中心记者采访完成新闻选题。

制定不同形式的采访方式。编前会对每一个选题作具体解构和讨论，根据选题类型的不同，制定个性化的采访组织方式。主要包括且不仅限于新闻拍摄、直播、录音采访、摄影等方式的组合生成。

生成符合不同渠道传播的新闻稿件。新闻记者将采访回来的新闻稿件分别生成适合移动互联网、电视、广播等不同渠道分发的生产内容。

制定统一的编审制度。所有从新闻中心出口的稿件都由新闻中心编辑或负责人对内容把关审核,通过后才能在移动互联网、电视、广播等渠道播发。

设立多元传播格局。新闻稿件以符合各自媒体特色的方式在电视《萧山新闻》、广播《萧山新闻》、《萧广快讯》、《智慧萧山》App、湘湖网、萧山广播电视台微信公众号等播发。

萧山区融媒体中心启用一年来,成功策划改革开放40周年、庆祝新中国成立70周年等10余个重大融媒体宣传产品,大型快闪视频《国歌》《我和我的祖国》等被"学习强国"平台采用。

据不完全统计,2019年,人民日报、新华社、中央电视台等中央、省市主流媒体、新媒体、海外媒体报道萧山区消息4000余篇(条),其中,中央级媒体刊发400余篇(条),曾一个月内4次登上央视《新闻联播》,新华社关于萧山区主题教育的报道阅读量超100万次,萧山区重大主题宣传报道在腾讯、新浪、今日头条等新媒体平台点击阅读量在亿次以上。

编后记

呈现在读者面前的这部《萧山新闻志》，是在萧山区委宣传部领导下，杭州市萧山区新闻工作者协会及全体理事单位通力协作的成果。

2016年年初，萧山区委宣传部决定，启动《萧山新闻志》编纂工作，并下文明确由区记协牵头，全面统筹做好《萧山新闻志》编纂工作。

2016年上半年，区记协组织专班，先后到省市记协、省新闻志编纂委员会办公室学习编修方案及编纂过程，到上海、厦门、温州新闻志办公室考察，到区史志办学习修志知识和要求。在此基础上，理清萧山新闻志编纂思路，并向区委宣传部主要领导详细汇报考察学习情况以及萧山新闻志编纂思路。

2016年下半年，经过反复讨论酝酿，拿出了《〈萧山新闻志〉编纂方案（草案）》。并在多次召开区内外专家座谈会、相关部门和单位座谈会、区记协常务理事会的基础上，综合各方意见和建议，进行进一步修改、完善、充实后，报经区委宣传部同意，形成了《〈萧山新闻志〉编纂方案》。

2017年6月，《〈萧山新闻志〉编纂方案》下发给相关部门及区记协成员单位。7月，成立萧山新闻志编纂委员会（后因个别成员工作岗位变动进行相应调整）、萧山新闻志编纂委员会办公室、萧山新闻志编辑部等，正式开始《萧山新闻志》编纂工作。

2017年下半年起，萧山新闻志编辑部对区记协成员单位确定的参与编纂人员进行集中培训后，组成萧山日报社编纂小组、萧山广播电视台编纂小组、新媒体编纂小组、镇街（场）文化广播站东片编纂小组、镇街（场）文化广播站中片编纂小组、镇街（场）文化广播站南片编纂小组以及企业报编纂小组。编纂过程中，编辑们加强沟通交流，工作认真负责，广泛征集史料，认真查阅资料，仔细核对事实，确保不出现任何差错和纰漏，保证按时完成了编纂任务。

我们编纂《萧山新闻志》，区委宣传部给予了大力支持，得到了区记协成员单位大力协助以及参与编修人员的积极配合。我们深表谢意！

我们编纂《萧山新闻志》，得到了浙江省记协、杭州市记协、萧山区方志办、萧山区档案局、萧山区社科联等以及《浙江省新闻志》等单位的领导和编纂专家的多方指导。我们深表谢意！

我们编纂《萧山新闻志》，区档案馆、萧山日报社、萧山广播电视台为查阅史料提供了大力支持。萧山日报社、萧山广播电视台的部分老领导、老媒体人,应邀参与了相关编章的修编工作。我们深表谢意!

在编纂《萧山新闻志》过程中,我们还参考了《浙江新闻志》(2007年5月第1版)中涉及萧山新闻界的有关内容,借鉴了《萧山市广播电视志》(2002年10月第1版)、《萧山日报志》(2004年8月第1版)中的有关内容,查阅了萧山市广播电视局编写的《萧山县新闻志》等非公开出版物中的相关内容。

2019年下半年,萧山新闻志编辑部将各理事单位审定后形成的《萧山新闻志(送审稿)》提交萧山新闻志编纂委员会审阅。编纂委员会认为,“这本《萧山新闻志》资料翔实,内容严谨,结构合理,符合规范”,并提出了修改意见。萧山新闻志编辑部再次修改、完善后,送呈区委宣传部和区委常委、宣传部部长赵文虎审定。根据提出的意见,萧山新闻志编辑部进行了最后的修改并最终定稿付印。

为把《萧山新闻志》做到更好,我们编辑部以及全体参与编辑是十分尽力的,但由于水平和时间的局限,本志定会有疏漏和舛误之处,敬请各界专家和读者批评指正。

《萧山新闻志》编辑部

2020年5月